KRÖNERS TASCHENAUSGABE BAND 289

WÖRTERBUCH ZUR GESCHICHTE

BEGRIFFE UND FACHAUSDRÜCKE

HERAUSGEGEBEN VON

ERICH BAYER

4., überarbeitete Auflage

ALFRED KRÖNER VERLAG STUTTGART

CIP-Kurztitelaufnahme der Deutschen Bibliothek

Wörterbuch zur Geschichte: Begriffe u. Fachausdrücke / hrsg. von Erich Bayer. – 4., überarb. Aufl. – Stuttgart : Kröner, 1980.
(Kröners Taschenausgabe ; Bd. 289)
ISBN 3-520-28904-0

NE: Bayer, Erich [Hrsg.]

ISBN 3-520-28904-0

Druck von Friedrich Pustet Regensburg, Graphischer Großbetrieb

VORWORT

Das vorliegende „Wörterbuch zur Geschichte" will als knappe und zuverlässige Einführung in die Fachsprache des Historikers dienen. Es erläutert in rund 5500 Stichworten die wichtigsten historischen Begriffe sowie Fachausdrücke der Geschichtswissenschaft und ihrer Nebengebiete, die dem historisch interessierten Leser, dem Studenten oder Lehrer der Geschichte überall begegnen und deren Kenntnis somit die wichtigste Grundlage für das Verständnis geschichtlichen Geschehens überhaupt darstellt.

Das Ziel ist rasche und umfassende Orientierung propädeutischen Charakters; es galt, ein Hilfsmittel zu schaffen, das vielleicht jüngeren Kommilitonen einen Weg in einen überfüllten Lesesaal erspart, selbst auf die Gefahr hin, daß der Kenner von Rang die Bestätigung seiner wohlbegründeten Auffassung in einer Spezialfrage vermißt. Die Auswahl aus einer unendlichen Fülle ist nach dem Standort des Benützers getroffen, sie bevorzugt den europäischen Geschichtsraum, ohne indes grundsätzlich irgendwelche Räume oder Zeiten der Weltgeschichte preiszugeben.

Der Schwerpunkt liegt bei den Artikeln auf Worterklärung, Herkunft, erstem Auftreten, Begriffsgeschichte und Bedeutungswandel, die Sacherklärung steht demgegenüber zurück, und den angeführten historischen Fakten kommt nur der Charakter eines Beispiels zu. An einem Einzelfall veranschaulicht bedeutet dies, daß *Kalmarische Union* nur unter dem Stichwort *Union* erwähnt ist, wo es gilt, diesen Begriff zeitlich und in seinen verschiedenen Bedeutungen zu umreißen, nicht dagegen, den Ereigniszusammenhang anzudeuten, den die Geschichtswissenschaft unter dem Stichwort *Kalmarische Union* begreift, oder den Inhalt dieser Vereinbarung zu detaillieren.

In einem Punkte haben die Verfasser selbst aus ihrer Arbeit Nutzen ziehen können: Es gibt eine Fülle von Begriffen der Geschichtswissenschaft, die man heute nur mit Vorbehalt und nicht ohne Präzisierung der eigenen Auffassung verwendet. An dieser Stelle durften Wörter wie *Epoche*, *Hilfswissenschaft*, *Mittelalter*, *Vorgeschichte* u. dgl.

überall unbekümmert im Sinne der Konvention gebraucht werden, denn in den entsprechenden Artikeln ist die ihnen innewohnende Problematik umrissen.

Die Literaturangaben sollen nicht erschöpfende Auskunft geben, nicht den Ratsuchenden mit einer Fülle von Einzelfragen belästigen, sondern nur Anregungen zu näherer Information vermitteln. Daher wurden nur solche Werke aufgeführt, die zur grundsätzlichen Klärung der Begriffe beitragen und leicht zugänglich sind. Hinweise auf Sachwörterbücher, Lexika, Enzyklopädien sind in der Regel nicht aufgenommen; um die Einzelartikel zu entlasten, sind sie teils in einer Einführung in die allgemeinen Hilfsmittel vorausgenommen, teils in den Literaturangaben zu den einzelnen historischen Hilfswissenschaften zusammengefaßt.

Dieses Buch ist eine Gemeinschaftsarbeit. Der Herausgeber darf daher seinen Mitarbeitern danken, die aus der Kenntnis ihrer Spezialgebiete rund die Hälfte der Artikel beigesteuert haben: den Herren Heinrich Betz (Mittelalter), Dr. Eugen Giegler (Kirchengeschichte), Dr. Eberhard Gönner (Hilfswissenschaften), Rainer Jooß (außereuropäische Geschichte), Dr. Heinz-Dieter Schmid (Neuzeit und Neueste Zeit), Dr. Wilhelm Schwarz (Völkerrecht und osteuropäische Geschichte) und Edgar Walter (Zeitgeschichte); Herr Hartmut Boockmann hat wertvolle Anregungen und Ergänzungen, vor allem zur Bibliographie, beigesteuert.

Reutlingen, im April 1960

Erich Bayer

Vorwort zur 3. Auflage

Abermals sind in die Neuauflage Ergänzungen und neue Stichwörter eingearbeitet worden. Verlag und Herausgeber haben dabei, soweit es der Raum zuließ, den Anregungen mehrerer Zuschriften Rechnung getragen; sie sind der Aufmerksamkeit interessierter Benützer zu Dank verpflichtet. Als besondere Anerkennung ist es wohl zu verstehen, wenn eine konkurrierende Publikation nicht nur den Titel, sondern auch, kaum verhüllt, zahlreiche Artikel übernimmt.

Reutlingen, im März 1974

Erich Bayer

ABKÜRZUNGEN

Nicht aufgenommen sind allgemein übliche und verständliche Abkürzungen, sowie die Kürzung der Endung *-isch* bei Adjektiven, die die Sprach- oder Volkszugehörigkeit kennzeichnen.

Abh.	= Abhandlung(en)
Adj.	= Adjektiv
afr.	= afrikaans
äg.	= ägyptisch
ags.	= angelsächsisch
ahd.	= althochdeutsch
AKKR.	= Archiv für katholisches Kirchenrecht
am.	= amerikanisch
AT.	= Altes Testament
At.	= Altertum
Bf.	= Bischof
bulg.	= bulgarisch
byz.	= byzantinisch
chin.	= chinesisch
CIC.	= Codex Iuris Canonici
DA.	= Deutsches Archiv für Geschichte des Mittelalters
dt.,Dtld.	= deutsch, Deutschland
DV J.	= Deutsche Vierteljahrschrift für Literaturwissenschaft und Geistesgeschichte
Ez.	= Einzahl
frz.	= französisch
FS.	= Festschrift
germ.	= germanisch
GG.	= Grundgesetz
gr.	= griechisch
GWU.	= Geschichte in Wissenschaft und Unterricht
Hdb.	= Handbuch
HDSW.	= Handwörterbuch der Sozialwissenschaften
hebr.	= hebräisch
HJB.	= Historisches Jahrbuch
HZ.	= Historische Zeitschrift
Hzg.	= Herzog
idg.	= indogermanisch
ir.	= iranisch
it.	= italienisch
jap.	= japanisch
Jh(h).	= Jahrhundert(e)
Jhn.	= Jahrhundert nach Christus
Jhv.	= Jahrhundert vor Christus
Jt.	= Jahrtausend
Kf.	= Kurfürst
Kg., kg.	= König, königlich(e)
Ks.,ks.	= Kaiser, kaiserlich(e)
lang.	= langobardisch
lat.	= lateinisch
MA.,ma.	= Mittelalter, mittelalterlich
MGH.	= Monumenta Germaniae Historica
mhd.	= mittelhochdeutsch
MIÖG.	= Mitteilungen des Instituts für österreichische Geschichtsforschung
mlat.	= mittellatein
mnd.	= mittelniederdeutsch
Mz.	= Mehrzahl

ndl. = niederländisch
ndt. = niederdeutsch
nhd. = neuhochdeutsch
norm. = normannisch
norw. = norwegisch
NT. = Neues Testament
NZ.,nz. = Neuzeit, neuzeitlich
port. = portugiesisch
RE. = Pauly-Wissowa, Realenzyklopädie der klassischen Altertumswissenschaft
RGG = Religion in Geschichte und Gegenwart
Rhein. Vjbll. = Rheinische Vierteljahresblätter
ru. = russisch
sanskr. = sanskrit
Sb. = Sitzungsbericht
skand. = skandinavisch
tü. = türkisch
ung. = ungarisch
ven. = venezianisch
VJZG. = Vierteljahreshefte für Zeitgeschichte
VSWG. = Vierteljahresschrift für Sozial- und Wirtschaftsgeschichte
WAG. = Welt als Geschichte
ZKiG. = Zeitschrift für Kirchengeschichte
ZRG. GA., KA., RA. = Zeitschrift der Savignystiftung für Rechtsgeschichte, Germanistische, Kanonistische, Romanistische Abteilung
Zs. = Zeitschrift

ALLGEMEINE HILFSMITTEL

I. Bibliographien

Jahresberichte für dt. Geschichte, 1925ff.
W. Holtzmann – G. Ritter, Die dt. Geschichtswissenschaft im 2. Weltkrieg, 1951.
G. Franz, Bücherkunde zur dt. Geschichte, 1951.
H. Planitz, Th. Buyken, Bibliographie zur dt. Rechtsgeschichte, 1952.
G. Franz, Bücherkunde zur Weltgeschichte, 1956.
Dahlmann-Waitz, Quellenkunde der dt. Geschichte, ^{10}1965ff.

II. Allgemeine Nachschlagewerke

a) Lexika

Realenzyklopädie der klassischen Altertumswissenschaft, begr. von A. Pauly, neu hrsg. von G. Wissowa u.a., 1893ff.
H. Rößler, G. Franz, Biographisches Wörterbuch zur dt. Geschichte, 1952.
H. Rößler, G. Franz, Sachwörterbuch zur dt. Geschichte, 1958.
S. Landshut, W. Gaebler, Politisches Wörterbuch, 1958.
Fischer-Lexikon Geschichte, hrsg. v. W. Besson u.a., 1961 u. ö.
R. Klauser, O. Meyer, Clavis Mediaevalis, Kleines Wörterbuch der MA.-forschung, 1962.
Der kleine Pauly, Lexikon der Antike, hrsg. v. K. Ziegler, W. Sontheimer, H. Gärtner, 1962ff.
W. Theimer, Lexikon der Politik, ^{6}1962.
E. Haberkern, J. Fr. Wallach, Hilfswörterbuch für Historiker, ^{3}1972.
Lexikon der Alten Welt, hrsg. v. C. Andresen u.a., 1965.
Lexikon der Weltgeschichte, 1968.
The Oxford Classical Dictionnary, ^{2}1970.
DTV-Wörterbuch zur Geschichte, 1972.
O. Brunner, W. Conze, R. Koselleck, Geschichtliche Grundbegriffe, 1971ff.
J. Ritter, Historisches Wörterbuch der Philosophie, 1971ff.

b) Handbücher und Weltgeschichten

Handbuch der Altertumswissenschaft, begr. von I. Müller, 1886, neu hrsg. von W. Otto – H. Bengtson.
Handbuch der mittleren und neueren Geschichte, hrsg. von G. v. Below und Fr. Meinecke, 1903–36.
Grundriß der Geschichtswissenschaft, hrsg. von A. Meister, ^{1,6,3}1923.
Einleitung in die Altertumswissenschaft, hrsg. von A. Gercke und E. Norden, $^{3/4}$1921–33.
Historia Mundi, hrsg. v. F. Kern, F. Valjavec, 1952–61.

Handbuch der dt. Geschichte, begr. von O. Brandt, fortgef. von A. O. Meyer, neu hrsg. von L. Just, 1953ff.
Propyläen-Weltgeschichte, hrsg. v. G. Mann, 1960–64.
Weltgeschichte d. Gegenwart, hrsg. v. F. Valjavec, F. v. Schroeder, 1962/63.
Saeculum Weltgeschichte, Hrsg. v. H. Franke u. a., 1965ff.
Handbuch d. europäischen Geschichte, hrsg. v. Th. Schieder, 1968ff.
B. Gebhardt, Handbuch der dt. Geschichte, ^{9}1970.
A. v. Brandt, Werkzeug des Historikers, ^{8}1976.

III. Rechts- und Verfassungsgeschichte

a) Lexika

Dt. Rechtswörterbuch, 1914ff.
Handwörterbuch der Sozialwissenschaften, 1956ff.
Staatslexikon, hrsg. von der Görres-Gesellschaft, ^{6}1957–70.
A. Erler, E. Kaufmann, Handwörterbuch zur dt. Rechtsgeschichte, 1964ff.
Lexikon der Sozialwissenschaften, 1968.
A. Erler, E. Kaufmann, Handwörterbuch zur deutschen Rechtsgeschichte, 1971ff.

b) Handbücher

G. Waitz, Dt. Verfassungsgeschichte, 1844ff., ^{7}1953/55.
Th. Mommsen, Römisches Staatsrecht, ^{3}1887ff., ^{4}1952.
H. Brunner, Dt. Rechtsgeschichte, ^{2}1906/28, I ^{3}1961.
R. Schröder, E. v. Künßberg, Lehrbuch der dt. Rechtsgeschichte, ^{7}1932, ND 1965.
H. Conrad, Dt. Rechtsgeschichte, ^{2}1962f., 1966.
Fr. Hartung, Dt. Verfassungsgeschichte vom 15. Jh. bis zur Gegenwart, ^{8}1964.
E. R. Huber, Dt. Verfassungsgeschichte seit 1789, ^{2}1967-1970.
H. Mitteis, Der Staat des hohen Mittelalters, ^{8}1968.
H. Mitteis, H. Lieberich, Dt. Rechtsgeschichte, ^{12}1971.
Th. Maunz, Dt. Staatsrecht, ^{18}1971.

IV. Kirchengeschichte

a) Lexika

Realencyklopädie für prot. Theologie und Kirche, begr. von J. J. Herzog, hrsg. von A. Hauck, ^{3}1896ff.
Reallexikon für Antike und Christentum, 1941ff.
Lexikon für Theologie und Kirche, begr. von M. Buchberger, ^{2}1957ff.
Die Religion in Geschichte und Gegenwart, ^{3}1957–62.
Evang. Kirchenlexikon, ^{2}1961f.
F. W. Bautz, Biograph.-bibliographisches Kirchenlexikon, 1970.

b) Handbücher

A. Hauck, Kirchengeschichte Dtlds., ^{8}1954.
H. Jedin, Handbuch d. Kirchengeschichte, 1962ff.
H. E. Feine, Kirchl. Rechtsgeschichte, ^{5}1972.
K. Goldammer, Wörterbuch der Religionen, ^{3}1976.

V. Wirtschaftsgeschichte

F. Heichelheim, Wirtschaftsgeschichte des Altertums, 1938.
F. Lütge, Dt. Sozial- und Wirtschaftsgeschichte, ^{3}1966.
H. Bechtel, Wirtschaftsgeschichte Deutschlands, ^{4}1967.
J. Kulischer, Allgem. Wirtschaftsgeschichte des Mittelalters und der Neuzeit, ^{4}1971.
A. Aubin, W. Zorn, Handb. der dt. Wirtschafts- u. Sozialgeschichte, 1971 ff.
T. Kroha, Lexikon der Numismatik, 1977.

VI. Kulturgeschichte

H. Kindesmann, E. Thurner, Handb. der Kulturgeschichte, 1960 ff.

Abbé (frz. von gr.-lat. *abbas*), in Frankreich urspr. →Abt; durch das Konkordat von 1516, das dem Kg. das Recht zur Ernennung fast aller Äbte gab, entstand ein Mißverhältnis zwischen freien Stellen und Anwärtern, so daß A. bald Titel jedes geweihten oder ungeweihten (jüngeren) Geistlichen wurde.

Abbreviator (von lat. *brevis* ‚kurz'), päpstlicher Kanzleibeamter, im MA. bes. mit Entwürfen für →Bullen, Briefe usw. der →Kurie betraut, die eine bes. Kenntnis der Abbreviaturen verlangten; Abbreviatur, zeit- und raumsparende Abkürzung bei Niederschrift eines Textes, bei Inschriften, Münzen u.a.; bereits das antike Schriftwesen kennt A.en, von denen die Zeichen mit fester Bedeutung (Siglen) für Wörter, Silben oder Buchstaben und die bes. beim Nachschreiben von Reden verwendeten sog. Tironischen Noten (eingeführt von M. Tullius Tiro, dem Freigelassenen und Sekretär des Cicero, 1.Jhv.) im MA. bis zum 9. Jh. in Gebrauch blieben; ma. Schreiber normalisierten das System der A.en und bauten es weiter aus; der Gebrauch der A.en nimmt v.a. gegen Ende des MA. stark zu, er wird auch noch einige Zeit vom Buchdruck übernommen; neben Siglen wurde v.a. durch Abbrechung (Suspension, nur ein Teil des Wortes ist ausgeschrieben, der Rest durch Zeichen angedeutet) oder Auslassung von Teilen des Wortinneren (Kontraktion) gekürzt.

L. Traube, Lehre u. Gesch. d. Abkürzungen, Vorles. u. Abh. I, 1909; A. Cappelli, Dizionario delle a.e lat. e ital., [6]1961; A. Pelzer, Abréviations latines médiévales. Suppl. au ‚Dizionario' de A.Cappelli, [2]1966.

Abdankung →Abdikation.

Abdikation (zu lat. *abdicare* ‚sich lossagen'), freiwilliger Verzicht auf ein öffentliches Amt durch den Inhaber, bes. Thronverzicht eines Monarchen. Hauptstreitfrage war früher die Zulässigkeit, z.B. bei Papst Cölestin V. 1294, Edward VIII. von England 1936, die heute allgem. eingeräumt ist (für die Päpste CIC, can.221).

Abecedarium, Aufzeichnungen in alphabetischer Folge, v.a. rechtlichen Charakters, z.B. Inhaltsangabe kanonistischer oder dt. Rechtsbücher des 14./15. Jh. (z.B. *Greifswalder A.* zum Sachsenspiegel); alphabetisch geordnetes Schulbuch des MA., Vorläufer der Fibel; die in der Folge des Alphabets beginnenden Strophen oder Verse, bes. christlicher Dichtungen des MA.; nach dem Alphabet angelegte Merkverse oder -gedichte, z.B. *A. Normannicum* (der Runennamen).

Abendland (lat. *occidens* ‚die Länder im Westen', →Orient, →Europa), Kultureinheit, die sich seit den Perserkriegen des 5.Jhv. in der Auseinandersetzung zwischen Europa und Asien immer wieder auf sich selbst besonnen hat. Grundbestand dieses Kulturbewußtseins ist, neben dem Christentum als Kern, das gr.-röm. Kulturerbe der →Antike, das seit der Rezeption durch die germ. Völker in wiederholten →Renaissancen erneuert wird. Die Teilung des röm. Reiches unter Theodosius, 395n., in eine ost- und eine weström. Hälfte, erster Schritt für die Ausbildung eines a.ischen Sonderbewußtseins in der spätantiken Welt, leitete auch die Spaltung in eine a.isch-lat. und eine morgenländisch-gr. Kirche ein. Nachdem sich das erstarkte röm. →Papsttum im Bunde mit den Franken, den machtpolitischen Erben der Völkerwanderungszeit, gegen das oström. Byzanz gewandt hatte, machte der a.isch-lat. Kulturkreis den Anspruch geltend, im a.ischen →Kaisertum das röm. Weltreich weiterzuführen (Karl d. Gr. 800, Otto d. Gr. 962). Die Kreuzzüge (1096–1291), die Mongolenstürme des 13. und die Türkenkriege seit dem 15. Jh. festigten das Zusammengehörigkeitsgefühl des christlichen A.s weiter. Die seit der →Aufklärung erwachte →Geschichtsphilosophie (J. G. Herder, 1744–1803) sah im a.ischen →Humanitätsideal die höchste Stufe der Menschheitsentwicklung. Von dieser Anschauung setzt sich die Kultur→morphologie deutlich ab, indem sie die a.ische Kultur lediglich als eine unter zahlreichen anderen Hochkulturen gelten läßt, die nach O. Spengler (1880 bis 1936) überdies im Verfallszustand einer typischen Spätphase (→Zivilisation) begriffen ist. Als Kern der a.ischen Geisteshaltung gilt das Bewußtsein der menschlichen →Freiheit und Selbstverantwortung, die Humanität als Richtmaß der Bildung und des sozialen Verhaltens und das rationalistische Denken, das eine Naturwissenschaft hervorbrachte, die ihrerseits mit Hilfe der Technik dem Menschen eine fortschreitende Beherrschung der Naturkräfte ermöglicht. – Als Ergebnis der europäischen Wanderungsexpansion der NZ. hat sich die a.ische Zivilisation mit Hilfe der →Industrialisierung, der modernen Technik, des →Kapitalismus und →Imperialismus zu einem Europa, Nord- und Südamerika, Südafrika und Australien umfassenden ‚Welt-a.‘ (A. Weber, 1868–1958) erweitert. Obgleich sich im 20. Jh. die Kolonialvölker politisch gegen das A. wenden und in den ehemaligen Kolonialräumen neue, z.T. antieuropäische Großmächte entstehen, dringt die a.ische Zivilisation seit dem 1. und 2. Weltkrieg unter der Fahne des Weltkommunismus auch in die Räume Rußlands und Asiens vor, so daß man bereits von einer ‚Weltzivilisation‘ spricht. Seit 1945 hat sich als Folge der Bedrohung des christlich-a.ischen Kulturerbes durch den →Nationalsozialismus und später durch den →Bolschewismus der Gedanke des ‚christlichen A.s‘ als Schicksalsgemeinschaft aller Völker des europäischen Raumes erneuert. Es entstand eine Bewegung, die z.T. in Übereinstimmung mit der →Europabewegung die christlich-a.ischen Werte als Bollwerk gegen den modernen →Totalitarismus kräftigen will.

G. de Reynold, La formation de l'Europe, 1935ff.; A. v. Scheltema, Antike–A., 1964; O. Spengler, Der Untergang des A., 1918–22 ü.ö.; H.E. Barnes, An intellectual and cultural history of the western world, [3]1965; K. Jaspers, Vom Ursprung und Ziel der Geschichte, [3]1966; W. Flitner, Die Geschichte der a.ischen Lebensformen, 1967; P. Rassow, D. gesch. Einheit d. A.es, 1960; — →Europa, Kultur, Zivilisation.

Aberacht →Acht.

Abfahrtsgeld = →Abzugsgeld.

Abgabe, jede der höhergeordneten Gewalt (Lehensherr, Stadt, Staat usw.) erbrachte Geld- oder Sachleistung (→Steuern, Zehnt, Zoll usw.)

Abgegangene, Abgekommene Orte, aufgegebene Siedlungen, →Wüstung.

Abgeordneter, allgem. Abgesandter, vereinzelt auch →Beigeordneter; bes. seit dem →Konstitutionalismus, →Deputierter, 'durch Wahl berufenes Mitglied einer gesetzgebenden Körperschaft, im liberalen repräsentativen →Parlamentarismus, der Vertreter der ganzen Nation, der in Freiheit und nur seinem Gewissen unterworfen selbsttätig politische Entscheidungen fällt', heute dagegen 'einer Fülle von Bindungen unterworfen, insbesondere denen seiner →Partei und →Fraktion, die entscheidend Rede und Abstimmung des A.n beeinflussen' (G. Leibholz); in der Demokratie genießt der A. →Immunität und →Indemnität; A.nhaus. in Preußen 1855–1918 die 2. (gewählte) Kammer des preuß. Landtages, in Österreich 1861 bis 1865 und 1867–1918 die 2. Kammer des Reichsrats; seit 1950 Bezeichnung für das Parlament von West-Berlin.

K. Kremer, Der A., 1953; G. Leibholz, Strukturprobl. d. mod. Demokr., 1958; H. v. Rausch, Der A., Idee und Wirklichkeit, 1965; M. Weber, Politik als Beruf, [5]1969; K. Brinkmann, Das freie Mandat des A., 1971.

Abgift = Abgabe

Abklage = →Fehdebrief

Abklatsch →Epigraphik.

Abkommen, allgem. Bezeichnung für zwischenstaatliche Vereinbarungen, auch ohne d. paraphierten u. ratifizierten Text eines →Vertrages, vgl. *Münchener A.* vom 29. 9. 1938 zwischen Dtld., Großbritannien, Frankreich, Italien z. Beilegung d. Sudetenkrise.

Abkürzungen →Abbreviatur.

Ablait = →Abzug.

Ablaß (ahd. *ablaz;* lat. *indulgentia*), seit dem 11. Jh. Nachlaß der in der Beichte auferlegten Bußleistungen und der zeitlichen Strafen gegen fromme Werke, den die kath. Kirche aus dem Schatz überschüssiger guter Werke Christi und der Heiligen gewähren kann. Zunächst an Bedingungen gebunden (Teilnahme an einem →Kreuzzug, Romfahrt usw.), später durch Geld ablösbar, wurde der A. zu einer von A.-händlern vertriebenen Ware; seit 1476 kann der A. auch für Verstorbene erworben werden. Die A.-lehre, im MA. entstanden, von der Scholastik gerechtfertigt, wurde von M. Luther angegriffen, vom →Tridentinum nach Abstellung der Mißstände anerkannt.

A. M. Koeniger, D. Urspr. des A., 1907; N. Paulus, Gesch. der A. im MA., 1922f.; B. Poschmann, Der A. im Lichte d. kirchl. Bußpraxis, 1948; H.E. Mayer, Gesch. d. Kreuzzüge, 1965.

Abmeierung, Entziehung der Nutzungsrechte an einem erbbeliehenen Bauerngut durch den →Gutsherrn, falls es der Inhaber (→Meier) schlecht bewirtschaftete. Die A. war meist nur nach vorausgegangenem Prozeß (A.s-prozeß) möglich.

Abolitionismus (von engl. *abolition*, lat. *abolitio*, ‚Abschaffung', Befreiung v. [Straf-]verfolgung), Bewegung zur Abschaffung der Negersklaverei. England hebt 1807 den Sklavenhandel und 1833 die Sklaverei in den Kolonien gegen Entschädigung auf. In den USA wird die Sklaverei 1787 in den Nordstaaten verboten (erste Gesellschaft, Quäker, 1774). Um 1830, durch religiösen Idealismus (H. Beecher-Stowe, *Onkel Toms Hütte*) genährt, schwillt der A. stark an und tritt für sofortige entschädigungslose Freigabe ein. Seine Förderer sind v.a. bemüht, flüchtigen Sklaven (etwa 2000 im Jahr) durch die sog. ‚unterirdische Eisenbahn' behilflich zu sein. Die Haltung des Südens versteift sich an der moralisierenden Einstellung des Nordens, der seinerseits durch das Gesetz zur Rückführung geflüchteter Sklaven (1850), die Entscheidung des Obersten Gerichts, die Sklaven zu Sachbesitz erklärt (1857), und die *Kansas-Nebraska-Akte* (1854, die theoretisch weite Gebiete der Sklaverei öffnet) aufgebracht wird. Bald steigt A. Lincoln (1809–65), Führer der 1854 gegründeten Republikanischen Partei – obwohl fanatischem A. abhold – zum Symbol der Negerbefreiung auf.

A. Nevins, The Ordeal of the Union, 1947; ders., The Emergence of Lincoln, 1950; L.Filler, The Crusade against Slavery 1830-1860, 1960.

Abonnement (frz. ‚Festsetzung'), im Frankreich des Ancien →Régime vertraglich zugesicherte Pauschale für Steuerleistungen (→Taille), die damit für die also Privilegierten konstant und niedrig blieben.

Abrogation (lat.), nach dem röm. Staatsrecht d. Aufhebung eines Gesetzes (d. ihrerseits Gesetz ist); die Absetzung eines Magistrats (erst seit Ti. Gracchus, 133v.).

Abrüstung, von Staatsdenkern der NZ. seit J. Bodin (1530–96; vgl. I. Kant, Zum Ewigen Frieden, 1795), vom Sozialismus und Liberalismus des 19. Jh. und schließlich von einer breiten → pazifistischen Bewegung als das unmittelbar wirksamste Mittel zur Verhütung der →Kriege oder doch zur Verminderung der Kriegsgefahr und damit zur Rettung der Kultur gefordert, wird nach vereinzelten älteren Versuchen (Alexander I. von Rußland 1816, Napoleon III. 1870) in internationalen Verhandlungen erstmals auf den Haager Konferenzen 1899 und 1907 in Angriff genommen; nach dem 1. Weltkrieg (gefordert durch den Versailler Vertrag und Art. 8 der Völkerbundsatzung) wird die Diskussion im Rahmen des →Völkerbunds erneuert (A.s-konferenz 2. 2. 1932–14. 10. 1933), nach dem 2. Weltkrieg durch die UN (A.s-kommission, *Disarmament Commission*, seit 1952, 17-Mächte-A.s-Konferenz seit 1962) durch direkte Verhandlungen der Weltmächte fortgesetzt (am.-ru. Verträge über Einstellung von Atomversuchen 25.7.1963 und Nichtweitergabe – Nonproliferation – von Atomwaffen 24.8.1967; 1. SALT-Abkommen z. Begrenzung d. strategischen Atomwaffen. 2. Abk. noch nicht ratifiziert. – A. ist einmal denkbar als sofortige und totale Abschaffung sämtlicher Rüstungsmittel und -möglichkeiten, wie sie radikale Denker gelegentlich befürworteten, praktische Politiker aber als utopisch ablehnten und, wenn ein entsprechender Vorschlag, wie seitens der UdSSR durch Litwinow 1927, zur Debatte gestellt wurde, als Propagandamanöver nicht ernst nahmen; A. als räumlich begrenzte Maßnahme hat sich bewährt in der Entmilitarisierung der Grenze zwischen den USA und Kanada seit 1818, oder der zwischen Norwegen und

Schweden seit 1905. Die schrittweise Verwirklichung der A. scheint der einzige gangbare Weg zu bleiben, da allen bisherigen Bemühungen um eine allgemeine A. der praktische Erfolg versagt blieb; alle Debatten neigten dazu, sich in juristischen Distinktionen zu verlieren, sie werden zunehmend kompliziert durch die Schwierigkeit, angesichts der modernen totalen Kriegführung den Begriff der Rüstung oder der Angriffswaffen (ein Verbot der letzteren würde genügen, eine →Aggression unmöglich zu machen) eindeutig zu bestimmen, und vollends seit 1945 durch die hinzugekommene Scheidung zwischen herkömmlichen (oder klassischen) und atomaren Waffen. Zwischen Sicherheitsbedürfnis, nationalem Prestige und machtpolitischem Kalkül auf der einen Seite, Angst vor den Massenvernichtungsmitteln der Gegenwart und wirtschaftlichen Erwägungen auf der anderen bleibt das Gespräch über das brennende, noch ungelöste Problem der A. weiterhin in Gang.

→Art. ‚Désarmement' in: Dictionnaire Diplomatique (de l'Acad.dipl. int.) VI, 1957; — Hdb. d. A.sfrage (hrsg. v. Th. Niemeyer), 1928; C. Bosli-Usteri, Gesch. d. A.skonferenz, 1940; H. Volle, C. J. Duisburg, Probl. d. intern. A., 1964; J. H. Iwan, Die A., 1965; G. Schlott, Wettrüsten u. A. i. AtomZA., 1967; E. Forndran, Probleme d. intern. A., 1970.

Abschied, förml.e Beurlaubung, (1)=→Rezeß (mlat. *recessus*), d. bei d. Entlassung einer Versammlung verlesene Zusammenstellung der Beschlüsse, v.a. Landtags-a., Reichs-a. (bis 1654, *jüngster Reichsa.;* s. 1663 Reichsschluß, →Reichstag); (2)=→Abzugsgeld.

Abschoß (→Schoß), im ma. Sonderrecht für Fremde Abzug am Nachlaß eines von einem Fremden zu beerbenden Inländers zugunsten von →Land oder →Stadt.

Absolutismus, eine aus der nz. →Souveränitätslehre von J. Bodin (1530–96; *Maiestas est summa in cives ac subditos legibusque soluta potestas;* →auch Prinzeps) und Th. Hobbes (1588–1679) – die lehrten, daß nur ein starker, unbeschränkter Wille die zerstörerische Selbstsucht des Einzelnen überwinden könne – entwikkelte und theoretisch begründete Strukturform des →monarchischen Staates: Alle Kräfte werden zusammengefaßt, eine feste gesellschaftliche Ordnung aufgerichtet, die Verwaltung →zentralisiert; der Wille des Monarchen, in dem sich der Staat verkörpert, lenkt das gesamte Leben der → Untertanen, u. zw. im Gegensatz zum Lehns-, Stände- und Volksstaat ohne Kontrollinstanz; der absolute Herrscher beansprucht, aus göttlichem Recht zu regieren (→ auch Gottesgnadentum) und allein vor Gott verantwortlich zu sein; er erstrebt nicht nur politisch-militärische, sondern auch wirtschaftliche Einheit, Stärke und Unabhängigkeit (→Autarkie). Erscheinungsformen und Tendenzen des A. – seit G. Jellinek (1851–1921) unterscheidet man zwischen A. als Alleinherrschaft des Monarchen und →Totalitarismus als Alleinherrschaft einer Partei; beiden gemeinsam ist, bei allen Unterschieden in der Rechtssicherheit, der normierende und regulierende Eingriff des Staates und die →Bürokratisierung der Lebensverhältnisse – finden sich seit den Anfängen der Geschichte (Ägypten, China, Peru u.a.). – Als Epochenbegriff der NZ. umfaßt der A. die Jahre von 1648 (auch 1550, 1600, 1660, mit den Anfängen im 16. Jh.) bis 1789, eine Zeit, in der die Erschütterungen durch die Glaubenskriege dem Entstehen einer starken Staatsgewalt Vorschub leisteten. Angesichts der Vielschichtigkeit und Bewegtheit der Epoche haben die zahlreichen Versuche einer weiteren Periodisierung kein einheitliches Ergebnis erbracht; am häufigsten ist heute im Anschluß an F. Meinecke (1862–1954) die Gliederung in die Perioden des werdenden A. (Philipp II., Richelieu), des (ab 1660) reifen A. (Zeitalter Ludwigs XIV. →Gallikanismus, Merkantilismus) und des späten A. (in Frankreich auch: Ancien → Régime), der partiell (v.a. Friedrich II., Katharina II., Joseph II., →Josephinismus) auch (nach einer Prägung von W. Roscher, 1817–94) als aufgeklärter A. bezeichnet wird, da die Monarchen, durch die rationalistischen und empiristischen Prinzipien der →Aufklärungsphilosophie beeinflußt, den Gedanken der →Staatsräson und – unter dem Eindruck der Pflichtenlehre – die Scheidung von Staat und Monarch (als Erstem Diener des Staates) schärfer profilierten.

J. Bodin, Six livres de la rép., 1576; Th. Hobbes, Leviathan, 1651; ders., Grundz. d. Philos., dt. 1915ff.; — W. Roscher, Gesch. d. Nationalökon., 1874; G. Jellinek, Allgem. Staatslehre, [3]1919, ND 1966; F. Meinecke, D. Idee d. Staatsräson, [3]1963; F. Hartung, HZ 145, 1932; E. Wolf, Große Rechtsdenker, [3]1951; G. Oestreich, Geist u. Gestalt d. frühmod. Staates, 1969. — Neuere Lit. W. Hubatsch, D. ZA. d. A., [3]1970.

Abstiftung, Ausweisung aus dem Herrschaftsgebiet eines →Grundherrn, als Strafe; Versteigerung und Aushändigung des Erlöses nach Abzug der Schulden.

Abstimmungsgebiet, Bezirk, in dem die Grenzfrage durch Volksabstimmung geregelt werden soll (→Selbstbestimmung), in der dt. Geschichte bes. durch den Versailler Friedensvertrag bedeutsam geworden: neben den ohne Abstimmung abgetretenen Gebieten gab es folgende A.e: (a) Nordschleswig 1920 (Kreise nördl. der Linie Flensburg-Hoyer an Dänemark), (b) SOPreußen (Masuren) und Rest von Westpreußen 1920 (93–97% für Dtld., einige Dörfer dennoch an Polen). (c) Oberschlesien 1921 (60% für Dtld., trotzdem wichtigste Industriestädte an Polen), (d) Eupen und Malmedy 1920 (unter starkem belg. Druck an Belgien), (e) Saargebiet, bis 1935 Verwaltung durch den →Völkerbund, dann Abstimmung (91% für Dtld.); – in Österreich Südkärnten 1920, das österr. blieb, und das Gebiet um Ödenburg im Burgenland 1921, das mit knapper Mehrheit an Ungarn fiel.

S. Wambaugh, Plebiscites since the Worldwar, 1933.

Abt (aram. *abba*, gr.-lat. *abbas* ‚Vater'), im Frühchristentum zunächst ein Mönch, der als geistlicher Vater einen anderen in den Mönchsstand einführt; seit dem Aufkommen der →Klöster wird, bes. bei den älteren →Orden, der vom →Konvent meist auf Lebenszeit gewählte Klostervorsteher A. genannt, der geistlicher Vater und Leiter seiner Mönche ist (→Guardian, Probst, Prior); der Titel A. ist auch für die Leiter einiger in der Reformation zu evang. Seminaren u.a. umgewandelter Klöster noch üblich, z.B. in Loccum; – Infulierter A. zum Führen der bischöflichen Insignien berechtigter A.; Kommendatar-a., ein mit den Einkünften einer →Abtei belehnter Laie (Laien-a.) oder Weltgeistlicher, bes. in der Zeit der Merovinger und Karolinger, aber auch später üblich (→Kloster); Titular-a., ein Weltgeistlicher, der nur die liturgischen und geistlichen Privilegien eines A.es besitzt (Säkular-a., →Abbè) im Gegensatz zum Regular-a., der auch die Jurisdiktion über die Mönche seiner Abtei, und zum A. nullius, der auch die Jurisdiktion über das Gebiet seiner Abtei innehat (→Exemtion); – Abtei, ein von einem Abt oder einer Äbtissin geleitetes selbständiges Kloster; die A.en, in der Frühzeit meist Eigenklöster (→Eigenkirche), hatten dann oft als Königs- oder Reichsa.en eine besondere Stellung inne und erhielten bestimmte Privilegien (→Immunität); die Reichsa.en entwickelten sich aus ihrer Grundherrschaft zu eigenen Territorien, ein Teil von ihnen bekam im 13. Jh. fürstlichen Rang, der erst in der →Säkularisation verschwand; Äbtissin (*abbatissa*), Klostervorsteherin in Frauenorden, mit d. Befugnissen e. Abtes, in d. Verwaltung d. Sakramente durch einen →Propst vertreten.

ab urbe condita (lat. ‚seit der Gründung der Stadt'), die varronische →Ära.

Abzugsgeld, der aufgrund des →Detraktrechts dem →Grund- oder →Gutsherrn gezahlte Betrag, auch: Abschied.

Accise →Akzise.

Achse, nach einer Prägung von B. Mussolini die durch den Vertrag v. 25. 10. 1936 begründete, bis zum Sturz Mussolinis 25. 7. 1943 dauernde polit. Verbindung Berlin-Rom; daher A.n-mächte Dtld. und seine europäischen Verbündeten im 2. Weltkrieg.

F. W. Deakin, Die brutale Freundschaft. Hitler, Mussolini u. d. Untergang d. it. Faschismus, 1964; M. Finke, Sanktionen u. Kanonen, 1970; J. Petersen, Hitler–Mussolini, 1973.

Achsenzeit, nach E. v. Lasaulx (1805–61) und K. Jaspers (1883–1969) die Jhh. von 800v. bis 200v. mit dem Höhepunkt um 500v. (Zeit des Konfuzius und Laotse; des Buddha, Zarathustra und der Propheten; Homers, der gr. Philosophie und Tragödie, des Thukydides und Archimedes), in denen der Mensch das mythische Zeitalter durch Vergeistigung überwindet, der Vernunft und Persönlichkeit innewird, Ansätze zu den Weltreligionen schafft und sich der Geschichte zuwendet; die politische Bewegung und kraftvolle Entfaltung im Kleinen finden in China, Indien und dem Abendland mit Großreichen ihren Abschluß, doch bestimmt die A. Weltgeschichte und Geschichtsbewußtsein bis zur Gegenwart.

K. Jaspers, V. Urspr. u. Ziel d. Gesch., [1]1949, [3]1966.

Acht (zu mhd. *âhten* ‚verfolgen'), jeder schon bei primitiven Gemeinschaften, dann in allen Staaten germ. Wurzel im europäischen MA. vorkommende Ausschluß aus der Lebensgemeinschaft wegen gemeingefährlichen Verbrechens. Der Missetäter wurde durch Gerichtsspruch in die A., d.h. für gesetzlos und vogelfrei erklärt (Friedloslegung); er floh in die ‚Wildnis' und konnte von jedermann bußlos getötet werden; wer ihn aufnahm, verfiel selbst der A.; der Geächtete verlor Haus und Vermögen, seine Frau wurde einer Witwe, die Kinder Waisen gleichgeachtet. Die A. war an sich unsühnbar, doch konnte sich der Geächtete aus der A. lösen, wenn er sich dem Gericht stellte; auch Sühne durch Geld wurde allmählich möglich. Die Verfestung, eine mildere Form der A., die als Verbannung in →Stadtrechten vorkam, war gleichzeitig die erste Stufe der Reichs-a., die nur vom Kg. (bzw. seinen Gerichten) ausgesprochen werden konnte. Verblieb der Geächtete →Jahr und Tag in der Reichs-a., so verfiel er der unlösbaren Aber-a. (auch Ober-a.). Die Formel Acht und Bann weist auf die Verknüpfung von Reichs-a. und kirchlichem Bann (→Exkommunikation) hin, die seit der *Confoederatio etc.* Friedrichs II. von 1220 reichsrechtlich verankert war; Ächter = der Geächtete.

J. Poetsch, D. Reichsa. im MA., 1911; E. v. Künßberg, ZRG. GA. 58, 1938; K. Haff., ebda. 62, 1942; H. Sints, Bann u. A. u. ihre Grundlagen im Totenglauben; E. Schmidt, Gesch. d. dt. Strafrechtspflege, [3]1965.

Acht(e) (rhein. ‚Grenze'), das Salland des →Fronhofs, auch = Frondienst; dav. achtfrei, fronfrei; Achttag, Frontag.

Achtundvierziger, die Verfechter der liberalen und demokratischen Strömungen in der dt. Revolution von 1848 (innerhalb und außerhalb der Paulskirche), die z. T. später gemaßregelt wurden, z.T. auswanderten, nach der Schweiz (G. Herwegh, J. Scherr), England (F. Freiligrath, L. Bucher), u.a. Ländern, v.a. nach den USA (Th. Hecker, K. Schurz, H. Kudlich, Th. Sigel).

E. Meier, D. außenpol. Ideen d. A., 1938; A. E. Zucker, Forty-Eighters, 1950; E. W. Dobert, Dt. Demokraten in Amerika, 1958.

Ackergesetz (lat. *lex agraria*), gesetzliche Maßnahme gegen die – v.a. seit dem 4. Jhv. zufolge der Fortschritte der Gutswirtschaft, der Verschiebung der Einkommensverhältnisse u.a. in Griechenland, dann in Italien auftretende – Verarmung und Proletarisierung des Kleinbauernstandes, Beschränkung des Großgrundbesitzes (in Italien auf 500 Joch) und Neuverteilung des Staatslandes (→ager), v.a. im 2./1. Jhv. (Ti. Gracchus 133v., C. Gracchus 123v., M. Livius Drusus 91v. u.a.).

Ernst Meyer, Röm. Staat, [4]1975; H. Schneider, Die Entstehung d. röm. Militärdiktatur, 1977 (mit Lit.).

Acta (lat.), ‚Taten', Geschehnisse, Verhandlungen, bes. die Amtshandlungen röm. Beamten, v.a. des Kaisers (= →Constitutiones), sowie der Bericht darüber, z.B. *A. publica*, *diurna*, stadtröm. Chronik als Vorform der Zeitung (vgl. frz. *Journal*), *A. senatus*, Sitzungsprotokolle des röm. Senats, beide auf Veranlassung Caesars 59v. regelmäßig veröffentlicht; *A. Apostolorum* = Apostelgeschichte, ebenso mlat. *A.* = Geschichte, →Gesta, →Vita; *A. Martyrorum* →Märtyrerakten, *A. Sanctorum*, →Bollandisten; unter dem Titel *A. eruditorum* erschien, begonnen von O. Mencken (1644 bis 1707), 1682–1782 der erste dt. wissenschaftliche Buchanzeiger, Vorbild der wissenschaftlichen Zeitschriften; *A. Sanctae* (seit 1909 *Apostolicae*) *Sedis*, seit 1865 das Amtsblatt der →Kurie; – davon frz. *actes*, engl. *acts*, dt. Akten, Sammlung von Schriftstükken (Niederschriften und Urkunden) zu amtlichem, v.a. gerichtlichem Gebrauch, während die Ez. frz. *acte*, engl. *act*, dt. die Akte stärker den urkundlichen Charakter betont, v.a. engl. *A. (of Parliament)*, das aufgrund eines Entwurfs (→Bill) verfassungsmäßig zustande gekommene Gesetz (z.B. *A. of Union*, *Unions-*

akte von 1707, die Vereinigung Schottlands mit England unter einem Parlament), auch der internationale Vertrag (z.B. die *Wiener Schlußakte* vom 9.6.1815).

Adel (ahd. *adol*, *edeli*, ‚edel'), ‚Stand des erblichen Vorrechts in der politischen Leitung des Staates' (H. v. Treitschke, 1834–96), das sich urspr. auf die überragende kriegerische Leistung, sowie auf die Vorstellung gründet, daß es ‚eine Vererbung der Vorzüge der Väter auf die Kinder gebe'. Mit zunehmender sozialer Schichtung bildet der A. durch den Vorrang des (Grund-)besitzes, durch überlegene Waffenübung und Bewaffnung (Pferd, →Streitwagen), Familientradition, durch einen gehobenen, vom Broterwerb unabhängigen (vorwiegend →ritterlichen) Lebensstil, ja, wie die moderne →Anthropologie zunehmend erkennt, durch Ausprägung besonderer, auch durch höhere Lebenserwartung beförderter rassischer Merkmale ein eigenes Standes- und Zusammengehörigkeitsgefühl aus; bei aller Mannigfaltigkeit seiner Erscheinungsformen in den einzelnen Gesellschaften ist doch gemeinsam der unbedingte Anspruch darauf, innerhalb des Staates die →Elite zu stellen, sowie der nachhaltige Einfluß seiner Ideale und Leitbilder auf die Kultur (→Heroen, Rittertum, Courtoisie, Gentleman). Die spezifische Herrschaftsform des A.s, die →Aristokratie (A.s-staat), verwirklicht sich in reinen Formen verhältnismäßig selten, in der Regel nur in kleinräumigen staatlichen Gebilden (röm. Republik, ital. Stadtstaaten), da sich der A. zufolge seiner starken lokalen Bindungen nur mit Widerstreben der Lösung großer, zentral zu bewältigender Aufgaben zuneigt. Der Strukturwandel des A.s erfolgt z.T. durch gesellschaftliche und politische Veränderungen (Eindringen plutokratischer Elemente, Geld-a., z.B. in der gr. Geschichte des 7./6. Jhv.; Entwicklung der städtischen Lebensform, vgl. z.B. den Amts-a. der röm. →Nobiles und sein Fortwirken in den kommunalen Funktionen des it. A.s bis ins 20. Jh.; Wandel der Kriegstechnik: →Hoplitentaktik des 7./6. Jhv., Verbreitung der Feuerwaffen seit dem 14. Jh., in Japan seit dem 16. Jh.), durch den natürlichen, biologisch bedingten Schwund des Geburts-, Geblüts- oder Ur-a.s (der röm. →Patrizier, des A.s der alten germ. Stämme im Frankenreich, des bis vor 1350 belegten A.s der Gegenwart), v.a. aber durch die Auseinandersetzung mit der monarchischen Gewalt: während der A. selbst (der Grund-, Land-a. im Gegensatz zum Stadt-a., →Patrizier) dem auf das persönliche Verhältnis abgestellten →Feudalismus (z.B. in Japan bis ins 19. Jh.) und einer möglichst starken Kontrolle der monarchischen Zentralgewalt zuneigt (vgl. die ‚szeptertragenden Könige' bei Homer, Od. VIII, die Vertreibung der →Tyrannen in Athen und Rom, Fronde, Liberum →Veto u.a.), vereinzelt auch der regionalen Ablösung kg. Rechte durch Eigenherrschaft (→Landesherrlichkeit), sucht das Königtum seinerseits die ihm gefährliche Macht des A.s durch verschiedene Maßnahmen zu brechen: durch Erhebung treuer Diener in den A.sstand (Dienst-a., →Graf, Ministerialen u.a.; →Beamten-a., →*noblesse de robe;* →Brief-a.), durch Einordnung in abgegrenzte Aufgabenbereiche (vgl. das preußische Heer), durch Gewöhnung an Hofleben und Hofdienst (vgl. die einzelnen →Hofämter) und die damit verbundene Entwurzelung, so daß schließlich mit dem →Absolutismus die politische Macht des A.s gebrochen wird. Bis zur NZ. bildet sich dabei im europäischen Raum eine Scheidung zwischen hohem (→Pair, Peer usw.) und niederem A. (→Gentry, Schlachta usw.) aus, wozu noch der dem Begriff an sich widersprechende persönliche A. (Verdienst-a.) tritt. Nach dem Sieg des →Absolutismus, dem Vordringen der →Aufklärung und des →Bürgertums ist das Schicksal des A.s seit dem 19. Jh. untrennbar mit dem Rückgang des monarchischen Prinzips verbunden, so daß die Gegenwart nur wenige Staaten, z.B. Großbritannien, aufweist, in denen der A. ein wenn auch eingeschränktes politisch-gesellschaftliches Gewicht behält, während andere (außer den islamischen Staaten z.B. die USA und die amerikanischen Republiken) den A. überhaupt nicht kennen oder – auch außerhalb des kommunistischen Bereichs – formell (z.B. Österreich seit 1919) und tatsächlich (z.B. Norwegen seit 1814) abgeschafft haben. Während sich in der Gegenwart die schrittweise Eingliederung des A.s in die bürgerliche Gesellschaft weiter vollzieht, werden die Funktionen der →Elite in Politik, →Parteien, und Wirtschaft (→Manager, Unternehmer) von neuen, nicht an Standesverpflichtungen und Erblichkeit gebundenen Kräften wahrgenommen.

H. v. Treitschke, Politik I, [4]1899; H. v. Bülow, Gesch. d. A.s, 1903; K. F. Stroheker, Der senator. A. im spätantiken Gallien, 1948, ND 1970; O. Brunner, A.iges Landleben u. europäischer Geist, 1949; K. Hauck, Geblütsheiligkeit, 1951; A. Schulte, Der A. u. d. dt. Kirche im MA, [3]1958; H. Dannenbauer, Grundlagen der ma. Welt, 1959/62; K. Mannheim, Mensch u. Gesellschaft im ZA. des Umbaus, dt. 1958; H. Gollwitzer, Die Standesherren, [2]1964; K. Bosl, Frühformen menschlicher Gesellschaft im ma. Europa, 1964; M. Weber, Wirtschaft u. Gesellschaft, [5]1972.

Adels-brief, → Urkunde (Diplom), durch die der Adel verliehen, bzw. bestätigt wird; -marschall, 1785–1917 Vertreter des A. in jedem ru. →Gouvernement oder Kreis, Vorsitzender der Selbstverwaltungskörperschaften, der A.-versammlung, bzw. seit 1864 auch des →Semstwo; -probe → Ahnenprobe; -staat →Aristokratie.

Ädil (lat. von *aedes* ‚Tempel'), urspr. einer der beiden Hilfsbeamten der römischen →Plebs am Cerestempel mit Aufsicht über Archiv und Markt. Seit 367v. um zwei →Kurulische Ä.en (→Patrizier) vermehrt, ist die Ädilität ein Staatsamt, mit Polizeigewalt, Aufsicht über den städtischen Verkehr und Leitung der Spiele befaßt; durch Caesar um zwei Ä.en zur Kornversorgung erweitert, in der Kaiserzeit bedeutungslos.

E. Meyer, Röm. Staat, [3]1964; H. Siber, Röm. Verfassungsrecht, 1952.

Adjudikation (lat.), Zuerkennung einer Sache, im At. auch einer Person (eines Schuldners) durch gerichtliches Urteil.

Adjunkt (von lat. *adiungere* ‚anschließen'; frz. *adjoint*), Amtsgehilfe, v.a. in Frankreich seit der frz. Revolution Vertreter und Gehilfe des Bürgermeisters (Maire).

Adler, als Symbol und Wappentier im eurasischen Raum weit verbreitet (erstmals als Attribut des sumerischen Kriegs- und Lichtgotts Ninurta bezeugt; vgl. die Cherubim am Thron Gottes), Zeichen himmlischer und irdischer Macht; Tier des gr. Zeus und des röm. Juppiter, daher Attribut des →Triumphators, seit Marius (wie schon bei den pers. Achaimeniden) als Feldzeichen auf den Standarten der röm. Legionen, dann Symbol ks. Gewalt; der Doppel-a. (als Sonnensymbol bereits bei den Hethitern) geht von Byzanz auf das ru. Zartum über; im Westen führen, in der röm. Tradition stehend, den Reichs-a. die Reichsfürsten, -städte und -beamten, während der Doppel-a. seit dem 15. Jh. bis 1806 von den dt., seit 1804 von den österr. Ks. im Wappen geführt wird; seit 1871 ist das Dt. Reich zum einköpfigen A. zurückgekehrt.

P. E. Schramm, Herrschaftszeichen u. Staatssymbolik, 1954ff.; K. Fürst Schwarzenberg, A. u. Drache, 1958; — Lit. in: N.Lurker, Bibliographie z. Symbolkunde, 1968.

Administration →Verwaltung; Administrator, Verwalter, v. a. eines →Bistums.

Admiral (von mlat. *amiratus* für arab. →*emir*, im 12. Jh. erster Minister im Königreich Sizilien, später auf die Führung der Flotte beschränkt; mlat. auch *amiralis*, frz. *amiral*), seit dem 13. Jh. Befehlshaber einer Flotte, in der NZ. Offiziersrang mit einer der →Generalität entsprechenden Stufung in Klassen (Kontre-a. Vize-a., A., General-a., →Groß-a.; in den Niederlanden auch A.-General, der Generalstatthalter als Oberbefehlshaber der Flotte); A.ität, die Gesamtheit der A.e eines Landes; seit dem 16. Jh. in den Niederlanden und England (seit 1690 unter dem Marineminister, *First Lord of the Admirality*), danach auch in anderen Staaten (in Preußen und im Dt. Reich – nach Anfängen im 17./18. Jh. – 1853 bis 1889) kollegiale Behörde zur Leitung der Kriegsmarine; A.-schaft, Schiffskarawane, Handelsflotte unter Bedeckung von Kriegsschiffen (Venedig seit dem 12. Jh., *mudua navium*) zum Schutz gegen →Piraterie, von den Seestädten durch genaue Bestimmungen und Fahrttermine geregelt (→Convoizwang); die A.schaften befördern den Zusammenschluß der Kaufleute in →Gilden und Niederlassungen (→Kontor, Fondaco).

W. Hubatsch, der A.-Stab u. die obersten Marinebehörden in Dtld. 1848–1945, 1958.

Adoption (lat. *adoptare* ‚erwählen‘, z.B. einen der Söhne als Nachfolger in der Herrschaft), Annahme an Kindes statt, v.a. in der röm. Aristokratie häufige Form der Weiterführung eines erlöschenden Geschlechts, in der Kaiserzeit zur Bestellung des Nachfolgers, bei Lebzeiten (Nero) oder *ex testamento* (Augustus, Tiberius); Adoptivkaiser, als Epochenbezeichnung die Zeit von 96 bis 192n., in der Trajan, Hadrian, Antonius, Marcus Aurelius durch A. zur Herrschaft gelangten und die A. als ‚Auswahl des Besten‘ als Ideallösung propagiert wurde (vgl. Tac., Hist. 1,14; Plin. Paneg.).

Adoration (lat. ‚Anbetung‘), im profanen Bereich die →Huldigung, →Proskynese.

Adresse (frz. von mlat. *addirictare* von lat. *regere* ‚richten‘; engl. *address*), seit dem 18. Jh. (in England seit 1662) Schreiben einer ständischen oder parlamentarischen Vertretung an den Herrscher, dann allgem. schriftliche, an eine breitere Öffentlichkeit gerichtete Erklärung einer Gruppe oder Körperschaft mit allgemeinerem, grundsätzlichem Inhalt; Adreßrecht, im konstitutionellen Staat das Recht der Volksvertretung, die →Thronrede des Monarchen durch eine A. zu beantworten.

Advocatus (lat. ‚herbeigerufen'), der Rechtsbeistand im Bereich des röm. Rechts, mlat. Immunitätsrichter, = →Vogt; auch →Meier, →Patronatsherr.

Aerarium (von lat. *aes* ‚Erz'), die Staatskasse der röm. Gemeinde am Saturntempel unter Aufsicht der →Quästoren, Aufbewahrungsort für Geldvorrat, Feldzeichen, Urkunden; nach der Trennung durch Augustus die Senatskasse im Gegensatz zum kaiserlichen →Fiskus (entsprechend bis in die NZ. Kasse der →Stände – Kasse des Fürsten); *A. militare*, von Augustus begründete Kasse zur Veteranenversorgung; Aerarier, nicht näher bekannte Klasse von Bürgern der röm. Republik, vermutlich mit höherer steuerlicher Belastung.

Aes (lat. ‚Erz'), Kupfer als altitalisches Zahlungsmittel, zunächst als Rohkupfer *(a. rude)*, dann als gegossener, zur Garantie des Gewichts mit Zeichen versehener Barren *(a. signatum)*, schließlich gegen Ende des 4. Jhv. als rundes, gegossenes Kupferschwergeld *(a. grave)* in der Gewichts- und Währungseinheit des →As.

H. Mattingly, A. and pecunia, Num. Chron. 1945.

Affatomie (von lat. *adfari?*), →Adoption nach fränk. Recht, Eigentumsübertragung, die indes dem Erblasser die Nutzung des Erbes bis zu seinem Tode beläßt.

Affinität (lat. *affinis* ‚Grenznachbar'), im röm. Recht die angeheiratete Verwandtschaft, Schwägerschaft.

After-ding (auch Ausding, Nachding, Nachgericht), Ding, auf dem die während des echten →Dings nicht mehr behandelten Fälle erledigt wurden; -lehen, ein von einem Lehensträger an einen Untervasallen (Aftervasallen) ausgegebenes →Lehen.

Aga (tü.), urspr. Titel hoher tü. Offiziere, →Janitscharen, und Beamten, später allgem. Bezeichnung der Janitscharen, dann der niederen tü. Offiziere; heute = Chef, Herr, auch →Kaid.

Agent, lat.mlat. *agens* ‚ausführendes Organ', Beauftragter niederen Ranges, auch →Vogt, vereinzelt (in der frz. Revolution) Gemeindevorsteher; v.a. *agentes in rebus*, das Korps der kaiserlichen Kuriere, zugleich die verhaßte Geheimpolizei der röm. Kaiser des 4. Jhn.; seit dem 16. Jh. erscheint A. auch als Titel eines diplomatischen Vertreters niederen Ranges, als Leiter des Kontors und bevollmächtigter Vertreter eines Handelshauses (z.B. der Fugger) an wichtigen Plätzen; seit dem 19. Jh. Beauftragter ohne diplomatischen Charakter, Spion.

R. J. Frank, Scholae Palatinae, 1969.

Ager publicus, das röm. Gemeindeland, in Italien gewöhnlich das beschlagnahmte Drittel der Feldmark Besiegter, (in den Provinzen das →Königsland), urspr. zur Anlage von →Kolonien verwendet, dann gegen geringe Gebühr zur Nutzung vergeben, wodurch die Entstehung der →Latifundien begünstigt, sowie der

Proletarisierung und der Entstehung sozialer Spannung Vorschub geleistet wurde; Agrimensoren (gr. Gromatiker von gr. *groma*, dem Meßgerät), die röm. Feldmesser.

M. Rostovtzeff, Ges. u. Wirtsch. gesch. d. hell. Welt, dt. 1955f.; — Corpus A.orum Rom. (CAR), ed. C. Thulin, 1913.

Agermanament (span. *germinamento* zu lat. *germanus* ‚Verbrüderung'), im Seehandelsrecht des MA. Zusammenschluß aller an Schiff und Ladung Beteiligten zur gemeinsamen Deckung der Seeschäden.

Aggrave (mlat.-frz. ‚Erschwerung'), im ma. Frankreich verschärfte Form des →Banns mit Rechtsunfähigkeit und Einzug des Vermögens nach →Jahr und Tag.

Aggression (lat. *aggressio* ‚Angriff'), →kriegerische Angriffshandlung im Sinne eines völkerrechtlichen Delikts oder Verbrechens, seit dem 1. Weltkrieg in vielen internationalen Vereinbarungen und Satzungen erwähnt (vgl. den Kellog-Pakt 27.8.1928), ohne daß eine zureichende Begriffsbestimmung gelang. Z.Zt. entscheidet der →Sicherheitsrat, ob eine A. vorliegt; Aggressor, der Angreifer.

L. Serre, L'aggressione internazionale, 1946; F. Hacker, A., 1973.

Agitator (lat.-engl.), im 17. Jh. Bezeichnung der von den Soldaten des engl. Parlamentsheeres zur Wahrung ihrer Interessen gewählten Vertreter; seit dem 18. Jh. allgem. für Verbreiter radikaler politischer Ideen verwendet (z.B. der irische Nationalistenführer Dan O'Connell, 1775–1847; F. Lassalle, 1825–63); Agitation, zunächst abwertend als ‚Hetze' verstanden, hat – v.a. in der politischen Arbeit der Linksparteien – den tadelnden Beigeschmack verloren.

Agnaten (lat.), nach röm. Recht männliche Personen, die einer *patria potestas* unterliegen, nach germ. Recht die durch Männer verwandten männlichen Glieder einer →Sippe (Schwert→magen).

Agon (gr.), Streitgespräch, Wettspiel, Wettkampf, Kampf; seit J. Burckhardt (1818–97) gilt das a.ale Moment (Prinzip), Erbe der homerischen Zeit, das sich nicht nur in den großen Nationalspielen zu Olympia, Delphi, Korinth, Nemea äußert, sondern das gesamte hellenische Leben durchdringt, als bestimmender Wesenszug des gr. Menschen (‚Immer das Höchste zu leisten und über die andern zu ragen', Homer, Ilias VI 208).

M. Pohlenz, D. hellenische Mensch, 1947; J. Duchemin, L'A. dans la tragédie grecque, ²1968.

Agora (gr.), Heeres-, Volksversammlung, Versammlungsplatz; in der gr. →Polis der Markt als Zentrum des öffentlichen Lebens; A.-nomen, in Athen und anderen gr. Stadtstaaten die mit der Marktaufsicht betrauten Beamten.

R. Martin, Recherches sur l'A. grecque, 1952.

Agrarier (lat. *agrarii* – zu *ager* ‚Acker' – seit Cicero ‚Freunde der Landverteilung', →Ackergesetz), seit 1874 umkämpftes Programmwort für oppositionelle Vertreter landwirtschaftlicher Interessen in der Politik (1876 *Vereinigung der dt. Steuer- und Wirtschaftsreformer*, 1893 *Bund der Landwirte*), bald allgem. Landwirt, (Groß-)grundbesitzer; Agrar-gemeinde, Körperschaft eingesessener, an der Nutzung der →Allmende beteiligter Bürger; -geschichte, Geschichte der A.-verfassung, Teil der →Sozial- und →Wirtschaftsgeschichte; -kommunismus, nach der liberalen nationalökonomischen Theorie des 19. Jh. (E. de Laveleye, 1822–92) der Urzustand der Eigentumsordnung, die – bei allen Völkern nachzuweisende – Feldgemeinschaft des Stammes; die marxistische Theorie (seit 1869) von der Überführung des Grunds und Bodens in Gemeinbesitz und seiner Nutzung in den technisierten und planwirtschaftlich gelenkten Formen des Großbetriebs mit Vereinigung der Produktionsmittel in der Hand des Staates, von der UdSSR seit 1928, dann auch von anderen kommunistischen Staaten in der Praxis erstrebt (→Kolchosen, →Sowchosen, auch →Bodenreform); -politik, im weiteren Sinn alle die Landwirtschaft betreffenden politischen Maßnahmen und Bestrebungen, im engeren jene Maßnahmen des Staates, die auf Besserung der sozialen und Produktionsverhältnisse, der Erzeugung und Rentabilität in der Landwirtschaft oder zumindest auf ihre Einpassung in die allgem. Wirtschaftspolitik abzielen; während in früheren Zeiten, abgesehen von der Frage der rechtlichen Stellung der Bauern, →Bauernbefreiung, in diesem Sinne vorwiegend das Beispiel der Musterwirtschaft auf →Domänen wirkte, gewinnt die A.-politik mit der →Industrialisierung zunehmend umfassende Bedeutung; -reform, allgem. jede bewußt vorgenommene Änderung der A.-verfassung, bes. der Besitzverteilung (→Ackergesetz, Flurbereinigung, Bodenreform); -sozialismus, Bewegung zur Verwirklichung einer sozialistischen A.-politik, z.B. der im →Revisionismus vertretenen Zerschlagung des Großgrundbesitzes und Stärkung des bäuerlichen Kleinbetriebs; -soziologie, im 20. Jh. die wissenschaftliche Erforschung der A.-verfassung unter gesellschaftspolitischem Aspekt; -verfassung, die Summe der historischen, rechtlichen, wirtschaftlichen und gesellschaftlichen Verhältnisse der Landwirtschaft eines bestimmten Gebiets.

E. de Laveleye, K. Bücher, D. Ureigenthum, 1879; K. Kautsky, D. A.-frage, [2]1902; E. David, Sozialismus u. Landwirtsch., 1903; O. Asten, A.-bibliographie, 1945ff.; A. Weber, W. Meinold, A.-politik, 1951; W. Abel, A.-politik, [3]1967; F. Lütge, Geschichte der dt. A.-verfassung vom frühen MA. bis zum 19. Jh., [2]1967; A. Gerhardt. P. Kuhlmann, A.-wirtschaft und A.-politik, 1969; O. Wöhrmann, Das Laudwirtschaftsrecht, [2]1971.

Agreement (engl. von lat. *aggratare* zu lat. *gratus* ‚genehm'), private oder politische Übereinkunft ohne förmlichen Vertrag, daher bei zwischenstaatlichen Vereinbarungen die Erfordernisse einer parlamentarischen Diskussion und Ratifikation umgehend, vgl. *Gentlemen's A.*, v.a. gebraucht für den halboffiziellen Briefwechsel zwischen dem engl. Außenminister Sir E. Grey (1862–1933) und dem frz. Botschafter P. P. Cambon (1843–1924); Agrément (frz.), die vor Entsendung eines diplomatischen Vertreters eingeholte Zustimmung eines Staates, daß ihm die vorgesehene Persönlichkeit genehm ist.

P. P. Cambon, Correspondance, 1940 ff.; ders., Par un diplomate, 1937.

Agrimensoren →Ager.

Ägyptologie, die Wissenschaft von Sprache, Kultur und Geschichte des alten Ägypten, nach der Entzifferung der →Hieroglyphen durch J. F. Champollion (1791–1832) 1822 von diesem selbst und R. Lepsius (1810–84) als Sonderdisziplin begründet, die an allen bedeutenden Universitäten und Museen vertreten ist; durch die scharfe Abgrenzung ihres Gebietes begünstigt, vereinigt die A. nach wie vor philologisch-literarische, archäologisch-epigraphische (auch papyrologische), kunsthistorische und geschichtliche Studien in sich.

Lit. bei W. Wolf, Wesen u. Wert der Ä., 1937; E. Hornung, Einf. in d. Ä., 1967; W. Wolf, D. alte Ägypten, ²1978. – A. Scharff in: Hb. d. Archäologie, 1939; E. Otto, Ägypten, 1955 u.ö.; A. Gardiner, Gesch. d. alten Ägypten, dt. 1965; W. Helck, Gesch. d. alten Ägypten, 1968; ders. u. E. Otto, Lexikon der Ä., 1972 ff. — Zs. f. äg. Sprache, 1863 ff.; Journal of Egyptian Archeology, 1914 ff.; Ägyptolog. Forschgen, 1936 ff.

Ahnen-bilder →Bildnisrecht; -kult, die mit der Seßhaftwerdung und dem Aufkommen bäuerlicher Lebensformen bei zahlreichen Völkern einsetzende Sitte, die Geister der Verstorbenen als helfende (oder schädliche) Kräfte kultisch an Herd und Grab zu verehren, bes. stark in China, wo der A.-kult im 17./18. Jh. den ‚Ritenstreit' heraufbeschwor, da ihn die Jesuiten im Gegensatz zu anderen missionierenden Orden als Brauchtum zu bagatellisieren suchten; -probe, der Nachweis adeliger Abstammung durch urkundlichen Nachweis der adeligen Vorfahren, →Genealogie; -tafel →Genealogie; -verlust, in der →Genealogie die durch Blutsverwandtschaft der Vorfahren eintretende Verminderung der errechneten (→Generation) A.-zahl.

aide-memoire (frz. ‚Gedächtnisstütze'), im diplomatischen Verkehr nachträglich überreichte Niederschrift über mündliche Abreden.

Aisymneten (gr. ‚Kampfrichter'), in gr. Stadtstaaten des 7./6. Jhv. mit bes. Vollmachten ausgestattete Schiedsmänner zur Aufzeichnung des Gewohnheitsrechts oder einer Verfassung (z.B. Pittakos von Mytilene), in einigen Städten, z.B. Milet, auch später als hohes Amt nachweisbar.

Akademie, die Schule des Platon (427–347v.) im Hain des Heros Akademos zu Athen, spielte in der politischen Geschichte des 4./3. Jhv., bes. in der spätgr. →Tyrannis, eine nicht unbedeutende, zusammenhängend noch nicht dargestellte Rolle; nach der Schließung der A. durch Ks. Justinian 529n. wandern die letzten Platoniker in das Neupersische Reich ab. – Als in der Renaissance der Gedanke der A. als Gelehrtenvereinigung im Geiste Platons neu belebt wurde, wandten sich einzelne Gesellschaften bald auch der historischen Forschung zu, voran die ‚A. der Luchse', *Accademia dei Lincei*, in Rom, 1603; dem it. Beispiel folgend, sind seitdem A.n in allen Kulturstaaten begründet worden; im Dt. Sprachraum gibt es z.Zt. 7 A.en: Die Preußische (Dt.) A. zu Berlin (seit 1700), sowie die A.en in Göttingen (1751), München (1759), Leipzig (1846), Wien (1847), Heidelberg (1909), Mainz (1949); als Selbstverwaltungskörperschaften mit einer begrenzten, durch Kooptation ergänzten Zahl von Mitgliedern (ordentliche und korrespondierende) fördern sie in ihren philosophisch-historischen Klassen auch die Geschichtsforschung durch Veröffentlichung ihrer Sitzungsberichte (SB) und Abhandlungen (Abh.) und v.a. durch die Betreuung großer Sammelpublikationen (einzeln oder im Kartell), z.B. der →Corpora der lat. und gr. Inschriften, der →*Monumenta Germaniae Historica*, der Papsturkunden; neben den rein wissenschaftlichen Einrichtungen nehmen verschiedene Forschungsstätten, Fachhochschulen oder hochschulähnliche Ausbildungsstätten (Kriegs-, Militär-, Musika. u.a.) die Bezeichnung A. für sich in Anspruch.

G. Brenner, Organisation u. Aufbau der A.n der Wiss., Dt. Universitätsztg. 2, 1968; P. Erkelenz. Der A.-gedanke im Wandel der Zeiten, 1968; A. v. Harnack, Gesch. d. kg.-preuß. A. der Wiss. zu Berlin, 1968; G. M. Dobrar, Wissenschaftsorganisation u. Effektivität, dt. 1971,

Akklamation (lat. ‚Zuruf'), Zuerkennung des Ehrentitels →Imperator durch das siegreiche röm. Heer; Ausrufung, einfachste Form der Wahl (oder Bestätigung), v.a. eines Herrschers, auch des Papstes im →Konklave.

Akkolade (frz., engl. zu lat. *accollare*, ‚umhalsen'), der →Ritterschlag (und die Umarmung dabei).

Akkord (frz. v. mlat. *accordium* zu lat. *cor* ‚Herz'), in der NZ. allgem. Abkommen, Vertrag.

Akkreditiv (vom frz. *accréditer*, ‚sich in Ansehen bringen'), Beglaubigungsschreiben eines diplomatischen Vertreters.

Akkulturation (von →Kultur), Zusammentreffen und Einwirken von →Kulturen verschiedener Höhe aufeinander mit tiefgreifenden kulturellen und politischen Folgen, bes. bei der tieferstehenden Kultur (z. B. Europäer-Indianer, Europäer-Afrikaner).

R. Thurnwald in: Kulturanthropologie, hrsg. v. W.E. Mühlmann u. E.W. Müller, 1966.

Akkumulation →Marxismus.

Akropolis (gr. ‚Oberstadt'), befestigter Mittelpunkt gr. Stadtstaaten, dann als Festung (Korinth), Tempelbezirk (Athen), Residenz (Pergamon) ausgestaltet.

K. Michalowski, A., 1964.

Akte, Akten →Acta.

Akzession (von lat. *accedere* ‚hinzukommen'), Hinzutritt zu einem bereits bestehenden Vertrag.

Akzise (mlat. *accisia*, Herkunft umstritten; vgl. engl. *excise*, dt. →Ziese), seit dem MA., von den Niederlanden ausgehend, in England und Dtld. (bes. seit dem 17. Jh.) Bezeichnung für Steuern verschiedener Art, bes. in Preußen urspr. städtische, dann verstaatlichte. 1766–86 zentral verwaltete Umsatz- und Verbrauchssteuer (→auch Bier→ziese); die A. wurde in Preußen, wo der Adel befreit war, am Anfang des 19. Jh. aufgehoben.

Ala (lat. ‚Flügel'), – urspr. auf den Flügeln aufgestellte – bundesgenössische Reiterei der Römer, in der Kaiserzeit Abteilung zu 500 oder 1000 Mann unter dem Befehl eines →Präfekten.

Albus (lat. ‚Weißpfennig'), rheinische →Groschenprägung des 14. Jh.

Alcalde →Alkalde.

Aldermann (ags. *ealdorman* ‚Ältester'), im ags. England urspr. selbständiger Kleinherrscher, dann kg. Beauftragter in Verwaltung und Gericht; im 10. Jh. wird er durch den →Sheriff verdrängt; in den Städten Vorsteher der →Gilden und Stadtoberhaupt, wird der A. mit dem Aufkommen des

→Mayor Glied des regierenden, später verwaltenden Rats, so noch heute in der Gemeindeverfassung Englands und der USA.

Aldien, Aldionen, die den →Liten entsprechenden Halbfreien bei den Langobarden.

Alimentation (lat.), Stiftung des Kaisers Nerva (96–98n.), die Hypotheken vergab, deren Zinsen zur Erziehung mittelloser Kinder Italiens verwendet wurden, mit eigener Kassenführung und Bezirkseinteilung *(praefecturae alimentorum)*.

Alkalde (span.), entspr. der Entlehnung von arab. →Kadi zunächst Richter, dann Vorsteher einer Gemeinde- oder Bezirksverwaltung.

alldeutsch, dt.-völkische Einstellung, deren Träger v.a. der *Allgem. dt. Verband* von 1891 (seit 1894 *A.er Verband*) war; als Agitationsverein für alle ‚dt.-nationalen Bestrebungen' förderte er eine ‚tatkräftige dt. Interessenpolitik in Europa und Übersee' unter ‚Zusammenfassung aller Deutschen auf der Erde', eine ‚aktive Flotten- und Kolonialpolitik' und wurde damit zum lautesten Befürworter des dt. Imperialismus; in der Weimarer Republik schloß sich der Verband der ‚nationalen Opposition' an; in Österreich *a.e Vereinigung* 1901 (G. v. Schönerer, 1842–1921), *a.er Verband* 1920 mit ausgeprägt →ultramontanen Tendenzen (→ auch Los von Rom).

A.e Blätter (als Agitationsorgan); Einhart, (H. Claß), Dt. Gesch., •1919; – A. Kruck, Gesch. d. A.en Verb., 1954; H. Pross, D. Zerstörung d. dt. Pol., 1959; E. Hartwig, A.er Verb., 1968.

Alleinseligmachend, Bezeichnung d. röm.-kath. Kirche; daß es außerhalb ihrer kein Heil gebe, wird schon v. Cyprian (gest. 258) ausgesprochen u. i. Höhepunkt d. päpstlichen Macht im MA. von Bonifaz VIII. (Bulla *Unam Sanctam*, 1302: *extra ecclesiam nulla salus*) feierlich bekräftigt.

Aller-christlichste usw. Majestät →Rex.

Allianz (frz., engl. *alliance* von lat. *alligare* ‚verbinden'), →Bündnis, seit dem 17. Jh. (vgl. die → Triple-a. von 1668) mit dem Vordringen der frz. Sprache in der Diplomatie zunehmend verwendete Bezeichnung (→auch Quadrupel-a.), bes. die *Große A.* zwischen Ks. Leopold I., Wilhelm III. von Oranien-England, den Generalstaaten u.a. Ländern gegen König Ludwig XIV. vom 12. 5. 1689, am 7. 9. 1701 erneuert; die →*Heilige A.* von 1815, benannt nach den in ihr enthaltenen christlichen Grundsätzen, ist völkerrechtlich im Grunde kein Bündnis, sondern eine →Deklaration nach Art der Monroe-→Doktrin; A.-wappen, die miteinander verbundenen Wappen eines Ehepaares; Alliierte, ‚Verbündete', bes. die aufgrund eines Vertrags in den 1. Weltkrieg eingetretenen Gegner der →Mittelmächte, Großbritannien, Frankreich, Italien u.a. (doch nicht die USA, →Assoziierte); die Gegner Deutschlands und seiner Verbündeten im 2. Weltkrieg.

W. Schwarz, D. Hl. A., 1937; O. Redlich, D. Werden e. Großmacht, 1939; J.-H. Pirenne, La Sainte Alliance, 1946ff. W. Markert, FS. S. A. Kaehler, 1950.

Allmende (mhd. ‚das Allgemeine'), nach germ.-dt. Recht das Gemeineigentum der Gemeindeglieder, bes. von →Grundherr und Dorfgenossen, das in germ. Zeit und im FrühMA. i. a. unaufgeteilt bleibt. Die A. wird bei der Besiedlung ausgespart und besteht gewöhnlich aus Weide, Wald, Ödland und Gewässern. Je nach Bedarf wird sie als Viehweide, zur Schweinemast, zum Holzeinschlag, zur Niederjagd und Fischerei genützt. Der Begriff A. weitet sich im Lauf des MA. auf jedes gemeinsame Nutzungsrecht (z.B. auch an Straßen, Feldwegen, Brücken) innerhalb der Dorfgemeinschaft aus. Die A. wird im Zug der Binnenkolonisation (ab 9. Jh.) vereinzelt an Gemeindeglieder und Ortsherren zur →Rodung freigegeben (→Bifang), im ausgehenden MA. vom verarmten niederen Adel oft widerrechtlich beansprucht, seit dem 18. Jh. weitgehend aufgeteilt oder verpachtet. Reste haben sich im Alemannischen (Südwestdtld., Schweiz) erhalten.

K.S. Bader, Studien z. Rechtsgesch. des ma. Dorfes, 1957–62; G. v. Below, Gesch. d. dt. Landwirtsch. im MA., [2]1966.

Allod (ahd. ‚ganz eigen'), das freie Eigentum im Gegensatz zum →Lehen, da frei von Abgaben, auch = Freigut; im Bereich fränk. Rechts auch Familienerbgut im Gegensatz zum Kaufgut; Allodialgrafschaft, Grafschaft, die nicht vom König verliehen ist, sondern in abgelegenen Gebieten aus ‚wilder Wurzel', meist durch →Rodung entstand und in ihrem Rechtscharakter der →Immunität entspricht; Allodifizierung, auch: Allodifikation, die seit dem 16. Jh. in breitem Umfang einsetzende Umwandlung von Lehen in freies Eigentum gegen Abfindung des Landesherrn.

O. Behagel, Odal, Sb. München, 1935; G. Theuerkauf, Land u. Lehenswesen vom 14. bis zum 16. Jh., 1961.

Allokution (lat. ‚Anrede'), Rede des röm. Feldherrn an seine Soldaten, Gelegenheitsansprache des →Papstes, bes. an das Kollegium der →Kardinäle, oft über prinzipielle Fragen politischer Natur.

Almosenier (von gr.-lat. *eleemosynarius* ‚Almosenpfleger'), urspr. der die Almosengelder verwaltende Geistliche seines →Ordens; an Fürstenhöfen, wo das Amt des A.s (wie auch an der →Kurie) ebenfalls gebräuchlich war, war der A. meist zugleich Beichtvater des Fürsten und gelangte so zu bes. Einfluß, v.a. am frz. Hof, an dem es seit dem 15. Jh. einen Groß-A. (*Grand-Aumônier*) gab.

Alternat (von lat. *alternare* ‚eins nach dem anderen tun'), der Wechsel im Vorrang, wonach Gleichrangige bei der Ausübung eines Amtes, bei der Unterzeichnung eines Vertrages u.a. in paritätischem Wechsel die erste Stelle einnehmen; A.ions-rezeß, vertragliche Abmachung (v.a. im alten Dt. Reichs→fürstentag) über ein A. zur Vermeidung von Rangstreitigkeiten.

Altertum, nhd. urspr. Alter, Altsein, dann die alte Zeit (lat. *antiquitas*), v.a. seit der NZ. die Welt der Griechen und Römer, bes. in der von F. Schlegel (1767 bis 1829) geschaffenen Bezeichnung →klassisches A., mit dem im 18. Jh. aufgekommenen Begriff →Antike konkurrierend, von diesem zeitweilig fast verdrängt (z.B. bei O. Spengler), bzw. mit ihm synonym verwendet, erst im 20. Jh. – zufolge des universalhistorischen Ansatzes der Alten Geschichte (E. Meyer, 1855–1930) – deutlicher, doch nicht eindeutig geschieden im Sinne der →Epochengliederung: nach der seit Beginn der NZ. entwickelten, nicht ganz zu Recht Chr. Cellarius

(1638–1707) zugeschriebenen Gliederung der →Weltgeschichte in At., MA., NZ. der gesamte geschichtliche Zeitraum vor dem MA. (abgekürzt durch das Adj. alt, z.B. Alte Geschichte; Alter Orient: bis zu Alexander d. Gr.). Die Abgrenzungen sind umstritten und nicht eindeutig bestimmbar: für die obere Grenze zur Prähistorie →Vorgeschichte; die untere löste im 19./20. Jh. eine lebhafte Diskussion um das ‚Epochenjahr' aus, für das die Ansätze zwischen 324 (seit Cellarius) und etwa 650 (H. Pirenne, E. Kornemann) schwanken, wobei 476 (Th. Mommsen, H. Aubin u.a.), 375, 395 bes. Beachtung fanden und auch 378, 529 u.a. diskutiert wurden. Gleichzeitig wurde der Ernst der Diskussion abgeschwächt durch die allgem. Kritik an der Periodisierung in →Epochen (E. Keyser), die allenfalls ‚Grenzzeiten' gelten lassen will (→auch Spät→antike), durch das Problem der geschichtlichen →Kontinuität (A. Dopsch) und durch die →morphologische Betrachtung, der – nach Ansätzen bei H. Leo (1845) – K. Breysig mit seinem ‚Stufenbau' der Weltgeschichte voraufging. Danach wird die universale Gliederung in At., MA., NZ. auf die einzelnen Kulturkreise relativiert (z.B. schon H. Leo: Griechenlands At. = die Zeit bis zu den Perserkriegen), so daß heute für außereuropäische Kulturkreise völlig andere, innere Kriterien der Gliederung üblich sind (z.B. japanisches At. bis zum Beginn der →Tenno-Herrschaft um 120 v.). In neuerer Zeit werden Gliederungsversuche unternommen, die die überkommenen Begriffe preisgeben (Ch. Dawson, O. Halecki). – Der Plur. Altertümer bezeichnet zunächst die Überreste und Denkmäler aus der frühen, abgeschlossenen Vergangenheit eines Volkes (A.svereine → Historische Vereine), dann allgem., v.a. im 19. Jh., die – vorwiegend zum Verständnis alter Schriftsteller dienenden – Realien und ihre systematische Darstellung, nach Sachgruppen geordnet (vgl. die Gliederung im Handbuch der At. Wissenschaft IV, 1887: Staats-und Rechts-a., Kriegs-a., Privat-a., gottesdienstliche (Sakral-)a., szenische A.); auf ihre Kenntnis beschränkt sich in der Regel die At.skunde (anders jedoch M. Wegner 1951), während die At.swissenschaft von F. A. Wolf (1759–1824) 1807 in einem Goethe gewidmeten Aufsatz umrissen wird als eine im Zusammenwirken aller einschlägigen Wissenschaften unter Führung der Klassischen Philologie gewonnene ‚höhere Kenntnis' vom gr. Menschen. Dieser Vereinigung stand zunächst der Aufschwung der Alten Geschichte seit B. G. Niebuhr (1776–1831) entgegen, bis U. v. Wilamowitz-Moellendorff (1848–1931) ‚die At.swissenschaft in den mächtigen Strom des →Historismus' hineinführte. Gleichzeitig nahmen entsprechend der universalhistorischen Ausweitung des Begriffes At. auch Wissenschaften des nicht-antiken Bereiches (z.B. die Ägyptologie) die Bezeichnung für sich in Anspruch.

K. Breysig, D. Stufenbau u. d. Gesetze der Weltgesch., [2]1927; E. Keyser, D. Gesch.wissensch., 1931; H. Pirenne, Geburt d. Abendlandes, dt. [2]1956; H. Aubin, Vom At. z. MA., 1949; K. F. Stroheker in: Saeculum 1950; Ch. Dawson, The Making of Europe, dt. [2]1950; O. Halecki, Europa, dt. 1957; F. Vittinghoff, GWU 1958; R. Werner, GWU 1970; – F.A. Wolf, Darstellung der At.wissensch. nach

Begriff, Umfang, Zweck u. Wert, (Kl. Schr. 2) 1869; M. Wegner, At.skunde, 1951.

Altkatholizismus verwirft unter Berufung auf die ‚Alte' Kirche und im Gegensatz zum Katholizismus die →Infallibilität und hält fest am kirchlichen →Episkopalsystem und am altchristlichen Kult; er gelangte nach dem 1. Vatikanischen Konzil in Deutschland (J. J. I. Doellinger, 1799–1890) zu eigener kirchlicher Gemeinschaft (1870) und durch die Verbindung mit der bereits 1724 von Rom gelösten Jansenistischen Kirche von Utrecht zur apostolischen →Sukzession seiner Bischöfe (1871). Der A. konnte später auch (z. T. national gefärbt) in anderen Ländern Fuß fassen. Zusammenschluß der dt., österr. und schweizer altkath. Kirchen 1889 in der ‚Utrechter Union'.

U. Küry, Die altkath. Kirche, 1966; W. Krahl, Oekumenischer Katholizismus, 1970; V. Conzemius, Der A., 1971.

Altprotestantismus, zusammenfassende Bezeichnung der historischen Entwicklung der auf reformatorischer Grundlage entstandenen Kirchen bis zum Beginn der →Aufklärung, teils als geradlinige Fortsetzung der Reformation, teils als nur unvollständige Weiterführung der Theologie Luthers beurteilt.

Amanuensis (lat. *a manu* ‚Sekretär'), ‚rechte Hand', getreuer Mitarbeiter.

Ambarvalien →Arvalbrüder, Lustrum.

Ambassadeur (frz., von got. *andbahts*, ‚Diener', ‚Beauftragter' vgl. frühnhd. *ambasat*, ‚Gesandter'), seit dem 15. Jh. diplomatischer Vertreter, bes. außerordentlicher →Gesandter, seit dem 19. Jh. (Wiener Kongreß 1815, Aachener Reglement 1818) →Gesandter ersten Ranges, Botschafter.

Amendment (engl., frz. von lat. *emendare*, ‚Verbesserung', Abänderung), Verbesserungs- oder Ergänzungsvorschlag zu einem Gesetzentwurf oder Gesetz, bes. gebräuchlich für die (bisher 22) an den Verfassungstext der USA von 1787 angehängten Zusätze (nicht Neufassungen!) ergänzender oder abändernder Art.

Amicus (lat. ‚Freund'), in der röm. Republik an fremde Fürsten zur Bekräftigung eines lockeren Vertragsverhältnisses verliehener erblicher Ehrentitel, mit persönlichen Ehrenrechten verbunden, Instrument röm. Außenpolitik; in der Kaiserzeit persönlicher Ratgeber des Kaisers *(a. Caesaris)*, in der Öffentlichkeit als höchstes Hofamt und Titel verstanden.

V. Ferrenbach, Die *amici populi Romani* rep. Zt., 1895; A. Heuß, D. völkerrechtl. Grundlagen d. röm. Außenpol., 1933.

Amiral, Amiratus →Admiral.

Amnestie (gr. ‚Vergessen'), seit dem At. allgemeiner Straferlaß für bestimmte Personen oder Vergehen, v. a. nach politischen Krisen, Umstürzen oder Regierungswechseln; A.-klausel in →Verträgen schützt die Anhänger der Gegenpartei vor Verfolgung.

Amortisation (mlat.), Vergabe von Gütern an die Tote Hand (lat. *manus mortua*, frz. *mainmorte*, = Besitzer, der nicht vererben kann, z.B. →Leibeigener, juristische Person), bes. die Kirche; Tilgung der Rechtskräftigkeit einer Urkunde; Abtragung einer Schuld; A.s-gesetze, seit dem

SpätMA. (der Sache nach erstmals durch Heinrich II. von England 1164) Verbot des Grunderwerbs durch die Kirche (Schutzmaßnahme der Territorialherren und Städte gegen die wirtschaftlichen Folgen der Unveräußerlichkeit des Kirchenguts).

Amphiktyonie (gr. ‚Bund der Umwohnenden'), Bund von Stämmen oder Völkern zum Schutz eines Heiligtums, nach dem Modell der *Delphischen A.*, die seit dem 6. Jhv. (24 Ratsmitglieder aus 12 Stämmen) die Unabhängigkeit Delphis wahrte und zugleich die Ansätze völkerrechtlicher Regelungen entwickelte.

G. Zeilhofer, Sparta, Delphi u. d. Amphiktyonen im 5. Jh. v. Chr., 1961.

Amt (ahd. *ambaht* aus kelt.-lat. *ambactus* ‚Dienstmann', ‚Dienst'), (1) bes. im Territorialstaat des späteren MA. und der frühen NZ. Verwaltungs- und Gerichtsbezirk; die Ämterverfassung ist die häufigste Form der Verwaltungsgliederung im Territorium. In Bayern z.B. ist das A. urspr. Sprengel eines Niedergerichts, dann auch Verwaltungseinheit, in Württemberg erfolgt im späteren MA. die Einteilung des Landes in Ämter. An der Spitze des A.s steht der →A.-mann. Bei der Neugliederung der Verwaltung erfolgt oft Einteilung der zu großen Ämter in →Ober- und Unterämter. Mit der Trennung von Verwaltung und Gericht seit Ende des Alten Reiches ist das A. nur noch Verwaltungseinheit, so z.B. in Westfalen seit Beginn des 19. Jh. als Verband mehrerer Landgemeinden, in den östlichen Provinzen Preußens seit 1872 als Polizeibezirk aus Gemeinden und Gütern, in Württemberg als →Oberamt; (2) allgem. in der modernen Staats- und Gemeindeverwaltung Behörde, bes. die Behörde, die dem A.sbezirk vorsteht; (3) Bezeichnung für →Zunft.

Ämterkauf, die Erwerbung einer Beamten- oder Offiziersstelle (→ Patent) gegen Zahlung (vgl. im kirchlichen Bereich →Simonie, Annaten), im 17./18. Jh. v. a. in Frankreich, z. T. auch in anderen Staaten üblich.

Lit.: M. Göhring, D. Ä.käuflichkeit im ancien régime, 1938; R. Mousnier, La vénalité des offices sous Henri IV et Louis XIII, 1945.

Amtmann, Ammann, allgem. der mit einem →Amt Beauftragte (vgl. auch die Gleichsetzung mit →Meier, →Vogt, →Pfleger); seit dem späteren MA. bes. der landesherrliche Verwaltungs- und (häufig auch) Gerichtsbeamte eines bestimmten Sprengels, des → Amts; im Gegensatz zu seinen Vorläufern, den mit ihrem Amt belehnten →Grafen oder →Vögten ist der A. besoldet, damit der erste Beamte im modernen Sinn; während in Ndtld. und den Niederlanden der A. seit seinem ersten Auftreten Richter und Verwaltungsbeamter zugleich ist, wird er dies im Westen und Süden des Reiches erst seit der →Rezeption; seit dem Ende des Alten Reichs ist der A. nur noch in der Verwaltung tätig (auch →Oberamtmann).

Amts-hauptmann, in Nord- und Ostdtld. seit dem 16. Jh. Leiter eines →Domänenamts; im Hz.-tum Preußen tritt er seit 1525 an die Stelle des →Komturs mit administrativer, richterlicher und militärischer Gewalt in einem Hauptamt, im absolutistischen Preußen wird sein Wirkungsbereich laufend eingeschränkt; in

Sachsen bilden A.-hauptmann und ihm zugeteilte Assessoren die A.-hauptmannschaft, die Behörde eines dem preuß. →Kreis entsprechenden Verwaltungsbezirks; -hof, Haupthof einer Grundherrschaft; -kammer, seit dem 16. Jh. zuerst in der Kurmark, dann auch in der übrigen Mark Brandenburg Behörde zur Verwaltung der →Domänen, seit dem 17. Jh. auch für Handel und Verkehr mit umfassender Verwaltungsgerichtsbarkeit; 1723 wird die A.-kammer mit der →Kriegskammer zur →Kriegs- und Domänenkammer vereinigt; -lehen, ein als →Lehen vergabtes Amt, sowie das zugehörige A.-gut; -sasse, allgem. der einem Amt unterstellte Untertan eines →Landesherrn, später der Einwohner eines Amts; bes. Adliger, der nur auf dem Umweg über den →Amtmann Zugang zum →Landesherrn hat, im →Landtag nicht persönlich vertreten ist, für den ferner das →Hofgericht nicht unmittelbar zuständig ist; -schreiber, der dem Amtmann unterstellte Gehilfe; Ämterjustizkollegium, in Ostpreußen 1753–1801 Gericht erster Instanz, für den →Adel mehrerer Hauptämter zuständig.

Anabasis (gr. ‚Der Zug hinauf'), militärische Unternehmung von Griechen gegen Persien, sowie ihre historische Darstellung, bes.: der Zug der 10000 401v. (Werk des Xenophon, 430–354v.), der Alexanderzug 334–23.v. (Werk des Flavius Arrianus, gest. um 175n.), der Zug des Antiochos III. 212–05v.

Anachoreten (von gr. *anachorein* ‚sich zurückziehen'), Einsiedler, bes. die seit dem späten 3. Jhn. (Antonius v. Koma) nach Askese und Verinnerlichung drängenden Mönche Ägyptens (→Kloster, Zönobium).

U. Ranke-Heinemann, Das frühe Mönchtum, 1964.

Anachronismus (gr. *ana chronon* ‚wider die Zeit'), fehlerhafte, ohne Rücksicht auf geschichtliche Wandlungen vorgenommene Übertragung späterer Denkweisen oder Zustände auf eine vergangene Zeit, bzw. früherer auf eine spätere.

Anagrapheus (gr. ‚Aufzeichner'), Schreiber und Urkundsbeamter in gr. Stadtstaaten, nach gr. *anagraphe* (Deklarierung von Vieh zur Steuerveranlagung), bis in byz. Zeit Beamter zur Steuererhebung.

Analekten (von gr. *analegein*, ‚auflesen'), Materialsammlung.

Anarchie (gr.), ‚Herrschaftlosigkeit', das Fehlen jeder – oder einer allgem. anerkannten – staatlichen Gewalt; Anarchismus, im 19. Jh. das Streben nach Beseitigung der – die Freiheit des Einzelnen beschränkenden – staatlichen Autorität und Gewalt, als philosophische Spekulation radikale Konsequenz des Individualismus (W. Godwin, 1756 bis 1836; M. Stirner, 1806–56); als sozialrevolutionäre Bewegung zur Gründung von freien Arbeitervereinigungen (P. J. Proudhon, 1809–65, →auch Syndikalismus) und als internationale Organisation zur Vernichtung der politischen Macht (M. Bakunin, 1814–76; Fürst P. Kropotkin, 1842–1921), die eine Reihe politischer Attentate hervorruft (Ks. Wilhelm I. 1878, Ks.in Elisabeth v. Österreich 1896, Kg. Humbert v. Italien 1900), bleibt der A. im 19. Jh. geistig von geringer Bedeutung und verschwindet, auch vom Marxismus und Bolschewismus bekämpft, bis zum 1. Weltkrieg.

M. Stirner, D. Einzige u. s. Eigent., 1845; P. J. Proudhon, Was ist Eigent.? 1840, dt. 1905; K. Marx, D. Elend d. Philosophie, 1874; – P. Scheibert, Von Bakunin bis Lenin I, 1956; D. Guérin, A., Begriff u. Praxis, ²1969; R. Krämer-Badoni, Anarchismus, 1970; E. Oberländer (Hrsg.), Der Anarchismus, 1972.

Anathema (spätgr. ‚Verfluchung'), →Bann, Exkommunikation.

Anatolien (gr. ‚Morgenland'), sprachlich = →Orient, sachlich = Kleinasien.

Anciennität (frz.), die Einordnung Gleichrangiger, v.a. in der Beamtenschaft und beim Militär, nach dem Dienstalter; Ancien Régime →Régime.

Anerbenrecht, ein bes. Erbrecht für ländlichen, bes. bäuerlichen Grundbesitz, das die geschlossene Erbfolge eines Erben (Anerben) vorsieht, meist die des ältesten Sohnes (→Majorat), im Gegensatz zur Teilung des Erbes beim allgem. Erbrecht, →auch Erbhofgesetz.

F. Lütge, Die mitteldt. Grundherrsch. u. ihre Auflösung, ²1957.

Anfeilrecht (nhd. *anfeilen*, ‚anbieten'), dem →Grundherrn zustehendes Vorkaufsrecht zu verbilligtem Preis.

Angarie (pers.-gr.-mlat.), seit der Spätantike Postdienst; Spann- und Fuhrdienst; vereinzelt (Venedig) auch Geldsteuer (als Ablösung).

Anglikanismus, das → Staatskirchentum engl. Prägung, das sich nach der 1534 erfolgten Trennung von Rom (Scheidung der 1. Ehe Heinrichs VIII., 1509–47) herausbildete, → Hochkirche, Suprematsakte.

Anlait = →Anzug.

Annalen (lat. von *annus* ‚Jahr'), Sammlung der ‚Jahrestafeln' *(tabulae dealbatae)*, auf denen in Rom der →*Pontifex maximus* die wichtigsten Anlässe zu religiösen Handlungen publizierte; jahrweise geordnete geschichtliche Aufzeichnungen (→Chronik), Darstellungsprinzip der ältesten röm. Geschichtsschreibung, der gr. (Q. Fabius Pictor, 3. Jhv., u.a.) und lat. Annalistik, auch späterer röm. Historiker (Livius, Tacitus); im MA. jährliche Aufzeichnungen der Klöster (→auch Weltchronik), aus den Zusätzen zur Festdatierung der Ostertafeln hervorgegangen, v.a. in fränk. Zeit wichtigste Form der Geschichtsquellen (vgl. die offiziellen Reichsa. der →Hofkapelle, 741–829).

K. Büchner, Röm. Lit.gesch., ⁴1968; – Wattenbach-Levison, Dtlds. Gesch. quellen im MA., ²1967ff.; H. Grundmann, Geschichtsschreibung im MA., ²1969.

Annaten (von lat. *annus* ‚Jahr'), ‚Jahrgelder', seit dem 11. Jh. übliche Abgabe eines neuen Pfründeninhabers an den →Bischof *(→ annus gratiae)*, meist das Einkommen des 1. Jahres *(fructus primi anni)*, bald vom Papst beansprucht, zunächst nur bei den ihm reservierten Pfründen *(→reservatio)*, seit dem 14. Jh. von allen Pfründen erhoben und bei der Verleihung von Bistümern und Abteien in eine feste Servitientaxe umgewandelt; die A. wurden von den Nationen auf den Reformkonzilien energisch bekämpft; sie sind heute nur noch in Italien üblich.

Annexion (frz.; engl. *annexation*, dt. auch: Annektierung), Eingliederung eines fremden Landes oder Landesteils in den eigenen Staat, von Napoleon III. für den

Anschluß von Nizza und Savoyen an Frankreich (März 1860) verwendet, seither allgem., bald auch mit dem Nebensinn des Gewaltsamen, höchstens formal Rechtlichen (seit dem Kellog-Pakt 27.8.1928 als unrechtmäßig verurteilt); in diesem Sinne auch: Annexionismus, Annexionspolitik u.ä.

Lit. zu dem völkerrechtlich kontroversen Begriff bei E. Menzel in: D. östl. Dtld., 1959; W. Schätzel, Internat. Recht, 1959.

Anniversalienbuch →Nekrologium.

Annona (lat. ‚Jahrespreis, Getreidepreis, Getreide'), die Getreideversorgung Roms im At., urspr. Aufgabe der →Ädilen, durch Augustus vom Ks. übernommen, der sie durch einen eigenen →Präfekten *(praefectus annonae)* verwalten läßt; in der Spätantike Naturalabgabe im Gegensatz zum →Tribut; v.a. im 4. Jhn. bei der Rückkehr zur Naturalwirtschaft Einheit der staatlichen Naturalgehälter, in Form einer Anweisung auf die Staatsspeicher; in der ostdt. Kolonisation des MA. Naturalabgabe an d. Landesherrn (Herzogskorn, Marchfutter).

Annuität (von lat. *annus* ‚Jahr'), in den aristokratischen und demokratischen Stadtstaaten des At. aus Furcht vor der Monarchie entwickeltes Prinzip, die durch Wahl oder Los besetzten Ämter auf ein Jahr zu befristen (z.B. Athen seit 683/2v., Rom seit dem Anfang d. 5. Jhv.); in der NZ. (engl., frz.) jährliche Zahlung, Rente, auch Staatsanleihe auf Rentenbasis.

Annus gratiae (lat.), Gnadenjahr: (a) Recht eines →Pfründeninhabers, bei seinem Tod über das Einkommen seiner Pfründe für eine bestimmte Zeit (meist 1 Jahr) zugunsten seiner Erben, bes. anderer Kleriker, zu disponieren, entstanden aus der →Gewere des letztwilligen Treuhänders; der Stellennachfolger hatte die Pflicht eines Karenzjahres; (b) Zahlung eines vollen Gehalts für eine bestimmte Zeit bei Abfertigung eines nichtpensionsberechtigten Beamten.

Anruf →Challenge.

Anschlag, im alten dt. Reich seit dem SpätMA. Bezeichnung für die Verpflichtung der →Reichsstände zur Zahlung von Steuern, bes. zur Aufstellung eines Heeres; seit den Hussitenkriegen (1419–36) gebräuchlich, wird A. auch für die Liste der Steuerpflichtigen verwendet.

Anschluß, (freiwillige) Angliederung eines Landes an ein anderes, bes. Österreichs an das Dt. Reich, Forderung der Dt.-Nationalen (G. v. Schönerer), 1919 in der österr. Verfassung, 1920 wegen Art. 88 des Vertrags von St. Germain gestrichen, 1921 in Volksabstimmungen mit 98–99% bejaht, durch die Siegermächte (auch in Form der →Zollunion, H. Schober 1931) verhindert, 13. 3.1938 als vollzogen proklamiert.

G. Brook-Shepherd, D. A., dt. 1963; J. Gehl, Austria, Germany and the A. 1931–38, 1964; G. Botz, Die Eingliederung Österr.s in d. Dt. Reich, 1972.

Anthropogeographie →Geographie.

Anthropologie (gr.), die ‚Lehre vom Menschen', die Wissenschaft oder jenes Teilgebiet einer Wissenschaft, die eine Antwort auf die Frage sucht: ‚Was ist der Mensch?'. Während in Philosophie und Theologie die Beschäftigung mit diesem Problem Teilgebiet geblieben ist, hat sich um die Mitte des 19. Jh. im naturwissenschaftlichen Bereich eine eigene Wissenschaft konstituiert, in der zunächst die Medizin, dann die Biologie dominierte *(physische, biologische A.)*. In diesem – v.a. durch die Diskussionen um den Darwinismus – eingeschränkten Sinn ist A. die Wissenschaft von Herkunft und Differenzierung der menschlichen Art *(Hominiden)* und ihrem Verhalten zur Umwelt. Das unvermeidliche Übergreifen auf andere Disziplinen, sowie die allgem. mit dem 20. Jh. einsetzende Aufspaltung in Einzelwissenschaften ergaben eine Fülle von Sondergebieten, die z.T. für die Geschichtswissenschaft, wie diese – wenn auch zögernd – anerkennt, von Bedeutung sind: während die Anthropogenie (1874 nach E. Haeckel, 1834–1919, Abstammungslehre des Menschen), eine reine Naturwissenschaft, nur die →Vorgeschichte berührt, reicht die historische A. (Rassenkunde, -geschichte), die Wesentliches zu den Begriffen →Rasse, →Volk, →Nation u.ä. auszusagen vermag, in den geschichtlichen Raum; die →Ethnologie (engl. *Cultural Anthropology*) hat sich, zumindest im dt. Bereich, von der A. gelöst, die Sozial-a. (F. Galton, 1822–1911, u.a.) ist zu einer biologischen Hilfswissenschaft der →Soziologie geworden. Eine zunehmende Annäherung zwischen A. und Geschichte ergibt sich aus dem Streben der →Ethnologie und der →Vorgeschichte nach dem Rang einer Kulturwissenschaft, aus der Wirkung der Philosophie M. Schelers (1874–1928), aus der Notwendigkeit einer Synthese in einer Kultur-a. (E. Rothacker), die dem Rechnung trägt, daß der Mensch ein ‚Kulturwesen‘ (M. Scheler) ist, daß er allein Geschichte hat.

W. Sombart, Ü. d. Gesch. d. A. u. d. Bedeutungswandel d. Wortes, Abh. Berl. Ak. 1938; E. Rothacker, Philosophische A. [2]1966; M. Scheler, Die Stellung des Menschen im Kosmos, [7]1966; W. E. Mühlmann, Geschichte der A., [2]1968; E. Rothacker, Probleme der Kultur.a., [3]1968.

Anthypatos, gr. Bezeichnung des röm. →Prokonsuls, byz. Ehrentitel, auch →Themenrichter, Stellvertreter des →Strategen.

Antichrist, der (bes. nach der Offenb. Joh.) vor Christi Wiederkunft auftretende Gegenspieler Gottes (→Chiliasmus); in der Kirche einerseits als der von außen kommende Verwirrer und Herrscher gesehen (Rom, Araber, Mongolen, Friedrich II.) oder als der Beender des christlich-röm. Kaiserreichs gedeutet (z.B. bei Otto von Freising; im *ludus de a.o*), andrerseits aber auch für den aus der Kirche selbst stammenden Gegner Christi verwendet (z.B. von den Franziskanern, den Spiritualen), im Hoch- und Spät-MA. bes. auf das Papsttum oder einzelne Päpste bezogen (z.B. von den Waldensern, zuletzt noch von Luther); in der NZ. wird der Begriff oft zur Deutung ihrer widergöttlichen Herrschaft auf einzelne Machthaber (z.B. Napoleon) oder politische Systeme angewandt.

P. Schütz, Der A., 1949: R. Schnackenberg in: Herders theol. Kommentar zum NT, [2]1963.

Antifaschismus →Faschismus.

Antigrapheus (gr. ‚Gegenschreiber‘, lat. *contrascriptor*), Rechnungsprüfer, Kontrollbeamter, v. a. in der Staatswirtschaft der hellenistischen Reiche.

Antike (aus d. frz. von lat. *antiquus* ‚alt‘), Kunstwerk des At. mit spezifischem Stilcharakter; seit Chr. F. Hagedorn (1713–80) kollektiv: die schönen Kunstwerke des At. (frz. *l'antique*), seit dem 19. Jh. (bes. durch F. Schlegel, 1767–1829) die →klassische Literatur und Kunst des At. (seit J. J. Winckelmann A. als Gegensatz zu Moderne); als Epochenbezeichnung (frz. *l'antiquité*) seit dem 19. Jh. zunehmend dem Begriff →Altertum angenähert, doch hindert der originäre Ansatz der Alten Geschichte – v.a. das Nachwirken Ed. Meyers (1855–1930), der sie als Teil der →Universalgeschichte begreift – die völlige Deckung, so daß A. meist spezifisch wertbetont als gr.-röm. Welt, als *Teil* des At.s verstanden wird; Spät-a. seit dem 20. Jh., v.a. durch E. Kornemann, zur Klärung der →Epochengliederung zunehmend verwendet, der Zeitraum zwischen Diokletian-Konstantin, 284 oder 305n., bis zu Ks. Herakleios und der islamischen Eroberung, etwa 641.

W. Müri in: A. u. Abendland vii, 1958; – E. Kornemann, Gestalten u. Reiche, 1943; K. F. Stroheker, Saeculum 1950: F. Vittinghoff, GWU 1958; W. Rüegg, A. Geisteswelt, [2]1964; F. Gerke, Sparta u. frühes Christentum, 1967.

Antikomintern →Kommunismus.

Antimodernisteneid →Modernismus.

Antisemitismus, 1879 – in einer Welle des Judenhasses nach dem →Gründerkrach 1873 – von dem Publizisten W. Marr geprägtes, bald in andere Sprachen gedrungenes Schlagwort: Feindschaft gegen Juden; der Begriff, dem die urspr. sprachwissenschaftliche, dann rassenbiologisch umgedeutete (E. Renan, 1823 bis 1892), doch von der Anthropologie verworfene Scheidung Arier-Semiten zugrunde liegt, ist nur als Ausdruck eines Rassenressentiments (‚gegen die semitischen Elemente unter uns'), nicht allgem. geschichtlich sinnvoll, zumal er nicht alle Völker semitischer Sprache (Araber usw.), sondern nur die Juden meint; trotzdem wird A. oft anachronistisch für seit dem At. immer wieder aufleuchtende Judenfeindschaft und -verfolgung aus religiösen, wirtschaftlichen u.a. Gründen verwandt, so daß neuerdings die Wortbildung Rassen-a. notwendig geworden ist; vom Hofprediger A. Stöcker (Antisemitenliga 1880, Berliner Bewegung 1880 bis 1889) aus sozialen Motiven in die Politik getragen (antisemitische Splitterparteien im Dt. Reichstag seit 1887), von H. St. Chamberlain (1855–1927) u.a. theoretisch unterbaut, von Liberalen und Sozialisten abgelehnt, drang der A. auch in anderen Ländern vor: in Rußland seit 1881, →Progrom, Frankreich (Affäre Dreyfus 1894 bis 1899), Österreich (G. v. Schönerer, 1842–1921); der Nationalsozialismus (‚Kein Jude kann Volksgenosse sein', Programm der NSDAP, 25. 2. 1920) radikalisierte die Forderungen des A. (Aberkennung des Wahlrechts, *numerus clausus* für Studium und mit Juden übersetzte Berufe, Zuwanderungsverbot u.a.) mit den Mitteln der Staatsgewalt bis zur letzten Konsequenz: Vertreibung, Enteignung, Diffamierung und Aberkennung der Staatsbürgerrechte (→Rassengesetze) und schließlich Ausrottung von mehr als 5 Millionen Juden (→Genocidium) während des 2. Weltkriegs.

H. St. Chamberlain, D. Grundlagen d. 19. Jh., [1]1899; E. Valentin A., 1934; H. Ahrendt, Elemente u. Ursprünge totaler Herrsch., 1955: C. Roth, Gesch.

d. Juden, dt. o. J; P. Massing, Vorgesch. d. pol. A., 1959; H. Pross, Die Zerstörg. der dt. Pol., 1959; R.M. Loewenstein, Psychoanalyse des A., [2]1968; E. G. Reichmann, Die Flucht in den Haß, [7]1969; R. Rürup, Emanzipation u. A., 1975.

Antistes, lat. Aufseher, Tempelpriester, bei christlichen Schriftstellern →Bischof, im MA. kirchlicher Ehrentitel, v.a. des Bischofs.

Antlaß (oberdt.) = →Ablaß; A.-tag, Gründonnerstag.

Antrustionen (ahdt. *truht*, dav. mlat. *trustis* ‚Gefolgschaft'), bei den Germanen, bes. den Franken der Merovingerzeit die durch dreifaches →Wergeld ausgezeichneten Gefolgsleute des Kg. Sie verschmelzen unter den Karolingern allmählich mit den gallorömischen Vasallen, →Lehenswesen.

Anzugsgeld, eine in den →Territorien (hier allerdings schon früh verschwunden), bes. aber in den →Städten des MA. und der frühen NZ. (teilweise sogar bis ins 19. Jh.) übliche Abgabe für das Niederlassungsrecht. Für das Bürgerrecht mußte ein Einkaufsgeld, meist in Form eines erhöhten A.s, entrichtet werden.

Apanage (mlat. *apanagium* von lat. *panis*), Rente oder Grundbesitz, mit denen nichtregierende Angehörige fürstlicher Häuser ausgestattet werden, v.a. im ma. Frankreich – als Ablösung der Erbteilung – in Form von erblichen Lehensfürstentümern, die bei Erlöschen der Seitenlinie an die Krone zurückfallen.

Apella (gr.), die →Volksversammlung im alten Sparta, die ohne Debatte über Krieg und Frieden und auswärtige Angelegenheiten entscheidet und die Beamten wählt.

Apocrisiarius (gr.-lat. ‚der Bescheid erteilt'), Abgesandter, urspr. päpstlicher Gesandter, bes. Vertreter des Papstes am Kaiserhof in Byzanz (→Nuntius); auch Bezeichnung für den Verwalter von Kirchen- und Klosterschätzen bei den Cluniazensern.

Apodekten (gr. ‚Einnehmer') → Kolakreten.

Apokalyptik (gr. ‚Enthüllungsliteratur'), die im iranischen, jüdischen und christlichen Bereich, aber auch bei anderen Völkern immer wieder unternommenen Versuche, Weltlauf und Weltende in allegorisch-spekulativer Form im voraus zu enthüllen.

Lit. bei H. Ringgen, RGG I, 1957.

Apokryphen (gr.), die ‚verborgenen', nicht zu öffentlichem Gebrauch bestimmten Schriften der altchristlichen Kirche: zum AT. die in der Setuaginta enthaltenen nichtkanonischen Bücher (Makkabäer, Jesus Sirach, Weisheit Salomos u. a.), zum NT. die nach Form und Inhalt (Evangelien, Apostelgeschichten, Briefe, Apokalypsen) den kanonischen verwandten.

Lit. bei W.Baumgarten, B.M. Metzger, RGG I, 1957.

Apologie (gr.), Verteidigungsrede oder -schrift, v. a. in Sachen des Glaubens, z. B. A. des Sokrates 399 v. bei Platon, Xenophon, des Ph. Melanchthon 22. 9. 1530, des Wilhelm v. Oranien 13. 12. 1580; Apologeten, Verteidiger des christlichen Glaubens gegen Juden- und Heidentum, bes. die Kirchenväter des 2. Jhn. (Tertullian, Clemens v. Alexandrien, Origenes u. a.).

Apostasie (gr.), bei den Juden und in der röm.-kath. Kirche der Abfall vom Glauben, mit →Exkommunikation bestraft; dav. Apostat (Apostata), ‚der Abtrünnige', Beinamen des Kaisers Julian (361–63n.), der die Rückkehr zum Heidentum versuchte.

Apostel (gr.), ‚Abgesandter', Vermittler göttlicher Offenbarung, bes. die mit Vollmacht Jesu (Matth. 10) lehrenden 12 Jünger; nach Gal. 1 u. ö. fühlt sich auch Paulus zum Apostolat berufen, daher Der A. schlechthin (auch: Heiden-a.) = Paulus; – Schreiben an eine höhere richterliche Instanz, Sendschreiben eines →Bischofs.

H.v.Campenhausen, Der urchristliche A.-begriff. In: ‚Studia Theologica', 1948.

Apostolisch, alles, was von den Aposteln direkt überliefert ist (Lehre) oder auf sie ununterbrochen zurückgeführt werden kann; A.e Majestät →Rex; A.e Sukzession, die ununterbrochene Reihenfolge der →Bischöfe einer Gemeinde oder Kirche, in der die kath. Kirche die Garantie für die Reinerhaltung der a.en Lehre sieht; die Lehre der A.S., daß priesterliche Gewalt und Vollmacht nur die Apostel und die von ihnen oder ihren Nachfolgern durch Handauflegen Geweihten besitzen, wird bereits von Irenäus von Lyon (2. Jhn.) ausgesprochen (→Kirche); A.e Väter zusammenfassende Bezeichnung 8 kirchlicher Schriftsteller, bzw. ihrer Schriften, die sich zeitlich an die →kanonischen Schriften des NT. anschließen: Barnabas, Clemens, Diognet, Hermas, Ignatius, Polykarp, Papias, Didache.

K. M. Carey, The Historic Episcopate, [2]1960.

Apostrategos (gr. ‚gewesener Feldherr'), byz. Titel für den ehemaligen →Strategos eines →Thema.

Apotheose (gr.), ‚Vergottung', Erhebung eines Menschen, bes. eines →Heros oder Herrschers unter die Götter, →auch Konsekration.

Apparitor (von lat. *apparere* ‚aufwarten'), seit der röm. Republik zusammenfassende lat. Bezeichnung für Subalternbeamte (Schreiber, →Liktor, Büttel, →Fronbote usw.).

Appeasement (engl. ‚Befriedung'), Ausdruck für die engl. Beschwichtigungspolitik v. a. gegenüber Dtld. 1935–38 (Höhepunkt: das Münchner →Abkommen 1938). Nach 1945 als Warnung vor allzu nachgiebiger Haltung gegenüber der UdSSR verwendet.

P. Lundgren, Die englische A.-politik bis zum Münchner Abkommen, 1969.

Appellation (lat.), ‚Berufung', das Anrufen einer höheren Gewalt gegen Fehlurteil oder Übergriff einer niedrigeren, auch der staatlichen gegen eine kirchliche; – A.s-privileg, Vorrecht der fürstlichen Hofgerichte seit dem späteren MA., eine Appellation ihrer Untertanen an das →Reichshofgericht nicht mehr zuzulassen *(privilegium de non appellando)*, zuerst den Kf.en in der *Goldenen Bulle* 1356 ausdrücklich bestätigt; am Ende des MA. besitzen die meisten Reichsstände ein A.

K. Perels, D. allgem. A.ien f. Brand.-Preuß., 1908; Th. Knapp, ZRG. GA, 1928.

Approbation (lat.), Billigung eines Rechtsgeschäfts oder einer Handlung, bes. die päpstliche Anerkennung der dt. Königswahl.

Ära (spätlat. *era*, Herkunft umstritten, wohl zu got. *jera*, vgl. engl. *year*, dt. ‚Jahr'), Jahrzählung, ‚ununterbrochene Reihenfolge von Jahren, die von einem bestimmten Zeitpunkt (= →Epoche) ihren Anfang nimmt und deren einzelne Jahre von diesem ab gezählt werden' (F. Rühl), gegenüber den Zählungen nach Regierungs- oder Pontifikatsjahren, →Dynastien, →Indiktionen, →eponymen Beamten oder Priestern die einfachste und bequemste Art der Zeitrechnung. Die gr. Jahrzählung nach Olympiaden (776v.) seit dem 4./3. Jhv. (belegt seit Timaios v. Tauromenion, um 300v.) und die röm. nach Gründung der Stadt (nach P. Terentius Varro, 116–27v., *varronische Ä.*, 21.4.753v.), zunächst wissenschaftliche Hilfsmittel, gewinnen erst mit Ausgang des At. einige praktische Bedeutung. Von den zahllosen regionalen oder lokalen Ären des At. und MA. haben nur wenige weltgeschichtliche Geltung erlangt: die *Seleukiden-ä.*, auch *Ä. Alexanders, des Zwiegehörnten* (1.10.312v./1.4.311v.) bei Arabern und Juden bis ins 11. Jh.; seit dem 4. Jhn. die ägyptisch-koptische *Diokletians-* oder *Märtyrer-ä.* (29.8.284n.); seit dem 4. Jh. die *jüdische Welt-ä.* (7.10. 3761v.), die bei den Juden im 11. Jh. die Seleukiden-ä. verdrängt; seit dem 5. Jhn. bis ins SpätMA. die *spanische Ä.* (1.1. 38v., die Jahreszahl stets mit dem Zusatz *era*); seit dem 6. Jh. die *christliche* oder *dionysische Ä.* n. Chr.Geb., die sich erst im Lauf des MA. durchsetzt, wobei der Jahresanfang zunächst schwankt (25.12., 1.1., 25.3. u.a.); neben anderen aus dem AT. errechneten *christlichen Welt-ären* seit dem 7. Jh. die *byzantinische Ä.* (1.9. 5509v.), in Rußland bis zu Peter d.Gr. in Gebrauch; seit dem 7. Jh. die *mohammedanische Ä.* (15.7. 622); ephemer blieb die vom 22. 9.1792 bis Ende 1805 gezählte *Ä. der frz. Republik;* – Neue Ära, zeitgenössischer Ausdruck der hochgestimmten Erwartungen bei der Übernahme der Regentschaft durch Prinz Wilhelm von Preußen 8. 10. 1858, die indes bald (seit Februar 1860) durch den aufkeimenden Militärkonflikt überschattet wurde.

E. Brinckmeier, Prakt. Hb. d. hist. Chronol., [2]1882; F. Rühl, Chronol. d. MA. u. d. NZ., 1897; H. Grotefend, Zeitrechng., d. dt. MA. u. d. NZ., 1891–98; E. Bikerman, Chronology, 1968; H. Grotefend, Taschenb. d. Zeitrechng., [10]1960; A. v. Brandt, Werkzeug d. Historikers, [8]1976.

Ärar →Aerarium.

Arbeiter-bewegung, Bewegung der industriellen Lohnarbeiterschaft seit der Frühzeit der →Industriellen Revolution mit dem Ziel, die Lohn- und Arbeitsbedingungen zu bessern. Nach vereinzelten Aufständen seit 1769 (Ludditen) entstand zwischen 1835 und 1854 im Chartismus eine erste Massenbewegung mit politischen Zielen (Wahlrecht). Nach ihrem Scheitern verbreitete sich rasch die →Genossenschaftsbewegung (1. Konsumverein der Rochdaler Weber 1844, Produktivgenossenschaften) und die →Gewerkschaften. Aus Geheimbünden, die sich zuerst in Frankreich von der bürgerlich-revolutionären Bewegung ablösten, wuchs der internationale Bund der →Kommunisten. Die 1. politische A.-partei, F. Lassalles *Allgem. Dt. A.-verein* 1863, wurde bald von A. Bebels und K. Liebknechts marxistischer Gegengründung (→Sozialdemokratie) aufgesogen. Auch in den übrigen Ländern Europas siegte mit der Gründung der sozialdemokratischen A.-parteien (1875–90) und deren Beitritt zur Internationalen A.-assoziation (2. Internationale 1889) die A.-bewegung. Nach der russischen Revolution schlossen sich die meisten sozialistischen Parteien dem →Revisionismus an. – Die nach 1840 einsetzende christliche A.-bewegung (A.-vereine kath. und evang. Richtung) erwarb sich zwar große Verdienste um die →Sozialpolitik, konnte aber den Siegeszug des Marxismus nicht aufhalten; -klasse, seit den frühen Sozialreformern (C. H. Saint-Simon, 1760–1825, u.a.), v.a. seit K. Marx und F. Engels übliche Bezeichnung der industriellen Lohna.schaft, die als Folge der →Industriellen Revolution vom ‚Verkauf' der Arbeitskraft lebt und sich in ihrem Klassenbewußtsein durch gemeinsame ökonomische Interessen und eine ähnliche Gesamtlage (gleiche Erwerbschancen, kein Anteil an den Produktionsmitteln, →Proletarier) bestimmt sieht; -kolonien, ab 1882 von F. v. Bodelschwingh begründete Heime, in denen arbeitswillige Arbeitslose und Entwurzelte durch freiwillige Mitarbeit bei der Ödlandkultur zu einem geordneten Leben zurückgeführt werden sollen; -schutz, Teil der →Sozialpolitik, schützt im Rahmen des Arbeitsrechts den Arbeitnehmer vor Ausbeutung, vor Unfällen im Betrieb, Krankheiten oder vorzeitiger Invalidität. Die ersten Gesetze in England 1802, Preußen 1839 wurden aber wie die folgenden über Frauen- und Jugendschutz erst mit der Einführung der staatlichen Gewerbeaufsicht (Preuß. Gew. O. 1845–69, planmäßig ausgebaut ab 1878) wirksam. Seit 1919 wird der A.-sch. in der internationalen Arbeitsorganisation (Vorformen seit 1899), heute auch in engerem Rahmen in der Montanunion koordiniert.

E. Ricking, D. dt. A.-kolonien, 1912; W. Sombart, D. prolet. Sozialismus, ^{10}1924; L. Heyde, Abriß d. Soz.pol. ^{11}1959; W. Hoffmann, Ideengesch. der soz. Bewegg. des 19. u. 20. Jh., ^{2}1968; H. Grebing, Gesch. der dt. A.-bewegg., ND 1970; A. Gorz, Z. Strategie d. A.-bewegg. im Neokapitalismus, 1973.

Arbeits-dienst, im 20. Jh. (erstmals Bulgarien 1920) die freiwillige (Brüningsche Notverordnung v. 5.6.1931) oder aufgrund eines Dienstpflichtgesetzes verfügte, nicht voll entlohnte Arbeit (Meliorationen u.a.) Jugendlicher, mit erzieherischen und sozialen Argumenten begründet; -haus, bes. im →Merkantilismus Einrichtung im Dienst zentralisierter Manufakturarbeit, oft mit einem Zucht-, Waisen-, Armen- oder Irrenhaus verbunden, um ein Entgelt für staatliche Fürsorgeleistungen zu erzielen; -losenunterstützung, zunächst gewerkschaftliche Selbsthilfe, erst nach dem 1. Weltkrieg in vielen Staaten (im Dt. Reich durch Ges. v. 16.7.1927) als Pflichtversicherung gesetzlich geregelt; -teilung, sowohl die großbetriebliche Aufgliederung des Arbeitsvorgangs (A.-zerlegung) als auch die berufliche Spezialisierung, in der positivistischen Soziologie (E. Durkheim, 1858–1917, *De la division du travail social*, 1893) Grundprinzip in der Entwicklung der menschlichen Gesellschaft.

Archaikum, auch: archaische Zeit, in der klassischen Archäologie die Zeit des dem geometrischen Stil folgenden, dem klassischen vorausgehenden archaischen Stiles, dann allgem. als Epochenbezeichnung das 8.–6. Jhv. d. gr. Geschichte; vereinzelt auch zur Bezeichnung d. Frühzeit anderer Kulturen verwendet.

Archäologie (gr. *archaiologia* ‚Kunde von der alten Zeit'), gr. Bezeichnung für ein Geschichtswerk, das mit der Frühzeit beginnt (z.B. die *Röm. A.* des Dionysios v. Halikarnassos, 7v. erschienen, röm. Geschichte bis 264v.; die *Jüdische A.* des Flavius Josephus, 37–97n., jüd. Geschichte bis Nero), bzw. für die auf die Frühzeit eingehenden Abschnitte eines zeitgeschichtlichen Werkes (z.B. Thukydides I, 2–19); in der NZ. zunächst allgem. Forschungen und Darstellungen zu den Realien der klassischen →Philologie, bis der Begriff im 19. Jh., v.a. durch das epochemachende Werk von K. O. Müller (1797–1840), *Handbuch der A. der Kunst* (1830), auf die seit der Renaissance gepflegte, v.a. durch J. J. Winckelmann (1717–68) geförderte Beschäftigung mit den antiken Kunstdenkmälern eingeengt wurde. Gleichzeitig wird die A. wissenschaftlich organisiert – das 1829 in Rom gegründete *Dt. ‚Archäologische Institut* umspannt die Grenzen, sammelt den Stoff und ermittelt das Verständnis der gesamten antiquarischen Denkmälerkunde' (E. Gerhard, 1795 bis 1867) – und bald auch (durch O. Jahn, 1813–69) in den Lehrbetrieb der Universität aufgenommen. Im 19./20. Jh. hat sich die A. an den Universitäten und Archäologischen Instituten, an Museen und Sammlungen, sowie bei zahllosen Grabungen rasch entfaltet, wobei ihre einzelnen Teilbereiche je nach der Entwicklung der Nachbarwissenschaften unterschiedliche Aspekte zeigen: während sie in dem außerhalb des gr.-röm. Kulturbereiches liegenden europäischen Raum zwischen →Vorgeschichte, Kunstgeschichte und Geschichte kein eigenes Arbeitsgebiet finden konnte, ist sie als klassische A., als Wissenschaft von der gr.-röm. Kunst, dominierend, unterstützt von den stärker religionsgeschichtlich orientierten Zweigen der christlichen und der jüdischen A. Hier wie überall steht die A. in engem Kontakt, bisweilen in fließendem Übergang zu →Vorgeschichte, →Epigraphik und →Numismatik. Für den Bereich des Vorderen Orients ist sie von den urspr. sprachlich-philologischen Wissenschaften der →Assyriologie, →Ägyptologie, →Hethitologie nicht scharf zu trennen, im außereuropäischen Bereich bleibt sie aufs engste mit der Vorgeschichte (vgl. engl. *prehistoric archaeology*) verschwistert. – Personell und materiell durchdringen sich A. und Geschichte heute in allen Teilbereichen, wobei die Geschichte bes. für die frühen, vorschriftlichen Zeiten, für Kultur- und Siedlungsgeschichte, auch für geistes- und religionsgeschichtliche Zusammenhänge auf die Hilfen der A. angewiesen ist, während diese nur dort, wo sie sich als reine Kunstwissenschaft betätigt, von der Geschichte unabhängige Wege geht.

Hdb. d. A., 1939ff.; K. Schefold, Orient, Hellas u. Rom, 1940; R. Bianchi Bandinelli, Klass. A., dt. 1978; → auch Vorgesch., →Ägyptologie usw.

Arché (gr.), Amt, Herrschaft, z.B. des Perikles in Athen (so Thukydides, 460–395v., II 65), über den Rahmen der →Polis hinausgehender Machtbereich, z.B.

das Attische Reich des 5. Jhv., das Reich des Dionysios von Syrakus (405–367v.).

Archeget (gr.), Gründer einer gr. →Kolonie, →Heros.

Archetypus →Quellen.

Archi-diakon (gr.), in der kath. Kirche urspr. der 1. →Diakon einer Kathedrale, beteiligt an der Vermögensverwaltung und Rechtsprechung des →Bischofs *(A. älterer Ordnung);* als dessen Aufsichtsorgan für die →Diözese bekamen die A.e (meist mehrere) Kontrolle über den Klerus und engten im 13. Jh. die bischöfliche Gewalt völlig ein; sie wurden durch die ihnen übertragene Gerichtsbarkeit (→Sendgericht) und durch ihr Visitationsrecht zu Inhabern ordentlicher Jurisdiktion *(A. jüngerer Ordnung);* später gingen die Befugnisse des A. allmählich zurück (→Offizial), seit dem →Tridentinum ist seine Macht weitgehend gebrochen, heute ist der A. nur Ehrentitel im →Domkapitel; in der engl. Hochkirche ist die Funktion des A. z.T. noch erhalten; in einigen protestantischen Städten 2. Pfarrer der Hauptkirche; -mandrit (spätgr. *mandra* ‚Kloster'), in der gr.-orthodoxen und gr.-unierten Kirche →Abt mehrerer →Klöster (→Erzabt); in Sizilien Abt urspr. gr. Klöster; auch Ehrentitel hochstehender Geistlicher der Ostkirche; -presbyter, der erste oder älteste Priester einer Kirche, im 5./6. Jh. an Bischofskirchen Vertreter des →Bischofs in geistlichen Aufgaben, bes. an ländlichen Taufkirchen für die Spendung der Taufe und allgem. für die Leitung der Priester einer Pfarrei *(A. älterer Ordnung);* aus den Landpresbyteriaten entwikkelten sich im Lauf des 9. Jh. die Dekanate, der A. erhielt die Funktion eines →Dekans (A. *jüngerer Ordnung*); der Titel A. ist heute noch gebräuchlich für die Kardinalerzpriester von St. Peter, St. Johann im Lateran, St. Maria Maggiore in Rom.

W. Plöchl, Gesch. d. Kirchenrechts, 1960–70.

Archiv (gr. *archeion* ‚Amts-(urkunden)haus'; Adj. a.isch), in der NZ. (1) Aufbewahrungsort (Magazin) für Schriftstücke, seit dem At. (Vorderer Orient, bei Juden, Griechen und Römern – lat. *archivum*, *tabularium*, *scrinium* –) bekannt; (2) Behörde zur Verwaltung von A.alien und ihr Amtsgebäude; (3) das organisch gewachsene Schriftgut einer Instanz (unrichtig auch: die nicht organisch gewachsene, sondern künstlich geformte Sammlung – ‚Collectanea', ‚Selecta' –; vereinzelt auch: Zeitschrift). – A.-gut (auch A.alien, Ez. A.ale, Adj. a.alisch), das bei einer Verwaltung erwachsene, für die laufenden Geschäfte nicht mehr benötigte (a.-reife), einer dauernden Aufbewahrung würdige (a.-würdige, nicht durch a.-arische Kassation ausgesonderte), aus der Registratur ausgeschiedene Schriftgut. Es ist organisch gewachsen, hat einen rechtlichen oder geschäftlichen Endzweck und ist in seiner Zuständigkeit sachlich und örtlich begrenzt (Gegensatz: Bibliotheksgut entsteht durch planmäßiges Sammeln, hat einen literarischen Endzweck und unterliegt keiner räumlichen Beschränkung). – A.aliengattungen sind →Urkunden (über den Abschluß von Verhandlungen), Akten (Ez. Schriftstück) und Briefe (zu deren Verlauf), Amtsbücher mit fortlaufenden gleichmäßigen Eintragungen (z.B. Protokolle, Rechnungen, Kopiare, Urbare), ferner Karten, Pläne, Siegel, Bilder, Filme. – Die a.-ische Ordnung steht unter dem Grundsatz der Provenienz (Herkunft), d.h. Beachtung der organisch gewachsenen Registraturzusammenhänge (Gegensatz: sachliche oder territoriale Pertinenz); ihre Formen sind: Bestand (allgem. Bezeichnung für eine A.-einheit), Fonds (Schriftgut einer Provenienzstelle), A.-körper (Schriftgut einer Provenienzstelle, dessen gewachsene Ordnung erhalten ist).

Archiv-kunde, -wissenschaft, im 19./20. Jh. die Theorie von der Struktur und Organisation der A.e, von A.-technik, -geschichte und -recht. Ihr Vertreter, der A.ar oder A.-beamte (Adj. a.-arisch), ausgebildet an A.-schulen (Dt. A.-tage zur Fortbildung seit 1899), hat die Aufgabe, die A.alien zu ordnen (Fundbehelfe: Repertorium oder Findbuch – in Karteiform: Zettelrepertorium –; knapper gefaßt: Inventarien und Übersichten), für die Benützung zu erschließen und zu konservieren.

A.alische Zs., 1876ff.; D. A.ar, 1947ff.; A.-mitteilungen, 1951ff. – H.O. Meisner, Urk. u. Aktenlehre d. NZ., 1952; A. Brenneke, A.-kunde, 1970; J. Papritz, A.alische Zs. 52, 1956; A. v. Brandt, Werkzeug d. Hist., [8]1976; F.P. Kahlenberg, Dt. A.e in West u. Ost, 1972; E. Porner, A.es in the Ancient World, 1972.

Archon (gr. ‚Gebieter'), allgem. gr. Bezeichnung für den Beamten (im Gegensatz zum Privaten, *idiotes*), v.a. nach Ablösung des frühen Königtums; offizieller Titel gr. →Tyrannen und Bundesfeldherrn (Thessalien); bes. in Athen zunächst ein auf Lebenszeit, dann auf 10 Jahre bestellter Oberbeamter anstelle des Kg., seit 683/2v. 9 Archonten als gewählte, seit dem 5. Jhv. erloste Vollzugsbehörde: A. →Eponymos, →Basileus, →Polemarchos, 6 →Thesmotheten; im allgem. Sprachgebrauch = der A. Eponymos; Gemeindeältester in hellenisierten Judengemeinden; byz. Beamtentitel; A.tat, Amt und Amtszeit eines A.; A.tenliste, Verzeichnis der eponymen A.ten (Athens) als Hilfsmittel der Chronologie.

V. Ehrenberg, Der Staat d. Griechen, [2]1965; T. Tarkiainen, Die athen. Demokratie, 1966.

Are(i)opag (gr.), der Areshügel in Athen, Sitz des Adelsrats und dieser selbst, nach Ablösung des Königtums aus gewesenen →Archonten ergänzt, durch die Einrichtungen der aufkommenden Demokratie seiner politischen Macht entkleidet, durch die radikalen Reformen 462/1v. auf die Aburteilung von Kapitalverbrechen beschränkt, in röm. Zeit wieder Stadtrat; in der NZ. der oberste Gerichtshof Griechenlands.

Arenga (mlat. ‚Versammlung', ‚Rede' zu got. *hringa* ‚Kreis'), seit dem 13. Jh. bezeugter Ausdruck für die aus antikem rhetorischem Brauch entstandene feierliche Einleitung *(prooemium, praefatio, exordium)* des eigentlichen (Kon)textes ma. →Urkunden mit allgem. Betrachtungen religiöser, moralischer oder juristischer Art, die die Entscheidung des Ausstellers erklären oder rechtfertigen. Zu dem Rechtsinhalt der Urkunde steht die A. nicht in direkter Beziehung und ist daher kein wesentlicher Bestandteil d. Urkunde, doch kann sie f. das Studium ma. Gedanken- u. Formulargutes von Bedeutung sein. Nach dem

12. Jh. wurde d. A. seltener, kam aber auch noch in der NZ. vor.

Lit.: →Urkunde; – H. Fichtenau, A., (MIÖG. Erg. Bd. 18) 1957.

Arianismus, von dem Presbyter Arius von Alexandreia (gest. 336n.) ausgehende Lehre, daß Christus dem Vater unähnlich *(anomoios)*, bzw. nur wesensähnlich (*homoiusios;* Semiarianismus), nicht aber, wie der Gegner Athanasius lehrte, wesensgleich *(homousios)* sei; trotz Verdammung auf den Konzilien von Nicäa (325) und Konstantinopel (381) verbreitete sich der A. bes. bei den Ostgermanen der Völkerwanderung, für die er in der Theologie (Heroisierung Christi) wie in der Praxis (keine feste Kirchenorganisation, Bischofswahl durch das Volk u.a.) bes. anziehend schien; die Hinwendung des Frankenreiches zum Katholizismus bedeutete das Ende der arianischen Königreiche, die dann auch im 5./6. Jh. durch die Franken unterworfen und damit katholisiert wurden.

H. G. Opitz (Hrsg.), Urkunden zur Gesch. des arian. Streites, 1934f.; H.E. Giesecke, D. Ostgerm. u. d. A., 1939; E. Libaert in: Hdb. d. Dogmengesch. III, 1965.

Arimannus, der freie Krieger der Grenzkolonien (in Nachbildung der byz. →Themen) des Langobardenreichs, dann allgem. in Italien der Freie.

Aristokratie (gr. ‚Herrschaft der *aristoi*, der Besten‘), in der gr. Staatstheorie (Herodot, Platon, Aristoteles) die Idealform der (maßvollen, traditionsbewußten) Herrschaft Weniger im Staate (mit der Gefahr der Entartung in →Oligarchie oder →Plutokratie), in der gr. Geschichte v.a. in der Zeit des Übergangs vom Königtum zur Demokratie, 8.–6. Jhv., verwirklicht; in Rom verkörpert die Tradition des →Senats das a.ische Moment; die A. ist in At., MA. und NZ. vor allem eine Herrschaftsform der →Stadtrepublik (→Nobilität, Patrizier); in der NZ. wird A. (nach dem frz.) gleich → Adel verstanden, vereinzelt auch allgem. führende, durch Macht oder Leistung bestimmende Schicht einer Gruppe, →Elite.

Arkebuse (von lat. *arcus* ‚Bogen‘), Büchse, v.a. im 15./16. Jh. Bezeichnung der (im Gegensatz zur →Muskete) leichteren Handfeuerwaffe; Arkebusiere, mit dieser ausgerüstete Truppenteile, v. a. (im 16. Jh. gepanzerte)Reiter.

Arkeley (Herkunft ungekl.), im 16./17. Jh. Kriegsmaschinen, Artillerie.

Armada (span. ‚Armee‘), urspr. jede Streitmacht zu Wasser oder zu Lande, dann zum Eigennamen geworden für die *invencible a.* (die unbesiegbare Kriegsflotte), die 1588 von Spanien gegen England ausgeschickt wurde.

G. Mattingly, Die A., dt. 1960.

Armagnaken, frz. Söldnerhaufen, die 1439–45, den Südwesten des Reiches heimsuchten, urspr. von dem Gascogner Gf. Bernhard v. Armagnac aufgestellt.

Armatolen, im 16. Jh. gr. Milizen im Dienst des Sultans, →Klephten.

Arnauten (tü.), Albaner, im MA. Söldner, bes. seit dem 15. Jh. (nach dem Tode des Skanderbeg, 1403–68) Elitetruppe des tü. Heeres.

Arrende (frz.; mlat. *arrenda*), ‚Rente‘, Jahresertrag, (jährliche) Pacht, bes. Teilpacht eines Grundbesitzes, einer →Domäne; dav. Arrendator, Pächter.

Arrha (mlat. zu gr. *arrhabon*, hebr. *erabon*), Handgeld, Angeld,

Zahlung, Geschenk oder symbolische Gabe zur Bekräftigung eines Vertrags, bes. eines Verlöbnisses *(a. sponsalitia* = Mahlschatz*)*, vereinzelt auch = →Chargengebühr.

Arrondierung (v. frz. *arrondir* ‚abrunden'), Abrundung eines Besitzes, v. a. durch Landtausch; Arrondissement, Unterteilung einer Verwaltungseinheit (→Departement), Stadtbezirk.

Arsenal (frz. von ar. *dar al cinaah* ‚Haus des Fleißes'), Waffen- und Munitionsmanufaktur, →Zeughaus.

Artel (ru.), im alten Rußland seit dem MA. Genossenschaftsverband von Personen gleichen Berufs mit gemeinsamer Haftung und Gewinnverteilung; in der UdSSR jene Form des landwirtschaftlichen →Kollektivs (→Kolchose), in der dem einzelnen neben der Feld- und Produktionsgemeinschaft die private Nutzung von Haus, Garten und geringem Viehbestand verbleibt.

Artes *liberales* →Freie Künste.

Artikel (lat. *articulus* ‚Glied', ‚Absatz'), formulierter Glaubens- oder Rechtssatz; Vertragspunkt; A.-brief, seit dem 16. Jh. die von Söldnern und →Landsknechten übernommenen und beschworenen Verpflichtungen, aus denen später die Kriegs-a. hervorgingen: Soldatenpflichten, bis ins 20. Jh. Grundlage der Disziplinarstrafgewalt.

Artistenfakultät, an ma. →Universitäten die →Fakultät, an der die *artes* (*liberales*, →Freie Künste) gelehrt wurden. Sie schloß mit dem Grad des →Bakkalaureus, bzw. Magister ab und öffnete den Zugang zu den höheren Fakultäten.

Arvalbrüder (lat. *fratres arvales*), alte röm. Kultgenossenschaft für den Flurumgang (Ambarvalien), von Augustus erneuert. In ihren Protokollen, CIL VI 2023ff., ist zum J. 218n. das Kultlied, eines der ältesten Zeugnisse der lat. Sprache, erhalten.

K. Latte, Röm. Religionsgesch., [2]1967.

As (lat.), die Einheit eines italisch-röm. Maß- oder Gewichtssystems, in 12 Teile (Unzen) unterteilt; bes. die Einheit des röm. Kupferschwergelds *(→aes grave)* zu 1 röm. Pfund (Libral-as); im Verlauf der röm. Republik mehrfach abgewertet, ist der A. der klassischen Zeit eine leichte Kupferscheidemünze, seit 130 v. Chr. $^1/_{16}$ des Denar, ¼ des →Sesterz.

K. Christ, Antike Numismatik, 1967; H. Mattingly, Roman Coins, [3]1967.

Asebie (gr.), ‚Gottlosigkeit'; A.-prozeß, Verfahren aufgrund der Anklage, daß den Staatsgöttern die schuldige Verehrung versagt wird, z.B. in der athenischen Demokratie gegen Anaxagoras v. Klazomenai 431v., Protagoras v. Abdera 411v., Sokrates 399v.

As(s)iento (span. ‚Vertrag'). Lieferungsvertrag der span. Könige des 17./18. Jh. für die Verschiffung von Negersklaven nach Amerika.

Askari (ar. ‚Soldat'), im tü. Reich Angehöriger des Soldatenstandes; Bezeichnung für die Eingeborenentruppen der Kolonialmächte in Afrika.

Aspergile (mlat.), Weihwasserwedel.

Assekuration (lat.), ‚Zusicherung', bes. der Religionsfreiheit, v.a. beim Bekenntniswechsel dt. Fürsten; A.s-eid, Huldigungseid Landfremder bei Erwerbung von Grundbesitz.

Assentierung (von lat. *assentiri* ‚beistimmen'), vereinzelt, v.a. in Österreich-Ungarn, Musterung, Tauglichkeitserklärung.

Assessor (lat. zu *sedere* ‚sitzen'), ‚Beisitzer', v.a. seit spätröm. Zeit der beisitzende Richter, mlat. auch Geschworener, Ratsgeschworener (vereinzelt auch – engl.; frz. *assesseur* – Schätzmeister, Beamter zur Festsetzung von Steuern und Werten).

Assignaten (frz. ‚Anweisungen'), Ende 1789 unter dem Zwang einer ungeheuren Finanzkrise ausgegebenes Papiergeld der frz. Revolution, das durch den Verkauf der nationalisierten Kirchen-, Kron- und Emigrantenländereien gedeckt werden sollte, anfangs lediglich 4%ige Schatzanweisungen (400 Mill. Francs), seit August 1790 bei Erhöhung auf 1200 Mill. als gesetzliche Zahlungsmittel anerkannt. Die A. förderten die Sache der Revolution, da die neuen Landbesitzer gegen die Wiederkehr des alten Régimes waren, und machten damit die Umgestaltung der ganzen Staatsverfassung unvermeidlich. Durch die Revolutionskriege führte die A.-währung zu Inflation und wirtschaftlicher Zerrüttung. 1796 auf $^1/_{400}$ ihres Nennwerts gesunken, wurden die A. auf $^1/_{30}$ stabilisiert und mußten 1798 der Edelmetallwährung weichen.

Assise (frz., mlat. *assisa*, engl. *assize*), nach dem norm. Lehensrecht Versammlung der → Vasallen, Lehensgericht (v.a. im England des 12. Jh.); der Beschluß dieses Gremiums (Urteil oder Gesetz); Gesetzessammlung (z.B. *A.s de Jerusalem* für Jerusalem und Zypern, *A.s de la Roumanie* für die lat. Staaten in Griechenland im 13. Jh.); in England (seit der frz. Revolution auch in Frankreich und der Schweiz) → Geschworenengericht.

A.s de Jerus., ed. A. Beugnot, 1841 ff.; A.s de la Roum., ed. Recoura, 1932; H. Mitteis, D. Staat des hohen MA., [8]1968.

Assoziation (lat.), freiwillige Vereinigung, bes.: süddt. Bündnis 1697–1707 gegen Ludwig XIV., 1727 von Ks. Karl VI. erneuert; *A.-traktat* von 1681, Vorläufer der Großen Allianz von 1689 gegen Ludwig XIV.; *Association Pledge*, 1696–1886 Eid der Unterhausmitglieder, die Dynastie gegen die Stuarts zu schützen; *Assoziierte Mächte*, in den Pariser Vorortverträgen 1919 die an der Seite der →Alliierten ohne vertragliche Verpflichtung in den 1. Weltkrieg eingetretenen Staaten; – A.s-recht, Grundrecht, in Vereinen zusammenzutreten.

Assyriologie, seit dem Ende des 19. Jh. die Wissenschaft zunächst der Sprache, dann auch der Kultur und Geschichte jener Völker (vorwiegend im fruchtbaren → Halbmond), die sich der →Keilschrift bedienten (Sumer, Akkad, Babylon, Elam, Urartu, Wan, →Hethiterreich, Assyrien, Altpersien u.a.), bes. durch die Aufdeckung der Archive und der Bibliothek des Assyrerkönigs Assurbanipal I. (668–26v.) zu Ninive (entdeckt von P. E. Botta, 1802 bis 1870) gefördert.

Rev. de. l'A. et de l'Archéol. Or., 1884 ff.; Zs. f. A., 1886 ff.; E. A. W. Budge, The Rise and Progress of A., 1925; E. Ebeling, B. Meissner, Reallex. d. A., 1928 ff.; V. Christian, At.s-kunde d. Zweistroml. I, 1940; H. Schmökel. Ur, Assur, Babylon, [2]1958; S. A. Pallis, The Antiquity of Iraq, 1956; H. Schmökel, Gesch. d. alten Vorderasien, 1957; ders., Kulturgesch. d. Alten Orient, 1961.

Astynomen (gr.), Beamte der gr.

→Polis, bes. nach dem Beispiel Athens mit der Straßen- und Baupolizei betraut.

Asyl (gr. *asylon* ‚unverletzlich'), ‚Freistatt', Freiung, geheiligte (oder durch Anwesenheit einer geheiligten Person geschützte) Stätte mit der allgem. zuerkannten Eigenschaft, Verfolgten Schutz vor dem Zugriff der Feinde oder der Rechtsprechungsorgane zu gewähren. Bei den Griechen, denen alle Tempel als A.e galten, wurde die Asylie in hellenistischer Zeit zu einem Instrument internationaler Politik ausgebaut, indem sich Städte durch Asylieverträge gegen Plünderung schützten oder die Asylie als Vorstufe der →Autonomie gegen Zahlung von den Königen erwirkten. Aus der gr.-röm. Praxis wurde, zumal auch die Juden eine beschränkte Anzahl von Freistätten kannten, das Asylrecht von Kirchen, Klöstern, Fähren usw. im christlichen Abendland bis zum Ende des MA. geachtet. Während die A.-stätten in der NZ., nur im kath. Kirchenrecht weiterhin formell anerkannt, als Hemmnisse einer geordneten Rechtspflege allmählich beseitigt wurden, bildete sich, bes. seit dem 19. Jh., das politische A. als völkerrechtlicher Brauch aus, wonach Staaten politisch oder religiös Verfolgten aus anderen Ländern Schutz (vor Auslieferung) gewähren können, soweit sie nicht Gewaltverbrechen begangen haben und sich jeder organisierten Feindseligkeit gegen ihr Heimatland enthalten.

O. Kimminich, A., 1968.

Äsymneten →Aisymneten.

Aszendenz (lat. ‚aufsteigend') zusammenfassender Ausdruck für Verwandte in aufsteigender Linie, d.h. Eltern, Großeltern und weitere direkte Vorfahren.

Atabeg (tü.), Vormund und Erzieher unmündiger Seldschukenprinzen, später Titel für hohe Würdenträger islamischer Staaten; bei den →Mameluken der Oberbefehlshaber über sämtliche Truppen.

Ataman →Hetman.

Atavismus (von lat. *atavus* ‚Urvater'), im 19. Jh. zunächst anthropologischer Begriff (rückschreitende Erblichkeit), dann allgem. hoffnungslos veraltete, einer niedrigeren Entwicklungsstufe entsprechende Denk- und Verhaltensweise.

Atlas (Titan und Himmelsträger der gr. Sage), nach der Darstellung auf der Titelseite des 1595 erschienenen Kartenwerkes von G. Mercator (1512–94) Sammelwerk von Land-, See-, Himmelskarten oder Abbildungen. Historische Atlanten als Ergebnisse der Arbeit der historischen →Geographie und Hilfsmittel des Historikers erscheinen seit dem Ende des 19. Jh. in allen großen Kulturstaaten.

G. Franz, Hist. Kartographie, Forschg. u. Bibliogr., 1955; – G. Droysen, Allgem. hist. Handa., 1886; F. W. Putzger, Hist. Welta., [93]1970; Westermanns A. z. Weltgesch., 1953ff.; Großer hist. Welta. des Bayer. Schulbuchverl., 1954ff.

Attorney-General, in England der erste →Kronanwalt, juristischer Berater und Mitglied der Regierung, jedoch nicht des →Kabinetts; in den USA und engl. Dominions der Justizminister.

Auctoritas (lat. ‚Mehrung'), der altröm. Begriff der durch Persönlichkeit und Leistung erworbenen Führungseigenschaft, die durch Empfehlung, nicht Befehl Gehorsam findet (entspr. lat. *a. senatus* bzw. *patrum*, Beschluß des →Senats, bzw. seines →patrizischen Teils; mlat. die Urteilszustimmung des Umstands im →Ding, dt. Vollbort); von Augustus (Res gestae 34) betont der staatsrechtlich fest umrissenen Amtsgewalt (lat. *potestas*) gegenübergestellt, diente die A. fortan zur Legitimierung des →Prinzipats, sowie späterhin zur Kennzeichnung der Stellung des ma. Kaisers gegenüber den anderen Herrschern Europas; – seit Cicero (entspr. seit dem 15./16. Jh. mhd. *auctoriteit*, dt. Autorität), die überragende Persönlichkeit.

R. Heinze, V. Geist d. Römert., 1938; U. Gmelin, A., 1940; Ernst Meyer, Röm. Staat, ³1964.

Audienz (lat. *audientia* ‚Gehör', auch ‚Zuhörerschaft', dav. mlat. *audientia*, frz. *audience*, span. *audiencia* im späten MA. Name mehrerer Gerichte, in span. Kolonien Beirat des →Vizekönigs), Verhör, Gerichtsverhandlung; Empfang durch das Staatsoberhaupt, v.a. im aufgeklärten Absolutismus *(öffentliche A.)* zur direkten Erledigung von Gesuchen.

Auditor (von lat. *audire* ‚hören'; frz. *auditeur*, it. *uditore*), im MA. sowie an der röm. →Kurie allgem. Richter (auch →Schöffe), seit dem 30jährigen Krieg (erstmals 1621 im Heer Kg. Gustav Adolfs) allmählich auf die Militärgerichtsbarkeit beschränkt, Militärgerichtsbeamter als juristischer Berater, als Richter, Ankläger oder Verteidiger in Stand- und Kriegsgerichten (engl. auch Finanzbeamter zur Rechnungsprüfung).

Aufklärung (seit etwa 1750 für frz. *lumières;* vgl. engl. *enlight(en)ment)*, eine Kulturbewegung, die der Vernunft den Vorrang vor Tradition und äußerer Autorität gab, wurde v.a. von zwei philosophischen Hauptrichtungen getragen, dem Rationalismus (begründet von R. Descartes, 1596–1650, der den Geist mathematisch-mechanischer Naturwissenschaft auf die Philosophie übertrug) und dem Empirismus v.a. des J. Locke (1632–1704), der alle Erkenntnis auf die Sinneserfahrung und die Wahrnehmung seelischer Vorgänge (Reflexion) zurückführte. Am Ende der A.sepoche sah I. Kant (1724–1804) die A. als ‚Ausgang des Menschen aus seiner selbstverschuldeten Unmündigkeit' zur →Freiheit von aller dogmatischen Vormundschaft. Die Religion sollte fortan eine natürliche sein, beschränkt auf die Bejahung des Daseins Gottes als des höchsten Wesens und auf den Glauben an die ersten Ursachen (Deismus: Leibniz, Voltaire, Lessing); das neue Recht war das →Naturrecht (→Gleichheit). Das am stärksten nachwirkende Werk *De l'esprit des lois* (1784) von Montesquieu (1689–1755) entwickelte in der Staatslehre die Vorstellungen der politischen Freiheit. Aus der Idee eines urspr. →Gesellschaftsvertrages(→Volkssouveränität) leitete sich eine Fülle von Reformbestrebungen ab und mündete in die am. und frz. Revolution aus. Daneben stützte sich die A. auf einen ausgeprägten Glauben an Erziehung, die zum richtigen Gebrauch der Vernunft anleiten sollte. Diesem Ziel diente die große, von D. Diderot (1713–84) und J. d'Alembert (1717–83) herausgegebene Enzyklopädie als Aufzeichnung des gesamten menschlichen Wissens der Zeit. Auch auf sozialem und wirtschaftlichem Gebiet galt der Kampf dem Veralteten. Ein gebildetes →Bürgertum kam empor, dessen Selbstgefühl auf den geistigen Kräften des Einzelnen, seiner wirtschaftlichen Tüchtigkeit oder auf seinen wissenschaftlichen Fähigkeiten beruhte. Selbst ein Teil des Adels förderte die A., so daß der Ausgleich zwischen dem →absoluten Staat und seinem aufgeklärten Bürgertum immer schwieriger wurde. J. J. Rousseau (1712–78) war gegen Ende der A. noch einmal der ungestüme Ankläger der geistigen und politischen Unterdrückung. Er warf aber zugleich der A. vor, daß in ihr die Vernunft entartet sei, und empfahl demgegenüber einen reinen Naturzustand. Mit Diderot gehört er zu den Vätern der europäischen Romantik.

I. Kant, Was ist A.?, 1784; W. Dilthey, Ges. Schr., [4]1957f.; P. Hazard, D. Krise d. europ. Geistes, 1939; H. M. Wolff, D. Weltansch. d. dt. A., [2]1963; F. Valjavec, Gesch. d. abdl. A., 1960; J. Mittelstraß, NZ. u. A., 1970.

Auflassung →Lehensauflassung.

Augurn (lat. *augures*), eines der 4 großen Priester→kollegien der röm. Republik (urspr. 3, zuletzt 16 A., durch Kooptation, seit 103v. durch Volkswahl ergänzt), mit der Befragung der Götter durch Beobachtung der Himmels- und Vogelzeichen befaßt (bes. bei der Bestellung von Priestern: Inauguration), Sachverständige der →Magistrate bei Einholung der →Auspizien (sie führen den →Krummstab, *lituus*, zur Markierung der Himmelsbezirke).

Augustus (von lat. *augere* ,mehren'), Ehrennamen von altertümlichem, weihevollem Klang, am 16.1.27v. dem C. Julius Caesar vom röm. Senat verliehen (gr. →*sebastos*); dann auf die Nachfolger übertragen, wird A. rasch die Amtsbezeichnung des röm. →Kaisers (seit dem 1. Jhn. auch Augusta als Titel der Gattin); in der Tetrarchie des Diokletian Titel der Oberkaiser, →Caesar; seit Karl d. Gr. Titel der dt. Könige und Kaiser (seit dem 12. Jh. *Imperator semper A.* ,allzeit Mehrer des Reiches'); Augustalen (lat. *sodales A.es*), Priesterschaft des Kults des A. und der Dea Roma; antikisierende Goldmünzen Ks. Friedrichs II.; Augustalien, A.-festtag, A.spiele, 14n. eingerichtet; Augustana = *Confessio A.*, Augsburger Bekenntnis vom 25. 6.1530 (nach *Augusta Vindelicorum* = Augsburg).

→Prinzeps; — S. Gf. v. Pfeil, D. Titel d. fränk. Kg.e u. Ks., 1958.

Ausbürger, in der ma. Stadt sowohl der Fremde, Nichtbürger, als auch der →Pfahlbürger.

Aumônier →Almosenier.

Ausding →Ding.

Ausgleich, der v.a. von F. F. v. Beust (1809–86) und F. Deak (1801–76) nach der Niederlage von 1866 vorbereitete, am 21.9. 1867 durch den Ks. sanktionierte, alle 10 Jahre in schwierigen Verhandlungen erneuerte Staatsvertrag zwischen Österreich und Ungarn, der das Verhältnis der beiden Reichshälften (oder Staaten) neu begründete (→Dualismus); gemeinsam (*k.u.k.* – für Getrenntes in Zisleithanien, d.h. westlich der Leitha, *k.k.*, in Transleithanien *kgl. ung.*–; zur Gesetzgebung →Delegation) blieben Herrscherhaus, Außenpolitik, Finanz- und Heerwesen (bis auf die Landwehr – →Honved); – danach allgem. Abkommen zur nationalen Verständigung, z.B. 1905 in Mähren, 1910 in der Bukowina.

K. u. M. Uhlirz, Hdb. d. Gesch.

Österr. II 2, 1941; E. Franzel, D. Donauraum, 1958; E. Zöllner, Gesch. Österr., [4]1970.

Aushilfsbeamter, nach Th. Mommsen vom Volk gewählter, seit Sulla auch vom Senat, vereinzelt von röm. Kaisern ernannter Beamter für Sonderaufgaben, die an sich in der Kompetenz der ordentlichen →Magistrate liegen (z.B. Pompeius im Seeräuberkrieg 67v. u.ö.), auch für Bauaufträge, Getreidewesen u.a.

Th. Mommsen, Röm. Staatsrecht II, [4]1952.

Ausmärker, Fremder, Nichtmitglied einer →Genossame.

Ausnahme-gesetze, zusammenfassende, meist kritisch abwertende Bezeichnung für Gesetze, die (aufgrund eines von der Staatsgewalt erkannten besonderen Notstands) die verfassungsmäßig garantierten Rechte ganz oder teilweise aufheben, v.a. einzelne Grundrechte beseitigen (z.B. die Karlsbader Beschlüsse, 20.9.1819) oder die Gleichheit vor dem Gesetz zu ungunsten bestimmter Personen oder Personenkreise einschränken (z.B. Jesuitengesetz 4.7.1872, Sozialistengesetz, 21.10.1878); -zustand, seit der Weimarer Zeit die Summe der Sondermaßnahmen (Aufhebung mehrerer Grundrechte, Stärkung der Exekutive, →Notverordnung) bei (innerer) Bedrohung des Staates (‚wenn die öffentliche Sicherheit und Ordnung erheblich gestört oder gefährdet wird', Art. 48 Reichsverf.). Der A.-zustand ist ebenso wie →Belagerungszustand, Kriegszustand, e. bes. Form des Staatsnotstandes.

P. Schneider, A.-zustand u. Norm, 1956; K. Hesse, Das neue Notstandsrecht der BRD, 1968; H. Boldt, Rechtsstaat u. A.-zustand, 1967.

Auspizien (lat. *auspicium* ‚Vogelschau'), die unerläßliche, bei ungünstigem Ausgang wiederholbare Befragung der Götter im Namen des röm. Volkes (Vogelschau, aber auch Füttern der heiligen Hühner u.a.) durch den → Magistrat im Rahmen seines selbständigen Amtsbereichs, bes. vor Wahlen und Feldzügen. Der Inhaber der A. (z.B. der Kaiser bei Feldzügen in seinen Provinzen), nicht der ausführende Untergebene zeichnet verantwortlich, daß die Amtsgewalt im Einklang mit dem Willen der Götter ausgeübt wird.

Austrag, seit dem 13. Jh. das Zuendeführen, Beenden eines Streites, (schiedsrichterliches) Urteil, dann Schiedsrichter, Schiedsgericht; die Schlichtung von Streitigkeiten durch Schiedsrichter (mlat. *austrega*) gewinnt seit dem späten MA. als Möglichkeit zur Umgehung der Reichsjustiz immer breiteren Raum, v.a. bei den Reichsständen, so daß für die Gerichtsbarkeit zwischen und gegen Reichsfürsten und -grafen usw. (Kurfürsten seit 1338) die Austrägal-gerichte (im Dt. Bund A.-instanz) – z.T. aufgrund bes. A.-privilegien – die 1. Instanz bildeten.

H. Rennefahrt, Herkunft d. Schiedsgerichtswesens, (Schweizer Beitr. z. allgem. Gesch. 16) 1958.

Austro-marxismus, die theoretische Weiterbildung des →Marxismus innerhalb der österr. Sozialdemokratie (Hauptvertreter M. Adler, 1873–1937, O. Bauer, 1882–1938, K. Renner, 1870–1950), die die Grundbegriffe der marxistischen Lehre neuinterpretierte und, vornehmlich an I. Kant orientiert, sozialistische Reformen auf der Grundlage des bestehenden Staates und seiner Nationalitäten erstrebte; -slawismus, Sammelbezeichnung für die Bestrebungen der slaw. Völker innerhalb der österr.-ungarischen Monarchie bes. des frühen 19. Jh. (Hauptvertreter P. J. Safarik, 1795–1861, F. Palacky, 1798–1876), eine Lösung ihrer nationalen Wünsche im Rahmen des Habsburgerreiches zu erzielen.

M. Adler, R. Hilferding (hrsg.), Marxstudien, Bll. z. Theorie u. Pol. d. wiss. Soz., 1904; G. Nenning, Anschluß a. d. Zukunft, 1963; N. Leser, Zwischen Reformismus u. Bolschewismus, 1968; – J. Dobrovsky, Ü. d. Ergebenheit d. slaw. Völker an d. Erzhaus Österr., 1791; F. Palacky, Gedenkblätter, 1874; R.A. Kann, D. Nationalitätenproblem d. Habsburgermon., ²1964.

Auszug, allgem. militärisches Aufgebot, →Heerfahrt, bes. in der Schweiz im Gegensatz zu Landwehr u. Landsturm d. Feldarme d. Milizheeres (20.–32. Lebensjahr).

Autarkie (gr. ‚Selbstgenügsamkeit'), in der gr. Philosophie (seit Hippias, um 400v., und Demokrit, 460–371v.) Unabhängigkeit und Bedürfnislosigkeit als Lebensideal des Weisen; Unabhängigkeit einer Gemeinschaft (Familie, Volk, Staat, Staatengruppe), v.a. auf wirtschaftlichem Gebiet (kulturelle und politische A. = →Autonomie): Selbstversorgung mit Grundnahrungsmitteln und Rohstoffen, Ideal der gr. Stadtstaaten, seit dem Hellenismus Ziel der Wirtschaftspolitik von Großreichen, nach dem 1. Weltkrieg, bes. seit der Weltwirtschaftskrise 1929, erneut lebhaft diskutiert.

F. Fried, A., 1932; F. Egert. A., 1934; A. G. B. Fisher, Econ. Self-Sufficiency, 1936; E. Schorer, Schmollers Jb. 1941; S. Helander, D. A.-problem i. d. Weltwirtschaft, 1955.

Authenticum (gr.), im MA. beglaubigte Urkundenabschrift, auch Beglaubigungsaufzeichnung für →Reliquien.

Auto- (gr.), Selbst-; A.-→biographie; -chthonie (von gr. *chthon* ‚Erde'), die Abstammung aus dem Lande selbst; zu den Ureinwohnern (A.-chthonen, lat. *aborigines*) zu gehören, der Erde selbst entsprossen zu sein, galt den Griechen, v.a. den Athenern als bes. Vorzug; der Begriff wurde wieder aufgenommen zur Bezeichnung der nach 1945 in Polen verbliebenen Deutschen; -gen, im ma. Staatsrecht ‚aus dem Lande selbst erwachsen', nicht vom Kg. eingesetzt; -graph, Urschrift, Originalhandschrift, auch älterer Erstdruck; die A.-graphensammlung durch Bibliotheken und Liebhaber (im 17. Jh. von Frankreich ausgehend) konzentriert sich zunehmend auf die Handschriften großer Persönlichkeiten der Literatur- und Geistesgeschichte, nachdem bis ins 18. Jh. das historische Interesse vorherrschend war; -kratie, ‚Selbstherrschaft' als ein keinen Einspruch duldendes Herrschaftssystem, v. a. orientalischer Staaten; in neuerer Zeit als Sammelbegriff für absolutistische und diktatorische Herrschaftsformen im Gegensatz zu →Demokratie verstanden; -krator, ‚Selbstherrscher', als Titel des byz. →Kaisers und (ru. *samoderzec*) des ru. →Zaren; -mation, aus dem Amerikanischen übernommener Begriff zur Kennzeichnung einer neuen, zweiten (oder dritten) Phase der →Industriellen →Revolution, die in der Produktion und ihrer Kontrolle nach einer Ersetzung des Arbeiters durch die Maschine tendiert; -nomie (von gr. *nomos* ‚Gesetz'), ‚Eigengesetzlichkeit', Unabhängigkeit eines Staates nach außen, als stärkster Impuls der gr. Geschichte und Ideal der gr. Polis zugleich ihr Souveränitätsbegriff, bis in der Demokratie des 5. Jh. die →Freiheit im Innern davon geschieden und in der Formel *Eleutherie und A.* gleichberechtigt daneben gesetzt wird; während die A.-nomie im 5. Jhv. etwa nicht mit der Mitgliedschaft im Attischen Seebund vereinbar ist, sinkt der Begriff in hellenistischer Zeit angesichts der Übermacht der Territorialstaaten ab zu einem mehr oder minder großen Maß an →Selbstverwaltung, z.T. durch Privileg der Könige oder der Römer zugestanden (z.B. *autonome Münzprägungen* gr. Städte). – Nach der Entwicklung des →Souveränitätsbegriffs im Staatsrecht der NZ. ist A.-nomie eindeutig beschränkt auf die – in Abstufungen mögliche – →Selbstverwaltung von Körperschaften, Parlamenten, Universitäten, Ständen, Gemeinden, Landesteilen u.a., im 19. Jh. vorwiegend für Sonderrechte nationaler Minderheiten (→Nationalitäten), bes. Verwaltungssprache und Schulwesen betreffend, verwendet (vgl. die kulturelle A.-nomie der rund 180 Nationalitäten der UdSSR, die auf gewaltsame Russifizierung verzichtet hat; die politische A.-nomie kommt in der offiziellen Bezeichnung *a.-nome Republik* (11), bzw. *a.-nomes Gebiet* (5) für die Teilstaaten mit ihrem theoretischen Recht zum Austritt aus der Union zum Ausdruck); -nomisten, Vertreter des A.-onomiegedankens, v.a. im Elsaß und in Österreich-Ungarn, bes. Partei in Elsaß-Lothringen, 1877–81 im Dt. Reichstag vertreten, die für die Errichtung eines dt. Bundesstaates wirkte, 1874 die Einsetzung eines Landesausschusses, 1879 eines Statthalters erwirkte; -pragie (von gr. *prattesthai* ‚eintreiben'), das Recht eines → Grundherrn, die Steuern auf seinem Gebiet einzuziehen und den Fiskus mit einer Pauschale abzufinden; -tradition, ‚Eigengebung', das freiwillige Aufsichnehmen der Abhängigkeit von einem Mächtigeren (auch der Kirche) zu wirtschaftlichem und Rechtsschutz, das im frühen MA. den Rückgang der Zahl der → Freien zur Folge hatte.

Auto da Fè (port. *auto de fè* ‚Glaubensakt'), urspr. das öffentliche Glaubensbekenntnis am Schluß eines →Inquisitionsprozesses, nach dem die hartnäckigen Ketzer dem weltlichen Arm zur Exekution überantwortet wurden, dann diese selbst.

Autopsie (gr.), ‚Augenzeugenschaft' des Verfassers einer Quelle, wichtiges, doch nicht entscheidendes Kriterium der historischen Quellenkritik.

autoritär, seit etwa 1930 beliebtes Schlagwort zur Kennzeichnung von Staatssystemen, bei denen die Regierung unter Zurücksetzung der parlamentarischen Institutionen zufolge ihres Ansehens (Autorität) und ihrer Rechte weitgehend freie und unkontrollierte Entscheidung hat. Wenngleich der Begriff nicht eindeutig definiert ist, bestimmt er sich doch, zwischen →parlamentarisch und →totalitär stehend, als modernes Gegenstück zum Absolutismus, durch seine vorzugsweise Verwendung für gemäßigte →Diktaturen (z.B. Portugal).

F. Neumann, Demokr. u. a.er Staat, 1967.

Auxilien (von lat. *auxilium* ‚Hilfe', mlat. ‚Lehenspflicht', ‚Steuer'), die nichtröm. Hilfstruppen des röm. Heeres, außerhalb des Legionsverbandes stehend, in Kohorten und Zenturien, die Reiter in →Alen gegliedert, urspr. (seit dem 3. Jhv.) im Kriegsgebiet rekrutiert.

Avers (von lat. *adversus* ‚zugewandt'), die Vorderseite einer Münze (Rückseite = Revers).

Avulsion (v. lat. *avellere*, ‚losreißen'), im alten dt. Reich die gewaltsame Abtrennung von Reichsgebiet durch fremde Mächte (v. a. Frankreich).

Bacchanten (mlat. auch Bachanten), die Anhänger des gr. Gottes Dionysos oder Bakchos, deren orgiastische Feiern in Rom 186v. *(Senatus consultum de Bacchanalibus)* der →Senat zu unterbinden suchte; im späteren MA. die (im Gegensatz zu den Vaganten und Goliarden) weltlichen fahrenden Schüler.

Bachelerie (frz.; mlat. *baccalaria*), im späten MA. kleines Lehens- oder Pachtgrundstück; frz. *bachelier* (entspr. engl. *bachelor*, ita. *baccelliere*), niederer Gefolgsmann, Hintersasse, Knappe, auch jüngerer und niederer Geistlicher oder Zunftgenosse; dav. seit dem 13. Jh. mlat. Bakkalaureus als unterster akademischer Grad.

Bagauden (kelt. ‚Kämpfer'), aufständische Bauern im Gallien des 3./4. Jhn., die sich gegen den Großgrundbesitz und gegen Mißstände in der Verwaltung erhoben.

Bagler (zu lat. *baculus* ‚Hirten-, Bischofsstab') →Birkebeiner.

Bagno (it. ‚Bad' nach der Lage des Sklavengefängnisses an den Palastbädern des Sultans in Konstantinopel), Gefängnis für Schwerverbrecher, bes. in Frankreich 1749–1852 die mit Zwangsarbeit verbundenen Strafanstalten in Toulon, Brest u.a. Seestädten, Nachfolger d. →Galeeren.

Bailli (frz.; engl. *baillif*, mlat. *ballivus* von lat. *baiulare* ‚tragen'), im 12. Jh. Beamter der engl. Krone in der Normandie mit gerichtlichen, administrativen und militärischen Befugnissen in einem bestimmten Bezirk, der *baillage* (dt. →Ballei); in England war der B. dann allgem. der Beamte, bes. der Vollstreckungsbeamte des → Sheriff; in Frankreich, von Kg. Philipp August (1180–1223) übernommen, zunächst Reiserichter mit der Auflage jährlicher Berichterstattung am kg. Hof, wurde er im 13. Jh. in der Provinz seßhaft in seiner *baillage* und bildete als Vorgesetzter des *prêvot* mit ähnlich umfassenden Rechten wie der norm. B. die eigentliche Mittelinstanz der Verwaltung; seit dem 14. Jh. wurden die Rechte des B. vom Kg. laufend wieder eingeschränkt, bis er im 16. Jh. völlig an Bedeutung einbüßt und zum bloßen Titel absinkt.

Petit-Dutaillis, La monarchie feodale, 1933; F. Lot, R. Fawtier, Hist. des institutions franç. au Moyen Âge 2, 1958.

Bajoire (frz., zu *baiser*), ‚Kußmünze', in der älteren Numismatik Münze oder Medaille mit Doppelporträt, v.a. von Herrscherpaaren, seit dem 3. Jhv. (Prägungen der Ptolemäer in Ägypten) bekannt.

Bakkalaureus →Bachelerie.

Balance of Power (engl.), ‚Gleichgewicht der Mächte', d.h. nicht Vorherrschaft einer Macht. Dieses →Gleichgewicht in Europa zu erhalten – u.zw. ohne Streben nach →Hegemonie im kontinentalen Sinn – war Grundsatz der engl. Außenpolitik vom 17.–20. Jh. Geographische Lage und Rückendeckung von Übersee erlaubten eine solche Haltung. Die Friedensschlüsse von Utrecht 1713 und Paris 1814 setzen sich ausgesprochenermaßen die Sicherung der *B. o. P.* zum Ziel.

L. Dehio, Gleichgew. od. Hegemonie, 1948; F. Wagner in: Hdb. d. eur. Gesch. 3, 1968.

Balkanisierung, publizistisches Schlagwort für die Aufspaltung der österr.-ung. Monarchie nach 1918 in kleine, politisch ungefestigte Länder nach Art der Balkanstaaten, übertr. auch für die durch die Entkolonialisierung geschaffene Aufteilung Afrikas in viele, kaum lebensfähige Kleinstaaten u. a. verwendet.

Ballei (von frz. *baillage* ‚Verwaltungsbezirk'), beim Dt. Ritter-→orden Verwaltungsprovinz unter einem Land→komtur (bei den Johannitern Bezirk, der mehrere →Kommenden umfaßte).

R.ten Haaf, Dt.ordensstaat u. Dt.O. B.en, 1951.

Ballhaus (seit dem 15. Jh. Großraum zu Ballspiel und Tanz) -schwur des Dritten Stands 20.6.1789, vor Ausarbeitung einer konstitutionellen Verfassung nicht auseinander zu gehen; -platz in Wien I, seit 1848 Sitz des österr. Außenministeriums, seit 1918 der Regierung, daher allgem. für österr. Außenpolitik und ihre offiziellen Vertreter gebraucht.

Balliste (gr.-lat. *ballista* zu gr. *ballein*, ‚schleudern'), das Torsionsgeschütz des At. seit dem 4. Jhv.; mit dem MA. geht die Bezeichnung auf das Bogengeschütz (→Katapult) über.

Ballot (engl. von it. *ballotta*, vgl. dt. Ball), Wahlvorgang, Stimmzettel, der in den USA bis zu 400 Namen enthalten kann, da auch viele Verwaltungsposten durch Wahl besetzt werden; am. Parteien lebten Ende des 19. Jh. weitgehend von Ämterpatronage *(spoils system)*, daher wurde im 20. Jh. das B. in mehreren Einzelstaaten bereits auf Parlamentarier und höchste Leiter der Exekutive eingeschränkt (Präsident, →Gouverneur, →Mayor); B.age (frz.), urspr. geheime Abstimmung mit schwarzen und weißen Kugeln, dann in Frankreich Stichwahl zwischen den beiden Kandidaten mit den meisten Stimmen, wenn niemand die absolute Mehrheit erhalten hat.

Ban (mlat. *banus*, iran. Ursprungs), Bezeichnung des Stammes-, dann des Provinzoberhaupts bei den Kroaten; die B.s unterstanden dem B. des ersten Stammes, der 925 den Kg.stitel annahm; seit dem 12. Jh. Titel des Befehlshabers einer ungarischen Grenzmark, nach dem Vordringen der Türken nur mehr von Kroatien-Slavonien, hoher Würdenträger des ung. Reiches (vorübergehend 1849–68 unabhängig, Gf. J. Jellachich de Buschim, 1801–59); Banal-grenze, der dem B. unterstehende Teil der österr. Militärgrenze zwischen Una und Save, mit 2 von diesem befehligten Banalgrenzregimentern; -landtag, der Landtag des B.ats zu Agram; -tafel, das Obergericht in Kroatien-Slavonien unter Vorsitz des B.; Banat, Amtsbereich eines B., bes. seit 1718 Landschaftsbezeichnung für den südung. Grenzbezirk um Temeschvar, der jedoch nie einem B. unterstand.

Banderien (mlat. *banderium*, ‚Heerbann'), seit dem 14. Jh. Heereskontingente der ung. Adeligen und Prälaten, die unter der

Fahne des Grundherrn, doch auf Befehl des Kg. kämpfen, Unterabteilungen der →Insurrektion; seit dem 18. Jh. ohne Bedeutung.

Bann, (1) allgem. der schon in primitiven Gemeinschaften vorkommende Ausschluß bestimmter Personen aus der Gemeinschaft, ferner das Gebot, bestimmte Örtlichkeiten und Gegenstände zu meiden; bei Personen fällt der B. oft mit der →Acht zusammen; (2) im germ. und ma. Recht die umfassende Gewalt der Obrigkeit, bes. des Königs, zu gebieten und zu verbieten; der B. bedeutet dabei (a) das Gebot und Verbot selbst, (b) den Bereich, in dem der B. gilt (B.-bezirk), (c) die Strafe, die auf die Übertretung des B.s gesetzt war (B.-buße); er teilt sich je nach Regierungsaufgaben in verschiedene Einzelbänne, den Heer-b., Gerichts-b., Friedens-b., Verordnungs-b.; B.-rechte können sich schließlich auf begrenzte Örtlichkeiten u. Gerechtsame beziehen (→auch Zwing und B.), wie z.B. den Burg-b., →Burg, den Wild-b., →Forst, oder den Gewerbe-b. in Form des Mühlen-b.s bis herab zum Backofenb.; zur Ausübung vergibt der König den B. auf dem Wege der B.-leihe an →Grafen oder →Vögte; neben den kgl. Bannbezirken gibt es im ma. Staat auch Adelsbannbezirke, → Immunität, deren B.-gewalt autogen ist; (3) Auslieferung oder Weihe einer Person oder Sache an Gottes Strafe oder Zorn, schon in der jüd. Gemeinde gebraucht. Im NT. und in der Urkirche – oft unter der Verfluchungsformel *Anathema* – angewendet, wird der B. in der Folgezeit in der kath. Kirche in verschiedenen Formen gebraucht: →Exkommunikation, Interdikt, Suspension.

H. Hirsch, D. hohe Gerichtsbark. im dt. MA., [2]1958; R. Scheyhing, Eide, Amtsgewalt u. B.-leihe, 1960; W. Küchler, Das B.recht, 1964.

Banner, auch Panner, Panier (got. *bandwa* ‚Zeichen', mlat. *bandum, banderium* ‚Fahne', frz. *bannière*), Feldzeichen einer zum Kriegszug aufgerufenen Mannschaft, so Reichs-b., seit Friedrich I. schwarzer Adler in goldnem Feld, im MA. Zeichen einer Reichsheerfahrt (mit seiner Führung, →Reichssturmfahne waren die Gf. von Württemberg – 1. bekannte Belehnung 1336 – betraut; Reichs-b.-amt, jüngeres →Erzamt, das Leopold I., 1657 bis 1705, der 9. →Kur Hannover verlieh; *Des Hl. Röm. Reiches Erz-Panner* nannte sich Friedrich von Württemberg 1803 als Kurfürst, als Kg. schuf er 1809 für sein Kg.-reich das Reichserb-b.-amt); – Truppenteil unter einem B., auch Verwaltungseinheit; im MA. fries. Unterbeamter für den Vollstreckungs- und Botendienst; heute reine Flaggenform, bei der das Tuch an einer Querstange hängt; B.-herr, höherer Vasall, der ein eigenes Aufgebot unter eigenem B. führt, später auch → Hofamt und Titel; ähnlich frz. *banneret (seigneur, chevalier b.)*, Adeliger mit eigener Truppe unter eigenem B.

O. Neubecker, Fahnen u. Flaggen, 1939; – R. Schröder, E. Frh. v. Künßberg, Lehrb. d. dt. Rechtsgesch., [7]1932, ND 1966.

Bannmeile (frz. *banlieue*), der Umkreis eines Ortes bis zur Entfernung von einer Meile (vgl. die röm. Scheidung zwischen den Amtsbereichen *domi* und *militiae* durch den ersten Meilenstein), innerhalb derer irgendwelcher → Bann ausgeübt worden ist, bes. die Umgebung einer →Stadt, die innerhalb der B. den Fremden Handel und Gewerbe verbot; die B. ist heute noch als Schutzzone um Parlaments- und Regierungsviertel bekannt.

W. Küchler, Das B.-recht, 1964.

Barbaren (gr. ‚die Stammelnden', ‚nicht griechisch Redenden'), alte gr. Sammelbezeichnung für Nichtgriechen, unter dem Eindruck der Perserkriege 490–79 mit Haß und Verachtung erfüllt, später (seit Isokrates, 436–338v.), v.a. im Hellenismus, die nicht gr. Gebildeten, somit die Ungebildeten; im röm. Reich die Völker jenseits der Grenzen, außerhalb der Ökumene, bisweilen (z.B. Tacitus, Germania) als unverbrauchte Naturvölker idealisiert; in der Spätantike auch (nichtrömische) Soldaten; von den Franken *(lex Salica)* ohne abwertenden Nebensinn von sich selbst gebraucht; in d. engl. u. frz. Lit. häufig: d. Germanen d. Völkerwanderungszeit; B-münzen, plumpe Nachprägngn. gr. u. röm. Münzen durch B., v.a. Kelten.

J. Jüthner, Hellenen u. B., 1923; H. Bengtson in: Unser Gesch.bild, 1954.

Barbaresken = Berber, bes. (in Anlehnung an das Wort Barbaren) seit dem 16. Jh. häufige Bezeichnung für die tü. Seeräuberstaaten in Tripolis, Tunis u. Algier.

Barbaten (mlat. *fratres barbati*, ‚Bärtige'), = →Laienbrüder.

Bargilden (frühmhd. *bargildi* ‚der Abgabenleistende'), auch Pfleghafte, Biergelden nach dem Sachsen→spiegel, der vierte Stand nach →Landrecht, der aus freien Bauern bestand; wahrscheinlich handelt es sich um freie Königsbauern, die auf fränk. →Königszinser zurückgehen.

E. Molitor, ZRG. GA 32, 1911; ders., D. Pfleghafte d. Sa.spiegels, 1941; H. Dannenbauer, Grundl. d. ma. Welt, 1959/62.

Barkasse (it., lat., kelt. *barca*, dazu Bark, dreimastiges Segelschiff; Barke, Barkerole, kleines, mastloses Boot), großes Beiboot eines Kriegsschiffs.

Baron (frz. von ahd. *baro* ‚Freier'; mlat. *baro*, *baronus*), seit dem 11. Jh. der →Kronvasall, in Frankreich bald allgem. Burgherr, Lehensherr, daher von den vier Klassen des Hohen Adels nicht mehr geführt; in England verblieb die Bezeichnung dem hohen Adel (später = →Peer, *baroni maiores*), bes. der fünften und niedersten Klasse mit dem Titel →Lord; als Titel für Richter am Gerichtshof des Schatzamts und, bis 1832, der Abgeordneten der Hafenstädte; in Deutschland seit dem 16. Jh. als Anrede für den →Freiherrn gebräuchlich; Baronet, Angehöriger der 1611 durch Jakob I. geschaffenen obersten Klasse des niederen engl. Adels (→Gentry) mit dem Titel →Sir; Baronesse (frz. ‚engl. *baroness* ‚Frau eines B.s'), das →Freifräulein; Baronie, →Kronlehen, Grundbesitz eines B.s; der Hochadel, die Gesamtheit der B.e eines Landes; Baronin (frz. *baronne*), →Freifrau.

Barrière (frz., auch *barre*, dav. *barrage*, mlat. *barragium*, ‚Maut'), ‚Schranke', Schlagbaum, Gerichtsschranke, künstliches oder natürliches Gefechtshindernis; in Politik und Verträgen des 16. bis 18. Jh., ausgehend von dem Verlangen der Niederlande nach Sicherung gegen Frankreich durch Besetzung fester Plätze in den Spanischen Niederlanden, militärisch besetzte Sicherheits- und Einflußzone eines Staates in einem benachbarten souveränen

Staat, eine Abart des →Pufferstaates.

W. Hahlweg, HZ 187, 1959.

Barschalken (,Abgaben leistende Knechte'), im frühen MA. ständische Schicht des bairisch-ostmärkischen Raumes, Zinspflichtige mit Erbbesitz, vgl. →Liten.

Lit. Th. Meyer, Baar u. B., Mitt. d. oberöst. Landesarch. 3, 1954.

Basileus (gr.), →König, der persische →Großkönig, der byz. →Kaiser; in Athen der zweite der 9 →Archonten, mit der Aufsicht über den Staatskult, der Leitung der Feste und Spiele befaßt (Amtshaus Basilika, die ,Königshalle' am Markt); in der gr. Staatstheorie der gute →Monarch im Gegensatz zum →Tyrannen; Basilie, die positive monarchische Staatsform, die gegeben ist, wenn der Herrscher unter, nicht über dem Gesetz steht.

Basoche →Bazoche.

Bastard (frz. *bâtard*), illegitimer Nachkomme; sein Nachlaß fällt beim Fehlen von →Deszendenz dem Landesherrn zu; -faden, Schrägstreifen im Wappen illegitimer Söhne.

Bastei (seit dem 14. Jh. von it. *bastia* von spätlat. *bastire* ,bauen'; später auch – von der it. Vergrößerungsform – Bastion), Bollwerk, in der nz. Festungsbaukunst polygonaler Vorsprung des Hauptwalls; der bastionierte Grundriß (auch Bastionärtracé) dauernder Befestigungen vermeidet tote Winkel; frz. Bastille, Befestigungs- oder Belagerungsturm, mit starken Türmen gesichertes Schloß; bes. eine im 14. Jh. im Nordosten von Paris erbaute Burg, Staatsgefängnis in absolutistischer Zeit; Bastillesturm, am 14.7.1789, der als frz. Nationalfeiertag begangen wird.

Bastonnade, (von frz. *bâton* ,Stock'), bis ins 19. Jh. verbreitete Form der Prügelstrafe, v. a. auf die Fußsohlen.

Bataillon (frz. v. it. *battaglia* ,Schlacht'), in der NZ. Bez. verschiedener Truppeneinheiten, v. a. der Untergliederung des →Regiments.

Batzen (nach dem Berner Bären im Wappen der ersten Prägungen benannt), seit dem Ende des 15. Jh. süddt. Silberscheidemünze im Wert von 4 →Kreuzern oder $^1/_{15}$ →Gulden.

Bauern (ahd. *giburo*, ,der zum Haus, zu einem Siedlungsverband Gehörige'), -befreiung, die Aufhebung aller herrschaftlichen Rechte am Bauern durch die vom Geist der →Aufklärung und des →Liberalismus beeinflußten Reformen des 18./19. Jh. (zuletzt in Rußland 1861); sie bezog sich auf die Befreiung der Person aus der →Leibeigenschaft oder der →Erbuntertänigkeit, auf die Abschaffung der →Grund- und der →Gerichtsherrschaft und die Ablösung des →Zehnten; sie vollzog sich in der Regel in mehreren Stufen (z.B. in Preußen durch die Reformen Friedrichs d. Gr., Steins und Hardenbergs), geschah aber auch durch revolutionären Akt (z.B. in Frankr.: Schwur im Ballhaus 4.8.1789); die Herren wurden für den Wegfall der bäuerlichen Abgaben (Renten, Naturalleistungen) und →Fronen entschädigt, im Falle der →Gutsherrschaft auch durch Abgabe von Land (Ostelbien, Osteuropa), was die wirtschaftliche Stellung des B. oft schwächte und sie als Landarbeiter in erneute Abhängigkeit vom Gutsherrn brachte; die B.-befreiung schuf zusammen mit der →Separation durch Neuaufteilung der →Mark und →Allmende, durch Umstellung auf neue Betriebs- und Bewirtschaftungsformen (→Fruchtwechselwirtschaft) eine der Voraussetzungen für die Steigerung der landwirtschaftlichen Produktion im 19. Jh.; -legen, der Auskauf von Bauernhöfen, oft unter Anwendung von Gewalt, zur Abrundung des Gutes oder das Einziehen von →gutsherrlichen B.- stellen, die nicht bewirtschaftet wurden,zur Ertragssteigerung des Gutes; in England war das B.-legen schon seit der Umstellung auf die Weidewirtschaft im 15./16. Jh. üblich, in Ostdtld. seit dem 30-jährigen Krieg, bes. im 18. Jh., v.a. in Mecklenburg und Vorpommern, während Preußen es durch B.-schutzgesetze zu unterbinden suchte; -lehen, Bauerngut, das in der Verfallszeit des Lehenswesens meist gegen Zins (deshalb auch Zins- oder Beutellehen) oder wenigstens gegen ein →Laudemium verliehen wurde.

L. Lütge, Über die Auswirkg. der B.-befr. in Dtld., Jb. f. Nat.-Ök. u. Stat., 1943; W. Conze, Die Auswirkungen d. lib. Agrarref. auf die Volksordnung im Mitteleur., VSWG 1949; G. Franz, Quellen zur Gesch. des dt. B.-standes II, 1967/63; E. Klein, Gesch. der dt. Landwirtschaft, 1969: G. Franz, Gesch. des dt. B.-standes vom frühen MA. bis zum 19. Jh., 1970.

Bauerschaft, in Nordwestdtld. ländliche Kleingemeinde, aus Einzelhöfen bestehend, →Honschaft.

Bauge (zu dt. *biegen*), Metallring als Schmuck oder Ringgeld.

Bay →Bei.

Bazoche (Basoche, frz. von gr. *basilika*), Schreibergilde in Paris (mit dem Sitz in einem kg. Palast), die aufgrund eines Privilegs von 1303 bis 1789 alljährlich dramatische Aufführungen, meist satirischen Charakters, veranstaltete.

Beamte, (1) im weitesten Sinne des Wortes alle von übergeordneter Stelle mit einem →Amt, einer öffentlichen Aufgabe Betrauten, Träger staatlicher Gewalt, deren Macht nicht charismatisch, sondern durch menschliche Entschließung begründet ist. In diesem Sinn ist der B. als unentbehrliches Organ staatlicher Ordnung so alt wie diese. Die Vielfalt der historischen Erscheinungsformen zeitigt die mannigfachsten Arten (a) der ständischen Zugehörigkeit: z.B. Sklaven und Freigelassene (im At. und im Vorderen Orient), Kleriker (im MA.), Bürgerliche (in der NZ.), Adelige (in der röm. Republik, →Nobilität, u.a. Stadtstaaten; im diplomatischen Dienst der nz. Staaten); (b) der Qualifikation: z.B. Kenntnis des Schreibens (im Alten Orient), Abkunft (in der frühen röm. Republik, → Patrizier), literarische (vgl. das Prüfungssystem in China seit dem 7. Jhn.), juristische oder → kameralistische Vorbildung; (c) der Bestellung: durch Wahl oder (wie in der athenischen Demokratie) durch das Los, durch Ernennung, vereinzelt auch durch Kauf oder Erbe; (d) der Amtsdauer: lebenslänglich (seit dem 19. Jh.), bis zum Erlöschen des Auftrags oder bis zur Abberufung, oder von vornherein verfassungsmäßig befristet (z.B. die Jahres-b.n der antiken Stadtstaaten); (e) des Entgelts: ehrenamtliche oder besoldete Tätigkeit. Je nach den Gegebenheiten erscheinen die B.n als Wahrer republikanisch-freistaatlicher Ordnung gegenüber tyrannisch-diktatorischen Bestrebungen (z.B. in der gr.-röm. Geschichte); als Vertreter der zentralistischen Interessen der Krone gegenüber lokalen, feudalistischen Tendenzen (→Absolutismus, Etatismus; Graf, Sheriff u.a. Ämter); als Vertreter kontinuierlicher, sachlich bestimmter Regierungstätigkeit gegenüber herrscherlichem Machtwillen oder parteipolitisch bestimmten, oft spektakulären Bestrebungen parlamentarischer Gremien; – (2) im engeren Sinne die Vertreter des nz. Berufs-b.ntums – das indes seine Wurzeln in At. (hellenistischer und spätröm. Staat) und MA. (staufisches Sizilien), sowie Parallelen in der chin. und jap. Geschichte hat –, begründet im absolutistischen Staat, gefördert (durch calvinistische Einflüsse, die Kantsche Ethik, die Staatsphilosophie des Idealismus) v.a. in der preuß. Entwicklung des 18./19. Jh. Der B. als ‚Staatsdiener' steht in einem ‚öffentlich-rechtlichen Dienst- und Treueverhältnis', das, unvereinbar mit parlamentarischer Tätigkeit oder radikalen Mitteln des Lohnkampfes, lebenslänglich und durch den B.n-eid bekräftigt, zugleich dem Staat die Fürsorgepflicht auferlegt. ‚Der Typus des B.n ist der geschulte Fachb., dessen Dienstverhältnis auf Kontrakt beruht, mit festem, nach dem Rang des Amtes, nicht nach dem Maß der Arbeit abgestuftem Gehalt und Pensionsrecht nach festen Regeln des Avancements. Seine Verwaltung ist Berufsarbeit kraft sachlicher Amtspflicht; ihr Ideal ist, *sine ira et studio*, ohne allen Einfluß persönlicher Motive oder gefühlsmäßiger Einflüsse, frei von Willkür und Unberechenbarkeiten, insbesondere „ohne Ansehen der Person" streng formalistisch nach rationalen Regeln und – so diese versagen – nach „sachlichen" Zweckmäßigkeitsgesichtspunkten zu verfügen. Die Gehorsamspflicht ist abgestuft in einer Hierarchie von Ämtern mit Unterordnung der unteren unter die oberen und geregeltem Beschwerdeverfahren.' (M. Weber). Im Lauf des 20. Jh. vergrößert die Vermehrung der Verwaltungsaufgaben die Zahl der B.n, zugleich verliert das B.ntum durch Politisierung der Spitzenpositionen (→Patronage), durch die Schwächung der Staatsgewalt in der pluralistischen Gesellschaft, sowie durch die sozialen Umordnungen und politischen Umwälzungen (vgl. die Beseitigung der Sonderrechte in kommunistischen Staaten) an Profil und innerer Geschlossenheit.

S. Isaacsohn, Gesch. d. preuß. B.ntums, 1873ff.; G. Schmoller, Über Behördenorg., Amtswesen u. B.ntum, 1894; A. Lotz, Gesch. d. dt. B.ntums, 1909; F. Hartung, Z. Gesch. d. B.ntums im 19. u. 20. Jh., 1948; H. v. Borch, Obrigkeit u. Widerstand, 1954; Th. Eschenburg, Ämterpatronage, 1961; O. Hintze, Staat u. Verfassung, [3]1970; M. Weber, Wirtschaft u. Gesellsch., [5]1972; Th. Ellwein, Berufsb.ntum, 1973.

Bede (mhd. ‚Bitte'), eine auch unter anderen Bezeichnungen (→Schatz, →Schoß) etwa seit dem 12. Jh. in allen dt. Territorien übliche direkte Steuer, die i.a. der Landesherr von Fall zu Fall vom bäuerlichen und bürgerlichen Grundbesitz ‚erbittet' = erhebt. Von d. B. befreit ist d. landsässige Adel, z.T. auch die Geistlichkeit.

A. Waas, Vogtei u. B., 1919/23; E. Bamberger, Zs. f. d. ges. Staatswiss. 77, 1922.

Bed(d)emund →Genossame.

Beg, Beglerbeg →Bei.

Beg(h)inen (mlat. *Beguinae*, *Beguttae*, Herkunft ungekl.) und entspr. Beg(h)arden (mlat. *Beghardi*, *Beguini*), seit dem 12., bzw. 13. Jh. (1220) in den Niederlanden entstandene Laiengemeinschaften klosterartiger Form, (Gelübde der Ehelosigkeit und des Gehorsams, nicht aber der Armut), mit zunehmend stärkerer Fürsorgetätigkeit; wegen Einströmens ketzerischer Elemente zeitweise verfolgt, gehen sie im 15. Jh. (durch Papst Nikolaus V., 1453) zum größten Teil in den Tertiariern (Dritter →Orden) auf.

E. G. Neumann, Mainzer Abh. 4, 1960; H. Grundmann, Rel. Bewegg. d. MA., 1961.

Bei (tü.), urspr. Adliger, Stammeshäuptling; im tü. Reich niederer Offizier und Beamter, auch Titel der tü. Statthalter in Nordafrika (*B. von Tunis*, 1956 abgesetzt), dann allgem. Anrede höhergestellter Personen und Ehrentitel der Paschasöhne, 1934 in der Türkei, 1952 in Jordanien und Ägypten abgeschafft; Beglerbeg, Beilerbei hoher tü. Verwaltungsbeamter, urspr. je einer für Europa und Asien, später Verwalter eines →Ejalet.

Beifang →Bifang.

Beigeordneter, nach dem frz. *adjoint de maire*, →Adjunkt, Amtsgehilfe, seit dem 19. Jh. nach den preuß. Städteordnungen von der Regierung bestätigter Stellvertreter des Bürgermeisters, ehren- oder hauptamtlicher Gemeindebeamter.

Beisasse, in MA. und NZ. Stadtbewohner ohne volles Bürgerrecht, in der Regel der sozialen Unterschicht angehörend.

Belagerungs-münzen, in belagerten Städten befehlsmäßig hergestelltes Notgeld, meist aus minderwertigem Material (vgl. die während der Belagerung von Kolberg 1807 ausgegebenen Pappgroschen); -zustand (frz. *état de siège*), freiheitsbeschränkender Ausnahmezustand in Notzeiten, bei dem die vollziehende und die richterliche Gewalt auf die Militärbehörden übergehen (Kriegsgerichte, Standrecht). Der B.-zustand – oder, bei größeren Gebieten, Kriegszustand – ist nach dem Vorbild der frz. Revolution (Ges. v. 5.9.1797) in vielen Staaten (Preußen-Dt. Reich seit 4.6.1851) durch die Verfassung geregelt, → Ausnahmezustand.

H. Ballreich, D. Staatsnotrecht, 1955.

Belehnung →Lehenswesen.

bellum (lat., von *duo*, ‚zwei'), → Krieg; *b. iustum*, ‚der gerechte Krieg' bes. für die Römer – wegen der Mitwirkung der Götter – die einzig mögliche Form des Krieges, von den →Komitien beschlossen, von den →Fetialen unter bestimmten Zeremonien erklärt; von Augustin, Thomas v. Aquino, H. Grotius als möglich und berechtigt anerkannt; *b. omnium contra omnes*, ‚Krieg aller gegen alle', nach Th. Hobbes, 1588 bis 1679, der Naturzustand des Menschen, e. Lehre, d. zeitweilig auch die Geschichtswissenschaft (Th. Mommsen) stark beeinflußt hat.

F. Tönnies, Hobbes, ³1925; B. de Solage, La Théol. de la guerre juste, 1947; R. Koselleck, R. Schnur, Hobbes-Forschg., 1969.

Bematisten (gr.), ‚Schrittzähler', Sonderabteilung im Stabe Alexanders d. Gr. und hellenistischer Könige, mit der Landesaufnahme und Überprüfung der →Itinerarien des persischen Reiches beauftragt.

H. Berve, D. Alexanderreich, 1926; F. Jacoby, Fragm. d. gr. Hist. 119.

Benefizium →Lehenswesen, Präbende.

Berg-(bau)freiheit, aus dem B.-regal sich seit dem späten MA, entwickelndes Recht des →Landesherrn (dann des Staates), den Abbau der Bodenschätze dem Eigentümer von Grund und Boden gegen Entschädigung zu entziehen (meist in Form von Beteiligung) und jedem Finder zu gestatten; -herr, der Besitzer des B.-regals; -regal, kg. Recht an allen Bodenschätzen und deren Abbau einschließlich von Salz und Kohle; der Abbau wird gegen Leistung eines B.-zehnten bewilligt, der oft mit dem Anspruch des B.herrn auf Ertragsanteil zusammenfällt; das B.-regal wird erstmals im Regalienkatalog von 1158 (Reichstag auf den Ronkalischen Feldern) genannt; seit Mitte des 13. Jh. befindet es sich vorwiegend in den Händen der →Landesherren.

→Regalien.

Berner, →Pfennig aus Verona.

Besam (frz. Bésant), der Byzantiner, Goldmünze v.a. des 13. Jh. von verschiedenem Wert (→Solidus), doch ging die Bezeichnung auch auf Silbermünzen über.

Besatzungsstatut, Besetztes Gebiet →Okkupation.

Beschreibstoffe →Urkunde.

Beständner (mhd. *bestand* = ‚Vertrag‘), in einem Dienstverhältnis Stehender, Beamter, Verwalter.

Besthaupt →Mortuarium.

Bettelorden →Mendikanten.

Beunde (mhd. *biunte* ‚Gehege‘), ein zu privater Nutzung der →Allmende durch Einzäunung entzogenes Grundstück (→auch Bifang), bes. →Rodung durch den →Grund- oder →Gutsherrn, die nicht den wirtschaftlichen Einschränkungen wie z.B. dem →Flurzwang unterliegt.

Beurt, Bört (ndl.), ‚Gilde‘, bes. von Flußschiffern; B.-fahrt →Reihenfahrt.

Bevölkerung, (1) die Vermehrung der Menschenzahl in einem geographischen Raum, sei es durch biologisches Wachstum, sei es durch geplante Maßnahmen, →Kolonisation, Landnahme u.ä. (Population im Gegensatz zu Depopulation, Entvölkerung); (2) die Summe der Einwohner eines bestimmten Gebietes. – B. und B.s-bewegung sind seit dem 17. Jh. Gegenstand eingehender Forschungen der Nationalökonomie, Anthropologie und Soziologie: die B.s-statistik (auch Demographie) befaßt sich mit der Bereitstellung des Zahlenmaterials, das indes seit dem 19. Jh. für eine nur allmählich wachsende Zahl von Staaten gesichert ist. Der historischen Forschung liegen für die älteren Zeiten nur vereinzelt Ergebnisse von Volkszählungen vor (vgl. die erste umfassende, die der Peripatetiker Demetrios v. Phaleron während seiner Regentschaft in Athen 317–07v. veranstaltete, sowie den röm. →Zensus), sie ist für die Berechnung der B.s-zahlen meist auf unsichere Kombinationen aufgrund von Steuerlisten, Angaben über Heeresstärken, wirtschafts- und finanzstatistische Nachrichten u. ä. angewiesen; die B.s-lehre oder -theorie (veraltet auch Populationistik, neuerdings Demographie im weiteren Sinne) sucht nach den Gesetzmäßigkeiten der B.s-entwicklung und ihren Abhängigkeiten von wirtschaftlichen, sozialen und politischen Faktoren, bes. befruchtet durch den schottischen Geistlichen Th. R. Malthus (1766–1834) und seine Schule (Malthus'sches Gesetz: die B. vermehrt sich in geometrischer, die Mittel für ihren Unterhalt höchstfalls in arithmetischer Progression); B.s-politik, die Summe der staatlichen Planungen und Maßnahmen, die bewußt auf die B.s-bewegung einwirken wollen. Nach vereinzelten Ansätzen im At. (z.B. bei Alexander d. Gr., Augustus) in der NZ. v.a. durch die →merkantilistische Staatswirtschaft mit dem Ziel der Hebung der Finanz- und Wirtschaftskraft sowie der militärischen Stärkung unternommen. Die B.s-politik beeinflußt im 20. Jh. die Gesetzgebung der Staaten in zunehmendem Maße, da das rasche Anwachsen der Weltb. die drohenden Gefahren verstärkt. In qualitativer Hinsicht dienen ihr alle Maßnahmen zur Hebung der Volksgesundheit, in quantitativer (Übervölkerung, bzw. B.s-schwund) die Familiengesetzgebung (Familienförderung – Geburtenkontrolle), die Steuer- und Sozialgesetze, sowie die Kontrolle der Ein- und Auswanderung; – B.s-tausch, -austausch, aus dem nationalstaatlichen Denken des 19. Jh. entwickelte, doch erst im 20. Jh. (Vertrag zwischen der Türkei und Bulgarien 1913) praktizierte Form der Beilegung internationaler Konflikte, bei der aufgrund zwischenstaatlicher vertraglicher Vereinbarung eine gleichberechtigte Massenumsiedlung nationaler Minderheiten unter gegenseitiger Wahrung des Vermögensstandes erfolgt.

K. J. Beloch, D. B. d. gr.-röm. Welt, 1886; A. W. Gomme, The population of Athens, 1933; G. Mackenroth, B.s-lehre, 1953; E. Kirsten, Raum u. B. i. d. Weltgesch., [3]1965; K. Witthauer, Verteilung u. Dynamik der Erd-b.' 1969; J. C. Russel u.a. B. Europas, MA. bis NZ., dt. 1971; D. Meadows u. a., Grenzen d. Wachstums, 1972.

Bewußtsein→Geschichtsbewußtsein.

Bezirk, ‚von einer Kreislinie umschlossenes Gebiet', allgemeinste Bezeichnung für eine Verwaltungseinheit, auch für Großstädte (in Berlin seit 1920 unter einem B.s-bürgermeister; während in Preußen und seinen Nachfolgeländern der Regierungs-b. eine Mittelinstanz zwischen →Provinz und →Kreis ist, ist in den anderen dt. Ländern B., Amts-b., Oberamts-b. die unterste Verwaltungseinheit, in Österreich 1868 bis 1938 B.s-hauptmannschaft (seit 1945 Politischer B.) unter einem B.s-hauptmann.

Bibliographie (gr.), ‚Buchbeschreibung', Buchkunde, bes. Bücherverzeichnis; als Beilage eines wissenschaftlichen Werkes Verzeichnis der vom Verfasser benützten einschlägigen Bücher; als Disziplin der Bibliothekswissenschaft die Kunde von der systematisch geordneten, möglichst lückenlosen Verzeichnung aller schriftstellerischen Erzeugnisse, sowie die als Ergebnis ihrer Arbeit erschienenen Hilfsbücher. Die in den Anfängen erstrebte Allgem. B. (K. v. Gesner, 1516–64, *Bibliotheca universalis*, 1545–55) konnte angesichts der vielfältigen literarischen Produktion nicht aufrecht erhalten werden. Die B.n scheiden sich in Sonderpublikationen nach Zeitabschnitten, Art der Schriftwerke (Handschriften, Bücher, Zeitschriften), Länder (National-b.n) und Fachgebieten. Dem Historiker steht eine vollständige B. seines Faches nicht zur Verfügung (auch die *International B. of Historical*

Sciences, 1930ff., gibt nur eine Auswahl), doch ist er für einzelne Teilgebiete (z.B. At., Geschichtsquellen des MA.) hervorragend versorgt und findet in den nationalen Fach-b.n eine den National-b.n ebenbürtige Genauigkeit, die durch die Literatur- und Forschungsberichte, Rezensionen und Bücherverzeichnisse der Fachzeitschriften laufend ergänzt wird.

G. Schneider, Handb. d. B., [4]1930, ND 1969; W. Totok, R. Weitzel, K. H. Weimann, Handb. d. b.schen Nachschlagewerke, [3]1966; Für die Alte Gesch. vollständiges Verzeichnis: Bibliotheca philologica classica (1874–1938); L'Année philologique, 1924ff.; – A. Potthast, Bibliotheca historica Medii Aevi, [2]1896, Neudr. 1954; Dahlmann-Waitz-Haering, Quellenkunde zur dt. Gesch. [10]1969ff; Jahresber. f. Dt. Gesch., 1920–42, 1952ff.; G. Franz, Bücherkunde z. dt. Gesch., 1950; – W. Trillmich, Kl. Bücherkunde z. Gesch.wiss., 1949; G. Franz, Bücherkunde z. Weltgesch. v. Untergang d. Röm. Reiches bis z. Gegenw., 1956; E. H. Boehn (Hrsg.), Historical Abstracts (B. d. Zs. Lit. d. Welt 1775–1945).

Bier-geld, -ziese →Ziese.

Biergelden →Bargilden.

Bietmark (v. dt. *gebieten*), Amtsbereich eines Beamten oder Richters.

Bifang, eine von einem Gemeindeglied in der →Allmende angelegte →Rodung, die durch Einhegen sein Eigentum wird. Sofern der B. grundherrliche Rodung ist, ist er mit der →Beunde identisch.

O. Bethge, Über ‚Bifänge', VSWG 1928.

Bilder-streit, schon in der Urkirche latent vorhandene, in der Ostkirche 726 durch Erlaß Ks. Leos III. ausgelöste Kontroverse über Anbringen und Verehrung von Bildern Christi, Mariens und der Heiligen, nach wechselnden Kämpfen zwischen den zeitweise vom Staat unterstützten Bilderfeinden (Ikonoklastai) und den Bilderfreunden (Ikonolatrai), zu deren Gunsten sich mehrmals die Päpste ausgesprochen hatten, durch den Sieg der Bilderfreunde auf dem 2. Konzil von Nicäa 787 und dem 4. Konzil von Konstantinopel 869 beigelegt; im Abendland entschied Karl d. Gr. *(Libri Carolini)* gegen die Verehrung, aber für das Anbringen von Bildern; -sturm, die spontane Beseitigung und Zerstörung aller Werke der bildenden Kunst, im Zuge der Bilderstreitigkeiten von Bilderfeinden wiederholt praktiziert, so auch (gegen den Willen Luthers) in der Reformationszeit, z.B. 1522 in Wittenberg und in anderen, bes. den reformierten Bekenntnissen zuneigenden Städten.

E. J. Martin, A Hist. of the Iconoclastic Controversy, 1930; G. Howe (hrsg.), D. Gottesbild im Abendland, [2]1959; H. W. Haussig, Kulturgesch. v. Byzanz, 1959.

Bildnisrecht (lat. *ius imaginum*), das Recht der röm. patrizischen Geschlechter, dann auch der → Nobilität, daß im Leichenzug jene ‚verstorbenen Geschlechtsangehörigen, welche Diktatoren, Konsuln, Zensoren, Prätoren, Reiterführer, kurulische Ädilen gewesen sind, gleichsam persönlich folgen, vorausgesetzt daß dieselben im Vollbesitz des Bürgerrechtes und der bürgerlichen Ehre bis zum Tode verblieben, auch denselben nicht etwa, wie dies nach röm. Recht zulässig ist, die vollen Ehrenrechte noch nach ihrem Tode aberkannt worden oder sie andererseits durch Versetzung unter die Götter, seit solche Apotheosen aufgekommen waren, aus der Zahl der Gestorbenen ausgeschieden sind' (Th. Mommsen), →Ahnenbild.

Polybios 6, 53; Th. Mommsen, Röm. Staatsrecht, [4]1952; E. Bethe, Ahnenbild u. Fam.gesch., 1935.

Bilingue (lat.), zweisprachiger Text, einer Inschrift (vgl. das → *Monumentum Ancyranum*), Handschrift usw., in Kolumnen abgesetzt, als lexikographisches Verzeichnis von Wörtern und Wendungen (Glossar), auch als Text mit Interlinearversionen; die B.n sind bes. bei der Entzifferung unbekannter Schriften und Sprachen von Wert, so z.B. bei der Erschließung des Sumerischen durch die →Assyriologie.

Bill (engl. von mlat. *billa* zu lat. *bulla* ‚Amulett', ‚Siegel'), schriftliche Eingabe, Anklageschrift, v. a. Gesetzesentwurf, z.B. die *B. of Rights* von 1689, die die Bedingungen der engl. Thronfolge regelte und alle Rechte des Parlaments (bes. die Steuerhoheit) seit der *Magna →Charta* von 1215 bestätigte, eine Art Staatsgrundgesetz von England, das die politische Verantwortung der Regierung vor dem Unterhaus sicherte.

Billon (frz.), Münzlegierung, minderwertiges Münzmetall, Kupfer mit Silberbeimischung, v.a. für →Scheidemünzen.

Bimetallismus, von E. Cernuschi geprägte Bezeichnung für ein Münzsystem auf der Grundlage der Doppelwährung, die mit einer festen Relation von Gold und Silber die Möglichkeit einer internationalen Angleichung der → Währungen bringen soll.

E. Cernuschi, La monnaie bimetallique, 1876; →Geld, Wirtsch.gesch.

Biographie (zu gr. *bios* ‚Leben', ‚Lebenslauf'), ‚Lebensbeschreibung', als Form historischer → Darstellung eine →Monographie; seit den Anfängen in der Schule des Aristoteles (4./3. Jhv.) erfreut sich die B. bes. Beliebtheit, wobei die Grenzen zwischen literarisch-dichterischer und rein wissenschaftlicher Behandlung fließend sind. Rein referierend gibt die B. die äußeren Daten eines Lebensablaufs (vgl. die zahlreichen, in der NZ. meist nationalen Sammelwerke von Lebensläufen bedeutender Männer, ebenfalls B.n genannt – z.B. die *Allgem. Dt. B.* 1875–1912); die pragmatische Behandlung zu Nutz und Frommen Späterer hatte oft große Breitenwirkung (vgl. die →Hagiographie des MA., die Bedeutung des Plutarch, um 50–120n., im 17. und 18. Jh.); die entwickelnde Darstellung eines Menschenlebens (nicht jede Persönlichkeit eignet sich dafür, nur ‚biographische Charaktere', J. G. Droysen) gehört zu den schwierigsten Aufgaben der Historiographie, erfordert psychologisches Verständnis und außerdem den rechten Blick für das Maß menschlicher Freiheit und Wirkungsmöglichkeit in der Geschichte; die Selbst- oder Autobiographie (seit den *Confessiones* des hl. Augustinus, 354–430), von den →Memoiren durch betontes Bemühen um Objektivität, Vollständigkeit und Einordnung des eigenen Lebens in die Geschichte der Zeit nur unscharf geschieden, ist, soweit sie die eigene innere Entwicklung darstellt, dem Historiker als →Primärquelle von unschätzbarem Wert.

G. Schneider, Hb. d. Bibliogr., [4]1930; M. Arnim, Internat. Personalb., [2]1944; – J. Romein, Die B., 1948; G. Misch, Gesch. der Autob., [1–3] 1949-68; J. G. Droysen, Historik, [6]1971; H. Koch, W. Siedentopf, Grundz. der allgem. B., 1957; K. Eccardt, Herrscher der Welt.

dt. 1968; H. Herzfeld, B.sches Lexikon zur Weltgeschichte, Neuausg. 1970; K. Bosl u.a., B.sches Wörterbuch zur dt. Gesch. 1–3, 1973–75.

Bireme (lat. *biremis*), ‚Zweiruderer' (Liburner), das leichte röm. Kriegsschiff, als Schnellsegler und Geleitfahrzeug.

Birkebeiner (nach der Umhüllung der Beine mit Birkenrinde), Gefolgsleute des norw. Gegenkönigs Sverre (1164–1202), der sich gegen Kg. Magnus VI. (1161–84) und die Partei der Bagler erhob, um die Ansprüche der Kirche abzuwehren und sie der Herrschaft der Krone zu unterstellen.

Bischof (von gr. *episkopos* ‚Aufseher'), in den christlichen Kirchen der Oberhirte eines bestimmten Gebiets. In der Urkirche war ‚B. sein' zunächst kein eigentliches Amt, sondern eine von den →Presbytern im Dienst an der Gemeinde ausgeübte Tätigkeit als Prediger und Hüter. Der wahrscheinlich in Syrien und Kleinasien (Ignatius v. Antiochien, gest. um 110) im 2. Jhn. entstandene Gedanke des ‚monarchischen Episkopats' ändert den ursprünglichen Charakter: die Tätigkeit des B.s wird zum Amt, jede Gemeinde hat nur noch einen B., der den Presbytern und →Diakonen übergeordnet ist und als Leiter der Eucharistiefeier für die ganze Gemeinde die Kirche repräsentiert (‚Nur wo der B. ist, ist die Kirche'). Der von Gemeinde, →Klerus oder anderen B.en gewählte und von diesen eingesetzte B. verkörpert seit dem 3. Jh. als in der →apostolischen Sukzession stehend die Tradition der Kirche, ihm kommt das Priester-, Lehr- und Hirtenamt zu, er ernennt Presbyter und Diakone, beaufsichtigt das Gemeindeleben und übt die Kirchenzucht. Die somit zur höchsten Stufe innerhalb der →*Hierarchia ordinis* der kath. Kirche aufgestiegenen B.e erhalten nach der staatlichen Anerkennung des Christentums auch den Rang weltlicher Würdenträger. Ihr ursprünglicher Amtsbereich, die →Parochie, wird durch die Ausbildung fester Kirchenorganisationen (und unter allmählichem Erlöschen der Funktion der →Chorb.e) zum genau umrissenen Bezirk der →Diözese, von denen mehrere zusammengefaßt in einer →Kirchenprovinz (→Metropole) einem →Metropoliten bzw. →Erzbischof unterstehen. – Die ursprüngliche Bedeutung des Einzel-B.s sowie die des für die Gesamtkirche eines Landes repräsentativen →Episkopats als Träger der kirchlichen Tradition und Inhaber der obersten Priester- und Hirtengewalt tritt im Laufe des gesamten MA. in steigendem Maße zugunsten des römischen B.s als →Papst und Inhaber des →Primats zurück. Innerhalb seiner Diözese wurde die Macht des B.s v.a. im Hoch- und SpätMA. von konkurrierenden Gewalten (→Archidiakon, →Domkapitel) eingeschränkt. Dagegen erhielt v.a. eine Reihe dt.er B.e im MA. im Dienste des Reiches als Fürst.-B.e eine bes. ausgeprägte Stellung. Die seit dem HochMA. häufigeren Versuche, die Bedeutung der Einzel-B.e unter Betonung der theologischen Voraussetzungen ihres Amtes und einer gewissen Unabhängigkeit gegenüber dem Papsttum zu sichern (→Episkopalismus, →Konziliare Theorie), wurden von diesem bes. auf den →Konzilien bekämpft und auf dem Vatikanischen Konzil 1870 unterbunden. Dagegen gelang den B.en seit dem Konzil von Trient (1545–63) durchweg die Beschneidung der Macht der Domkapitel in ihren Diözesen. – Im Gegensatz zu früher wird der B. heute (im Normalfall) teilweise unter Berücksichtigung von Vorschlägen und eventuellen politischen →Klauseln vom Papst nominiert (in Ausnahmefällen vom Domkapitel gewählt und vom Papst bestätigt). Der auf eine Diözese geweihte und kraft göttlicher und päpstlicher Sendung mit ihrer Leitung beauftragte B. hat bei seiner Ernennung dem päpstlichen Stuhl – in einigen Fällen auch dem Staat – einen Treueid abzulegen, er ist zu fester Residenz und zu regelmäßiger Visitation seiner Diözese sowie zur Berichterstattung und der *visitatio ad limina* nach Rom verpflichtet. Er ist als ‚Nachfolger der Apostel' Inhaber der vollen Weihegewalt *(potestas ordinis)*, ihm kommt das Lehramt zu *(potestas magistri)*, und er übt die Regierungsgewalt *(potestas jurisdictionis)* aus und ist durch besondere Tracht und Insignien (Pontifikalien) ausgezeichnet. – In der evang. Kirche hat sich in Deutschland der mehr urkirchlichen Vorstellungen angenäherte Gedanke eines B.samtes nur zu Beginn der Reformation durchgesetzt und wurde bald zugunsten der →Konsistorialverfassung aufgegeben. Erst seit ihrem Ende (i. a. 1918) kennt die Verfassung einzelner dt. Landeskirchen das Amt des Landesb.s, der, von der →Synode gewählt, als *pastor pastorum* die geistliche Leitung seiner Pfarrer innehat und als Vorsitzender der Kirchenbehörde (→Kirchenrat, Landeskirchenrat) auch die Leitung seiner Landeskirche in den äußeren Dingen maßgeblich mitbestimmt. In den anderen europäischen Ländern (England, Skandinavien u.a.) besteht das B.samt unter mehr oder weniger starker Annäherung an die kath. Auffassung von Gewalt und Rechtsstellung des B.s seit der Reformation fort; Titular-b. *(episcopus in partibus infidelium)*, ein nicht zur Leitung einer Diözese berufener, sondern zu anderen Aufgaben herangezogener oder ehrenhalber ernannter B., der auf den Titel einer früher bestehenden, inzwischen (v.a. durch die Eroberungen des Islams) untergegangenen Diözese geweiht ist; Weih-b. s.d.; B.s-stadt, in Dtld. die Residenzstadt eines B.s, in der dieser zugleich →Stadtherr ist.

H. v. Campenhausen, Kirchl. Amt u. geistl. Vollmacht, ²1963; Y. Congar, Das B.samt u. d. Weltkirche, dt. 1964; H. Hüsten, Die Verbindung v. päpstl. u. weltl. Macht als Problem in d. Amtsführung des ma. dt. B.s. m: Zs. f. Kirchengesch. 1971; – F. Merzbader, Die B.s-stadt, 1961.

Bistum (Bischoftum), seit dem frühen MA. der festumgrenzte Hoheitsbereich eines Bischofs (→Diözese), hervorgegangen aus der →Parochie, in dem der Bischof seine Rechte ausübt und dessen geistliche (bis zur →Säkularisation oft auch weltliche = Fürst-b.) Leitung ihm übertragen ist. Das B. ist in Pfarreien aufgeteilt, von denen jeweils mehrere zu einem →Dekanat zusammengefaßt sind; mehrere B.er bilden eine →Kirchenprovinz; exemte B.er gehören nicht dem Verband einer Kirchenprovinz an, sondern sind dem apostolischen Stuhl unmittelbar unterstellt (→Exemtion).

Bitte →Bede, Erste.

Blaffert (frz. *blafard*, vgl. dt. *blei(ch)farben)*, oberdt. auch

Plappert, in SpätMA. und früher NZ. allgem. Scheidemünze, Weißpfennig, -groschen, →Batzen.

Blasonierung, Blasur →Heraldik.

Blaubuch →Farbbuch.

Block (frz. *bloc*, von ahd. *bloh*), (defensive) Vereinigung Gleichgesinnter, innenpolitisch, v.a. im Anfang des 20. Jh., = →Koalition (z.B. der *Bülowb.* im Dt. Reichstag 1907–09); außenpolitisch enges Bündnis mehrerer weltanschaulich übereinstimmender Staaten; Blockade, militärische Absperrung eines Gebietes zu Wasser, zu Lande oder in der Luft, völkerrechtlich geregelt nur für die Seekriegsb. durch die Pariser Seerechtsdeklaration von 1856: gestattet bei Erklärung durch die Staatsgewalt oder die von ihr Autorisierten, rechtzeitiger Mitteilung an die Nichtkriegführenden und hinreichender Sperrung durch Seestreitkräfte (nur Verhinderung des Durchbruchs, nicht Verfolgung).

Blut-bann →Bann, →Gerichtsbarkeit; -fahne, rote Fahne, bei der Vergabe eines mit dem B.-bann verbundenen →Lehens verwendet; -feld, auch Regalienschild, in der Heraldik rotes Feld im Wappen, das auf Belehnung mit der B.-fahne hinweist; --geld, →Wergeld; seit dem MA., bes. im England des 18. Jh., Belohnung für die Überführung eines Verbrechers; -rache, die – im Sakralrechtlichen begründete – Pflicht der →Sippe, Schädigung an Leben oder Ehre eines Sippengenossen am Täter und seiner Sippe zu ahnden, Form der Selbsthilfe, bei Völkern mit starker Sippenverfassung und schwachen übergeordneten Rechtsinstitutionen seit der Frühzeit, vereinzelt bis in die Gegenwart, verbreitet; -vogt, Scharfrichter.

K. v. Amira, Ü. d. altgerm. Privatstrafrecht, (SB. Münch.) 1913; F. Genzmer, Wergeld u. Klage, 1941; H. v. Hentig, Die Strafe, 1954; H. Mitteis, Dt. Rechtsgesch., [12]1971.

Bodenreform, theoretische Forderungen oder gesetzgeberische Maßnahmen, die auf eine Neuordnung der Grundbesitzverhältnisse und des Bodenrechts abzielen, aus wirtschaftlichen (→Flurbereinigung), sozialen (vgl. die von Th. Spence, 1750–1814, ausgehende, in Dtld. v.a. durch A. Damaschke geförderte B.-bewegung; die mit der →Bauernbefreiung verbundene Neuordnung der Bodenbesitzverhältnisse; die Bestrebungen in Ländern mit Resten feudalistischer Struktur, wie Italien, Iran) oder politischen Gründen (→Ackergesetze der röm. Republik zur Hebung der Wehrkraft; die Vernichtung des Standes der Großgrundbesitzer durch entschädigungslose Enteignung in Rußland 1917, in der DDR 1954 als erste Stufe zur Verwirklichung des →Agrarkommunismus; die durch die Besatzungsmächte Westdtlds. eingeleiteten Enteignungen gegen Entschädigung 1946–48). Die B. fordert entweder (1) völlige Enteignung (Verstaatlichung) des Grundbesitzes, mit oder ohne Entschädigung des Eigentümers, oder (2) Neuaufteilung des Landes (z. B. in der altgriech. Geschichte), oder (3) Beschränkung des Großgrundbesitzes durch ein Limit (z. B. bei den Gracchen auf 500 bzw. 1000 Morgen); in neuester Zeit zielen Bestrebungen für eine Reform des Bodenrechts auf Abschöpfung von rapiden, ohne Zutun des Eigentümers erfolgten Gewinnen aus Wertsteigerung v. a. in Randgebieten rasch wachsender Großstädte,

A. Damaschke, Gesch. d. Nationalökon., [4]1910; ders., Die B., 1923; A. Liertz, A. Damaschke u. d. dt. B., 1948; →Agrarpolitik.

Bodmerei (ndl. *bodmerij*, engl. *bottomry*, vgl. Schiffs‚boden'), im Seehandelsrecht seit dem späten MA. →See- oder Schiffsdarlehensgeschäft, bei dem der Gläubiger gegen hohe Zinsen (20–40%) das Risiko beim Verlust des Schiffes trägt, in der NZ. eingeengt auf das Notdarlehen, das der Kapitän in fremdem Hafen (gegen B.-brief) zur Fortsetzung der Reise aufnehmen muß.

Bojar (altru., urspr. donaubulg. ‚Herr', ‚Edelmann'), im alten Rußland bis Iwan IV. Angehöriger des grundbesitzenden Geburtsadels und Ratgeber des Fürsten, →Knjas, Druzhina; bis Peter d. Gr. sind die B.en der für das örtliche Steuer-, Gerichts- und Militärwesen maßgebliche Stand, von diesem durch den Dienstadel der →Dvorjane ersetzt.

Bollandisten, die nach J. Bolland (1596–1665) genannten Herausgeber des noch nicht abgeschlossenen Sammelwerkes *Acta Sanctorum*, das für alle Heiligen die erreichbaren Quellen sammelt und kritisch verwertet (1643 bis 1954 72 Bände).

R. Aigrain, L'Hagiographie, 1953.

Bolschewiken (ru. *bolschewiki* von *bolsche* ‚mehr' im Gegensatz zu *mensche* ‚weniger'), die durch Spaltung der ru. sozialdemokratischen Partei (II. Parteitag, Brüssel-London, Juli 1903) entstandene radikalere Mehrheitspartei (im Gegensatz zu den gemäßigteren Menschewiken), die im Okt./Nov. 1917 unter Lenin in Rußland zur Macht kommt; seither: die kommunistische Partei der Sowjetunion; dav. Bolschewismus, die Ideologie und Herrschaftsform des B., allgem. = → Kommunismus; Bolschewisierung, die v.a. in den von Sowjettruppen seit 1944 besetzten Ländern vorgenommene Überführung der Regierungsgewalt in die Hände von Anhängern des Bolschewismus, durch Agitation u. Propaganda, oder durch Gewaltstreich.

H.-L. Lieber, Die Philosophie d. B.ismus, [2]1958; G. v. Rauch, Gesch. d. bolsch. Rußl., [3]1965; I. Fetscher, Von Marx z. Sowjetideologie, [17]1972; O. Flechtheim, B.ismus 1917–67, 1967.

Bombarde (frz. von lat.-gr. *bombus*, einer lautmalenden Klangbezeichnung), schweres Belagerungsgeschütz des 15.–18. Jh.; dav. Bombardier = Kanonier, vereinzelt auch Artillerieunterführer im Mannschaftsrang; Bombe, mit Sprengladung und Zünder versehenes Hohlgeschoß, allmählich durch die Bezeichnung Granate verdrängt.

Bonapartisten, in Frankreich seit 1815 Anhänger Napoleons I. (1769–1821) und der Familie Bonaparte, die die Restauration bzw. Festigung des frz. Ks.-tums und der Dynastie erstrebten, → Royalisten.

Bönhase →Zunft.

boni (lat.), die ‚Gutgesinnten', ‚Ehrenmänner', bei Cicero (106 bis 43v.) die konservativen Patrioten, = →Optimaten.

Bononier, Münze aus Bologna, im Wert von 12 →Kreuzern.

Bonze (von jap. *bôzu* ‚Priester', ‚Mönch'), von den Europäern zuerst für jap., später für alle buddhistischen Priester gebrauchte Bezeichnung; z.Zt. abschätziger Ausdruck für hohe Parteifunktionäre (Partei-b.).

Börse (lat. *bursa* ‚Beutel', im Familiennamen und -wappen der Van der Burse zu Brügge, 13. Jh.), seit dem 15. Jh. Platz einer Zusammenkunft von Kaufleuten, sowie diese selbst, bei der (im Gegensatz zur →Messe nicht präsente) Waren, Wertpapiere oder Dienstleistungen gehandelt werden; die Wirtschaftsgeschichte verwendet den Begriff bereits für vergleichbare Erscheinungen des hellenistisch-röm. At., doch setzt das moderne B.nwesen mit festen Institutionen und weltweiten Geschäftsbeziehungen erst mit dem Frühkapitalismus des 16. Jh. ein.
E. Achtersberg, K. Lanz, Enzykl. Lex. f. Geld-, Bank- u. B.nwesen [3]1967/68; R. Mindner, D. Kl. B.nlexikon, [10]1970; →Kapitalismus, Wirtschaftsgesch.

Borussisten (zu nlat. *Borussia*, ‚Preußen'), die Vertreter der nationalpolitischen klein-dt. Geschichtsschreibung des 19. Jh., J. G. Droysen, (1808–84), H. v. Sybel (1817–95), F. Häusser (1818–67), H. v. Treitschke (1834–96) u. a.

Botschaft, allgem. Nachricht, offizielle Mitteilung, v. a. (am. *message*) die Rede, die der US-Präsident zu Jahresanfang über den Stand der Nation vor dem →Kongreß hält (→Doktrin, Vier Freiheiten, Unterentwickelt); B.er, allgem. Überbringer einer Nachricht, auch ständiger →Gesandter, seit dem Aachener Protokoll 21. 11. 1818 Gesandter ersten Ranges (vgl. →Nuntius, Legat), urspr. nur unter Großmächten ausgetauscht, heute fast allgemein üblich.

Bourgeoisie (frz. *bourgeois* ‚Bürger' der Stadt im Unterschied zum *citoyen*, dem Staatsbürger), im Munde der frühen frz. Sozialisten (C. H. Saint-Simon, 1760–1825) und Literaten (Stendhal, H. Murger), dann auch radikaler Deutscher (H. Heine, B. Auerbach, K. Marx und F. Engels) und Russen (M. Bakunin) verächtliche Bezeichnung des Besitzbürgertums; nach der Lehre des →Marxismus die in der →kapitalistischen Gesellschaft herrschende Klasse, die, im Besitz der Produktionsmittel, die Klasse der Lohnarbeiter oder des →Proletariats ausbeutet (‚Unsere Epoche, die Epoche der B., zeichnet sich jedoch dadurch aus, daß sie die Klassengegensätze vereinfacht hat. Die ganze Gesellschaft spaltet sich mehr und mehr in zwei feindliche Lager, in zwei große, einander gegenüberstehende Klassen: B. und Proletariat', Kommunistisches Manifest): die B. habe sich durch die bourgeoisen Revolutionen des 17. Jh. in England, des 18. Jh. in Frankreich, des 19. und 20. in Dtld. und Rußland gegen die feudale Gesellschaft durchgesetzt und an die Macht gebracht, werde aber ihrerseits durch den →Klassenkampf und die internationale Revolution des Proletariats gebrochen und durch die klassenlose sozialistische Herrschaft abgelöst. Zunächst ein agitatorisches Schlagwort im Munde der Sozialisten, wurde die B. in ihrer Bedeutung für die Struktur der modernen Gesellschaft und ihre Wandlung von Wirtschaftshistorikern und →Soziologen zum Gegenstand wissenschaftlicher Forschung gemacht. Das Zwei-Klassen-Schema des Marxismus hat sich nirgends verwirklicht: der Mittelstand ist nicht verschwunden, breite Schichten des Arbeiterstandes sind, zumal in den angelsächsischen Ländern, in die B. aufgestiegen (G. B. Shaw: ‚Sie wollen alle *Bourgeois* werden'), die Herausbildung der Klasse der Manager in den kapitalistischen Ländern, der ‚Neuen Klasse' (M. Djilas) in den Ländern des Bolschewismus läßt den Begriff B. heute fragwürdig und antiquiert erscheinen und ihn auf frühere Epochen (z.B. den Hellenismus: ‚Ich verstehe darunter eine Klasse, die einen gewissen Grad von Wohlstand aus eigener Kraft erreichte oder von den Eltern ererbte, und nicht von dem Einkommen aus ihrer Hände Arbeit lebte, sondern von den Investitionen ihres angesammelten Kapitals in irgendeinem Zweig wirtschaftlicher Tätigkeit', M. Rostovtzeff) nicht ohne Gewaltsamkeit anwenden.

W. Sombart, D. Bourgeois, 1923; R. Pernoud, Origines de la b., 1947; N. Berdjaev, De l'esprit bourgeois, 1948; M. Rostovtzeff, Ges. u. Wirtsch.-gesch. d. hellenist. Welt, dt. 1955f.

Boykott, Name eines engl. Gutsverwalters, den die irische Landliga Herbst 1880 durch völlige Isolierung und Abbruch jeglichen Verkehrs zum Verlassen des Landes nötigte, danach Sperrung jeden (v.a. wirtschaftlichen) Verkehrs als Form passiven Widerstands, auch als Mittel des politischen Kampfes, z.B. 1768 der Neuenglandstaaten, 1921 Indiens (Gandhi) gegen England.

Brabanzonen, brabantische Soldritter des 12. Jh., nach ihrer Entlassung gefürchtete plündernde Banden.

Brahmanen (altind.), seit dem 15. Jhv. die ind. Priesterschaft, seit dem 10. Jhv. die oberste Kaste mit fast göttlichem Ansehen; vom 6. Jhv.–7. Jhn. verlieren die B. unter Einwirkung des Buddhismus an Bedeutung, erlangen dann wieder die alte Stellung und großen politischen Einfluß, da auch das Bildungswesen in ihrer Hand ist; heute in fast allen Berufen, bes. in Rechtspflege und Verwaltung tätig.

Brakteaten (von lat. *bractea* ‚Blättchen'), Silberpfennige aus einseitig geprägtem, mit der Schere zugeschnittenem Blech (meist rund, selten viereckig, mit Durchmesser bis zu 5 cm), wichtigste Geldsorte (mit abnehmendem Wert) v.a. in Dtld. 12. bis 14. Jh.

Brandwirtschaft, Urwechselwirtschaft (→Felderwirtschaft) in Form extensiver Nutzung schlechter Böden in Wald-, Weide- und Moorgebieten, wobei in Waldzonen durch Roden und Abbrennen (→Hauberg), in Weideland (Feld-b.) und Moor (Moor-b.) nur durch Abbrennen der Oberflächenvegetation für befristete Zeit Nutzland gewonnen wird; danach wieder Waldnutzung, bzw. Weide oder Moorbrache.

Braquemart →Malchus.

Brehonen, engl. Bezeichnung des altir. erblichen Richterstandes, der nach den altir. Gesetzen (*Brehon Laws*, aufgezeichnet im HochMA., abgeschafft unter Jakob I., 1603–25) Recht sprach.

Brennus, in der röm. Überlieferung Name des gallischen Heerkönigs, der 387v. Rom einnahm und verbrannte, vermutlich Titel.

Bretwalda (ags. ‚Der Weithinwaltende'), Oberkönig, Inhaber einer persönlichen Vormachtstellung über die Kleinkönigreiche der →Heptarchie (z.B. Kg. Offa von Mercien, 757–796), seit dem 9. Jh. endgültig bei Wessex.

H. Vollrath-Reichelt, Kg.sgedanke u. Kg.tum bei den Angelsachsen bis zur Mitte des 9. Jh., 1971.

Breve (lat. ‚kurz'), (1) frühma. Zeugenurkunde *(notitia);* (2) im Vergleich zur →Bulle kürzere, weniger feierliche Form päpstlicher →Urkunden, die sich im 15. Jh. (Martin V.) durchsetzt. Kennzeichen sind der Verschluß mit dem →Fischerring (Wachssiegel), das Querformat des Pergaments, die knappe, über den Text gesetzte Intitulatio (z.B. *Martinus papa V)* und die kurze Datierung. Zunächst waren die B.n für politische und Verwaltungsakte bestimmt, seit der 2. Hälfte des 15. Jh. zunehmend auch für Gnadensachen (z.B. Ablaßverleihung). Heute werden mit B.n meist Ehrenrechte verliehen, ausgestellt in der Kanzlei der B.n des Staatssekretariats oder im Sekretariat der Briefe an Fürsten.

L. Schmitz-Kallenberg, Papsturk., 1913; Lex.f. Theol. u. Kirche 2, [2]1967; – →Urkundenlehre.

Brevet (frz. zu lat. *brevis* ‚kurz'), in Frankreich seit dem 16. Jh. kg. Gnadenbrief für die Verleihung von Würden, Ämtern, →Pensionen u.ä., auf Pergament geschrieben, in Protokollform mit dem Datum beginnend abgefaßt, vom Kg. unterzeichnet und von einem Staatssekretär gegengezeichnet, nicht gesiegelt. Später allgem. Bestallungsurkunde, Diplom, → Patent, Konzession; in England und den USA. Offizierspatent.

→Urkundenlehre.

Breviarium, Abriß, oft in tabellarischer Form (z.B. das von Augustus bei seinem Tode 14n. hinterlassene, von späteren Kaisern erneuerte *b. totius imperii*, Aufzeichnungen über den Stand des röm. Reiches und seine finanziellen und militärischen Machtmittel), Kurzfassung, z.B. eines Geschichtswerkes (*b. ab urbe condita* des Eutropius, 4. Jhn.), mlat. auch →Urbar, Brevier.

Brief-adel (frz. *noblesse de lettres*), im Gegensatz zum Uradel der durch Adelsbrief, Diplom verliehene oder bestätigte →Adel; -geheimnis, grundsätzlich immer, formell seit dem 18. Jh. (in Preußen 1712) anerkannt (wenn auch vielfach durch heimliche oder offene →Zensur durchbrochen, vgl. das Schwarze Kabinett Richelieus), seit der frz. Revolution in die →Grundrechte aufgenommen: das Recht des einzelnen auf eine von dritter Seite (bes. von Post- und Polizeibeamte) nicht kontrollierte Weitergabe seiner Mitteilungen an die von ihm bezeichneten Personen (kann u.U. durch Gesetz ganz oder teilweise außer Kraft gesetzt werden, vgl. Art. 10 des Bonner GG über das B.-,Post- und Fernmeldegeheimnis).

Brigade (it. *brigata* von spätlat. *briga* ‚Streit'), militärische Formation unterschiedlicher Größe, seit Kg. Gustav Adolf Verband mehrerer Regimenter, seit dem 18. Jh. Untergliederung der →Division; dav. Brigadier, Befehlshaber einer B., teils Unterführer im Mannschaftsrang, bes. bei berittenen Truppen, teils Kommandeur im Generalsrang, bes. B.-general = →Generalmajor; Briganten, marodierende Söldner im Frankreich des 14. Jh., dann allgem. (it.) militärisch organisierte Räuber oder Aufständische; dav. Brigandine, mit Metallschuppen besetztes Lederhemd, it. Panzerjacke des 14./15. Jh.; Brigantine, ‚Räuberschiff', dann allgem. zweimastiges Segelschiff, abgek. engl. *brig*, dt. Brigg.

Brikolschuß (von frz. *bricole*, it. *braccata*, ein Katapultgeschütz), in der Artillerie (seit dem 17. Jh.) Abpraller von einer Festungsmauer zur Beschießung eingezogener Mauerteile.

Brüche, Brüchte →Wette.

Bruderschaft, auch Brüderschaft (mlat. *confraternitas*), religiöse Vereinigung zur Pflege der Frömmigkeit, des Gebets und Gottesdienstes (nach CIC 700 zur Förderung des öffentlichen Kultes); mit Elementen vorchristlicher Tischgemeinschaften und des christlichen Liebesmahles bereits seit dem frühen MA. tradiert, sind die B.en später bei Gliederung nach Berufsgruppen auch eine Form der →Gilde oder → Zunft, so daß die Bezeichnung auch auf Vereinigungen übergeht, die den religiösen Charakter verloren haben, →Gesellen-b.

G. Schreiber, Gemeinschaften d. MA., 1948; W. Schulz, Geistl. Aufbau, 1970.

Buccelarius (lat. ‚Schmarotzer', zu *buccella* ‚Bissen'), spät-röm., westgot. und byz. Gefolgsmann eines Grundherrn oder Feldherrn, Privatsoldat, im 7. Jh. byz. Elitetruppe; auch Offizierscharge.

Budget (engl. von frz. *bougette* von lat. *bulga*), ‚Ledersack' (des engl. Schatzkanzlers) und sein Inhalt; seit dem 19. Jh. Staatshaushalt, Haushaltsplan; B.-kommission, der Haushaltsausschuß eines Parlaments; -recht, das Recht der Volksvertretung auf Bewilligung der staatlichen Einnahmen und Ausgaben, bes. in der nach engl. Vorbild im →Konstitutionalismus des 19. Jh. entwickelten Form.

Buhurt →Quadrille.

Bukanier, Bukkanier (frz. *boucanier*, engl. *buccaneer* von *buccan* ‚Hürde', ‚Rauchfleisch') = →Flibustier (wegen des Handels mit Dörrfleisch in Westindien), Seeräuber, →Pirat.

Bulé (gr.), der ‚Rat' in gr. Stadtstaaten als vorberatendes und geschäfteführendes Organ (z.B. in Athen *Rat der 400* seit Solon 594v., *Rat der 500* seit Kleisthenes, 508/7v., geteilt in 10 →Prytanien); auch gr. Bezeichnung für den röm. →Senat; der Rat gr. Städte röm. Zeit (→Dekurionen); Buleut, Ratsherr; Buleuterion, Rathaus.

Lit.: →Archon.

Bulle (lat. *bulla*, ‚Kapsel', am Hals getragenes Amulett röm. → Triumphatoren, dann aller freien Knaben bis zur Anlegung der *toga virilis*), (1) Metall- (im MA. mitunter auch Wachs-)siegel: die Verwendung der von Ostrom übernommenen Gold- (und der selteneren Silber-)b.n, meist zwei dünne, an den Rändern umgebogene und miteinander verbundene Platten, war offenbar ein Vorrecht von Souveränen. Bei den abendländischen Ks.n (und Kg.en) waren sie seit Karl d. Gr. bis ins 18. Jh. für feierliche Urkunden und auf bes. Wunsch des zahlenden Empfängers üblich. Von anderen europäischen Souveränen (abgesehen von den Königen von Sizilien) wurden die Gold-b.n selten gebraucht, von den Päpsten erst seit dem 16. Jh. – Massive Bleisiegel wurden schon im At. als Verschlußmittel verwendet und blieben in Ostrom stets üblich. Im MA. waren sie bes. auch in den westl. Mittelmeerländern verbreitet, bei den Päpsten 6.–13. Jh. fast ausschließlich. Ihr Gebrauch war urspr. nicht auf bestimmte Personen beschränkt, galt aber im SpätMA. im Abendland als Recht von Päpsten und Souveränen. Die päpstlichen Blei-b.n enthalten seit dem 12. Jh. den Papstnamen und rückseits die Köpfe der Apostel Petrus und Paulus, die der Ks. zeigen gewöhnlich Brustbild und Namen oder Inschrift, die ks. Gold-b.n auf der Vorderseite das Porträt (ab Friedrich II. Throntyp), auf der Rückseite die *aurea Roma* (ab 1033) oder den mit Wappen umgebenen Reichsadler (ab Maximilian I.). Die B.n sind den →Urkunden mit Schnüren oder Fäden angehängt; (2) Durch Übertragung der Siegelart auf das besiegelte Schriftstück: Die im 13. Jh. aufgekommene, eine Mittelstellung zwischen →Privilegien und Briefen einnehmende Art → päpstlicher →Urkunden mit verlängerter Schrift der ersten Zeile, meist mit dem Protokollschluß: *ad perpetuam (futuram) rei memoriam* und mit kleiner Datierung, meist allgemeine Dekrete und politisch bedeutsame Exkommunikationen. Die B.n werden nach dem Anfang der →Arenga zitiert (z.B. Bann-b. gegen M. Luther: *Exsurge Domine*). Im späten MA. weitete sich der Begriff auf alle mit Blei gesiegelten päpstlichen Urkunden aus und umfaßte auch die *litterae* (bullierte Briefe). An Briefen mit Gnadenerweisen war die Blei-b. mit Seidenfäden *(cum filo serico)*, an Mandaten mit Hanfschnüren *(cum filo canapis)* angehängt. In neuerer Zeit wird die Bezeichnung B. auf bes. wichtige und feierliche päpstliche Erlasse beschränkt. Die Blei-b. wird seit 1878 vielfach durch Farbstempel ersetzt; – Bullarium, Sammlung von B.n und →Breven.

L. Schmitz-Kallenberg, Papsturk., 1913; H. Feine, in: Rel. i. Gesch. u. Gegenw., 1957; Lex. f. Theol. u. Kirche 2, ²1967; – →Urkundenlehre, Sphragistik.

Bulletin (frz. von lat. *bulla*), urspr. (29.5.1800) Tagesbefehl Napoleons I. an die Reservearmee, dann die (tendenziösen und aufgebauschten) Heeres- und Schlachtenberichte Napoleons I. (dt. Heerzettel); allgem. – im 20. Jh. ohne kritisch abwertenden Nebensinn – von amtlicher oder halbamtlicher Stelle ausgegebene, für die breite Öffentlichkeit bestimmte Nachrichten.

Bund, Gemeinschaftsverhältnis unterschiedlicher Prägung, bisweilen auch = Vertrag, Bündnis, umgangssprachlich auch = Bundesstaat, u.zw.: der B. Gottes mit dem Volk Israel, danach (gr. *diatheke*, 2. Kor. 3,6) der *Alte B.* = das AT., analog der *Neue B.* = das NT.; in der Soziologie eigene Kategorie gesellschaftlichen Zusammenschlusses (H. Schmalenbach, 1885–1950) mit gefühlsbetontem Zusammengehörigkeitsbewußtsein, in dem sich die Glieder als Freunde begegnen; Interessengemeinschaft und Selbsthilfeorganisation einer Gruppe, eines Standes, z.B. der *B. vom brimmenden Löwen* u.a. Bünde des niedergehenden →Rittertums im 14. Jh. (Krieg gegen die Städte 1381/82) oder als Verteidigungs- und Kampfbündnis, v.a. kleinerer Mächte gegen überlegene größere, z.B. der *Hellenische B.* (Demosthenes) gegen Philipp von Makedonien 340v., der *Rheinische B.* von 1254 und von 1381, der *Schwäbische Städteb.* von 1376 (Schlacht bei Reutlingen 1377) u.a. Vereinigungen in den Wirren des späten MA. (vgl. das ‚ewige Bündnis' von Uri, Schwyz, Unterwalden 1291), der gegen die Habsburger gerichtete 1. und 2. →

Rheinbund (1658–68, 1806–13) unter frz. Führung, der →*Zweib.* 1879), der →*Dreib.* (1882) u.a.; als politische Organisationsform gilt der ‚echte B.' (C. Schmitt) als ‚eine auf der Grundlage innerer Homogenität errichtete dauernde Verbindung von gleichgeordneten Staaten, die sich unter Erhaltung ihrer staatlichen Eigenständigkeit zur gemeinsamen Gestaltung ihrer inneren Ordnung und zur Wahrung ihrer Unabhängigkeit und Unverletzlichkeit nach außen verbinden' (E. R. Huber); seit den Verhandlungen und öffentlichen Diskussionen während des Wiener Kongresses 1814/15 ist der Begriff erfüllt von der Antithese Staatenbund (→Konföderation) – Bundesstaat (→Union), doch haben sich diese Begriffe, die vielfach – nicht immer zu Recht – als Stufen einer Entwicklung zum →Einheitsstaat gefaßt werden, angesichts der Vielfalt der historischen Erscheinungsformen eindeutiger Bestimmung entzogen (beiden gemeinsam sind die Zentralinstanz und Verfassung, völkerrechtlicher Charakter und Hingabe gewisser Souveränitätsrechte durch die Gliedstaaten, doch sind die Unterschiede in Macht- und Kompetenzverteilung im Grunde nur graduell, am schärfsten ausgeprägt in der Art und Bestellung der Zentralinstanzen, im Bundesbürgerrecht); bedeutsamer als die rechtliche Unterscheidung ist vielleicht der historische Tatbestand, ob die Gliedstaaten annähernd gleichgewichtig sind oder einem eine ausgesprochene Vormachtstellung (→Hegemonie, →Satelliten) zukommt; in der gr. Geschichte sind zunächst die lockeren, durch eine starke Vormacht bestimmten Bünde vorherrschend, der *Peloponnesische B.*, 6.–4. Jh. unter Führung Spartas, die Anfänge des *1. Attischen* →*Seeb.es* von 478/7v., der *Korinthische B.* von 337v. unter Führung Makedoniens als Kampfb. gegen Persien (→auch Synhedrion), bis im 4. Jhv. die bundesstaatliche Organisation (gr. *koinon*) mit Ansätzen eines B.esbürgerrechts, B.-esmünzen usw. als charakteristische Erscheinung der gr. Spätzeit hervortritt (*Ätolischer B.* seit 367/6v., *Achäischer B.* seit 280v. u.a.); in Italien wurde der *Latinerb.* (lat. *nomen Latinum*) 338v. in einem Verhältnis minderen Rechts (→civis) von Rom abhängig; die dem Staatenb. eigene schwache Zentralinstanz zeigen in MA. und NZ. u.a. die Schweizer Eidgenossenschaft bis 1848 (*Sonderb.* der 7 katholischen Kantone 1843, Krieg 1847), der *Schwäbische B.* 1488–1534 zur Sicherung des →Landfriedens, und v.a. der *Deutsche B.* 1815–66 zur ‚Erhaltung der äußeren und inneren Sicherheit Deutschlands und der Unabhängigkeit und Unverletzlichkeit der einzelnen dt. Staaten, (Art. 2; →auch die einzelnen Organe); nur zögernd verwendet man angesichts der Vielfalt der Formen die Bezeichnung Staatenb. für andere Zusammenschlüsse, wie →Hanse, →Commonwealth, →Völkerbund, Vereinte Nationen; der echte Bundesstaat erscheint nach den Vorbildern der USA seit 1789, der Schweiz seit 1848 in zahlreichen europäischen (Österreich 1920–38, seit 1945, *B.esrepublik* Deutschland seit 1949) und außereuropäischen (Kanada seit 1867, Indien seit 1947) Staaten, während die ausgesprochene Vormachtstellung Preußens im *Norddt. B.* 1867–71 und im Dt. Reich 1871–1918, die Rußlands seit 1923 den b.esstaatlichen Charakter zumindest im außenpolitischen Bereich weitgehend verdunkelt.

H. Schmalenbach, D. soziol. Kategorie d. B.es, 1922; G. Eisermann, D. Lehre v. d. Gesellsch., ²1969; W. Bernsdorf, Wörterb. d. Soziologie, 1969; – H. Swoboda, D. gr. B.de u. d. moderne B.esstaat, 1915; E. A. Freeman, J. B. Bury, History of Federal Government in Greece and Italy, 1883; – C. Vollgraff, Wodurch unterscheiden sich Staatenb., B.esstaat u. Einheitsstaat?, 1859; C. Schmitt, Verf.lehre, 1928; E. R. Huber, Dt. Verf.gesch. seit 1789, ²1967ff.

Bundes-akte, der am 8.6.1815 von 39 dt. Staaten unterzeichnete Verfassungsvertrag des Dt. Bundes, Teil der Schlußakte des Wiener Kongresses vom 9.6.1815; -direktorium, der unter den 3 Ritterkreisen wechselnde Vorstand der →Reichsritterschaft nach dem Zusammenschluß von 1577; -distrikt (span. *distrito federal*), in mehreren am. Bundesstaaten der einer Sonderverwaltung unterstehende Bezirk der Hauptstadt (in den USA *District of Columbia* = Washington, unter der Verwaltung des →Kongresses); -→exekution; -feldherr, nach Art. 63 der Verfassung des Norddt. Bundes der König von Preußen als Befehlshaber der gesamten Landmacht; -festungen, ständige militärische Einrichtungen des Dt. Bundes: Mainz, Luxemburg, Landau (1815), Rastatt, Ulm (1841/42); -genossen (lat. *socii*), in der röm. Republik ein Teil der italischen Städte und Stämme, die aufgrund eines ‚ungleichen Bündnisses' *(foedus iniquum)* in einem Abhängigkeitsverhältnis zu Rom stehen, zur Heerfolge verpflichtet, doch ohne Recht der Mitsprache bei politischen Entscheidungen (vereinzelt auch Städte außerhalb Italiens, z.B. Massilia, ohne Zwang zur Heerfolge); -genossenkrieg, 357–55v. der Krieg von Karien, Rhodos, Chios, Byzanz gegen Athen, der das Ende des 378/7v. gegründeten 2. Attischen Seebundes brachte; 220–17v. der letzte große Krieg der gr. Geschichte vor Eingreifen der Römer (Makedonien und Achäischer Bund gegen Ätolischen Bund und Sparta; Frieden von Naupaktos 217v.); 90–88v. der Krieg der italischen B.genossen gegen Rom, in dem die Italiker das röm. Bürgerrecht gewinnen; -gesetzgebung, in B.-staaten allgem. entsprechend dem Grundsatz ‚B.-recht bricht Landesrecht', Art. 31 GG.; ob den Beschlüssen der B.-versammlung des Dt. Bundes der Charakter gesetzgeberischer Akte zukomme, war lange umstritten, doch werden z.B. die Karlsbader Beschlüsse 1819 als B.-gesetz angesprochen, obwohl sie erst durch die Publikation in den Gliedstaaten rechtskräftig wurden; -heer (-wehr), das Heer eines B.-staates (Schweiz, Österreich – Bundesrepublik Deutschland), im Dt. Bund aus Kontingenten der Länder bestehend, mit einem von Fall zu Fall bestellten Oberfeldherrn (Kriegsverfassung vom 9.4. 1821); -intervention, im Dt. Bund die einem Land zur Wiederherstellung der Ordnung und Sicherheit erwiesene Bundeshilfe (Art. 26 der Wiener Schlußakte), z.B. Luxemburg 1830, Holstein 1850 u.ö.; -kanzlei, im Dt. Bund und in der Schweiz Kanzlei der B.-versammlung; -kanzler, in der Schweiz seit 1848 der auf drei Jahre gewählte Vorstand der B.-kanzlei; im Norddt. Bund 1867 bis 1871 der vom Präsidium (der Krone Preußens) ernannte Vorsitzende des B.-rats und Leiter der Geschäfte; in Österreich seit 1920 und in der B.-republik seit 1949 der dem Parlament verantwortliche Leiter der B.-regierung; -kasse, im 1. Attischen →Seebund aus den Beiträgen *(phoroi)* der Mitglieder, die keine Schiffe stellten, gespeist, von den →Hellenotamien verwaltet, zunächst auf Delos, seit 454v. in Athen; -land, Gliedstaat der Republik Österreich, an seiner Spitze der →Landeshauptmann; -matrikel Verzeichnis der Mitglieder, Kontingente und Beiträge des Dt. Bundes; -präsident, der von der B.-versammlung der Schweiz auf ein Jahr bestellte Vorsitzende des B.-rats, der zugleich die Eidgenossenschaft nach außen vertritt; in Österreich das seit 1920 von der B.-versammlung, auf 4 Jahre, seit 1945 vom Volk auf 6 Jahre, in der B.-republik von der B.-versammlung auf 5 Jahre gewählte Staatsoberhaupt; -präsidium, der – der Präsidialmacht Österreich zustehende – Vorsitz in der B.-versammlung des Dt. Bundes; im Norddt. Bund (,Das P. des B. steht der Krone Preußens zu‘, Art. 11) und im Dt. Reich (,Das P. des B. steht dem Könige von Preußen zu, welcher den Namen Deutscher Kaiser führt‘, Art. 11 der Reichsverf. von 1871) mit der Vertretung nach außen, Kriegserklärung, Berufung des Parlaments, Ernennung des Kanzlers betraut; -rat, leitendes Organ des Schwäbischen Bundes 1488 bis 1534 (40 Mitglieder der Fürsten, Prälaten, Städte und Ritter); die aus 7 Mitgliedern bestehende, von der B.-versammlung auf drei Jahre gewählte B.-regierung der Schweiz; im Norddt. Bund und Dt. Reich 1867–1918 die Vertretung der 22, bzw. 25 Länder (mit 43, bzw. 58, seit 1911 – mit Elsaß-Lothringen – 61 Stimmen, doch kann von einem Lande ,die Gesamtheit der zuständigen Stimmen nur einheitlich abgegeben werden‘), an deren Zustimmung die Gesetzgebung, sowie die Auflösung des Reichstags und die Kriegserklärung durch das Präsidium (den Kaiser) gebunden ist; seit 1920 in Österreich die mit beschränkten Befugnissen (aufschiebendes →Veto) ausgestattete 1. Kammer (50 Mitglieder); in der B.-republik die aus Mitgliedern der Landesregierungen bestehende Ländervertretung (10 Länder, 41 Stimmen + 4 Berlin, von den Ländern einheitlich abzugeben), durch die ,die Länder bei der Gesetzgebung und Verwaltung des Bundes‘ mitwirken (Art. 50); -staat (Union), →Bund, bisweilen auch Gliedstaat eines B.-staats, z.B. der USA; -tag, inoffizielle, bald allgem. übliche Bezeichnung der B.-versammlung des dt. Bundes; seit 1949 die auf 4 Jahre gewählte Volksvertretung der dt. B.-republik; -versammlung, im Dt. Bund 1815–66 der ständige Gesandtenkongreß in Frankfurt als oberstes B.-Organ (41 Staaten, im Engeren Rat 17, im Plenum – einem Abstimmungsorgan für bes. wichtige Entscheidungen nach Art. 6 der B.-akte, Art. 12 der Wiener Schlußakte – 64 Stimmen, die mit $^2/_3$ Mehrheit, in wichtigen Fällen mit Einstimmigkeit beschließen); seit 1848 in der Schweiz die aus →Nationalrat und →Ständerat bestehende Volksvertretung; 1920–1938 in Österreich aus →Nationalrat und Bundesrat, seit 1949 in der B.-republik aus B.-tag und einer gleichen Zahl von Mitgliedern der Landtage zusammengesetzter Wahlkörper für die Wahl des B.-präsidenten; -zwang, nach dem GG. Art. 37 die – der B.-→exekution entsprechende – höhere Zwangsgewalt des Bundes gegenüber den Ländern.

Bündnis (→auch Symmachie, *foedus*, Allianz), vertragliche Bindung zweier oder mehrerer Staaten, um sich gegenseitig Beistand zu sichern für den Fall *(→casus foederis)*, daß einer von ihnen in einen Krieg verwickelt wird; die Verpflichtung kann Verharren in der →Neutralität beinhalten, d.h. nicht einzugreifen zugunsten des Gegners, oder die sog. wohlwollende Neutralität – mehr diplomatische Floskel als völkerrechtlicher Begriff –, oder Eintritt in den Krieg, automatisch oder nach vorheriger Konsultation, darüber hinaus oft die Stärke der einzusetzenden Kontingente, Bestimmungen über die Art der Kriegführung, Ausschluß eines Sonderfriedens; nach Inhalt und Zweck unterscheidet man *offensives* und *defensives B.*, bei gemischten B.-sen spricht man von Schutz- und Trutzb.; nach der Zahl der Staaten unterscheidet man →Zwei-, →Dreibund usw., bzw. →Tripel-, →Quadrupelallianz; →Liga (→ auch Union) betont die gemeinsamen Interessen, →Konföderation den Fortfall zeitlicher Begrenzungen; zu B.sen ohne ausgesprochenen Vertragscharakter (→ Pakt) →Agreement, Entente, Konvention.

→Völkerrecht.

Buntbücher →Farbbücher.

Burg (spätlat., mlat. *burgus*, frz. *bourg*, engl. *borough*, it. *borgo*, aus germ. **burgs*, got. *baurgs* ‚schützende Stätte', vgl. dt. *bergen*), seit idg. Zeit befestigte Zufluchtsstätte einer kleineren oder größeren Siedlungsgemeinschaft und Mittelpunkt einer Herrschaft, letzteres seit germ. Zeit das ganze MA. hindurch bis ins 16. Jh. Bevorzugen zunächst Iranier, Kelten, Germanen und Slawen die großräumig angelegte Flieh-b., befestigt mit Wall und Graben oder Palisadenzaun, bestimmt für ganze Stämme oder zumindest Stammes- bzw. Volksteile, so kennen die Germanen (wie schon die mykenischen Griechen) auch die meist auf einem Berg angelegte Herren-b., die Zufluchtsort v.a. für den Herrn, die →Gefolgschaft und das →Gesinde des in unmittelbarer Nähe gelegenen Gutshofes ist. In der röm. Grenzverteidigung der Kaiserzeit ist die B. *(burgus)* Wach- und Wohnturm an wichtigen Handelswegen zum nichtunterworfenen Gebiet; an sie schließen sich allmählich Soldatensiedlungen an. So wird seit dem 7. Jh., auf ehemaligem Reichsboden B. mit →*Civitas* = städtischer Siedlung gleichgesetzt. Im FrühMA. wird in Ostfranken die →Stadt mit B. bezeichnet, die Einwohner heißen *burgari* (→Bürger), in Italien ist B. *(borgo)* eine Vorstadt mit minderem Recht; die engl. Stadt entwickelt sich aus dem befestigten *borough*. Im 12. Jh. wird der Begriff allmählich nur noch für den reinen Wehrbau verwandt, wie er mit Mauer, Graben, Palas und Turm in Fortbildung der alten Fliehb.n wie der röm. *burgi* das ganze MA. hindurch in West- und Mitteleuropa üblich ist. B.-bezirke zur Sicherung und zum Ausbau der Herrschaft und zur Verteidigung von größeren Gebieten finden sich im ags. England, im Westfrankenreich, im lang. Italien und während der Karolingerzeit im Ostfrankenreich. Die Ottonen bauen in Fortführung der karolingischen Tradition an der Slawengrenze B.-bezirke; in der sog. B.-wardeiverfassung ist dabei die B. Verwaltungs- und Gerichtssitz eines bestimmten Sprengels von 12–24 Dörfern. Obwohl das Anlegen von B.en →Regal ist, bauen auch Hochadel und →Ministerialen seit dem 11. Jh. B.en aus eigener Machtvollkommenheit, letztere meist mit einem Öffnungsrecht ihres Herrn. Dazu kommt noch der B.enbau der Kirchen→vögte auf geistlichem Gebiet. Systematische Anlagen von B.-bezirken auf →Reichs- und → Hausgut kennen die Salier und v.a. die Staufer. Im Anschluß daran baut der Landesherr des späteren MA. B.en als Verwaltungsmittelpunkte seines →Territoriums, der Dt. Orden auch noch als Wehrbauten; B.-bann, Recht des B.-herrn, die von ihm abhängige Bevölkerung zum B.-werk (B.-bau) und zur Verteidigung aufzurufen; der B.-bann liegt auch beim Bau frühma. Städte zugrunde; -friede, Bezirk erhöhten Schutzes und →Friedens innerhalb ummauerter Plätze, also auch bei →Städten; oft auch Niedergerichtsbezirk um eine B. als Mittelpunkt; -flecken →Suburbium; -graf (mlat. *praefectus*, *burggravius*, auch *castellanus*), in B.en und Städten (v.a. Reichs-b.en, Reichs- und Bischofsstädten) militärischer Befehlshaber mit richterlicher Gewalt über die ihm unterstellten B.-mannen; Vorläufer des B.-grafen sind die *praefecti urbis*, die wichtige Handelsplätze militärisch sicherten; der B.-graf kann im Dienst des →Reiches oder eines →Landesherrn stehen; da sein richterliches Amt im späteren MA. immer mehr Bedeutung erlangt, wird er oft auch als → Vogt oder →Schultheiß bezeichnet. Die B.-grafenwürde wird vielfach erblich, schließlich zum bloßen Titel. In Polen und Schlesien ist der B.-graf nach dem Vorbild der ottonischen B.-wardeiverfassung Militärkommandant, Richter und Verwaltungsbeamter in einem nach der B. benannten Bezirk, desgleichen in Böhmen, wo er im 12./13. Jh. aus dem hohen Adel, dann mit beschränkteren Aufgaben aus dem Kleinadel genommen wird. Der flandrische B.-graf, seit dem 10. Jh. mit richterlichen Befugnissen dem →Baron gleichgestellt, ist ebenfalls militärischer Kommandant, wird aber seit dem 12. Jh. von →Baillis abgelöst. In Italien ist der B.-graf meist Befehlshaber eines B.-flekkens; -lehen, Lehen zum Unterhalt eines B.-manns, der anstelle eines gewöhnlichen Lehnsdienstes auf einer B. sitzt (B.-gesässe), um diese verteidigen zu helfen (B.-hut). Das B.-lehen, das aus Grundstücken außerhalb der B. besteht, ist nicht weiter verleihbar, doch vererbbar. Geht eine B. in einer →Stadt auf, so werden die B.-mannen zu Bürgern; mit ihrem Grundbesitz bilden sie meist einen Teil des →Patriziats; -stall (= Stelle), Ruine einer B. oder völlig abgegangene B., von der nur noch der Standort bekannt ist; -ward = B.-Bezirk.

S. Ritschel, D. B.grafenamt, 1905; O. Piper, B.enkunde, [3]1912, ND 1967; E. Schrader, D. Befestigungsrecht in Dtld., 1910; C. Schuchhardt, D. B. im Wandel d. Weltgesch., 1931; F. M. Stenton, Anglo-Saxon England, [2]1950; E. Klebel, Ma. B.en u. ihr Recht, 1952; C. Tillmann, Lex. d. dt. B.en u. Schlösser, 1958–61; H. Dannenbauer, Grundl. d. ma. Welt, 1959-62; W. Schlesinger, Die Entstehg. d. Landesherrsch., [3]1969; H.-H. Ott, J. Herrmann, Siedlung, B.,

Stadt. Stud. zu ihren Anfängen, 1969; W. Anderson, B.en Europas, 1971.

Bürger, in den Stadtstaaten des At. (gr. *polites*, →Polis, lat. →*civis*) der durch Geburt berechtigte Träger der politischen Entscheidungsgewalt, die in den gr. Städten, in röm. →Kolonien und → Munizipien ein reiches System der Selbstverwaltung entwickelte. Mit dem Zerfall des Röm. Reiches verloren die Städte an Bedeutung, doch wählte sie auch fernerhin die Kirche zu ihren Mittelpunkten. In ihnen und um einige adelige Burgen sammelten sich Gewerbetreibende. B. durfte sich nennen, wer Grundbesitz in der →Stadt oder deren Gemarkung (→Pfahl-b.) sein eigen nannte. Bald gelangten die B. zu Wohlstand und strebten nach Unabhängigkeit von den Stadtherren (958 erste Empörung der B. gegen die Stadtherrschaft von Cambrai). Gegen ältere weltliche und kirchliche Gewalten erkämpften sie sich ihre →Freiheit, die sie selbst zu schützen wußten. Zu den b.-lichen Freiheiten gehörten v.a. Freiheit von Heerfahrt und Steuerpflicht und stadtfremder Gerichtsbarkeit. ‚Stadtluft macht frei', d.h. auch ein →Höriger konnte frei werden, wenn er unangefochten ein Jahr in der Stadt lebte. Seit dem 12. Jh. war eine große Zahl von Städten weitgehend selbständig, so daß man nun von den drei Ständen →Adel, B. und Bauern sprechen kann. Fortan wurden die Geschicke der Stadt von einem B.-ausschuß der Wohlhabenden, dem →Rat bestimmt. Als sich diese führende Schicht der →Patrizier immer mehr abschloß, kam es im 14. Jh. zu den Kämpfen mit den →Zünften der Handwerker (z.T. auch als Spieß-b. bezeichnet, da ihre Bewaffnung nur aus Spießen bestand). In den südwest- und mitteldt. Städten siegten meist die Zünfte, die nun an der Stadtregierung beteiligt waren, während sich in Nürnberg, Frankfurt und den Hansestädten die patrizische Herrschaft hielt. In der Folge entwickelte sich in den Städten ein wohlausgewogenes Wirtschaftssystem, das Absatzsicherung, standesgemäßes Auskommen und gleichmäßige Einkommensverteilung gewährleistete. Erst die Zeit der →Entdekkungen und ihre neuen Produktionsmethoden änderten die Lage der B. (Umorientierung des Handels, Mangel an Meisterstellen, landesherrliche →Manufakturen), der 30jährige Krieg führte vollends eine allgem. Verarmung herbei. In Preußen gab 1808 die Städteordnung des Frh. vom Stein (1757–1831) den städtischen B. das Recht auf →Selbstverwaltung, seitdem wird der Begriff B. (wie auch Staats-b. neben dem passiven Staatsangehöriger; vgl. B., frz. *citoyen*, 1792 in der frz. Revolution als Anrede dekretiert) für den am kommunalen und staatlichen Leben aktiv Teilnehmenden gebraucht; B.-ausschuß, auch B.-rat, nach der Novemberrevolution 1918 gegründete Selbsthilfeverbände des städtischen B.-tums; in den Freien Städten Hamburg und Lübeck bis 1933 geschäfteführender Ausschuß der B.-schaft für minder wichtige Angelegenheiten, überwachte auch die Einhaltung der Verfassung; -garde, vorübergehend aufgestellte bewaffnete B.-verbände zur Aufrechterhaltung der Ordnung bei Unruhen; -→krieg; -krone (lat. *corona civica*), Eichenkranz, röm. Auszeichnung für Rettung des Lebens eines

Mitbürgers im Kampf; -könig, der frz. Kg. Louis Philippe (1773 bis 1850) aus der jüngeren Linie Orléans des Hauses Bourbon, 1830 nach dem Sturz Karls X. vom frz. B.-tum zum konstitutionellen Herrscher erhoben, schwach und unpopulär, durch die Februarrevolution 1848 vertrieben; -meister, Stadtoberhaupt an der Spitze der Verwaltung, bzw. in Berlin, Bremen, Hamburg der Regierung (Senat), jedoch seit 1945 nach engl. Vorbild in den Ländern Niedersachsen, Nordrhein-Westfalen, Schleswig-Holstein Vorsitzender des Rates, während der höchste Beamte Stadtdirektor heißt; -schaft, das Stadtparlament in Hamburg, Bremen, Lübeck seit der Mitte des 19. Jh.; -tum (frz. *bourgeoisie*), Stadtbevölkerung im Gegensatz zu Adel und Bauern, im 17./18. Jh. auch für eine höhere Bildungsstufe kennzeichnend. Seit der frz. Revolution als wirtschaftlich und sozial führende Schicht hervortretend (vgl. die These des Abbé E. J. Siéyès, 1748 bis 1836, daß das B.-tum der Dritte Stand, die eigentliche → Nation darstelle), wird das B.-tum der Gegner für die nun entstehende Arbeiterschaft und von ihr als Besitz-b.-tum, → Bourgeoisie, angegriffen; so entsteht der politische Begriff des B.-tums, der alle nichtsozialistischen Kräfte zusammenfaßt, die am Privateigentum und einer individualistischen Wirtschaftsordnung festhalten.

H. Pirenne, Les Villes et les institutions urbaines, 1939; A. v. Brandt, W. Koppe (hrsg.), Städtewesen u. B.tum, 1953; O. Brunner, Neue Wege d. Sozialgesch., 1956; E. H. Maurer, D. Spätbürgertum, 1964; E. Ennen, Frühgesch. d. europ. Stadt, [2]1964; F. Rörig, D. europ. Stadt, [4]1964; H. Planitz, D. dt. Stadt. [3]1973; M. Weber, Wirtschaft u. Gesellsch., [5]1972.

Büro- (frz. *bureau* – von *bure*, grober Bespannstoff, vgl. lat. *burrus*, gr. *pyrrhos* – ‚Schreibtisch', ‚Amtslokal', ‚Behörde') -kratie, seit dem 18. Jh. kritisch abwertende Bezeichnung für die Präponderanz einer engstirnigen Verwaltung, ‚Schreibtischherrschaft'; – nach M. Weber (1864 bis 1920) neben Traditionalismus und Charisma einer der drei reinen Typen legitimer Herrschaft, u.zw. der Typus rationalen Charakters, bei dem die Legitimitätsgeltung, auf dem Glauben an die Legalität gesetzter Ordnungen und des Anweisungsrechts der durch sie zur Ausübung der Herrschaft Berufenen' ruht. Sie bestimmt sich durch die sachlich orientierte, spezialisierte, kontinuierliche Verwaltungsarbeit eines geschulten →Beamtenstabes (der, als Träger des Systems, bes. in den höheren Instanzen des staatlichen Bereichs, selbst als B.-kratie bezeichnet wird) mit hierarchisch gegliedertem Instanzenweg und Beschwerderecht. Als Herrschaftsform ist die B.-kratie nirgends rein verwirklicht und auch nicht zu verwirklichen, doch ihre Wesenszüge erkennt man auch im historischen Bereich, spricht z.B. von einer B.-kratie der hellenistischen Königreiche, des spätröm.-byz. Staates, des Absolutismus. In der modernen Massengesellschaft greift die B.-kratie über den staatlichen Raum hinaus auf Großverbände (vgl. Partei-, Vereinsb.-kratie) und auf die Industriewirtschaft über; -kratisierung, als Tendenz zum B.-kratismus von der modernen Soziologie analysiert, Neigung zum Verwaltungsformalismus mit dem Bestreben, ,Institution und Geschäftsgang, Instanzenzug und Laufbahn vom Range des Mittels zu dem des Zwecks zu erhöhen, mit der Willkür zugleich die Verantwortungsfreudigkeit zu erdrücken, mit der Beseitigung individueller Behandlung und Entscheidung zugleich aber eine neuartige Willkür zu ermöglichen, diejenige der Unterordnung des ,„Falls" unter das falsche Schema' (L. v. Wiese); Bureausystem, im Gegensatz zum →Kollegial- oder Gremialsystem Organisationsform einer Behörde, bei der die Verantwortlichkeit jeweils bei einem, nicht bei mehreren Beamten liegt.

M. Weber, Wirtsch. u. Ges., [5]1972; L. v. Wiese, Syst. d. allgem. Soziol., [2]1933; L. v. Mises, Bureaucracy, 1944; Th. Eschenburg, Bem. z. dt. B.kratie, 1955; F. Morstein-Marx, Einf. i. d. B.-kratie, 1959; Th. Eschenburg, Staat u. Ges. in Dtld.. [6]1963; O. Hintze, Der österr. u. d. dt. Beamtenstaat im 17. u. 18. Jh., [2]1970; M. Albow, B.kratie, dt. 1972; G. Schmid, H. Treiber, B.kratie u. Politik, 1975.

Bursa (lat. von gr. *byrsa*, ,Fell'), ,Börse', Tasche, Reliquiar, auch Opferstock; (2) Gemeinschaft, Kreis v. Studenten u. ihre Wohnung, Studentenheim an Universitäten des MA und der NZ.

Buße, (mlat. *compositio*), im germ.-dt. Recht wirtschaftliche Entschädigung an die geschädigte Sippe zur Sühnung eines Friedensbruches (im bes. bei Tötung: →Wergeld); schon in germ. Zeit fällt ein Drittel (Friedensgeld, mlat. *fredus*, dem Friedenswahrer, Kg. oder Volk, zu – im Gegensatz zum Fehdegeld, mlat. *faidus*, das an den Kläger geht), seit Ende der fränk. Zeit fällt die ganze B. an den Richter, so daß diese im frühen MA. zu einer der wichtigsten Einnahmequellen des Gerichtsherrn wird; Bußkleid → Cilicium.

R. His, D. Strafrecht des dt. MA., 1920–35, ND 1964; ders., Gesch. d. dt. Strafrechts, 1928; H. Mitteis, Dt. Rechtsgesch., [12]1971.

Buteil (mhd. ,Bauteil'), Anteil des beweglichen Vermögens als →Mortuarium.

Butigler (mlat. *buticularius* → ,Mundschenk'), urspr. →Hofamt, das zuerst in der Palastordnung des Erzbf. Hinkmar von Reims (845–82) bezeugt ist. In staufischer Zeit ist der Reichs-b., aus der hohen Reichs→ministerialität stammend, als eine Art *iudex provincialis* oberster Beamter des → Reichsgutbezirks um Nürnberg.

Byzantinismus, Analogie zu Erscheinungen aus der Geschichte des byz. Reiches, u.zw. (1) enge Verbindung zwischen Kirche und Staat (Staatskirchentum mit stark privilegierter Kirche und Einfluß des Staates auf das Dogma); (2) (abwertend und mißverstehend) unwürdige Schmeichelei und Unterwürfigkeit gegenüber Mächtigen; Byzantinistik, die Wissenschaft von Geschichte, Kultur und Literatur des byz. Reiches (330n.–1453), seit dem 17. Jh. v. a. in Frankreich (Verbindung Ludwigs XIV. mit der →Pforte) als selbständige Disziplin entwickelt.

Byz. Zs. 1892ff.; Byzantion 1924ff. – E. Gerland, D. Stud. d. byz. Gesch., 1934; G. Ostrogorsky, Gesch. d. byz. Staates, [3]1963–65; Byz. Gesch.schreiber, hrsg. v. E. v. Ivanka, 1958ff.; H. W. Haussig, Kulturgesch. v. Byzanz, [2]1966; D. Wirth, Reallex. der Byz., 1968ff; J. Irmscher, Einf. in die Byz., 1971.

Caballero (span. von mlat. *caballarius*, von lat. *caballus* ,Gaul'), in span. Ländern der →Ritter als

Angehöriger des niederen Adels (später = →Hidalgo), auch jeder, der sich für den Kriegsdienst zu Pferde ausrüsten konnte, in der NZ. zur allgem. Anrede verblaßt (entspr. it. Cavaliere, in der NZ. als Adelstitel, frz. →Chevalier); – dav. Caballeria, cavalleria, das Ritterlehen (in ibero-am. Ländern auch als Flächeneinheit unterschiedlicher Größe, zwischen 13 und 45 ha), Ritterdienst sowie der vom Lehensherrn dafür geleistete Lohn; Rittertum; berittene Truppe (frz. *cavallerie*, dt. *Kavallerie*).

Caeriten, in der röm. Republik Halbbürger *(cives sine suffragio)* aus italischen Städten (z.B. Caere in Etrurien), denen nach dem freiwilligen oder erzwungenen Anschluß ihrer Gemeinde an Rom privatrechtliche Gleichstellung gewährt, doch das aktive und passive Wahlrecht versagt wurde; nach 90v. ist Versetzung unter die C. Zuchtmittel der →Zensoren.

Caesar, (dt. auch →Cäsar) = (röm.) →Kaiser (dav. wohl seit dem 1. Jhn. – noch in Erinnerung an den Julier? – in den germ. Sprachen nach der älteren lat. Aussprache Kaiser u.ä., in den slaw. nach der jüngeren *cesar*, → Zar). →Kognomen in der röm. →patrizischen →Gens Iulia; nach dem Diktator C. Iulius C. (101 bis 44v.) zuerst im Namen, dann im Titel fast aller röm. Ks. und ihrer männlichen Nachkommen, seit Hadrian (117–38n.) auf den Thronfolger beschränkt, in der →Tetrarchie Diokletians 285–306 Unterkaiser, Mitregent minderer Gewalt, im byz. Reich zum Titel hochgestellter Personen, meist Angehörigen des Kaiserhauses, verblaßt; lat. Anrede der Kaiser, v.a. des 1.–3. Jh.

Cahier *(de doléances*, span. *cuaderno)*, ‚Beschwerdeheft', Zusammenstellung einzelner Wünsche und Beschwerden, die in westeurop. Ländern seit dem späten MA. durch die ständischen Vertretungen (General- und Provinzialstände, Notabelnversammlung) dem Kg. – nach Ständen getrennt – überreicht zu werden pflegten.

Calderari (it. ‚Kesselschmiede'), südit. Geheimbund etwa 1810–20, der durch die Auseinandersetzung mit den rivalisierenden →Carbonari seine Bedeutung verliert.

Calvinismus, Sammelbezeichnung für die auf J. Calvin (1509-64) zurückgehenden Formen des Protestantismus. Der C. brachte zahlreiche theologische Richtungen und Bewegungen in Westeuropa und den USA, Dtld. Polen und Ungarn hervor, ohne in einer einheitlichen Kirchenorganisation zusammengeschlossen zu sein. Die Erwählungslehre (Prädestination) hat die Betätigung und Behauptung des Menschen in Politik und Wirtschaft gefördert, →Hugenotten, Puritanismus, Unabhängigkeitserklärung, Völkerrecht, Widerstandsrecht.

H. Rößler, Der C., 1959; F. Wendel, Calvin, 1968.

Camera →Kammer; Camerarius, Camerlengus →Kämmerer; Camerlingus →Kämmerling.

Camorra, südit. extrem terroristischer Geheimbund des 19. Jh., v.a. in der Bourbonenzeit von politischer Bedeutung, von der it. Regierung wegen krimineller Tendenzen lange vergeblich bekämpft, erst im 20. Jh. vernichtet.

Campeador (span. v. lat. *campi ductor* ‚Feldherr', ‚Vorkämpfer'), Ehrentitel des Cid (arab. ‚Herr'), des Gf. Rodrigo Diaz de Vivar (gest. 1099), der in den Kämpfen gegen die Mauren zum Idealbild der Ritterschaft und zum span. Nationalhelden wurde.

Canabae (lat.), bei den Römern das Marketenderdorf, die Lagervorstadt der →Legion.

Canossa, Burg bei Reggio Emilia in Oberitalien, wo Kg. Heinrich IV. nach der Buße durch Papst Gregor VII. vom Kirchenbann gelöst wurde (25.–28.1. 1077), in neuerer Zeit, bes. nach einer Äußerung Bismarcks im → Kulturkampf (Reichstagsrede 14. 5.1872: *Nach C. gehen wir nicht*), im Sinne von: Demütigung, Unterwerfung in (politisch) auswegloser Situation verwendet.

Capitaine, Capitainerie, Capitania usw. →Kapitän.

Capitulare →Kapitularien.

Caput (lat. ‚Haupt'), der röm. Bürger *(→civis)* als Rechtssubjekt (daher *capite census*, der nur ‚als Person Geschätzte', d.h. Bürger ohne schätzbares Vermögen, in der letzten der 193 röm. →Zenturien; mlat. →Kopfzinsiger); Arbeitseinheit zur Personal- und Viehsteuerveranlagung in der Steuerreform des Ks. Diokletian (284–305); dav. *Capitatio*, → Kopfsteuer, im frühen MA. auch das gesamte diokletianische System (Kopf- und Grundsteuer, *c.* und *iugatio*); frz. *Capitation*, Kopfsteuer des 17./18. Jh., bald als Einkommensteuer (Zuschlag zur →Taille) erhoben.

Carbonari (it. ‚Köhler'), der bedeutendste der it. Geheimbünde, etwa 1805–30 mit freimaurerischen Formen und Idealen, für nationale und innerstaatliche Freiheit kämpfend; die Carbonaria verliert ebenso wie die frz. Parallelgründung der Charbonnerie nach der Julirevolution 1830 rasch an Bedeutung.

P. Savigear, Carbonarism and the French Army 1815–24, in: The History, 1969.

Caritativsubsidien →Reichsritterschaft.

Carolina →Constitutio.

Cäsarenwahn(sinn), endgültig durch G. Freytag 1864 geprägte Bezeichnung für die krankhafte Neigung zu sinnlosen Befehlen und Grausamkeiten, zu denen der Besitz unumschränkter, keiner Kritik ausgesetzter Macht verführen kann, v.a. an den röm. Ks. Caligula (37–41n.) und Nero (54 bis 68n.) beobachtet; Cäsarismus, 1855 von A. Romieu im Blick auf Napoleon III. geprägt, Herrschaftssystem im Stile des Diktators Caesar, absolute Herrschaft auf der Grundlage demokratischer Legitimation; Cäsaropapimus, die Vereinigung der obersten weltlichen (‚Kaiser', Zar. Landesherr) und geistlichen (‚Papst', Patriarch, Bischof) Gewalt in einer Hand, auch für das Verhältnis von Staat und Kirche im byz. Reich verwendet (dafür im 19. Jh. öfter →Byzantinismus), v.a. für das ru. →Zartum, bes. seit Peter d. Gr. (in evang. Ländern →Episkopalismus).

Casus *belli, foederis* (lat. ‚Kriegs'-, ‚Bündnisfall'), in →Allianzverträgen das konkrete Ereignis, welches die Kriegserklärung (bzw. die Bündnisverpflichtung zur → Neutralität oder zur sog. wohlwollend neutralen Haltung) auslöst, oft mit der einschränkenden Klausel, daß der Krieg vom Bündnispartner nicht provoziert sein, keine →Aggression darstellen darf.

Catilinarier, Teilnehmer an der Verschwörung des L. Sergius Catilina (108v–63v.), danach *catilinarische Existenzen*, seit der Mitte des 19. Jh. v.a. durch die Rede Bismarcks vom 30.9.1862 verbreitetes Schlagwort zur Kennzeichnung bindungsloser Revolutionäre voll ‚Haß-, Rache- und Aufstandsgefühl' (F. Nietzsche) gegen die bestehende Ordnung.

Cavalcata (prov. von mlat. *caballicare* ‚reiten'; span. *cabalgada;* frz. *chevauchée*), kleines Lehensaufgebot, Reitertrupp (dt. Kavalkade), Ritterkrieg, →Fehde.

Cavaliere →Caballero, Chevalier.

Censor, Census →Zensor, Zins.

Cent (auch Zent, Zenderei, lat. *centena*), nach der älteren verfassungsgeschichtlichen Lehre die altgerm.-fränk. →Hundertschaft; nach der neuesten Forschung die von den Merovingern aus der spätröm. Staatsverfassung übernommene Militärkolonie auf Fiskalland, v.a. an wichtigen Straßen und im Grenzgebiet, zur Verwaltung ihres umfangreichen →Königsgutes, dann zur ‚staatlichen Binnenkolonisation auf Rodungsland' (H. Dannenbauer). Siedler sind meist freie Leute, die dem →König einen →Zins zahlen (Königszinser) und zum Kriegsdienst verpflichtet sind unter einem Centenar, der als fiskalischer Beamter gleichzeitig auch Richter des C. ist. In karolingischer Zeit ist die C. in Westfrankreich auch Teilbezirk einer →Grafschaft, in Ostfrankreich weiterhin Militärsiedlung auf →Königsgut, v.a. zur Sicherung und Durchdringung unterworfenen Gebiets, so bes. dem Main entlang und zwischen Main und Neckar, dann auch im sächsischen Stammesgebiet (spätere Freigrafschaften →Feme). Im hohen und späten MA. wird die C. als Gerichtsbezirk (C.-gericht, v.a. im Bistum Würzburg und Bamberg) mit einem C.enar (auch C.-graf) als Richter in Anlehnung an die alte C. z.T. neu geschaffen.

H. Dannenbauer, Grundlagen der ma. Welt, 1959/62.

Centuria, centuriatio, centurio →Zenturie.

Chairman (engl. von *chair* ‚Stuhl' zu gr. *kathedra*), Vorsitzender eines Kollegiums, Ausschußvorsitzender im Ober- und Unterhaus.

Chaldäer, die seit dem 1. Jtv. nach Mesopotamien eingedrungenen Aramäer, Träger des Neubabylonischen Reiches, 625–539; in der gr.-röm. Welt Sammelbezeichnung für die aus den spätbabylonischen Gelehrtenschulen hervorgegangenen Astronomen, dann allgem. orientalische Astrologen, Schwindelpropheten.

Challenge and response (Anruf, auch Herausforderung, und Antwort), von dem engl. →Universalhistoriker A. Toynbee (geb. 1889) der Psychologie entnommene und auf die Geschichte angewandte Formel, die besagt, daß Schwierigkeiten (nicht so sehr geographische Bedingungen als vielmehr Krieg, Eroberung, Verteidigung, Sklaverei u.a.) stets den größten Anreiz zur Kulturentwicklung bieten. Diese Wechselwirkung ist eine Form geschichtlichen Lebens. Bedenklich bleibt jedoch, sie als unabdingbares historisches Gesetz anzuwenden.

A. J. Toynbee, D. Gang d. Weltgesch., dt. 1954ff. u. 1970ff.; J. Vogt, Gesetz u. Handlungsfreiheit in d.

Gesch., 1955; J. Ortega y Gasset, E. Interpretation d. Weltgesch., dt. 1964.

Chambellan, Chamberlain, Chambrier →Kämmerer; Chambre →Kammer.

Champion (frz. von mlat. *campio*), ‚Kämpfer', Vertreter einer Partei im gerichtlichen Zweikampf, im frühen MA. ein wenig geachteter Beruf.

Chan, Chanat, Chan-Chanan →Khan.

Charadsch (ar.), urspr. allgem. Bezeichnung für den Tribut der Christen und Juden in islamischen Ländern, seit der Mitte des 8. Jh. auf die Grundsteuer beschränkt; im tü. Reich auch für die Kopfsteuer der Nichtmohammedaner (1855 aufgehoben) und die Tribute der abhängigen Staaten verwendet.

Charakter (gr. ‚Münzstempel', ‚Eigenart eines Menschen'), unter Einfluß des frz. *caractère* v.a. im 17./18. Jh. der (durch ein Abzeichen sichtbar gemachte)Stand; Dienstrang, Ehrenrang ohne entsprechende Dienststellung.

Charbonnerie →Carbonari.

Charge (frz. von spätlat. *carricare* ‚beladen' zu lat. *carrus* ‚Karren'), ‚Last' (ital. *carica*, span. *carga*, Handelsgewicht und Hohlmaß unterschiedlicher Größe, ca. 150 kg; span. *cargo* ‚Schiffsladung', dav. Superkargo, frz. *Cargadeur*, Beauftragter des Ladungseigentümers, auf einem Handelsschiff, der die Waren beaufsichtigt und verkauft), militärischer Dienstgrad, Beamtenrang, in Frankreich 15./16. Jh. auch Steuerbezirk; Ch.n-geld, in Brandenburg-Preußen seit dem 18. Jh. die für militärische Zwecke einbehaltenen, von einer eigenen Ch.n-kasse verwalteten ersten drei Monatsgehälter neu ernannter Beamter; chargieren, in der Kommandosprache v.a. des 18./19. Jh. laden und feuern.

Chargé d'affaires (frz.), Geschäftsträger, die vierte und letzte Rangklasse der diplomatischen Vertreter, nach dem Aachener Protokoll von 1818 nur beim Minister des Auswärtigen beglaubigt.

Charisma (gr.), ‚Gnadengaben' eines Herrschers (magische Fähigkeiten, Offenbarungen oder Heldentum, Macht des Geistes und der Rede), als Kennzeichen des Typus der Ch.tischen Herrschaft seit M. Weber (1864–1920) in der Soziologie im umfassenden Sinne und wertfrei gebraucht, im engeren Sinne →Gottherrschertum, →Gottesgnadentum.

F. Taeger, Ch., 1957/59; J. Brosch, Die kirchl. Ämter u. d. Gnadengaben, 1970; M. Weber, Wirtsch. u. Ges., [5]1972.

Charta (spätgr., lat.), →Papyrus, dann Papier u.zw. (1) Baumwollpap. (*ch. Bombycina*, *Xylina*, *Damascena* u.a.) tatarischer Herkunft, von den Arabern im 8. Jh. aus Buchara übernommen, in Europa seit dem 11. Jh. (1231 von Ks. Friedrich II. für Urkunden verboten); (2) Linnenpap. *(ch. lintea, linea)*, in Dtld. seit dem 14. Jh., Fabrikation in Köln, Nürnberg (1390), Ravensburg; seit dem MA. allgem. →Urkunde (auch *Quarta*, *Quartula*, engl. *charter;* Verzeichnisse, Kopiensammlungen: Chartularien), z. B. im engl. Seehandelsrecht und in: Chartalismus (nominalistische Geldtheorie von G. F. Knapp, 1842–1926); seit der *Magna Ch. libertatum*, 15.6.1215, auch: Staatsgrundgesetz, →Verfassung, z.B. *People's Charte* (Volks-Ch.),

1839–48 vergebliche Forderung der Chartisten, demokrat. Arbeiterbewegung für Wahlrechts- und Sozialreform, an das engl. Unterhaus; seit der *Charte constitutionelle* Ludwigs XVIII., 4.6. 1814, mit der Bedeutung: von der Krone gegeben, im Gegensatz zur →Konstitution, z.B. in Portugal 26.4.1826; im 20. Jh. Grundsatzerklärung mit idealen Zielen, z.B. *Ch. der Vereinten Nationen*, 26.6. 1945, Satzung und Präambel der UN; auch ohne Rechtsverbindlichkeit, z.B. *Atlantik-Ch.*, 14.8. 1941, Formulierung der Grundzüge eines dauernden Friedens durch W. Churchill – F. Roosevelt, *Ch. der Heimatvertriebenen*, Stuttgart 5.8.1950, mit Verzicht auf Rache und gewaltsame Wiedergewinnung der 1945 verlorenen dt. Ostgebiete.

J. v. Musulin, Proklamationen d. Freiheit, 1958.

Châtelain →Kastell.

Chauvinismus (frz.), nach der Komödienfigur des Rekruten Chauvin (*La cocarde tricolore*, von H. u. Th. Cogniard, 1831) fanatischer, aggressiver →Nationalismus.

Chef (frz. von lat. *caput* ‚Haupt'; engl. *chief*), ‚Häuptling', ‚Haupt-', zur Kennzeichnung der übergeordneten Stelle oder einer höheren Gewalt, bes. im militärischen Bereich (Kommandierender einer Einheit, Divisions-, Eskadrons, Bataillons-ch. usw.); *Chef des → Protokolls.*

Chevalier (frz. von mlat. *caballarius*, →Caballero), →Ritter in der umfassendsten Bedeutung des Wortes, frz. Titel des mittleren Adels; vereinzelt (auch Cavalier) Münze mit Reiterbild oder ritterlichem Symbol (*C. sans peur et sans reproche* ‚Ritter ohne Furcht und Tadel', Ehrenname mehrerer frz. Ritter, v.a. des Bertrand Duguesclin, 1320–80, des Pierre du Terrail, C. de Bayard, 1476–1524); Chevauchée →Cavalcata; Chevau-legers (‚Leichte Pferde'), nach einer von Kg. Heinrich IV. (1589–1610) errichteten berittenen, aus Edelleuten bestehenden Kompanie der Leibwache in Frankreich und Österreich, dann in Rheinbundstaaten Elitekavallerie, den →Dragonern entsprechend.

Chiliarch (gr. ‚Befehlshaber, über 1000 Mann'), bes. – nach pers. Vorbild – Titel des Reichsverwesers nach dem Tode Alexanders d. Gr. 323v.; gr. Bezeichnung für den pers. →Hazarapeten, den röm. Kriegs→tribun, den Tausendschaftsführer ostgermanischer Stämme der Völkerwanderungszeit; Ch.ie, Unterabteilung der hellenistischen Phalanx, auch als Siedlungs- und Rekrutierungsbezirk.

Chiliasmus (von gr. *chilioi* ‚tausend'), im Parsismus und im Judentum die Erwartung eines weltlich-überweltlichen Zwischenreiches vor dem Ende der Welt und dem Beginn der vollkommenen Gottesherrschaft; die Idee wurde vom Christentum (bes. aufgrund von Offenb. Joh. 20) übernommen; an der Ausschaltung der satanischen Macht für 1000 Jahre und an ein irdisches Reich des Friedens glaubte man vor allem in Verfolgungszeiten; nach dem Schwinden der eschatologischen Erwartungen deutete u.a. bes. Augustin (354–430) den Gedanken um: die Wiederkehr Christi wird nach 1000 Jahren erfolgen (Ch. der Jahrtausendwende); die Idee des urspr. Ch. wurde wiederaufgenommen von den Reformbewegungen des MA., bes. von den Spiritualen (Joachim von Fiore, um 1132–1202, 3. Reich des Geistes) und später von den Wiedertäufern (→Antichrist); von den Reformatoren abgelehnt, erhielt der Ch. im Pietismus des 18. Jh. (J. A. Bengel, 1687–1751) und bei verschiedenen Sekten neuen Auftrieb; sein Weiterwirken als profaner Ch. in der frz. Revolution, im Nationalsozialismus, Kommunismus, Sozialismus, u.a. auch im Amerikanismus ist nicht völlig geklärt.

K. Löwith, Weltgesch. u. Heilsgeschehen, [5]1967; W. Nigg, D. ewige Reich, [2]1954; H. Schumacher, Das 1000-jähr. Kg.reich Christi auf Erden, 1964.

Chirographum (gr.), in röm. Zeit, bes. seit dem 3. Jhn., eigenhändig geschriebenes und unterzeichnetes Schriftstück; im MA. Tausch- oder Vertragsurkunde, deren Text mindestens zweimal, durch ein quer geschriebenes Kennwort (z.B. C., daher der Name), durch Buchstaben oder Ornament getrennt, auf dasselbe Blatt geschrieben und die dann mitten durch das Kennwort in geradem, Wellen- oder Zahnschnitt auseinandergeschnitten wurde (→*charta partita*, *divisa*, *excisa*, *indentata*, Spalt-, Spanbrief, Kerbbrief, -zettel, Zerter). Die an die Vertragspartner ausgegebenen Teile mußten zum Echtheitsnachweis aneinanderpassen. Bei den Angelsachsen seit 855, auf dem Kontinent seit 944 nachweisbar; im HochMA. weit verbreitet, seit dem 14. Jh. durch die Siegelurkunde verdrängt, hielt sich das C. bis in die NZ. bei Rechtsgeschäften geringerer Bedeutung.

B. Bischoff, Z. Frühgesch. d. ma. C., (Archival. Zs.) 1955; – →Urkunde.

Chor-bischof (von gr. *chora* ‚Land'), zunächst Bezeichnung der im 3. Jhn. in Syrien und Kleinasien zur Versorgung größerer, bischofsarmer Landgebiete tätigen Seelsorger (Landbischof), vermutlich vom Stadtbischof eingesetzt, seit den Synoden von Ankyra und Antiochia (314, 329?) ohne eigene Weihegewalt, mehr und mehr bedeutungslos und bis zum 8. Jh. dort verschwunden; im Abendland vor dem 8. Jh. kaum anzutreffen, werden die C.e bald von den → Bischöfen wegen ihrer Selbständigkeitsbestrebungen bekämpft (Pseudoisidorische Dekretalen, 9. Jh.) und verschwinden in Frankreich seit dem 9. Jh., in Deutschland seit dem 10. Jh. (→Archidiakon); -herr (von gr.-lat. *chorus*), Angehöriger einer Vereinigung von Geistlichen an einer Kollegiatkirche, zum täglichen Dienst im Chor der Kirche verpflichtet (→Kanoniker, Stift); -parochus, bei manchen Domkapiteln üblicher Gehilfe des → Custos, bes. für den baulichen Zustand der Domherrnkurien und die regelmäßige Abhaltung des Chordienstes verantwortlich; -vikar, früher Vertreter eines → Kanonikers beim Chordienst, trotz verschiedener Verbote in vielen Fällen üblich.

Chrismon →Urkunde.

Christenverfolgung, inoffizielles oder offizielles Vorgehen von seiten des Staates, anderer Religionsgemeinschaften, Weltanschauungsgruppen, Parteien u.a. gegen Anhänger des christlichen Glaubens und gegen die christliche Kirche, denen dabei Staatsgefährdung, Illoyalität, reaktionäre Haltung, Mißachtung eines Einheitskultes, aber auch persönliche

Verbrechen zur Last gelegt werden, im Ausmaß von der Benachteiligung des einzelnen Christen bis zur Vernichtung ganzer Kirchen oder Gemeinden reichend; so bes. die Ch.en der Antike, bei denen sich Perioden einer nicht gelenkten, von Einzelfällen her entwickelten Verfolgung (von Nero bis Marc Aurel) von den allgemeinen, systematischen Unterdrückungen und Verfolgungen unterscheiden, die direkt durch ks. Edikte angeordnet wurden (unter Ks. Decius 250, unter Ks. Valerian 253–260, bes. unter Ks. Diokletian 284–305); die beabsichtigte Unterdrückung und Ausrottung des Christentums ist dabei weder den antiken noch den durch die folgenden Jahrhunderte immer wieder aufbrechenden Ch.en gelungen.

A. Ehrhard, D. Kirche d. Märtyrer, 1932; J. Moreau, D. Ch. im röm. Reich, ²1971; C. Andresen, D. Kirchen der alten Christenheit, 1971.

Christianisierung, die völlige Durchdringung eines nicht-christlichen Gebietes, Landes, Volkes oder einer Völkergruppe mit der christlichen Lehre, so daß das Christentum – auf dem Wege der persönlichen Überzeugung oder durch Anwendung von Gewalt – zur alleinigen Grundlage des staatlichen und kulturellen Lebens wird, z.B. die Ch. der Germanen als Ergebnis der →Mission unter den Germanen 3.–12. Jh.

Christlich-Sozial, seit dem Ende des 19. Jh. zur Kennzeichnung des Bemühens verwendet, die durch die moderne Industriegesellschaft und den →Marxismus aufgeworfenen Probleme in christlichem Geiste zu bewältigen, u.zw. (1) von seiten der Kirchen als Bewegung mit dem Ziel der ‚Beeinflussung und Gestaltung des gesellschaftlichen Lebens, v.a. in jenem Bereich, den man als „Soziale Frage" zu bezeichnen sich gewöhnt hat, aus der Gedankenwelt und mit den Kräften der Christlichen Religion' (O.v.Nell-Breuning): in der kath. Kirche (vgl. die Soziallehre F. v. Baaders, 1765–1841) einsetzend mit dem Wirken des ‚Gesellenvaters' A. Kolping (1813–65) und des Bf. W. E. v. Ketteler (1811 bis 1877), gefördert v.a. durch die Päpste Leo XIII. (*Rerum novarum*, 15.5.1891) und Pius XI. (*Quadragesimo anno*, 15.5.1931), in der evang. Kirche nach der Gründung der Inneren Mission durch J. H. Wichern (1808–81) und der Tätigkeit des Berliner Hofpredigers A. Stoecker (1835 bis 1909) durch den *Evang.-Sozialen Kongreß* (1890) intensiviert, dessen Arbeit seit 1945 in den evang. Kirchentagen und Akademien fortlebt, seit 1925 (Weltkirchenkonferenz in Stockholm) auch Gegenstand der Arbeit in der Ökumenischen Bewegung; (2) Im Namen einer politischen Partei Bekenntnis zu einer nach christlichen Grundsätzen bestimmten Haltung und Politik, erstmals in der *C.-S. (Arbeiter)-partei* A. Stoeckers seit 1878, erneuert im *C.-S. Volksdienst* 1929 bis 1933, in der *C.-S. Partei* Österreichs 1880–1938 (K. Lueger, 1844–1910), in der *C.-S. Union* Bayerns seit 1945.

O. v. Nell-Breuning (hrsg.), Z. soz. Frage, 1948; Evang. Soziallex., ⁴1963; G. Brakelmann, Die soz. Frage des 19. Jh., ²1964; H. Budde, Hdb. d. c.-s. Bewegg., 1967; – K. Buchheim, Gesch. d. christl. Parteien in Dtld., 1953; L. Bergsträsser, Gesch. d. pol. Parteien in Dtld., ¹¹1965; – R. v. Kralik, K. Lueger u. d. christl. Sozialismus, 1943.

Christogramm, die aus den beiden gr. Buchstaben X (= CH) und P (= R) gebildete Kurzform des Namens Christi, als Buchstabenkombination schon vorchristlich in Gebrauch, durch Konstantin d. Gr. (306–37) zum christlichen Symbol erhoben; seit dem 15. Jh. auch in der Form IHS (Abk. für gr. *Iesus*) gebräuchlich, →Labarum.

Chronik (gr. ‚Zeitbuch'), Form der Geschichtsschreibung, in der die Ereignisse in zeitlicher Ordnung, im Gegensatz zu der strengeren Form der →Annalen jedoch in größeren Zeitabschnitten erzählt werden; die Ch., in der christlichen Spätantike von Eusebius (263–339) – Hieronymus (335–420) und Orosius (4./5. Jh.) als besondere Gattung geprägt, wird im MA., eingebaut in das heilsgeschichtliche Schema von den 6 Weltzeitaltern, bes. gepflegt, so v.a. die →Welt-ch., die im 13. Jh. noch einmal neu von den Bettelorden aufgenommen wird; daneben stehen je nach Gegenstand der Darstellung Kaiser-, Papst-, Bistums-, Kloster- oder seit dem späteren MA. meist deutsch verfaßte Städte-ch.en, die z.T. bloße Geschlechter-ch.en sind; der Gebrauch der Muttersprache setzt sich, von Italien ausgehend, im SpätMA. immer mehr durch.

A. Potthast, Bibl. hist. med. aevi, ^{2}1896, Neudr. 1954; W. Wattenbach, Dtlds. Gesch. Quellen im MA., Neubearb. 1967–71; O. Lorenz, Dtlds. Gesch. Quellen seit der Mitte d. 13. Jh., ^{3}1886f.; H. Grundmann, Gesch.-schreibg. i. MA., 1965; MGH: Dt. C.en; Die C.en d. dt. Städte, 1862–1931.

Chronogramm (gr. Kunstw.), die v. a. in Renaissance und Barock beliebte Datierung in lat. Inschriften durch Addition der als Zahlzeichen verwendeten Buchstaben M, D, C, L, X, V, I, z. B. Pferdeschwemme am Marstall in Salzburg: pVLChrItVDo antIqVa MIrabILI noVItate restItVta = 1732. Das letzte uns bekannte: Stern-Apoth., Münster i.W., 1958.

Chronologie (gr.), die Wissenschaft von der Zeitmessung und Zeiteinteilung (mathematisch-astronomische C.), sowie vom Gebrauch der von Menschen geschaffenen Zeiteinteilungssysteme in den einzelnen Kulturepochen (historische C.). Hauptaufgabe der historischen C. ist es, mit Hilfe der astronomischen C. und anhand zeitlich genau fixierbarer Fakten die chronologischen Systeme der verschiedenen Kulturepochen auf die heute geläufige Zeiteinteilung umzurechnen und die historischen Ereignisse möglichst genau zu bestimmen. Die chronologische Forschung begann mit der Chronographie des gr.-röm. At. bei Eratosthenes v. Kyrene (etwa 285–05v.), wurde zu allen Zeiten betrieben u. erfuhr – ähnlich wie andere →Hilfswissenschaften – während des 19. Jh. einen bedeutenden Aufschwung.

E. Bikerman, C., 1968; H. Grotefend, Taschenb. d. Zeitrechng. d. dt. MA. u. d. NZ., ^{10}1960; H. Bengtson, Einf. i. d. Alte Gesch., ^{6}1969; H. Lietzmann, Zt.rechng. d. röm. Kszt., d. MA. u. d. NZ., ^{3}1956; A. v. Brandt, Werkzeug d. Hist., ^{6}1971; A.E. Samuel, Greek and Roman Chronology, 1972.

Cid →Campeador.

Cilicium (lat.), grober Deckenstoff (aus Kilikien in Kleinasien), das härene Gewand des Büßers.

Cimelien (mlat. von gr. *keimelia*), Kostbarkeiten, Kleinodien, v.a. im Kirchenschatz.

Cinquecento (it.) 500 (in der Jahreszahl), das 16. Jh., in der

Kunstgeschichte die Stilepoche der it. Hochrenaissance.

Cisiojanus →Datierung.

Cistophori (gr.), Zistophoren, im hellenistisch-röm. Kleinasien (Pergamon u.a. Münzstätten 2./1. Jhv.) Münzen im Wert von 3 → Drachmen oder 3 →Denaren als Standardwährung, mit der *cista mystica* auf dem Avers, dem halbgeöffneten Korb der dionysischen Mysterien, aus dem die Schlange hervorkriecht.

Citation (v. lat. *citare* ‚laden'), frühnhdt. auch Zitaz, Vorladung, v.a. vor ein geistliches Gericht.

Civis (lat.), der röm. Vollbürger (zu den minderen Formen →Caeriten, Latiner), dessen Bürgerrecht in der Republik ausschließlich auf Rom beschränkt, erst in der Kaiserzeit mit dem Bürgerrecht jeder anderen Gemeinde des Reiches vereinbar ist; seit der *Constitutio Antoniniana* 212n. des Ks. Caracalla (211–17) jeder freie Bürger des Reiches (mit wenigen, nicht genau bekannten Ausnahmen); die Stellung des *c. Romanus*, die durch Geburt, Freilassung (→libertas), personelle (Honoratioren nichtröm. Gemeinden, Militärdienst) oder pauschale Verleihung (an Landschaften und Städte seit dem 1. Jhv.) erworben wird, ist v.a. wegen der privatrechtlichen Vorteile begehrt (→ auch Provokation); dav. *civitas* (lat.), Bürgerrecht, (röm.) Bürgergemeinde, dann allgem. jedes politisch geordnete Gemeinwesen, (verbündete) Stadt, Stamm, Staat, auch außerhalb der Grenzen des Reichs; entspr. frz. *cité*, it. *città*, engl. *city*, span. *ciudad*, die (große, traditionsreiche) Stadt, engl. frz. auch Altstadt, Stadtkern; frz. *citoyen*, der (wahl- und stimmberechtigte) →Bürger, Staatsbürger, in der frz. Revolution vorübergehend allgem. Anrede.

Ernst Meyer, Röm. Staat, [4]1975.

Clan, altkelt. Groß→sippe mit urspr. Feldgemeinschaft, politischer Selbständigkeit und unter patriarchalischer Leitung eines gewählten Sippenhauptes (Tanaist), in Schottland als Stammes- und Lehensverband bis zum Aufstand von 1746 bestehend; in Soziologie und Ethnologie allgem. politisch autonome Sippe (→auch Kloster).

Clarissimat (lat.), die →senatorische Rangklasse der Spätantike; seit dem 2. Jhn. ist *vir clarissimus* Titel der Angehörigen des Senatorenstandes, der v.a. seit dem 4. Jhn. vom Kaiser auch verdienten Männern, bes. Beamten verliehen wird; mit ihm ist die Befreiung von der Ratspflicht (→ Dekurionen) und den →Leiturgien verbunden.

Clementinen →Dekret.

Clerk (engl. von mlat. *clericus* zu gr. *kleros* ‚Los'; frz. *clerc*), im MA. niederer Geistlicher, daher: des Schreibens Kundiger, Gelehrter, Schreiber; in der NZ. Kanzleibeamter, Kanzleichef (*Town C.*, *District C.*, Stadt-, Bezirksschreiber), juristischer Berater in Verwaltungsdienststellen und Gerichten; Advokaturschreiber, allgem. kaufmännischer Angestellter.

Codex (lat. *caudex*, *codex* ‚Baumstamm', Abk. *cod.*, Mz. *codd.*), bei den Römern wachsbestrichene, durch Riemen verbundene Holztäfelchen (2, 3 oder mehrere: Diptychon, Triptychon, Polyptychon; in kleinerem Format: *codicillus*, dav. Kodizill, Testamentsnachtrag, letzte Verfügung ohne

Erbeneinsetzung) als Schreibmaterial für Briefe, Notizen usw.; seit der Kaiserzeit →Pergament, auch →Papyrus in Buchform (*c. membraneus*, Gegensatz: die Buchrolle, *volumen*), bes. zur Buchführung und zur Veröffentlichung ks. Verfügungen verwendet; im MA. allgem. Buch, Handschrift, meist aus Lagen zu 4 Doppelblättern *(Quaterniones)* bestehend, nach dem Material der Schrift oder des Einbands (*c. argenteus*, got. Bibelübersetzung des Ulfilas, geb. 311n.; *c. aureus*) oder mit dem Ort der Lagerung *(Parisinus, Vaticanus, Vindobonensis* usw.*)* bzw. der Bibliothek (*Laurentianus:* Florenz, *Marcianus:* Venedig, *Bodleianus:* Oxford) näher bezeichnet; *c. rescriptus* →Palimpsest; seit dem At. Gesetzessammlung, Urkundensammlung, unabhängig von der äußeren Form (*C. Hamurapi*, 2. Jtv., Inschrift aus Susa), z.B. *C. Theodosianus* 438n., *C. Justinianus* → Corpus, *C. Euricianus* 475n. (Westgotenrecht), *C. Carolinus* (Papstbriefe an Karl Martell, Pippin, Karl d. Gr. 739–91), nach dem Herausgeber benannt; *C. iuris canonici* das seit Pfingsten 1918 gültige kath. Kirchenrecht; seit dem *Code Napoléon* 1804–10 engl. *Code*, frz. *Code*, it. *Còdice*, span. *Codigo*, meist von diesem beeinflußt, Gesetzessammlung des gesamten Rechts oder einzelner Teilgebiete.

W. Wattenbach, D. Schriftwesen im MA., [3]1896, ND 1958.

Colbertismus →Merkantilismus.

Collane (zu lat. *collum*, ‚Hals'), Halskette, Ordenskette.

Collegium →Kollegium

Colonus →Kolonat.

Columbarium (lat. ‚Taubenschlag'), röm. Grabanlage für Urnenbestattung, v.a. Gesindegrab großer röm. Familien der frühen Kaiserzeit.

Comendador →Encomendero.

Comes (lat. ‚Begleiter'), Reisebegleiter des röm. Kaisers, vom Volk bald als Würde und Titel verstanden, seit dem 4. Jhn. beamteter Ratgeber des Kaisers (von Ks. Konstantin, 306–37, zur Inspektion der Provinzen verwendet, daher bes. seit 334/5n. *C. Orientis*, →Vikar und Befehlshaber der →Diözese Oriens) oder Inhaber höchster Reichsämter, z.B. *C. sacrarum largitionum*, der Finanz-, *C. rei privatae*, der Haus- und Domänenminister; byz. Hoftitel, mlat. Vertrauensmann oder Vertreter des Königs, →Graf (frz. Comte, span. Conde, ital. Conte); – bes. *C. stabuli* ‚Stallgraf', der →Marschall der fränk. Könige, dav. frz. Connétable (mlat. *constabularius*) mit zunehmender Befehlsgewalt über das Heer, seit dem 13. Jh. Oberkommandierender, v.a. im 14./15. Jh. der erste Beamte der frz. Krone mit fast unumschränkter Vollmacht, 1627 von Richelieu abgeschafft (vorübergehend durch Napoleon I. erneuert, 1804–15 →Großwürdenträger); entspr., doch mit geringerer Befugnis, in anderen Ländern (span. Condestable, port. Condestavel), bei Lehensfürsten und Städten, so in England der *Lord High Constable*, der sich neben dem →Marschall nicht durchsetzen konnte und allmählich zum erblichen Hofamt verblaßte; – dav. mlat. *constabularia* (oder: ‚Stallgemeinschaft'?) im norm. Lehenswesen Einheit von 5 oder 10 Vasallen als Grundlage der Kontingentberechnung (Constafel, Constofel, in einigen dt. Städten des MA., Straßburg, Zürich u.a., die als Reiter dienenden Junker aus Geschlechtern und reichen Gewerben); *constabularius*, im staufischen Sizilien (Konstitutionen von Melfi 1231) Polizeibeamter des Königs; Constable, in England im MA. ehrenamtlicher Sicherheitsbeamter, in der NZ. Polizist (in den USA, Vollstreckungsbeamter des Gerichts) dt. Konstabler, Geschützmeister, Stückmeister, seit dem 18. Jh. Bezeichnung verschiedener niederer Dienstgrade der Artillerie; – Comitatus (lat. ‚Begleitung'), im 4. Jhn. der kaiserliche Hof (*comitatenses*, die Armeereserve in der Umgebung des Kaisers im Gegensatz zum Grenzheer, den *limitanei*), mlat. →Gefolgschaft, →Grafschaft, (→ County, Komitat).

A.H.M. Jones, The Later Roman Empire, 1964.

Commercium (von lat. *merx* ‚Ware'), im röm. Recht das unter Bürgern selbstverständliche, Stammfremden ausdrücklich zu gewährende →Privileg freien und gleichberechtigten Geschäftsverkehrs und der Gleichstellung vor dem Zivilrecht, v.a. als Instrument röm. Politik in Italien (338v. einzelnen Latinergemeinden gegenüber Rom gewährt, doch den Latinern untereinander versagt).

Common Law (engl. zu lat. *communis* ‚gemeinsam'), das im MA. ausgebildete, bes. durch kg. Rechtsprechung gegenüber lokalen Einflüssen und in Unabhängigkeit vom Röm. Recht gewahrte engl. Gewohnheitsrecht, v.a. als Garant der politischen Freiheiten an der Herausbildung der engl. Nation maßgeblich mitbeteiligt; seit dem 19. Jh. auch: das gemeinsame anglo-amerikanische Recht; Commons, die Gemeinschaften (Grafschaften, Städte), die im engl. →Unterhaus (*House of Commons*) durch ihre Abgeordneten (*Commoners*) vertreten sind.

G. Radbruch, D. Geist d. engl. Rechts, [5]1965; A. K. R. Kiralfy, The English legal system, [4]1967.

Commonwealth (engl. ‚Gemeinwohl'), freiheitliche Staatsform, Republik (England 1649–60, auch in der offiziellen Bezeichnung der am. Staaten Massachusetts, Virginia, Pennsylvania, Kentucky), Staatengemeinschaft (Australien seit 1900), seit dem 1. Weltkrieg – zunächst im Gegensatz zu den kontinental-europäischen Reichen – allmählich an die Stelle von *British* →*Empire* tretende, an Hegel orientierte Bezeichnung des engl. Weltreichs.

L. Curtis, The C. of Nations, 1916; ders., The Problem of C., 1916; P.M. Bulwer, C.-history, 1967; N. Mansergh, Das brit. C., dt. 1969.

Conde, Condestable, Condestavel →Comes.

Condottiere (it. von *condotta* ‚Sold', vgl. lat. *conducere* ‚anwerben'), Söldnerführer fremder, dann auch it. Herkunft im Dienst der it. Städte des 14. und 15. Jh.; dav. allgem. Führer eines Gewalthaufens, Kriegsmann ohne jede höhere Bindung.

Confessio (lat. ‚Geständnis', ‚Bekenntnis'), Beichte; Bekenner- oder Märtyrergrab; Bekenntnisschrift, z.B. *C.* →*Augustana*, → *Tetrapolitana*.

C. Fabricius (hrsg.), Corpus C.num, 1928ff.

Confoederatio →Konföderation.

Connétable →*comes stabuli*.

Consilium (lat. ‚Rat'), der Beirat der Freunde, den nach altröm. Brauch der →Magistrat, Statthalter, Richter usw. vor einer

Einzelentscheidung um seine Meinung befragt (→auch Senat), der Kronrat des →Prinzeps, im 2. Jh. als – vorwiegend juristischer – Beirat institutionalisiert, im 4. Jhn. = →Konsistorium; mlat. Ausschuß, Stadtrat, auch der nichtmilitärische Teil der →Lehenspflicht; dav. frz. *Conseil*, entspr. dem dt. Rat in der offiziellen Bezeichnung verschiedenster Gremien (Stadt-, Departements-, Ministerrat u.a.), doch auch nach der aus dem C. des Kg. *(c. magnum)* hervorgehenden, im Verlauf der NZ. stärker hervortretenden, seit 1799 ausschließlich richterlichen Tätigkeit des Staatsrats *(conseil d'état*, oberstes Verwaltungsgericht) auch für Gerichte, vereinzelt auch die 2. Kammer (Rat der 500 neben dem Rat der Alten 1795–99); span. *consejo*, it. *consiglio* →Rat.

Constable, Constabularia, Constafel →Comes.

Constitutio (lat.; auch: *constitutum*), ‚Festsetzung', Amtshandlung des röm. Kaisers, ‚unter welcher Bezeichnung wenigstens im strengeren Sprachgebrauch die vom Princeps veranlaßten Gesetze und Senatsbeschlüsse nicht mitbegriffen, sondern die einseitig magistratischen Handlungen und zwar vorzugsweise diejenigen verstanden werden, die der Beamte nur den Beteiligten offiziell zur Kenntnis bringt' (Th.Mommsen); die röm. Juristen billigen der C., sofern es sich nicht um singuläre Gnadenerweise handelt, Gesetzeskraft *(legis vicem)* zu, da der Kaiser seine Macht *per legem* ausübt; mlat. (ks.) Verfügung (z.B. *C. de feudis*, das Lehensgesetz Ks. Konrads II. 1037 für Italien, die Erblichkeit der niederen Lehen betreffend; *C. criminalis Carolina*, die *Peinliche Gerichtsverordnung* Ks. Karls V. 1532 als Grundlage des frühnz. dt. Strafrechts, *C. Apostolica* = →Bulle); frz. *constitution* →Konstitution; Constituante *(assemblée nationale c.)*, die frz. verfassunggebende Nationalversammlung 17.6.1789–3.9.1791; 4.5. 1848–12.11.1848.

Th. Mommsen, Röm. Staatsrecht II, [4]1952.

Conubium (lat. von *nubere* ‚heiraten'), im röm. Recht das Privileg zur Schließung einer vollgültigen Ehe, durch das die Kinder der Rechtsstellung des Vaters, nicht der ärgeren Hand folgen, Teil der privatrechtlichen Gleichstellung (→auch Commercium) als Instrument röm. Politik, im sog. →Ständekampf den →Plebejern *(lex Canuleia*, 445v.), nach der Eroberung Italiens Halbbürgern und Latinern, in der Kaiserzeit v.a. entlassenen Soldaten gewährt.

Convoi (frz., engl. *convoy* zu lat. *via* ‚Weg'), militärische Bedeckung, Leibwache (des ru. → Zaren); bes. Kriegsschiffe zum Schutz von Handelsschiffen gegen Piraterie (C.-zwang →Admiralschaft) oder im Kriege, sowie der gesamte Geleitzug.

Cordon sanitaire (frz.), urspr. als medizinischer Begriff Absperrung eines durch Seuchen bedrohten Gebietes, nach dem 1. Weltkrieg, erstmals vom frz. Außenminister Pichon in der Kammer am 29. 3. 1919 zur Bezeichnung der an die UdSSR grenzenden Länder verwandt, die gewissermaßen zur Abschirmung gegen den bolschewistischen Bazillus dienen sollten.

E. Birke, Zs. f. Ostforschg. 3, 1954; O. Halecki, Europa, dt. 1964.

Coroner (mlat. *coronator* zu lat. *corona*), ‚Kronrichter', in der Gerichtsreform des Kg. Richard Löwenherz (1189–99) geschaffener Beamter zur Wahrnehmung der Rechte und der Justiz des Königs; durch die *Magna Charta* von 1215 seiner Funktion fast völlig beraubt, bleiben dem C. nur wenige Verwaltungsaufgaben, v.a. (z.T. auch in den USA) Feststellung des Todes und Voruntersuchung bei Verdacht auf Gewaltverbrechen.

Corpus (lat. ‚Körper', allgem. ein in sich geschlossenes Ganzes, ‚Körperschaft', auch ‚Staatskörper', ‚Staat' – Cic. *c. rei publicae*, vgl. engl. *body politic*), (1) abgeschlossenes Werk, dickleibiges Buch, Sammelwerk, z.B. das *C. iuris civilis*, seit dem 16. Jh. übliche Bezeichnung für die von Ks. Justinian I. (527–65) 533/4 besorgte Sammlung des röm. Rechts (50 B. →Digesten, 4 B. →Institutionen, 12 B. ks. Konstitutionen – *Codex Justinianus* –, ergänzt durch die meist gr. geschriebenen Novellen), von der →Rezeption bis ins 19. Jh. in den →glossierten Teilen geltendes Recht; die 1582 abgeschlossene Sammlung der ma. Quellen des Kirchenrechts, *C. iuris canonici*, bis Pfingsten 1918 gültig (→Codex, Dekret); Sammlung von evang. Bekenntnisschriften (C. *doctrinae*), in den dt. Landeskirchen zwischen 1559 bis 1576 zusammengestellt (→Konkordienformel); in der →Epigraphik Sammelwerk von Inschriften (*C. inscriptionum Graecarum*, CIG, A. Boeckh, 1825–59; *C. i. Latinarum*, CIL, Th. Mommsen, 1869ff.; *C. i. Semiticarum*, 1881ff.; *C. i. Etruscarum*, CIE, 1893ff.); (2) Körperschaft, *C. evangelic(or)um* und *catholic(or)um* die aufgrund des Westfälischen Friedens eingerichteten Vereinigungen der evang. und kath. Reichsstände unter Leitung von Mainz, bzw. Kursachsen zur Abstimmung in Religionssachen, →*Itio in partes;* dav. frz. Corps, Korps, ‚Vereinigung', ‚Kollegium', z.B. in den frz. Verfassungen der Revolutionszeit offizielle Bezeichnung der Volksvertretung *(C. législatif)*, 1799–1814 der 2. Kammer; militärisch zunächst das Zentrum des Heeres im Gegensatz zu den Flügeln, seit Napoleon I. aus mehreren →Divisionen bestehender Verband; auch die Gesamtheit eines militärischen Standes *(Offiziers-, Unteroffiziers-k.);* seit dem 18. Jh. *Diplomatisches K. (C. diplomatique)*, die Gesamtheit der bei einem Hofe, in einem Staat akkreditierten diplomatischen Vertreter, unter dem Vorsitz des Doyen (→Dekan).

Corrector (lat. von *corrigere* ‚bessern'), Aufsichtsbeamter des röm. Ks. für ‚verbündete' Städte Griechenlands *(c. civitatum liberarum)* oder für Italien (Beginn der Provinzialisierung) oder einzelne Landschaften seit dem 3. Jhn.; im ma. Venedig Mitglied eines Fünferausschusses (it. *correttori*), mit verfassungsrechtlichen Befugnissen, v.a. mit der Prüfung der Regierungshandlungen eines verstorbenen →Dogen betraut; – dav. (span.) Corregidor, in Kastilien seit dem 14. Jh. kg. Beamter zur Leitung einer Stadt, in Verwaltung, Gerichts- und Polizeiwesen zeitweise mit unumschränkter Gewalt; im 18. Jh. wird seine Stellung geschwächt, doch ist noch im 19. Jh. C. Titel verschiedentlich von Verwaltungs- oder Polizeibeamten.

Cortes (span. von mlat. *curtes* ‚Höfe', vgl. →Cour), in den Ländern der Pyrenäenhalbinsel und auf Sardinien, v.a. seit 1163 in Aragon, die aus dem Lehensgericht des Kg. (oder, wie in Kastilien, aus geistlichen →Synoden) entwickelte ständische Vertretung, →Parlament; die C., eine der frühesten Verwirklichungen des repräsentativen und ständischen Gedankens, werden durch den →Absolutismus praktisch beseitigt, im 19. Jh. als Parlament der konstitutionellen Monarchie, 1942 als beratende, teils ernannte, teils von den →Syndikaten gewählte Körperschaft erneuert.

County (engl. von lat. *comitatus*), nach der normannischen Eroberung die engl. →Grafschaft (ags. →Shire), in der im MA. das Grafschaftsgericht (*County Court*, – 1846 als lokales unteres Zivilgericht erneuert –), bzw. unter ihm das alte Hundertschaftsgericht *(Hundred Court)* die wichtigste Rolle spielten, bis sie von den kg. Richtern *(Justices of Peace)* zurückgedrängt wurden; durch die Verwaltungsneuordnung von 1888 werden die 40 Counties durch Teilungen (in einigen Fällen) und Gleichordnung größerer Städte vermehrt *(Administrative C.)*, wobei die Leitung der Selbstverwaltung dem Grafschaftsrat *(C. Council)* übertragen wird; die alten *C.ies* sind weiterhin als Milizbezirke (unter dem Kommando des Lordlieutenant) und Wahlkreise bedeutsam; dieselbe Verwaltungsgliederung findet sich in Wales und Schottland, ähnlich in einigen Staaten der USA und in den →Dominions.

Cour (frz.; altfrz. *cort*, mlat. *curtis* zu lat. *cohortem*, volksetym. auch zu lat. *curia*), →Hof, Gerichtshof, Lehensgericht, seit dem 19. Jh. höheres Gericht (in der frz. Revolution = →Tribunal); engl. Court, Gerichtshof, in der amtlichen Bezeichnung zahlreicher Gerichte (z.B. *Supreme C.* das oberste Gericht Englands, bestehend aus *High C.* und *C. of Appeal;* das Oberste Bundesgericht der USA); frz. Courtoisie, Ritterlichkeit, die höfisch-ritterliche Lebensart des MA., v.a. an den Höfen Frankreichs, Poitiers und Burgunds kultiviert und verfeinert; dav. Courtisan, Kurtisan, Höfling; →Cortes.

Covenant (engl. aus frz. *convenir* ‚übereinkommen'), im 16./17. Jh. Bündnis, Verpflichtung der Nation (bei den schottischen Protestanten und Presbyterianern) zur Verteidigung des Glaubens gegen Katholizismus und Episkopalismus, v.a. 1580 unter Jakob VI. und – *Der große C.* vom 28.2.1638 – gegen Karl I. (1625–49).

Cruzada (span. ‚Kreuzzug'), kirchliche Einnahmen in Spanien und Portugal, die der Papst im 16. Jh. den Königen zum Kampf gegen die Mauren überließ; später wurde daraus eine regelmäßige Abgabe, die z.T. an die Kirche zurückfloß; Cruzado, seit dem 15. Jh. Gold- oder Silbermünze in Portugal und Brasilien, mit dem Kreuzzeichen auf dem Revers.

Cubicularius (lat. ‚Kammerdiener'), bes. Diener des spätantiken Herrschers, unter der Aufsicht des →*Praepositus sacri cubiculi;* mlat. →Kämmerer.

Curia →Cour, Hof, Königsgericht, Kurie.

Curtis →Cortes, Cour, Hof, Königshof.

Custos, lat. ‚Wächter', ‚Aufseher';

mlat. der mit der Wahrnehmung übergeordneter Interessen Beauftragte, z.B. Regent, →Hausmeier, →Friedensrichter u. a.; bes. der Seelsorger des →Domkapitels.

Dageschalke, Dagewerchten, im MA. die Eigenleute, das unfreie Gesinde in Stadt und Land, ,meist noch eigentums- und eheunfähig, aber schon strafrechtlich geschützt' (H. Mitteis).

Dail Eireann →Oireachtas.

Daimyō (jap. ,Landesherr'), seit dem 12. Jh. Lehensfürst, Burgherr, Gefolgsherr der →Samurai, Instanz der Feudalverwaltung. Seit dem 17. Jh. drei Rangklassen (Go-sanke, Fudai, Tozama); etwa 1635–1862 alle 2 Jahre 6monatige Residenzpflicht in der Hauptstadt zur besseren Überwachung durch den →Shōgun. 1871 werden die Daimyatslehen durch eine Staatsrente abgelöst.

Dalai Lama. (mongol. ,Ozean der Weisheit'), seit dem 15. Jh. in Tibet oberster Priester der lamaistischen Kirche und zugleich oberster weltlicher Herrscher (Residenz: Lhasa); er gilt als Reïnkarnation eines Gottes, als lebender Buddha; im geistlichen Rang ist ihm der Pantschen L. gleichgestellt, der ebenfalls als Reïnkarnation eines Gottes gilt, doch alle weltlichen Funktionen an den D. L. verloren hat.

Damast (gleich dem Gewebe nach der Stadt Damaskus benannt), der damaszener Stahl, nach einem aus Indien stammenden Verfahren seit dem 3 Jhn. in den Waffenfabriken von Damaskus hergestellt (durch mehrfaches Verschmieden und Härten von Stahlstücken unterschiedlicher Härtegrade); dav. Damaszierung, schwarzes oder weißes Dekor auf Wappenflächen.

Dame (frz. von lat. *domina* ,Herrin'; ital. *donna*), in Frankreich und England Anrede der Frau eines Ritters; bes. *Dame de France*, Titel der Prinzessinnen von Frankreich; das Wort findet nur allmählich im dt. Sprachraum Eingang, seit dem 17. Jh. für lat. *amica*, seit dem 18. Jh. für weibliche Standespersonen; erst in der bürgerlichen Gesellschaft des 19. Jh. allgem.; dav. damoiseau frz. = →Knappe, damoiselle Frau eines Knappen; →Madame.

Dane-geld, Dänengeld, in England seit dem 10. Jh. Tribut an die Dänen (Wikinger) zur Vermeidung von Plünderungen, auch nach dem Ende der Dänenherrschaft 1042 als Grund- und Wehrsteuer bis in die normannische Zeit (auf der Grundlage des *Domesday-Book* von 1085/86) weiter erhoben (= Hidagium); -brog (dän. ,Fahne'), das dän. Reichsbanner.

Dareikos, Goldmünze des pers. Kg. Dareios I. (522–486v.), nach der Darstellung des Königs im Knielaufschema mit Bogen auch ,Bogenschütze' genannt, von 8,42 g, im 5./4. Jhv. die wichtigste und zuverlässigste Münze des internationalen Verkehrs.

Darstellung, vielfach synonym mit Geschichtsschreibung, Historiographie, doch auch für Teilgebiete und Spezialprobleme verwendet. Der Versuch J. G. Droysens, den Begriff auszuweiten, indem er zwischen untersuchender, erzählender, didaktischer und diskussiver (d.h. die politische Diskussion mit historischen Erkenntnissen und Beispielen) D. unterscheidet, hat nicht Schule gemacht: die (erzählende) D., nur im At. als literarisches Kunstwerk bestimmten Gesetzen unterworfen (‚eingelegte Reden' usw.; Stilmuster v.a. Thukydides, etwa 460–395v.) und entsprechend analysiert (Rhetorik, Lukian von Samos †ta, 120–80n.) gliedert sich in die drei klassischen Arten der referierenden (→auch Annalen, Chronik), →pragmatischen und genetischen (‚die jede geschichtliche Erscheinung als etwas allmählich Gewordenes, als den Endpunkt dieses Werdens auffaßt', W. Bauer) Geschichtsschreibung, denen sich in neuester Zeit weitere (soziologische, morphologische D. usw.) anzureihen scheinen (zur äußeren Form →Biographie, →Monographie usw.).

E. Fueter, Gesch. d. neuen Historiographie, [3]1936, ND 1968; K. Brandi, Gesch. d. Geschichtswiss., [2]1952; H. Preller, Gesch. d. Historiographie unseres Kulturkreises, 1967ff.; A. Randa, Mensch und Weltgesch., 1969; W. Berthold u.a., Kritik d. bürgerl. Geschichtsschreibung, 1970. (marxist.); J.G. Droysen, Historik, [6]1971.

Datar, ma. päpstlicher Beamter zur Datierung, dann auch zur Prüfung der →Suppliken; D.ie, (mlat. *Dataria Apostolica*, nach der Unterschrift: *Datum Romae* ..., ‚gegeben zu Rom'), seit dem 14. Jh. Amt der röm. →Kurie, mit Gnadenakten, Dispensen, Privilegien und (heute ausschließlich) der Verleihung der dem →Papst reservierten → Pfründen befaßt.

Datierung (von lat. *datum* ‚gegeben am ...' in Urkunden), (1)die Angabe von Jahr und Tag in geschichtlichen Quellen, bes. Urkunden; zu den Jahresdaten → Ära, Indiktion; in gr. Quellen erfolgte die Tagesangabe nach lokal gültigen Mondjahren mit unterschiedlichem Jahresanfang und eigenen Monatsnamen, wobei z.B. in dem mit dem Neumond nach der Sommersonnenwende beginnenden Attischen Jahr die Monate in 3 Dekaden gegliedert und die Tage innerhalb dieser durchgezählt wurden (die Angleichung an das Sonnenjahr wurde durch einen 8jährigen, Oktaëteris, seit etwa 421v. für mehrere Jahrhunderte durch den sehr genauen 19jährigen Schaltzyklus des Meton, Enneakaideketeris, vollzogen); in den hellenistischen Reichen herrschte das Sonnenjahr mit ägyptischen, bzw. makedonischen Monaten und durchlaufenden Tagzählungen vor; der röm. Kalender setzte sich nach der Umstellung vom alten Mondjahr auf das ägyptische Sonnenjahr durch Caesar 45v. durch; er gibt die Tagesbezeichnung durch Rückzählung von Festpunkten (Kalenden = 1., Nonen = 5., bzw. März, Mai, Juli, Oktober 7., Iden = 13., bzw. 15. Tag des Monats). Im frühen MA. ist die röm. D. am meisten verbreitet, sie wird erst im Hoch- und SpätMA. seltener benutzt. Die heute übliche D. nach Monatstagen geht bis ins 6. Jhn. zurück, sie wird in der dt. Königskanzlei erstmals unter Heinrich VI. (1190–98) angewandt. Zur gebräuchlichsten Tagesbezeichnung entwickelte sich zunächst die nach Fest- oder Heiligentagen, wobei zu unterscheiden ist zwischen *festum* (‚Hochzeit'), dem Tag des Festes selbst, und zwischen *vigilia* (‚Vorabend'), dem Tag, *vigilia vigiliae*, dem 2. Tag vor dem Fest, zwischen *crastino*, dem Tag, *octava*, dem 7. Tag und *quindena*, dem 14. Tag nach dem Fest. Die Heiligenfeste wurden vielfach in den einzelnen Diözesen (oder Orten) an verschiedenen Tagen begangen. In manchen Gegenden war dabei die Datierung nach dem *Cisiojanus* (Sammlung von Merkversen, aus den Anfangssilben größerer Feste mit Füllworten konstruiert) üblich; (2) als Aufgabe der historischen Kritik die zeitliche Festlegung einer undatierten Quelle; sie erfolgt im wesentlichen durch den Vergleich innerer und äußerer Kriterien und durch die Feststellung des zeitlich zunächst liegenden Früheren *(terminus post [quem])* und Späteren *(terminus ante [quem])*; →auch Vorgeschichte.

→Chronologie.

Dauphin (lat. *delphinus*), aus Dolfinus, Dalfinus, Vor- und Beiname der Grafen von Vienne, die ihre Grafschaft Dauphiné 1349 der frz. Krone unter der Bedingung abtraten, daß der frz. Thronfolger den Titel D. (bis 1791; 1814–30) und den Delphin im Wappen führe.

Debellation (lat. zu *bellum*, ‚Krieg‘), als völkerrechtlicher Begriff die vollständige militärische Niederwerfung und Okkupation eines Staates.

Dechant →Dekan.

Decima, Decuma →Zehnt.

Dedikation (lat. ‚Weihung‘), im röm. Sakralrecht die Preisgabe des Eigentumsrechts an einer unbeweglichen oder beweglichen Sache zugunsten einer Gottheit (Stiftung eines Heiligtums, eines Beuteanteils u.a. aufgrund eines Gelübdes), →Konsekration.

dediticii (lat.), ‚die Nachkommen der Unterworfenen‘, niederste Rechtsstellung von Freien im röm. Reich, eigentlich = Provinzialen, bes. im Reich angesiedelte Barbaren, seit 4. Jhn. auch Rechtsstellung der vorbestraften freigelassenen Sklaven.

de facto (lat. ‚tatsächlich‘ im Gegensatz zu *de iure* ‚rechtlich‘), im Völkerrecht des 19. Jh. – angesichts der schwierigen, oft politischen Frage, wann unter Beachtung des Grundsatzes der → Nichtintervention Aufständische als solche und nicht als Rebellen, als Kriegführende oder tatsächliche Inhaber der Regierungsgewalt anzusehen seien – entwickelte Unterscheidung, wonach zwischenstaatlicher, v.a. wirtschaftlicher Verkehr auch ohne formelle Anerkennung möglich ist; -Untertan, auch *protégé*, bis zum 1. Weltkrieg in orientalischen Staaten, z.B. der Türkei, eine im Dienst des diplomatischen Vertreters einer europäischen Macht stehende Person, die deren Gerichtsbarkeit (Konsulargerichtsbarkeit) untersteht.

L. Spirodoulos, D. de f. – Regierungen i. Völkerr., 1926.

Defaitismus (frz.), seit dem 1. Weltkrieg Ausdruck für eine Haltung, die – in Krieg und Politik – am Sieg der eigenen Sache verzweifelt und darum zur Unterwerfung oder zum Frieden um jeden Preis rät.

Defension (lat. ‚Verteidigung‘), bes. 16.–18. Jh. die gesamten Verteidigungseinrichtungen; D.svolk (Defensioner), die aufgrund der →Landfolge, z.T. in Vereinbarungen mit den Ständen (D.srezessen) zur Wahrung des → Landfriedens aufgebotenen Milizen; -werk (Defensionale), die Kriegsverfassung des Reichs und einzelner Länder (z.B. der Schweiz).

Defensor fidei (lat. ‚Verteidiger des Glaubens‘), Kg. Heinrich VIII. von England durch Papst Leo X.

1521 verliehener Ehrentitel für seine polemische Schrift *De septem sacramentis assertio* gegen Luther, durch Parlamentsbeschluß seit 1544 für das engl. Königshaus erblich.

Defterdar (tü. ‚Buchhalter' von gr. *diphthera* ‚Buch'), bis in die Mitte des 19. Jh. Titel der höchsten tü. Finanzbeamten (urspr. einer, später 4; Mitglieder des →Diwan), dann des Finanzverwalters eines →Wilajet.

Degen (ahd.), →freier Gefolgsmann der germ. →Gefolgschaft; dann allgem. Krieger, Held.

Degen (mlat. *dagna*), Hieb- und Stichwaffe mit schmaler, gerader Klinge, die mit dem Aufkommen der Feuerwaffen entstandene leichtere Form des Schwertes, allgem. als Standes- und Ehrenzeichen (Offiziers-d., Zier-d.) bis in die NZ. verbreitet.

Deheme, (zu lat. *decima)*, → Zehnt, bes. im MA. Abgabe der Bauern für den Eintrieb der Schweine in die Eichenwälder.

Dehortatorien (lat. ‚Abmahnungen'), Erlasse des Ks. anläßlich der →Reichsexekution bei Bruch des →Landfriedens oder gegen einen äußeren Feind, durch die jede Gemeinschaft mit dem Reichsfeind untersagt wurde.

Deich-graf, -hauptmann, heute D.-vorsteher, im MA. und wieder seit dem 19. Jh. genossenschaftlicher Beamter an der Spitze eines D.-verbands, der von den D.-genossen gewählt, seit dem 19. Jh. von der staatlichen Behörde nur bestätigt, während des Absolutismus von ihr jedoch auch ernannt wird; der D.-graf sorgt für die Instandhaltung der Deiche, ev. auch für deren Neubau; unterstützt wird er von den ebenfalls gewählten D.-geschworenen; -last, Pflicht zur Unterhaltung eines D.s, die entweder den gesamten D.-verband oder einzelne D.-genossen oder schließlich ein einzelnes Grundstück als Reallast betrifft; Ablösung war durch rechtsförmliche Aufgabe des Grundstücks (Einstechen eines Spatens in den davorliegenden D., sog. Spatenrecht) möglich; -verband, Zusammenschluß der zur Unterhaltung bzw. Neuanlage eines D.s verpflichteten Anwohner, im MA. →Genossenschaft, im 16.–18. Jh. völlig unter staatlicher Leitung, im 19. Jh. wieder öffentlich-rechtliche Genossenschaft, wobei ganze Gemeinden und einzelne Grundbesitzer zur Teilnahme gezwungen sind.

Dekabristen (von ru. *dekabr* ‚Dezember'), die Teilnehmer an dem mißlungenen Aufstand vom 26.12.1825 in Petersburg, Adelige und Militärs, die für die Thronrechte des Großfürsten Konstantin und eine konstitutionelle Verfassung eintraten, bes. in der Zeit ihrer Verbannung nach Sibirien (bis 1856) als Vorbilder aller ru. Freiheitskämpfer verehrt.

M. N. Wolkonskij, Die D., 1946; H. Lemberg, Die nat. Gedankenwelt der D., 1963.

Dekan (von lat. *decem* ‚zehn'), urspr. in der röm. Militärsprache Befehlshaber von 10 Mann; (a) in der kath. Kirche zunächst Vorsteher von 10 Mönchen oder Geistlichen; seit dem 9. Jh. der Priester, der an der Spitze eines Dekanat genannten (Archipresbyteriat) mehrere Einzelpfarreien umfassenden Bezirks einer →Diözese steht (→Archipresbyter); die Einteilung in D.ate erfolgte nach dem Wegfall der alten Taufkirchen- bzw. Urpfarreisprengel; als

'Auge und Ohr' des →Bischofs ist der D. mit der geistlichen und administrativen Aufsicht über die Pfarrgeistlichkeit betraut, die er in Ruralkapiteln (heute: Pastoralkonferenzen) regelmäßig zu gemeinsamer Beratung versammelt; er wird vom →Bischof ernannt (im MA. auch vom →Archidiakon oder →Domkapitel); Kardinald. →Kardinal; (b) in der evang. Kirche kommen dem D. in einigen Landeskirchen z.T. größere Befugnisse zu (Superintendent, Propst); (c) an den Universitäten war der D. urspr. Vorsteher der →Provinz der Nationen, seit dem Aufkommen der Fakultäten ist er der von den ordentlichen Professoren auf 1 Jahr gewählte Leiter des Kollegiums und der laufenden Geschäfte einer Fakultät; Doyen *(decanus)* der Rangälteste des diplomatischen Korps an einem Regierungssitz, bei Empfängen usw. der Sprecher (seit dem Wiener Kongreß meist der päpstliche →Nuntius).

F. Gescher, D. Kölner D.at u. Archidiak., 1919; ders., Um d. Frühzeit des Landd.ats der Erzdiözese Köln, 1938; ––→Archidiakon.

Dekapolis (gr. 'Zehnstädteverband'), 1. Jhv.–2. Jhn. Gebiet östlich des Jordans mit weitgehender Selbstverwaltung durch die hellenistischen Städte (Skythopolis, Gerasa, Gadara, Philadelphia in Transjordanien u.a.), im 16. Jh. Gesamtbez. für 10 Reichsstädte im Elsaß (Colmar, Schlettstadt u.a.).

Deklaration (lat.), 'Erklärung', u.zw. des Steuerpflichtigen über sein Einkommen und Vermögen (vgl. die zahlreichen erhaltenen Vieh-d.en aus dem hellenistisch-röm. Ägypten); Erlaß, →Ordonnanz zur Erläuterung eines Gesetzes; feierliche Grundsatzerklärung, z.B. die *declaration of rights*, des engl. Parlaments vom 28.1. 1689 zur engl. Verfassung; *d. of independence* die →Unabhängigkeitserklärung der USA von 1776; *d. des droits humaines* die frz. Erklärung der →Grund- und Menschenrechte von 1789; völkerrechtliche Vereinbarungen, die einen bestehenden Rechtszustand formulieren, z.B. die *Pariser Seerechts-d.* von 1856; Deklaranten die Unterzeichner einer D.

Dekret (lat. 'Beschluß', z.B. des →Senats), im röm. Recht die Entscheidung des →Prätors, namentlich in Zivilsachen, dann der Ks. auf Bittschriften und Appellationen *(decreta principis)*; im alten dt. Reichsrecht schriftliche Erlasse der →Ks., v.a. an den →Reichstag; D. wird auch als Abkürzung für das *Decretum Gratiani* verwandt, s.u.; D.alen (lat. *decretales*, erg. *epistolae*), Beschlüsse der →Päpste in Form von Briefen, die, urspr. zur Entscheidung einzelner Fälle verfaßt, seit Papst Siricius (384–99) in ihrer Geltung den →Kanones eines →Konzils gleichgestellt und für die Kirche des westlichen Reichsteils, später des Abendlandes verbindlich werden; sie werden schon seit dem MA. gesammelt: berühmt sind die Fälschungen des Pseudoisidorus (wohl aus dem 9. Jh.); das *Decretum Gratiani*, eine Sammlung sämtlicher kirchenrechtlicher Quellen um 1150, und die großen D.alensammlungen des *Liber extra* (1234), des *Liber sextus* (1298), der Clementinen (1314), der *Extravagantes* (D.alen, die nicht in den Clementinen aufgenommen sind) bilden zusammen das *Corpus iuris canonici;* D.alisten, die wissenschaftlichen Bearbeiter der D.alen;

D.isten, die wissenschaftlichen Bearbeiter des D.s (*decretum Gratiani*).

J. F. v. Schulte, Gesch. d. Quellen u. Lit. d. kanon. Rechts, 1875ff.; H. E. Feine, Kirchl. Rechtsgesch., [5]1972.

Dekumatenland (lat. *agri decumates*, erwähnt bei *Tacitus*, *Germania* 29), der durch die Errichtung des obergermanischen und des rhätischen →Limes gebildete Zwickel zwischen Rhein und Donau, das ‚Zehntland' (die Deutung des Namens ist umstritten und ungeklärt).

E. Norden, Altgerm., 1934; – →Limes.

Dekurio (lat. von *decem* ‚zehn'), urspr. Vormann von 10 Männern einer Dekurie), in der ältesten röm. Heeresordnung des Fußvolks und der Reiterei (auch allgem. Reiteroffizier), von Geschworenen u.a.; in den lat. → Kolonien und →Munizipien des röm. Reiches der Gemeinderat (100 D.en bei einer Norm von 1000 Kolonisten); der D.enstand, der in den ersten 3 Jhn. Ungeheures für die Blüte und Kultur der Städte geleistet hat, wird im 4. Jhn. (Konstantin, 306–37) für das Steueraufkommen der Stadt haftbar gemacht und damit ruiniert.

Delatoren (lat. ‚Anzeiger'), die gewerbsmäßigen Ankläger im alten Rom, bes. im 1. Jh. des Prinzipats, nachdem unter Augustus der Begriff der →*maiestas* vom röm. Volk auf die Person des Ks. übertragen worden war.

Delegation (lat.), Übertragung, u.zw. richterlicher Befugnisse (z.B. durch die römischen Kaiser auf die Statthalter) oder begrenzter politischer Zuständigkeiten, bes.: in Lombardo-Venetien und im Kirchenstaat Provinzialregierung (Leiter: Delegat) und Provinz; Ausschuß gesetzgebender Körperschaften, bes. in Österr.-Ungarn 1867–1918 Ausschuß der beiden Parlamente zur Regelung gemeinsamer Reichsangelegenheiten; bevollmächtigte Abordnung, bes. in übernationalen Gremien (Völkerbund) und Konferenzen (Delegierte).

Deliberationsrecht (frz.-lat.), im älteren Staatsrecht das Recht einer ständischen oder Volksvertretung auf beratende Mitwirkung.

Demagoge (gr.), ‚Volksführer', Staatsmann, v.a. Ratgeber des souveränen Volkes in der radikalen athenischen Demokratie (seit 461v.), durch Willkür der Volksversammlung(Verurteilungen von Feldherrn und Politikern) und Machtgier (zum Einfluß der →Sophistik vgl. den Kallikles in Platons Dialog *Gorgias*) zu gewissenloser Macht- und Erfolgspolitik getrieben (Prototyp der Gerber Kleon, 429–22v); seither allgem. ‚Volksverführer'; im 19. Jh., zuerst in Preußen, von Regierungsseite gegen Vertreter nationaler und liberaler Ideen gebraucht (Zentraluntersuchungskommission in Mainz gegen ‚revolutionäre Umtriebe und d.ische Verbindungen' aufgrund der Karlsbader Beschlüsse Aug. 1819); D.nverfolgungen, Maßnahmen des Dt. Bundes und der Bundesstaaten, v.a. Preußens, in der → Restaurationszeit gegen Angehörige der Universitäten, Burschenschaften, Turnerschaft, Presse, die zu zahllosen Untersuchungen, Gefängnis und Festungshaft (F. L. Jahn, F. Reuter), Amtsenthebung (E. M. Arndt), Überwachung (F. Schleiermacher) führten oder zur Flucht (J. v. Görres, K. Follen) nötigten (vgl. die klassische Schilderung bei H. v. Treitschke, Dt. Geschichte, Bd. 2).

Demarch →Demos.

Demarche (frz.), diplomatischer Schritt, Protest gegen vertragswidrige Handlungen oder unwahre Behauptungen eines anderen Staates.

Demarkation (von germ. *mark*), vertraglich festgelegte Abgrenzung von Gebieten, Interessen- oder Einflußsphären, in der Regel durch eine Kommission oder durch höhere schiedsrichterliche Instanz, z.B. die *atlantische D.* (Vertrag von Tordesillas 1494, bestätigt von Papst Alexander VI.) und die *pazifische D.* (Vertrag von Saragossa 1529) zur Abgrenzung der Kolonisationssphären zwischen Portugal und Spanien; D.s-linie, die also festgelegte Grenze, z. B. der Ebro im Vertrag zwischen Rom und Karthago 226 v.; die *Curzon-Linie* v. 8. 12. 1919 für die Ostgrenze Polens.

Dementi (frz.), seit dem 18. Jh. in Diplomatie und Politik die offizielle Ableugnung öffentlich aufgestellter Behauptungen.

Demiurg →Demos.

Demographie →Bevölkerung.

Demokratie (gr. ‚Volksherrschaft'). Die gr. Staatstheorie des 5./4. Jhv. ging von der Zahl der Herrschenden aus und sprach deshalb von →Monarchie (Einzelner), →Aristokratie (Minderheit und D. (Gesamtvolk als Träger staatlicher Gewalt). Während Platon (427–347v.) als Kritiker der rationalen Staatsordnung der D. erscheint, aber dennoch in ihrem Banne steht (D. unter den guten die schlechteste, doch unter den schlechten die beste Staatsform), verwendet Aristoteles (384–22v.) das Wort, im Gegensatz zu →Politeia, nur für die Entartungsform, und erst Polybios (etwa 200–120v.) gegenüber der →Ochlokratie (Pöbelherrschaft) für die positive. Obwohl im Begriff ein sozialer Gegensatz mitschwingt (D. als Herrschaft der Armen), hat die athenische Geschichte in Praxis und Propaganda die D. der Vollbürger (nicht: Frauen, Zugewanderte, Sklaven) als Ideal konstituiert und v.a. seit Kleisthenes (508/7v.) – bis zur Perversion im Peloponnesischen Krieg – verwirklicht. Handelte es sich hier um die direkte (unmittelbare) D., ja sogar um die Beteiligung aller an der Regierung (keine Trennung zwischen →Legislative und →Exekutive), so meint die D. in der NZ. fast stets die mittelbare Volksherrschaft mit einem Repräsentativsystem. Das England der 17. Jh. ist das Geburtsland des modernen D. mit ihrer Berufung auf die →Volkssouveränität. Der erste moderne demokratische Staat waren die USA. Von großer Bedeutung wurde die von Montesquieu (1689–1755) entwickelte Lehre, daß die →Gewaltenteilung die Sicherung der → Freiheit bedingt. Alle echten demokratischen Verfassungen weisen daher die Trennung von Legislative, Exekutive und unabhängiger Rechtsprechung auf. Weitere Voraussetzungen sind die Garantie von →Grundrechten, die allgemeine, geheime, periodisch wiederkehrende Wahl (Termine früh genug bekannt, Zeit zur Entscheidung), sowie die – in immer zunehmendem Maße durch das Bestehen von →Parteien gewährleistete – Aufrechterhaltung des Konkurrenzprinzips (die Chance, die Inhaber der Macht auswechseln zu können). Im Gegensatz zu J. Rousseau (1712–78) kommt es nicht auf die fast totalitäre *volonté générale* (auch die eigentlichen Absichten abweichender Gruppen umfassend) an, sondern auf die allgem. Bejahung der demokratischen Verfahren (Mehrheitsentscheidung). Wie schon Aristoteles erkannte, muß die D. mehr als jede andere Staatsform auf die politische Erziehung des Volkes (Einsicht in Sinn, Wesen und Zweck) gegründet sein, daher ist entscheidend, daß auch in niederen Bereichen demokratische Einrichtungen vorhanden sind (→Selbstverwaltung). Da die ,Gleichheit der eigentliche Substanzbegriff der D. ist' (G. Leibholz), geht die Entwicklung immer mehr von der liberalen repräsentativen D. zur plebiszitären Massen-d. weiter. Erst das industrielle Zeitalter mit seiner wachsenden Erkenntnis der Würde der Arbeit (→Sozialismus) verhalf dem radikal-egalitären Demokratisierungsprozeß zum Durchbruch. In der modernen pluralistischen Gesellschaft mit mehreren nebeneinander bestehenden Machtgruppen verkörpert die rechtsstaatliche D. ,gleichsam den institutionell gewordenen Protest des modernen Menschen, der seine Persönlichkeit bewahren will' (G. Krüger), da sie am ehesten – auch gegenüber wirtschaftlicher Macht – ausgleichend wirken kann.

V. Ehrenberg, Urspr. d. Wortes demokratia in: Historia 1, 1950; Th. Eschenburg, Staat u. Ges. in Dtld., [6]1963; A.H.M. Jones, Athenian Democracy, 1957; A. de Tocqueville, Die D. in Amerika, dt. 1959; M. Hättrich, D. als Herrsch.ordnung, 1967; G. Leibholz, Strukturprobl. d. mod. D., [4]1974; I. Fetscher, Die D., 1971; H.-E. Stier, Der Untergang der klass. D., 1971; A. Rosenberg, Demokratie u. Sozialismus, 1971; F. Grube, G. Richter, D.theorien, 1975.

Demos (gr.), ,Gemeinde', das Gesamtvolk der gr. →Polis, die Volksversammlung, →Ekklesie; seit der Reform des Kleisthenes (508/7v.) die kleinste Selbstverwaltung Attikas, urspr. 100 Demen, später auf 174 ansteigend; in der NZ. gr. Verwaltungseinheit; dav. Demarch, Leiter der Demenverwaltung, mit der Führung der Bürger- und Aushebungslisten, des Katasters und der Gemeindekasse betraut (wohl jährlich von den Demoten gewählt); Demiurg, (,der für die Gemeinde Arbeitende') in einigen gr. Poleis, v.a. der archaischen Zeit, der oberste Jahresbeamte; Gewerbetreibender (im Athen des 6. Jh. Partei der D.en); in der gr. Philosophie seit Platon der Schöpfergott; Demotikon, neben Namen und →Patronymikon der dritte Teil des attischen Namens, der die Demenzugehörigkeit angibt; demotisch, ,volkstümlich' v.a. die ägyptische Kursivschrift mit der Sprache des 1. Jahrtausendsv.

Denar (lat. *denarius* von *deni asses* ,je 10 →As'), seit dem 2. Jhv. die wichtigste röm. Münzeinheit (1 D. zu 4 Sesterzen = 1/72 Pfund = 4,55 g Silber), nach fortlaufender Inflation seit Nero durch Ks. Diokletian (284–305) wieder auf 1/96 fixiert; mlat. *denarius*, frz. *denier* = →Pfennig; das Wort (Dinar) gewinnt die Bedeutung Standardmünze (vgl. die arab. und ind. Goldprägungen unterschiedlichen Gewichts im frühen MA.) und lebt bis in die NZ. (Persien, Serbien) fort.

Denkmäler, nach J. G. Droysen (1808–84, →Historik) die →Quellengruppe zwischen den unentstellt überlieferten *Überresten* und der mehr oder weniger subjektiv gefärbten *Tradition*. Sie umfaßt die Überlieferung, die eine Begebenheit oder Tatsache bezeugen und für die Erinnerung in einer bestimmten Form festhalten will. Für E. Bernheim sind die D. eine Untergruppe der *Überreste*, der eine gewisse Überlieferungsabsicht innewohnt, während die *Überreste im engeren Sinn* absichtslos auf uns gekommen sind. Zu den D. werden gerechnet: (a) *Bau- und Kunstwerke* aller Art: Architektur (Kirchen, Burgen, Schlösser, Triumphbögen, Siegessäulen, Grabmonumente), Skulptur (z.B. Tetrarchen am Dom zu Venedig), Malerei (z.B. Fresken der Reichenauer Schule, Bildnis Maximilians I. von Dürer), Mosaiken (z.B. in Ravenna), Kupfer- und Holzstiche (z.B. Stadtansichten), liturgische Geräte, Reliquiare (z.B. bei den Reichskleinodien), Teppiche (z.B. Teppich von Bayeux); (b) *Inschriften*, bes. aus At. und MA. (z.B. auf Grabsteinen, Grenz- und Meilensteinen, Altären); (c) *Urkunden*, da diese nicht nur ein Geschäft abschließen, sondern auch einen rechtlichen Tatbestand für die Zukunft festlegen; (d) *Münzen und Medaillen* mit Porträts und Ortsansichten (wichtig auch für die Geldgeschichte); (e) *Siegel* als Quellen der Ikonographie, Heraldik, Genealogie; (f) *Wappen* als Quellen der Genealogie, Ortsgeschichte, Symbolgeschichte; (g) *Waffen* als Quellen der Kriegsgeschichte. – Nach neuerer Auffassung kann die Gruppe D. auf die Quellengruppen *Überreste* und *Tradition* aufgeteilt werden (→Quellen). Soweit es sich bei D.n um eine mit Belehrungsabsicht entstandene Überlieferung handelt, werden sie der *Tradition* zugerechnet, die Mehrzahl ist jedoch bei den *Überresten* unterzubringen.

→Quellen.

Departement (frz. engl. *department*), in Frankreich seit dem 17. Jh. Verwaltungsbezirk unterhalb der →Intendanz, seit 1789 eine der 83 (90) Verwaltungseinheiten Frankreichs (→Generalrat, Präfekt), in →Arrondissements gegliedert; ähnlich in Süd- und Mittelamerika; 1810–17 die → Landvogtei Württembergs; Abteilung einer Behörde, die entweder eine Provinz (Provinzial-d.) oder ein Ressort für das gesamte Land (Fach-d.) verwaltet (Mischung des regionalen und realen Prinzips im preuß. →Generaldirektorium von 1723, z.B. 3. D.: rheinische Gebiete, Post- und Münzwesen); Staats-d. *(State-D.)*, das Außenministerium der USA.

Deportation (lat. ‚Verbringung'), im Recht der röm. Kaiserzeit aus dem →Exil und der Aberkennung des Bürgerrechts *(aquae et ignis interdictio)* entwickelte Strafe: ‚Verbannung mit Zwangsdomizil' (Th. Mommsen); in der NZ. v.a. im Strafrecht Englands (Australien), Rußlands (Sibirien), Frankreichs (Cayenne) ausgebildet: Verschickung von kriminellen Schwerverbrechern oder politischen Gefangenen.

Depot (frz. depôt zu lat. *deponere* ‚niederlegen'), Niederlage, v.a. Magazin für Kriegsmaterial oder Verpflegung, bes. Kriegs-d. *(d. de la guerre)* in Paris, die unter Ludwig XIV. durch Louvois (1641–91) gegründete Sammelstelle für alle das frz. Kriegswesen betreffenden Schriftstücke, Stätte bedeutsamer kriegsgeschichtlicher und kartographischer Tätigkeit; D.-funde, in →Vorgeschichte, →Archäologie und → Numismatik Massenfunde gleichzeitiger und gleichartiger Gegenstände (Schatzfunde), die – meist wegen Kriegsgefahr – von ihren Besitzern vergraben worden sind.

Deputat (von spätlat. *deputare* ‚anweisen'), Abgabe, v.a. Naturalleistung, Naturallohn v.a. für Gutsgesinde und Bergleute (D.-kohle), auch Beamteneinkünfte, →Apanage; D.ion, Abordnung, Ausschuß (vereinzelt auch kollegiale Behörde), bes. Reichs-d.ion im 16./17. Jh. bis 1663 ordentlicher Ausschuß des dt. →Reichstags zur Erledigung der Geschäfte in der Zeit zwischen den →Reichstagen, seit 1663 außerordentlicher Ausschuß zur rascheren Erledigung von Sonderaufgaben (die Gutachten erlangen nach Gegenzeichnung des ks. Vertreters Gesetzeskraft: Reichs-d.ionsschluß, -hauptschluß, z.B. vom 25.2.1803 über die Gebietsveränderungen nach dem Frieden von Lunéville, →Säkularisierung); Deputierter (mlat. *deputatus*, frz. *député*), im 16. Jh. allgem. →Gesandter, dann Mitglied einer Deputation, →Abgeordneter; Deputiertenkammer (frz. *chambre des députés*), nach frz. Vorbild (1815–48, 1875–1940) Bezeichnung für →Abgeordnetenhaus, die 2. Kammer.

Derebeg, Derebei (tü.), Angehöriger einer der Anfang des 18. Jh. in Kleinasien hochkommenden, von der →Pforte ziemlich unabhängigen tü. Beamtendynastien mit erblichem →Ejalet, um 1830 abgeschafft.

Derogation (lat.), nach dem röm. Staatsrecht die Aufhebung einzelner Bestimmungen eines Gesetzes, →lex.

Designation (lat. ‚Bezeichnung') Bestellung eines Amtsnachfolgers im voraus, u.zw. in der röm. Republik durch Volkswahl (*designatus* heißt der →Magistrat in den Monaten zwischen Wahl und Amtsantritt), unter dem →Prinzipat mit starker Einflußnahme des Ks.; in den germ. Reichen (Langobarden) und im MA. Benennung des Nachfolgers durch den Herrscher (bis zu Heinrich VI. als bindender Wahlvorschlag), zumeist zur Sicherung der →Dynastie (anders 919 die D. Heinrichs I. durch Konrad I.).

Th. Mommsen, Röm. Staatsrecht, [4]1952; – H. Mitteis, D. dt. Königswahl, [2]1969; W. Berges, Gregor VII. u. d. dt. D.srecht, (Studi Gregoriani II) 1947.

Despotes (gr. ‚Hausherr'; das Wort erhält wie lat. →*dominus* seine Färbung von der Verfügungsgewalt des Herrn über seine Sklaven), Herr, Gewaltherrscher, bes. orientalischer Prägung, dt. (seit dem 15. Jh.) Despot; seit dem 8. Jh. Titel der byz. Kaiser (→Dominus) dann der ks. Familie, selbständiger und unselbständiger Teilherrscher auf dem Balkan; Despotie, Herrschaftsform, bei der ‚die Herrschaft wie ein gewöhnliches Vermögensrecht des Herrn behandelt wird' (M. Weber), ohne ‚jede Garantie gegen Herrenwillkür, deren mögliches Ausmaß daher hier am größten ist'; Despotismus, willkürliche Ausübung der Macht durch einen Einzelnen oder eine Gruppe.

M. Weber, Preuß. Jbb. 1922.

Deszendenz (lat. ‚absteigend'), zusammenfassende Bezeichnung für Verwandte in absteigender Linie, d.h. Kinder, Enkel und weitere direkte Nachkommen; -theorie, die Abstammungslehre, ein Teil der medizinisch-naturwissenschaftlichen →Anthropologie, v.a. in der vom Darwinismus geprägten Form (Ch. Darwin, *The descent of man*, 1871).

Detraktrecht (lat. *detractus jus*), das bis ins 19. Jh. übliche Recht eines Gutsherrn, einer Stadt, eines Staates, von dem Auswandernden (→Abzugsgeld) u. einem über die Grenzen gehenden Nachlaß (→Abschoß) eine Abgabe zu erheben.

Deutsche Bewegung →völkisch; Frage →Einheit.

Deutschkatholizismus, eine von den schlesischen Priestern Czerski und Ronge anläßlich der Ausstellung des hl. Rockes zu Trier (1844) ins Leben gerufene, von der kath. Kirche sich abspaltende Bewegung, die vor allem das kirchliche Lehramt (→Papst) und den päpstlichen Primat verwirft; in Österreich und Bayern verboten, verliert der D. trotz anfänglichen Zulaufs zunehmend an Bedeutung, seine Anhänger gehen schließlich in freidenkerischen Gruppen auf.

F. Kampe, Das Wesen d. D., 1850; L. W. Silberhorn, Der D. im Hzgt. Nassau, 1953; F. Heyer, D. kath. Kirche, 1963.

Deutschmeister, Vertreter (Landmeister) des →Hochmeisters des Dt. →Ritterordens, urspr. für alle Besitzungen außerhalb des Ordensstaates, seit dem 14. Jh. nur für Dtld.; seit der Säkularisation des Ordensstaates (1525) ist er geistlicher Reichsfürst mit dem Titel Hoch- und D., der 1806 bis 1918 einem Mitglied des österr. Erzhauses als ‚Lehen' des österr. Ks. vorbehalten ist.

M. Tumler, D. dt. Orden, 1955.

Devise (frz. von vulgärlat. *divisare*, ‚aufteilen'), abgeteiltes Wappenfeld; (1) Sinnbild eines Wappens (*corps de d.*) mit erklärendem Sinnspruch (*âme de d.*), häufig auch dieser allein, z. B. der Adler Kg. Friedrichs I. v. Preußen (1701–13) mit den Sinnbildern der gerechten Strafe (Donnerkeil) und Belohnung (Lorbeerkranz) und der Worterklärung *suum cuique* = D.; so auch die beliebten persönlichen D.n des Humanismus; (2) D.n, seit der Inflation 1923 im dt. Sprachraum ausländische Zahlungsmittel.

Devolution (lat. *devolvere* ‚abwälzen'), in Frankreich und Flandern die seit dem 15. Jh. übliche Übertragung von →Erbgütern der väterlichen auf die mütterliche Linie bzw. umgekehrt beim Aussterben einer Linie; D.s-krieg, 1667–68 von Ludwig XIV. (1643–1715) zur Durchsetzung des D.s-rechts der frz. Königin auf die Niederlande gegen Spanien geführt; -recht, im kath. Kirchenrecht das Recht der nächsthöheren Instanz, ein von zuständiger Seite nicht ausgeübtes Recht, bes. der Stellenbesetzung, wahrzunehmen.

Devotion (lat.), ‚Weihung', im At. bes. an die Unterirdischen, v.a. die sog. Todesweihe (z.B. des P. Decius Mus in der Schlacht bei Sentinum, 295v.; auch seinem Vater und seinem Sohn zugeschrieben), in der der Feldherr sich u. das Heer der Feinde *Telluri ac dis manibus* weihte, auch die private Verwünschung eines Feindes durch Vergraben einer Bleitafel mit Spruch (D.s-tafel, Fluchtafel); Ergebenheit, Frömmigkeit, z.B. *Devotio moderna* (moderne Devotie), die ‚neue Frömmigkeit', Erneuerungsbewegung des 14./15. Jh. zur Verinnerlichung und tätigen Übung der Nächstenliebe (G. Groote, etwa

1340–84, Thomas von Kempen, 1379/80–1471).

G. Wissowa, Rel. u. Kult. d. Römer, [2]1922; A. Deißmann, Licht v. Osten, [4]1923; – Th. a Kempis, V. d. Nachfolge Christi, dt. [15]1926 u. ö.; H. Meyer, Gesch. d. abdld. Weltanschauung [3]1967ff.; M. Lücker, M. Eckart u. d. D. mod., 1950.

Dezem = →Zehnt; Dezimation →Abzugsgeld, Zehntsteuer (frz. *décime*).

Dezemvirn (lat.), in der röm. Republik jedes →Kollegium von ‚zehn Männern', z.B. die außerordentliche Kommission zur Kodifizierung des Rechts *(Xviri legibus scribundis)*, in den Jahren 451/50v. anstelle der →Konsuln; Geschworenengericht für Freiheitsprozesse *(Xviri stlitibus iudicandis)*, von Augustus in den → Vigintivirat eingereiht.

Dezision (frz. von lat. *decisio* ‚Entscheidung', ‚Urteil'), im älteren Staatsrecht die Entscheidungsbefugnis einer Volksvertretung (im Gegensatz zur beratenden Funktion, →Deliberation).

Dia de la Raza (span. ‚Tag der Rasse'), seit 1911 in Spanien, Portugal und Lateinamerika festlich begangener Jahrestag der Entdeckung Amerikas (12. 10. 1492); →Panamerikanismus.

Diadem (gr.), Stirnbinde (als Zeichen priesterlicher Weihe?), bereits im Alten Orient Teil der Herrschertracht (Persien: weiß, blau durchwirkt; Ägypten), von Alexander d. Gr. und den hellenistischen Königen übernommen, von den röm. Kaisern des 4. Jhn. (Konstantin d. Gr., seit etwa 330n.) entlehnt, dann zur →Krone ausgestaltet.

S. Grenz. Beitr. z. Gesch. d. D.s in hellenistischen Reichen, 1914; A. Alföldi, Insignien u. Tracht d. röm. Ks., (Mitt. d. Dt. Arch. Inst., Röm. Abt.) 1935; P. E. Schramm, Herrschaftszeichen u. Staatssymbolik, 1954ff.; A. Alföldi, D. mon. Repräsent. i. röm. Ks.reich, 1970.

Diadochen (gr.), Nachfolger, bes. die Generale Alexanders d. Gr. (Antigonos, Lysimachos, Ptolemaios, Seleukos u.a.), die sein Weltreich in ein System unabhängiger Staaten auflösten; D.-kämpfe, die damit verbundenen Kriege 322–281v., dann allgem. Nachfolgekämpfe mit dem – gewollten oder ungewollten – Ergebnis der Zerstückelung eines Großreiches; D.-zeit, als Epochenbezeichnung des →Hellenismus die Jahre von 323v. (Alexanders Tod) bis 280v. (Tod des Seleukos), in denen Kampfgefährten Alexanders Könige waren, →auch Epigonen.

Diakon (gr. ‚Diener'), in der christlichen Kirche anfänglich Gehilfe des →Bischofs beim Gottesdienst und vor allem in der karitativen Fürsorge; sein Amt verliert nach dem 5. Jh. zunehmend seinen Charakter (→Kloster), seit dem MA. ist D. lediglich ein Weihegrad (→Ordo) des katholischen →Klerus (→Archi-d. →Kardinal); Amt und Charakter des D.s wurden von den Reformatoren, bes. Calvin, erneuert und gewannen v. a. im 19. Jh. durch J. H. Wichern und W. Fliedner in der evang. Kirche unter Erweiterung der Aufgaben (bes. Erziehung und Jugendarbeit, Kranken- und Wohlfahrtspflege, Sozialarbeit usw.) neue Bedeutung; – D.at, die im Geiste Christi und der Apostel an Armen und Leidenden ausgeübte Liebestätigkeit als Ergänzung zum Predigtamt, anfänglich von jedermann praktiziert; das schon in der Urkirche institutionalisierte Amt des D.

P. Leder, D. D.at d. Bischöfe u. Presbyter, 1905; H. Krimm, D. d.ische Amt d. Kirche, [2]1965; H. Runger, Die männl. D.ie, 1965.

Dialektik (gr. ‚Kunst des Unterredens, des Streitgesprächs', im MA. eine der →Freien Künste), ein auf lange philosophische Entwicklung zurückgehender Begriff, wird durch K. Marx–F. Engels von Hegel übernommen – als Gesetz des logischen Fortschreitens von der These zur entgegengesetzten Antithese, ‚aufgehoben' in der Synthese – und verbunden mit der ‚großen Entdeckung' L. Feuerbachs, daß nicht irgendwelche ‚metaphysischen' Ideen, sondern die uns durch die Sinne gegebene materielle Welt die einzige Wirklichkeit darstelle, zum dialektischen Materialismus, abgek. Diamat, umgestaltet, der eigentlichen Weltanschauung des sog. wissenschaftlichen Sozialismus oder →Marxismus, zur ‚Algebra d. Revolution' (A. Herzen).

E. Troeltsch, D. marxistische D., (Ges. Schr. III) 1922; G.A. Wetter, D. d.ische Mat., [4]1958; H. Opitz, Grundlagen d. Erkenntnistheorie des d.ischen Mat., 1966; I.M. Bochenski, D. sow.ru. d.ische Mat., [3]1969; H. Seiffert, Einf. in d. Wissenschaftstheorie II, [2]1971.

Diamat →Dialektik.

Diaeta (mlat. von lat. *dies* ‚Tag', frz. *diète*), Ständeversammlung, →Reichstag; Tagungsperiode.

Diäten (v. gr.-lat. *diaeta*, Leben), in der NZ. Tagegelder für →Abgeordnete, auch Gehalt für Behördenangestellte.

Dienstbarkeit (Servitut), dingliches Recht, eine fremde Sache beschränkt unmittelbar zu nutzen; Dienst-adel, in der Literatur verwandte Bezeichnung für den →Adel, der, erstmals 1272 durch Philipp III. in Frankreich, im Dienst des →Königs oder hoher Herren, oft aus der Schicht der Unfreien, aufgestiegen ist (→auch Ministerialen); er verschmilzt allmählich mit dem Geburtsadel; -hufe, eigentlich jede →Hufe, auf der irgendwelche Leistungen = Dienste ruhen, dann bes. die Hufe, die einem Angehörigen eines →Fronhofes für seinen Unterhalt zugeteilt wird (Aufseher, Handwerker usw.); -lehen, →Lehen eines →Ministerialen, das, urspr. ohne Lehenseid verliehen und nicht weiter verleihbar, allmählich – im Zusammenhang mit dem sozialen Aufstieg der →Ministerialen – zu einem echten Lehen wird; -mann →Ministeriale; -rechte, Rechte und Pflichten der Ministerialen, die seit dem 11. Jh., bes. aber im 12. Jh. v.a. im Bereich geistlicher Herrschaften aufgezeichnet, im 13. Jh. aber durch Lehensrecht ersetzt werden.

Dietweg (mhd.), ‚Volksweg', Heerstraße.

Digesten (lat. von *digerere* ‚ordnen'), systematisch geordnetes Sammelwerk, v.a. juristischer Art, bes. die 530–33 zusammengestellten 50 Bücher des röm. Juristenrechts *(ius vetus)* innerhalb des →*Corpus iuris civilis*, = gr. Pandekten.

Dignität (lat. *dignitas* ‚Würde'), kirchliche Würde, die mit keinem Kirchenamt verbunden ist, bes. die mit Funktionen betrauten Stellen im Kapitel, z. B. →Dom–dekan, –propst, –scholaster (Inhaber: Dignitar).

Dikasterion (gr.), Gericht, bes. im alten Athen der →Areiopag und die anderen Blutgerichtshöfe, auch die 10 Geschworenengerichte der →Heliaia; Spruchkollegium von Rechtsgelehrten, bes. einer juristischen Fakultät, das auf

Ansuchen eines Gerichts Rechtsentscheidungen fällt.

Diktat (lat. *dictatus*, vgl. *d. papae* die 27 kirchenpolitischen Grundsätze Papst Gregors VII. von 1075), einseitige Erklärung verbindlichen Charakters, v.a. in der dt. politischen Öffentlichkeit zur ablehnenden Kennzeichnung des Versailler Vertrags vom 28.6. 1919 verwendet.

Diktator (lat. ‚Sprecher'), oberstes Jahresamt in latinischen Städten; Ausnahmeamt der frühen röm. Republik in Notzeiten (urspr. *magister populi*, stets mit einem von ihm ernannten →*magister equitum* zur Seite), ohne → Kollegen, ohne →Provokation, ohne →Interzession der Volks→tribunen, von den →Konsuln (auf Vorschlag des →Senats) auf höchstens 6 Monate ernannt, zur Gesamtleitung des Staates *(rei gerundae causa)* oder, v.a. im 3. Jhv., für beschränkte, bes. sakralrechtliche Aufgaben; nachdem das Amt im 2. Jhv. erloschen war, wurden Titel und äußere Formen (mit 24 →Liktoren) wieder aufgenommen von Sulla 82–79v. (‚zur Wiederherstellung des Staates') und Caesar (49, 48–44v., zuletzt auf Lebenszeit) zur röm. Terminierung einer rein monarchischen Herrschaft; mlat. = →Notar, Reichs-d. der Sekretär des Erzbf. von Mainz, der auf dem →Reichstag die →Diktatur vorzunehmen hat; in der NZ. allgem. Gewaltherrscher (entspr. dem gr. →Tyrann), populäre, staatsrechtlich nicht fixierte Bezeichnung des führenden Mannes in den →Diktaturen und →totalitären Staaten nach dem 1. Weltkrieg; Diktatur, Amt und Amtszeit des röm. Diktators; im dt. Reichstag seit 1663 und im Dt. Bund die amtliche Weitergabe der Anträge und Eingaben an die Gesandten; in der NZ. entsprechend den im At. entwickelten Formen sowohl die in Zeiten des Notstands mit außerordentlichen verfassungsmäßigen Befugnissen ausgestattete oberste Staatsgewalt (→Ermächtigung, Notverordnung; D.-paragraph = Art. 48 der Weimarer Verfassung) als auch die unumschränkte Macht eines Einzelnen oder einer Gruppe (z.B. eines Parlaments, einer Partei, einer Offiziersgruppe: Militär-d.; *D. des Proletariats*, nach K. Marx–F. Engels die Herrschaftsform nach dem Zusammenbruch der kapitalistischen Gesellschaft) unter Aushöhlung od. Aussetzung konstitutioneller od. demokratischer Formen, meist m. nationalistischen od. revolutionären Zügen (→Totalitarismus).

Ernst Meyer, Röm. Staat, [4]1975; J. Irmscher, Die Diktatur, in: Historia 58, 1976; – O. Stammer, Demokratie u. D., 1955; C.J. Friedrich, Totalitäre D., 1957; C. Schmitt, Die D., [3]1964; – E. Balibar, Ü. d. Diktatur d. Proletariats, 1977.

Dinar →Denar.

Ding, Thing (mlat. *mallus*, *placitum*), bei den Germanen Volks- und Gerichtsversammlung, im fränk. und ma. Reich bes. Gerichtsversammlung; – das D. findet an feststehendem Platz, der D.-statt, unter freiem Himmel und nur am Tage statt; während des D.s herrscht der durch die →Hegung verkündete D.-frieden, wer ihn bricht, wird streng bestraft; die Dauer des D.s ist nicht fest begrenzt, es kann über 3 Tage hinaus gehen (D.-frist, die Zeit bis zum nächsten D.); den Vorsitz führt bei den Germanen der Kg. oder die Führer der → Sippen, und →Gefolgschaften. im

Gerichtsd. unterstützt durch den Gesetzessprecher (Island); im fränk. Reich der →Centenar, dann der →Graf; – die D.-pflicht erstreckt sich in germ. Zeit auf alle →Freien, die in →Sippen und →Gefolgschaften gegliedert am D. teilnehmen, und auf jedes D.; sie wird unter Karl d. Gr. (768–814) auf das regelmäßig dreimal jährlich stattfindende echte D. beschränkt, während sie bei dem nach Bedarf gebotenen D. nur noch für die von Karl d. Gr. eingerichteten →Schöffen besteht; Beschlüsse und Urteile, die von gesetzeskundigen D.-genossen erfragt werden, werden durch Zustimmung des Umstandes rechtskräftig; für die Findung des Urteils werden auch D.-zeugen herangezogen, der zu verurteilende Verbrecher wird für die Verhandlung d.-fest gemacht; während das germ. D. über alle das Volk betreffende Fragen (einschließlich Krieg und Frieden) entscheidet, wird das D. seit der fränk. Zeit immer mehr Gerichts-d. und im Lauf des hohen MA. infolge der größeren ständischen Differenzierung, der Aufsplitterung der Sachgebiete völlig aus seiner urspr. Bedeutung verdrängt; an seine Stelle tritt im späten MA. tatsächlich, wenn auch nicht formal, die Gerichtsverfassung des →Territorialstaats; – in den skand. Ländern wird die Tradition des D.s als Volksversammlung durch das MA. und die NZ. hindurch gewahrt, noch heute führen die →Parlamente die Bezeichnung D. in Zusammensetzungen wie →Allting, →Storting u.a.

Cl. v. Schwerin, F. Thieme, Grundz. d. dt. Rechtsgesch., [4]1950; W. Grönbech, Kultur u. Rel. d. Germanen, [5]1954; A. Grote, Die Welt der D.e, 1958.

Diobelie (gr.), ‚Zwei-Obolen-Spende‘, in der athenischen Demokratie 410v. eingeführte tägliche Staatsrente für alle nicht vom Staat besoldeten bedürftigen Bürger.

Dioikismos (gr.), in der gr. Geschichte als Gegensatz zu →Synoikismos die aus militärisch-politischen Gründen erfolgte zwangsweise Zerlegung einer Stadt in mehrere selbständige Gemeinden.

Diözese (gr. *dioikesis* ‚Hausverwaltung‘, ‚Staatsverwaltung‘ in gr. Stadtstaaten, bes. die Finanz- und Wirtschaftsverwaltung der hellenistischen Königreiche – dav. Dioiketes, ‚Hausverwalter‘, im hellenistischen Ägypten der allmächtige Chef der Finanzverwaltung und Leiter der Staatswirtschaft, auch Titel seiner lokalen Untergebenen, byz. Titel der Finanzbeamten –; spätlat. *dioecesis*), röm. Verwaltungseinheit nach hellenistischem Vorbild: städtisches Territorium als Unterteilung der →Provinz, durch die Reform des Ks. Diokletian (284–305) den Provinzen übergeordnete Zwischeninstanz (urspr. 12) der Verwaltung unter Leitung eines →Vikars (→auch Comes); – in Anlehnung an den spätröm. Gebrauch der Amtsbezirk eines →Bischofs, urspr. meist nur die Bischofsstadt und ihr Umland umfassend und zunächst auch →Parochia genannt; seit Ausbildung der Diözesangliederung (→Kirchenprovinz) und Ablösung der →Chorbischöfe ist die D. der ein mehr oder weniger großes Gebiet umfassende territoriale Jurisdiktionsbereich eines Bischofs; Exemte D., vom Verband einer →Kirchenprovinz unabhängige und direkt dem Papst oder seinem Beauftragten unterstellte D. (→Exemtion); – die Bezeichnung D. kommt auch in der evang. Kirche für den Sprengel eines →Superintendenten vor.

Diplom (gr. ‚gefaltetes Schreiben') Brief, Empfehlungsbrief, lat. *diploma* bes. ks. Schreiben, Urkunde (v.a. Militär-d.e, die Entlassungsurkunden der röm. Soldaten mit Verleihung des Bürgerrechts und →Conubium), im MA. vereinzelt (neben →Charta, *litera* →*patens* u.a.) verwendet, in der NZ. bei J. Mabillon (1632 bis 1707, Begründer der →Urkundenlehre) Erlaß der obersten Staatsgewalt zugunsten eines Einzelnen, doch erweitert sich die Bedeutung bald zu →Urkunde und wird schließlich (soweit nicht Ehrenurkunde) durch das dt. Wort verdrängt; während v.a. durch die grundlegende Bedeutung des Werkes von J. Mabillon (*De re diplomatica*, 1681) das Wort Diplomatik für die →Hilfswissenschaft der →Urkundenlehre Verbreitung findet, entwickelt sich aus dem konkreten Anlaß, den staats- und gebietsrechtlichen Streitigkeiten des 17. Jh. (*bella diplomatica*), die Bedeutung Diplomatie für die Tätigkeit und Fertigkeit der auswärtigen Vertretung eines Staates bei anderen, die oft in den Abschluß von →völkerrechtlichen Verträgen ausmündet; – der Sache nach ist D. so alt wie die Staaten, von deren Verhandlungen und Abmachungen wir seit der Mitte des 2. Jtv. wissen; die Formen der NZ., seit dem 15. Jh. in Italien (v.a. durch die Kurie, Venedig und Florenz), Spanien, Frankreich entwickelt, sind v.a. durch die internationalen Vereinbarungen zur Zt. des Wiener Kongresses bestimmt (Wiener Reglement 19.3.1815; Aachener Protokoll, 21.11.1818); die große Zeit der Geheimdiplomatie vom Westfälischen Frieden bis zum 1. Weltkrieg, in der im weltmännischen Verkehr einer aristokratischen Gesellschaft mit minutiösen Formen der Etikette psychologisch fundierte Verhandlungskunst und persönlicher Kontakt unabdingbare Voraussetzungen des Erfolges waren, wurde durch eine Epoche der offenen D. abgelöst (Forderung W. Wilsons; geboten durch die fortschreitende Demokratisierung und Technisierung, durch die internationalen Foren des →Völkerbunds und der UN), ohne daß indes das Verhandeln hinter verschlossenen Türen ganz entbehrt werden kann oder das zähe Aushandeln durch juristisch und fachlich geschulte Diplomaten eine größere Effizienz bei der Erreichung des obersten Zieles erwiesen hätte, die zwischenstaatlichen Reibungen zu mindern und Möglichkeiten zu gütlicher Lösung aufkeimender Konflikte zu finden.

Dictionnaire diplomatique de l'acad. Intern. de D.ie, 1933; – O. Krauske, D. Entw. d. ständ. D.ie, 1886; L. Bittnet, Repert. d. diplom. Vertreter, 1936ff.; R. Sallet, D. d.atische Dienst, 1953; H. Nicolson, Kl. Gesch. d. D.ie, dt. 1955; W.G. Grewe, Die Sprache d. D.ie, 1967.

Direktorium (von lat. *dirigere* ‚leiten'), Vorsitz, Präsidium, z.B. in den Reichstagskollegien seit 1489 (Mainz im Kurfürstenkollegium, Österreich, bzw. Salzburg im Reichsfürstenrat, die Stadt des →Reichstags im Städtekollegium), in den Reichs→kreisen (*director* = kreisausschreibender Fürst); leitende Instanz, oberste Verwaltungsbehörde (vgl. →General-d.), bes. in Frankreich 23.9.1795 bis 9.11.1799 die oberste Regierungsbehörde (*Directoire exécutif*, 5 vom Rat der 500 gewählte Mitglieder mit einfachem Mehrheitsentscheid); dav. Directoire, Kunst- und Modestil des frz. D.s.

Dirhem →Drachme.

Disengagement (am.), Schlagwort für den seit 1955 erörterten Plan eines militärischen Auseinanderrückens der Großmächte in Mitteleuropa; allgem. Entspannung.

Disestablishment (engl.), die Trennung der engl. Kirchen vom Staat (Irland 1869, Schottland 1874, Wales 1920).

Dislokation (lat.), die Verteilung von Heereseinheiten, v.a. von Besatzungstruppen.

Dismembration (lat. Kunstw.), ‚Zerstückelung' eines Staates, v. a. in der völkerrechtlichen Diskussion über die Auflösung der Habsburgermonarchie gebraucht.

Dispensator (lat. ‚Rechnungsführer', ‚Kassier'), im frühen MA. Hofbeamter zur Kassenführung und Auszahlung, allgem. Wirtschaftsverwalter, →Meier; Dispensierer, Proviantmeister eines Schiffes.

Disposition (lat. ‚Ordnung', ‚Anordnung'), rechtliche Verfügung (z.B. *dispositio Achillea* das Hausgesetz des Kf. Albrecht Achilles von 1473, das die Unteilbarkeit der Marken und die →Primogenitur sicherstellt); freie Verfügung, z.B. über einen Beamten oder Offizier des Wartestandes (abgek. z.D.); D.s-fonds, -kasse, Haushaltspositionen, die dem Kg., dem Staatsoberhaupt oder den Leitern der Verwaltung (Ministerien) zur Verwendung nach freiem Ermessen von der Volksvertretung zugebilligt werden.

Dissenters (engl. ‚Andersdenkende'), die nicht der engl. Staatskirche angehörenden Protestanten, Non→konformisten (Puritaner, Quäker usw.), erhalten erst im 19. Jh. (1829 Aufhebung der →Test-Akte von 1673) die volle politische Gleichberechtigung.

Dissidenten (lat. ‚Getrennte'), urspr. die Religionsparteien (z.B. beim Warschauer Religionsfrieden 1573), dann die nicht der Staatskirche Angehörenden, v.a. die Nichtkatholiken Polens (im 17./18. Jh., bis 1775, bedrängt); in Dtld. die nicht den Landeskirchen oder dem Judentum zugehörenden Personen oder Religionsgemeinschaften (*Preuß. D.-gesetz 1847*), bzw. die staatlich nicht anerkannten Gemeinschaften.

Distrikt (mlat. *districtio* ‚Amtsgewalt' und ihre Ausübung), allgem. untere Verwaltungseinheit, Kreis oder seine Untergliederung, in Frankreich (1791–95 als Teil des →Departements), Deutschland (Bayern, Posen im 19. Jh.) u.a. europäischen Staaten nur vereinzelt, häufiger in der brit. und dt. Kolonialverwaltung; in den USA (und nach ihrem Vorbild in anderen am. Staaten) der Bezirk des Hauptstadt (Bundes-d., *District of Columbia*, der der direkten Verwaltung des →Kongresses untersteht).

Disziplin (lat. von *discere* ‚lernen'), Schule, Wissenschaft (Hilfs-d. →Hilfswissenschaften), bes. *disciplina Etrusca* die Wissenschaft der etruskischen →Haruspices, die in Rom zur Deutung der →Prodigien herangezogen wurde; Kriegs-, Manneszucht als militärische Tugend, im 2. Jhn.

als Göttin kultisch verehrt; Kirchenzucht (Disziplinanten = Geißler, →Flagellanten); allgem. innere Ordnung einer Gemeinschaft oder Körperschaft; D.argewalt, Strafvollmacht zur Aufrechterhaltung der D. im Militär und öffentlichen Dienst, ausgeübt vom D.ar-vorgesetzten.

Divan (pers.), urspr. Rechnungsbücher, dann Finanzamt; unter den Abbasiden allgem. Staatskanzlei, Staatsverwaltung; im tü. Reich Rat der obersten Beamten, Vorsitzender: der Groß→wesir.

Divination (lat. *divinari* ‚vermuten'), die Ausdeutung des göttlichen Willens aus Vorzeichen und Orakeln (→Augurn, Haruspices), in der Spätantike unter bestimmten Voraussetzungen (Frage nach dem Tod des Kaisers) als Majestätsverbrechen geahndet.

Division (lat. ‚Teilung'), Unterabteilung, vereinzelt auch (engl.) Verwaltungsbezirk; kleine Infanterie- oder Kavallerieabteilung, auch Schiffsverband; seit dem Ende des 18. Jh. in dt. und frz. Heeren gemischter Kampfverband, bisweilen in →Brigaden gegliedert.

Divus (lat.), Gott, bes. der nach seinem Tode unter die Götter versetzte Mensch, v.a. Prädikat jener röm. Kaiser die nach ihrem Tode auf →Senatsbeschluß die →Konsekration erhalten haben; auch mlat. vereinzelt Prädikat der Kaiser, wobei sich der Begriff dem Inhalt →Gottesgnadentum annähert (→auch Herrscherkult).

Th. Mommsen, Röm. Staatsrecht, II, ^{4}1952; L. R. Taylor, The Divinity of Rom. Emp., 1931; P. E. Schramm, Ks., Rom u. Renovatio, ^{2}1957; F. Taeger, Charisma II, 1960.

Doge (it.), urspr. der →Dux des byz. Dukats Venetien, dann bis 1797 das Oberhaupt des venezianischen Staates, nach kompliziertem Verfahren auf Lebenszeit gewählt; die urspr. fast unumschränkte Gewalt des D.n wurde im Laufe der Zeit immer weiter (zuerst auf dem zivilen, dann auf dem militärischen Sektor) eingeengt, v.a. durch die →Signoria und die →Savi, im 14./15. Jh. durch den Staatsgerichtshof des Rats der Zehn (1355 Hinrichtung des M. Falieri); nach venezianischem Vorbild das Staatsoberhaupt in Genua 1339–1804, seit dem 16. Jh. auf 2 Jahre gewählt, zuletzt ähnlich wie in Venedig auf repräsentative Funktionen beschränkt.

Dogma (gr. ‚Meinung', ‚Lehrsatz', ‚Erlaß'), fest formulierter Lehrsatz, der eine Grundwahrheit, so bes. in den christlichen Kirchen, bindend definiert; nach kath. Lehre sind alle in der Bibel oder in der Überlieferung geoffenbarten Glaubenswahrheiten in der vom obersten Lehramt (→Papst) verkündeten Form Glaubenspflicht aller Gläubigen; D.tismus, eine sich unkritisch auf äußere Autorität gründende Anschauung, bes. die Behauptung von philosophischen Voraussetzungen ohne kritische Prüfung.

A. v. Harnack, Lehrb. d. Dogmengesch., ^{5}1931 f., ND 1969; M. Schmaus, Hb. d. Dogmengesch., 1970ff.; F. Loofs, Leitf. z. Stud. d. Dogmengesch., ^{7}1968.

Dokimasie (gr.), ‚Überprüfung', der sich in der athenischen Demokratie alle gewählten und erlosten Bewerber um ein Amt vor dem →Rat oder vor Gericht zu unterziehen hatten. Die D. erstreckte sich v.a. auf die gesetzlichen Vorbedingungen (Bürgerrecht usw.) und das Vorleben.

Doktrin (lat. *doctrina* ‚Lehre',

,Gelehrsamkeit'), präzis formulierte Grundsätze, Grundsatzerklärung, z.B. die *Monroe-D.* (Botschaft des am. Präsidenten J. Monroe vom 2.12.1823, die die europäische Einmischung in am. Angelegenheiten und die am. in europäische ablehnt, →Isolationismus), die (starren) Grundsätze einer politischen Partei (meist abwertend = →Ideologie); D.är, spöttische, v.a. durch die politische Wirksamkeit des frz. Historikers G. Guizot (1787–1874) zwischen 1816 und 1848 rasch verbreitete Bezeichnung für einen theoretisierenden, pedantisch-gelehrten Politiker; dann auch für seine politischen Freunde gebraucht, die als Oppositionsgruppe die organische Weiterentwicklung der konstitutionellen Verfassung forderten, eine der ältesten Bezeichnungen für eine politische →Partei.

Dolchstoßlegende, eine letztlich auf E. Ludendorff (1865–1937) zurückgehende, seit 1918 von der politischen Rechten, dann vom Nationalsozialismus verbreitete Auffassung, wonach im 1. Weltkrieg ,die Niederlage durch Versagen und Verrat in der Heimat, durch „Juden und Sozialdemokraten" verursacht worden sei'.
H. Schröder, D. Ende d. D., 1946; S. A. Kaehler, Vorurteile u. Tatsachen, 1949; J. Petzold, Die D., 1963; F. Hiller v. Gaertringen in: Fs. f. H. Rothfels, 1963.

Dollar →Taler.

Dolmetsch(er) (it. *turcimanno*, frz. *trucheman* v. tü. →Dragoman; frühnhd. *trutschelman*, *trüzelman*, auch: *Deutelmeister*), Übersetzer, urspr. im Vergleich zu lat. *interpres*, frz. *interprète*, niederen Ranges.

Dom (von lat. *domus* ,Haus'), Kirche eines →Bischofs, in dem seine →Kathedra aufgestellt ist (→Kathedrale, Münster); D.-freiheit, in Bischofsstädten der unter der unmittelbaren Gerichtsbarkeit des D.-→stiftes als Immunitätsherrn stehende Bezirk um den D., die Wohnungen des Bischofs und des D.-kapitels einschließend; -herr, Angehöriger des D.-kapitels, im MA. häufig adligen Standes, seit dem 9. Jh. in eigener Wohnung lebend und mit freier Verfügung über sein Privateigentum und seine Pfründeneinkünfte; der D.-herr hat ständige →Residenzpflicht, die Pflicht zur Teilnahme am Chordienst und den Versammlungen des D.-kapitels, sowie zur Übernahme bestimmter Ämter; -kapitel, Korporation von Geistlichen an einer Bischofskirche zur Abhaltung bes. feierlicher Gottesdienste, zur Unterstützung des →Bischofs als sein Senat (→Kardinal) und zur Leitung der Diözese während einer →Sedisvakanz; hervorgegangen aus den urspr. in der Umgebung des Bischofs amtierenden Geistlichen, die sich seit dem 4. Jh. zu einem Leben nach einer gemeinsamen Regel zusammenschlossen (auf das kapitelweise Lesen dieser Regel läßt sich wahrscheinlich der Name zurückführen; für die einzelnen Angehörigen des D.-kapitels wurde auch die Bezeichnung Kanoniker üblich); trotz verschiedener Reformversuche verfiel die *vita canonica* seit dem 10. Jh., das früher gemeinsame Kapitelgut wurde aufgeteilt; dadurch wurde u.a. die Verselbständigung des D.-kapitels gefördert, das zu einer Korporation eigenen Rechts (→Stift) und seit dem HochMA. oft zum Mit- oder Gegenregenten des Bischofs wurde; Bischofswahl, sowie bes. rechtliche Privilegien gehörten zu den Vorrechten, die sich die D.-kapitel im 12. und 13. Jh. sichern konnten und die, für Deutschland durch das Wiener Konkordat 1448 bestätigt, bis zur →Säkularisation in Kraft blieben; -propst, Leiter des D.-kapitels, bes. in der Güterverwaltung, vom D.-dekan in der Leitung des Gottesdienstes und oft auch in der Vermögensverwaltung unterstützt; -schule, vom D.-kapitel unterhaltene Ausbildungsstätte, bes. für den Klerikernachwuchs, unter der Leitung des D.-scholasters; neben den Klosterschulen für die ma. Bildung bes. wichtig, verlor die D.-schule nach dem Aufkommen der Universität und der städtischen Schule zunehmend an Bedeutung, bis sie durch die vom Tridentinum vorgeschriebenen Seminare ersetzt wurde; -→stift; -→vogt.

W. Pinder, Dt. D.e des MA., 1969; – Ph. Schneider, D. bischöfl. D.kapitel, [2]1892; W. Kisky, D. D.kapitel d. geistl. Kf.en, 1906; A. Schulte, D. Adel u. d. dt. Kirche, [2]1922; L. Santifaller, Das Brixener D.kapitel, 1924.

Domäne (lat. *dominium* ‚Herrschaft' – dav. allgem. souverän beherrschter Bereich, Spezialgebiet –, mlat. *domanium*), vereinzelt (v.a. frz. *domaine*) das gesamte Staatseigentum, in der Regel der dem Landesherrn oder dem Staat gehörende landwirtschaftlich genutzte – bewirtschaftete oder verpachtete – Grundbesitz; die röm. Anfänge sind umstritten: das *dominium in solo provinciali* ging entweder aus der Übernahme des hellenistischen →Königslands in den →*ager publicus* (M. Rostovtzeff) oder aus einer Rechtstheorie der röm. Kaiserzeit (T. Frank, A. H. Jones) hervor; seit der röm. Kaiserzeit bildet jedenfalls der Domanialbesitz (Krongut, Reichsgut; sofern als Privatbesitz des Herrschers geschieden, Kammergut, Tafelgut) eine der wichtigsten Einnahmequellen, bis in die NZ. gemehrt durch Eroberung, Einziehung (v. a. des Kirchenguts, →Säkularisation), doch stärker gemindert durch Erblichkeit der →Lehen, Vergabe an Adelige und Kirchen, durch Verpfändung und Verkauf; im 19./20. Jh. ist die Ausdehnung des Domaniums in den europäischen Ländern stark unterschiedlich (z.B. in England, Bayern bedeutungslos, in Mecklenburg-Schwerin 42% der Gesamtfläche); wie die D.n vielfach (von Karl d. Gr. vgl. das *Capitulare de villis* 812, bis zu den modernen Versuchsgütern) wirtschaftlich führend sind, werden sie auch sozialpolitisch bedeutsam durch frühe Versuche zur Aufhebung der →Leibeigenschaft (zuerst in Frankreich, Spanien seit dem 15./16. Jh.) und durch die Schaffung zahlreicher →Erbpachtstellen; nach dem Grundsatz, daß der Landesherr die D.n-einkünfte vor den Steuern zur Bestreitung der Staatsausgaben heranzuziehen hat, werden in Preußen →Kriegs- und Domänenverwaltung (zu dieser →auch Amtskammer, Fiskus, Reichsgut) 1723 zusammengelegt.

M. Rostovtzeff, Ges. u. Wirtsch.-gesch. d. hell. Welt, dt. 1955; – T. Frank, Journ. of Hell. Stud. 1927; A. H. Jones, ebda. 1941; F. Lütge, Gesch. d. dt. Agrarverf., [2]1967.

Domesticus (lat. ‚zum Hofe gehörig'), seit dem 4. Jhn. die ersten Ratgeber des röm. und des byz. Kaisers, auch Titel des →protector; in der Merovingerzeit →Domänenverwalter; mlat. →Ministeriale.

Dominium (lat.), ‚Herrschaft', bes. nach röm. Recht das uneingeschränkte private Eigentumsrecht an Grund und Boden (Dominikal-land →Grundherrschaft; -steuer, Grundsteuer); →Domäne; mlat. →Landesherrlichkeit; *D. maris Baltici*, die Herrschaft über die Ostsee, seit 1563 (Kg. Sigismund II. August von Polen, 1548–72) zur Kennzeichnung v.a. der schwedischen Politik gebraucht; Dominion, überseeische Besitzung der engl. Krone; Länder der britischen Staatengemeinschaft mit eigenem Parlament und Staatshaushalt (die Krone vertreten durch den →Generalgouverneur), seit 1926 (Balfour-Memorandum; Dez. 1931 Westminster-Statut) selbständig in Innen- und Außenpolitik (Kanada 1867; Australien 1901; Neuseeland 1907; Südafrika 1910; Indien, Pakistan, Ceylon 1947), seit 1952 offiziell durch die Bezeichnung Land des →Commonwealth ersetzt.

U. Voges, D. Kampf um d. D. m. Balt., 1938; W. Hubatsch, Unruhe d. Nordens, 1962; – H. Walz, D.brit. Kolonialreich, 1956.

Dominus (lat. ‚Hausherr'), Herr, teils aus dem Bereich der röm. →Familie, teils durch östliche Einflüsse früh schon Anrede röm. Kaiser (Domitian, 81–96n.), seit Aurelian (270–75) im offiziellen Titel *(d. et deus)*, in der Spät→antike allmählich allgem. üblich (gr. →Despotes); mlat. →Lehensherr, Grundherr, →Landesherr *(d. terrae)*, Weltenherrscher *(d. rerum)*; dav. it., span. Don, port. Dom als Titel des Papstes und der Geistlichkeit, der Prinzen und hohen Adeligen, in Spanien bis zur Höflichkeitsanrede entwertet; Dominat, nach dem →Prinzipat die zweite große Epoche der röm. Kaiserzeit (284 bis zur Reichsteilung 395, bzw. zum Untergang des weström. Reiches 476), in der sich die absolute Gewalt der Kaiser als Herren des Reiches durchgesetzt hat (frz. *Bas-Empire*).

Donaten →Oblaten.

Donativ(um) (lat. ‚Geschenk'), seit der späten röm. Republik außerordentliches Geldgeschenk an die Soldaten; das D. wird bes. von Herrschern beim Regierungsantritt gewährt, um die Gunst der Soldaten zu gewinnen, dann auch am Jahrestag der Thronbesteigung, ferner bei wichtigen Anlässen im Leben der ks. Familie, so der Annahme der *toga virilis*, des →Caesartitels durch den Thronfolger, bei Adoption und Heirat; das D. kommt noch bei den Ostgoten unter Theoderich (493–526) vor, wird in Ostrom jedoch unter Justinian I. (527 bis 65) endgültig abgeschafft.

Donjon (frz., engl. zu lat. *dominium*, ‚Herrensitz'), stark befestigter Wohn- und Wehrturm, in größeren Burgen d. Bergfried.

Doppel→adler; -söldner, →Söldner mit doppelter Löhnung, v. a. der →Landsknecht, der eine →Arkebuse (Hakenbüchse) besitzt.

Dorf, allgem. in vielen Kulturen verbreitete Siedlungsgemeinschaft, die in der Größenordnung zwischen Weiler und →Stadt steht, rechtlich von dieser mehr oder weniger scharf abzugrenzen ist; D.-→etter; -→flur; -gemeinde, Verband der Bauern, die in der D.-flur Besitz haben und damit Anrecht am Gemeineigentum (→Allmende) des D.es.

Im dt. Siedlungsraum westlich der Elbe ergibt sich der Zusammenschluß zur D.-gemeinde seit der germ. Frühzeit erst ganz allmählich, meist im Rahmen einer →Grundherrschaft und im Widerspiel gegen diese. Die immer stärker werdende Besitzzersplitterung als Folge der Erbteilungen und der wachsenden Bevölkerung seit der Karolingerzeit erfordert eine Regelung der Rechte und Pflichten der Bauern durch eine Flurordnung (→Flurzwang), durch D.-ordnungen in Form von →Weistümern, die mit oder gegen die →Grundherrschaft festgesetzt werden. Bei Anlage neuer Dörfer, v.a. im Neusiedelland östlich der Elbe, wird die Flur- und D.-ordnung vom Grund-, bzw. D.-herrn von vornherein festgesetzt. – Vom vollberechtigten Mitglied einer Gemeinde (Nachbar, D.-genosse) sind im MA. und der frühen NZ. die Einwohner eines D.es (Pfarrer, herrschaftliche Beamte und Bedienstete) zu scheiden. Die D.-gemeinde wählt sich als Verwaltungsorgan den D.-meister (Bauermeister, auch Bürgermeister), ihm zur Seite steht in größeren Dörfern der Rat der ‚Zwölfer', ein Vorläufer des Gemeinderats. Als Hilfskräfte hat der D.-meister ferner Gemeindeknechte, Flurhüter, Hirten. Diese eigenständige →Genossenschaft von Bauern ist verschiedenen Formen von D.-herrschaft unterworfen, die sich in →Grund- und v.a. Vogt- u. Gerichtsherrschaft äußert, wobei letztere seit dem späteren MA. v.a. in der Hand des Territorialherrn ist. Herrschaftlicher Beamter ist der →Schultheiß, der seit dem 18. Jh. ausschließlich D.-richter ist, aber schon als grundherrlicher Beamter den Vorsitz im D.-gericht führt, mit Unterstützung der →Schöffen als Rechtsweiser und der D.-gemeinde als Gerichtsumstand. Die Ortsherrschaft beaufsichtigt ferner die Einhaltung der von ihr oder der D.-gemeinde gesetzten D.-ordnung und genehmigt die von der Gemeinde gewählten Beamten; D.-schaft, Genossenschaft der vollberechtigten Gemeindemitglieder im ma. und frühnz. D.; -schulze →Schultheiß, Erbschulze.

A. Dopsch, Herrsch. u. Bauer in d. dt. Ks.zt., 1939; K. S. Bader, Das ma. D. als Friedens- u. Rechtsbereich, 1957; O. Brunner, Land u. Herrsch., [4]1959; F. Lütge, Die Agrarverf. d. frühen MA., [2]1966; G. L. v. Maurer, Einl. z. Gesch. der Markt-, Hof-, D.- u. Stadtverf. u. d. öff. Gewalt, [3]1966; G. Franz, Gesch. d. dt. Bauernstandes, 1970.

Dotation (vom lat. *dos* ‚Gabe', ‚Mitgift'), Zuwendung der staatlichen Gewalt, v.a. bei persönlichen Verdiensten (auch in Form von Staatsland: D.s-lehen), staatlicher Zuschuß an Gemeinden und Kommunalverbände, allgem. Stiftung.

Downing Street in London, in der die Dienstwohnung des →Premiers und das brit. Außenamt *(Foreign Office)* liegen, daher übertr. für diese selbst gebraucht.

Doyen →Dekan.

Drache (von gr. *dracon* ‚der mit dem bösen Blick'), als Erdschlange und Himmelsdrache in Mythologie und Symbolik der Völker weit verbreitet; als letzterer Herrschaftssymbol (China; Persien – Tier des babylonischen Gottes Marduk), auch Feldzeichen, bes. der Inder und der Germanen in spätröm. Heeren (daher: spätröm.-byz. Dracontarius = Fahnenträger), als Sieges- und Herrschaftszeichen auch im MA., bes. im ags.-normannischen Bereich, während er in der christlichen Symbolik (Offenb.12) den Widersacher Gottes darstellt.

K. Fürst Schwarzenberg, Adler u. D., 1958.

Drachme (gr. ‚eine Handvoll'), gr. Gewichts- und Silbermünzeinheit nach orientalischem Vorbild (1 D. = 6 Obolen, 1/100 der Mine, 1/6000 →Talent), von unterschiedlicher Größe (in Attika 4,36 g), als häufigste gr. Münzeinheit auch in mehrfachen Werten (Di-, Tri-, Tetra-, Okto-, Dekadrachmon = 2, 3, 4, 8, 10 D.n) geprägt; das Wort lebt als Gewichtseinheit (engl. *Dram* 1,8 g.; tü. Dirhem – auch arab. Silbermünze des MA.) fort.

Dragoman (tü. →‚Dolmetscher'), Botschafter der →Pforte und Verbindungsmann europäischer Botschaften zu den tü. Behörden; auch einheimischer, v. a. griechischer Beamter im Dienste der Pforte, – Fanarioten.

Dragon (frz.-engl. von gr.-lat. *draco*), →‚Drache', auch Drachenfahne; Karabiner mit kurzem Rohr; D.er, im 16./17. Jh. die mit diesem ausgerüstete berittene Infanterie, später in mehreren Ländern leichte und schwere Kavallerie; D.aden, Dranggsalierung der Bevölkerung durch vermehrte Einquartierung, im 17. Jh. (1681 durch Louvois, 1641 bis 91) in Frankreich gegen Protestanten angewandt.

Dreeschwirtschaft →Felderwirtschaft.

Drei-bund, das durch den Beitritt Italiens am 20.5.1882 aus dem →Zweibund erweiterte geheime Verteidigungsbündnis zwischen dem Dt. Reich, Österreich-Ungarn und Italien (1883 Anschluß Rumäniens), das durch den Eintritt Italiens in den 1. Weltkrieg, 23.5.1915, zerbrach; -→felderwirtschaft; -kaiserbund 1872–86, Versuch einer Verständigung aufgrund persönlicher Aussprachen zwischen den Herrschern Rußlands, Österreich-Ungarns, des Dt. Reiches, nur gelegentlich vertraglich untermauert (1881–84 geheimer Neutralitätsvertrag), v.a. durch die Gegensätze auf dem Balkan gescheitert; -kaiserjahr, ungenaue Bezeichnung des Bürgerkriegsjahrs 69n., in dem Galba, Otho, Vitellius, Vespasianus Kaiser waren; -kaiserschlacht, die Schlacht bei Austerlitz, 2.12. 1805, zwischen Napoleon, Alexander I., Franz II.; -königsbündnis vom 26.5.1849 zwischen Preußen, Hannover, Sachsen zur Durchsetzung der kleindt. → Union, nach 5 Monaten aufgelöst; -klassenwahlrecht, 1849–1918 für die indirekte, öffentliche Wahl zum preuß. Abgeordnetenhaus, auch der Stadtverordneten, nach dem in jedem Wahlbezirk in 3 Klassen eingestuft wurde (je ⅓ des Gesamtaufkommens an direkten Steuern, so daß das Stimmengewicht durchschnittlich im Verhältnis 82 : 14 : 4 verteilt war); alle Versuche zu einer Reform des Wahlrechts, das v.a. die Konservativen begünstigte, scheiterten bis zum Zusammenbruch; -ling →Drilling; -männer→ Triumvirn; -mächtepakt, vom 27.9.1940 zwischen Deutschland, Italien, Japan (1940/41 Anschluß von Ungarn, Rumänien, Slowakei, Kroatien), die vertragliche Grundlage des Bündnisses der

Achsenmächte im 2. Weltkrieg; -meilenzone, der Bereich der Hoheitsgewässer an der Meeresküste, →Einflußzone; -ruderer →Triere; -verband, die →Tripleentente 1907.

Dreißigst, (1) der 30. Tag nach dem Tode, Tag der Seelenmesse, bis zu dem in altdt. Rechten die Rechtsfolgen des Erbfalls, v. a. das Wohnrecht der Angehörigen im Haus des Verstorbenen ausgesetzt blieben; (2) in den österr. Erblanden Grenzzoll von 3 $^{1}/_{3}$ %.

Drilling, Dreiling, allgem. 3 Maßeinheiten (Finger, Zoll, Pfennig), bei Hohlmaßen (→Fuder, Metze) auch das Drittel.

Drost (mnd. *drossete* ‚Truchseß'), seit dem späten MA. Beamter in NW-Dtld., der etwa dem →Amtmann entspricht, bes. Leiter von →Domänen; seit der frühen NZ. auch bloßer Titel eines →Adeligen mit polizeilichen und militärischen Befugnissen.

Druiden, die als Stand organisierte Priesterschaft der Kelten in Britannien und Gallien, mit mündlich überlieferter Geheimlehre und im Besitz höherer Weisheit (Magie, Rechts-, Heilkunde), von der röm. Reichsregierung im 1. Jhn. wegen nationaler Opposition aufgehoben, mit vordringender Romanisierung, bzw. in Schottland, Irland mit der Christianisierung verschwunden.

J. Ryan, D. Kelten (Christus u. d. Rel. d. Erde II), 1951; F. le Roux, Les druides, 1961; St. Piggott, The Druids, 1968.

Druzhina (ru. ‚Freundschaftsbund'), die kriegerische Gefolgschaft der altru. Fürsten, aus der der Stand der →Bojaren hervorging.

Dualismus (von lat. *duo* ‚zwei'), allgem. das Nebeneinander von zwei nicht zur Einheit zu führenden Größen; staats- und verfassungsrechtlich kann D. ‚die Zwietracht zwischen zwei rivalisierenden, um die Vorherrschaft in einem föderativen Ganzen streitenden Hauptmächten meinen; er kann aber auch die Eintracht zweier Mächte kennzeichnen, die sich zur einvernehmlichen Ausübung hegemonialer Befugnisse verbinden' (E. R. Huber); in ersterem Sinne kennzeichnet D. das Verhältnis Österreich-Preußen in der 2. Hälfte des 18. Jh., 1849/50, 1859 bis 66, im zweiten das Zusammenwirken dieser Mächte im Dt. → Bund 1815–48, 1850–59, sowie das Verhältnis Österreich-Ungarn nach dem →Ausgleich von 1867.

H. v. Srbik, Dt. Einheit, 1935ff.; E. R. Huber, Dt. Verf. Gesch. seit 1789, ²1967ff.; Th. Rody, Preuß. u. Österr. im Ringen um d. dt. Seele, 1947; – H. Kretschmayr, Gesch. v. Österr., 1936; E. Franzel, D. Donauraum, 1958.

Dublone (span. ‚Doppeltaler' von urspr. 2 →Escudos), die größte Goldmünze Spaniens und Lateinamerikas, von stark unterschiedlichem Gewicht (zwischen 6 und 27 g.).

Duc, Duca, Dukat usw. →Dux.

Dudinierlein (oberdt. v. lat. *duodenarius*), das 12-Pfennigstück.

Duma (ru.), ‚Rat', beratende Versammlung, bes. der →Bojarenrat bis Peter d.Gr. (1705); seit 1785 (erneuert 1870) städtischer Gemeinderat; 1906–17 das ru. Parlament, seit 1907 durch indirekte Wahl auf 5 Jahre bestellt.

Duodez-staaten, -fürstentümer (von lat. *duodecima* ‚Ein Zwölftel'), spöttische Bezeichnung für die dt. Kleinstaaten, Staat in Kleinformat (entspr. D.-format kleiner Bücher mit 12mal gefaltetem Bogen).

Duovirn (auch: Duumvirn, lat.), ,Zweimänner', kollegiale Kommissionen, wie sie bes. in der frühen röm. Republik durch Volksbeschluß für die verschiedensten Zwecke eingesetzt wurden, z.B. im 4. Jhv. als Befehlshaber der Flotte *(II-viri navales)*; auch leitende Beamte röm. Kolonien.

Duplum →Simplum.

Durchlaucht (lat. →*Serenitas*), D.iger, D.igster, Prädikat der →Fürsten.

Dürnitz, Durniz (von ru. *gornitza*), geheizte ,Stube', Speisezimmer, auch Badstube.

Dusack, böhmisches Sensenschwert aus einem Stück, Schneide an der inneren Krümmung, in Dtld. bis ins 16. Jh. gebräuchlich.

Dux (lat.), ,Führer', →Herzog; bei den Römern urspr. militärischer Führer unbestimmter Art, seit der strengen Scheidung in Zivil- und Militärgewalt durch Diokletian (284–305n.) der Kommandeur in einer Grenzprovinz *(d. limitis)*, ebenso byz. (auch Dukas), seit dem 7. Jh. wieder mit Verwaltung der Provinz (Dukat), allmählich Hoftitel, Titel lokaler Machthaber und Stadtfürsten, bes. in Italien; mlat. →Hausmeier *(d. palatii)*, →Markgraf *(d. limitis)*, →Doge; als Adelstitel →Herzog, frz. *duc*, ital., span. *duca* (im MA. auch Statthalter Venedigs auf Kreta), engl. *Duke;* Duce, →Führer, Titel Mussolinis als Führer der *Fasci di combattimento (Duce del Fascismo);* Dukalien, die landesherrlichen Rechte eines Herzogs; Dukaten, im 12. Jh. Silbermünze des Hg.tums Apulien, dann in Europa bis ins 20. Jh. verbreitete Goldmünze verschiedener Prägungen (3,5 g), benannt nach der venezianischen Prägung (erstmals durch G. Dandolo, 1280–89, nach Florentiner Vorbild) mit der Legende: *sit tibi Christe datus quem tu regis iste ducatus.*

Dvorjane (von ru. *dvor* ,Hof'), Hofmannen, Angehörige der Gefolgschaft eines ru. Fürsten (→Druzhina), unter den →Bojaren stehend, nach Ausschaltung dieser durch Peter d. Gr. der Dienstadel in Heer und Verwaltung, allgem. Adel.

Dyarchie (von gr. *dyo* ,zwei'), als Gegensatz zu →Monarchie geschaffener Ausdruck zur Kennzeichnung einer Staatsform, bei der die Macht in den Händen von zwei verschiedenen, weitgehend voneinander unabhängigen Gewalten liegt, z.B. →Senat und Kaiser im →Prinzipat des Augustus.

Dynast (gr. ,Machthaber'), nicht eindeutig bestimmte Bezeichnung eines Herrschers, v.a. seit dem 4. Jhv. lokaler Machthaber in Kleinasien und in der hellenistischen Welt; Dynastie, in der gr. Staatslehre (Aristoteles) Sonderform der →Aristokratie (mit Erblichkeit in der herrschenden Gruppe); Herrschaft und Herrschaftsbereich eines Dynasten; allgem. Herrscherhaus, die Abfolge der ein und derselben Familie angehörenden Herrscher, für das alte Ägypten durch den Priester Manetho von Sebennytos (um 280v.) zur Grundlage der Chronologie gemacht (30 D.n bis 343v.; Altes Reich 1.–6. D., Mittleres R. 11.–13. D., Neues R. 18.–24. D.), ähnlich für Mesopotamien durch den Priester Berossos (um 280v.); dynastisch, Errichtung und Erhaltung einer Dynastie betreffend (der Wahl→monarchie entgegengesetztes, dieser meist überlegenes Prinzip).

E (mhd. *ê*) = Ehe, allgem. Bund (AT., NT.), Gesetz, →Ehafte.

Earl (ags. *eorl*, dän. *jarl*), im ags. England der →Edeling, Edel→freie, seit dem 11. Jh. statt Ealdorman, der an der Spitze einer Grafschaft (→Shire, dann Earldom) steht. Bis zum 13. Jh. verdrängt das Königtum die allzu mächtigen Großen durch den kg. Beamten (→Sheriff), so daß E. zum bloßen Titel wird, nach Einführung des →Duke und →Viscount (1346, bzw. 1386) der dritthöchste Adelsrang, dem →Grafen entsprechend (→Lord, Peer).

Eben-burt, -bürtigkeit (mhd *eben*, ‚gleich'), Rechtsgrundsatz, in der ständischen Gesellschaft des MA. und der frühen NZ. für den Geburts→stand gültig, mit gleichzeitig rechtsbeschränkendem Charakter, z. B. vor Gericht E.-burt zwischen Beklagtem und Urteilern (→Pairs; vgl. den Prozeß Heinrichs des Löwen und Ssp-Ldr. II 12, § 2). Die Ehe zwischen Une.-bürtigen galt als Mißheirat (→morganatische Ehe, Ehe zur linken →Hand). Der →Adel, bes. der hohe, achtet z.T. noch heute auf E.-bürtigkeit.

Echt(e), (kontrahiert aus *êhaft*, ‚gesetzmäßig'), im älteren dt. Recht jeder gesetzmäßige Zusammenschluß von sozial und wirtschaftlich Gleichgestellten, bes. der →Hörigen einer Grundherrschaft zur →Genossame.; Echtwort, das an den Hof gebundene Nutzungsrecht eines →Markgenossen an der gemeinen →Mark, meist Waldnutzung, so daß E. oft auch Teil des gemeinsamen Waldes bedeutet.

Ecu (‚Schild' von lat. *scutum*), die frz. Goldmünze *(é. d'or)* seit Karl VI. (1380–1422); seit Ludwig XIII. (1640) auch die dem dt. →Taler entsprechende Silbermünze.

Edel →Adel; E.ing (germ. auch *adeling*), der durch Geburt zum Besitz eines →Odals berechtigte germ. Großbauer = Adelbauer; E.-frei = →Hochfrei; -mann, eigener = →Ministeriale; erster, seit Mitte des 16. Jh. der - bald alleinige - Vertreter des Provinzialadels der Provinz Zeeland in den Provinzialstaaten; durch Erbschaft gelangt das Recht an die Oranier; E.-mannsfreiheit, in Bayern alle dem Besitzer einer Hofmark zustehenden Rechte, anfänglich nur die →Fronen, dann bis Mitte des 16. Jh. auch die Gerichtsbarkeit innerhalb der →Hofmark, Vorrechte hinsichtlich der Erbfolge, auch Jagdrechte.

Edikt (lat. *edicere* ‚verlautbaren'), Weisung eines röm. Beamten (v.a. eines →Magistrats mit →Imperium) an die Bürgerschaft oder an Nachgeordnete, die ihm innerhalb des Amtsbereich grundsätzlich zusteht *(ius edicendi)* und für die Dauer seiner Amtszeit Gültigkeit hat; bes. das E. des →Prätors, der bei seinem Amtsantritt die Grundsätze der Rechtsprechung veröffentlicht (obwohl diese an sich in seinem Ermessen stehen, bildet sich in der Praxis durch Übernahme ein Traditionsgut heraus: *edictum perpetuum*, das ‚immerwährende E.', von Ks. Hadrian 131n. durch den Juristen L. Salvius Iulianus kodifiziert); von den röm. Kaisern übernommen, wird das E. zum k. Erlaß, der der Allgemeinheit über bestimmte Fragen gesetzesverbindliche Mitteilung macht (das sog. *E. von Mailand* 313n. ist staatsrechtlich kein E., sondern eine Vereinbarung der Ks. Konstantin und Licinius); entsprechend in MA. und NZ. = →Kapitulare, →Ordonnanz, z.B. das *E. von Nantes* 13.4.1598, das den Hugenotten freie Religionsausübung sichert.

Eduskunta, seit 1919 der (aus einer Kammer bestehende) finnische Reichstag.

Efendi (von spätgr. *authentes*, ‚Herr'), im tü. Reich Ehrentitel für Männer mit literarischer Bildung, hohe Zivilbeamte und Geistliche (→Reis-E.); heute im Orient als Anrede, = Herr, gebraucht.

Eggartenwirtschaft →Felderwirtschaft.

Ehafte (mnd. *êhaft* ‚gesetzmäßig'), Sammelbegriff des älteren dt. Rechts für die gesetzmäßige (mhd. *ê*, ‚Gesetz') Gewalt im Bereich der niederen →Gerichtsbarkeit, bes. die →Zwangs- und Bannrechte; Ehalten, Ehehalten = Dienstboten.

Ehe, →morganatische, zur linken →Hand; Eheschließung →Conubium.

Ehren, entspr. dem lat. *honores* = Ämter, Rang (als Titel, *Euer E.*, *Euer Ehrbarkeit*, entspr. dem engl. *Honourable*, Anrede von Standes- und Amtspersonen), in Verbindung mit einem Amt (z.B. E.-konsul, -general) Auszeichnung für Verdienste (= Honorar-, Titular-); E.-amt, öffentches Amt, das ohne Besoldung bekleidet wird (z.B. die Ämter der gr. Stadtstaaten und der röm. Republik; vereinzelt in Gemeinden, *e.-amtlicher →Bürgermeister); -*bürger, mit den Rechten, doch ohne die Pflichten eines Bürgers in die Gemeinde aufgenommen; -legion *(légion d'honneur)*, der bedeutendste frz. Orden, 19.5.1802 gestiftet, für militärische und zivile Verdienste, in 5 Klassen (Ritter, Offizier, Kommandeur, Großoffizier, Großkreuz) und mit Pension verbunden; -zeichen, Auszeichnungen (Verdienst- und Dienstauszeichnungen, Erinnerungszeichen u.a.), soweit nicht →Orden, vereinzelt auch Waffen (E.-degen, -säbel).

Ehrschatz, Sachleistungen kleineren Ausmaßes – Handschuhe, Schwert, Hufeisen usw. – vom →Lehnsmann ‚ehrenhalber' *(ad honorem)* anstelle des Waffendienstes gegeben.

Eid, eine bei fast allen Völkern gebräuchliche Form der feierlichen Anrufung einer für heilig gehaltenen und so auch gefürchteten Macht, bes. einer Gottheit, um eine Aussage zu erhärten *(assertorischer E.)* oder ein Versprechen zu bekräftigen *(promissorischer E.)*. Das Christentum lehnt den E., obwohl Christus selbst ihn verwirft, aufgrund alttestamentarischer Überlieferung nicht ab, vielmehr betont es seine Heiligkeit und schützt ihn so gegen Mißbrauch, bes. vonseiten des Staats. In der Geschichte des →Abendlandes wird der E. als Amts-e., →Fahnen-e., Gerichts-e. und allgemeiner Treu-e. (Lehens-e. und Untertanen-e.) geschichtlich bes. wirksam, wobei sich bei der Form der E.esleistung vorchristliches und christl. Brauchtum mischen. Im germ.-dt. Prozeßrecht ist der E.

häufigste Form des Beweises; rein formal wird dabei vor Gericht nur die Glaubwürdigkeit des E.es an sich, nicht aber der in ihm behauptete Tatbestand durch E.es-helfer erhärtet. Diese gehören i.a. der →Sippe, später auch der weiteren Verwandtschaft der den Prozeß führenden Partei an; ihre Zahl schwankt je nach den Umständen, urspr. sind es oft 12, später 7 Mann. Die Gegenpartei kann ihrerseits zur →Schelte des E.es E.eshelfer aufstellen, die, wenn sie an Zahl den Gegnern überlegen sind, deren E. ‚übersiebnen', d.h. überschwören können. Im Laufe des MA., v.a. im Zug der →Rezeption, verschwinden allmählich die E.eshelfer; ihr E. wandelt sich, zunächst im Zivilprozeß, zum heutigen Zeugen-e.; E.-genossenschaft →Einung.

F. Thudichum, Gesch. d. E.es, 1911; R. Ruth, Zeugen u. Eideshelfer in d. dt. Rechtsqu. d. MA., 1922; F. Koller, D. E. im Münchener Stadtrecht d. MA., 1953; J. Stelzenberger, D. Fahnen-e., 1953; W. Ebel, Der Bürger-e., 1958.

Eigen oder E.-gut, allgem. Privatbesitz im Gegensatz zum →Reichsgut (zur besonderen Bedeutung →Allod); -kirche, ein von U. Stutz in die Wissenschaft eingeführter Begriff für die herrschende Kirchenverfassung des frühen und hohen MA. bis zum Investiturstreit. Danach ist E.-kirche ‚ein Gotteshaus, das dem E.tum oder besser der E.herrschaft so unterstand, daß sich daraus nicht bloß eine Verfügung in vermögensrechtlicher Beziehung, sondern auch die volle geistliche Leitungsgewalt ergab'. In ihrem Ursprung umstritten (wohl im altgerm. Hauspriestertum wurzelnd), setzt sich die E.-kirche in Europa bes. im Gebiet germ. Rechts seit dem 6. Jh. immer mehr durch und umfaßt v.a. den Bereich der Niederkirchen. Daneben erscheint sie im slaw. und byz. Recht. Meist von einem →Grundherrn errichtet, hat die E.-kirche, bzw. das E.-kloster einen Steinaltar mit Reliquien zum Mittelpunkt; Kirchhof, Kirchengebäude, Pfarrhof mit Gut, →Hintersassen und →Allmendanteile, →Zehnten, Stolgebühren stehen in einem Zubehörverhältnis zu diesem. Der Bischof hat nur noch das Recht, den Priester zu weihen, ihn ein- oder abzusetzen der E.kirchenherr. Im Karolingerreich wird das E.-kirchenwesen staatlich geregelt, seine Auswüchse werden v.a. durch das Aachener Kirchenkapitular 819 beschnitten. Der Bestand der E.-kirche gegenüber dem E.-kirchenherrn wird gesichert, der Geistliche gegen willkürliche Ein- und Absetzung geschützt, dem Bischof ein gewisses Visitationsrecht zugebilligt. In dieser Form auch von Rom anerkannt (826, 853), von Bischöfen und Klöstern als →Grundherrn ebenfalls gepflegt, führt die damit allgem. herrschende E.-kirche zur Ausbildung des kirchlichen→ Benefizialwesens und zur Entstehung der Pfarrorganisationen (Neueinteilung der Sprengel mit Pfarrzwang, Recht auf den →Zehnten und die Stolgebühren). Der Praxis der weltlichen Herrscher, auch die →Bistümer als E.-kirchen anzusehen, wird von Rom aus im Investiturstreit begegnet. Mit Hilfe der aufblühenden Kanonistik wird bald auch im Bereich der Niederkirche das Recht der E.-kirchenherren beschnitten, denen lediglich ein Schutz und Präsentationsrecht, der →Patronat, bzw.

bei Klöstern und Stiften die →Inkorporation, bleibt; -lehen, von einer →Genossenschaft freier Bergleute betriebenes Bergwerk; -leute, Sammelbegriff für Unfreie, bes. →Leibeigene, dann auch →Hörige, schließlich auch →Ministerialen; -mann, -ritter, ein dem →Ministerialen des →Königs und der Reichsfürsten entsprechender Dienstmann nichtgefürsteter →Grafen, →Freiherren oder →Prälaten; -schaft = →Leibeigenschaft.

U. Stutz, D. E.kirche als Element d. ma.-germ. Kirchenrechts, 1895, Neudr. 1971; W. M. Plöchl, Gesch. d. Kirchenrechts, ²1960ff.; H. E. Feine, Kirchl. Rechtsgesch. ⁴1964; H.Ebner, D. freie E., Beitr. z. Verf.gesch. des MA., 1969; Th. Graff, Ks.urkunde u. E.kirchenrecht, in: MIÖG 78, 1970.

Eigner = →Leibeigener, Untertan.

Einfeld(er)wirtschaft →Felderwirtschaft.

Einfluß-sphäre, →Interessensphäre, Gebietsraum in einem Staat mit schwacher Regierung, z.B. im 19./20. Jh. Marokko, Persien, China, an dem aus politischen, wirtschaftlichen oder geographischen Gründen ein anderer Staat bes. politisches Interesse beansprucht, das er durch Abmachung mit rivalisierenden Mächten oder auch mit dem Staat, in dessen Gebiet die E. liegt, zu sichern sucht; -zone, jener Bereich der Küstengewässer, der, weil vom Lande her beherrschbar, vom Grundsatz der →Freiheit des Meeres ausgenommen ist; früher allgem. auf 3 Seemeilen (16,7 km), neuerdings (zu Fischereizwecken, Wahrung der Neutralität. Durchführung der Zoll- und Seepolizeiaufgaben) mehrfach darüber hinaus (bis zu 12 und 50 Meilen) beansprucht.

Eingeborene (lat. *indigenae*, frz. *indigènes*, engl. *natives*), im Gegensatz zu eindringenden Fremden die im Lande geborene und ansässige Bevölkerung, bes. seit der Zeit der Entdeckungen, die Völker in Übersee; im Zeitalter des →Kolonialismus verbindet sich mit dem Begriff die Vorstellung von dunkler Hautfarbe und kultureller und zivilisatorischer Unterlegenheit, ja Minderwertigkeit, so daß der Begriff im Zeitalter der Emanzipation der Kolonialvölker in Mißkredit geraten ist.

Einhegung (engl. *enclosure*), die Aufteilung der →Allmende in England (an deren Abschluß die augenfällige Errichtung von Zaun und Hag stand), im 15./16. Jh. beim Steigen der Wollpreise zur Ausweitung der Schafzucht genutzt, vielfach scharf, oft übertrieben kritisiert; im 18./19. Jh. zur Urbarmachung oder intensiveren Nutzung von Ackerland, um den Erzeugungsrückstand der engl. Landwirtschaft aufzuholen.

Einheit, als Begriff des nationalstaatlich-liberalen Denkens des 19. Jh. der (freiheitliche) politische Zusammenschluß aller Angehörigen einer →Nation, eines →Volkes; bes. die *Dt. E.* im 19. Jh., nach dem Ende des alten Reiches 1806 und der napoleonischen Zeit, als Ideal weiter Kreise des dt. Volkes, kulminierend in der Revolution von 1848 (E.sbewegung): ‚Da nach der Erfahrung eines ganzen Menschenalters der Mangel an E. in dem Deutschen Staatsleben innere Zerrüttung und Herabwürdigung der Volksfreiheit, gepaart mit Ohnmacht nach Außen hin, über die Deutsche Nation gebracht hat, soll nunmehr an die Stelle des bisherigen Deutschen Bundes eine auf National-e. gebaute Verfassung treten' (Verfassungsentwurf der Siebzehn vom 26.4.1848), in der Praxis durch das Verhältnis Preußen-Österreich belastet (→ auch Dualismus, Groß- und Kleindeutsch), politisch, v.a. 1848/49, angesprochen als Deutsche Frage; im 20. Jh. die Forderung, die sich aus der Folgewirkung der durch die Deklaration vom 5.6. 1945 (Amtsbl. des Kontrollrats, Erg.-H. 1, S. 11) erfolgten Aufteilung des dt. Gebiets vom Stande des 31.12.1937 in vier Besatzungszonen ergab; – unter dem Einfluß der politischen Erfahrungen wurde der Begriff der E. v.a. von der dt. Geschichtsforschung auf die gr. Geschichte übertragen, deren Beurteilung so unter anachronistischen Beeinflussungen zu leiden hatte; E.s-staat, im Gegensatz zum →Bundesstaat ein (nationaler) Staat mit einheitlicher Gesetzgebung, →Zentralismus, Unitarismus; Einigung, die Summe der politischen oder kriegerischen Maßnahmen, die zur E. führen, bes. die *Dt. Einigung* durch O. v. Bismarck (1815–98) als partielle Lösung eines →kleindeutschen Bundes der Fürsten (Einigungskriege, Sammelbezeichnung für den schleswig-holsteinischen, 1864, den preuß.-österr., 1866, den dt.-frz. Krieg, 1870/71); die *Einigung Italiens* 1859–70.

W. v. Klaeber, D. dt. Frage, 1932; H. v. Srbik, Dt. E., 1935–42; E. Lemberg, Gesch. d. Nationalismus in Europa, 1950; L. Zimmermann, D. dt. E.sbewegung in Franken 1848, 1951; Ch. Schöndube, Grundfragen d. eur. Integration, 1968; W. Hofer, Europa u. d. E. Dtld.s, 1970; – H. E. Stier, Grundlagen u. Sinn d. gr. Gesch., 1945.

Einkönig (norweg. *einvaldskonungr*), in den nordischen Königreichen der Kg., dem es gelingt, die Kleinkönige, →Volkskönige, zu beseitigen und das Land zu einigen.

Einkreisung, politische Verständigung unter Ausnutzung der geographischen Mittellage des präsumptiven Gegners; seit 1906 (Prägung des dt. Reichskanzlers B. v. Bülow, 1849–1929) Ausdruck des im dt. Volk zunehmend verbreiteten Gefühls des Bedrohtseins durch die engl.-frz.-ru. →Triple-Entente, deren vermeintliche, von der Gegenseite bestrittene aggressive Tendenz vornehmlich England und seinem Kg. Eduard VII. zur Last gelegt wurde.

Einlage, Einlager, Einquartierung, u.zw. eines Schuldners oder seines Bürgen an einem vom Gläubiger bestimmten Ort als Personalhaftung bis zur Begleichung der Schuld, vereinzelt auch Form der Armenfürsorge; →auch Stapel.

Einlieger →Instmann.

Einung (mlat. *coniuratio*), auch Eidgenossenschaft, allgem. Schwurverband, bes. ständisch Gleichrangiger, zur Wahrung ihrer Interessen: (1) in den Städten des 11./12. Jh. der Bürger gegen den →Stadtherrn; (2) der →Städte des 13./14. Jh. gegen die Fürsten, bzw. den niederen Adel; (3) der →Ritter in Ritterbünden gegen Fürsten und Städte; (4) der → Kurfürsten zur Wahrung ihrer Rechte gegenüber dem →König (Kurverein zu Rhens 1338, Boppard 1399, Bingen 1424). Die ständisch bestimmte E. wird durch territorial abgegrenzte Bündnisse abgelöst, z.B. den Schwäbischen Bund 1488, der

Fürsten, Reichsstädte, Grafen, Freiherren und Reichsritter umfaßt (→Landfrieden).

Einzugsgeld →Genossame.

Eiserne Garde, extrem nationalistische Bewegung in Rumänien 1933–40 (Führer Codreanu 1938 erschossen); E.r Vorhang, angeblich erstmals von W. Churchill, 1874–1965, (Telegramm an Truman, 12. 5. 1945) verwendete Bezeichnung für die Trennungslinie zwischen sowjetischer Einflußsphäre und der freien Welt.

Ejalet (tü.), im tü. Reich bis 1865 oberste Verwaltungseinheit, aus mehreren →Sandschakaten bestehend, unter einem Beglerbeg (→Bei). Nach 1865 sind mehrere E.e zu einem Wibajet zusammengefaßt.

Ekklesie (gr. ‚Herausrufung'), allgem. Versammlung, bes. die athenische Volksversammlung, die, auf der Pnyx oder Agora, später auch im Theater tagend, über praktisch alle Angelegenheiten des Staates nach Vorberatung durch die →Bule entscheiden konnte. Jeder Bürger hatte das Recht, zu jedem Punkt der Tagesordnung das Wort zu ergreifen, →Isegorie; die Abstimmung erfolgte durch Handaufheben, in bes. Fällen auch geheim, →Ostrakismos; seit dem 4. Jhv. erhielten die Teilnehmer Diäten, Ekklesiastensold, von 1, dann 3 Obolen); im NT. die zur Anbetung Gottes Versammelten, bes. die an Christus Glaubenden, davon (auch lat. *ecclesia*) Kirche, bes. die Kirche des NT. im Gegensatz zu der des AT. (→Synagoge); *Ecclesia militans*, nach kath. Lehre die gegen die Sünde kämpfende Gemeinschaft der Heiligen auf Erden, im allgem. Sprachgebrauch die aggressive Haltung der Kirche bei der Durchsetzung der von ihr beanspruchten Rechte und der von ihr geforderten Formen im politischen und gesellschaftlichen Leben; Ekklesiastes (Leiter der Versammlung, hebr. *koheleth*), abgek. *Eccl.*, das Buch des Predigers Salomo; Ecclesiasticus (lat. *libri ecclesiastici*, ‚Apokryphen'), abgek. *Eccli.*, *Ecclus.*, das →apokryphe Buch der Weisheit des Jesus Sirach, um 200v.

Eldorado (span. ‚der vergoldete Mann', nach einer Zeremonie des kolumbianischen Kults), das Goldland, das, angeblich im nordöstlichen Südamerika liegend, in der Geschichte der Entdeckungsreisen des 16.–18. Jh. eine bedeutsame Rolle spielt, allgem. Land der Sehnsucht, Paradies.

H. Trimborn, E., 1961.

Elektion, Wahl, von lat., mlat. *electio*, bes. Wahl des →Kaisers (*electus Romanorum imperator* seit 1508, nach dem Scheitern des Römerzugs, erwählter – d.h. nicht vom Papst gekrönter – röm. Ks.), dav. mlat. *elector* →Kurfürst, elektoral, kurfürstlich (frz. *Grand électeur* →Großwähler); Wahl des →Papstes, →Bischofs, →Abtes *(e. canonica)*; in Frankreich seit dem 14. Jh. *(élection)* Bezirk des Elu, des – urspr. von den Provinzialständen gewählten – Beamten für die außerordentlichen Steuern.

Elektron (gr. ‚Bernstein'), Gold-Silberlegierung mit mindestens 20% Silberbeimischung, Münzmetall des At., v.a. in den Anfängen der →Münzprägung.

Eleutherie →Freiheit.

Elite (frz. ‚Auslese'), seit V. Pareto (1848–1923) in der →Soziologie Bezeichnung für die – überall vorhandene, dauernd wechselnde – tatsächlich führende Schicht = →Aristokratie, in der Regel nicht mit einem Werturteil verbunden.

V. Pareto, Les Systèmes Socialistes, ²1926; E. Rack, D. Problem der E., 1950; L. v. Wiese in: Universitas 10, 1955; T. B. Bottomore, E. u. Gesellschaft, dt. 1966; P. Bachrach, Die Theorie demokratischer E.nherrschaft, 1970; K. von Beyme, Die pol. E. in der Bundesrep. Dtld., 1971.

Elogium (lat.), allgem. ‚Aussage', juristisch verbindlicher Text, bes. Ehreninschrift auf einer Statuenbasis.

Elu →Elektion.

Emanzipation (lat. von *mancipare* ‚verkaufen'), im röm. Personenrecht das Ausscheiden des Sohnes aus der väterlichen Gewalt in Form eines dreimaligen Scheinverkaufs und der →Freilassung; mlat. *emancipatio* →Freilassung, Aufhebung der →Munt; im 19. Jh. weit verbreitetes Modewort (ironisiert von H. Heine, 1829: ‚Was ist aber die große Aufgabe unserer Zeit? Es ist die E.'), ‚Austritt aus der Unmündigkeit', allgem. Befreiung, Erkämpfen oder Gewähren rechtlicher und gesellschaftlicher Gleichstellung, v.a. üblich in den Verbindungen →Frauen-e., →Juden-e.

Embargo (span.), die durch den Staat im Bereich seiner Hoheitsgewässer verfügte Festhaltung oder Beschlagnahme von Handelsschiffen (eigener und fremder Staatsangehöriger) und ihrer Ladung (auch bestimmter Warengattungen, v.a. Waffen) im Kriegsfall, aber auch im Frieden als Repressalie, als handelspolitische od. allgem. politische Maßnahme, im Völkerrecht als Eingriff in das Privateigentum umstritten.

Emenda (mlat. von lat. *emendare* ‚bessern'), = →Buße, →Wergeld; Emendation, in der Philologie die Herstellung eines Textes durch Beseitigen der durch die Überlieferung entstandenen Fehler.

P. Maas, Textkritik, ⁴1960.

Emerit (lat. *emeritus* ‚Veteran'), Ruheständler, v. a. im Ruhestand lebender Kleriker.

Emigration (lat., engl. ‚Auswanderung'), freiwillige Verbannung, freiwilliges Verlassen der Heimat und der dadurch verursachte Aufenthalt in der Fremde; im dt. Sprachraum entsprechend dem frz. *Emigrés* (im Gegensatz zu den hugenottischen →*Refugiés* die seit 1789 vor der frz. Revolution v.a. nach Deutschland geflüchteten Anhänger des *Ancien* →*Régime*) ist der Begriff Emigranten gewöhnlich auf die vor einem totalitären Régime Flüchtenden – mit dem Nebensinn der geistig, politisch oder gesellschaftlich führenden Schicht – eingeschränkt, bes. für die nach der Oktoberrevolution 1917 aus Rußland (v.a. nach Frankreich) und nach der Machtergreifung des Nationalsozialismus 1933 (v. a. nach den USA, England, Frankreich, den nordischen Staaten) Geflüchteten.

J. Vidalenc, Les Emigrés Français 1789–1825, 1963.

Eminenz (lat. *eminentissimus* ‚hervorragend', spätröm. Titel der →*praefecti praetorio* und der Heeresmeister, →*magister*), im MA. v.a. Titel der →Bischöfe, seit 1630 den Kardinälen, geistlichen Kurfürsten und dem Großmeister der Johanniter vorbehalten; *Graue E.*, nach Père Josephe (F. le Clerc, 1577–1638), dem Beichtvater Richelieus, urspr. Spottbezeichnung für einen einflußreichen, öffentlich nicht hervortretenden Berater.

Emir (ar.), seit dem 7. Jh. Titel von Fürsten und hohen Militär- und Verwaltungsbeamten islamischer Länder; z.Zt. in Arabien und Syrien gebräuchlich; 1920 bis 1946 Herrschertitel in Jordanien.

Emissär (frz. von lat. *emittere* ‚entsenden'), geheimer Unterhändler oder Agent eines Landes, einer Partei usw.

Emphyteuse (gr. ‚Anpflanzung'), in hellenistisch-röm. Zeit entwickelte, v.a. bei Meliorationsarbeiten übliche Form der Land→pacht, die durch langfristige Verträge und zunächst niedrige, gestaffelte Renten begünstigt war; in spätröm. und ma. Zeit →Erbpacht nach röm. Recht, die sich nur wenig (durch das Entziehungsrecht bei Mißwirtschaft oder Rückstand der Abgaben) vom privaten Eigentum unterschied (emphyteutisches Pachtgut ist vererblich und veräußerlich).

Empire (frz., engl. von lat. →*imperium*), →Reich, bes. frz., engl. das röm. Weltreich (→Prinzipat, Dominat), das ma. dt. Reich; frz. das Kaisertum Napoleons I. 1804 bis 1815 (danach E. der klassizistische Kunst- und Modestil jener Zeit) und Napoleons III. 1852–70 (*Premier*, *Second E.*, letzteres auch: *E. liberale);* das brit. Weltreich, bes. im Zeitalter des →Imperialismus (*British E.*, → auch Commonwealth); allgem. koloniales Weltreich, z.B. *E. Français*, das Kolonialreich der 3. frz. Republik.

Emporion (von gr. *emporos* ‚Kaufmann', bes. Großkaufmann, Handelsherr), in der gr.-röm. Welt Handelsplatz, Stapelplatz, v.a. des Seehandels, u.zw. sowohl Handelsstadt als auch die dem Handel dienenden baulichen Anlagen eines Hafens; vereinzelt auch (in der Mz. *Emporia*) die aus dem Handel kommenden Einkünfte einer Stadt oder eines Landes (Hafen- und Binnenzölle, Marktgebühren, Hafengebühren).

M. Rostovtzeff, Ges. u. Wirtsch.gesch. d. hell. Welt, dt. 1955f.

Enceinte (frz. ‚Umgürtung'), die äußere Umfassungsmauer einer Befestigung.

Encomendero, auch comendador (span., →Kommende), Spanier, dem – v. a. in den am. Kolonien – durch das Verfahren der *encomienda* eine Anzahl ‚Seelen' zur Betreuung, d. h. Unterrichtung und Bekehrung zugewiesen wurden. Als Entgeld hatten die Schützlinge dem E. einen Tribut zu entrichten. Allgem. Nachkomme der →Konquistadoren, Großgrundbesitzer.

Enfants de France, die näheren Verwandten des frz. Königs: alle legitimen Nachkommen seines Vaters.

Enklave (frz.), kleinerer Gebietsteil innerhalb eines zusammenhängenden Staatsgebiets, der einem fremden Staat gehört (= dessen →Exklave); die – bes. im alten Dt. Reich häufigen – E.n suchte man wegen der verwaltungstechnischen Schwierigkeiten v.a. seit dem 19. Jh. durch →Mediatisierung, Tausch, Kauf u.a. allmählich zu beseitigen, ohne daß dies bis zur Gegenwart restlos gelungen wäre.

Enneakaidekaeteris (gr.), der 432v. zugleich mit einer Neufestsetzung des Jahresanfangs von Meton v. Athen eingeführte, später verbesserte 19-jährige Schaltzyklus des attischen lunisolaren →Kalenders, mit 7 Schaltmonaten zu 30, bzw. 29 Tagen.

Enquête (frz. von lat. *inquisitio;* engl. *inquiry*), in der NZ. nach engl. Vorbild Untersuchung einer Regierungs- oder Parlamentskommission, v.a. zur Erarbeitung von Gesetzgebungsgrundlagen.

Entdeckung, das Auffinden von etwas Unbekanntem oder der Kenntnis Entschwundenem; in der Geschichtswissenschaft das Aufspüren von ‚Quellen, Denkmälern, Urkunden und Archivalien, die bis dahin nicht bekannt waren' (J. G. Droysen); für den Gewinn einer wissenschaftlichen Erkenntnis wird der Begriff E. im Bereich der Geschichte (→Erkenntnis, Objektivität) kaum, in den Naturwissenschaften dagegen häufig gebraucht, v.a. für die Erforschung des Erdkörpers. Obgleich Vorstöße in unbekannte geographische Räume zu allen Zeiten gemacht wurden, gebraucht man das Wort schlechthin zur Kennzeichnung einer Epoche (*Zeitalter der E.en:* im engeren Sinne von Kolumbus 1492 bis zum Auftauchen der Portugiesen in Japan 1543; im weiteren Sinne von Heinrich dem Seefahrer 1415 bis zum Vorstoß der Russen an den Pazifik 1639), weil im 15.–17. Jh. Europa sich die Umrisse der Erdoberfläche erschloß und dadurch starke Wandlungen (Änderungen im Wirtschaftssystem und seinen Schwerpunkten, Aufstieg der Seemächte, Anregung der Wissenschaft, des Naturgefühls usw.) erfuhr.

J. G. Droysen, Historik, [6]1971; – S. Günther, D. Zeitalter d. E.en, [4]1919; H. Plischke, E.sgesch., 1933; E. Zechlin, D. gr. E., (Neue Propyläen-Weltgesch. 5), [2]1963; L. Barring, Die E. der Völker, 1969; W. Krämer, Die E. u. Erforschung d. Erde, [5]1971.

Entente cordiale (frz.), ‚herzliches Einvernehmen', seit etwa 1840 verwendete Bezeichnung für ein enges freundschaftliches Verhältnis zweier Staaten, v.a. Frankreich und England; bes. die nach Ausgleichung der kolonialen Gegensätze 1904 geschaffene *E. c.*, die 1907 durch den Beitritt Rußlands zur →*Triple-e.* erweitert wurde; *Kleine E.*, 1920–38/39, das von E. Benesch geschaffene Bündnis zwischen der Tschechoslowakei, Jugoslawien und Rumänien zur Aufrechterhaltung des durch die Pariser Vorortverträge geschaffenen Zustandes.

P. J. V. Rolo, E. c., 1969.

Entfremdung →historischer Materialismus.

Entkolonialisierung (auch: Ent-, Dekolonisation), nach 1945 beginnender Rückzug der Kolonialmächte aus den →Kolonien, der, durch den Ost-West-Gegensatz und den Nationalismus der Kolonialvölker beschleunigt, 1957 verstärkt einsetzte und 1960/61 seinen Höhepunkt erreichte.

Lit.: M. Silberschmidt (Hrsg.), Europa u.d. Kolonialismus, 1962; M. Schmitt, Die befreite Welt, 1962; R. v. Albertini, Dekolonisation, 1966.

Entstalinisierung →Stalinismus.

Entwicklung, als Begriff des naturwissenschaftlichen und philosophischen Denkens des 18. Jh. (z.B. G. W. Leibniz, 1646–1716 in seiner Lehre von der ‚prästabilierten Harmonie') von J. G. Herder (1744–1803) auf die Geschichte (als ‚Kette der Geselligkeit und bildenden Tradition vom ersten bis zum letzten Gebilde') übertragen; im 19. Jh. von breitester Wirkung, da der Begriff des Sich-Vollendenden, Werdenden auch dem Idealismus als Gegensatz zur Idee, zum Vollendeten, Seienden entgegenkommt. J. G. Droysen (1808–84) versuchte, einen eigenständigen historischen E.sbegriff zu konstituieren (die ‚→Kontinuität des Werdens' – heute gew. *intensive E.* –, die letztlich als ‚Bewegung der sittlichen Welt' mit der Geschichte zusammenfällt) gegenüber der *extensiven E.* (Evolution), bei der ‚die ganze Folgereihe schon keimhaft in den ersten Anfängen präformiert' ist. Als ‚innere Bewegung des Gegenstandes selbst' (E. Troeltsch, 1865 bis 1923), des →Fortschrittsoptimismus und der biologischen Auffassung vom Wachsen, Reifen und Altern entkleidet und damit weitgehend der geschichtsphilosophischen Diskussion entzogen, dient der E.sbegriff der Geschichte dazu, ‚den Zusammenhang der einzelnen Vorgänge in einem Ganzen, die Zusammenfassung kleinerer Ganzheiten zu einer großen und der großen zu einer Gesamtheit des Geschichtsbildes' zu erarbeiten. Im 19. Jh., v.a. unter dem Einfluß L. v. Rankes, ist die entwickelnde oder genetische Geschichtsschreibung, die in sorgsamer Analyse der Quellen ‚den einheitlichen Zusammenhang äußerer und innerer Ursachen' aufzuspüren sucht (E. Bernheim), zur eigentlichen Form wissenschaftlicher Geschichtsschreibung geworden.

J. G. Herder, Ideen z. Philosoph. d. Gesch. d. Menschheit, 1784ff.; E. Bernheim, Einl. i. d. Gesch., 1912; E. Troeltsch, D. Historismus u. seine Probleme, (Ges. Schr. III) 1922; E. Brandenburg, D. Begr. d. E. u. seine Anwendung auf d. Gesch., (SB. Leipz.) 1941; F. Meinecke, Aphorismen u. Skizzen, [3]1953; F. Wagner, Gesch.-wiss., 1951; J. G. Droysen, Historik, [6]1971; R. Wittram, D. Interesse an d. Gesch., [3]1968.

Enzyklika (gr.-lat. *encyclica epistola* ‚Rundbrief'), urspr. Rundschreiben der →Bischöfe an ihre Gemeinden (Hirtenbrief), dann Rundschreiben des →Papstes an die Bischöfe eines Gebietes oder an alle Bischöfe und damit an alle Katholiken, meist lehrhaften Charakters oder als Stellungnahme der Kirche zu bestimmten Fragen; nicht als Äußerungen des höchsten Lehramtes (→Infallibilität) bindend, doch als Äußerung des ordentlichen Lehramtes verbindlich; Originalsprache mit wenigen Ausnahmen Latein, zitiert nach den Anfangsworten z.B. *E. Rerum novarum* Leos XIII. 1891.

Epakten (mlat. *epactae* von gr. ‚zusätzlich'), ma. Hilfsmittel zur Osterfestrechnung, ‚Zahlen, die das Mondalter des 22. März in verflossenen Tagen anzeigen' (Grotefend); die E. wechseln mit dem 1. 9.

→Chronologie.

Eparch (gr. *eparchos*), Bezeichnung für höhere Beamte oder Offiziere, bes. gr. für lat. →*praefectus (praetorio)*, im MA. das Stadtoberhaupt von Konstantinopel, in der NZ. vorübergehend gr. Verwaltungsbeamter; Eparchie, Amt und Amtsbereich eines E.en, darüber hinaus schon in hellenistischer Zeit vereinzelt = →Satrapie unter einem →Strategen; Verwaltungseinheit des byz. Reiches (im 6. Jhn. 64); im nz. Griechenland 1886 abgeschaffte Zwischeninstanz der Verwaltung; in der gr. Kirche = →Diözese.

Epavenrecht (frz. v. lat. *expavidus*) = →Heimfallrecht, v. a. zur Begründung von Säkularisationen, auch →Strandrecht.

Ephebe (gr.), Jüngling, der junge Mann in der Zeit der Pubertät, etwa der 15–17jährige; Ephebie, im Athen des 4./3. Jhv. Einrichtung auf der Grundlage der allgem. Wehrpflicht, die die E.n zu 2jährigem Streifen- und Polizeidienst im Lande heranzog; in der hellenistischen Zeit die 2., vermutlich 3jährige Stufe in der Ausbildung des gr. →Gymnasions (zwischen den Knaben, *paides*, und jungen Männern, *neoi*), der wichtigste Abschnitt der gr. Erziehung.

H. I. Marrou, Gesch. d. Erziehung im klass. At., dt. 1957; M. P. Nilsson, D. hellenist. Schule, 1955; C. Pélékidis, Hist. de l'E.ie Attique, 1962.

Ephoren (gr. ‚Aufseher'), Behörde in dorischen Städten (in Athen nur vorübergehend 404v.), bes. die 5 E. in Sparta, urspr. Phylenbeamte, seit 754/3 →eponym, 6. bis 3. Jhv. praktisch die oberste politische Gewalt im Staate (Anklagerecht gegen die Könige), jährlich von der →Apella gewählt; Ephorus, in der prot. Kirche vereinzelt = Superintendent, auch Leiter einer Bildungsanstalt.

epichorisch (gr.), einheimisch, die eingesessene Bevölkerung betreffend (→Eingeborene).

Epidemie (gr.), Aufenthalt in einer fremden Stadt (danach *E.n*, ‚Reisenotizen', Werk des gr. Arztes Hippokrates von Kos, gest. um 460v.), Erscheinung eines Gottes, →Epiphanie; seit dem At. auch: Seuche.

Epidamiurg = →Demiurg als Jahresbeamter.

Epigonen (gr. ‚Nachgeborene'), in der gr. Mythologie die zweiten Sieben gegen Theben, denen die Einnahme der Stadt gelang; nach J. G. Droysen (1843) die hellenistischen Könige der Generation nach Alexander (Ptolemaios Philadelphos, Antigonos Gonatas u.a.), zur Epochengliederung des →Hellenismus für die Zeit nach dem Tod des letzten →Diadochen Seleukos 280v. verwendet; allgem. seit dem Roman von K. Immermann, *Die E.* (1836), Generation mit geschwächter schöpferischer Kraft in Kunst, Literatur und Politik; Epigonoi, die Iranier im Alexanderheer, in den hellenistischen Reichen die Nachkommen fremder Söldner.

Epigraphik (von lat. *epigraphein* ‚beschriften'), die Lehre von den Inschriften, ‚die Kunde von literarischen Monumenten, die auf dauerhaftes Material wie Holz oder Stein geschrieben sind' (A. Boeckh, 1785–1867). Im Bereich der klass. At.swissenschaft ist die E. zu einer eigenen Disziplin, einer →Hilfswissenschaft entwikkelt worden, wenn sie auch aus anderen Bereichen, z.B. durch den Ägyptologen R. Lepsius (1810–84) starke Förderung erfuhr (Abklatsch-Verfahren: Abdruck von Inschriften auf Löschpapier). Ungeachtet der Kritik, die der E. Mangel an begrifflicher Einheit vorwarf, erfreute sich die Disziplin bis ins 20. Jh. zunehmender Beliebtheit, v.a. weil sie unmittelbare Begegnung mit dem Leben der Antike vermittelt. Nach vereinzelten Versuchen im At. (Aristoteles, Didaskalien; Philochoros v. Athen, 320–260v.) und MA. (*Anonymus Einsiedelensis*, 9. Jh.) setzt mit →Humanismus und →Renaissance die eigentliche Tätigkeit des Sammelns und Kopierens ein (Kyriacus v. Ancona, 1391–1450, der *Vater der E.*), die zugleich verstärkte Liebe zu den Altertümern, Erweiterung der Kenntnisse und zahlreiche geschickte Fälschungen (Pyrrhus Ligorius von Neapel, gest. 1583, u.a.) mit sich bringt. In den folgenden Jhh. (J. Gruter 1560–1627, *Inscr. ant. totius orbis Romani*, 1602; J. Spon, 1647–85; L. A. Muratori, 1672 bis 1750, *Novus thesaurus vet. inscr.*, 1739ff.; G. Marini, 1742–1815 u. a.) stehen die lat. Inschriften im Vordergrund, doch setzt die große wissenschaftliche Arbeit des 19. Jh. mit A. Boeckh (1785–1867) bereits 1825 bei den gr. ein, während die lat. (B. Borghesi, 1781 bis 1859; Th. Mommsen, 1817 bis 1903) erst seit 1863 in einem Corpus zusammengefaßt werden. Das epigraphische Material, das mit Schwerpunkt der jüngeren Geschichte Athens und der röm. Kaiserzeit entstammt, bringt fast dem gesamten Bereich der Alten Geschichte seit dem 8. Jhv. Zuwachs an Quellen; bes. wertvoll sind die Hilfen der Inschriften für Chronologie und Entwicklung der Schrift, für Staats- und Privatrecht, Personengeschichte (→Prosopographie), Religions- und Kirchengeschichte, v.a. der frühchristlichen Zeit, die Heeresgeschichte der röm. Kaiserzeit und den röm. Straßenbau, v.a. aber durch die Einblicke in das Alltagsleben, den sozialen und wirtschaftlichen Bereich. Aber auch die allgem. politische Geschichte dankt der E. wertvollstes Material, z.B. das *Marmor Parium*, eine Chronik der gr. Geschichte bis 264v.; die Tributlisten des 1. Attischen Seebunds und die sog. ‚Gründungsurkunde' des 2. von 378/7v.; den Tatsachenbericht des Kaisers Augustus (*Monumentum Ancyranum*, die sog. *Königin der Inschriften*), das Höchstpreisedikt des Ks. Diokletian von 301n. und vieles andere.

J. J. Hondius, Saxa loquuntur, 1938; M. Wegner, At.skunde, 1951; H. Bengtson, Einf. i. d. Alte Gesch., [6]1969; F. Panzer, Inschriftenkunde, (Dt. Philologie i. Aufriß [2]I) 1957; – Die wichtigsten Sammlungen sind die von der Preuß. Akad. d. Wiss. beförderten: Corpus Inscr. Graecarum (CIG), 1825–59, überholt durch Inscr. Graecae (IG), seit 1873; Corpus inscr. Latinarum (CIL), seit 1863; ferner Tituli Asiae Minoris (TAM), Wien 1901ff., Monumenta Asiae Minoris Antiqua (MAMA). Manchester 1928 bis 39; – Die Veröffentlichung der gr. Inschriften hat sich in zahlreiche Einzelpublikationen, z.B. für Delos, Rhodos, Syrien, zersplittert; über neues Material orientieren J. J. Hondius, Supplementum e.cum Graecum (SEG), 1923ff. und die Zs. Rev. des études Grecques; Auswahlpublikationen von W. Dittenberger, Sylloge Inscr. Graecarum (Syll.), [3]1915–23, und Orientis Graeci Inscr. Selectae (OGI), 1903–5; N. Tod, [2]1946; – Die lat. Inschriften, besser zusammengeschlossen, werden ergänzt in Ephemeris e.ca, 1872–1913, und in der Zs. Revue archéologique; Auswahl von H. Dessau, Inscr. Latinae Selectae (ILS), 1892ff. – Andere: Corpus inscr. Semiticarum (CIS), Paris 1883ff.; Répertoire d'épigraphie sémitique, 1900ff.; Corpus inscr. Etruscarum (CIE), Leipzig 1893ff.; H. L. Stoltenberg, D. wichtigsten etrusk. Inschriften, 1956; die Sammlung der ma. Inschriften wird von den dt. Akademien seit 1935 mit dem Werk ‚Die dt. Inschriften' befördert.

Epikratie (gr.), ‚Obergewalt', geschlossener Herrschaftsbereich, bes. der Karthager auf Sizilien.

Epiphanie (gr.), Erscheinung eines Gottes, im hellenistischen →Herrscherkult auch: Besuch eines Fürsten.

Episkeptit (gr.), ,Inspektor', byz. Aufsichtsbeamter, in die →Themen entsandt.

Episkopalismus (von gr. *episkopos*), ein seit dem Höhepunkt der päpstlichen Machtentfaltung unter Bonifaz VIII. (1294–1305) unter Zurückgreifen auf altkirchliche Anschauungen (Cyprian) wiederholt vertretenes Programm einer im Gegensatz zum Papalsystem stehenden Kirchenverfassung; die episkopale Theorie spricht dem einzelnen →Bischof alle Jurisdiktionsrechte kraft seines Amtes zu, räumt dem Papst zwar einen Ehrenprimat ein, betont aber die Superiorität der Jurisdiktion des auf einem allgem. →Konzil (→Konziliarismus) versammelten Gesamtepiskopats über den Papst; die im 13./14. Jh. v.a. von Heinrich v. Langenstein, Pierre d'Ailly, Johannes Gerson vertretene Theorie erreichte ihre breiteste Wirkung auf den Reformkonzilien des 15. Jh., wurde vom Papsttum (bes. auf dem →Tridentinum) erfolgreich bekämpft, lebte aber in den Formen des →Gallikanismus, →Jansenismus, →Febronianismus und →Josephinismus weiter, wurde in Dtld. und Österreich durch die Emser Punktation 1786 und die Synode von Pistoia 1786 noch einmal aktiv, verschwand aber nach der Verurteilung durch den →Syllabus 1864 und das Vatikanische Konzil 1870 völlig, →Infallibilität; Episkopalsystem, in der evang. Kirche seit dem 16. Jh. ausgearbeitete Rechtslehre, die dem →Landesherrn die Kirchenhoheit in äußeren Dingen als Nachfolger des kath. Bischofs in den evangelisch gewordenen Gebieten zuspricht, während die inneren Dinge (Lehre, Verkündigung) der geistlichen Kirchenleitung unterstehen (→Konsistorium); Episkopalkirche, eine auf Bischöfe als oberste Träger der kirchlichen Lehre (meist unter Betonung der →apostolischen Sukzession) gegründete Kirchenverfassung, die im Gegensatz zum Papsttum steht, z.B. die Anglikanische Kirche in England; Episkopat, die Gesamtheit der Bischöfe eines Landes oder der Gesamtkirche, auch die unterste Stufe der →*Hierarchia ordinis* (→Kirchengewalt).

A. Werminghoff, Nationalkirchl. Bestrebungen im dt. MA., 1910; F. Vigener, Gallikanismus u. episkop. Strömungen im dt. Katholizismus, in: HZ 1913; C. Jenkins, K.W. McKenzie, Episcopacy Ancient and Mod., 1930; H. Heimpel, Dietrich v. Niem, 1932; W. Bertram, Papst u. Bischofskollegium . . ., 1965.

Epistrategie (gr.), von den Römern geschaffene Zwischeninstanz in der Verwaltung Ägyptens (Ober-, Mittelägypten, Delta).

Epistula (lat. ,Brief'), Erlaß des röm. Kaisers in Briefform; in den germ. Reichen, bes. bei Langobarden und Franken, die dispositive Geschäftsurkunde (Gegensatz: *notitia*, Beweisurkunde), auch *carta*, *testamentum* genannt. Nach der Art des Rechtsgeschäfts unterschied man *e. donationis*, *venditionis* usw. Seit der Karolingerzeit weitete sich der Begriff auf alle in Briefform (Adresse, Gruß) abgefaßten Schriftstücke aus (Synonym: *litterae*).

→Urkunde.

Epitaphios (gr., vgl. Epitaph, Grabschrift, bzw. der mit dieser versehene Stein), Grabrede, bes. die im Athen des 5./4. Jhv. von Staats wegen angeordnete für die

Gefallenen eines Sommerfeldzugs (vgl. Thuk. II, 35–46).

Epitome (gr.), Auszug, kurzer Abriß, z.B. *E. rerum Romanarum* des L. Annaeus Florus (2. Jhn.), röm. Geschichte nach Livius, *E. rerum Germanicarum* (1505) des J. Wimpheling (1450–1528), die erste dt. Geschichte; Epitomator, Verfasser eines verkürzten Auszugs aus einer Quelle.

Epoche (gr. *epoché* ‚Ansichhalten', in der Philosophie seit der Stoa: Zurückhaltung im Urteil), in der Chronologie der feste Anfang einer Zeitrechnung (= E.njahr); in der Geschichtsphilosophie, v.a. des 19. Jh., ‚Zeitpunkt, bei dem etwas Neues beginnt, ein neues Moment bestimmend in die Entwicklung eintritt, ein Ereignis dem Lauf der Dinge eine neue Richtung gibt. Ereignisse dieser Art bezeichnen wir als e.-machend oder epochal. In übertragenem Sinne nennt man dann wohl auch den ganzen Zeitraum, der von den Nachwirkungen eines solchen Ereignisses beherrscht ist, eine E.' (J. Haller). ‚In jeder E. der Menschheit äußert sich eine bestimmte, große Tendenz', sagt L. v. Ranke (1795–1886), und – um der im Begriff des →Fortschritts enthaltenen Abwertung einer Generation durch die nachfolgende entgegenzutreten: ‚Jede E. ist unmittelbar zu Gott, und ihr Wert beruht gar nicht auf dem, was aus ihr hervorgeht, sondern in ihrer Existenz selbst, in ihrem eigenen Selbst'. Während in der Praxis der Geschichtsschreibung, der Literatur- und Kunstgeschichte u.a. E.nbegriff und E.nbezeichnungen als unentbehrliche Hilfsmittel ihren Platz behaupten, richtet die Geschichtstheorie schwere Angriffe gegen das Willkürliche, Subjektive jeder E.ngliederung (am stärksten bei B. Croce, 1886–1952, der der E. ‚nur mnemotechnisches Interesse' zubilligt und in ihr eine Abwertung der wirklichen Geschichte zur ‚Ausführung eines Programms' sieht, ‚das schon der Titel enthält, den diese E. erhalten hat'). Im 20. Jh. gilt der Begriff E. als durch die →Geschichtsphilosophie vorbelastet, man bevorzugt die Begriffe Periode (bei L. v. Ranke synonym mit E.), Zeitalter, ohne daß sich, abgesehen von einer gewissen wägenden Vorsicht, dabei viel mehr als eine Verschiebung oder Rückverschiebung des Akzents ergibt: ‚Die Periodisierung soll somit einen Ausschnitt aus der Zeit, einen Zeitraum vom Inhalt des Geschehens her als Einheit zusammenfassen' (E. Kayser). – Eine Periodisierung oder E.ngliederung der Geschichte ist bereits durch jede Zeitrechnung (→Ära) gegeben. Als Großgliederung hat sich – abgesehen von den Versuchen der →Geschichtsphilosophie und neuerdings der →Kulturmorphologie – die von dem Hallenser Professor und Schulmann Ch. Cellarius (1634–1707) zwar nicht geschaffene (J. Huizinga), doch verbreitete allgem. durchgesetzt (→Altertum, Mittelalter, Neuzeit); obwohl man zunehmend, v.a. wegen ihres begrenzt europäischen Standpunktes, ihre Unzulänglichkeit empfindet, hat sie sich bislang aus praktischen Gründen gegen Versuche, sie zu relativieren (K. Breysig) oder durch eine andere zu ersetzen (O. Halecki: mediterranes – europäisches – atlantisches Zeitalter) behauptet; eine verbindliche Begrenzung der E. durch feste Daten (E.n-jahre,

E.n-punkte) erwies sich als unmöglich. Auch die Periodisierung begrenzter Zeiten oder Räume weist Überschneidungen, Zufälligkeiten, Einseitigkeiten auf, z.B. in der verschiedenartigen Provenienz der E.nbezeichnungen (aus der Kunstgeschichte: Renaissance, Barock; der Rechtsgeschichte: Gegenreformation, Absolutismus; der Wirtschaftsgeschichte: Merkantilismus; der Philosophie: Aufklärung), in der nationalen Verengung (Völkerwanderung) bis zur mehrfachen Benennung derselben Einheit (Restauration-Vormärz-Biedermeier).

L. v. Ranke, Ü. d. E.n d. neueren Gesch., 1854; E. Kayser, D. Gesch.-wiss., 1931; B. Croce, D. Gesch. als Gedanke u. Tat, dt. 1944; J. Huizinga, Z. Gesch. d. Begr. MA, (Gesch. u. Kultur) 1954; K. Jaspers, V. Urspr. u. Ziel d. Gesch., [3]1966; O. Halecki, Europa, dt. 1957; H. Heimpel, D. Mensch in seiner Gegenwart, [2]1957; – F. Altheim, E.n d. Röm. Gesch., 1924f.; J. Haller, E.n d. dt. Gesch., Neue Ausg. 1950.

Eponymen (gr.), staatliche Organe oder Priester, die, in Ermangelung einer anderen Zeitrechnung (→Ära, Indiktion), dem Jahr den Namen geben, z.B. in Athen der erste →Archon *(eponymos)*, in Sparta der erste der → Ephoren, in Theben der Boiotarch (der →Polemarch des Bundes), in Argos die Priesterin der Hera; v.a. in Rom die beiden →Konsuln, in der Kaiserzeit die ersten beiden Konsuln des Jahres *(consules ordinarii)*.

Epopten (gr. ‚die Schauenden'), der höhere Grad der Eingeweihten bei gr. Mysterien, v.a. der Demeter von Eleusis; im byz. Reich Aufsichtsbeamte zur Inspektion der →Themen.

Erbe, in Nwdtld. der vollberechtigte Bauer, sowie sein Besitz; durch Teilungen kommt es neben Voll-e.n zu Halb-e.n Drittel-, Viertel-e.n mit entsprechenden Rechten; in der →Markgenossenschaft heißen die vollberechtigten freien Eigentümer E.n (Erbexen); E.n-laub (= -erlaubnis), im ma. dt. Recht die Zustimmung der erbberechtigten Sippegenossen zur Veräußerung und Belastung von Liegenschaften des Familienguts durch den Erblasser; -gedinge, im germ. und ma. dt. Recht das Recht des Erblassers, beim Fehlen natürlicher E.n sich einen E.n zu wählen (dingen), der ihm urspr. das Totenopfer ausrichten mußte; um die Heimfallrechte der →Sippe zu wahren, geschieht die Wahl des E.n in öffentlicher Versammlung, später vor Gericht; -tag, Versammlung der bedeutenderen Gutsbesitzer (seit 1794 mindestens 10 Hufen Besitz) Cleve-Marks unter Hinzuziehung von Vertretern der Beamten, des Kirchenguts und der →Domänen mit der Aufgabe, die Steuern umzulegen.

Erb-bauer, Bauer, der (a) ein vererbbares Gut als Eigentum, zu →Erbpacht, →Erbleihe usw. besitzt, oder (b) der mit seinem Besitz vererbt wird, z.B. ein → Grundholde; -baurecht (auch Gründerleihe), während der Ostkolonisation bes. bei Anlage von Städten übliche Leihe von Grund und Boden (der Beliehene ist Besitzer der von ihm erstellten Gebäude, dem →Grundherrn entrichtet er nur einen kleinen Zins; das Recht kann vererbt oder seit dem Ende des MA. veräußert werden); -folge, gesetzliche oder testamentarische Besitznachfolge, (a) erfrühte, Verleihung eines →

Lehens an den Erben, solange der Vater noch lebt, (b) gewillkürte, freie Verfügung des Erblassers über die Erbschaft; -feind, aus der Sprache Luthers (‚der alt böse Feind') im 19. Jh. durch E. M. Arndt u. a. in die Terminologie des →Nationalismus zur Kennzeichnung des dt.-frz. Verhältnisses übernommen; -folgekrieg, Streit um die Nachfolge einer erlöschenden Dynastie, z.B. der *Spanische* 1701–13/14, der *Polnische* 1733–38, der *Österr.* 1740–48, der *Bayr.* 1778/79; -fürstentümer, königliche, in Schlesien der ‚Krone Böhmens' unmittelbar gehörende Fürstentümer, die nach dem Aussterben der Piasten (14. Jh.) als →Apanagen der böhmischen Königssöhne unter gesonderter Verfassung und Verwaltung Verwendung fanden; -graf, Titel des erbberechtigten Sohnes eines →Reichsgrafen (mediaten); -großherzog, Titel des erbberechtigten Sohnes eines regierenden →Großherzogs; -herr, (a) der →Landesherr, bzw. → Stadtherr im Sinne der erblichen Herrschaft über sein Territorium bzw. seine Stadt, (b) der →Gutsherr als Herr über seine →erbuntertänigen Bauern; -hof, unter dem Nationalsozialismus bäuerlicher Besitz von bestimmter Größe, der – zur Wahrung eines gesunden Bauernstandes – nur im →Anerbenrecht vererbt werden durfte; -hofrichter, erblicher Richter am →Hofgericht zu Rottweil; in Schlesien erbliches Amt der Grafen Schaffgotsch bis 1750, mit den Pflichten und Rechten eines *commissarius perpetuus;* -kaisertum, Stellung des Reichsoberhaupts in der am 28.3.1849 von der Frankfurter Nationalversammlung verabschiedeten Verfassung; -huldigung = → Huldigung, bes. in den österreich. →E.-landen; -lande, Teile eines Landes, die die ererbte Machtgrundlage einer Dynastie bilden und durch verfassungsrechtliche Sonderstellung von späteren Neuerwerbungen geschieden sind, z. B. in Österreich die habsburgischen E.-lande westlich der Leitha von den übrigen Reichsteilen; -landeshofämter, die →Hofämter in den Territorialstaaten des Dt. Reiches; -leihe, mit Zins und vielfach auch →Fron verbundene Landleihe entweder an einen → Hörigen, der dem →Hofrecht unterliegt oder auch an einen Freien (freie E.-leihe); sie wird begründet und bei Todesfall erneuert durch einen E.-zinsbrief gegen ein →Laudemium; -mannlehen, in der Zerfallszeit des Lehenswesens →Lehen, das auch auf die männlichen Seitenverwandten vererbt werden konnte; -pacht (teilweise auch für E.-leihe gebraucht), seit dem MA. in Europa weit verbreitetes, erbliches, teilweise auch veräußerliches Nutzungsrecht an Grund und Boden gegen jährliche Zahlung eines E.-zinses; beim Eingehen des Pachtvertrags zahlt der E.-pächter (auch E.-beständer, E.-meier) ein E.-(be)stands(eintritts)geld an, bei personalen Veränderungen (Eigentümer und E.-pächter) hat er ein →Laudemium oder →Mortuarium (Sterbfall) zu leisten; -prinz, Titel des erbberechtigten Sohnes eines regierenden Fürsten (einschließlich des →Herzogs), in Bayern auch des Sohnes des Kronprinzen; -reichsplan, Versuch Ks. Heinrichs VI. (1190–97) von 1196, das Dt. Reich zu einem Erbreich zu machen; den weltlichen →Reichsfürsten bietet er dafür die Erblichkeit ihrer →Reichslehen in männlicher und weiblicher Linie (ev. auch Seitenlinie) an, den geistlichen den Verzicht auf das →Spolienrecht, dem → Papst und den →Kardinälen die jeweils beste Pfründe von allen bischöflichen Kirchen des Reiches; -schulze, bes. im ostdt. Kolonisationsgebiet Träger des an eine →Hufe gebundenen erblichen Amts eines Dorfvorstehers und Richters, anfänglich in der Hand des →Lokators; -tag, Tag, an dem der Leibherr den Besitz eines →Leibeigenen überprüft, v.a. beim Tod des letzteren zur Erhebung des →Mortuariums; -tochter, nächste Verwandte des männlichen ohne Erbe gebliebenen Inhabers eines an sich nur im Mannesstamm erblichen →Lehens, Stammguts, Familien→fideikommisses oder sogar Thrones; -untertänigkeit, Sonderstellung des Bauern in der ostdt. →Gutsherrschaft seit dem ausgehenden MA.; die Freizügigkeit ist bis zur Schollenpflichtigkeit *(glebae adscriptus)* eingeschränkt, der Bauer leistet ungemessene →Fronen, seine Kinder sind dem Gesindezwangsdienst unterworfen (→Gutsherrschaft); – die E.-untertänigkeit verschärft sich nach dem 30jährigen Krieg, v.a. in Pommern und Mecklenburg, so daß der Bauer vielfach nur als Ware betrachtet wird und so auch verkauft werden kann; sie wird in Preußen, nach vorbereitenden Maßnahmen im 18. Jh., 1807 aufgehoben, in Österreich schon 1781 gemildert, endgültig aber erst 1848 beseitigt (→auch Bauernbefreiung); -verbrüderung (Konfraternität), im Dt. Reich seit dem späteren MA. v.a. zwischen regierenden Häusern übliche Verträge mit dem Zweck, beim Aussterben des einen Hauses dem andern die Erbschaft zu sichern; -vogt, in poln. Städten mit dt. →Stadtrecht der dem → Lokator entsprechende Unternehmer mit kg. Freihufe und erblicher →Vogtei über die Stadt; er übt die niedere →Gerichtsbarkeit aus; -zins →E.-leihe, E.-pacht.

Th. v. Goltz, Gesch. d. dt. Landwirtsch., 1902f.; G. Franz, Bücherkde. z. Gesch. d. dt. Bauernt., 1938; A. Dopsch, Herrschaft u. B. in d. dt. Ks.zt., 1939; – H. Planitz, Grundz. d. dt. Privatrechts, 1948; H. Westermann, Lehrb. d. Sachenrechts, 1951; F. Lütge, Dt. Soz.- u. Wirtsch.gesch., [3]1966; W. Kuhn, Gesch. d. dt. Ostsiedlg., 1953ff.; – E. Perels, D. E.-reichsplan, Heinrichs VI., 1927; G. Baaken in: Dt. Arch. z. Erf. der Gesch. d. MA 27, 1971.

Erfüllungspolitik, von Hitler und der ‚nationalen Opposition‘ gebrauchtes Schlagwort, um die →Reparationspolitik der Regierung Wirth und ihrer Nachfolger (Annahme des Londoner Ultimatums vom 4.5.1921) zu brandmarken; Ziel der E. war, durch guten Willen zu beweisen, daß die vollständige Erfüllung der Reparationsforderungen unmöglich sei.

F. Friedensburg, D. Weim. Rep., [2]1957; E. Eyck, Gesch. d. Weim. Rep., 1954ff.; K. D. Bracher, D. Auflösg. d. Weim. Rep., [5]1971.

Erkenntnis als philosophischer, v.a. in der durch I. Kant (1724 bis 1804) befruchteten E.-theorie diskutierter Begriff hat in die Geschichtstheorie kaum Eingang gefunden; Ursachen hiefür sind der umstrittene Charakter des E.-begriffes selbst, die Eigenart der Geschichte, die es immer mit Vergangenem, primär mit dem Menschen zu tun hat und – der Subjektivität aller geschichtlichen Aussage bewußt – nicht den Anspruch erhebt, das Seiende erfassen zu können (→Objektivität), sowie die Notwendigkeit einer deutlichen Abgrenzung von der Methodik der Naturwissenschaften, zuerst mit aller Schärfe ausgesprochen von J. G. Droysen (1808–84), der auch den für die e.theoretischen Grundlagen der Geschichte maßgeblichen Begriff des →Verstehens eingeführt hat.

H. Rickert, D. Grenzen d. naturwiss. Begriffsbildung, [5]1929; A. Schmidt, Beitr. z. marxist. E.theorie, 1969; – →Verstehen.

Erlaucht, Adelsprädikat, urspr. = →Durchlaucht, dann der regierenden Reichsgrafen, im 19. Jh. auch der mediatisierten.

Ermächtigungsgesetz, verfassungänderndes Gesetz, durch das ein Parlament – in Notzeiten und in der Regel zeitlich befristet – die gesetzgebende Gewalt auf die Regierung überträgt, in mehreren demokratischen Staaten beschlossen, in der dt. Geschichte (nach dem Vorbild des Kriegswirtschaftsges. v. 4.8.1914 und 7 weiteren Gesetzen 1919–23) v.a. bekannt durch das auf 4 Jahre befristete und 2mal prolongierte ‚Gesetz zur Behebung der Not von Volk und Reich' (Formulierung nach dem Ges. v. 8.12.1923) v. 24. 3. 1933, die verfassungsmäßige Grundlage der NS-Gesetzgebung.

E.R. Huber, Quellen z. Staatsr. d. Nz. II, 1951; H. Schneider, VJZG 1955; R. Morsey, Das E. v. 24. 3. 1933, 1968.

Ersatz, Ergänzung militärischer Truppenteile in Krieg und Frieden; E.-reserve, in Preußen und im Dt. Reich bis 1919 12 Jahrgänge gedienter und ungedienter Wehrpflichtiger zur Ergänzung der Armee bei Mobilmachung; -truppe, -heer, im Kriege Formationen der Heimat (oder des Besatzungsgebietes), die den E. des Feldheers ausbilden.

Erste Bitten (mlat. *preces primariae*), seit dem 13. Jh. Recht der dt. →Könige und Kaiser (später auch der geistlichen und weltlichen Reichsfürsten in ihrem Territorium), an jedem Kloster, Dom- und Kollegiatstift die erste nach der Krönung bzw. dem Herrschaftsantritt freiwerdende Pfründe mit einer Person ihrer Gunst *(precista)* zu besetzen.

H. Bauer, D. Recht d. E. B. bei d. dt. Kg.en bis auf Karl IV., 1919; H. E. Feine, ZRG. KA 51, 1931; F.J. Heyen, in: Fs. f. A. Thomas, 1967.

Erz- (von gr. *archi-* ‚Erst-', ‚Ober-') -abt, in der kath. Kirche Ehrentitel der Äbte bes. hervorragender oder privilegierter Klöster, auch Titel der Praesides von →Kongregationen im Benediktinerorden (→Archimandrit); -ämter, im ma. Dt. Reich die →Hofämter, die im 10. Jh. in der Hand der Stammesherzöge waren (z.B. bei der Krönung Ottos I. 936), dann auch von anderen →Reichsfürsten bei der Krönung versehen wurden; mit dem 13. Jh. wurden sie bei bestimmten Fürsten erblich, die sich im 14. Jh. endgültig als die 4 weltlichen →Kurfürsten gegen die übrigen Fürsten abhoben: E.-truchseß Pfalzgraf bei Rhein, E.-marschall Hz. v. Sachsen, E.-kämmerer Markgraf v. Brandenburg, E.-schenk Kg. v. Böhmen; dafür waren freilich nicht allein d. E.-ämter maßgeblich, wie die sog. E.-ämtertheorie des Sachsen→spiegels behauptet; die Funktionen der E.-ämter wurden, abgesehen von der Krönung, von den Inhabern der →Reichserbämter ausgeübt, die E.-ämter wurden zu bloßen Titeln; -bischof, urspr. im Orient, teilweise im frühen MA. auch im Abendland Ehrentitel von →Bischöfen in hervorragender Stellung, im Abendland seit dem 6. Jh. gleichbedeutend mit →Metropolit; die Ausübung der Befugnisse ist seit dem MA. erst nach Empfang des →Palliums möglich; der E.-bischof ist Leiter einer aus mehreren →Diözesen (Suffraganbistümern) gebildeten →Kirchenprovinz, deren Suffragan-Bischöfe er weiht; zu seinen Rechten gehört u.a. auch die Berufung und Leitung der Provinzialsynoden sowie Visitation und Aufsicht in den ihm unterstehenden Diözesen (Titular-E.-bischof, bes. im diplomatischen Dienst der Kurie verwendet, führt nur den Titel E.-bischof, ohne einer Kirchenprovinz vorzustehen); -herzog (mlat. *archidux*), ein von Hzg. Rudolf IV. dem Stifter (1358–65) im gefälschten *Privilegium maius* 1359 beanspruchter, 1453 von Ks. Friedrich III. (1440–93) bestätigter Titel der Prinzen, bzw. Prinzessinnen des Hauses Habsburg, das auch als E.-haus bezeichnet wurde; der Titel E.-herzog brachte die angebliche Gleichstellung mit den Trägern der E.-ämter zum Ausdruck; -kanzler, in Italien, zeitweise auch Deutschland und Frankreich seit Mitte des 9. Jh. Titel des Kanzleivorstands, seit Mitte des 11. Jh. des E.-bischofs von Mainz als Leiters der Dt. Reichskanzlei; E.-kanzler von Italien war der E.-bischof von Köln, von Burgund seit dem 13. Jh. der E.-bischof von Trier, →E.-ämter; -stift, das am Sitz eines E.-bischofs bestehende → Domkapitel als juristische Person (→Stift), im übertragenen Sinn = E.-bistum.

Escarpine (frz.), kleines gewehrartiges Schiffsgeschütz zum Beschießen der Takelage.

Eschatokoll (gr. ‚das letzte Blatt'), die Schlußformel der → Urkunde.

Eschatologie (von gr. *ta eschata* ‚das letzte'), die theologische Lehre von den letzten Dingen (Weltende, Jüngstes Gericht, Reich Gottes), greift in der christlichen →Geschichtsphilosophie seit Augustinus (354–430) und Otto v. Freising (1114–58) auf den geschichtlichen Raum über, da von ihr her die Weltgeschichte als Durchgangsstadium und Vorbereitungszeit gedeutet wird (→ auch Chiliasmus, Reich).

K. Löwith, Weltgesch. u. Heilsgeschehen, [5]1967; O. Plöger, Theokratie u. E., [3]1968; Hb. d. Dogmengesch. IV, 1969.

Escopette, Scopette (frz. von gr. *skopos* ‚Ziel'), großkalibriger Kavalleriestutzen, dav. Escopettiers (Scopetins), frz. Reiterei des 15./17. Jh.

Escudo (span., port. ‚Schild'), nach ital. Scudo im Wert etwa dem dt. →Taler entsprechende Silber- und Goldmünze in Spanien, Portugal, Lateinamerika, unterschiedlichen Gewichts, im 19. Jh. ¾ g Gold; Escudillo, kleiner oder halber Goldtaler.

Eskadron (frz. von it. *quadra*, dt. Schwadron, auch Geschwader), urspr. die Aufstellung einer Truppe im Karrée, seit dem 16. Jh. allgem. Untereinheit des Regiments, seit dem 18. Jh. Abteilung eines Kavallerieregiments zu 2 Kompagnien.

Eskalade (frz.-span. von it. *scala* ‚Leiter'), das Ersteigen einer Mauer mit Sturmleitern; Eskalation, Steigerung, Ausweitung v.a. eines Krieges (z.B. in Vietnam 1964ff.).

Eskarpe (frz. *éscarpe* von it. *scarpa* ‚Schärpe', vgl. engl. *scarp*, in der Heraldik linker Stabbalken), Schräge, Böschung eines Befestigungswalls, innere Grabenseite.

Eskorte (frz. von it. *scorgere* ‚geleiten' zu lat. *excorrigere*), militärisches Geleit.

Espadila, Espadón →Spatharius.

Espingole (frz.), eines der seit dem 15. Jh. bekannten Orgelgeschütze (Totenorgeln, Geschrey-Geschütz), mit gebündelten Gewehrläufen, noch im 19. Jh. (Dänische Kriege) verwendet, dann durch die stark verbesserte, doch nicht wirkungsvolle frz. Mitrailleuse (25läufige Infanteriekanone) verdrängt.

Esplanade (frz. von lat. *explanare* ‚einebnen'), in der nz. Festungsbaukunst das freie Schußfeld zwischen Festung und Stadt.

Esquire (frz. *écuyer*, mlat. *scutarius*), ‚Schildknappe', seit dem MA. Prädikat des niederen Adels der →Gentry, unter dem Ritter *(knight)* stehend; auch an Bürgerliche durch Wappenbrief verliehen; dann allgem. Titel der Gebildeten (Doktoren, Richter, höhere Beamten), schließlich Höflichkeitsanrede (abgek. Esq.).

Etat (frz. von lat. *status* ‚Stand', ‚Zustand'), frz. Stand, z.B. seit 1355 *États généraux*, Generalstände, die frz. Reichsversammlung, v.a. im 15./16. Jh. bedeutsam (die Beschwerdehefte, *cahiers*, zeigen v.a. die Entwicklung des seit 1302 vertretenen Dritten Standes), 1614–1789 nicht einberufen, *États provinciaux*, die frz. Provinzialstände; – frz. (span. *estado*) Stab (*État-major-général* →Generalstab); – frz. Zustand, der Sollbestand einer staatlichen Einrichtung, v.a. die Planstellen und Ausstattung der Wehrmacht, allgem. (Voranschlag des) Staatshaushalt(s), v.a. Haushaltsplan eines Ressorts; dav. Etatisierung, Aufnahme eines Postens in den Staatshaushalt; – frz. Staat, dav. E.s-minister = →Staatsminister, E.s-ministerium = Ministerrat, auch Ministerium ohne Ressort; Etatismus (vgl. frz. *étatisme* ‚Staatssozialismus'), das Bestreben, die (wirtschaftlichen) Interessen des Staates vor denen der Bevölkerung zu fördern.

Etag (→E), Rechts-, Gerichtstag.

ethnisch (gr. *ethnos* ‚Volk', dav. Ethnarch, Titel abhängiger Kleinfürsten im Osten des Römischen Reiches), die eingesessenen Völker betreffend, bes. in der At.swissenschaft (J. G. Droysen) die nicht→hellenisierten Völker im Vorderen Orient; Ethno-graphie, Beschreibung der Völker, im At. aufs engste mit der Geschichtsschreibung verbunden (z.B. Herodot, etwa 490 bis 424v., Tacitus, etwa 50–116n.; später auch Ibn Khaldun, 1332 bis 1406); -logie, die Wissenschaft von der Kultur der schriftlosen Völker, die nicht dem abendländischen Kulturkreis angehören, = Völkerkunde. In engstem Kontakt mit der →Anthropologie und der →Soziologie hat die E. im 19. Jh. den gleichen Weg durch ein vom naturwissenschaftlichen Denken und der Vorherrschaft des Entwicklungsgedankens bestimmtes Stadium durchschritten, aus dem sie nach F. Ratzel in den USA F. Boas, in Deutschland L. Frobenius, W. Schmidt u.a. befreiten. Indem sie sich als Kulturwissenschaft konstituiert und der historischen Methode annähert, versucht die E. durch eine Strukturanalyse primitiver Kulturen (L. Frobenius: Kulturmorphologie) Aussagen zur →vorgeschichtlichen Welt und Einblicke in die komplizierteren Verhältnisse der modernen Gesellschaft zu gewinnen: ‚Die E. glaubt herangereift und mit einer guten historischen Methode ausgerüstet zu sein, nicht nur für die ältesten Menschengruppen und Völker, sondern auch für die ihnen nachfolgenden Zeiten eine „Historia Mundi“ schreiben zu können, in der die kausale Einwirkung der älteren auf die jüngeren Gruppen, die Wanderungen in Gegenden mit anderer Naturumgebung und die daraus entstehenden Berührungen der einzelnen Gruppen miteinander dargestellt werden, so daß wirkliche Geschichte der Menschheit, in ihrer weitverzweigten Ausbreitung und die verschiedenen Zeiten hindurch, auch hier, trotz des völligen Mangels an Schriftdokumenten, geschrieben werden kann‘ (W. Schmidt, 1952).

F. Gräbner, Methode der E., 1911; L. Frobenius, Paideuma, 1921; R. Thurnwald, D. menschl. Gesellsch. in ihren ethno-soziolog. Grundlagen, 1931–35; W. Schmidt, Hdb. d. Methode d. kulturhist. E., 1937; W. Schmidt in: Historia Mundi I, 1952; K. Dittmer, Allgem. Völkerkunde, 1954; F. Voget, The history of ethnology, 1975.

Etter (mhd. ‚Zaun‘), der das Dorf gegen die Flur abgrenzende Zaun. Der (oder das) E. galt v.a. auch als rechtliche Grenze: →Flurzwang herrschte nur ‚außerhalb Etters‘, Abgaben an den →Grund- oder →Gerichtsherrn konnten inner- und außerhalb verschieden sein. Heute noch gilt E. als Bezeichnung der Grenze zwischen geschlossener Siedlung und offener Markung.

Euhemerismus, historische →Mythendeutung, rationale Ausdeutung des gr. Mythos, die die Götter als große Könige und Menschen der Vorzeit begreift, benannt nach dem Hauptvertreter Euhemeros von Messene (4./3. Jhv.).

Eunomie (gr.), die gute staatliche Ordnung, bes. die athenische Verfassung des Solon 594v.; auch Titel einer Elegie des Solon, die die Bürger zur Eintracht ruft.

Eurasismus, Programmwort für eine Auffassung die – unter gleichzeitiger Abwertung der europäischen Kultur und ihrer Einflüsse – die starken asiatischen Einwirkungen auf die Geschichte und Kultur Rußlands unterstreicht, vertreten v.a. in Kreisen der ru. Emigration des 20. Jh. (Fürst N. S. Trubetzkoj, 1890–1938, u.a.).

Europa (gr. *Europe* von assyr. oder phön. *ereb* ‚dunkel‘, gegen Abend gelegen), urspr. Bezeichnung für den Kern des gr. Festlandes, seit dem 6. Jhv. im Gegensatz zu Asien Gesamtbezeichnung für die westlich des Don und der Ägäis gelegene Ländermasse, von Ptolemäus (100 bis 178n.) als geographischer Fachbegriff auf das gr. Festland und dessen nordwestliches Hinterland übertragen. Im Gegensatz zu →Abendland ist E. von Anfang an v.a. ein geographisch-geschichtlicher Begriff. Der geschichtliche Aufbau beginnt mit dem Ausgreifen der mediterranen röm. Reichseinheit ins Innere des Kontinents durch die Eroberung

Galliens (58–50v.), erreicht seinen Höhepunkt mit der Übernahme der gr.-röm. Kultur und des Christentums durch die Germanen der Völkerwanderungszeit und wird abgeschlossen mit der Christianisierung der Slawen, der Ungarn, des Kiever Reichs und mit der Annahme des Christentums in den drei skandinavischen Reichen um 1000n. Begünstigt durch die Vielgestaltigkeit der Bodengliederung und des Klimas innerhalb der geographischen Grenzen (Ural – Schwarzes Meer – Dardanellen – Mittelmeer – Atlantik) und durch die ethnische Mannigfaltigkeit der Bewohner entstand in zwei Jt. eine geschichtliche Gemeinschaft zahlreicher nationaler Autonomien mit einer Vielfalt geistiger und völkischer Individualitäten, die, ohne ihre Besonderheiten aufzugeben oder sich politisch völlig zu vereinigen, sich zu dem gemeinsamen Erbe der gr.-röm. Kulturüberlieferung und des Christentums bekennt, →Abendland. So hat A. J. Toynbee (geb. 1889) neben einem einheitlich west-e.ischen Gesellschaftskörper einen südost-e.ischen christlich-orthodoxen (Balkan) und einen nordost-e.ischen orthodoxen (Rußland) unterschieden, während F. Naumann (1860 bis 1919) im 1. Weltkrieg (1915) den Begriff Mittel-e. (Dtld., Österreich-Ungarn) prägte. Die Vielfalt des e.ischen Raums und die zahlreichen asiatischen Vorstöße und Überlagerungen an seiner Ostgrenze lassen die Diskussionen um Abgrenzung und Gliederung nicht zur Ruhe kommen: Die Meinungen gehen darüber auseinander, ob das moskovitische Rußland noch einzubeziehen sei oder nur das einstige Kiever Reich (Ukraine, Weißrußland) und die polnisch-baltische Staatengruppe; die Versuche v.a. westlich orientierter slawischer Historiker, eine Gliederung in West-e., (West)mittel- oder Zentral-e. (Skandinavien–Dtld.–Italien), Ostmittel-e. und Ost-e. (Rußland) zu konstituieren, sind noch nicht zur Geltung gekommen. Mit der Ausbildung einer e.ischen Tochterzivilisation durch Einwanderer aus allen e.ischen Ländern in Amerika seit Beginn der NZ., durch die ‚Schrumpfung‘ des e.ischen Kulturraums seit dem Vordringen des bolschewistischen Imperiums und dem Verlust der Vormachtstellung Rest-E.s nach dem 2. Weltkrieg verlagert sich der Schwerpunkt E.s an die Atlantikküste, man spricht von seinem Aufgehen in die größere ‚atlantische Gemeinschaft‘ (R. Hoffmann), als deren geographischer Mittelpunkt der Atlantische Ozean gilt. – Mit dem Zusammenbruch der e.ischen Solidarität und Weltgeltung in den beiden ‚E.ischen Bürgerkriegen‘ 1914 und 1939 entstanden E.-bewegungen, die angesichts des Niedergangs den Bestand des gemeinsamen Kulturraums durch Schaffung eines e.ischen Staatenbundes oder eines gemeinsamen Wirtschaftsraums zu retten suchten: von ideologischen Ansätzen aus die *Pan-E.-Union* 1926 (R. Coudenhove-Kalergi, geb. 1894), *E.ischer Rat* (A. Briand, 1862 bis 1932), *E.ische Bewegung* und *Straßburger E.Rat* 1948; militärisch: *Brüsseler Pakt* 1948, *Nordatlantikpakt* 1949, *West-e.ische Union* 1954; wirtschaftlich: *OEEC* 1948, *Montanunion* 1951/52, *Euratom* 1957, *Gemeinsamer Markt (EWG)* ab 1.1.1958 und nach dem Scheitern der Großen

Freihandelszone die unter engl. Führung errichtete *Kleine Freihandelszone (EFTA)*, aus der Dänemark, Irland und Großbritannien am 1. 1. 1973 in die EWG überwechselten.

W. Fritzemeyer, Christenheit u. E., 1931; G. de Reynold, La formation de l'E., 1944–53; Ch. Dawson, D. Gestaltg. d. Abendlandes, dt. ²1950; ders., D. Revolution d. Weltgesch., dt. 1960; A. J. Toynbee, Der Gang d. Weltgesch., dt. 1954; B. Snell, Die Entdeckg. des Geistes, ²1955; J. Fischer, Oriens-Occidens-E., 1957; D. de Rougemont, E., 1963; H. Gollwitzer, E.-bild und E.-gedanke, ²1964; O. Halecki, E., dt. 1957, ND 1964; K. Jaspers, V. Ursprung u. Ziel d. Gesch., ³1966; F. Heer, E.äische Geistesgesch., ³1965, ND 1970; R. Coudenhove-Calergi, Weltmacht E., 1971.

Evangelium (gr. *euangelion* ‚gute Botschaft'), im außerchristlichen Bereich Wort der Sakralsprache, das bes. die Kunde von dem (durch Prophetien vorbereiteten) Auftreten eines Herrschers bezeichnet (erstmals 9v. in der Kalenderinschrift von Priëne, IvPr. 105, zum Geburtstag des Ks. Augustus).

Eviktion (v. lat. *evincee* ‚durchsetzen', nhd. Entwertung), bei Rechtsgeschäften die Haftung für die durch Gerichtsurteil festgestellte Herausgabepflicht des Kaufgutes an einen Dritten.

Evokation (lat.), ‚Vorladung', bes. von Untertanen vor den röm. Senat; in der röm. Republik die Einladung an die Götter einer feindlichen Macht, nach Rom überzusiedeln, auch Bildung eines Heeres in Notzeiten durch rechtlich nicht legitimierte Personen; Recht der oberen Instanz, bes. des Königs im fränk. Reich und den Nachfolgestaaten des MA., jeden Prozeß an das kgl. Gericht (→ Hofgericht) zu ziehen *(ius evocandi)*. Im spätma. Dt. Reich erwarben die Landesfürsten, v.a. die Kurfürsten →*privilegia de non evocando* und ließen sich damit ihre absolute Gerichtshoheit von Reichs wegen bestätigen. Auch der Papst besaß bis zum Tridentinum das Recht der E. gegenüber bischöflichen und erzbischöflichen Gerichten.

Evolution (lat., frz., engl.), ‚→Entwicklung', in der dt. Fachsprache gew. auf den naturwissenschaftlichen (biologisch-anthropologischen) Bereich beschränkt: Entfaltung des Lebens zu differenzierteren (und höheren, →Fortschritt) Formen, Grundbegriff der philosophischen Anthropologie von H. Spencer (1820 bis 1903; Evolutionismus, der die Entwicklungsgesetze in der Individualethik und – durch unvollkommene Methoden einer vergleichenden →Ethnologie – in den →Kulturen aufzudecken suchte; friedliche Entwicklung im Gegensatz zur gewaltsamen Veränderung der →Revolution.

H. Spencer, A System of Synthetic Philosophy, dt. 1875ff.; weitere Lit. G. Eisermann (hrsg.), D. Lehre v. d. Gesellschaft, ²1969; H. Heitler u. a., Die Frage nach d. Sinn d. E., 1969.

Exactor (von lat. *exigere* ‚eintreiben'), mlat. Beamter, der mit Steuern und Abgaben zu tun hat, karol. →Domänenverwalter und -richter (→ auch Fiskus), → Schultheiß u.a.; ebenso it. *Esattore*, Steuereinnehmer.

Exarch (gr. *exarches* ‚Anführer'), byz. Titel: →Metropolit einer Provinz, Visitator von Klöstern (→Archimandrit), seit dem 5.Jh. Ehrentitel von Bischöfen, vereinzelt auch i.d. röm. Kirche; seit dem 6. Jh. byz. Oberbefehlshaber im

Westen; Exarchat, sein Verwaltungsbezirk, z.B. *E. von Ravenna*, das byz. Gebiet in Italien 553 bis 751.

Exchequer (frz. *echiquier* Königsgericht der Normandie, von mlat. *scaccarium* ‚Schachbrett', nach dem Teppich des Gerichtssaals?), in England seit dem 12. Jh. oberste zentrale Finanzbehörde, unter Leitung des *(Lord High) Treasurer*, seit 1667 des Kollegiums des *Treasury*, seit dem 13. Jh. mit eigenem, bis ins 19. Jh. weit in den Bereich des bürgerlichen Rechts übergreifenden Gerichtshof *(Court of E.)*; *Chancellor of the E.*, Titel des 2. Lords des →Schatzamts *(Second Lord of the Treasury)*, seit dem 18. Jh. des →Schatzkanzlers (Finanzministers).

Exekution (von lat. ‚*exsequi*' ‚ausführen'), Vollzug, privat- und strafrechtliche Vollstreckung; ‚der Inbegriff der Zwangsmaßnahmen, durch die ein föderativer Gesamtverband gegen einen Gliedstaat vorgeht, um diesen zur Erfüllung der von ihm vernachlässigten verfassungsmäßigen Bundespflichten anzuhalten' (Bundes-e. im Dt. Bund durch Wiener Schlußakte Art. 31 und E.-sordnung vom 3.8.1820, Reichse. nach Art. 48 der Dt. Reichsverfassung 1871); Exekutive, nach J. Locke (1632–1704) und Montesquieu (1689–1755) die ausübende oder vollziehende Gewalt im Staate; in der klassischen Form der Lehre von der →Gewaltenteilung – entwickelt in dem Bestreben, die E. durch Bindung an Gesetz und richterliches Urteil an Willkürakten gegen den Staatsbürger zu hindern – ist der Begriff E. insofern mißverständlich, als ihn Montesquieu von J. Locke (der daneben noch die Führung der Außenpolitik und die Hoheitsrechte des Staatsoberhauptes kennt) übernommen und in eine andere Gliederung eingefügt hat: E. ist nicht lediglich die Gewalt, welche die von der →Legislative gemachten Gesetze durchführt, sie umfaßt darüber hinaus die gesamte Leitung des Staates, alles, was eben nicht der richterlichen oder der gesetzgebenden Gewalt zusteht.

E. R. Huber, Dt. Verf. Gesch. seit 1789 I, [2]1967; – →Gewaltenteilung.

Exemtion (von lat. eximere ‚herausnehmen'), im Kirchenrecht die Herausnahme von →Regulierten mit Häusern und Kirchen aus der Jurisdiktion des zuständigen Diözesanbischofs (CIC 616; nach üblicher, doch nicht gesicherter Annahme haben als erste Klöster das von Columban gegründete it. Bobbio 628, sowie das dt. Fulda 754 ein E.s-privileg erhalten); im Völkerrecht die Herausnahme der diplomatischen Vertreter aus der Gerichtsbarkeit des Gastlandes, →Exterritorialität.

Exequatur (lat. ‚er vollziehe'), von der Staatsgewalt erteilte Genehmigung, zur Durchführung kirchlicher Erlasse (→Placet), zur Aufnahme der Tätigkeit als →Konsul eines anderen Landes.

Exil (lat. *exilium*), die röm. Form der Verbannung, zunächst Austritt aus der röm. Bürgerschaft durch Wechsel des Domizils, dem Bürger bei drohender, später auch nach erfolgter gerichtlicher Verurteilung gestattet, seit dem 1. Jhv. auch als Strafe, in der Kaiserzeit mit Anweisung des Aufenthaltsortes (→Deportation), in jedem Fall mit nachträglicher Aufkündigung der Gemeinschaft durch den →Magistrat *(aquae et ignis interdictio);* danach allgem. freiwillige oder erzwungene Verbannung (→ auch Emigration), bes. *Babylonisches E.* der Juden 587–38v. durch Nebukadnezar II. (605–562v.), übertr. der Kirche (Zeit der Päpste in Avignon von Clemens V. 1305 (1309) bis Gregor XI. 1377); Exilarch (hebr. *Resch Galutha* ‚Fürst der Gefangenschaft'), der Führer der starken jüdischen Minderheit in Mesopotamien, Vertreter der Juden gegenüber Parthern, Persern, Kalifen 2.–8. Jhn.; E.-regierung, seit dem 1. Weltkrieg Regierung, die im Verlauf von Kriegshandlungen zum Verlassen ihres Landes genötigt wurde oder – während die Heimat vom Feinde besetzt oder von politisch-weltanschaulichen Gegnern beherrscht ist – sich in fremdem Lande (aus Emigranten) gebildet hat, in letzterem Falle völkerrechtlich nicht anerkannt.

Exklave (frz.), kleinerer Gebietsteil eines Landes, der von fremdem Staatsgebiet umschlossen ist, →Enklave.

Exklusive (zu lat. *excludere*, ‚ausschließen'), Exklusionsrecht, das von katholischen Mächten beanspruchte Recht, gegen die Wahl einer ihnen unerwünschten Persönlichkeit zum →Papst durch ihren Bevollmächtigten (Kardinalprotektor) vorsorglich Einspruch zu erheben, letztmals ausgeübt von Österreich-Ungarn 1903.

Exkommunikation (lat. *excommunicatio* ‚Ausschluß'), eine der →Zensuren der kath. Kirche gegen Kleriker und Laien, die den Bestraften mit dem Ausschluß aus der Gemeinschaft der Gläubigen und von den Sakramenten so lange belegt, bis er von der kirchlichen Stelle, der die Aufhebung der E. reserviert ist, losgesprochen wird. In der alten Kirche unterschied man die *e. maior* (völliger Ausschluß aus der kirchlichen Gemeinschaft, in bes. schweren Fällen durch die Verfluchungsformel *Anathema;* seit 1220 mit der Reichs→acht verbunden) und die *e. minor* (Ausschluß von allen Sakramenten und kirchlichen Ämtern). Im Sinne des heutigen Kirchenrechts ist E. ein ‚Verkehrsverbot', u.zw. ein vollständiges, wenn der Exkommunizierte als *vitandus*, ein milderes, wenn er als *toleratus* bezeichnet wird.

E. Eichmann, Acht u. Bann im Reichsrecht d. MA., 1909.

Exorzismus (gr. ‚Beschwörung'), der durch Worte oder Handlungen auf Geister ausgeübte Zwang, dem Menschen willig zu sein, bes. aus Kranken oder Örtlichkeiten auszufahren; in der Urkirche im Namen Christi von Charismatikern ausgeübt, ging der charismatische Charakter in den ersten Jhhn. verloren; heute ist der E. noch im Taufritus der kath. Kirche erhalten; Exorzisten, urspr. mit dem Charisma des E. Behaftete, dann mit der Handhabung des E. beauftragte Kleriker, denen seit Papst Fabian (140–53) bes. die Pflege der Besessenen anvertraut war; heute 4. Grad der (niederen) Weihen der kath. Kirche.

Expansion (von lat. *expandere* ‚ausdehnen'), Ausweitung des Macht- oder →Einflußbereichs, v.a. die politisch-wirtschaftliche Ausdehnung im Kolonialraum während der Zeit des →Imperialismus (das darauf gerichtete Streben: E.s-politik), doch auch zur Kennzeichnung der Ausdehnung von Großreichen über machtschwache oder -leere Räume seit dem At. verwendet, bes. im Bereich der Wirtschaft.

M. Weber, Wirtsch. u. Ges., [4]1956.

Exspektanz (von lat. *exspectare* ‚erwarten'), im MA. rechtsverbindlich zugesicherte Anwartschaft auf ein unerledigtes →Beneficium, bis zum →Tridentinum meist gegen Taxe bei der →Kurie zu erhalten; nach geltendem Kirchenrecht sind zugesicherte E.en grundsätzlich unwirksam; entsprechend in der NZ. auch im weltlichen Bereich erworbene Anwartschaft beim →Ämterkauf.

Exterritorialität (lat. *extra* ‚außerhalb', *territorium*), urspr. rechtliche Fiktion, als ob ein →diplomatischer Vertreter sich mit seinen Mitarbeitern im Gesandtschaftsgebäude gleichsam außerhalb des Empfangsstaats befinde, ein Seitenstück zu der Fiktion, daß ein Kriegsschiff ein Stück Heimatbodens *(territoire flottant)* darstelle; in dieser Weise nicht haltbar; E. bedeutet lediglich, daß Gesandtschaftspersonal und -gebäude der Zwangsgewalt *(territorium* = Jurisdiktionsbereich) der Gerichte und Verwaltungsbehörden des Empfangslands entzogen sind.

Extispizin →Haruspex.

Extravaganten →Dekret.

Exulanten (von lat. *exul* ‚verbannt'), aus ihrer Heimat mit Gewalt Vertriebene, bes. die ihres Glaubens wegen verbannten Evangelischen der habsburgischen Erblande im 17. und 18. Jh.

Exusiarch, Exusiokrator (von gr. *exusia* ‚Vollmacht'), byz. Anrede an auswärtige Herrscher unbestimmten Ranges.

Exuvien (lat. von *exuere* ‚ausziehen'), erbeutete Rüstung, allgem. Beute.

Exzellenz (lat. *excellentia* ‚Vortrefflichkeit'), als Prädikat höchster Beamter (im frühen MA. vereinzelt auch in der Königs- und Kaisertitulatur), nach spätröm.-byz. Vorbild von Renaissancefürsten aufgenommen, seit dem 16. Jh. wieder Beamtentitel, v.a. für Gesandte, Minister, Generale, höhere Hofbeamte und Geheime Räte, seit 1918 nur mehr als Anrede der Botschafter und Gesandten im diplomatischen Verkehr, sowie der Erzbischöfe und Bischöfe.

Fabianismus, der evolutionäre, antimarxistische →Sozialismus der 1883 gegr. *Fabian Society* (benannt nach dem ‚Zauderer', dem röm. Dictator Q. Fabius Maximus 217/6v.; S. Webb, 1859 bis 1947, B. Webb, 1858–1943 G. B. Shaw, 1856–1950, u. a.), der seit 1918 in das Programm der *Labour Party* Eingang fand und – als geistige Bewegung – die sozialistischen Tendenzen der modernen engl. Geschichte stark beeinflußte. (→Gildensozialismus).

E. R. Pease, Hist. of the Fab. Soc., [2]1925; G. D. H. Cole, Fab. Socialism, 1943; A. M. McBriar, F. S. and Engl. Politics 1884–1918, 1962.

Fabrik (lat. *fabrica*), ‚Bearbeitung', in der Numismatik die äußeren Eigenschaften einer Münzklasse, die eine Unterscheidung der Prägungen nach Ort und Zeit ermöglichen; ‚Bau', ‚Baukunst', Kirchenbau und die zu seiner Instandhaltung bestimmte Kasse (Kirchen-f., *fabrica ecclesiae*); – seit dem →Merkantilismus zunftfreier gewerblicher Betrieb, ‚Werkstätte' (vgl. lat. *f.*, in spät-röm.-byz. Zeit Großwerkstätten zur Herstellung von Waffen u.a. Heeresbedarf), in der Industrie arbeitsteiliger, vorwiegend maschinisierter, räumlich und organisatorisch zentralisierter Großbetrieb, seit dem 19. Jh. (1. 1. 1834 F.-arbeitergesetz mit F.-inspektion in England) auch Gegenstand staatlicher Sozialgesetzgebung.

Fahne (Fähnlein), seit dem Ende des 15. Jh. in den Söldnerheeren Dtlds. und der Schweiz die niedrigste, nach Stärke und Zusammensetzung sehr unterschiedliche Einheit (10 Fähnlein mit der Durchschnittsstärke von 300 Mann bilden in der Regel ein →Regiment), im 17. Jh. durch die Bezeichnung →Kompagnie verdrängt; Fähnrich, urspr. F.-nträger des Fähnleins und Stellvertreter des →Hauptmanns, nach Aufkommen des →Leutnants diesem gleichgestellt, dann untergeordnet; im preuß.-dt. Heer und in der NS-Wehrmacht Rang zwischen dem F.njunker und dem Leutnant; F.n-eid, der Diensteid des Soldaten, der in den meisten Armeen der Welt beim Eintritt auf die F. (Artillerie auch Geschütz) zu leisten ist; im Söldnerheer des 16. und 17. Jh. nur zur Bekräftigung der Soldvertrages abgelegt, wird des F.neid seit dem stehenden Heer des →Absolutismus ein Treueid auf den Herrscher als den obersten →Kriegsherrn, in Republiken auf das Staatsoberhaupt, und zuweilen, wie in der Weimarer Republik, auf die Verfassung; die Notwendigkeit des F.neids ist bes. seit den Ereignissen des 20. Juli 1944 umstritten; -flucht, unerlaubtes Sichentfernen eines Soldaten von seiner Truppe, in der Absicht, sich dem Militärdienst zu entziehen; -gasse, der mit den F.n der Fähnlein ausgesteckte Hauptweg des Zeltlagers; -junker, im Heer des →Absolutismus junge Adelige (meist zwischen 14 und 16), denen das Tragen der F. anvertraut war, im preuß.-dt. Heer und in der Wehrmacht Offiziersanwärter; -lehen, im alten dt. Reich die vom →Kg. unmittelbar an die →Reichsfürsten vergabten →Lehen; die Belehnung erfolgt mit einer F. als Zeichen urspr. des →Heerbanns, dann auch der →Gerichtsbarkeit, meist aber mit mehreren F.n zum Zeichen des Rechts der Weiterverleihung von einzelnen Rechten (→ auch Leihezwang); -wagen (it. *carrocio*), im hohen MA. ein das Zentrum der oberit. Städteheere bildender Wagen, aus dem ein Mast mit den F.n der Städte emporragte; sein Verlust bedeutete vollständige Niederlage, seine Übergabe (z.B. durch Mailand 1162 an Barbarossa) bedingungslose Unterwerfung.

J. Bruckauf, F.nlehn u. F.nbelehnung, 1907; H. Mitteis, Lehnrecht u. Staatsgewalt, [2]1958.

Fahrnis (F.-habe), seit germ. Zeit im dt. Sachenrecht das bewegliche Gut, d. h. Vieh, Gerätschaften, Waffen, Kleider, Schmuck, auch das Holzhaus nach dem Rechtssatz: ‚Was die Fackel verzehrt, ist F.-habe'. Die F. konnte schon früh im Gegensatz zum unbeweglichen Vermögen – als Sondervermögen – frei veräußert oder vererbt werden, allerdings mit Einspruchsrecht

(W a r t r e c h t) der Hausgenossen. Bei Verlust der F. war eine beschränkte Klage wegen verlorener →Gewere (F.-k l a g e) möglich.

Faktion (lat.), ‚Partei', bes. die seit der Kaiserzeit belegten Zirkusparteien der röm. Welt in Rom, Konstantinopel und anderswo (die Weißen und Roten, die von den Grünen und Blauen überflügelt werden), v.a. in Konstantinopel fest organisiert (Leiter: Demarch) und mitunter von großem politischen Einfluß (Nika-Aufstand 532n.)

Faktizität →Historizität.

Faktor (mlat.), seit dem MA. Vertreter eines Kaufmanns im Fernhandel, seit dem 15./16. Jh. mit weitreichenden Vollmachten ständig an einem bestimmten Handelsplatz als Leiter einer F.ei (im Dienste mehrerer Firmen Kommissionär); im →Verlagssystem Vermittler zwischen Unternehmer und Handwerker bzw. Heimarbeiter, der die Rohstoffe ausgibt und die Fertigwaren einzieht; F a k t o r e i (engl. *factory*), Handelsstation europäischer Kaufleute in Übersee unter Leitung eines F.s; von den Handels→kompagnien unterhalten, vermittelt die F.ei den Austausch von europäischen Produkten und Erzeugnissen des Gast- oder Koloniallandes (Vorläufer die hellenistisch-röm. Stationen in Vorderindien, die Kontore der→Hanse im Nord- und Ostseeraum).

Fakultät (lat. *facultas* ‚Befähigung'), (1) seit dem 13. Jh. (Paris) Vereinigung von Universitätslehrern unter dem Vorsitz eines →Dekans (urspr. 3, Theologie, Jurisprudenz, Medizin, zu denen später die philosophische oder Artisten-f. gleichberechtigt hinzutrat); (2) im kath. Kirchenrecht eine v.a. für die Missionstätigkeit von der →Propaganda erteilte Vollmacht, sich über eine Bestimmung des Kirchenrechts – soweit sie nicht dogmatischer Natur ist – hinwegzusetzen.

Falange (span.) →Phalanx.

Falarika (lat. wohl nach Phalaris, dem Tyrannen von Akragas, 6. Jhv., benannt), seit dem 3. Jhv. in At. und MA. von einer Wurfmaschine geschleudertes Brandgeschoß.

Falke, Falkaune, auch Falkhahn, F a l k o n e t t e (frz. *faucon, fauconette*), leichte Wurfmaschine, dann, bes. im 16. Jh., leichtes, von einem Pferd gezogenes Feldgeschütz.

Fallehen →Schupflehen.

Familia (lat. zu *famulus* ‚Diener', ‚im Haus geborener Sklave, mlat. →Knappe, Ministeriale), Hauswesen, Hausleute, nach altröm. Vorstellung der Hausvater *(pater familias)*, seine Gattin *(mater familias)*, die Söhne und deren Frauen, die unverheirateten Töchter und die Familiaren (abhängige Freie, v.a. →Freigelassene, und Sklaven); die väterliche Gewalt *(patria potestas)*, Abbild der Staatsgewalt, erstreckt ihre Herrschaft und ihr Eigentumsrecht auf die gesamte F. mit der Möglichkeit der Bestrafung (→Koerzition), Veräußerung (→Emanzipation), bzw. Scheidung und alleiniger wirtschaftlicher und juristischer Geschäftsfähigkeit, sowie mit den priesterlichen Funktionen des Familienkultverbandes (→Lar, Manen, Penaten, Genius); mit dem Einströmen des Hellenismus lockern sich die alten Formen, das Verhältnis von Hausvater zur F. humanisiert sich, v.a. gewinnt die Frau stärkere Unabhängigkeit und Verfügung über ihr Vermögen, die Gewalt über Leben und Tod geht auf den Staat über; aus der Fortdauer der Bindungen nach dem Tod des Oberhaupts und aus der wachsenden Bedeutung der Haussöhne erwächst dem Begriff F. der Inhalt Großfamilie, Zweig einer →gens, bzw. Familie im modernen Sinn als Gegensatz zu Gesinde, Sklavenschaft; das Personal einer Gladiatorenschule *(f. gladiatoria)*, einer Renngesellschaft *(f. quadrigaria)*, im MA. jede abhängige Gemeinschaft, →Genossame, Hofstaat eines Fürsten, ferner bis in die Gegenwart die Geistlichen und Laien im persönlichen Dienst eines →Papstes *(f. pontificia)*, die Angehörigen eines →Klosters; in der Gegenwart ist die Familie Gegenstand ausführlicher Untersuchungen der →Anthropologie, →Soziologie, Soziallehre u. a. Wissenschaften; Familien-forschung, -kunde →Genealogie; -gut →Fideikommiß.

Fanarioten (zu spätgr. *phanarion* ‚Leuchtturm'), Bewohner des Altstadtviertels Fanar in Konstantinopel, Griechen im Dienst des tü. Reiches (als Dolmetscher, →Dragomane, der Pforte, →Hospodare der Moldau und Walachei u.a.), bes. im 17./18. Jh. mit bedeutendem politischem Einfluß (A. Ypsilanti, 1792–1828).

H. Held, D. Phanarioten, 1920.

Fanatismus (zu lat. *fanaticus* ‚von der Gottheit ergriffen'), in der NZ., v.a. seit dem →Kamisardenaufstand, zur Kennzeichnung kompromißloser Verfechter religiöser Ideen und Ideologien verwendet, bes. von der modernen Psychologie als aggressiver Affekt der Massen näher untersucht.

→Masse.

Farbbücher, Dokumentensammlungen, von den Regierungen zur Rechtfertigung ihrer (Außen)politik veröffentlicht, in Großbritannien seit dem 17. Jh., in anderen Staaten seit dem 19. Jh., urspr. nur an das Parlament, im 19. Jh. (seit 1831) zunehmend an die Öffentlichkeit gerichtet; nach der traditionellen Farbe des Umschlags in Großbritannien Blaubuch, Frankreich Gelbbuch, Preußen-Dtld. (auch Portugal und asiatische Staaten) Weißbuch, USA., Österreich-Ungarn, Türkei Rotbuch usw. genannt, bei Zusammenstellungen verschiedenen Ursprungs auch: Regenbogenbücher.

Farbige (engl. *coloured peoples*), allgem. die Nichtweißen, bes. in Amerika die Neger und Indianer, doch ebenso alle Mischlinge (→Mestizen, Mulatten u.a.).

Faschismus (von lat. *fasces*, →Liktoren), reinste Ausprägung des modernen →totalitären Staates rechtsradikaler Prägung; (1) von dem Sozialisten B. Mussolini (1883–1945) begründete Bewegung mit dem Ziel, durch eine über die Partei und militante Kampfverbände gesteuerte →Revolution von unten das herrschende System zu stürzen, im Kampf gegen die Kommunisten die Macht in Italien zu ergreifen (Marsch der 40000 Schwarzhemden auf Rom, 28.10.1922) und dadurch das Volk aus der nationalen Ohnmacht und der sozialen Not der Nachkriegszeit herauszuführen, vor der die liberale Parlamentsherrschaft versagt hatte. Im Gegensatz zum →Nationalsozialismus ist die Ideologie des F. nicht Ersatzreligion, sondern begreift den Staat als Einheit der Nation und Hüter des Kulturerbes der Latinität, d.h. der röm. klassischen Bildung. der röm. Rechtskultur und der röm. Kirche als Bestandteile der nationalen Kultur. Die Sozialordnung hält an der kapitalistischen Klassengesellschaft fest, in der durch staatliche Lenkung (→Syndikate der Arbeitgeber und -nehmer) Kapital und Arbeit im Dienst des Volks- und Staatswohls zusammenwirken. Der berufsständische Staatsaufbau gipfelt im Duce, der Staatsapparat und Korporationen (Berufsstände) zentralistisch lenkt. Das Individuum und alle Organe der Nation, von der Familie bis zu den Gebietskörperschaften, gehen im Staate auf, der durch die Partei, →Elite der nationalen Willensbildung, beherrscht wird. Die machtpolitische Wiederbelebung des röm. →Imperiums zur Gewinnung von Lebensraum für das wachsende Volk (Eroberung Abessiniens 1936, Besetzung Albaniens 1939) trieb den F. Italiens an die Seite Hitlers und führte im 2. Weltkrieg zum Untergang des Regimes (1943); (2) Sammelbegriff für alle vom it.F. beeinflußten nichtkommunistischen totalitären Systeme. die für eine starke Staatsgewalt, Beschränkung des Parlamentarismus oder der →Parteien eintreten und volle Hingabe an die natinale Größe fordern, in den romanischen Ländern, Lateinamerika meist in der Verbindung von Militärdiktatur, Einparteiherrschaft und Klerikalismus. Die staatssozialistischen Züge dieses integralen Nationalismus, der die kapitalistische Basis prinzipiell nicht antastet, erklärt die Anfälligkeit der unterentwickelten Völker für den F., deren nationale Entfaltung von einer forcierten Industrialisierung abhängig ist; Anti-F., Schlagwort aus dem kommunistischen Lager für die Volksfrontpolitik der Komintern ab 1935, nach 1945 von den Kommunisten wieder aufgenommen, um unter dem Schutz der Besatzungsmacht die nichtkommunistischen Gruppen der dt. Widerstandsbewegung in den Antifablocks unter kommunistische Kontrolle zu bringen; Neo-F., Bezeichnung für die seit 1945 wiedererstandenen rechtsradikalen Bewegungen verschiedener europäischer Länder, lose verbunden in der ‚Neofaschistischen Internationalen'. Sie wollen an die antiparlamentarisch-diktatorischen Systeme des F. anknüpfen; stärkste Gruppe ist der *Movimento Sociale Italiano.*

I. Silone, Der F., 1934; R. Wichterlich, Mussolini, 1952; E. Nolte, Der F. von Mussolini bis Hitler, 1968; W. Reich, Die Massenpsychologie des F., dt. 1971; A. Kuhn, Das faschist. Herrschaftssystem u. die mod. Gesellsch., 1973; R. Saage, F.-theorie, 1976.

Fasten, fasti (von lat. *fas* ‚Recht'), Verzeichnis der Tage, an denen im Rom der Republik staatliche und bürgerliche Geschäfte erlaubt *(dies fasti)* bzw. verboten *(dies nefasti)* waren; der von den →*pontifices* geführte Festkalender; Verzeichnis der →Konsuln *(f. consulares)*, als amtliche Jahrzählung auf dem Forum *(regia)* angeschlagen (auch *f. Capitolini* nach dem Inschriftenfragment im Konservatorenpalast); im wissenschaftlichen Sprachgebrauch allgem. Verzeichnis römischer Beamten.

Fatalismus (zu lat. *fatum* ‚Schicksal‘), Schicksalsgläubigkeit, die Auffassung, daß das menschliche Einzelschicksal und auch der Geschichtsablauf mit unentrinnbarer Notwendigkeit vorherbestimmt sei. Der F. kann, wie z.B. im Islam, religiös im Glauben an die Allmacht Gottes und die Prädestination des menschlichen Lebens begründet sein, er kann sich als Konsequenz eines anthropologischen Determinismus ergeben, oder auch die Folge eines Agnostizismus sein, der erkennt, ‚daß ein eigenwilliges Verhängnis den Gedanken des geschichtlichen Lebens hergibt, den man wohl berechnen, aber nicht verstehen‘ kann (J. G. Droysen, Historik).

Faustrecht, Recht zur Selbsthilfe, zu der ein in seinem Recht sich bedroht Fühlender, Bedrohter oder Angegriffener Zuflucht nimmt, falls ihm die öffentliche Gewalt mangels entsprechender Organe die nötige Hilfe nicht gewähren kann; zum F. zählen →Blutrache und →Fehde, die in geschichtlicher Frühzeit mit mangelhaft ausgebildetem Staatswesen (z.B. nordgerm. Staatenwelt) oder in staatlichen Verfallszeiten (z.B. SpätMA. und 16. Jh.) das Rechtsleben beherrschen.

Faut in Südwestdtld. = →Vogt.

Febronianismus, dem →Gallikanismus und →Episkopalismus verwandte Reformbewegung der kath. Kirche, bes. im 18./19. Jh., zurückgehend auf die unter dem Pseudonym Justinus Febronius veröffentlichte Schrift *De statu ecclesiae et legitima potestate Romani Pontificis* des Trierer Weihbischofs I. N. v. Hontheim (1763).

J. Zillich, Febronius, 1906; L. Just, Hontheim, (Arch. f. mittelrhein. Kirchengesch. 4) 1952; H. Raab, G. Chr. Neller u. Febronius (ebda. 11), 1959.

Fehde (mhd. *vêde* ‚Feindschaft‘), bei den Germanen und im europäischen MA. der rechtlich anerkannte Privatkrieg zwischen Freien und ihren Sippen, bes. Adelssippen. Das gebotene Einhalten rechtlicher, seit dem hohen MA. auch ritterlicher Formen unterscheidet die F. von der gewöhnlichen Blutrache. Die F. mußte z.B. 3 Tage vor Beginn der Feindseligkeiten dem Gegner durch F.-brief angekündigt werden; der Ritter forderte seinen Gegner durch Werfen des F.-handschuhs zum Zweikampf heraus. Schon seit der germ. Zeit versucht die Gemeinschaft, die F. einzudämmen: so kann die Friedloslegung (→Acht) eines Verbrechers durch das →Ding jenen dem Schutz der Sippe entziehen. Die Kirche, die urspr. ein volles Verbot der F. forderte, kämpft seit Ende des 10. Jh. mit Hilfe des →Gottesfriedens, die weltliche Macht mit dem →Landfrieden (seit 1085 in Dtld.) gegen die F. an, doch sind F.n des Landadels in den werdenden dt. Territorien, F.n zwischen Adel und Stadt, ja Bauernf.n bis in die frühe NZ. alltäglich, obwohl im Ewigen Landfrieden von 1495 für das Reich ein absolutes F.verbot verkündet wurde. Der Begriff F. weitet sich dabei im späten MA. auf jede Form des Kleinkriegs der Stände untereinander aus.

H. Conrad, Gesch. d. dt. Wehrverf. I, 1939; E. Schmidt, Einf. i. d. Gesch. d. dt. Strafrechtspflege, [3]1965; H. Asmus, Rechtsprobleme des ma. F.-wesens, Diss. 1951; J. Gernhuber, D. Landfriedensbewegg., 1952; O. Brunner, Land u. Herrschaft, [4]1959; H. Angermeier, Kgt. u. Landfriede im dt. SpätMA., 1966.

Feld, (1) die (begrenzte) Ackerfläche, lat. →*ager*; F.-→brandwirtschaft; F.-gemeinschaft, Begriff der Agrar- und Verfassungsgeschichte für Formen genossenschaftlichen Rechts an Grund und Boden im Gegensatz zum Einzel- oder Staatseigentum. Bekannt sind die germ. →Allmenden (auch →Markgenossenschaft), der ru. →Mir, die südslaw. →Zadruga entweder mit gemeinsamer Bewirtschaftung oder mit periodischer Aufteilung. Von der Forschung – teilweise bis ins 20. Jh.- als Frühformen eines Agrarkommunismus betrachtet, sind sie im Gegenteil relativ junge Gebilde grundherrschaftlicher oder staatlicher Prägung. Wieder aufgenommen ist eine Art F.-gemeinschaft in der sowjetischen →Kolchose oder den LPG; F.-gemeinschaft im weiteren Sinne → Flurzwang; F.-gericht, →Rügegericht in F.-sachen (Grenzstreitigkeiten, Frevel usw.); -geschworener, auch -scheider, vereidigter Schiedsmann für Grenzstreite; – (2) allgem. begrenzte Fläche, z.B. in der →Heraldik die mit Wappenfigur oder → Emblem versehene Schildfläche; der Arbeitsbereich eines Bergmanns, daher F.-bauer = Bergmann; – (3) das unbebaute, unbestellte (nicht begrenzte) Land, lat. *campus*, bes. im militärischen Sprachgebrauch im Gegensatz zu (a) Festung, z.B. F.-artillerie; -geschütz, -schlange, kleinkalibrige Kanone, auch Handfeuerwaffe, bes. des 15. Jh. (→ auch Falke); (b) Garnison, Kaserne (vgl. F.-dienst(übung); in Zusammensetzungen gleichbedeutend mit Kriegs-, Militär-, z.B. F.-hauptmann (it. *capitano*), bes. im 16./17. Jh. (von den →Landsknechten ausgehend), der oberste Führer eines Kriegshaufens, eines Heeres, seit dem 17. Jh. öfter F.-herr (it. *granduca*), auch Ober- Großf.-herr; -→hetman; -jäger, urspr. im Kriegsdienst verwendete Jäger, seit dem 18. Jh. wegen ihrer bes. militärischen Qualifikation v.a. im Kurierdienst, als Kuriere bald nur im Offiziersrang (in Österreich Elite-Korps der Infanterie); -marschall, die aus dem →Marschallamt hervorgehende hohe militärische Charge, die im Lauf des 18. Jh. die →Generalsränge überflügelte (→Generalf.-marschall) und zur höchsten, in der Regel nur selten verliehenen militärischen Würde der dt. Heere wurde (F.-marschalleutnant, in der österr.-ung. Armee der Generalleutnant); -prediger (in der kath. Kirche auch F.-kaplan), der Militärgeistliche, einem F.-propst, bzw. -vikar oder -superior unterstehend; -webel, -waibel (zu dt. *weibeln* = ‚schaffen'), seit der Landsknechtzeit der erste Unteroffizier einer Kompanie, als Dienstrang bei den Fußtruppen erhalten (→ auch Sergeant); im dt. Heer bis 1918 auch F.-webelleutnant, Unteroffiziersdienstgrad als Offiziersstellvertreter; -zeugmeister, urspr. Befehlshaber der Artillerie, seit dem 18. Jh. v. a. in der österr.-ung. Armee Offizierscharge im →Generalsrang.

Felderwirtschaft, Bodenbebauungsform mit Einteilung der Flur in scharf voneinander getrennte Schläge (Felder); zu unterscheiden sind dabei: (1) eine Vorstufe, die Einfeld(er)wirtschaft: der Acker wird ohne Brache dauernd mit derselben Frucht bestellt; (2) Zweif.: zwei Schläge stehen im Wechsel entweder zwischen Bebauung und Brache oder zwischen zwei Fruchtarten; (3) Dreif.: die in drei Schläge (oder ein Vielfaches davon) geteilte Flur wird im Wechsel von Winter-, Sommerfrucht und Brache bestellt; die Dreif. hat die →Gewanneinteilung der Schläge, die →Gemengelage des bäuerlichen Besitzes und den →Flurzwang zur Folge; sie kommt schon in germ. Zeit auf, wird bes. nach der Völkerwanderung in Mitteleuropa intensiviert und herrscht bis ins 19. Jh. vor; eine Umstellung der Dreif. auf Fruchtwechselwirtschaft durch die Bestellung der Brache mit Hackfrüchten (Aufkommen der Kartoffel) und Futterpflanzen erfolgt dabei seit dem 18. Jh.; (4) die strenge Dreif. wird durch eine Mehrfelderwirtschaft abgelöst; Feldgraswirtschaft (auch Dreeschwirtschaft, Weidewechselwirtschaft), auf landwirtschaftlicher Frühstufe und in extremen Lagen (Marsch und Gebirge) verbreitet auftretende Bodenbewirtschaftung: die ältere, auch wilde F. kennt als Urwechselwirtschaft einen in der Regel mehrjährigen Wechsel zwischen d. Bestellung eines Teils der Flur u. der Nutzung des unbebauten Teils als Weide; in d. heute geübten Form wird nach dem Getreideanbau d. Acker mit Futterpflanzen bestellt, die entweder abgeweidet (Feldweidewirtschaft) od. z. T. abgemäht (Eggarten-, Ödgartenwirtschaft) werden.

Th. v. d. Goltz, Gesch. d. dt. Landwirtsch., 1902f.; G. Franz, Bücherkde. z. Gesch. d. dt. Bauerntums, 1938; B. Andreae, Betriebsformen in d. Landwirtsch., 1964; G. Franz, Gesch. d. dt. Bauernstandes, 1970.

Felonie (frz. von vulgärlat. *fello* ‚Verräter'), Lehensverrat, Bruch der Lehenstreue durch den →Vasallen oder den →Lehensherrn. F. kann seitens des Vasallen in der Verweigerung der Pflichten (z.B. der Heerfahrt, dem böswilligen Verkauf des →Lehens, dem Bündnis mit den Feinden des Herrn usw.) bestehen. Der Herr macht sich der F. schuldig, wenn er z.B. ein Lehen grundlos entzieht oder die Ausgabe verweigert. F. bedeutet für den Vasallen Verlust des Lehens (z.B. Verurteilung Heinrichs des Löwen 1180 nach Lehensrecht: Verlust der Herzogtümer Sachsen und Bayern), während F. des Herrn in den Lehensrechten der europäischen Staaten verschieden behandelt wird (i.a. hat sie Herausgabe des Lehens, Bindung des Vasallen an den →Oberherrn, Ausschaltung des Zwischenherrn aus der Lehenspyramide zur Folge).

J. Goebel, Felony and Misdemeanor, 1937; →Lehen.

Feme (mhd. *veme* ‚Verurteilung', ‚Strafe'), auch Freigericht, ein in Westfalen im 14./15. Jh. wieder zur vollen Blüte gelangtes →Gericht, das seine Befugnis auf die kg. Blutbannleihe zurückführt und urspr. Gericht der fränk. →Kg.-zinser, v.a. im sächsischen Stammesgebiet ist. Anfangs auch öffentliches →Ding, in dem alle gewöhnlichen Rechtssachen eines Bezirkes abgeurteilt werden, wird die F. seit dem Ende des 14. Jh. heimliches oder Stillgericht unter Ausschluß aller Nichtschöffen. Der vom Herrn der Gerichtsstätte, dem Stuhlherrn, mit dem Gericht belehnte →Freigraf hat als Urteilsfinder, Richter mindestens 7 Freischöffen zur Seite, die freien Standes (auch Bauern) sein müssen und urspr. nur Söhne der ,Roten Erde' (Westfalens) sein dürfen. Sie werden in die geheimen Regeln des Prozeßverfahrens eingeweiht und verpflichten sich durch →Eid als ,Wissende' zu Stillschweigen. Zur Kompetenz der F. gehören todeswürdige Verbrechen und Fälle der Rechtsverweigerung vor einem ordentlichen Gericht. Das Urteil (nur Freispruch oder Tod) wird sofort von einem zum Henker bestimmten Freischöffen vollstreckt. Bei Rechtsverweigerung dehnt die F. ihre Zuständigkeit mit Unterstützung der dt. Könige (Karl IV., Wenzel, Sigismund) auf ganz Dtld. aus und zitiert mittels der F.rüge die Beschuldigten vor ihre Stühle. Erscheint der Angeklagte nicht, so wird er verfemt, d.h. friedlos (→Acht). Berufungsinstanz ist das →Freigrafenkapitel zu Arnsberg. Durch wachsenden Einspruch der →Fürsten und →Städte gegen Übergriffe der F. verliert diese gegen Ende des 15. Jh. ihre Bedeutung, fristet aber bis zum 19. Jh. ihr Dasein.

Th. Lindner, D. Veme, [2]1896; A. K. Hömberg, D. Entstehg. d. westfäl. Freigrafschaften, 1953; H. Dannenbauer, Grundl. d. ma. Welt, 1959/62; H. Conrad, Dt. Rechtsgesch., [2]1962, 1966.

Fenier (engl. *Fenians* von altir. *fene* ,frei' oder *fiann* ,Gefolgsmann'), national-ir. Geheimbund, der 1860–80, z.T. von den USA aus mit terroristischen Methoden die engl. Herrschaft bekämpfte.

P. M. Toner, The military organisation of the „Canadian" Fenians 1866–87, in: Irish Sword, 1970.

Fenner (schweiz.) = →Fähnrich; auch Militärberater der Regierung.

Fernost (engl. *Far East*), Bezeichnung für die ostasiatischen Länder am Rande des Pazifik; F.-kommission, vom →Völkerbund ernannter Ausschuß zur Untersuchung der jap. Aggression gegen China in der Mandschurei, Sept. 1931. Der Bericht der F.-kommission stellt die Unrechtmäßigkeit des jap. Angriffs fest, macht aber dennoch den Vorschlag, die Mandschurei in einen autonomen chin. Staat unter jap. Kontrolle umzuwandeln. Nach Annahme des Berichts Febr. 1933 tritt Japan aus dem Völkerbund aus, wobei dieser an Ansehen verliert, da es sich erweist, daß er gegen einen ,Aggressor' hilflos ist.

Festlandsdegen, in Publizistik und Geschichtsschreibung seit dem 18. Jh. Schlagwort für den Verteidiger engl. politischer Interessen auf dem europäischen Festland.

Festung, eine im Gegensatz zu Feldbefestigungen permanente, im Gegensatz zu den →Burgen des MA. großräumige, im Gegensatz zu den befestigten Städten des At. primär unter militärischen Gesichspunkten errichtete Verteidigungsanlage, meist mit bestimmten strategischen Aufgaben; im eigentlichen Sinne beschränkt auf die Zeit zwischen dem Absolutismus (S. Vauban, 1633–1707) und den ausgedehnten befestigten Frontlinien nach dem 1. Weltkrieg (Maginot-Linie, Westwall); F.s-haft, auch F., seit dem 18. Jh. nicht entehrende Freiheitsstrafe bei politischen und militärischen Vergehen; -viereck, die aus den Kriegen zwischen 1848 und 1866 bekannten österreichischen Festungen in Oberitalien, Mantua, Legnano,

Verona, Peschiera; ebenso in den Balkankriegen die befestigte Zone Ostbulgariens um Varna.

Fetialen (lat.), röm. Kollegium von 20 Priestern, Sachverständige für Völkerrecht und die damit verbundenen sakral-rechtlichen Fragen, Senatsboten (Leiter: *pater patratus*) bei Kriegserklärungen, Friedens- und Vertragsschlüssen.

K. Latte, Röm. Rel.gesch., [2]1967.

Fetwa →Mufti, Scheich.

Feudalismus (frz. von mlat. *feodum*, *feudum*, seit dem 9. Jh. ,→Lehen', zu ahd. *fihu* ,Vieh'?), seit dem 17. Jh. vordringende Bezeichnung für das fränk. ma. →Lehenssystem, bes. in seinen politisch-sozialen Aspekten (Adelsherrschaft im Gegensatz zum bürgerlichen Freiheitsstreben, bzw. zur Ausbeutung der →Hörigen und →Leibeigenen); im 19./20. Jh. löst sich der Begriff von der spezifisch abendländischen Erscheinung ab und erweitert sich – teils durch die spekulative →Kulturmorphologie (O. Spengler, 1880–1938), teils durch vergleichende soziologisch und rechtshistorisch bestimmte Geschichtsbetrachtung (M. Weber, 1864–1920, O. Hintze, 1861 bis 1940) – zu universalgeschichtlicher Bedeutung, so daß das ma. Lehenswesen nur mehr ein Beispiel – wenn auch das wichtigste – für die feudale Gesellschaftsordnung ist. Danach gilt der F. als eine geschichtliche Erscheinung, die, in reiner Ausprägung selten (z.B. in den Kreuzfahrerstaaten), sowohl in ihren Anfängen (vgl. die Feudalisierungstendenzen im spätröm. Reich) als auch in ihren Fortwirkungen (→ z.B. Majorat, Gutsherrschaft) weit über die eigentlich feudalen Epochen hinausreicht und zeitlich (z.B. in Makedonien bis ins 3. Jhv.; im fränk. Raum seit dem FrühMA.) wie räumlich (z.B. Japan, Iran) getrennt auftreten kann. Er bestimmt sich als eine ,Notkonstruktion' (H. Heimpel), die sich in großräumigen Machtbereichen bei verhältnismäßig gering entwickelten Verkehrs- und Herrschaftseinrichtungen entfaltet. Er ist seinem Wesen nach agrarisch, vorwiegend naturalwirtschaftlich, und baut (meist auf der Grundlage der persönlichen Bindungen des Lehenswesens) eine Herrschaftshierarchie auf, in der die politischen, richterlichen, militärischen Herrschaftsfunktionen einer grundherrlichen, ritterlich-aristokratischen, allmählich auch kulturtragenden Oberschicht überantwortet sind. Seine Auflösung kann einerseits durch eine erstarkte Monarchie mit Beamtenstab und zentralisierter Verwaltung erfolgen, andererseits auch – meist im Verein mit wirtschaftlichen Umwälzungen – durch die Durchbrechung des hierarchischen Gefüges von unten her (ständischer Gedanke, Revolution).

H. Mitteis, Lehnrecht u. Staatsgew., [2]1958; O. Brunner, F., 1959; F. L. Ganshof, Was ist das Lehenswesen?, dt. 1961; H. Mitteis, D. Staat d. hohen MA., [8]1968; O. Hintze, Ges. Abh. I, [3]1970; M. Weber, Wirtsch. u. Ges., [5]1972; H. Wunder (Hrsg.), F., 1974.

Feuer-armbrust (-rohrarmbrust), Waffe v.a. des 16. Jh., Kombination zwischen Armbrust und F.-rohr (langschäftiger Pistole; -probe, Form des Gottesurteils (→ auch Ordal), Schreiten über glühenden Rost, Anfassen und Tragen glühenden Eisens;

-waffen, die mit der Verbreitung des Schießpulvers in Europa seit dem 14. Jh. (angeblich erstmals in der Schlacht von Crécy 1346), aufkommenden Waffen, sowohl Geschütz als auch Handf.-waffen (→die Einzelartikel); -werker, urspr. in den Heeren beschäftigter Handwerker für Geschütz und Munition, seit dem 18. Jh. in das Unteroffizierskorps eingegliedert.

H. Rickett, F.-waffen, dt. 1967.

Fideikommiß (lat. *fidei commissum* ‚zu treuen Händen anvertraut'), eine vom niederen Adel zur Erhaltung des Familienguts (daher auch Familien-f.) im Mannesstamm seit Ende des 14. Jh., v.a. im 16./17. Jh., gepflegte Vermögensform (ähnlich in den meisten europäischen Ländern verbreitet, →Frérêche): das F. ist unveräußerlich, unteilbar, einer vom Stifter bestimmten Erbfolge unterworfen. Am häufigsten begegnen →Majorat und →Primogenitur. Der Inhaber des F. hat nur Nutzungsrechte, für seine Schulden kann das F. nicht zur Zwangsvollstreckung herangezogen werden. Die Stiftung des F. durfte nur mit Genehmigung der Obrigkeit erfolgen. Der *Code Napoléon* beseitigte das F. im frz. Rechtsgebiet, Art. 155 der Weimarer Verfassung verfügte die Abschaffung in Dtld.

H. Meyer, D. Anfänge d. Familienf. in Dtld., (FS. R. Sohm) 1914; ders., Eine süddt. Stammgutstiftung, (FS. J. W. Hedemann) 1938.

Filiation (von lat. *filius* ‚Sohn'), in der Genealogie die Gliederung und Verzweigung einer Stammtafel, bzw. Nachfahrentafel; das Deszendenzverhältnis zweier Personen und dessen urkundlicher Nachweis; entsprechend in der Philologie das – in Form einer Stammtafel dargestellte – Abhängigkeitsverhältnis der Handschriften; das Verteilungsschema eines Haushaltsplans.

Filibuster →Flibustier.

Finanzen (frz.-mlat. – von lat. *finis* ‚Ende', mlat. ‚Termin' – urspr. ‚Schulden', auch ‚Wucher'), seit dem →Merkantilismus Staatseinnahmen, Geldbesitz, Vermögenslage des Staates; Finanzausgleich, in bundesstaatlichen Gebilden die gegenseitige Abstimmung der einander übergeordneten Finanzwirtschaften (vertikaler F.-ausgleich, neben dem die Bundesrepublik Dtld. nach Art. 106, Abs. 4 des Bonner GG. noch den horizontalen F.-ausgleich zwischen ‚steuerschwachen' und ‚steuerstarken' Ländern kennt), →auch Matrikularbeiträge; -hoheit, das Recht des Staates, seine F.en selbst zu regeln und aufgrund der F.-gewalt (als Teil der staatlichen Zwangsgewalt) hiezu auf dem Wege der Besteuerung das Vermögen seiner Bürger heranzuziehen; -ministerium, die aus der fürstlichen → Kammer hervorgegangene Oberbehörde zur einheitlichen Leitung der F.en, seit dem 19. Jh. eines der sog. klassischen →Ministerien; -monopol, staatliches → Monopol, das lediglich für die Zwecke der Besteuerung geschaffen worden ist; -periode, der Zeitraum, für den der Haushaltsplan aufgestellt wird (im 19. Jh. in einigen Ländern 2, auch 3 Jahre, doch hat sich unter dem Druck der Parlamente das F.-jahr allgem. durchgesetzt); -prokurator →Fiskal; -steuer (entsprechend -zoll), allgem. Bezeichnung für Abgaben, die lediglich aus f.-politischen Gründen erhoben werden; -wache, in Österreich-Ungarn seit 1843 das Korps der Paß- und Zollbeamten, auch mit Aufgaben der Steuerüberwachung und -fahndung betraut.

Fin de siècle (frz. ‚Ende des Jahrhunderts', Titel einer Komödie von H. Micard/F. de Jouvenot, Paris, April 1888), vom literarischen Bereich auch in den politischen übergreifendes, in Frankreich rasch verbreitetes, in Dtld. z.T. lebhaft bekämpftes Schlagwort zur Kennzeichnung der Verfeinerung und Überfeinerung einer dekadenten Generation.

Fischerring *(anulus piscatoris)*, der seit dem 13. Jh. zu den päpstlichen Insignien gehörige Amtsring des →Papstes (mit einer Darstellung des netzauswerfenden oder -einziehenden Petrus), diente bes. zur Siegelung von →Breven; der F. wird nach dem Tode eines Papstes zerbrochen.

Fiskus (lat. *fiscus* ‚Korb', zum Aufbewahren größerer Geldmengen verwendet), die durch Augustus von der Staatskasse (→Aerarium) getrennte ks. Privatkasse in den einzelnen Provinzen und im Reich (ohne Rechenschaftslegung, durch eigene Beamte – *a rationibus*, →Prokuratoren – verwaltet), aus der die röm. Kaiser den Militäretat, ihre Verwaltung, Bautätigkeit, Getreide- und Wasserversorgung Roms u.a. bestritten; im MA. seit der Karolingerzeit die vom Kg. bewirtschaftete →Domäne, auch Domänenverwaltung eines begrenzten Bezirks und dieser selbst; in der NZ. wieder die Kasse des →Landesherrn im Gegensatz zur Kasse des Staates (Aerar); seit dem Absolutismus die Staatskasse schlechthin, der Staat als Vermögensträger, in dieser Eigenschaft als juristische Person ohne Hoheitsrechte und Mittel der Gewaltsamkeit dem Bürger privatrechtlich gleichgestellt; Fiskal, v.a. im 18. Jh. beamteter Rechtsvertreter der Interessen der Krone, mitunter auf einzelne Verwaltungszweige beschränkt, v.a. am →Reichskammergericht (F.-prokurator, F.-advokat); Fiskalinen, bevorrechtete Klasse von →Leibeigenen am Hofe der fränk. Könige; Fiskalismus, staatliche Finanzpolitik, die auf hohe Einnahmen, auf möglichste Anreicherung des F. gerichtet ist (in der modernen Staatswirtschaft verfeinert zu: *Fiscal Policy*, die durch wirtschafts- und finanzpolitische Maßnahmen des Staates das Gedeihen der Wirtschaft zu garantieren sucht).

F. E. Steffensen, F. in d. späten röm. Rep., in: Class. et mediaevalia 1969.

Fixation (von mlat. *fixare* ‚festsetzen'), Steuerpauschale und ihre Festsetzung, z.B. im 18. Jh. bei der preuß. →Akzise.

Flagellanten (lat. von *flagellum* ‚Geißel', vgl. dt. *Flegel*, weit verbreitete Schlagwaffe mit beweglichem Oberteil), ‚Geißler', auch Flegler, in Italien und Mitteleuropa 13.–15. Jh. (bes. während der Pest 1348/49) wandernde →Brüderschaften, die sich mit der Selbstgeißelung und ekstatischen Verzückung ihrer Bußprozessionen in Häresie und Kritik an der Kirche hineinsteigerten, auch soziale Unruhen förderten; 1349 durch eine Bulle Papst Clemens' VI. verboten, noch 1417 auf dem Konzil von Konstanz gemaßregelt, verschwinden sie erst im Lauf des 15. Jh.

Flagge (seit dem 15. Jh. in den germ. Sprachen), Signal und Kennzeichen von Schiffen, zur Verständigung auf See zunächst einfarbig (z.B. *Schwarze F.*, Zeichen der Piraten; *Gelbe F.*, Zeichen für Seuchengefahr, →Quarantäne; *Rote F.*, Zeichen für Pulverladung; *Weiße F.*, Zeichen für Verhandlungsbereitschaft, Waffenruhe), im 19. Jh. zu einem System für ausführlichere Nachrichtenübermittlung (Signal-f.n) auf der Grundlage verschiedener Codes ausgebaut; seit dem MA. (bes. in der Hanse) mit Bildzeichen aus Wappen und Banner versehen, um die Herkunft des Schiffes kundzutun, woraus sich seit dem 17. Jh. die National-f. (bald auch geschieden in Kriegs- u. Handels-F.) entwickelt; nach dem Vorbild der frz. →Trikolore entwickelte sich im 19. Jh. mit dem Vordringen des nationalstaatl. Gedankens der Brauch, die National-f. als Symbol der Staatshoheit allgem. (auch zu Lande) anzuerkennen, wobei die Wahl der Farben od. Symbole in der Regel durch den Rückgriff auf historische Wappen und Farben bestimmt wurde; Flagg-offizier, Offizier der Kriegsmarine, der (ebenso wie in neuster Zeit zunehmend die Träger höchster staatlicher Funktionen eine Dienst-f.) eine eigene Kommando-f. zu führen berechtigt ist, daher = →Admiral; -schiff, jenes Kriegsschiff eines Verbandes, das den kommandierenden Admiral an Bord und seine F. gehißt hat; Flaggen-buch, Veröffentlichung der völkerrechtlich anerkannten F.n; -recht, die vom Staate durch Schiffszertifikat (bzw. bei Besitzwechsel im Ausland vom diplomatischen Vertreter durch F.-attest) erteilte Berechtigung zum Führen seiner Handels-f.; -zoll (zuschlag), vom 17.–19. Jh. (als Folge der engl. →Navigationsakte) in mehreren westeuropäischen Staaten erhobene Sonderabgabe bei Wareneinfuhr auf fremden Schiffen.

O. Neubecker, Fahnen u. F.n., 1939; P. Wentzcke, Die dt. Farben, 1955; W. Petersen, P. Kannik, D. farb. F.nlexikon, 1958.

Flamberg (urspr. Schwertname?), bis ins 15. Jh. Zweihänder, mannshohes Schlagschwert (v.a. zur Mauerverteidigung), dann langgriffiger Degen; im 19. Jh. poet. Schwert.

Flamen (lat. ‚Anzünder'), röm. Einzelpriester für eine bestimmte Gottheit, Angehöriger des Pontifikalkollegiums; von den 15 *flamines* zählten die 3 patrizischen des Juppiter, Mars, Quirinus (*F. Dialis*, *Martialis*, *Quirinalis*) zu den ranghöchsten Priestern der röm. Gemeinde; später auch Priester im Kaiserkult (*flamines Divorum*), bes. von reichen →Freigelassenen erstrebte Würde.

Flecken, Ortschaft, die rechtlich weder eindeutig →Stadt noch →Dorf ist, meist jedoch größeres Dorf, das mit einzelnen städtischen Rechten, bes. Marktrechten ausgestattet ist, (daher Markt-f.), auch befestigt (Burg-f.); in Südwestdtld. bis zur Gegenwart einfaches Dorf; F.-rodel, in Südwestdtld. seit dem ausgehenden MA. von der jeweiligen Ortsherrschaft angelegtes Verzeichnis der zum Ort gehörenden Grundstükke, Gerechtsame, Abgaben usw., →auch Urbar.

Flegel, Flegler →Flagellanten.

Flibustier (holl. *vrijbuiter* – oder lat. *in finibus Terrae?* –, span. *filibustero*) Freibeuter, bes. Pirat des 17./18. Jh. in der Karibischen See, →Bukanier; allgem. Abenteurer, v.a. im am. und engl. (auch *filibuster*) →Obstruktionspolitiker; F(i)libusterismus →Obstruktionspolitik.

A. Sternbeck, F. u. Bukaniere, 1928.

Florin (frz. von it. *fiorino d'oro*, ‚Goldblümchen', dt. Floren), die erste Goldmünze des MA., seit 1252 in Florenz geprägt (mit der Lilie auf dem Revers, 3,8 g), Vorbild des venezianischen →Dukaten und des rheinischen →Gulden, daher auch vielfach, bes. frz., = Gulden (Abk. fl.); engl. Silberscheidemünze im Wert von 2 → Shilling.

Flugblätter, (dt. im 18. Jh. für frz. *feuilles volantes*), -schriften, nicht gebundene Druckerzeugnisse, vom Einblattdruck bis zur umfangreichen Broschüre (die frz. Zensurbestimmungen von 1788, denen die Karlsbader Beschlüsse von 1819 hierin folgen, setzen die Grenze für die verschärfte →Zensur auf 20 Bogen = 320 Seiten), meist kritischen oder satirischen Charakters (→ auch Pamphlet, Pasquill) und aktuell-politischen Inhalts, auf breiteste Wirkung bedacht; die F.-blätter und -schriften, bes. zahlreich in Dtld. und im Zeitalter der Reformation, sowie während der Verfassungskämpfe des 19. Jh., sind wertvolle Quellen zur Geschichte der Publizistik und zur Kulturgeschichte, doch sind sie, da aus leicht verderblichem Material und in der Regel nicht in Bibliotheken eingestellt, nur unvollständig erhalten.

K. Schottenloher, F.blatt u. Zeitg., 1922; K. d'Ester. Hdb. d. Zeitgswiss., s. v.; W. Schaber, F. u. Streitschr. z. Weltgesch., 1966.

Flügeladjutant, Adjutant höherer Befehlshaber (der zu den Flügeln des Heeres entsendet wird), bei Regierenden ein Adjutant, der nicht im Range eines Generals steht.

Flur-buch, Grundstücksverzeichnis einer Gemeinde, das in Ergänzung zum Grundbuch die Grundstücke nach Lage und Größe festhält; -zwang, die durch die →Gemengelage der Grundstücke und den Mangel an Wegen bedingte Ordnung, die Ackerflur zu gleicher Zeit und mit gleicher Frucht zu bestellen; der F.-zwang wird entweder zwischen den Besitzern vereinbart oder vom → Grundherrn befohlen.

Föderalismus *(→foedus)*, seit dem 18. Jh., v.a. seit Montesquieu (1689–1755) häufige Bezeichnung für die Theorie oder den Zustand einer bundesstaatlichen Organisation, wobei der Begriff auch auf ältere Zeiten bis zu den Anfängen des →Bundesgedankens angewandt wird und zugleich je nach den historischen Gegebenheiten und auftretenden Gegensätzen einen weiten Spielraum hat: so hat z.B. in der älteren Geschichte der USA der F., vertreten 1792 bis 1822 durch die Partei der Föderalisten, gegenüber Tendenzen des→Partikularismus oder gar →Separatismus die Stärkung der bundesstaatlichen Einrichtungen zum Ziel, während er im europäischen Denken sich in erster Linie vom staatlichen →Zentralismus bedroht sieht und daher die Wahrung der Eigenständigkeit der Einzelglieder betont. Innerhalb der Grenzen von Einheitsstaat und Staatenbund kann der F. sowohl eine lockere übernationale Einigung vertreten (K. Frantz, 1817–91), als auch innerhalb eines Staates die Wahrung eigenstaatlicher Rechte der Glieder aufgrund von Stammeseigenarten, dynastischen Reservaten, kulturellen Besonderheiten u.ä. In letzterem Sinne ist die gesamte dt. Geschichte zugleich eine Geschichte des föderalistischen Gedankens, der auch in den Schöpfungen von 1867, 1871 und 1949 (hier nach der ausdrücklichen Forderung der Besatzungsmächte nach einem Staat vom ‚föderativen Typ'), in geringerem Maße 1918, zur Geltung kam. – Die Vertreter des F. sehen in dem Grundsatz, ‚möglichst weit unten zu regieren', einen wirksamen Schutz gegen die Allmacht des Staates und eine Möglichkeit zur besseren Aktivierung der demokratischen Rechte; seine Gegner weisen auf die Gefahren des inneren Kräfteverschleißes und der partikularen Eigenwilligkeiten hin. In der modernen Zeit können sich die föderalistischen Tendenzen am stärksten auf dem kulturellen, am schwächsten auf dem militärischen und wirtschaftlichen Gebiet behaupten. – Zum F. in der kath. Gesellschaftslehre →Subsidiarität; Föderation, Bündnis, auch Staatenbund, →Konföderation; Föderierte = →Allierte.

K. Frantz, Der F., 1879; ders., Dtld. u. d. F., 1917; B. Dennewitz, Der F., 1947; A. Brecht, F., Regionalismus u. d. Teilg. Preußens, 1949; E. v. Puttkamer, Föd. Elemente im dt. Staatsrecht seit 1648, 1955; Ch. Altenstetter, D. österr. F. u. s. hist. Grundl., 1969; K.-H. Walper, F., 1970; G. Kirsch (Hrsg.), F., 1977.

Foedus, lat. ‚Bündnis', ‚Vertrag', wobei das röm. Staatsrecht zw. *f. aequum*, Vertrag zwischen gleichberechtigten Partnern, z.B. zwischen Rom und Marseille um 400v., und *f. iniquum*, zwischen Partnern ungleichen Rechts, z.B. zwischen Rom und vielen italischen Städten und Stämmen, bes. seit dem 4. Jhv. – dazu lat. *foederati*, aufgrund eines *f.* gewonnene →*socii*, mit Heerfolge- und Abgabenpflicht, auch außerhalb der Reichsbevölkerung, z.B. gallische Stämme z.Zt. Caesars und v.a. die in spätröm. Zeit geschlossen auf Reichsgebiet angesiedelten Germanenstämme).

H. Horn, Foederati, Diss. 1929.

Fokosch, Wurf- und Schlagwaffe der Magyaren, Streithammer, z.T. auch mit Beilschneide.

Folkething, in Dänemark seit 1849 die 2. Kammer (neben dem Landsthing = Oberhaus) des Reichstags.

Folklore (engl. ‚Volkslehre'), von W. J. Thoms 1846 geprägte Bezeichnung, die sich v.a. im engl. Sprachraum rasch durchsetzt, während sich im dt. Sprachraum seit Anfang 19. Jh. Volkskunde (anfangs auch Volkstumskunde) behauptet; während sich das F. im wesentlichen auf das Brauchtum beschränkt, erweitert sich die Volkskunde (von der Romantik inauguriert und geformt, v.a. durch die Gebr. Grimm, W. H. Riehl, 1823–97, K. Weinhold, 1823–1901) durch Einbeziehung sprach- und literaturgeschichtlicher, geographischer und anthropologischer Probleme zu einer umfassenden Wissenschaft von den Lebensformen und -äußerungen der ‚Grundschichten' der europäischen, v.a. der dt.-sprachlichen Völker und tritt damit als Kulturwissenschaft in nächste Nähe zur →Kulturgeschichte.

O. A. Erich, R. Beitl, Wörterb. d. dt. Volksk., [3]1974.

Fondaco (it. von ar. *funduq* aus gr. *pandocheion* ‚Lagerhaus'), seit dem 11. Jh. Handelsniederlassung und Herberge v.a. it. und frz. Kaufleute in Städten am östlichen Mittelmeer, die im MA. große wirtschaftliche Bedeutung erlangen; *F. dei Te-*

deschi, vom 13. Jh. bis 1805 die Handelszentrale der dt. Kaufleute in Venedig.

H. Simonsfeld, Der F. dei Tedeschi in Ven., 1887; G. v. Pölnitz, Der dt. Handel u. s. Haus in Venedig, 1944.

Formation →Historischer Materialismus.

Formelbuch, seit dem FrühMA. in kirchlichen und weltlichen →Kanzleien angelegte Mustersammlung für das Ausstellen von →Urkunden und Briefen. Die Muster werden entweder erfunden oder meist, unter Beiseitelassen des einmaligen Inhalts, mit den Formeln wirklicher Urkunden zusammengestellt. Am bekanntesten sind die Formeln des Markulf (7. oder 8. Jh.). Im späteren MA. wird das F. allmählich in eine reine Briefsammlung umgewandelt.

Forst (mlat. *forestis* von lat. *foris* ‚draußen‘), urspr. herrenloses Land, neben Wald auch Fischwasser, bisweilen auch Kulturland, das der Kg. seit der Merovingerzeit mit seinem →Bann durch Einforstung (mlat. *forestatio*) zum kg. Sondereigentum erhebt. Im HochMA. wird F. v.a. im Sinne von eingefriedetem Wald gebraucht, das F.-recht, von Barbarossa (1152–90) zusammen mit dem →Jagdrecht in den Ronkalischen Beschlüssen 1158 als →Regal beansprucht, auch an geistliche und weltliche Grundherren verliehen. Die Nutzung der aufgrund des F.-rechts eingehegten Wälder (Bannf.en), v.a. die Jagd (deshalb F.-recht = →Wildbann) in ihnen ist bei Strafe des →Königsbanns untersagt. Das F.-recht, seit dem späteren MA. in zunehmendem Maße im Besitz der →Landesherren, wird von diesen für alle Wälder innerhalb ihres Territoriums beansprucht und so am Ende des MA. und in der frühen NZ. zur F.-hoheit. Der landesherrliche F. selbst als geschlossenes Rechtsgebiet für alle in ihm lebenden Personen ist ‚gegebener Ausgang für die Ausbildung der neuen Staatsform des institutionellen Flächenstaats, eine Keimzelle der →Landeshoheit‘ (Th. Mayer); F.-partie, Ministerialabteilung für F.verwaltung; -rat, in Württemberg 1817–27 leitende Behörde der Staatsforsten.

A. Schwappach, Grundz. d. Forst- u. Jagdgesch. Dtlds., 1892; H. Timme, Forestis, Kg.sgut u. Kg.srecht, Arch. f. Urk.forschg. 1909; K. Glöckner, Bed. u. Entstehg. d. Forestisbegr., VSWG 1924; J. Köstler, Wald u. Forst in d. dt. Gesch.forschg., HZ 155, 1937; K. Lindner, D. Jagd i. frühen MA., 1940; Th. Meyer, Schaffhauser Beitr. z. vaterl. Gesch., 1954; H. v. Bothmer, Mirica, F. u. Ges., 1965.

Fort (frz., span. von lat. *fortis* ‚stark‘), seit dem 17. Jh. selbständiges kleineres Befestigungswerk ständigen oder provisorischen Charakters; Fortifikation, die Kunst des →Festungsbaus, auch die Befestigungsanlagen selbst, sowie, v.a. im 19. Jh., der Stab von Ingenieuroffizieren einer Festung.

Fortschritt (nach lat. *progressus* frz. *progrès*, engl. *progress*), seit dem Ende des 18. Jh. rasch verbreiteter, bald zum politisch-weltanschaulichen Schlagwort erhobener Begriff: Wandel in aufsteigender Linie, wonach der jeweils spätere Zustand den früheren an Vollkommenheit übertrifft und somit überholt erscheinen läßt; als ‚immanente Zielstrebigkeit der Natur‘ (W. Nestle) im Grunde schon in den gr. Kulturentstehungslehren (5. Jhv.) des antiken Materialismus (Demokrit v. Abdera) und Individualismus (Protagoras v. Abdera; →Sophistik) enthalten, wird der Gedanke des F.s durch den optimistischen Glauben der →Aufklärung an die Selbstvervollkommnung des Menschen (Perfektionismus) zum Sinn der Geschichte erhoben. Durch den Einfluß der Philosophie G. W. F. Hegels (1770–1831; Weltgeschichte als F. des Geistes im Bewußtsein seiner Freiheit) und ihre Nachwirkungen, v.a. im →Marxismus (der schließlich den F.sglauben zur Ersatzreligion erhebt), durch den Positivismus A. Comtes (1798–1857; ‚Dreistadiengesetz' in der Entwicklung der menschlichen Gesellschaft; →Soziologie als Wissenschaft zur Beschleunigung des F.s), sowie durch Darwinismus und Evolutionismus (Entwicklung) erfährt der F.sgedanke weiterhin Stütze und Ausbau, wird im politischen Bereich zum Kampfruf gegen absolutistische und feudalistische Strömungen, zum Gegensatz zum → Konservativismus, zum Programm, ja zur Bezeichnung von Parteien →liberaler Prägung (so Dt. F.spartei im preuß. Abgeordnetenhaus und Dt. Reichstag 1861–84, E. Richter, 1838–1906 und F.liche Volkspartei 1910 bis 1918, →auch Freisinn). Während sich der Begriff – abgesehen von der marxistischen →Ideologie – im Bereich der exakt feststellbaren Ergebnisse der Wissenschaften, bes. der Technik (technischer F.) weiter behauptet, wird er durch die kritische Auseinandersetzung mit seinen philosophischen Grundlagen und durch die geschichtlichen Erfahrungen des 20. Jh. in der Soziologie und der Kulturkritik weitgehend eingeengt (‚sozialer Wandel' anstatt ‚sozialer F.') und ist aus der modernen Geschichtsschreibung, nicht zuletzt durch den Einfluß der →morphologischen Betrachtung, fast verschwunden.

K. Löwith, Weltgesch. u. Heilsgeschehen, [5]1967; H. Freyer, Theorie d. gegenwärt. ZA., [6]1967; W. Nestle. Gr. Geistesgesch., [3]1957; R. Wittram. D. Interesse a. d. Gesch., [3]1968; – →Entwicklung, Morphologie, Soziologie.

Forum, die Senke zwischen Kapitol und Palatin in Rom, der Marktplatz als Zentrum der öffentlichen Gebäude und des öffentlichen Lebens, dann auch andere Märkte in Rom und in den lat. Städten des röm. Reiches (= gr. Agora), mlat. Markt *(ius fori, forense* = →Marktrecht); allgem. Öffentlichkeit, Versammlung, ferner, da das *F. Romanum* auch Stätte der Gerichtsverhandlungen war, mlat. allgem. Bezeichnung für weltliches oder kirchliches Gericht, Gerichtszuständigkeit; forensisch, öffentlich, gerichtlich.

Frais (bair. Fraisch, schwäb. auch Freis, Freisch, 'Not', ‚schwere Gefahr'), in süddt. Quellen häufiges Synonym für peinliche →Gerichtsbarkeit, v. a. in Zusammensetzungen, z. B. F.-herr, Inhaber der peinlichen oder Blutgerichtsbarkeit; f.-lich, was in die peinliche Gerichtsbarkeit fällt; jedoch niedere F. = niedere →Gerichtsbarkeit.

Fraktion (frz. zu lat. *frangere* ‚brechen'), ‚Bruchteil', Teil einer Körperschaft, im modernen parlamentarischen Sprachgebrauch Vereinigung der Abgeordneten, die derselben Partei angehören, in der Regel nur, soweit sie eine in der Geschäftsordnung vorgeschriebene Mindeststärke erreichen; die F.en nehmen in ihren nichtöffentlichen Sitzungen einen beträchtlichen Teil der parlamentarischen Diskussion und Willensbildung vorweg, streben nach geschlossenem Auftreten in der Öffentlichkeit des Parlaments (F.s-disziplin) und üben einen – je nach den weltanschaulichen und historischen Voraussetzungen der Partei verschieden starken – legalen, doch vielfach als Gewissensnötigung kritisierten Druck (in der schärfsten Form: F.s-zwang) auf die Stimmabgabe der Abgeordneten aus.

Th. Eschenburg, Staat u. Ges. in Dtld, 1956 u. ö.; Th. Nipperdey, D. Organisation d. bürg. Parteien in Dtld. vor 1918, HZ 185, 1958; W. D. Hauenschild, Wesen u. Rechtsnatur d. parlamentar. F.en, 1968; G. Eisermann, D. Lehre v. d. Ges., [2]1969.

Frame, nach Tacitus (Germ. 6) die Hauptwaffe der Germanen, Speer ‚mit schmalem, kurzem Eisen, aber einem so scharfen und zum Gebrauch handlichen, daß sie mit derselben Waffe je nach Lage aus der Nähe oder aus der Ferne kämpfen'.

Franctireurs (frz. ‚Freischützen'), →Partisanen, v.a. im dt.-frz. Krieg 1870/71.

Franken (germ. ‚Freie', vgl. mlat. *francus* →‚Hochfrei', frz. *franchise* →‚Allod', Abgabenfreiheit, engl. *frankpledge* ‚Freibürgschaft'), über den eigentlichen Stammesnamen hinaus im Vorderen Orient seit den Kreuzzügen allgem. Westeuropäer (→auch *lingua franca*); frz. Königsmünze (frz. *franc*, abgekürzt aus der Umschrift *rex Francorum*), urspr. Gold, seit dem 16. Jh. Großsilber, seit dem 1.7.1796 die frz. Währungseinheit zu 100 Centimes, seit 1799 auch Währungseinheit der Schweiz; der frz. F. wurde durch die →lateinische Münzunion 1865 die Währungsgrundlage mehrerer europäischer Länder.

Franziska, einfache →Streitaxt mit kurzem, leicht gebogenem Stiel, die Hauptwaffe der Franken.

Frater (lat. ‚Bruder', it. *frate*, *fra*), Angehöriger einer Bruderschaft (*f. Arvalis* →Arvalbrüder), v.a. – mit Vornamen – Anrede eines Klosterbruders; F.-herren = →Bruderschaft; Fraternität (lat. *fraternitas*) →Gilde, →Zunft, →Bruderschaft; fraternisieren (frz., nach *fraternité* ‚Brüderlichkeit' als Programmwort der frz. Revolution, ausgehend von den Rufen des Dritten Standes 5.5.1789), sich in gleichen politischen Überzeugungen betätigen und verbinden.

Frauen-bewegung (-emanzipation) wurzelt in den gesellschaftlichen und wirtschaftlichen Umwälzungen der NZ. Bereits 1792 erschienen in England und Dtld. Schriften, die für die F. größere politische Rechte forderten. Das Schwergewicht liegt zunächst auf der Verbesserung der F.-erziehung und F.-bildung. So üben in der Romantik geistreiche F. (C. Schelling, gesch. Schlegel 1763 bis 1809, D. v. Schlegel-Veit, geb. Mendelssohn 1763–1839, H. Herz 1764–1847, G. de Staël-Holstein, geb. Necker 1766–1817, R. v. Varnhagen–Levin 1771–1833, B. v. Arnim, geb. Brentano 1785 bis 1859) großen Einfluß auf die geistige Welt Berlins, Wiens und Paris' aus. Die Reaktion vor und nach 1848 bekämpft jedoch die Selbständigkeit der F. und ihre Teilnahme am öffentlichen Leben. Die Umgestaltung der Produktionsverhältnisse seit der Mitte des 19. Jh. ‚zwingt auch die F. in bis dahin unerhörter Weise in den Dienst der kapitalistischen Wirtschaft, und dies führt nun auch in Dtld. zu den gleichen Mißständen wie einige Jahrzehnte vorher in England. Die F.-bewegung wird – nachdem sie bis dahin eine rein geistige Bewegung gewesen – zu einem Teil der großen sozialen Frage. Indem das moderne Fabriksystem die Verwendung von F. und Kindern erleichtert und zudem diese billigeren Kräfte vorzieht, wird die F.-arbeit aus dem Hause des Handwerkers in die Fabrik verlegt. Die Folgen sind – neben der Lohndrückerei durch F.- und Kinderarbeit – die Verwahrlosung der Familie, die physische und moralische Degeneration'. (F. Schnabel). Um den genannten Übeln abzuhelfen, bilden sich F.-vereine (1865 *Allgem. Dt. F.-verein*, 1894 *Bund Dt. F.-vereine*), die für bessere Berufserziehung und gleiche politische Rechte eintreten. Vorkämpfer sind A. Sieveking 1794–1859, L. Otto-Peters 1819–95, F. Nightingale 1820–1910. H. Lange 1848–1930, sowie J. St. Mill 1806–73. Ende des 19. Jh. wurden Schutzgesetze für F.-arbeit erlassen; ein großer Erfolg war 1908 die Zulassung des F.-studiums. 1933 löste sich der Bund Dt. Frauenvereine auf, um nicht vom Nationalsozialismus gleichgeschaltet zu werden; -stift, Einrichtung zur Versorgung alleinstehender adliger (teilweise auch bürgerlicher) Damen in ehemaligen Klöstern, →Stift; -wahlrecht, von der F.-bewegung wiederholt verlangt, wurde zuerst 1861–62 von Australien und Neuseeland gewährt. In Europa folgten Schweden und Finnland. Besondere Bedeutung erlangte das F.-wahlrecht durch die Suffragetten in England und den USA (1903–13), die durch drastische Maßnahmen (gewaltsame Zerstörungen) die politische Gleichberechtigung erkämpfen wollten. Nach dem 1. Weltkrieg setzte es sich dann allgem. durch, so 1918 in Dtld., 1920 in den USA. England gewährte es 1918 allen F. über 30 und 1928 über 21 Jahren. Die Schweiz kennt bis heute das F.-wahlrecht nicht (Ausnahmen: Kantone Basel-Stadt und Waadt).

H. Lange, Kampfzeiten, 1928; A. v. Zahn-Harnack, D. F.bewegg., 1928; E. Scheffler, Die Stellg. d. Frau in Fam. u. Ges. im Wandel d. Rechtsordnung seit 1918, 1969; M. Twellmann, Die dt. F.-bewegg. 1843–89, 1972; C. Koepcke, D. Frau u. d. Ges., 1973.

Frecht (mhd.), Naturalzins v.a. Hafer.

Frei setzt als Kontrastbegriff die Unfreiheit voraus, daher Gegensatz zu (kriegs)gefangen, →Sklave, →Knecht, wobei im At. das gr. *eleutheros* im politischen Bereich rasch die Bedeutung gleichberechtigt annimmt, im 5. Jhv. das Bewußtsein der Unabhängigkeit von der Herrschaft anderer (→Tyrann), den Besitz der Redefreiheit (→Isegorie) in der →Demokratie, die →Autonomie der Persönlichkeit und der →Polis enthält, während gleichzeitig das lat. *liber* den Gegensatz noch innerhalb der →Familie empfindet (jeder, der der *patria potestas* untersteht, daher lat. *liberi* = Kinder) und erst allmählich die politische Freiheit (das Recht auf den zukommenden Platz in der Staatsordnung) mit umfaßt. – Ähnlich wie im altröm. Bereich bezeichnet f. (F.-hals, Friling) im germ.

‚den durch eine f.e Sippe geschützten Vollberechtigten', der, ‚soweit waffenfähig, Träger politischer Rechte, Teilnehmer der Landsgemeinde und Rechtsprechung, aber auch zu gegenseitiger Rechtshilfe verpflichtet' ist (H. Mitteis). Dadurch, daß sich auch Außenstehende der hausherrlichen Gewalt (→Munt) unterstellen, werden die F.en zu einem Stand zwischen dem →Adel (Hochf.e, Edelf.e) und den Unf.en (→Knecht, Schalk, Dageschalk) bzw. Minderf.en, Halbf.en, dessen Zusammensetzung freilich umstritten ist. Im fränk.-dt. Königtum gelten alle jene als f., die direkt der kg. Gewalt unterstehen. ‚Daraus entwickeln sich die drei Rechtsnormen, die die staatliche und gesellschaftliche Entwicklung des ganzen MA. entscheidend bestimmt haben: 1) Königsluft und Königsdienst machen f. 2) Waldluft (→Rodung, F.-bauer) macht f. 3) Stadtluft macht f.' (F. Bosl). Während sich im späten MA. der Stand der F.en weiter aufspaltet (→Schöffenbarf.e, Bargilden, Landsassen im Sachsenspiegel), unterliegt er zunehmend dem Vordringen der landesherrlichen Gewalt, bis schließlich f. alles ist, was der →städtischen, der →ständischen, der im →Naturrecht der →Aufklärung begründeten allgem. →Freiheit zugehört. – Freie Künste (lat. *artes liberales*, Cic. de or. 1,72), die aus der ‚allgem. Bildung' (gr. *enkyklios paideia;* Isokrates, 438 bis 339v.) der gr. Demokratie erwachsene, seit dem 1. Jhv. endgültig festliegende, das MA. hindurch gültige Siebenzahl der ‚eines F.en würdigen Betätigungen (das Trivium: Grammatik, Rhetorik, Dialektik; das Quadrivium: Geometrie, Arithmetik, Astronomie, Musiktheorie). – Frei-bauer, Bauer, der keinem → Grundherrn untersteht, v.a. der →Rodungsf.e, der nur dem Landesherrn direkt Abgabe leistet; -beuter →Flibustier; -brief (F.-heitsbrief) →Privilegium, v.a. Urkunde über →F.lassung; -bürgschaft (engl. *frankpledge*), ‚die freiwillige Verbürgung für das Wohlverhalten eines Gesippen, Vasallen, Nachbarn' (H. Mitteis) in England, von den Normannen zur Pflicht der Zehnerschaften *(thithings)* unter Aufsicht des →Sheriff erhoben; -gelassener (lat. *libertinus*, bei Angabe des F.lassers *libertus*) bei den Römern der f.gelassene →Sklave (urspr. auch seine Kinder), der weiterhin der *patria potestas* des Herrn untersteht, in bürgerlichen Rechten beschränkt, zu Senatsämtern nicht befähigt (doch sind im 1. Jh. des →Prinzipats die F.-gelassenen des Kaisers, *liberti Augusti*, zufolge des Fehlens von Hofämtern öfters im Besitz fast unbeschränkter Machtfülle); im frühen MA. der f.gelassene → Knecht *(libertus)*, teils vollf. (durch →Schatzwurf), teils weiterhin unter dem →Patronat des F.-lassers; -gericht →Feme; -graf, der vom Stuhlherrn bestellte Vorsitzende eines →Femegerichts (Freistuhls); -grafenkapitel, seit 1422 Berufungsinstanz der →Feme; -grafschaft, urspr. Rest fränk. Gerichtsverfassung (z.B. in Burgund, *Franche Comté*, 933 in Hochburgund aufgegangen), → Grafschaft mit Freigericht, Gerichtsbezirk der →Feme; -hafen, Stadt (z.B. im At. Delos, seit dem 17. Jh. Marseille), Hafen oder Teil eines Hafens, der vom Zollgebiet ausgenommen ist, als Umschlag-, Stapelplatz, Sitz von Veredelungsindustrien usw.; -handelslehre, die im Gegensatz zum →Merkantilismus von den →Physiokraten angebahnte, von der klassischen engl. Nationalökonomie (A. Smith, 1723–90) vertretene Auffassung, daß nur der f.e Warenverkehr ohne staatliche Einmischung und Zollschranken das bestmögliche Gedeihen der Wirtschaft gewährleiste, in England im 19. Jh. bis 1860 schrittweise verwirklicht (→Manchestertum), in Deutschland am stärksten 1873–79 (→Liberalismus); -heit s.u.; -haus, abgabenfreies Haus (eines Adeligen) in →Städten; -herr (Edelf., mlat. *baro*, weibl. F.frau, F.in; F.-fräulein), urspr. der f.e →Grundherr, seit dem MA. auch →Ministeriale, in der NZ. allmählich →Reichsritter; Stand des niederen →Adels, vom Kaiser auch Bürgerlichen, Beamten usw., verliehen, →Baron; -korps (-regiment), seit dem 18. Jh. Freiwilligenverband, der neben regulären Truppen eingesetzt wird, mit Ermächtigung, doch oft ohne Unterstützung der staatlichen Gewalt in eigener Verantwortung handelnd, z.B. in den Kriegen gegen Napoleon 1809–13 (Lützow u.a.), im it. Freiheitskampf 1848 bis 1871 (G. Garibaldi), nach dem 1. Weltkrieg 1918–23 (an der dt. Ostgrenze, in Kärnten, in den inneren Auseinandersetzungen); -lassung, Erklärung eines Herrn (in Ausnahmefällen des Staates nach Kriegsdienst), die einem Unfreien die Freiheit gibt, in Griechenland v.a. in Tempeln (vgl. die F.-lassungsurkunden, z.B. von Delphi), bei den Römern (*manumissio*) durch Erklärung vor dem →Prätor (Berühren mit dem Stab, *vindicta*, Verleihung des *pileus*, →F.heitsmütze), durch Eintrag in die →Zensusliste oder durch testamentarische Verfügung, im frühen MA. durch den König (Schatzwurf) oder durch Urkunde der Kirche (*tabularii*, →Wachszinsiger) oder des weltlichen Herrn (*cartularii*, →Patronat); -maurerei (engl. *freemasonry*, frz. *maçonnerie*), seit dem 18. Jh. (1717 England, 1725 Frankreich, 1737 Deutschland) freiheitliche, weltbürgerliche, ethisch-humanitäre Bewegung, v.a. des gehobenen Bürgertums, die in geschlossenen Vereinigungen (Logen) ein aus der Tradition der ma. Bauhütten entwickeltes Ritual pflegt; der politische Einfluß, am stärksten in Frankreich, wird sehr unterschiedlich eingeschätzt, in autoritären Staaten ist die F. verboten; -schar, auf private Initiative (z.B. durch G. Garibaldi, 1807–82) aufgestellter Verband, der, regulären Truppen angegliedert, unter bestimmten Voraussetzungen nach Kriegsrecht diesen gleichgestellt ist; -schöffe, Schöffe der →Feme; -sinn, seit etwa 1840 Schlagwort der →liberalen Bewegung (→auch Fortschritt), seit Ende des 19. Jh. in den Namen liberaler Parteien (im Dt. Reich 1884 *Dt.-f.ige Partei*, 1893–1910 gespalten in *F.ige Volkspartei*, *F.ige Vereinigung*, →Fortschritt; in der Schweiz *f.ig-demokr. Partei* seit 1894); -staat = →Republik, Bezeichnung mehrerer dt. Länder nach 1918, Bayerns seit 1945, Danzigs 1920–39 unter dem →Protektorat des Völkerbunds; -→stadt; -stätte →Asyl; -stuhl →Feme; -zügigkeit, das im MA. durch das Vordringen der →Grundherrschaft (→Hörigkeit), den →Zunftzwang u.a. versagte oder durch Abgaben (→Abzug, Anzug) erschwerte Recht der freien Wahl des Aufenthaltsortes, erst im 19. Jh. im innerstaatlichen Bereich allgem. gewährleistet.

E. Hölzle, Die Idee d. altgerm. F.heit, 1925; H. Fehr, Z. Lehre v. ma. F.-heitsbegriff, MÖIG 47, 1933; G. Tellenbach, Libertas, 1936; A. Waas, D. alte dt. F.heit, 1939; O. Hintze, Staat u. Verf., ³1970; Th. Mayer, Kg.tum u. Gemeinf.heit, DA 6, 1943; O. Brunner, D. F.heitsrechte d. altständ. Gesellsch., (FS. Th. Mayer I), 1954; H. Mitteis, D. Staat d. hohen MA., ⁸1968; K. Bosl, D. alte dt. F.-heit, (Unser Gesch.bild II) 1955; D. Problem d. F.heit, (Vortr. u. Forschg.en 2) 1955; H. Dannenbauer, Grundl. d. ma. Welt, 1959/62; - H. I. Marrou, Gesch. d. Erziehg. im klass. At., dt. 1957; - G. Mayer, D. F.handelslehre in Dtld., 1927; →Wirtschaftsgeschichte; - E. Lennhoff, O. Posner, Internat. F.maurerlex., 1932; A. Roßberg, F.maurerei u. Politik im ZA. d. frz. Revol., 1942; U. v. Merhart, Weltf.maurerei, 1969. - →Freiheit.

Freiheit (gr. *eleutheria*, lat. *libertas*), im politischen Bereich ebenso wie im philosophischen erstmals von den Griechen durchdacht, im weitesten Sinne das Ideal, ‚zu leben, wie man will'. Zunächst Gegensatz zu Knechtschaft, →Sklaverei, wird F. zum Schlagwort der gr. →Demokratie als Kontrastbegriff zur Herrschaft des →Tyrannen und (v.a. durch die Perserkriege) zu den als →Despotien verstandenen Herrschaften des Orients. Im 5. Jhv., der Zeit der klassischen Demokratie, ist F. spezifiziert in → Autonomie, →Autarkie und Eleutherie, welch letztere die individuelle aristokratische Unabhängigkeit des freien Mannes kennzeichnet. Gleichzeitig erhebt sich Kritik (Aristoteles), Warnung vor Mißbrauch und Zügellosigkeit (Akolasie). Dem F.sideal der gr. →Polis, dem in äußeren und inneren Kämpfen zahllose Opfer gebracht wurden, tragen seit der hellenistischen Zeit die F.sproklamationen der großen Mächte – teils aus machtpolitischen Erwägungen, teils aus philhellenischen Neigungen – Rechnung (so 319v. durch den makedonischen Reichsverweser Polyperchon, 196v. T. Quinctius Flamininus, noch 67n. Nero). – Die röm. F. (*Libertas*, seit dem 3. Jhv. als Göttin mit Tempel auf dem Aventin) erscheint zunächst entsprechend der röm. Staatsgesinnung eingeengt als Recht auf Teilnahme an den politischen Entscheidungen, als Gegensatz zur Fremdherrschaft der Etruskerkönige, zur Unterdrückung des Staates durch eine Gruppe, zur Monarchie des Prinzipats (v.a. der schlechten Herrscher), obwohl Augustus diesen im Namen der F. begründet hatte. – Im MA. entbehrt der F.sbegriff des ideellen Charakters (vgl. *libertas ecclesiae*, →Eigenkirchenrecht), F. ist konkret ein Raum, Freyung, Freistatt (→Asyl) oder ein Recht, →Privileg (mlat. auch *libertas*), somit ein Freisein, Zugehörigkeit zu den →Freien. – Am Beginn der NZ. ist die Idee der individuellen F., aus dem Erbe der Antike wieder aufgenommen durch den → Humanismus, einerseits in der autonomen Persönlichkeit der Renaissance, andererseits in dem von der Herrschaft der Kirche befreiten, allein an das Wort Gottes gebundenen Christen der → Reformation mächtig; im politischen Raum wirkt die F. der verschiedenen Stände (Bauern, Ritter usw.) als Unabhängigkeit gegenüber Höheren, auch der Fürsten gegenüber dem Kaiser (bisweilen mit nationaler Färbung: die ‚teutsche Libertät' gegenüber der ‚viehischen spanischen Servitut‘, 1552). Gespeist aus diesen Quellen offenbart sich die Kraft des F.sgedankens in der Proklamierung des nz. →Widerstandsrechts (→Monarchomachen) und in den Kämpfen um religiöse und politische Unabhängigkeit (→F.skampf, Hugenotten, Revolution). Die Philosophie der →Aufklärung verbindet die F.sidee mit dem →Naturrecht, macht sie zum Programmwort der frz. Revolution (‚F., Gleichheit, Brüderlichkeit‘ seit den Rufen des Dritten Standes im Mai 1789), zum Grundpfeiler der →Demokratie (‚Die F. ist die Befugnis des Menschen, alles zu tun, was keinem anderen schadet; sie hat als Grundsatz die Natur, als Regel die Gerechtigkeit, als Schutz das Gesetz ...‘, Art. 4 der Verf. d. frz. Republik 1793), zum Inhalt der →Menschenrechte (→auch Toleranz, Streik. Vier F.en usw.). Seither ist die F. ein tragender Begriff aller ferneren Geschichte, nicht nur im innerstaatlichen Bereich (→Konstitutionalismus), sondern auch im →nationalen (→Selbstbestimmung) und wirtschaftlichen (→Liberalismus). – Die Frage nach der F. in der Geschichte, schon seit der Aufklärung eingespannt in die Polarität Mensch–Natur, Entscheidungsf.–Gesetz (Voltaire, 1694–1778, F. Schiller, 1759–1806, F. W. J. Schelling, 1775–1854), beantwortet die →Geschichtsphilosophie G. W. F. Hegels (1770–1831) dahin, daß es ihre Aufgabe sei, in der Weltgeschichte ‚den Entwicklungsgang der sich verwirklichenden Idee zu erkennen, und zwar der Idee der F., welche nur ist als Bewußtsein der F. ... dies ist die wahrhafte Theodizee, die Rechtfertigung Gottes in der Geschichte ...‘), während der →Marxismus (F. W. Plechanow, 1857–1918) die F. des Menschen in der Geschichte leugnet (→Persönlichkeit), sie erst im Endstadium der klassenlosen Gesellschaft verwirklicht sieht. – F. der Meere, der von H. Grotius 1609 formulierte völkerrechtliche Grundsatz des *mare liberum* (gefördert u.a. durch die Politik Katharinas II. 1780) findet in der europäischen Staatenwelt zunehmende Anerkennung, bis die Pariser Seerechtsdeklaration 1856 die →Neutralität der Schiffahrt (außerhalb der – heute umstrittenen – Dreimeilenzone) gewährleistet; F.s-baum, eine Art Maibaum, nach einer in der frz. Revolution geübten Sitte als Symbol der F. aufgerichtet; -brief →Privileg, bes. dt. für Magna →Charta libertatum 1215; -held, Kämpfer für die F., in einzelnen Gestalten legendär verklärtes Symbol eines F.skampfes, z.B. Harmodios und Aristogeiton für die Vertreibung der Tyrannen aus Athen 510v., Brutus für die Vertreibung der röm. Könige, angeblich 510v., Wilhelm Tell (um 1300) und A. v. Winkelried (Schlacht bei Sempach 1386) im Kampf der Schweiz gegen die Habsburger; -kampf um Unabhängigkeit und nationale F., gew. in Form einer Volkserhebung, so der Griechen 490 und 480/79v.geg. die Perser, 1821–29 gegen die Türken, der Niederlande 1568–1648, der Tiroler 1809; -kriege, verbreitete Bezeichnung für die Kriege 1813–15 gegen Napoleon I., in wissenschaftlicher Sprache gew. (v.a. wegen des vorwiegend außenpolitischen Charakters) richtiger: Befreiungskriege; -mütze (phrygische Mütze, lat. *pileus*, Symbol bei der →Freilassung), F.ssymbol, schon auf Münzen der Caesarmörder, v.a. in der frz. Revolution.

M. Pohlenz, Gr. F., 1954; L. Wickert, RE XXII, 2080ff. s. v. Princeps; W. Jens, Hermes 1956; - R. Zorn, D. Problem d. F., 1952; N. Berdjajev, Slavery and Freedom, dt. 1954; L. Szondi, F. u. Zwang im Schicksal d. Einzelnen, 1968; M. Greiffenhagen, F. gg. Gleichheit?, 1975. - →Frei.

Fremde, in den meisten frühen Gesellschaften gegenüber den Eingesessenen bes. Beschränkungen unterworfen, z.B. Verbot von Grunderwerb, grundsätzlicher Ausschluß vom Erwerb der Bürgerrechte (→Metöken), außerhalb der Rechtgemeinschaft (z.B. bei den Germanen der Sippe des Stammes) stehend oder bes. Recht unterworfen (in Rom →Fremdenprätor, im MA. dem Königsrecht), nur vereinzelt privilegiert (z.B. die einwandernden Griechen, *xenoi*, in den hellenistischen Reichen) oder mit Vergünstigungen bedacht (→Merkantilismus), seit dem 19. Jh. allgem. den Einheimischen grundsätzlich rechtlich gleichgestellt; F.n-legion, zeitweilig (1849–74) auch F.n-regiment, die seit 1831 durch Werbung aufgestellte und ergänzte frz. Söldnertruppe, vorwiegend zum Einsatz in Nordafrika bestimmt, nur vereinzelt in anderen Erdteilen (Asien: 1882–85 Tongking, 1954 Indochina; Europa: 1854 Krim, 1870/71 Südfrankreich) verwendet; -prätor (lat. →*praetor peregrinus*), die 241v. geschaffene 2. Prätorenstelle Roms, der →Prätor ‚der zwischen Bürgern und Nichtbürgern Recht spricht'.

Frérêche (frz. v. mlat. *fraternitia* ‚Bruderschaft'), in Südfrankr. seit dem 11. Jh. Gemeinschaftsbesitz des →Allods im Familienverband, wodurch man die Landzersplitterung durch Erbteilung zu verhindern suchte.

Frevel, im älteren dt. Recht allgem. Bußsachen, dann bes. leichtere Vergehen, die an ‚Haut und Haar' bestraft wurden; auch → Zwing und Bann.

Frieden, (1) gesetzlich oder vertraglich gesicherter, durch Krieg oder Streit nicht gefährdeter Zustand der Ordnung, im At. als Ziel aller in die Politik gesetzten Hoffnung z.T. kultisch verehrt (so gr. Eirene, z.B. in Athen seit 449v.; lat. →Pax); das Erbe der →Pax Romana verbindet sich im MA. mit dem F.sgedanken der christlichen Botschaft und wirkt im politischen Raum Europas, wird in der NZ., aufgenommen von Saint-Pierre (1658–1753, 1712), I. Kant (1724–1804, *Zum ewigen F.* 1795) u.a., gesteigerter Impuls der Politik, ohne daß ihm endgültiger praktischer Erfolg beschieden gewesen wäre; angesichts der Übermächtigkeit moderner Kriegswaffen wird aus der religiös-sittlichen Verpflichtung zur Verfechtung des F.s die harte Notwendigkeit, den physischen Weiterbestand der Menschheit zu sichern. – Der F.szustand selbst kann sich auf drei Ebenen realisieren: (a) im innerstaatlichen Bereich (entsprechend der urspr. Bedeutung des germ.-dt. Wortes ‚Friede', verwandt mit ‚Freund') als geordneter Rechtszustand innerhalb einer Gemeinschaft: Haus-, Sippen-f. im Gegensatz zur →Fehde und zur Friedlosigkeit des Außenstehenden, →Land-f. und in moderner Zeit der Arbeits-f., der durch →Streik oder Aussperrung aufgehoben werden kann; bisweilen ist der F. auch auf bestimmte

Zeiten und (oder) Orte begrenzt, z.B. Gottesf. (→Treuga), →Burg-, →Ding-, Markt-f. (vgl. auch den →*Olympischen Frieden* der gr. Geschichte); (b) im zwischenstaatlichen Bereich, z.B. der 446/5v. vereinbarte *30jährige F.* zwischen Athen und Sparta; (c) als umfassende F.sordnung, erstmals in der gr. Geschichte des 4. Jhv. versucht *(koiné eiréne)*, in der NZ. Gegenstand der Bemühungen um die sog. kollektive →Sicherheit (→auch Abrüstung, Pazifismus, Völkerbund u.ä.); – (2) die zum F.szustand hinführenden, nach →Ratifizierung völkerrechtlich gültigen Abmachungen (F.s-schluß, -vertrag), in der gr. Geschichte oft nach dem Unterhändler, z.B. *Kalliasf.* 449v., *Antialkidasf.* 387/6v., in der NZ. meist nach dem Ort des Vertragsschlußes benannt, z.B. *Pariser F.* von 1814, 1815, 1856, zu scheiden von den vorausgehenden Vereinbarungen über Waffenruhe (→Waffenstillstand), bes. im 19. Jh. auch von vorläufigen Abreden der Beteiligten (→Präliminar-, Vor-f.); F.s-bann, Teil des Königs→banns ,Kraft des F.sbannes nimmt der Kg. bestimmte Personen oder Sachen in seinen Sonderschutz und verbietet Angriffe auf sie; so Witwen und Waisen, Geistliche und Pilger, Kaufleute; ferner Kirchen, Kirchengut, Straßen, Forsten, Gewässer – womit zugleich Jagd und Fischfang →Regal wurden' (H. Mitteis); -freunde, urspr. Bezeichnung der →Pazifisten, bes. der ersten, von dem am. Quäker E. Burritt (1811–79) gegründeten Vereinigung; -fürst (span. *principe de la paz*), span. Ehrentitel für Minister, die sich um einen F.sschluß verdient gemacht haben, z.B. M. Godoy (1767–1851); -geld (mlat. *fredus*), der dem F.-wahrer zufallende Teil der →Buße; -konferenz, (1) Versammlung bevollmächtigter Unterhändler zum Abschluß eines F.svertrags; (2) internationale Konferenz zu Absprachen über die Sicherung des allgem. Friedens, z.B. Den Haag 1899, 1907; -kongreß, F.s-konferenz mit größerer Zahl von Beteiligten, auch Versammlung der F.s-freunde (→Pazifismus, erstmals Brüssel 1848); -resolution, offenes Bekenntnis zu F. und Verständigungsbereitschaft, z.B. die am 19.7.1917 im Dt. Reichstag angenommene, die zum Sturz des Reichskanzlers Bethmann-Hollweg führte; -richter (engl. *judge of the Peace)*, in England seit dem 13. Jh. von der Krone ernannter, meist der →Gentry entstammender Einzelrichter (mehrere in jeder Grafschaft, meist Laienrichter), bis ins 19. Jh. zunehmend mit Verwaltungsaufgaben betraut; ähnlich in den USA für die niedere Gerichtsbarkeit in kleinen Gemeinden; in Frankreich (frz. *juge de la paix*) seit 1790 und einigen anderen Ländern, vorübergehend auch in Dtld., mit freiwilliger Gerichtsbarkeit und Sühneverfahren betraut; -schluß, -vertrag →oben.

H. Fuchs, Augustin u. d. antike F.sgedanke, 1928; F. Taeger, Der F. von 362/1, 1930 (vgl. zur *koine eirene* H. Bengtson, Gr. Gesch., [4]1969); W. Nestle, D. F.sgedanke in d. antiken Welt, 1938; K. v. Raumer, Ewiger F., 1953; O. Brunner, Land u. Herrsch., [4]1959; E. Krippendorff (Hsg.), F.s-forschung, 1969; F. Dickmann, F.recht u. F.sicherung, Stud. z. F.problem in d. Gesch. 1971; A. Hollerbach u.a., Christl. F. u. Welt-f., 1971; R. Waterkamp, Konfliktforschg. u. F.planung, 1971; B.V.A. Röling, Einf. in d. Wiss. v. Krieg u. F., 1971; J. Galtung, Strukturelle Gewalt, 1975.

Friedloslegung →Acht.

Fron- (alts. *frô* ‚Herr') -bote, im MA. urspr. der gräfliche Vollstreckungsbeamte, dann Gerichtsdiener schlechthin (Büttel, Waibel) mit zusätzlichen Verwaltungsaufgaben (z.B. Steuereinzug), in einigen Städten Richter in Bagatellsachen; -dienste (Fronden, Fronen), öffentliche und private Leistungen, meist unentgeltlich in Form von körperlicher Arbeit für einen →Herrn (einschließlich des →Landesherrn) oder eine Gemeinde; F.-dienste verrichteten bis zur →Bauernbefreiung bes. die abhängigen Bauern einer →Grund- oder →Gutsherrschaft. Sie bestanden aus Handdiensten der wirtschaftlich schwächsten →Grundholden, aus Spanndiensten eines Gespannbesitzers bes. bei der Feldbestellung und bei Bauarbeiten; sie waren z.T. ungemessen, d.h. nicht nach Zahl. Zeit, Ort, Art genau festgelegt (in Westeuropa einschließlich Westdtlds. jedoch i.a. schon seit dem Ende des MA. auf bestimmte Tage im Jahr, Monat oder in der Woche beschränkt = gemessen; sie wurden entweder von allen Pflichtigen gleichzeitig verlangt (sässige F.-en), oder es wurde unter jenen abgewechselt (walzende F.en). Die F.-dienste ließen sich schon seit dem hohen MA. durch Abgaben ablösen, wurden teilweise (v.a. in England) abgeschafft, im Bereich der →Gutsherrschaft dagegen im SpätMA. und der frühen NZ. ausgebaut; -hof (Meierhof), Zentrale des herrschaftlichen Eigenbetriebs einer →Grundherrschaft, der →Hofgüter der →Grundholden *(mansuarii)* und lose angeschlossener (einläufiger) Grundstücke; der F.-hof bestand aus Wohngebäuden des →Grundherrn, bzw. seines Meiers, des Hausgesindes und der Taglöhner *(provendarii)* und Wirtschaftsgebäuden, v.a. Vorratsscheunen. Das zum F.-hof gehörige Herrenland *(terra salica)*, meist Streubesitz in →Gemengelage mit den bäuerlichen Gütern, wurde vom Hausgesinde und den Tagelöhnern, v.a. mit den F.-diensten der Grundholden bestellt. Der F.-hof war auch Sitz des →Hofgerichts. Größere →Grundherrschaften kannten mehrere F.-höfe unter einem Oberhof. Die F.-hofswirtschaft *(villicatio)* war maßgeblich in der Agrarwirtschaft des Früh- und HochMA.

F. Lütge, D. Agrarverf. d. frühen MA. im mitteldt. Raum, [2]1966; ders., Dt. Soz.- u. Wirtsch.gesch., [3]1966.

Fronde (frz. ‚Schleuder'), während der Minderjährigkeit Ludwigs XIV. gegen Mazarin gerichtete (u.a. durch die engl. Revolution inspirierte) Erhebung des Pariser →Parlaments, der Pariser Bevölkerung und des frz. Adels 1648–53; danach allgem. Gruppe Unzufriedener, starre, doch nicht organisierte Opposition; entspr. Frondeur, frondieren.

W. Sée, Les idées vol. en France au 17e siècle, 1923; A. Bailly, Mazarin, 1942; P. G. Lorris, La F., 1961.

Frontier (engl.), ‚Grenze' zwischen freiem Land und Kulturland, Raum eines dynamisch-expansiven Pioniertums, von dem am. Historiker F. J. Turner (1861-1932) und seiner Schule seit 1893 als konstitutives Element der Geschichte der USA (geringe ständische, berufliche und lokale Bindungen, Tendenz zu Selbstverwaltung und sozialer Gleichheit) herausgestellt, neuerdings als Thema vergleichender

Geschichtsbetrachtung auch in anderen Räumen und Epochen häufig untersucht.

F. J. Turner, The Frontier in American History, 1921 u.ö.; R. H. Beck, Die F.theorie v. F. J. Turner, 1955.

Fronung (→Fron), Beschlagnahme des beweglichen und unbeweglichen Guts eines Schuldners aufgrund der gräflichen →Banngewalt (mlat. *missio in bannum*).

Fruchtwechselwirtschaft →Felderwirtschaft.

Frühgeschichte →Vorgeschichte.

Fucker (frühnhd.), Großkaufmann, abwertend auch Wucherer, nach Art der Fugger zu Augsburg, v.a. Jakob Fuggers des Reichen (1459–1525).

Fuéro (span. von lat. *forum*), Gesetzbuch, Sammlung von Rechtsgewohnheiten in Spanien seit dem 13. Jh., z.T. auf der *lex Visigothorum* (694) des Kg.s Eurich fußend.

Führer, seit der →Landsknechtszeit vereinzelt Unteroffiziersdienstrang, häufig (meist in Zusammensetzungen: Zug-, Kompagnie-f.) zur Kennzeichnung einer militärischen Dienststellung verwendet; in der dt. Geschichte ist der Begriff untrennbar mit der Person A. Hitlers (1889–1945) verbunden, dem F. der nationalsozialistischen Bewegung (NSDAP). Als F. apostrophiert, war er ausschließliche Autorität für alles Handeln und Denken seiner Gefolgschaft. Der Wille des fast kultisch verehrten F.s galt absolut bis hin zu Verbrechen und zum Zusammenbruch Dtlds. 1945. In der Partei und nach der Machtergreifung auch im Staat galt das unbedingte F.-prinzip mit militärischer Disziplin und hierarchischer Stufung, an deren Spitze Hitler stand. Seit dem Tod P. v. Hindenburgs (1847–2.8. 1934) führte Hitler als Staatsoberhaupt und Regierungschef den offiziellen Titel *F. und Reichskanzler.*

A. Hitler, Mein Kampf, 1925 u.ö.; A. Bullock, Hitler, 1953 u.ö.; J. F. Neurohr, Der Mythos vom 3. Reich, 1957; J.C. Fest, Hitler, 1973.

Fünfte Kolonne, im span. Bürgerkrieg 1936–39 geprägter Ausdruck, als die Nationalspanier in 4 Kolonnen gegen Madrid vorrückten und von Anhängern in der Stadt als 5. K. unterstützt wurden. Seitdem für nationale oder ideologische Gruppen verwandt, die im Gast- bzw. Heimatstaat für Ziele des eigenen Volkes oder einer Parteizentrale wirken.

L. de Jong, Die dt. 5. K. im 2. Weltkrieg, 1958.

Fürst (ahd. *furisto* ‚der Erste', zus. mit ahd. *heristo* = lat. *princeps;* vgl. ags. *fyrest*, engl. *first*), allgem. der Herrscher über einen Staat, ein Volk, einen Stamm, einen Gau usw., bes. bei den Germanen sehr vornehmer Adeliger, der als →Gefolgschaftsherr das →Ding beherrscht, Recht in seinem Wohngau spricht (daher auch Gau-f.), Schutz und Schirm der sozial schwächeren Bevölkerung gewährt, wofür er Geschenke als Entgelt (wahrscheinlich Frühform der →Steuer) empfängt. Im ma. Dt. Reich Angehöriger der führenden Schicht des Hochadels (sog. älterer Reichf.enstand), die sich seit dem 12. Jh. als (jüngerer) Reichsf.enstand immer deutlicher gegen den übrigen Adel abschließt und an der Spitze der territorialstaatlichen Entwicklung steht. Die Reichsf.en, aus denen sich im Laufe des 13./14. Jh. noch die →Kurf.en als eigene Gruppe absondern (Abschluß der Entwicklung: Goldene Bulle 1356), umfassen Herren über geistliche und weltliche → Territorien (Herzogtümer, Markgrafschaften, gef.ete Grafschaften; Bistümer, Abteien, gef.ete Propsteien; →auch Heerschild, Fahnlehen, Szepterlehen). Sie stehen im späteren MA. und der frühen NZ. als →,Reich' dem Kg., bzw. Ks. gegenüber, wobei sie im →Reichstag die F.enbank einnehmen mit →Virilstimmen (ein Teil der →Abteien, die sog. Prälatenbankf.en, allerdings auch nur mit →Kuriatstimme). – F. als genau abgegrenzter Adelstitel zwischen →Herzog und →Graf erscheint erst nach dem 30jährigen Krieg für den Reichsf.en ohne anderen Titel. Der F.entitel wird vom Ks. verliehen, seit dem Ende des Alten Reichs von den nun voll souveränen →Landesherren; F.-en-bund, von Friedrich d. Gr. (1740–86) 1785 als Bund der → Reichsstände, bes. der Nord- und mitteldeutschen Reichs-f.en ins Leben gerufen, gegen den Versuch Josephs II. (1780–90) gerichtet, Bayern im Tausch mit den österr. Niederlanden für Österreich zu erwerben, ferner das Reich im zentralistischen Sinne umzubauen, wobei die Rechte der Reichs-f.en hätten geschmälert werden müssen (durch die Konvention von Reichenbach 1790 beendet); -gericht, seit Ende des 12. Jh., aus Reichs-f.en zusammengesetztes Gericht, das für die Reich-f.en in wichtigen Fällen zuständig war; -recht →Hausgesetz; -spiegel, Gattung des politischen Schrifttums, in der das Idealbild eines Herrschers gezeichnet oder Regeln vernünftigen Handelns für einen künftigen Herrscher vorgeschrieben werden. In der Antike der Sache nach bekannt (z.B. Xenophons Kyrupädie), erlebt die Gattung im MA. und der frühen NZ. ihre Blüte. Während die ma. F.en-spiegel das Ideal des christlichen Herrschers und seines Verhältnisses zum Volk unter dem Einfluß von Augustin (z.B. Hinkmar v. Reims und Sedulius Scotus im 9. Jh.), bzw. von Aristoteles (Thomas v. Aquin, *De regimine principum*, 1265, und Aegidius Romanus, 1227 bis 79) zeichnen, wozu noch das werdende Nationalbewußtsein Westeuropas und der →Humanismus des 12. Jh. kommen (Johann v. Salisbury mit seinem *Policraticus*, 1159), steht zu Beginn der NZ. N. Machiavellis (1469–1527) *Il principe* (1532), in dem ohne ethische Zielsetzung die Eigengesetzlichkeit der Politik für einen künftigen Herrscher dargestellt wird. Daneben wird die Tradition des ma. F.en-spiegels weitergeführt z.B. von Mariana, *De rege et regia institutione*, 1599, und Fénélons *Telémaque*, 1699; -tag, (1) im alten Dt. Reich Versammlung der Reichsf.en außerhalb des →Reichstags, (2) Versammlung der Fürsten des Dt. Bundes zu Frankfurt 1863, um eine Reform des Bundes zu beraten; -tum, (1) Würde, die der F. bekleidet, (2) Land, in dem ein F. herrscht (der Begriff ist seit dem 16. Jh. nachweisbar); zur Entwicklung des F.entums →Landesherrschaft.

J. Ficker (Puntschart). Vom Reichsf.-enstande, 1861–1923; O. v. Dungern, D. Herrenstand im MA., 1908; ders., Adelsherrsch. i. MA., 1927; A. Schulte, D. Adel u. d. dt. Kirche im MA., [2]1922, ND 1966; Th. Mayer, Ks.tum u. Hzg.gewalt im ZA. Friedrichs I., 1944; ders., F.en u. Staat, 1950, ND 1969; G. Tellenbach, Vom karol. Adel z. dt. Reichsf. enstand, (Herrsch. u. Staat im MA.) 1956; K.D. Hillmann, Gesch. d. Ursprungs der dt. F.enwürde, 1970; – W. Berges, D. F.enspiegel d. hohen u. späten MA., 1938; H.H. Anton, F.enspiegel u. Herrscherethos in d. Karolingerzt.. 1968.

Füsiliere, seit dem 17. Jh. Einheiten, die mit dem um 1640 erfundenen Steinschloßgewehr (frz. *fusil*, dt. Flinte von ndl. *vlint* ‚Feuerstein') ausgestattet sind; die Bezeichnung blieb als Traditionsname für Infanterieeinheiten bis ins 20. Jh. bestehen; Füsilierung, Hinrichtung durch Erschießen als Form des Militärstrafvollzugs.

Fylke (norweg.), ‚Völkerschaft', Herrschaftsgebiet eines norw. →Kleinkönigs (Hersen), seit dem MA. territoriale Verwaltungseinheit.

Gabelle (mlat. *gabella*, dt. →*Gaffel*), ‚Abgabe', Steuer, v.a. in Frankreich, wo es seit dem 14. Jh. ein Salzmonopol gab, die Salzsteuer, in einigen Teilen des Landes mit Kaufzwang verbunden.

Gadem, Gaden (mnd. entspr. dem Fremdw. Kammer), Raum, Laden, Werkstatt, Kammer, vereinzelt das Kammergericht; Gademer, Gadenleute, bis ins 19. Jh. Einwohner einer Stadt mit minderem Bürgerrecht.

Gaffel (ags. *gafol* ‚Abgabe', ‚Steuer' v.a. an den Grundherrn, frz. →*gabelle*), Zins, Steuer; am Niederrhein →Zunft, Gilde; -herr, Ratsherr bei Versammlungen der Zünfte; -meister, Zunftältester u.ä.

Galeere (it., span. *galea*, dt. auch *Galee* von gr. *galeos* ‚Haifisch'), im MA. (bis 1770, Seeschlacht von Tschesme) das Kriegsschiff der Mittelmeerstaaten (etwa 50 m lang, 50 Ruder, 450 Mann), in Frankreich u.a. Staaten bis ins 18. Jh. von Strafgefangenen gerudert; Galeote, Galliote, kleine, schnelle G. im Seekrieg; Galeasse, Galeatze, das größte ven. Kriegsschiff (bis 1200 Mann); in Nord- und Ostsee kleineres Fahrzeug des Küstenhandels; Galeone, Gallione, span.-port. hochbordiges schweres Kriegs- und Handelsschiff für die Amerikafahrt im 16.–18. Jh.; Gallion, der Schiffsschnabel, bei Segel- und Ruderschiffen figürlich ausgeschmückt.

Gallikanismus, die von der frz. Theologie v.a. theoretisch und vom frz. Königtum bes. praktisch verfochtene Idee einer vom →Papst in wesentlichen Dingen (u.a. Stellenbesetzung, Finanzen, Zensur) unabhängigen frz.-katholischen Staatskirche unter einer vom Papst unabhängigen weltlichen Gewalt; entstanden u.a. als Nachwirkung der Reformkonzilien des späten MA. (→Konziliarismus, Episkopalismus), begründet in den *Ordonnanzen von Paris* 1407 und v.a. in der *Pragmatischen Sanktion von Bourges* 1438, weiterhin behauptet bes. von P. Pitou (*Les libertés de l'église gallicane*, 1594) und J. B. Bossuet (*Declaratio cleri gallicani*, 1682) und bes. von Kg. Ludwig XIV. unterstützt; erst das Vatikanische Konzil 1870 schloß jede Möglichkeit eines G. endgültig aus.

K. Schleyer, Die Anfänge des G. im 13. Jh., 1937; V. Martin, Les origines du G.me, 1939; A. G. Mortimer, Le G.me du Bossuet, 1953.

Ganerben (mhd. *ge-anerbe* ‚Miterbe'), im germ. und ma. dt. Recht die Glieder einer Erbengemeinschaft, die auf dem ungeteilten Erbe zusammenlebt. Eine G.schaft, die bei →Adel und →Bauern vorkommt, kann durch Vertrag begründet und bis in die Einzelheiten geregelt werden, so bei den häufig vorkommenden G.burgen in der Form des →Burgfriedens. Teilung des Erbes kann auf dem Wege gerichtlicher Auseinandersetzung von einem G. verlangt werden. Einkauf in die G.-schaft ist ebenfalls möglich. Ist die G.schaft ein Lehen, so wird sie an die G. gemeinsam verliehen.

H. Siegel, Das dt. Erbrecht nach den Rechtsqu. d. MA., 1853.

Garde (frz. ‚Schutz' – mlat. *garda regis* das allgem. Schutzrecht des frz. Kg., dav. *gardiator*, im MA. außerordentlicher Beamter des frz. Kg. zur Wahrnehmung der *garda* –, Vormundschaft, auch Vormund, Beschützer, *g. du sceau* = Siegelbewahrer), seit dem 15. Jh. Leibwache *(Garde du Corps)*, Elitetruppe in der Umgebung des Herrschers zu Hof-, Residenz- und Ehrendienst, der Sache nach seit dem At. (vgl. die Unsterblichen des pers. Großkönigs, →Hetairen, Prätorianer, Domesticus, Schola, Mamlucken, Janitscharen, Strelitzen), z.B. die Schweizer G. der Bourbonen seit Ludwig XII. (1498–1515) und des Papstes (seit 1506, mit Unterbrechungen), die kaiserliche G. Napoleons I., 70000 Mann als Kerntruppe der frz. Armee; bes. Fürsorge in Ausbildung, Ersatz usw. erfuhr die G. als Mustertruppe des Heeres in Preußen bis 1918 (mehr als 25 Regimenter) und im zaristischen Rußland; seit Juli 1789 ist die National-g. in Frankreich u.a. Ländern als Bürgerwehr eine Ordnungstruppe von nicht im Militärdienst stehenden Personen, v.a. in Zeiten nationaler und freiheitlicher Bewegung.

Gärtner, in Ostdtld. Hausbesitzer ohne Ackerland, Handwerker oder Landarbeiter.

Gast (wie das verwandte lat. *hostis*), ‚Fremder'; auch bes. fahrender Held, fremder Kaufmann, freier Pächter; G.-freiheit, -freundschaft, der Brauch, den Landfremden gastlich aufzunehmen, zu bewirten und reich beschenkt auf die Weiterfahrt zu entlassen, bei allen naturnahen Völkern üblich, wird seit Tacitus, Germania, bes. an den Germanen gerühmt; das G.-recht sichert dem Fremden Unverletzlichkeit, auch gegen Dritte (→Asyl); Gastung, →Herbergsrecht, die Bewirtung des fränk. und dt. Königs und seiner Beamten.

W. Grönbech, Kultur u. Rel. d. Germ., dt. [5]1954; F. L. Ganshof, Was ist das Lehenswesen?, dt. 1961.

Gastalde (‚Bestallter'), im lang. Reich Verwalter des Königsguts, dann kg. Beamter, →Vogt, mit niederer Gerichtsbarkeit, in fränk. Zeit durch den →Graf verdrängt.

Gau (lat. *pagus*), urspr. rein geographische Einheit von unterschiedlicher Größe, nach Flüssen, Wäldern, Himmelsrichtungen oder Siedlern benannt, so im vorröm. Gallien und im Siedlungsraum der Germanen; der G. wird je nach Größe von einem oder mehreren Geschlechtsverbänden, bzw. einem Stammesteil besiedelt (ist bei den Germanen nicht →Hundertschaftsbezirk); die

Neueinteilung Galliens durch die Römer bringt die Zusammenlegung der etwa 300–500 Kleing.e zu 112 Groß–g.en *(civitates)*, andererseits die Verkleinerung des G.s, teilweise seine Gleichsetzung mit dem →Dorf; das fränk. Reich behält im westfränk. Teil den G. *(civitas)* als Verwaltungsbezirk bei, daneben gilt v.a. in Ostfranken der Begriff G. auch für →Burg-, →Königsguts-, und → Herzogsgutsbezirke und Gerichtssprengel; eine lückenlose Aufteilung Ostfrankens bzw. des ma. Dt. Reiches in G.e, die nach der älteren Forschung Amtsbezirke der →Grafen (G.-grafschaften) waren, läßt sich nicht mehr halten; – G. wird als Terminus der Geschichtsschreibung auch auf andere Epochen übertragen, z.B. Verwaltungseinheit im hellenistisch-röm.-byz. Ägypten (→Nomarch); – in der NSDAP Parteibezirk, der dem Land, in Preußen der →Provinz entsprach; G.-fürst, in Ägypten vom Ende des Alten Reichs bis zum Mittleren Reich (6.–10. Dyn.) ein vom →Pharao unabhängig gewordener hoher Beamter, der einen Teil des Reichs (G.) zur erblichen Herrschaft gemacht hat; bei den Germanen (vgl. Caesar B. G. VI, 23; Tac. Germ. 12) der die Rechtsprechung in einem G. versehende →Prinzeps; -gericht, das für die Belange eines G.s zusammentretende →Ding; -könig, bei den West- und Nordgermanen der in einem G. herrschende Adlige, wohl mit dem →Prinzeps der Germanen bei Tacitus identisch; -leiter, in der NSDAP Führer eines G.s, nach 1933 meist gleichzeitig →Reichsstatthalter oder (in Preußen) Oberpräsident.

L. G. Weise, Fränk. G. u. röm. civitas, (Germania) 1919; A. Bauer, G. u. Grafschaft in Schwaben, 1927; A. Waas, Herrsch. u. Staat im FrühMA, 1938; J. Prinz, pagus u. comitatus, (Arch. f. Urk.forschg) 1942; K. Bohnenberger, Ein Beitr. z. G.-frage, (Zs. f. Gesch. d. Oberrheins) 1943; H. Dannenbauer, Grundlagen d. ma. Welt, 1959/62; W. Niemeyer, Der Pagus d. frühen MA. in Hessen, 1968.

Gebietiger, allgem. im älteren Dt. Machthaber, Herrscher, bes. im Dt. Orden (dt. für →Komtur, von Gebiet = →Kommende?) Titel der 5 höchsten Ämter (Großkomtur, Marschall, Spittler, Drapierer, Treßler).

Geblütsrecht, der im germ.-dt. MA. bis zum Ende der Stauferzeit wirksame Anspruch der Königssippe auf die Bestellung eines ihrer Glieder zum Nachfolger (Erbwahl); das G., das in vorchristlichen Vorstellungen wurzelt (→Heil), kann sich entweder zum Erbrecht (vgl. den Erbreichsplan Ks. Heinrichs VI., 1190–98) oder zum freien Wahlrecht (des späten MA.) wandeln; Prinz von Geblüt (frz. *prince du sang*), ehelich geborener Angehöriger des frz. Königshauses.

P. E. Schramm, Der Kg. v. Frankr., 1939; F. Rörig, G. u. freie Wahl in ihrer Auswirkung auf dt. Gesch., 1948; K. Hauck, Geblütsheiligkeit, (FS. P. Lehmann: Liber floridus) 1951; H. Mitteis, D. Krise d. dt. Kg.swahlrechts, (SB. München) 1951.

Gebück, natürliche, genossenschaftlich instandgehaltene Befestigung größerer Gebiete (z.B. des Rheingaus) durch Waldstreifen, deren Bäume, in bestimmter Höhe abgeschlagen, mit den ausschießenden Zweigen ineinander verflochten (gebückt) wurden, bis im Laufe der Jahre ein undurchdringliches Hindernis entstand.

Geburschaft →Genossame.

Gefälle, allgem. Einkünfte jeglicher Art, z.B. Gerichts-g., im eigentlichen Sinne in Österreich die indirekten →Steuern.

Gefolgschaft (lat. *comitatus*), bei Kelten und Germanen freiwillige Vereinigung eines adeligen Gefolgsherrn mit jungen Standesgenossen. Die G. beruht auf gegenseitiger Treueverpflichtung, die durch →Eid und Tausch von Freundschaftsgaben bekräftigt wird. Der Gefolgsmann steht unter dem Schutz (→Munt) des Gefolgsherrn, gewährt seinerseits Unterstützung, wohnt im Frieden auf dessen Hof, dient dabei meistens um Lohn. Neben dem Gefolge am Hof (auch Heim-g.) gibt es Gefolgsleute, die auf eigenen Höfen sitzen und nur bei bes. Anlaß zum Hausgefolge stoßen (zerstreute G.). Dem Herrn gegenüber bilden die Gefolgsleute eine geschlossene →Genossenschaft, die sich gegenseitig hilft, schützt und zur Rache verpflichtet ist. Die Größe der G. ist von der Größe des Grundbesitzes eines Gefolgsherrn abhängig und setzt schon in altgerm. Zeit das Bestehen einer →Grundherrschaft voraus, die, von →Hörigen betrieben, den Unterhalt der G. sichert. Der Krieg ist das eigentliche Betätigungsfeld der G., die nun auf der →Burg des Gefolgsherrn sitzt oder auf Raub, Beute und Eroberung ausgeht. Die Volksversammlung tritt in G.en gegliedert an und wird von den G.sherren entscheidend geleitet (vgl. Tac.Germ.13–15). In der Völkerwanderung und während der Wikingerzüge blüht die G. mächtig auf. Sie wird im Merovingerreich als *trustis* (→Antrustionen) bei Kg. und (später) →Adel eine wichtige Wurzel des →Lehenswesens.

H. Brunner, Z. Gesch. d. Gefolgswesens, 1894; G. Neckel, Adel u. G., (Beitr. z. Gesch. d. dt. Sprache u. Lit.) 1916; O. Höfler, Kult. Geheimbünde d. Germ., 1934; H. Naumann, Germ. G.swesen, 1939; W. Schlesinger, Herrsch. u. G. i. d. germ.-dt. Verf.gesch., (HZ 176) 1953.

Gegen-kaiser, -könig, v.a. in der röm. und in der dt. Geschichte unter legalen oder scheinbar legalen Formen (→auch Usurpation) zu einem Zeitpunkt erhoben, da das an sich lebenslängliche Herrscheramt durch den Tod des bisherigen Inhabers noch nicht erledigt ist; in der röm. Kaiserzeit, nach Festigung der Monarchie einsetzend 68n. mit P. Verginius Rufus und Ser.Sulpicius Galba und mit Unterbrechungen fortdauernd bis zum Ende des Reiches (→Soldatenkaiser, 30 →Tyrannen), erfolgt die Erhebung vorwiegend durch imperatorische Akklamation vonseiten der Soldaten und führt zu schweren, bisweilen den Bestand des Reiches gefährdenden Kämpfen, z.B. 69n. (→Vierkaiserjahr), 175n. (Avidius Cassius), 193n. und im nachfolgenden 3. Jh.; in der dt. Geschichte beginnen die G.-könige (bisweilen unrichtig G.-kaiser genannt) mit der *Forchheimer Wahl* (März 1077) Hz. Rudolfs von Rheinfelden gegen Ks. Heinrich IV. und dauern bis zur Wahl Kf. Rupprechts von der Pfalz (August 1400) gegen Kg. Wenzel; die 12 Könige, von denen einige bald erfolgreich waren (Albrecht I. 1298, Karl IV. 1346/7), gingen aus der Wahl der Fürsten hervor; bei längerem Andauern der Spaltung trugen neben den unvermeidlichen kriegerischen Auseinandersetzungen die Doppelbesetzungen von Ämtern zur Verwirrung bei; -papst, gegen den rechtmäßig gewählten und amtierenden Papst meist aus politischen Gründen durch Adelsparteien, Fürsten (im MA. auch durch den dt. Kaiser) oder Interessentengruppen erhoben und im Einflußgebiet der Kreatoren als einzig legitimer Papst anerkannt; zwischen Hippolytos (217 bis 35) und Felix V. (1439–49) gab es insgesamt über 40 G.-päpste; -reformation, Bezeichnung v.a. der evangelischen Geschichtsschreibung des 19. Jh., bes. L. v. Rankes (1795–1886) für die auf die Reformation folgende Periode der kath. Reform und der Rekatholisierung protestantisch gewordener Gebiete, einsetzend bes. mit dem →Tridentinum, getragen von den Reformkreisen im Papsttum und unter den Bischöfen, bes. aber von den neuen Orden (Jesuiten); in einzelnen Ländern über den 30jährigen Krieg hinausreichend, daher schon aus äußeren Gründen als Epochenbezeichnung (1555 bis 1618 oder 1648) in zunehmendem Maße verworfen; -stempel →Kontermarkierung.

K. Brandi, G.-ref. u. Rel.kriege, [4]1941; H. Jedin, Kath. Reformation oder G.-ref.?, [2]1946; F. Hartung, Dt. Gesch. im Za. d. G.-reformation u. d. 30jähr. Krieges, [3]1971; E. W. Zeeden, G.reformation, 1973.

Geheim-bünde, exklusive Gemeinschaften mit hierarchischer Gliederung, im At. (Mysterien) und in primitiven Gesellschaften meist kultischer Art; abgesehen von den schiitischen Assassinen des Libanons während der Zeit der Kreuzzüge und der ma. →Feme ist ihr Einwirken auf die geschichtlichen Ereignisse gering, auch beim großen Aufschwung in der Zeit der →Aufklärung stehen zunächst die religiösen oder humanitären Anliegen im Vordergrund, der politische Einfluß, vielfach ungeklärt, wird oft überschätzt oder blieb ephemer (→Freimaurer, Illuminaten); erst mit dem 19. Jh. und dem Kampf um nationale Einigung, freiheitliche Staatsformen entstehen in Italien, Frankreich u.a. Ländern die ausgesprochen politischen Gesellschaften (→Carbonari u.a.), die zur Verwirklichung ihrer Ziele auch zu den Mitteln des offenen Krieges oder des politischen Mordes (→Nihilisten) greifen; -diplomatie, nach dem ersten der 14 Punkte Wilsons vom 8.1.1918, der die Informierung der Öffentlichkeit über diplomatische Verhandlungen und Abmachungen fordert, kritisch-abwertende Bezeichnung für das bis dahin übliche Verfahren der Diplomatie, die ‚Politik hinter verschlossenen Türen'; die nach dem 1. Weltkrieg üblich gewordene, durch die übernationalen Institutionen, sowie durch die Entwicklung der technischen Möglichkeiten zur Nachrichtenübermittlung und -verbreitung geförderte offene Diplomatie hat in jüngster Zeit von verschiedenen Seiten Kritik erfahren; -rat, bes. in der Zeit des →Absolutismus, dem Begriff →Kabinett entsprechend, der Hof- oder Staatsrat als Beratungs- und Regierungsorgan eines Herrschers; Titel des einzelnen Mitglieds, allmählich zu einem bloßen Ehrentitel in monarchischen Staaten verblaßt, ebenso der (urspr. zur Unterscheidung zwischen Amt und Ehrenprädikat eingeführte) Titel des Wirklichen G.en Rates.

O. Höfler, Kult. Geheimbünde d. Germ., 1934; F. Valjavec, Die Entstehg. d. pol. Strömungen in Dtld.,

1951; H. u. G. Schreiber, Gesch. d. G.-bünde in 4 Jt., 1956; E. Lennhoff, Pol. G.bünde, 1968.

Gehöferschaft (Erbengenossenschaft, Erbenschaft), in West- und Süddtld., v. a. in Moselfranken bis ins 19. Jh. bestehende Agrargenossenschaft mit Gesamteigentum (→Feldgemeinschaft) an Äckern, Wiesen, Weide, Wald und Gewässern, das in unregelmäßigen Abständen im Verhältnis zum Sondereigentum durch Los aufgeteilt oder gemeinschaftlich bewirtschaftet wird.

Geiseln (germ.-kelt.?), seit dem At., letztmals 1748, bedeutsame Personen, die zur Sicherung des Vollzugs zwischenstaatlicher Vereinbarungen dem Vertragspartner überstellt werden; Personen, die in Kriegszeiten – als sog. vorbeugende →Repressalie völkerrechtlich als zulässig betrachtet – zur Sicherung der Besatzungstruppen gegen Anschläge von Partisanen usw. festgenommen werden (z.B. um auf Transportzügen zu deren Schutz mitgeführt zu werden). Völlig Unbeteiligte für die Anschläge anderer büßen zu lassen, gilt – v.a. nach den bitteren Erfahrungen im 2. Weltkrieg – nicht als rechtens. Im Genfer Abkommen vom 12.8. 1949 ist das Festhalten von Kriegsgefangenen oder Zivilpersonen als G. ‚jederzeit und an jedem Ort' verboten.

Geißler →Flagellanten.

Geld (zu dt. *gelten*), urspr. die darzubringende Leistung (z.B. →Wer-g.), Gegenleistung (bes. an einen Herrn), daher →Zins, Abgabe (z.B. →Dänen-g.), und umgekehrt Einnahme, →Rente, auch Lohn, Preis; seit dem MA. allmählich von der Bedeutung ‚Zahlung' zu ‚Zahlungsmittel' eingeengt. – G. als Tauschmittel und Wertmaßstab ist an sich unabhängig von einem bestimmten Stoff, ihm muß lediglich (1) ein allgem. anerkannter Wert, (2) eine durch Aufbewahren nicht geminderte Substanzbeständigkeit, (3) die Möglichkeit bequemer Aufbewahrung, (4) bequeme Teilbarkeit zu eigen sein. So ergaben sich im Lauf der Geschichte mannigfache G.-arten, z.B. in frühen und primitiven Kulturen Vieh, Muscheln, Geräte, z.T. auch Ernteerzeugnisse, doch setzte sich, bes. seit der Einführung der →Münze, rasch das Metallgeld durch; die Erfordernisse der Wirtschaft und die durch die staatliche Gewalt vorgenommene gesetzliche Regelung des G.-wesens (→Währung) förderten – zunächst auf der Grundlage der Edelmetallwährungen – die Entwicklung des Papier-g.es (Banknoten seit der Gründung der Bank von England 1694, nach dem Vorgang der engl. Goldschmiednoten), und die etwa gleichzeitig – nach einem Vorgang in der hellenistischen Zeit – einsetzende Entwicklung des bargeldlosen Zahlungsverkehrs erweiterte den Begriff des G.es auf die Gutschriften bei Bank- und Zahlungsinstituten. Gleichfalls aus England stammen die Anfänge der G.-theorie (D. Ricardo, 1772–1823), die zu einem wichtigen Gebiet der modernen Finanzwissenschaft geworden ist; G.-adel, -aristokratie, die aufgrund ihres Aufstiegs in Handel, Bankwesen oder Industrie zu Standeserhöhungen oder gesellschaftlichem Vorrang gelangten Kreise, die, sofern sie zu entscheidendem politischem Einfluß kommen, eine G.-herrschaft

(→Plutokratie) ausüben; -lehen (mlat. *feudum de moneta*, auch Renten-, Kammerlehen), v.a. in den westeuropäischen Staaten im HochMA. entwickelte Form des →Lehens, die praktisch einen Sold für persönlichen Dienst, bzw. eine Bezahlung zur Vorbeugung von Feindseligkeiten darstellten (bes. von der frz. Krone gehandhabtes Instrument auswärtiger Politik); -wirtschaft, die im Gegensatz zur Naturalwirtschaft entwickeltere Form der →Wirtschaft, bei der der Austausch der (weitgehend spezialisiert) produzierten Güter durch Vermittlung des G.es erfolgt.

G. F. Knapp, Staatl. Theorie d. G.es [4]1923; F.Lütge, Einführg. i. d. Lehre vom G. 1948; E. Achterberg, K. Lanz, Enzykl. Lex. für G., Bank- und Börsenwesen, [3]1967/68; K. Heinemann, Grundz. e. Soziologie d. G.es, 1969; A. Luschin v. Ebengreuth, Allgem. Münzkunde u. G.-Gesch. d. MA. u. d. neueren Zt., [2]1971; – →Münze, Numismatik. Wirtschaftsgeschichte.

Geleit, bewaffnete Bedeckung zu Schutz und Sicherung einer Fahrt, bes. im MA. bei zunehmender Unsicherheit der Verkehrswege Teil des Königsschutzes und, da für die Stellung des G.es ein G.s-geld erhoben wurde, einträgliches →Regal, seit Friedrich II. (1212–1250) den →Landesherren überlassen; da die Sicherung der Straßen dem Landesherrn und seiner Gerichtsbarkeit anliegt, wird das G. im SpätMA. durch den G.s-brief abgelöst, der schließlich, da die Inhaber des Regals einen G.s-zwang ausüben, zur Quittung für das G.s-geld und zur Vorform des Reisepasses wird; schließlich wird G. als = →Zoll verstanden (G.s-amt, -haus = Zoll-amt, -haus). – Neben dem kleinen G. zur Sicherung von Reisenden und v.a. Kaufleuten, bes. z.Z. der →Messen (ausgeübt von G.s-reitern und -knechten, wobei die Untertanen zur G.s-folge im Dienst ihres G.s-herrn verpflichtet sind) und entsprechenden Sicherungen der Seefahrt in Krieg und Frieden (→Konvoi) kennt man das große G. (Ehren-g.) fürstlicher Persönlichkeiten, sowie seit dem MA. das freie oder sichere G. als verbriefte Bürgschaft für persönliche Sicherheit des Erscheinenden bei einem ihn gefährdenden Rechtsgeschäft (z.B. Aufkündigung eines Lehensverhältnisses, Auftreten vor Gericht), bzw. für die ungefährdete Heimkehr in sein Land, woraus sich vereinzelt auch die Bedeutung G. = Gerichtsfrieden, Freistatt entwickelt hat.

A. Schultze, Z. G.srecht u. Gästerecht, (VSWG) 1911; L. Fiesel, Zum früh- u. hochma. G.srecht, (ZRG. GA 54 und KA 41) 1920.

Gemeinde, Gemeine, (lat. *communitas*), urspr. der Gemeinbesitz, →Allmende, →Mark, doch auch der Gemeinbesitz innerhalb des Siedlungsbereiches (Plätze, Gebäude); bei der Übertragung des Begriffs auf menschliche Gemeinschaften geht der Bezug auf die engeren, überschaubaren lokalen Bindungen nur selten verloren (z.B. entsprechend gr. →Ekklesia im christl. Sprachgebrauch neben der Einzel-g., → auch Parochie, die Gesamt-g., = →Kirche; die →Landsknechts-g. als Gerichtsversammlung, →Ding); ist für die älteren Zeiten die →Landsgemeinde, das →Ding, die Versammlung aller →Freien, so bildet sich im Lauf des MA. bis weit in die

NZ. ein Nebensinn des Geringerwertigen heraus (G. = →Dorf im Gegensatz zum Herrn; in den Städten G. im Gegensatz zu den →Patriziern, dann zu den herrschenden →Zünften; auch der Weitere →Rat im Gegensatz zum Geschlechterrat); – Grundlage der modernen G. ist die preuß. Städteordnung des Freiherrn vom Stein (1757–1831) vom 19. 11.1808; wird in Preußen entsprechend der historischen Entwicklung zunächst zwischen →Stadt und Land-g. unterschieden (erste gemeinsame Regelung die *Rheinische G.-ordnung* vom 23.7.1845), so gilt doch anderwärts bald G. als der Stadt und Dorf umfassende Begriff (,Die G.n sind die Grundlage des Staats-Vereins', Württembergische Verf. vom 25.9.1819, § 62); – im modernen Sinn gelten G.n als (bloße) ,Gebietskörperschaften', juristische Personen mit Gebietshoheit, ohne das Recht der Gesetzgebung, doch mit dem – in Dtld. verfassungsmäßig garantierten – Recht der →Selbstverwaltung (GG Art. 28,2); – den Willen der G. gibt entweder direkt die G.-versammlung kund oder – als gewählte Vertreter – der G.-rat (auch G.-ausschuß, -bevollmächtigte, -verordnete), während an der Spitze der G.-verwaltung vereinzelt (Preußen, Österreich) ein G.-vorsteher (→auch Bürgermeister, Schulze u.ä.), an der Spitze ihrer Finanzen in Württemberg seit dem 19. Jh. der G.-pfleger steht; G.-ordnung, seit dem 19. Jh. (→Städteordnung) die durch Gesetz geregelte Ordnung der kommunalen →Selbstverwaltung; woche (auch Gemeint-, Meintwoche), bes. im 15. und 16. Jh. in Mitteldtld. zur Regelung der G.-angelegenheiten vorwiegend verwendete erste volle Woche nach Michaelis (29.9).

H. Peters (hrsg.), Hb. d. kommunalen Wissensch. u. Praxis, 1956ff.; – H. Heffter, Die dt. Selbstverw. im 19. Jh., 1950; K. H. Quirin, Herrsch. u. G. nach mitteldt. Quellen des 12.–18. Jh., 1952; W. Loschelder (Hrsg.), D. G.ordnungen i. d. Bundesrep. Dtld., [9]1975.

Gemeiner Pfennig (g. = allgem.), in den Hussitenkriegen (1427) erstmals zur Finanzierung eines Söldnerheers beschlossene allgem. Reichssteuer, die wegen Fehlens einer Reichsfinanzverwaltung fast ohne Ertrag blieb. Der auf dem Reichstag zu Worms 1495 verkündete G.Pf. diente zur Deckung der Unkosten des →Reichskammergerichts. Er war eine direkte Vermögenssteuer, auf 4 Jahre befristet, wobei jede über 15 Jahre alte Person herangezogen wurde. Für Vermögen unter 500 fl mußte 1/24 fl, bei 500 fl ½ fl, bei 1000 fl 1 fl gezahlt werden; für Vermögen über 1000 fl galt Selbsteinschätzung. Zum Einzug wurde die kirchliche Verwaltung, bes. die Pfarrei herangezogen. Da der Eingang aber trotzdem niedrig blieb, ging man bald wieder zu →Matrikularbeiträgen über.

E. Gothein, Der G. Pf., (Diss. Breslau) 1877.

Gemeines Recht (lat. *ius commune*), das im 14./15. Jh. aus röm., kanonischem und verschiedenen germ. Rechten entstandene kontinentaleuropäische Recht (→Rezeption), das als *röm.-gemeines R.* in Dtld. seit dem 15. Jh. neben den Landesrechten immer mehr zur Geltung kam.

Gemeingut →Allmende.

Gemeinheit, gemeinsames Nutzungsrecht an Grund und Boden, bes. die →Allmende; G.s-teilung, Aufteilung der →Allmende an die Nutzungsberechtigten zu bes. Eigentum. In England und Frankreich schon seit dem 16. Jh. durchgeführt, wird sie in Dtld. um die Wende des 18. zum 19. Jh. im Zuge der Agrarreformen angewandt, dann fallengelassen und erst in neuester Zeit im Zusammenhang der →Flurbereinigung wieder aufgenommen.

Gemengelage →Gewann.

Gendarmen (von lat. *gens armata*, frz. *gens d'armes*, ‚Leute in Waffen'), 1445 vom frz. König aufgestellte Kerntruppe schwerer Reiter, = Ordonnanzkompagnie, später Kavallerieregimenter, auch in anderen Staaten; in Preußen, Österreich und anderen dt.Staaten ist die Gendarmerie seit dem 19. Jh. eine militärisch organisierte Land- oder Feldpolizei.

Genealogie (gr. *genealogia* ‚Stammtafel'), die Wissenschaft von den ‚auf Abstammung beruhenden Zusammenhängen zwischen Menschen' (O. Forst de Battaglia). Als geschichtliche →Hilfswissenschaft hat die G. die Aufgabe, Gesetzmäßigkeiten im g.ischen Geschehen zu erforschen und darzustellen (theoretische G.) und Abstammung und Verwandtschaft bestimmter Persönlichkeiten zu klären (darstellende G.). Die ermittelten Vorfahren werden in der Ahnentafel, die Nachfahren in der Nachfahrentafel (meist Stammtafel der männlichen Nachkommen) festgehalten. Anfänge der G. lassen sich überall dort feststellen,wo in einer ständisch gegliederten Gesellschaft der Nachweis einer bestimmten Anzahl von Ahnen von rechtlicher oder politischer Bedeutung ist (z.B. im MA. und der frühen NZ. die Ahnenprobe für die Aufnahme in Ritter→orden, →Domkapitel und →Stifter).

E. Heydenreich, Lehrb. d. prakt. G., 1913; W. K. Prinz zu Isenburg, Hist. G., 1940; ders., Stammtafeln z. Gesch. d. europ. Staaten, [2]1953; A. v. Brandt, Werkzeug d. Historikers, [6]1971; E. Henning, W. Ribbe, Hb. d. G., 1972.

General (lat. *generalis* ‚allgemein'), eig. Bestimmungswort (soweit als solches nicht unten verzeichnet, → die Grundwörter), das den weiteren Amtsbereich und damit den höheren Rang kennzeichnet; seit dem MA. (→G.-kapitän) im zivilen Bereich (in Frankreich Finanz-g., *général des finances*, Oberintendant, auch Mitglied des obersten Finanzgerichtshofs), sowie in geistlichen →*Orden* (Ordens-g., G.-oberer, *superior g.is*, *praepositus g.is* u.a., gewähltes Ordensoberhaupt mit dem Sitz in Rom); seit dem 16. Jh. unter span. und frz. Einfluß rasch vordringende Bezeichnung für den obersten militärischen Befehlshaber, eig. Kurzform für ‚G.-oberster Feldhauptmann', bald weiter gesteigert zu Ober-g. und – latinisiert – G.issimus, im Lauf der nächsten Jahrhunderte in allen Heeren als höchste Rangklasse der Offiziere (Generalität) weiter differenziert, am stärksten im preuß.-dt. Heer, wobei der G. urspr. Befehlshaber einer Waffengattung ist *(G. der Kavallerie, Artillerie usw.)*; in der Anrede = auch G.-leutnant, G.-major; – General-abt, →Abt über mehrere Klöster; vereinzelt (Prämonstratenser, Zisterzienser u.a.) = Ordensg.; -adjutant, urspr. Adjutant eines G.s, im 19. Jh. auch, bei Fürstlichkeiten, Adjutant im G.srang; -agent, ständiger Gesandter einiger Dominions, z.B. Kanadas, in London; -auditeur, in einigen Staaten, z.B. Preußen, im 19. Jh. der oberste Militärrichter; -direktorium (G.-Ober-Finanz-, Kriegs- und Domänen-Direktorium),1723 bis 1806 die oberste zentrale Verwaltungsbehörde in Preußen, in Provinzial- und Fachdepartements gegliedert; -feldmarschall, in Dtld. seit dem 18. Jh. üblich, seitdem der →Feldmarschall der höchste militärische Rang ist; -finanzdirektorium, in Preußen 1713 anstelle der →Hofkammer zur Domänenverwaltung eingerichtet, 1723 mit dem G.-kriegskommissariat zum G.-direktorium vereinigt; -gouverneur, Statthalter (meist mehrerer Provinzen), urspr. mit militärischem Oberbefehl, z.B. Vertreter der britischen Krone in →Dominions und Ländern des Commonwealth, im zaristischen Rußland an der Spitze mehrerer →Gouvernements, in beiden Weltkriegen Leiter der dt. Zivilverwaltung in besetzten Gebieten, z.B. 1939–44 G.-gouvernement Polen; -inspekteur, im preuß-dt. Heer mit der Aufsicht über eine Waffengattung betraut; -kapitän *(capitaneus g.is)*, seit dem MA. Vertreter des Herrschers mit außerordentlichen Vollmachten, z.B. der Staufer in Italien, dem G.-legaten unterstehend; Gouverneur in span. Kolonien, meist dem →Vizekönig unterstehend *(capitán g.)*, in Venedig u.ö. Oberbefehlshaber mit bes. Vollmachten, allgem. Titel hoher Offiziere; -kapitel, seit dem 13. Jh. regelmäßige Hauptversammlung eines Bettel→ordens zur Wahl des G.s; -legat, Vertreter der staufischen Kaiser in Italien; -leutnant, urspr. Stellvertreter des Herrschers, daher bisweilen auch: Oberbefehlshaber; als Dienstrang = Divisions-g.; -magister, der Ordensgeneral der Dominikaner; -major, urspr. mit Ausbildung und Verwaltung befaßt, seit dem 17. Jh. Kommandeur einer Brigade = Brigade-g.; -minister, der Ordensgeneral der Franziskaner; -pächter s.Steuer→pacht; -quartiermeister, urspr. mit der technischen Seite der Kriegführung befaßt, seit dem 18. Jh., nachdem sich aus seinem Stab der G.-stab entwickelt hat, nur mehr vereinzelt im Kriege ernannt; -rat, seit 1833 die Volksvertretung in den frz. Departements; -staaten, seit 1463 die G.-stände der niederländischen Provinzen, nach 1579 die oberste Regierungsbehörde des Staatenbundes der 7 vereinigten Provinzen, Versammlung der Deputierten der Provinzialstaaten; bis 1795 die offizielle Bezeichnung der Niederlande; seit 1815 die Volksvertretung des Königreichs der Niederlande; -stab, seit dem 17. Jh. Generalität, militärische Befehlsstellen; seit dem 18. Jh. entwickelt sich aus den Aufgaben des G.-quartiermeisters und seines Stabes die ständige Einrichtung eines Stabes zur theoretischen u. organisatorischen Landesverteidigung und Kriegführung (in Österreich seit dem 7jährigen Kriege, in Preußen seit 1816), der bes. durch das preuß. Vorbild (H. v. Moltke 1858–88, A. v. Schlieffen 1891–1905) ähnliche Einrichtungen in anderen Ländern folgen; Offiziere des preuß., bzw. Dt. Großen G.-stabs (1816 bis 1919, 1936–45) waren auch den höheren Truppenführern als Gehilfen beigegeben; -stände →Etat; -vikar, der vom Bischof ernannte Stellvertreter in der Diözesanverwaltung; seit dem MA. öfter Statthalter, Stellvertreter des Herrschers, bes. der Staufer in Reichsitalien.

E. R. Huber, Heer u. Staat in d. dt. Gesch., [2]1943; W. Erfurth, Die Gesch. des dt. G.-stabes von 1918 bis 1945, [2]1960; W. Görlitz, Kl. Gesch. des dt. G.stabes, 1967.

Generation (lat. ‚Zeugung'), das Menschenalter, als Zeiteinheit ein Drittel eines Jh.; als Gesamtheit der ungefähr Gleichaltrigen mit gleichen geschichtlichen Erfahrungen und Traditionen und gleicher Grundstimmung bes. in der Geistes- und Kulturgeschichte in ihrer Besonderheit faßbar; in der Genealogie die Einheit der horizontalen Gliederung der Ahnentafel (Eltern die 2., Großeltern die 3. G. usw. wobei sie die Zahl der direkten Vorfahren einer bestimmten G. nach der Formel 2^{n-1} errechnet, → auch Ahnenverlust) und der Nachfahrentafel (Kinder die 2., Enkel die 3. G. usw.); G.s-lehre, der Versuch von O. Lorenz (1832–1904) durch eine ‚Genealogie als Vererbungslehre' als Grundlage aller historischen Untersuchungen eine Brücke zwischen Geschichte und Naturwissenschaft zu schlagen.

K. Mannheim, Vj.h. f. Soziol. 1927; Th. Litt, Das Verhältnis d. G.en, 1947; M. Mead, Der Konflikt der G.en, dt. 1971; – O. Lorenz, Die Gesch.wiss. in ihren Hauptrichtungen, 1891; F. Wagner, Gesch.wiss., 1951.

genetische Geschichtsschreibung →Entwicklung, →Darstellung.

Genius (lat.), bei den Römern Geburtsgottheit, bes. Schutzgeist von Personen, Gemeinschaften (dem röm. Volk, Städten. Geschlechtern u.a.) oder Örtlichkeiten, kultisch verehrt; bes. *genius Augusti*, der G. des Kaisers, in der Eidesformel der Kaiserzeit, von den Christen abgelehnt.

Genocidium (Neubildung entspr. lat. *homicidium*, ‚Tötung eines Menschen'), Völker-, Gruppenmord, angesichts der Greuel des 2. Weltkriegs konzipierter Begriff des modernen →Völkerrechts: jede Handlung, die auf physische Schädigung oder Vernichtung nationaler, rassischer oder religiöser Gruppen abzielt; das G. wurde durch die Konvention der UN vom 9.12.1948 als völkerrechtliches Verbrechen verurteilt, ohne daß es gelungen wäre, die Ahndung in wirksamer Weise sicherzustellen.

Genossame (Geburschaft, Gerechtigkeit), genossenschaftlicher Zusammenschluß der →Hörigen oder →Leibeigenen einer →Grundherrschaft oder eines einzelnen →Fronhofes mit Sonderrecht und →Hofgericht; Heirat und Erbgang sind urspr. auf die G. beschränkt, doch setzt sich auch Heirat zwischen verschiedenen G.en gegen Abgabe an den Grundherrn (Beddemund) durch; vollberechtigte Mitglieder einer G. sind die Besitzer einer Hofstelle (bei Erwerb einer solchen durch ein Mitglied der G. oder durch einen Fremden muß ein Einzugsgeld, beim Verkauf an Fremde muß vom Käufer oder Verkäufer ein Drittel des Preises an den →Grundherrn entrichtet werden).

Genosse (ahd. *niozzan* ‚benutzen', ‚teilhaben'), urspr. Begriff des alten dt. Rechts, wird im 19. Jh. auf das Politische eingeengt: bei den Marxisten (Sozialisten und Kommunisten) seit

1879 Anredeform (vgl. lat. →*socius*, Bundes-g.), von der NSDAP in der Verbindung Partei-, Volks-g. gebraucht; G.nschaft, im MA. wichtigste Organisationsform ständisch und rechtlich Gleichgestellter, die sich aus der germ. →Bruderschaft entwickelt und das gesamte öffentliche Leben einschließlich Kirche und Wissenschaft beherrscht; G. bildet den Gegenpol zu →Herrschaft, gelangt im späten MA. zu bes. Geltung (so sind die →Kurfürstenvereine, die →Ritter- und →Städtebünde, in den Städten selbst →Gilde und →Zunft G.en); die geistlichen →Orden einschließlich der Ritterorden weisen g.liche Züge auf; die Universitäten sind in Korporationen (G.en von Lehrenden und Lernenden) gegliedert; diese G.en werden, soweit sie Personal-g.en sind, vom Staat des →Absolutismus als politische und wirtschaftliche Faktoren verdrängt, nur Real-g.en (z.B. Deich-g.en) halten sich bis heute; im 19. Jh. erwachen die G.en als Selbsthilfeorganisationen der Arbeiter, Handwerker und Bauern zu neuem Leben – in Frankreich als →*Produktiv-g.en* (L. Blanc 1848), in England als Konsum-g. (Rochdaler Pioniere 1844), in Deutschland als Vorschuß- und Kreditvereine für Handwerker (H. Schultze-Delitzsch, 1808–83) seit 1848, für Bauern auch als Verkaufsg.en (F. W. Raiffeisen, 1818 bis 88) seit 1862, als Konsum-g.en der Arbeiter (Zentralverband der dt. Konsumvereine 1903).

O. v. Gierke, Das dt.G.nschaftsrecht, 1868–1913; G. Schreiber, Gemeinschaften des MA., 1948; – für die NZ: Hb. d. G.nschaftswesens, 1927 ff.; H. Faust, Gesch. d. dt. G.nschaftsbewegg., [2]1965; W. Engelhardt, G.nschaftswesen, 1970.

Gens (lat. *gens* ‚Stamm' – spätlat., mlat. ‚Leute', ‚Untergebene', ‚Truppe', →Gendarmen – zu *genus* ‚Geschlecht'), bei den Römern und allgem. erweiterter Agnatenverband, aus mehreren →Familien bestehend, bes. die vornehmen Häuser des republikanischen Rom – zunächst nur →patrizisch, später (in Nachbildung) auch plebeiisch –, die Geschlechtsgenossen und die →Klienten umfassend, urspr. mit eigenem Kult, eigener Grablege, Erbrecht; Gentile, Geschlechtsgenosse, Angehöriger derselben Gens, ferner im wissenschaftlichen Sprachgebrauch abgek. für *nomen gentile*, den die Gens bezeichnenden mittleren Teil des in der vollen Form fünfgliedrigen röm. Namens (Pränomen, →Patronymikon, Gentile, →Tribuszugehörigkeit, →Kognomen); Gentilismus (von spätlat., mlat. *gentes*, *gentiles* – →ethnisch – ‚(bäuerliche) Einheimische', ‚Heiden'), Hinneigung zum Heidentum; Gentlemen (engl., vgl. frz. *gentilhomme*, ‚Edelmann', ‚Kavalier'), urspr. der Angehörige der →Gentry, der waffenfähige, allmählich zur Anrede des Mannes in gehobener Stellung, zum Erziehungs- und Bildungsideal der (engl.) Gesellschaft geworden.

Gentry (engl.), niederer engl. Adel, im Oberhaus nicht vertreten; seit dem 13. Jh. bildeten die Ritter (*baronets* und *knights*, mit der Anrede Sir) mit den gleichfalls ritterlich lebenden Vertretern der bürgerlichen Oberschicht und mit den freien Landbesitzern zusammen eine Mittelklasse, die durch ihre Teilnahme an der lokalen Selbstverwaltung für große staatliche Aufgaben (bes. seit 1688) im Unterhaus geschult war; seit 1832 ohne Vorrecht und, da nicht abgeschlossen, heute im weiteren Sinne die moderne engl. Führungsschicht; – danach allgem. für den niederen grundbesitzenden Adel verwendet.

Geographie (gr. ‚Erdbeschreibung'), bei den Griechen (Herodot, etwa 484–25v.) zunächst nicht von der Geschichte geschieden, in hellenistischer Zeit (Eratosthenes, etwa 284–02v., Strabon, etwa 64v.–20n.) als eigene Wissenschaft, ohne den engen Zusammenhang mit der Geschichte aufzugeben. In der NZ. von A. v. Humboldt (1769 bis 1859) als Beobachtungswissenschaft konstituiert, wird die G. von C. Ritter (1779–1859) und F. Ratzel (1844–1904) in den Dienst der Geschichte gestellt. Seit diesen sind die Anthropo-g. (Lehre von der Gestaltung der Kulturlandschaften durch den Menschen) und die historische G. (Erschließung der Kulturlandschaften der Vergangenheit, weiter gefördert u.a. von K. Lamprecht, 1856–1915) die am engsten mit der Geschichte verbundenen Zweige der G.; politische G. →Geopolitik; die Einflüsse der geographischen Grundlagen (Hegel) auf die Geschichte, seit der im At. durch die gr. Medizin (Hippokrates, gest. um 460) angeregten Klimalehre (Lehre vom Zusammenhang von Klima und Bodenbeschaffenheit mit Charakter und Lebensweise der Menschen) beobachtet, gelten in der modernen Geschichtswissenschaft ‚nicht so sehr als Ursachen (vgl. H. Taine, →Milieu), denn als Bedingungen' (K. Lamprecht); ähnlich H. Hassinger (gest. 1952), der von der ‚Leitfähigkeit geographischer Räume' spricht.

G. W. F. Hegel, Vorles. u. Philosophie d. Gesch., o. J.; F. Ratzel, Anthropo-g. Grundzüge d. Anwendung d. Erdkunde auf die Gesch., I [3]1903; K. Lamprecht, Einführg. i. d. hist. Denken, 1913; H. Hassinger, D. g.ischen Grundlagen d. Gesch., [2]1953; E. Weigt, Die G., [5]1971.

Geopolitik, die Lehre von der Raumbezogenheit der politischen Zustände, Grenzfach zwischen →Geographie, Staatswissenschaft, Geschichte und →Soziologie. Der Begriff wurde – in Anlehnung an F. Ratzel (1844–1904) – 1905 von dem Schweden R. Kjellén (1869 bis 1922) geprägt. Die G. fand v.a. in Dtld. Eingang (K. Haushofer, 1869–1946), verbreitete sich aber später auch in den USA. Als Wissenschaft v.a. in ihrer deterministischen Auffassung abgelehnt, lieferte die G. dem Nationalsozialismus jedoch ein ‚Arsenal von Schlagworten'; im historischen Materialismus gilt sie ‚als gesetzmäßiger Bestandteil im ideologischen Überbau des monopolkapitalistischen Imperialismus, mit d. Aufgabe, von inneren Krisen abzulenken, Kriege vorzubereiten u. zu rechtfertigen'.

P. Schöller, Wege u. Irrwege d. polit. Geogr. u. G., (Erdkunde, Arch. f. wiss. Geogr.) 1957; A. Grabowsky, Raum, Staat u. Gesch., 1960.

Gerechtigkeit →Genossame.

Gerechtsame (auch Gerechtigkeit), allgem. →Recht, Vorrecht (→ auch Privileg), bes. Nutzungsrechte, die an ein Grundstück gebunden sind und mit diesem vererbt, veräußert und belastet werden können, z.B. das →Bergrecht, die Kruggerechtigkeit in Dörfern der Ostkolonisation, die Apothekerprivilegien; im MA. und der frühen NZ. wird G. allgem. weiter gefaßt und als →Freiheit verstanden.

Gerichts-barkeit, allgem. Gesamtheit der Einrichtungen, die Rechtsprechung und Rechtspflege zur Aufgabe haben. Während der röm. und dann wieder der moderne Staat aufgrund ihres Justizmonopols fast alle Formen der G.-barkeit in ihrer Hand als öffentlich-rechtliche G.-barkeit konzentrieren, kennen MA. und frühe NZ. ein Neben- und Ineinander von öffentlich-rechtlichen und privatrechtlichen G.-barkeiten, die sich nach Fällen und Wirkungsbereich (→Immunität, →Exemtion) scheiden lassen. Dabei sind hervorzuheben: (1) Die hohe G.-barkeit (im späteren MA. auch Blut-, →Hals-, Malefiz-g.-barkeit, mlat. *judicium capitale, jurisdictio alta)*, die vom →Kg. bzw. seinem →Hofgericht selbst ausgeübt oder durch →Bannleihe an →Grafen (in →Immunitäten an →Vögte) weitergegeben wird. Sie ist im frühen und hohen MA (bis zum 11. Jh.) Sühne-, Bußen- (Kompositions-)g.-barkeit (→ auch Wergeld), ausgenommen das Verfahren bei →Handhafter Tat; im Zuge der →Landfriedensbewegungen wird sie unter Betonung des öffentlich-rechtlichen Moments zur Blut-g.-barkeit umgebaut und durch Stock und Galgen symbolisiert. Sie befaßt sich mit Verbrechen wider das Eigentum (Diebstahl und Raub) und Leib und Leben (Mord, Totschlag, Notzucht), soweit sie todeswürdig sind (4 schwere Fälle, *causae maiores*). Dem →Kg. schon früh entglitten, wird sie im späteren MA. von den →Landesherren, bzw. den →Städten ausgeübt (Ausnahme: →Feme, Freigericht), die Berufung auf den →Kg. als die Quelle allen Rechts wird unterbunden (→Evokationsrecht). (2) Die niedere G.-barkeit, von der hohen örtlich geschieden und nur schwer genau abzugrenzen, befaßt sich grundsätzlich mit den *causae minores* und steht dem →Grundherrn (auch →Patrimonialg.-barkeit), dem →Stadtgericht, dem →Vogt zu; oft wird versucht, sie im Zuge der Territorialstaatsbildung zur hohen G.-barkeit auszubauen, was auch teilweise gelingt. V.a. sind die sühnbaren Fälle aus fiskalischen Gründen zwischen hoher und niederer G.-barkeit umstritten. (3) Jede →Genossenschaft beitzt eine eigene G.-barkeit (z.B. →Genossame, →Gilde, Universität, →Zunft), die sich teilweise mit rein ständischen Gerichten deckt. (4) Neben den weltlichen G.-barkeiten steht die kirchliche für Laien und Kleriker (z.B. →Send-g.-barkeit; in Form der streitigen G.-barkeit wird sie für den Laien sehr wichtig (Ehe-, Zehntstreitigkeiten), während der Kleriker und der im Bereich der kirchlichen →Immunitäten lebende Weltliche weithin der weltlichen G.-barkeit entzogen wird; -bann, Teil der umfassenden →Banngewalt des →Kg., die dieser an Richter in kg. Auftrag (→Graf, →Vogt) delegieren kann; diese richten unter Königsbann, entwickeln aber auch einen eigenen G.-bann, der sich im fränk. Reich durch die Höhe der Bannbuße vom Königsbann unterscheidet; -buch, seit dem späteren MA. gebräuchliches Verzeichnis von G.-verhandlungen und -urteilen und von vor Gericht geschlossenen Verträgen, auch privatrechtlicher Vorgänge (ebenso wie das Stadtbuch Vorläufer des Grundbuchs); -folge, (1) Pflicht, auf dem →Ding zu erscheinen; (2) im fränk. Reich Pflicht aller waffenfähigen Männer, v.a. der

→Hintersassen eines →Grundherrn, im späteren MA. der Untertanen eines →Landesherrn, einen flüchtigen Verbrecher zu verfolgen und zu versuchen, ihn zu verhaften, d.h. ihn dingfest zu machen; -herr, allgem. jeder Träger von G.-barkeit, bes. der →Ratsherr einer Stadt, der das Stadtgericht überwacht (im Militärstrafverfahren der Kommandeur größerer Einheiten, ab Divisionskommandeur aufwärts); -lehen, (a) allgem. die in Form eines →Lehens ausgegebene G.-barkeit, wobei das eigentliche Lehen in der Nutzung der →Bußen besteht, während das Recht zu richten in der Form der →Bannleihe vergeben wird. Dem →Kg. wird dafür ein bes. Richtereid geleistet. Weiterverleihung des G.-lehens an einen →Aftervasallen ist nur einmal möglich; (b) im späteren MA. und der frühen NZ. Gut, das als Besoldung eines beamteten Richters gedacht ist (z.B. Schulzenlehen); -schreiber, im fränk. Reich untergeordneter Schreiber im →Königsgericht (Titel *cancellarius*, *notarius)*; im landesherrlichen Gericht des späteren MA. Urkundsbeamter, der im frühnz. Staat als Gerichtssekretär oder Aktuar für den kontinuierlichen Geschäftsgang des G. sorgt.

R. His, Gesch. d. dt. Strafrechts, 1928; D. Gernhuber, D. Landfriedensbewegg., 1952; H. Conrad, Dt. Rechtsgesch. I, ²1962; H. Hirsch, D. hohe G.-barkeit im dt. MA., ²1958.

Gerontokratie (gr.), in Ethnologie und Soziologie Bezeichnung einer Herrschaftsform v.a. früher Kulturen (als Abart der →Aristokratie), bei der die Macht in den Händen der durch Erfaltung und Traditionskenntnis ‚weisen' Alten (gr. *gerontes*) liegt, spezifiziert in Priesterherrschaft, Patriarchal-, Presbyterialsystem u.a., vgl. im geschichtlichen Bereich v.a. den röm. →Senat.

Gerüfte →Geschrei.

Gerusia (gr.), der Rat der Alten (Geronten) in gr. Stadtstaaten, bes. in Sparta (28 Vornehme über 60 Jahre und die beiden Könige), von der →Apella gewählt, zur Vorberatung politischer Entscheidungen und Verhandlung von Staatsprozessen (auch gegen die Könige); in gr. Verfassungen des 19.–20. Jh. die 1. Kammer (Senat).

Gesandte, Unterhändler im zwischenstaatlichen Verkehr (lat. → *legati*), zunächst nur bei bes. Anlässen, v.a. zu Friedensverhandlungen (so werden in der gr. Geschichte eine Reihe von Friedensschlüssen nach den G.n benannt: Frieden des Kallias 449/8, Antialkidas 387/6, Philokrates 346v.); als ständige →diplomatische Vertreter einer Regierung bei einer anderen zunächst nur vereinzelt (z.B. 2. Jtv. am Hofe Hammurapis von Babylon), dann als System im MA. zuerst an der Kurie entwickelt, im 15./16. Jh. von Florenz, Venedig, Frankreich weiter ausgebaut. Die Rangordnung wurde zuletzt durch den Wiener Kongreß 1815 (bzw. das Aachener Reglement 1818) bestimmt mit seiner Unterscheidung von Botschaftern (→*Ambassadeurs;* zunächst nur im diplomatischen Verkehr der Großmächte, doch mit der Entwertung des Begriffs →Großmacht in der neuesten Zeit zunehmend häufiger), Gesandten im engeren Sinne *(envoyés, ministres)* und Geschäftsträgern *(chargés d'affaires)*. Die Gesamtheit der G.n bei einer Regierung heißt das diplomatische →Corps mit dem Doyen als Sprecher, dem am längsten dort beglaubigten G.n, in kath. Staaten, auch in Dtld. seit dem Reichskonkordat 1933, dem päpstlichen →Nuntius. Wesentliche Vorrechte der G.n sind – seit frühesten Zeiten aus Zweckmäßigkeitsgründen – die Unverletzlichkeit, seit dem 19. Jh. die →Exterritorialität; – Gesandtschaftsberichte gehören seit jeher zu den wichtigsten Geschichtsquellen, z.B. in der Korrespondenz von Mari (18. Jhv., vom Hofe Hammurapis von Babylon), des Megasthenes (um 300v., vom Hofe des Tschandragupta), in der byz. Exzerptenliteratur (v.a. der berühmte Bericht des Priskos vom Hofe Attilas 446n.), sowie in der NZ. die Berichte der venezianischen G.n; in der neuesten Zeit teils in den amtlichen Aktenpublikationen, teils in Memoirenwerken privaten Charakters aufgegangen (→Relationen).

O. Krauske, D. Entw. d. ständ. Diplomatie, 1889; H. Pieper, Z. Entstehungsgesch. d. ständ. Nuntiaturen, 1894; W. Andreas, Staatskunst u. Diplomatie d. Venezianer, 1943; E. J. B. Allen, Post and courier service in the dipl. of the early mod. Europe, 1972.

Geschäft, nhd. Befehl, Verfügung, Regierungshandlung; auch Urkunde, letzter Wille, Testament (in Vertragsform); G.s-herr, Testamentsvollstrecker.

Geschäftsträger →Chargé d'affaires.

Geschichte, (1) im älteren Dt. das einem Widerfahrene, Schikkung, (schicksalhaftes) Ereignis; das Getane, die (große) Tat, in der älteren Gerichtssprache auch: Tatbestand; dann (urspr. Plural) die Ereignisse *(res →gestae)*, der Lauf der Begebenheiten; mit der Entwicklung der →G.sphilosophie (→auch Sinn) und -wissenschaft (→Kontinuität) zunehmend als Einheit gedacht und gesehen, v.a. in festen Wendungen *(die Lehren der G.; g.-liche →Größe* usw.*)* und Zusammensetzungen (→Welt-g.; Natur-g., doch: ‚Wir sprechen zwar von G. der Natur und von der G. der Menschen. Beiden gemeinsam ist ein unumkehrbarer Prozeß der Zeit. Aber beide sind in Wesen und Sinn verschieden. Die G. der Natur ist ihrer selbst nicht bewußt. Sie ist ein bloßes Geschehen, das sich nicht weiß, sondern von dem erst der Mensch weiß. Bewußtsein und Absicht sind nicht ein Faktor dieses Geschehens. Es ist daher eine Verführung unseres in Kategorien der Natur gewohnten Denkens, die G. selber noch nach Analogie von Naturgeschehen zu betrachten‘, K. Jaspers), und von: Geschehen, Geschehnis, Fakten unterschieden (‚Erst eine gewisse Art, das Geschehene nachmals zu betrachten, „macht aus Geschäften G.“‘, J. G. Droysen); vgl. die Versuche zur Wesensbestimmung der G. in der ersten Hälfte des 19. Jh.: ‚G. ist die Entfaltung der Natur Gottes in einem besonderen, bestimmten Element‘ (G. W. F. Hegel, 1770–1831); ‚Das Ziel der G. kann nur die Verwirklichung der durch die Menschheit darzustellenden Idee sein‘ (W. v. Humboldt, 1767–1835); G. als ‚Heimkehr zu Gott‘ (F. v. Baader, 1765–1841); G. als ‚sich selbst entwickelnder gesellschaftlicher Zustand‘ (K. Marx, 1818 bis 1882), – (2) Der mündliche oder schriftliche Bericht von Ereignissen, ‚die sich auf einen Gegenstand, Ort, Land, Volk oder eine Person beziehen und dadurch zu einer Einheit werden, zunächst nur rein äußerlich aneinandergereiht und zusammengezogen, dann durch die Kunst der Geschichtsschreibung in ihrer Entwicklung dargestellt' (Grimm, Dt. Wörterb.); gegenüber den zahlreichen Versuchen des 19./20. Jh., das Wesen der G. nach (3) zu bestimmen, wird diese umfassendere Bedeutung aufgenommen von J. G. Droysen (1808 bis 1884): ‚G. ist das Bewußtwerden und das Bewußtsein der Menschheit über sich selbst' (danach Th. Lessing, 1872–1933: ‚G. ist Selbstbewußtsein des Menschengeschlechts') und J. Huizinga (1872–1945): ‚G. ist die geistige Form, in der sich eine Kultur über ihre Vergangenheit Rechenschaft gibt'; (3) →Geschichtswissenschaft, wissenschaftliche G.sschreibung, als solche angesprochen u.a. von O. Lorenz 1832 bis 1904): ‚Die G. ist jene Erfahrungswissenschaft, welche die auf unsere staatlich-gesellschaftlichen Zustände in bewußter Weise hinzielenden Handlungen der Menschen nach allen ihren inneren und äußeren Gründen in zeitlicher Abfolge entwickelt und darstellt', W. Bauer (geb. 1877): ‚G. ist die Wissenschaft, die die Erscheinungen des Lebens zu beschreiben und nachfühlend zu erklären sucht, soweit es sich um Veränderungen handelt, die das Verhältnis des Menschen zu den verschiedenen gesellschaftlichen Gesamtheiten mit sich bringt, indem sie diese vom Standpunkt ihrer Wirkung auf die Folgezeit oder mit Rücksicht auf ihre typischen Eigenschaften auswählt und ihr Hauptaugenmerk auf solche Veränderungen richtet, die in der Zeit und im Raum unwiederholbar sind', vgl. die Versuche E. Bernheims in den verschiedenen Auflagen seines Lehrbuchs. (4) Unterrichtsfach; seit dem Humanismus als Realienkunde Anhängsel der Eloquenz (C. Cellarius, 1638–1707) und des Studiums der Alten Sprachen (auch in der Fürstenerziehung als *speculum vitae* zu praktischem Nutzen), erscheint der G.sunterricht im Rahmen der modernisierten höfischen Bildung des 18. Jh. – zunächst fakultativ – an Ritterakademien, Gelehrtenschulen (St. Afra in Meißen 1700, Schulpforta erst im 19. Jh.) und Jesuitenkollegs, meist in enger Verbindung mit Geographie (zus. gewöhnlich etwa 3 Wochenstunden je Klasse); während sich die Stoffverteilung allmählich vom At. auf die NZ. verlagert, erhält das Fach G. im 19. Jh. mehr und mehr die Aufgabe der sittlichen und patriotischen Erziehung, doch werden gleichzeitig im Gymnasialschulwesen mehrerer Länder (z.B. Frankreich, Rußland, in Dtld. nach dem 1. Weltkrieg) die staatsbürgerlichen, bzw. nationalen Belange eigenen Fächern zugewiesen; im 20. Jh. v.a. in Deutschland für die großen politischen Katastrophen mit verantwortlich gemacht, hat der G.-sunterricht in der Gegenwart die Aufgabe zu bewältigen, seinen wissenschaftlichen Grundcharakter angesichts der Gefahr einer Politisierung, der durch das Fortschreiten der G. und ihrer Wissenschaft gegebenen Anreicherung des Stoffes und der Forderungen einer entwickelten Jugendpsychologie zu behaupten.

P. E. Geiger, Das Wort G. u. s. Zusammensetzungen, 1908; J. Huizinga, Ü. e. Definition d. Begr. G., 1929

(G. u. Kultur, 1954); F. Wagner, G.-swiss., 1951; ders., Mod. G.sschreibung, 1960; ders.,Der Historiker u. d. Weltg., 1965; K.-G. Faber, Theorie d. G.-swiss., 1971; - G. W. F. Hegel, Philos. d. Weltg., [4]1944; W. v. Humboldt, Ü. d. Aufg. d. G.sschreibers, 1821 u. ö.; F. v. Baader, Schr. z. Gesellsch.-philos., 1925; J. G. Droysen, Historik. [4]1971; K.H. Spieler, Unters. zu J.G. Droysens Historik, 1971; O. Lorenz, D. G.swiss. in Hauptrichtungen u. Aufgaben, 1866/91; E. Bernheim, Lehrb. d. hist. Methode, [1]1889; [6]1908; Th. Lessing, G. als Sinngebung d. Sinnlosen, [4]1937; W. Bauer, Einf. in d. Studium d. G., [2]1928; K. Jaspers, V. Urspr. u. Ziel d. G., [3]1966; R. Wittram, D. Interesse an d. G., [3]1968; E. H. Carr, Was ist G., dt. [2]1969; R. Koselleck, W.-D. Stempel (Hrsg.), G.-Ereignis u. Erzählung, 1973. - O. Jäger, G.sunterricht, [2]1908; E. Wilmanns, G.sunterr., [2]1963; GWU, 1950ff.; E. Weniger, Neue Wege im G.sunterr., [3]1953; W. Kleinknecht, W. Lohan, Aufg. u. Gestaltung d. G.sunterr., [3]1959; K. Fina, Vom Sinn hist. Bildung, 1970.

Geschichtlichkeit, als Begriff der historischen Kritik die →Historizität eines Ereignisses oder einer Gestalt; in der Philosophie des 19./20. Jh. seit Hegel (‚was wir sind, sind wir geschichtlich') eine Kennzeichnung des menschlichen Seins und seiner Unvollendetheit, derzufolge der Mensch von der Geschichte abhängig ist und zugleich befähigt, in ihr zu wirken.

G. Bauer, G., Wege u. Irrwege eines Begriffes, 1962; L. v. Renthe-Fink, G., [2]1968; L.B. Puntel, Analogie und G., 1969.

Geschichtsbewußtsein (geschichtliches, historisches Bewußtsein), die Gesamtheit der Erfahrungen und Erlebnisse geschichtlicher Gegebenheiten, die ihrerseits die einzelnen Inhalte ordnet und zum →Geschichtsbild strukturiert, sowie den Menschen die Tatsache des ‚individuellen Zusammenhangs mit dem Ganzen der Welt und ihrer Geschichte' (F. K. v. Savigny, 1779–1861) innewerden läßt; seit dem →Historismus als Quelle geschichtlicher →Erkenntnis und geschichtlichen →Verstehens diskutiert, wird das G. im 20. Jh., v.a. durch W. Dilthey (1833–1911), zum zentralen Begriff der modernen Geschichtsphilosophie: ‚Das mitfühlende Verstehen alles Vergangenen muß zu einer Kraft werden, das Künftige zu gestalten. Der menschliche Geist muß die Steigerung seiner selbst, welche in dem wahren geschichtlichen Bewußtsein erworben ist, mit dem Gewinn des 17. und 18. Jh. verknüpfen', vgl. K. Jaspers (geb. 1883): ‚Je tieferen Grund im Vergangenen ich gewinne, desto wesentlicher meine Teilnahme am gegenwärtigen Gang der Dinge. Wohin ich gehöre, wofür ich lebe, das erfahre ich erst im Spiegel der Geschichte'.

W. Dilthey, V. Aufgang d. gesch. Bewußtseins, 1917 (Ges. Schr., 1923–31); R. Wittram, Historismus u. G., HZ 1937; H. Freyer, D. gesch. Selbstbew. d. 20. Jh., 1937; Th. Litt, D. Wiedererweckg. d. gesch. Bew., 1956; H. Heimpel, D. Mensch in seiner Gegenwart, [2]1957; R. Wittram, D. Interesse an d. Gesch., [3]1968; A. Heuß, Verlust d. Gesch., 1959.

Geschichtsbild (früher häufiger: Geschichtsauffassung), die Summe der im →Geschichtsbewußtsein geformten Vorstellungen vom Lauf der Geschichte und der eigenen Stellung in ihr, die ein Mensch, eine Gemeinschaft, v.a. ein Volk hat; das G. kann durch religiöse (Bibel) oder volkstümliche mündliche Traditionen (→Mythos, →Sage), auch durch zufällige Umwelteinflüsse (Zeitschriften, Film usw.) geformt oder mitbestimmt sein; durch wissenschaftliche Fundierung – die indes das Einfließen persönlicher oder für eine Gemeinschaft verbindlicher Überzeugungen und Ideale nie ganz ausschließen kann (→Objektivität) oder will – ist das G. die Grundlage jedes ernsthaften Versuches zur Beantwortung der Frage nach dem →Sinn der Geschichte.

W. Schüßler, Um d. G., 1953; G. A. Rein (hrsg.), Gibt es ein dt. G.?, 1955; W. Schlegel, G. u. gesch. Bildung, (Welt als Gesch.) 1957; ders., Haben wir ein dt. G.?, (Die Sammlung) 1958; W. Berthold, Marxist. G., 1970; L. v. Friedeburg, P. Hübner, Das G. der Jugend, [2]1970.

Geschicht(s)klitterung (klittern = schmieren), nach J. Fischarts (1545–89) Nachdichtung von F. Rabelais' (1483–1553) *Gargantua und Pantagruel*, [2]1582, schlechte Geschichtsschreibung, (bewußt oder unbewußt) falsche, sinnentstellende Zusammenordnung geschichtlicher Tatsachen.

Geschichtslosigkeit, von der europazentrischen Geschichtsbetrachtung des 19./20. Jh. (G.W.F. Hegel, K. Marx, O. Spengler) gebrauchter Begriff, der einen Strukturunterschied zwischen Asia maior und Europa kennzeichnen soll.

Geschichtsphilosophie (*philosophie de l'histoire*, nach Voltaire, 1765), v.a. seit J. G. Herder (1744 bis 1803) die wissenschaftlich-weltanschauliche Betrachtung über Wesen, →Sinn, Ziel (→Fortschritt) der →Geschichte und die Stellung des Menschen in ihr; zugleich – seltener, doch untrennbar damit verbunden – die Analyse der philosophischen Grundlagen historischer Erkenntnis; der vieldeutig gewordene Begriff G. umfaßt sowohl die in der Geschichte exemplifizierte Weltanschauung des Theologen und Philosophen als auch den Versuch des Historikers, die Ergebnisse seiner Wissenschaft in ein weltanschauliches System zu ordnen. – Wenn auch Betrachtungen über den Verlauf der Geschichte so alt sind wie die Menschheit selbst (vgl. den Mythos von den vier →Weltaltern), wird die Bezeichnung G. doch nur zögernd auf die Antike angewandt, in der Regel läßt man sie mit dem Christentum, durch das der Mensch in bes. Maße seiner Geschichtlichkeit innegeworden ist, und dem ersten geschlossenen System des Augustinus (354–430, *De civitate Dei*, 413–26) beginnen; die theologische Geschichtsbetrachtung des MA. setzt sich bis in die Gegenwart fort, während sich daneben mit der NZ. (G. Vico, 1668–1744), v.a. aber seit der frz. Revolution eine Reihe von Systemen entfaltet, die sowohl dem Humanitätsgedanken (J. G. Herder) und der Philosophie des Idealismus (G. W. F. Hegel), als auch positivistischem (A. Comte), ökonomisch-materialistischem (→Historischer Materialismus) und biologischem (O. Spengler) Denken in die G. Eingang verschaffen, die ihrerseits (J. G. Droysen, W. Dilthey) um scharfe Abgrenzung geg. den Bereich der Naturwissenschaften bemüht ist.

G. Mehlis, Lehrb. d. G., 1915; E. Rothacker, G., 1934, ND 1971; H. Meyer, Gesch. d. abdl. Weltanschauung, [3]1966; G. Simmel, Hauptprobleme d. G., [8]1964; K. Löwith, Weltgesch. u. Heilsgeschehen, [5]1967; H. Kesting, G. u. Weltbürgerkrieg, 1959; W. Brüning, G. d. Gegenw., 1961; A. Dempf, Sacrum Imperium, [3]1962; J. Thyssen, Gesch. d. G., [4]1970; H.M. Baumgarten, Kontinuität u. Gesch., 1973; – Dt. G., Ausgew. Texte (hrsg. v. K. Rossmann), 1969.

Geschichtsschreibung →Darstellung.

Geschichtswissenschaft, nach E. Bernheim (1912) ‚die Wissenschaft, welche die Tatsachen der Entwicklung der Menschen in ihren Betätigungen als soziale Wesen im psycho-physischen Kausalzusammenhang erforscht und darstellt' (→Geschichte 3); obwohl Geschichte schon im 18. Jh. als eigenes Fach an Universitäten vertreten ist, entfaltet sie sich als Wissenschaft im eigentlichen Sinne erst im Deutschland des 19. Jh., vorbereitet durch die in →Diplomatik und klassischer Philologie entwickelte kritische Methode, durch die Erweiterung des Gesichtskreises in der →Aufklärung (Montesquieu, Voltaire) und die vertiefte Vorstellungskraft der beginnenden Romantik; einsetzend mit der wissenschaftlichen Kritik der →Quellen (B. G. Niebuhr, 1776–1831, L. v. Ranke, 1795–1886), nimmt die G. einen raschen, gewaltigen Aufschwung, organisiert ihre Arbeitsmittel (→Historische Institute usw.) und Quellenpublikationen (→Monumente u.a.), gliedert sich zahlreiche Sonderzweige als →Hilfswissenschaften an, müht sich um eine eigene Methodologie (→Historik) und Erkenntnislehre (→Verstehen), gliedert sich mit dem Ausgreifen über den eigentlichen politischen Bereich hinaus in bes. Disziplinen (→Kultur-, Kriegs-, Sittengeschichte u.a.) und begegnet sich hier mit dem Vordringen geschichtlichen Denkens (→Historismus) in anderen Wissenschaften (Religions- und Kirchen-, Rechts-, Wirtschaftsgeschichte, →Geographie u.a.); im 20. Jh., dessen Katastrophen nur vorübergehend eine Abkehr von der Geschichte gebracht haben, entfaltet sich die G. weiter, in Spezialisierung und Synthese (→Universalgeschichte), im Bemühen um engere Verbindung zu →Archäologie und →Vorgeschichte, um besseres Verständnis für die Methoden und Ergebnisse der →Anthropologie, →Ethnologie, →Soziologie, um rasche, systematische Bewältigung der →Zeitgeschichte.

E. Bernheim, Einleitg. i. d. G., 1912; E. Keyser, Die G., 1931; J. Huizinga, Im Banne d. Gesch., 1942 (Gesch. u. Kultur, 1954); P. Kirn, Einführg. in d. G., [6]1972; K.G. Faber, Theorie d. G., 1971; W.J. Mommsen, Die G. jenseits des Historismus, 1971; K. Epstein, Geschichte u. G. im 20. Jh., 1971; G.G. Iggers, Dt. G., dt. [2]1972.

Geschlechter (mask., fem. Geschlechterin), Angehöriger einer ratsfähigen Familie in Reichsstädten; Plur. = →Patrizier.

Geschoß, (1) Wurfkörper jeder Art, Stein, Pfeil, Speer, Kugel, Granate u.a., veraltet auch die Fernwaffe selbst (→Geschütz), Schleuder, Bogen, Armbrust u.a.; (2) = →Schoß: Abgabe, Steuer, →Bede, →Tribut.

Geschrei (Gerüfte), der Aufruf zur Hilfeleistung (und Feststellung der Rechtslage) beim Ergreifen eines Verbrechers ‚auf handhafter Tat', beim Einfall von Plünderern oder Feinden; veraltet auch (Kriegs)ruhm; schlechter Leumund; G.-geschütz. (Totenorgel), Orgelgeschütz des 16. Jh. mit gebündelten kleinkalibrigen Kanonenläufen.

Geschütz, zunächst jegliches Gerät zum Schießen, Pfeil und Bogen, Armbrust, Wurfmaschine, →Katapult; seit dem 14. Jh. die Feuerwaffen, vereinzelt auch Handfeuerwaffe, Hand-g., doch bald eingeengt zur modernen Bedeutung, zuerst kollektiv (Ez.: das Stück), dann die einzelne Waffe.

F. Kosar, Taschenb. d. Artillerie, 1, 1972.

Geschwader, seit dem 15. Jh. = →Eskadron; Teilverband einer Kriegs- oder Luftflotte.

Geschworener, jeder, der durch einen Eid zu einem Amt verpflichtet worden ist, →Schöffe, Stadtverordneter (g. Rat), Gemeinde-, Kirchenvorstand, → Zunftvorsteher, Obermeister eines Handwerks; – nach engl.-frz. Vorbild seit dem 19. Jh. im dt. Strafprozeß bei bestimmten schweren Verbrechen durch das Los (aus einer vorgewählten Liste) bestellter, nicht rechtskundiger Beisitzer des Schwurgerichts; den Geschworenen steht die Entscheidung über die Schuldfrage (Wahrspruch, lat. Verdikt) zu.

Geselle, Handwerker, der i.a. nach 3jähriger Lehrzeit und Ablegen eines G.nstückes (heute G.nprüfung) gegen Lohn bei einem Meister arbeitet; G.nbruderschaft, seit Mitte des 14. Jh. im Zusammenhang der spätma. Sozialkrisen bei Handwerken mit großer G.nzahl gebildete Interessenvertretung der G.n; im Aufbau der →Zunft entsprechend, mit je einem Alt- und Jungg.n als Vorsteher und festem Brauchtum, hat die voll entwickelte G.nbruderschaft auch Fürsorgeeinrichtungen und schließt die Familien der verheirateten G.n mit ein; sie ist nur teilweise den →Gewerkschaften vergleichbar, die G.naufstände sind noch keine modernen →Streiks, da sie sich auch an Fragen des Brauchtums entzünden.

F. Lütge, Dt. Soz.- u. Wirtsch.gesch., [3]1966; H. Planitz, D. dt. Stadt im MA., [3]1973.

Gesellschaft, entsprechend der ahd. Bedeutung ‚Saalgenossenschaft' zunächst eine Gruppe von Menschen, die gemeinsame Interessen oder gemeinsames Handeln zusammengeführt haben, u.zw.: Heeresabteilung, Fähnlein (→ Kompagnie); Gefolge eines Fürsten; seit dem 14. Jh. →Ritterbund, auch dt. für Ritter→orden (z.B. *Teutsche G.*), weltlicher und geistlicher →Orden (v.a. *G. Jesu = societas Jesu*); die Gesamtheit der →Patrizier einer Stadt, die Zutritt zur Geschlechterstube haben (erweitert zu: die vornehme Welt, engl. *society*); Vereinigung von Kauf- oder Geschäftsleuten (entspr. lat. *societas*, z.B. →*publicanorum*, die Steuerpächter der röm. Republik; frz. →Kompagnie; Kumpanie), v.a. die seit dem MA. in Europa, bes. in Italien üblichen temporären Zusammenschlüsse (→Kommenda) für Handelsfahrten ohne (Sendeve-g.) und mit (rechte G.) Kapitalbeteiligung des Schiffsführers, die offenen Handelsg.en (z.B. die *Große Ravensburger Handelsg.* 1380 bis 1530), sowie die großen, aus Familienunternehmungen hervorgegangenen G. des 14./16. Jh. (z.B. der Medici, Fugger; Früh→kapitalismus), seltener auch die Aktieng.en für den Überseehandel im Kolonialzeitalter (ausgehend von der *Niederländ.-ostind. G.* 1602, →Kompagnie); Vereinigung von Künstlern, Gelehrten u.a. – Entsprechend dem frz. *société* (vgl. schon Cicero, de legg. 1, 28: *hominum inter ipsos societas*) seit dem 18. Jh. die Menschheit oder Teile derselben (z.B. *Die amerikanische G.*, *Die G. des 18. Jh.*) in geordnetem Verband

(‚Wir verwenden den Begriff G. im weitesten Sinn zur Bezeichnung jeder Art und jeden Grades von Beziehungen, in die die Menschen untereinander treten, seien sie organisiert oder nicht organisiert, direkt oder indirekt, bewußt oder unbewußt, kooperativ oder gegensätzlich', J. Rumney/J. Maier) als Gegenstand der Staats- und Geschichtsphilosophie und (seit A. Comte, 1798 bis 1857) der Wissenschaft von der G., der →Soziologie, mit ihren Teilwissenschaften; der vieldeutige Begriff hat sich Versuchen einer verbindlichen Bestimmung entzogen, nur gelegentlich vom Negativen her eine Eingrenzung erfahren, so z.B. durch G. W. F. Hegel (1770–1831; die *bürgerliche G.* als Vorstufe des →Staates, weiterwirkend im →Sozialismus und →Marxismus des 19. Jh., → auch Historischer Materialismus) im Gegensatz zum natur- und instinkthaften Urzustand (vgl. die Bestimmung des Menschen als *zoon politikon* durch Aristoteles, Pol. 1, 1, 9), durch F. Tönnies (1855–1936) als zweckbestimmtes, durch Willensentscheide geschaffenes Gebilde im Gegensatz zur Gemeinschaft, durch R. v. Ihering (1818–92), M. Weber (1864–1920) u.a. als außerstaatlicher Bereich im Gegensatz zum →Staat, der das Monopol der Gewaltsamkeit besitzt, u.a. m.; G.s-lehre, -wissenschaft → Soziologie; -vertrag (frz. *contrat social*), nach dem Vorgang der gr. →Sophistik des 5. Jhv. von Th. Hobbes (1588–1679), J. J. Rousseau (1712–78) u.a. vertretene Theorie von der Entstehung des Staates: in einem stillschweigenden Herrschafts- und Unterwerfungsvertrag ‚verzichtet der einzelne auf die ihm zustehenden natürlichen Rechte (d.h. auf die natürlichen Macht- und Kraftäußerungen) und überträgt dieselben auf einen Dritten, den → Souverän' (H. Meyer).

J. Kulischer, Allgem. Wirtsch.gesch. d. MA. u. d. NZ., [4]1971; – G. W. F. Hegel, Rechtsphilosophie, 1821 u. ö.; P. Vogel, Hegels G.sbegr. u. seine Fortbildung durch L. v. Stein, Marx, Engels u. Lassalle, 1925; J. Rumney, J. Maier, Soziologie, dt. 1954; M. Weber, Wirtsch. u. G., [5]1972; G. Eisermann, D. Lehre von d. G., [2]1969; J. Wössner, Mensch und G., 1963; T. Parsons, Das System mod. G.en, dt. 1972; M. Riedel in: Geschichtl. Grundbegr., 1975; – J. J. Rousseau, Le contrat social, 1762; H. Meyer, Gesch. d. abendl. Weltanschauung, 3, [2]1969.

Gesetz, alles, was ‚gesetzt' ist, Satzung, Gebot, Verordnung, Erlaß usw.; in eingeschränktem Sinne Rechtsfestsetzung *(lex)*, im modernen Rechtsstaat dadurch gekennzeichnet, ‚daß bei seinem Zustandekommen die Volksvertretung mitwirkt, daß es grundsätzlich eine generelle, für eine unbestimmte Vielheit von Anwendungsfällen geltende Norm ist, und daß der Gesetzgeber selbst so lange an sein G. gebunden ist, bis er es durch ein neues formelles G. aufhebt' (Th. Maunz); kollektiv = Verfassung (→Grund-g.), Recht (vgl. das röm. *Zwölftafel-g.* 450v.), Lehre einer Religion (hebr. *Thora*, auch der Pentateuch, das AT.); G.-geber →Nomothet; G.-gebung →Legislative; G.esstaat, im Staatsdenken der → Aufklärung ein Staat, in dem, im Gegensatz zum *princeps legibus →absolutus*, die Regierung dem G. unterworfen ist.

Th. Maunz, Dt. Staatsrecht, [18]1971.

Gesinde, bes. Dienstboten des →Grund- und →Gutsherrn, die sich i.a. in das unverheiratete Haus-g. mit Lohn und Verpflegung und das verheiratete Deputat-g. mit Naturalentschädigung, Lohnland und teilweiser eigener Wohnung aufteilen; G.-zwangsdienst →Gutsherrschaft.

Gespan →Komitat.

Gesta (mlat.; lat. *res gestae* ‚Taten' – so *r. g. Divi Augusti*, der Tatenbericht des Kaisers Augustus, übliche Bezeichnung nach den Eingangsworten der Abschrift zu Ankyra, *Monumentum Ancyranum* –), Taten, Tatenbericht, sei er epische Dichtung (wie die *Chansons de geste*, altfrz. Heldenlieder aus der Zeit der Kreuzzüge), novellistisch gestaltetes Legendenbuch (*G. Romanorum* des 13./14. Jh.) oder Geschichtsdarstellungen; als solche sind die G. →Chroniken, Lebensbeschreibungen von Päpsten (*G. pontificum Rom.* Wahltitel zum *Liber pontificalis*), Bischöfen, Äbten, auch Monographien (z.B. *G. Francorum* zum 1. Kreuzzug, oder die *G. Friderici imp.: in Italia* (1154–60, episch), *in Lombardia* (1154–77), *in expeditione sacra* (1189/90); – ebenso frz. *Gestes*). →Annalen.

Gestreng (‚stark' = mlat. *strenuus*), Ehrenprädikat für Personen des Ritterstandes, nach dessen Niedergang allgem. des niederen Adels (fürstlicher Beamten, städtischer Patrizier, a. Gelehrter), i. 18. Jh. weiter entwertet (für niedere Beamte, Soldaten).

Geusen (von frz. *gueux* ‚Bettler'), seit der Petition von 1566 Spott-, dann Ehrenname des ndl. Adelsbundes, dann allgem. die Freiheitskämpfer für die Unabhängigkeit der Niederlande von Spanien (1568–1648).

Gewalt, (1) entspr. lat. *potestas* = Macht, Amtsgewalt, personifiziert auch Stellvertreter in Rechtsangelegenheiten (vgl. G.-bote, Abgesandter, Bevollmächtigter; G.-brief, Vollmacht; Gewalter, G.-haber, Stellvertreter; Gewaltiger, Herrscher, militärischer Befehlshaber; Gewaltsame, die zustehenden Rechtsbefugnisse); (2) entspr. lat. *virtus* = Kraft, Stärke, Heeresmacht; (3) entspr. lat. *vis*, *violentia* = Zwang, Gewalttätigkeit (vgl. G.-herrscher Despot); bes. Staatsg. als eine der drei wesenhaften Kennzeichen des →Staates die Summe der Hoheitsrechte und Machtbefugnisse, mit der Möglichkeit, sich auch mit Mitteln körperlichen Zwanges Geltung zu verschaffen; die Gewaltsamkeit gilt, v.a. seit M. Weber (1864 bis 1920), als das Merkmal, das den Staat von anderen Gemeinschaften unterscheidet: ‚Der „Staat" ist derjenige Verband, der das Monopol legitimer Gewaltsamkeit in Anspruch nimmt'; wie immer die Staatsg. theoretisch gerechtfertigt werden mag (→Naturrecht, Gesellschaftsvertrag, Absolutismus, Obrigkeit, Marxismus), sie ist durch die Interessen des Gemeinwohls begründet und begrenzt (→Widerstandsrecht); zur Sicherung des Individuums gegen Übergriffe des Staates, gegen das Überschlagen der legitimen G.samkeit in reine G.tätigkeit gilt in der modernen Demokratie westlicher Prägung der in der →Aufklärung durchdiskutierte Grundsatz der G.en-teilung (-trennung, frz. *séparation des pouvoirs*) in der (nach anderen Versuchen, v.a. durch J. Locke, 1632–1704) von Montesquieu (1689–1755) geprägten Form, die *gesetzgebende* (→Legislative), *voll-*

ziehende (→Exekutive) und *richterliche G.* scheidet, eine Scheidung, die sich zwar nicht vollkommen durchführen läßt, jedoch zum unabdingbaren Prinzip des demokratischen Rechtsstaats geworden ist. Aus dem Unterwerfungscharakter des →Gesellschaftsvertrags (Th. Hobbes, 1588–1679) und der Unteilbarkeit der Volks→souveränität (J. J. Rousseau (1712–78) wurde gleichzeitig das gegensätzliche Prinzip der G.en-häufung deduziert, woraus sich eine zwiespältige Auffassung vom Wesen der →Demokratie ergab, die bis in die Gegenwart fortwirkt.

Montesquieu, De l'ésprit des lois, 1748; H. Jansen, Montesquieus Theorie v. d. Dreiteilung d. G.en, 1878; W. Hasbach, Gewaltentrennung, (VSWG) 1926; M. Weber, Ges. Aufs. z. Rel.soz. I, [5]1963; E. v. Hippel, Gesch. d. Staatstheorie I, 1955; W. Theimer, Gesch. d. pol. Ideen, [3]1964; Th. Eschenburg, Staat u. Ges. in Dtld., 1956 u. ö.; Th. Maunz, Dt. Staatsrecht, [18]1971; P. Waldmann, Strategien polit. G., 1977.

Gewann, süddt. Gewand (vielleicht von ‚wenden', d.h. Feldstück zwischen 2 Pflugwenden) Teil eines der 3 →Schläge der Drei→felderwirtschaft, das in Äkker von ungefähr gleicher Breite unterteilt ist. Die Zahl dieser Breiten genannten Äcker richtet sich i.a. nach der Zahl der im →Dorf vorhandenen →Hufen, so daß jeder Bauer in jedem G. Besitz hat. Die Einteilung der Flur in G.e soll eine möglichst gerechte Verteilung von Acker und Wiese nach der Bodengüte ermöglichen. Die Nutzung läßt sich infolge der Gemengelage nur durch →Flurzwang bewerkstelligen. Schon früh werden die G.e benannt; sie bilden heute noch topographische Unterteilungen der Gemeindemarkung. Ob das G.-dorf schon der frühgerm. Zeit angehört oder sich erst in der Völkerwanderung oder nachher herausgebildet hat, ist in der Forschung umstritten.

F. Lütge, D. Agrarverf. d. frühen MA. im mitteldt. Raum, [2]1966; K. S. Bader, Entstehg. u. Bed. d. oberdt. Dorfgemeinde, (Zs. f. Württ. Landesgesch.) 1937; F. Zimmermann, D. Rechtsnatur d. altbayr. Dorfgem. usw., 1950.

Gewehr, das zur Verteidigung Dienende, auch diese selbst; Wehrbauten, Schutzwaffen; in der NZ. die blanke Waffe (Hellebarde, Seiten-g.); dann Handfeuerwaffe im Gegensatz zu →Geschütz.

Gewerbe (mhd. ‚Geschäft'), jede dauernde Tätigkeit, die zum Zweck des unmittelbaren privaten Erwerbs betrieben wird; der nicht eindeutig bestimmte Begriff, der zunächst am Handel haftet, dann (über den Kleinhandel) auf das Handwerk übergeht, ist bald weiter (einschließlich Landwirtschaft, Soldatenberuf), bald enger gefaßt, wird bald zum Handel, bald zur Industrie in Gegensatz gestellt; unabhängig von der in der G.-ordnung seit 21.6.1869 getroffenen Abgrenzung, die Urproduktion, Kunst und Wissenschaft, öffentlichen Dienst und den sog. höheren persönlichen Dienst (des Pfarrers, Lehrers, Arztes) ausschließt, faßt die Wirtschaftsgeschichte den Begriff als die aus der Stadtwirtschaft hervorgehende handwerklich-industrielle Erzeugung, die als Zweig der Volkswirtschaft neben Land- und Forstwirtschaft, Handel und Verkehr steht; G.-freiheit, das Recht auf freie Ausübung eines G.s; die durch das →Zunftwesen gebotenen Beschränkungen, in England während des 18. Jh. praktisch unwirksam geworden und 1814 endgültig beseitigt, werden in Frankreich 1772–91 aufgehoben; in Dtld. beginnt die Entwicklung zur vollen G.-freiheit mit dem preuß. Edikt vom 28.11.1810, kommt jedoch gegen den Widerstand der zünftigen Handwerker nur langsam voran, bis die Veränderungen und die Konjunktur der Jahre zwischen 1850–60 die letzten Reste des Zunftwesens beseitigen (Österreich 1859, Sachsen 1861, Württemberg 1862).

K. Rohrscheidt, Vom Zunftzwang z. G.freiheit, 1898; Mummenhoff, D. Handwerker in d. dt. Vergangenh., 1901; H. Proesler, Das gesamtdt. Handw. im Spiegel d. Reichsgesetzgebung von 1530–1806, 1954; W. Fischer, Quellen z. Gesch. d. dt. Handwerks, 1957; W. Abel in: H. Aubin, W. Zorn, Hb. der dt. Wirtsch.- u. Sozialgesch. 1, 1971.

Gewere (got. *werjan* ‚bekleiden'), im germ.-dt. Recht das tatsächliche Haben einer Sache, von der meist in einem symbolischen Akt Besitz ergriffen wird (→Investitur); die G. äußert sich bei der Fahrhabe im Gewahrsam, bei Liegenschaften in Nutzung; je nach Rechtslage gibt es gemeine G. ohne Berücksichtigung des Rechtsgrundes, Eigen-g. beim Eigentümer, Lehen-g. beim → Vasallen, G. zu rechter Vormundschaft beim Ehemann; von der reellen G. hebt sich die (seltene) ideelle G. ab, die einen Rechtsanspruch auf reelle G. bedeutet.

A. Heusler, D. G., 1872; E. Huber, Die Bed. d. G. im dt. Sachenrecht, 1894; H. Mitteis, Dt. Privatrecht, [6]1972.

Gewerke (von Gewerk = Handwerk, Beruf, Zunft), der Teilhaber einer Gewerkschaft, seit dem MA. einer Gesellschaft von Miteigentümern an einem Bergwerk, →auch Kux.

Gewerkschaft (engl. *Trade-Union* ‚Gewerkverein', frz. *syndicat*), ‚freiwilliger und dauernder Zusammenschluß von Arbeitnehmern zur Wahrung ihrer wirtschaftlichen Interessen' (Furtwängler); im England des 18. Jh. aus Facharbeiterklubs *(unions)* hervorgegangen, die als Geheimorganisationen gegen die Aufhebung der zünftischen Rechte kämpften, sind die *Trade-Unions* seit 1770 Selbsthilfeorganisationen der Lohnarbeiter im modernen Sinn, zunächst örtliche, dann nationale Zusammenschlüsse von Berufsgruppen (Bau-, Textilarbeiter; 1824 Koalitionsrecht, 1852 endgültige Anerkennung). – In Dtld. breiten sich die G.en nach ersten Ansätzen 1848 (Frankfurter Gesellenkongreß, Mainzer Nationaler Buchdruckerverein u.a.) erst in den 60er Jahren unter engl. Einwirkung aus; 1869 fällt im Norddt. Bund (wie in anderen europ. Ländern) das Koalitionsverbot; doch spaltet sich die G.sbewegung infolge der parteilichen Bindung der älteren Arbeitervereine von Anfang an in 4 Richtungen: nationale Lassallianer, internationale Marxisten (seit 1875 als *freie G.en*), christlich-soziale und Hirsch-Dunckersche G.en (Fortschrittspartei); nach dem Rückschlag durch das Sozialistengesetz 1878–90 kommt es zur Gründung zentraler Gesamtverbände: 1913 *Internationaler G.sbund*, 1919 *Allgem. Dt. G.sbund* als Dachorganisation der *freien G.en;* 1933 in Dtld. verboten und in die Dt. Arbeitsfront übergeführt, schließen sich die G.en nach 1945 zum *Dt. G.sbund* zusammen, der heute wieder dem *Internationalen Bund freier G.en* angehört, einer Gegengründung zum kommunistischen *Weltg.sbund.* – Die G.en sehen heute ihre Hauptaufgabe im Abschluß von Tarifverträgen, Verbesserung der Arbeitsbedingungen, der Sozialversicherung, und in der Mitwirkung bei der arbeitsrechtlichen Gesetzgebung, sowie in der innerbetrieblichen Mitbestimmung; sie legen Wert auf konfessionelle und parteipolitische Neutralität, sympathisieren aber i.a. aus verwandter Zielsetzung mit den Arbeiterparteien; →auch Streik.

L. Heyde (hrsg.), Internat. Hb. d. G.swesens, 1932; J. Schiefer, Gesch. d. dt. G.en, 1948; R. Seidel, D. G.sbew. in Dtld., 1952; H. Gottfrucht, Die intern. G.sbewegg. im Weltgeschehen, 1966; H. Limmer, Die dt. G.sbewegg., [3]1970.

Ghetto (it. ‚Gießerei'), Stadtviertel in Venedig, in dem 1516 (aufgrund eines Beschlusses des 3. Laterankonzils 1179) die Juden abgesondert wurden; davon allgem. seit dem 16. Jh. Judenviertel (ummauert, mit 1 oder 2 Toren, die, von christlichen Wächtern bewacht, abends geschlossen wurden) in Italien und im übrigen Europa (dt. Judengasse, frz. *carrière des Juifs*); die Absperrung wurde im 18./19. Jh. (→Aufklärung, →Emanzipation) gelockert und schließlich aufgehoben (2.1. 1782 Toleranzpatent Josefs II., 1821 Judenemanzipation in Preußen).

C. Roth, Gesch. d. Juden, dt. o. J.

Ghibellinen (der Zusammenhang mit dem staufischen Gut Waiblingen und mit dem zur Belagerung von Weinsberg 1140 berichteten Schlachtruf ‚Hie Welf! Hie Waibling!' ist nicht eindeutig gesichert), in den it. Städten, v.a. des 13./14. Jh. die eine der großen Parteien, die, im Gegensatz zu den →Guelfen, für eine starke ks. Zentralgewalt eintrat; obwohl durch Papst Benedikt XII. 1334 unter Androhung des Banns verboten, verschwinden die Parteibezeichnungen nur allmählich.

Giebigkeit (‚Abgabe', ‚Leistung'), im bair.-österr. Siedlungsgebiet bis ins 19. Jh. übliche Bezeichnung für Natural- und Geldleistungen.

Gigliato (it. von *giglio* ‚Lilie'), it. Münze des MA. mit dem Gilgenkreuz, bes. neapolitanische, den frz. →Turnosen entsprechende Silbermünze des 13. Jh., in der Levante beliebt und nachgeprägt.

Gilde (germ., vgl. ‚*Geld*', ‚Beitrag', ‚Opfer', ‚gemeinsames Mahl'; mlat. *gilda*, *geldonia* u.ä.; *confratria*, *fraternitas*), Schutz- und Rechtshilfs→genossenschaft mit religiöser und Speisegemeinschaft (auch die Mitgliedschaft, die Versammlung, das gemeinsame Mahl und – mask. – das einzelne Mitglied); aus sakralen Männerbünden der heidnischen Zeit hervorgehend, gewinnen die G.n seit dem frühen MA. mit dem Zerfall der →Sippen an Bedeutung, bes. im ndt., ndl. und engl. Raum, und gliedern sich vielfältig (rein religiöse G.n →Bruderschaften, Berufsg.n, Schützeng.n usw.); mit dem Aufstieg der Städte nehmen die Kaufmanns-g.n (→auch Gaffel, Hanse, Kompagnie) während des HochMA., v.a. in den Niederlanden und England, starken Einfluß auf das Stadtregiment, sofern sie nicht Vereinigungen an fremdem Ort sind (→Fondaco); die Handwerker-g.n wandeln sich mit zunehmender Spezialisierung und

Verlagerung der Interessen auf das Berufliche zur →Zunft, so daß schließlich Begriff und Bezeichnung nicht mehr zu scheiden sind; G.-sprache →Morgensprache; G.-zwang →Zunftzwang; G.n-sozialismus, die engl. Form des →Syndikalismus, um 1910 von A. J. Penty begründet, die die Lenkung der Produktion durch G.n (als Gesamtheit aller in einem – der 15 geplanten – Produktionszweige Tätigen) erstrebte; der G.nverband *(National Guilds League)*, 1915 gegründet, löste sich nach einem Fehlschlag auf dem Sektor des Baugewerbes 1925 auf.

H. Planitz, ZRG. GA 1940, 1943, 1944; dazu W. Schlesinger, FS. Th. Mayer, 1954; H. Planitz, Wirtschaftskräfte im MA., 1959; – Th. Plaut, Wesen u. Bed. d. G.nsozialismus, 1922.

Gilt →Gülte.

Gladiatoren (von lat. *gladius* ‚Schwert'), röm. Berufsfechter, deren blutige Kämpfe – urspr. etrusk. Grabspiele anstelle von Menschenopfern – 264v. in Rom eingeführt, 105v. zu öffentlichen Spielen zugelassen, in den Städten Italiens, während der Kaiserzeit des gesamten Reiches, vom Ks. bzw. städtischen Beamten und Notabeln dem Volk geboten wurden *(munera gladiatoria)*; die G., hoch besoldet und in eigenen G.-schulen *(ludi)* ausgebildet, sind Angehörige eines gering geachteten Berufsstandes, zum kleineren Teil Verurteilte oder Kriegsgefangene.

L. Robert, Les gladiateurs dans l'Orient grec, 1940; U. Kahrstedt, Kulturgesch. d. röm. Ks.zt., [2]1958; M. Grant, Die G., dt. 1970.

Glaubenskriege →Religionskriege, →Gegenreformation.

Gleiche (frz. *égaux*), von F. N. Babeuf (1760–96) gewählte Bezeichnung für seine Anhänger *(Gesellschaft der G.n)*, die unter seiner und Ph. Buonarottis (1761 bis 1837) Führung die radikale Durchführung des Gleichheitsprinzips, den Sturz des →Direktoriums und die Fortdauer der Revolution erstrebten; die Verschwörung wurde 1796 aufgedeckt, Babeuf hingerichtet, Buonarotti deportiert; Gleich-berechtigung, die aus dem demokratischen Grundrecht der G.heit sich ergebende praktische Folgerung: ‚Niemand darf wegen seines Geschlechtes, seiner Abstammung, seiner Rasse, seiner Sprache, seiner Heimat und Herkunft, seines Glaubens, seiner religiösen und politischen Anschauung benachteiligt oder bevorzugt werden' (Bonner GG Art. 3, Abs. 3); zur Verwirklichung →Emanzipation, Frauenfrage, Konformismus, Minderheiten, Negerfrage u.ä.); -gewicht (→auch *balance of power*), die ‚Ausgewogenheit' mehrerer, annähernd gleich starker und gleich strukturierter Gruppen oder Kräfte, in der Politik als G.-gewicht der Mächte (Kräfte) Ziel einer rationalen, auf die Erhaltung des bestehenden Zustands bedachten und – im Gegensatz zu →Hegemoniebestrebungen – dynamischen Tendenzen abholden Diplomatie; solches Streben und seine Verwirklichung hat man mehrfach in der Geschichte festgestellt (z.B. im Vorderen Orient des 2. Jtv., in der hellenistischen Welt bes. des 3. Jhv.); in der europ. Geschichte beginnt die G.-gewichtspolitik bei den it. Staaten der Renaissance, spielt dann, v.a. im 18./19. Jh., durch die bes. von England geförderte Idee des *Europäischen*

G.-gewichts eine beherrschende Rolle, bis sie der Versailler Vertrag beiseite schiebt; -heit, seit der gr. Geschichte (→Isegorie, → Isonomie) Grundprinzip der demokratischen Ordnung, seit der Unabhängigkeitserklärung der USA 1776 in allen modernen Verfassungen enthalten (‚Alle Menschen sind vor dem Gesetze gleich'); – Mag sich das Gleichheitsprinzip in frühen Zeiten für eine beschränkte Zahl von Bürgern aus der Wehrverfassung zwanglos ergeben haben, so ist seine Auslegung seit den Anfängen des →Naturrechts bei den gr. →Sophisten umstritten, u.zw. im Sinne der bereits von Platon (Gorg. 508) aufgezeigten Möglichkeit der zweifachen Auslegung als *arithmetische* (Jedem das Gleiche, von den Gegnern als Gleichmacherei, Egalitarismus verurteilt) und als *geometrische* oder *proportionale G.-heit* (Jedem nach seiner Leistung); – Wird die G.-heit in spätstoisch-christlichem Sinne religiös legitimiert (Teilhabe des Menschen am Göttlichen, bzw. der Mensch als Ebenbild Gottes) oder, auf dem Wege über den Calvinismus – bes. durch J. J. Rousseau (1712–78) – in der säkularisierten Form einer →naturrechtlich bestimmten Menschheitsidee (‚Vor Gott, vor der Sittenordnung und der Rechtsordnung gilt kein Ansehen der Person', H. Meyer), sie läßt in jedem Falle die Möglichkeit des Kampfes gegen überkommene Rechtsungleichheiten offen (vgl. ‚Freiheit, G.-heit, Brüderlichkeit' der frz. Revolution), gerät jedoch bei extremer Auslegung ihrer beiden Formen (der kommunistischen Forderung nach Besitzg.-heit – der liberalistischen nach ungehemmter Entfaltung der Persönlichkeit) mit dem Ideal der politischen →Freiheit in Konflikt; -schaltung, seit der NS-Politik der Jahre 1933/34 die aus dem Grundsatz der ‚Einheit von Partei und Staat' (Ges. v. 1.12.1933) sich ergebende ideologische Durchdringung und organisatorische Koordinierung aller politischen (G.es. zur G. der Länder mit dem Reich, 31.3., 7.4.1933), wirtschaftlichen und kulturellen Institutionen und Verbände durch die das Regime tragende Einheitspartei, gilt seitdem als Kennzeichen jedes →totalitären Systems.

Ph. Buonarrotti, Die Verschwörung d. G.n, dt. 1908; Th. Ramm, D. großen Sozialisten, 1955ff.; ders., D. Frühsozialismus, ²1968; – L. Dehio, G.-gewicht od. Hegemonie, 1948; M. Beloff, The Balance of Power, 1967; O. Halecki, Europa. dt. 1957, ND. 1964; – A. de Tocqueville, D. Demokratie in Amerika, dt. 1959; H. Nef, G.heit u. Gerechtigkeit, 1941; H. Meyer, Gesch. d. abdld. Weltanschauung III, ³1966; Th. Maunz, Dt. Staatsrecht, ¹⁸1971; L. Reinisch (Hrsg.), Freiheit u. G.heit, 1974.

Gleve, auch Glefe (wohl zu lat. *gladius*, ‚Schwert', frz. *glaive*, daher auch Gläfe, Gläve), Stangenschwert des MA. mit 4–6 m langem Schaft; daher = Lanze, die aus dem Ritter und seinen Knechten bestehende unterste Einheit des Ritterheeres; G.ner, der Ritter als Anführer der G.; G.n-bürger, ritterbürtiger → Pfahlbürger, der der Stadt mit seiner G. Zuzug leistet.

glorreich (von lat. *gloriosus*), ‚ruhmreich', urspr. Kennzeichnung des röm. →Triumphs, seit dem röm. →Prinzipat häufiges Epitheton von Herrschern und ihren Regierungszeiten; *g.e Revolution*, die – im Gegensatz zu 1649 unblutige – engl. Revolution von 1688/89.

Glosse (gr. ‚Sprache'), (1) in der Philologie dunkler, der Erklärung bedürftiger Ausdruck, seit dem At. in G.n-sammlungen (Glossaren) von Glossographen erläutert; (2) seit dem MA. = gr. Glossem, Wort- oder Sacherklärung; dav. Glossatoren, Rechtsschule von Bologna, 12. Jh., die ebenso wie die Postglossatoren des 13./14. Jh. durch die Erläuterung des →*Corpus iuris*, bes. der →Pandekten, die →Rezeption vorbereiteten, bzw. förderten.

→Rezeption.

Gnadenjahr →Annus gratiae.

Gnadenlehen →Schupflehen.

Go (→‚Gau'), in Sachsen und Thüringen der fränk. →Cent entspr. Niedergerichtsbezirk, Teil der →Grafschaft; entspr. Goding; -gericht; -graf *(gogrêve)*, altsächsischer gewählter Volksrichter; -schaft.

Goliarden →Vaganten.

Golowá (ru. ‚Haupt'), Titel gewählter Beamter im zaristischen Rußland, bes. seit Katharina II. (1762–96) das vom Stadtrat (→Duma) gewählte Stadtoberhaupt, etwa dem Stadtdirektor entsprechend.

Gonfaloniere (1) *della chiesa* (it. ‚Bannerträger der Kirche'), seit dem 12. Jh. von den Päpsten an verbündete Fürsten, bes. die Könige von Unteritalien und die Herzöge von Parma (bis 1731) verliehener Ehrentitel; (2) *della giustizia*, seit Ende des 13. Jh. anstelle des →Podestà gewählter höchster Beamter in it. Städten (zuerst 1293 in Florenz).

Gottes-friede *(pax Dei*, →auch Treuga), Ziel einer im 10. Jh. von Cluny ausgehenden Bewegung, die unter Androhung von Kirchenstrafen bestimmte Personen (Geistliche, Kaufleute, Bauern), Orte (Kirchen, Straßen, Felder) und Sachen gegen die Anarchie des Fehdewesens zu schützen sucht, zunächst in Burgund (Synode von Narbonne 990), dann, durch die →Treuga erweitert, sich v.a. in Frankreich und im Reich ausbreitend, vom →Landfrieden gestützt, doch ohne durchschlagende Wirkung; danach allgem. aus religiösen Gründen gebotene Einstellung von Kampfhandlungen (vgl. Olympischer →Frieden, →Amphiktyonie); -gnadentum, nach der seit dem Konzil von Ephesus 431n. von Bischöfen, später auch von anderen Geistlichen gebrauchten Formel *Dei gratia* (seit dem 13. Jh. *Dei et apostolicae sedis gratia*), die allmählich, v.a. seit dem Absolutismus, von christlichen Herrschern übernommen wurde (*von Gottes Gnaden* in dt. Fürstentitulaturen), die →Souveränität des von Gott eingesetzten, vom Volke unabhängigen →Monarchen; -urteil (→Ordal), Entscheidung der Schuldfrage in einem Rechtsstreit durch unmittelbares Eingreifen der Gottheit, das die Reinigung des Unschuldigen durch die Feuerprobe, Wasserprobe u.ä. nach festliegendem Ritual gestattet; die Herkunft des G.s ist in der Rechtsgeschichte umstritten: zunächst als indogermanisch, dann als aus dem Orient eingeführt angesprochen, wurde es durch die Ethnologie bei vielen Naturvölkern nachgewiesen; die verbreitete Form des gerichtlichen Zweikampfes gilt z.Zt. (sofern er nicht durch Stellvertreter erfolgt) nicht als G., sondern als ‚legalisierte und auf die Parteien beschränkte Fehde' (H. Mitteis); das G., bereits in fränk. Zeit unter christlichen Formen, wird unter dem Einfluß der Kirche humanisiert (Abendmahlprobe) und durch das röm. Recht in seiner Eigenschaft als Beweismittel beim Fehlen von Zeugen geschwächt, von der Kirche (Laterankonzil 1215) und den Kaisern (seit dem 14. Jh.) verboten und verschwindet schließlich mit Ausgang des MA.

C. Erdmann, D. Entstehg. d. Kreuzzugsged., 1935; J. Gernhuber, D. Landfriedensbew. in Dtld. bis 1235, 1952; H. Hoffmann, G.frieden u. Treuga Dei, 1964; – F. Kern, G.-gnadent. u. Widerstandsrecht i. früheren MA., [5]1970; →Monarchie; – Cl. v. Schwerin, Einf. in d. germ. Rechtsgesch., 1936; H. Nottarp, G.urteile, 1949; Ch. Leitmaier, D. Kirche u. d. G.-urteile, 1953; H. Mitteis, H. Lieberich, Dt. Rechtsgesch., [6]1972.

Gottherrschertum (Gottkönig-, kaisertum), die v.a. im alten Ägypten entwickelte, vereinzelt auch in anderen Reichen des Vorderen Orients auftretende Vorstellung, daß der Herrscher die irdische Verkörperung des obersten Reichsgottes und Garant für das Gedeihen des Staates sei; in mannigfachen Abwandlungen (→Herrscherkult) über Alexander d. Gr. in den Hellenismus übergegangen, wird die Vorstellung von der Göttlichkeit des Herrschers, die Augustus vergeblich einzudämmen versucht, in der späteren Kaiserzeit, vom gr. Teil des Reiches ausgehend, allgem. verbreitet und verschmilzt schließlich mit der Gestalt des Sonnengottes (Ks. Aurelian, 270–75n. *dominus et deus*); →auch Genius; vgl. ferner das germanische Sakralkönigtum (→Heil) und das →Gottesgnadentum.

H. Kees, D. Götterglaube im alten Ägypten, [2]1956; J. Spiegel, D. Werden d. äg. Hochkultur, 1953; F. Taeger, Charisma, 1957/60.

Gouvernement (frz. ‚Regierung', engl. *government;* von lat. *gubernare*, gr. *kybernan* ‚steuern', vgl. das seit der frühgr. Lyrik, Alkaios von Lesbos, um 600v., gebräuchliche Bild vom Staatsschiff), Amt und Amtsbezirk eines Gouverneurs, v.a. obere Verwaltungseinheit in Frankreich (16.–18. Jh., dann →Département) und Rußland (1700–1929); entspr. mlat. Gubernium, in Österreich im Zuge der theresianischen Reformen (Gf. F. W. von Haugwitz, 1702–65) seit 1762 die Verwaltungsbehörde eines →Kronlands, bis 1848 kollegiale Zwischeninstanz zwischen Zentralbehörden und Kreis, →Landeshauptmannschaft; Gouverneur (mlat. *gubernator* ‚Regent', →Landvogt), in Frankreich seit dem MA. entwickelte Amtsbezeichnung, zunächst Militärbefehlshaber, Generalkapitän mit Polizeibefugnis – daher: Befehlshaber einer Hauptstadt, einer Festung –, seit der NZ. Statthalter einer Provinz, eines Gouvernements anstelle des →Bailli, seit dem 17. Jh. nach dem Vordringen der Beamten des Kg., →Intendant, nur Ehrentitel im frz. Adel; nach frz. Vorbild in vielen Ländern oberster Verwaltungsbeamter eines Gouvernements, →Distrikts, besetzten Gebiets (→Generalg.), einer Kolonie; bes. engl. *governor* in den USA u.a. amerikanischen Bundesstaaten der – meist auf vier Jahre gewählte – oberste Beamte eines Einzelstaates, Leiter der Exekutive; – Prinzenerzieher, Leiter einer Militärerziehungsanstalt.

Graf (ahd. *g(e)rafio*, ags. *greeve*, wohl ‚Befehlshaber einer Schar', mlat. *comes* von lat. ‚Begleiter'), im fränk. Reich ‚Sachwalter‘ (H. Mitteis) des →Königs in einem bestimmten, häufig jedoch nicht scharf abgegrenzten Bezirk, der Grafschaft (mlat. *comitatus*), die im ehemals röm. Gallien i.a. mit den *civitates*, bzw. *pagi* zusammenfällt, im übrigen Reich aber oft alte Grenzziehungen aufhebt. Der G. besitzt zunächst umfassende militärische Gewalt, den →Heerbann, an den sich zivile Aufgaben, bes. die →Gerichtsbarkeit, anschließen (er richtet mit einem bes. →Bann, dem G.enbann, meist aber mit →Königsbann; es steht ihm ein Anteil aus den anfallenden Bußen zu, außerdem die Nutzung eines Amtsguts. Der G. wird zunächst aus der Umgebung des Kg. ernannt (daher in der Merovingerzeit nach spätröm. Vorbild *comes*), als Angehöriger der kg. →Gefolgschaft mit dreifachem →Wergeld ausgezeichnet; mit dem Schwächerwerden der kg. Macht im 7. Jh. stammt der G. zunehmend aus dem →Adel des Amtsbezirks; – im rechtsrheinischen Teil ist der G. v.a. Leiter der fränk. Militärsiedlungen (→Cent), der →Rodung auf Königsboden und bes. oberster Verwalter des Königsguts. Die Befugnisse des G.en werden durch die wachsende Zahl der kirchlichen und adligen →Immunitäten stark eingeschränkt, ein lückenloses Netz von G.-schaften über das Reich hinweg, wie es die ältere Forschung wollte, ist deshalb bes. in Ostfranken nicht denkbar. – Im Lauf der Karolingerzeit erfolgt der allmähliche Einbau des G.en in das →Lehenssystem, das Amt wird zusammen mit den übrigen Lehen erblich, zudem usurpiert mit dem Erlahmen der kg. Gewalt und der Bedrohung durch äußere Feinde (Wikinger, Slawen, Ungarn, Sarazenen) der Hochadel ohne kg. Ermächtigung G.schaften (→Herzog). – Im ma. dt. Reich setzt unter den Ottonen eine Neuordnung der G.-schaften auf →Königsgut ein, gleichzeitig werden auch an →Bischöfe und →Äbte G.enrechte verliehen, mit dem 11. Jh. scheidet der bisherige kg. Amts-g. aber endgültig aus; die Allodialg.schaften des Adels (G.schaften aus wilder Wurzel) bleiben dagegen bestehen und sind eine wichtige Grundlage der späteren →landesherrlichen Territorien. G.schaften mit einer Landesherrschaft werden bis zum Ende des alten →Reiches dem Hochadel zugerechnet, seit dem frühen 16. Jh. bilden sie eine eigene →Reichsstandschaft, im Reichstag nehmen sie die G.en-bank ein; die restlichen G.en bilden die oberste Stufe des niederen Adels. – Seit dem späteren MA. ist G. nur noch Titel, der vom 14. Jh. an vom →Kaiser, bzw. Kg. (Reichsg.), dann auch von höher stehenden →Landesherren verliehen wird; als Titel wird er seit dem späteren MA. auch für genossenschaftlich Beauftragte verwandt (z.B. Hal-g. (Salz-g.), Holz- und Wald-g.; bis heute der Deich-g.). – Mit dem Ende des alten Reiches 1806 werden die →Immediaten G.en mediatisiert; wie die übrigen →Standesherren sind sie den regierenden Häusern ebenbürtig. Seit 1918 ist G. nur noch ein Teil des Familiennamens. – Die fränk. G.schaftsverfassung war Vorbild für den Staatsaufbau großer Teile des Abendlandes auch außerhalb des fränk. Reiches, vgl. in Ungarn bis ins 20. Jh. das →Komitat, in Großbritannien und Irland →County (auch →Earl, →Shire).

E. Babut, Recherches sur l'admin. merov., (Revue Hist.) 1919; A. Bauer, Gau u. G.schaft in Schwaben, 1927; F. Vercauteren, Et. sur les Civitates de la Belgique Seconde, 1934; W. Schlesinger, D. Entstehung d. Landesherrsch., 1942; E. Hamm, Herzogs- u. Kg.sgut, Gau u. G.schaft, 1949; S. Krüger, Stud. z. sächs. G.schaftsverf. im 9. Jh., 1950; H. Hirsch, D. hohe Gerichtsbarkeit im dt. MA., [2]1958; H. Dannenbauer, Grundlagen der ma. Welt, 1959/62.

Granate (it. *granata*, frz. *grenade* ‚Granatapfel'), seit dem 16. Jh. mit Pulver, (später mit Sprengstoff) gefülltes Hohlgeschoß; Granatiere, frz. Grenadiere, im 17./18. Jh. Spezialtruppe zum Werfen von Hand-g.n, dann Traditionsname für Eliteinfanterie.

Grande (span.), seit dem 13. Jh. in Kastilien inoffizielle Bezeichnung für hohe, mit vielen Privilegien (Steuerfreiheit, eigene Söldner u.a.) ausgestattete Adelige, seit 1520 teilweise erblicher Titel der Angehörigen des span. Hofadels, anfangs auf 25 beschränkt, später vermehrt; 1931 Abschaffung der politischen Vorrechte. – Ähnlich bis 1912 oberste port. Adelsstufe.

Grangie (mlat. *grangia* ‚Scheune'), landwirtschaftlicher Betrieb der Zisterzienser, die im Gegensatz zur →Grundherrschaft der älteren Benediktiner gemäß ihrer Regel die Güter selbst bewirtschafteten; die G.n, von denen ein Kloster oft mehrere besitzt, werden von Laienbrüdern unter der Leitung des *granguarius* betrieben.

Gravamen (lat. ‚Beschwernis'), Klage, →Petition; bes. die *Gravamina der dt. Nation* Zusammenstellung der Klagen gegen das →Papsttum, dann allgem. gegen den Klerus im 15. und 16. Jh., bes. auf dem Reichstag zu Augsburg 1518.

Gremialsystem →Kollegium.

Grenadiere →Granate.

Grenze, durch stillschweigende oder vertragliche Übereinkunft festgelegte Scheidelinie zwischen Territorien, teils durch Gegebenheiten der Natur (→natürliche G.), teils frei (mitunter nur durch geographische Linien, z. B. USA-Kanada 1818) bestimmt; befestigte G. →Kosaken, Mark, Limes, Militär-g. u. ä.; G. als Rand der Kulturzone (‚*the hither edge of the free land*', F. J. Turner) →Frontier; Grenz-graf, -herzog = →Markgraf; -haus, militärische Form der →Zadruga an der österr. →Militärgrenze; mehrere G.-häuser waren zu G.-kommunionen zusammengefaßt.

Gromatiker →Ager.

Groschen (mlat. *denarius grossus* ‚dicker Pfennig'), seit dem 13. Jh., zuerst in Frankreich (→Turnose) und Böhmen, Silbermünze von etwa 4 g, bald in vielen Ländern (vgl. engl. *groat*, poln. *grosz* usw.) nachgeprägt; seit dem 17. Jh. im Wert sinkend, ist der G. im 19. Jh. Silberscheidemünze, z.B. der preuß. Silber-g. (1/30 Taler) zu 12 Pfennig, der sächs. Neu-g. zu 10 Pfennig; nach Prägung, Beschaffenheit oder Herkunft führen die G. mannigfache Namen oder Beinamen (z.B. der weitverbreitete *Meißner G.*, nach der Prägung auch Horn-, Schild-, Schwert-g. u.a. benannt, im 16. Jh. auch – nach der vorwiegenden Verwendung – Zins-g.; – seit der endgültigen Einführung der Mark 1876 gilt G. nur noch im Volksmund entsprechend dem

Neu-g. als 10 Pfennige; – seit dem 1. Weltkrieg 1/100 des poln. Zloty, des österr. Schillings.

Groß im Sinne historischer Wertung sind nach der klassischen Untersuchung von J. Burckhardt (1818–97, Weltgeschichtliche Betrachtungen Kap. V) jene Individuen, die ‚die Koinzidenz des Allgemeinen und des Besonderen, des Verharrenden und der Bewegung in *einer* Persönlichkeit' sind. ‚Die wirkliche Größe ist ein Mysterium. Das Prädikat wird weit mehr nach einem dunklen Gefühle als nach eigentlichen Urteilen aus Akten erteilt und versagt.' (→Persönlichkeit). – Der Beiname *der Große* erscheint unabhängig von der Wertung der Historie, oft schon von Zeitgenossen beigelegt, selten im Titel geführt (a) bei Herrschern: den Achämeniden Kyros II., 553 bis 29v., und Dareios I., 522 – 486v. (als →Großkönigen), den Makedonen Alexander III., 336 bis 23, und Antiochos III., 223 bis 187v. (wegen der Annahme des Titels Großkönig), den Kaisern Konstantin I., 306–337, Theodosius I., 383–95 (wegen ihrer Bedeutung für die christliche Kirche), Karl I., 768–814, Otto I., 936–73, bei Peter I., 1689 bis 1725, und Katharina II., 1762 bis 96, von Rußland und bei Kg. Friedrich II. von Preußen, 1740 bis 86; (b) bei Päpsten: Leo I., 440–61, Gregor I., 590–604; (c) bei Pompeius (106–43v., von Sulla beigelegt). Die Zahl ist aber nicht kanonisch, der Beiname findet sich auch bei anderen bedeutenden Herrschern (z.B. Justinian I., 527–65, Leopold I., 1658 bis 1705), sowie in Nachahmung bei einer Vielzahl Geringerer; – Als Bestandteil von Titeln, v.a. bei Hofämtern (Groß-ämter, -beamte) und in den Ritter→orden, bedeutet die Vorsilbe Groß- meist nur Rangerhöhung oder Vorordnung vor Gleichen, ohne den Charakter des Amtes zu verändern (→hiezu die Grundwörter); – Groß-admiral, dt. Bezeichnung für den höchsten Seeoffizier im Range eines Feldmarschalls (frz. *grand amiral de France*, engl. *Lord High Admiral*), meist Hof- oder Regierungsamt ohne direktes Kommando, im Dt. Reich seit 1904; -deutsch, in den Debatten der Frankfurter Paulskirche 1848 entstandene Bezeichnung für eine Lösung der Dt. Frage, die Österreich einbezieht; auch nach 1866 bleibt der g.-dt. Gedanke lebendig, v.a. in Österreich in der dt.-nationalen Bewegung (G. v. Schönerer), nach 1918, in der g.-dt. Volkspartei (J. Schober), →Anschluß; -fürst (ru. *welikij* →*knjas*), Titel Ruriks und seiner Nachfolger (G. von Moskau), der Herrscher Litauens, Finnlands u.a. osteuropäischer Staaten; Titel der Kinder und Enkel eines →Zaren; -herr (auch -türke), der →Sultan; -herzog, Herrschertitel, nach dem Vorgang der Medici in Florenz (1569) v.a. in napoleonischer Zeit häufig (Berg, Frankfurt, Warschau u.a.), im Dt. Bund 7 (Baden, Hessen-Darmstadt, die beiden Mecklenburg, Luxemburg, Oldenburg, Sachsen-Weimar); -könig (*megas basileus*), seit den Perserkriegen übliche gr. Bezeichnung der Achämenidenherrscher, 553–331v., auch des → Schah-in-Schah; -macht, Staat mit bestimmendem Einfluß auf die Weltpolitik, in der klassischen Form des späten 18. Jh. (nach dem Ausscheiden Schwedens und Spaniens) Großbritannien, Frankreich, Rußland, Preußen u. Österreich, im 19./20. Jh. treten die USA u. Japan hinzu, in Versailles 1919 sind USA, Großbritannien, Frankreich, Italien die *‚G.en Vier‘* (d. Versuch d. UN 1945, durch d. Ausstattung mit d. Vetorecht im Sicherheitsrat USA, UdSSR, Großbritannien, Frankreich, China als G.e zu bestimmen, wurde der Entwicklung nicht gerecht, die den Begriff G. durch die Überlegenheit der *Welt*mächte USA und UdSSR überholt erscheinen läßt); -offizier (frz. *grand officier*), allgem. Bezeichnung der Träger der höchsten, z.T. erblichen Hofämter der frz. Könige; -rat (frz. *grand conseil*), das oberste Hofgericht in Frankreich; Staatsrat, zeitweise auch oberstes Gericht in Burgund; in der Schweiz seit dem 19. Jh. Mitglied der (auch mit exekutiven Vollmachten ausgestatteten) Volksvertretung in Kantonen ohne →Landsgemeinde; -wähler (frz. *grand électeur*), mit Wahl- und Parlamentsfragen befaßter Beamter unter Napoleon I., einer der: -würdenträger (frz. *grande dignité*), Titel der 6 höchsten, den alten Großoffizieren der Krone entsprechenden Ehrenämter unter Napoleon I.

H. v. Möller, G.dt. u. Kleindt., 1937; E. F. Schneider, G.dt. u. Kleindt., 1939; H. G. Telle, Das österr. Problem im Frankf. Parl., 1943; – H. Mosler, D. G.machtstellung im Völkerrecht, 1949; A. Hillgruber, G.machtpol. u. Militarismus im 20. Jh., 1974.

Grund-gesetz, grundlegendes → Verfassungsgesetz, das Rechtsnormen, Einrichtung und Funktionieren der obersten Staatsorgane regelt und die Grundrechte gewährleistet, bes. das sog. *Bonner G.* vorläufige Verfassung der Bundesrepublik, am 23.5.1949 von den Länderparlamenten (ohne Bayern) angenommen (Abänderung durch $^2/_3$-Mehrheit in Bundestag und Bundesrat); -rechte, Grundlage des demokratischen Rechtsstaates, sichern dem Staatsbürger die individuelle Freiheit gegenüber den Herrschaftansprüchen des Staates (→Menschenrechte, Verfassung).

H. v. Mangoldt. Das Bonner G.gesetz, [2]1964; U. Mayer (Hrsg.), D. Entstehg. d. G.gesetzes, 1976. – K. A. Bettermann u.a., Die G.-rechte, 1967; G. Oestreich, Die Idee d. Menschenrechte, [3]1969.

Grund-herrschaft (frz. *seigneurie*, engl. *manor*), Begriff der Verfassungs- und Wirtschaftsgeschichte für das seit germ. bzw. spätröm. Zeit bis zur →Bauernbefreiung bestehende ‚Herreneigentum‘ (M. Weber) an Grund und Boden, für die Herrschaft über die Grund und Boden bestellenden Leute und die daraus resultierende Wirtschaftsform, die die Agrarkultur Europas (v.a. West- und Mitteleuropas, für Osteuropa →Gutsherrschaft) weitgehend beherrscht hat (Blütezeit 7.–13. Jh.). Die vom 7. bis 9. Jh. voll entwickelte Form hat zwei Wurzeln: (a) die germ. G.-herrschaft (lange von einem Teil der Forschung bestritten, der bei den Germanen Gemeineigentum annahm, so noch H. Conrad 1954), in der →Haus-, →Schutz-, →Gerichts- und →Gefolgsherrschaft zusammenfließen; (b) die spätröm. Gutswirtschaft, die sich rechtlich auf das Eigentum *(dominium)* am Boden stützt. Der in einer G.-herrschaft vereinigte Besitz wird meist mit einem kleineren herrschaftlichen Eigenbetrieb (→Villa, →Fronhof) und durch Ausgabe des größeren Teils (Streubesitz) an abhängige Bauern, die sog. G.-holden (mhd.

,treue Diener'), in →Hufen eingeteilt, bewirtschaftet (→ auch Fronhofsverfassung, Leihe, Meier, Prekarie). Dies gilt v.a. für die Großg.-herrschaften auf →Königsgut (Quelle hiefür z.B. das *Capitulare de villis*, um 800) und die Kirche (Klöster), während beim Adel auch Kleing.-herrschaften vorkommen, mitunter, bes. in SWdtld., als reine Renteng.-herrschaften unter Wegfall des herrschaftlichen Eigenbetriebs. Die Großg.-herrschaft ist weithin autark, auch das Handwerk ist bis zum Aufkommen der →Städte in den Fronhöfen konzentriert. Unter den Karolingern wird der Rest eines noch bestehenden freien Bauerntums zum großen Teil von den G.-herrschaften aufgesogen; zusammen mit den schon zuvor →unfreien Bauern bildet sich ein einheitlicher g.-herrlich abhängiger Bauernstand, der, nach →Hofrecht lebend, den G.-herrn meist auch zum Gerichtsherrn hat. Das ausgegebene Land wird bald erblich, mitunter auch der vom →Meier verwaltete Fronhof. Beim Übergang von der Natural- zur Geldwirtschaft (intensiviert im Agrarsektor seit dem 12. Jh.) werden die Abgaben der Bauern allmählich in Geld fixiert, wobei durch das Absinken des Geldwerts der Bauer sich wirtschaftlich laufend besser stellt, da er infolge eines erhöhten Bedarfs schon während des HochMA. (Ständebildung) immer mehr für seine Produkte bekommt. Die alte →Fronhofsverfassung löst sich so allmählich (v.a. seit dem 12. Jh.) auf, der G.-herr ist gezwungen, sich auf anderem Wege einen Rest von Einkünften zu sichern, was ihm allerdings nur teilweise gelingt. Dabei bilden sich in Dtld. nach Landschaften zu trennende Sondertypen heraus (nach F. Lütge 5): (1) NWdt. G.-herrschaft (Fronhof wird an den Meier verpachtet, um Erblichwerden in der Familie des Meiers zu verhindern; Bauerngüter werden vom G.-herrn direkt verwaltet); (2) Wdt. (Freizügigkeit der Bauern mit Hof bei geringen Realabgaben; Absinken des →Gesindes und der Tagelöhner in die (neue) →Leibeigenschaft); (3) SWdt. (,Versteinerung' der bestehenden Besitz- und Abgabeverhältnisse bei vorherrschend wirtschaftlich sehr schwachen Klein-, auch Zwergg.-herrschaften des niederen Adels; Bauerngüter mit gutem Erbzinsrecht, doch Realerbteilung; Aufkommen der Leibherrschaft); (4) mitteldt. (neben Gütern mit großem Eigenbetrieb – Übergang zur Odt. →Gutsherrschaft – Bauerngüter mit reinen Reallasten); (5) bayrische G.-herrschaft (z.T. geschlossene Großg.-herrschaften, →Hofmark, neben großen Bauerngütern, die zur Hälfte der Gerichtsherrschaft des Herzogs unterstehen). Während diese Typen die Agrarstruktur Westdtlds. im wesentlichen bis zur →Bauernbefreiung bestimmen, entwickelt sich im Kolonisationsland östlich der Elbe nach der großen Agrarkrise (2. Hälfte 14./15. Jh.) aus der G.-herrschaft die →Gutsherrschaft. In den westeuropäischen Ländern und Italien vollzieht sich in Gegenden größerer Städtedichte (z.B. Lombardei, Flandern), auf Kron→domänen (so in Frankreich), v.a. aber seit der Pest und den großen Bauernrevolten des 14. Jh. der Übergang aus der G.-herrschaft zu freieren Formen der Bodennutzung (→ Pacht) viel früher als in Dtld.

(→ auch Bauernbefreiung); -ruhrrecht, Recht des G.-besitzers auf alles Gut, das beim Umstürzen von Wagen oder Zugtieren oder infolge Achsenbruchs den Boden ‚berührt' (analog zum →Strandrecht).

G. Franz (hrsg.), Bücherkde. z. Gesch. d. dt. Bauernt., 1938; - G. Seeliger, Die pol. u. soz. Bed. d. G. im frühen MA., 1904; ders., Staat u. G. in d. älteren dt. Gesch., 1909; F. Lütge, D. mitteldte. G., 1934; ders., D. Agrarverf. d. frühen MA., [2]1966; ders., Dt. Soz.- u. Wirtsch.-gesch., 1952; ders., Forschungsbericht in: Zs. f. Agrargesch. 3, 1955; A. Dopsch, Herrsch. u. Bauer in d. dt. Kaiserzt., 1939; ders., Die G. im MA, (FS. A. Zycha) 1941; Th. Mayer, Adel u. Bauern im dt. Staat des MA., 1943; H. Dannenbauer, Grundl. d. ma. Welt, 1959/62.

Gründer-jahre, im Volksmund die Jahre 1871-73 nach dem dt.-frz. Krieg, als der dt. Kapitalmarkt durch die Rückzahlung der Reichsschulden (5 Milliarden) mit den Geldern der frz. Kriegsentschädigung überschwemmt wurde; begünstigt durch die liberale Wirtschaftsgesetzgebung, bes. im Aktienrecht, setzten ‚Gründungsfieber' (nach W. Sombart 1870–72 857 AG gegründet, gegen 295 1851 bis 1870) und wilde Spekulationen ein; im ‚Gründerkrach' 1873 brachen viele Unternehmen zusammen; leihe → Erbleihe.

A. Schäffle, D. gr. Börsenkrach, (Ges. Aufs.) 1886; H. Bechtle, Wirtschaftsgesch. Dtlds., 1956.

Grünhagen, in der Schweiz Waldverhau in Art des →Gebücks.

Guardian (ital. *guardiano* ‚Wächter'), im Franziskaner- und verwandten Orden der für 3 Jahre gewählte Vorsteher eines Klosters, = →Abt; in England während der →Sedisvakanz Verwalter der geistlichen Jurisdiktion einer →Diözese; seit dem MA. in England gewählter (Laien-) Kirchenvorsteher einer Gemeinde, der mit dem Pfarrer zusammen die äußeren Angelegenheiten leitet und das Kirchenvermögen verwaltet.

Gubernija (ru.), Gubernium →Gouvernement.

Guelfen (Welfen), in it. Städten, v.a. des 13./14. Jh. (vermutlich seit 1215, Florenz) die eine der großen Parteien, die im Gegensatz zu den →Ghibellinen stand und anfangs für eine Suprematie des Papstes und gegen eine starke (kaiserliche) Zentralgewalt eintrat; im 19. Jh. wieder aufgenommen für die Anhänger einer it. →Einigung unter Führung des →Papstes (Neo-g.).

Guerilla, Guerrilla (span. zu *guerra* ‚Krieg'), ausgehend von der span. Erhebung gegen Napoleon I. 1809–14 eigentlich Kleinkrieg, bald übertragen Angehöriger einer bewaffneten Formation von Einheimischen, →Partisane; G.-krieg, im Gegensatz zur Kriegführung regulärer Truppen in größeren Verbänden die unabhängige kriegerische Tätigkeit kleiner und kleinster Einheiten (bes. Zivilisten oder nur vorübergehend als Angehörige der kämpfenden Truppe Gekennzeichnete).

W. Hahlweg, G., Krieg ohne Fronten, 1968; J. Delmert, Verschwiegenes Zeitgeschehen, 1970; Mao Tse-tung, Theorie d. G.Krieges, dt. [6]1970; F. R. Allemann, Macht u. Ohnmacht d. G., 1974.

Gulden, nach dem Beginn der Goldprägung in den it. Städten (→Florin) des 13. Jh. dt. Goldmünze, bes. der *Rheinische G.*

aufgrund des Münzvereins der 4 rheinischen Kurfürsten von 1386, mit nur geringer Wertverminderung bis ins 19. Jh. weitergeprägt, in leicht schwankender Relation zum →Dukaten (100 Dukaten = 120–165 G.); mit Beginn der Großsilberprägungen auch gleichwertige Silbermünze (G.-groschen = →Taler), bes. in Süddtld. verbreitet, von unterschiedlichem Wert (in der Regel $^2/_3$ des →Talers), i.a. = 15 →Batzen, 60 →Kreuzer, 240 →Pfennige (nach der neuen österreichischen Währung 1857–92 20 Silbergroschen, 100 Kreuzer); während der ndl. G. (zu 20 Stüber, seit 1816 100 Cents) dem Wert des dt. G. etwa entsprach, war der auf dem in Osteuropa und -dtld. verbreiteten ung. G. fußende poln. Zlot (bis 1841) zu 30 Groschen nur ⅓ Taler.

Gülte, Gilt (zu mhd. *gelten* ‚zahlen', Abgabe leisten), allgem. Abgabe, Steuer, v.a. vom Grundbesitz, oft in der Zusammensetzung →Zins und Gült gebräuchlich.

Gum (frz. *goum*), seit 1830 algerische berittene Einheiten unter frz. Aufsicht und unter eigenem Kommando, zu Polizei- und Streifendienst im eigenen Land eingesetzt, →Sipahi.

Gutsherrschaft, Sonderform der →Grundherrschaft im Raum der Ostkolonisation (ohne Kursachsen) im 15.–19. Jh., aus der während der Kolonisation gepflegten Renten→grundherrschaft entwickelt, im Gegensatz zum grundherrlichen Streubesitz v.a. im 17./18. Jh. geschlossener Bereich mit umfangreichem Eigenbetrieb des Gutsherrn als Mittelpunkt. Sie vereinigt in sich neben den urspr. grundherrschaftlichen Rechten die →Ortsherrschaft und v.a. die Gerichtsherrschaft. Der meist adelige Gutsherr besitzt so neben privaten auch öffentliche Rechte, mit deren Hilfe er unbegrenzt Leistungen verlangen kann. Aus dem urspr. wenig belasteten Bauern wird der mittelbare Untertan, seit dem 16. Jh. setzt sich zudem zunehmend die Schollengebundenheit *(glebae adscriptus)* durch. Die Kinder des Bauern unterliegen dem Gesindezwangsdienst, d.h. sie müssen 2–3 Jahre auf dem Gut dienen. Der Bauer selbst ist zu umfangreichen →Frondiensten verpflichtet, nur so ist die Bewirtschaftung des auch durch →Bauernlegen immer größer werdenden Eigenbetriebs möglich. Eine weitere Verschlechterung der Rechte des Bauern nach dem 30jährigen Krieg führt schließlich zur →Erbuntertänigkeit. Mit der G. ist seit Ende des 15. Jh. eine Überschußwirtschaft v.a. in Getreide für den Binnenmarkt und den Export nach Flandern und England möglich. Durch die →Bauernbefreiung wird die G. aufgehoben.

G. F. Knapp, G. u. Rittergut, 1897; G. Aubin, Z. Gesch. d. gutsherrl.-bäuerl. Verhältnisses in Ostpreußen, 1910; H. von zur Mühlen, Festgabe Aubin 1950; W. Kuhn, Gesch. d. dt. Ostsiedlung I, 1955; G. Franz, Gesch. d. dt. Bauernstandes, 1970.

Gymnasion (gr.), Trainingsstätte, Sport- und Festplatz, seit dem 4. Jhv. auch Unterrichtsanstalt der gr. Stadt, staatliche, in hellenistischer Zeit auch von Vereinen getragene oder private Einrichtung (Leiter: Gymnasiarch). In der Diaspora der →hellenistischen Welt legitimiert die Zugehörigkeit zum G. den Griechen; Gymnasium, im MA. Universität, dann Schule zur Vorbereitung für diese, mit unscharf geschiedenen Übergängen; seit dem 19. Jh. im dt. Sprachraum 9- oder 8jährige Höhere Schule.

H. I. Marrou, Gesch. d. Erziehung im klass. At., dt. 1957; M. P. Nilsson, D. hellenistische Schule, 1955.

Gymnosophisten (gr. ‚die nackten Weisen'), seit dem Alexanderzug gr. Bezeichnung indischer Asketen, wohl v.a. der Anhänger des Jainismus, der Lehre des Mahâvîra, 6./5. Jhv.

Habeas corpus (mlat. ‚Du habest die Person', u.zw. *ad subiciendum* ‚um sie dem Gericht vorzuführen'), nach den Eingangsworten benannte Weisung eines engl. Gerichts (engl. *writ of H. C.*) an jemanden, der eine Person der Freiheit beraubt hat, bzw. das Anrecht eines Festgenommenen auf diese Weisung; der Schutz der Person, verschärft in der *Petition of rights* 1628 (Angabe von Gründen) und in der *H.-C.-Akte* 1679, (wonach ein Verhafteter die Abschrift des richterlichen Haftbefehls verlangen und danach als Rechtsmittel gegen willkürliche Freiheitsberaubung eine Vorführung zur Haftprüfung binnen drei Tagen erwirken kann), erweitert 1816 auch auf Geisteskranke, Minderjährige, in der klassischen von der engl. Gesetzgebung entwikkelten Form wirksamster Schutz des →Grundrechts auf persönliche Freiheit, ist in die Verfassung zahlreicher Staaten im Bereich ags. Rechts (USA; Bonner GG Art. 104, vgl. die Proklamation Nr. 3 des Kontrollrats v. 20.10. 1945) eingegangen.

Hackwald→Haubergswirtschaft.

Hafen, natürlich oder künstlich gegen Sturm und Wellen geschütztes Wasserbecken, das der Schiffahrt ungestörte Verrichtung aller vom Lande ausgehenden Tätigkeiten ermöglicht; die H.-baukunst, in der neueren Zeit von den it. Seestädten des späteren MA. ausgehend, hat in der hellenistisch-röm. Welt (Karthago, Alexandreia, Ostia u.a.) ihren ersten Höhepunkt; da im At. die Binnenschiffahrt im Vergleich zur küstennahen Seeschiffahrt nur wenig entwickelt ist (Nil, Euphrat, Tiber bis Rom), beginnt im Gegensatz zu den Seehäfen der Ausbau der Binnenhäfen erst mit der NZ. (London); alt ist jedoch die räumliche Trennung von Kriegs- und Handels-h. (vgl. die berühmte Beschreibung des H.s von Karthago bei Appian, 2. Jhn. *Pun. 96*); Qualität und Kapazität der Seehäfen stehen in enger Wechselbeziehung zur wirtschaftsgeschichtlichen Entwicklung, indem sie die Ströme des Fernhandels entweder von vornherein festlegen (z.B. Marseille seit seiner Gründung) oder an ihren Verlagerungen mitbeteiligt sind (vgl. im At. Athen-Rhodos-Delos, 15.–18. Jh. Lissabon–Antwerpen–Amsterdam); – Als Handelszentren standen die Häfen zu allen Zeiten unter eigener Verwaltung (H.-amt, -meisterei, -polizei), die für die Benützung der Einrichtungen H.-gebühren, -gelder erhebt; desgleichen machen die hier erhobenen H.-→zölle bisweilen einen wichtigen Teil der Staatseinnahmen aus (→ auch Stapelzwang), vgl. das röm. →Portorium, während andererseits die Einrichtung der →Freihäfen als wirksames Mittel im Konkurrenzkampf der Häfen der Belebung des Verkehrs dient (vgl. den Aufstieg Livornos im 17./18. Jh.).

K. Lehmann-Hartleben, D. antiken H.anlagen d. Mittelmeers, 1923; D. Schäfer (hrsg.), Abh. z. Handels- u. Seegesch., 1933ff.; R. Héron, Europ. Häfen, dt. 1961; – →Handel.

Hägerrecht →Hof(1)recht.

Hagestolz (ahd. *hagastalt*), ‚der einen Hag' – d.h. nicht einen Herrenhof ‚verwaltet' oder besitzt, als freier Gefolgsmann oder jüngerer Bruder vom Herrn wirtschaftlich abhängig und darum vielfach ohne Möglichkeit zur Schließung einer vollgültigen Ehe; nhd. Junggeselle; H.enrecht, bis ins 18. Jh. der Anspruch des →Grundherrn auf den Nachlaß eines unverheiratet verstorbenen Hörigen, vielfach ausgeweitet auf Ansprüche des Fiskus auf den Nachlaß aller ohne Nachkommenschaft Verstorbenen; -steuer, Sondersteuer auf Ehelosigkeit, bes. im 17. Jh. nach den Verlusten des 30jährigen Krieges als bevölkerungspolitische Maßnahme angewandt.

Hagiographie (gr. ‚Heiligenbeschreibung'), aus Notizen in Kalendern und Martyrologien hervorgegangene Form der christlichen Biographie mit dem Zweck, Leben, Leiden und Taten der Heiligen zu bewahren und zu verherrlichen, im MA. oft legendär überwuchert. Bekannteste Sammlung: *Legenda aurea* des Jacobus de Voragine. Kritische Sichtung des Überlieferten seit dem 15. Jh., v. a. durch die →Bollandisten.

R. Aigran, L'Hagiographie, ses sources, méthodes, histoire, 1953; B.R. Voss in: Frühma. Studien IV, 1970.

Haiduken (ung.), urspr. leichte ung. Fußtruppe, später die gegen die Türken aufgestellten Freischaren, auch Bezeichnung für die Bediensteten des ung. Adels, die auch auf dt. Höfe übergeht.

Haken, im ndt. Raum ‚mit dem Hakenpflug bearbeitetes Land', Feldmaß, kleiner als die →Hufe.

Hakenbüchse, auch Haken, Hakbusse, Gewehr aus der 2. Hälfte des 15. Jh., (verbesserte) →Arkebuse, urspr. mit Haken am unteren Laufende zum Aufstützen.

Hakim (ar. ‚Weiser'), im tü. Reich Titel der Ärzte (H.-baschi Leibarzt des Sultans), Richter, auch Beamten; in Persien Provinzstatthalter; im mohammedanischen Spanien niederer Richter (→auch Kadi).

Halb-bau →Teilbau; -bauer, im Gegensatz zum Ganzbauern, Vollhufner der Besitzer einer halben →Hufe, allgem. Kleinbauer, auch Kätner, Köttner, Köbler; -bruder, dienender Bruder im Dt. Orden, auch sympathisierender und unterstützender Weltlicher (mit h.em Kreuz); →frei; -mond, (1) Symbol der Türkei und des Islam (aufgehend, mit Stern – Jupiter –), in seiner Herkunft umstritten (Stadtwappen von Byzanz seit dem 4. Jhv., sassanidisches Symbol, Horoskop Osmans I., 1288–1326, u.a.); (2) (frz. *lunette*) in der Festungsbaukunst Außenwerk mit einspringendem Winkel, dessen Schenkel meist rechtwinklig aufeinanderstoßen; (3) der *fruchtbare H.-mond* (engl. *fertile crescent*), von J. H. Breasted (1865–1935) geprägte Bezeichnung für die fruchtbaren Länder des Zweistromlandes und Syriens (unter dem Bogen Uruk-Tell Halaf-Megiddo) als einer der Urheimaten der Kultur und Geschichte; H.-mondorden, Orden des 15. Jh. (René von Anjou, 1448) für den Kampf gegen den H.-mond; türk. Orden (Sultan Selim III. 1799) für Fremde.

Hälbling (mhd. *halbeling*), Halb→pfennig.

Halfenwirtschaft →Teilbau.

Halljahr →Jobeljahr.

Halloren →Pfänner.

Halsberge (von *alberc* ‚alles bergend'; frz. *haubert*), im MA. das bis zu den Knien reichende Panzerhemd; später als ‚Halsstück' verstanden.

Halsgericht, im SpätMA., v.a. im 15. Jh., in →Stadt und →Territorium aufkommende Bezeichnung für das Gericht an Leib und Leben, das es mit bes. schweren Verbrechen zu tun hat, auf denen meist die Todesstrafe steht; zur Aufklärung bediente man sich des →Inquisitionsverfahrens, wobei seit Ende des 12. Jh. in steigendem Maße auch die Folter angewandt wurde, deshalb auch hochnotpeinliches H. genannt. Städte und →Landesherren erließen H.s-ordnungen (z.B. Nürnberg 1485, Maximilian I. als Landesherr für Tirol 1499 und Vorderösterreich 1506). Für eine Reform der H.e und ihrer oft grausamen Strafverfahren tritt dann die *Bambergische H.s-ordnung* von 1507 und, auf ihr weiterbauend, die *Peinliche Gerichtsordnung* Ks. Karls V., die berühmte *Carolina* von 1532, ein.

E. Schmidt, Einf. in d. Gesch. d. dt. Strafrechtspflege, [3]1965; G. Radbruch (hrsg.), D. peinl. Gerichtsordn. Karls V. von 1532, 1960.

Hammerwurf, Werfen eines Hammers (Symbol des rechtswahrenden Gottes Donar) zur Festlegung einer Grenze, sowie das durch eine solche Grenze bestimmte Stück Land.

Hand (lat. *manus*) als Symbol des Besitzes; Unterschrift, →Chirographum; Person, Besitzer, daher tote H. (frz. *mainmorte*) die nicht vererben kann, →Amortisation; öffentliche H., der Staat, bes. als Unternehmer; bessere (rechte) H., Vaterseite; ärgere (schlechtere, linke) H., Mutterseite; zur linken H., nach der Form der Trauung bei standesungleichen Ehen in regierenden Häusern = →morganatisch; H.-feste, urspr. Urkunde, die durch Handauflegen ‚gefestigt' wird (lat. *cartam manu firmare* – dav. Firma als Handelsname eines Kaufmanns); häufig das →Privileg, das der Stadtherr einer →Stadt verleiht, z.B. *Kulmer H.feste* des Dt. Ordens 1233, Stadtrecht nach Magdeburger Vorbild; -gang →Kommendation; -gemal (mhd. *hantgemâl* ‚Zeichen an der Hand'), Gerichtswahrzeichen eines vollfreien Geschlechts, das als Hauszeichen dann auch von einem Grundstück gilt, bes. im ma.-dt. Recht Stammgut des →Adels, das ohne Teilung in Einzelerbfolge nach Erstgeburtsrecht auf den nächsten männlichen Erben überging; das H-gemal war unveräußerlich, zu anderweitigen Verfügungen war die Zustimmung der →Agnaten nötig; -hafte (frische) Tat, wenn der Täter sofort gestellt wird; -lohn, Besitzwechselabgabe, →Laudemium; -rohr, = →Arkebuse; -schlag, Form des Vertragsabschlusses im älteren dt. Recht; -schuh →Fehde; H.- und Spanndienste →Fron, -werk →Zunft.

Handel (zu dt. *Hand*), allgem. Verrichtung, Vorgang, bes. (a) (gerichtlicher) Streit, Zank (auch Plur. Händel), (b) als Wirtschaftszweig (in geschichtlichen und wirtschaftsgeschichtlichen Darstellungen in der Regel nur

= Waren-h., nicht Effekten-, Immobilien- oder Geld-h.), Erwerbstätigkeit, die auf die Vermittlung von Gütern zwischen Erzeuger und Verbraucher gerichtet ist, kollektiv auch die Summe der damit befaßten Personen (Kaufmannschaft). – Nach der räumlichen Ausdehnung unterscheidet die Wirtschaftsgeschichte Fern- und Nah- (Lokal-)h., seit dem Beginn nationalwirtschaftlichen Denkens in der NZ. Binnen- und Außen-h., seit der 2. Hälfte des 19. Jh. auch Welt-h. (engl. *international trade*), der durch die Verflechtungen des Weltmarkts für die Massengüter des täglichen Bedarfs gekennzeichnet ist; den großräumigen Warenaustausch erleichtert dabei der Transit-h., der die Waren durch ein Land hindurchleitet, ohne daß sie dort gelagert oder verkauft werden (vgl. auch →Freihafen). – Wo H. und Güterbeförderung in derselben Hand liegen, spezifiziert man auch nach der Art des Transports, z.B. Karawanen-h. (Asien, Afrika seit frühgeschichtlicher Zeit), See-h., Wander- (Hausier-)h. – Die Unterscheidung zwischen Groß- und Klein-h. meint zunächst die Betriebsgröße (vgl. gr. *emporos – kapelos*), wobei der Groß-h., vom Kaufherrn oder der H.sgesellschaft betrieben, vorwiegend Fern-h. ist, der Kleinhändler, im Nah- oder Lokal-h. tätig, Einzel-h. betreibt; der moderne Sprachgebrauch unterscheidet indes ohne Rücksicht auf die Betriebsgröße zwischen dem Groß-h., der als Zwischen-h. die Waren nur an Wiederverkäufer weitergibt, und dem Einzel-(Detail-)h., der an die Verbraucher verkauft. – Nach den Geschäftsformen scheidet man Eigen-h. (im eigenen Namen und auf eigene Rechnung), Kommissions-h. (im eigenen Namen auf fremde Rechnung) und Spedition (Güterbeförderung im eigenen Namen auf fremde Rechnung), nach der Zahlungsform Tausch-h. (Güter gegen Güter) und Kauf-h. (Ware gegen Geld), wobei sich der Übergang von der primitiveren und unpraktischeren zur höheren Form und die Entwicklung des Geldwesens gegenseitig beförderten. – Die Erforschung der Geschichte des H.s, die (abgesehen von gelegentlichen Nachweisen eines Ferntauschs in den Funden des Paläolithikums) mit den großen Umwälzungen des Neolithikums einsetzt und bereits im 4. Jtv. so entwickelte Formen wie den Fern-h. aufweist, ist Gegenstand der →Wirtschaftsgeschichte; – H.s-bilanz (frz. *bilan*, spätlat. *bilanx* ‚Waage mit zwei Schalen'), Gegenüberstellung des Gesamtwerts von Warenaus- und -einfuhr eines Landes während eines bestimmten Zeitraums (eines Jahres), soweit nicht von staatlichen Organen buchmäßig errechnet (wie z.B. im →Merkantilismus, seit dem ein Überwiegen der Ausfuhr als *günstige*, der Einfuhr als *ungünstige H.s-bilanz* gilt), von der Wirtschaftsgeschichte (auch für ältere Zeiten) aufgrund von Angaben über Warenmengen, Zollerträge, Handlungseinlagen laut Steuerkataster u.ä. geschätzt; -freiheit →Frei-h.; -gesellschaft, →Kompagnie, ‚vermögensrechtliche Genossenschaft, die auf Gemeinsamkeit des Kapitals beruht und den Gewinn unter die Mitglieder verteilt' (J. Kulischer), z.B. die *Große Ravensburger Gesellschaft* 1380 bis 1530; -kammer (frz. *chambre de commerce*), Vertretung der Kaufmannschaft eines Gebietes mit amtlichen Aufsichtsbefugnissen, nach frz. Vorbild (1650 Marseille) bes. seit dem 19. Jh. in den meisten Staaten eingerichtet, häufig durch den Staat organisiert; -münzen (H.s-dollar, -piaster, -yen u.a.) seit dem At. Münzen, die zur Förderung des H.s mit anderen Ländern auf deren Münzfuß geprägt werden; -niederlassungen, allgem. Bezeichnung für Mittelpunkte der H.s-tätigkeit in fremdem Land, z.B. phönikische →Kolonien im Mittelmeerraum, →Faktoreien der Ptolemäer und Römer in Indien, der europ. →Kolonialmächte der NZ. in Übersee, Kontore der →Hanse, →Fondachi u.ä.; -politik, die Summe der staatlichen Maßnahmen und Planungen, die auf eine Lenkung des H.s, bes. des Außenh.s, im Interesse der Gesamtwirtschaft hinzielen; in älteren Zeiten in den autonomen H.s-städten des At. und MA. und in zentralistisch gelenkten Großstaaten mit starker →Manufaktur (z.B. im At. im hellenistischen Ägypten, in der NZ. mit Beginn des →Merkantilismus) entwickelt, ist die H.s-politik mit der Entwicklung des Verkehrs und der weltwirtschaftlichen Verflechtungen von der bloßen Beförderung der lokalen oder eigenstaatlichen Interessen, seit dem 16. Jh. eng mit der →Kolonialpolitik verbunden, zu einem zunehmend wichtigeren Instrument der allgem. Politik geworden; ihre Mittel sind die Zollpolitik (→Frei-h., Schutzzoll), Verbote, Privilegien, Prämien, sowie die politische Unterstützung durch H.s-verträge; -stadt (-macht, -staat), Stadt, deren wirtschaftliche und auch politische Interessen vorwiegend durch den H. bestimmt sind, sei es, daß sie durch einen entwickelten Eigenhandel weiträumige H.s-beziehungen aufnimmt (z.B. Karthago, Korinth – Venedig, Genua – Hansestädte, Augsburg, Nürnberg), sei es, daß sie als →Messestadt aus der Gewährung der H.s-freiheit für fremde Kaufleute Nutzen zieht (z.B. Kyzikos – Brügge, Frankfurt/M. – Leipzig), in der Regel durch die geographische Lage als Seehafen oder Knotenpunkt von H.s-straßen begünstigt; -straßen, -wege, die vom Fern-h. bevorzugten Verkehrswege, meist mit Stationen (vgl. arab. *funduq* – →Fondaco –, pers. *khan*) und →Geleit für die H.s-karawanen ausgestattet, z.B. die innerasiatischen Seidenstraßen für den Chinahandel, die Brenner- und Gotthardstraße für den Italienhandel des MA. (→ auch Gilde; Konvoi, Admiralschaft u.a.); -vertrag, als zwischenstaatliches Abkommen zur Förderung der beiderseitigen Interessen seit den sogen. Karthagerverträgen Roms (6. Jhv.?; 348v.; 279v.) bekannt, enthält in der Regel entweder eine Abgrenzung kollidierender Interessensphären oder Festsetzung des Werts oder der Warenmengen des wechselseitigen Austauschs, oder die Erleichterung der allgem. Bedingungen (→Meistbegünstigung).

C. Day, A history of commerce, 1951; – M. P. Charlesworth, Trade Routes and Commerce of the Roman Empire, [2]1925; M. Wheeler, Der Fernh. d. Röm. Reiches, dt. 1965; W. Raunig, Bernstein, Weihrauch, Seide, 1971; – A. Schulte, Gesch. d. ma. H.s, 1900; A. Schaube, H.sgesch. d. roman. Völker, 1906; W. Stein, H.s- u. Verkehrsgesch. d. dt. Kaiserzt., 1922, ND 1967; D. Schäfer (hrsg.), Abh. z. H.s- u. Seegesch., 1933ff.; F. Rörig, ma. Weltwirtsch., 1933; F. Weyer, D. reisende Kaufmann, 1948; E. Sieber, Kolonialgesch. d. NZ., 1949; – A. Schulte, Gesch. d. gr. Ravensburger H.sges., 1923; G. v. Pöllnitz, J. Fugger, 1949ff.; – A. Predöhl, Außenwirtsch., 1949; P. E. Schramm, Dtld. u. Übersee, 1950; J. Hellauer, Welth.slehre, 1954; – H. Gross, Welth. v. morgen, 1950; J. Duché, Vom Tauschh. zur Weltwirtsch., 1969; A. Predöhl, Außenwirtsch., [2]1971; – →Wirtschaftsgeschichte.

Handschar, auch Kandschar (tü.), das Türkenschwert mit leicht s-förmig gekrümmter, spitzer Klinge.

Hanse (mnd. ‚Schar'), seit Beginn des 12. Jh. aufkommende, im 13. Jh. übliche Bezeichnung für kaufmännische →Genossenschaft im ndt. Raum, die sich bes. Privilegien im Ausland erfreut, dann für die Privilegien allein und schließlich für die Abgaben, die die Kaufleute an die H. leisten; seit der 2. Hälfte des 12. Jh., bildet sich eine H. aller dt. Kaufleute auf Gotland *(universitas mercatorum Romani imperii)*; auf dem Umweg über regionale Städtebündnisse kommt es Ende des 13. Jh. zu einem losen Gesamtverband unter Führung Lübecks, der sich *stede van der dudeschen hanse* (1358 frühestes Vorkommen) nennt; – von der Geschichtswissenschaft wird der Begriff auch auf (Handels)-städtebünde anderer Epochen verwandt (z.B. von M. Rostovtzeff für Städtebünde der hellenistischen Welt); Hansabund, 1909–33 antiagrarische, antikonservative Interessenvertretung einer liberalen Wirtschaftspolitik im Dt. Reich.

Hans. Gesch.blätter, 1871ff.; – D. Schäfer, D. H.städte u. Kg. Waldemar, 1879; ders., Die dt. H., [4]1943; E. Daenell, Die Blütezeit d. dt. H., 1905f.; F. Rörig, V. Wesen u. Werden d. dt. H., [3]1943; K. Pagel, Die H., [4]1965; P. Johansen, Umrisse u. Aufgaben d. hans. Siedlungsgesch., (Hans. Gesch.bll.) 1955; Ph. Dollinger, Die H., dt. [2]1976; F. Rörig, Wirtschaftskräfte im MA., [2]1971.

Harden (skand. *härad*, Hundertschaft), Verwaltungsbezirk in den skand. Ländern und Schleswig-Holstein; Hardeskirche, die Hauptkirche dort.

Häresie (gr. *hairesis* ‚Wahl', im Hellenismus und Judentum auch: selbstgewählte Schule oder Partei), in der Urkirche Bezeichnung für eine von Irrlehrern hervorgerufene Parteiung; seit Konstantin d. Gr. (306–37) als Gegenbegriff zur Norm der Rechtgläubigkeit ein Staatsverbrechen, im ma. →Ketzerrecht ein von der →Inquisition zu verfolgendes todeswürdiges Verbrechen; heute wird H. mit →Exkommunikation bestraft, →Schisma.

J. Brosch, D. Wesen d. H., 1936; W. Nigg, Das Buch d. Ketzer, [5]1970.

Haribannatores (mlat. von *haribannum* ‚→Heerbann'), von Karl d. Gr. eingesetzte Sonderbevollmächtigte zur Einziehung der Bußen für Verweigerung des Zuzugs zum fränk. →Heerbann oder für unbegründete Befreiungen.

Harnisch (mhd. *harnasch* i. frz. *harnais* v. kelt. *haiarn*), der Brustschutzteil der Rüstung, allgem. Rüstung; Harnaschhaus, Zeughaus.

Hartschier (von lat. *arciarius*, ital. *arcieri* ‚Bogenschütze'), Leibgardist, Angehöriger der Palastwache, z.B. des Kg. von Bayern.

Haruspex (etrusk.-lat.), ‚Eingeweideschauer', etrusk. Priester, der sich auf die komplizierte Kunst (*disciplina Etrusca*, Haruspizin) der Eingeweide- (Leber-)schau (Extispizin), der Deutung von Blitzzeichen, ungewöhnlichen Naturerscheinungen und Abnormitäten versteht; die Haruspices wurden in der röm. Republik und Kaiserzeit vom →Senat (3. Jhv.–4. Jhn.), auch von Feldherren, Kaisern und Privaten, zu Gutachten herangezogen, ohne je als Staatspriester anerkannt und mit kultischen Sühnehandlungen betraut zu sein.

Hastaten →Legion.

Haubergswirtschaft, meist → genossenschaftlich betriebene Bewirtschaftung ertragsarmer Böden, bei der bis zwanzig jähriger Waldbestand (Niederwald) mit zwei bis vier Jahren Ackerbau und Weide wechselt, z. B. im Siegerland, wo die H. neben Agrarproduktion (z. B. Roggen) bes. Holzkohle für die Eisenerzhütten und Lohe für die Gerbereien abwarf. Die H. wird erst nach dem 2. Weltkrieg schrittweise aufgegeben.

Haubitze (Hauffnitze, tschech. von dt. ‚Hauptbüchse'; frz. *obusier*), seit dem 15. Jh. kurzrohriges, schweres Geschütz, erst im 20. Jh. häufig zur Bezeichnung der Mittelform zwischen Kanone und Mörser.

Haupt-brief, das Original einer →Urkunde; -fahrt, urspr. Anrufung eines Gerichts 2. Instanz, in Cleve-Mark bis 1719 das Gericht 2. Instanz selbst; -gericht, allgem. Gericht 2. Instanz, in einem Territorium das landesherrliche Obergericht; -herr, (a) Besitzer eines zu einem →Fronhofsverband gehörigen Gutes, das er an einen →Hörigen weiterverliehen hat, um allen Lasten dem → Grundherrn gegenüber, bes. den →Frondiensten, zu entgehen; (b) Haupt einer Familie; -lade, Zentrale eines interlokalen oder sogar interterritorialen →Zunftverbands; gewöhnlich befand sich die H.-lade in der Stadt, in der das betreffende Handwerk bes. stark vertreten war; -mann, urspr. jeder selbständige Truppenführer, bes. in den Söldnerheeren der frühen NZ. der Führer eines →Fähnleins; der oberste aller H.-Leute war der Feld-h.-mann. Mit der Umwandlung des Fähnleins in die →Kompagnie wurde der H.-mann →Kapitän. Im 16. Jh. führte der H.-mann sein Fähnlein noch völlig in eigener Regie; als er vom Obersten als Kriegsunternehmer abgelöst wurde, blieb er dennoch bei der meistenteils weiter herrschenden Kompagniewirtschaft für Werbung, Löhnung, Verpflegung, Beförderung der Unteroffiziere verantwortlich (so in Preußen bis zu den Reformen anfangs des 19. Jh.). Seit dem SpätMA. hat auch der Kommandant einer städtischen Streitmacht den Titel H.-mann (Stadt-h.-mann); -quartier (frz. aus lat. *quartarius* ‚Viertel', engl. *headquarter*), oberste Kommandostelle einer kriegführenden Macht (Oberstes H.-quartier), im und seit dem 2. Weltkrieg auch Zentrale einer Armeegruppe bzw. Armee in Krieg und Frieden, auch Zentrale einer übernationalen Organisation, z. B. der UN in New York, der NATO in Paris; -recht = →Mortuarium; -statt, Richtstätte.

Haus, Wohnstätte und Wohngemeinschaft, im röm. und germ. Recht herrschaftlich organisierter Rechtsverband (→*familia*, Munt), bes. Familie, Wohnstatt und Privatbesitz eines Adeligen, eines Herrschers (vgl. gr. *oikos*, lat., mlat. *domus*), in der NZ. oft unter Beifügung des Namens oder Territoriums (z.B. *H. Habsburg*, *H. Österreich*), auch Hofstatt und Hofhaltung eines Fürsten (vgl. frz. *maison du roi*); nach engl. *house* (*of Commons*, *of Lords*) →Kammer eines →Parlaments mit Zweikammersystem (*Staatenh.*, *Volksh.* in der dt. Reichsverf. vom 28.3.1849, →Abgeordneten-, Herren-, Repräsentantenh. u.a.); – H.-, Hof- und Staatskanzlei, in Östereich 1742 bis 1849 – im Gegensatz zu den meist nach Ländern gegliederten →Hofkanzleien – die zentrale Behörde des Äußeren, unter Leitung des (H.-, Hof und) Staatskanzlers (1753–93 W. A. Fürst Kaunitz, 1809–48 K. L.W. Fürst Metternich); – H.-ämter, die →Hofämter, v.a. des frühen MA.; -artillerie, im 17./18. Jh. von der Krone Österreichs unterhaltene, v.a. zur Verteidigung fester Plätze verwandte Spezialtruppe und ihr →Zeug; -fleiß →H.-wirtschaft; -frieden, seit den germ. Rechten der bes. Rechtsschutz der Behausung (→Burgfrieden), der in den →Grundrechten als Grundsatz der Unverletzlichkeit der Wohnung weiterlebt (vgl. den alten engl. – entspr. auch in dt. Stadtrechten des MA. enthaltenen – Rechtsspruch *my house (home) is my castle*); -genosse, Glied einer H.gemeinschaft, → Genossenschaft, →Zunft u.a. (→ Münzer-h.-genossen), auch zur bes. Kennzeichnung des Besitzes von H. und Hof verwandt; -gesetz, seit dem späten MA. familien- und erbrechtliche Vereinbarung souveräner und mediatisierter Häuser (→ auch Disposition, Sanktion, Statut); -gewalt →Munt; -gut, im hohen MA. als Gegensatz zum →Reichsgut der Besitz der herrschenden Dynastie, v.a. seit Konrad II. (1024 bis 1039) begrifflich geschieden, doch gemeinsam verwaltet, wobei das H.-gut einer erloschenen Dynastie (z.B. der Karolinger) z. Reichsgut der späteren werden kann; -industrie, im At. und seit dem späten MA. bekannte Form der gewerblichen Erzeugung, v.a. im Textil- und Metallgewerbe, bei der die in den Wohnungen und Werkstätten der Arbeiter (Kleinmeister) produzierten Güter durch den Großunternehmer (→Verlag) vertrieben werden; -halt, →Budget, Etat; -machtpolitik, der Versuch der dt. Könige seit dem 12. Jh., v.a. von Rudolf I. bis Friedrich III., die zerfallende Reichsgewalt durch Mehrung des eigenen →H.-guts zu stützen; ‚Die H. der späteren Dynastien war nur eine Form der Reichspolitik; sie war die einzige Möglichkeit, die kg. Zentralgewalt vor ihrer völligen Aushöhlung durch die Machtpolitik der Fürsten zu bewahren' (H. Mitteis); -→marschall; -meier (mlat. *major domus*, allgem. Träger eines fränk. →Hofamtes, dav. span. *mayordomo* ‚Haushofmeister'), →Seneschall germ. Fürsten, bei den Franken auch Führer der →Antrustionen; angesichts der Schwächung des merovingischen Königtums seit dem 7. Jhn. gewinnen die H.-meier der fränk. Teilreiche Einfluß auf die Staatsverwaltung, bis der Majordomat v.a. durch die Arnulfinger (Karolinger) als vom Königtum unabhängiges, für das Reich einheitliches (seit 687) und erbliches Amt die gesamte Regierungsgewalt und Führung des Adels an sich bringt; nach der Wahl des H.-meiers Pippin 751 zum Kg. der Franken wird das Amt abgeschafft, die Bezeichnung selbst wird in der neueren Literatur häufig bei Parallelerscheinungen zur Kennzeichnung der Stellung eines starken, v.a. militärisch bedeutenden Regenten unter einem schwachen Herrscher verwendet; -→minister, als bes. Amt und Dienstbezeichnung im Königreich Preußen seit 1819 und in anderen dt. Ländern der Leiter der Angelegenheiten des Herrscherhauses; -→orden; -prälat, Kleriker der röm. →Kurie mit der Würde eines →Prälaten und dem Titel →Monsignore; -rauch, Herd, Hofstatt; -regiment, österr. Regiment, dessen Chef der Kaiser oder ein Mitglied des Erzhauses war; -truppen (spätlat. *domestici*, seit dem 4. Jhn. die →*protectores* der römischen Kaiser), Leibgarde, Leibwache; -vogtei, Aufsichtsbehörde der Schloß- und Gebäudeverwaltung, vereinzelt auch bis ins 19. Jh. mit Gerichts- und Polizeibefugnissen; -wirtschaft, Wirtschaftform, b.d. die gewerbliche Erzeugung (H.-fleiß) innerhalb des H.es erfolgt und der Güterumlauf ohne Inanspruchnahme eines Marktes sich auf die Einheit der Familie, Sippe u.ä. beschränkt, in der Wirtschaftsgeschichte nach der Theorie von K. Bücher (1847–1930) die erste der drei geschichtlichen Wirtschaftsstufen (geschlossene H.-Stadtwirtschaft-Volkswirtschaft), die für das At. und das frühe MA. kennzeichnend sei.

E. Osenbrüggen, D. H.frieden, 1857, ND 1966; W. Schlesinger, Die Entstehg. d. Landesherrsch., [3]1969; Th. Mayer, Fürsten u. Staat, 1950, ND 1969; O. Brunner, „D. ganze H." u.d. alteurop. „Ökonomik", (Neue Wege d. Sozialgesch.) [2]1968; ders., Land u. Herrsch., [4]1959; – K. Kröschell, H. u. Herrschaft im frühen dt. Recht, 1968; E. Hermann, D. H.meieramt, 1880, ND 1970.

Haverei (frz. *havarie*, vgl. engl. *average*, dt. *Hafen?*), im Seehandelsrecht des späten MA. genossenschaftlicher Zusammenschluß aller bei einer Kauffahrt an Schiff und Ladung Beteiligten zu gemeinsamem Einstehen für Schäden und Verluste.

Hazarapet (pers.; gr.→Chiliarch), Befehlshaber der (den 10000 ‚Unsterblichen' des stehenden Heeres zugehörenden) 1000 Mann Leibwache des altpers. Kg., seit Dareios d.Gr. Leiter der Verwaltung und des Schatzes, Großwesir.

Hecker, Tagelöhner.

Hedschra (arab. ‚Weggehen'), bes. die Flucht Muhammeds von Mekka nach Medina, 15.7.622n., die als Beginn der islamischen →Ära gilt.

Heer-bann, seit fränk. Zeit die älteste und wichtigste Form des Königs→banns, die Gewalt, das Heer aufzubieten, sowie das Aufgebot selbst; daher = Heer; die bei Nichtbeachtung verwirkte Buße (H.-bannbuße), meist 60 Schillinge; auch = →H.-steuer; -fahrt, Kriegszug, bes. der Dienst der →Vasallen im Reichsheer des dt. MA., v.a. der Italienzug zur Kaiserkrönung (Romfahrt), wobei die an sich allgemeine H.-folgepflicht durch Geld abgelöst werden konnte; -gewäte (-geräte, -gewede, mlat.

vestis bellica), die Grundausstattung eines Kriegers, bzw. Ritters (Waffen, Roß, Kleid, Bett und Tischgerät), urspr. vom →Gefolgsherrn den Gefolgsmannen gestellt, im MA. Sondererbmasse, die vom allgem. Erbe ausgeschieden und dem nächsten ebenbürtigen männlichen Anverwandten bzw. dem Herrn eines →Ministerialen zugesprochen wurde; -könig, allgem. Bezeichnung für einen Kg., dessen Machtgrundlage im wesentlichen das Heer bildet, sei es, wie in der Frühzeit indogermanischer Stämme (Griechen, Kelten; Germanen der Völkerwanderungszeit), daßɔə er ein Heerhaufen ohne stammesmäßige Bindungen befehligt, sei es, daß die Verfassung (wie in Makedonien) patriarchalische Züge einer urtümlichen Wehrordnung bewahrt hat; -meister, dt. Bezeichnung des röm. →*Magister equitum, militum, utriusque militiae;* Leiter der Provinz eines Ritterordens, z.B. der Johanniter (Brandenburg), des Dt. Ordens (Livland, seit 1525 Fürstenmeister); -schild, (mlat. *clipeus militaris*), ,urspr. das militärische Kommando, das Recht, die →Vasallen aufzubieten und zu befehligen' (H. Mitteis), durch die Rechtsbücher des 13. Jh. (Sachsen-, Schwaben→spiegel) in ein umfassendes, doch nicht einheitliches System gebracht; v.a. im 13./14. Jh. die militärische Lehensordnung, sowie die Stellung des einzelnen →Lehensträgers in ihr, wobei die Inhaber eines H.-schildes nur vom Nächsthöheren Lehen nehmen und nur dem Nächstniederen Lehen vergeben dürfen; den 1. H.-schild hat der Kg., dem die passive Lehensfähigkeit (ausgenommen geistliche Lehen) fehlt; den 2. und 3. – in gleichem Verhältnis zum Kg. – die geistlichen und weltlichen →Fürsten, den 4. die Grafen und freien Herren; die →Schöffenbarfreien erscheinen im 5., die →Ministerialen im 5. oder 6., zuletzt die übrigen ritterbürtigen Leute, denen die aktive Lehensfähigkeit mangelt; -steuer, auch H.-bann, seit der Karolingerzeit Zahlung zur Befreiung von der Heerfolgepflicht, im bäuerlichen →H.-bann, dann bei der ritterlichen →H.-fahrt; -versammlung (H.esversammlung), die in frühgeschichtlichen Zeiten, v.a. bei Wanderungen beratende und entscheidende Versammlung des Volkes in Waffen, vereinzelt auch nach der Landnahme weiterbestehend, z. B. bei den Makedonen (mit Gerichtsbarkeit und Mitwirkung bei der Thronfolge) bis in hellenistische Zeit, bei den Franken (→Märzfeld, Maifeld) bis ins 9. Jh., z.T. in den →Volksversammlungen (→das germ. Ding, die röm. Zenturiats→komitien) fortlebend.

K. Klatt, Das H.gewäte, 1908; – J. Ficker, Vom H.schilde, 1862; H. Delbrück, Gesch. d. Kriegskunst, 1920–26; H. Conrad, Gesch. d. dt. Wehrverf., 1939; E. R. Huber, Heer u. Staat in d. dt. Gesch., [2]1943; – →Feudalismus, Lehen.

Hegemon (gr.), ,Führer', in gr. Stadtstaaten vereinzelt Höchstkommandierender, ohne genauere staatsrechtliche Fixierung; seit dem 4. Jhv. Bundesfeldherr, z.B. Philipp und Alexander von Makedonien im Korinthischen Bund von 337v.; Hegemonie, Vormachtsstellung eines Staates in einem Bund oder einem politischen Raum, v.a. seit dem Peloponnesischen Krieg 432–04v. (Kampf zwischen Athen und Sparta um die H. in Griechenland) üblich, als Epochenbezeichnung der gr. Geschichte *spartanische H.* 404–371 (Schlacht bei Leuktra), *thebanische H.* 371–362 (Mantineia) oder 338 (Chaironeia); danach in gleicher Bedeutung in der NZ. vielfach verwendet (Gegensatz: Gleichgewicht), auch für Teilbereiche: politische, wirtschaftliche, kulturelle H.

L. Dehio, Gleichgew. od. H.ie, 1948.

Hegung, feierliche Eröffnung des →Dings durch Einhegen der Gerichtsstätte mit Zweig und Schnur, Pflock und Seil, verbunden mit formelhaften Erklärungen der Richter an das Volk; die H. stellt das →Ding unter einen bes. →Frieden.

Heiden (von ahd. *heida* ‚urbar gemachte Flur'), Übersetzung des lat. →*pagani*, gr. →*ethne* (nach hebr. *gojim* ‚Völker', ‚Nichtjuden'); vorwiegend umgangssprachlicher Begriff ungenauer Prägung und zunehmend mit abwertendem Nebensinn: alle, die weder Juden noch Christen (bzw. christlich getauft) sind, in der NZ. die Angehörigen polytheistischer Religionen (die weder Juden, noch Christen, noch Mohammedaner sind), volkstümlich = Zigeuner (auch: Heider); H.-christen, im Gegensatz zu den Judenchristen die aus dem H.-tum bekehrten Christen der Urkirche (*Apostel der H.:* der Apostel Paulus).

Heil, bis ins HochMA. fortwirkender altgerm. religiös-politischer Begriff, der die von den Göttern verliehene, durch den Kult sichergestellte, auf andere Menschen weiterwirkende bes. Begnadung eines Menschen, einer Sippe, eines Stammes (doch auch von Geschehnissen, z.B. einer Schlacht) meint; d. einer aristokratischen Religiosität entsprungene Vorstellung wirkt bes. nachhaltig in dem →charismatischen Begriff des Königs-h.s weiter; H.-tumsweisung s. Reichs→insignien.

O. Höfler, Germ. Sakralkg.tum, 1952; W. Grönbech, Kultur u. Rel. d. Germanen, dt. [3]1954; K. Hauck, Zs. Saeculum 1955.

Heiland (altsächs. Heliand), Übersetzung des gr. →Soter (lat. *salvator*).

Heilige, im weltlichen Bereich (mlat. *ecclesiastici*) unfreie Eigenleute einer Kirche, eines →Klosters, →Wachszinsige; (spätlat. *sacer, sanctus*) als Adj. spätröm., byz. = →kaiserliche, seit 1157 auch in der offiziellen Bezeichnung des Dt. →Reiches in Wiederaufnahme iustinianischer Tradition (vgl. →Rezeption) zur Betonung des Sakralcharakters des Reiches gegenüber der →Kirche; seit 1254 ist der Begriff *Sacrum Imperium* in Verbindung mit der 1034 erstmals festzustellenden Formel *Romanum Imperium* nachweisbar; zu der im SpätMA. aufkommenden dt. Form *H.s Römisches Reich* tritt im 15. Jh. der Genitiv *Deutscher Nation*, um dt. Teile des Reichs von den übrigen abzuheben; dieser wird seit dem 16. Jh. (Humanismus), v. a. um 1700 (Abwehr Ludwigs XIV., Türkenkriege) Kristallisationspunkt eines dt. →Nationalbewußtseins; H. →Allianz, am 26.9.1815 zu Paris durch die Herrscher Rußlands, Österreichs, Preußens unterzeichnete Grundsatzerklärung, der später alle christlichen Monarchen Europas (außer England und dem Papst) beitraten, Bekenntnis zu einer Politik ‚in Gemäßheit der Worte der H.n Schrift'; H.s Edikt, Proklamation des Ks. K'ang-hi (1663–1722) von 1671 gegen die Irrlehren (auch gegen das Christentum), Errichtung eines strengen Konfuzianismus in China; H. Kriege, in der gr. Geschichte Kriege für Delphi und seine →Amphiktyonie (um 590v., 448v., 356–46v., 339 bis 338v.); (arab. *dschihad*) die Eroberungskriege des Islam; H.r Lenz (Frühling) →Ver; H. → Lanze; H. Schar, Elitekorps von 300 Adeligen während der thebanischen Hegemonie 379–38v.; danach gr. Freiwilligenkorps von 500 Mann unter A. Ypsilanti, 1821 von den Türken vernichtet; Heiligkeit, Eure, (*sanctitas tua*), im MA. Anrede des →Bischofs, allmählich auf den →Papst beschränkt.

Heiloten (gr. ‚Unterworfene'), die vordorische Bevölkerung Spartas, 7.–4. Jhv. auch Messeniens, die, als Staatssklaven an die Scholle gefesselt, durch einen Grundzins bis zu 50% die wirtschaftliche Grundlage für das rein auf das Militärische ausgerichtete Leben des spartanischen Kriegeradels schuf; in klassischer Zeit in Aufständen (z.B. 464v.) und durch regelmäßige nächtliche Razzien (Krypteiai) dezimiert, werden die H. erst durch den Tyrann Nabis um 200v. befreit.
A.H.M. Jones, Sparta, ²1968; C.W. Weber, Die Spartaner, 1977.

Heimat→vertriebene.

Heim-bürge, im MA. und der frühen NZ. bes. in West- und Süddtld. Vorsteher eines →Dorfes, auch Richter oder →Schöffe im Dorfgericht; -fall, im ma. → Lehens- und →Hofrecht die Rückkehr eines verliehenen Gutes an den →Herrn, urspr. bei jedem Todesfall von Mann (→Mannfall) oder Herr (Herrnfall oder, wenn der Kg. der Herr war, Thronfall), nach dem Erblichwerden der →Lehen nur noch bei →Mannfall ohne Lehenserben, dann v.a. bei →Felonie; -fallrecht, im germ.-dt. Erbrecht urspr. Recht der →Sippe auf die Liegenschaften, der nächsten Verwandten auf die Fahrhabe beim Tod eines erbenlosen Sippengenossen. In das Recht auf den erbenlosen Nachlaß tritt schon seit der Karolingerzeit das Volk, bzw. der →König ein. Im Territorialstaat des späteren MA. hat der →Landesherr das H.-fallrecht, bes. am Nachlaß eines Fremden; -schnat (ndt. ‚Grenze'), in NWdtld. Teil einer →Allmende oder gemeinen →Mark, der für Sonderrechte einzelner Bauern oder ganzer Gemeinden offensteht; -wehr, antisozialistischer österr. Selbstschutzverband 1919–38.

Heimlicher (nach mlat. *secretarius*), im MA. in oberdt. Städten Mitglied des Stadtrats, z.B. Zürich Ende des 14. Jh.; in einigen →Kantonen der Schweiz bis ins 19. Jh. Mitglied einer kollegialen Kontrollinstanz, die das öffentliche und private Leben der Kantone überwachte.

Hekatombe (gr.), urspr. Opfer von ‚100 Rindern', doch schon im frühen Griechentum auch allgem. großes (festliches) Opfer.

Heliaia (gr.), die wichtigste Gerichtsstätte des alten Athen; der Volksgerichtshof der attischen Geschworenen (Heliasten), gew. in 10 Abteilungen zu je 500 Richtern gegliedert, jährlich vereidigt (Heliasteneid), unter Vorsitz eines →Thesmotheten, seit etwa 460v. besoldet.

Hellanodiken (gr.), Kollegium von 10 Bürgern von Elis, Ordner und Kampfrichter der Olympischen Spiele.

Hellas, das Land der Hellenen in Thessalien; Griechenland, bes. Mittelgriechenland; dav. Helladikum, helladische Zeit, die frühgeschichtliche Zeit Griechenlands, u.zw. Frühh. etwa 2. Hälfte 2. Jtv., Mittelh. etwa 1900 bis 1550v., Späth. (mykenische Zeit) 1550–1150v.; Hellenen, seit dem 7. Jhv. (Archilochos) nach einem Stamm Thessaliens Gesamtbezeichnung der Griechen des At., im Gegensatz zu →Barbaren Menschen gr. Zunge (Teilnahme an den Olympischen Spielen), in klassischer Zeit (Isokrates), wer an attischer Bildung teilhat, seit dem Hellenismus die ,Leute vom →Gymnasion'; in der frühchristlichen Literatur die →Heiden; Hellenika, Gr. Geschichte, z.B. des Xenophon (430–254v.) für 411–362v., des 1934 gefundenen Historikers von Oxyrhynchos; (pan)hellenisch = (gesamt)gr.; Hellenisierung, Durchdringung eines nicht-gr. Volkes mit gr. Sprache und Kultur; Hellenismus (gr. *hellenismos* ,Das Griechisch-Reden'), von J. G. Droysen 1836 aufgrund einer (mißverstandenen) Stelle des NT. (Apg. 6,1) eingeführte Bezeichnung für den Bereich ,zwischen den Studien der klassischen Philologie und denen der Theologen', als Epochenbezeichnung allgem. die Zeit zwischen Alexander d. Gr. und Augustus (336–31v., →Diadochen, Epigonen), doch setzt man den Beginn auch um 360v. (H. Bengtson), bezieht bisweilen die Kultur der röm. Kaiserzeit ein (W. Otto); Droysens Charakterisierung als kultureller und religiöser Verschmelzungsprozeß (,die Ineinsbildung des östlichen Volkstums mit dem abendländischen unter der Potenz hellenischer Bildung') gilt als nicht mehr ausreichend, man fügt dem Bild der Epoche die Züge der Technisierung, der Konsolidierung einer Bourgeoisie (M. Rostovtzeff), des Aufkommens der sozialen Frage, der Idee der Humanität, des Klassizismus und anderes zu; – In der nichtdt., bes. engl. Literatur bisweilen: das klassische Griechentum und die Liebe zu diesem; hellenistisch = gr. in der Zeit des Hellenismus, h.e Welt der Raum des Alexanderreichs und seiner Nachfolgestaaten.

H. Jüthner, Hellenen u. Barbaren, 1923; H. E. Stier, Grundlagen u. Sinn d. gr. Gesch., 1945; R. Laqueur, H.ismus, 1924; H. Herter in: D. neue Bild d. Antike I, 1942; J. G. Droysen, Gesch. d. H.ismus, [3]1952f.; W. W. Tarn, Die Kultur d. hellenist. Welt, dt. 1966; M. Rostovtzeff, Ges.- u. Wirtsch.gesch. d. hell. Welt, dt. 1955f.; C. Schneider, Kulturgesch. d. Hellenismus, 1967/9; E. Bayer, Griech. Gesch., [2]1977; H. Bengtson, Griech. Gesch., [4]1969; H.E. Stier, Die gesch. Bed. d. Hellenismus, 1970.

Hellebarde, Helmbarte (,Stielbeil', frz. *hallebarde*, engl. *halberd*), eine der Stangenwaffen des SpätMA. und der beginnenden NZ. (→Gleve, Partisane). Lanzenspitze mit Axt und Haken an langem Schaft, seit dem 14. Jh. Waffe bes. des süddt. Fußvolks (Schweizer), bald weit verbreitet.

Hellenotamien (gr. ,Schatzmeister der Griechen'), im 1. attischen →Seebund 478/7–04v. gewähltes Kollegium von 10 Athenern, mit der Einziehung des Tributs, der Aufstellung der Tributlisten und der Verwaltung des Bundesschatzes befaßt.

Heller, Häller (mlat. *denarius Hallensis*), seit dem 13. Jh. zunächst in Schwäbisch Hall geprägte kleine Silber-, später Kupfermünze (urspr. mit der Hand auf dem Avers: Händel-h.), bes. in Süddtld. beliebt und vereinzelt bis zur Einführung der →Markwährung im 19. Jh. geprägt (mit schwindendem Wert, i.a. ½ →Pfennig); als Bezeichnung für die Kupferscheidemünze wiederaufgenommen in der österr. →Kronenwährung (vgl. ung. Filler = 1/100 Pengö).

Heloten →Heiloten.

Henotheismus (von gr. *heis* ‚eins'), ‚Eingottglaube', von dem Indologen Max Müller (1823 bis 1900) geprägte, vieldiskutierte Bezeichnung für eine (nicht nur auf den indischen Bereich beschränkte) Form des Polytheismus, ‚Glauben an einzelne Götter, von denen jeder abwechselnd als der höchste hervortreten kann' (H. v. Glasenapp); Henotikon (gr. ‚Einigungsformel'), nach dem Titel eines Edikts des oström. Kaisers Zenon im Monophysitenstreit 482n. allgem. Einigungsschrift, Versuch eines Ausgleichs zwischen streitenden (Religions)-parteien.

Heortologie (von gr. *heorté* ‚Fest'), in Theologie und Religionsgeschichte die Lehre von den Festen; Heortologium, Festkalender.

Heptarchie (gr. ‚Siebenherrschaft'), der Staatenbund der (in der Regel) sieben ags. Kleinkönigreiche (Essex, Sussex, Wessex, Northumberland, Ostanglien, Mercien, Kent) seit dem 9. Jh. (Kg. Egbert, 802–39) unter Wessex geeint, →Bretwalda.

Heraldik, seit dem 12. Jh. bes. von den →‚Herolden' gepflegte Lehre vom →W(appen)-wesen, zu dem W.-kunde, -kunst und -recht zählen. Zunächst zur Kennzeichnung des Einzelkämpfers auf Schild und Helm getragen, dehnt sich der Gebrauch der W. im 13./14. Jh. auf Territorien, Städte, Klöster, Bürger, Zünfte und Bauern aus. Mit dem Wandel der Waffentechnik im SpätMA. fiel der kriegerische Zweck der W. weg und mit der Abwendung von den klassischen Regeln der H. begann ihr Verfall. – Wichtigste Quelle der H. sind die →Siegel, doch besteht zwischen W. und Siegel ein grundsätzlicher Unterschied: W. sind Erkennungs- und Eigentumszeichen, Siegel rechtlich wirksame Beglaubigungs- und Beweismittel. Aus dem Zweck der W. als weithin sichtbares Kennzeichen leiten sich die Grundsätze des heraldischen Stils (Einfachheit, Typisierung, Flächenhaftigkeit) her. – Zur fachgerechten W.-beschreibung (Blasonierung von frz. *blason* ‚W.') ist die Kenntnis der heraldischen Kunstsprache erforderlich, die früher sehr schwülstig war, heute Knappheit anstrebt. Man beschreibt zunächst den Inhalt des Schildes, dann das Oberwappen und die übrigen W.-teile. *Rechts (= vorne)* und *Links (= hinten)* sind vom Schildträger aus zu verstehen, also umgekehrt als der Betrachter sieht. – Zum W. gehört wesenhaft der Schild. Seine Form hat sich im Lauf der Zeit vom norm. mandelförmigen Schild des 12. Jh. über den gotischen Dreiecksschild des 13./14. Jh., den Halbrund- und →Tartschenschild des SpätMA. zu den oft gekünstelten Schilden der NZ. geändert. *Herz-*

schild ist ein dem Hauptschild in der Mitte aufgelegter kleiner Schild (wenn er einem Menschen oder Tier aufgelegt ist: *Brustschild*); *Mittelschild* ist der größere von zwei dem Hauptschild aufgelegten Schilden. Senkrechte Teilung des Schildes: *Spaltung;* waagrechte: *Teilung;* gespalten und geteilt: *geviert.* Ehe- (Allianz-)w. entstehen gewöhnlich dadurch, daß die beiden Schilde nebeneinander gestellt werden, das W. des Mannes (vorne) als Spiegelbild dem W. der Frau (hinten) zugewandt (heraldische Courtoisie). Den Schildinhalt bilden W.-figuren: (a) *Heroldsbilder* (durch geometrische Teilung entstanden, Schildhaupt, -fuß, Balken, Pfahl usw.), (b) *gemeine Figuren* (Gegenstände der belebten und unbelebten Natur; häufigste W.-tiere sind Löwe und Adler). *Beizeichen (Brisur):* kleine Figur, die in Familien-w. eine Abzweigung vom Hauptstamm anzeigt (W.-minderung). Veränderung der Zahl und Stellung der Figuren, der Farben erfüllen denselben Zweck. *W.-besserung, -mehrung:* Erweiterung des W.s bei Standeserhöhung, Besitzvergrößerung und als Gnadenerweis. Beliebt sind *redende W.*, deren Figuren auf den Namen des W.-trägers anspielen; etymologische Richtigkeit ist nicht erforderlich (Volksetymologie). Das W. muß farbig sein. Die H. kennt 2 *Metalle* (Gold, Silber) und 4 *Farben* (Rot, Blau, Grün, Schwarz), wobei nicht Metall auf Metall oder Farbe auf Farbe gesetzt werden darf. In Schwarz-Weiß-Darstellungen können seit dem 17. Jh. die Farben durch Schraffierungen angezeigt werden: punktiert = Gold, blank = Silber, senkrecht = Rot, waagrecht = Blau, schräg = Grün, kariert = Schwarz. Leere Schildflächen können mit Zierlinien ausgefüllt werden (Damaszierung). – Zum vollständigen Familien-W. gehören außer dem Schild (a) das Ober-w.: Helm (in der NZ. bei Adeligen Bügel- oder Spangenhelm, bei Bürgerlichen Stechhelm), ev. mit Helm(Adels-)krone, ferner Helmzier (-kleinod) und Helmdecke; (b) Rang- und Würdezeichen: dem Schild aufsitzende Rangkrone (beim Adel), Mitra, Vortragskreuz und Krummstab oder Prälatenhut mit dem Rang entsprechenden Quasten (bei Prälaten); (c) Prachtstücke (bei Staats- und Fürsten-w.): Schildhalter, W.-mantel, Orden. – Seit dem 14. Jh. werden die W. in W.-büchern veröffentlicht; das umfangreichste ist Siebmachers großes und allgem. W.-buch, das seit 1596 in immer neuen Bänden erscheint.

E. Frh. v. Berchem, Her. Bibl., 1937; O. Neubecker, H. (Schrifttumsber.), 1951/53; – Sammlungen: Siebmachers W.-buch, 1596ff.; J. B. Rietstap, Armorial gén., 1934; Renesse, Dict. des fig. hérald., 1894–1903 (Bilderlex.); – G. A. Seyler, Gesch. d. H., 1885–99; E. Gritzner, H., in: A. Meister (hrsg.), Grundr. d. Gesch.-wiss. I, 4, [2]1912; F. Hauptmann, H., in: G. v. Below, Fr. Meinecke (hrsg.), Hb. d. ma. u. neueren Gesch. IV, 1914; A. M. Hildebrandt, W.-fibel, [16]1970; D. L. Galbreath, Hd.büchlein d. H., [2]1948; O. Neubecker, Wie finde ich ein Familien-w.?, 1956; – Einzelnes: M. Gritzner, Hb. d. her. Terminologie, 1890; E. Beck, Grundfr. d. W.-lehre u. des W.-rechts, 1931; B. B. Heim, W.-brauch u. W.-recht i. d. Kirche, 1951; K. E. Demandt, Aktuelle Fragen des kommunalen W.-wesens, (Archival. Zs. 52) 1956; G. A. Seyler, Die Wappen d. bürgerl. Geschlechter Dtlds. u. d. Schweiz, 1971ff.; Wappenfibel, Hb. d. H., [15]1967.

Herbergs-leute, grundbesitzlose Einwohner, v.a. in →Wüstungen; -recht, im Frankenreich und den europäischen Staaten des MA. Recht der weltlichen und geistlichen Herrscher und ihrer Beamten, auf Reisen beherbergt, verpflegt und befördert zu werden. Das H., das an sich alle Untertanen betraf, wurde aus praktischen Gründen v.a. Städten und Klöstern gegenüber angewandt; der Adel hielt sich weitgehend von der oft drückenden Last der Beherbergung frei. Im alten Dt. Reich wurde seit dem 12. Jh. die Pflicht, den Kg. und sein Gefolge zu beherbergen, auf die →Reichsstädte, →Reichskirchen und →Reichsvogteien beschränkt; in den Territorien stand das H. den Landesherren zu. Es wurde vielfach in eine Steuer umgewandelt, so in außerdt. Staaten (Frankreich, Spanien, nordische Reiche).

Hermandad (span. ,Bruderschaft'), seit dem 12. Jh. Schutzbündnis kastilischer und aragonischer Städte gegen Adel und Krone mit z.T. großer Selbständigkeit und Anteil an der Regierung (→Cortes). 1476 schließen sich die H.es zu der erst im 19. Jh. aufgelösten *Santa H.* zusammen, die, unter einem kg. Beamten stehend, bis ins 16. Jh. eigene Polizeitruppen und Gerichtsbarkeit besaß.

Herme (gr., Erklärung unsicher, angeblich weil urspr. vorwiegend der Gott Hermes dargestellt war), gr. Kultbild an Wegegabeln, Straßenecken, Häusern, viereckiger Pfahl mit Götterkopf (und Phallos); in der Kunstgeschichte Büste mit viereckiger Basis; dav. Hermokopiden(H.nfrevler), die unerkannt gebliebenen Verstümmler der H.n zu Athen 415v., deren Untat dem Alkibiades zur Last gelegt wurde.

Hermeneutik (zu gr. *hermeneus* ,Dolmetsch'), v.a. in Theologie und Philologie die Lehre von der Ausdeutung der Quellen (in der →Historik dafür: die Lehre von der →Interpretation).

J. Wach, D. Verstehen, Grundz. e. Gesch. d. h.neutischen Theorie im 19. Jh., 1926ff.; R. Gumppenberg, Sein u. Auslegung, 1971; H. Seiffert, Einf. in die Wissenschaftstheorie, [2]1971.

Hermetik mystisch-religiöse Lehre der ersten Jhhn., in deren Mittelpunkt der äg. Gott Toth (gr. Hermes Trismegistos) stand, in der Astrologie und Alchemie fortwirkend.

H.tica, ed. W. Scott, 1924ff.; M. P. Nilsson, Gesch. d. gr. Rel., [3]1967.

Herold, auchEhr(e)nhold (spätmhd. über altfrz. *hiraut*, aus ahd. *heriowaldo* ,Heerwalter'), seit dem Ende des 13. Jh. Dienstmann, bes. an Fürstenhöfen, der die an Turnieren teilnehmenden →Ritter auf ihre Turnierfähigkeit (Teilnahmeberechtigung) anhand ihrer Wappen zu prüfen hatte (aus dieser Wappenprüfung entwickelte sich allmählich die →Heraldik). Neben dieser Hauptaufgabe kannte der H. auch Dienste im Rahmen des Hofzeremoniells, so bei Festlichkeiten die Ausrufung der Gäste; ferner wirkte er bei völkerrechtlichen Akten mit, z.B. bei feierlicher Erklärung des Kriegs oder Verkündigung des Friedens (daher auch übertragen für die Träger ähnlicher Funktionen bei anderen Völkern, vgl. gr. *keryx*, lat. *praeco* ,Ausrufer'). Das Amt des H.s kannte drei Rangstufen: (a) den Wappenkönig, nur am Hof eines Kg. oder regierenden Fürsten; (b) den gewöhnlichen H.; (c) einen Gehilfen, den →Persevant; der H. nahm einen Amtsnamen nach einem Wappentier oder einem Territorium an, besaß eine bes. Amtstracht, den Wappenrock, auf dem die Wappen des Fürsten eingestickt waren, dem er diente. Nachfolger der H.e im modernen Staat (in Bayern, Preußen, Sachsen bis 1918) ist das H.s-amt, das, z.B. in England, die Aufsicht über den Adel führt, ob Wappen und Titel zu Recht geführt werden, und Gesuche um Standeserhöhung prüft.

Heros (gr.), seit der gr. Frühzeit als Beschützer von Volk und Land kultisch verehrter Kg. oder Held, in unscharf geschiedener Zwischenstellung zwischen Mensch und Gott; der Heroenkult wird bes. in gr. →Kolonien bis tief in historische Zeit hinein gepflegt (Gründer: Archeget, Ktistes); seit der gr. Literatur (Homer, Hesiod) auch allgem. Held der Vorzeit.

E. Bethe, Ahnenbild u. Familiengesch., 1935; M. P. Nilsson, Gesch. d. gr. Religion I, ³1967; F. Taeger, Charisma, 1957/60.

Herostratentum, sinnlos zerstörerisches Handeln aus pathologisch übersteigertem Geltungstrieb, Verhalten nach Art des Herostratos von Ephesos, der 356v. den Artemistempel von Ephesos angezündet haben soll, nur um sich einen Namen zu machen.

Herr, der ‚Höhergestellte' im Gegensatz zum Sklaven, Gefolgsmann, Knecht, Untertan; Hausvater, Eigentümer, Obrigkeit; im MA. (und in der wissensch. Literatur) der Adelige, bes. der Angehörige des Hoch→adels; als Anrede während der NZ. (schon vor der frz. Revolution) in der gehobenen Bürgerschicht rasch vordringend, im Lauf des 19. Jh. allgem. verbreitet, bes. als ma. Standesbezeichnung der → Frei-h.; H.lichkeit, als Anrede (entspr. lat. →*maiestas*, →*excellentia*) für die obrigkeitliche Gewalt; auch = H.enrechte (→Gerichtsbarkeit, →Regalien), H.-schaftsgebiet; H.schaft, (1) die legitimierte und institutionalisierte Macht, ‚die Chance, Gehorsam für einen bestimmten Befehl zu finden' (M. Weber), Gegenstand eingehender Untersuchungen der modernen →Soziologie, v.a. seit M. Weber (1864 bis 1920), der drei ‚reine Typen' unterscheidet (*Legale H.schaft* kraft Satzung; *Traditionelle H.schaft* kraft Glaubens an die Heiligkeit der von jeher vorhandenen Ordnungen und H.engewalten; *Charismatische H.schaft* kraft affektueller Hingabe an die Person des Herrn und ihre Gnadengabe, bes. magische Fähigkeiten, Offenbarungen oder Heldentum, Macht des Geistes und der Rede); die in der geschichtlichen Wirklichkeit vielfach differenzierten Formen werden bes. ausführlich in der ma. Rechts- und Verfassungsgeschichte seit 1939 (O. Brunner) diskutiert (→Grund-, Guts-, Landesh.schaft, Territorium u.ä,); (2) H.schaftsbereich, bes. im MA. das kleine, nicht →landesherrliche Gebiet; – Herren-bank, die Adelskurie auf →Landständen im Gegensatz zur Geistlichkeit und den Vertretern der Städte; die ritterschaftlichen Laienbeisitzer am Hofgericht im Gegensatz zur Gelehrten-Bank; -haus, die 1. Kammer in Preußen 1855–1918, in Österreich 1861–1918, deren lebenslängliche Mitgliedschaft teils auf Standesprivileg, teils auf Berufung durch den Herrscher beruhte; -stadt, Stadt, die d. H.schaft eines (weltlichen) →Landesh.n untersteht; -stube, Versammlungsraum und Trinkstube der →Patrizier einer Stadt.

A. Gehlen, H. Schelsky (hrsg.), Soziologie, [3]1955; M. Weber, Wirtsch. u. Ges., [5]1972; K.O. Hondrich, Theorie der H.schaft, 1973; – H. Kämpf (hrsg.), Herrsch. u. Staat im MA., 1956; H. Dannenbauer, Grundl. d. ma. Welt, 1959/62; O. Brunner, Land u. H.schaft, [4]1959.

Herrscherkult (Königs-, Kaiserkult), die kultische Verehrung eines regierenden oder eines nach seinem Tode unter die Götter versetzten Herrschers, in der hellenistisch-röm. Welt, 3. Jhv.–3. Jhn., ausgehend von der Gotteskindschaft Alexanders d. Gr. und verblassend mit dem Sieg des Christentums (→Heilige, Gottesgnadentum), aus gelegentlicher Initiative, bes. gr. Städte, zu einer verpflichtenden (von Juden und Christen abgelehnten) Form der Huldigung und Loyalitätserklärung institutionalisiert; der H. wird auf urtümliche Gemeinvorstellungen vom charismatischen Charakter des Priester-Königs zurückgeführt, seine Herkunft ist umstritten, doch wird heute die gr., nicht die orientalische Wurzel stärker betont (→Heros, Gottherrschertum); die Kultformen, Tempel und Altäre, Priesterschaften, Opfer (vgl. auch Divus, Genius), entsprechen der gr.-röm. Religion, die Ausübung der Kulte, getragen von den Griechen des östl. Mittelmeerraums, greift seit dem 1. Jhn. auch auf den lateinischen Westen über.

F. Taeger, Charisma, 1957/60; Chr. Habicht, Gottmenschentum u. griech. Städte, [2]1970; K.I.A. Engnell, Studies in div. kingship in the ancient Near East, [2]1967.

Herzog, H.tum (ahd. *herizogo* ‚der vor dem Heere herzieht‘, lat. →*dux*), bei den Germanen der für den Kriegsfall in der Volksversammlung gewählte oder durch Los bestimmte Heerführer. Der H. stammt aus dem →Adel. Selbständige Persönlichkeiten mit großer →Gefolgschaft entwickeln aus dem Amt des H.s eine politische Führerstellung auch im Frieden, die bis zum Königtum ausgebaut werden kann. Bei den Langobarden liegt nach der Eroberung Italiens 568 die Staatsgewalt zunächst in den Händen von 35 H.en mit einem bestimmten Bezirk, die selbst nach ihrer Unterwerfung durch den König Einfluß auf die Thronfolge nehmen. Im Merovingerreich ist ein Amtsh. in kg. Auftrag bekannt, der auf den spätröm. *dux*, den Kommandanten der Limestruppen, zurückgeht und wie dieser v.a. im Grenzgebiet das →Aufgebot im Kriegsfall führt. Die Schwäche der Merovingerkönige führt im 8. Jh. zum sog. älteren Stammesh.tum der Thüringer, Bayern, Alemannen, Friesen und Aquitanier, das, von den frühen Karolingern vorübergehend beseitigt, am Ende des 9., Anfang des 10. Jh. im jüngeren Stammesh.tum der Bayern, Sachsen, Alemannen und Franken neu auflebt und eine der Grundlagen des ma. Dt. Reiches bis zu Barbarossa (1152–90) bildet. Diese H.tümer eignen sich starke Adelsfamilien (so in Sachsen und Bayern) an, die sich im Kampf gegen Dänen, Slawen und Ungarn bewährt haben. Obwohl bei den einzelnen Stämmen von unterschiedlicher Bedeutung und Einfluß (G. Tellenbach: ,Das H.tum der frühen Kaiserzeit ist keine einheitliche Größe'), ist für das jüngere Stammesh.tum doch gemeinsam: 1) Das H.tum ist in bestimmten Familien erblich; 2) Der H. übt in Stammesversammlungen das Recht der Gesetzgebung aus; 3) Es gibt ein hzgl. →Hofgericht; 4) ein H.sgut; 5) Person und →Pfalzen des H.s stehen unter einem Sonderfrieden. Zusammenfassend: der H. hat eine fast königsgleiche Stellung, die sich in Bayern und Sachsen auch in der Wahl des H.s durch den →Adel und in der Kirchenhoheit zeigt. Der Stammesh. ist dabei Herr über einen Personenverband. Während des frühen MA. ist das →Königtum stets bemüht, die Macht der Stammesh.e sich unterzuordnen oder zu zerschlagen. Mit der Bildung des H.tums Österreich zeichnet sich in der Stauferzeit das jüngere oder Gebietsh.tum ab, das durch den Sieg des Hochadels über den → König im →Investiturstreit möglich und von der →Landfriedensbewegung getragen wird. Die Macht des Gebietsh.tums beruht auf →Grafschaften, →Vogteien und Grundbesitz, die Herrschaft erstreckt sich über einen bestimmten Raum. Im späten MA. und in der frühen NZ. tritt auch ein Titularh.tum auf. In den romanischen Staaten und Skandinavien ist der H. nur Titel des hohen →Adels, in England auch der Mitglieder der kg. Familie.

H. Zeiss, H.sname u. H.samt, (Wiener Prähist. Zs.) 1932; G. Läwen, Stammesh. u. Stammesh.tum, 1935; E. Klebel, H.tümer u. Marken bis 900, DA 1938; W. Schlesinger, D. Entstehg. d. Landesherrsch., 1941; G. Tellenbach, Vom karol. Reichsadel zum dt. Reichsfürstenstand, (Adel u. Bauern, hrsg. v. Th. Mayer) 1943; Th. Mayer u. a., Hs.tum u. H.sgewalt im ZA. Friedrichs I., 1944; Th. Mayer, Fürsten u. Staat, 1950; E. Klebel, Vom H.tum zum Territorium, (FS. Th. Mayer) 1954; W. Kienast, Der H.stitel in Frankr. u. Dtld., 1968.

Hetaire (gr. ,Gefährte'), der freie Gefolgsmann des gr. →Königs der Frühzeit, bes. bei den Makedonen bis in die Diadochenzeit *H. des Königs* Vertrauter, Freund, in Kriegsrat und Kampf in nächster Umgebung des Herrschers (unter Alexander d. Gr. etwa 100, z.T. Nichtmakedonen); allgem. Angehöriger der makedonischen Adelsreiterei; Hetairie, Vereinigung, Klub, bes. im Athen des 5. Jhv. einer der Klubs oppositionell gesinnter Oligarchen, 403v. verboten; 1814 in Athen (*H. der Philomusen*, Capodistrias) und Odessa (*H. der Philiker*, A. Ypsilanti) gegründete Gesellschaften, die den Freiheitskampf der Griechen vorbereiten.

Hethitologie, die Wissenschaft von der Sprache, Kultur und Geschichte der Hethiter, im 20. Jh. nach der Erschließung des idg. Charakters des Hethitischen durch F. Hrozný 1915 und der Entzifferung der Hieroglyphenschrift durch P. Meriggi 1930, I. J. Gelb, F. Forrer, Th. Bossert u.a. als Sonderdisziplin von der →Assyriologie abgezweigt.

J. Friedrich, Entziff.gesch. d. heth. Hieroglyphenschr., 1939; H. Otten, Die hethit. hist. Quellen u. d. altor. Chronologie, 1968; E. u. H. Klengel, Die Hethiter, 1970; F. Cornelius, Gesch. d. Hethiter, 1973.

Hetman (von dt. ,Hauptmann'), vom 15. Jh. bis 1792 vom Kg. ernannter Oberbefehlshaber der poln. Truppen, seit 1581 mit dem Titel Groß-h.; sein Stellvertreter heißt Feld-h. Ihre militärischen und richterlichen Befehle werden seit 1609 in die Reichstagsgesetze eingefügt (H.s-artikel); – vom 16. Jh. bis 1764 gewähltes oder vom →Zaren, bzw. dem poln. Kg. ernanntes Oberhaupt des Kosakenstaates (auch Ataman), 1918–20 der unabhängigen Ukraine.

Heuerling, bes. in NWdtld. landwirtschaftlicher Arbeiter mit kleiner Eigenwirtschaft, der die Pacht für Haus und Land durch eine vereinbarte Zahl von Arbeitstagen abgilt.

Heuristik (zu gr. *heuriskein* ‚finden‘), in der →Historik J. G. Droysens (1808–84) der erste Teil der Methodik (vor →Kritik und →Interpretation), ‚die Kunst des Suchens der nötigen Materialien‘.

J. Müller, Grundl. d. system. H., 1970.

Hexen (ahd. *hagzissa* ‚Zaunteufel‘?), Zauberinnen, auch Dämonen, die, mit bösen Mächten im Bunde, die Menschen schädigen; der Glaube an H. entsprang dem vorchristlichen Volksaberglauben, wie das Sachsenkapitular Karls d. Gr. bezeugt, das sich gegen H.verbrennung wendet; die Höhe des H.-wahns fällt in das 15.–17. Jh.: ausgehend von den abgelegensten ländlichen Gegenden erfaßte er die höchsten geistlichen und weltlichen Spitzen: Papst Innozenz VIII. erließ 1484 die *H.-bulle ‚Summis desiderantes‘*, der berühmte Rechtslehrer J. Bodin und Kg. Jakob I. von England schrieben gelehrte Bücher über diese Dinge. – Rechtlich zählte die Hexerei zu den gemischten Verbrechen: als Schädigung an Leib und Leben gefaßt, war für sie das weltliche Gericht, als widernatürliche Unzucht, ‚Teufelsbuhlschaft‘ waren das geistliche Gericht und die →Inquisition zuständig; der berühmte H.-hammer *(Malleus maleficarum)* der Dominikaner H. Institoris und J. Sprenger, Köln 1489, auf Generationen hinaus das Handbuch der Inquisitoren gegen H., neigte eher dazu, das Verbrechen dem weltlichen Gericht zuzuweisen. – Der Ruhm, sich erstmals gegen das grausame Verfahren gewandt zu haben, durch rücksichtslose Folterung ein Geständnis und womöglich die Nennung anderer zu erreichen, gebührt F. v. Spee (1631), der Ruhm des ersten Auftretens gegen den Wahn als solchen Chr. Thomasius (1701).

W. G. Soldan, H. Heppe, Gesch. d H.prozesse, 1912; K. Baschwitz, D. H.prozesse im Lichte der Massenpsychologie, 1953; Chr. Thomasius, Über d. Folter, dt. 1960; J. C. Baroja, Die H. u. ihre Welt, dt. 1967; H. R. Trevor-Roper, Religion, Reformation u. soz. Umbruch, dt. 1970.

Hidagium →Danegeld.

Hidalgo (span.), urspr. kastilische Adelsklasse, seit dem 13. Jh. allgem. Adeliger. Die →Reconquista prägt Haltung und Lebensweise der H.s, die später auch den Hauptteil der →Konquistadoren bilden. 15.–19. Jh. niedrigste span. Adelsstufe. Heute allgem. freigebiger, edler Mann.

Hierarchie (gr.), im →Klerus der kath. Kirche und auch allgem. die nach Rängen gegliederte Gesamtheit; die H. der Weihe *(hierarchia ordinis)* umfaßt alle durch die Weihe aufgenommenen Personen, die Vollmacht zum Darbringen der Messe und zur Spendung der Sakramente besitzen; der H. der Jurisdiktion *(h. iurisdictionis)*, gegliedert in den Primat und den →Episkopat, ist die Gewalt zur Leitung der Gläubigen übertragen. – Den Begriff der H. kennt auch die anglikanische und die orthodoxe Kirche.

Hiero- dulen (gr.), ,Tempeldiener', -sklaven, v.a. orientalischer Kulte des At., bes. Tempelprostituierte; -glyphen, ,heilige Zeichen' (Prägung des Clemens von Alexandria, um 200n.), die altägyptische Lapidarschrift, aus der sich die hieratische (Priester-) Buchschrift und die →demotische Kursive entwickeln, allgem. lapidare Bilderschrift; -kratie, ,Priesterherrschaft' als direkte Ausübung der Herrschaft durch Priester oder als Suprematie der Priester über die weltliche Gewalt; -phant (,der das Heilige weist'), Mysterienpriester, bes. der gr. Mysterien in Eleusis; -skopie, Opferschau aus den Eingeweiden, gr. Bezeichnung für die etrusk.-röm. →Haruspizin.

Hilfswissenschaften – auch Nebenwissenschaften oder (K. Brandi) Grundwissenschaften –, seit dem 18. Jh. Wissenschaften, die einer anderen durch ihre Ergebnisse und Methoden helfen; der bes. im Bereich der Geschichte häufige, viel diskutierte, doch methodisch nicht eindeutig umrissene Begriff trifft an sich auf jede Wissenschaft zu, ja es können sich auch Wissenschaften gegenseitig als H. heranziehen (z.B. Geschichte als H. der Philologie, Philologie als H. der Geschichte), doch hat sich aus der Arbeit, v.a. an der ma. Geschichte, ein engerer Kreis der historischen H. herausgeschält, die ,gewissermaßen zum täglichen Handgebrauch der historischen Facharbeit nötig sind' (E. Bernheim); zu diesen zählen – unbeschadet der Tatsache, daß manche autonom und eigenwertig sind – historische Geographie, Chronologie, Genealogie, allgem. Quellenkunde, Paläographie, Urkundenlehre (Diplomatik), Heraldik, Sphragistik, Numismatik, ferner im Bereich der Alten Geschichte Epigraphik und Papyrologie (→die Einzelartikel); der Übergang zu den Teil- oder Zweigwissenschaften der →Geschichte, Kirchen-, Kunst-, Rechts-, Wirtschaftsgeschichte u.a., ist fließend, der Unterschied graduell; andererseits gibt es eine Reihe von Disziplinen, die sich erst im Verlauf der zunehmenden Spezialisierung und Komplizierung zum Rang von H. erheben, z.B. Ikonographie, Metrologie, Symbolgeschichte u.a.

H. Quirin, Einf. i. d. Stud. d. ma. Gesch., ³1964; H. Bengtson, Einf. in d. Alte Gesch., ⁶1969; A. v. Brandt, Werkzeug d. Historikers, ⁸1976.

Hintersassen, ,die hinter einem Herrn sitzen', Sammelbegriff für die von einem →Grundherrn abhängigen Bauern; neben persönlich freien, nur wirtschaftlich und sachenrechtlich verpflichteten H. stehen halb- und unfreie H. in persönlicher Abhängigkeit, →Hörige.

Hipparch (gr.), ,Reiteroberst', Befehlshaber einer H.ie (Schwadron); gr. Bezeichnung des röm. →*magister equitum;* in ähnlicher Stellung (zweiter Beamter nach dem →Strategen) auch in gr. Bünden hellenistischer Zeit; Hippeis (gr.) →,Ritter', bes. als 2. Schätzungsklasse der solonischen →Timokratie (300-Scheffler).

Hispanidad →Panamerikanismus.

Historik (nach gr. →*historíe*), die ‚Enzyklopädie und Methodologie der Geschichte', im weitesten Sinne die Antwort auf die Frage, wie man Geschichte treiben kann und soll; die Selbstbesinnung der Geschichtsschreibung und -wissenschaft setzt mit einem Teilbeginn (Lukian v. Samosata, 120 bis 180n.) im At. ein, wird in umfassenderem Sinne seit dem 18. Jh. (J. M. Chladni, 1710–59; G. G. Gervinus, 1805–71) wieder aufgenommen und dauert seitdem fort, mit dem klassischen Höhepunkt bei J. G. Droysen (1808 bis 1884), der sich seit 1857 mit der H. beschäftigt; nach ihm umfaßt die H. (1) ‚die Methodik des historischen Forschens, (2) die Systematik des historisch Erforschbaren, (3) die Topik der Darlegungen des historisch Erforschten'; demnach sind die Teilgebiete (1) die Lehre von den →Quellen und ihrer Auffindung (Heuristik), die Lehre von der Quellenkritik und ihren Elementen, sowie von den möglichen Formen der Interpretation; (2) die Lehre von den geschichtlichen Bedingtheiten des Menschen, v.a. sein Verhältnis zur Natur, und den durch ihn in der Geschichte wirksam gewordenen Triebkräften und Strömungen; die soziologischen Grundbegriffe und die verpflichtenden sittlichen Normen und Ideale; die Lehre von der Eigenart geschichtlicher Erkenntnis in ihrer Abhängigkeit vom erkennenden Subjekt; sowie die Lehre von den Zwecken der geschichtlichen Arbeit, soweit sie sich einer methodischen Analyse erschließen; endlich (3) die Formen der →Darstellung im weitesten Sinne, von der gelehrten Spezialuntersuchung über die zusammenfassende wissenschaftliche und künstlerische Schau bis hin zur kindertümlichen Geschichtserzählung.

Lukian, Wie man Gesch. schreiben soll; J. M. Chladni, Allgem. Gesch.-wiss., 1752; G. G. Gervinus, Grundzüge d. H., 1837; J. G. Droysen, Grundriß der H., [1]1867, [2]1875, [3]1881; ders., H. (hrsg. v. R. Hübner), 1936, [6]1971 (dazu E. Rothacker, HZ 1940); A. Feder, Lehrb. d. hist. Methodik, [3]1924; G. Garrhagan, A Guide to Hist. Method, 1946.

Historiographie →Darstellung.

Historische Institutionen (Kommissionen, Institute, Vereine, Zeitschriften): (a) Kommissionen, wissenschaftliche Vereinigungen zur Veröffentlichung von Geschichtsquellen und geschichtlichen Forschungen. Zur Herausgabe der *Monumenta Germaniae historica* (MGH) gründete Frh. vom Stein 1819 die *Gesellschaft für ältere dt. Geschichtskunde*, die 1876 in die *Zentraldirektion der MGH* umgewandelt wurde. Die älteste staatliche H. K. ist die 1858 auf Anregung L. v. Rankes von Kg. Maximilian II. von Bayern ins Leben gerufene *H. K. bei der Akademie der Wissenschaften zu München;* sie gibt u.a. heraus: Dt. Reichstagsakten, Jbb. des dt. Reiches, Städtechroniken, die Allgem. (jetzt: Neue) Dt. Biographie, Wittelsbacher Korrespondenz des 17. Jh., ihr Organ war 1862–86 *Forschungen zur dt. Geschichte.* Die auf Anregung Th. Mommsens 1892 gegründete *Reichs-Limes-k.* veröffentlichte das 1938 abgeschlossene Standardwerk *Der obergerm.-rätische Limes des Römerreiches;* ihre Arbeit wird (seit 1901) von der *Röm.-Germ. K.* des Dt. Archäologischen Instituts weitergeführt. Die *H. Reichs-k.* (1927/28), die die Akten der preuß. Außenpolitik (seit 1858) herausgab, wurde 1935 aufgelöst und durch das *Reichsinstitut für die Geschichte des neuen Dtld.s* (bis 1945) ersetzt. – Neben diesen auf die allgem. dt. Geschichte gerichteten H.K.en beschäftigen sich die meist auch von staatlichen Stellen finanzierten landesgeschichtlichen K.en mit der Publikation von Quellen und Darstellungen im Bereich eines Landes oder einer Provinz. In einigen Fällen sind diese H. K.en aus h.n Vereinen heraus entstanden (z.B. Nassau), in der Regel stehen sie aber neben diesen und sind mit ihnen die Träger der landesgeschichtlichen Forschung. Sie haben vielfach die seither von den h.en Vereinen erfüllten Publikationsaufgaben, die nach Umfang und Schwierigkeit fachmännische Kontrolle und sichere finanzielle Grundlage erfordern, übernommen. Die älteste landesgeschichtliche K. ist die *H. K. für die Provinz Sachsen* (1876), ihr folgten die *Gesellschaft für rheinische Geschichtskunde* 1881 und die H.n K.en für Baden 1883, Württemberg 1891, Kg.-reich Sachsen 1896, Westfalen 1896, Nassau 1897, Niedersachsen 1910, Schlesien 1921, Brandenburg 1926 u.a. Die H.Ken für die dt. Ostgebiete sind seit 1950 im *J. G. Herder-Forschungsrat* zusammengefaßt. Die 1924 gebildete *Preuß. K.* der Berliner Akademie gab die *Acta Borussica* und die *politische Korrespondenz Friedrichs d. Gr.* heraus; die *K. für bayerische Landesgeschichte* bei der Akademie zu München hat die Aufgaben der bayerischen H.K. übernommen (1927). – Die landesgeschichtlichen K.en, die z.T. auch eigene Zeitschriften herausgeben, sind seit 1896 zu einer Konferenz (heute: Arbeitsgemeinschaft der H.K.en und landesgeschichtlichen Institute) zusammengeschlossen. – (b) Institute, wissenschaftliche Forschungsstätten, oft in Verbindung mit H.n Kommissionen und Archiven. In Rom (→ auch Archäologie) entstanden nach der Öffnung des Vatikanischen Archivs 1881 das *Österr. H.I.* 1883, das *Preuß. H.I.* 1888 (seit 1933 *Dt. H.I.*) und das *H.I. der Görres-Gesellschaft* 1888, sowie ein ung., frz. *(École française)*, it., holl. und ein tschechoslowakisches H.I. (Das Dt. und das Österr. H.I. geben v.a. die *Nuntiaturberichte aus Dtld.* heraus.) – Das 1854 begründete *I. für österr. Geschichtsforschung* in Wien (1920–45: *Österr. I. für Geschichtsforschung*) widmet sich der Ausbildung in den h.n →Hilfswissenschaften und ist die Fachschule für die wissenschaftlichen Archiv-, Bibliotheks- und Museumsbeamten. Seit 1875 ist ihm eine Diplomata-Abteilung der MGH angegliedert. Das *H.I. der Ks.-Wilhelm-Gesellschaft* in Berlin, das u.a. die Briefe Ks. Wilhelms I. herausgab, ist seit 1955 als *Max-Planck-I. für Geschichte* (Leiter: H. Heimpel, Göttingen) wiedererstanden und befaßt sich mit der Germania Sacra, der Neuredaktion des Dahlmann-Waitz und einem Nachschlagewerk über die dt. Königspfalzen. – Das *Reichs-i. für ältere dt. Geschichtskunde* trat 1935 an die Stelle der Zentraldirektion der MGH (Heute: *Dt. I. für Erforschung des MA.*). – Das *I. für Zeitgeschichte* in München, seit 1952 *Dt. I. zur Erforschung der NS-Zeit* gibt u.a. seit 1953 die Vierteljahreshefte für Zeitgeschichte heraus. – Das

J. G. Herder-I. wurde 1945 in Marburg/Lahn für die h. Erforschung des östlichen Mitteleuropa gebildet; sein Träger ist der J. G. Herder-Forschungsrat. – Das *I. für europäische Geschichte* besteht seit 1949 in Mainz. – Die I.e der h.n Fachrichtung an Universitäten sind in der Regel aus Seminaren entstanden und sind ein Ausdruck der Tendenz unseres Jh.. die Forschung zu institutionalisieren. – Das *I. für geschichtliche Landesforschung des Bodenseegebiets* (1951; Leiter: Th. Mayer) in Konstanz ist eine h. Arbeitsgemeinschaft, die von der Landesgeschichte zur allgem. Geschichte vorgestoßen ist (seit 1958 *Konstanzer Arbeitskreis für ma. Geschichte*). – (c) Vereine zur Pflege der Geschichte im weiteren Sinn (Landes-, Heimatkunde) eines Landes, Landesteils oder Ortes, auch Altertums-v. genannt, setzen sich die Veranstaltung von Vorträgen und Exkursionen, Herausgabe von Zeitschriften und landesgeschichtlichen Arbeiten, Erhaltung von h.n Denkmälern zum Ziel. Auch nachdem die h.n Kommissionen, Institute und Archive vielfach die größeren Publikationsaufgaben übernommen haben, bleibt den V.n eine wichtige Funktion in der Pflege der Landesgeschichte. – In Dtld. entstand nach ersten Anfängen am Ende des 18. Jh. eine größere Anzahl h.r V.e nach den Befreiungskriegen (bis 1848 über vierzig). 1852 schlossen sich zunächst 17, später weitere V.e zum *Gesamt-v. dt. Geschichts- und Altertums-v.e* zusammen, dessen Organ das *Korrespondenz-Blatt* (ab 1937; *Blätter für dt. Landesgeschichte*) ist. Mit dem Gesamt-v. hängen die Anfänge des Germ. Museums in Nürnberg und des Röm.-Germ. Zentralmuseums in Mainz (beide 1852 gegr.) zusammen. Zur Intensivierung der Arbeit taten sich örtliche V.e auch landschaftlich zusammen (Bayern 1906, Sachsen 1925, Württemberg 1927). Bedeutsam sind die Publikationen des 1837 gegründeten V.s für die Geschichte der Mark Brandenburg (*Forschungen zur brandenburgischen und preuß. Geschichte*, seit 1888) und des 1870 gegründeten Hansischen Geschichts-v.s (*Hansisches Urkundenbuch* und *Hanserezesse*). Die *Görres-Gesellschaft* (1876) ist ein V. ‚zur Pflege der Wissenschaft im kath. Dtld.' und zur Förderung des wissenschaftlichen Nachwuchses; sie gibt das *Historische Jb.* (1879), das *Philosophische Jb.* (1888) u.a. Zeitschriften heraus, veröffentlicht die Akten des Konzils von Trient, das Staatslexikon u.a., und unterhält Institute in Rom, Madrid und Jerusalem. – (d) Zeitschriften allgemeiner, spezialwissenschaftlicher und landesgeschichtlicher Art erscheinen seit dem 19. Jh. in großer Zahl. Als wichtigste seien genannt: *HZ* (das älteste und führende Organ der dt. Geschichtswissenschaft, bis 1959 190 Bände; Herausgeber: 1859 H. v. Sybel, 1895 H. v. Treitschke, 1896 F. Meinecke, 1934 K. A. v. Müller, 1947 L. Dehio, W. Kienast, 1957 W. Kienast, Th. Schieder); *H.s Jb. der Görresgesellschaft* (1879); *Die Welt als Geschichte* (1935); *Saeculum, Jb. für Universalgeschichte* (1950), *Zs. für Geschichtswissenschaft* (DDR, 1953); – *Klio, Beiträge zur Alten Geschichte* (1903); *Historia, Zs. für Alte Geschichte* (1953); *Neues Archiv der Gesellschaft für ältere dt. Geschichtskunde* 1876–1935, seit 1937 *Dt. Archiv für Geschichte* – seit 1950: *für Erforschung – des MA.*, die Zs. der MHG); *Mitteilungen des Instituts für Österr. Geschichtsforschung* (1880, MIÖG, Bd. 39–55 MÖIG); *Zs. der Savigny-Stiftung für Rechtsgeschichte* (1861, Germanistische und Romanistische Abteilung 1880, kanonistische 1911); *Archiv für Diplomatik, Schriftgeschichte, Siegel- und Wappenkunde* (1955, ADSW); *Korrespondenz-Blatt* (1852), seit 1937 *Blätter für dt. Landesgeschichte* (→ H.e Vereine); *Vierteljahreshefte für Zeitgeschichte* (1953); – *Revue historique* (1876); *Rivista storica Italiana* (1884); *English Historical Review* (1895); *The American Historical Review* (1895). Weitere → die einzelnen Hilfswissenschaften.

J. Müller, D. wiss. Vereine u. Ges. Dtlds., Bibliographie 1883–1917; W. Hoppe, G. Lüdtke, Die dt. Kommissionen u. Vereine f. Gesch. u. At.-kunde, (Minerva-Hdbb. 4, I) 1940; W. Hoppe, Zur 100-Jahr-Feier d. Gesamtvereins d. dt. Gesch. u. At.-vereine, (Bll. f. dt. Landesgesch.) 1952; W. Holtzmann, Das Dt. Hist. Institut, 1956; Die Hist. Komm. bei der Bayer. Akad. d. Wiss. 1858–1958, 1958; H. Heimpel, Über Organisationsformen hist. Forschung in Dtld, (HZ 189) 1959; W. Kienast, GWU 1956; G.G. Iggers, Dt. Gesch. Wiss., 1971.

Historischer Materialismus (oft abgek. Histomat), die von K. Marx (1818–83) aus dem religiösen Sozialismus C. H. Saint-Simons (1760–1825) und der idealistischen Geschichtsphilosophie G. W. F. Hegels (1770–1831) entwickelte Grundlehre des → Marxismus (‚Wir kennen nur eine einzige Wissenschaft, die Wissenschaft der Geschichte', K. Marx), die vornehmlich F. Engels (1820 bis 95) und W. I. Lenin (1870 bis 1924) im →dialektischen M. zum Bewegungsgesetz der gesamten Natur gemacht haben. Die klassische Formulierung des H. M. steht im Vorwort zur ‚Kritik der politischen Ökonomie' (1859). Der H. M. sieht in der ökonomischen und sozialen Struktur die schlechthin entscheidende geschichtliche Kraft, die B a s i s : sie umfaßt die P r o d u k t i v k r ä f t e (Bodenschätze, Werkzeuge, Maschinen und menschliche Fertigkeiten, die sie verwerten), sowie die P r o d u k t i o n s- oder E i g e n t u m s v e r h ä l t n i s s e (‚Die Handmühle ergibt eine Gesellschaft mit Feudalherren, die Dampfmühle ein Gesellschaft mit industriellen Kapitalisten'). Kunst, Wissenschaft, politische Anschauungen, religiöse Überzeugungen und ihre Einrichtungen (Staat, Kirche, Parteien usw.) gehören zum →ideologischen Überbau, d.h. sie sind durch die Basis ‚bedingt'. Aus dem verschieden schnellen Entwicklungstempo dieser Schichten ergeben sich soziale Spannungen, Klassenkämpfe, schließlich Revolutionen, die das Gleichgewicht in einer neuen geschichtlichen F o r m a t i o n (‚d. h. ein bestimmter historischer Typ der Gesellschaft mit der ihm eigenen Produktionsweise, seiner Basis und seinem Überbau') wiederherstellen. An solchen ökonomischen Gesellschaftsformationen werden unterschieden: der →Urkommunismus zu Anfang der menschlichen Gesellschaft; die sklavenhaltende Gesellschaft der Antike; die feudale, wesentlich agrarische Gesellschaft des MA.; die →bourgeoise oder kapitalistische des 19. Jh. und schließlich nach der proletarischen Revolution die →sozialistische, in ihrem Endstadium in die

→kommunistische übergehende Gesellschaftsordnung der Zukunft, in der die Entfremdung (→Marxismus) des Menschen von seiner Arbeit beseitigt sein wird. in der es jedem gestattet ist, ‚heute dies, morgen jenes zu tun, morgens zu jagen, nachmittags zu fischen, abends Viehzucht zu treiben, nach dem Essen zu kritisieren, wie ich gerade Lust habe, ohne je Jäger, Fischer, Kritiker oder Hirt zu werden'. – Der H.M. ist, in bürgerlicher Terminologie gesprochen, eine ökonomistische Geschichtsphilosophie, aber keine Wissenschaft der Geschichte. Er hat mit der Analyse, der ‚Anatomie' der ökonomischen und sozialen Struktur vornehmlich des 19. Jh. Bedeutendes geleistet, bes. zu Ergänzung einer einseitig politischen Geschichtskonzeption, u. ist mit dem, was Bestand hat, weithin in die Wissenschaft der →Soziologie eingegangen.
→Marxismus.

Historische Schule, allgem. Sammelbezeichnung für jene Gelehrten verschiedener Fachrichtung (B. G. Niebuhr, C. F. v. Savigny, J. Grimm, L. v. Ranke u.a.), die – in betontem Gegensatz zur ‚philosophischen Schule' G. W. F. Hegels (1770–1831) – mit den Mitteln exakter Kritik und historischen →Verstehens zu einer Gesamtanschauung ihrer Wissenschaft vorzustoßen suchen; bes. – neben entspr. Tendenzen in Theologie, Philosophie, Philologie u.a. Wissenschaften des 19.Jh. (a) die von C. F. v. Savigny (1779–1865) begründete Schule der Rechtswissenschaft (etwa 1815–60), sowie (b), die von W. Roscher (1817–94) begründete, von G. v. Schmoller (1838 bis 1917) erneuerte Schule der Nationalökonomie.
→Historismus.

Historismus, seit 1879 belegte Neubildung zur Kennzeichnung des bei G. B. Vico (1668–1744) und bei der Auseinandersetzung mit der →Aufklärung des 18. Jh. beginnenden, im 19. Jh. im abendländischen Denken zu breiter Entfaltung gelangenden Bewußtseins, daß alles Leben und alle Wirklichkeit geschichtlich bedingt ist. In den →Historischen Schulen vieler Wissenschaften äußerte sich der H. in stärkerer, zeitweilig vorherrschender historisch bestimmter und geordneter Betrachtung ihres Stoffes, in der →Geschichtswissenschaft selbst – nach F. Meinecke bei L. v. Ranke (1795–1886) kulminierend – in der Beachtung des Eigenwerts ihrer Inhalte, sei es durch reine Kontemplation, sei es durch die im 19./20. Jh. entwickelte →Verstehenslehre. Von seinen Kritikern (seit F. Nietzsche, 1844 bis 1900) wird der H. – je nach Standpunkt – als Relativismus, als schrankenloser Individualismus, als Verführung zu tatenlosem Vergessen der Gegenwart über der Freude am Historischen und seinem Detail gebrandmarkt (und oft zu Unrecht damit gleichgesetzt), von seinen Verfechtern als notwendige Kritik am aufklärerischen Rationalismus, als individualisierende, der Geschichte einzig gerecht werdende Betrachtungsweise, als ‚logisches Prinzip' (B. Croce, 1866 bis 1952) angesprochen. (‚Wir sehen in ihm die höchste bisher erreichte Stufe in dem Verständnis der Dinge und trauen ihm eine echte Entwicklungsfähigkeit auch für die um uns und vor uns liegenden Probleme der Menschheitsgeschichte zu', F. Meinecke, 1862–1954). Der Würdigung des

H. und seiner Bedeutung für die Geistesgeschichte gelten – nach W. Dilthey (1833–1911) und E. Troeltsch (1865–1923) – Arbeiten von Th. Litt (geb. 1880), E. Spranger (geb. 1882) und E. Rothacker (geb. 1888).

Zum Begriff: K. Heussi, Die Krisis d. H., 1932; – F. Nietzsche, V. Nutzen u. Nachteil d. Historie, 1874; B. Croce, Gesch. als Gedanke u. Tat dt. 1944; F. Meinecke, D. Entstehung d. H., I, [2]1946; F. Wagner, Gesch.wiss, 1951; Th. Litt, D. Wiedererweckg. d. gesch. Bewußtseins, 1956; H. v. Srbik, Geist u. Gesch. vom dt. Humanismus bis z. Gegenw., [3]1964; G. Schmidt, Dt. H. u. d. Übergang z. parlamentar. Demokratie, 1964; W. J. Mommsen, Dt. Gesch.wiss. jenseits des H., 1971.

Historizität (Kunstwort), Geschichtlichkeit, die – in der Quellenkritik in Frage gestellte – Tatsächlichkeit eines überlieferten geschichtlichen Ereignisses, auch Faktizität.

Hoch-frei, Sammelbegriff der Geschichtswissenschaft für den hohen →Adel des fränk. Reichs und seiner Nachfolgestaaten (einschl. England), der in den Quellen mit *meliores*, *optimati (-es)*, *principes*, *proceres*, *nobiles* u.ä. bezeichnet wird; -gericht, allgem. Gericht der hohen →Gerichtsbarkeit, in Früh- und HochMA. Gericht der →Grafen und →Vögte der →Immunitäten, im Territorialstaat das (niedere) Landgericht; im engeren Sinn der Gerichtsbezirk, der Gerichtsplatz, die Hinrichtungsstätte; -kirche (engl. *High Church*, auch *Anglo-Catholics*), Teil der engl. Staatskirche, der auch nach der Reformation den hierarchischen Aufbau, Kultus und Liturgie der kath. Kirche beibehalten hat; die h.kirchliche Bewegung des dt. Protestantismus und des skandinavischen Luthertums, bes. seit 1918 (Berneuchen, Alpirsbach) nimmt sich die reichen liturgischen Formen der engl. H.-kirche zum Vorbild; -kommissar (engl. *High Commissioner*, frz. *Haut Commissaire*, daher auch: Hoher Kommissar), im Zeitalter des europäischen →Kolonialismus Titel des in Schutzgebieten (→Protektoraten) die einheimische Verwaltung überwachenden leitenden Beamten der Schutzmacht; leitender Beamter des →Völkerbunds im Freistaat Danzig 1920–39, der 3 Besatzungsmächte in der Bundesrepublik 1949–55; -meister, Oberhaupt des dt. Ritter→ordens bei den Johannitern ‚Hoher Meister', der Leiter der Besitzungen in Sachsen, Thüringen und im Wendland (später →Herrenmeister); nach Umwandlung Preußens in ein weltliches Herzogtum 1525, dem Verlust Livlands und Kurlands und der Beschränkung des Dt. Ordens auf binnendt. Gebiet lautet der Titel ‚H.- und Deutschmeister'; -stift, geistliches Fürstentum eines →Bischofs, das sich meist nicht mit der →Diözese deckt; Bischofsresidenz mit →Domkapitel und Diözesanverwaltung; bes. nur das →Domkapitel; manchmal auch →Reichsabtei; -verrat (→ auch Perduellion, Majestät), jeder gewaltsame Angriff gegen den eigenen Staat und seine innere Ordnung, seine Verfassung und ihre Organe, während Landesverrat die äußere Gefährdung (Geheimnisverrat an andere Staaten, Spionage) betrifft.

Hof, urspr. Anhöhe, die Schutz vor Überfällen und Überschwemmungen bietet und so für die Ansiedlung bes. geeignet ist; daraus (1) agrarische Siedlungsform, die als Einzel-h., in lockerer Gruppierung als Weiler oder in der →Grundherrschaft als →Fron-h. vorkommt; Höfe-recht, Recht zur Sicherung des unveränderten Bestands eines Bauern-h.s durch Verbot der Realteilung und Begünstigung des →Anerbenrechts. Schon im SpätMA. in vielen Territorien aufgekommen, wird es während der Agrarreformen des frühen 19. Jh. abgeschafft, in den 70-er Jahren des 19. Jh. durch spezielle Gesetzgebung neu gefördert (z.B. in Mecklenburg, Westfalen), übertrieben im NS-Erbhofgesetz (29.9.1933), neu geregelt in der Bundesrepublik; H.-geld, in der →Fron-H.sverfassung jährliche Abgabe der Angehörigen einer →Genossame zur Sicherung ihres H.-rechts; -gericht (1) (auch H.-, Bauding u.a. Synonyma nach Ort, Termin und Art der Herrschaft), Gericht über die Genossame einer →Grundherrschaft oder, bei größeren, eines Fronhofbezirks, nominell unter dem Vorsitz des Grundherrn, tatsächlich unter dem des →Meiers oder →Vogts mit →Schöffen aus der →Genossame. Als echtes oder gebotenes →Ding abgehalten, ist das H.-gericht für alle die Grundherrschaft betreffenden Fälle zuständig, so auch für nicht zur Grundherrschaft gehörende Bauern. Ende des MA. wird aus dem H.-gericht das →Patrimonialgericht oder öffentliche Gericht; -mark, bayrische Sonderform der Grundherrschaft, die, schon seit dem 11. Jh. nachweisbar, mit ihrem häufig vorkommenden geschlossenen Grundbesitz und der Gerichtsherrschaft des adligen H.-marksherrn im H.-markgericht über sämtliche Leute der H.-mark sich der ostdt. →Gutsherrschaft annähert; -recht, Sonderrecht der Grundherrschaft, Rechtsgrundlage des H.-gerichts; in →Weistümern (H.-buch, Öffnung, →Salbuch) wird das von der gesamten H.-rechtsgemeinde gefundene Recht aufgezeichnet. Umfang und Zuständigkeit des H.-rechts waren in der Forschung lange umstritten (sog. H.-rechtstheorie K. Lamprechts und G. Maurers, dagegen z.B. G. Seeliger, A. Dopsch); -richter (1), Vorsitzer im grundherrlichen H.-gericht.

Hof (2) (mlat. *curia*, *curtis*, frz. →*cour*, engl. *court*), bes. bedeutende Siedlungsanlage eines adligen Herrn; Regierungssitz eines Herrschers (Ks., Kg., geistlicher oder weltlicher Fürst); die Gesamtheit der Personen seiner Umgebung; – H.-adel, der an einem Herrscher-h. ständig versammelte Adel, der seine H.-fähigkeit mit einer →Ahnenprobe nachweisen muß; -amt, allgem. jede am H. ausgeübte Funktion, bes. das leitende Amt in der H.-verwaltung, das vielfach gleichzeitig Spitze eines Zweigs der Staatsverwaltung ist, so im spätröm. Reich (→Comes), den germ. Völkerwanderungsreichen, bes. dem fränk. Reich und seinen Nachfolgestaaten im HochMA. In diesen germ. geprägten Staaten sind die wichtigsten H.-ämter die 4 altgerm. Hausämter (→Truchseß, →Marschalk, →Mundschenk, →Kämmerer), wozu im Merovingerreich (bis 751) der →Hausmeier kommt, am Karolinger-h. Quartiermeister *(mansionarius)*, Zeremonienmeister *(summus ostiarius)* und Schwertträger *(spatarius)* als Repräsentationsorgane, ergänzt durch die eigentlichen Verwaltungsorgane der →Kanzlei und →Kapelle. In staufischer Zeit werden die engeren H.-ämter noch um einen Küchenmeister, Reichsforst-(jäger-) meister und H.-meister erweitert. Die alten 4 H.-ämter sind schon seit den Ottonen (Krönung Ottos I. 936) Ehrenämter und werden als →Erzämter erbliche Titel der →Kurfürsten, die eigentliche Leitung liegt bei den Erbämtern einiger Familien (Schenk von Limpurg, Marschall von Pappenheim, Truchseß von Waldburg, Kämmerer von Bolanden-Falkenstein; seit dem 13. Jh in den →Territorien entspr. Erb-landes-h.-ämter), während die tatsächlichen Dienste Ministerialen verrichten. Während sich in England und den dt. →Territorien im späteren MA. die Staatsverwaltung mit selbständigen Behörden und berufsmäßigen Räten schon früh aus der H.-verwaltung ausgliedert, wird eine Reichsverwaltung erst allmählich nach dem Vorbild der Territorien gebildet, →H.-rat. Die Erweiterung der H.-ämter zu einem H.-staat erfolgt an den europäischen H.en im 15./16. Jh. nach dem Vorbild des burgundisch-span. H.-zeremoniells und der Renaissance-h.e Italiens, im 17./18. Jh. nach dem Vorbild Frankreichs mit national und machtmäßig bedingten Varianten; -charge, allgem. jedes zum Ehrenamt oder bloßen Titel abgesunkene H.-amt, seit dem 15./16. Jh. oft in Rangklassen unterteilt, z.B. Obersth.-, Oberh.-, H.-marschall, bei – häufig vorkommender – Erblichkeit in bestimmten Adelsfamilien mit dem Zusatz Erb-; -fahrt, im frühen und im hohen MA. Pflicht der →Vasallen, am H. ihres Herrn zu bestimmten Terminen zu den H.-tagen zu erscheinen, im späteren MA. das Recht, bei H.e gehört zu werden; -gericht (2), jedes an einem Fürsten-h. tätige Gericht, bes. (a) das kg. Reichsh.-gericht (bis 1235 →Kg.s-gericht), das im Mainzer Reichslandfrieden nach sizilischem Vorbild eine feste Gerichtsverfassung mit einem H.-richter *(iustitiarius curiae regiae)* an der Spitze erhält, der täglich richten und jedermann zugänglich sein soll. Das Gericht verliert seit dem Interregnum rasch an Bedeutung, v.a. durch die Privilegien der Territorien (→Appellationsprivileg, *Privilegium de non evocando*), erlischt 1456, an seine Stelle treten →Reichskammergericht, bzw. Reichs→h.-rat; (b) H.-gericht zu Rottweil als eine Art reichsgerichtlicher Mittelinstanz, anfänglich vom Grafen von Sulz, seit 1687 vom Reichsfürsten von Schwarzenberg präsidiert *(Erb-h.-richter)*, mit einem Vize-h.-richter und 11 Beisitzern aus dem Adel und dem Rat der Stadt Rottweil; (c) das landesherrliche H.-gericht; -kammer, von den Habsburgern 1498 errichtete Zentrale der Finanzverwaltung für die →Erblande und das Reich; seit 1527 nur für erstere zuständig, wird sie 1537 als kollegiale Behörde mit einem Superintendenten an der Spitze neu organisiert, wobei ihr H.-kammern für die einzelnen Länder unterstellt sind (1749 eingeschränkt, 1802 wieder zentrale Finanzbehörde der Gesamtmonarchie, 1848 im Finanzministerium aufgehend). Nach österr. Vorbild erhalten die meisten dt. Territorien im 16./17. Jh. H.-

kammern (z.B. in Preußen 1689 kollegiale geheime H.-kammer für Domänenverwaltung). Auch die →Hausgüter der dt. Fürsten werden von H.-kammern verwaltet, deshalb auch H.-kammergut genannt (z.B. in Württemberg); -kanzlei (für das frühe und hohe MA. →Kanzlei), trotz des seit 1298 bestehenden Rechts des Reichserzkanzlers, den Vizekanzler zu bestellen, seit dem 15. Jh. zwischen dem →Reich und bes. den Habsburgern umstrittene Zentralbehörde für das Reich und die österr. →Erblande, die erstmals unter Friedrich III. (1440–93) eine Sonderabteilung, österr. H.-kanzlei, erhalten, die 1502 durch Maximilian I. wieder mit der Reichs-h.-kanzlei vereinigt, 1620 endgültig selbständig wird. In den Zuständigkeitsbereich der Reichs-h.-kanzlei (1559 in lat. und dt. Expedition geteilt), fallen zunächst örtliche Fragen der 10 →Reichskreise (dt. Exp.), die diplomatische Korrespondenz und Fragen der Reichskirche, einschl. Universitäten (lat. Exp.), v.a. aber die finanziell sehr ertragreichen Standeserhöhungen; diese werden seit 1620 auch von der österr. H.-kanzlei beansprucht, die im 17./18. Jh., kollegial organisiert, oberste Verwaltungsbehörde mit Gerichtsbefugnissen in den österr. Erblanden ist. Daneben erhalten Böhmen, Ungarn, Siebenbürgen, im 18. Jh. die österr. Niederlande und die Lombardei eigene H.-kanzleien, die bis 1802 mit der österr. in der vereinigten H.-kanzlei zusammenwachsen, die bis 1848 oberste Verwaltungsbehörde der Monarchie ist. Die Reichs-h.-kanzlei verliert dagegen im 17./18. Jh. bis zu ihrem Ende 1806 an Bedeutung; -kriegsrat, 1556 von Ferdinand I. (1556–64) eingerichtete, für Heeresverwaltung, Grenzverteidigung (bes. Türkenabwehr) und den diplomatischen Dienst mit der Türkei zuständige Zentralbehörde (seit 1564 eigene H.-kriegsräte in Graz und Innsbruck), die seit Mitte 17. Jh. als eine Art Generalstab (mit Sitz in Wien) der österr. und im Kampf gegen Frankreich und die Türken auch der →Reichstruppen fungiert. Mit einem H.-kriegsratspräsidenten (bekannt Gf. Starhemberg. Prinz Eugen) und in Grafen-, Herren-, und Ritterbank gegliederten H-. kriegsräten ist sie die wichtigste Zentralbehörde der Habsburgermonarchie im 17./18. Jh.; 1792 vorübergehend aufgelöst, geht sie 1848 im Kriegsministerium auf; -marschall, (für das frühe und hohe MA. →Marschalk), seit dem späteren MA. Leiter des gesamten H.-dienstes (-staates), oft unter Verdrängung des →Kämmerers, zudem Richter über alle H.-beamte; in Österreich ist das Ober-h.-marschallamt sogar Gericht für das Erzhaus; -meister (*magister curiae, praefectus aulae)*, in den Territorien (13. Jh.) und im Reich (Beginn des 14. Jh.) urspr. Aufseher über das niedere H.-gesinde, erhält er den Vorsitz im H.-gericht und H.-rat und wird allmählich ständiger Vertreter des Landesherrn bzw. Kg.s an der Spitze der H.- und Territorialverwaltung (Landes-h.-meister). Mit der Ausklammerung der Verwaltung aus dem H. wird der H.-meister bloße H.-charge (in Bayern erst im 18. Jh.); -predigerpartei, während des →Kulturkampfes bes. in Preußen eine konservative Gruppe, die v. a. seit 1874 Einfluß auf Ks.

Wilhelm I. nahm und 1879 die Absetzung des Kultusministers A. Falk durchsetzte (H.-prediger R. Kögel, A. Stöcker); -rat, *(consilium)*, seit dem 13. Jh. im Reich und einigen Territorien eine den Kg. (Ks.), bzw. Landesherrn umgebende Ratsversammlung aus wesentlichen Räten (dauernd am Hof) und Räten von Hause aus (für bestimmte Fälle) aus dem landsässigen Adel. Seit dem 15. Jh. zunehmend mit juristisch gebildeten Bürgerlichen durchsetzt, wird der H.-rat nun kollegial organisierte Behörde, aus der im 16. Jh. neue Behörden herauswachsen (z.B. der geheime→Rat). Der Reichs-h.-rat, von Maximilian I. 1497/98 gegen das reichsständisch beeinflußte → Reichskammergericht für das Reich und die Erblande (außer Österreich aufgrund des Privilegium minus 1156) als politisch und richterlich beratendes Gremium gegründet, von Ferdinand I. 1559 mit einer festen Geschäftsordnung (reformiert 1654) versehen, wird seit Ende des 16. Jh. als eine Art oberster Gerichtshof des Reichs wichtigste Instanz des Ks. in den letzten Jhh. des Reiches. Aus einem Präsidenten (aus dem Reichsfürsten- oder -grafenstand) und Herren- und Gelehrtenbank bestehend, faßt er seine Beschlüsse im Plenum (etwa 20–30 Mitglieder); die Rechte von Ks. und Reich vertritt ein vom Ks. ernannter Reichs→fiskal. Der Reichs-h.-rat ist oberster Reichslehens-h., oberste Instanz für alle →Reichsunmittelbaren und Kriminalsachen, konkurriert mit dem Reichskammergericht in Zivilsachen, ist diesem dabei als Repräsentant ks. Gerichtsgewalt grundsätzlich vorgeordnet (und praktisch wirksamer wegen seines formloseren Geschäftsgangs), ist ferner Appellationsinstanz gegen die ks. H.- und Landesgerichte in Schwaben und für Mittelbare aus Reichsständen ohne →Appellationsprivileg; in vielen Fällen greift er jedoch auch zum Schutz der Untertanen in die fürstlichen Territorien gegen absolutistische Tendenzen ein, wozu er H.- und Lokalkommissionen delegieren kann; -tag *(curia regis)*, im fränk. Reich und seinen Nachfolgestaaten Versammlung der Großen am kg. H. an den hohen kirchlichen Festen (Weihnachten, Ostern, Pfingsten, Mariä Geburt) aufgrund der H.-fahrtpflicht (zu erweiterten H.-tagen auch an anderen Terminen) zur Beratung ganz allgem., zu H.-gericht und H.-festen. Im Reich sind v.a. die Reichsbischöfe, in deren Städten und Pfalzen zumeist die H.-tage abgehalten werden, zur Teilnahme verpflichtet. Auch in den →Stammesherzogtümern, seit Ende 12. Jh. auch in den →Territorien finden H.-tage statt; aus den kg. H.-tagen entwickelte sich im SpätMA. der →Reichstag, aus denen der Territorien die →Landtage.

O. Franklin, Das Reichsh.gericht im MA., 1870; W. Sickel, Zur Gesch. d. dt. Reichstags, (MIÖG, Erg.bd. I) 1885; G. Seeliger, D. dt. H.meisteramt im spät. MA., 1885; Th. Fallner, H. Kretschmayr, Österr. Zentralverw., 1907; V. Samanek, Kronrat u. Reichsh.rat im 13./14. Jh., 1910; M. Lintzel, Die Beschlüsse der dt. H.tage 911–1025, 1924; O. Joelson, Ks. Maximilian I. u. d. Behördenwesen seiner Zt., (VSWG 24) 1931; L. Groß, Gesch. d. Reichsh.kanzlei 1599–1806, 1933; O. v. Gschließer, D. Reichsh.rat, 1942; F. Hausmann, Reichskanzlei u. H.kanzlei, 1956.

Hoheit (frz. *altesse*, engl. *highness*), als Ausdruck überragender Würde Prädikat fürstlicher Personen, seit dem 17. Jh. Anrede der nächsten Angehörigen von ks. und kg. Familien, im Laufe des 19. Jh. auf großherzogliche Familien und regierende Herzöge erweitert, mit den Abstufungen *ks.*, *kg.*, *großhzgl. H.*, *H.*; – die innerhalb eines Gebietes ausgeübten Herrschaftsrechte (→Gerichtsbarkeit, Regalien), →Landes-h., Souveränität, vereinzelt auch das Gebiet selbst; die Eigenschaft des modernen →Staates als Träger der legitimen, monopolisierten Gewaltsamkeit, mit der er die H.s-rechte, symbolisiert in den H.s-zeichen (Flaggen, Wappen, Hymne), im H.s-gebiet, -gewässer (→Einflußzone) ausübt.

Hohlpfennige, nach Aufhören der eigentlichen →Brakteatenprägungen (→ auch Groschen) nach Art dieser, v.a. in Dtld. 14./16. Jh., einseitig geprägte dünne Silberscheidemünzen geringen Wertes.

Holden, →Grundholden.

Hollerrecht, Sonderrecht für holländische Siedler in Niedersachsen und im Bereich der dt. Ostsiedlung.

Home Rule (engl.), ‚Selbstregierung' im Rahmen des Britischen Weltreichs, programmatische Forderung der irischen Nationalisten, 1886 gescheitert (H.-R.-Bill W. E. Gladstones, 1809–98), 1921 verwirklicht.

homo (lat. ‚Mensch', ‚Mann' in vielfältiger Bedeutung, Plur. *homines*, mlat. auch ‚Leute', Untertanen – Unfreie und Vasallen –), als Gattungsbezeichnung (vgl. *h. novus*, in der späten röm. Republik im Gegensatz zu den *nobiles* ein in die Senatsaristokratie aufgestiegener Abkömmling eines neuen Geschlechts. z.B. M. Porcius Cato, 234–149v., M. Tullius Cicero, 106–43v.) seit K. v. Linné (*h. sapiens:* der Mensch der Jetztzeit) im Dienste einer philosophischen Anthropologie bei Versuchen, das Wesen des Menschen von verschiedenen Teilaspekten her zu fassen, sehr beliebt: z.B. *h. oeconomicus*, der Mensch als wirtschaftlich handelndes Wesen (entspr. *h. technicus*, *politicus* u.a.); *h. faber*, der Mensch als ‚Handwerker', der die Welt handelnd verändert; *h. ludens*, der ‚spielende Mensch' als Schöpfer der Kultur; mlat. homagium (frz. *hommage*), der →Lehenseid, → auch Kommendation, →Ligesse.

J. Vogt, H. novus, 1926; Ernst Meyer, Röm. Staat, [4]1975; – M. Scheler, Mensch u. Gesch., [2]1954; – J. Huizinga, H. ludens, 1938 u. ö.; – → Lehen.

Honores (lat. *honor*, *honos* ‚Ehre', auch als Gott personifiziert, mlat. ‚Amt', auch →‚Lehen'), Ehrenämter, bes. die senatorischen Ämter der röm. Republik (*cursus honorum:* Ämterlaufbahn); dav. Honourable, ‚Ehrenwerter', Anrede des engl. Hochadels bis einschließlich →Marquis (*Most Hon.*), auch höchster Richter und Beamten, in den USA. auch der Kongreßmitglieder; Honoratioren (‚die Geehrteren'), angesehene Bürger, bes. kleinerer Städte und Gemeinden (→Partei).

Hon(n)schaft (‚Hundertschaft'), ländliche Gemeinde am Niederrhein, aus Einzelhöfen oder kleinen Dörfern bestehend, →Bauerschaft, →Heimbürge.

Honved (ung.), 1848 in Ungarn aufgestellte Freiwilligentruppe; 1867–1918 Bezeichnung der ung. Landwehr, seit 1919 der gesamten ung. Armee.

Hopliten (gr.), die ‚Schwerbewaffneten' der gr. →Phalanx, seit etwa 650v. kampfentscheidend und adeligen Einzelkämpfern überlegen, daher von zunehmend stärkerem politischem Einfluß, →Zeugiten; **-polis**, die →timokratische Ordnung des gr. Stadtstaates des 6./5. Jhv. zwischen →Aristokratie und →Demokratie; **-taktik**, die Kampfesweise des massierten Angriffs der geschlossenen →Phalanx, die, im Gegensatz zu den ritterlichen Idealen, ein hohes Maß an Disziplin erforderte, in der gr. Welt, von Sparta ausgehend, seit dem 7. Jhv. verbreitet.

J. Kromayer, G. Veith, Heerwesen u. Kriegf. d. Griech. u. Römer, (Hb. d. At. wiss.) 1928; H. Bengtson, Griech. Gesch., (ebda.) [4]1969.

Horde (mongol.-türk. *ordu*, ‚Zelt'), Zeltlager des →Khans, seit dem Mongolensturm im 13. Jh. Bezeichnung für den mongolischen oder türkischen Stammesverband unter einem Khan, v.a. in Mittelasien, z.B. die *Goldene H.* des 13.–15. Jh., das mongolische Reich Batus in der südrussischen Steppe mit Hauptstadt Saray-Batu bei Astrachan; z.Zt. des 30jährigen Krieges in abgewandelter Bedeutung und dt.: barbarische Gemeinschaft ohne staatliche Organisation.

B. Spuler, D. goldene H., 1943.

Hörigkeit, Sammelbegriff für eine oft sehr verschiedene Abhängigkeit der bäuerlichen Bevölkerung von einem großen →Grundherrn oder vom Staat. H. im weiteren Sinne ist in fast allen Kulturkreisen in irgendeiner Form verbreitet. Wesentliches Merkmal der H. im engeren Sinn ist die Gebundenheit an die Scholle *(glebae adscriptus)* im Rahmen einer →Grundherrschaft, wie sie in der Spätantike dem urspr. freien →Kolonen seit Konstantin (306–37) endgültig vorgeschrieben ist. H. kennen auch schon die Germanen. Im frühen und hohen MA. erweitert sich der Kreis der Hörigen zunehmend durch →Freie, die infolge von Schuldknechtschaft in die H. absteigen oder freiwillig sich in den Schutz (Schutz-h.) eines mächtigen →Grundherrn begeben. Charakteristisch ist auch jetzt, daß der Hörige (→Grundholde, *mancipium*, *servus casatus*) an die Scholle gebunden ist, diese Gebundenheit an seine Kinder weiter vererbt und mit dem Gut, das er bestellt, veräußert werden kann. Er lebt nach →Hofrecht, leistet bestimmte Abgaben, ist zu gemessenen →Frondiensten, oft auch zu persönlichen Diensten auf dem →Fronhof (Salhof) verpflichtet, desgleichen seine unverheirateten Kinder. Seine Stellung bessert sich im Lauf des MA. weitgehend, die Abgabe wird v.a. seit dem 13. Jh. zu einem bloßen Rekognitionszins, der Besitz erblich; die Erben zahlen ein →Mortuarium, das, landschaftlich sehr verschieden, von einer rein symbolischen Abgabe bis zu ⅓ bzw. ½ des Vermögens reichen kann, wobei beim Tod des Erblassers oft noch eine Bestandsaufnahme des Vermögens erfolgt. Doch gibt es immer noch bedeutende, je nach Landschaft wechselnde rechtliche Unterschiede; dazu kommt, daß die Standesunterschiede auch nach dem

Eintritt in die H. durch Verbot der Heirat zwischen ständisch Ungleichen trotz gleicher wirtschaftlicher Stellung bis zum Ende des MA. aufrecht erhalten werden. H. kann auch territorialisiert werden, d.h. an einen bestimmten Landstrich gebunden sein, so daß jeder, der dort ein →Leihgut besitzt, der H. unterworfen ist nach dem Rechtsgrundsatz ‚Luft macht eigen'. Der H. werden vielfach in Erweiterung des Begriffs die *homines proprii* des 11./12. Jh. (→Leibeigenschaft), die →Wachszinser, seit dem 13. Jh. die →Leibeigenen, schließlich jeder Unfreie zugerechnet.

G. Below, F. Lütge, Gesch. d. dt. Landwirtsch., ²1966; F. Ganshof in: Cambridge Econ. Hist. of Europe 1, 1942; Ch. E. Perrin, La servage en France et en Allemagne, (Rel. Hist. Kongr. Rom 3) 1955; K. Bosl, Mensch u. Ges. in der Gesch. Europas, 1972.

Hospes (lat. ‚Gastfreund'), der von einem röm. Bürger, später auch vom röm. Staat mit dem Rechtsschutz der Gastfreundschaft *(hospitium)* bedachte Fremde. Diese umfaßt Beistand vor Gericht, Vermittlung von Geschäftsverbindungen, ist vom Vater auf den Sohn vererbbar; ihr Kennzeichen ist die *tessera hospitalis* (‚Gastmarke'). Der H. wohnt in speziellen *domunculae*, später *hospitalia;* dav. Hospital (auch Spital, Spittel), in MA. und NZ. Stätte christlicher Liebestätigkeit an Kranken, Alten und Pilgern. Vorform des Hospitals ist das *Xenodochium* (gr. ‚Herberge') des frühchristlichen Ostens, das, im FrühMA. auch in Italien und Frankreich vorkommend, dann von den von →Klöstern und →Stiftern betriebenen Spitälern abgelöst wird. Zur Pflege der Kranken bilden sich v.a. im 12.–14. Jh. eigene Spitalorden (z.B. Anfänge der Johanniter, Heilig-Geist-Orden, Antoniter), die sogen. Hospitaliter. Mit dem Aufblühen der Städte überflügeln die bürgerlichen Spitäler mit differenzierterem Aufbau (Haupt-, Blattern-, Leprosen-, Armen-, Pilgerspital), der von der Stadt geleiteten kaufmännischen Verwaltung ihres oft umfangreichen Grundbesitzes die geistlichen Spitäler; Hospiz (lat. *hospitium*), im MA. von Mönchen betriebene Herberge in abgelegenen Gegenden an Pilgerwegen, Bergpässen (Gr. St. Bernhard) und Wallfahrtsorten; Hôtel (frz. von lat. *hospitale*) im Frankreich der Renaissance und des Absolutismus Stadtpalast des hohen Adels; Hôtel-Dieu, in mehreren frz. Städten das städtische Spital; Hôtel de ville, in den frz. Städten Sitz der Stadtverwaltung, Rathaus.

H. E. Feine, Kirchl. Rechtsgesch., ⁴1964; D. Jetter, Gesch. d. dt. Hospitals, 1966; D. Leistikow, Hospitalbauten in Europa aus 10 Jhh., 1967.

Hospodar (slav. ‚Herr'), im Kleinru. Bezeichnung für Hausherr oder Familienoberhaupt, dann Titel der Fürsten der Moldau und Walachei vom späten MA. bis 1866 mit der Nebenbedeutung eines nicht souveränen, eines Vasallenfürsten.

Hubmeister, in Ober- und Niederösterreich im 15. Jh. der leitende Beamte der landesherrlichen Finanzverwaltung.

Hufe (mhd. *huofe*, lat. *mansus*), bäuerliche Siedlerstelle, die sich aus der Hofstatt mit dem dazugehörigen Ackerland sowie Nutzungsrechten an der →Allmende zusammensetzt. In der Merovingerzeit ist die Größe der H. nicht genau bestimmt. Erst seit den Karolingern wird die H. eine bestimmte Größeneinheit, nämlich der Hof eines Vollbauern, der sich im Lauf des MA. durch Bevölkerungsvermehrung und Erbteilung in Halb-h.n, Viertels-h.n, Achtels-h.n zersplittern kann. Umgekehrt beträgt die Königs-h., bzw. Adels-h. das Vielfache einer normalen H. Das Aufkommen dieser H.n-verfassung läßt sich z.T. mit einer Veränderung der Heeresverfassung in der Karolingerzeit erklären. Der weitere Ausbau der H.nordnung vollzieht sich i.a. im Rahmen der →Grundherrschaft. Der Grundherr braucht ein Größenmaß, um Zins und Dienste seiner Grundholden gerecht festlegen zu können und sein Land einigermaßen rationell zu verwalten. Während der →Rodungen des Hoch-MA. gilt die H. als Besitznorm bei der Anlage von →Waldhufen. Im →Territorialstaat des späten MA. und der frühen NZ. bildet die H. das Maß für den Ansatz der landesherrlichen Lasten. Der Ursprung der H ist in der Agrarforschung noch umstritten.

G. Waitz, Ü. d. alte dt. H., (ges. Abh. 1) 1896; J. Reichel, D. H. nverf. z. Zt. d. Karol., 1907; R. Kötzschke in: FS. A. Dopsch. 1938; H. Bechtel, Wirtsch.-gesch. Dtlds, [4]1967; F. Lütge, Dt. Soz.- u. Wirtsch.gesch., [3]1966; ders., Gesch. d. dt. Agrarverf., [2]1968.

Hugenotten (aus *Iguenots* ‚Eidgenossen'), die frz. Calvinisten, die sich seit 1555 unter starker Beteiligung des Adels zu Gemeinden zusammenschlossen; nach der Auseinandersetzung des H.tums mit dem kath. Königtum (H.-kriege 1562–98, Bartholomäusnacht 24.8.1572) ermöglichte das Toleranzedikt von Nantes durch Heinrich IV. 1598 eine Blüte des H.tums, bes. im Bürgertum der großen Handelsstädte; die Aufhebung des Edikts durch Ludwig XIV. 1685 zwang große Teile der H. zur Flucht in die umliegenden Länder (→Refugiés), wo sie ein wesentlicher Faktor der aufblühenden bürgerlichen Kultur wurden.

H. Erbe, Die H. in Dtld., 1937; J. Chambon, D. frz. Protestantismus, [6]1948. O. Zoff, Die H., 1948; E. G. Leonard, Le protestant français, 1953; J. Condy, Die H.kriege in Augenzeugenberichten, 1965.

Hulde (nhd. auch Huld), die persönliche Bindung im →Lehenswesen, die Ergebenheit des Mannes, die gnädige Gesinnung des Herrn; die bei der Belehnung vorgenommenen Handlungen, →Kommendation, eigentlicher Lehenseid *(→homagium)* und allgem. Treueid *(fidelitas, fides*, frz. *foi)*, bes. der letztere; Huldigung, allgem. Treuegelöbnis durch Treueid (→ auch Gefolgschaft), so aller Untertanen für Karl d.Gr. (789, 802), der →Stände für den →Landesherrn, auch der →Hörigen für den Grundherrn u.ä.; die H. der Stände – soweit sie zur Voraussetzung für die Ausübung der Regierungsgewalt wurde, wirksames Regulativ →absoluter Fürstenmacht – wird im Lauf des 19. Jh. mit dem Fortschreiten der konstitutionellen Entwicklung als überflüssig aufgegeben.

→Lehenswesen.

Human (lat. *humanus* zu *homo* ‚Mensch'), ‚menschlich', als Programmwort zuerst enthalten in dem röm. Begriff der H.itas, die, erstmals um 150v. im Kreis des Jüngeren Scipio (185–129v.), zunächst nur die heiter-gelassene

Selbstsicherheit einer aristokratisch-urbanen Geselligkeit meint, sich bald aber mit den gr. Vorstellungen von Bildung *(Paideia)* und Menschenliebe *(Philanthropia)* eng verbindet. V.a. durch M. Tullius Cicero (106–43v.) in der abendländischen Welt verbreitet, erhält sie als H.ität (vgl. frz. *humanité*, engl. *humanity*, it. *umanità*, die indes, dem lat. Wort entsprechend, auch – z.T. vorwiegend – ‚Menschheit', ‚Menschengeschlecht' bedeuten) bes. durch J. G. Herder (1744–1803) eine die gr. Einströmungen akzentuierende neue Festigung als Menschheits- und Erziehungsideal, harmonische Ausbildung des Seelischen und des Geistigen im Menschen. Indes wird der Begriff nicht einheitlich verstanden, da er den Wandlungen des Begriffs H.ismus folgt; H.ismus (neuere Bildung zu: Humanist, it. *umanista* ‚der sich dem Studium der *humaniora* zuwendet'; – sofern nicht, wie der rein philosophische Begriff, der die zentrale Stellung des Menschen in Erkenntnistheorie und Wertwelt betont, direkt von lat. *humanus* abgeleitet), (1) als eigentlich historischer Begriff die große geistige Bewegung der →Renaissance (als Epoche etwa vom Auftreten F. Petrarcas, 1304–74, bis zum Tode Ph. Melanchthons, 1497 bis 1560 zu begrenzen, mit dem Höhepunkt bei G. Pico, Gf. v. Mirandola, 1463–94, D. Erasmus, 1469–1536, Th. Morus, 1478 bis 1535 u.a.), die, getragen von der neu erwachten Liebe zur →Antike, im 15. Jh. befruchtet durch die Abwanderung gr. Gelehrter nach Italien, sich der Lektüre, Erforschung, Neuentdeckung und Edition der Werke des klassischen At. sowie der Nachahmung ihres Stils widmete. Durch die freie Entfaltung der individuellen Persönlichkeit, den endgültigen Durchbruch der Laienbildung, durch die Impulse, die er Wissenschaft und Erziehung vermittelte, prägte der H.ismus den Charakter der NZ. entscheidend mit; (2) danach im weiteren Sinne jede Auseinandersetzung mit dem Geist der antiken, bes. der klassisch-gr. Welt, als Rezeption und Anpassung zugleich im Sinne der Einheit der abendländischen Geschichte an der Gestaltung der nationalen Individualität arbeitend: so der mächtig fortwirkende röm. H.ismus um Cicero, der gr. der sogen. Zweiten →Sophistik, der seit dem 2. Jhn. für die Tradition der gr. Bildung und die Einheit der gr. Reichshälfte bis in byz. Zeit wirkte; der Neuh.ismus der dt. Klassik um W. v. Humboldt (1767–1835), der die dt. Erziehung des 19. Jh. nach den Idealen der Antike orientiert (‚Vorzüglich aber muß es in einem Zeitalter, wo durch unzählige vereinte Umstände die Aufmerksamkeit mehr auf Sachen als auf Menschen und mehr auf Massen von Menschen als auf Individuen, mehr auf äußeren Wert und Nutzen als auf innere Schönheit und Genuß gerichtet ist und wo hohe und mannigfaltige Kultur sehr weit von der ersten Einheit abgeführt hat, heilsam sein, auf Nationen zurückzublicken, bei welchen dies alles beinah gerade umgekehrt war'), sowie der sogen. Dritte H.ismus des 20. Jh. (W. Jaeger, geb. 1888, J. Stenzel, 1883–1936 u.a.), der auf die überzeitlichen Inhalte der gr. *Paideia* zurückführt.

R. Reitzenstein, Werden u. Wesen d. H.ität im At., 1907; F. Klingner in: Beitr. z. geist. Überlieferung, 1947; F.

Beckmann, H.itas, 1952; E. Howald, H.ismus u. Europäertum, 1957; G. Möbus, Europ. H.ität als pol. Formkraft, 1963; – K. Burdach, Renaissance, Reformation, H.ismus, ²1926; P. Joachimsen, D. H.ismus u. d. Entw. d. dt. Geistes, (DVJ 8), 1930; H. Rupprich, H.ismus u. Renaissance, ²1935; E. Garin, Der it. H.ismus, 1949; – W. Rüegg, Cicero u. d. H.ismus, 1946; R. Newald, H.itas, H.ismus, H.ität, 1947; H. Weinstock, D. Tragödie d. H.ismus, ³1957; P. B. Stadler, W. v. Humboldts Bild d. Antike, 1959; E. Kessler, D. Problem d. frühen H.ismus, 1968; L. Borinski, D. Wesen d. europ. H.ismus, 1968; P. Joachimsen, Ges. Aufs., 1970.

Hundertschaft, nach der älteren verfassungsgeschichtlichen Lehre (zuletzt nach H. Conrad, 1954) bei den Germanen Unterabteilung der Völkerschaft *(civitas)* mit einem vom Volk frei gewählten H.s-vorsteher (Hunne), der den Vorsitz im H.s-gericht führt und das militärische Aufgebot leitet (nach ‚*centeni*‘, Tacitus, Germ. 12); nach der neuesten Forschung (v.a. H. Dannenbauer) ist H. (alem., fries., schwed. *huntari*, ags. *hundred*) Übersetzung von lat. *centena* (→Cent), der spätröm. Militärsiedlung auf Staatsländereien, die vom fränk. Reich übernommen, von da aus ins ags. England übertragen und als Name für einen adligen Herrschaftsbezirk von Alemannen, Friesen (bei diesen beiden z.T. auch allodialisierte Centene), Schweden verwendet wird.

H. Dannenbauer, Grundl. d. ma. Welt, 1959/62.

Hunnen, nach einer Stelle der Rede Ks. Wilhelms II. bei der Verabschiedung des dt. Kontingents zur Niederwerfung des Boxeraufstands 27.7.1900 (sofort aufgegriffen von der oppositionellen Presse unter Verbreitung tendenziöser Greuelmeldungen) Schlagwort der Feindpropaganda im 1. Weltkrieg, die in Wort und Bild die dt. Soldaten abscheulichster Kriegsgreuel bezichtigte.

Husaren (ung. zu it. *corsaro*), seit dem 15. Jh. ung. Reiteraufgebot, im 18. Jh., bes. unter Friedrich d. Gr. in Preußen, leichte Kavallerie als eigene Waffengattung in europ. Heeren, im 19. Jh. nur mehr Traditionsname von Kavallerieregimentern.

Hussiten, die Anhänger des tschech. Reformers J. Hus (1369 bis 1415), die sich nach dessen Hinrichtung in Konstanz zu stark national gefärbtem Widerstand und zum Kampf gegen Kirche (Forderung der Laienkirche) und Reich vereinigten und mit ihren nicht zu schlagenden Heeren unter Zizka und Prokop die Nachbarländer Böhmens verwüsteten (H.-kriege 1419–36). Die Spaltung der H. in die gemäßigten Utraquisten und die radikalen Taboriten (1434 von den Utraquisten besiegt) begünstigte den Ausgleich mit der kath. Kirche, die im Frieden von Kuttenberg 1485 den Utraquisten Laienkelch und eigene Kirchenordnung endgültig beließ. Nachwirkungen des hussitischen Geistes führten zum Zusammenschluß der Böhmischen Brüder (Brüder-Unität 1467), die später wiederum auf die Herrnhuter Brüdergemeinde befruchtend wirkten.

F. v. Bezold, Gesch. d. H.tums, 1874; F. Seibt, Hussitica, 1965; R. Kalivoda, A. Kolesnyk, D. huss. Denken im Lichte s. Quellen, 1969.

Hypaspisten (gr. ‚Schildknappen‘), Kerntruppe im Heer Alexanders d. Gr., Fußsoldaten außerhalb der →Phalanx.

Hypatos (gr. ‚der Höchste'), in röm. und byz. Zeit die gr. Bezeichnung für →Konsul.

Idealismus (von gr. *idea*), philosophische Auffassung, derzufolge die Dinge der Welt nur scheinbar selbständig existieren, ihr Sein durch die Vorstellung des Bewußtseins bestimmt wird; als Gegensatz zum →Materialismus Inbegriff der gegnerischen Philosophie des →dialektischen Materialismus (‚Das Sein bestimmt das Bewußtsein'); Deutscher I., im engeren Sinne zusammenfassender Begriff für J. G. Fichte (1762–1814), G.W.F. Hegel (1770 bis 1831), F. W. Schelling und ihre in der Auseinandersetzung mit I. Kant (1724–1804) entstandene Philosophie, im weiteren Sinne das gesamte philosophische Denken der Zeit (Goethe, Schiller, Schleiermacher, W. v. Humboldt u. a.). Der Dt. I. ist nicht nur für die Philosophie des 19./20. Jh., sondern auch für die Geschichtstheorie von entscheidender Bedeutung, →Dialektik, Historismus, Staat u. a.

N. Hartmann, D. Philos. d. Dt. I., 1923–29; K. Löwith, V. Hegel bis Nietzsche, [4]1958, ND 1969.

Idealtypus, von M. Weber (1864 bis 1920) geprägtes Wort, das den aus Einzelerscheinungen gewonnenen, eine geschichtliche Epoche oder Struktur erfassenden Begriff bezeichnet, an dem der Historiker seine Hypothesen und seine Darstellung orientiert.

M. Weber, Ges. Schr., 1922ff.; bes. Die ‚Objektivität' sozialwiss. u. sozialpol. Erkenntnis; J. J. Schaaf, Geschichte u. Begriff, 1946; H.-I. Marrou, De la connaissance historique, 1954.

Ideologie (gr. Lehre von den Ideen'), (1) frz. sensualistische Philosophie um 1800 (A. L. C. de Destutt de Tracy, 1754–1836, u.a.), (2) seit Napoleon I., wieder aufgenommen seit K. Marx, → Marxismus, (wirklichkeitsfremde, trügerische, klassenbedingte) Gedankenwelt (v.a. im engl. ohne die abschätzige Nebenbedeutung); (3) v.a. seit K. Mannheim (1893–1947) Gegenstand der Untersuchungen der modernen →Soziologie, die aus ‚Mentalitäten' systematisierte, aus subjektiven Urteilen objektivierte ‚unechte' Weltanschauung, ‚Ideenkomplex, der sich um die Aufrechterhaltung der bestehenden Ordnung bemüht'.

K. Mannheim, I. u. Utopie, [5]1969; Th. Geiger, I. u. Wahrheit, 1953; E. Spranger, Wesen u. Wert. pol. I.n, (VJZG 2) 1954; J. Hersch, D. I. u. d. Wirklichkeit, dt. 1958; J. Barion, Was ist I.?, [2]1971; E. Lemberg, I. u. Gesellsch. 1971; H. J. Lieber, I., Wissensch., Gesellsch., 1976.

idiographisch (gr. Kunstw.), von W. Windelband (1848–1915) geprägter Begriff, um den Unterschied zwischen den verallgemeinernden oder nomothetischen Naturwissenschaften und den ‚das Einzelne erfassenden und beschreibenden' Kulturwissenschaften darzutun.

W. Windelband, Präludien, [9]1924; W. Brüning, Gesch.-Philos. d. Gegenw., 1961.

Idios Logos (gr.), ‚Privatkonto', Sonderkasse des Herrschers im hellenistisch-röm. Ägypten, die unregelmäßigen Einkünfte (herrenloses Gut u.a.) umfassend, in röm. Zeit auch der Titel des leitenden Beamten, des ranghöchsten nach dem →Präfekten.

W. Graf Uxkull-Gyllenband, D. Gnomon d. I. L., 1934.

Ikono-graphie (gr.), ‚Beschreibung der Bilder', die niedere

→Hermeneutik der →Archäologie, Beschreibung und Identifizierung von antiken Porträts, von Heiligenstatuen (nach ihren Attributen) u.a., seit dem 19. Jh. allgem. die (theologische) Betrachtung der Kunstgegenstände nach dem Inhalt des Dargestellten; -klasten, -latrie →Bilderstreit.

E. Kirschbaum, Lex. d. christl. I.-graphie, 1968ff.

Ilek-Khan, Ilkhan → Khan.

Illuminaten (it. *illuminati* ‚die Erleuchteten, Aufgeklärten'), Name verschiedener Geheimgesellschaften der Aufklärungszeit, bes. des I.-Ordens, von A. Weishaupt (1748–1830) 1776 in Ingolstadt gegründet, von A. v. Knigge (1752–96) in Norddtld. verbreitet, 1784 durch die bayrische Regierung verboten, der für kurze Zeit zahlreiche führende Geister Dtlds. in sich vereinigte.

R. v. Dülmen, D. Geheimbund der I., 1975.

Illustris (lat. ‚erlaucht'), im 4. Jhn. aus einer ehrenden Anrede zu senatorischem Rang und Titel umgewandelt; der I.simat stellte die höchste Stufe des →Clarissimats dar und blieb im spätröm.-byz. Reich den höchsten Würdenträgern vorbehalten; mlat. Prädikat der →Reichsfürsten, bis 1630 *(i.simus)* der Kardinäle; vgl. dt. →Erlaucht, →Durchlaucht.

Imagines →Bildnisrecht.

Imam (ar. ‚Führer'), urspr. Karawanenführer, seit Mohammed Vorbeter im Gottesdienst; bei den Schiiten Bezeichnung der 5,7 (Ismailiten) oder 12 Nachfolger des Kalifen Ali; seit 1633 Titel der Herrscher des Yemen.

Imbreviatur (zu lat. *brevis*, ‚kurz'), im ma. →Notariat Akten-, Urkundennotiz mit rechtlicher Beweiskraft.

→Urkundenwesen.

Immediat (nlat. ‚unmittelbar') ist eine der obersten staatlichen Instanz, z.B. dem Kaiser oder Landesherrn, unmittelbar untergeordnete Person bzw. Behörde oder eine jener unmittelbar zukommende Sache, so I.-behörde, von einem Ministerium unabhängige oberste Behörde, I.-bericht, direkte Berichterstattung an das Staatsoberhaupt, entspr. I.-gesuch; I.-vortragsrecht, Recht eines Ministers, unter Umgehung des Ministerpräsidenten beim Staatsoberhaupt Vortrag zu halten (→auch Kabinett); I.-stände, im Dt. Reich bis 1803–06 d. reichsunmittelbaren Stände, z.B. → Reichsstädte, Reichsabteien und →Reichsritterschaft.

Immunität (lat. *immunitas*, *emi-nitas* ‚Dienst- und Abgabenfreiheit'), im röm. Reich die Freiheit der ks. →Domänen von öffentlichen Abgaben und Lasten, die in der Spätantike auf kirchlichen und senatorischen Besitz ausgedehnt wird; im fränk. Reich bestätigt das Pariser Edikt von 614 neben der I. des →Königsguts und der Kirche auch I.en des →Adels, die in der →Haus-, Grund- und Gefolgschaftsherrschaft des germ. Adels wurzeln; Die fränk. I.en weisen eine negative und eine positive Seite auf: (1) Das I.sgebiet ist befreit a) vom Eingreifen öffentlicher Beamter (Verbot des *introitus*) b) teilweise von öffentlichen Abgaben und Lasten und ihrer Einziehung (Verbot der *exactio*); (2) Der I.sherr, bei kirchlichen I.en sein Beamter (*missus*, *iudex*, seit den Karolingern der →Vogt), übt mit

Hilfe einer →Banngewalt seinerseits staatliche Funktionen aus, v.a. als Gerichtsherr, dann als Träger des →Heerbanns innerhalb des I.sbezirks; der Kg. wahrt sich ein Kontrollrecht über die kirchliche I. durch Mitwirkung des →Grafen bei der Bestellung des I.sbeamten, dessen Amtsführung er durch →*missi* überwachen läßt; durch Verbindung von kirchlicher I. und →Königsschutz seit Ludwig dem Frommen, mit der direkten Bestellung des →Vogtes durch den Kg. seit der 2. Hälfte des 9. Jh. erwirbt v.a. das ma. dt. Königtum allmählich eine Art Obereigentum an allen mit I.en begabten Kirchen; häufiges Verleihen von I.sprivilegien im 10./11. Jh. führt so zur ottonisch-salischen →Reichskirche und endlich zur →Reichsunmittelbarkeit der →geistlichen Fürsten und Reichsklöster; die urkundlich kaum greifbare I. der Adelsherrschaften bildet andererseits eine der Grundlagen der späteren →Landeshoheit. – I. im engeren Sinne ist nach germ. und kirchlicher Anschauung der bes. Schutz und Frieden für Kult- und →Asylstätten (Domfreiheit, Freiung usw.); aus ihr leitet die Kirche einen Anspruch auf eigene Gerichtsbarkeit über Klerus und Laien innerhalb scharf abgegrenzter, oft ummauerter Bezirke (z.B. Klosterhöfe innerhalb von → Reichsstädten) wie auf völlige Steuerfreiheit gegenüber Stadt und Territorium im späten MA. und früher NZ. ab. – Im heutigen Sprachgebrauch bedeutet I. die Unantastbarkeit der Diplomaten und Abgeordneten durch die Landesgesetze; bei letzteren wird sie im Falle eines strafrechtlich zu verfolgenden Delikts durch Parlamentsbeschluß aufgehoben.

J. Ficker, Über d. Eigentum d. Reiches am R.skirchengut, (SB. Wien) 1872; E. E. Stengel, Die I. in Dtld., bis zum Ende d. 11. Jh., 1910; H. Hirsch, D. Kloster-i., 1913; E. E. Stengel, Art. I. in RGG, 1929; Th. Mayer, Fürsten u. Staat, 1950, ND 1969; W. R. Beyer, I. als Privileg, 1966.

Impeachment (engl.), ‚Anklage' gegen einen Minister oder gegen den Präsidenten der USA, in England (bis 1805) vom Unterhaus vor dem Oberhaus, in den USA vom Repräsentantenhaus beim Senat wegen schlechter Amtsführung eingebracht.

Imperator (lat.), (siegreicher) Feldherr, Ehrentitel für →Magistrate mit →Imperium, von den Soldaten auf dem Schlachtfeld verliehen, vom Senat bestätigt; von Cäsar und Augustus als Vornamen geführt; von den Kaisern für sich beansprucht, wird der I.entitel während des 1. Jhv. allmählich fester Bestandteil der Kaisertitulatur; = →Kaiser.

Imperium (lat.), ‚Befehlsgewalt' der obersten röm. →Magistrate (→Konsul, Prätor), nach Th. Mommsen die Fortsetzung der alten, an sich unbegrenzten Königsgewalt, (Beschränkungen → Kollegialität, Annuität), von Neueren als Gegensatz zu *potestas* (Amtsbefugnis, bes. der niederen Beamten), bes. als militärischer Oberbefehl verstanden (mit dem Recht der Truppenaushebung, →Auspizien. Kriegführung, →Triumph, Vertragsschließung, der Einberufung und Leitung von Volksversammlung und →Senat, *ius edicendi* →Edikt, Jurisdiktion →Liktoren, Verfügung über die Staatskasse, →Münzrecht), zufolge des Ernennungsrechts übertragbar; Amtsgewalt des Statthalters in seiner →Provinz, →Promagistratur, 27v. Augustus für das gesamte Reichsgebiet übertragen *(i. proconsulare maius)*; der Amtsbereich des →Magistrats mit I., seit dem 1. Jhv. *I. Romanum* das Römische Reich; im MA. *I. Romanum* (seit Karl d. Gr.), *Sacrum I.* (seit dem 11. Jh.) das →Reich; in der NZ. Kaiserreich, Großreich, Weltreich, bes. das britische, →Empire, das italienische (Erneuerungsversuch des faschistischen Italiens 1935 bis 1943); im Staatsrecht die →Staatsgewalt; Imperialismus, zuerst für Napoleon I. und III. gebraucht, das Streben des Kaisertums, dann jeder Macht, das urspr. Gebiet durch Eroberung, →Annexion usw. zu vergrößern (kontinentaler, nationaler I.), seit etwa 1880, von England ausgehend, der – bewußte und zur Richtschnur des Handelns erhobene – ,Drang der Völker und Machthaber nach einem wachsenden Anteil an der Weltherrschaft, zunächst durch überseeischen Besitz' (Friedjung), doch auch lediglich durch wirtschaftliche Durchdringung (kolonialer, wirtschaftlicher I.); als Epochenbezeichnung die Zeit von 1888–1914 (Friedjung); inwieweit der Begriff des 19. Jh. auf ältere Epochen anwendbar ist, (z.B. auf die röm. Politik des 2./1. Jhv.), ist in der Wissenschaft viel erörtert und umstritten.

Th. Mommsen, Röm. Staatsrecht, [4]1952; A. Heuß, ZRG. GA 1944; K. Christ, Krise u. Untergang d. röm. Rep., 1979; – H. Wagenvoort, I., 1941; Ernst Meyer, Röm. Staat, [4]1975; A. Dempf, Sacrum I., [3]1962; W. Henneke, Idee u. Gestalt d. Hl. Röm. Reiches, 1967; – H. Friedjung, Das ZA. d. Imperialismus, 1919ff.; J. Schumpeter, Zur Soziologie d. I., 1919; J. A. Hobson, Der Imperialismus, dt. 1968; N. Lenin, D. I. als höchstes Stadium d. Kapitalismus, (Ausgew. Werke I) 1946; G. W. F. Hallgarten, I. vor 1914, 1951; W. Mommsen, Der mod. Imperialismus, 1971.

Impost (frz. *impôt* a. d. lat. *impositum* ,Auflage'), um 1800 gebraucht für Steuer, bes. →Akzise.

Imprimatur (lat. ,es werde gedruckt'), Druckerlaubnis des Autors, der staatlichen und bes. der kirchlichen Zensurbehörde, muß bei theologischen, kirchenrechtlichen, naturrechtlichen oder ethischen Schriften katholischer Autoren vom Ordinarius der →Diözese des Verlegers eingeholt werden.

Inauguration (lat.), die Amtseinführung, bes. röm. Priester, durch einen →Augur; allgem. Amtseinführung; Inaugural-diplom, die bei der Krönung unterzeichnete Bestätigung der →Privilegien.

Indemnität (frz. a. d. lat.), Straflosigkeit, nachträglich vom Parlament erteilte Entlastung für Handlungen, die die Regierung in einem Notstand verfassungswidrig vorgenommen hat; Sache und Wort in England seit dem 17. Jh., in Dtld. bekannt geworden durch Bismarck (Thronrede 5.8.1866); preußisches I.s-gesetz v. 3.9.1866 erteilt I. für die Haushaltführung in der Konfliktszeit 1862–66.

G. Ritter, HZ 114, 1915; L. Dehio, HZ. 140, 144, 1929, 1931; K. Kaminski, Verf. u. Verf.konflikt in Preußen, 1938.

Independenten, frz. *indépendants*, engl. *independents*, Unabhängige, eingedeutscht nur = → Kongregationalisten.

Index *(librorum prohibitorum)*, Verzeichnis der von der katholischen Kirche verbotenen Bücher, nach einigen regionalen Vorläufern 1559 von Papst Paul IV. erstmals für die Gesamtkirche publiziert, ab 1571 durch die I.-kongregation. seit 1918 durch das S. Officium (→Kurie) weitergeführt, nach dem Vaticanum II am 29.3.1967 außer Kraft gesetzt.

A. Sleumer, I. Romanus, dt. [11]1956.

Indienrat, in Spanien und Portugal bis ins 19. Jh. kollegiale Zentralbehörde für die Verwaltung sämtlicher Kolonien, in England 1858–1947 Beirat des Staatssekretärs für Indien, nur für dieses Land.

Indigenat (zu lat. *indigena* ‚eingeboren'), im frühen nz. Staat Heimatrecht, auch Zugehörigkeit zu den bevorrechteten →Ständen, dann Untertanschaft, schließlich Staatsangehörigkeit schlechthin. In Dtld. besteht seit 1871 ein für das Reichsgebiet gemeinsames I.; I.s-recht, rechtmäßige Bevorzugung der Einheimischen bei Ämterbesetzung oder Grundstückserwerb; passiv das Recht, von einheimischen Beamten verwaltet zu werden.

Indiktion (von lat. *indicere* ‚ansagen'), Auflage, in der röm. Kaiserzeit Realsteuer, außerordentliche Getreideabgabe, mit dem Vordringen der Naturalwirtschaft durch Ks. Diokletian seit 289/90 ordentliche, durch den →Zensus verteilte Jahressteuer; in Ägypten werden seit 297/98 jeweils 3 Zensusperioden zu einem I.s-zyklus zusammengefaßt, der – da die Datierung nach 4 Kaisern umständlich ist – bald zu einer vereinfachten Jahrzählung verwendet wird (im späten 4. Jh. über das ganze Reich verbreitet); daraus abgeleitet in der →Chronologie ein stets wiederkehrender Zeitkreis von 15 Jahren, im MA. eine der häufigsten Jahresbezeichnungen, seit Justinian (522 bis 565) gesetzlich vorgeschrieben (der 15jährige Zyklus beginnt nun im Jahre 3v., doch wird dabei die Anzahl der verflossenen Zyklen selten angegeben und meist nur die Zahl des Jahres im Zyklus genannt). Der Wechsel der I. im Jahre wurde verschieden gehandhabt: man unterscheidet u.a. *Indictio Graeca* (älteste I., Wechsel am 1.9.), *I. Bedana* (24.9.), *I. Romana* (25.12 oder 1.1.); – vereinzelt in der NZ. auch Grundsteuer

→Chronologie.

Indogermanen, 1823 von H. J. Klaproth (1783-1835) geprägte Bezeichnung für das durch Sprachvergleichung erschlossene Urvolk der mit Indern und Germanen sprachverwandten Völker (dafür im 20. Jh., bes. nach dem Vorgang der westeuropäischen Forschung und nach dem 2. Weltkrieg zunehmend häufig, synonym: Indoeuropäer); I.-frage, die – zufolge der Inkongruenz der Methoden der prähistorischen Archäologie und der vergleichenden Sprachwissenschaft schwer zu beantwortende – Frage nach der Urheimat der I. (Aufspaltung spätneolithischer, vielleicht schnurkeramischer Nomaden der eurasischen Steppe gilt als wahrscheinlich); Indogermanistik, die mit Beginn der Sanskritforschung (W. Jones, 1746 bis 94) einsetzende, zu Anfang des 19. Jh. durch F. Bopp (1791 bis 1865) u. a. geförderte Wissenschaft der historischen Sprachvergleichung, heute ein Teil der allgem. Sprachwissenschaft.

F. Bopp, Vergleichende Gramm. d. Sanskrit, Zend, Gr., Lat., Litauischen,

Altslaw., Goth. u. Dt., 1833–56; O. Schrader, Sprachvergl. u. Urgesch., [3]1906f.; ders., A. Nehring, Reallex. d. idg. At.skunde, 1917/29; V. Thomsen, Gesch. d. Sprachwiss., dt. 1927; P. Thieme, Abh. d. Akad. Mainz, 1953; H. Krahe, Sprache u. Vorzeit, 1954; ders., Indogerm. Sprachwiss., [5]1966/1969; W. P. Schmid, Alteuropäisch u. Indogermanisch, 1968. – Zs. f. vgl. Sprachwiss., 1852ff.; Idg. Forschgen., 1891ff.; Glotta, 1907ff.; Idg. Jb. 1914ff.

Indulgenz = →Ablaß.

Indult (mlat. *indultum* zu lat. *indulgere* ‚gewähren', vgl. Indulgenz, ‚Nachlaß', →‚Ablaß'), Moratorium, zugestandene Frist, z.B. Lehens-i. (mlat. *i.um feudale*) zur Erneuerung eines →Lehens, bes. bei Minderjährigkeit; im 20. Jh. (bis 1925) Handelsschiffen nach Kriegsausbruch zur Heimfahrt gewährt; – Überlassung kirchlicher Privilegien, z.B. der Vergabe von Kirchenpfründen durch den Kg.

Industrie (seit dem 18. Jh. aus frz. von lat. *industria* ‚Fleiß'), Warenproduktion mittels Maschinen in Großbetrieben (Fabriken); Industrialisierung, Umwandlung der Volkswirtschaft eines Landes durch die I.; sie bedarf ausreichender Produktionsmittel, ständig sich verbessernder Verfahren mit wachsender Arbeitsteilung, Rationalisierung, Spezialisierung, Mechanisierung und führt schließlich zur Ausformung i.ller Großunternehmen und Zusammenschlüsse (→Kapitalismus). Beginnend Ende des 18. Jh. in England, ergriff sie zu Beginn des 19. Jh. Amerika, auf dem Kontinent Frankreich, Belgien, Dtld., gegen Ende des Jh. Rußland, Japan. Ehemalige Kolonien des engl. Weltreichs schlossen sich zu Beginn des 20. Jh. an (Australien, Südafrika). Nach dem 2. Weltkrieg treten auch die volkreichen, aber kapitalarmen unterentwickelten Länder des afrikanisch-asiatischen Raums hinzu, gefördert durch die rivalisierenden Machtblöcke USA und UdSSR (vgl. Trumans *Punkt-Vier-Programm* 1949 für die technische Unterstützung unterentwickelter Länder); Industrialismus, Sammelbegriff für die wirtschaftlichen, sozialen, psychologischen, ethischen, weltanschaulichen Fragen, Aufgaben, Kräfte und Ziele, die aus der Industrialisierung und ihren wirtschaftlichen und gesellschaftlichen Veränderungen erwuchsen; I.lle Revolution, von A. Toynbee 1884 verbreiteter, doch schon von A. J. Blanqui 1837 und F. Engels 1845 gebrauchter Begriff für den durch die engl. Industrialisierung Ende des 18. Jh. erfolgten wirtschaftlichen und sozialen Umbruch der bestehenden Gesellschaftsverhältnisse und den damit verbundenen übermächtigen Einfluß der ökonomisch-technischen Entwicklung. Die von Toynbee erfaßten Faktoren (Wettbewerbssystem, Ersetzung der Haus- durch Fabrik-i., Großproduktion, Krisenanfälligkeit, Bevölkerungsvermehrung, Pauperismus weiter Bevölkerungskreise, Ausbeutung, soziale Gleichgültigkeit, Klassenhaß) sind jedoch bereits Sekundärerscheinungen; die primären, geistig-politisch-sozialen Faktoren, liegen früher: freikirchlicher Geist, demokratisches Freiheits- und Gleichheitsprinzip, freiwirtschaftliche Lebensauffassung mit dynamischer Arbeitshaltung, Produktionsausweitung und expansives individualistisches Gewinnstreben bereits in der voraufgehenden

Agrarrevolution, die erst die Arbeitskräfte für die I.R. freisetzte. Über der sozialkritischen Fassung des Begriffs werden meist die segensreichen Wirkungen übersehen (Demokratisierung, Hebung des Lebensstandards, soziale Sicherheit usw.). Insofern ist die ebenfalls sozialkritische Analogiebildung 2. i.lle Revolution (C. Schmid, L. Brandt, SPD-Parteitag 1956) für den Prozeß der Automatisierung und der industriellen Verwendung der Atomkraft irreführend, da es sich dabei nicht um eine ,Umwälzung der materiellen und geistigen Lebensbedingungen' handelt, die zu einer ,völligen Umgestaltung der wirtschaftlichen, politischen, gesellschaftlichen' und ,humanen Lebensführung führen muß' (C. Schmid), vielmehr um Weiterentwicklung längst wirksamer bekannter Faktoren (in den USA nur 15–20% der I. automatisierbar).

A. Toynbee, Lectures on the Ind. Rev., 1884; M. Weber, Ges. Aufs. z. Rel.soz. 1, 1920, [5]1963; W. Sombart, D. mod. I.ismus, 1930; E. Michel, Soz.gesch. d. i.llen Arbeitswelt, [4]1960; F. Pollock, Automation, [7]1966; C. Schmid, Mensch u. Technik, 1956; L. Brandt, Die 2. I.lle Rev., 1957; A. Busatti, Wirtsch. u. Sozialgesch. d. industriellen ZA., 1967; W. Fischer, Wirtsch. u. Ges. im ZA. d. Industrialisierung, 1972; R. Braun (Hrsg.), Gesellsch. in d. i.llen Rev., 1973.

Infallibilität (lat.), ,Unfehlbarkeit', die nach kath. Auffassung von Christus seiner Gemeinde durch den Beistand des Hl. Geistes zugesicherte Irrtumslosigkeit bei Glaubensentscheidungen; in der Urkirche und im frühen MA. wurde die I. für die die Gesamtheit der Gemeinde repräsentierenden →Konzile angenommen, später aber mehr und mehr (auch von Thomas von Aquino, 1225 bis 1274) auf das päpstliche Amt übertragen: da die Gesamtheit der Kirche nicht irren kann, kann auch ihr Haupt nicht irren; die seit dem 15. Jh. allgem. verbreitete Lehre von der I. des →Papstes wurde auf dem Vatikanischen Konzil 1870 zum →Dogma erhoben: der Papst ist unfehlbar, wenn er eine Lehre über Glauben oder Sitten *ex cathedra* für die Gesamtkirche bindend definiert (erstmals 1950: Dogma der leiblichen Aufnahme Marias in den Himmel).

K. Rahner, Zum Problem Unfehlbarkeit, 1971.

Infant, Infantin (span. *infante* ,Kind'), in Spanien und Portugal Titel der Prinzen und Prinzessinnen des kgl. Hauses.

Infanterie (span., frz. zu lat. *infans*, ,Kind'), urspr. das Knappenkorps im Ritterheer, seit dem 16. Jh. von Spanien aus sich verbreitende Bezeichnung für die Fußtruppen.

Inful (lat. *infula*, dt. auch Infel), breite weiße Wollbinde mit Scharlachstreifen, um die Stirn gelegt, mit herabhängenden Enden, Zeichen röm. Priester (auch Schutzflehender und Opfertiere); im 1. Jt. Abzeichen der Geistlichkeit, daher gelegentlich auch allgem.: Priesterornat; nach Einführung der →Mitra diese selbst bzw. die von ihr herabhängenden Rückenbinden; i.iert →Abt.

Ingenuität (zu lat. *ingenuus* ,frei geboren'), im röm. Personenrecht die Abstammung von freien Aszendenten, im Gegensatz zu dem Stand der →Freigelassenen und →Sklaven.

Initiale (zu lat. *initium* ,Anfang'), der Anfangsbuchstabe einer Handschrift, eines Kapitels, seit dem 4. Jhn. zunehmend künstlerisch ausgestaltet; Initiation, ‚Einführung' (der Initianten) in eine Kultgemeinschaft, einen Bund (→Mysterien, Geheimbünde u.ä.), auch Jünglingsweihe in primitiven Kulturen, durch feierliche Riten bes. ausgestaltet; Initiative, Einbringung eines Gesetzesvorschlags durch das verfassungsmäßig dazu berechtigte Organ (im Konstitutionalismus zunächst der Monarch, in der Demokratie Parlament, z.T. auch Regierung), bes. (v.a. in der Schweiz) →Volksbegehren.

Inka, Häuptling des gleichnamigen Stammes im Raume von Cutzko, im 14./15. Jh. Titel der (insgesamt 6) Herrscher des Großreiches in den südam. Anden, Träger der vorkolumbischen Kultur Südamerikas; der I., an der Spitze eines straff zentralisierten Staatssozialismus, galt als Inkarnation des Sonnengottes (der Titel bis in die Gegenwart in der Familie erblich).

L. Baudin, D. sozialist. Staat d. I.. dt. 1956; L. u. Th. Engl, Glanz u. Untergang d. I.reiches, 1967; H. D. Disselhoff, D. Imperium der I., 1972.

Inkarnation (lat. ‚Fleischwerdung'), die Verkörperung eines Gottes in Menschengestalt →Dalai Lama, Pharao u. a.; I.s-jahr, das von Dionysius Exiguus im 6. Jh. errechnete Anfangsjahr der christlichen →Ära.

Inkolat (lat. *incola* ‚Einwohner') = →Indigenat, bes. das Anrecht auf einen Sitz im →Herrenhaus.

Inkompatibilität (frz.), Unvereinbarkeit, bes. von öffentlichem Dienst und parlamentarischer Tätigkeit als Konsequenz des Prinzips der →Gewaltenteilung (Beamte, Angestellte des öffentlichen Dienstes, Richter können einer Beschränkung des passiven Wahlrechts unterliegen, vgl. Bonner GG. § 137,1), auch von höchstem Staatsamt und anderer Amts- oder privater Tätigkeit (vgl. Bonner GG. § 55,66).

W. Leisner, Die Unvereinbarkeit von öff. Amt u. Parlamentsmandat, 1967; G. Sturm, Die I., 1967.

Inkorporation (mlat. ‚Einverleibung'), im MA. die – durch das →Tridentinum verbotene – Vereinigung einer Pfründe, bes. einer Pfarrei mit einem Kloster, Kapitel oder einer anderen kirchlichen Anstalt; im älteren Völkerrecht Gebietsvergrößerung unter Verlust der staatsrechtlichen Individualität des inkorporierten Gebietes.

U. Stutz, D. Eigenkirche, 1895; A. Pöschl, Die I. u. ihre gesch. Grundlagen, 1927f.; N. Hilling, Neueste Forschgen. über I.en von Kirchen, (AKKR 121) 1941; D. Lindner, Die Lehre von der I. in ihrer gesch. Entwicklung, 1957.

Inkulpat (zu lat. *culpa* ‚Schuld'), der Beschuldigte im Ermittlungsstadium des →Inquisitionsprozesses, im eigentlichen Prozeßverfahren, der Spezialinquisition, Inquisit genannt.

Inkunabeln (zu lat. *cunabula* ‚Windeln', ‚Wiege'), Wiegendrukke, Bezeichnung für die ersten Drucke und Bücher mit beweglichen Lettern, die in der Zeit zwischen 1445 (Erfindung der Buchdruckerkunst) und 1500 gedruckt wurden (Drucke zwischen 1500 und 1550: Frühdrucke).

F. Geldner, Die dt. I.drucker, [2]1970.

Innung (mhd. *innunge* aus ahd. *innôn* ‚(in einen Verband) aufnehmen'), (1) seit dem 13. Jh.

im MA. und der frühen NZ. →Zunft; (2) Nachfolgeinstitution der im Zuge der Gewerbefreiheit anfangs des 19. Jh. aufgelösten Zünfte. Nach der Gewerbeordnung von 1869 nur auf freiwilliger Basis neu gegründet, werden die I.en durch Novelle von 1897 um fakultative Zwangsi.en erweitert; im Dritten Reich (Gesetz v. 29.11.1933) gibt es nur Zwangsi.en, während die Gewerbeordnung vom 17.9.1953 wieder I.en im gleichen Handwerk auf freiwilliger Basis vorsieht.

Inquilinus (lat. Adj. zu *incola* ‚Einwohner'), in spätröm. Zeit der freizügige Guts- und Domänenarbeiter im Gegensatz zum →Kolonus, doch bald wie dieser dinglich unfrei; mlat. Häusler, Lohnarbeiter.

Inquisition (lat. ‚Untersuchung'), (1) im fränk. Königsrecht (→Rügegericht) und abermals unter Einfluß des kanonischen Rechts seit dem SpätMA. geübtes Gerichtsverfahren, bei dem – im Gegensatz zum Anklageverfahren – Feststellung der Rechtsverletzung, Ermittlung und Verhör in Händen des Richters liegt; das v.a. durch die →*Constitutio Carolina* verbreitete I.s-verfahren wurde im 19. Jh. als Mittel der Geheim- und Kabinettsjustiz bekämpft und abgeschafft; I., auch Staats-i., der 1539 errichtete, aus 3 *inquisitori di stato* bestehende oberste Staatsgerichtshof Venedigs; (2) das Vorgehen gegen Ketzer oder vom Glauben Abgefallene durch die Kirche, sowie die mit der Untersuchung des Falles beauftragte Behörde. Die I., im Zuge der Ketzerbestimmungen Papst Innozenz' III. (4. Lateransynode 1215), denen Ks. Friedrich II. reichsgesetzliche Geltung verliehen hatte, von Papst Gregor IX. 1231 als päpstliche Behörde eingerichtet, griff bes. im Zusammenhang der →Hexenverfolgungen auf ganz Europa über. Die Gerichtshöfe der I., meist von Angehörigen des Dominikanerordens besetzt, seit 1252 im Beweisverfahren die Folter anwendend, gelangten bes. in Spanien zu großer Bedeutung; v.a. hier wurde die I. auch als politisches Machtmittel des Staates benützt. Papst Paul III. erneuerte in der Gegenreformation 1542 die I. nach span. Vorbild und zentralisierte sie in Rom, ihre Aufgaben wurden bald dem *Sanctum Officium* (→Kongregationen) übertragen. Die durch die I. gehandhabte Auslieferung der tatsächlich oder angeblich Überführten an den Staat zur Bestrafung verlor sich im Lauf der NZ.; im Kirchenstaat hat sich die I. bis 1870 erhalten; Inquisitor, der I.srichter; Groß-(General-) inquisitor, der oberste Leiter der I. eines Landes.

(1) E. Schmidt, I. u. Rezeption, 1940; – (2) J. Hansen, Zauberwahn. I. u. Hexenprozeß im MA., 1900; H. Ch. Lea. A History of the I., dt. 1905ff.; H. Maisonneuve, Études sur les origines de l'i., 1942; W. Nigg, D. Buch d. Ketzer, 1949; G. della Veneria, L'inquisizione medievale, [2]1951; H. Kamen, The Spanish I., 1965.

Inschriften →Epigraphik.

Insert →Urkunde.

Insignien (lat. *insigne* ‚Zeichen', ‚Schildzeichen'), Herrschafts- oder Standeszeichen, die kundtun, daß der Träger bestimmte, anderen nicht zustehende Rechte besitzt und daher besondere Würde und Achtung beansprucht. Oft, doch nicht immer, haben die I. →Symbolcharakter, werden daher häufig (bisweilen auch fälschlich) als Herrschaftssymbole bezeichnet. Zu den ältesten I. zählt der (gerade) Stab, Zeichen der (unparteilichen) Rechtsprechung, der bis in die NZ. in verschiedenen Abwandlungen (z.B. Herolds-Marschallstab) fortlebt.– Die erste Stelle unter den abendländischen Herrschaftszeichen nimmt die →*Krone* ein, unter der die dt. Kaiser seit Otto I. eine →*Mitra* trugen, als Zeichen hohepriesterlicher Würde und Ausdruck der alten These, der christliche Herrscher sei (wie Melchisedek) *rex et sacerdos* (sie ist auch noch in der unter Rudolf II., 1576–1612, 1602 entstandenen, bis 1918 gebrauchten Habsburger *Hauskrone* angedeutet; von den Päpsten wurde die Mitra im 11.–13. Jh. auch einigen weltlichen Fürsten – Böhmen, Sizilien, Aragon – verliehen). Neben der Krone ist der *Thron* ein schon im At. bekanntes Herrschaftszeichen. Die *sella (curulis)* kam in der röm. Republik den Oberbeamten zu (→kurulisch) und wurde auch von den röm. Kaisern und hohen Beamten benützt. Der Thron blieb auch bei den Germanenfürsten und den Herrschern des MA. (vgl. den Steinsitz Karls d. Gr. zu Aachen) und der NZ. ein Symbol der Herrschaft. (Zu weiteren weltlichen I. →Fasces, Kamelaukion, Szepter u.a.). – Eine bes. Stellung kommt den Reichs-I. (weiterer Begriff: Reichskleinodien) zu, den bis zum Ende des Alten Reiches benutzten Herrschaftszeichen der dt. Kg.e und Ks. Als selbständige Symbole des Reiches betrachtet, wurden sie auch als *Das Reich* bezeichnet. Ihr Besitz galt als Voraussetzung der Herrschaft im Reich. Die eigentlichen, zur Krönung erforderlichen Reichs-i. waren: die Reichskrone (wahrscheinlich von Otto I.), der Reichsapfel (12. Jh.), das Reichszepter (14. Jh.), das Reichsschwert (Mauritiusschwert, 11. Jh.). Ferner zählten dazu: die hl. →Lanze (durch Heinrich I. von Kg. Rudolf von Burgund erworben), der Krönungsornat (Krönungsmantel, Alba, Dalmatica, Gürtel, Strümpfe, Handschuhe, Schuhe, aus dem sizilischen Krönungsschatz), das Zeremonienschwert (siz., vor 1220), die Stola (14. Jh.) und zahlreiche Reliquien und Heiligtümer (das Reliquien enthaltende Reichskreuz, 11. Jh.?, ein Zahn Johannis d.T., ein Armbein der hl. Anna (eigentlich der hl. Kunigunde), ein Span von der Krippe Christi, ein Stück vom Tischtuch des Letzten Abendmahls u.a.). Die Reichsreliquien wurden als segens- und ablaßspendend verehrt und seit Karl IV., 1347–78 jährlich ausgestellt. Die letzte ‚Heiltumsweisung' fand 1523 auf dem ‚Heiltumsstuhl' statt. Aufbewahrungsorte: unter Friedrich II. die Waldburg in Schwaben, ab 1246 der Trifels und seit 1273 die Kiburg bei Winterthur; unter den Luxemburgern in Prag und auf Burg Karlstein; Sigismund flüchtet sie vor den Hussiten und gibt sie 1424 der Reichsstadt Nürnberg, wo sie bis 1796 bleiben; auf der Flucht vor den Franzosen kommen sie nach Regensburg und schließlich nach Wien und verbleiben dort mit einer Unterbrechung 1938–46 (Nürnberg). Außer diesen *Nürnberger Kleinodien* werden seit dem Ende des Alten Reiches auch die aus dem 9. Jh. stammenden *Aachener Kleinodien* in Wien aufbewahrt: Reichsevangeliar, Stephansbursa (Reliquiar) und der sog. Säbel

Karls d. Gr. – Zu den kirchlichen I. zählen →Tiara, Thron *(cathedra St. Petri)* und Schlüssel (als Zeichen der höchsten Jurisdiktion in Verbindung mit dem Wappen gebraucht), sowie der →Fischerring des →Papstes; der rote Kardinalshut, das →Pallium des Erzbischofs, beide vom → Papst verliehen; ferner der Prälatenhut, über dem Wappenschild, der mit einer bestimmten Anzahl von Quasten den geistlichen Rang anzeigt. – I. der Heere sind Fahnen und Standarten; der Amtspersonen die Amtsketten der Magistrate; eines (weltlichen) →Ordens die zu ihm gehörenden Zeichen, Ketten oder Bänder.

P. E. Schramm, Herrschaftsz. u. Staatssymbolik vom 3.–16. Jh., 1954f.; H. Fillitz, D. I. u. Kleinodien d. Hl. Röm. Reiches, 1954; B. B. Heim, Wappenbrauch u. Wappenrecht i. d. Kirche, o. J.; K. Fürst Schwarzenberg, Adler u. Drache, 1958; H. Fillitz, Katal. d. weltl. u. geistl. Schatzkammer (Wien), [3]1961.

Institutionen (lat. *institutio* ‚Einrichtung', ‚Einsetzung', mlat. ‚Einweisung in eine Kirchenpfründe'), allgem. (verfassungsmäßige) Einrichtungen (dafür auch, aus der Rechtssprache entlehnt, Institute, z.B. das Institut des Ostrakismos); seit den röm. Juristen, v.a. seit den I. im →*Corpus juris* Justinians von 533 kurzes Lehrbuch des Rechts; in der Geschichtsphilosophie P. Lacombes (1833–1919) die sich gleichbleibenden Grundformen des menschlichen Verhaltens, des Fühlens, Wollens, Handelns usw.; Instituionalisierung, Umwandlung in eine durch Satzung geregelte Dauerform; – →historische I.

Instmann (Inster, Einlieger), in der norddt. Gutswirtschaft eingemieteter Arbeiter, auch mit eigener kleiner Pachtwirtschaft; Gutstagelöhner.

Instrument (lat.), allgem. ‚Werkzeug', bes. in der ma. und nz. Rechtssprache die Rechts→urkunde.

Insularität (engl. *insular mind*), Gefühl der Geborgenheit in der Isolierung der Insellage, in Wechselbeziehung zur Seeherrschaft stehend, auch (in England seit O. Cromwell) mit einem Gefühl der Überlegenheit verbunden.

Insurrektion (lat.), Aufstand; in Ungarn bis 1848 das vom Adel bewilligte und geführte Aufgebot; Insurgenten, Aufständische, bes. gegen die Okkupation Bosniens durch Österreich-Ungarn 1878.

Integration (lat. ‚Erneuerung'), Vorgang der Bildung einer gesellschaftlichen, staatlichen oder überstaatlichen Gemeinschaft, die sich aufgrund gemeinsamer Ziele oder gemeinsamer Geschichte ihrer Zusammengehörigkeit bewußt wird und entsprechend handelt; europäische I., nach dem 2. Weltkrieg üblich gewordene Bezeichnung für den politischen und wirtschaftlichen Zusammenschluß →Europas.

Intelligentsia (ru. von lat.), seit etwa 1860 in Rußland allgem. Bezeichnung für die sich durch Bildung und Lebensart von der bäuerlichen Bevölkerung unterscheidende Schicht (gebildeter Adel, Bürgertum), innerhalb derer eine kleine Gruppe radikale westliche Lehren (Sozialismus, Revolutionsgedanke) übernahm. Nach 1917 ist die I. neben Proletariat und Bauern eine Stütze der sozialistischen Ordnung.

R. Pipes, Die ru. I., dt. 1962; O. W. Müller, I., Unters. zum Begriff e. polit. Schlagwortes, 1971.

Intendant (nlat.-frz. ‚Aufseher'), seit dem 16. Jh. zunehmend häufiger Titel frz. Beamter des Königs, seit dem 17. Jh. (Richelieu) mit wachsenden Vollmachten *(I.s de justice, de police et de finance et commissaire departi)*, in seinem Verwaltungsdistrikt *(généralité*, auch *intendance)* das wichtigste Werkzeug des absoluten Regimes und seines Zentralismus; während die I.en im zivilen Bereich außerhalb Frankreichs nur wenig Verbreitung fanden, ist der frz. I. als oberster Zivilbeamter einer Armee seit Mitte des 17. Jh., mit weitgehenden Vollmachten auch im Gerichts- und Rekrutierungswesen von zahlreichen Staaten (wenn auch mit geringeren Befugnissen) übernommen worden; daher Leiter der Heeresverwaltung (Armee-, Korps-, Divisions-i. u.a.); I.ur, seine Dienststelle.

Interdikt (lat.), im röm. Recht vorläufige Entscheidung des →Prätors, bes. bei umstrittenem Besitz; im kath. Kirchenrecht eine Beugestrafe, die als lokales I. in bestimmten Gebieten eines Landes oder einer →Diözese alle gottesdienstlichen Handlungen verbietet, als personales I. einzelnen Personen oder Gruppen den Besuch des Gottesdienstes oder, abgewandelt, das Betreten einer oder aller Kirchen untersagt; während das lokale I. v.a. im MA. eine der großen Waffen der Kirche im Kampf bes. gegen politische Gegner war, ist das personale I. auch heute noch in Gebrauch (→Bann).

A. Haas, Das I. n. geltendem Recht mit gesch. Überblick, (Koeniger, Kan. Stud. 2) 1929.

Interessen-politik, seit dem 19. Jh., v.a. bei Bismarck, eine Politik, die sich im Gegensatz zur Gefühlspolitik (Ged. u. Er. I 8,1) oder zur Machtpolitik (Ges. Reden 12,447) lediglich von den (wohlverstandenen) ‚Interessen des Vaterlandes' leiten läßt, →auch Kabinettspolitik; -sphäre, sofern von →Einflußsphäre unterschieden, Raum in staatenlosen Gebieten (wie Arktis und Antarktis) oder ‚machtloser Raum', bes. in Kolonialländern (so v.a. das Hinterland eines besetzten Kolonialraums), auf den ein Staat wegen räumlicher Nachbarschaft, wirtschaftlicher Bedeutsamkeit usw. sein bes. politisches Interesse anmeldet, bisweilen auch vertraglich sichert.

Interim (lat. ‚einstweilen'), in der Reformationszeit zur Kennzeichnung von Beschlüssen gebraucht, die nur einstweilen Geltung haben sollten, so z.B. *Regensburger I.* 1541, das den Evangelischen die wesentlichsten Punkte der Reformation bis zum kommenden Konzil zugestand, *Augsburger I.* 1548, nach dem Schmalkaldischen Krieg auf Anordnung Karls V. ausgearbeitetes Ausnahmegesetz gegen die evang. Stände mit geringen Zugeständnissen, dessen Durchführung am Widerstand der Evangelischen scheiterte, so daß ein neues, das *Leipziger I.* 1548 erarbeitet werden mußte, das trotz größerer Zugeständnisse an die Anhänger der Reformation von diesen meist bekämpft wurde und dann im Augsburger Religionsfrieden außer Kraft trat (1555); – Preuß.-österr. Vertrag vom 30. 9. 1849 (bis 1.5.1850 befristet) zur Übernahme der Zentralgewalt durch eine gemischte Vierer-Kommission.

Interkalarfrüchte (zu lat. *intercalaris* ‚eingeschaltet'), die Einkünfte einer Kirchen→pfründe während der Vakanz; Interkalation, in der →Chronologie die Schaltung, bes. die röm. Monatsschaltung (Schaltmonat = lat. *mensis intercalaris*).

Internationalismus, Ausdruck einer dem nationalstaatlichen Denken entgegengesetzten politischen Haltung, bes. christlicher, →pazifistischer, sozialistischer oder kommunistischer Prägung; Internationale, Zusammenschluß der sozialistischen Arbeiterbewegungen aller Länder: die *1. I.* 1864–72, von K. Marx (1818 bis 1883) und dem Russen M. A. Bakunin (1814–76) begründet, zerbrach am →Anarchismus des letzteren; auf dt. Anregung wurde 1889 in Paris die *2. I.* neubegründet (ständiges Büro in Brüssel), doch hielt sie, da sich auch die sozialistischen Parteien nationalisiert hatten, dem Sturm des 1. Weltkriegs nicht stand; 1919 entstand in Moskau die *3.* oder *kommunistische I.* (Komintern), die 1943 aufgelöst wurde und 1947–56 im Kominform wiederauflebte; da sich jedoch der westliche Sozialismus dem kommunistischen Führungsanspruch nicht beugen wollte, kam es 1919/20 in der Schweiz zur teilweisen und 1923 in Hamburg zur endgültigen Reorganisation der 2. I., und 1919–23 bestand in Wien die sog. *2 1/2. I.*, die ideologisch zwischen der 2. und 3. beheimatet war; 1938 gründete L. Trotzki (1879–1940, enger Mitarbeiter Lenins, Schöpfer der Roten Armee, Gegner Stalins) als Emigrant in Mexiko die *4. I.*, die ohne Bedeutung blieb. Nach der erneuten Auflösung der 2. I. 1946 bildete sich 1951 in Frankfurt/M. eine lockere Vereinigung der westlichen sozialistischen Parteien in der *I.n sozialistischen Konferenz*, während sich die asiatischen Sozialisten 1953 in Rangoon eine eigene Organisation schufen; – I. heißt auch das Kampflied der i.n sozialistischen Arbeiterbewegung, bis in den 2. Weltkrieg die Nationalhymne der UdSSR.

G. Nollau, D. Internationale, 1959; J. Braunthal, Gesch. d. I.e, 1961/63.

Internuntius →Nuntius.

Interpellation (von lat. *interpellare* ‚anreden'), im parlamentarischen Sprachgebrauch bes. des 19. Jh. die (große und kleine) Anfrage, durch die Geschäftsordnung geregelte, von einer →Fraktion oder Abgeordnetengruppe an die Regierung gerichtete formulierte Frage, durch die diese um Auskunfterteilung ersucht (bzw. dazu genötigt) wird.

Interpretation, in der Geschichtswissenschaft die Deutung der →Quellen nach ihren inneren und äußeren Zusammenhängen, nach psychologischen und ideengeschichtlichen Gegebenheiten, das eigentliche Verfahren des historischen →Verstehens, (daher bes. ausführlich von J. G. Droysen, 1808–84 und W. Dilthey, 1833–1911, untersucht), das in der →Historik seinen Ort zwischen der Quellenkritik und der →Darstellung hat.

→Geschichtswissenschaft, Historik.

Interregnum (lat.), Zwischenregierung, aus der Königszeit stammende Einrichtung der röm. Republik, wonach bei verspäteter

Wahl oder Ausfall der beiden →Konsuln der Senat zur Leitung der Wahlen einen Interrex bestellt, der nach 5 Amtstagen seinen Nachfolger wählt. Allgem. Zeit zwischen 2 Herrschern, bes. das langob. I. 573 (575)–584, das dt. I. 1250 (1254)-1273.

Intervention (von lat. *intervenire* ‚dazwischentreten'), wirtschaftspolitisch das Eingreifen des Staates in das Wirtschaftsleben, vom →Liberalismus bekämpft, dav. I.ismus die seit dem Ende des 19. Jh. wachsende Tendenz der Einflußnahme des Staates auf die Wirtschaft; politisch und völkerrechtlich das Eingreifen eines oder mehrerer Staaten in die inneren Angelegenheiten eines anderen (v.a. bei Bürgerkrieg, z.B. Rußlands in Ungarn 1849 und 1956, Englands und Frankreichs während der russischen Revolution 1918–20) oder zur Beilegung oder Verhinderung lokaler Kriege. Im 19. Jh. wird die I. (für den Dt. Bund vgl. Wiener Schluß-Akte Art. 26) begründet mit dem Recht der Selbstverteidigung (Metternich: ‚wenn des Nachbarn Haus in Flammen steht'), dem Wunsch, territoriale Integrität aufrecht zu erhalten oder mit den höheren Interessen der Moral (die Nicht-I. 1864 im päpstlichen *Syllabus errorum* verurteilt), doch erweist sie sich als gefährliches Instrument der Machtpolitik. Völkerrechtlich gilt der Grundsatz der →Nichteinmischung.

A. Gerlach, Die I., 1967; U. Schwaz, Abkehr von der Gewalt, 1971.

Interzession (lat. ‚Dazwischentreten'), aus der →Kollegialität abgeleitetes Recht jedes römischen →Magistrats *(ius intercessionis)*, seinen Kollegen an der Ausführung einer Amtshandlung zu hindern, →Veto.

Inthronisation (von gr. *thronos* ‚Götter-, Herrscher-, Richter-, Lehrstuhl'), feierliche Besitzergreifung des päpstlichen oder bischöflichen Stuhles (→Kathedra).

Invasion (zu lat. *invadere* ‚eindringen'), ‚Einfall' in fremdes Gebiet als Kriegshandlung oder →Repressalie; entsprechend dem frz.-engl. Sprachgebrauch (frz. *i. des barbares* = →Völkerwanderung) verbindet sich mit dem Begriff die Vorstellung des Weiträumigen, Großangelegten; bes. die Landung der Alliierten im 2. Weltkrieg (6.6.1944, Cotentin, Viremündung), so daß man seither in zunehmendem Maße unter I. auch: großräumige Landungsoperation, Einfall über See versteht.

Invektive (zu lat. *invehere* ‚losfahren'), politische oder literarische Streitschrift, bes. – nach dem Vorbild der I. des Sallust (86–35v.) gegen Cicero – der Humanisten.

Investitur (lat. *investire* ‚bekleiden'), im germ.-dt. Privatrecht der Akt der förmlichen Besitzeinweisung bei Eigentumsübertragung, bes. von Grundstücken; im →Lehenswesen die Einführung des Lehensträgers in den Besitz des →Lehens, wobei bestimmte I.-symbole verwendet werden (Schwert, Speer, Stab, Zweig, Handschuh usw.); im ma. Kirchenrecht bedeutet I. in Anlehnung an das Lehenswesen und auf der Grundlage des →Eigenkirchenwesens die Einsetzung des Geistlichen in die weltlichen Besitzrechte und geistlichen Befugnisse seines Amtes, bes. seit dem 10. Jh. die Übertragung von Bistümern und Abteien durch den →König mit dem Symbol des Stabs, seit Heinrich III. (1039 bis 1056) auch des Rings unter Ablegung eines Treueids; unter dem Einfluß der cluniazensischen Reformbewegung widersetzt sich das →Papsttum im I.-streit der Laien-i. (I. durch die weltliche Gewalt) und erreicht in verschiedenen →Konkordaten (z.B. Worms 1122) Ende 11./Anf. 12. Jh. die Aufteilung in Verleihung der *Spiritualia* durch die Kirche mit den I.-symbolen von Ring u. Stab, der *Temporalia* (→Regalien) durch den Kg. bzw. seinen Bevollmächtigten mit dem Symbol des →Szepters; – nach heutigem kath. Kirchenrecht faktische Einweisung in den Besitz eines niederen Kirchenamts, in der ev. Kirche feierliche Amtseinführung.

A. Scharnagl, D. Begriff d. I. in d. Quellen d. I.-streits, 1908; G. Tellenbach, Libertas. Kirche u. Weltordnung im ZA. d. I.streits, 1936; W. Fritz, Quellen z. Wormser Konkordat, [2]1968; J. Fleckenstein (Hrsg.), I.streit u. Reichsverf., 1973.

Irredenta (abgek. für *Italia i.* ‚unerlöstes Italien'), seit der Einigung Italiens nationale Bewegung für die Befreiung der von Italienern bewohnten Gebiete Österreich-Ungarns, bisweilen ausgedehnt auf Nizza, Korsika, Malta, Tessin; danach allgem. Streben einer nationalen Minderheit nach Lostrennung, v.a. zum Anschluß an das Stammland; entsprechend Irredentismus, Irredentisten.

Irreversibilität (lat. Kunstw.), die Unumkehrbarkeit, auch (ungenau) die Unwiederholbarkeit (z.B. bei H. Bergson, 1859–1941) des Geschichtsverlaufs.

Isegorie (gr.), gleiches Recht freier Meinungsäußerung (des athenischen Bürgers in der Volksversammlung), wichtigstes Kennzeichen demokratischer Freiheit und Gleichheit im klassischen Athen, →auch Isonomie.

Isolation (frz. von it. *isola*, lat. *insula*), Ziel einer Politik, die sich im Bewußtsein der eigenen Stärke von Bündnissen und außenpolitischen Verwicklungen fernzuhalten sucht: so *splendid i.* als vielzitierter Grundsatz der engl. Politik zwischen Lord Palmerston (1785–1865, seit 1830 mehrfach Außenminister und Premier) und den Bündnissen am Anfang des 20. Jh. (→auch Entente); I.ismus, die in der Botschaft des Präsidenten Monroe 1823 ausgesprochene, bis 1917 die Politik der USA beherrschende Tendenz, sich aus europäischen Verwicklungen fernzuhalten und europäische Einmischung in Amerika nicht zu dulden; nach 1918 wieder auflebend, hinderte der I. den Eintritt der USA in den Völkerbund und suchte durch Neutralitätsgesetze 1935–37 jeden Eingriff in einen europäischen Krieg zu vermeiden; seit 1945 ist der I. offiziell aufgegeben; Isolierung, Ziel einer Politik, die einen möglichen Gegner aller Verbündeten zu berauben sucht.

Isonomie (gr.), gleicher Anteil (einiger oder aller) an politischen Rechten, dann auch Gleichheit aller vor dem Gesetz, im Kampf der athenischen Aristokratie gegen die Tyrannis die durch Kleisthenes 508/7v. verwirklichte Ordnung des Staates, später →Demokratie genannt; in klassischer Zeit zur Kennzeichnung der Gleichheit in der Demokratie verwendet, →auch Isegorie.

V. Ehrenberg, RE S VII; ders., Der Staat der Griechen, [2]1965.

Isotelie →Metöken.

Isprawnik (ru.), im zaristischen Rußland der Leiter der Polizei in einem Bezirk (→Ujesd).

Itinerar (lat. ‚Wegebuch'), in der röm. Kaiserzeit Aufzeichnungen über Reiserouten, Raststationen und Entfernungen, z.T. mit beiliegenden Straßenkarten; als umfassendstes I. ist das *I.ium Antoninianum*, 4. Jhn., mit einem Verzeichnis der Straßen und Schifffahrtslinien des röm. Reiches erhalten, als Straßenkarte die Peutingerschen Tafeln (4. Jh., benannt nach dem Besitzer K. Peutinger, 1465–1547); in christlicher Zeit kamen I.e von Pilgerfahrten auf; für die ohne feste Residenz lebenden Herrscher des MA. werden I.e von der Forschung aus Orts- und Zeitangaben der Quellen zusammengestellt.

W. Kubitschek, I.ien, RE IX; B. Koetting, Peregrinatio religiosa, 1950; G. Leithäuser, Mappae mundi, 1958; Th. Mayer, D. dt. Kg.tum u. sein Wirkungsbereich. (Ma. Studien) 1959; A. u. M. Levi, I.ia picta, 1967.

Itio in partes (lat. ‚Auseinandertreten in Parteien'), Trennung einer Versammlung in die auf ihr vertretenen Parteien oder Stände, bes. beim alten dt. →Reichstag nach 1648 die Trennung in →*Corpus evangelicorum* und *Corpus catholicorum*, die bei Sachen der Religion getrennte Abstimmung jedes Corpus und einen Beschluß nur bei freundschaftlicher Übereinstimmung ermöglichte.

Jacques Bonhomme (frz. von *jaque* ‚Kittel'), frz. verächtliche Bezeichnung des (leibeigenen) Bauern; dav. Jacquerie, die Bauern der Isle de France, die sich, von einzelnen Städten unterstützt, vom Adel schließlich niedergeschlagen, während der Gefangenschaft Kg. Johanns in England (1356–60) empörten, sowie der Bauernkrieg selbst; seither auch allgem. Bauernaufstand.

Jagd-hoheit (J.-regel, Wildbannrecht; →auch Forst), im MA. Recht des →Kg.s, aufgrund seiner umfassenden →Banngewalt die J. auszuüben. Schon im fränk. Reich gewährt der Kg. das J.-recht kirchlichen und adeligen Groß→grundherrschaften, seit dem 10. Jh. auch für fremde Ländereien. Zweifellos übt der Adel auch ein autogenes J.-recht aus, das sich wie das königliche auf Hochwild erstreckt, während die J. auf Niederwild von den Bauern ausgeübt wird. Im →Regalienkatalog von Roncaglia 1158 beansprucht der Kg. (Barbarossa) noch einmal die umfassende J.-hoheit, doch geht sie schon im 13. Jh. auf die Territorialherren über, wobei in kleinen Territorien die J.-rechte der Bauern in der →Allmende immer mehr eingeschränkt werden (vgl. die Klage des Freidank 1229, dann die 12 Artikel der Bauern 1525); eine ähnliche Entwicklung ist auch in Frankreich zu verzeichnen, wo das J.-recht in der frühen NZ. ausschließlich in den Händen der →Seigneurs liegt; J.-kanzlei, in Preußen 17./18. Jh. oberste Behörde des Forstwesens unter einem Ober- und Hofjägermeister; sie geht Mitte 18. Jh. im Generaldirektorium auf, das seit 1770 ein bes. Forstdepartement hat.

K. Lindner (Hrsg.), Quellen u. Studien z. Gesch. d. J., 1955ff.

Jahr und Tag, im MA und der frühen NZ. bes. im Rechtsleben gebräuchliche Frist von einem Jahr, 6 Wochen und 3 Tagen, wobei Wochen und Tage auch Sachsenfrist, der gesamte Zeitraum Sachsenjahr genannt werden.

Jahresanfang →Ära, Indiktion.

Jahresdevise, seit 163v. in China (seit dem 7. Jhn. ähnlich in Japan) glückhafte Bezeichnung für eine Zahl von Jahren, später für die Regierungszeit eines Kaisers. Die Ks. von China, deren Name aus Ehrfurcht nicht ausgesprochen wurde, (→Pharao), sind dem Westen unter der J. bekannt.

Jakobiner, volkstümliche Bezeichnung des Klubs der *Societé des amis de la constitution* im Dominikanerkloster St. Jakob zu Paris (11.11.1794 nach dem Sturz Robespierres geschlossen), wird noch im 18. Jh. zum allgem. Scheltwort für Eiferer und Radikalisten verschiedenster Prägung.

Jakobiten, Anhänger eines Jakob, u.zw. (1) des Jakob Baradai, Bischof von Edessa, gest. 578: monophysitische Sonderkirche in Ostsyrien; (2) Kg. Jakobs II. von England (1685–88): Befürworter einer Restauration der Stuarts, v.a. in Schottland 1689–1746 (Schlacht bei Culloden).

Janitscharen (tü. ‚neue Truppe'), im 14. Jh. aus Christensklaven geschaffene Elitetruppe des tü. Heeres (40000–100000 Mann unter dem Befehl des J.-aga) mit halbgeistlicher Organisation und großer politischer Macht, gebildet aus dem Knabenzins (Aushebung jedes 5. Knaben der unterworfenen christlichen Länder), später auch aus Osmanen. Seit dem Ende des 16.Jh. erhalten die J. Heiratserlaubnis und Erblichkeit der Stellen. Dank vieler Privilegien (z.B. zollfreie Wareneinfuhr) tun viele J. keinen Kriegsdienst mehr, sondern sind Händler, Gutsbesitzer u.a. 1826 wird die Truppe im Zuge der Reformen Sultan Mahmuds II. aufgelöst.

Jansenismus, nach C. Jansenius (1585–1638), Bischof von Ypern, Bewegung zur inneren Erneuerung des Katholizismus (Gnadenlehre, Prädestination, Weltabkehr des Christen und der Kirche), getragen von einem kleinen Kreis im Kloster Port Royal bei Versailles (A. Arnauld, 1612 bis 94; zeitweilig B. Pascal 1623 bis 62), mit breiterer Wirkung in Frankreich. Der dem Calvinismus nahestehende J. gerät in Gegensatz zu den Jesuiten und zur Religionspolitik Ludwigs XIV., wird seit 1710 (Zerstörung von Port Royal) von Kirche und Staat verfolgt, wirkt jedoch bes. in Italien und über die Niederlande in Österreich fort (→Jesuitengesetze, →Josephinismus, Anti→Klerikalismus).

C. Jansenius, Augustinus sive doctrina, 1640; A. Gazier, Hist. gén. du mouvement janséniste, [2]1922 ff.; F. Honigsheim, D. Staats- u. Soziallehren d. frz. J.isten, 1914; F. Heer, Europ. Geistesgesch., 1953, ND 1970; R. Taverneaux, Jansénisme et politique, 1965.

Jarl (nordgerm.), Volkskönig, im 10. Jh., von der Krone (Harald Schönhaar) in die Königsgefolgschaft gezwungen; Versuche der J.e, Macht zu gewinnen, werden vom Königtum immer wieder vereitelt, nur in Schweden J. Birger 1250–66 Regent, Hausmeier.

Javeline, Javelot (frz. von lat. *iaculum*), Wurfspieß, Ger.

Jazeran, auch: Korazin (von pers. Khorazan), Hemd oder Rüstung mit dachziegelförmigen Schuppen, in Europa seit dem 8. Jh. in Gebrauch.

Jesuiten-gesetz, im →Kulturkampf vom Dt. Reichstag 4.7. 1872 erlassenes Gesetz, das den J.-orden und verwandte →Orden vom Reichsgebiet ausschloß, ihre Niederlassungen auflöste und jede Ordenstätigkeit in Kirche, Schule und Mission verbot; als Ganzes erst 1917 aufgehoben.

Jeunesse dorée (frz. ,goldene Jugend'), volkstümliche Bezeichnung einer Gruppe junger, durch ihre reichere Kleidung auffallender Pariser, die 1794 nach dem Sturz Robespierres unter der Führung Frérons gegen die Jakobiner in Wort und Tat auftraten, im *Directoire* gesellschaftlich tonangebend wurden; dann allgem.: Jugend aus reichem Hause.

Jingo (engl.), 1878 (ru.-tü. Krieg) durch ein Schlagerlied in England aufgekommene, auch in Nordamerika und Dtld. bis ins 20. Jh. übliche Bezeichnung für aggressive →Nationalisten; Jingoismus, gleich dem frz. →Chauvinismus.

Jobeljahr (von hebr. *jobel* ,Horn'), nach dem AT. (3.Mos.25,8) jedes 50. Jahr, Brachjahr (→ auch Sabbathjahr), das zugleich für alle Israeliten den Verlust der persönlichen Freiheit und den Verkauf des Erbbesitzes aufheben und rückgängig machen soll; dav. Jubel-jahr, in der kath. Kirche seit 1300 (jedes 50., 33., oder 25.) Jahr, in dem bes. →Ablaß (Jubel-ablaß) erteilt wird.

John Bull, Gestalt aus einer 1712 erschienenen stuartfreundlichen Satire von J. Arbuthnot (1667 bis 1735), nüchtern, praktisch, wahrheits- und freiheitsliebend, bald allgem. zur Kennzeichnung des Engländers und des engl. Volkes verwendet.

Josephinismus, österr. Politik im Sinne Ks. Josefs II., 1780 bis 90, zunächst das Eintreten für ein Staatskirchentum im Geist des aufgeklärten →Absolutismus (bereits seit 1763; Aufhebung des Jesuitenordens 1773, Toleranzpatent 1781, Judenemanzipation, Auflösung von 700 Klöstern, Besoldung und Vermehrung der Pfarrstellen im Dienst der Erziehung zu staatsbürgerlicher Gesinnung u.a.), allgemeiner als bis ins 20. Jh. (bes. 1848–67) lebendige, jedoch nicht systematisch durchgebildete Tradition, v.a. des österr. Beamten- und Bürgertums, mit dem Ideal eines starken, im Volk verwurzelten und an die Dynastie gebundenen, christlichen und aufgeklärten (später liberalen) Einheitsstaates.

F. Valjavec, Der J., [2]1945; F. Maass, Der J., 1951; E. Zöllner, Gesch. Österr., [4]1970; E. Winter, Der J., [2]1962.

Juden-tum, (1) die Religion der J.; (2) die Gesamtheit der J. – der ,Kinder von Judah und Benjamin', seit der Rückkehr aus dem Exil 538v., von Nicht-j. zunächst verächtlich gebrauchte Bezeichnung für die Bewohner Judas (röm. Judaea) als Religionsgemeinde. Politisch kennzeichnet den Begriff J. (gegenüber *Volk Israel* im AT., *Israeli* seit 1948) nationale Abhängigkeit und teilweise (Babylon) oder völlige (Diaspora seit 70n.) Verstreuung. Zwischen Emanzipation und 1933 zu beobachtende Tendenzen, die Bezeichnungen J.,

J.tum wegen möglicher historisch bedingter Ressentiments zugunsten anderer (Israeliten, Angehörige des mosaischen Glaubens) zurückzudrängen, scheinen seit 1945, nach dem grausamen Schicksal der J. unter dem NS-Regime, zu schwinden; J.-christen, im Gegensatz zu →Heidenchristen die aus dem J.tum Bekehrten der Urkirche; -emanzipation, die unter dem →Toleranzgedanken der →Aufklärung erfolgte allmähliche politische, wirtschaftliche und gesellschaftliche Gleichstellung der J., beginnend mit der →Unabhängigkeitserklärung der USA. und dem Toleranzpatent Ks. Josephs II. 1782, bis zur Aufhebung der ru. →Maigesetze 1917; -frage, die Probleme des Zusammenlebens von J. und Nicht-j., v.a. bekannt durch die zynische Formulierung in Hitlers Geheimbefehl zur *Endlösung der J.-frage* vom 31.7.1941, der die Maßnahmen zur physischen Vernichtung des europäischen J.tums einleitete (die Zahl der Opfer bis 1945 wird auf 4 bis 5,7 Mill. geschätzt); -gasse, seit dem 3. Laterankonzil 1179 eingerichtetes bes. Wohngebiet der J. in Städten (→Ghetto); -meister, Vorsteher der J.-gemeinde in dt. Städten, mit Gerichts- und Steuerbefugnissen; auch Mitglied des J.-rats, der ihm zur Seite oder an seiner Stelle stand; -schutzgeld, -steuer →Kammerzins. Toleranzgeld; -wucher, die bes. nach dem Verbot des ‚Wuchers' für Christen (3. Laterankonzil; →Zins) den J. zugebilligten Zinssätze; -zeichen, erstmals vom 4. Laterankonzil 1215 (nach mohammedanischem Vorbild) gebotene Kennzeichnung der J. durch Tracht (J.-hut, J.-rock u.a.), gelben Fleck, Hauszeichen (Rotella); – → auch Antisemitismus, Pogrom, Rasse, Zionismus.

J. Aronius, Regesten z. Gesch. der J. im fränk. u. dt. Reich bis 1273, 1887ff.; G. Caro, Soz.- u. Wirtsch.. gesch. der J. im MA. u. i. d. NZ., [2]1924; Encyclopaedia Judaica, 1971f.; H. J. Schoeps, Jüd. Geisteswelt, 1953; C. Roth, Gesch. der J., dt. o. J. (1954); E. G. Reichmann, D. Flucht i. d. Haß, [7]1969; U. D. Adam, Die J.politik im Dritten Reich, 1972; Johann Maier, Das J.tum v. d. bibl. Zt. bis zur Moderne, 1973.

Jungtürken →Panislamismus.

Junker, Jungherr, Anrede junger Adeliger; Titel der Angehörigen der Geschlechter (Stadt-j.); seit dem 17. Jh. Fahnen-j. junger Adeliger im Unteroffiziersrang, der die Fahne trägt, später (1898) allgem. Gemeiner oder Unteroffizier, der auf Beförderung zum Offizier dient; seit dem 17. Jh. untergeordnetes Hofamt: Kammer-j., Hof-j., Jagd-j.; im 19. Jh. (J.-parlament, Spottbezeichnung für die Tagung des konservativen Vereins zur Wahrung der Interessen der Grundbesitzer, Berlin 18.9.1848) zur Kennzeichnung des überheblichen Auftretens gewisser Adeliger, bes. der preußischen Grundbesitzer ostwärts der Elbe – v.a. von den Gegnern Bismarcks – verwendet; Bismarck selbst versuchte vergeblich (Rede v.8.4.1851) das Wort J.-tum des abschätzigen Beigeschmacks zu entkleiden.

Junktim (von lat. *iungere* ‚verbinden'), Koppelung mehrerer Gesetze oder internationaler Verträge, wobei das Inkrafttreten des einen vom Inkrafttreten des oder der anderen abhängig gemacht wird.

Junta (span. ‚Vereinigung'), im 12. Jh. aragonischer Städtebund (→Hermandad), im 13. Jh. zur

Verwaltungseinheit umgebildet. Später allgem. zur Erfüllung von Verwaltungsaufgaben gewählte oder berufene Körperschaft; *Santa J.*, Revolutionsausschuß der span. Städte gegen Ks. Karl V. 1520; *J. Suprema Central*, provisorische span. Regierung für Kg. Ferdinand VII. Z. Zt. allgem. Ausdruck für revolutionäre Ausschüsse, bes. von Offizieren (Militär-j.)

Jurati (zu lat. *iusiurandum*, mlat. *juramentum*, ,→Eid'), mlat. →Geschworene, →Schöffen, bes. in den romanischen Ländern des MA. von den Bürgern gewählter Stadtrat, vereinzelt auch kollegial mit der Leitung der Verwaltung betraut.

Jurisdiktion, lat. *iurisdictio*, ,Rechtsprechung', →Gerichtsbarkeit, mlat. auch Verwaltung; zu lat. *ius*, ,Recht', Herrschaftsrecht röm. Beamten u.a. (z.B. mlat. *ius reformandi*, das Recht des →Landesherrn, die Religionszugehörigkeit seiner Untertanen zu bestimmen; *ius subcollectandi*, das Recht der Steuererhebung; nlat. *jura singulorum*, Reservatrechte – ,In Fällen, wo die Bundes-Glieder nicht in ihrer vertragsmäßigen Einheit, sondern als einzelne, selbständige und unabhängige Staaten erscheinen', Art. 15. Wiener Schlußakte vom 15.5.1820).

Justiz (lat. *iustitia* ,Gerechtigkeit', auch, als Gerechtigkeit der röm. Kaiser, personifiziert und kultisch verehrt; mlat. →Gerichtsbarkeit; in rom. Sprachen auch (richterliches) Amt – vgl. it. *giustizia*, Marktpolizei und Gewerbeaufsicht in Venedig –, auch Titel eines (höheren) Richters, vgl. engl. *justice*), die Rechtspflege; J.-hoheit, das Recht des Staates auf Ausübung seiner legitimen Gewalt auf dem Gebiete der Rechtspflege, die sich in Gesetzgebung, Organisation und Verwaltung der Rechtsprechung äußert, während die Ausübung der Gerichtsbarkeit in der modernen Demokratie dem Richter übertragen bleibt; -minister, im Preußen des 18. Jh. einzelnen Verwaltungsdepartements zugeteilt, doch gleichzeitig einem Chefminister (Großkanzler) unterstehend; -staat, (1) = Rechtsstaat, (2) Staat mit einem Übergewicht der j.iellen Gewalt, das dadurch entsteht, daß die →Legislative und die →Exekutive dazu neigen, wichtige Entscheidungen den Organen der Verfassungsgerichtsbarkeit zuzuschieben; J.-iar (mlat. *justitiarius*), allgem. Richter, bes. Hof-, Kronrichter, in der NZ. Rechtsberater und -vertreter staatlicher Organe.

Kabinett (frz.), kleiner Raum, (geheime) →Kammer, Arbeitszimmer des Fürsten; seit dem 17. Jh. mit der Herausbildung des →absoluten Staates zunehmend verbreiteter Ausdruck für das persönliche Regiment des Fürsten und seine vertrauten Ratgeber, die die älteren Regierungsorgane (→Staatsrat, Geheimer →Rat usw.) allmählich an Bedeutung überflügeln; obwohl die Bezeichnung im 19. Jh. im Kampf um die →Konstitution kritisch und abwertend verwendet wird (,die kümmerlichen Lampen der K.e', F. C. Dahlmann 1815), bleibt sie, wohl v.a. durch das englische Beispiel (seit dem 17. Jh. Minister-k., *Cabinet Council*, aus einigen Ministern bestehender Beirat der Krone), im allgem. Sprachgebrauch bei parlamentarischen Ministerien üblich; daher bis in die Gegenwart = Regierung, Gesamtministerium, Ministerrat; zugleich im 19. Jh. die Berater für die dem konstitutionellen Herrscher verbliebenen Aufgaben vorwiegend personeller Art (*Zivil-k.*, *Militär-k.*, *Marine-k.;* K.s-chef = →Ministerpräsident; -frage, Vertrauensfrage, die von der Regierung unmittelbar oder in Verbindung mit einer Gesetzesvorlage an das Parlament gerichtete Frage, ob sie weiter im Amt bleiben soll; -justiz, das im absoluten Staat aus der →Landesherrlichkeit legitimierte, seit dem 18. Jh. bekämpfte, im modernen Rechtsstaat als Verletzung des Grundsatzes der →Gewaltenteilung verfassungsmäßig verbotene Eingreifen der Regierung in die Rechtspflege; -krieg, der europäische Krieg im Stil des Absolutismus (v.a. 1660–1750) ohne Rücksicht auf die Volksmeinung, mit begrenzter Zielsetzung und – durch Rücksicht auf die Staatswirtschaft gebotener – Schonung von Menschen und Sachwerten; -krise, durch Meinungsverschiedenheiten innerhalb des K.s entstandene Regierungskrise; -minister, seit dem 18. Jh. die aus der K.sregierung hervorgegangenen Minister, im Gegensatz zum →Konferenzminister mit dem Recht des Vortrags beim Herrscher; -order, Verfügung des Fürsten mit dem Charakter eines persönlichen Befehls, im absoluten Staat vielfach anstelle der Gesetzgebung; -politik, Außenpolitik, v.a. des Absolutismus, ohne Befragung der Volksmeinung; -rang, bei Staatssekretären das Recht auf Teilnahme an K.ssitzungen; -rat, Ministerrat unter Vorsitz des Fürsten; Mitglied des K.s, bes. in Preußen; -sekretär, ‚Diener' des Fürsten, mit der Ausfertigung und Übermittlung der Ordres und Schreiben befaßt; Staatssekretär (= Minister) der USA.

Kader (lat. *quadrum*, ‚Viereck', Karrée), das Stammpersonal einer Truppe; Gruppe geschulter, aktivistischer Funktionäre, bes. einer kommunistischen Partei; K.-partei, Massen→partei, die von einer kleinen Funktionärsgruppe zentralistisch geleitet wird.

D. Voigt, K.arbeit in der DDR, in: Deutschland-Archiv 2, 1972; G.-J. Glaeßner, Herrschaft durch K., 1977.

Kadetten (zu frz. *cadet*, ‚der jüngere Sohn', bes. der Zweitgeborene eines regierenden Hauses), (1) seit dem 17. Jh. der Offiziersnachwuchs, bes. jüngere Söhne des Adels; in dt. Ländern und in Rußland Zöglinge der Militärbildungsanstalten (K.-anstalten, -korps), in Österreich-Ungarn Offiziersanwärter; (2) in Anlehnung daran Abkürzung für *Konstitutionelle Demokraten*, Partei der bürgerlichen Linken in der ru. Duma 1905–17, nach der Februarrevolution März-Juli1917 in der Regierung.

Kadi (ar. ‚Richter'), seit 750 vom →Kalifen ernannter Gehilfe des →Emir; in Indien juristischer Berater des →Mogul; im mohammedanischen Spanien höherer Richter (→Hakim); im tü. Reich bis 1922 niederer Richter (→Mullah), auch Notar, Stellvertreter: →Naib.

Kadiasker (tü.), seit 1362 Titel des tü. Heeresrichters; nach 1480 je 1 K. in Europa (zugleich höchster geistlicher Richter) und Asien, auch als oberste Zivilrichter, Mitglieder des →Divan.

Kai (‚Gehäu'), in Bayern Waldverhau in Art des →Gebücks.

Kaid (ar. ‚Führer'), allgem. im Orient Heerführer, Offizier; in Marokko Provinzstatthalter und höherer Offizier; in Algerien und Tunis Stammesführer mit Verwaltungsbefugnissen.

Kaimakam (ar. ‚Stellvertreter'), Titel tü. Beamter und Offiziere, in Persien Stellvertreter des → Hakim.

Kaiser, eines der ältesten germ.-dt. Lehnwörter (→Caesar), meint zunächst, unabhängig vom offiziellen Titel (→Augustus, Imperator, Prinzeps), den Beherrscher des röm. Reichs, der als höchster Träger weltlicher Gewalt auf Erden gilt. Im MA. bleibt die dt. Bezeichnung K. – während lat. *imperator*, *imperium* gelegentlich, z.B. im fränk. Reich des 8. Jh., im ags. England, in Spanien 11. Jh., auch zur Kennzeichnung begrenzter hegemonialer Stellung verwendet wird – mit der in Byzanz (→Basileus) bis 1453 weitergeführten, im Westen 800 durch Karl d. Gr. *(serenissimus Augustus, magnus imperator)* erneuerten röm. Tradition verbunden (dabei wird der dt. König kraft seines Anspruchs auf die K.-würde und kraft seiner tatsächlichen Herrschaft über die drei Reiche auch vor der K.-krönung vielfach ohne Bedeutungsunterschied als K. bezeichnet). In dieser Tradition steht direkt das dt. K.-tum der NZ. (In der dt. Titulatur: ‚Von Gottes Gnaden Röm. K., allzeit Mehrer des Reiches') bis 1806, indirekt das ru. →Zartum (im dt. Sprachgebrauch heißen die ru. Herrscher v.a. seit Katharina d. Gr., 1762 bis 96, häufig K. – vgl. den Einfluß von frz. *empereur* –, nicht jedoch Peter d. Gr., 1689–1725, der 1721 den →Imperator-Titel annimmt), die K. von Österreich 1804–1918 und die Dt. K. 1871 bis 1918, die K. der Franzosen (1804–15, 1852–70, in Anlehnung an Karl d. Gr.), sowie die K. von Brasilien (1822–89) und Mexiko (1863–67). Mit der Erweiterung des Weltbildes zu Beginn der NZ. wird der Titel auch auf vergleichbare mächtige Oberherrn übertragen: während er dem tü. →Sultan nur im älteren Deutsch, dem ind. →Mogul und dem pers. →Schah-in-Schah nur vereinzelt beigelegt wird (doch K. von Indien, engl. *Empress, Emperor of India*, als Titel der engl. Krone 1876–1947), dem Perserkönig versagt bleibt, kommt er regelmäßig dem Beherrscher des chin. Imperiums zu (221v. bis 1912; auch K. von Korea, 1392 bis 1910, von Annam 1428 bis 1887), sowie dem jap. →Tennō und dem →Negus von Abessinien (K. von Äthiopien, 1936–43 bei der it. Krone). – Die Idee des K.-tums verkörpert sich zuerst im →Prinzeps, dem Ersten Bürger in dem auf die →Pax Augusta gegründeten →Imperium Romanum, (→ auch Adoptiv-k.), fußt in den Wirren des 3. Jhn. (Soldaten-k., 193n.–284n.) vorwiegend auf der imperatorischen →Akklamation durch die Truppe, betont in der Symbolik und im Zeremoniell seit dem →Dominat erneut die alten Traditionen der →Weltherrschaftsidee, zu der im 5. Jhn. die des biblischen Königtums (David, Salomon) treten. Im MA. wird das K.-tum als eine kraft göttlicher Gnade verliehene höhere →*auctoritas*, als Schirmherrschaft über Abendland und Kirche verstanden, nur zu Zeiten

(Karl d. Gr., Ottonen, Heinrich VI.) und teilweise (vgl. den Ausschluß Nordeuropas) dank der Vormacht der fränk. bzw. dt. Könige in Europa mit den geschichtlichen Gegebenheiten in Einklang. Durch den für beide Seiten verlustreichen Kampf der universalen Gewalten K. und →Papst seit dem 11. Jh. und das Aufkommen der Nationalstaaten wird das K.-tum, das tief im Bewußtsein des Volkes verankert ist (vgl. die Sage von dem im Kyffhäuser schlafenden K., die sich um Friedrich II., 1212–50, seinen Enkel Friedrich den Freidigen, gest. 1323/24, und seinen Großvater Friedrich I., 1152 bis 90, rankt), zu einer national dt. Institution, die noch zu einem Teil (durch die österr. →Hausmacht im Südosten) die Funktion der abendländischen Schirmherrschaft erfüllen kann. Die großen Erneuerungen des K.-tums in der NZ. tragen zunehmend ausgeprägt nationale Züge (das ru. →Zartum, Napoleon, das kleindt. K.-tum von 1871 – ‚Das Präsidium des Bundes steht dem Könige von Preußen zu, welcher den Namen Dt. K. führt', Art. 11 der Dt. Reichsverf. 16.4.1871). Im weiteren Verlauf ist die monarchische Gewalt zu schwach, als daß das K.-tum mehr als gelegentlich (Indien, Äthiopien) vollgültiger Ausdruck des →Imperialismus geworden wäre; -krönung, im MA. als der eigentliche Rechtsakt, der die K.-würde überträgt, von der Kirche beansprucht (1. die Krönung Leos I., 457–74, durch den Patriarchen Anatolios 457, letzte die Karls V., 1519–56, durch Papst Clemens VII. 1530), v. Karl d. Gr. nur hingenommen (Selbstkrönung Ludwigs des Frommen 813), seit 1508 von den Päpsten zugunsten der dt. Königswahl preisgegeben; -kult →Herrscherkult; -münzen, Münzen der röm. K.-zeit nach dem Beispiel der hellenistischen Könige Porträtmünzen der K. und ihrer Angehörigen, die für die Ikonographie und – mit ihren Legenden – für die Chronologie für die Thematik der Politik von ausschlaggebender Bedeutung sind; -politik, Objekt eines von H. v. Sybel (1817–95) und J. Ficker (1826–1902) um 1860 ausgelösten Streites zwischen ‚kleindt.' und ‚groß-dt.' Geschichtsschreibung, der sich bes. über Otto I. in Vorwurf und Verteidigung in den Gegensatz zwischen versäumter nationaler Ostpolitik und Überforderung des dt. Volkes und seiner Herrscher durch die Italienpolitik hineinsteigerte; -recht, (1) die ma. dt. Reichsgesetze, auch Rechtsbücher (→Spiegel), (2) zufolge der röm. Tradition des K.-tums auch das Röm. Recht; -zahl = →Indiktion; -zeit, als Epochenbezeichnung der röm. Geschichte der dritte, auf die →Republik folgende Abschnitt, →Prinzipat und →Dominat umfassend.

O. Th. Schulz, V. Prinzipat z. Dominat, 1919; F. Altheim, D. Soldatenk., 1939; J. Straub, V. Herrscherideal i. d. Spätantike, 1939; A. Magdelain, Auctoritas principis, 1947; G. Ostrogorsky, Gesch. d. byz. Staates, [3]1963, ND 1965; – F. Kampers, V. Werdegang d. abdld. K.mystik, 1924; Fr. Schneider, Universalstaat o. Nationalstaat, 1941; ders., Die neueren Anschauungen der dt. Historiker über die dt. K.politik, [6]1943; H. Krause, K.recht u. Rezeption, 1952; P. E. Schramm, Herrsch.zeichen u. Staatssymbolik, 1954f.; ders., K., Rom u. Renovatio, [2]1957; K. Fürst Schwarzenberg, Adler u. Drache, 1958; E.E. Stengel, Abh. u. Unters. z. Gesch. des K.gedankens im MA., 1965; P.E.

Schramm, K., Kge. u. Päpste, 1968ff.

Kalandsbrüder, Kalander, Gebets→bruderschaften von Geistlichen und Laien im niederdt. Raum, v.a. 13–15. Jh., aus den Diözesanversammlungen am 1. jeden Monats (‚Kalenden') hervorgegangen.

Kalender (lat. *calendarium*, Aufstellung eines Bankiers über die am Monatsersten fälligen Zinsen, von *Kalendae*, urspr. die von den →Pontifices ‚auszurufenden' Nächte nach Neumond, dann: der Monatserste, *Kalenden*), Verzeichnis der Monate und Tage eines Jahres; die Aufstellung des K.s ist seit der Frühzeit der Geschichte an astronomische Beobachtungen gebunden; er beruht entweder auf dem Mondwechsel (29½ Tage; vgl. z.B. das arab. Mondjahr zu 354 oder 355 Tagen) oder auf dem Erdumlauf um die Sonne (365¼ Tage, vgl. z.B. das Sonnenjahr der Ägypter), wobei Ungenauigkeiten durch Schalttage ausgeglichen werden, oder auf einer Kombination zwischen beiden (Lunisolarjahr der Babylonier, Juden, Griechen – →Oktaeteris –, Römer) mit Schaltmonaten in größerem (8-, 19-jährigem) Zyklus. – Von Anbeginn kommt dem K., dessen Aufstellung zunächst in den Händen der Priester liegt, hohe sakrale Bedeutung zu, bes. in den mittelam. Kulturen, v.a. der Maya, die neben dem Sonnenjahr ein eigenes, in seiner Herkunft ungeklärtes Auguraljahr von 13 mal 20 = 260 Tagen kennen; in hellen.-röm. Zt. wird d. Geburtstag (vgl. die K.-inschrift von Priene, 9v., Inschr. v. Priene 105) oder das Erscheinen (→Epiphanie, Parusie, lat. *adventus*) des vergöttlichten Herrschers Beginn lokaler →Ären und K., in den ersten beiden Jh. des →Prinzipats werden die Monate nach den Ks. benannt (vgl. Juli, August); der Charakter des röm. K.s als Fest-k. setzt sich fort im christlichen Kirchenjahr und in der Beziehung des K.s zur Heiligenverehrung. – Grundlage der abendländischen Zeitrechnung ist der durch C. Julius Caesar 46v. nach dem ägyptischen erneuerte röm. K., der *Julianische K.* mit dem Sonnenjahr von 365 Tagen, das durch einen Schalttag in jedem 4. Jahr ausgeglichen wurde, den – mit Ausnahme des Jahresbeginnes – auch das Christentum übernahm. Eine Änderung ergab sich in der Zählung der Jahre (seit Dionysius Exiguus, 532n., *ab incarnatione domini*, ‚Nach der Fleischwerdung des Herrn', → auch Ära). Die Festlegung des Osterfestes (urspr., Konzil von Nicäa, 325n., am 21. März) auf den ersten Sonntag nach dem Vollmond nach Frühlingsanfang fand seit Beda Venerabilis (673 bis 753; ‚*De ratione temporum*', Ostertafel 725) allgem. Beachtung und wurde so zum Ausgangspunkt für das neben dem festgelegten Bürgerlichen Jahr bis heute gültige Kirchenjahr mit seinen z.T. an wechselnden Daten gefeierten Festen und Sonntagen. Die mit den astronomischen Berechnungen nicht genau übereinstimmende Festlegung des Frühlingsanfangs führte in den folgenden Jhh. zu einer Differenz zwischen angenommenem und wirklichem Datum. Die fällige K.-reform kam nach langwierigen Vorarbeiten unter Papst Gregor XIII. 1582 zustande. Der durch Weglassen von 10 Tagen und andere Einrichtungen reformierte *Gregorianische K.* wurde von Katholiken zumeist sogleich, von den Protestanten nur zögernd, im Bereich der Ostkirche erst 1918 durch die UdSSR angenommen, so daß lange Zeit alte und neue Datierung nebeneinander in Gebrauch waren. Der 1793 eingeführte frz. Revolutions-k. (von S. Marechal entworfen) mit 12 Monaten zu 30 Tagen (mit 5 Ergänzungstagen, Sansculottiden) und Teilung des Monats in 3 →Dekaden) konnte sich bis 1806 halten.

H. Grotefend, Zeitrechng. d. dt. MA. u. d. NZ., 1891 ff.; M. P. Nilsson, D. Entstehg. u. rel. Bed. d. gr. K., 1918; H. Grotefend, Taschenb. d. Zeitrechng. d. dt. MA. u. d. NZ., [10]1960; L. Schultze-Jena, Wahrsagerei, Himmelskunde u. K. d. alten Azteken, 1950; H. Lietzmann, Zeitrechng. d. röm. Ks.zt., d. MA. u. d. NZ., [3]1956; H. Koch, H. Gutzwiller, Der K., 1968; J. W. Ekrutt, Der K. im Wandel d. Zeiten, 1972.

Kalif (ar. ‚Stellvertreter'), Nachfolger Mohammeds als geistlicher und weltlicher Führer des Islams, anfangs einer seiner Verwandten, seit 661 erblicher Titel verschiedener Dynastien. Seit dem 9. Jh. wird das Kalifat immer machtloser, zuletzt, 1517–1924 mit dem tü. →Sultanat verbunden, zu einer nominellen, fast bedeutungslosen geistlichen Oberherrschaft; in Nordafrika Stammesführer, hoher Beamter und Offizier.

Kamarilla (span. ‚Kämmerlein'), Hofpartei, die einen gegen die verantwortliche Regierung gerichteten Einfluß auf den Herrscher ausübt; eine K. bestand zuerst Anfang des 19. Jh. am Hofe Ferdinands VII. von Spanien, später bes. 1848–59 in Preußen unter Kg. Friedrich Wilhelm IV. (L. v. Gerlach, 1790 bis 1861, u.a.).

F. Hartung, Verantw. Reg., Kabinette u. Nebenreg. im konstit. Preußen, (Forsch. z. brand.-preuß. Gesch. 44) 1932.

Kamelaukion (spätgr.), die mit Perlen besetzte iranische Königsmütze als Teil der byz. Herrschertracht, auch von den Herrschern des Abendlandes bis ins 10. Jh. getragen.

Kameralien (nlat. *cameralia*, von *camera*, →‚Kammer'), auch Kameralistik, Kameralwissenschaften, Finanz- und Verwaltungswissenschaft, seit 1727 an dt. Universitäten gelehrt; Kameralismus, in Theorie und Praxis die Wirtschaftsgesinnung des dt., v.a. des lutherischen Fürstenstaates des 16.–18. Jh.; mit dem →Merkantilismus fast gleichzeitig und in der späteren Phase von ihm stark beeinflußt, unterschied er sich von ihm doch durch den umfassenderen, auf das Ganze des Staates gerichteten Blick und durch seine Orientierung am Vorteil des gesamten Volkes, nicht nur am Nutzen der fürstlichen →Kammer; wenngleich der Kameralismus im 19. Jh. durch das Einströmen engl.-frz. Ideengutes (→Merkantilismus, →Physiokraten, →Liberalismus, klassische Nationalökonomie u.a.) zum Erliegen kam, wirkten seine Einflüsse auch in der Zeit des →Kapitalismus bis in die moderne →Sozialgesetzgebung fort.

A. Tautscher, Staatswirtsch.lehre d. K.ismus, 1947; H. Haußherr, Wirtsch.gesch. d. NZ., [4]1970.

Kamisade (von spätlat. *camisia*, ‚Überhemd', ‚enge Bluse', vgl. Kamisol, ‚Wams', ‚Unterjacke'), nächtlicher Überfall (bei dem Hemden über der Rüstung getragen wurden); Kamisarden, ‚Blusenleute', aufständische hugenottische Bauern der Cevennen, 1702 bis 10.

Kammer (gr. *kamara*, lat. *camera* ‚Gewölbe', ‚Raum'), (1) im fränk. Königshaushalt urspr. Wohnraum und Gelaß zur Aufbewahrung wertvollen Eigentums, dann Mittelpunkt der königlichen Hofhaltung mit dem →Kämmerer an der Spitze; im MA. ist die K. zentrale Verwaltungsstelle der königlichen und später v.a. der fürstlichen Privatgüter (= K.-güter) und, zunächst von ihnen ungeschieden, der staatlichen Finanzen unter der Bezeichnung →Hof-k., Rent-k., Land-k. In den →Ämtern eines →Territoriums sind K.- bzw. Kameralämter (letztere bes. seit dem 17./18. Jh.) als Finanzbehörde tätig, die der fürstlichen K. unterstehen. Im Territorialstaat der frühen NZ. erhalten dann auch andere Zweige der Verwaltung den Zusatz K., z.B. →Kriegs- und Domänen-k.; (2) Teil einer nach engl. Vorbild gestalteten Volksvertretung (Zweik.-system), wobei die 1. K. meist aus erblichen Mitgliedern des →Adels (→Standesherren), Vertretern der →Korporationen und aus Vertretern der Provinzen, bzw. (bei Bundesstaaten) der Einzelstaaten besteht, während die 2. K. die gewählten Volksvertreter umfaßt; bes. im Frankreich der 3. Republik das Abgeordnetenhaus (frz. *chambre des députés*); (3) Gerichtshof oder Abteilung eines solchen, z.B. im England der Tudor (1485–1603) die Stern.-k. (engl. *Star chamber*); (4) berufsständische Vertretung, z.B. Handels-k., Handwerks-k.; K.-gericht, seit dem späteren MA. in den meisten Territorien ein dem →Reichskammergericht entsprechendes Gericht, das neben oder an Stelle oder manchmal auch über dem →Hofgericht steht und meist oberste Berufungsinstanz ist, so z.B. das K.-gericht in Berlin; mitunter auch Sondergericht, im MA. z.B. Judengericht; -herr →Kämmerer; -knechte, Bezeichnung für die Juden im MA., da sie an die königliche K. ihre Schutzsteuer zahlten; -kollegium, in einigen dt. Territorien seit dem 16. Jh. die kollegial aufgebaute Zentrale der →Finanz- und →Domänenverwaltung; -lehen, in Geld bestehendes →Lehen aus der K. eines Herrn; -leute, im MA. die Bergleute, da sie der landesherrlichen K. direkt unterstanden; -meister, seit Ende des 13. Jh. Titel des leitenden Finanzbeamten eines →Territoriums mit von Land zu Land wechselnder Kompetenz; mit Beginn der NZ. wird er meist abgelöst durch das K.-kollegium, bzw. den K.-rat, der in einigen Territorien seitdem kollegial die Finanzverwaltung leitet; -schreiber, Gehilfe des K.-meisters, dann Sekretär der K.; -zieler, seit 1521 erhobene Steuer zur Unterhaltung des →Reichskammergerichts; -zins, Sammelbegriff für alle Arten von Abgaben an die K.

G. Schmoller, Umrisse u. Untersuch. z. Verf.-, Verw.- u. Wirtsch.gesch., 1898; Die österr. Zentralverwaltung, 1907–38; E. Bamberger, Die Finanzordnung in den dt. Territorien des MA., (Zs. f. d. ges. Staatswiss. 77) 1922.

Kämmerer (mlat. *camerarius*, *camerlengus* zu →Kämmerling; frz. *chambrier*, *chambellan;* engl. *chamberer*, *chamberlain*), eines der vier germ. →Hof- (→Haus-)ämter, seit den Merovingern v.a. Aufseher über den königlichen

Schatz, dann auch über die königliche Wohnung (daher auch mlat. →*cubicularius*). Im ags. England hat der K. das wichtigste Hofamt als Führer des königlichen Dienstadels *(thangerefa)* inne. Im Laufe des MA. wird der K. in England (seit der normannischen Eroberung) und auf dem Kontinent in weltlichen Herrschaften durch besondere Schatzmeister (auch →Kammermeister) aus seiner Stellung als Leiter der Finanzen verdrängt und auf den persönlichen Dienst beim Herrscher beschränkt, in geistlichen Herrschaften (päpstliche →Kurie, geistliche Fürstentümer) behält er sie bei. Sein Amt, inzwischen erbliches →Hofamt, wird in neuerer Zeit in mehrere Rangklassen unterteilt: Oberst-k., Ober-k. (frz. z.B. *grand chambellan*); anstelle von K. tritt in vielen dt. Fürstentümern auch der Titel Kammerherr, der auch als Ehrenamt an Adelige verliehen werden kann. Als Zeichen seiner Würde bekommt der K. (Kammerherr) bei der Bestallung einen goldenen Schlüssel. Der K. des alten dt. Reiches ist →Erzamt (Markgf. v. Brandenburg), bzw. Reichserbamt (v. Bolanden-Falkenstein). In den Städten ist der K. Leiter des Finanzwesens, seine Behörde die Kämmerei; teilweise auch Richter, hat er z.B. in landesherrlichen Städten den Vorsitz im Judengericht (→Kammergericht).

Kämmerling (ahd. *kamarling*, mlat. *camerlingus*), (a) Sproß eines →Ministerialen und einer →Hörigen oder Magd; (b) Höriger im Hausgesinde oder Höriger, der einer Kammer zinst (→ auch Kammerknechte).

Kandschar →Handschar.

Kannibalen (span. von: Kariben), Menschenfresser.

Kanon (gr. ‚Richtschnur', ‚Regel' von akkadisch *qanu* ‚Rohr' als Längenmaß), in der antiken Literatur Auswahl mustergültiger Autoren einer literarischen Gattung; die anerkannten und unabänderlichen Schriften einer Religion, bes. die von den Kirchen als unbedingt bindend angesehenen Bücher der Bibel (für das NT. im 4. Jh. – Festbrief des Athanasios, 367 – abgeschlossen); der unabänderlich feststehende Mittelteil der Messe; Kanones, die (rechtlichen) Beschlüsse der kirchlichen →Synoden, in sog. K.-sammlungen zusammengefaßt; kanonisch, der kath. Lehre und Disziplin entsprechend, vom kirchlichen (urspr. aus den Kanones gewonnenen) Recht geforderte Norm für rechtliche Handlungen, z.B. *k.es Alter* (Mindestalter für den Empfang kirchlicher Weihen); Kanoniker → Kapitel; Kanonisation, Heiligsprechung; Kanonistik, die Wissenschaft des Kath. Kirchenrechts.

Kanone (gr.-lat. *canna*, ‚Rohr'), urspr. allgem. jede große Feuerwaffe, Geschütz, in der NZ. bes. langrohriges Geschütz mit flacher Flugbahn.

Kanton (altfrz. *cant*, it. *canto* ‚Winkel', ‚Ecke'), Distrikt, kleinerer Bezirk, so Ritter-k. Unterteilung der 3 Kreise der →Reichsritterschaft mit Matrikelführung, Steuerrecht und Vertretung der Mitglieder beim Reich (Leitung: K.s-direktorium); 1733–1807 in Preußen (ähnlich in anderen Staaten) Rekrutierungsbezirk eines Regiments (das K.-system, bis zum K.-reglement Friedrich Wilhelms II. 1792 mit unbegrenzter Dienstzeit der Kantonisten, doch zahlreichen, ständig zunehmenden Befreiungen, schafft eine engere Verbindung zwischen Volk und Heer und gilt als Vorstufe der allgem. Wehrpflicht); in Frankreich seit 1790 Unterabteilung eines →Arrondissement; in der Schweiz seit 1798 (vorher: Ort) selbständiger Bundesstaat der Eidgenossenschaft, bisweilen gegliedert in Halbk.e; Kantonnement, Einquartierung von Truppen, Winterquartier, auch Militärstation.

O. Eberbach, Die dt. Reichsrittersch. i. ihrer staatsrechtl.-pol. Entwicklung, 1912; E. Hölzle, Der dt. Südwesten am Ende d. alten Reiches, 1938; – H. Helfritz, Gesch. d. preuß. Heeresverw., 1938; O. Büsch, Militärsyst. u. Sozialleben im alten Preußen, 1962.

Kanzelparagraph, im →Kulturkampf erlassenes Gesetz (letzte Fassung 26.2.1876), das Geistlichen, die schriftlich oder mündlich in der Kirche oder öffentlich ‚Angelegenheiten des Staates in einer den öffentlichen Frieden gefährdenden Weise zum Gegenstand einer Verkündigung oder Erörterung' machen, Strafe androht; nach dem Kulturkampf außer im →Kirchenkampf kaum angewendet, 1953 aufgehoben.

Kanzlei (mlat. *cancellaria* aus lat. *cancelli* ‚Schranken'), urspr. ein mit Schranken versehener Raum, in dem als einer Art Schreibstube im MA. und in der NZ. Urkunden, Verordnungen, Erlasse abgefaßt werden. K.en gibt es an weltlichen (→König, Landesherr) und geistlichen Höfen (→Kurie, Erzbischof, Bischof) seit dem späteren MA. auch an Universitäten, bei →Orden, an Gerichten und in manchen Städten. Die K. ist neben oberster Regierungs- und Verwaltungsbehörde oft auch oberste Justizbehörde; im Staat des 19./20. Jh. die dem Chef einer Regierung direkt unterstellte Behörde (z.B. →Reichs-k. 1871-1945, österr. Bundes-k. seit 1918); Kanzler (mlat. *cancellarius*), in der K. der Merovingerkönige zunächst nur untergeordneter Schreiber, unter den Karolingern K.-vorsteher, seit 820 mit dem Titel *summus sacri palatii cancellarius;* er wie seine Gehilfen sind meist geistlichen Standes (bis ins späte MA); seit 854 ist der Leiter der Hof→kapelle, der Erzkaplan, auch Kanzler, seit Karl III. (867 bis 87) mit dem Titel Erz-kanzler *(archicancellarius)*, der seit Heinrich I. (919–36) endgültig den →Erzbischöfen von Mainz zusteht; die eigentlichen Geschäfte führt der am Hof verbleibende Reichskanzler, dem →Protonotar, Notare und Schreiber unterstellt sind; ein ähnlicher Aufbau der K.en gilt für Burgund und für Italien; in den →Territorien gibt es seit dem späten MA. Kanzler (in Preußen Groß-kanzler, später Staats-kanzler, letzterer auch in Österreich), ebenso als Vorstand von K.en an Universitäten, →Orden; im norddt. Bund, im 2. Dt. Reich, der Bundesrepublik und der Republik Österreich ist Kanzler Titel des Regierungschefs; in Frankreich (frz. *chancelier*) nur zeitweise im 12./13. Jh. auftretend, 1315 neu eingeführt, ist der Kanzler bis zur Revolution als erster →Minister Stellvertreter des →Königs und bes. oberster Richter; in England steht er zunächst im MA. der kg. Kanzlei in der Würde des Hofkaplans vor, seit den Tudors ist er dann als *High Lord Chancellor* erster Berater der Krone in Gesetzesfragen, oberster Richter im Appellationsgerichtshof *(Court of Appeal)*, schließlich Sprecher im →Oberhaus; an den engl. Universitäten höchster Beamter, der meist dem höchsten →Adel entnommen wird (Die Geschäfte führt ein Vizekanzler); *Chancellor of Exchequer →Exchequer.*

H. Breßlau, Hb. d. Urkundenlehre I, [2]1912ff.; H. Hirsch, Reichs-k. u. Reichspol. im ZA. d. sal. Ks., (MIÖG 42) 1927; H.-W. Klewitz, Cancellaria, DA 1937.

Kapelle (aus mlat. *cappa* ,Mantel'), im kirchenrechtlichen Sinn das einem beschränkten Kreis, nicht der Gesamtgemeinde zugängliche Gotteshaus (z.B. Haus-k. eines Fürsten oder hohen Adligen, Privat-k. eines hohen geistlichen Würdenträgers); urspr. ist K. Aufbewahrungsraum für den Mantel des Hl. Martin von Tours, dann, schon in der Merovingerzeit, der dem Gottesdienst geweihte Raum in Königshof und →Pfalz, dann die Hofgeistlichkeit (mlat. *capellanus* ,Kaplan'); ihr Vorsteher hat seit Ludwig dem Frommen (814–40) den Titel Erzkaplan *(archicapellanus)*; – die K. in diesem Sinn stellt die Schreiber der kg. →Kanzlei.

S. Görlitz, Beitr. z. Gesch. d. kg. Hof-k., 1936; J. Fleckenstein, Die Hof-k. d. dt. Kg.e I, 1959; – H. W. Klewitz, Kg.tum, Hof-k. u. Domkapitel im 10./11. Jh., 1960; – →Kanzlei.

Kaper-schiff (ndl. seit dem 17. Jh., vgl. dt. *Kauf*), bewaffnetes Schiff eines privaten Eigentümers, das mit Ermächtigung seiner oder einer anderen Regierung, einem K.-brief, auf feindliche oder auch neutrale Schiffe Jagd macht, um sie aufzubringen (K.ei ist seit der Pariser Seerechtsdeklaration von 1856 verboten).

Kapital (mlat. *capitale* ,Besitz' von lat. *caput* Haupt', mlat. auch: ,Vieh'), in der Wirtschaftsgeschichte neben Arbeit und Natur einer der drei Produktionsfaktoren; K.-ismus, das erstmals von K. Marx, →Marxismus, in seinem ,Kapital' (1867) eingehend analysierte und kritisierte Wirtschaftssystem. das vom 16. Jh. bis eingangs des 20. Jh. vorherrschte. Es beruht auf dem Grundgedanken des wirtschaftlichen →Liberalismus, daß der Eigennutz, das Streben nach Profit des ungehindert wirtschaftenden Unternehmers, der mächtigste Motor des Fortschritts sei. ,Der stolze Unabhängigkeitssinn des Unternehmers, der niemals Erlaubnis braucht, um das Neue zu vollbringen, ist die spezifische Tugend des K.' (E. Heymann, WDSW 5, 1956). Der K. legitimiert sich mit den Thesen, daß durch das freie Spiel der Kräfte, in Auswirkung des Gesetzes von Angebot und Nachfrage auf unbeeinflußtem Markt, unter der ,heilsamen Wirkung der freien Konkurrenz' Preise und Löhne sich von selbst regulieren und stabilisieren und ein Maximum an Sozialprodukt (Volksvermögen) erzielt werde, so daß unter dem K. der Lebensstandard der breiten Massen mehr gehoben werde als zuvor oder danach. Der Eigennutz münde so – entsprechend dem →Fortschrittsglauben der Aufklärung und der engl. Philosophie des Liberalismus – letztlich in den Gemeinnutz ein. – Der Begriff K. wurde von der nichtmarxistischen Wissenschaft nur zögernd aufgenommen, von Nationalökonomie und Soziologie nicht eindeutig definiert. Seine Wurzeln sind vielfältig und umstritten: W. Sombart sah sie in der Rechenhaftigkeit, der rationellen Buchführung und Kalkulation, M. Weber, E. Troeltsch, R. H. Tawney in Umstülpung der marxistischen ökonomischen Geschichtskonzeption im Geist der innerweltlichen Askese des Calvinismus. Während man den Begriff nur mit Vorbehalt auf frühere Epochen anwendet (z.B. M. Rostovtzeff für die hellenistische Welt), ist man sich darüber einig, daß die 1. Phase, der Früh-k., mit dem 16. Jh. einsetzt, mit etwa Jakob Fugger dem Reichen als Repräsentanten einer neuen Wirtschaftsgesinnung; die 2., der Hoch-k., beginnend mit der bürgerlichen politischen und v.a. mit der industriellen →Revolution, ein Zeitalter der Maschinen und des modernen Verkehrs, des Industrie-, Handels- und Finanzkapitals, aber auch der sozialen Spannungen zwischen →Bourgeoisie und →Proletariat, wird etwa seit dem 1. Weltkrieg abgelöst durch die Phase des Spät-k., in der wir noch stehen. (Vgl. auch den →Monopol-k. Lenins, der sich damit weder zeitlich noch begrifflich deckt). Die Wirtschaft geht allmählich der meisten für den K. kennzeichnenden Züge verlustig: Die Beherrschung und Bewirtschaftung der Kolonialvölker wird rückläufig; durch bittere Erfahrungen gewitzigt, strebt die Wirtschaft mehr nach Sekurität und scheut das Risiko; sie verlangt Garantie des Staates für unsichere Investitionen und wird in Kriegs- und Krisenzeiten völlig von ihm abhängig; der Proletarier der Zeit des K. Marx ist weithin zum Bourgeois arriviert, durch Partei und Gewerkschaft gegen Ausbeutung durch den K. gesichert; der Kapitalist jener Zeit, der Eigentümer-Industrielle, Eisenbahnkönig oder Großbankier weicht dem Manager, und alle Indizien sprechen dafür, daß der K. seinem Ende entgegengeht, daß er aber in seinem Bett stirbt, sich allmählich wandelt in ein Wirtschaftssystem, das noch keinen Namen hat, weil seine Formen noch nicht festliegen, daß aber sicher mehr sozial als liberal, weniger in nationalen als in Großräumen planmäßig gesteuert sein wird.

W. Sombart, Der mod. K.ismus, 1919; M. Weber, Ges. Aufsätze z. Rel.soz. I, [5]1963; P. M. Sweezy, Theorie d. k.istischen Entwicklg., dt. 1970; E. Mandel, D. Spätk.ismus, 1972; F. Pollock, Stadien d. K.ismus, 1975.

Kapitän (mlat. *capitaneus* – in Italien seit dem 11. Jh. der Kronvasall, →Valvassoren –, frz. *capitaine*, it. *capitano*, engl. *captain* usw. zu lat. *caput* ‚Haupt‘), ‚Häuptling‘, ‚Hauptmann‘, bes. in Mittelmeerländern häufige zivile und militärische Dienstbezeichnung; während im zivilen Bereich die Bezeichnung K. in verschiedenen Wortverbindungen und Funktionen, v.a. ausgehend vom staufischen Sizilien (vgl. auch die *capitani del popolo* als Vertreter der Zünfte und Stadtherren in it. Städten des 13.–15. Jh.) und meist mit dem Nebensinn der Vertretung des Herrschers (frz. *capitainerie*, Amtsbereich eines K.s, port. *capitania*, bis ins 18. Jh. Provinz als Kronlehen in Brasilien), im Lauf der NZ. verschwand (→General-k.), hat sie sich im Militärischen erhalten: im Heer hat sie auch im Dt. vom 17.–19. Jh. die Bezeichnung Hauptmann als Führer einer →Kompanie (span. urspr. *capitania*) verdrängt, in der Flotte (in Venedig u.a. Staaten urspr. der →Admiral) wird sie zunächst für den Schiffsführer, dann als Dienstrangbezeichnungen entsprechend dem Oberst für Stabsoffiziere gebraucht (K. zur See, Fregatten-k., Korvetten-k.)

Kapitel (lat. *capitulum* ,kleiner Kopf'), kurze, den Inhalt zusammenfassende Überschrift vor Abschnitten eines Buches (die K.-einteilung, zuerst in der Heiligen Schrift, im Humanismus auf klassische Autoren übertragen, findet bes. durch die Schriften der →Aufklärung allgem. Verbreitung), dann der Abschnitt selbst; die (zur Lesung eines K.s der Schrift versammelte) Gesamtheit der Geistlichen eines →Doms, →Stifts (= Kanoniker), eines →Klosters, →Ordens.

Kapitol, einer der 7 Hügel Roms; das Parlamentsgebäude, übertr. auch →Senat und →Repräsentantenhaus der USA.

Kapitularien, schriftlich ergangene Gesetze der fränk. Könige, bes. der Karolinger, nach ihrer Einteilung in *capitula* benannt (z. B. *Capitulare de villis*, um 800); sie ergänzen die alten →Volksrechte, schaffen neues, territorial begrenztes Reichs- oder Landesrecht, dienen als Weisung für die →Missi, enthalten auch Satzungen, die kirchliche Angelegenheiten betreffen.

F. L. Ganshof, Was waren die K.?, dt. 1956; R. Schneider (Hrsg.), K., 1968.

Kapitulation (mlat.), allgem. Vertrag (in →Kapitel eingeteilt), z. B. →Wahl-k., auch Dienstvertrag; seit dem MA. auch Vertrag zwischen europ. Mächten und außereurop. Staaten, die Konsulargerichtsbarkeit betreffend; bes. Vertrag im militärischen Bereich, (a) zwischen Soldat und Kriegsherrn, v.a. bei allgem. Wehrpflicht die Verpflichtung eines Mannes (Kapitulant) zu längerer Dienstzeit, (b) völkerrechtliches, zwischen den Kommandierenden getroffenes Abkommen über die Übergabe eingeschlossener Streitkräfte, die die sofortige Entwaffnung des Unterlegenen zur Folge hat; der Begriff wird ausgeweitet zur *bedingungslosen K.* als strategischem Ziel der Gesamtkriegführung (F. D. Roosevelt, 1882 bis 1945, auf der Konferenz von Casablanca, 14.–26.1.1943 – ,*The Unconditional Surrender Meeting*' –), angewandt im Waffenstillstand mit Italien, 3.9.1943, in der K. des Dt. Reiches, 9.5. 1945, eingeschränkt in der K. Japans, 24.10.1945; die Forderung der bedingungslosen K. hat, wie allgem. feststeht, zur Totalisierung des Krieges und zur Verlängerung seiner Endphase (Hiroshima) beigetragen.

Kaplan (lat. *capellanus*), urspr. Geistlicher an einer →Kapelle, bes. der kg. Hofkapelle des MA. oder der päpstlichen Kapelle; später Titel eines Hilfsgeistlichen, sowie aller Geistlichen, die nicht →*parochus* sind; in den →Ritterorden Titel der Brüder, die Weihen empfingen und geistliche Funktionen ausübten.

→Kapelle.

Kaponnière (frz. von it. *capone* ,Schlaukopf'), gedeckter Gang oder Raum zum Beschießen der Sohle eines Befestigungsgrabens.

Kaporal →Korporal.

Kapudan Pascha (von ,Kapitän'), seit dem 16. Jh. Oberbefehlshaber der tü. Flotte und bis ins 18. Jh. auch Beglerbeg (→Bei) der Ägäischen Inseln, Mitglied des →Divan. Im 19. Jh. abgeschafft.

Karabiner (frz., von arab. *karab* ‚Waffe'?, von *Kalabrien?*), kurzes Gewehr mit gezogenem Lauf, Reitergewehr; Karabiniere, mit dem K. bewaffnete Reiter, vereinzelt auch Mannschaftsdienstgrade in der Kavallerie; Traditionsname für Elitekavallerie in europ. Heeren (vgl. it. *Carabinieri*, Feldgendarmerie, Gendarmerie.)

Karavelle (it.-span. zu mlat. *carabus* – von gr. *karabos* ‚Languste'?–), 15.–17. Jh. urspr. tü., dann span.-port. hochbordiges Schiff mit hohen Aufbauten.

Karawanenhandel, Fernhandel zu Lande, bes. im Inneren Asiens und Afrikas, seit frühgeschichtlicher Zeit mit wenig veränderten Formen, militärischem Schutz und →Geleit, festen Routen, Rastplätzen (Khan, Karawanserei) und Wasserstellen; der K. ist in der Regel als Zwischenhandelskette organisiert, die Karawanen selbst ziehen nur begrenzte Strecken v. Handelsplatz zu Handelsplatz.
→Wirtschaftsgeschichte.

Kardinal (von lat. *cardo* ‚Hauptkirche'), urspr. Titel von Geistlichen an einer röm. Hauptkirche oder einer großen Bischofskirche außerhalb Roms, später nur noch Titel der suburbikarischen Bischöfe (K.-bischöfe), der Geistlichen an den Hauptkirchen Roms (K.-priester), sowie der Vorsteher der röm. →Diakonate (K.-diakon); als Berater und – seit 1059 – als ausschließliche Wähler des →Papstes erhielten die Mitglieder des K.skollegiums (an dessen Spitze der K.-dekan steht) größte Bedeutung; die Kardinäle bilden als höchste geistliche Würdenträger den ‚Senat' der kath. Kirche und unterstützen den Papst bei der Leitung und Verwaltung der Kirche; seit dem Ende des 12. Jh. werden auch auswärtige Bischöfe in das K.skollegium aufgenommen und erhalten eine Titelkirche in Rom; der bes. im 15.–16. Jh. sehr starke Einfluß der K.e und ihre Machterweiterung auf Kosten des Papsttums wurde durch die Errichtung der →Kurien→kongregationen 1586, die die Aufgaben des bisherigen →Konsistoriums übernahmen, sowie durch Vermehrung der Zahl der K.e eingeschränkt; die seit 1586 auf 70 festgesetzte Zahl der ausschließlich vom Papst zu ernennenden K.e (6 K.-bischöfe, 50 K.-priester, 14 K.-diakone) wurde durch die Ernennungen Papst Johannes XXIII. 1958 erstmals überschritten, 1960 auf 85 erhöht. Seit 1971 verliert d. K. mit Vollendung des 80. Lebensjahres sein aktives Wahlrecht.

H. W. Klewitz, Reformpapstt. u. K.skolleg, 1957; K. Ganzer, D. Entwicklg. d. ausw. K.ats im hohen MA, 1963; P. C. van Lierde, A. Girand, Das K.s-Kollegium, 1965; C. G. Fürst, Cardinalis, 1967.

Karkasse (frz., engl., wohl von gr. *karchesion*, ‚Mastkorb'), bloßer Körper, Gerüst; kleine Brandgranate.

Kartätsche (it. *cartoccio* ‚Tüte'), in Papier-, Stoff- oder Metallbehälter gebündelte Geschosse, gegen lebende Ziele auf kurze Entfernung verwendet; Kartätschgeschütz, Schnell- oder Mehrfeuergeschütz (→Espingole) zu gleicher Verwendung.

Kartaune (nlat.), ‚Viertelsbüchse', grobes Geschütz, im Gegensatz zur Feldschlange mit kurzem Rohr.

Kartause, Kloster des in einem Wald bei Grenoble *(La Grande Chartreuse)* 1084 gegründeten

Karthäuserordens; allgem. Einsiedelei.

Kartell (frz. *cartel* zu mlat. →*charta*, ,Herausforderung', ,Fehdebrief'), (1) Kampfordnung bei frz. Turnieren; (2) völkerrechtlicher Vertrag, bes. zwischen kriegführenden Staaten; (3) festes Bündnis mehrerer Parteien, bes. 1887–90 als Versuch, die dt. Reichspolitik auf Dt.-Konservative, Freikonservative und Nationalliberale zu stützen und eine zuverlässige Mehrheit für Bismarck zu bilden; die 3 Parteien fanden sich v.a. in der Bejahung des →Sozialistengesetzes und der Bewilligung der Heeresvorlage (→Septennat), doch löste sich, als mit der Entlassung Bismarcks die eiserne Klammer entfiel, das K. bald wieder auf, zumal durch Wilhelms II. anfängliche Ablehnung der antisozialistischen Züge (1887: 220, 1890: 132 Sitze); – das Bündnis der frz. Radikalsozialisten und Sozialisten 1924 gegen den *bloc national;* (4) Zusammenschluß von untereinander unabhängigen Wirtschaftsunternehmen derselben Produktionsstufe zu Preisabsprachen und Minderung des freien Wettbewerbs.

H. Heffter, D. Kreuzzeitungspartei u. d. K.-politik Bismarcks, 1927.

Karussell (frz. *carrousel* aus arab. *kurradsch*), seit dem MA. Turnierspiel, Ringelstechen.

Kasematte (it. *casamatta* zu gr. *chasma* ,Kluft'), beschußsicherer Raum in Festungsanlagen.

Kaste (port. *casta*, ,Stamm'), seit dem 1. Jtv. Gruppe der hinduistischen Gesellschaft; ,Die vier alten Stände (Varna) der →*Brahmanen*, *Kshatriyas*, *Vaishas* und *Shûdras* zerfallen je in eine große Zahl von *Jâts*, von K.n, deren Mitglieder nicht miteinander heiraten und essen dürfen, die bestimmten Berufen obliegen oder wenigstens obliegen sollten und bestimmte religiöse und soziale Bräuche befolgen. Diese K.n, deren Zahl gegenwärtig auf 2000 bis 3000 geschätzt wird, sind Korporationen, die das soziale und wirtschaftliche Leben ihrer Mitglieder bis ins einzelne regeln, u.zw. durch einen von ihnen ernannten Exekutiv-Ausschuß, der meist *Pancâyat* genannt wird, da er oft ein Kollegium von 5 Männern darstellt' (H. v. Glasenapp); allgem. wegen ihrer minderen Rechte oder wegen überlebter Vorurteile diskriminierte gesellschaftliche Gruppe.

H. v. Glasenapp, Die Rel. Indiens, 1943; A. M. Hocart, Caste, A Comperative Study, 1950.

Kastell (lat. *castellum*), kleinere röm. Befestigung, bes. an den Reichsgrenzen, →Limes, allgem. kleine Befestigung, mlat. auch Burg, Gutshof, kleinere Stadt; K.an (mlat. *castellanus*, frz. *châtelain*), Befehlshaber einer →Burg, Burgherr, -graf, im Dienst eines Lehensfürsten oder des Kg., im HochMA. bes. in Frankreich, Polen und Böhmen mit Verwaltung und Gerichtsbarkeit (daher K. vereinzelt auch Gemeinde-, Stadtrichter); in der NZ. in Polen Befehlshaber des Kreisaufgebots, dem Senat angehörend; K.anei, in Polen Burg- u. Verwaltungsbezirk eine K.ans.

Kastner, auf den →Fronhöfen großer →Grundherrschaften Verwalter des Fruchtkastens; in der Territorialstaatsverfassung seit dem späteren MA. ist ein K. dem →Amtmann als Finanzbeamter (Kasten = Kasse) beigegeben.

Kataphrakten (gr.), ‚Gepanzerte', die schweren Panzerreiter des iranischen, bes. arsakidisch-sassanidischen Rittertums, auch von anderen, z.B. von den Römern seit dem 3. Jhn. nachgeahmt, →Klibanarier.

F. Altheim, D. Krise d. Alten Welt, 1952.

Kataphyteuse (gr.) = →Emphyteuse.

Katapult (gr. *katapeltes*), seit dem 4. Jhv. (Dionysios von Syrakus) allgem. Geschütz, bes. Pfeilgeschütz, →Balliste.

Kataster (mlat. *catastrum* = *capitastrum*, Verzeichnis für die Zwecke der →*Capitatio*), Verzeichnis von Leistungs-, v.a. Steuerpflichtigen und (oder) von Vermögenswerten, die als Grundlage für eine Bemessung der Leistungen dienen; vereinzelt auch: Wahlliste; Katastralgemeinde, in Österreich zu Steuerzwecken zusammengefaßter Gemeindeverband.

Katepano (gr. ‚der Obere'- mlat. *catapanus*), hoher spätbyz. Titel für Statthalter, Oberbefehlshaber, Hofbeamte.

Katharer →Ketzer.

Kathedersozialismus, von dem Liberalen H. B. Oppenheim 1871 geprägter Spottname für eine Gruppe Sozialreformer, meist Professoren der Nationalökonomie wie G. v. Schmoller u.a., die im Gegensatz zu der schrankenlosen Wirtschaftsfreiheit der Zeit eine verantwortungsbewußte staatliche Sozialpolitik forderten; der ‚Verein für Sozialpolitik' (1872) vertrat ihre Forderungen an der Öffentlichkeit.

H. B. Oppenheim, Der K., 1873; F. Boese, Schriften d. Ver. f. Soz.pol., 1939; G. Wittrock, Die K.sten, 1939; F. Völkerling, Der dt. K., 1959.

Kathedra (gr. ‚Sitz'), urspr. Stuhl des Lehrers, in der kath. Kirche erhöhter Sitz (Thron) des Bischofs; übertragen das bischöfliche Amt; *Cathedra Petri* der in der Peterskirche in Rom aufbewahrte Stuhl des Apostels (wahrscheinlich eine *sella curulis*); im übertragenen Sinne die oberste Lehrgewalt der kath. Kirche (*ex c.* →Infallibilität); Kathedrale bes. in Frankreich, Spanien und England die Kirche des →Bischofs oder →Erzbischofs, →Dom, Münster.

Katholikos (spätgr., von gr. *kathólu* ‚allgemein'; lat. *catholicus*), Titel des armenischen →Patriarchen; seit dem 2. Jhn. (Ignatius v. Antiochia, gest. um 115) ist (gr.) *katholiké ekklesia* Bezeichnung der christlichen Kirche, zunächst im Gegensatz zur einzelnen Gemeinde und im Hinblick auf ihre ökumenische Verbreitung (*quae sit in toto orbe terrarum diffusa*, Optatus v. Mileve, 4. Jh.), in der klassischen Definition des Vincenz v. Lerinum, 5. Jh. *(quod ubique, quod semper, quod ab omnibus creditum est)* mit betonter Allgemeingültigkeit; im Verlauf der abendländischen Geschichte (Schisma von 1054, Reformation) verbleibt die Bezeichnung *katholisch* – trotz einzelner entgegenstehender Versuche der nz. Theologie – bei jener christlichen Gemeinschaft getaufter Gläubigen (→Kirche), die den Primat des Bischofs von Rom (→Papst) anerkennt; Katholizismus, (a) die Katholische Kirche, (b) im weiteren Sinne auch die philosophischen, politischen, sozialen und kulturellen Lehren und Bestrebungen bes. des 19./20. Jh., die durch die Lehren der Katholischen Kirche beeinflußt sind und mit ihr in Einklang stehen; Katholizität, die Eigenschaft des Allgemeingültigen, Weltumspannenden, bes. die durch das Wort k. bezeichnete Eigenschaft der Kirche; Katholische Majestät →Rex.

Katöken (zu gr. *katoikia* ‚Ansiedlung', ‚Kolonie'), Militärsiedler in hellenistischen Reichen, Stütze der Königsmacht und der Hellenisierung im Osten, um 200v. auch in Ägypten, Bezeichnung für hellenische und hellenisierte Gruppen im Gegensatz zu den jetzt einheimischen →Kleruchen; Katökie, dörfliche Militärsiedlung im Seleukidenreich u.a. hellenistischen Staaten.

M. Rostovtzeff, Ges. u. Wirtsch.gesch. d. hellenist. Welt, dt. 1955f.

Kausalität (von lat. ‚*causa*' Ursache'), das reale Verhältnis von Grund und Folge, demzufolge jedes Geschehen Wirkung einer Ursache und zugleich Ursache einer Wirkung ist. Das K.s-prinzip, in der Philosophie seit der Aufklärung (D. Hume, 1711–76), in der Naturwissenschaft seit dem 20. Jh. (M. Planck, 1858–1947) umstritten, in der Geschichte als elementare Erfahrungstatsache und als wissenschaftliches Postulat bei der Frage nach dem objektiven Grunde geschichtlicher Erscheinungen vorausgesetzt, ist in der Historik nicht hinreichend analysiert. Während L. v. Ranke und die →Historische Schule die wissenschaftliche Fragestellung nach der K. im Geschehen zurückdrängten zugunsten einer intuitiven künstlerischen Darstellung, wird sie von J. G. Droysen (1808–84) zugunsten des subjektiven Moments im geschichtlichen →Verstehen völlig preisgegeben: ‚Was geschieht, wird erst durch die Auffassung als zusammenhängender Vorgang, als ein Komplex von Ursache und Wirkung, von Zweck und Ausführung, kurz als eine Tatsache begriffen und vereinigt, und dieselben Einzelheiten können von andern anders aufgefaßt, sie können von andern mit andern Ursachen oder Wirkungen oder Zwecken kombiniert werden.' F. Meinecke (1862–1954) stellt im historischen Bereich drei K.en fest, ‚die mechanische, die biologische und die geistig-sittliche', wobei Einseitigkeit in dem ‚nur teilweise, nicht ganz zu enträtselnden Durcheinander der drei Prägungen' hier zu einem mechanistischen Weltbild, dort zu morphologischer Überspitzung, bzw. zu →Pragmatismus führt.

J. G. Droysen, Historik, [6]1971; F. Meinecke, (HZ 137) 1928.

Kavalier →Caballero, Chevalier; bes. in der engl. Revolution des 17. Jh. Anhänger des Königs (bes. Karls I., 1625–49).

Kazike (indian.), Häuptling, heute auch Dorfbürgermeister, in Mittelamerika.

Keilschrift, 1712 von dem Arzt und Reisenden E. Kämpfer (1651 bis 1716) geprägte Bezeichnung (nlat. *litterae cuneatae*) für die von den Sumerern entwickelte, von den Völkern Vorderasiens übernommene und bis ins 1. Jtv. verwendete Schrift aus keilförmigen, mit dem Dreikantgriffel in Ton geritzten Zeichen; im 19. Jh. (seit den Anfängen durch F. G. Grotefend, 1776–1853, im Jahre 1802) entziffert, ist die K., ihre Sprachen und ihre Texte, Forschungsgebiet der →Assyriologie.

E. Doblhofer, Zeichen u. Wunder, 1957; →Assyriologie.

Keller(er) (lat. *cell(er)arius* ,Kellermeister'), (1) auf den →Fronhöfen größerer →Grundherrschaften, z.B. Klöster, Gehilfe des →Meiers mit Aufsichtsrecht über Weinberg und Keller; (2) im werdenden Territorialstaat mit Ämtereinteilung, z.B. in Württemberg, der dem →Amtmann meist beigeordnete Beamte, der die Einkünfte aus den →Domänen, seit dem 16. Jh. auch die übrigen Steuern einzieht; sein Amt heißt Kellerei, auch Kelnhof, Kehlhof.

Kellner (nhd.) =Keller.

Kemenate (mlat. *caminata*), der ,mit Kamin versehene', beheizbare Raum einer →Burg.

Kenotaph (gr.), ,leeres Grabmal', v.a. in der Antike als Kult-, Opfer- oder Gedenkstätte errichtet, wenn der Leichnam nicht bestattet werden konnte.

Kestner = →Kastner

Ketzer (von gr. *katharoi*, ,die Reinen', dt. Katharer, im 12. Jh. aufgekommene Bezeichnung für die v.a. in Westeuropa verbreiteten Anhänger der neumanichäischen Lehre), allgem. Bezeichnung für die Vertreter einer →häretischen Lehre oder Ansicht (,*qui vel levi argumento a iudicio catholicae religionis et tramite detecti fuerint deviare*', Ks. Arkadius, 395–408; ,der nicht glaubet die Stücke, die not und geboten sind zu glauben', M. Luther; ,der eine andere religiöse Ansicht als die Mehrheit vertritt', W. Nigg), bes. häufig zu Beginn der NZ. von den Katholiken gegen M. Luther und die Protestanten gebraucht; seit der Anerkennung der Kirche durch den Staat nahm die Kirche zur Verfolgung der K. die staatlichen Machtmittel in Anspruch und suchte so durch K.-gesetze (im Codex Theodosianus, 438n., bereits 68), K.-gerichte (→auch Inquisition) der →Häresie entgegenzuwirken.

W. Nigg, D. Buch d. K., [5]1970; – A. Borst, D. Katharer, 1953; H. Grundmann, K.-gesch. d. MA, 1963, in: D. Kirche in ihrer Gesch.

Khan (tü.), urspr. nur Khakhan, seit dem 8. Jh. zusammengezogen zu K. mit demselben Sinn: awarischer Fürstentitel, im 6. Jh. von tü. und mongolischen Stammesführern übernommen; seit Dschingis-K. wird Khakhan in der Bedeutung K. der Ke. gebraucht und bleibt Titel der Herrscher des Mongolenreiches, dann der Mongolenkaiser in China (1227–1367) und der tü. Sultane (in der NZ. von tü. Nationalisten statt →Sultan und →Kalif verwendet); nach der Mongolenzeit bleibt K. Bezeichnung kleinerer Fürsten und Könige in Mittelasien, nach 1502 pers. Statthalter, z.Zt. noch Adelsprädikat in Persien und Afghanistan; Ilek-K., Angehöriger einer Ostturanischen Dynastie in Mittelasien (10.–12. Jh.); Il-k., Titel der Mongolenherrscher Persiens 13.–14. Jh.; K.-Khanan, von den Groß→moguln an hohe Adelige verliehener Ehrenname; Khanat, von den Europäern nach ,Sultanat' gebildete Bezeichnung für das Herrschaftsgebiet eines K.s (z.B. K. der Krim bis 1783, K. von Buchara und Chiwa bis 1920).

Khedive (pers. ,Herr', ,Gebieter'), ägyptischer Herrschertitel, seit Anfang des 19. Jh. von Muhammed Ali geführt, 1867 offiziell verliehen, 1914 durch →Sultan ersetzt, seit 1922 König.

Kietz (etym. ungeklärt), im ostelbischen Siedlungsgebiet kleine, meist von Slawen bewohnte Dorfzeile am Rande dt. Dörfer; bald mit verächtlichem Nebensinn, da zwischen K. und dt. Dorf ein Kulturgefälle bestand.

Kipper (Herkunft umstritten, von *kippen:* (a) ndl. ‚stehlen' – K. mhd. ‚unritterliche Person, die im Kampf auf Beute aus ist' –, (b) ‚die Spitze abhauen', (c) wie *wippen* von der Waage) und Wipper, Geldfälscher, Pächter von Münzstätten und ihre Agenten, auch Private, die zu Anfang des 30jährigen Krieges (bis 1623) vollgewichtige Münzen aufwechselten und zu minderwertigen umprägten und damit eine Inflation hervorriefen; danach lange Zeit Fälscher von Geld oder Waren.

Kirche (von gr. *kyriakos*, das ‚dem Herrn Gehörige'), im germ. Sprachgebiet entstandene Bezeichnung für das dem christlichen Gottesdienst geweihte Haus; kirchenrechtlich bes. seit dem MA. oft nur das mit einem oder mehreren Pfarrern (→Parochus) besetzte Gotteshaus (Pfarr-k.) im Gegensatz zu den nur zeitweise versehenen Gotteshäusern wie →Kapellen u.a.; übertragen: die in einem Gotteshaus versammelte Gemeinde, bes. aber die Gesamtheit der in einer Glaubensgemeinschaft mit eigenen Verfassungsformen zusammengeschlossenen Christen, die in Christus ihr Haupt, sich selbst aber als die Glieder seines Leibes (= Kirche) sehen, wobei das Wesen der K. durch Einigkeit, Heiligkeit, →Katholizität, →Apostolizität bestimmt wird. Für die kath. Christen ist die K. eine rechtlich geordnete, sichtbare Heilsanstalt, außerhalb derer es kein Heil gibt, während für den Protestantismus K. die Gemeinschaft der Gläubigen bedeutet, die geglaubt wird, aber nicht sichtbar ist. Der Begriff K. wird dabei sowohl für die gesamte Christenheit wie auch für ihre Teile *(z.B. röm.-kath. K., evang.-lutherische K.)* und deren einzelne Gemeinschaften verwendet; Bekennende K., Erneuerungsbewegung innerhalb der evang. Kirche in Dtld. nach 1918 (K. Barth u.a.), die im Widerstand gegen die Übergriffe des Nationalsozialismus und der von ihm gestützten Deutschen Christen zu bes. Bedeutung gelangte, →auch K.n-kampf.

W. P. Fuchs, Staat und K. im Wandel der Jahrhunderte, 1966; H. Küng, Die K., [3]1969; H. Jedin, Atlas zur K.ngeschichte, 1970; K. Heussi, Kompendium der K.ngeschichte, [13]1971,

Kirchen-bann →Exkommunikation; -bund, Zusammenschluß der einzelnen selbständigen protestantischen →Landeskirchen in Dtld., zuerst proklamiert auf dem 1. Kirchentag in Wittenberg 1848, als *Deutscher evang. K.-bund* 1922 neu ins Leben gerufen: föderalistische Vereinigung aller 28 evang. Landeskirchen zur Wahrung gemeinsamer Interessen (seit 1945 von der *Evang. Kirche in Dtld.*, EKiD, abgelöst); -direktorium, kirchliche Zentralbehörde, bes. im Preußen des 18. Jh.; -gewalt, die von Christus an die Apostel und ihre Nachfolger übertragene dreifache (Lehr-, Heiligungs- und Regierungs-) Gewalt, in der kath. Kirche unterschieden nach Weihe oder Priestergewalt *(potestas ordinis)* und Regierungsgewalt (*potestas juris-*

dictionis, →Hierarchie); -kampf, Auseinandersetzung der Kirche mit dem Staat, bes. der Kampf des Nationalsozialismus gegen die christlichen Kirchen in Dtld. 1933–45; -kreis, in einigen evang. →Landeskirchen der mehrere → Dekanate umfassende Bezirk, Zwischenstufe zwischen Pfarrei und Landeskirche; -lehen, ein als →Lehen ausgegebenes Kircheneigentum, bei dem der → Grundherr die niedere →Gerichtsbarkeit ausübte (Lehen vom Bischof = Krummstablehen, Lehen vom Pfarrer = Pfarrlehen; -provinz, in der kath. Kirche das unter einem →Erzbischof (→Metropolit) stehende zusammengefaßte Gebiet mehrerer →Diözesen; -rat, in der kath. Kirche das vom →Bischof ernannte →Kollegium zur Verwaltung des Stiftungsvermögens einer Pfarrei; in der evang. Kirche zunächst die neben oder anstelle des →Konsistoriums stehende oberste kirchliche Behörde eines Landes, seit 1918 die auch Landesk.-rat oder Ober-k.-rat genannte leitende Behörde einer →Landeskirche, auch Ehrentitel verdienter Geistlicher; -politik, die Tätigkeit der äußeren K.-leitung, der Handhabung der K.-verfassung und der Ordnung des Verhältnisses der Kirche zum Staat; -regiment, die bis 1918 dem →Landesherrn als ‚oberstem Bischof' *(summepiscopus)* zustehende (äußere) Leitung der Kirche seines Landes (Summepiskopat): -satz = →Patronat; -senat, beratendes →Kollegium an der Spitze einer →Landeskirche, das neben oder mit dem →K.-rat die Befugnisse des →landesherrlichen→K.-regiments ausübte; -staat, das bis 1870 dem →Papst als souveränem Herrscher unterstehende Staatsgebiet, übertragen auch das durch die Lateranverträge 1929 dem Papst zugebilligte Hoheitsgebiet in Rom; der K.-staat entstand aus dem Besitz der röm. Kirche in Mittel- und Süditalien *(→Patrimonium Petri)* und wurde unter Berufung auf die Konstantinische und Pippinische →Schenkung vom Papst beansprucht, konnte aber trotz Gebietserweiterungen im MA. bis zur NZ. kaum ohne Schutzherrn und nur unter wechselnden Gebietsverhältnissen behauptet werden (das Gebiet des K.-staates, der 1809 von Napoleon I. aufgelöst und nach dem Wiener Kongreß 1815 noch einmal restituiert wurde, ging 1870 im Kg.-reich Italien auf, das Papsttum verzichtete erst 1929 endgültig auf die verlorenen Gebiete); -väter, die Lehrer und Schriftsteller der altchristlichen Kirche; – →zehnt.

E. Sehling, D. evang. K.nordnungen d. 16. Jh., 1955ff.; O. Diehn, Bibliogr. z. Gesch. d. K.nkampfes 1933–45, 1959; L. Siegele, Nationalsoz. u. K., 1974; – H. v. Campenhausen, Griech. K.nväter, [4]1967; ders., Lat. K.nväter, [2]1971.

Kirch-herr, im MA. der Herr einer →Eigenkirche, später der →Patron, dann auch der Inhaber eines geistlichen Benefiziums; -spiel, gleichbedeutend mit → Parochie und Pfarre, wobei sich im MA. oft der Pfarrbezirk mit der der Gerichtsgemeinde deckte.

Kistler, Handwerker der Holzverarbeitung, Bildschnitzer.

Klasse (lat. *classis* – wohl zu *calare* ‚rufen' – ‚Aufgebot', die Summe der voll leistungspflichtigen Bürger; seit der →Zenturienordnung werden der Gruppe der Vollhufner und voll bewaffneten Hopliten, *classici*, vier weitere, nach Vermögen gestufte Kategorien nachgeordnet, die ebenfalls *classis* heißen – daneben erhält sich der prägnante Gebrauch für die erste Gruppe –, während die vermögenslosen, nicht der Schatzung unterworfenen →*proletarii* in einer der 5 Zusatzzenturien *infra classem* verbleiben), entspr. der Bedeutung des lat. Wortes (a) allgem. Abteilung, Gruppe; (b) Vermögens-, Steuerklasse, in der →timokratischen Ordnung, z.B. der athenischen →Demokratie, als Grundlage der gestuften Zuteilung politischer Rechte (oder lediglich eines K.n-wahlrechts, z.B. in den röm. →Zenturiats→komitien, vgl. das preuß. →Drei-k.n-wahlrecht), mehrfach auch zur Bemessung einer nach dem Einkommen veranlagten Steuer (z.B. die K.n-steuer in Preußen und Bayern seit 1820); seit der engl. klassischen Nationalökonomie und dem frz. Frühsozialismus Gruppe gleicher Einkommens-, Besitz- oder auch Berufsart, die demzufolge dieselbe ‚typische Chance der Güterversorgung, der äußeren Lebensbedingungen und des inneren Lebensschicksals‘ (M. Weber, 1864–1920: K.n-lage) hat; diesem Begriff der *sozialen K.* oder Schicht stellt die moderne Soziologie den der *herrschenden K.* oder Oberschicht gegenüber, die, unter welchen Voraussetzungen auch immer, faktisch und empirisch faßbar, im Besitz der Herrschaftsmittel ist; beide Begriffe erscheinen bei K. Marx (1818–83) zur Deckung gebracht und, nach dem Modell des Gegensatzes zwischen →Bourgeoisie und →Proletariat im 19. Jh., auf den Gesamtverlauf der Geschichte übertragen; von den sozialen, durch ihr jeweiliges Verhältnis zu den ökonomischen Produktionsmitteln bestimmten K.n ist jeweils eine die herrschende oder ausbeutende im K.n-staat, während die andere oder die anderen die ausgebeuteten sind; ihr Gegensatz, der K.n-kampf, ist der dialektische Prozeß der Weltgeschichte (‚Der Marxismus erkennt den K.n-kampf als völlig entwickelt, als ‚gesamtnational‘ *nur* dann an, wenn er sich nicht nur auf die Politik ausdehnt, sondern sich auch in der Politik auf das Wesentlichste erstreckt, auf den Aufbau der Staatsmacht‘, W. I. Lenin); durch das – nach Überwindung des Ständischen und seiner Vorurteile gewonnene – K.n-bewußtsein des Proletariats (‚die Erkenntnis der Arbeiter, daß das einzige Mittel zur Verbesserung ihrer Lage der Kampf gegen die K. der Kapitalisten und Unternehmer ist; daß alle Arbeiter eines gegebenen Landes die gleichen Interessen besitzen, daß sie solidarisch sind; daß sie zur Erreichung ihrer Ziele Einfluß auf die Staatsgeschäfte gewinnen müssen‘ W. I. Lenin, gek.) zur letzten Entfaltung gekommen, führt er über die Diktatur des Proletariats hinüber zur k.n-losen Gesellschaft der kommunistischen Welt; – (c) nach lat. *classicus* ‚erstklassig‘ (Gellius 2. Jhn.: *classicus scriptor*, *non proletarius*) klassisch als Ausdruck des Normativen, überzeitlich Gültigen auch dort, wo die direkte Beziehung zur →Antike (→auch Altertumswissenschaft) und den Höhepunkten ihrer Kultur nicht gegeben ist.

R. Herrnstadt, Die Entdeckung d. K., 1965; J. Gräbener, K.nges. u. Rassismus, 1971; G. Lukacz, Gesch. u. K.n-bewußtsein, [2]1971; M. Weber, Wirtsch. u. Ges., [5]1972; M. Mauke, Die K.ntheorie v. Marx u. Engels, [5]1977; – →Marxismus, Soziologie.

Klausel (lt. *clausula*, ‚Schlußformel'), besondere Vereinbarung im Rahmen eines →Vertrages.

Klein-deutsch, urspr. spöttische, Ende 1848 in der Paulskirche (wohl von dem Trierer Abgeordneten L. Simon, 1810–72 geprägte) Bezeichnung für eine Lösung der Dt. Frage unter Ausschluß Österreichs; Bezeichnung für eine Geschichtsschreibung, die, bes. unter dem Eindruck der k.-dt. Einigung 1866–71, preußisch orientiert, die dt. Forschung und Lehre bis zum 1. Weltkrieg weitgehend bestimmte (H. v. Sybel, 1817–95, H. v. Treitschke, 1834–96, u.a., → auch Kaiserpolitik); -staaten, im 19. Jh. häufige Bezeichnung für die kleinen, historisch gewordenen souveränen Territorien Dtlds. (und Italiens), die sich einer nationalen Einigung widersetzen (‚Das gemeinsame Vaterland reicht über die Bannmeile des K.-staats hinaus', F. L. Jahn, 1778–1852).

H. v. Möller, Großdt. u. K.-dt., D. Entstehg. d. Worte, 1937; – H. v. Below, Die dt. Gesch.schreibg. v. d. Befreiungskriegen bis zu unseren Tagen, [2]1924; Th. Schieder, E. Deuerlein (Hrsg.), Reichsgründung, 1970.

Kleros (gr. ‚Los'), das Landlos, bei der Landnahme, bei Ansiedlung von Kolonisten und Soldaten, in Makedonien auch größeres Landgut, vom Kg. für bes. Leistungen verliehen; Kleruchen, Inhaber eines K., bes. die athenischen Bürgerkolonisten des 6./5. Jhv., die im Gegensatz zur großen gr. Kolonisation Bürger Athens blieben; in hellenistischen Reichen die vom Kg. angesiedelten Soldaten und Veteranen, →auch Katöken; Kleruchie, die athenische Bürger- und Militärkolonie; das Lehensland der hellenistischen Soldaten mit Tendenz zur Erblichkeit; Klerus, im kirchlichen Sprachgebrauch urspr. die Gesamtheit der Gläubigen, bes. aber die durch das Los zu Aposteln Gewählten (Apg. 1, 26); vom 2. Jh. an nur noch die geweihten Gläubigen der Gemeinde, dann ausschließlich Bezeichnung für die Gesamtheit der kath. Geistlichen; seit Konstantin d. Gr. (306–37) genießt der Kleriker bes. Vorrecht vor dem Laien, durch Eintritt in den Klerikerstand und die höheren Weihen kommt jedem Kleriker der unverlierbare *character indelebilis* zu; Klerikalismus, eine über den Raum der Kirche hinausgreifende direkte oder indirekte Einflußnahme geistlicher Amtsträger auf den Bereich des kulturellen, gesellschaftlichen oder politischen Lebens, die die Durchsetzung kirchlicher Weisungen als gemeinverbindlich auch in der pluralistischen Gesellschaft anstrebt.

M. Rostovtzeff, Ges. u. Wirtsch.-gesch. d. hellenist. Welt, dt. 1955f.; – Th. Ellwein, Klerikalismus in d. dt. Pol., 1955.

Klibanarier (v. lat. *clibanus*, ‚Backofen'), schwere Reiterei mit Panzer für Mann und Roß, nach parthisch-persischem Vorbild von den Römern seit dem 3. Jhn. nachgeahmt, →Kataphrakten.

F. Altheim, D. Krise d. Alten Welt 1952.

Klimalehre →Geographie.

Klippe →Münze.

Kloster (lat. *claustrum* zu *claudere* ‚schließen'), der Komplex der zum gemeinsamen Leben von Angehörigen einer religiösen Gemeinschaft (→Orden) bestimmten, von der Außenwelt abgeschlossenen (Klausur) Gebäude, übertragen auch die Gemeinschaft der darin Lebenden als juristische Person. Ähnlich wie die Bezeichnungen Mönche und Nonnen wird auch der spezifisch christliche Begriff K. auf vergleichbare Niederlassungen nichtchristlicher (z.B. buddhistischer) Gemeinschaften angewendet. Die im Christentum anzutreffende Form entstand im 4. Jhn. durch das Zusammenlegen der bis dahin selbständigen Wohnhütten (Zellen) äg. Einsiedlerasketen an einem Ort, wobei die für den gemeinsamen Gottesdienst, für Gebet und Mahlzeiten u.a. bestimmten Räume mit einer Mauer umschlossen wurden. Dieser Zusammenschluß unter einem Leiter (→Abt) – so z.B. unter Pachomius, gest. 346 – bedingte im Lauf der Zeit die Ausbildung der für ein K. typischen Bauten wie Kirche, Bibliothek, Refektorium (Speisesaal), Dormitorium (Schlafraum), Prälatur (Haus oder Raum des K.-vorstehers), Kreuzgang, Kapitelsaal (Versammlungsraum des →Konvents oder →Kapitels), meist in sinnvoller, dem Tageslauf angepaßter Anordnung; ferner Kranken-, Wohn- und Wärmeräume sowie Wirtschaftsgebäude. – Das K.-wesen der Ostkirche erhielt durch verschiedene K.-regeln (Basilius d. Gr., gest. 379), bes. durch die K.-gesetzgebung Ks. Justinians (527–65) seine eigene, für die Folgezeit bestimmende Prägung: Unabhängigkeit von der →Hierarchie, keine →Ordensbildung, starker Einfluß auf Staat und Kirche. Im Westen führte der Aufschwung des gr. Mönchtums zunächst nur zu vereinzelten K.-gründungen (meist durch bedeutende Persönlichkeiten wie Martin v. Tours, gest. 379, Severin, gest. 482), erst Benedikt v. Nursia (480–547) und seine K.-regel gaben die entscheidenden Grundlagen für die Entwicklung der K. im Abendland und für alle bis zur NZ. entstandenen →Orden ab. Die benediktinische Form des K. und des Mönchtums verdrängte auch die in Irland und Schottland entstandene Sonderform der iroschottischen Mönchskirche (mit Großklöstern für jeden →Clan, geleitet von Abtbischöfen), die durch ihre Missionare auch das europäische Festland beeinflußte (Columban d. J., gest. 615). – Der Aufbau der röm.-kath. Kirche und der Einfluß germ. Rechtsdenkens bestimmten im MA. auch die Entwicklung des K.-wesens. Eine Unabhängigkeit des einzelnen K.s wie in der Ostkirche wurde nie erreicht: von weltlichen und geistlichen Herrn gegründete K. wurden als Eigen-k. behandelt (→Eigenkirche) der Unterstellung unter den zuständigen →Bischof konnte sich ein K. nur durch Begebung in päpstlichen Schutz *(Libertas Romana)*, bzw. durch →Exemtion entziehen, die Vertretung rechtlicher Interessen des K.s erfolgte durch den →Vogt, den nur gefreite K. sich selbst wählen konnten. Dem Verfall klösterlichen Lebens suchten die verschiedenen K.-reformen zu begegnen, von denen bes. die von Cluny ausgehende im 10./11. Jh. auch weit in die Politik übergriff. Die geistliche, kulturelle und wirtschaftliche Bedeutung der K. im MA. verhinderte nicht die durch den teilweisen Verfall im SpätMA. bestärkte negative Beurteilung des K.-wesens z.Zt. der Reformation und –

nach einer Kunstblüte der K. im Barock – z.Zt. der →Aufklärung, die zu zahlreichen K.-aufhebungen und →Säkularisierungen im 16. und Ende 18./Anfang 19. Jh. führte. Die 2. Hälfte des 19. Jh. sah eine Reihe von Neugründungen von K. (z.T. an alten Orten) und leitete einen neuen Aufschwung des K.-wesens ein; Doppel-k., die Vereinigung der sonst stets getrennt liegenden K. von Mönchen und Nonnen in einem Komplex, trotz zahlreicher Verbote im Abendland bis zum Ende des MA. vorkommend; K.-familie, die unter dem →Abt oder Vorsteher lebende K.-gemeinschaft; sie umfaßt neben den Patres oder Professen (Mönche, die die feierlichen Gelübde abgelegt und die Weihen empfangen haben). den Fratres oder Konversen, bzw. Laienbrüdern (Mönche ohne Weihen, doch früher oft, jetzt immer mit abgelegten Gelübden) die Novizen (die sich auf den Mönchsstand vorbereiten) und die Postulanten (die die Aufnahme zum Noviziat verlangen); früher zählten dazu noch die Donaten bzw. Oblaten, Kinder, die von ihren Eltern dem K. dargebracht wurden (bis zum 13. Jh. waren sie verpflichtet, in den Mönchsstand einzutreten); -gemeinde, die für die beim K. wohnenden Laien zuständige und dem K. unterstehende Pfarrei; -schule, die im MA. neben der Domschule bedeutendste Bildungseinrichtung; die dem K. angegliederte und von Mönchen geleitete Schule diente einmal zur Ausbildung von Geistlichen (meist innerhalb der Klausur liegend, daher *schola claustralis*), zum andern dem Unterricht der Laien (oft außerhalb der Klausur, daher *schola exterior*); -sturm, die staatliche Aufhebung der K. Ende 18./Anfang 19. Jh.

A. Harnack, D. Mönchtum, s. Ideale u. s. Gesch., [10]1921; J. Bühler, Dt. K.leben im dt. MA., 1921; M. Heimbucher, D. Orden u. Kongreg. d. kath. Kirche, [3]1933f.; L. H. Cottineau, Répertoire topobibliogr. des abbayes et prieurés, 1935ff; J. Décarreaux, D. Mönche i. d. abdl. Zivilisation, 1964.

Kmet, bei den Slawen (freier oder höriger) Bauer als Haupt einer Familie, auch Dorfältester, Oberhaupt einer Großfamilie (→Zadruga).

Knabenzins →Janitscharen.

Knappe (zu dt. *Knabe*), allgem. Jüngling, junger Mann, etwa vom 15. Lebensjahre an, bes. der in ritterlicher Ausbildung Stehende, v.a. Sohn eines →Ritters, bis er den Ritterschlag erhält; auch Ritter niedereren Standes, Berittener, der nicht in voller Ritterrüstung kämpft; – Lehrling, Junggeselle, bes. Bergmann; Knappschaft, die Gesamtheit der Bergleute (eines Bergwerks).

Knesseth (iwrith ‚Versammlung', →‚Synagoge'), das Parlament des Staates Israel.

Knick, Landeinfriedung in NW-Dtld., 1–2 m hoher Steilwall, mit Birken und Sträuchern bepflanzt, die in Ackerjahren ‚geknickt' und waagrecht verflochten wurden, um das Land als Weide abzuzäunen; in der Kriegsgeschichte als Gefechtshindernis bekannt, vereinzelt auch bei Befestigungen verwendet; →Gebück.

Knjas (ru. aus ahd. *kuning*, im 19. Jh. oft verächtlich Knäs: slaw. Stammesrichter, Geschlechts-, Dorfhaupt), Fürst, die höchste Stufe des Adels im zaristischen Rußland.

Koadjutor (lat. ‚Mithelfer'), einem regierenden →Bischof (z.B. wegen Kränklichkeit) beigegebener Titularbischof mit Weihegewalt und Nachfolgerecht (→Exspektanz); vor dem →Tridentinum zuweilen vom Bischof oder Domkapitel gewählt und vom Papst bestätigt, später nur noch vom Papst ernannt; der K. kann auch einer (großen) Diözese (nicht der Person des Bischofs) beigegeben werden; →Weihbischof.

Koalition (frz. zu lat. *coalescere*'), ‚Zusammenschluß oder Bündnis mehrerer Staaten, Gruppen oder →Parteien zu gemeinsamen Zwekken, u.zw.: (1) im 17. und 18. Jh. zeitweilige Verbindung von völlig selbständig bleibenden Staaten zu gemeinsamer Aktion, bes. der Kriegführung (wobei K. gegenüber →Allianz die Selbständigkeit der Politik unterstreicht); unter der Bezeichnung K.s-kriege sind die Kriege der Monarchien gegen das revolutionäre Frankreich 1792–1807 bekannt geworden: *Erster K.s-krieg* 1792–97 (Österreich und Preußen, nach der Ermordung Ludwigs XVI. 1793 auch England, Holland, Spanien, Sardinien, Neapel, Portugal – Frieden zu Basel 1795, zu Campo Formio 1797); *Zweiter K.s-krieg* 1799–1802 (England, Rußland, Österreich, Portugal, Neapel, Türkei – Frieden zu Lunéville, 1801, zu Amiens 1802); *Dritter K.s-krieg* 1805–07 (England, Rußland, Österreich, Schweden, 1806 Anschluß Preußens - Frieden zu Preßburg 1805, zu Tilsit 1807); (2) gewerkschaftlicher Zusammenschluß; das K.s-recht (-freiheit) als Recht der Arbeitnehmer zu gemeinsamer Vertretung ihrer Interessen (Wahrung und Förderung der Arbeitsbedingungen, Lohnverhandlungen) wurde den →Gewerkschaften zuerst 1824 in England zugestanden (uneingeschränkt erst 1918); 1861 folgte Sachsen, 1869 Dtld. (für Industriearbeiter, für alle erst 1919), erst 1935 die USA, obwohl hier schon seit etwa 1870 Facharbeitergewerkschaften bestanden; (3) in der parlamentarischen Demokratie Parteibündnis zur Regierungsbildung und -führung; wenn es anstelle einer Ein- zu einer Mehrparteienregierung (K.s-regierung) kommt (bei Allparteienregierung spricht man von *Großer K.*), bleiben die K.s-partner selbständig, Vereinbarungen unterliegen der Billigung der →Fraktionen oder Parteivorstände; da eine derartige Regierungsbildung, bes. wo nach einem Verhältnis→Wahlrecht gewählt wird, oft die Beteiligung kleiner Parteien erfordert, erhalten diese leicht eine Bedeutung, die ihrer zahlenmäßigen Stärke keineswegs zukommt (Grenznutzentheorie).

Köbler = →Halbbauer.

Kodex →Codex; Kodifizierung, verbindliche Aufzeichnung des Rechts oder einzelner Teilgebiete.

Koerzition (lat. ‚Zähmung'), Recht des römischen →Magistrats *(ius coercendi)*, den Gehorsam gegen Staatsgewalt und staatliche Ordnung mit allen Mitteln zu erzwingen. In bestimmten Fällen stand dem Bürger dagegen die →Provokation an die Volksversammlung zu.

Koexistenz, von Moskau ausgehendes Schlagwort, das die Möglichkeit eines friedlichen ‚Nebeneinanderbestehens' von kommunistischen und kapitalistischen

Ländern propagieren will. K. wird als der Versuch der UdSSR angesehen, Zeit zu gewinnen für innere Festigung und Stärkung, um zu einem gelegenen Zeitpunkt die alten Ziele der Weltrevolution und -herrschaft wieder aufnehmen zu können (so schon Lenin 1924). Die K.-theorie reicht bis zur Konferenz von Genua 1922 zurück, ist seit der Konferenz von Genf 1955 neu in den Vordergrund getreten. Vertreter einer K.-politik mit Nichteinmischung in die inneren Angelegenheiten anderer Staaten, Abbau der internationalen Spannungen und Zusammenarbeit der Staaten, die keine Militärbündnisse abgeschlossen haben, sind bes. die afro-asiatischen Staaten und Jugoslawien. Der Westen verlangt demgegenüber von der kommunistischen Politik zuvor echte Beweise für die Ernsthaftigkeit ihres Willens zu dauernder K.

Kognaten (lat. *cognatus* ‚blutsverwandt'), im älteren dt. Recht die durch Frauen Verwandten, d.h. Blutsverwandtschaft in weiblicher Linie.

Kognomen (lat. ‚Zunamen'), in der klassischen Form der letzte der 3 Namen des Römers (neben Pränomen und *nomen gentile*), der die Zugehörigkeit zu einer bestimmten →Familie der →Gens ausdrückt.

B. Doer, Die röm. Namengebung, 1937.

Kohorte →Legion.

Koinobiten →Zönobium.

Kokarde (frz. zu *coquard* ‚(eitler) Hahn'), Bandrosette in Nationalfarben, seit dem 18. Jh. Teil der Uniform, bes. bekannt durch die Bürger-k. der frz. Revolution in Farben der →Trikolore.

Kolakreten (gr.), im klassischen Athen die jährlich erlosten 12 Vorsteher der Staatskasse, 403/402v. durch die 10 Apodekten ersetzt.

Kolchose (ru.), die durch die Bolschewiki im Kampf ‚für die sozialistische Industrialisierung des Landes' und gegen das →Kulakentum seit 1929 eingeführte Form des landwirtschaftlichen →Kollektivs (‚Nur in dem Falle, daß es gelingt, den Bauern die Vorzüge der gesellschaftlichen, kollektiven, gemeinschaftlichen, artelmäßigen Bodenbestellung in der Praxis vor Augen zu führen, nur wenn es gelingt, den Bauern mittels der gemeinschaftlichen, der →Artelwirtschaft zu helfen, nur dann wird die Arbeiterklasse, die die Staatsmacht in der Hand hat, den Bauern wirklich den Beweis erbringen, daß sie im Rechte ist, und die Millionenmassen der Bauern fest und wirklich auf ihre Seite ziehen', W. I. Lenin, 1870 bis 1924).

Kollaboration (frz. zu lat. *collaborare* ‚zusammenarbeiten'), als politischer Begriff erst während des 2. Weltkriegs in den von Dtld. besetzten Ländern für freiwillige, als verräterisch und verbrecherisch empfundene Zusammenarbeit mit dem Feind gebraucht, wobei man darunter nicht nur anationales Verhalten, sondern auch ideologisches Sympathisieren verstand; nach dem alliierten Siege wurden die Kollaborateure schwer bestraft (→ auch Quisling).

M. Boveri, D. Verrat im 20. Jh., 1956/60.

Kollation (lat.), die Übertragung eines geistlichen Amtes; Kollator, der dazu Berechtigte; – ebenso Kollatur, die Übertragung eines geistlichen Amtes, sowie das Amt selbst, →Parochie.

Kollegialität (von lat. *collega* ‚Amtsgenosse', eig. Mitwahl), Grundprinzip der röm. Republik (im Gegensatz zum →monarchischen und zum →Majoritätsprinzip), v.a. für die →Magistrate, wonach jedes Mitglied eines →Kollegiums (urspr. 2) volle und selbständige Geschäftsfähigkeit im gesamten Amtsbereich besitzt. Die Konkurrenz der Kollegen wird durch Abrede, Turnus oder Los ausgeschaltet.

Th. Mommsen, Röm. Staatsrecht, [4]1952.

Kollegium (lat.), Gesamtheit mehrerer Personen gleichen Amtes oder Berufs, bes. römischer Beamten, Priester (so die 4 *maxima collegia* der →*pontifices*, →*augures*, *quindecimviri*, *epulones*); auch ohne das eigentliche →Kollegialitätsprinzip: beschlußfähige Gemeinschaft Gleichberechtigter (z.B. im Dt. →Reichstag seit 1489), im At. Kultverein, Zunft, später →Signoria, →Hofrat, auch →Bürgerausschuß (Hamburg, Frankfurt a.M. bis ins 19. Jh.), Gericht mit mehreren Richtern (→Kammer, →Senat); Gemeinschaft von Lernenden, Studienanstalt (z.B. *Collegium Germanicum* in Rom, 1552 von Loyola begr.) und Vorlesung; Kollegialsystem, im Kirchenrecht Auffassung von der Gesamtgemeinde als Trägerin oberster Kirchengewalt (C. M. Pfaff, 1713), in der Verwaltung (= Gremialsystem) Einrichtung von mehrköpfigen Behörden mit Mehrheitsentscheid (z.B. Ministerrat, städt. →Magistrat); Kollegiat →Stift.

Kollektaneen (lat. *collectanea*, zu *colligere* ‚sammeln'), ‚Lesefrüchte', kurze, vermischte Exzerpte.

Kollektiv (zu lat. *colligere* ‚sammeln'), soziologische Gruppe, in der der Einzelne den Zielen und Tätigkeiten des Ganzen völlig untergeordnet ist, Programmwort des Marxismus (vgl. die →Kolchose der kommunistischen Agrarpolitik), doch der Sache nach auch in anderen totalitären Systemen und als Ergebnis der Massengesellschaft auch in anderen Staatsformen faßbar; K.ismus, seit der 2. Hälfte des 19. Jh. viel verwandter, nicht eindeutig geklärter Begriff, Tendenz zur Bildung von K.en (von den Anhängern u.a. aus zweckrationalen Gründen und mit der Sicherung der Einzelexistenz verteidigt, von den Gegnern als Entwürdigung und Wehrlosmachung des Menschen verurteilt); die Auffassung von der ausschlaggebenden Bedeutung der Masse in Geschichte und Gesellschaft; K.-schuld, Ausdruck für die – dem modernen rechtsstaatlichen Denken fremde – Auffassung von der Haftung einer Gemeinschaft (Familie, Volk, Nation) für die Verbrechen einzelner Glieder.

R. Kassner, Der Einzelne u. d. K.-mensch, 1931; W. Röpke, D. Krise des K.ismus, [3]1949; C. Münster, Menschen, Massen, K.e, 1950; J. Monnerot, Soziol. d. Kommunismus, 1952; A. u. M. Mitscherlich, Die Unfähigkeit zu Trauern, 1967 u.ö.; V.V.Kumarin, Das K. als Idee d. sozialist. Ges., In: Bildung u. Erziehung, 1971.

Kollektor (zu lat. *colligere* ‚sammeln'), Kleriker, mit der Einziehung der dem →Papst zustehenden Gelder beauftragt.

Kolonat (zu lat., mlat. *colonus*, ‚Bauer', ‚Pächter'), der Stand der

Kleinpächter auf Großgrundbesitz, bes. ks. →Domänen, und das entsprechende agrarwirtschaftliche System, das sich in der röm. Kaiserzeit nach hellenistischem Vorbild (Ägypten, Kleinasien) und angesichts zunehmenden Sklavenmangels entwickelt. Allmählich geht das freie Pachtverhältnis in Erblichkeit und in Bindung an die Scholle über. Im 4. Jhn. in der westlichen Reichshälfte voll entwickelt, auch bei der Aufnahme fremder Siedler im Reichsgebiet angewendet, überdauert der K. die Germanenreiche der Völkerwanderungszeit (im fränk. Reich bis ins 9. Jh.) und wird mit dem Patrozinium des →Grundherrn und der dinglichen Unfreiheit der Kolonen eine der wichtigsten Wurzeln der ma. Gesellschaftsordnung (→auch Hörige); – nach 1945 von der port. Regierung in Angola zur Förderung der Einwanderung von Weißen angelegte Musterdörfer.

M. Rostovtzeff, Stud. z. Gesch. d. röm. K.es, 1910; R. Clausing, The Roman Colonate, The Theories of Its Origin. 1925; P. Collinet, Le c.at dans l'Empire Rom., (Recueil de la soc. J. Bodin) 1937; G. Alföldi, Röm. Sozialgesch., 1975.

Kolonialgeschichte, Geschichte der Kolonialräume der NZ., in der Geschichtsschreibung erstmals im späten 18. Jh. mit der Konzeption einer politischen Welteinheit, die die Kolonien mit umschließt, berücksichtigt. Nach einer mehr europazentrischen →Geschichtsschreibung im 19.Jh. erfolgt mit dem Aufkommen des →Imperialismus eine erneute Hinwendung zur K., die jetzt v. a. zu einem Teil der →Wirtschafts-, →Sozial- und →Kulturgeschichte wird.

→Kolonie.

Kolonie (lat. *colonia*, zu *colere* ‚bebauen', urspr. ‚Bauernhufe'), Pflanzstadt, Ansiedlung; (1) in der röm. Republik Ansiedlung röm. (oder latinischer) Bürger in neu okkupiertem Land vorwiegend zur militärischen Sicherung, unter voller Wahrung des röm. Bürgerrechts der Kolonisten und nur allmählich mit eigenen städtischen Magistraten; zunächst im italischen Raum, dann auch (z.B. Karthago 122v.) in Übersee. Unter Caesar und Augustus gewinnt die K. neue Bedeutung als Veteranensiedlung. In der Kaiserzeit wird die Bezeichnung auch als Ehrentitel an schon bestehende, verdiente Städte verliehen, die Unterschiede zum →Munizipium verwischen sich, so daß schließlich nur der Ehrenvorrang bleibt; (2) schon die lat. Bezeichnung wird anachronistisch für die Pflanzstädte der Phöniker und Griechen (gr. *Apoikie*) verwandt, auch wenn die staatsrechtliche Voraussetzung, der Verbleib des Kolonisten im Heimatbürgerverband (vgl. die athenische →Kleruchie), nicht gegeben ist; (3) in der NZ. (frz. *colonie*, engl. *colony*) entspr. der röm. Bedeutung (a) außerhalb der Grenzen eines Staates gelegenes Gebiet, mit diesem politisch, kulturell und wirtschaftlich verbunden und völkerrechtlich eine Einheit, in dem sich Angehörige des Heimatlandes – unter Wahrung ihrer urspr. staatsbürgerlichen Rechte – niedergelassen haben. Im Zuge der kolonialen Entwicklung in der europäischen Geschichte der NZ. hat der Begriff K. allmählich eine Umprägung von der geschlossenen Siedlung zum Territorium und eine Einengung auf den Besitz in Übersee erfahren.

Die Praxis des engl. Kolonialreiches hat außerdem innerhalb der überseeischen Besitzungen Abstufungen entwickelt, so daß K. innerhalb dieser auch einen bes. (jedoch nicht einheitlich bestimmten) Rechtsstatus bezeichnen kann (→Dominion, (Kron-)k., →Protektorat, →Mandat); (b) die in einem Staate (bes. in der Hauptstadt) ansässigen Staats- (oder zumindestens Volks-)angehörigen eines anderen Landes; Kolonialismus, Besitznahme und Beherrschung überseeischer K.n durch europäische Mächte der NZ., Epoche, die, trotz der Ausgliederungen von 1776 (USA, →Unabhängigkeitserklärung) und 1823 (Südamerika), erst zu Ende des 19. Jh. (→Imperialismus) ihren Höhepunkt hat, im 20.Jh.,v.a. seit 1947 (Indien) sich rasch dem Ende zuneigt; mit der Verbreitung der freiheitlichen Ideen der europäischen Aufklärung und den zivilisatorischen Erfolgen der Kolonialmächte erhielt der Begriff eine innere Spannung, die die verschiedenen Formen der Kolonialpolitik nicht auszugleichen vermochten, so daß die Emanzipation der Kolonialvölker (→auch Eingeborene) trotz der verschiedenen, zu Assimilation, zu politischer oder wirtschaftlicher Integration tendierenden Versuche einen Antikolonialismus als stimmungsmäßige und politische Haltung hervorriefen; Kolonial-gesellschaften, private Vereinigungen des 19. Jh., die in Nachfolge der Handels→kompagnien mit der Erschließung der Kolonialgebiete wirtschaftliche, aber auch bevölkerungspolitisch-soziale (Auswanderung) oder rein philanthropische Ziele verbanden; -mächte, europäische Staaten, die K.n in Übersee zu erwerben vermochten, bes. jene, deren Wirtschaft und Politik durch überseeische Besitzungen (Kolonial-reiche) stark beeinflußt wird (16. Jh. Portugal, Spanien; 17. Jh. Niederlande, England, Frankreich); -politik, Politik eines Mutterlandes, die auf Erwerb, Einrichtung und Entwicklung von K.n gerichtet ist; in ihren Beweggründen unterscheidet sie sich, abgesehen von rein militärischen Erwägungen (z.B. Erwerb Gibraltars durch England 1713) durch das Vorwiegen von wirtschaftlichen (Edelmetalle; Rohstoffe), bzw. bevölkerungspolitischen Motiven (Siedlungs-k.n), welch letztere bisweilen von dem Bestreben begleitet sind, unerwünschte Elemente aus dem Mutterland zu entfernen (vgl. die Duldung der Auswanderung von engl. →Dissenters nach den Neuenglandstaaten im 17./18. Jh., die Abschiebung von Sträflingen nach Australien im 19. Jh.); dabei steht die staatliche Initiative in den romanischen Ländern am Anfang, während sie bei der ndl. und engl. Politik nur allmählich und zögernd in die urspr. privaten Unternehmungen eindringt; in ihren Methoden steht die Kolonialpolitik der romanischen Mächte mit verschiedenformigen – u.a. durch die Mission vorbereiteten – Assimilierungstendenzen der engl. Form gegenüber, die, seit sie sich 1923 zum Prinzip der Selbstverwaltung durchgerungen hat, den Zusammenhalt des ehemaligen Kolonialreiches durch wirtschaftliche und finanzielle Bindungen (Sterling-Block) aufrecht zu erhalten sucht; -system, merkantilistisches Wirtschaftssystem des 17.–19. Jh., das durch Zölle und

Privilegien, Verbot der industriellen Fertigung in den K.n (auch der Rohstoffproduktion im Mutterland, z.B. des Tabakanbaus in England) und Ausschaltung fremden Zwischenhandels (vgl. die engl. 1651–1849 gültige Navigationsakte) die funktional gegliederte Einheit eines Kolonialreiches in rege pulsierendem Warenaustausch (Rohstoffe der K.n gegen Fertigwaren des Mutterlandes) zu nutzen sucht; Kolonisation, (a) das Anlegen von Pflanzstädten, bes. im At.; als Epochenbezeichnung die *Erste gr. Kolonisation* (Landnahme in Kleinasien, etwa 1200–1000v.), die *Zweite* oder *Große gr. Kolonisation* (etwa 750–550v., Ausbreitung der Griechen über das Mittelmeer), denen die *Phönikische Kolonisation* (etwa 1200–800v.) z.T. parallel ging; für diese großen geschichtlichen Bewegungen, die von einzelnen Stämmen oder Städten ausgingen, hat sich eine einheitliche Lenkung (z.B. durch das Orakel von Delphi) nicht erweisen lassen; brachte die Erste Kolonisation im wesentlichen Siedlungsk.n, die Phönikische Handelsk.n, so sind die Formen der Großen Kolonisation wesentlich komplexer, in ihr tritt zu den genannten Motiven auch das der politischen Emigration (→Tyrann); die röm. Kolonisation, in den italischen Anfängen zur Bewältigung des Bevölkerungsüberschusses und zugleich zur militärischen Sicherung eingeleitet, wird seit Caesar zu einer militärpolitischen Maßnahme im Dienste der Veteranenversorgung, hier wie dort eines der wichtigsten Elemente der →Romanisierung; (b) für MA. und NZ. vorwiegend gleich Kolonisierung, Landnahme oder Binnenwanderung einer zivilisatorisch überlegenen Bevölkerungsgruppe mit Meliorierung des Bodens, so z.B. die dt. →Ostkolonisation des MA., oder auch lediglich als *innere Kolonisation* die Urbarmachung bisher ungenutzten Landes, z.T., wie in Preußen 17./18. Jh., durch fremde Einwanderer.

Zur gr. K.sation liegt ein zusammenfassendes Werk nicht vor; F. Vittinghoff, Röm. K.sation u. Bürgerrechtspol., 1952; – Dt. K.allex., 1920; A. Rein, Die europ. Ausbreitung über d. Erde, 1931; E. G. Jacob, Dt. K.ialpol. in Dokumenten, 1938; A. Rein, Über d. Bed. d. überseeischen Ausdehnung für d. europ. Staatensyst., [2]1953; H. Walz, D. brit. K.ialreich, 1955; G. A. Rein, Europa u. Übersee, 1961; M. Perham, Bilanz d. K.ialismus, dt. 1970; W.R. Louis, Das Ende d. dt. K.ialreiches, dt. 1971.

Komintern →Internationale, Kommunismus.

Komitat (mlat. *comitatus* ‚Grafschaft'), seit dem 10. Jh. ung. Verwaltungsbezirk nach dem Muster der fränk. Gaugrafschaft mit einem vom Kg. ernannten Beamten (Gespan), der Verwalter, Heerführer und Richter ist; seit dem 13. Jh. schränken die K.e (Gespanschaften) die Königsmacht zunehmend ein, im 14. Jh. erhalten sie Gebietshoheit, 1486 Steuerhoheit, seit 1548 Beamten- und Richterwahlrecht; 1848 bis 1867 Verwaltungseinheit ohne eigene Befugnisse, seit 1867 mit beschränkter Selbstverwaltung (= Provinz).

Komitee (frz. *comitée*, engl. *comittee*) – zumeist gewählter – Aktions→ausschuß (z.B. *c. de salut public* = →Wohlfahrtsausschuß), →Kommission, bes. revolutionär-politischer Art, z.B. *Europäisches K.* London 1850 aus Emigranten der Revolution 1848,

Nationalk. Freies Deutschland deutscher Kriegsgefangener in Rußland während des 2. Weltkriegs; dav. (tü.) Komitadschi, Angehöriger der bulg. Irredenta in Mazedonien, Aufstand 1902.

Komitien (lat. *comitia* ‚miteinander Antreten'), die Wahl- und Abstimmungsversammlung der römischen Republik u. zw. (1) die nach den 30 →Kurien gegliederten Kuriat-k. *(c. curiata)* der Königszeit, später antiquierte Einrichtung für Familienrecht (Adoption) und formelle Bestätigung der →Konsulwahl; (2) seit dem 5. Jhv. Tribut-k. *(c. tributa)* nach →Tribus gegliedert, zur Wahl der niederen Beamten ohne →Imperium und zur Gesetzgebung; (3) Zenturiat-k. *(c. centuriata)* mit 193 nach Vermögen und Alter gestuften →Zenturien, denen Entscheidung über Krieg und Frieden, Todesurteile gegen Bürger und Wahl der Konsuln, Prätoren, Zensoren vorbehalten bleiben; seit dem MA. *comitia* = →Reichstag, daher: Komitial-gesandter, G. beim Reichstag in Regensburg 1663–1806; -rechte, jene Rechte, die der Kaiser nur in Verbindung mit dem Reichstag ausüben kann.

E. Meyer, Röm, Staat u. Staatsged., [4]1975; Lily R. Taylor, The Roman Voting Assemblies, 1966.

Kommandant (spätlat. *commendare* ‚anvertrauen'), militärischer Befehlshaber, bes. eines festen Platzes, eines Schiffes; Kommando, militärischer Befehl; Befehlsgewalt; Befehlsstelle; militärische Einheit mit besonderem Auftrag; – Kommandeur (mlat. *commendator*), = →Komtur, daher höchster Rang in weltlichen →Orden; höherer militärischer Befehlshaber; span. Kommodore, Kapitän in (meist zeitweiligem) Admiralsrang.

Kommendation (lat. *commendare* ‚anvertrauen', ‚übergeben'), in der röm. Kaiserzeit die (in der Praxis verbindliche) Empfehlung eines Kandidaten zur Beamtenwahl; die Ergebung in das →Patrozinium eines mächtigen Herrn um wirtschaftlicher und politischer Vorteile willen, die röm. Wurzel des →Lehenswesens; der K.sritus, ein Teil der Huldigung des →Vasallen vor der →Investitur, bringt die Unterwerfung und den Gehorsam durch das Einlegen der gefalteten Hände in die umschließenden Hände des Herrn zum Ausdruck; die K. der fränk. Zeit findet sich im →Homagium des ma. Lehenswesens wieder.

→Lehenswesen.

Kommende (mlat. *commenda* aus lat. *commendare* ‚anvertrauen'), (1) im ma. Kirchenrecht urspr. jedes einem Verweser vorübergehend anvertraute kirchliche Amt samt den Einkünften; im späteren MA. entwickelt sich daraus die sog. *jüngere K.*, die ‚Befehlung' eines Meßpriesters mit einem von →Patriziern, →Bruderschaften, →Zünften gestifteten Altar in einer städtischen Pfarrkirche und der Nutzung des dazugehörigen Vermögens; (2) bei den Ritter→orden ist die K. die kleinste Verwaltungseinheit, sie untersteht einem Ritter, dem Komtur; (3) während des MA. bes. im Mittelmeerraum (im 14./15. Jh. auch im Handel der oberdt. und der Hansestädte) temporäre Handelsgesellschaft, bes. im Seehandel, wobei einem Unternehmer, meist Schiffsführer, Waren oder auch Geld, meist von mehreren

Kaufleuten gleichzeitig, zum Handel anvertraut werden *(commendatores)*.

Kommentar (lat. *commentarius* – zu *comminisci* ‚sich erinnern' – Notizen, Stoffsammlung ohne Anspruch auf literarische oder gedankliche Durchformung, bes. in der röm. Geschichtsschreibung des 1. Jhv.), fortlaufende Erläuterung, v.a. eines philologischen oder juristischen Textes.

Kommerz (frz. *commerce*, lat. →*commercium*, vgl. gr. Kommerkiarios, byz. Zoll- und Steuereinnehmer), bes. im Zeitalter des →Merkantilismus Fremdwort für →Handel; danach im 17./18. Jh. in zahlreichen Zusammensetzungen zur Bezeichnung von →Handelskammern (frz. *conseils de commerce*): K.-deputation, K.ien-kommission u.ä., und staatlichen Behörden zur Förderung von Handel und Gewerbe: K.ien-kollegium (Preußen und Österreich), -hofkommission, -konseß, -rat u.a. (letztere auch Titel der Mitglieder, im 19./20. Titularrat, Ehrung verdienter Männer der Wirtschaft).

Kommiß (v. lat. *comisatio* ‚Schmaus'), die, die Soldatenverpflegung; dav.: der, allgem. der Soldatenstand, das Heer.

Kommission (von lat. *committere* ‚verschulden', daher mlat. *commissio*, Einziehung eines verwirkten Lehens oder Pachtguts; ‚anvertrauen', ‚auftragen', daher frz. *commission* = →Kaperbrief), in Frankreich und England seit dem MA. Bezeichnung verschiedener vom König eingesetzter Gerichte, dann allgem. zu bes. Aufgaben eingesetzter Ausschuß, z.B. *Hohe K.* die oberste Behörde der westlichen Alliierten in der Bundesrepublik aufgrund des Besatzungsstatuts vom April 1949; → auch Komitee; Kommissar (mlat. *commissarius* = Gesandter, frz. *commissaire*, engl. *commissioner*), urspr. im Gegensatz zum ständigen Beamten ein nur zeitweilig mit bes. Vollmachten ausgestatteter Beauftragter, in Frankreich seit dem 13. Jh., in Dtld. seit 1495 nachweisbar, z.B. Prinzipal-k., Reichsfürst als Vertreter des Kaisers auf dem Reichstag seit 1663 (seine Schreiben: Kommissionsdekrete); Feld-, Kriegs-k. seit dem 30jährigen Krieg Beauftragter des Kriegsherrn, der allmählich die Militärverwaltung übernimmt, woraus sich im 17./18. Jh. in Brandenburg-Preußen das Feld-, Kriegskommissariat als kollegiale Militärverwaltungs- und Musterungsbehörde entwickelt, →Intendant; die Bezeichnung K. verblaßt allmählich zum Beamtentitel im Finanz- und Polizeiwesen, erscheint wieder neu belebt in: Volks-k. der UdSSR 1917–46 = →Minister; Politischer K. (pol. Organ, Politruk), politischer Offizier, dem Truppenoffizier an die Seite gegeben; Reichs-k. der Weimarer Republik für Sonderaufgaben, im 2. Weltkrieg als oberste Regierungsbehörde besetzter Gebiete; Hoch-k. des Völkerbunds in Danzig 1920–39.

O Hintze, D. Commissarius u. s. Bed. in d. allgem. Verw.gesch., 1910.

Kommittimus (lat. ‚Wir gestatten'), die Genehmigung des frz. Kg.s, sich an das Obergericht wenden zu dürfen.

Kommune (von lat. *communis* ‚gemeinsam', dav. mlat. *communio*, *communitas* Gemeinde, Zunft, Markgenossenschaft, engl. *com-*

mons →Unterhaus), bes. in romanischen Ländern die →Gemeinde als Verwaltungsbezirk, v.a. seit dem MA. die selbständigen städtischen Gemeinwesen in Italien und Flandern *(commune jurée)*; der Revolutionsausschuß für Paris 1789–94, der teilweise die Führung der gesamten Revolution an sich riß; revolutionäre sozialistische Bewegung und Regierung in Paris (Aufstand März bis Mai 1871), deren Parteigänger Kommunarden *(communards)* hießen; schließlich verächtlich für den Kommunismus schlechthin; kommunal, die Gemeinde betreffend: K.-landtag, in einigen Teilen Preußens nach Errichtung der →Provinzialstände 1823/24 unter Berücksichtigung der historischen Gegebenheiten geschaffene Selbstverwaltungsorgane einzelner Landschaften, nach 1875 aufgelöst; -politik, Gemeindepolitik im Gegensatz zu Landes-, Staats-, Bundespolitik; -verband, Gemeinde im Gegensatz zum Personenverband, Zweckverband mehrerer Gemeinden; Kommunismus: Als erster K.ist gilt der radikale Jakobiner Gracchus Babeuf, Präsident der ‚Gesellschaft der Gleichen', der 1796 hingerichtet wurde. Das Wort findet sich erstmals bei E. Cabet 1840, alsbald im Dt. bei H. Heine und F. Hofmann von Fallersleben. Zum Schlagwort wurde es durch das *K.istische Manifest*, von K. Marx und F. Engels im Auftrag des *Bundes der K.isten* (1847–52 Geheimbund dt. Emigranten in London) 1847–48 verfaßt, mit den Eingangsworten: ‚Ein Gespenst geht um in Europa – das Gespenst des K.-ismus'. Weder die →Internationale Arbeiterorganisation von K. Marx 1864 bis 72, noch die bolschewistische Partei Lenins 1903–17 nannten sich k.istisch, diese erst ab 1918, und entsprechend die 1919–21 (in Dtld. 1.1.1919) in den europäischen Ländern gegründeten *k.istischen Parteien*, sowie die *1. k.ische Internationale* (1919–43, in starker Abhängigkeit von der sowjetischen Außenpolitik = Komintern, dagegen seit Nov. 1936 der Antikominternpakt der faschistischen Staaten). Dementsprechend ist der Begriff K.-ismus kaum für alle Zeiten und Kreise eindeutig zu umreißen. Populär versteht man darunter immer noch die Aufhebung jeglichen Privateigentums (→Urkommunismus), im →Marxismus die Überführung des Eigentums an Produktionsmitteln in den Gemeinbesitz. Für G. B. Shaw z.B. ist die Nationalisierung der Eisenbahnen schon eine k.istische Maßnahme, für andere nur die totale Vergesellschaftung des gesamten Lebens im Zeichen eines Staats, der Eigentümer aller Wirtschaftsmittel ist (eine der Formen des →Totalitarismus), während der →Sozialismus auch andere Formen der Vergesellschaftung anerkennt, auf Revolution und Diktatur des Proletariats verzichten kann und nicht das gesamte Leben einer irdischen Heilsidee oder →Ideologie unterwerfen will. Nach sowjetischer Darstellung befindet sich Rußland erst im Stadium des Sozialismus mit dem Grundsatz ‚Von jedem nach seinen Fähigkeiten, jedem nach seinen Leistungen', während im Stadium des K.ismus der Grundsatz gilt: ‚Von jedem nach seinen Fähigkeiten jedem nach seinen Bedürfnissen'.

F. Borkenau, D. europ. K.ismus, 1952; J. Monnerot, Soziol. d. K.ismus, dt. 1952; K. Kautsky, Vorläufer d. neueren Sozialismus, 1913ff., ND 1968f.; K.-H. Ruffmann, K.ismus in Gesch. u. Gegenw., 1970; G. Brendler, W. Kübler, Die Einh. v. Sozialismus u. K.ismus u. d. hist. Analyse ökon. Ges.-formen, in: Zeitschr. f. Gesch. 1973.

Kompagnie (frz. von mlat. *companio* ‚Brotgenosse' zu lat. *panis* ‚Brot'), Gemeinschaft, Gesellschaft unterschiedlicher Art, bes. seit dem 13. Jh. militärische Abteilung, →Fähnlein, unterste selbständige Einheit, doch unterschiedlicher Größe, seit dem 18. Jh. auf die Infanterie beschränkt; in der NZ. staatlich privilegierte Überseehandelsgesellschaft, nach ndl.-engl. Vorbild auch in Frankreich (Richelieu, Colbert) u.a. Ländern; im 16. Jh. als regulierte K. (bei der die auf eigene Rechnung arbeitenden Kaufleute kartellartigen Bestimmungen unterworfen sind, z.B. die *Engl. Levante-K.* 1518), im 17./18. Jh. als vereinigte K. (z.B. die *Holl.-Ostind. K.* von 1602, die *Engl.-Ostind.* 1600–1858, seit 1773, *Regulating Act*, bzw. 1784, *East India Bill*, unter staatlicher Kontrolle) mit Gesellschaftsvermögen und allmählicher Umwandlung zu Aktiengesellschaften; im Laufe des 18. Jh. verlieren die K.n, die nach dem Handelsmonopol streben und außenstehende Kaufleute als Seeräuber behandeln, durch Konkurrenzkampf, Unredlichkeit d. Angestellten u. kostspielige politisch-militärische Unternehmungen an Vermögen und Bedeutung.

J. Strieder, Stud. z. Gesch. kapitalist. Organisationsformen, [2]1925; – →Wirtschaftsgesch.

Kompaktaten (mlat. ‚Vereinbarungen'), seltene Bezeichnung für Vertrag, z.B. *Prager K.* von 1433, der Vergleich des Basler Konzils mit den →Hussiten.

Kompensation (lat.), Ausgleich wechselseitiger Forderungen, urspr. aus der Rechts- und Geschäftssprache stammend, bes. in der Diplomatie des 19./20. Jh. Entschädigung für die friedliche Preisgabe politischer oder territorialer Ansprüche; K.s-geschäfte, Warentauschgeschäfte, zwischenstaatlich bei Devisenschwierigkeiten oder aufgrund bilateraler Handelsverträge, auch binnenwirtschaftlicher Warentausch, v.a. bei Störungen auf der Waren- oder Geldseite.

Kompilation (von lat. *compilare* ‚plündern'), meist verächtlich gebrauchte Bezeichnung für das mechanische Zusammenstellen eines Geschichtswerks oder einzelner Partien aus mehreren Vorlagen, sowie das Ergebnis solcher Tätigkeit eines Kompilators.

Komplanation (lat. ‚Einebnung'), der ‚Stichentscheid' des Landesherrn bei Uneinigkeit der →Landstände.

Komposition (lat.), Beilegung von Streitigkeiten, bes.: zwischen →Union und →Liga, vergebliche Verhandlungen durch M. Khlesl auf dem Regensburger Reichstag 1613.

A. Wahl, D. K.s- u. Successionsverh. unter Ks. Matthias, 1893.

Komtur (mlat. *commendator*, →Kommende), bei den Ritter→orden ein mit einem →Amt beauftragter Ritter, bei den Templern jeder Amtsinhaber, dann auch Vorsteher einer Ordens→provinz, bei den Johannitern und im Dt. Orden der Leiter einer Kommende (Komturei); der K. des Dt. Ordens in Preußen wird nach der →Säkularisation zum →Amtshauptmann; in den dem

→Deutschmeister verbliebenen →Balleien ist der K. seit Ende des 17. Jh., Titel eines älteren, höheren Offiziers; bei den Maltesern Stellvertreter des Großmeisters; K., kleiner, beim Dt. Orden Proviantmeister und Vorgesetzter der Handwerker, bei den Johannitern Leiter eines Spitals.

Kondominium, Kondominat (nlat.), ‚Gesamtherrschaft', im Völkerrecht die gemeinsame Herrschaft zweier oder mehrerer souveräner Staaten über ein gemeinsam erobertes oder kolonisiertes Gebiet, bzw. das Gebiet selbst, z.B. das K. Preußens und Österreichs über Schleswig-Holstein 1864/65, Englands und Ägyptens über den Sudan 1899–1953, Englands und Frankreichs über die Neuen Hebriden seit 1906.

Konferenz (mlat. *conferentia*), (1) Zusammenkunft, im 17./18. Jh. der obersten Regierungsorgane, Regierung: im Habsburgerreich (Geheime K., bis 1761), in Preußen (Staats-k., bis 1728); Regentschaftsrat (Staats-k. 1835 bis 48 für den nicht voll geschäftsfähigen Ks. Ferdinand I. von Österreich); K.-minister Mitglied einer K. als Regierung; im Gegensatz zu →Kabinettsminister Mitglied eines Ministerrats ohne Berechtigung zum unmittelbaren Vortrag beim Herrscher; (2) im 20. Jh. außerordentliche internationale Zusammenkunft, bes. zur Festsetzung von Friedensbedingungen, = →Kongreß, von diesem nur konventionell, nicht völkerrechtlich geschieden (auch nicht durch die Zahl der Beteiligten: zur *2. Haager Friedens-k.* 1907 sind erstmals *alle* souveränen Staaten der Völkerrechtsgemeinschaft geladen), z.B. *Versailler Friedens-k.* 18.1. bis 28.6.1919. Kongresse wie K.en setzen ausreichende Veranlassung, festes Programm und daher vorbereitende Verhandlungen voraus. Gaben früher Rangordnung – daher Rundtafel-*(round table)*-k. – und Zeremoniell Anlaß zu Zwisten, so heute mehr die Frage der Einzuladenden und Teilnahmeberechtigten. Infolge der ständigen Organisationen der Vereinten Nationen und vorher des Völkerbundes hat sich ein gut Teil der internationalen Aussprachen, die nicht auf dem normalen →diplomatischen Weg zu regeln sind, in deren Vollversammlungen und Ausschüsse verlagert, →Abrüstung.

F. Goosens, Erfolgreiche K.en u. Verhandlungen, [4]1969.

Konfessionalismus (von lat. *confessio* ‚Bekenntnis', ‚Beichte', Bekenntnisschrift, z.B. *C. →Augustana*, *→Tetrapolitana*), (1) das beharrliche Festhalten einer Konfession an den ihr eigentümlichen Formen der Lehre, der kirchlichen Praxis und Organisation, wobei diese konfessionalen Besonderheiten mit dem christlichen Glauben schlechthin gleichgesetzt werden; (2) die einseitige Hervorhebung eines Glaubensbekenntnisses als Norm des kirchlichen und öffentlichen Lebens; davon Konfessionalisierung, die Durchdringung v.a. des öffentlichen Lebens in Politik, Gesellschaft und Kultur mit dem Gedanken des Konfessionalismus, wobei die Zugehörigkeit zu einer bestimmten Konfession zum entscheidenden oder erwünschten Faktum wird, z.B. bei der Besetzung einer kommunalen oder staatlichen Stelle.

Th. Ellwein, Klerikalismus in d. dt. Pol., 1955.

Konfirmation (lat. ‚Bestätigung'), in der kath. Kirche die Übertragung eines Kirchenamtes nach vorausgegangener Wahl; K.s-gebühren = →Annaten.

Konflikt (lat. *confligere* ‚kämpfen'), Zusammenstoß, Auseinandersetzung, im zwischenstaatlichen Bereich v.a. im 20. Jh. sowohl bei unblutigen Zwischenfällen und ihren Nachwirkungen gebraucht (z.B. *Faschoda-K.*, beigelegt durch brit.-franz. Vereinbarung vom 14.6.1898), als auch für (unkontrollierte) kriegerische Handlungen, um sie zu bagatellisieren und die Nötigung zu offenem Krieg zu vermeiden *(bewaffneter K.)*; innerstaatlich Austrag von Interessengegensätzen gesellschaftlicher Gruppen (z.B. *Arbeits–K.*) oder Kompetenzstreit staatlicher Organe, bes. in Preußen der Streit um die Vermehrung der Heeresausgaben und ihre Bewilligung (Auflösung des Abgeordnetenhauses 11.3.1862 – →Indemnitätsvorlage, 3.9.1866; auch Verfassungs-, Militär-k.), der sich staatsrechtlich auf die Auslegung des Art. 91 der Verfassung (Lückentheorie) zuspitzte.

K. Kaminski, Verf. u. Verf.k. in Preußen, 1938; R. Waterkamp, K.forschung u. Friedensplanung, 1971; L. Coser, Theorie sozialer K.e, 1972.

Konföderation (lat.), allgem. →Bund, (enges) Bündnis, bes. unter Einfluß des frz. *confédération*, das z.B. zur Bezeichnung von Rheinbund, Dt. Bund, Norddt. Bund, Bundesrepublik verwandt wird (vgl. die K.en des poln. Adels seit dem 16. Jh., Parteien, die teils regionale Interessen gegeneinander, teils Standesinteressen gegen den Kg., vertraten); unter dem Einfluß von engl. *confederation* ist der Begriff mit der Bedeutung Staatenbund im Gegensatz zum Bundesstaat (*Federal republic* = Bundesrepublik) erfüllt worden; K.s-artikel, die älteste, 1.3.1781 bis 30.4.1789 gültige, geschriebene Verfassung der USA; Konföderierte, die 11 Südstaaten der USA, die im →Sezessionskrieg Anfang 1861 aus der Union austreten, und ihre Anhänger.

Konformismus (engl.-lat. ‚Übereinstimmung'), im 17. Jh. die Forderung nach Anerkennung der engl. Liturgie; im weiteren Sinne in der engl. Revolution 1660–88 sich ausbreitende Einstellung, die alle staatlichen Ämter (Regierung, Verwaltung, Armee) Gliedern der engl. Staatskirche vorbehalten wissen wollte. Durch Gesetz von 1661 *(Act of Uniformity)* kam es zur Einschränkung der politischen Rechte (z.B. Ausschluß von Universitäten, z.T. auch Schulen) für Katholiken und Angehörige der Freikirchen (Puritaner, →Dissenters), fortan auch Nonkonformisten genannt. Ihnen wurde 1689 freie Religionsausübung, 1812/13 einige rechtliche Verbesserungen und 1828 vollkommene Gleichstellung gewährt, den Katholiken dies alles erst 1829. An den Universitäten endete der K. 1871. – Davon abgeleitet wird K. allgem. verwendet im Sinne von: Übereinstimmung mit den jeweils herrschenden Tendenzen.

Konfraternität →Erbverbrüderung.

Kongregation (lat. ‚Vereinigung'), in der kath. Kirche Bezeichnung für bes. Gemeinschaften, v.a. für die in der NZ. gegründeten →Orden und Laienvereinigungen, die nach einer bestimmten Regel leben und einfache Gelübde abgelegt haben; Kurien-K.en, die obersten Behörden der kath. Kirche, →Kurie; Monastische K., Vereinigung mehrerer (selbständiger) →Klöster unter einem Oberen (→Erzabt), im MA. oft mit bestimmtem Reformprogramm (z. B. *Hirsauer K.*); K.-alisten, die Angehörigen der k.alistischen Kirche in England, die in der Art ihrer örtlichen Gemeinden *(congregations)* die biblische Form der Kirche sehen und daher die nach ihrer Meinung zu konservative Reformation nicht anerkennen und sich als unabhängig *(independent)* von jeder kg., bischöflichen oder →presbyterialen Gewalt erklären (1591 erste Gemeinde in England), heute bes. in England u. den USA verbreitet.

M. Heimbucher, D. Orden u. K.en d. kath. Kirche, [3]1933f.; – D. Jenkins, Congregationalism, A Restatement, 1944; P. T. Forsyth, C. and Reunion, 1952; F. H. Littel, H. H. Walz, Weltkirchenlexikon, 1970; N. Goodall (Hrsg.), Der K.alismus, dt. 1973.

Kongreß (lat. *congressus* ‚das Zusammentreten'), im 18./19. Jh. außerordentliche internationale Zusammenkunft, bes. zur Festsetzung von Friedensbedingungen, z.B. *Utrechter K.* 1712/13, *Wiener K.* 1815 (danach K.-polen 1815–1916 das auf dem *Wiener K.* geschaffene, mit dem ru. Zartum in Personalunion verbundene Königreich Polen) – nach diesem auch *1. Wiener K.* 1515 zur Vereinigung der Kronen von Österreich, Böhmen und Ungarn –, *Pariser K.* 1856, *Berliner K.* 1878; später verallgemeinert auf nationale Aussprachen, z.B. *2. Allrussischer Sowjetk.* Petersburg 7./8.1917 mit Einsetzung der Sowjetregierung und auf nichtpolitische Zusammenkünfte fachtechnischer oder wissenschaftlicher Art, →Konferenz; staatsrechtlich die beiden gesetzgebenden Körperschaften zusammen: in den USA seit 1789 →Senat und Repräsentantenhaus, in Frankreich bis 1944 Senat und Abgeordnetenhaus bei der Wahl des Präsidenten der Republik und bei Verfassungsänderung; ähnlich auch in anderen Ländern gesetzgebende Körperschaft, z.B. in den am. Staaten, Portugal seit 1912, Indien seit 1947.

König (ahd. *kuning* zu *kunni* ‚Geschlecht'; engl *king*), bei den Germanen der einem mit besonderem →Heil ausgezeichneten, meist auf eine Gottheit zurückgeführten Geschlecht entstammende, durch →Wahl erhobene oder durch Bewährung im Kampf (→Heil) aus einer Gruppe gleichwertiger Adeligen durch →Akklamation (Schilderhebung) aufsteigende Herrscher (Heer-k.-tum). Der Begriff wird auf Herrscher anderer Kulturen und Völker übertragen, wobei neben dem Heer-k.tum (z.B. Indogermanen, Israel) das →Gott-k.tum (Ägypten, Babylonien, Alexander d. Gr.), das Priester-k.tum (z.B. Sumerer; Israel: Melchisedek, David) in verschieden großen Herrschaftsbereichen (→Stamm, →Stadt, →Volk, →Reich) zu erwähnen sind. Aufgrund magisch-sakralen Denkens gilt die Person des Kg. weithin als heilig, er strahlt Schutz und Fürsorge für Arme und Schwache aus, ist Quelle und Hüter allen Rechts, Dienst für den Kg. ist Dienst an der durch ihn verkörperten göttlichen Kraft.

Königs-→bann; -bauern, (gr. *laoi basilikoi)*, in Ägypten und anderen hellenistischen Staaten die freien Pächter oder leibeigenen Bauern des →K.-landes; -boten →*Missi;* -frieden, in der gr. Geschichte die 387/6v. in Verhandlungen mit dem Spartiaten Antialkidas vom Perserkg. Artaxerxes II. (404–358v.) vereinbarte und verfügte Ordnung Griechenlands (Autonomieprinzip und spartanische Sanktionen); in germ. Reichen und ihren Nachfolgestaaten (a) →K.-schutz, (b) der Sonderfrieden, den die Person des Kg., seine Umgebung und die kg. →Pfalzen genießen; -gericht, im fränk. Reich das meist an den kg. →Pfalzen tätige Gericht, das unter Vorsitz des Kg., bzw. des →Pfalzgrafen steht, mit Beisitzern, die dem Stand des Klägers, bzw. des Angeklagten entsprechen, und mit bes. Prozeßverfahren (Urkundenbeweis). In seine Zuständigkeit fallen bes. schwere Verbrechen an Leib und Leben, auf die mit Todesstrafe oder →Acht erkannt wird, dann Rechtsgeschäfte. Es ist ferner zuständig für Leute unter bes. K.-schutz. Aufgrund des →Evokationsrechts kann es von anderen Gerichten (Grafengericht, Gericht der →Missi) Fälle an sich ziehen, bes. bei Rechtsverweigerung. In Frankreich und England hält sich das K.-gericht das MA. hindurch in der *curia regis*, im Dt. Reich schwindet seine Bedeutung rasch (Reichs→hofgericht); -gut →Haus-, Kron-, Reichsgut; -hof (mlat. *domus*, *curtis*, *villa regia*), allgem. →Hof, im fränk. Reich Verwaltungsmittelpunkt (Fronhof) eines bestimmten Bezirks des K.-guts, der neben Wirtschaftsgebäuden auch Wohngebäude für den Kg. und sein Gefolge umfaßt. Aus den größeren K.-höfen entwickeln sich in karolingischer Zeit die →Pfalzen; daneben bleibt über das K.-gut im ganzen Reich hinweg ein Netz von kleineren K.-höfen bestehen; -land (gr. *ge basilike*), in Ägypten und anderen hellenistischen Staaten aufgrund älterer Traditionen das durch Pächter, bzw. Leibeigene bewirtschaftete Land im Besitz des Kg., der wichtigste, wenn nicht größte Teil des Territoriums; -munt, -schutz, bei den Germanen und ihren Nachfolgestaaten Schutzpflicht des Kg. als Oberhaupt des Volkes, bes. gegenüber den sozial und darum militärisch schwachen Schichten, sowie den sich in seine Obhut begebenden Einzelpersonen und Anstalten (z.B. Kirchen und Klöster, im hohen und späteren MA. die Juden, →Kammerknechte), die dafür besondere Abgaben leisten und unter seinem Gericht stehen; -recht, im fränk. Reich das im Gegensatz zu den →Volksrechten durch bes. kg. Verordnungen (→Kapitularien) und die Urteile des K.-gerichts ohne Mitwirkung des Volkes neu geschaffene Recht; -richter, ein in Italien 9.–11. Jh. in Begleitung der →Missi oder als Beisitzer am it. →Hofgericht auftretender Reiserichter; -wahl, im germ. Kg.-tum Wahl des Kg. durch das ‚Volk', bes. den →Adel aus der durch göttliche Abstammung und bes. →Heil ausgezeichneten K.-sippe (→Geblütsrecht). Im fränk. Reich und im ma. Frankreich und England durch das Erbrecht zurückgedrängt, kommt sie im Dt. Reich des HochMA.

erneut zur Geltung, doch immer in Konkurrenz mit dem Geblütsrecht des regierenden Hauses, das aufgrund seiner tatsächlichen Macht zeitweilig den Nachfolger des regierenden Kg. bei dessen Lebzeiten designieren und zum Kg. wählen lassen kann (so bei den Liudolfingern, Saliern und Staufern), bis seit dem 13. Jh. infolge des Niedergangs des Kg.-tums und des Aufstiegs der →Fürsten, bes. der Wählergruppe der →Kurfürsten die Wahl vorherrscht. Zur Wahl ist formell das ganze Volk berechtigt, tatsächlich wählen nur die Großen des Reiches, nach neuesten Forschungen im fränk. Reich nur die K.-gefolgschaft. Wichtigster Bestandteil des Wahlmodus ist seit dem merovingischen Kg.-tum die →Huldigung und der Treueid der Großen *(subiectio principum)*. Der Kreis der an der Wahl teilnehmenden und damit wahlberechtigten Großen verengt sich im Dt. Reich das HochMA. hindurch immer mehr, bis sich 1257 endgültig die →Kurfürsten als Wähler konstituieren. Die reichsgesetzliche Regelung der K.-wahl in der Goldenen Bulle 1356 (einfache Mehrheit: mindestens 4 Stimmen, Erzbf. von Mainz als Wahlleiter mit ausschlaggebender Stimme) gilt bis 1806; -weihe, seit den frühen Karolingern (Pippin d.J. 751) bestehender Brauch, den Kg. anstelle der germ. Schilderhebung nach at. Vorbild durch die Kirche weihen, d.h. salben zu lassen. Urspr. als Ersatz für das fehlende Geblütsrecht der Karolinger gedacht, soll sie nach dem Vorbild des Priesterkönigtums des AT. *(rex et sacerdos)* den Segen Gottes vermitteln und den Kg. mit übernatürlichen Gaben (z.B. Krankenheilungen des frz. Kg.) ausstatten. Sie gilt bis zur Frühscholastik (12. Jh.) sogar als Sakrament; -zinser (mlat. *liberi*, *Franci homines*, fränk. Bargilden, lang. →Arimannen), nach dem Vorbild der spätröm. Grenzverteidigung im Frankenreich, bei den Langobarden und später Militärkolonisten, die als freie Leute mit freiem Erbe in geschlossener →Genossenschaft auf K.-land sitzen und dafür dem Kg. zu Kriegsdienst und der Zahlung eines Zinses *(census regius*, *fiscus*, Medem) verpflichtet sind. Die Genossenschaften der K.-zinser halten sich das ganze MA. und die frühe NZ. hindurch. Seit der Salier- und Stauferzeit werden auch nichtfränk. Rodungsfreie in kg. Waldungen als K.-zinser bezeichnet.

J. Engnell, Studies in Divine Kingship, 1945; H. Mitteis, Die dt. K.-wahl, [4]1969; W. Schlesinger, D. Anf. d. dt. K.wahl, ZRG. GA 1948; G. Barraclough, The Medieval Emp., 1950; K. Hauck, Geblütsheiligkeit, 1951; G. Helm, Germ. Sakralkg.tum, 1952; P. E. Schramm, Herrschaftsz. u. Staatssymbolik, 1954/6; G. Widengren, Sakrales Kg.tum im AT. u. Judentum, 1955; Das Kg.tum, (Vortr. u. Forsch. II) 1956; H. Dannenbauer, Grundl. d. ma. Welt, 1959/62; W. Böhme, Die dt. K.serhebung im 10.-12. Jh.; 1970. – P. E. Schramm, Gesch. d. engl. Kg.tums, [2]1970; A. Waas, Hft. u. Staat im dt. Früh-MA., 1938; E. Müller, Die Anf. d. K.-salbung, (H Jb) 58 1938; G. Tellenbach, Kg.tum u. Stämme i. d. Werdezt.d. dt. Reichs, 1939; P. E. Schramm, Der Kg. v. Frkr., [2]1960.

Konjuration (mlat. ‚Schwurgenossenschaft'), städtisches Gemeinwesen, →Kommune.

Konklave (lat. ‚Gemach'), die nach Vorschrift des 2. Konzils von Lyon 1271 in bes. Räumen (jetzt des Vatikans) eingeschlossene und bewachte Versammlung der →Kardinäle zur Wahl eines →Papstes; das K. beginnt nach Ablauf der Wartefrist (16–19 Tage), endet, wenn (meist durch Stimmzettelwahl; doch →Akklamation) ein Kandidat $^2/_3 + 1$ Stimmen erhalten hat.

L. Lector, Le Conclave, 1894.

Konkordat (lat. *concordare* ‚übereinstimmen'), förmliche Vereinbarung zwischen der kath. Kirche und einem Staat zur Regelung ihres Verhältnisses und der gemeinsamen Fragen (z.B. Schule, Besetzung geistlicher Stellen); bes. in der NZ. übliche Bezeichnung, doch wird K. auch auf Verträge des MA. angewandt (*Wormser K.* 1122, *Wiener K.* 1448); die Rechtsnatur der K.e wird verschieden gedeutet: Privilegientheorie (dem Staat vom Papst gewährtes, jederzeit widerrufliches Privileg), Legaltheorie (frei widerrufliche Konzession des Staates an den Papst), Vertragstheorie (völkerrechtsähnlicher Vertrag, von beiden Seiten gemeinsam vollzogene Rechtsordnung); Konkordienbuch, maßgebend gewordene Sammlung lutherischer Bekenntnisschriften (1580); Konkordienformel, in Abgrenzung der nach Luthers Tod differierenden Lehrmeinungen und zur Vermeidung einer Aufsplitterung des Luthertums verfaßtes Bekenntnis der Lutherischen Lehre, nach längeren Vorarbeiten 1577 abgeschlossen u. im Konkordienbuch veröffentlicht.

E. Lange-Ronneberg, Die K.e, 1929; L. Schöppe, K.e seit 1880, 1970; A. v. Campenhausen, Staatskirchenrecht, 1973.

Konquistadoren (span. ‚Eroberer'), Offiziere und Abenteurer verschiedener Herkunft, die im 16. Jh. in span. Diensten Mittel- und Südamerika unterwarfen und zu span. Kolonialgebiet machten. Ihre Nachfahren bildeten bis ins 19. Jh. die Oberschicht Südamerikas (→Kreolen).

H. Innes, Die K., dt. 1970.

Konsekration, im röm. Sakralrecht die Erhebung eines Gegenstandes, eines Ortes zur *res sacra*, wodurch sie, als Eigentum einer Gottheit, der menschlichen Rechtssphäre entzogen werden; im 1./2. Jhn. die Erhebung eines toten Kaisers zu den Staatsgöttern durch Senatsbeschluß (→Divus), bald auf Angehörige des Kaiserhauses ausgedehnt: in der kath. Kirche die Weihe von Kirche, Altar, Kelch und Patene durch den Bf.

Konservativismus (zu lat. *conservare* ‚erhalten') entstand als Gegenbewegung gegen die abstrakten Ideen der frz. Revolution und betonte eine Konzeption des geschichtlich Gewachsenen und der Kontinuität. Soweit es sich dabei um eine natürliche Haltung handelt, die das Bewährte dem konstruierten Neuen vorzieht, nennt man sie nach K. Mannheim (1893–1947) →Traditionalismus, während K. die bewußte politische Einstellung meint. Als erster gab E. Burke (1729–97, *Reflections on the French Revolution*, 1790) dem K. beredten Ausdruck, wenn er auch schon in J. Swift (1667–1745) und H. Bolingbroke (1678–1751) Vorgänger gehabt hat. Ebenfalls in dieser Zeit entwickelten sich die Grundlagen der späteren konservativen Ideenwelt in Preußen um L. v. d. Marwitz (1777–1837) und den Kreis der Berliner *Christlich-Teutschen Tischgesellschaft* (A. Müller, 1779–1829), H. v. Kleist,

1777–1811 und die *Berliner Abendblätter*). Wenn sich der K. auch der Ideenwelt der Heiligen →Allianz verwandt fühlte (Verteidigung der Monarchie und a-national), so darf er doch keineswegs mit der →Restauration und →Reaktion gleichgesetzt werden. Er gründet sich auf eine – konfessionell nicht gebundene – Religiosität, sieht in menschlicher Perfektion nicht das Allheilmittel gegen die Übel der Welt, verbindet damit aber auch eine soziale Komponente, in der Absicht, ökonomischen Mißständen abzuhelfen. Seine theoretische Verdichtung erfährt der K. durch F. J. Stahl (1802–61), und in England kommt es unter B. Disraeli (1804–81) zu praktischen Reformen. Das Sprachrohr des K. in Dtld. war die *Kreuzzeitung* (gegr. 1848, L. v. Gerlach 1795–1877, H. Wagener, 1815–89). Auch O. v. Bismarck (1815–98) war einer solchen Auffassung eng verbunden, als Reichskanzler und ‚Mann des Staates' sprengte er allerdings den politischen K., so daß dieser nach 1890 zu einer Interessenvertretung des Großgrundbesitzes absank, wenngleich 1892 im Tivoliprogramm noch ein Versuch zur Konsolidierung unternommen wurde. Nach 1918 ohne politischen Einfluß, doch von großer geistiger Regsamkeit in antikapitalistischem, antiliberalem und antidemokratischem Sinne, bleibt der K. eine von tiefem sittlichem und religiösem Ernst getragene Unterströmung, die zu einem bedeutenden Teil die →Widerstandsbewegung gegen Hitler trug.

K. Mannheim, Das k.e Denken, (Arch. f. Soz.wiss. u. Soz.pol.) 1926; S. Neumann, Die Stufen des preuß. K., 1930; H. J. Schoeps, Das andere Preußen, [2]1957; H. Barth, Der k.e Gedanke, 1958; K. v. Klemperer, Konserv. Bewegungen zw. Ks.reich u. NS., dt. 1961; M. Hättich, Individuum u. Ges. im K., 1971; H.G. Schumann (Hrsg.), K., 1974.

Konsistorium (lat. von *consistere* ‚zusammentreten'), im antiken Rom der Versammlungsort des →Consiliums, seit dem 4. Jhn. das Consilium selbst; in der kath. Kirche ist das päpstliche K. urspr. die beratende und beschließende Vollversammlung der →Kardinäle unter dem Vorsitz des →Papstes; ihre Aufgaben werden seit dem 16. Jh. durch die →Kongregationen der →Kurie wahrgenommen; in der NZ. dient das K. nur noch als feierlicher Rahmen für bes. Anlässe, wobei das geheime K. nur Kardinälen, das öffentliche K. auch den in Rom anwesenden Bischöfen, Diplomaten u.a. zugänglich ist; – In der evang. Kirche war das K. zunächst ein vom Landesherrn eingerichteter, nur für die Übergangszeit bis zu einer Bischofsverfassung gedachter kirchlicher Aufsichts- und Gerichtshof, der sich aber dann als Dauereinrichtung konsolidierte und sich bes. im 19. Jh. zu einer staatlichen, aber selbständigen Behörde für das →Kirchenregiment des →Landesherrn als *summepiscopus* wandelte; die Nachfolger der Konsistorien sind seit 1918 die in den einzelnen Landeskirchen unter dem Vorsitz des (Landes-)Bischofs oder Präses amtierenden Kirchenbehörden, Landeskirchenrat, Landeskirchenamt oder Ober→kirchenrat genannt.

Konskription (lat. *conscribere* ‚in Listen eintragen', daher *conscripti* die nach Vertreibung der Könige zugefügten, nicht-patrizischen röm. Senatoren), gesetzlich geregelte Aushebung, in der röm.

Republik Recht des →Imperiumsträgers; Konskribierte, zum Wehrdienst Einberufene im Gegensatz zu den durch Freilos oder Loskauf Befreiten.

Konsolidation (lat. ‚Festigung'), Begriff des röm. Rechts, Vereinigung der Nutzung mit dem Eigentum, auch eines →Lehens mit der Herrschaft des Lehensherrn; allgem. Zusammenlegung.

Konstabler →Comes.

Konstantinische →Schenkung.

Konstitution (lat. →*constitutio*), entspr. der lat. Bedeutung herrscherliche Verfügung (z.B. *K.en von Clarendon* 1160, durch die Kg. Heinrich II. von England, 1154–89, die geistliche Gerichtsbarkeit einzuschränken suchte; *K.en von Melfi* 1231, verfassungsartige Neuordnung Siziliens durch Ks. Friedrich II., 1212 bis 50); in der NZ., v.a. seit der engl. und frz. Aufklärung, Staatsgrundgesetz, Verfassung, im Anfang des 19. Jh. z.T. mit dem Nebensinn: zwischen Volk und Herrscher vereinbart, nicht vom Herrscher oktroyiert (→Charta); K.alisierung, Überleitung zur k.ellen Monarchie oder zum K.alismus; K.alismus, Prinzip und System der k.ellen Monarchien, bes. Epoche der dt. Verfassungsgeschichte 1814–1918, (vgl. Dt. Bundes-Akte vom 8.6.1815, Art. 13: ‚In allen Bundesstaaten wird eine Landständische Verfassung statt finden'). Das lange Beharren des dt. K.ismus, der erst gegen Ende der Epoche den Weg der Parlamentarisierung beschreitet, wurde u.a. befördert durch das Funktionieren des süddt. Früh-k.ismus (Verfassungen von Bayern, 26.5.1818, Baden, 22.8.1818, Württemberg 25.9.1819), der, orientiert an der →Charte Ludwigs XVIII., einerseits aus den freiheitlichen Ideen der Zeit, andererseits aus der Unmöglichkeit einer Rückkehr zu ständischen Verfassungen angesichts der großen Gebietserweiterungen und des zentralistischen Aufbaus einer entwickelten Bürokratie erwuchs; k.elle Monarchie, jene Form der Monarchie, in der der Herrscher nach dem Grundsatz des →‚monarchischen Prinzips' alleiniger Träger der Staatsgewalt (z.T. auch der Gesetzesinitiative) bleibt und dem Parlament nur die Mitwirkung bei der Gesetzgebung (bes. beim Staatshaushalt) zusteht; die Formen der k.ellen Monarchie sind vielfältig, sie vereinigt demokratische und monarchische Elemente (vgl. die Verantwortlichkeit des →Ministers vor dem Monarchen) mit älteren, aristokratisch-ständischen Traditionen (Privilegien des Adels bei der Zusammensetzung der 1. Kammern), ihre Verfassung ist – im Gegensatz zum →Absolutismus – geschrieben.

E. v. Hippel, Gesch. d. Staatsphilos., [3]1969; F. Hartung, Dt. Verf.gesch. d. NZ., [9]1969; E. R. Huber, Dt. Verf.-gesch. seit 1789 I, [2]1967 (hier auch, 656, Verzeichnis der dt. landständischen Verf. 1814–48).

Konsul (lat., Abk. *cos.*, Mz. *coss.*), in der röm. Republik →Magistrat mit →Imperium, Träger der durch →Annuität und →Kollegialität beschränkten kg. Exekutivgewalt (Oberbefehl, Gerichtsbarkeit, Leitung der Wahlen und Senatssitzungen, Vollzug der Staatsopfer, *ius edicendi* →Edikt), in der Praxis durch andere Ämter, z.B. →Zensur, →Prätur, entlastet. Nach den beiden K.n, die, von den Zenturiats→komitien gewählt, ihr Amt am Jahresanfang (seit 153v.1.1.) antreten, wird das röm. Jahr benannt (*coss. ordinarii*, in den →Fasten verzeichnet, bei Nachwahl: *coss. suffecti*). Insignien: 12 →Liktoren, →kurulischer Stuhl, Purpurstreifen an der Toga. Seit dem 1. Jhv. folgt wegen der wachsenden Aufgaben des Reiches auf das Amtsjahr Statthalterschaft in einer Provinz: Prokonsul →Promagistratur. In der Kaiserzeit, bis 534n., vom Ks. ernannt (zeitweilig 6-, 4- und 2-monatige Amtsdauer), schwindende Befugnisse, doch notwendige Vorstufe zum Statthalter, zuletzt Ehrenamt →Hypatos. In Italien 11.–13 Jh. (Pisa 1087) und Südfrankreich seit dem 12. Jh. (*villes de consulat*, in zunehmender Abhängigkeit vom Kg.) meist auf 1 Jahr gewählter Beamter eines Kollegiums (Zahl: bis 12) zur Leitung der Stadt. 1799–1804 Titel des höchsten Beamten der frz. Republik (1799–1802 2. und 3. K. neben Napoleon mit beratender Stimme). Seit dem MA. allgem. lat. Bezeichnung für →Bürgermeister (*c. dirigens*), →Markschöffe, →Ratsherr, Judenrat (*c. hebraeorum*, →Judenmeister), →Zunftmeister. – Seit dem MA. (zuerst Pisa 13. Jh.) in Italien, Spanien und Kolonien Vorsteher der Kaufmannschaft, Handelskammer und Handelsgericht (*consules maris*, *consols de mar*, *consolado*), Leiter der Kaufmannsniederlassung in einer fremden Stadt (*c. mercatorum*, *negotiatorum*) mit zunehmend amtlichen Befugnissen (Standes-, Seemansamt, Paßbehörde, Schutz der Staatsangehörigen, in nichtchristlichen Staaten - Türkei seit dem 17. Jh. - bis 1918 mit Gerichtsbarkeit und Polizeigewalt über diese: Konsulargerichtsbarkeit), nicht exterritorial, doch persönlich immun, Vertreter wirtschaftlicher Interessen eines Landes in einem anderen (→Exequatur), von diesem entsandt (Berufsk.: General-k., K., Vize-k.) oder, zunehmend seltener, ehrenamtlich tätiger Bürger des Gastlands (Ehren-, Honorar-k.); Konsular, gewesener röm. K.; Konsulat, Amt und Amtszeit des röm. K.s, in der NZ. der Dienstsitz des diplomatischen Vertreters.

Konsulent →Syndikus.

Konterbande (seit dem 15. Jh. aus it. ‚gegen den Bann', d.h. die Verordnung), Schmuggelware, bes. im Krieg (daher Kriegs-k.), jene Waren, die ein →Neutraler nicht für Rechnung eines Kriegführenden befördern darf, ohne die Neutralität zu verletzen. Angesichts der immer totaler werdenden Kriegführung sind alle Versuche, die als K. zu deklarierenden Waren festzulegen (Den Haag 1907, London 1909) in der Praxis vergeblich geblieben.

Kontereskarpe (frz.), die äußere, dem Feind zunächst liegende Böschung eines Befestigungsgrabens.

Kontermarkierung, vom At. bis in die NZ. vorkommende Kennzeichnung der Münzen eines fremden Münzherrn durch einen kleinen zusätzlichen Stempel (Kontermarke, Gegenstempel, -zeichen), um ihre Prüfung und Zulassung anzuzeigen.

Kontinent (lat. *terra continens*), ‚zusammenhängende Landmasse', Festland, bes. das europäische, dann allgem. = Erdteil; Kontinental-ismus, in betontem Gegensatz zur →Kolonialpolitik der europäischen Mächte das durch den am. K. begrenzte Streben der USA nach allmählicher Machtausweitung mit wirtschaftlicher Erschließung und möglichster Schonung der Eingeborenen; – K.-degen →Festlandsdegen; -kongreß, 1774–89 die zunächst unverbindliche, allmählich mit Regierungsfunktionen ausgestattete Versammlung der Vertreter der 13 Neuenglandstaaten; -macht, europäische Großmacht, bes. des 19. Jh., im Gegensatz zur Seemacht Großbritannien; -politik, im Gegensatz zur →Kolonialpolitik, →Imperialismus, Politik mit einer durch die Gegebenheiten und Interessen auf dem europäischen K. begrenzten Zielsetzung (Bismarck); Versuch eines Zusammenschlusses der K.almächte (Dtld., Frankreich, Rußland) zur Ausschaltung der engl. Politik aus Europa (Wilhelm II., Vertrag von Björkoe 1905), →Gleichgewicht; -sperre, die durch das Dekret von Berlin 21.11.1806 von Napoleon verhängte Blockade Englands; -system, der durch Napoleon, v.a. in den Friedensschlüssen von Preßburg 26.12.1805 und Tilsit 7./9.7.1807 erzwungene Zusammenschluß der europäischen Mächte (Österreich, Rußland, Preußen) gegen England.

Kontingenz (von lat. *contingere*, ‚sich zufällig ereignen'), in der Geschichtsphilosophie das zufällige Neben- und Nacheinander geschichtlicher Ereignisse.

Kontinuität (lat. *continuare* ‚fortsetzen'), Stetigkeit, stetiger Zusammenhang; die K. des Werdens, →Entwicklung, ermöglicht es ‚der historischen Betrachtung, die Tatsachen in dem Lichte der Bedeutsamkeit, die sie durch ihre Wirkungen gewonnen haben, aufzufassen' (J. G. Droysen, 1808 bis 1884); K.sproblem, die Frage nach dem inneren Zusammenhang zweier Epochen, ob Neues aus Altem durch Umformung oder durch Untergang und Neubeginn entsteht, bes. erörtert am Verhältnis von Antike und MA. (A. Dopsch), Germanentum und MA. (O. Höfler) und neuerdings von zaristischem Rußland und Sowjetunion; in der Rechtswissenschaft die Frage, ob ein Staat – z.B. die Bundesrepublik – Rechtsnachfolger des vorhergegangenen ist (Rechts-k.).

A. Dopsch, Wirtsch. u. soz. Grundlagen d. eur. Kulturentw., [2]1923f.; O. Höfler, Das germ. K.sproblem, (HZ 157) 1937; H. Aubin, Vom At. zum MA., 1947; O. Halecki, Europa, dt. 1964; H.M. Baumgartner, Das K.sproblem, 1972.

Kontor (ndl. aus frz. *comptoir* von lat. *computare* ‚zusammenrechnen'), ‚Zähl-, Rechentisch', seit dem 15. Jh. Handelsniederlassung eines Kaufherrn oder einer Gesellschaft in fremdem Land, = →Faktorei.

Kontorniaten (lat.), bronzene Schaumünzen des 4./5. Jhn. (seit 358 am Neujahrstag in Rom verteilt) mit Darstellungen aus der röm. Geschichte und Religion, ein ‚Propagandamittel der heidnischen stadtröm. Aristokratie' (A. Alföldi).

A. Alföldi, Die K., 1943.

Kontraktion →Abbreviatur.

Kontravallation (lat.), der äußere Befestigungsring eines Belagerungsheeres, der der Abwehr von Entsatzversuchen dient (vgl. die Belagerung von Alesia durch Caesar 52v.).

Kontribution (lat. ‚Beitrag'), Abgabe, Zuschuß, (a) außerordentliche, von der Zivilbevölkerung erhobene Abgabe zur Dekkung der Kosten einer Operations- oder Besatzungsarmee, auch als →Repressalie angeordnet (einschränkende Regelung durch die Haager Landkriegsordnung 1907); (b) in der NZ. vereinzelt Grund- (oder Personal-)steuer zur Deckung des militärischen Bedarfs.

Kontrollrat, 1945–48 Organ der vier Besatzungsmächte als oberste Gewalt im besiegten Deutschland, einstimmig beschließend, durch Ausscheiden des ru. Oberkommandierenden beschlußunfähig geworden.

Kontumaz (lat. *contumacia* ‚das Verharren'), Nichterscheinen vor Gericht; auch = →Quarantäne.

Konvenienz (frz. *convenance* ‚Übereinkunft'), im Zeitalter der →Staatsräson und →Kabinettspolitik die Praxis der Staaten, bes. der Großmächte, politische, vornehmlich internationale Fragen (z.B. die Teilungen Polens) nach ihrem Belieben, auf dem Weg der Verständigung untereinander, aber ohne oder gegen Willen und Rechte des unmittelbar Betroffenen, zu regeln.

Konvent (lat. *conventus* ‚Zusammenkunft', bes. von Untertanen vor röm. Beamten, Landtag, Landstände), in der kath. Kirche Versammlung der Konventualen (stimmberechtigten Angehörigen eines →Klosters); daher auch = Kloster und seine Bewohner überhaupt, bes. bei Bettel→orden, im Dt. →Orden der Zusammenschluß der Brüder im Ordenshaus; in einigen ev. Landeskirchen beratende Versammlung der Geistlichen eines Gebietes (→Dekan); frz. *convention*, der National-k., die frz. Nationalversammlung vom 20.9.1792 bis Herbst 1795, deren Ausschüsse in der Zeit des Terreur die Exekutive ausübten; Konventikel, Zusammenkunft religiös Interessierter außerhalb der Kirche und privaten Charakters, oft gegen die Kirche gerichtet.

Konvention (lat. *conventio*), (1) Zusammenkunft, bes. engl. frz. *convention*, verfassunggebende Versammlung, National→konvent; (2) Übereinkunft, staats- oder völkerrechtliche Vereinbarung, der nicht die volle Bedeutung eines Vertrages zukommt, weil entweder die Partner nicht sämtlich im vollen Besitz der Souveränität sind, oder die Vereinbarungen nur die Zusammenarbeit auf Teilgebieten betreffen, z.B. Handelsk.en, die *Genfer K.* von 1864, die innerdt. Militär- und Münz-k.en des 19. Jh. (danach auch K.s-fuß, -münzen).

Konvertiten (von lat. *converto* ‚ich kehre um'), von einer Religion, bes. von einer Konfession zur anderen Übergetretene, seit der Gegenreformation bes. vom Katholizismus zum Protestantismus und umgekehrt.

K. Aland, Ü. d. Glaubenswechsel i. d. Gesch. d. Christentums, 1961.

Konvokation (lat. ‚Einberufung'), parlamentarische Kirchenversammlung in England, seit dem 15. Jh. in Gliederung (zwei Häuser) und Kompetenzen dem Parlament parallel geordnet.

Konzentrationslager, Internierungslager für politisch unzuverlässige Zivilbevölkerung, Name und Sache erstmals am Vorabend des span.-am. Krieges (eingeführt durch den span. Gouverneur und General V. Weyler 1896 auf Kuba), aufgenommen durch die Engländer im Burenkrieg 1899 bis 1902 (H. H. Kitchener, 1850 bis 1916); als Instrument totalitärer Gewaltherrschaft des 20. Jh. (auch unter anderen Bezeichnungen: Arbeits-, Internierungslager u.ä., bes. nach den Greueln der dt. KZ 1933–45) wegen Rechtswillkür, unmenschlicher Lebensbedingungen (Zwangsarbeit, hohe Sterblichkeit, Massenvernichtung), Zusammenlegung krimineller Elemente und politischer Gegner in der freiheitlichen Welt gebrandmarkt.

E. Kogon, Der SS-Staat, [5]1958; H. Bülck, D. Zwangsarbeit im Friedensvölkerrecht, 1953; H. Ahrendt, Elemente u. Ursprünge totaler Herrschaft, 1955; R. Henkys, Die nat.soz. Gewaltverbrechen, 1964; M. Broszat (Hrsg.), Studien z. Gesch. der K., 1970.

Konzert (it. ‚Zusammenklang'), das Zusammengehen der Großmächte bei politischen Streitigkeiten *(Europäisches K., K. der Mächte)*, in völkerrechtlichen Urkunden gebraucht v. Vertrag v. Chaumont 1814 b. zum Pariser Frieden 1856, i. dt. Übertragung erstmals bei B. Auerbach 1847.

Konzil (lat. *concilium* ‚Versammlung'), in der Frühkirche auch →Synode genannt, nach dem Vorbild der Apostelversammlung zu Jerusalem (Apg. 15) feierliche Zusammenkunft kirchlicher Würdenträger, seit dem 2. Jh. bes. von →Bischöfen, zur Verhandlung und Entscheidung kirchlicher Angelegenheiten. Die von den Teilnehmern gefaßten Beschlüsse sind dann für die gesamte von ihnen repräsentierte Kirche bindend; Ökumenisches (Allgemeines) K., Versammlung aller Bischöfe und sonstiger hoher Würdenträger der kath. Kirche. Die ökumenischen K.ien wurden nach der Anerkennung des Christentums von den röm. Kaisern einberufen und standen z.T. unter ihrer direkten Leitung; seit dem MA. wurden sie unter dem Vorsitz des →Papstes oder seines Beauftragten abgehalten. Nach gültigem Kirchenrecht repräsentiert das allgem. K. die Gesamtkirche; es ist unfehlbar, soweit es vom Papst berufen und geleitet wird und die K.sbeschlüsse vom Papst gebilligt werden. – Man unterscheidet die 8 ökumenischen K.ien des At. und FrühMA. (1–7 werden auch von der gr.-orthodoxen Kirche anerkannt): Nicaea I 325, Konstantinopel I 381, Ephesus 431, Chalcedon 451, Konstantinopel II 553, Konstantinopel III 680/81, Nicaea II 787, Konstantinopel IV 869/70, sowie die päpstlichen K.ien des MA. und der NZ.: Laterank. I 1123, Laterank. II 1139, Laterank. III 1179, Laterank. IV 1215, Lyon I 1245, Lyon II, 1274, Vienne 1311 bis 1312, Konstanz 1414–18, Basel (Ferrara-Florenz) 1431–37, Laterank. V 1512–17, Trient 1545 bis 1563, Vatikanisches K. I 1870, Vatikanisches K. II 1962 bis 1964; – Plenar-k., Versammlung der hohen kirchlichen Würdenträger einer oder mehrerer →Kirchenprovinzen, oft eines Landes (National-K.) zur partikularen Gesetzgebung, bes. in Disziplinarfragen. In den Germanenreichen des MA. waren diese K.ien oft zugleich Reichstage unter dem Vorsitz des Königs (Reichssynoden), seit dem HochMA. werden Plenar-k.ien von einem päpstlichen Legaten berufen und geleitet; Provinzial-k., Versammlung der höheren kirchlichen Würdenträger einer Kirchenprovinz unter Leitung des →Metropoliten, →Synode; Reform-k.ien, zusammenfassende Bezeichnung für die K.ien des 14./15. Jh., von denen allenthalben eine Reform der Kirche erhofft wurde (Vienne, Konstanz, Basel-Ferrara-Florenz, sowie das gescheiterte K. von Pisa 1409); K.iarismus, die Ansicht, daß dem allgemeinen K. und nicht dem Papst die höchste Gewalt in der Kirche zuzuerkennen ist. Diese k.iare Theorie, in Ursprüngen schon von Kanonisten des 12. Jh. angedeutet, wurde von Johannes von Paris (gest. 1306) weitergeführt und von Marsilius von Padua (gest. 1342) und Wilhelm von Ockham (gest. 1349) ausgebaut. Im Zeitalter des Großen →Schismas und angesichts des Rufes nach einer Kirchenreform gewann die k.iare Theorie zunehmend an Bedeutung (Heinrich v. Langenstein, Konrad v. Gelnhausen), so daß sie sich auf den K.ien von Konstanz und Basel durchsetzen konnte, wenn auch gegen den Widerstand des Papsttums, das dann v.a. auf dem K. von Trient die k.iare Theorie energisch bekämpfte und ihr durch das Vatikanische K. – zusammen mit anderen, ähnlichen Bestrebungen (→Episkopalismus, Gallikanismus) – den Boden entzog.

K. J. v. Hefele, K.iengesch., 1873 ff.; H. Jedin, Kleine K.iengesch., [8]1969; H. Dallmayr, D. großen 4 K.ien, 1961; H. Reuter, Das II. Vat. Konzil, 1967; Lex. f. Theol. u. Kirche, Erg. Bde. 1967.

Kooptation (lat.), Zuwahl, Ergänzung eines →Kollegiums durch einen Wahlakt der Mitglieder, z.B. bei röm. Priesterkollegien, weltlichen →Orden.

Kopf-steuer, primitivste Form der Personalsteuer, die jeden Erwachsenen mit derselben Abgabe belegt, seit späthellenistisch-röm. Zeit bezeugt und verschiedentlich (teils auch auf Umwegen, z.B. als Gebühr für die Berechtigung zu Kauf von Monopolwaren – Salzsteuer im hellenistischen Ägypten, teils unter anderem Namen – Einwohner-, Bürgersteuer) bis in die jüngste Zeit erhoben (z.B. in Rußland 18./19. Jh., in Preußen als Kriegssteuer 1811), auch beschränkt auf einzelne Bevölkerungsgruppen (Bauern) oder (unterworfene) Gebiete; die K.-steuer wurde im At. und MA. als Zeichen der Unfreiheit, in der NZ. als unsozial abgelehnt und in der Regel zur →Klassen-, dann zur Einkommensteuer verfeinert; -zins, (mlat. *capitagium*, →*litimonium*), im MA. meist niedrige, bald abgeschaffte Abgabe der Unfreien (K.-zinsigen) an den Herrn.

Kopialbücher →Urkunde.

Korazin →Jazeran.

Korazze, Köris = →Küraß

Korn →Münzgewicht.

Korporal (zu frz. *corps* – im 16. Jh. Kaporal zu it. *capo*, lat. *caput*), seit dem 17. Jh. Unterführer, Rottmeister, wichtigster Dienstgrad in dem sich gleichzeitig herausbildenden Unteroffizierskorps.

Korporation (mlat. *corporatio* ‚Körperschaft' zu lat. *corpus*), allgem. Zusammenschluß von Personen gleichen →Standes oder gleichen Berufes oder gleichen Glaubens, oft zu einer Körperschaft öffentlichen Rechts. Im MA. zunächst bes. die Vereinigung von Geistlichen, z.B. des

Abts und seines Konvents, bei Weltgeistlichen des →Dekans und seines →Kapitels, an den Universitäten der Lehrenden und Studierenden (→auch Bruderschaften), im späteren MA. und der frühen NZ. ausgeweitet auf jeden genossenschaftlichen Zusammenschluß, so in Frankreich die →Zünfte (frz. *les corporations*). Im modernen →Ständestaat berufsständische Körperschaft, so im faschistischen Italien der Zusammenschluß von Arbeitgebern und -nehmern eines Berufszweigs (→auch Syndikat). In Portugal setzt sich seit 1933 die 2. (korporative) Kammer aus K.en (Fachsektionen) zusammen; Korporativismus, politische Bewegung mit dem Ziel eines auf berufsständischer Grundlage aufgebauten Staates, v.a. getragen von der kath. Soziallehre seit Ende des 19. Jh.

Korrespondenzschrank, v. a. in der Zeit des Früh→kapitalismus Schrank zur Aufbewahrung des Briefwechsels mit auswärtigen Geschäftspartnern oder Filialen (Faktoreien), wobei die Laden den Korrespondenzorten zugeordnet sind.

Korridor (it.), Gebiet oder Luftzone (Luft-k.) zur Aufrechterhaltung von Verbindungen, bes. der *Polnische K.* (Westpreußen und Netzeland), 1920 durch den Versailler Vertrag geschaffen, um dem Binnenstaat Polen den Zugang zum Meer zu gewähren, 1939 unmittelbarer Anlaß zum 2. Weltkrieg.

Korsar (it.). Seeräuberschiff; dann Seeräuber, →Pirat, bes. nordafrikanischer, z.B. Chaireddin Barbarossa (um 1475–1546),

Korseke →Partisane.

Korvette (frz.-span. von lat. *corbita*), Bezeichnung für verschiedene Kriegsschiffe, meist kleinere, stark bestückte Fahrzeuge für den Aufklärungs- oder Geleitdienst u.ä.

Kosaken (tü.-tatarisch, richtiger Kasaken), freie Steppenkrieger ostslawisch-ukrainischen Volkstums und orthodoxer Religion, seit dem 15. Jh. als Grenzschutz gegen Türken, Tataren und Polen dienend, eine besondere soziale Schicht mit eigener militärischer →Sotnje, teilweise auch politischer Organisation. Die K. nahmen an der Eroberung Sibiriens Anteil, blieben 1917 größtenteils zarentreu, daher aufgelöst.

G. Stökl, Die Entstehg. d. K.tums, 1953; Ph. Longworth, Die K., dt. 1973.

Kosmokrator (gr.), ‚Weltherrscher', der christliche, bes. der byz. →Kaiser als Ordner der Welt, irdisches Abbild des →Pantokrator.

Kosmopolitismus (gr.), ‚Weltbürgertum' als eine dem Nationalen und Partikularen entgegengesetzte, von einer Menschheitsidee getragene Haltung, von kynisch-stoischen Philosophen der hellenistischen Welt begründet (angeblich seit Diogenes v. Sinope, 412–323v.), vom Christentum gefördert, in →Aufklärung und dt. Klassik erneuert; der K., der notwendig pazifistische Tendenzen in sich schließt, wird heute von der kommunistischen Ideologie als bourgeoise Verhaltensweise gebrandmarkt.

F. Meinecke, Weltbürgert. u. Nationalstaat, [7]1928; W. Nestle, Gr. Geistesgesch., [2]1956.

Kranz (gr. *stephanos*, lat. *corona*), im At. apotropäischer Kopfschmuck als Zeichen der Festesfreude; Preis der Sieger in den gr. Nationalspielen; röm. Kriegsauszeichnung (*corona civica*, Bürgerkrone für Errettung eines Bürgers, *c.muralis*, *castrensis*, ,Mauer-, Lagerkrone' für den Ersten bei der Erstürmung, u.a.); Zeichen der etrusk. Könige und des röm. Triumphators, dann in der Tracht des röm. Kaisers →Krone; in der ma. Symbolik Zeichen der Jungfräulichkeit und der Krone des Ewigen Lebens; K.-geld (lat. *aurum coronarium*), Beitrag zu einem freiwilligen Geschenk (Gold-k.) an Ehrentagen des Herrschers des At., bes. in spätröm. Zeit drückende Sonderabgabe in Notzeiten.

Kreis, die natürlichste Form der Versammlung (Gericht, Beratung, Zweikampf u.a.); von der Versammlung auf den Zuständigkeitsbereich übertragen, sinnverwandt mit →Bezirk; als Zwischeninstanz einer Landesgliederung zur Wahrung des →Landfriedens bereits im spätma. dt. Reich (Ks. Albrecht II., 1438–39), mit nachhaltiger Wirkung wiederaufgenommen in der →Reichsreform Ks. Maximilians I. (1493 bis 1519): Gliederung des Reichsgebiets (ohne die böhmischen Länder, die Reichsritterschaftsgebiete und -dörfer) 1500 in 6 K.e: *fränkischer*, *bayerischer*, *schwäbischer*, *(kur-)rheinischer*, *(nieder-) sächsischer*, *westfälischer K.*, 1512 in 10 Ks.: *niederrheinischer*, *obersächsischer*, *burgundischer*, *österreichischer K.*, urspr. zur Wahl von Vertretern ins →Reichsregiment und -kammergericht, dann mit der Wahrung des Landfriedens, der Aufstellung der K.-kontingente zum Reichsheer, der Erhebung der Reichssteuern und -abgaben betraut; die Reichs-k.e, in denen zwei Fürsten als K.-direktorium und als k-ausschreibender (d.h. den K.-tag für die Stände ausschreibender) Fürst die Geschäfte führten (bisweilen lagen beide, an sich gleichwertige Ämter in einer Hand), ein K.-oberst (-hauptmann) das K.-kontingent aufstellte, bildeten, bes. im Süden und Westen, die stärkste Klammer des Reiches. – Als Einheit ritterständischer Lokalverwaltung erscheint der K. in Brandenburg-Preußen seit dem 17. Jh., ihre Elemente (Virilstimmen der Rittergutsbesitzer) blieben in den östlichen Teilen über die Stein-Hardenbergschen Reformen hinaus bis 1872 erhalten; seit dem 19. Jh. in zahlreichen dt. Ländern Bezirk der bürokratischen Verwaltung, wobei der K. allmählich zur untersten Instanz über den Gemeinden absinkt und gleichzeitig nach dem preußischen Vorbild von 1872ff. immer ausgeprägter den Charakter einer →Selbstverwaltungskörperschaft annimmt. – Im dt. Sprachgebrauch allgem. entsprechender mittlerer oder unterer Verwaltungsbezirk, auch in anderen Ländern (z.B. = ru. →Ujezd); – K.-ausschuß, -deputierte, aus der Mitte des K.-tags gewählter ständiger Beirat (auch Vertretung) des →Landrats; -direktor, im 17. Jh. der Vorläufer des preußischen →Landrats, auch später vereinzelt Titel des Leiters der K.-verwaltung; -hauptmann, nur in den Reichsk.en mit militärischen Angelegenheiten befaßt, im 19. Jh. öfter (entspr. Amts-, →Bezirkshauptmann) Leiter der K.-verwaltung; -ordnung, die K.-verfassung, z.B. in Preußen die K.-ordnungen für die acht Provinzen 1825–28, für die östlichen Provinzen 1872,

Westfalen 1886, Rheinprovinz 1887; in der Bundesrepublik Ländergesetz, in den meisten Ländern zwischen 1948 und 1952 erlassen; **-tag**, urspr. die Ständeversammlung, seit der 2. Hälfte des 19. Jh. die gewählten Vertreter eines K.es; **-verband**, der K., insofern er nicht staatliche Verwaltungsinstanz, sondern eine aus Gemeinden bestehende Selbstverwaltungskörperschaft (Kommunalverband) darstellt; **-verwandter**, Angehöriger desselben Reichs-k.es.

Zu den einzelnen Reichs-k.en u. ihren Mitgliedern, anhand der K.-matrikel aufgeschlüsselt, vgl. H. Rössler, G. Franz, Sachwörterb. z. dt. Gesch.; – K. Jeserich, Die dt. Land-k.e, 1937; O. Hintze, D. Wurzeln d. K.-verf., (Ges. Abhh. 1) 1937; H. Heffter, Die dt. Selbstverw. im 19. Jh., 1950; E. R. Huber, Dt. Verf.gesch. seit 1789, I [2]1967; G. Ch. v. Unruh, Der K., 1964.

Kreml (tatar. ‚Burg'), befestigter Kirchen- und Regierungsbezirk in ru. Städten, in Moskau seit dem 15. Jh. bis Peter d. Gr. Residenz der →Zaren, seit 1918 Regierungssitz, daher übertr. die offizielle Politik der UdSSR und ihre obersten Organe.

Kreole (span., port. *criollo*), allgem. jeder im Inland geborene Angehörige einer fremden Rasse, v.a. in Lateinamerika geborene reinblütige Weiße (oder Neger).

Kreuzer, (1) kleine, v.a. süddt. Scheidemünze seit dem 13. Jh., urspr. mit einem Doppelkreuz geprägt; in der NZ. 1/72, dann 1/60, in Österreich 1858–93 1/100 →Gulden; (2) urspr. schnelles Kaperschiff, dann allgem. Kriegsschiff, im 19./20. Jh. in mehrere Klassen (Panzer-, Schlacht-k.; Schwerer, Leichter K.) gegliedert.

Kreuzzug, aus der Idee des Heiligen Krieges geborener, von der kath. Kirche angeregter und geförderter Kriegszug gegen Heiden oder Ketzer zur Ausbreitung des Glaubens oder zur Wiedergewinnung verlorener Gebiete, bes. die kriegerischen Unternehmungen der abendländischen Christenheit vom 11.–13. Jh. zur Eroberung des Hl. Landes (1. K. 1096–99; 2. K. 1147–49; 3. K. 1189–91; 4. K. 1202–04; 5. K. 1228–29; 6. K. 1248–54; 7. K. 1270); die K.s-idee, die auch furchtbare Auswüchse zeitigte (**Kinder-k.** 1213) und durch andere, z.T. politische und blutige Unternehmungen abgebraucht war (**Wenden-k.** 1147; **Albigenser-k.** 1209–29; K. gegen die Stedinger Bauern 1234; K. des Dt. Ordens im 13. u. 14. Jh.), lebte in den →Hussitenkriegen (1419–36), bei den spätma. Türkenzügen und bes. in den Türkenkriegen (1683ff.) wieder auf; als Schlagwort ist der Begriff K. bes. in neuester Zeit wieder in Gebrauch; **K.s-steuer** →Zehnt.

C. Erdmann, D. Entstehg. des K.sged., [4]1966; A. Waas, Gesch. d. K.e, 1956; S. Runciman, Gesch. d. K.e, dt. 1957f; Hans E. Meyer, Gesch. d. K.e, [3]1973; F. Heer, K.züge, gestern, heute, morgen?, 1969.

Krieg, Gerät im älteren Kriegs- oder Bauwesen, eine Art Winde oder Kran.

Krieg, die gewaltsame Auseinandersetzung zwischen den Staaten (bei solchen um die Macht im Staate spricht man von **Bürger-k.**, prägnant gew. nur die *Römischen B.e* 88–82, 49–43, 31v., der *Amerikanische* 1861–65, →Sezession, der *Spanische* 1936–39), u.zw. unabhängig von Dauer, Ausdehnung und Intensität der Kampfhandlungen; in der Geschichtsschreibung vereinzelt auch Einheit von mehreren zeitlich (z.B. der *Peloponnesische K.* 431–04v., der *100jährige K.* zwischen England und Frankreich 1339–1453) oder räumlich (der *30jährige K.* 1618–48, der *7jährige K.* 1756–63) nicht zusammenhängenden K.en; im At. als bittere Notwendigkeit, als ‚gewalttätiger Lehrmeister' (Thukydides) empfunden, bei den Römern v.a. aus der sakralrechtlichen Praxis als →*bellum iustum* fixiert, wird der K. im Grund erst mit dem Christentum, das den gerechten K. rechtfertigt (Augustinus, Thomas v. Aquino), zum ethischen Problem; darauf aufbauend suchte das nz. →Völkerrecht zwischen Angriffs-k., →Aggression, dem einem drohenden Angriff zuvorkommenden Präventiv-k. und dem einzig erlaubten Verteidigungs-k. zu scheiden, eine Scheidung, die sich in der politischen Praxis als unzureichend erwies. Die moderne militär-technische Entwicklung widerlegte die klassische Definition des K.s als ‚eine Fortsetzung des politischen Verkehrs, ein Durchführen desselben mit anderen Mitteln' (C. v. Clausewitz) ebenso wie die mit dem 19. Jh. einsetzende Auffassung von seinem gemeinschaftsbildenden (‚Nicht in der Ruhe des Friedens, sondern in der Bewegung des K.es zeigt sich die Kraft des Zusammenhangs aller mit dem Ganzen', Hegel) oder kulturschöpferischen (noch bei M. Scheler, 1915) Charakter, die radikale Rechtfertigung durch den biologischen Selektionismus (I. B. Haykraft, 1895, u.a.) als biologische Notwendigkeit oder die optimistische des Darwinismus (Novikow, 1896, u.a.), daß sich der ‚Daseinskampf' mit zunehmender Entwicklung humanisiere und den K. als Form der ‚Anpassung' verschwinden lasse. Nicht so sehr die Versuche der internationalen Politik zur Ächtung des K.es (seit dem Kellogg-Pakt vom 27.8.1928), die den totalen K. (J. Goebbels 1944, nach E. Ludendorff) bis zur ‚bedingungslosen →Kapitulation' (Forderung der Konferenz von Casablanca, Jan. 1943) nicht verhindern konnten, als vielmehr die apokalyptische Drohung des Atom-k.es (6.8.1945 Hiroshima) bannen einstweilen den K. oder lenken ihn aus den klassischen, z.T. durch völkerrechtlichen Brauch fixierten Regeln (seit Thukydides Scheidung in tiefere Ursache oder K.sgrund und äußeren Anlaß, Erklärung des K.szustands und Durchführung der Kampfhandlungen in den Formen des →K.s-rechts, Waffenstillstand und Friedensschluß mit den vereinbarten Bedingungen) zu neuartigen Formen mit den Mitteln der →Propaganda und Agitation (kalter K., Nerven-k.), der Infiltration, →Intervention, Polizeiaktion bis zur indirekten →Aggression, kurz jenen Mitteln der Gewaltsamkeit, die eben noch den Begriff K., der als Atom-k. gedacht wird, vermeiden lassen.

C. v. Clausewitz, Vom K.e, (Werke) [6]1952; M. Scheler, V. Genius d. K.es, 1915; E. Ludendorff, D. totale K., 1935; G. Ritter. D. Dämonie d. Macht, [6]1948; ders., Staatskunst u. K.shandwerk I, [4]1970; A. Toynbee, K. u. Kultur, dt. 1950; A. Buchan, Der K. in unserer Zt., dt. 1967; L. J. Halle, Der Kalte K., dt. 1969; M. Fried u. a. (Hrsg.), Der K., 1971; F. O. Mischke, Vom K.sbild, 1976; – H. Delbrück, Gesch. d. K.skunst, [4]1966; P. Schmitthenner, K. u. K.führung, 1929f.; H. Meier-Welcker, Hb. d. dt.

Militärgesch., 1848–1939, 1964ff. – A. Meurer, Seek.sgesch., *1942; E. Zechlin, Maritime Weltgesch., 1947.

Kriegs- und Domänenkammer, 1723–1808 kollegiale preuß. Provinzbehörde, aus der Zusammenlegung von →Amts- (Domänenverwaltung) und →Kriegskammer (Steuer, Kontribution) entstanden; -anleihe, von der Bevölkerung gezeichnete Inlandsanleihe zur Deckung der Kriegskosten, in Deutschland nach dem 1. Weltkrieg im Verhältnis 1:40 als Staatsschuld übernommen; -→artikel; -entschädigung, die im Friedensvertrag festgelegte Erstattung der Kriegskosten durch den Besiegten, bereits im At. bekannt (z.B. nach dem 1. Punischen Krieg 241v.), im 20. Jh. (seit dem Aufkommen des Begriffs → Kriegsschuld) = →Reparationen; -erklärung, die formelle Ankündigung des Kriegszustandes, meist mit ultimativer Forderung verbunden, nach dem röm. Recht (→Fetialen) bis in die Gegenwart allgem. völkerrechtlicher Brauch (vgl. das Haager Abkommen von 1907), in den USA und anderen Staaten von der Mitwirkung der Volksvertretung abhängig; -gefangene, Feinde, die im Verlauf eines Krieges in die Gewalt des Siegers gelangt sind, urspr. zu dessen freier Verfügung (in der Frühzeit – v.a. als Opfer – getötet, deportiert, z.B. bei den Assyrern, in ritterlichen Gesellschaften gegen Lösegeld freigelassen, im At. Wurzel und Hauptquelle der →Sklaverei), in MA. und NZ. durch den Einfluß des christlichen und ritterlichen Ethos zunehmend humaner behandelt, durch das →Völkerrecht auf Kombattanten beschränkt, in der NZ. (bes. Haager Abkommen 1899, Genfer Konvention 1949) mit genaueren Regelungen für die Behandlung und die Verwendung als Arbeitskräfte, die indes in der Praxis nicht hinreichend wirksam geworden sind; -gericht, im Gegensatz zum →Standgericht das ordentliche Militärgericht, seit dem 18. Jh. für Offiziere und für schwere Fälle, →Auditeur; -geschichte, die (militärischen) Ereignisse eines Krieges, als Teil der Kriegswissenschaften (Wehrwissenschaft) Erforschung und Darstellung vergangener Kriege oder Kriegshandlungen, v.a. pragmatisch zur Ausbildung des Heerführers, bes. im dt. →Generalstab (H. v. Moltke, 1800–91) gepflegt; -gewinn, gesteigerte Rendite der Industrie und des Handels infolge des erhöhten Bedarfs in Kriegszeiten, oft (z.B. im und nach dem 1. Weltkrieg) Anlaß zu sozialen Spannungen; -herr, in Reichsstädten Mitglied einer Behörde für das Kriegswesen; seit dem 30jährigen Krieg Bezeichnung des Landesherrn als obersten Befehlshabers, bes. bei Bundestruppen zur Unterscheidung vom tatsächlich kommandierenden Feldherrn, seit 1871 *Oberster K.*, der Kaiser als Oberfeldherr des Reichsheeres (in der engl. Kriegspropaganda des 1. Weltkriegs *War Lord* ‚Herr des Krieges'); -kammer, in Österreich (1502) und Preußen (1680) kollegiale Behörde für die Militärverwaltung, in Preußen zunehmend mit Aufgaben der Provinzialverwaltung befaßt; -kanzlei, in dt. Staaten ausführendes Organ des →Kriegsrats, oder – in kleineren Ländern – an dessen Stelle; -kommissar, seit dem 30jährigen Krieg Beauftragter des Landesherrn bei der Truppe, im 19. Jh.

allmählich in die →Intendantur übergegangen, v.a. mit Finanzierung und Kriegsverwaltung befaßt, in Preußen auch Verwaltungsamt (→Akzise, Kontribution); -maschinen, bewegliche Großgeräte zur Kriegführung, v.a. zur →Belagerung, vor Verwendung des Schießpulvers; -metze, Zuschlag zur →Metze für den Unterhalt des Heeres in Kriegs-, dann auch in Friedenszeiten, im 18. Jh. durch Geld abgelöst; -rat, das →Consilium des Höchstkommandierenden, im absoluten Staat unter gleicher oder ähnlicher Bezeichnung ständige Behörde zur Beratung des Fürsten (z.B. in Österreich 1556 bis 1848 →Hofk.-rat), aus der im 19. Jh. das K.-ministerium hervorgeht, auch Beamtentitel, vereinzelt auch →Standgericht; -recht, (1) das Recht eines Bundes- oder Gliedstaats auf selbständige Kriegführung, (2) die zwischen Kriegführenden nach völkerrechtlichem Brauch, v.a. nach dem Grundsatz der Gegenseitigkeit, geltenden Rechtsgrundsätze (lat. *ius belli*), bes. durch die Haager Landkriegsordnung nach den Konferenzen von 1899 und 1907 fixiert (zum Materiellen vgl. die einzelnen Stichworte); (3) die infolge des kriegsbedingten Notstandes veränderten Rechtsverhältnisse im innerstaatlichen Bereich; -schulden, die durch Auslandsanleihen aufgenommenen Beträge zur Deckung der Kriegskosten, v.a. nach dem 1. Weltkrieg infolge der Verschuldung der Alliierten an die USA eine der Hauptursachen der Weltwirtschaftskrise; -schuldfrage, während und nach dem 1. Weltkrieg in Politik und Wissenschaft heftig umstritten (die Alleinschuld wurde, v.a. von England, H. H. Asquith 1914, den Mittelmächten zugeschoben, im Versailler Vertrag Art. 231, verbunden mit der Verantwortung für alle K.-schäden, fixiert; durch rasche, gründliche Aktenpublikation und Forschung, vgl. Berliner Monatshefte 1925ff., wurde die These widerlegt, doch wurde Art. 231 nie aufgehoben); -stand (frz. *état militaire*), die Summe der zum Militärwesen gehörigen Personen; -verbrechen, von Kombattanten begangene Verbrechen, soweit sie nicht durch das K.-recht (z.B. Tötung des bewaffneten Gegners) gedeckt sind; das Anbefehlen einer völkerrechtswidrigen Kriegshandlung, bes. das Vorbereiten, Dulden und Führen eines Angriffskrieges (im Versailler Vertrag wurde die Aburteilung von den Siegermächten beansprucht, nach dem 2. Weltkrieg 1946 vom Internationalen Militärtribunal in Nürnberg, später von den Siegermächten einzeln durchgeführt); -zeug, K.-gerät, bes. Artillerie, im älteren Sprachgebrauch auch die Truppen.

Krone (ahd. Lehnwort von lat. *corona*), →Kranz; Hauptschmuck als Zeichen kg. Würde, schon in Reichen des Alten Orients (vgl. die pers. →Tiara, die beiden *K.n von Ober- und Unterägypten* des →Pharao); mit Beginn des MA. entwickelt sich die K. aus röm. Triumphal→kranz und →Diadem (vgl. die *Eiserne K.* der Langobarden), sowie aus dem Kg.shelm zu verschiedenen Formen, z.T. mit reicher Symbolik; vgl. die achteckige dt. und byz. Kaiser-k. als Abbild des Himmlischen Jerusalem, die *Geschlossene K* (z.B. die ung. *Stephans-k.* des 11. Jh.) und die *Offene K.* (z.B. die engl. und frz. K. des MA.), vielfach mit

Spangen oder Bügeln verziert und zunehmend reicher gestaltet; bald erscheint k.nähnlicher Schmuck auch bei den dem Ks. oder Kg. an Rang oder Verwandtschaft zunächst Stehenden (z.B. der Kronreif des byz. →Caesar, der Herzogshut, z.B. des ven. →Dogen, der dt. Kurfürstenhut), wird bis ins 19. Jh. zunehmend von anderen souveränen Herrschern für sich und ihre Angehörigen angenommen, teils auch durch kg. →Wappenbrief als Helmzier verliehen und schließlich als Rang-k. Zeichen des Adels schlechthin, mit genauen, doch in den europäischen Ländern vielfach variierten Abstufungen (*Freiherrn-*, *Grafen-k.*, usw.); von den →Insignien übertragen = kg. Macht, auch die Person des Kg. selbst, v.a. der Besitz des →Landesherrn und seiner Familie, →Fiskus; seit dem MA. nach dem Münzbild Name mehrerer Münzen, vorwiegend Goldmünzen (lat. *aurei coronati*), doch als Silber (K.n-taler, nach ndl. Vorbild im 18. Jh. auch in Süddtld. geprägt), häufig →Multiple, z.B. seit 1871 das 10-Mark-Stück, als Währungseinheit in den nordischen Staaten seit 1875/1877, in Österreich-Ungarn 1892 bis 1918; Kron-anwalt, der engl. →*Attorney General;* vereinzelt auch Titel des obersten Staatsanwalts; -dotation, die Ausstattung des →Landesherrn und seiner Familie mit K.-domänen, -gütern (die z.T. Staatseigentum bleiben), aus deren Einkünften die Lebens- und Hofhaltungskosten zu bestreiten sind (z.T., wie z.B. im Preußen des 19. Jh., als K.-fideikomiß, das von der Haftung für Staatsschulden ausgeschlossen bleibt); -geld, → Kranzgeld; -kolonie, (engl. *crown colony*), alle engl. →Kolonien im engeren Sinne, urspr. nur solche ohne Repräsentation; -land, das K.-gut, in Österreich-Ungarn 1867–1918 die (im österreichischen Reichsrat vertretenen) habsburgischen Erblande; -prinz, seit dem 18. Jh. (früher K.-erbe) Thronfolger eines Kg. oder Ks. aus der direkten Deszendenz; -rat, Kabinettssitzung unter Vorsitz des Kg.; -traktat, Staatsvertrag über die Errichtung einer Monarchie, bes. der im span. Erbfolgekrieg zwischen Friedrich v. Preußen und Leopold I. am 16.11.1700 abgeschlossene; -vasall, →Lehensfürst, allgem. Lehensträger, der sein→Lehen direkt von der K. empfängt; Krönung, die feierliche Einsetzung eines Kg. (durch Aufsetzen der K.); hervorgegangen aus der Bekleidung des spätröm. Ks. mit dem Purpur *(paludamentum)*. ist sie vereinzelt konstitutiv, bald in der Regel fakultativ und symbolisch; zeitlich und räumlich (von dem eigentlichen Akt der Bestellung (→Akklamation, Kg.swahl, Kurfürst u.ä.) vielfach getrennt, ist sie in der Regel mit der Mitwirkung der Untertanen (→Huldigung), gegenseitiger Eidesleistung und häufig mit der Beteiligung der Geistlichkeit (→Salbung) verbunden; im Laufe des MA. treten traditionelle Krönungsorte hervor (Dt. Kg. Aachen, seit 1531 Frankfurt; Frankreich Reims; England Westminster-Abtei in London; Preußen Königsberg usw.); sie erfolgt entweder durch den Vorgänger, vgl. die Krönung Ludwigs d. Frommen durch Karl d. Gr.; durch die Geistlichkeit, →Kaiserkrönung, oder durch Selbstkrönung, z.B. Napoleon I., Friedrich I., 1701, Wilhelm I., 1861,

(v. Preußen) und ist bisweilen von weiteren, durch Zeremoniell festgelegten Handlungen, z.B. Krönungsmahl, begleitet.

P. E. Schramm, Herrschaftsz. u. Staatssymb., 1954f.; K. Fürst Schwarzenberg, Adler u. Drache, 1958; P.E. Schramm, Der Kg. v. Frankr., [2]1960.

Krummstab (lat. *lituus*) →Augurn; der K. gehört mit der →Mitra zu den Pontifikalinsignien, die der →Bischof bei liturgischen Handlungen innerhalb seiner →Diözese zu führen berechtigt ist.

Krümper (mhd., ,Krummer'), im preußischen Heer 1808–12 kurzfristig ausgebildeter, vorzeitig beurlaubter Rekrut. Durch das K.-system konnte Scharnhorst unter Umgehung der in der Konvention von Paris 8.9.1808 festgesetzten Höchststärke von 42000 Mann eine Reserve von 150000 Mann schaffen.

Krypteia →Heiloten.

Ktistes (gr.), Gründer, →Heros.

Küchen-dienst, Naturallieferungen für die herrschaftliche Küche, bzw. die zu ihrer Ablösung entrichtete Steuer; -meister, Hofamt, teils der →Truchseß, teils, wo die Funktionen zwischen Küche und Tafel geteilt sind, neben diesem.

Ku Klux Klan →Negerfrage.

Kulaken (ru. *kulak* ,Faust', ,Großbauer'), die reichen Bauern, die sich in Rußland seit der Bauernbefreiung als eig. Schicht herausgebildet hatten, 50% der Agrarproduktion lieferten und dem Bolschewismus als ländliche →Bourgeoisie und Herd der Reaktion im Wege waren; die K. wurden von Stalin ab 1929 im Zuge der →Kollektivierung der Landwirtschaft liquidiert.

Kultur (lat. *cultura* ,Anbau', ,Pflege'), in der röm. Antike die Veredelung und Wertsteigerung der Natur durch den Menschen in Ackerbau und Viehzucht, auf den Menschen übertragen die Veredelung und Verfeinerung der menschlichen Seele *(cultura animi)* unter Sublimierung der Triebnatur. Während der engl. und frz. Sprachbereich für die K.-leistung als Summe aller Lebensäußerungen den Begriff *civilisation* prägte, versteht man im dt. Sprachraum seit W. v. Humboldt (1767–1835) und in der dt. K.-kritik unter K. die Ergebnisse und Leistungen der menschlichen Schöpferkräfte in bildender Kunst. Literatur und Musik, der menschlichen Bildung durch Pflege der Innerlichkeit in Unterricht und Bildungswesen, und der Philosophie und Geisteswissenschaften als den Kräften menschlicher Selbstverwirklichung. Dagegen werden Technik, Wirtschaft und Politik in abwertendem Sinne der →Zivilisation als veräußerlichtem Teilbereich der K. zugewiesen. Innerhalb des K.-organismus unterscheidet man die Zonen der materiellen (Wirtschaft, Technik), sozialen (Gesellschaft, Staat) und geistigen K. (Erziehung, Wissenschaft, Kunst, Ethik), deren jede sich wiederum in einen objektiven, bereits realisierten Teil und in einen subjektiven, ideologischen Teil der leitenden Werthaltungen und subjektiven Willensentscheidungen aufspaltet. In der →Ethnologie und →Geschichtsphilosophie wird unter K. eine geschlossene Einheit (K.-individualität) verstanden, die gegen jede andere abzugrenzen ist. Als Kennzeichen einer primitiven K. gelten geringe technische Hilfsmittel zur Umweltbeherrschung, einfache soziale Organisationsformen, primitives Denken und Schriftlosigkeit, während unter Hoch-k.en komplexe, in sich differenzierte Gesellschaften verstanden werden, mit höheren Herrschaftsformen (Staatlichkeit, Verwaltung, Rechtspflege), fortgeschrittener Technik und Wirtschaftsform (Arbeitsteilung) und voll entwickelter Kunst und Wissenschaft.

O. Spengler, D. Untergang d. Abendlandes, 1918ff. u. ö.; J. Huizinga, Wege d. K.gesch., 1930; H. Freyer, Theorie d. objektiven Geistes, [3]1943; K. Niedermann, Werden u. Wandlungen d. Begr. K., 1941; F. A. Scheltema, D. geistige Mitte, 1947; A. J. Toynbee, D. Gang d. Weltgesch., dt. [3]1952; L. A. White, The Science of Culture, 1949; A. Weber, K.gesch. als K.soziologie, [2]1950; E. Spranger, Lebensformen, [8]1950; W. Hellpach, K.-psychologie, 1953; H. Kindermann, E. Thurner, Hb. d. K.gesch., 1960ff.; H. Marcuse, K. u. Gesellsch., [2]1965.

Kultur-autonomie, die einer nationalen →Minderheit gewährte Freiheit zur Ausgestaltung des eigenen Bildungs- und Sozialwesens innerhalb einer öffentlich-rechtlichen Körperschaft mit dem Recht der Selbstbesteuerung, deren Grundlage ein Nationalkataster bildet (Verwirklichung von Vorschlägen der österr. Sozialisten O. Bauer und K. Renner); beispielhaft ist das Gesetz über K.-autonomie in Estland 1925 (neue Ansätze in der Regelung für Zypern zwischen Griechen und Türken); -geschichte, nach Anfängen im At. (Dikaiarch v. Messene, 4. Jhv.) und im MA. (Ibn Khaldun, 1332–1406) von der Aufklärung des 18. Jh. (Voltaire, 1694–1778) als programmatische Forderung aufgestellte Thematik der Geschichtsschreibung, die zwar je nach dem Inhalt des Begriffs K. in ihrer Bedeutung schwankt (im 19. Jh. vorwiegend *K.- und Sittengeschichte*, im 20. Jh. *K.- und Sozialgeschichte*), im wesentlichen jedoch durch den Gegensatz zur sogenannten politischen Geschichtsschreibung bestimmt ist. Im 19. Jh. entbrannte über diesem Gegensatz ein Methodenstreit (mit dem Höhepunkt bei K. Lamprecht, 1856–1915), der sich zu scharfen Antithesen (individualistische-kollektivistische Betrachtung, Zuständlichkeit – Ereignisfolge, Wert- und →Kausalitätsforschung) zuspitzte. Erst das 20. Jh. mit der Weiterentwicklung der →Historik (→auch Verstehen), mit der Neuorientierung des K.-begriffes in K.-→morphologie und -→soziologie brachte die Voraussetzung zum Ausgleich und die Erkenntnis des Aufeinanderangewiesenseins der beiden Bereiche (‚Die Einwirkung des Staates auf alle Gebiete geschichtlichen Lebens ist ebenso allgemein anerkannt, wie der Staat in seiner k.ellen Bedeutung gewürdigt zu werden pflegt‘, E. Keyser). Danach obliegt der K.-geschichte als Synthese der einzelnen Teilbereiche (Religions-, Literatur-, →Wirtschafts-Sozialgeschichte usw.) die Ergänzung und Stützung der durch die politische Geschichte gewonnenen Erkenntnisse; -kampf, nach einem von R. Virchow (1821 bis 1902) verbreiteten politischen Schlagwort Kampf für die K. gegen den politischen Katholizismus (dann, auch von der Gegenseite aufgenommen, mit der Kirche), bes. für die Auseinandersetzung des preußischen Staates gegen Geistlichkeit und →Zentrum (→Infallibilität, Kanzelparagraph, Maigesetze u.a.); -synthese, von E. Troeltsch (1865–1923) in der Kritik am →Historismus geprägt, meint das System der Werte und Sinngehalte, die ‚Totalität' einer K., die anstelle des Absoluten oder des Subjektiven die Maßstäbe des historischen Urteils geben soll; -systeme, von W. Dilthey (1833–1911) geprägt, meint die eigengesetzlichen konstitutiven Elemente einer K., Religion, Recht, Wirtschaft usw.; -zeitalter, nach K. Lamprecht (1856–1915) die fünf Stufen einer vergleichenden Entwicklungsgeschichte der K.en: Symbolismus, Typismus, Konventionalismus, Individualismus, Subjektivismus.

→Kultur; F. Seifert, D. Streit um K. Lamprechts Gesch.philosophie, 1925; W. Brüning, Gesch.philos. d. Gegenw., 1961; – E. Bornkamm, HZ 170, 1950; E. Schmidt-Volkmar, D. K.kampf in Dtld., 1962; Chr. Weber, Kirchl. Politik zwischen Rom, Berlin u. Trier 1876–88, 1970; R. Lill, Vatik. Akten zur Gesch. d. dt. K.kampfs, 1970ff.; ders., Die Wende im K.-kampf, 1973.

Kultus (lat. ‚Verehrung'), die Summe der traditionell gebundenen äußeren Formen religiöser Verehrung (in der Regel nur in der christlichen und jüdischen Religion. sonst: Kult); K.-ministerium, im dt. Sprachraum (wegen des Wortakzents) bevorzugte abgek. Bezeichnung des Ministeriums für kulturelle Angelegenheiten (in dessen Bereich auch die K.-angelegenheiten – d. Beziehgn. des Staates zu d. Religionsgemeinschaften – fallen).

Kunkel (aus mlat. *conucula* ‚Kegelchen', Teil des Spinnrads) -adel, Adel nur mütterlicherseits; -lehen (Weiberlehen, Spilllehen), Lehen, das beim Erlöschen des Mannesstamms auch in weiblicher Linie weitervererbt werden kann, seit dem 12. Jh. üblich; -magen = →Kognaten.

Kur (auch Kür, mhd. ‚Wahl'), (1) Abkürzung für K.-fürstentum, bzw. seinen Inhaber; (2) im MA. allgem. Gesetz, Verordnung, bes. in →Städten selbstgegebene Satzung, auch Satzung einer →Zunft, die in der Zunftrolle festgelegt ist, schließlich die Zunft selbst; (3) Wahl eines →Königs; K.-fürst (mlat. *elector*), Titel jener geistlichen und weltlichen →Reichsfürsten, denen seit dem 12./13. Jh. das Recht der →Königswahl zusteht. Die Sonderung der K.-fürsten von den übrigen Reichsfürsten vollzieht sich nur allmählich. Schon seit 1198 gelten die 3 rheinischen Erzbischöfe und der Pfalzgraf bei Rhein als für die Wahl unentbehrlich. Die Entwicklung zum Wahlmonopol wird durch die Doppelwahl von 1198, die Herausbildung geistlicher und weltlicher →Landesherrschaften von großem politischem Gewicht, die in den Reichsgesetzen von 1220 und 1231/32 bestätigt wird, wesentlich gefördert. Sie spiegelt sich in der →Erzämtertheorie des Sachsen→spiegels (Besitz des Erzamts bringt Wahlvorrecht), ohne daß jedoch ein durch Quellen zu belegender Kausalzusammenhang zwischen Erzamt und Kurrecht bestünde. Vorbild für die Entstehung eines bes. Wahlkollegiums ist wohl auch die Papstwahlordnung von 1059 mit dem Alleinwahlrecht der →Kardinäle. Bei der Wahl von 1257 ist die Absonderung der K.-fürsten von den übrigen Reichsfürsten abgeschlossen; zu den 6 (3 Erzbischöfe von Mainz,

Köln, Trier, Pfalzgraf bei Rhein, Hz. v. Sachsen, Markgraf v. Brandenburg) tritt 1289 der Kg. von Böhmen als 7. Wähler. Der Wahlmodus (→auch K.-spruch), der urspr. Einstimmigkeit kennt, schwankt bis ins 14. Jh.; im Gesetz *Licet iuris* von 1338 wird das Mehrheitsprinzip festgelegt und durch die Goldene Bulle von 1356 endgültig geregelt: Der Erzbischof von Trier stimmt als erster ab, der von Mainz als letzter und gibt so bei Stimmengleichheit den Ausschlag. Da durch Erbteilungen der k.-fürstlichen Territorien eine Stimmenvermehrung über die rechtmäßigen 7 hinaus eintreten könnte, wird in der Goldenen Bulle das K.-land für unteilbar erklärt, mit dem Erbfolgerecht der →Primogenitur. Außerdem erhalten die K.-fürsten die Privilegien *de non evocando* (→Evokation) und *de non appellando* (→Appellationsprivileg), bestimmte →Regalien und die Würde der →Majestät. Die K.-fürsten greifen aufgrund ihres Wahlmonopols im SpätMA. und der frühen NZ. in die Politik des Reiches ein. In →Willebriefen, bes. aber auf K.-fürstentagen, den sogen. K.-vereinen (z.B. Rhense 1338) nehmen sie zu wichtigen Reichsangelegenheiten Stellung; durch →Wahlkapitulationen zwingen sie den König zur Anerkennung und Wahrung ihrer Rechte (→auch Reichsregiment)- mit der Annahme von ‚Handsal; ben' nützen sie ihre politische Stellung auch finanziell. Im 15. Jh. bildet sich im →Reichstag als 1. Kurie ein bes. K.-fürstenkollegium unter Führung von Mainz heraus. Im 16.–18. Jh. ändert sich die Zusammensetzung des Kollegiums nochmals (1623 pfälzische K. an Bayern, 1654 8. K. für die Pfalz, 1777 fallen sie zusammen; 1692, bzw. 1708 9. K. für Hannover); der →Reichsdeputationshauptschluß 1803 bringt kurzfristig 4 neue weltliche K.-würden (Salzburg-Würzburg, Baden, Württemberg, Hessen-Kassel) und eine geistliche (Regensburg) als Ersatz für Köln und Trier, bis durch das Ende des Alten Reiches 1806 das K.-fürstentum völlig bedeutungslos wird und nur noch als Titel bei Hessen-Kassel bis 1866 verbleibt; K.- (auch Kür-)spruch, bei der Wahl des dt. Königs die feierlich vollzogene, formelle Wahlhandlung, urspr. durch Hochadel und hohen Klerus, seit dem 13. Jh. durch die K.-fürsten allein, bei der Wahl von 1273 durch einen (*electio per unum* nach dem Vorbild der Papstwahl), wobei man sich zuvor schon auf einen Kandidaten geeinigt hat; seit 1314 durch feierliche Einzelabstimmung abgelöst; -prinz, Nachfolger eines regierenden K.-fürsten.

M. Buchner, D. Entstehg. d. Erzämter u. ihre Beziehung z. Werden d. K.-kollegs, 1911; M. Krammer, D. K.fürstenkolleg bis z. Rhenser K.verein, 1913; H. Mitteis, D. dt. Kg.swahl, [2]1969; C. C. Bailey, The Formation of the German College of Electors, 1949; M. Lintzel, D. Entstehg. d. K.fürstenkollegs, (SB. Leipzig) 1952; W. Becker, Der K.fürstenrat, 1973.

Kurant (frz. *courant*), seit dem 17. Jh. zur Kennzeichnung des vollwertigen Währungsgeldes, das unbeschränkt anzunehmen ist.

Kürassiere, schwere Kavallerie der NZ., die bis ins 19. Jh., v.a. in Frankreich, Helm und Küraß (frz. von *cuir* ‚Leder': Brustharnisch) trug; Traditionsname v.a. von Gardekavallerieregimentern.

Kurator, lat. *curator*, in röm. Zeit allgem. Titel eines Mannes, dem ein nichtständiger staatlicher Auftrag (lat. *cura*, ‚Obsorge') erteilt worden ist, bes. seit Augustus ks. Hilfsbeamte zur hauptstädtischen Verwaltung (Tiberregulierung, Wasserversorgung, Bauwesen u.a.); Pfleger, Vormund; in der Spätantike Bauaufseher (lat. auch *cura palatii*), Domänenverwalter; Kurat (mlat. *curatus* = Parochus, vgl. frz. *curé*), kath. Seelsorger, der nicht →Parochus ist.

Kurie (lat. *curia*, wohl von *coviria* ‚Männerversammlung'), der italische Geschlechterverband, der gr. →Phratrie entsprechend; in Rom die älteste Gliederungseinheit der Samtgemeinde (3 →Tribus zu je 10 K.n zu je 10 →Gentes), die im 5. Jhv. durch die nach der Bodeneinteilung geschaffenen Tribus ersetzt wird; die K.n-versammlung (*comitia curiata*, →Komitien), einst die Volksversammlung der röm. Gemeinde, hat von da an nur mehr formalrechtliche Bedeutung (Bestätigung der Beamtenwahl: *lex curiata*); lat. Rathaus, bes. das Haus des röm. →Senats auf dem Comitium *(curia Hostilia)*; – im Lehensrecht des MA. allgem. ‚das Verwaltungs- und Rechtsprechungsorgan aller Herren, die öffentliche Gewalt *(jurisdictio)* auszuüben hatten' (H. Feine); im späten MA. und in der Folgezeit die auf Reichs- und Landtagen auftretende korporative Einheit eines Standes, auch Bank genannt, die oft in mehrere Bänke nach geographischen Gesichtspunkten aufgeteilt wurde (z.B. *Rheinische →Prälatenbank*); davon: Kuriatstimme, die Stimme, die bei verfassungsrechtlichen Fragen auf Reichs- und Landtagen nur von den K.n-genossen gemeinsam abgegeben werden kann, im Gegensatz zu der einer Einzelperson zustehenden →Virilstimme; – im kirchlichen Sprachgebrauch ist die bischöfliche K. im MA. die Versammlung von Klerikern und Laien um den →Bischof, bes. bei Verwaltungs- (heute Ordinariat) und Rechtssachen (Offizialat); der Begriff wird dann gleichbedeutend mit bischöflichem Hofgericht und findet ebenfalls für die ihm Zugehörigen sowie auch für den bischöflichen Sitz überhaupt Verwendung; Römische (Päpstliche) K., die Versammlung von Geistlichen und Laien am päpstlichen Hof zur Abwicklung der laufenden Geschäfte und zur Unterstützung des →Papstes bei der Leitung der Kirche, urspr. *Patriarchum Lateranense*, dann *Sacrum Palatium Lateranense*, seit 1100 unter dem Einfluß germanischer Vorstellungen K. genannt; seit dem Ende des 12. Jh. umfaßt sie als *Curia Romana* alle päpstlichen Beamten, Behörden, sowie die Kardinäle; die im späten MA. immer stärker angewachsene und häufig Beschwerden herausfordernde Apparatur wird unter Papst Sixtus V. (1585–90) neu organisiert und institutionell durchgeformt; an die Stelle der bisherigen →Konsistorien treten 15 →Kardinalkongregationen; seit der Neugestaltung unter Papst Pius X. (1903–14) umfaßt die *C. Romana*: 11 →Kongregationen *(Congr. S. Officii, S. C. Consistorialis, S. C. de disciplina Sacramentorum, S. C. Concilii, S. C. negotiis religiosorum sodalium praeposita, S. C. de Propaganda Fide, S. C. Sacrorum Rituum, S. C. pro negotiis extra-*

ordinariis, S. C. de Seminariis et Universitatibus, S. C. pro Ecclesia Orientali, S. C. Caerimonialis), sowie die Kongregation für St. Peter, 3 Gerichtshöfe *(Tribunalia: S. Poenitentiaria, S. Rota Romana, Signatura Apostolica)*, 5 *Officia* (Kardinalstaatssekretariat, Apostolische Kanzlei, Apostolische Datarie, Apostolische Kammer, Breven-Sekretariat), mehrere Kommissionen (z. B. Bibelkommission), die päpstliche →Familie und die päpstliche →Kapelle; Kurialismus, die bes. Betonung und Überhöhung der päpstlichen Macht, v.a. gegenüber den →Bischöfen und dem Staat, als Lehre bes. von den Kanonisten des MA. vertreten (→Papale Theorie); auch als Bezeichnung des zentralistischen Ansichziehens aller wesentlichen kirchlichen und kirchenrechtlichen Entscheidungen durch die K. verwandt.

J. Hashagen, Staat u. Kirche in d. Reformation, 1931; N. Del Re, La Curia Romana, ²1952.

Kurier (frz. *courrier* ,Läufer'), Bote, bes. Überbringer wichtiger amtlicher Nachrichten und Schriftstücke, im diplomatischen Verkehr der NZ. mit dem Recht auf freies, von Zoll-, Polizeibehörden usw. unbehindertes Reisen.

Kurmede, Kurmut (frühnhd.), Abgabe im Todesfall, Erbschaftssteuer.

Kuropalat (gr.-lat.), byz. →Truchseß, im Lauf der Zeit zum bloßen Hoftitel entwertet.

Kursive (mlat.), im Gegensatz zu der in Einzelbuchstaben kalligraphierten Schrift wertvoller (sakraler, literarischer, →epigraphischer u.a.) Texte die ,fortlaufende' Gebrauchsschrift zu Aufzeichnungen persönlicher und geschäftlicher Art, v.a. in ägyptischen (→Hieroglyphen) und griechischen →Papyrustexten und im MA. häufig.

Kurtine (frz. *courtine* ,Vorhang'), Festungswall, Verbindungsstück zwischen zwei Bastionen.

Kurtisan →Cour.

Kurulisches Amt (lat. von *currus* ,Wagen'?), in der röm. Republik Bezeichnung für jene höheren Ämter, denen neben dem Purpurstreifen an der Toga der mit Elfenbein beschlagene Klappstuhl (*sella curulis*, etrusk. Königsstuhl) als Zeichen ihres Ranges zustand, →Diktator, →Konsul, →Prätor, k.er →Ädil, sowie →Flamen Dialis.

Kuruzzen (ung. ,Kreuzfahrer'), ung. Aufständische des späten 17. Jh., denen die kaisertreuen Labanczen (ung. ,Fußgänger') gegenüberstanden.

Kux (tschech. *kus horni* ,Bergteil'), Eigentumsanteil eines →Gewerke an einem Bergwerk, im älteren Recht in der Regel 1/128; Frei-k., K., dessen Eigentümer (z.B. der Landesherr, der Grundeigentümer) davon befreit ist, bei Bedarf Zuschuß zu zahlen.

Labanczen →Kuruzzen.

Labarum (lat. von gr. *labaron*), Feldzeichen mit dem Monogramm Christi (☧), nach Euseb aufgrund der Vision Konstantins vor der Schlacht gegen Maxentius 312 angefertigt, aber wohl nicht vor 317 entstanden und erst 324 zur vollen Geltung gelangt, bis in spätbyz. Zeit in Gebrauch.

J. Vogt, Constantin d. Gr., 1949; J. Egger in: SB. Akad. Wien 234, 1960.

Lade, Truhe zur Aufbewahrung von Urkunden und Vermögenswerten, bes. einer →Zunft; Zunftversammlung, Zunft; L.n-herr, -meister, Ratsmitglied, bzw. Zunftmeister, der Aufsicht über eine L. hat.

Lady (ags.), ‚Herrin', urspr. Titel der engl. Königin und der königlichen Prinzessinnen; dann als persönliche Anrede Titel der Frau jedes Adeligen, auch des *Baronet* und des *knight* (Sir), der Tochter eines Adeligen vom →Earl an aufwärts.

Laeti (latinisiert aus westgerm. *latan* ‚freilassen'), seit dem 2. Jhn. in Gallien röm. Militärkolonisten, vornehmlich freiwillig zugezogene oder kriegsgefangene Germanen, an wichtigen Punkten bes. zur Sicherung der Straßen eingesetzt, von →Präfekten befehligt; die L. sind den germ. →Liten nachgebildet.

H. Dannenbauer, D. Aufstieg Europas I, 1960.

Lagting →Storting.

Laien (seit dem 1. Jhn. lat. *laicus* zu gr. *laos* ‚Volk', ‚Kriegsvolk', ‚Kultgemeinde'), allgem. die dem Priester gegenüber stehende Kultgemeinde, vorwiegend in christlichen Kirchen, doch auch für andere Religionen gebräuchlich; nicht dem Klerus Angehörende, nicht-Theologen, Nicht-Fachleute (z.B. L.n-richter, →Geschworene, Schöffe u.ä.); L.-abt, v.a. im frühen MA. ein mit den weltlichen Aufgaben (→Grafenamt) und den Einkünften eines Klosters belehnter weltlicher →Abt; -bruderschaften, L.-gemeinschaften innerhalb der Kirche, die v.a. den Gedanken eines gemeinsamen Lebens, oft unter einer bes. Regel, verwirklichen wollten. Schon im 8. Jh. wurden L. in die Gebetsverbrüderungen einzelner Klöster aufgenommen, ihren großen Aufschwung erreichten die →Bruderschaften bes. im Hoch- und SpätMA., v.a. gefördert durch die verschiedenen →Orden (z.B. Brüder vom Gemeinsamen Leben); in der kath. Kirche sind L.-bruderschaften heute vom geistlichen Vorgesetzten autorisierte kirchliche Vereinigungen zu religiösen und karitativen Zwecken; auch in der evang. Kirche der NZ. sind zahlreiche Bruderschaften entstanden. -fürst, weltlicher Reichs→fürst; -investitur, →Investitur durch einen Laien, durch die weltliche Gewalt; -kelch, die Erteilung des Abendmahls(-weines) an Laien, in den →Hussitenkriegen durch die Prager →Kompaktaten 30.11.1433 den Utraquisten – Kalixtinern – zugestanden; Laizismus, mehrdeutiger, v.a. im romanischen und kath. Bereich verwendeter Begriff, der die Eigenständigkeit des Staates gegenüber der Kirche betont, wobei die gemeinte Haltung sich auf Abwehr des →Klerikalismus beschränken, klare Trennung zwischen Staat und Kirche fordern, sich zu Kirchenfeindschaft und allgem. säkularer Weltanschauung steigern kann.

W. Stählin, Brudersch., 1940; R. Schulz, La vie communitaire, 1944.

Land, Ackerstück, bebaute Fläche (im Gegensatz zu Wald, Gebirge, Stadt); Festland (im Gegensatz zu Meer); abgeschlossenes Gebiet einheitlichen Rechts, L.-schaft, →Territorium, Staat oder Teil desselben (z.B. im Dt. Reich und Österreich seit 1919 = Bundes-l.); gelegentlich auch die Bewohner als Rechtsverband, bes. = →L.-stände, →Ritterschaft; L.-ammann, in der Schweiz oberster Richter, dann oberster Beamter eines →Kantons, Leiter der →L.s-gemeinde; -anweisung →Ackergesetz; -bischof; -bote, →Deputierter, bes. seit dem 15. Jh. Vertreter der →Schlachta auf dem poln. Reichstag (→Sejm); -buch →-tafel; -→drost, norddt. Verwaltungsbeamter, dessen Bezirk dem →Kreis, →Oberamt entspricht, in Hannover im Rang eines Regierungspräsidenten; -flucht, bes. in der 2. Hälfte des 19. Jh. gebrauchtes Schlagwort für den Berufswechsel von der L.-wirtschaft zur Industrie, Begleiterscheinung der industriellen Revolution; -folge, seit der fränk. Zeit die Verpflichtung der Hörigen, bzw. Untertanen zur Hilfeleistung bei allgem. Notstand und gegen Friedensbrecher, Heerfolge (bes. des bäuerlichen Heerbanns), trotz →Lehnswesens und Söldnertum grundsätzlich bis zur allgem. Wehrpflicht des 19. Jh. gültig; -frage, →Rügegericht; -frieden, im alten dt. Reich seit dem 11. Jh. Gesetze mit starken Strafandrohungen zur Eindämmung der Selbsthilfe, v.a. der →Fehde, mit dem Ziel, einen waffenlosen, allgem. gültigen Friedenszustand herbeizuführen, der für alle Stände, auch den Adel, verbindlich ist; dabei wird die Fehde entweder vollständig verboten oder rechtsförmig eingeschränkt: bestimmte Örtlichkeiten (Kirchen, Klöster, Mühlen, Straßen) oder Personen (Bauern, Jäger, Fischer beim Ausüben ihres Berufs, reisende Kaufleute, Geistliche, Frauen, Kinder, Greise) stehen unter erhöhtem Schutz; der L.-frieden gilt entweder nur für eine L.-schaft (Provinzial-l.-frieden) oder für das ganze Reich (z.B. der berühmte *Reichs-l.-frieden von Mainz* 1235); er wird im MA. befristet (vgl. das Vorbild des →Gottesfriedens), bis in Worms 1495 ein *Ewiger L.-frieden* mit völligem Fehdeverbot verkündet wird; – Die L.-frieden sind der erste Versuch einer staatlichen Gesetzgebung im modernen Sinn; sie im ganzen Reich durchzusetzen, konnte freilich erst in der frühen NZ. gelingen; – Vereinzelt wurde die Gerichtsbarkeit durch eigene L.-friedensgerichte unter einem L.-friedenshauptmann oder L.-vogt ausgeübt; -gericht (mlat. *cometia*), im FrühMA. das →Grafen→ding, allmählich durch das →Centgericht (niedere L.-gericht) aus der hohen →Gerichtsbarkeit verdrängt, nur in SW-dtld. (z.B. Rottweil) als *ks. L.-gericht* von längerem Bestand, wobei die Kompetenz seit dem HochMA. auf Standesgerichtsbarkeit und zunehmend auf Zivilsachen beschränkt wird; -graf (mlat. *comes provincialis*), dt. Fürstentitel 12. Jh.–1806 in Thüringen (dav. Hessen-Homburg bis 1866) u.ö., urspr. Instrument kg. Politik gegenüber der Hz.s-gewalt, im Zeitalter des Territorialstaats ohne bes. rechtliche Bedeutung; -kanzlei, vereinzelt, bes. im 17. Jh. die →Kanzlei des Landesherrn; -(Rural-)kapitel, Versammlung der Geistlichen eines →Dekanats; -kasten die Kasse der →L.-stände; -leute (= -herren), im 15. Jh. und später der hohe und niedere weltliche Adel -marschall, in ständischen Verfassungen der Vorsitzende des L.tags; -meister, im Dt. Orden der Vertreter des Hochmeisters in einem von dessen Residenz getrennten Ordensgebiet, in Preußen bis 1309, in Livland bis 1561; -nahme, die Inbesitznahme eines Landes zur Bodennutzung durch einen Stammesverband als Abschluß einer →Wanderung; die L.-nahme erfolgt entweder nach Vertreibung, Vernichtung, Herabdrücken der ansässigen Bevölkerung auf eine Stufe minderen Rechts durch Verteilung oder Verlosung (→Los, Klerus), oder, wie häufig in der Völkerwanderungszeit, z.B. durch die Ostgoten in Italien, durch Abtreten eines Anteils, in der Regel ein Drittel, an die Einwanderer -pfleger, bei M. Luther Übersetzung des griech. Wortes *Hegemon*, einer ungenauen Bez. für röm. Amtspersonen (Quirinius war ks. Legat, Pilatus Präfekt, Felix Prokurator); -rat, in der NZ. l.-ständischer Ausschuß oder Vertreter, in Preußen seit dem 18. Jh. kg. Kontrollbeamter und Marschkommissar, aus dem landsässigen Grundadel von den Ständen vorgeschlagen, seit den preuß. →Kreisordnungen 1872ff. Staatsbeamter mit der Leitung der Kreisverwaltung betraut; in der Schweiz in →Kantonen mit →Landsgemeinde Kantonsrat oder -ausschuß; -recht, das allgem. Recht, das in Dtld. – anders als z.B. in Westeuropa – neben den Sonderrechten (Lehn-, Stadtrecht u.a.) im MA. immer in Geltung geblieben ist; in der NZ. das Bürgerliche Recht der dt. Länder, ab 1.1.1900 im dt. Bürgerlichen Recht vereinheitlicht; -sasse, im SpätMA. →Freier mit geringem Grundbesitz, in der NZ. allgem. jeder, der einem L.es-herrn untersteht, bes. der →Gutsherr; -schaft, im Territorialstaat des späteren MA. und der frühen NZ. die Gesamtheit der →Stände, die im L.-tag vertreten sind, sie ist zusammen mit dem →L.esherrn das Land; -stände, im spätma.-frühnz. →Territorialstaat (1) die Prälaten, (2) der landsässige Adel einschließlich früherer →Ministerialengeschlechter, (3) →Ämter, (4) Städte (in manchen Territorien auch die Bauern), die im Zusammenwirken mit dem →L.es-herrn das Land regieren (dualistischer Ständestaat); Entstehung und Entwicklung der L.-stände ist von Territorium zu Territorium verschieden, verbreitet sind sie schon im 13. Jh., wie das *statutum in favorem principum* 1231 erkennen läßt; um ihre →Freiheiten und Rechte, bes. das der Steuerbewilligung, dem L.esherrn gegenüber zu behaupten, schließen sich die L.-stände noch im SpätMA. zu Einungen zusammen, denen seit der frühen NZ. auch eine Appellation an →Reichskammergericht und →Reichshofrat möglich ist; werden mehrere Länder unter einer Dynastie vereinigt, bleiben die jeweiligen L.-stände bestehen (z.B. in den Habsburgischen L.en, Brandenburg-Preußen); mit der wachsenden Macht der L.esherrn seit der Reformation, bes. nach dem 30jährigen Krieg, verschärft sich der Gegensatz zwischen Fürst und Ständen, bes. auch wegen des wachsenden Geldbedarfs der Hofhaltung, der Armee; Dienst des Adels in Armee und als Beamte ermöglicht teilweise (z.B. in Preußen) den Einbau der Stände in den Staat, anderenorts (z.B. Württemberg, Mecklenburg) hält sich die Bedeutung der Stände bis ins 19. Jh.; -sturm, das allgem. Aufgebot der Waffenfähigen bei einem Einfall des Feindes, in Österreich-Ungarn seit dem 16. Jh., in der Schweiz die Altgedienten und Unausgebildeten umfassend; durch das Wehrgesetz vom 3.9.1814 in Preußen u.a. dt. Ländern das 3. Aufgebot nach der →L.-wehr, die Ungedienten und die mehr als 39-Jährigen; -tafel, auch L.-buch, in Böhmen seit 1309 und danach in anderen habsburgischen Ländern grundbuchartiges Verzeichnis privilegierter Güter (bis ins 16. Jh. zugleich auch Landesarchiv), deren Erwerb bis 1849 an die L.-tafelfähigkeit gebunden war; -tag, Regionalversammlung, z.B. der fränk. →*missi*, Hoftag eines Herzogs, eines Landesfürsten, Tagung der →L.-stände, dann in der NZ. auch diese selbst; im allgem. Sprachgebrauch des 19. Jh. die parlamentarische Volksvertretung oder beide Kammern eines Landes, offiziell in den österreichischen Kronländern seit 1861, im Dt. Reich (vgl. den – aus den Provinzialständen – *Vereinigten L.-tag* 1847/48) seit 1919; -vogt, im alten Dt. Reich seit dem 13. Jh. Oberamtmann eines kleineren kg. Herrschaft unterstehenden Gebiets, auch eines Untertanengebiets Schweizer →Kantone, vereinzelt (z.B. Württemberg 1803–17) landesherrlicher Verwaltungsbeamter; -wehr, das allgem. Aufgebot in Notzeiten (→ auch Banderien, Heerfahrt, Insurrektion, L.-sturm u.ä.), nach der preuß. L.-wehrordnung vom 21.11.1815 von der →Linie getrennte, in zwei Aufgebote gegliederte National-Miliz, aus ausgedienten Reservisten bis zum 39. Lebensjahr bestehend; ähnlich i. a. Staaten, in Österreich-Ungarn bis 1852, nach 1868 als *k.k.L.-wehr* (ung. →Honvéd) nicht zu den gemeinsamen Reichsangelegenheiten gehörend.

H. Christern, Dt. Ständestaat u. engl. Parlamentarismus, 1938; O. Hintze, Staat u. Verf., [3]1970; H. Mitteis, Z. Mainzer Reichsl.frieden v. 1235, ZRG. GA 1942; J. Gernhuber, D. L.friedensbewegg. in Dtld. b. z. Mainzer L.frieden, 1952; H. Angermeier, Kgt. u. L.frieden im dt. SpätMA., 1966; H. Hirsch, D. hohe Gerichtsbark. im dt. MA., [2]1958; O. Brunner, L. u. Herrsch., [4]1959; – Th. Mayer, Ü. Entstehg. u. Bed. d. L.grafschaft, ZRG. GA 1938; – E. R. Huber, Heer u. Staat i. d. dt. Gesch., [2]1943.

Landes-ausschuß (-kollegium), in dt. Ländern der NZ. ständiger Ausschuß eines →Landtags, z. T., z. B. im Schlesien des 16.–18. Jh., aus L.-ältesten gebildet; -bischof →Kirchenregiment, Bischof; -direktor, in Preußen seit 1875 gewählter Beamter an der Spitze der Provinzialbehörde, von L.-räten unterstützt; -geschichte →L.-kunde; -hauptmann, = →Landvogt, in Brandenburg = L.-direktor, in Österreich seit 1919 Regierungschef eines Bundeslandes; -herr, auch -fürst, der Träger der L.-herrlichkeit, -hoheit (lat. *dominium terrae*, *superioritas territorialis*), ein seit J. J. Moser (1701–85) üblicher Begriff, der die vom MA. bis 1806 währende Ausbildung des souveränen dt. Fürstenstaates (als angestrebter Idealtyp *territorium clausum* kennzeichnet. (‚Es gehören zur L.-hoheit alle diejenigen Rechte, welche zur Regierung eines Staates zu desselben Besten nach denen gegenwärtigen Zeiten und Umständen erforderlich seynd.‘) Die L.-hoheit (L.-herrlichkeit wird z.T. synonym, z.T. als ma. Vorstufe verstanden) entwickelt sich aus dem Lehensverband, aus dem Aufbau einer Verwaltung, zunächst mit Hilfe der →Ministerialen, dann von Beamten, sowie aus der Gewinnung von →Regalien, v.a. der hohen und niederen →Gerichtsbarkeit, bes. gefördert durch die Gesetze Friedrichs II., (*Confoederatio cum principibus ecclesiasticis* 1220, *Statutum in favorem principum* 1231); -kirche, die auf das →Territorium eines →L.-herrn begrenzte und dessen →Kirchenregiment unterstehende Kirche, von dt. lutherischen Fürsten im 16. Jh. gegen den Willen Luthers eingerichtet und nach den Grundsätzen des →Episkopalsystems gestaltete Kirche; Versuche, das Ausschließlichkeitsprinzip nach dem Satz des *cuius regio eius religio* durchzusetzen, ließen sich nach dem Verlauf der Glaubenskämpfe, dem Ergebnis des 30-jährigen Kriegs (→Normaljahr 1624) und der vom →Absolutismus praktizierten →Toleranz nicht verwirklichen; im 20. Jh. bringt der Begriff L.-kirche, der auf die dt. lutherischen und calvinistischen Kirchen beschränkt blieb und nicht auf vergleichbare Erscheinungen (→Eigenkirche, →Josephinismus, Staatskirche u.ä.) angewendet wird, die noch bestehende engere Verbindung der Kirche zum Staat zum Ausdruck, auch wenn, wie mehrfach nach 1945, die Kirchen- und Staatsgrenzen nicht mehr übereinstimmen; -kunde, auch L.-geschichte, die Erforschung regionaler geschichtlicher und geographischer Zusammenhänge, z.T. lokal von interessierten Laien betrieben, im Laufe des 19./20. Jh. in immer engerer Verbindung teils mit Geographie und Volkskunde, teils mit Vorgeschichte und Geschichte des MA., mit Universitäten und Archiven, in →Historischen oder Altertumsvereinen und Kommissionen organisiert und durch eigene Zeitschriften und Publikationen unterstützt; -rat →L.-direktor; -regierung, die Regierung in österreichischen Kronländern seit 1851, in dt. Ländern nach 1945; -schützen, bis 1918 die →Landwehr in Tirol; -statthalter, in österreichischen Ländern und Schweizer →Kantonen der stellvertretende Leiter der Regierung; -vater, entspr. dem lat. *pater patriae* (‚Vater des Vaterlandes'), Ehrentitel der röm. Republik, der auch in die röm. Kaisertitulatur Eingang fand, ehrenvolle Bezeichnung des L.-herrn; -verrat →Hochverrat.

J. J. Moser, V. d. L.hoheit d. dt. Reichsstände, 1773, vgl. Th. Mayer, D. Ausbildg. d. Grundlagen d. mod. Staates im MA., HZ 1939 (Herrsch. u. Staat im MA., hrsg. v. H. Kämpf, 1956); W. Schlesinger D. Entstehg. d. L.herrschaft, 1941; – E. Sehling, Gesch. d. prot. Kirchenverf., [2]1924; O. Hintze, Geist u. Epochen d. Preuß. Gesch., 1943; A.Arndt, L.verrat, 1966.

Lands-gemeinde →Ding (→auch Volksversammlung, Märzfeld), bes. bis in die Gegenwart in den Schweizer Kantonen Appenzell, Glarus, Unterwalden die Versammlung der Bürger zur Abstimmung über Gesetze, Budget, Wahlen, letzter Rest der unmittelbaren →Demokratie; -knechte, 1474 erstmals erwähnte, von Ks. Maximilian I. bis in den 30jährigen Krieg bes. dem oberdt. Raum entstammende Sonderform der →Söldner, ähnlich der alten →Gefolgschaft in fester Einheit, →Fähnlein (mit Gerichtsbarkeit als Schöffen oder im ‚Recht vor dem gemeinen Mann'; Wahl der unteren Dienstgrade), neben langem Spieß und Zweihänder zunehmend mit →Arkebusen bewaffnet, allmählich uniformiert; herrschte zu Anfang unter großen Feldhauptleuten (G. v. Frundsberg 1473–1528, S. Schärtlin v. Burtenbach 1496 bis 1577) strenge Disziplin, ritterlicher und nationaler Geist, so kam es mit dem Ende des 16. Jh. zu Zerfall und Niedergang; -ting, in Dänemark die 1. Kammer des Reichstags (Folketing).

G. Franz, Urspr. u. Brauchtum d. L.knechte, MIÖG 1953; M.Nell, Die L.-knechte, 1914, ND 1965.

Lanze (frz.-lat.), seit dem 12. Jh. = Speer, Stoß- und Wurfwaffe, bes., von Berittenen (bes. *Heilige L.*, auch *Mauritius-* oder – als Reliquie, nach dem röm. Kriegsknecht bei der Kreuzigung – *Longinus-l.*, die langobardische Königs-l.?, seit dem 10. Jh. Symbol der dt. Königsgewalt, Teil der Reichs→insignien); Ritter mit Gefolge als taktische Einheit, →Gleve; frz. Lancier, Lanzenreiter, →Ulan.

lapidarisch (lat.), veraltet für →epigraphisch; Lapidarschrift, die Schrift der Inschriften, bes. der lateinischen.

Lar, altröm. Schutzgottheit, im Lauf der Entwicklung pluralisiert und spezialisiert, gewöhnlich als zwei zarte, meist tanzende Jünglinge dargestellt; als Beschützer der Feldflur in Kapellen an Grenzpunkten verehrt *(l.es compitales)*, v. a. seit Augustus an den Mittelpunkten *(compita)* der 265 Stadtviertel Roms (2 L.en, den →Genius des Kaisers flankierend); die Verehrung des Schutzgeistes von Herd und Familie *(l. familiaris)* gleicht sich bald der offiziellen Form an (2 L.en, den →Genius des Hausherrn flankierend).

Lassen (mhd. *lazze*, ‚Höriger', mnd. *late*), allgem. →Hörige, v.a. in Norddtld. gebräuchlich, im ostelbischen Neusiedlungsgebiet bes. wendische Hörige; im Bereich der →Gutsherrschaft dann allgem. die dienst- und steuerpflichtige Bauern (häufig Lassiten), →Lite.

Laßgut, Besitzform des →Lassen, v.a. nach dem 30jährigen Krieg; sie kennt nur unveräußerliche Nutzungsrechte, keine Verfügung über Grund und Boden. Das lassitische Besitzrecht ist teils erblich, teils (so vorwiegend im 17./18. Jh.) nicht vererbbar. Das preuß. Regulierungsedikt 14. 9. 1811 bestimmte im Zuge der →Bauernbefreiung die Freisetzung des erblichen L.s mit $^1/_3$, des nicht erblichen $^1/_2$ des Besitzes als Entschädigung an den →Gutsherrn. Verschuldung, Verkauf des Restguts war häufig die Folge. Die endgültige Ablösung erfolgte erst nach 1848 (2. 3. 1850).

Latein, die Sprache der indoeurop. Stämme in der Landschaft Latium, dann der Römer, im europ. MA. allgem. Sprache der höheren Bildung, in den Urkunden bis ins 13. Jh., in der Wissenschaft bis ins 17. Jh., in der Verwaltung vereinzelt (z. B. in Ungarn) bis ins 18. Jh. dominierend (Mittel-l. das L. des MA., Neu-l. die vom →Humanismus durch Rückgriff auf das klassische Vorbild, v. a. Cicero, seit dem 14. Jh. erneuerte Sprache); dav. Latinisierung, Übernahme der l.ischen Sprache (→Romanisierung) oder l.ischer Formen (z. B. der Eigennamen in der Zeit des Humanismus: Agricola = Bauer, Manutius = Manozzi usw.); Latinität, der vollkommene l.ische Stil, der persönliche sowohl wie der einer Epoche (*Goldene L.* des 1. Jhv., *Silberne L.* des 1./2. Jhn.);

L.-amerika, der von romanischen Völkern kolonisierte Teil Amerikas (der Kontinent ohne USA und Kanada); l.isches Kaiserreich, die im 4. →Kreuzzug mit Hilfe Venedigs errichtete westeuropäische Feudalherrschaft in Konstantinopel (Balduin und Heinrich v. Flandern, Balduin v. Courtenai) und Teilen des byz. Reiches (l.ischer Gottesdienst, Unterstellung der gr. Kirche unter den Papst), 1261 von Nikaia aus durch Michael VIII. Paleologos beseitigt; l.sche Kirche, die röm.-kath. Kirche, soweit sie l.ischem Ritus folgt (d. h. mit Ausnahme der gr.-kath. Kirche, Union von Brest 1596); l.ische (Münz)Union, Vereinbarung Frankreichs, Belgiens, Italiens, der Schweiz vom 22. 12. 1865 über die gleichartige Ausprägung von Gold- und Silbermünzen auf bimetallischer Grundlage.

Lateran, Palast der röm. Adelsfamilie der Plautii Laterani, 64n. von Ks. Nero konfisziert, 312 von Fausta, der Gemahlin Ks. Konstantins, dem Bf. von Rom geschenkt, bis zum Brand von 1308 Residenz der Päpste, zus. mit S. Giovanni in Laterano (Haupt und Mutter aller Kirchen) bis heute als Exklave zum Kirchenstaat gehörend; L.- →konzile; -verträge, zwischen Italien (Mussolini) und Papst Pius XI. (Kardinal Pacelli = Pius XII.) vom 11. 2. 1929, die die Wiederherstellung der weltl. Souveränität des Papstes brachten und u.a. es dem Papst seit dem 20. 9. 1870 wieder erlaubten, den Vatikan zu verlassen.

Laterculum (spätlat.), ,Verzeichnis', bes. im 4. Jhn. der röm. zivilen und militärischen Ämter, Vorlage der →*Notitia dignitatum;* vereinzelt in der wissenschaftlichen Fachsprache verwendet.

Latifundien (lat. *latifundium* ,Großgut'), seit dem wirtschaftlichen Aufschwung Roms im 2. Jhv. die röm. Großgüter in Italien (M.Porcius Cato, um 150v.), dann auch in den Provinzen, die, von Sklaven bestellt, durch ihre Konkurrenz den Kleinbauern ruinieren: in der Kaiserzeit zwingt der Sklavenmangel zur Vergabe an Teilpächter (→Kolonat); dav. in der Wirtschaftsgeschichte allgem. landwirtschaftlicher Grundbesitz, der die wirtschaftliche Betriebsgröße übersteigt.

G. Alföldi, Röm. Sozialgesch., 1975.

Latiner, die Bewohner der Landschaft Latium, dann seit dem 4. Jhv. die Personen latinischen Rechts, das, als Vorstufe des röm. →Bürgerrechts (→*civis*), bestimmte, im Lauf der röm. Republik sich wandelnde Vorrechte gewährte (→Commercium, →Conubium, automatischer Erwerb des röm. Bürgerrechts bei Übersiedlung nach Rom, nach Bekleidung eines kommunalen Amtes in der Heimatgemeinde).

Laudemium (mlat), auch Abfahrtsgeld, Auffahrtsgeld, Kaufgeld, eine Abgabe bei Besitzwechsel, die von →Erbpächtern, Inhabern eines erbbeliehenen oder Zinsgutes zu entrichten ist; da sie nicht nur bei Kauf, sondern auch bei Todesfall zu zahlen ist, fällt sie oft mit dem →Mortuarium zusammen.

Lebensraum, Prägung K. Haushofers, (1869-1946) Grundbegriff der →Geopolitik, jene geograph.-wirtsch. Gegebenheiten, die einem Volk die Lebensmöglichkeit und das organische Wachstum sichern (auf den L., der geschichtlich-politische Auswirkungen hat, hat jedes Volk natürlichen Anspruch); mit dem Gedankengut der gesamten →Geopolitik vom Nationalsozialismus übernommen, wurde der Begriff. L. zum viel gebrauchten und mißbrauchten Schlagwort.

G. Jentsch, Der L., 1940; →Geopolitik; F. Ratzel, Der L., [2]1966; F. Schwerdtfeger, Demökologie, 1968; K. Lange, VJZG. 13, 1965; G. Bakker, Dt. Geopolitik 1919–45, 1967.

Legalität (lat. *legalis* ‚gesetzmäßig'), von Maßnahmen und Handlungen gesagt, die (formal) den Gesetzen, bes. der Verfassung gemäß sind; was durch Gesetze verboten ist, kann niemals legal sein, wohl aber durch bes. Umstände →legitimiert, gerechtfertigt werden.

J. Winckelmann, Legitimität u. L. in M. Webers Herrschaftssoziologie, 1952; H. Hofmann, Legitimität gg. L., 1964.

Legat(us) (lat. ‚Gesandter'), von höherer Stelle mit Sonderauftrag entsandt, bes. Angehöriger von Gesandtschaften und Kommissionen des röm. →Senats, seit dem 2. Jhv. auch Feldherren und Statthaltern beigegeben; in der Kaiserzeit vom Träger des →Imperiums (zuerst Pompeius im Seeräuberkrieg 67v.) ernannter Unterfeldherr, Kommandeur der →Legion (*l.legionis)*, Statthalter in ks. Provinzen *(l.Augusti pro praetore)*, mit 5 →Liktoren; in der Stauferzeit Stellvertreter des Ks. für Italien (General-l.); mlat., nlat. diplomatischer Vertreter, z. B. Venedigs in Byzanz; Stellvertreter des →Papsts mit beschränktem Auftrag und umfassenden jurisdiktionellen Vollmachten, an weltlichen und geistlichen Höfen, auf Reichstagen und Konzilien, in der Mission und auf Kreuzzügen; seit Gregor VII. (1073–85) meist → Kardinal *(l. a latere* als *alter ego* des Papsts; Kardinal-l.), doch gibt es daneben auch den L. ohne Kardinalswürde und mit geringerer Vollmacht *(l. missus)*, schließlich den *l. natus*, ein Titel mit unterschiedlichen Sonderrechten, der manchen frz. und dt. →Erzbischöfen (z. B. Reims, Bourges, Trier, Köln, Mainz, Salzburg) zukommt, auch dem Kg. Beider Sizilien und Kg. von Ungarn; Legation, Gesandtschaft, im Kirchenstaat aus mehreren →Delegationen bestehende Verwaltungseinheit (z. B. Bologna, Ferrara).

Legen, Bauernlegen, das Einziehen von →‘Wüstungen’ oder das Auskaufen von Bauernhöfen durch die →Grundherrschaft.

Legende (lat. ‘das zu lesende’), Bei- und Umschrift auf Münzen; die an den Gedenktagen vor der Gemeinde zu verlesende) Lebensbeschreibung der Heiligen (→Bollandisten, vgl. das weitverbreite lat. Volksbuch Legenda aurea des Erzbf. von Genua Jacobus de Voragine, 1230-98); allgem. ungesicherte Überlieferung im Gegensatz zu historischer →Faktizität.

H. Rosenfeld, Die L., [3]1972.

Legion (lat. ‚Auslese'), das Bürgeraufgebot der röm. Königszeit, urspr. 3000 Mann (1000 je →Tribus, daher 3, später 6 →Tribunen an der Spitze), das sich mit dem Anwachsen der röm. Macht um 400v. auf 6000 M. vermehrt, im 4./3. Jhv. geteilt wird, später vervielfacht, bis mit dem Übergang zum Berufsheer um 100v. die L.

zu einem Truppenkörper von 6000 M. wird; die L. gliedert sich, mit wechselnden Schwerpunkten in der taktischen Entwicklung, in 10 Kohorten, 30 Manipeln, 60 →Zenturien, wobei die Stufe der Gleichsetzung der L.szenturien mit denen der →Komitien der Servianischen Ordnung nicht eindeutig zu erschließen ist; die Gliederung der Mannschaften nach Altersklassen in Hastaten (1. Glied), Principes (2. Glied), Triarier (3. Glied), sowie die hohe Disziplin und Tapferkeit der röm. Bauernsoldaten ermöglichen es, in der Manipulartaktik des 3./2. Jhv. die massierte Kampfesweise der →Phalanx zu überwinden und mit der lockeren, schachbrettartigen Aufstellung der Manipel ein Höchstmaß an Beweglichkeit der Truppe und des einzelnen Legionärs zu erzielen; mit dem Berufsheer tritt der →Legat als Regimentskommandeur an die Spitze; vom 1. Jhv.–3. Jhn. stellt das röm. Heer (20-jährige Dienstzeit, Bürgerrecht bei Eintritt, Veteranenversorgung) d. 25–30 L.en (zu denen noch Hilfstruppen, →Auxilien, und Reiterei hinzukommen) mit seiner strengen Zucht, seinem hochentwickelten Korpsgeist (vgl. die Regimentsgeschichten in dem großartigen Werk von E. Ritterling, Art. Legio, RE XII, 1211 bis 1829, 1924) ein vollendetes Instrument der Reichsverteidigung dar; als seit der Notzeit des 3. Jhn. die strenge, röm. bestimmte Form der L. der Auflösung unterliegt, haftet die Bezeichnung weiter an kleineren Einheiten unterschiedlichen Charakters, wird vereinzelt auch in MA. und NZ., v. a. in Frankreich, für Truppeneinheiten verwendet; seit der frz. Revolution in fast allen großen Kriegen Truppen fremder Nationalität, die teils als Freischärler für die eigene nationale Sache, teils als Söldner im Dienste einer anderen Macht kämpfen (anders die aktiven Verbände der dt.-it. *L. Condor* 1936–39 im span. Bürgerkrieg); →Fremden-l., →Ehren-l.

Legislative (von lat. *legem ferre* ‚ein Gesetz einbringen'; mlat. *legislator* ‚Rechtskundiger', ‚→Schöffe'), nach J. Locke (1632 bis 1704) und Montesquieu (1689 bis 1755) die gesetzgebende →Gewalt als die höchste im Staate, ausgeübt von gewählten Vertretern des Volkes; daher auch die gesetzgebende Körperschaft, z. B. frz. *corps législatif* die Nationalversammlung der frz. Verfassungen von 1791 und 1793, bzw. die 2. Kammer 1799–1814, 1852–70, *assemblée nationale législative* die Volksvertretung der 2. Republik 1849–51 (ähnlich in Australien, in brit. Kolonien u. ö.); Legislatur(periode) der Zeitraum, für den eine gesetzgebende Körperschaft gewählt ist.

Legisten (v. lat. *leges* 'Gesetze'), die Erläuterer des röm. Rechts, →Glossatoren.

Legitimität (lat. *legitimus* ‚rechtmäßig'), Rechtmäßigkeit, von Talleyrand 1815 aufgestelltes Prinzip zur Rechtfertigung der Ansprüche der Fürsten des Ancien Régime auf Thron und Gebiet, die sie durch Krieg und Revolution zu Unrecht, illegitim, verloren hätten; daher Legitimisten, Anhänger eines früheren, von ihnen als allein legitim angesehenen Herrscherhauses, z. B. in Frankreich nach 1830 die der älteren Bourbonenlinie im Gegensatz zu dem durch die Revolution an die Herrschaft gelangten jüngeren Zweig der Orléans; die Bedeutung der Tradition für die L., auch der Demokratie, bei G. Ferrero: ‚Eine Regierung ist legitim, wenn die Macht nach den Prinzipien und Regeln zuerkannt und ausgeübt wird, die jene, die gehorchen müssen, ohne Diskussion hingenommen haben'; L. als soziologischer Begriff schon bei M. Weber: L. wurzelt im ‚Bedürfnis jeder Macht, ja jeder Lebenschance überhaupt nach Selbstrechtfertigung'.

G. Ferrero, Macht, 1944; M. Weber, Wirtsch. u. Ges., [5]1972; R. Münch, L. u. pol. Macht, 1976; →Legalität.

Leh(e)ns-wesen, zunächst = →Feudalismus, heute allgem. fränk.-normannische Sonderform des nun universalhistorisch verstandenen Feudalismus (Ausbreitungsgebiet: fränk. Reich und Nachfolgestaaten, Normannen- einschließlich Kreuzfahrerstaaten). Im L.s-wesen sind die Formen röm.-rechtlicher →Kommendation, der keltischen →Vasallität, der germ. →Gefolgschaft im Lauf des frühen MA. allmählich zusammengeschmolzen. Die den Römern bekannte Ergebung *(commendatio)* in den Schutz eines Herrn (→Patron) wächst im kelt.-röm. Gallien mit dem kelt. Institut der →Vasallität zusammen, die eine vollständige Abhängigkeit des meist unfreien Knechts *(gwas*, lat. *vassus)* vom Herrn *(dominus)*, verbunden mit absolutem Gehorsam kennt. Die Kommendation wird zu einem Verknechtungsritus. Sozialer Aufstieg der *vassi* ist jedoch möglich, v. a. durch Kriegsdienst, so daß allmählich auch →Freie unter Vorbehalt der Freiheit zu Vasallen werden. Gehoben und endgültig gesichert wird die Stellung des Vasallen aber erst durch den aus dem →Gefolgschaftswesen der fränk. Eroberer übernommenen Treueid, der Herr *(dominus, senior*, frz. *seigneur)* und Vasall zu gegenseitiger Treue verpflichtet. Diese rein personalen Bindungen werden nun in der späten Merovinger- und Karolingerzeit (7./8. Jh.) durch das L. *(beneficium, feodum, feudum*, frz. *fief)* ergänzt. Dieses wird nach dem Vorbild der in der Kirche üblichen Benefizial→*leihe* ausgegeben, bei der wegen der Unveräußerlichkeit des Kirchenguts kirchlicher Grundbesitz zu beschränkter Nutzung verliehen wird (→auch Prekarie). Der bisher übliche direkte Unterhalt des Vasallen durch den Herrn wird nun weithin durch das Nutzungsrecht an Grundbesitz abgelöst. Durch umfangreiche →Säkularisation des Kirchenguts, bedingt auch durch die militärische Zwangslage (Einbruch der Araber im frühen 8. Jh.), wird dieser Prozeß mächtig gefördert, so daß im Karolingerreich des 9. Jh. das L.s-wesen voll ausgebildet dasteht. Es stellt das Mittel staatlicher Durchdringung dar, da der kg. ‚Beamte' meist auch L.s-träger ist und allmählich auch sein Amt als L. ausgegeben wird. Dabei steht die persönliche Treueverpflichtung zunächst noch im Vordergrund: ‚Der Vasall hat ein L., weil er dient, er dient nicht, weil er ein L. hat' (H. Mitteis). – Das Ideal des auf gegenseitiger Treue aufgebauten Dienstes wird im westeuropäischen L.s-recht während des ganzen MA. mehr oder weniger stark durchgehalten, der Gedanke des →Widerstandsrechts der nun vornehmlich adeligen Vasallen bei verletzter Treue durch den L.s-herrn (→auch Felonie) bleibt wach. Oberster L.s-herr ist der →König, der auch die →Aftervasallen der großen L.s-fürsten durch das Institut der →Ligesse an sich bindet (so in Frankreich). Der ‚Staat' wird auf den Kg. hin zentralistisch geordnet (‚zentripetale' Wirkung des L.s-wesens); zudem gilt der Grundsatz *nulle terre sans seigneur*. In Dtld. und Italien hingegen wird das L.s-wesen seit dem 9./10. Jh., bes. mit dem Erblichwerden der L. (das freilich auch für Westeuropa gilt), immer mehr verdinglicht: ‚Der Vasall dient, weil er ein L. hat' (H. Mitteis). Der Versuch Barbarossas (1152–90), nach westeuropäischem Vorbild das →Reich nach Zerschlagung der →Stammesherzogtümer in einen straff zentralisierten L.s-staat umzubauen, gelingt nur teilweise. Wohl wird eine L.s-hierarchie in Form des →Heerschildes theoretisch gefordert, doch vermag der neu herausgebildete Reichs→fürstenstand den →Leihezwang der →Fahnlehen durchzusetzen, für seine →Territorien aber das →Heimfallrecht anzuwenden. Die →Aftervasallen werden vom Kg. als Oberlehensherrn abgeschnitten, das L.s-wesen wirkt ‚zentrifugal'; bei Doppelvasallität fühlt man sich nur seinem nächsten Herrn verpflichtet, bei Konflikten zwischen zwei eigenen Herrn hält man sich neutral. – Der L.s-verband (auch L.s-nexus) zwischen Herr und Mann wird durch die →Investitur (bei →Ämtern oder als Ämter aufgefaßten Herrschaften mit entsprechenden Symbolen, z. B. Fahne, →Fahnlehen, →Szepter, →Stab) des Mannes in sein L., durch den gegenseitigen Treueid und des Mannes Gelöbnis der Mannschaft, d. h. der Heer- und Hoffahrt, geknüpft, bei →Felonie zerrissen. Der Mann hat die tatsächliche Nutzung (→Gewere) am L., das L. fällt bis in die späte Karolingerzeit beim Tode des Herrn (Herrnfall) und Mann (Mannfall) heim, so daß um Erneuerung des L.s (Mutung) nachgesucht werden muß; mit dem Erblichwerden der L. hat der jeweilige Erbe unter formalem Beibehalten des →Heimfallrechts Anspruch auf das L. (→Leihezwang). Diese reich entwickelten Formen werden in Westeuropa, im SpätMA., in Dtld. in der frühen NZ. weithin durch den L.s-brief ersetzt. – Im späteren MA. und der frühen NZ. entartet das L.s-wesen: die Kriegstechnik ändert sich grundlegend, der dem Adel entstammende schwere Panzerreiter mit seinem meist auch ritterlichen Gefolge wird durch Söldnerheere mit infanteristischem Schwerpunkt ersetzt, der durch den ritterlichen Kriegsdienst gehobene →Leihecharakter des L.s entfällt; das L. wird e. unter vielen Formen der →Leihe.

H. Mitteis, L.recht u. Staatsgew., 1933, Neudr. 1958; ders., D. Staat d. hohen MA., 1968; Theod. Mayer (Hrsg.), Studien z. ma. L.swesen, 1960; – Zur Begriffsgesch.: O. Brunner, Feudalismus, Ein Beitr. z. Begr.gesch., 1959; F. L. Ganshof, Was ist das L.swesen?, dt. ³1970.

Leh(e)ns-auflassung, Rückgabe eines L.s mit sämtlichen Rechten an den Herrn; **-auftragung**, Angebot eines →Allods an einen Herrn, um es als L. wieder zu empfangen (frz. *fief de reprise)*; **-brief**, urspr. nur Bestätigung der Belehnung, seit dem späteren MA. (Westeuropa), bzw. der frühen NZ. (Dtld.) rechtsförmlicher Ersatz derselben; **-buch**, Verzeichnis der L. und L.s-träger einer Herrschaft, seit Ende 13. Jh. auch der Belehnungsakt (→ Investitur), seit dem 16. Jh. Register der L.s-briefe; -dienst→ Heer- und →Hoffahrt; -fähigkeit (a) aktive, Recht, L. rechtskräftig zu vergeben, (b) passive, L. rechtskräftig zu empfangen (→auch Heerschild); -folge, (a) im dt. L.s-recht Recht, bzw. Pflicht des Mannes, beim Tode des Herrn, dem neuen Herrn, wenn er dem verstorbenen ebenbürtig ist, L.s-dienst zu leisten, (b) = →Heer- und →Hoffahrt; -fürst, v. a. in Frankreich allgem. Bezeichnung für den mit kg. Rechten ausgestatteten Großvasallen (lat. *princeps*, frz. *grand seigneur)*, der meist, aber nicht immer direkter →Vasall des → Kg. ist und noch zusätzlich den Titel eines →*duc*, →*marquis*, → *comte*, *vicecomte* führen kann; -gericht (auch L.s-hof, -kurie), anfänglich Gericht für Streitfälle zwischen →Vasall und Herr oder der Vasallen untereinander; im letzteren Fall fungiert der Herr als Richter mit (dem Vasall ständisch gleichen) Mannen *(pares)* als Beisitzern (so auch im → Fronhofsverband für Bauern- →leihen und →Bauern-l.); seit dem ausgehenden MA. nur mit gelehrten Juristen besetzt und der Erneuerung erledigter L. dienend, werden die L.s-gerichte teilweise durch die L.s-kammer (L.s-departement, -kanzlei), eine Abteilung der territorialstaatlichen Verwaltung, ersetzt; -hof, eigentlich L.-gericht, dann sämtliche Vasallen eines Herrn; -hoheit, seit dem SpätMA. die landesherrliche, bzw. städtische Oberhoheit über alle L. des betreffenden Territoriums; -pferdegeld, seit dem späteren MA. Steuer des Manns anstelle der → Heerfahrt, im 18. Jh. schließlich feste Abgabe als Voraussetzung für die →Allodifikation des L.; -recht, allgem. das Sonderrecht des L.-wesens im Gegensatz zum allgem. Stammesrecht, bzw. → Landrecht; zunächst gewohnheitsrechtlich sich bildend, wird es in Dtld. seit dem 13. Jh. in den Rechtsbüchern (Sachsen →spiegel u. a.) fixiert, in Italien in den *libri feudorum*, die im 16. Jh. auch in Dtld. verwandt werden; -vertrag (-revers), Abmachung zwischen Herr und Mann, die Belehnung betreffend; seit dem ausgehenden MA. bes. alle nicht der allgem. Überlieferung entsprechenden Sonderrechte und -pflichten; -vormundschaft, Vormundschaft des Herrn über den noch nicht l.s-mündigen (Mindestalter 12 Jahre) L.s-erben, nach frz. L.s-recht auch der nächstberechtigten Verwandten, bes. der Mutter.

→Lehen.

Leib-eigenschaft, allgem. die mehr oder minder starke persönliche Abhängigkeit von einem →Herrn (im Gegensatz zur dinglichen Abhängigkeit des →Hörigen). Der Begriff, der erst im späteren MA. aufkommt (mlat. *homo proprius de corpore*, Ende 13. Jh.), wird von Geschichte, →Ethnologie und →Soziologie auch für andere Völker und Kulturen übernommen. In der Sache ist vom antiken →Sklaven, dann vom → Kolonus der Spätantike auszugehen. Letzterer, in seiner Rechtsstellung schon fast wieder Sklave, wird von den germ. Eroberern zusammen mit dem germ. →Unfreien zur Bebauung des eroberten Landes weiter verwandt. Unter dem Einfluß der christlichen

Lehre bessert sich allmählich beider Stellung. Der L.-eigene der fränk. Epoche *(mancipium)* kann jederzeit freigelassen werden. Im hohen MA. ist eine weitergehende Differenzierung erreicht: Neben *mansionarii* oder *servi casati* die innerhalb eines →Fronhofverbands eine →Hufe bebauen und so den →Hörigen (Grundholden) gleichgestellt sind, stehen v. a. die *homines proprii* (→Eigenleute), die als →Gesinde im Herrenhaus dienen und wohnen *(servi in domo manentes)*, für alle möglichen Dienste stets in Bereitschaft sind *(servi in perpetuo servitio)*, vom Herrn völlig unterhalten werden (so auch *prebendarii, stipendiarii)*; an sie schließen sich noch die Tagelöhner *(servi quotidiani)* mit einem kleinen Häuschen an. – Im späteren MA. und der frühen NZ. entsteht im Rahmen der sich allmählich bildenden →Territorien unter dem Einfluß des rezipierten röm. Rechts eine einheitliche Klasse von L.-eigenen; oft werden sämtliche abhängigen Leute nun mit diesem Begriff zusammengefaßt, der L.-eigene wird dem →Hörigen gleichgestellt. Je nach →Territorium wird, v. a. im entwickelten L.-recht der frühen NZ. zwischen personaler, lokaler, bzw. realer (,Luft macht eigen') und naturaler (= ererbter) L.-eigenschaft geschieden. Der Territorialherr benützt dabei oft das L.-recht, um dem Ideal des *territorium clusum* näherzukommen. Der L.-eigene zahlt an seinen Herrn ein →Mortuarium, ferner eine →Kopfsteuer als Rekognitionszins (L.-huhn, nach dem Fälligkeitstermin auch Fastnachtshuhn u. ä.); sie wird oft weitergezahlt, auch wenn der L.-eigene in eine fremde →Grundherrschaft überwechselt, worin die persönliche Abhängigkeit des L.-eigenen noch einmal zum Ausdruck kommt. Vor dem landesherrlichen →Blutgericht ist der L.-eigene mit dem →Freien gleichgestellt. – Obwohl schon in der *reformatio Sigismundi* (1439), dann v. a. in den 12 Artikeln des Bauernkriegs 1525 die Abschaffung der L.-eigenschaft gefordert wird, hält sie sich im Gegensatz zu Westeuropa in West- und Ostdtld. bis ins 19.Jh., gilt aber seit der →Aufklärung als moralisch bes. verwerfliches Institut und fällt daher in der →Bauernbefreiung durch Ablösung (für die ostdt. Form der L.-eigenschaft →Erbuntertänigkeit, Gutsherrschaft). – In Rußland entsteht die L.-eigenschaft erst im 15.–17. Jh.; die ehemals nomadisierenden Bauern werden an den Boden gezwungen und dem Herrn (Barin) fast wie Sklaven unterworfen; sie werden von ihm verheiratet, können verpfändet, verkauft, verschenkt werden, unterstehen völlig der →Gerichtsbarkeit des Herrn; daraus resultiert jedoch auch dessen umfassende Fürsorgepflicht. Die ru. L.-eigenschaft wird 1861 von Zar Alexander II. (1855–81) aufgehoben; **-garde**, seit Ende des MA. in West- und Mitteleuropa aufkommende Bezeichnung für eine Truppe, die dem persönlichen Schutz eines Herrschers dient; der Begriff wird auf Parallelerscheinungen anderer Epochen und Kulturen übertragen; – **gedinge** (mhd., vgl. nhd. *ausbedingen;* mlat. *vitalitium* ,Lebensunterhalt'), jedes auf Lebenszeit zum Lebensunterhalt ausgegebene Gut, z. B. das Altenteil oder das →Wittum; **-kompagnie**, im Söldnerheer des 16./17. Jh. die Kompagnie, deren Einkünfte dem

Regimentsinhaber zur Verfügung stehen; im 19. Jh. ausschließlich die 1. Kompagnie eines *L.-regiments* (bei der Kavallerie L.-schwadron, bzw. -eskadron, bei der Artillerie L.-batterie) diese hat zum Regimentschef (im Unterschied zum Kommandeur ausschließlich Ehrentitel) eine Persönlichkeit aus befreundetem fürstlichem Hause oder einen verdienten General, d. zum Tragen d. Regimentsuniform berechtigt ist.

Th. Knapp, Ges. Beitr. z. Rechts- u. Wirtsch.gesch., 1902; ders., Neue Beitr., 1919; A. Dopsch, Herrsch. u. Bauer in d. dt. Ks.zt., 1939; Th. Mayer, Adel u. Bauern im dt. Staat d. MA., 1943; Ch. Perrin, Les classes rurales et le régime seigneurial en France, 1941; ders., La servage en France et en Allemagne, (Rel. Int. Hist. Kongr. Rom III) 1955; O. Herding, L.buch, L.recht, L.eigensch. im Hzgt. Württ., (Zs. Württ. Landesgesch.) 1952; H. Dannenbauer, Grundl. d. ma. Welt, 1959/62; K. Bosl, Mensch u. Ges. i. d. Gesch. Europas, 1972; – W. Ogris, Der ma. L.rentenvertrag, 1967.

Leihe, allgem. jede Weitergabe, bes. von Grundstücken vom L.-herrn unter bestimmten L.-bedingungen an einen andern. Vorbildlich für die ma. L. ist die röm.-rechtliche →Prekarie. Im MA. unterscheidet man streng zwischen höherer L., die nur persönliche Abhängigkeit zur Folge hat (z. B. die ritterliche L. = →Lehen), und niederer L. Diese gliedert sich wiederum in freie L.: (1) nach →Land- und →Stadtrecht, (2) →Erb-l. in verschiedenen Formen, v. a. bei der →Rodung, bei Anlage von Dörfern und Städten (bes. bei der Ostkolonisation, deshalb auch Gründer -l.), (3) →Erbbaurecht – der Beliehene zahlt in allen Fällen nur einen →Zins –; und unfreie L. (L. nach →Hofrecht), wie sie v. a. der →Hörige einer →Grundherrschaft kennt: dieser zahlt für das dingliche Nutzungsrecht (Erbzinsrecht) Abgaben, →Mortuarium, →Laudemium und leistet →Frondienste; übernimmt ein →Freier ein Gut zu unfreier L., sinkt er in die →Hörigkeit ab. – Schon in der frühen NZ. lassen sich L. und →Pacht (bes. Erbpacht) nur schwer unterscheiden.

Th. Knapp, Ges. Beitr. z. Rechts- u. Wirtsch.gesch., 1902; ders., Neue Beitr., 1919; G. Below, F. Lütge, Gesch. d. dt. Landwirtsch. d. MA., [2]1966; F. Lütge, Dt. Soz.- u. Wirtsch.-gesch., [3]1966; W. Goez, D. L.-zwang, 1962.

Leihezwang, Grundsatz des →Lehnrechts, wonach jedes →Lehen nach dem Tode des Lehensträgers an dessen Erben im Mannesstamm wieder ausgegeben werden muß. Mit dem Erblichwerden der Lehen seit der Karolingerzeit auftretend (erstmals im Kapitulare von Kiersy 877) wird der L. für das dt. Reich z. Zt. Barbarossas (1152–90) von größerer politischer Bedeutung. Als Folge der Herausbildung eines geschlossenen →Reichsfürstenstandes gilt der L. nun für ein heimgefallenes →Fahnlehen, das der →Kg. laut Sachsen→spiegel nach →Jahr und Tag wieder verleihen muß (Prozeß Heinrichs des Löwen 1180). Damit ist eine Konzentration von heimgefallenen Fürstenlehen in der Hand der Krone, wie in Frankreich und England im späten MA., im dt. Reich nicht möglich, ein bestimmter Bestand an reichsfürstlichen →Territorien auf Kosten des →Reiches gesichert.

H. Gunia, Der L., ein angebl. Grundsatz des dt. Reichsstaatsrechts im MA., 1938; dazu: H. Mitteis, ZRG. GA 1939; ders., D. Staat d. hohen MA.,

[8]1968; ders., Lehnrecht u. Staatsgew., Neudr. 1958; W. Goez, Der L., 1962.

Leiturgie (gr.), die in gr. Städten des At. übliche Dienstleistung der Reichen für das Gemeinswesen, im klassischen Athen z.B. die Ausrüstung eines Kriegsschiffs (Trierarchie), Finanzierung einer dramatischen Aufführung (Choregie), von Götterfesten u.ä., später auch die Leitung des →Gymnasions (Gymnasiarchie), der →Sitonie, von Spielen, öffentlichen Bädern u. a., in der röm. Kaiserzeit (zusammen mit dem →Dekurionat) zur Zwangsinstitution geworden; im hellenistisch-röm. Ägypten allgem. jede Zwangsleistung.

F. Oertel, Die L., 1917.

Leninismus, die Weiterbildung der →marxistischen Lehre durch W.I.Uljanow, gen. Lenin (1870 bis 1924); dazu gehören u.a. (1) die Einheitlichkeit der Erkenntnistheorie im →dialektischen Materalismus; (2) die Theorie von der Verbindung zwischen →Monopolkapital und →Imperialismus; (3) die Forderung einer → Kaderpartei (II. Parteitag der ru. SPD 1903); (4) der →Koexistenzbegriff.

G. v. Rauch, Lenin, Die Grundlegg. d. Sowjetsystems, 1957; L. Schapiro, P. Reddaway, Lenin, 1967; – →Marxismus.

Lettre (frz. ‚Brief'), in der frz. Diplomatik Schriftstück von einfacherer Form und geringerer juristischer und politischer Bedeutung als die →Urkunde in strengerem Sinn *(diplôme)*. Zunächst nur nach der Verschlußart unterschied man die *l.s →patentes* und – seit dem 14. Jh. – *l.s closes* (verschlossene Briefe), bald auch formal und inhaltlich: jene mit großem Format und aufgedrücktem Siegel, mehr und mehr anstelle der *diplômes* tretend, diese kleiner, schlichter, gefaltet, mit aufgedrückten kleinen Siegeln verschlossen, mit nur für den Empfänger bestimmtem Inhalt (Kopf beginnt mit: *De par le Roy)*. Nach Entstehung und Inhalt wurden u. a. unterschieden: *l. de cachet*, Geheimbefehl des Kg., der Verhaftung oder Verbannung anordnete; *l. de conseil*, Kanzleischreiben; *l. de cabinet*, nicht im Staatsrat beratenes eigenmächtiges Schreiben des Fürsten; *l. missive*, Schreiben mit Nachrichten von nur vorübergehendem Wert (‚Korrespondenz'); *l. de grâce*, Gnadenakt des Kg.; *l. de justice*, in Verwaltungs- und Justizangelegenheiten; *l. de créance*, Beglaubigung (Kreditiv); *l. de récréance*, ‚Rückbeglaubigung' (Rekreditiv); *l. de rappel*, Abberufungsschreiben.

→Urkundenlehre.

Leudes (latinisiert ‚Leute'), im Merovingerreich dem →König durch eine Art Gefolgschaftseid verpflichtete Grundherren *(l. sublimes)* und Königsfreie *(l. pauperes)*, die als Bauernkrieger unter einem →Centenar auf Fiskalland sitzen; im weiteren Sinne das fränkische Gesamtvolk, das ebenfalls dem Kg. einen Treueid *(leudesamio)* zu leisten hat.

Leutnant (frz. *lieutenant*), ‚Stellvertreter': des Königs, daher (General)statthalter, Gouverneur, vereinzelt auch, so Paris 1667 bis 1789, Polizeikommandant, *l. général de police;* auch verschiedener Beamten, z. B. des →*bailli*, daher auch Bezirksrichter; seit dem 15./16. Jh. Stellvertreter eines Offiziers, im eigentlichen Sinne des Hauptmanns, sofern nicht durch Zusammensetzungen (General-l., Kapitän-l. u.a.) anders bestimmt; allmählich als militärischer Dienstgrad fast allgem. verbreitet.

Leutpriester, der Seelsorger, oft auch als Stellvertreter des Pfründen- oder Amtsinhabers.

Levante (it. ‚Orient'), der Vordere →Orient, bes. die Küste des östlichen Mittelmeers; Levantiner, Bewohner der kleinasiatisch-syrischen Hafenstädte, im engeren Sinn Mischlinge zwischen Europäern und Orientalen aus jener Gegend; auch: = der seit 1765 geprägte, dort und in Ostafrika (Abessinien) bis ins 20. Jh. verbreitete Maria-Theresien-Taler.

Levée en Masse (frz.), 'allgem. Aufgebot', im August 1793 vom Nationalkonvent angeordnet, von L. Carnot (1753-1823) durchgeführt; ebenso Jan. 1814 von Napoleon I., Oktober 1870 von L. Gambetta (1838-82), von revolutionär–patriotischem Pathos mit dem Glauben an die Unüberwindlichkeit der Nation getragen.

Lever (frz. 'aufstehen'), die Morgenaudienz im Schlafzimmer der frz. Könige des Absolutismus.

Leviratsehe (lat. *levir* ‚Schwager'), die Ehe einer kinderlosen Witwe mit dem Bruder oder dem nächsten Anverwandten des Verstorbenen, im AT. und auch bei anderen Völkern vorgeschrieben.

Lex (lat. ‚Bindung', ‚Gesetz'), bezeichnet die Bindung eines Rechtssubjekts gegenüber einem andern, u. zw. immer in dem Sinne, daß der eine Teil die Bedingungen der Bindung formuliert und die Initiative hat, der andere Teil in diese Bindungen eintritt. Die Anwendung des Begriffes reicht so weit wie das Rechtsgebiet überhaupt und modifiziert sich in jedem Kreise' (Th. Mommsen), daher bei den Römern privatrechtlich Kontrakt, Kontraktklausel, sakralrechtliche Vorschrift, Bedingung eines völkerrechtlichen Vertrags (mlat. gelegentlich auch Buße, Gerichtshof); v. a. die die röm. Gemeinde bindende Satzung *(l. publica)*, vom →Magistrat verfügt *(l. data)* oder der Volksversammlung (→Komitien) zur Entscheidung vorgelegt *(l. rogata*, Volksgesetz der röm. Republik); das röm. Volksgesetz wird nach dem →Gentilnamen eines oder mehrerer Antragsteller benannt (z. B. *L. Hortensia* 287v., die den Beschlüssen der →Plebs dieselbe Gültigkeit gewährt wie den *leges* des Gesamtvolks; *Leges Liciniae Sextiae*, die – in der Wissenschaft umstrittenen – Gesetze des. C. Licinius Stolo und L. Sextius Lateranus 367v. zum Ausgleich im Ständekampf), bisweilen auch mit dem Inhalt bezeichnet (z. B. *L. Iulia municipalis*, Caesars Städteordnung 45v.); in der Kaiserzeit verschwinden die Volksgesetze rasch (letztes das →Ackergesetz Nervas 96n.) und werden durch Senatsbeschlüsse bzw. kaiserliche Verordnungen ersetzt; die Bezeichnung l. tragen wieder die Gesetzessammlungen germanischer Staaten der Völkerwanderungszeit, u. zw. die des röm. Rechts, in erster Linie für die röm. Bevölkerung bestimmt, *leges Romanae (barbarorum)* (älteste, und umfangreichste die *l. Romana Wisigothorum*. Kg. Alarichs II., 506), sowie v. a. die germanischen Stammesrechte von der *l. Wisigothorum* Kg. Eurichs, um 475, bis zu den *Leges Saxonum, Thuringorum* usw., die 802/3 unter Karl d. Gr. aufgezeichnet wurden; →Volksrechte.

Th. Mommsen, Röm. Staatsr., [4]1952; vgl. die Sammlung der röm. Volksgesetze G. Rotondi, Leges publ. p. R., 1912.

Libelli (lat. ‚Büchlein'), lat. Bezeichnung für kürzere Schriftstücke verschiedenster Art, bes. Schmäh- und Streitschriften *(l. famosi, de lite)*, Klageschriften, Eingaben an Behörden und an den röm. Kaiser (daher *a libellis* 1.–3. Jhn. der Vorsteher des Hofamtes für Bittschriften, zunächst Freigelassener, seit Ks. Hadrian Ritter, später *magister libellorum)*, bes. bekannt die in Form einer Eingabe an die Opferkommission ausgestellten Bescheinigungen über die Teilnahme am heidnischen Kult während der Christenverfolgung des Ks. Decius 250n.

liberal (lat. *liberalis* ‚eines freien Mannes würdig'), →freiheitlich, im politischen Bereich erstmals in Spanien 1812, seit dem 19. Jh. im Namen zahlreicher Parteien, v. a. die preußdt. Nationall.e Partei 1867–1918 (R.v. Bennigsen, 1824–1902), in Großbritannien die L.e Partei, als Erbe der →Whigs eine der beiden großen engl. Parteien, 1859–1922 mit den →Konservativen in Regierung und Opposition wechselnd (H. J. T. Palmerston 1784–1865, W. E. Gladstone 1809–98, D. Lloyd George, 1863–1945); L.e Weltunion, als übernationaler Zusammenschluß des →L.ismus April 1947 in Oxford gegründet.

Liberalismus, seit dem 19. Jh. umfassende Bezeichnung für die aus dem →Naturrecht und den →politischen Forderungen der → Aufklärung, aus →Physiokratentum und klassischer Nationalökonomie erwachsene freiheitlich-fortschrittliche Bewegung des Bürgertums, v. a. in Ländern, in denen (anders als in den USA und Frankreich) die freiheitlichen Grundlagen des nz. Staates nicht sofort zur vollen Entfaltung kamen; philosophisch fußt der L. auf →Naturrecht und →Menschenrechten, gewinnt dadurch eine stark individualistische Prägung (vgl. die zahlreichen Spaltungen in der Geschichte der liberalen Parteien) und wahrt die optimistische Grundhaltung der Aufklärung; dem Religiösen gegenüber von unbedingter →Toleranz, hatte der L. im 19. Jh. eine starke Position in der prot. Theologie, während ihn die kath. Kirche – unter gleichzeitiger Anerkennung seiner politischen Forderungen – abwehrte; politisch fußt der L. auf den Grundlagen der modernen →Demokratie, vertritt darüber hinaus ein grundsätzliches Mißtrauen gegenüber dem Staat und seinen Einrichtungen; wirtschaftlich kämpft er v. a. für Unternehmerfreiheit (auch gegen monopolistische Tendenzen) und Freihandel, sozialpolitisch vertritt er den →Genossenschaftsgedanken. – In seiner Geschichte hat der L., der seinem Wesen nach anpassungsfähig, doch ohne die Stoßkraft eines geschlossenen Systems und einer straffen Organisation ist, im 19. Jh. v. a. den Kampf um den → Konstitutionalismus und eine freikapitalistische Wirtschaftsordnung getragen, im 20. Jh. jedoch gegenüber den konservativen Bindungen und gegenüber den aus →Marxismus und →Totalitarismus erwachsenen organisierten Kräften sowie angesichts der allgem. Abwendung vom Risiko der Freiheit an Boden verloren, während gleichzeitig liberales Gedankengut auch in Parteien christlicher oder sozialistischer Prägung einströmte; – Neo-L., seit 1939 wirtschaftspolitische Schule (W. Eucken, 1891–1950, W. Röpke, geb. 1899, u.a.), die das liberale Erbe mit den Gegebenheiten der modernen Welt in Einklang zu bringen sucht und wesentlichen Einfluß auf die soziale →Marktwirtschaft der Bundesrepublik seit 1949 hatte.

J. Bentham (1748–1832), Introd. to the Principles of Morals and Legislation, 1789; G. de Ruggiero, Gesch. d. L. in Europa, dt. 1930, it. [9]1959; W. Röpke, L., 1950; H. Rüdiger, Gesch. d. dt. L., 1966; G. Schulz, Das ZA. der Gesellsch., 1969; K. Fuchs, V. Dirigismus zum L., 1970; L. Gall (Hrsg.), L., 1976; – W. Röpke, D. Kulturideal des L., 1947; Ordo, Jb. f. d. Ordnung von Wirtsch. u. Gesellsch., 1948ff.

Libertas, Libertät →Freiheit.

Libertiner (lat. *libertinus* → ‚Freigelassener', fälschlich auch Sohn eines F.), von Pompeius 62 v. nach Rom verbrachte, dann freigelassene jüd. Kriegsgefangene in Jerusalem; allgem. Freigeist, bes. die Opposition gegen J. Calvin (1509–64) in Genf; pantheistische Sekte in Frankreich 1530–50, von Calvin bekämpft.

Liberum Veto →Veto.

Liburner, dalmatinischer Küstenstamm des At., sowie ihr Schiffstypus, die röm. →Bireme.

Lidlohn, Arbeitslohn, Dienstgeld.

Liga (frz.-it. zu lat. *ligare* ‚binden'), bes. im 16./17. Jh. (1465 *Ligue du bien public* ‚L. der Öffentlichen Wohlfahrt' zwischen Karl v. Burgund und frz. Fürsten gegen Kg. Ludwig XI.) Schutzbündnis, →Allianz; nach dem Beitritt des →Papsts zu zahlreichen Bündnissen (seit 1508 *L. v. Cambrai*) ist L., Heilige L., kath. L. in der Regel eingeengt Bündnis von Katholiken (1576 in Frankreich gegen die →Hugenotten, 1609 L. dt. Fürsten unter Maximilian I. v. Bayern); v. a. durch den engl. Sprachgebrauch (*League of Nations* = →Völkerbund) gelegentlich in der allgem. Bedeutung weiterverwendet (vgl. die – unter engl. Förderung – 22. 3. 1945 gegründete *Arabische L.*, ein lockerer Bund islamischer Staaten auf dem Boden des ehemals tü. Reiches).

Ligatur (lat. *ligare*, ‚binden'), Verbindung zweier, selten mehrerer Buchstaben in gr. und lat. →epigraphischen Texten und in den Handschriften des MA., gleich den →Abbreviaturen zeit- und raumsparende Vereinfachung der Schreibtätigkeit.

Ligeität = Ligesse.

Ligesse (frz. aus mlat. *ligius*, vielleicht von fränk. *litus* ‚Halbfreier'), Institut des →Lehenswesens seit Ende des 10. Jh., v. a. in Frankreich; die L. verlangt bei Doppelvasallität die strenge Bindung an *einen* Herrn, den *dominus ligius;* das Eingehen eines zweiten Lehensverhältnisses ist nur mit Treuevorbehalt gegenüber dem *dominus ligius* möglich; seit dem 12./13. Jh. setzt sich der frz. Kg. als *dominus ligius ante omnes* durch, was eine Stärkung der Zentralgewalt zur Folge hat.

H. Mitteis, D. Staat des hohen MA., [8]1968; ders., Lehnrecht u. Staatsgew., Neudr. 1958; W. Kienast, Untertaneneid u. Treuevorbehalt in Engl. u. Frankr., 1952.

Likendeeler →Vitalienbrüder.

Liktoren (lat. ‚Vorlader'), Amtsdiener in Rom, dem König, dann den obersten →Magistraten und →Promagistraten in verschiedener Zahl (z. B. →Konsul, Prokonsul 12, →Prätor, Proprätor 6) beigegeben. Als Träger der *fasces* (Rutenbündel mit dem Beil, das wegen des →Provokationsrechts des Bürgers innerhalb des →Pomeriums entfernt wird) mit der Vollstreckung der →Koerzition beauftragt, gelten die L. den Untertanen als sinnfälligster Ausdruck römischer Macht.

Limes (lat. ,Feldweg', ,Waldschneise', ,Ackergrenze'), seit dem 1. Jhn. die ,trockene' Grenze des röm. Reiches (soweit nicht Flußlauf oder Meer), seit dem 4. Jhn. allgem. Reichsgrenze Grenzgebiet (daher *limitanei* Soldaten des Grenzheeres), mlat. auch →Mark; von den Limites der röm. Kaiserzeit in Britannien (Hadrians-, Antoniuswall), Rhein- und Donauraum, an der Ostgrenze und in Afrika ist der 830 km lange *obergermanisch-rätische L.* am besten erforscht (durch die L.-Kommission, Th. Mommsen, 1892); in seiner Anlage unterschiedlich, vom einfachen Grenzstreifen bis zur durchlaufenden Befestigung, ist der röm. L. nirgends als direkte Verteidigungslinie gedacht, nicht überall mit der Grenze der militärischen Okkupation identisch; die Bezeichnung L. tragen auch die Grenzstreifen des Frankenreiches im 9. Jh. (*L. Saxoniae* nördlich der Elbe, *L. Sorabicus* gegen die Sorben).

E. Fabricius, Der obergerm.-rät. L., 1894–1937; W. Schleiermacher, Der röm. L. in Dtld., ³1970; D. Baatz, Der röm. L., 1974.

lingua franca (lat.), urspr. Bezeichnung für die Sprache der Europäer im östlichen Mittelmeerraum, ein levantinisches Italienisch, dann allgem. Verkehrssprache in einem vielsprachigen Großraum.

Linie (lat. ,*linea* Richtschnur'), Gerade, daher in der Genealogie die direkten Nachkommen eines Stammvaters; Stamm (ebenso mlat. *linea* Ordensprovinz der Zisterzienser); im Heerwesen, v. a. des 19. Jh. aus der alten, bis zu den napoleonischen Kriegen vorherrschenden Lineartaktik stammende Bezeichnung für die eigentlichen Kampftruppen, d. h. für die Aktiven im Gegensatz zu Reserve, Landwehr, Landsturm; L.n-regiment, Regiment des Heeres im Gegensatz zur Garde; L.-nschiff, im Seekriegswesen (nach der Taktik der Segelschiffe: Auffahrt in L. zur Schlacht) schweres Kampfschiff, Schlachtschiff; – allgem. Grenze, in Österreich seit 1829 die Stadtgrenze größerer (geschlossener) Städte mit Sonderbesteuerung, an der eine bes. Abgabe erhoben wurde; im Völkerrecht des 16./17. Jh. angenommene Grenze des Geltungsbereichs von Verträgen nach Westen (Ereignisse außerhalb, *beyond the line*, sollten ohne Auswirkung auf die europäische Politik sein, vgl. →Piraterie); die geographische Festlegung der L. war umstritten (z. B. Äquator).

G. A. Rein, Europa u. Übersee, 1961.

Lischke (preuß. *liskis*), im Ordensland Preußen Siedlung, Flecken, v. a. um die Ordensburgen.

Lit de Justice (frz.), Kissensitzung, im frz. Absolutismus feierliche Sitzung des Pariser →Parlaments, mit der der Kg. die Registrierung seiner →Ordonnanzen durchsetzen konnte.

Lite (Late, mlat. *litus*, latinisiert aus westgerm. *latan* ,freilassen'), v. a. bei Franken und Sachsen ,Halbfreie', die sich beim Zusammenschluß zu Groß→stämmen aus den unterlegenen Stämmen bilden; der L. leistet für das Nutzungsrecht an einem dem Herrn gehörigen Gut Zins und Dienste, ist an die Scholle gebunden, zahlt außerdem eine geringe Personalabgabe *(litimonium)*, kann jedoch zusätzlich Vermögen zu freier Verfügung erwerben, ist rechtsfähig, darf sogar Waffen tragen; sozialer Aufstieg ist durch Freilassung und Loskauf möglich; der L. geht im MA. in der allgem. → Hörigkeit auf.

Liturgie →Leiturgie.

Logo-graph (gr.) meist abwertende Bezeichnung für den gr. Prosaschriftsteller; bes. von F. Creuzer (1771–1858) nicht ganz zutreffend für die frühen gr. Historiographen vor Herodot verwendet; in der klassischen attischen Beredsamkeit des 4. Jhv. der ‚Redenschreiber', der für Klienten Reden verfaßt, v. a. Nichtattiker (Lysias, Isaios u.a.), die nicht vor Gericht auftreten dürfen; seit der spätröm. Zeit Rechnungsbeamter; -thet (gr.) Rechnungsprüfer, im byz. Reich Kanzleivorstand, Titel höchster Zivilämter, Minister (Groß-l.-thet = Kanzler).

Lohn, Entgelt für eine begrenzte Arbeitszeit (Zeit-l.) oder eine bestimmte Arbeitsleistung (Stück-l.); -arbeit, -werk, Form der handwerklichen oder großhandwerklichen Erzeugung (v. a. seit dem 14. Jh. in der Wollindustrie verschiedener europäischer Länder), bei der die Rohstoffe vom Auftraggeber gestellt werden (→ Verlag); -gesetz, ehernes nach dem Vorgang von D. Ricardo (1772–1823) von F. Lassalle (1825 bis 64) aufgestellte, heute überholte L-theorie, nach der der L. stets dem Existenzminimum des Arbeiters und seiner Familie entspricht; -politik, Einflußnahme des Staates auf den Arbeits-l., v. a. durch Normierung (L.-taxen), um Preissteigerungen zu vermeiden, bzw. die Konjunktur zu erhalten (z. B. in vielen Ländern nach dem Schwarzen Tod von 1348, in England durch Elisabeth I. 1562).

Lokator (lat. ‚Verdinger'), bei den Römern der vom Staat (seit der späteren Republik auch von →Munizipien) und Privaten beauftragte →Unternehmer, v. a. für Bauarbeiten, der seinerseits Arbeiter andingt. Bei der →Ostkolonisation der von weltlichen und geistlichen Herren mit der Neuanlage von Siedlungen (Dörfern, Städten) beauftragte Unternehmer ritterlicher oder bürgerlicher Herkunft, der im Altsiedelland Siedler anwirbt, z. T. auf eigene Kosten ins Neuland führt und die Siedlungen anweist. Er erhält dafür das →Erbschulzenamt mit niederer Gerichtsbarkeit, ein größeres, abgabenfreies Gut (Freigut), Jagd- und Fischereirechte, oft auch Krug und Mühle.

W. Kuhn, Gesch. d. dt. Ostsiedlung, 1953/57.

Loll(h)arden, Lollbrüder (vgl. dt. *lallen*) = →Begarden.

Lorbeer (lat. *laurus*, gr. *daphne*), Pflanze der Reinigung und Entsühnung, zunächst dem Apollon heilig (Sage von Apollon und Daphne), daher Attribut der Dichter und Sänger; dann auch Symbol des Zeus-Juppiter (Mittel gegen Blitzschlag), daher der L.kranz des röm. Triumphators, allgem. des Siegers.

Lord (engl.), Herr, Grundherr, Titel und Anrede des engl. hohen Adels, der →Peers, der Söhne eines Marquess oder Duke; der anglikanischen Bischöfe (als Mitglieder des Oberhauses, *House of Lords*); der Bürgermeister großer Städte (in England *L. Mayor*, in Schottland *L. Provost*); vorsitzender Richter und anderer hoher Beamter (z. B. Erster Schatz-l., *First L. of the Treasury*, seit 1667 Leiter des Finanzwesens, seit dem 18. Jh. →Premier; L.siegelbewahrer, *L. Privy Seal*, seit dem 14. Jh. Staatssekretär, heute →Minister ohne Portefeuille; →auch Admiralität).

Los von Rom, seit 1897 Parole und Bewegung im Nationalitätenkampf der Habsburgermonarchie, von →Alldeutschen und Deutschnationalen wegen des Zusammengehens der katholischen Volkspartei mit den Slawen gefördert, führte zu mehr als 70000 Austritten aus der katholischen Kirche.

Loskauf, die Befreiung eines →Sklaven, Unfreien oder Minder→freien gegen Entrichtung seines Kaufpreises, entweder (v. a. bei Sklaverei infolge Kriegsgefangenschaft, Piraterie) durch seine Freunde und Angehörigen, oder durch ihn selbst, wenn ihm der Herr den Erwerb eigenen Vermögens gestattet hat.

Louisdor, seit Ludwig XIII. verschiedene frz. Gold- (vereinzelt auch hochwertige Silber-)münzen des 17./18. Jh.; in Dtld. das goldene 5-Taler-Stück.

Loyalität (frz. *loyauté* Treue des Lehensherrn gegenüber seinem Vasallen, Gegenteil: →Felonie), Gesetzlichkeit, Ergebenheit gegenüber der Staatsgewalt; dav. Loyalisten, gelegentliche Bezeichnung der Tories im am. Unabhängigkeitskrieg, die zur Krone Englands hielten.

Lückentheorie, die von Bismarck seit 1850 vertretene, beim Nichtzustandekommen des Budgetgesetzes für 1863 (13. 10. 1862 Ablehnung durch das Herrenhaus; vgl. preuß. Verf. v. 31. 1. 1850, Art. 99, 62) praktizierte Auffassung, daß bei einem in der Verfassung nicht vorgesehenen staatsrechtlichen Falle die Regierung befugt sei, nach eigenem Ermessen zu handeln (‚Was schreibt die Verfassung in einem solchen Falle vor? Nichts! – . . . So mußte ich wegen jenes „Nichts" supplieren und als guter Hausvater das Haus weiterführen und spätere Rechenschaft geben', Wilhelm I.).

K. Kaminski, Verf. u. Verfkonfl. in Preußen, 1938.

Ludditen (engl., Herkunft umstritten), sozialrevolutionäre Bewegung in England 1811–16, die z. T. mit organisierten Banden in Fabriken eindrang und Maschinen zerstörte.

Lugal (‚großer Mann'), bei den Sumerern der Titel des Kg. als Stellvertreters der Gottheit seiner Stadt oder seines Gaus.

Lukumo, bis Ende 6. Jhv. Priester-kg. in etrusk. Städten; die 12 L.nen schlossen sich zum etrusk. Bund zusammen und wählten vermutlich aus ihrer Mitte einen Oberkg.

Lunarbuchstaben (mlat. *litterae lunares*), ma. Hilfsmittel zur Berechnung der Mondphasen, drei Buchstabenreihen A-U, A.-U., .A-.T (59 = 29 + 30 Buchstaben).

→Ära

Lunation (von lat. *luna*, ‚Mond'), der astronomische Monat, ein Zeitraum von 29 Tagen, 12 Stunden, 44 Minuten, 3 Sekunden, von Neumond zu Neumond gemessen, auch synodischer Monat genannt.

→Ära

Lunette →Halbmond.

Lustrum (lat., wohl ‚Musterung'), der feierliche Akt der Entsühnung der röm. Wehrgemeinde durch die →Zensoren nach Abschluß der Schätzung (auf dem Marsfeld werden Schwein, Schaf, Stier – die *suovetaurilia* – um die Gemeinde geführt, dann dem Mars geopfert); da die an sich unregelmäßige (3–7jährige) Zensusperiode im 3./2. Jhv. in der Regel 5 Jahre betrug, wird L. im 1. Jhv. als Zeitraum von 5 Jahren verstanden, auch als Zeitraum für die (durch die Zensoren vergebenen) Staats-, v. a. Steuerpachten; ähnlich, doch allgemeiner: Lustration, Entsühnung (v. a. durch Suovetaurilien), des Ackerlandes durch den Hausvater, der röm. Gemeindemark (29. Mai am Fest der Amb→arvalien), des Heeres und Kriegsgeräts vor wichtigen Aktionen durch den Oberbefehlshaber u. ö.

Luxusgesetze, seit dem At., v. a. in Athen (Solon, 594v., Demetrios v. Phaleron, 317–07v.) und Rom (*lex Oppia* 215v. u. a.) Gesetze und Verordnungen, die übersteigerten Aufwand verhindern wollen, u. zw. (1) v. a. im At. bei Bestattung und Grabschmuck, (2) bei Anzahl und Bewirtung der Gäste, (3) in der Kleidung. Bes. zahlreich sind die landesherrlichen Verordnungen des 16./17. Jh. (z. B. die ‚Kurfürstlich sächsische Landesordnung von übermäßiger Kleidung, Schmuck und Beköstigung der Hochzeiten, Kindstaufen und anderer Gastereien halber' 1546). In MA. und NZ. waren die L. oft mit dem Bestreben verbunden, die Abgrenzung der Stände zu wahren, auch die Staatswirtschaft zu fördern (→Merkantilismus); die Wirksamkeit solcher Gesetze war zu allen Zeiten gering, im 18. Jh. werden sie durch Luxussteuern abgelöst.

E. Bayer, Demetrios Phal., 1942, ND 1969; S. Dow, Hesperia 1943; – W. Sombart, Luxus u. Kapitalismus, ²1922, ND 1967.

Lynchjustiz (Richter James L. Fitzstephen, Bürgermeister von Galway, Irland, verurteilt 1493 den eigenen Sohn wegen Totschlags und henkt ihn mit eigener Hand), illegaler Strafvollzug durch eine Volksmenge (USA 1889–1950: mehr als 3500, trotz Anti-L.-Gesetz von 1922).

Machiavellismus, von den Kritikern (vgl. Friedrich II. von Preußen, *Antimachiavell* 1739, ersch. 1767) des N. Machiavelli (1469–1527; *Il Principe* 1513, ersch. 1532, *Discorsi* 1519, ersch. 1531) verbreitetes abwertendes Schlagwort zur Kennzeichnung einer Politik, deren Grundsätze und Mittel ohne Rücksicht auf die Moral lediglich die →Staatsräson *(ragione di stato)* als Norm anerkennen und ausschließlich vom Erfolg bestimmt werden.

F. Meinecke, D. Idee d. Staatsräson, ³1963; E. Faul, Der mod. M., 1961.

Macht, konkret = Staat, Heer, als zwischenmenschliches Verhältnis ‚die Kraft, die Wirklichkeit gegen Widerstände zu gestalten' (D. Schindler) von der →Soziologie seit M. Weber (1864 bis 1920) eingehend untersucht, wirkt in der Geschichte als *das* spezifische Mittel des Politischen; während die Soziologie die M. als ein moralisch neutrales Phänomen zu erfassen strebt, gilt sie der Ethik (v. a. der christlichen) gemeinhin (anders F. Nietzsche, 1844–1900, vgl. sein geplantes Werk *Der Wille zur M.*) wegen der ihr innewohnenden Möglichkeiten zu Expansion, Mißbrauch und Selbstvergötzung als verwerflich (J. Burckhardt: ‚Und nun ist die M. an sich böse, gleichviel wer sie ausübe. Sie ist kein Beharren, sondern eine Gier und eo ipso unerfüllbar, daher in sich unglücklich und muß also andere unglücklich machen'; G. Ritter: ‚Wer M. besitzt, ist von ihr besessen'); demnach wird M. vielfach auch als ‚Gewalt' im Gegensatz zum Recht verstanden; – M.-dynamik, von M. Weber geprägter Ausdruck zur Kennzeichnung der geschichtlichen Erscheinung, daß der M. spezifische irrationale Tendenzen innewohnen (Prestigeprätentionen, Gebietsexpansion, Interessenausweitung); -ergreifung, (-übernahme), vor 1933 Ziel der politischen Bestrebungen der NSDAP, nach 1945 in der Geschichtsschreibung Bezeichnung für den politischen Umsturz von 1933 und die Durchsetzung der NS-Ziele in Staat und Gesellschaft; -politik, eine Politik, die – unsachlich (aus Eitelkeit) und verantwortungslos – die M., ihre Ausweitung und ihren äußeren Schein zum Selbstzweck erhebt; -sphäre = →Interessensphäre; -staat, Polizeistaat, Willkürstaat, Kennzeichnung eines (totalitären) Staates, der seine M. im Inneren rücksichtslos und auch gegen das Recht im Dienste der eigenen Interessen einsetzt.

J. Burckhardt, Weltgesch. Betr., 1905 u. ö.; M. Weber, Ges. pol. Schriften, [3]1971; ders., Wirtsch. u. Ges., [4]1972; G. Ferrero, M., dt. 1944; G. Ritter, D. Dämonie d. M., [6]1948; ders., Vom sittl. Problem der M., [2]1961; D. Schindler, Verf.recht u. soz. Struktur, [3]1950; A. Bergsträsser, Die M. als Mythos u. Wirklichkeit, 1965; B. Russell, M., dt. 1973; – K. D. Bracher u.a., D. NS-M.ergreifung, [2]1962.

Madame, Anrede der ältesten verheirateten Tochter des frz. Königs; der Gemahlin von Monsieur (→Senior); Mademoiselle, Anrede der unverheirateten Prinzessinnen des frz. Königshauses, →Dame.

Made in Germany →Markenschutz.

Maffia, Mafia, sizilischer Geheimbund, bes. seit napoleonischer Zeit Selbsthilfeorganisation gegen die Besitzenden und die Generalpächter, die mit der Ablehnung und Bekämpfung der staatlichen Gewalt gelegentlich auch autonomistische Ziele verband.

N. Lewis, Die ehrenwerte Gesellsch., dt. 1965.

Mage (mhd. *mac*, *mage*), im älteren dt. Recht Sammelbezeichnung für Blutsverwandte im Mannes- (→Agnaten, Schwertm.n) und Weibesstamm (→Kognaten, Spindelm.n); Magsühne, der Anteil der M.n des Erschlagenen am →Wergeld.

Maghreb (arab. ‚Westen'), der westliche Teil der mohammedanischen Welt: (Spanien), Marokko, Algier, Tunis.

Magier, medischer Teilstamm, der im 6. Jhv. die kultischen Funktionen im Mederreich an sich bringt (alt-iranische Religion mit

Feuerkult und Geheimlehren; – 522v. Aufstand des M.s Gautâma, ‚der falsche Smerdis'), im 4. Jhv. auch den Zarathustraglauben unterwandert; bei den Griechen (in Vermengung mit den →Chaldäern) und allgem. seit dem At. Astrologen, Zauberer, im Besitz geheimen Wissens und okkulter Kräfte.

Magister (von lat. *magis* ‚mehr', ein Mann mit höherem Ansehen oder höherer Gewalt), Meister, Lehrer, Vorsteher einer Körperschaft, bes. *M. equitum*, ‚Reiteroberst', Gehilfe des röm. →Diktators (urspr. *M. populi*); 3.–7. Jhn. im Titel der ‚Heermeister' *(M. militum, equitum, peditum, utriusque militiae)*, auch des obersten Zivilbeamten *(M. officiorum)*; mlat. →Meister, →Bürgermeister, Handwerks-, →Zunftmeister, Lehrer, v. a. Rechtskundiger, dav. frz. Maître Titel der Richter und Anwälte.

Magistrat (lat. *magistratus* von *magis* ‚mehr'), in den italischen Stadtstaaten das Jahresamt und sein Träger (kollektiv auch: die M.ur); die ältere Forschung versteht mit Th. Mommsen (1871 bis 1903) unter M. (als Teilfunktion der kg. Obergewalt) jedes Amt der röm. Republik, während die neuere die Bezeichnung auf die ordentlichen Ämter (→Konsulat, →Prätur, →Ädilität, →Quästur) zu beschränken sucht, die außerordentlichen (→Diktator, →*Magister equitum*, →Zensur) ausklammert; damit ist M. im engeren Sinne durch Volkswahl, →Annuität und →Kollegialität bestimmt, Iteration und Kontinuierung wurden beschränkt (letztere seit 180v. durch einen Zwischenraum von 2 Jahren), Kumulierung ausgeschlossen, seit 180v. *(lex Villia annalis)* Reihenfolge und Mindestalter festgelegt (43., 40., 37., 31. Lebensjahr); die M.e gliedern sich in →kurulische und nicht-kurulische, M.e mit und ohne →Imperium (zur Übertragung m.ischer Funktionen →Promagistratur); – In der Kaiserzeit ist die M.ur (seit Augustus mit herabgesetzter Qualifikation – Konsul 33 Jahre –, seit Tiberius mit Wahl durch den →Senat), durch →Prom.ur und kaiserliche Beamten an Bedeutung übertroffen, äußeres Zeichen des republikanischen Scheinkonstitutionalismus und schwindet allmählich, bzw. erstarrt im Formalen (→Konsul usw).; – In der NZ. Stadtrat, (von der Regierung ernanntes) Kollegium zur Leitung einer Stadt (vereinzelt auch bes. städtische Ämter oder, z. B. frz. *magistrature*, allgem. Behörden, bes. gerichtliche); nach der Preuß. Städteordnung vom 19. 11. 1808 von der Stadtverordnetenversammlung gewählte, kollegiale Behörde aus besoldeten und unbesoldeten Mitgliedern (→Beigeordneter, Schöffe) als abhängiges ausführendes Organ (M.sverfassung im Gegensatz zur →Bürgermeisterverfassung, z. B. des preuß. Rheinlandes), ähnlich (z. T. mit stärkerer Stellung des M.s als ‚zweite Kammer', wie z. B. in Berlin 1946–1950), in den preuß. Städteordnungen vom 17. 3. 1831 und 30. 5. 1853 und sonst im Bereich des dt. und österr. Verwaltungsrechts.

Th. Mommsen, Röm. Staatsrecht II, [4]1952; Ernst Meyer, Röm. Staat, [4]1975; – E. R. Huber, Dt. Verf.gesch. seit 1789 I, [2]1967.

Magnaten (mlat.), Hochadel in Polen, seit dem 15. Jh. mit wachsender Macht, 15. Jh.–1795 neben der Geistlichkeit Mitglieder des

Senats (= Oberhaus, → auch Sejm); in Ungarn der Hochadel und die höchsten geistlichen und weltlichen Würdenträger, die im →Reichstag vom 16. Jh.–1918 und 1926–46 die M.-tafel (= Oberhaus) bilden; heute auch auf Großindustrielle angewandt (Industrie-m.)

Magnifizenz (von lat. *magnificus* ‚großgesinnt'), Anrede der Regierenden Bürgermeister in Hansestädten, der Hochschulrektoren.

Maharadscha →Radscha.

Mahatma (sanskr. ‚große Seele'), ind. Ehrentitel für überragende Persönlichkeiten mit geistiger Autorität, bes. des Mohandas Karamchad Gandhi (1869–1948).

Mahdi (ar. ‚der Geführte'), im Islam, bes. bei den schiitischen Mohammedanern der erhoffte, gottgesandte Erlöser und Glaubenserneuerer. Seit dem 7. Jh. bezeichnen sich immer wieder religiöse Führer als M., bes. im 16. und 17. Jh. in Indien und im 19. Jh. in Afrika (Aufstand des M. Mohammed Achmed im Sudan 1882–1896). Auch sonst Bestandteil von Namen und Titeln, bes. bei den Herrschern des Yemen.

Mahl-jahre, Zeitraum, währenddessen der Stiefvater eines noch nicht volljährigen →Anerben bis zu dessen Volljährigkeit den Hof leitet; -schatz, im älteren dt. Recht Angeld des Bräutigams, urspr. an den Muntwalt (z. B. den Vater) der Braut, später an die Braut selbst; – (und Schlacht)-steuer, in Preußen im 19. Jh. in mittleren und größeren Städten von allen zum Mahlen gebrachten Getreidearten und zum Schlachten bestimmten Tieren, dann auch von importierten Fertigwaren anstelle der →Klassensteuer erhobene Steuer.

Mai-feld, 755 (→Märzfeld) bis in die Zeit Ludwigs des Frommen Heerschau und Reichsversammlung des frk. Reiches; -gesetze, 4 preußische Gesetze vom 11.–14. 5. 1873 im →Kulturkampf, über Vorbildung der Geistlichen, kirchl. Disziplinargewalt, kirchl. Zuchtmittel, Austritt aus der Kirche; ru. Gesetze von 1882, die die Ausweisung der Juden aus ländlichen Siedlungen (bis 10000 Einwohner) verfügten.

Main de justice (frz. ‚Hand der Gerechtigkeit'), unterarmförmiges Szepter, bei der Belehnung verwandt.

Mainmorte →Amortisation.

Maire (von lat. *maior*, →Major), in Frankreich seit dem MA. Titel des Stadtoberhaupts; urspr. gewählt und nur in einigen Städten üblich, wird der M. bald kg. Beamter und tritt häufiger auf. Das Amt wird seit 1692 käuflich und erblich. Seit der frz. Revolution in ganz Frankreich einziger Titel des Gemeindevorstehers, der nun vom Staat ernannt wird, dav. engl. Mayor, in England seit dem späteren MA. Titel des von den →Aldermen gewählten Stadtoberhaupts; seit 1835 wird er aus der Mitte der Stadträte von diesen auf ein Jahr gewählt und hat im wesentlichen repräsentative Pflichten (in einigen größeren Städten, so in London, Lordmayor); in den USA von den Bürgern gewähltes Gemeindeoberhaupt mit dem Recht, Gemeindebeamte zu ernennen und gegen Beschlüsse städtischer Korporationen ein Veto einzulegen.

Majestät (lat. *maiestas*), die Würde, der Vorrang des röm. Volkes vor dem Einzelnen *(m. populi Romani)*, durch Sulla auf die Amtsträger ausgedehnt, durch Augustus erstmals auf das Herrscherhaus übertragen; seit dem 1. Jhn. die Hoheit, Erhabenheit des röm., dann des ma. K. *(m. principis)*, Anrede des Kaisers, seit dem 15. Jh. des Kg. von Frankreich, dann (seit dem 18. Jh.) aller Könige und ihrer Gemahlinnen (gleichzeitig für die Kaiser die Steigerung: *kaiserliche M.*); M.sbrief, Urkunde Ks. Rudolfs II. vom 9. 7. 1609, die den böhmischen Ständen allgem. Religionsfreiheit zusicherte; -rechte →Regalien; -verbrechen *(crimen laesae maiestatis)*, Angriff gegen Sicherheit oder Würde der röm. Republik, seit dem 1. Jhn. des Kaisers, dann jedes Monarchen, durch die Goldene Bulle 1356 auch auf die dt. →Kurfürsten ausgedehnt.

Ernst Meyer, Röm. Staat, [4]1975; P. E. Schramm, Ks., Rom u. Renovatio, [2]1957.

Major (lat. *maior* ‚der Größere', *maior natu* ‚der Ältere'; mlat. → Meier), Abkürzung für span. → Sargento mayor, während des 30-jährigen Krieges von den Spaniern sich ausbreitender Dienstgrad, der in dt. Heeren an die Stelle des Oberstwachtmeisters tritt. Zuerst nur bei der Infanterie üblich, wird der M. seit dem Ende des 17. Jh. auch von anderen Waffengattungen übernommen. Er ist urspr. stellvertretender Regimentskommandeur, für die gesamte Organisation des Regiments in Krieg und Frieden zuständig; seit der Mitte des 17. Jh. wird sein Befehlsbereich laufend eingeschränkt. Mit der Neueinteilung des Regiments in 3 Bataillone anfangs des 18. Jh. wird er Bataillonskommandeur und unterster der Stabsoffiziere; M.at, Form der Erbfolge, bei der innerhalb verschiedener Gruppen von Erbberechtigten der jeweils Ältere den Vorrang hat (im Gegensatz zu dem selten vorkommenden Minorat, dem Erbfolgerecht des Jüngeren, *minor natu*); das M.at wird unterteilt in: (a) M.at im engeren Sinne: der dem Grade nach nächste Verwandte, bei mehreren gleichnahen der älteste, erbt; (b) Seniorat: der Älteste der Gesamtfamilie erbt ohne Rücksicht auf den Verwandtschaftsgrad; (c) →Primogenitur, Erstgeburtsrecht: der Älteste der ältesten Linie erbt; mit M.at wird auch das Gut bezeichnet, das diesem Erbrecht unterliegt; M.atsherr, der Besitzer eines M.ats; M.-domus →Hausmeier; M.ist, Kleriker der höheren Weihen.

Majorität →Mehrheit.

Majuskel (mlat.), die alte röm-regelmäßig quadratische Buchschrift ohne Ober- und Unterlän. gen, als Kapitalschrift bis ins 4. Jhn. verwendet; daneben entwickelt sich für den praktischen Bedarf in der röm. Kaiserzeit eine M.-Kursive, während die eigentliche M. als (-‚zollhohe') Unziale mit gerundeten Formen bis ins 9. Jh. verwendet wird, später nur mehr für Anfangs- und Großbuchstaben (Versalien).

Makulist (frühnhd. v. lat. *macula*, ‚Flecken'), Gegner des Dogmas von der unbefleckten Empfängnis Mariä, Dominikaner.

Malberg, auch Ma(h)lstatt (mhd. *mâl*, ‚Gerichtsplatz'), im germ. und altdt. Recht Versammlungsplatz, stets unter freiem Himmel, bes. an markanten Stellen (→auch Ding); m.ische Glossen, in der →*Lex Salica* Glossen zu Titeln und Text in der vor Gericht *(in malbergio)* gebrauchten altfränk. Sprache.

Malchus (bibl.), auch Braquemart (gr. *bracheia macheira* kurzes Schwert), kurzes, meist einschneidiges Säbelschwert mit breiter Klinge, v. a. im 15. Jh. beliebt.

Malkontente (frz. ‚Mißvergnügte'), 17.–19. Jh. nationale Opposition des ungarischen Adels gegen die Habsburger (Verschwörung 1669–71).

Mambour(g), Momber (nld., vgl. mhd. →*munt*), ‚Pfleger', ‚Verwalter', seit dem 14. Jh. in den Niederlanden Regent anstelle eines behinderten Landesherrn oder bei Sedisvakanz eines Bistums.

Mamertiner (‚Marssöhne'), Gruppe der kampanischen Söldner des 4./3. Jhv. auf Sizilien, deren Besetzung von Messana 264v. zum Ausbruch des 1. Punischen Krieges führte.

Mam(e)luken(ar.), ‚‚Sklaven', bes. fremde, v. a. tü. Söldnertruppe in Bagdad und in Ägypten, wo sie sich seit dem 12. Jh. zur Oberschicht entwickeln, deren Führer seit 1250 als →Sultane regieren. Nach 1517 unter der Oberhoheit der →Pforte, 1811 von Mehemed Ali vernichtet; dav. dt. in der frühen NZ. Scheltwort für Abtrünnige, Unzuverlässige.

D.P. Little, An Introduction to Mamluk Historiography, 1970.

Manager (engl. *to manage* ‚leiten', ‚bewerkstelligen'), urspr. Organisator von Veranstaltungen, dann Betriebsorganisator, der als unselbständiger →Unternehmer (leitender Angestellter) die eigentliche Unternehmerfunktion wahrnimmt; in Großbetrieben (AG, Staatsbetrieb usw.) geht die Geschäftsführung zunehmend an Spezialisten über, während die Einwirkung des Eigentümers auf den Betrieb abnimmt; diese Entwicklung u. ihre Auswirkung auf die Gesellschaftsordnung nennt J. Burnham die ‚Revolution der M.'.

J. Burnham, Das Regime der M., dt. 1948; H. Gross, M. von morgen, [2]1950; K. F. Withauer, Die Managementfunktionen, 1974.

Manchestertum, wirtschaftlicher →Liberalismus, der Freihandel und Unternehmerfreiheit mit letzter Konsequenz vertritt, von der nach ihrem Schwerpunkt Manchester benannten, 1859 in den Liberalen aufgegangenen Partei und volkswirtschaftlichen Schule in England (R. Cobden, 1804 bis 65, 1839–46 Vorsitzender der *Anti-Corn-Law-League*), die zunächst 1846 an der Aufhebung der Getreidezölle gegen die Interessen des Grundbesitzes und schließlich 1860 am Übergang zum →Freihandel maßgeblichen Anteil hatte.

Mandarin (von sanskr. *mantrin* ‚Ratgeber'), urspr. port. Bezeichnung für einheimische Würdenträger in Hinterindien, bis 1912 allgem. europäische für hohe chin. Zivil- und Militärbeamte.

Mandat (lat. *mandatum*), ‚die Willenserklärung, durch die jemand (Mandant) ihm selbst zur Erledigung obliegende Angelegenheiten einem anderen (Mandatar) ‚‚in die Hand gibt"' (Kreller), in der röm. Kaiserzeit bes. die Instruktion des Kaisers für einen Beamten, danach allgem. kaiserliche, später landesherrliche

Verfügung (→Urkunde); Auftrag, bes. der dem →Abgeordneten von den Wählern durch die Wahl erteilte *(freies M.* im Gegensatz zum weisungsgebundenen *imperativen M.)*; Auflage, bes. Strafverfügung ohne Verfahren; völkerrechtlich die Beauftragung eines Staates durch eine Staatengemeinschaft, v. a. in der Zeit des →Völkerbunds zur Verwaltung des dt. Kolonialbesitzes und Teilen des Osmanischen Reiches (M.sgebiete, engl. *mandated territories)* nach Art. 22 der Satzung: *A-M.e* zu zeitweiliger Mitverwaltung (Irak, Syrien, Libanon, Transjordanien, Palästina), *B-M.e* unbefristete Kolonialverwaltung (dt. Kolonien in Afrika außer SW-Afrika), *C-M.e* als ‚integrierende Bestandteile' des Mandatargebiets (SW-Afrika und dt. Besitzungen im Pazifik), überwacht durch einen M.sausschuß des Völkerbunds; →Treuhandsystem; Mandatar, Beauftragter, Gesandter; Mandaten (frz. *mandats territoriaux*), 1796/97 anstelle der →Assignaten ausgegebene Anweisungen auf Emigranten- und Nationalgüter, wie diese ebenfalls einer inflationistischen Entwicklung unterworfen; Mandator, ‚Reichsbote' byz. Amt und Titel; Mandierung (Mandation), Übertragung amtlicher, v. a. gerichtlicher Befugnisse an einen Amtsgehilfen, dem Weitergabe an einen Dritten untersagt ist.

Kreller, RE XIV, s. v.; – H. D. Hall, M.es, dependencies a. trusteeship, 1948.

Manen (lat. *di manes* ‚die Guten'), bei den Römern, v. a. der Kaiserzeit, die Geister (der Geist) der Toten, Bewohner des Schattenreiches, Beschützer der Gräber (ähnliche Vorstellungen bei Griechen und Semiten).

W. F. Otto, Die M., [2]1958.

Manifest (lat. *manifestus* ‚offenkundig'; it., engl. *manifesto*), Ladungsverzeichnis eines Schiffes; v. a. im 19. Jh. Grundsatzerklärung eines Staates, Herrschers, Einzelnen, einer Körperschaft oder Partei, zur Wirkung in breitester Öffentlichkeit bestimmt.

Manipel, Manipulartaktik → Legion.

Mann-fall, im →Lehensrecht der →Heimfall eines Lehens an den Herrn beim Tode des Lehensträgers (= Mann); -lehen, (a) das nur im direkten Mannesstamm vererbliche Lehen, (b) = →Bauernlehen; -geld, Handgeld des Soldaten; -gericht, in Schlesien seit dem späteren MA. bis 1741 urspr. ordentliches Gericht des Landadels, dann nur mit freiwilliger Gerichtsbarkeit, die Landgüter betreffend: -werk, süddt. Feldmaß, etwa 58 ar.

Mansus, Manse →Hufe.

Mantelnote, zusammenfassendes Begleitschreiben zu diplomatischen Schriftstücken, bes. bekannt durch die M. der Alliierten zum Ultimatum an Dtld. vom 16. 6. 1919.

Manual (v. lat. *manus*, ‚Hand'), Handbuch zur Eintragung von Akten oder notariellen Beglaubigungen; auch ‚Handgeld', Diäten.

Manufaktur (lat. *manu factum* ‚mit der Hand gemacht'), arbeitsteilige Massenanfertigung in Großwerkstätten auf der Grundlage reiner Handarbeit, nach dem Prinzip, den Produktionsvorgang zu zergliedern und jedem Arbeiter einen einfachsten Arbeitsvorgang zu übertragen, um bei gleichzeitiger Kostensenkung die Produktion zu steigern; M. ist die Vorstufe der Industrie; sie ist schon im At. nachweisbar (gr. Vasenherstellung u. a.); Wegbereiter in der NZ. war das spät-ma. →Verlagsgewerbe (Florentiner Woll-, ndl. Tuchindustrie des 14./15. Jh.); im →Merkantilismus des 17./18. Jh. erreichte die M. durch staatliche Förderung ihren Höhepunkt, teils durch Zusammenfassung handwerklicher Fachkräfte in gemeinsamer Werksttäte (Kutschenfabrikation, Porzellan-M., Textil-M. – vgl. in der Gegenwart M.-waren = Textilwaren), teils als Zwangsarbeit unqualifizierter Arbeitskräfte in Zucht- und Armenhäusern; dabei greifen zentralistische M. und Verlag noch ineinander, der Landesherr ist entweder Unternehmer oder verpachtet die M. an Private, denen er Arbeitskräfte zur Verfügung stellt.

C. Bauer, Unternehmung u. U.sformen, 1936; G. Jahn, Schmollers Jb. 1949; →Wirtschaftsgeschichte.

Manumission →Freilassung.

Maquis (frz. von kors. *macchia*), ‚Unterholz', Schlupfwinkel, im 2. Weltkrieg die frz. Widerstandskämpfer.

G. Millar, M., dt. 1946.

Maravedi (arab.), die älteste iberische Goldmünze (seit dem 12. Jh.), später auch in schlechterem Metall geprägt, 15.–19. Jh. kleinste Kupferscheidemünze.

Mare nostrum (‚unser Meer'), lat. Bezeichnung des Mittelmeers seit dem 1. Jhv., die den Charakter des röm. Imperiums als Mittelmeerreich unterstreicht; in der NZ. wieder aufgenommen (it. *mare nostro*) als Schlagwort des it. →faschistischen →Imperialismus.

V. Burr, N. m., 1932; – G. Herrmann, Italiens Weg zum Imp., 1938.

Marginalien (lat.), Randnotizen in Handschriften, allgem. Anmerkungen, kleinere Beiträge zur wissenschaftlichen Diskussion.

Marine (aus dem frz. von lat. *marinus*), die Gesamtheit der Schiffe eines Staates mit den Einrichtungen zu ihrer Instandhaltung und Versorgung (M.-Depots; M.-Etablissements, Art. 19, Reichsverf. 1849); der Ausdruck bürgert sich im Dt. zwischen 1848 und 1867, v. a. durch die Schaffung der preuß. M. 1854 (Prinz Adalbert v. Preußen, 1811 bis 73) ein, wobei die Bedeutung zwischen Kriegsflotte, Kriegsm., Kriegs- und Handelsm.schwankt; Reichs-m.-amt, oberste Verwaltungsbehörde unter einem Staatssekretär (1897–1917 A.v. Tirpitz 1849–1930). und M.-kabinett, dem →Militärkabinett entsprechende Immediatbehörde, 1889 von Ks. Wilhelm II. geschaffen.

Nauticus, Jb. f. Dtlds. Seeinteressen (Jb. f. Seefahrt u. Weltwirtsch.), 1899ff.; R. Gadow, Gesch. d. dt. M., 1934; F. E. Giese, Die dt. M. 1920–45, 1956.

Mark (germ. ‚Zeichen'), im MA. verbreitete Gewichtseinheit (zwischen 280 und 2½ g.), seit dem 14. Jh. v. a. auf der Grundlage der *Kölnischen M.* von 233,85 g. gegossene Silberkuchen, dann durch die Hansestädte v. a. im Ostseeraum verbreitete Währungsmünze von etwa ½ Taler; seit dem 1. 1. 1876 (Gesetze vom 4. 12. 1871 und 9. 7. 1873) alleingültige Geldeinheit des Dt. Reiches zu 1/1395 Pfund (0,36 g.) Gold zu 100 Pfennigen (mit Silberprägungen als Scheidemünzen), nach der →Inflation Nov. 1923 im Verhältnis 1 : 1 Billion als Renten-m. (seit 1924 Reichsm.), seit der Währungsreform 1948 im Verhältnis 1 : 10 Deutsche M.; in den nordischen Staaten Scheidemünze der Silberwährung (bis 1873–76), seit 1864 die Geldeinheit Finnlands.

Marken (mlat. *marca*, hier: ‚Grenze', ‚Grenzgebiet'), seit Karl dem Großen (768–814) Grenzgebiete des fränk. Reichs und seiner Nachfolgestaaten an bes. gefährdeten Stellen zur Verteidigung, Gewinnung und Durchdringung von Neuland. Sie umfassen Altsiedelland, neu erobertes und noch zu eroberndes Land. Die M. werden mit →Burgen und →Kastellen durchsetzt und mit Wehrbauern besiedelt. Sie unterstehen, je nach Größe eine oder mehrere →Grafschaften umfassend, einem Markgrafen (frz., engl. Marquis engl. Marquess, it. Marchese). Dieser besitzt eine dem spätröm. →*dux* entsprechende militärische Befehlsgewalt. Da er i. a. mehrere Grafschaften in einer Hand vereinigt, ist seine Stellung auch einem →Herzog vergleichbar. Er ist Träger des →Heerbanns und der hohen →Gerichtsbarkeit und besitzt das →Befestigungsrecht. Seine Stellung ist, im Gegensatz zum →Grafen im Altsiedelland, durch keine →Immunitäten eingeengt, so daß die bald erblich werdende Markgrafschaft Keimzelle größerer Herrschaftseinheiten wird. So entstehen im Westfrankenreich am Ende des 9. Jh. aus der *Bretonischen Mark* das Hzgt. Bretagne, sowie 1156 aus d. bayrischen *Ostmark* das Hzgt. Österreich, aus der *Mark Meißen* das Hzgt. Sachsen, aus den M. der mittleren Elbe die *Mark Brandenburg*, führende Territorien im Reich seit dem späteren MA. Der wie der frz. Marquis und der it. Marchese im späteren MA. zum bloßen Titel abgesunkene Markgraf steht i. a. zwischen Herzog und Graf (bzw. *duc* und *comte*); Markgenossenschaft, in den Quellen nicht vorkommender Begriff, der – von *marca*, ‚Wohn- und Nutzungsbereich', abgeleitet – die gemeinschaftliche Nutzung von Wald und Weide festhält. Die ältere rechts- und verfassungsgeschichtliche Forschung verlegt den Ursprung der M. in die germ. Frühzeit: die ‚freien Markgenossen' hätten urspr. den gemeinsamen Besitz der Gesamtflur, dann nur von Wald und Weide, in der Form von M.en verwaltet. Diese Vorstellung von einem Agrarkommunismus der Germanen wird heute fast durchweg abgelehnt. Die M.en, erst seit dem 13./14. Jh. urkundlich ausreichend belegt, sind meist, so z. B. im Schwarzwald und in der Schweiz, aus Dorfnachbarschaften entwickelte →Genossenschaften mehrerer Gemeinden zur gemeinschaftlichen Nutzung von großen Wald- und Weidegebieten (Almen). Früheres Vorkommen der M. in den Urkunden weist auf eine mit grundherrlichem →Zwing und Bann ausgestattete Mark oder auf eine M. von →Königszinsern hin.

R. Kötzschke, Die dt. M. im Sorbenland, (Festg. G. Seeliger) 1920; ders., Die Anfänge d. Markgfsch. Meißen, 1929; E. Klebel, Hzgt. u. M., DA 1938; K. Bosl, D. Markgründungen Kg. Heinrichs III. auf bayr.-österr. Boden, (Zs. f. bayr. Landesgesch.) 1944; W. Schlesinger, Z. Gerichtsverf. d. M.gebiets östl. d. Saale, (Jb. f. Gesch. Mittel- u. Ostdtlds.) 1953; – H. Conrad, Dt. Rechtsgesch., [2]1962 (ältere Auffassung); – F. Lütge, Die

Agrarverf. d. früh. MA. im mitteldt. Raum, [2]1966; A. Dopsch, Herrschaft u. Bauer in d. dt. Ks.zt., 1939; H. Dannenbauer, Grundl. d. ma. Welt, 1959/62.

Markenschutz, der Schutz des Herstellers einer durch Warenzeichen gekennzeichneten, in einer Zeichenliste eingetragenen Ware vor Nachahmung, in den europ. Staaten nach frz. Vorgang 1875–90 gesetzlich geregelt (im Dt. Reich durch Ges. vom 30. 11. 1874, 1. 10. 1894), seit 1883 durch eine internationale Konvention zum Schutz des gewerblichen Eigentums koordiniert; die engl. *Merchandise Marks Act* (23. 8. 1887) forderte außerdem die Kennzeichnung des Herkunftslandes in engl. Sprache für ausländische Waren, eine v. a. gegen dt. Importe gerichtete Maßnahme, die indes bald der Formel *Made in Germany* als Qualitätsbezeichnung Weltruf verschaffte.

W. Miosga, Intern. M.- u. Herkunftsschutz, 1967.

Marketender, Markadant (v. ital. *mercatare* v. lat. *mercari*, ‚Handel treiben'), in der NZ Händler, der dem Troß eines Heeres folgt.

Markt (von lat. *mercatus;* gr. →Agora, lat.→Forum), in den Städten des At. Zentrum des öffentlichen Lebens (Gerichtsstätte, Versammlungsplatz, Börse u. a.), Stätte des Geld- und Warenverkehrs unter kommunaler Aufsicht (Kontrolle der Maße und Gewichte, Polizeistrafgewalt, Einziehung der Marktsteuer u. a. durch →Agoranomen, →Ädilen usw.), mit dem Anwachsen der antiken Großstädte häufig nach Sparten dezentralisiert; im MA. ist die Gründung eines M.es an verkehrstechnisch günstigem Platz (oft Keimzelle späterer Städte) oder in einer Gemeinde kg. Privileg, die Einkünfte aus der Münze und die für den gewährten Rechtsschutz erhobenen M.-gefälle (in Geld oder Waren) – oft weiter vergebenes – →Regal; bis ins 12. Jh. wird das M.recht vornehmlich der Geistlichkeit gewährt (→Asyl, Messe), dann wichtigstes Privileg der Städte (→Stadt als Bereich dauernden M.-friedens; M.-recht häufig = Stadtrecht), die die strenge Ordnung des M.es (M.zwang als bindende Vorschrift für Zeit und Ort des Verkaufs; →auch Stapelrecht) durch eigene Behörden (M.-gerichte, M.-geschworene, Wurzel städtischer Polizeigewalt) sichern; wo das M.-recht ohne Stadtrecht verliehen ist, wird M. vielfach zur Bezeichnung der Gemeinde selbst, = →Flecken. – Wirtschaftlich ist der M. durch das Zusammentreffen von Angebot und Nachfrage und die daraus resultierende Preisbildung gekennzeichnet, so daß die moderne Volkswirtschaft den Begriff in diesem Sinne ohne Rücksicht auf lokale und konkrete Vorgänge verwendet; M.-wirtschaft, als Ideal des wirtschaftlichen →Liberalismus eine Wirtschaft, die sich – im Gegensatz zur gelenkten (Staats-)wirtschaft durch das freie Spiel der wirtschaftlichen Kräfte und freie Preisbildung selbst – u. zw. besser als jede gelenkte – steuert.

F. Heichelheim, Wirtsch.gesch. d. At., 1938; – S. Rietschel, M. u. Stadt, 1897; O. Goennenwein, Zs. f.Gesch. d. Oberrheins 1951; H. Planitz, D. dt. Stadt im MA., [3]1973; – W. Eucken, Grundsä. d. Wirtschaftspol., 1959; A. Müller-Armaok, Genealogie d. soz. M.-wirtsch., 1975; →Wirtsch.geschichte.

Marquis →Mark.

Marranen (von span. *marrano* ‚Schwein'), seit dem 16. Jh. Bezeichnung für die getauften span. Juden, die heimlich ihrem alten Glauben treu blieben (ihretwegen wurde 1478 in Spanien die →Inquisition wieder eingeführt).

Marschall, Marschalk (ahd. ‚Pferdeknecht'; mlat. *marescalcus*, frz. *maréchal* ‚Hufschmied', ‚Stallmeister', vereinzelt auch niedriger Beamter, Amtmann, v. a. engl. *marshall* Gerichts-, Vollstreckungsbeamter), fränk. Hofamt zur Aufsicht über die Pferde, in Frankr. seit der Merovingerzeit dem →Connétable unterstellt, seit dem 16. Jh. →Quartiermeister *(m. de camp)*, außerdem →Großoffizier, Befehlshaber, bis 1627 unter dem →Connétable, auch mit Gerichtsbarkeit (M.-stab als Zeichen), in stark wechselnder Zahl *(m. de France)*; 1793 abgeschafft, wird die Würde durch Napoleon I. 1804 (16 *m.s de l'empire*, später wieder *m.s de France)* als oberster Generalsrang erneuert; – Im Dt. Reich seit dem 10. Jh. eines der →Erzämter, Oberstallmeister und Führer der Reisigen (ähnlich der Ordens-m. im Dt. u. a. Ritter→orden), aus dem sich der Titel dreifach entwickelt: (1) Hofamt zur Aufsicht über Zeremoniell und Hofdienst (Erz-m. – Kf. von Sachsen –, Hof-m., im Dt. Reich →Erbamt der Gf. von Pappenheim, Oberhof-m. u. ä. an den meisten Höfen); (2) Führer der →Ritterschaft, Leiter der →Landstände (Land-m., in Rußland 1785–1917 Adels-m. als Leiter der Adelsversammlung in Kreis und Gouvernement); (3) seit dem 16. Jh. Feld-m. als Befehlshaber des Heeres, seit dem 17. Jh. ohne Gerichtsbefugnis, ranghöchster General (Generalfeld-m., in Österreich auch Feldm.leutnant im Rang des Generalleutnants); – Seit der Konstantinischen Schenkung (8. Jhn.) fordert der →Papst den M.-dienst des Ks. (Halten des Steigbügels und Führen des Pferds am Zügel).

R. Holtzmann, Der Ks. als M. des Papstes, 1928; P. E. Schramm, Ks., Rom u. Renovatio, [2]1956; J. Latzke, Hofamt, Erzamt u. Erbamt im ma. Reich, 1968.

Martialgesetze (nach engl. *Martial Law)*, die während des →Belagerungszustandes geltenden Kriegsgesetze.

Märtyrer (gr. *martys* ‚Zeuge'), Augenzeuge, seit dem 2. Jhn. (Mart. Polykarp v. Smyrna) der Blutzeuge für den christlichen (oder jüdischen) Glauben, in der NZ. allgem. bei der Hingabe des Lebens für eine Überzeugung verwendet; M.-akten, die – meist in Brief- oder Protokollform gefaßten – Berichte von Prozeß und Tod der M. (→auch Bollandisten); Martyrologium, chronolog. Verzeichnis d. M. u. Heiligen d. kath. Kirche, s. 1584 als *M. Romanum* kirchenamtl. redigiert.

K. Holl, Neue Jbb. f. klass. At. 1914; F. Dornseiff, Der Begriff M., (Verh. Philol.tag Jena) 1921; E. Günther, Martys, 1941; – H. Rahner, Die M.akten des 2. Jh., [2]1954.

Marxismus, die zur Schaffung einer propagandawirksamen revolutionären Ideologie in ein dogmatisches System gebrachten Ansichten von K. Marx (1818–83), daher den wissenschaftlichen Anschauungen des historischen Marx nicht immer gleichzusetzen (‚Ich selbst bin kein Marxist' erklärte er seinem Schwiegersohn Lafargue; die Frühschriften, ed. S. Landshut 1953, waren z. Zt. der Entstehung des M. unbekannt, das Hauptwerk ‚Das Kapital' 1867, ist Bruchstück, nur der erste Band von ihm selbst, zwei weitere von F. Engels, 1820–95, insgesamt auf mindestens 6 Bände berechnet). Zum M. wird gemeinhin ungeschieden auch der Anteil von F. Engels gerechnet, auch wo er Erweiterung (Ausdehnung der →Dialektik auf die Natur) oder Korrektur (an der Überbaulehre des →Historischen Materialismus) bedeutet. In der bolschewistischen →Ideologie werden außerdem die Lehren Lenins (1870–1924), z. B. die Imperialismustheorie, mit dem M. als M.-→Leninismus zusammengefaßt, auch die Stalins (1879–1953), die sich als Ausbau des M. geben (z. B. ‚Der M. und die nationale Frage' 1912/13, ‚Der M. und die Fragen der Sprachwissenschaft', 1950). – Im Bereich des →Bolschewismus, dem einzigen, wo er voll wirksam geworden ist, gilt der M. als ‚die Wissenschaft von den Entwicklungsgesetzen der Natur und der Gesellschaft, von der Revolution der bedrückten und ausgebeuteten Massen, vom Sieg des →Sozialismus in allen Ländern, vom Ausbau der →kommunistischen Gesellschaft'. Er ist nach Lenin ‚der legitime Erbe des Besten, was die Menschheit im 19. Jh. geschaffen hat in Gestalt deutscher Philosophie, englischer Nationalökonomie und französischen Sozialismus'. Das Wesentliche des M. findet sich schon in den 30 Seiten des ‚Kommunistischen Manifests' (1847/48), der ‚Bibel des M'. Im Zeitalter des →Kapitalismus wird der Lohnarbeiter, der Proletarier, seiner Arbeit, dem Produkt seiner Arbeit, sich selbst und den Mitmenschen entfremdet. Er wird zum Objekt der Ausbeutung *(exploitation)* der →Bourgeois. Den Mehrwert, d. h. die Differenz zwischen dem Preis, um den der Kapitalist die Arbeitskraft des Proletariers auf dem freien Markt gleich einer Ware kauft, und dem, was er für sie an Produkten erlöst, steckt er selbst ein, bzw. verwendet er zur Aufstockung, zur Akkumulation des Kapitals. Die kapitalistischen Großbetriebe werden immer größer und weniger (Konzentration). Periodische Krisen sorgen dafür, daß eine industrielle Reservearmee von Arbeitslosen den Lohn auf dem nackten Existenzminimum hält (Akkumulation des Elends, Verelendungstheorie). Die Proletarier haben dagegen das Mittel des Zusammenschlusses auf nationaler und →internationaler Ebene zur Führung ihres Klassenkampfes gegen die Bourgeoisie, deren Gesellschafts- und Wirtschaftsordnung nach den Gesetzen des dialektischen und historischen Materialismus unausweichlich zum Zusammenbruch, den Krisen und Kriege beschleunigen, bestimmt ist. Das revolutionäre Proletariat wird die Macht ergreifen und in der Diktatur des Proletariats den Übergang zur sozialistisch-kommunistischen Ordnung der Zukunft vollziehen, die ohne Klassen ist und in der der Staat abstirbt. – Marx hat die kapitalistische Epoche ‚als erster zugleich gewürdigt und angeklagt, durchschaut und als Epoche verstanden' (R. Wilbrandt), aber ‚was Politik und Geschichte gemacht hat, das sind die Irrtümer, nicht die Wahrheiten des M.' (W. Theimer). Die Wirkung des M. beginnt in Deutschland mit der Annahme des Eisenacher Programms 1869, in Rußland mit der Bildung der →Bolschewiken durch Lenin 1903.

I. Fetscher, Der M., Seine Gesch. in Dokumenten, 1962–65; – G.A. Wetter, M.-Studien, 1954ff.; W. Theimer, Gesch. d. pol. Ideen, [3]1964; K. Löwith, Von Hegel zu Nietzsche, [4]1958, ND 1969; H. Schnack, Marx, Mao, Neom., 1969; J. Barion, Hegel u. die marxist. Staatslehre, [2]1970; G. Redow, Einf. in den dialekt. u. histor. Materialismus, 1971; I. Fetscher, Von Marx zur Sowjetideologie, [17]1972; G. Theimer, Der M., [6]1973.

März-feld (lat. *Campus Martius*), die – an die Stelle der alten Stammesversammlung getretene, im März abgehaltene – Heeresversammlung des frk. Reiches oder eines Reichsteiles, 755 in den →Mai verlegt; -gefallene, die Opfer der Straßenkämpfe in Berlin 18./19. März 1848; -revolution, die dt. Revolution von 1848 (13. 3. Abdankung Metternichs, 31. 3. →Vorparlament in Frankfurt), davon die Zeit vorher, = →Restauration, = Vormärz.

Masse (mhd. von lat. *massa* ‚Teig‘, ‚Klumpen‘), nach Bedeutungswandel im frz. ungegliederte, entpersönlichte, wechselseitig beeinflußte Menge von Menschen in gleicher oder ähnlicher Lage, im 20. Jh. zunächst Gegenstand zahlreicher Untersuchungen der →Soziologie und Psychologie, bis zunehmende Differenzierung durch wissenschaftliche Analysen den Begriff (frz. seit G. Le Bon, 1841–1931, *foule*) in neuester Zeit in den Hintergrund drängte. Im Bereich der Geschichte, die seit dem Ende des 19. Jh. das Entstehen der M.n-gesellschaft, im 20. Jh. die M.n-demokratie beobachtet und damit den Begriff der kulturkritischen Bedeutung entkleidet und neutralisiert, haben v. a. die Erscheinungen der Beeinflußbarkeit durch →Propaganda und der emotionalen Reaktion, sowie der Einengung der Entscheidungsfreiheit auf eine Wahl zwischen einer geringen Zahl von Möglichkeiten Bedeutung.

G. Le Bon, Psychologie d. M.n, 1895, dt. [10]1957; Ortega y Gasset, D. Aufstand d. M.n, dt. 1931 u. ö.; K. Baschwitz, D. M.nwahn, 1932; F. zu Löwenstein, Das ZA. der M.n, 1950; H. Freyer, Theorie d. gegenwärt. ZA., [6]1967; A. Mitscherlich, M.npsychologie ohne Ressentiment, 1972.

Matapan (ital), ven. Silbermünze von mehr als 2 g, vom Dogen E. Dandolo (1192–1205) eingeführt, bis ins 14. Jh. geprägt, das Vorbild der →Turnosen und →Groschen.

Materialismus →Historischer M.

Matrikel (spätlat.), ‚Verzeichnis‘ von Einkünften und Personen (Truppen), so die Reichs-m. (seit dem 15. Jh.; seit 1521 ist die *Wormser M.*, im 18. Jh. durch sog. Usual-m. angepaßt, Grundlage der Reichsleistungen), Bundes-m. (im Dt. Bund seit 1819 mit 1–2 % der Bevölkerung als Bundeskontingent), Konsular-m., Pfarr-m. u. a.; Matrikularbeiträge, im Dt. Reich ‚Beiträge der einzelnen Bundesstaaten nach Maßgabe ihrer Bevölkerung‘, die ‚durch den Reichskanzler ausgeschrieben werden‘ (Reichsverf. 1871, Art. 70); -steuern, die aufgrund der Reichs-m. erhobenen Steuern.

Mauren, in vorröm. Zeit einheimische Stammesbezeichnung in Nordafrika, die seit dem 1. Jhv. von röm. Schriftstellern auf die Bewohner der Provinzen Mauretania Tingitana und Caesariensis, seit dem 4. Jhn. auf alle Bewohner Nordafrikas angewandt wird. Im MA. allgem. die islamische Bevölkerung Nordafrikas und Spaniens; Morisken, nach der →Reconquista in Spanien zurückgebliebene, teilweise zwangsbekehrte M. (1568–71 großer, blutig niedergeschlagener Aufstand, 1610 endgültige Ausweisung aus Spanien).

Maut (got. *mota*), in Süddtld. Zoll, Zollhaus; Brücken-, Wegegeld; in Österreich auch die an der →Linie erhobenen Abgaben.

Maxim-Geschütz, kurz nach 1883 (nach dem Erfinder H. Maxim, 1840–1916, geprägte) Bezeichnung für das Maschinengewehr.

Mayor →Maire.

Mazdakismus, die Lehre des Mazdak (gest. 529n.), manichäisch-neuplatonisch beeinflußt, die im Sassanidenreich eine gegen den Feudalismus gerichtete soziale Revolution mit kommunistischen Tendenzen (Weiber- und Gütergemeinschaft) heraufbeschwor.

H. H. v. d. Osten, D. Welt d. Perser, 1956; F. Altheim, Utopie u. Wirtsch., 1957; ders., Zarathustra u. Alexander, 1960.

Medem (Landgarbe, mlat. *gerbagium*), Siebenter vom gerodeten Land, dann allgem. →Königszins, auch grundherrliche Abgabe.

Mediat- (mlat. ‚mittelbar‘) fürsten-(herzog-)tum, in Schlesien eines der kleinen →Herzogtümer, die nach dem Verlust ihrer Reichsunmittelbarkeit (14. Jh.) Lehen der böhmischen Krone wurden; unter den Habsburgern nur noch große →Grundherrschaften mit obrigkeitlichen Befugnissen; -gericht, in der Neumark Gericht 1. Instanz für →Adel und →Exemte, 2. Instanz für den Rest der Bevölkerung; -kirche, im alten dt. Reich Kirche, bzw. kirchlicher Bezirk, der nicht →reichsunmittelbar ist, bes. Niederkirchen, aber auch →Bistümer (z. B. Chiemsee, Gurk, Lavant, Seckau; Prag, Olmütz; Brandenburg, Havelberg); -stadt, im alten Dt. Reich die einem großen →Grundherrn unterstehende Stadt, die nicht in den Landständen vertreten war; M.-isieren, einen →Reichsunmittelbaren der →Landeshoheit eines anderen →Reichsstands unterstellen (bes. 1803, 1805).

Meerengenfrage, die Frage der freien Seeverbindung vom Schwarzen Meer durch Bosporus, Marmarameer und Dardanellen ins Mittelmeer, im antiken Griechenland v.a. wegen der Getreideversorgung aus der Ukraine, seit dem Ende des 18. Jh. v.a. für Rußland von lebenswichtiger Bedeutung. Die M. wurde durch den Vertrag von Montreux (20. 7. 1936) im Sinne der freien Durchfahrt geregelt.

Mehrfelderwirtschaft →Felderwirtschaft.

Mehrheit (Majorität), der bei Wahl oder Abstimmung in einem Gremium für die Entscheidung maßgebliche Teil, u. zw. einfache oder relative M. (höchste Stimmenzahl bei mehreren Vorschlägen), qualifizierte M. (näher bestimmte M.) als absolute M. (mehr als die Hälfte) der Abstimmenden oder der Abstimmungsberechtigten oder potenzierte M. (mit höherem Prozentsatz (z. B. $^2/_3$ bei Verfassungsänderung u. a.); M.s-parteien, in der Mehrparteiendemokratie die Parteien der Regierungskoalition; -**prinzip**, die einzige praktisch wirksame Form gremialer Entscheidung (Einstimmigkeit →Veto), bei der die Minderheit sich fügt, weil sie der M. überlegene physische Gewalt unterstellt, weil sie der Einheit der Gemeinschaft den Vorrang vor dem Einzelwillen zubilligt, oder weil sie der M. die höhere Einsicht zuerkennt, seit J. Locke (1632–1704) im (einstimmig beschlossenen) Gesellschaftsvertrag enthaltener Grundsatz des modernen Staates; -**sozialisten**, die SPD in der Zeit der Abtrennung der Unabhängigen (USPD, März 1916 bis zur Wiedervereinigung Sept. 1922); -**wahl** (Persönlichkeitswahl), die eine der beiden Grundformen politischer →Wahl, bei der durch einfachen M.sentscheid in überschaubarem Bezirk eine oder mehrere Personen ermittelt werden, die ‚den relativ höchsten Grad des Vertrauens der Wähler genießen' (Th. Maunz).

Hartmann, Für u. Wider d. M.swahlrecht, 1949; C. J. Friedrich, D. Verf.-staat d. NZ., 1953; Th. Eschenburg, Staat u. Ges. in Dtld., 1956 u.ö.; Th. Maunz, Dt. Staatsrecht, [18]1971; U. Scheuner, Das M.sprinzip i. d. Demokratie, 1973.

Mehrwert →Marxismus.

Meier (auch Maier; lat. *maior* ‚größer'), im frühen und hohen MA. an leitender Stelle stehender ‚Beamter' (→ z. B. Hausmeier); v. a. in einer →Grundherrschaft der auf dem →Fronhof sitzende, meist aus den →Hintersassen stammende herrschaftliche Gutsverwalter (lat. *villicus*). – Seit dem 13. Jh. in NWdtld. der Pächter auf Zeit oder Erbpächter des →Fronhofs; je nach Besitzgröße Voll-m., Hufner-m., Halb-m. Die Pachtform, das M.-recht, wird von den →Grundherrn gegen das Erblichwerden der Fronhöfe in den Familien der M. eingeführt. Die Hufen freigelassener →Grundholden werden zu M.-höfen zusammengelegt und ebenfalls nach M.-recht verpachtet. Seit dem 16./17. Jh. setzt sich Erbpacht nach →Anerbenrecht durch, im 19. Jh. volles Eigentum.

→Wirtschaftsgeschichte.

Meintwoche →Gemeindewoche.

Meistbegünstigungsklausel, heute üblicher Bestandteil der Handelsverträge, der dem Warenverkehr des Partnerstaats eine ebenso gute (Zoll-)Behandlung wie jedem dritten Staat bzw. keine schlechtere zusichert, meist mit dem Vorbehalt (Reziprozitätsklausel), daß die eigenen Waren von seiten des Partners ebenso behandelt werden.

Meister (lat. *magister*), ursprünglicher Titel des Oberhaupts der Ritter→orden (→Deutsch-, Groß-, Hoch-m.), allgem. Lehrer, Kundiger, auch Bürgerm., Henker.

Mémoire, Memorandum (von lat. *memoria* ‚Gedächtnis', ‚Erinnerung'), Denkschrift, bes. zur Darlegung eines staats- oder völkerrechtlichen Standpunkts; Memoiren (gr. *Hypomnemata*, lat. Memorabilien), Denkwürdigkeiten, seit dem 5. Jhv. (Ion v. Chios), Darstellung des mithandelnd Erlebten (‚Der Erzählende ist hier der Mittelpunkt; sein Interesse die Kategorie, nach der zusammengestellt wird', J. G. Droysen); die M.-literatur, gegenüber der Auto→biographie in der Form freier, ist in ihrem literarischen und Quellenwert von sehr unterschiedlichem Rang; Memorial, →Abschied; Journal.

F. X. Wegele, D. dt. Memoirenlit., 1898; A. v. Harnack, Kritik v. Memoiren u. Tagebüchern, 1950; →Darstellung.

Mendikanten (lat. ‚Bettler'), Bettelorden, zusammenfassende Bezeichnung der Prediger- und Seelsorge→orden des SpätMA., die unter Verzicht auf jegliches Ordenseinkommen urspr. nur vom Almosensammeln lebten: Dominikaner (1216), Franziskaner (1223), Karmeliter (1245), Augustiner-Eremiten (1256), Serviten (1567).

→Orden.

Mensa →Tafelgut.

Menschenrechte (Begriff seit 1777 durch C. M. Wielands *Teutschen Merkur* in Dtld. verbreitet, seit Lafayettes Antrag vom August 1789 als *droits de l'homme et du citoyen* zum politischen Schlagwort geworden), die jedem Einzelnen kraft →Naturrecht angeborenen unantastbaren Rechte auf Freiheit von staatlichen Eingriffen, →Grundrechte. Hervorgegangen aus den in England herausgebildeten ständischen Freiheitsrechten (Magna Charta 1215), unter den Ansprüchen des →absolutistischen Staates weiter gewachsen, erhielten sie in der *Bill of Rights* 1689 erstmals in der NZ. ihre verfassungsmäßige Formulierung als den Untertanen von der Krone garantierte Grundfreiheiten. Trotz gewisser Berührung mit der christlichen Vorstellung von der gottgegebenen Würde der Person haben die M. ihre bis heute gültige Begründung vom autonomen Denken der → Aufklärungsphilosophie empfangen, das die M. als vorstaatliche, unveräußerliche Freiheitssphäre bestimmte (J. Locke, Zwei Abh. über die Regierung, 1694; J. J. Rousseau, *Contrat social*, 1762). Dieser Bestimmung folgen die *Bill of Rights* von Virginia (12. 6. 1776) und die am. →Unabhängigkeitserklärung (4. 7. 1776). Der kontinentaleuropäischen Entwicklung dienten die in der *Erklärung der Menschen- und Bürgerrechte* niedergelegten, von der franz. Nationalversammlung am 26. 8. 1789 angenommenen M. zum Vorbild. Noch 1789 als unantastbare philosophische Wahrheit verstanden, wurden sie seit der frz. →Charte von 1814 staatsrechtlich in die Verfassung eingebaut und sind seitdem verbindliches Recht (Grundrechte der Paulskirche 1848, der Weimarer Verf. 1919, des Bonner GG 1949, Art. 1–19), können aber als solches vom Staat unter bestimmten Bedingungen eingeschränkt werden (vgl. Weimarer Verf. Art. 48). Die *Allgem. Erklärung der M.* der UN (10. 12. 1948) versu t den Schutz der M. international zu garantieren. Rechtsverbindlich im übernationalen Rahmen wurde allein die am 4. 10. 1950 in Rom von den 15 Mitgliedstaaten des Europarates gebilligte *Europäische Konvention der M. und Grundfreiheiten*, deren Bestimmungen seit 7. 8. 1952 Bundesrecht der Dt. Bundesrepublik sind. – Zu den urspr. M. gehören das Recht auf Leben und Freiheit, auf Eigentum, persönliche Sicherheit, Gleichheit vor dem Gesetz, Meinungs- und Glaubensfreiheit und das Recht des Widerstandes gegen staatliche Unterdrückung. Im 19./20. Jh. kamen hinzu: Versammlungsfreiheit, Koalitionsrecht, Freizügigkeit und die ‚sozialen Rechte' (Recht auf Arbeit, gleichen Lohn, Bildung, soziale Fürsorge), die das wachsende Übergewicht des Staates weiter begünstigen und z. B. in der Verfassung der UdSSR vom 5. 12. 1936 (Art. 118ff. in Verbindung mit Art. 11 u. a.) die M. im alten Sinne geradezu aufheben.

A. Voigt, Gesch. d. M., 1948; G. Ritter, HZ 1949; F. Hartung, D. Entwicklg. d. Menschen- u. Bürgerrechte, [3]1964; A. Vandenbosch, W. N. Hogard, D. Vereinten Nationen, 1955; R. Schnur, Die M., 1973.

Menschewiken →Bolschewiken.

Merkantilismus (frz.), die von seinen Kritikern (A. Smith, 1723–90, und den →Physiokraten) geprägte Bezeichnung für das System der Staatswirtschaftspolitik des →Absolutismus, als Epochenbezeichnung der Wirtschaftsgeschichte des 16.–18. Jh. (nach seinem bedeutendsten Vertreter J. B. Colbert, 1619–83, auch Colbertismus genannt); – Von den Bestrebungen anderer Zeiten (z. B. im hellenistischen Ägypten), durch geeignete wirtschafts- und handelspolitische Maßnahmen möglichst große Geldmittel für Heer, Hof und Verwaltung zu schaffen (→auch Etatismus), scheidet sich der frz., durch calvinistische Einflüsse geprägte M. (der engl. und dt. M. weicht hierin ab) durch die Betonung der industriellen Erzeugung, der gegenüber Landwirtschaft und Kleinhandwerk zurückstehen; Errichtung neuer Betriebe und Industriezweige, Bevölkerungsvermehrung (auch durch Anwerbung und Auswanderungsverbot für Fachkräfte), Verbesserung der Verkehrswege, Sicherung der Rohstoffe durch Zoll- und Kolonialpolitik werden im Interesse der großgewerblichen Produktion (→Manufaktur, Verlag) erstrebt, deren Erzeugnisse der innerstaatlichen →Autarkie und der Erzielung eines Überschusses (aktive Handelsbilanz) durch gelenkte Außenhandelspolitik dienen. – Die Überwindung des M. erfolgt theoretisch durch die →Physiokraten und den wirtschaftlichen →Liberalismus (→Freihandel, Manchestertum), doch wirken trotzdem die von ihm eingeleiteten wirtschaftlichen Entwicklungen im 19./20. Jh. kräftig fort (→Industrielle Revolution, Schutzzoll, Kolonie).

O. Spann, D. Haupttheorien d. Volkswirtsch.l., [27]1967; A. Müller-Armack, Genealogie d. Wirtsch.stile, [3]1944; H. Kellenbenz, Der M. u. die soz. Mobilität, 1965; F. Blaich, Die Epoche des M., 1973.

Messe (aus mlat. *missa* ‚Entlassung'), (1) der Hauptgottesdienst der kath. Kirche; (2) im frühen und hohen MA. der an Sonntagen und Festen hoher Heiliger bes. in ihrer Reliquien wegen stark besuchten Wallfahrtsorten im Anschluß an den Gottesdienst stattfindende →Markt. Mit der Intensivierung des internationalen Großhandels bes. seit den →Kreuzzügen entwickelt sich an den Nahtstellen zwischen Nord- und Ostseehandel und dem Mittelmeerhandel in der auch politisch neutralen, weil ziemlich unabhängigen Grafschaft Champagne die M. großen Stils, die berühmte *Champagner-m.*, die während ihrer Blütezeit (Mitte 12. – Anfang 14. Jh.) an 4 Orten 6mal im Jahr (je 2mal in Troyes und Brie, 1mal in Bar-sur-Aube und Lagny-sur-Marne) stattfindet. Im späteren MA. und der frühen NZ. konzentrieren sich die Großm.n in bestimmten M.-städten Europas (14./15. Jh. Brügge, 16. Jh. z. B. Lyon, Antwerpen, 17. Jh. Amsterdam, 16.–18. Jh. Frankfurt/M., 18. Jh. Leipzig;

im Osten Nishni-Nowgorod); durch das Aufkommen von →Börsen in ihrer Bedeutung vorübergehend zurückgedrängt, erfahren die M.n neuen Aufschwung durch den Übergang von der Waren- zur Muster-m. im 19. Jh., wobei sich die Städte auf bestimmte Warengruppen und Termine spezialisieren.

→Wirtschaftsgeschichte.

Mestizen (span.), ‚Mischlinge', bes. in lateinam. Staaten Mischlinge von Weißen und Indianern (port. *Mameluco*, →auch Mulatten).

Metöken (gr. *metoikoi* ‚Mit-wohner'), in gr. Stadtstaaten, v. a. in Athen die ansässig gewordenen Fremden, ohne Recht auf Grunderwerb und Konubium mit den Bürgern, unter dem Patronat eines →Prostates und dem Gerichtsstand des →Polemarchen, zum Kriegsdienst und zu vermehrten öffentlichen Leistungen verpflichtet (Metoikion Kopfsteuer, Isotelie das Privileg, gleiche Abgaben wie die Bürger entrichten zu dürfen); die M., v. a. Vertreter der Industrie und des Gewerbefleißes, mehren sich trotz der ungünstigen Position wegen der wirtschaftlichen Vorteile ständig; da sie von politischen Rechten ausgeschlossen bleiben, entfaltet sich in ihrer Mitte ein reges Vereinswesen.

H. Hommel, Metoikos, 1933.

Metrologie (von gr. *metron* ‚Maß'), die Wissenschaft von den Maßen und Gewichten, ist nicht zum Range einer historischen →Hilfswissenschaft erhoben worden; sie wird i. a. als Zweig der →Numismatik von dieser mitbetreut, zeigt nur in der At.swissenschaft Ansätze zu eigenständiger Entfaltung.

M.iae scriptorum reliquiae, (ed. Hultsch) 1864; F. Hultsch, Gr. u. röm. M., 2 1882; K. Lamprecht, Dt. Wirtsch.-leben im MA., 1886; A. Segré, M.ia degli Antichi, 1928; C. F. Lehmann-Haupt, Klio 1936.

Metropole (gr.), in der gr. Geschichte ‚Mutterstadt' einer von ihr ausgehenden →Kolonie, später Hauptstadt eines Gebiets, oft einer Provinz; Metropolit, Vorsteher einer →Kirchenprovinz, im Frühchristentum in der Ostkirche bes. Titel des →Bischofs einer Provinzhauptstadt (→Patriarch); in der kath. Kirche bildete sich die Metropolitanverfassung in Anlehnung an die Provinzeinteilung des röm. Reiches Ende des 3. Jh. heraus; die Versuche der M.en, ihre innerhalb der Kirche nicht unbedeutende Stellung zu behaupten und im MA. zu einer Mittelinstanz der Jurisdiktion zwischen →Papst und →Bischöfen zu werden, sind gescheitert (Ps.-isidorische Dekretalen, 9. Jh.), →Erzbischof.

Metze (zu nhd. *messen*), kleines Hohlmaß unterschiedlicher Größe; Mahllohn des Müllers; seit dem 16. Jh. auch gleich hohe außerordentliche Abgabe, →Kriegs-m.

Metze (von it. *mezza bombarda*), kleine →Bombarde.

Mikado (jap. ‚erlauchtes Tor'), ehrende Benennung des →Tennō.

Milieu (frz. ‚Umwelt'), von H. Taine (1828–93), dem Schüler A. Comtes, in seiner positivistischen Geschichtsphilosophie neben Rasse und Zeit als konstitutiver Faktor geschichtlicher Erscheinungen bezeichnet. Die im 19. Jh. (vor allem durch die Werke E. Zolas) viel diskutierte M.-theorie (‚Der

Mensch als Produkt seiner Umgebungen') läßt dem Individuell-Schöpferischen keinen Spielraum; *juste milieu*, ,Die rechte Mitte' (zwischen reaktionären und revolutionären Tendenzen), Maxime des Regierungsprogramms des frz. Ministeriums C. Périer (12. 3. 1831–16.5.32).

H. Taine, Hist. de la litt. angl. I, [8]1869; ders., Essais de critique et de l'histoire, [11]1908.

Militär (lat. *militaris*, von *miles*, lat. ,Soldat', mlat. Ritter, Angehöriger des niederen Adels), Soldat, v. a. hoher Offizier; Heer, Wehrmacht; M.-diktatur, moderne Bezeichnung für die Ausübung unkontrollierter politischer Macht durch m.ische Befehlshaber, u. zw. ohne Rücksicht auf die staatsrechtlichen Formen; der Errichtung haftet in der Regel der Charakter des Verfassungswidrigen (→Putsch) oder Außerordentlichen (→Ausnahmezustand) an, so daß das Wort einen unkontrollierten polemischen Sinn erhalten hat (verwendet z. B. für gewisse Erscheinungsformen der gr. →Tyrannis, Dionysios I. von Syrakus, 405–367v., u. a., die →Diktatur Sullas, in der NZ. für verschiedene Systeme in Spanien und Lateinamerika, das Régime J. Pilsudskis, 1867–1935, seit 1926 in Polen u. a.); -grenze, die SO-Grenze der Habsburgermonarchie gegen die Türkei, mit wechselndem Gebietsstand, im 18. Jh. in 4 Generalate, im 19. in 3 Grenzgebiete gegliedert, 1849–72/73 eigenes →Kronland; die Grenzer, mit ausgezeichneter Verwaltung und allgem. Schulpflicht, erhalten von Rudolf II. gegen die Verpflichtung zur Verteidigung der Grenze Religions- und Abgabenfreiheit, sowie Grundstücke (M.-grenzlehen, 1807 erblich, 1850 als Eigentum); -kabinett (-kanzlei), die dem Monarchen direkt unterstehende Dienststelle für M.-sachen, v. a. Personalangelegenheiten; v. a. unter Wilhelm II. 1888–1918 Instrument des ,persönlichen Regiments'; -kolonie, Siedlung von ausgedienten Soldaten (z. B. unter Alexander d. Gr., 336–23 v., u. im röm. Reich) oder Truppeneinheiten zur Grenzsicherung (Österreich →M.-grenze, Rußland →Kosaken, Türkei, China u.a.), zugleich Element politischer Festigung und kultureller Durchdringung; -konvention, zwischenstaatliche Vereinbarung über militärtechnische Fragen (bes. Preußens mit den anderen dt. Staaten außer Bayern, Württemberg, Sachsen, 1871–76, wonach ihre Truppen als Teil des Preuß. Heeres gelten); -regierung, die völkerrechtlich anerkannte m.ische Behörde zur zivilen Verwaltung eines →Besatzungsgebiets, z. B. in Dtld. 1945–1949 (→Okkupation); -taxe, Steuer der von der →Wehrpflicht befreiten Personen; -tribun = Kriegs→tribun; -verwaltung →Intendant.

Militarismus, seit etwa 1870 (aus Frankreich übernommenes) Schlagwort zur Kennzeichnung einer Überbewertung des Militärischen und seines Eindringens in gesellschaftliche und politische Formen und Anschauungen; die ideelle und materielle Ausweitung des Militärischen – v. a. in Staaten mit feudal-aristokratischer Grundstruktur – wird im 19./20. Jh. von der dt. sozialistischen Opposition als Gefahr der freiheitlichen Grundlagen des Staates gebrandmarkt, seit dem

1. Weltkrieg durch die westliche Propaganda als Wesenszug des preuß-dt. Staates und des Deutschen schlechthin hingestellt.

A. Vagts, A Hist. of M., 1938; G. Ritter. Staatskunst u. Kriegshandwerk [4]1970; dazu ders., HZ 176, 1954, und L. Dehio, HZ 180, 1955; V. R. Berghahn (Hrsg.), M., 1975.

Miliz (lat. *militia* ‚Kriegsdienst', das Kriegs-, Offiziersamt, der Rechtsbereich außerhalb des →Pomeriums – in der Formel *domi militiaeque* –, in dem das →Imperium wirksam ist; spätlat. allgem. ziviler und militärischer Staatsdienst; mlat. Ritterschaft), in der NZ. zunächst allgem. Heer, auch das stehende (regulierte M.), dann das nur in Kriegszeiten aufgebotene; M.-truppen unterschieden sich vom stehenden Heer durch stärkere Zahl, geringere Leistungsfähigkeit und vorwiegend defensiven Charakter, das M.-system, im Gegensatz zur Werbung von Freiwilligen und Söldnern aufgrund von Aushebungen nach dem Grundsatz der allgem. →Wehrpflicht, als alleinige Form der Wehrverfassung (z. B. in den USA im 19. Jh., Schweiz bis in die Gegenwart) ist angesichts der Entwicklung der Kriegstechnik im Schwinden.

Minderheiten, Bevölkerungsteile, die nationale Eigenständigkeit (Sprache, Religion, Sitte, Kultur) betonen. Der Begriff schillert je nach Zeit und Ort, ist nur dort deutlich, wo ein bewußter Gegensatz zum Mehrheitsvolk gespürt wird. M. wollen ihre nationalen Güter wahren, die Tag für Tag in Frage gestellt werden können. Abgesehen von häufigen Assimilations- und Unterdrükkungsversuchen sind bisher 3 Lösungen der M.-frage aufgetreten: (1) die föderative (Kanada, Schweiz); (2) →M.-schutz und →Kulturautonomie (ein ideologisch kompaktes System wie das der UdSSR relativiert die nationalen Werte, die gewährte Sprachautonomie hindert die Gleichschaltung nicht); (3) Umsiedlungen (Türkei-Griechenland 1923, Dtld. 1939–44, ostmitteleurop. Staaten nach 1945, Indien-Pakistan 1948; →auch Bevölkerungstausch); M.-schutz, urspr. religiös gedacht (Westfälischer Frieden; Christen, Juden und Mohammedaner auf dem Balkan), doch auch auf Nationalitäten angewandt, wird schon früh in internationalen Verträgen erwähnt, doch oft noch ständisch gemeint (z. B. böhm. Adelsnation gegen habsburgischen Zentralismus). Das große Beispiel für M.-schutz ist Österreich (vgl. § 21 Verf.entw. von Kremsier 1848, Art. 19 Staatsgrundgesetz von 1867). Nach dem 1. Weltkrieg verpflichteten sich die Staaten der Randzone zwischen Ostsee, Schwarzem Meer und Adria zur Einhaltung des M.-schutzes, d. h. voller Gleichberechtigung mit den übrigen Staatsbürgern und Gewährung eigenen Schulwesens, doch wurde dies vielfach nur spärlich erfüllt. Im Rahmen des M.-schutzes entwickelte sich auch ein eigenes M.-recht, das sich bes. mit der politischen Vertretung, der Sprachenfrage im Bildungs- und Rechtswesen u. d. Anerkennung im öffentlichen Leben befaßt.

Zs. ‚Nation u. Staat', 1937ff.; – E. Flachbarth, Syst. d. internat. M.-rechtes, 1937; A. Cobban, National Self-Determination, o. J.; Definition et Classification des Minorités, 1950 (mit vielspr. Bibliographie); W. Venohr, Europas ungelöste Fragen, 1971;

H. Pieper, Die M.schutzverträge u. d. Dt. Reich 1919–33/34, 1974; T. Zürich (Hrsg.), Von denen keiner spricht, 1975; →Nationalitäten.

Minister (lat. ‚Diener'), im At. allgem. der persönliche Bediente, sowie vereinzelt Titel kommunaler Funktionäre in Selbstverwaltung und Kult; mlat. →Amtmann, →Schultheiß, auch →Ministeriale; Seelsorger (Diener am Wort), bes. bei den Franziskanern der Ordensgeneral und der Provinzial; nach allmählicher Aufwertung beschränkt sich der Titel mit der Entwicklung des →Souveränitätsbegriffs auf Inhaber der höchsten Staatsämter als ‚Diener des Fürsten', u. zw. zunächst (v. a. frz. *ministre*) auf Gesandte (M.-resident nach dem Aachener Protokoll 21. 11. 1818 die dritte und letzte Rangklasse der beglaubigten diplomatischen Vertreter); langsamer, doch bis auf wenige Länder (z. B. USA, Schweiz) allgem. setzt sich der Titel bis zum 19. Jh. für die Inhaber der höchsten Regierungsämter durch und verdrängt weitgehend die aus den ma. Hofämtern entwickelte Titulatur. – In monarchischen Staaten gliederten sich die M. zunächst (nach dem Recht des Vortrags beim Herrscher) in →Kabinetts- und →Konferenz-m.; ferner in Staats-(Etats-)m. als Leiter der Verwaltungszweige und den Haus-m. als juristischen und Vermögensberater der Krone, Leiter der Hofverwaltung; ferner in →Ressort-m. (auch Staats-m., v. a. wenn es sich um den M.präsidenten handelt) und M. ohne Portefeuille; in der Führung der Regierungsgeschäfte haben sich zwei Grundtypen – mit Übergängen – herausgebildet: das Kanzler- oder Präfektursystem, in dem der Regierungschef (z. B. im Norddt. Bund und im Dt. Reich von 1871), und das Kollegialsystem, in dem der M.-rat (z. B. in der Weimarer und der Bundesrep.) die Entscheidungen über die Regierungspolitik fällt; – M.-präsident, die häufigste Bezeichnung des Regierungschefs (neben Staats-m., Staats-, Reichs-, Bundeskanzler, →Premier, →Präsident), gew. der vom Parlament bestellte, sein M.ium nach dem Kollegialsystem leitende (nur in den dt. Bundesländen zugleich mit den Funktionen des Staatsoberhaupts); -rat (-conseil), die Gesamtheit der M., vereinzelt auch ein engerer Ausschuß (vgl. das engl. →Kabinett) oder Beirat eines M.s (z. B. in Rußland 19. Jh.); -verantwortlichkeit, die Verpflichtung eines M.s, vor dem Parlament über die Gesetzmäßigkeit und Zweckmäßigkeit seiner amtlichen Handlungen – in konstitutionellen Staaten auch über die von ihm gegengezeichneten des unverantwortlichen Monarchen – Auskunft und Rechenschaft zu geben, was zum Mißtrauensvotum – bzw. zu einer Bitte an den Monarchen um Verabschiedung des M.s – von seiten des Parlaments führen kann.

G. Jellinek, Entwicklg. d. M.iums in d. konstit. Mon., (Ausgew. Schr.) 1911; E. Redslob, D. parlamentar. Regierung, 1918; K. Schmid, Reg. u. Parlament, 1951; E. R. Huber, Dt. Verf.gesch. seit 1789, ²1967/70; – H. Schambeck, Die M.verantwortlichkeit, 1971.

Ministerialen (mlat.; mhd. *dienestman*), urspr. Unfreie, die im ma. dt. Reich im Dienst weltlicher und geistlicher Großen die →Hofämter ausübten und zur Verwaltung und zum Kriegsdienst herangezogen wurden; die M. erhielten i. a. als Entgelt ein Dienstgut (Normalgröße 3 →Hufen), das nur an M. desselben Herrn veräußert werden konnte; der Herr hatte das Recht, das Gut bei mangelhafter Dienstleistung einzuziehen bzw. das Heimfallrecht, ferner das Ehegenehmigungsrecht und eine spezielle Gerichtsbarkeit über die M.; Eine Vorstufe der M. stellten die unfreien *pueri regis*, die schon vereinzelt zum Amt des →Grafen herangezogen wurden, und nach neuesten Forschungen auch die →Königszinser des fränk. Reiches dar; seit dem 11. Jh. organisierten sich die M. genossenschaftlich, ihre Rechtsstellung, in den Dienstrechten fixiert, besserte sich laufend; schon im 12. Jh. beginnt die Grenze zwischen M. und freien →Rittern zu schwinden, das Dienstgut wird zum →Lehen, die M. in die Lehenshierarchie eingegliedert mit eigener Stufe im →Heerschild; der soziale Aufstieg endet im 13./14. Jh. mit der Beseitigung von Resten ehemaliger Unfreiheit; die M. wuchsen mit den schwachen Schichten des Hochadels zum neuen Stand des niederen →Adels zusammen; zu bes. Bedeutung gelangten die Reichsm. der Salier und Staufer, die aufgrund ihrer großen Aufgaben (z. B. Verwaltung von Reichsitalien) während der Stauferzeit zu Trägern der Reichspolitik und mit dem hohen Adel zusammen der ritterlichen Kultur wurden; nach dem Untergang der Staufer wurden die M. teils →reichsunmittelbar, teils hielten sie sich im Dienst der →Landesherren bis ins 19. Jh.

P. Kluckhohn, Die M. in SOdtld., 1910; K. Weimann, Die M. im späteren MA., 1924; H. W. Klewitz, Gesch. d. M. im Elsaß, 1929; O. Haendle, D. Dienstmannen Heinrichs d. Löwen, 1930; U. Stutz, Z. Urspr. u. Wesen d. niederen Adels, 1937; K. Bosl, Die Reichsm. der Salier u. Staufer, 1950/1; ders., Vorstufen d. dt. Königsdienstmannschaft, 1952; H. Dannenbauer, Grundl. d. ma. Welt, 1959/62.

Ministerium (lat. von *minister*), ‚Dienst', Staatsdienst, Amt, mlat. auch Dienstbereich, vereinzelt im fränk. Reich Verwaltungszwischeninstanz; →Zunft (frz. *métier*); in der NZ., u.a. im 16. Jh., Kirchendienst; das Amt eines Ministers, →Ressort und Dienststelle (im 19./20. Jh. herausgehoben die sog. *5 klassischen Ministerien*, z. B. in der Neuordnung der preuß. Staatsverwaltung durch K. vom Stein, 24. 11. 1808: Inneres, Äußeres, Finanzen, Krieg, Justiz); die Gesamtheit der Minister, Ministerrat, Regierung, bisweilen, z. B. in der österr. Geschichte 1868–1918, chronologisch verwendet (z.B. M. Auersperg Jan. 1868–Apr. 69).

Minorat →Majorat; Minoristen, die Inhaber der →*ordines minores;* Minoriten, ‚Minderbruder' = Franziskaner (→Mendikanten).

Minuskel (mlat.), vierlinige Schrift in Kleinbuchstaben, im Streben nach rascherem und kleinräumigerem Schreiben als Geschäftsschrift aus der →Majuskel entwickelt, seit dem 5. Jhn. auch als Buchschrift, bes. durch die *karolingische M.* des 8. Jh. zur Grundlage der europäischen Schriftentwicklung geworden.

Weinbrenner, RE XV 1931; →Paläographie.

Mir (ru. ‚Frieden'), Dorfgemeinschaft mit Gemeinbesitz der Feldflur (Obschtschina), auch zur Umlage der Steuern und –

notfalls – gemeinsamer Haftung; der M., romantisch verbrämt in der Ideologie der →Slawophilen und Narodniki als urtümliches Element der Gesellschaft und mögliche Ansatzstelle für einen selbständigen Weg Rußlands zum Kommunismus, wird 1861 durch die Gesetze der Bauernbefreiung eingeführt, seit 1906 wegen der unrentablen Feldbestellung beschränkt, 1917 beseitigt.

G. Stökl, Ru. Gesch., 1962.

Mirza (pers. ‚Prinz'). Titel pers. Prinzen, später auch an Adelige und seit dem 18. Jh. an Gebildete verliehen, heute Anrede = Herr. Hinter dem Namen stehend hat M. weiterhin die alte Bedeutung (= Fürst).

Missi, lat. ‚Boten', im fränk. Reich die meist vom Kg. bevollmächtigten Abgesandten *(m. regis, m. dominici)* zur unmittelbaren Wahrung kg. Interessen. Unter den Merovingern nur *ad hoc* ernannt, wurden die M. unter Karl d. Gr. (768–814) zu einer ständigen Einrichtung. Die meist zu zweit auftretenden M. – ein weltlicher und ein geistlicher Bote, überwiegend →Graf und →Bischof – überwachten in bestimmten Sprengeln *(missatica)* die gesamte Tätigkeit des →Grafen, richteten zusätzlich im Missatgericht, hielten →Landtage ab und nahmen stellvertretend für den Kg. den allgem. Treueid ab. Die Anweisungen vom Hof bekamen die M. in Form besonderer →Kapitularien. Neben den ständigen M. wurden auch die für Sonderfälle beibehalten. Die M. stammten während der Blütezeit aus bezirksfremdem Adel und dem hohen Klerus. Seit der Mitte des 9. Jh. wurden sie zunehmend dem einheimischen Adel entnommen, der seit Ludwig d. Frommen ein Mitspracherecht bei der Bestellung der M. hatte. Ein rascher Zerfall der Einrichtung war die Folge.

Krause, Gesch. der m. dominici, (MIÖG 11) 1890.

Mission (lat. *missio* ‚Entlassung', bes. der ‚ehrenvolle Abschied des röm. Soldaten, *honesta m.;* Einweisung in einen Besitzstand, in ein kirchliches Amt), im diplomatischen und im kirchlichen Sprachgebrauch Gruppe von Beauftragten (auch ihr Auftrag), sowie der Ort ihrer ständigen Tätigkeit in der Fremde (die christliche M., beginnend mit der *apostolischen M.*, Matth. 28,18–20, vorwiegend im Bereich des röm. Reiches, durchdringt im Lauf des MA. die Länder Europas, ist in der NZ., konfessionell getrennt, in erster Linie Heidenm. in den außereuropäischen Erdteilen, auch als *Äußere M.* bezeichnet, seitdem J. H. Wichern, 1808–81, 1836 den Begriff *Innere M.* für die ‚gesamte Arbeit der aus dem Glauben an Christus geborenen Liebe' geprägt hat).

K. B. Westman, H. v. Sicard, Gesch. d. christl. M., dt. 1962; K. D. Schmidt-E. Wolf (Hrsgg.), D. Kirche in ihrer Gesch., 1961ff.; St. Neill, Gesch. d. christl. M., dt. 1974; L. Rütti, Zur Theologie der M., 1972.

Mißtrauensvotum →Ministerverantwortlichkeit.

Mitra (gr. ‚Binde', auch = →‚Diadem'), Mütze, spätröm. Kopfbedeckung für Standespersonen, von der höheren Geistlichkeit übernommen, dann dieser vorbehalten; seit dem 11. Jh. als zweispitzige →Bischofsmütze (mit →Infuln), seit dem 14. Jh., dem gotischen Bogen angeglichen und zunehmend reicher geschmückt, Teil des bischöflichen Ornats; → Insignien.

Mitrailleuse →Espingole.

Mittel-alter (nlat. *medium aevum*), Epochenbegriff für die Zeit zwischen →Altertum und NZ., allgem. auf C. Cellarius (1638–1707) zurückgeführt, doch von F. Lehmann, J. Huizinga in seiner Entstehung bis in die Mitte des 15. Jh. weiter zurück verfolgt, im Sinne der Humanisten als ‚finstere' Zeit zwischen dem At. und seiner Wiederbelebung, im Sinne der Romantik als Höhe und Mitte des Geschichtsverlaufs verstanden, im 19./20. Jh. durch die Synthese von Römischem, Christlichem und Germanischem, durch eine hierarchisch gegliederte, ständisch bestimmte Gesellschaftsordnung und durch die Konzeption der universalen Gewalten bestimmte Epoche näher gekennzeichnet und in Früh-, Hoch- (962–1250) und Spät-MA. gegliedert; zugleich wird man sich seit dem 19. Jh. zunehmend der Problematik des Begriffs bewußt: der Streit um die Periodisierung führte zu keinem eindeutigen Ergebnis, wobei die untere Begrenzung (→Altertum) stärkeren Schwankungen unterworfen blieb als die obere, für die allgem. 1453, in Dtld. 1492, doch auch etwa 1450 (Buchdruck), 1494, 1517, 1519 als →Epochenjahre benannt wurden, während im →historischen Materialismus die Zeit der →Feudalherrschaft bis 1789 reicht; das 20. Jh. drückt den Begriff von der weltgeschichtlichen Epoche auf die Stufe eines ‚Entwicklungsalters, (K. Breysig, 1866 bis 1940) innerhalb eines geschlossenen Kulturkreises herab, so daß er, typologisch verstanden, zeitlich und räumlich weit auseinanderliegende Geschichtsabschnitte bezeichnen kann (z. B. *gr. MA.* etwa 1000–510v., *jap. MA*, etwa 120v.–1868); dadurch erfährt der Begriff MA. in der von Cellarius und später v. a. von J. C. Gatterer (1727–99) verbreiteten Bedeutung eine Einengung auf einen (teil-)europäischen Bereich, wird aber auch hier durch die Betonung des →Kontinuitätsgedankens, sowie durch neuere Versuche einer völligen Neugliederung des Geschichtsverlaufes (C. Dawson, O. Halecki) weiter erschüttert; -→europa; -freie, nach der →Heerschildordnung des Schwabenspiegels (um 1275) die unterste Stufe der →Freien, zwischen →Semperfreien und → Ministerialen eingeordnet; -mächte, im 19. Jh. Staaten mittlerer Größe (M.-staaten) im Gegensatz zu den Großmächten, im 1. Weltkrieg geographisch verstanden, Dtld., Österreich-Ungarn und ihre Verbündeten Türkei und Bulgarien; -ost, anders als engl. *Middle-East* (→Nahost) die südasiatischen Länder von Iran bis Burma; -stand, im 19./20. Jh. häufige, doch nicht genau bestimmbare Bezeichnung für die Mittelklasse einer bürgerlichen Gesellschaftsordnung, die urspr. vorwiegend politisch durch freiheitliche, positive Staatsgesinnung und starkes Bildungsstreben, in neuerer Zeit vorwiegend wirtschaftlich durch eine bei allen soziale Verschiedenheiten gemeinsame Vermögens- und Einkommenslage, Bedürfnis nach Sicherungen und Zugehörigkeitsbewußtsein bestimmt ist.

J. Huizinga, Z. Gesch. d. Begr. MA., 1921 (Gesch. u. Kult., 1954); W.

Bauer, Einf. i. d. Stud. d. Gesch., [4]1928; H. Aubin, V. At. z. MA., 1947; K. Breysig, D. Stufenbau u. d. Gesetze d. Weltgesch., [3]1950; O. Halecki, Europa, dt. 1957, ND 1964; H. Heimpel, D. Mensch in seiner Gegenwart, [2]1957; F. Vittinghoff, GWU 1958; H. Quirin, Einf. i. d. Stud. d. ma. Gesch. [3]1964; P. E. Hübinger (Hrsg.), Z. Frage der Periodengrenze zw. At. u. MA., 1969; K. Bosl, Europa im MA., 1970; – G. Schmoller, Was verstehen wir unter M.-stand?, 1897; F. Marbach, Theorie d. M.standes, 1942; H. A. Winkler, M.stand, Demokratie u. Nationalsoz., 1972; H. A. Winkler, M.stand, Demokratie u. Nat.soz., 1972.

Mobilmachung, die durch Regierung und Generalstab vorgeplante, vom Träger der obersten Gewalt angeordnete Überführung der Streitkräfte (Wirtschaft und Verwaltung) eines Staates in den Kriegsstand.

Moderation (lat.), Ermäßigung, bes. das Verfahren zur Herabsetzung der Reichskriegssteuer, →Römermonat.

Modernismus, geistig-theologische Strömung gegen Ende des 19. und zu Beginn des 20. Jh. innerhalb der kath. Kirche, die einen Ausgleich zwischen kath. Glauben und modernem Denken herstellen, bes. die moderne erkenntnistheoretische und historische Kritik für Bibelwissenschaft, Dogmatik und Lehre von der Kirche berücksichtigen und im Gegensatz zu der als Norm deklarierten Scholastik dem Entwicklungsgedanken Rechnung tragen wollte (H. Schell, A. Loisy, G. Tyrrell, R. Murri); von Papst Pius X. 1907 verurteilt; seither hat jeder kath. Priester vor der Weihe den Antimodernisteneid abzulegen und ihn jedes Jahr zu wiederholen.

E. Weinzierl (Hrsg.), Der M., 1974.

Modist, Meister des *modus scribendi*, Schreibmeister.

Mogul (mongol.), Name der Dynastie mongolischer Abkunft in Indien 1526–1837; Groß-m., europäische Bezeichnung für deren Herrscher (sie selbst nennen sich →Schah).

Momber →Mambour.

Monarchie (gr. ‚Einherrschaft‘), in der gr. Staatsphilosophie seit den →Sophisten und Herodot eine der drei denkbaren Grundformen der Verfassung, bei der Einer (nicht eine Minderheit oder die Mehrheit) die Herrschaft ausübt, geschieden in die gute Form des →Königtums (→Basilie) und die schlechte der →Tyrannis; in der NZ. ist diese Gliederung (vorbereitet durch den Gegensatz Stadtstaat-Flächenstaat, endgültig seit dem →Absolutismus und der frz. Revolution) verdrängt durch den Gegensatz M. – →Republik (diese als Nicht-M. verstanden); in der Vielfalt der Erscheinungsformen (→die einzelnen Herrschertitel) heben sich in der überwiegenden Mehrzahl der Fälle als Gemeinsamkeiten der M.ien heraus: (1) die legitime Bestellung des Monarchen, sei es durch Wahl (Wahlm., das germ. und dt. Königtum, Polen) oder durch →Thronfolgeordnung (Erbm.), (2) die Lebenslänglichkeit, (3) die letztlich im Religiösen begründete Symbolisierung des Staates in der Person (Gottkönig, Priesterkönig, Gottesgnadentum →Salbung, Krönung, Insignien, Zeremoniell); die tatsächliche Gewalt des Monarchen mag dabei unumschränkt (→Absolutismus, →Theokratie), beschränkt (→Stammeskönigtum, Lehen, Landstände, Konstitutionalismus) oder praktisch beseitigt sein (→Parlamentarismus); monarchisches Prinzip, der Art. 57 Wiener Schlußakte vom 15. 3. 1820 (nach der Auslegung des Art. 13 der Wiener Kongreßakte durch F. v. Gentz, 1764–1832) ausgesprochene Grundsatz, daß ,die gesamte Staatsgewalt in dem Oberhaupte des Staats vereinigt bleiben' muß, durch F. J. Stahl (1802–61) als Gegensatz zum → parlamentarischen Prinzip zur Grundlage des dt. →Konstitutionalismus erhoben; Monarchomachen, von W. Barclay *(De regno et regali potestate*, 1600) eingeführte Sammelbezeichnung für die Gegner des →Absolutismus des 16./17. Jh., die das Widerstands- und Revolutionsrecht vertraten und den →Tyrannenmord unter gewissen Voraussetzungen rechtfertigten (der span. Jesuit J. Mariana, 1536–1624, der kath. Schotte G. Buchanan, 1506 bis 82, der Kalvinist Th. Beza in Genf, 1519–1605 u. a.).

E. Bernatzik, Republik u. M., ²1919; O. Hintze, Ges. Abh., ³1970; K. Loewenstein, Die M. im mod. Staat, 1952; E. R. Huber, Dt. Verf.gesch. I, ²1967; – R. Treumann, Die Monarchomachen, 1895; J. Dennert in: Klassiker der Politik 8, 1968.

Monographie (gr., ,Einzelschrift'), moderne Bezeichnung für die →Darstellung eines Einzelproblems, eines einzelnen Ereignisses oder eines begrenzten Ereigniszusammenhangs (erste M.: Thukydides, etwa 460–395v., Der Peloponnesische Krieg).

Monokratie (gr. ,Einherrschaft'), nach M. Weber (1864–1920) Herrschaft eines Einzelnen in einer Gruppe (v. a. im Kampf auf Leben und Tod), im Staate (entsprechend dem gr. Begriff →Monarchie) die Formen der Monarchie, →Tyrannis, →Diktatur umfassend.

Monopol (lat. *monopolium* von gr. *monopolion* „Alleinverkauf"), (1) die Vereinigung der Produktion oder des Verkaufs einer Ware in der Hand eines Einzelnen, einer Gemeinschaft oder einer Körperschaft, die entweder durch starke genossenschaftliche Bindungen, wie z. B. in den →Zünften des MA., oder durch Konzentrierung der materiellen Mittel, v. a. des Kapitals (so die Handels-m.e der Gesellschaften des Frühkapitalismus, oder die Tendenz des →Kapitalismus im 20. Jh. zum M.-kapitalismus mit seiner Bildung von Trusts, Kartellen, Syndikaten, der von W. Lenin, 1870–1924, als Erscheinungsform des →Imperialismus angesprochen wurde), oder schließlich durch staatliche Verfügung (bes. bei betont →etatistischen Tendenzen) erstrebt oder erreicht wird; die staatlichen M.e, erstmals in umfassender Form im hellenistischen Ägypten, erneut entwickelt im →Merkantilismus, seither in einzelnen Ländern teilweise fortbestehend (Salz, Tabak, Zündhölzer, →auch Regie) bevorzugen Waren des allgemeinsten Bedarfs, die in der Produktion leicht zu kontrollieren sind (daher v. a. Salz-m., doch z. B. in Ägypten auch Öl, Bier, Papyrus, Textilien u. a.), wobei in der NZ. die M.-gewalt des Staates nicht nur direkt durch Produktion in eigener →Regie, sondern auch durch Verpachtung oder Steuern ausgeübt werden kann; (2) allgem. das alleinige Verfügungsrecht, Ziel eines Gemeinschaftshandelns, das die ,Schließung' politischer, sozialer oder ökonomischer Chancen erstrebt (M. Weber, 1864–1920); in diesem weiteren Sinne besitzt z. B. der Staat das M. der Gewaltsamkeit, hat die zahlenmäßige Minderheit der athenischen Bürger das M. der politischen Rechte, sind die →Regalien echte M.e, gibt es vielfältig faktische Bildungs-m.e (eines Priester-, eines Schreiberstandes) u. ä.

W. I. Lenin, D. Imperialismus als höchstes Stadium des Kap., dt. 1920; M. Weber, Wirtsch. u. Ges., [5]1972; – J. Strieder, Stud. z. Gesch. kap. Organisationsformen, [2]1925; L. Miksch, Wettbewerb als Aufgabe, [2]1947; E. Maschke, Grundz. d. dt. Kartellgesch., 1964.

Monseigneur, Monsieur, Monsignore →Senior.

Monumente (lat. *monumentum* ‚Denkmal'), →Denkmäler (nichtschriftliche Geschichtsquellen); für die Nachwelt geschaffene Ruhmesbauten (z. B. *Monumentum Traiani* von Adamklissi, 109n. nach dem Sieg über die Daker errichtet) oder schriftliche Aufzeichnungen (z. B. *M.um Ancyranum*, *Antiochenum* usw., die Abschriften des Tatenberichts des Kaisers Augustus, 14n.); größere Sammlung von Geschichtsquellen, z. B. *M.a Asiae minoris antiquae* (MAMA) die Inschriften Kleinasiens (Bd. I–VI, 1928 bis 39); *M.a Germaniae historica* (MGH) die vom Reichsfreiherrn vom Stein angeregte größte Quellensammlung zur dt. Geschichte des MA, mit eigenem Institut (München) und eigener Zeitschrift (Dt. Archiv für Erforschung des MA).

H. Volkmann, Res gestae Divi Augusti, 1957; – H. Bresslau, Gesch. d. MGH, 1921; Wattenbach, Levison, Dtlds. Gesch.qu. I, [2]1967.

Moor- →brandwirtschaft.

Moratorium (von lat. *mora*), ‚Aufschub' fälliger Kapital- und Zinszahlungen, z. B. *Hoover-M.* vom 20. 6. 1931 unter dem Eindruck der →Weltwirtschaftskrise gewährte Stundung der deutschen →Reparationsleistungen für ein Jahr.

morganatisch, Bezeichnung der standesungleichen Ehe in regierenden Häusern, die nur die ‚Morgengabe', nicht das →Wittum kennt.

Morgen-gabe, nach germ.-dt. Recht, v. a. nach dem Sachsenspiegel, Geschenk des Mannes an die Frau (vereinzelt auch der Frau an den Mann) am Morgen nach der Hochzeit, das als Erbe dem überlebenden Teil zufällt; -land (seit M. Luther für lat. → Orient, gr. Anatolien = Kleinasien) das Land im Osten (zur – nicht einheitlichen – Abgrenzung →Abendland); -sprache, im MA. Vollversammlung der Bürger einer →Stadt, der Genossen einer →Zunft.

Morian (engl.-frz. *morion*, von span. *morro*), span. Sturmhaube des 16./17. Jh., mit hohem Kamm und breitem, sichelförmigem Rand.

Morisken →Mauren.

Morphologie (gr. ‚Gestaltenlehre'), Lehre von der Gestalt der Organismen und ihrer Teile. Der naturwissenschaftliche Begriff wird von H. Spencer (1820–1903) in die →Soziologie übernommen (soziale M. = Ordnung der Gesellschaft und ihrer Institutionen nach Gattungen, die eine strukturelle Ähnlichkeit aufweisen), von K. Lamprecht (1856–1915) in Verbindung mit der Forderung nach induktiver Methode und Primat der →Kulturgeschichte in die Geschichtswissenschaft eingeführt. Kulturm.n mit dem Streben, historische Gesetze (und die Zukunft) zu erkennen, sind seither vielfach gefordert und versucht worden, z. B. von J. H. Robinson (1863–1936) O. Spengler (1880–1936), A. Toynbee (geb. 1889).

H. Spencer, The Study of Sociology, 1873; K. Lamprecht. Alte u. neue Richtungen i. d. Gesch.wiss., 1893; E. Spranger, Probleme der Kulturm., (SB Berlin) 1936; F. Wagner, Gesch.-wiss., 1951; J. Vogt, Wege z. hist. Universum, 1961.

Mortuarium (mlat. zu lat. *mors*), Todfall, Sterbfall, urspr. →Heimfall des →Lehens oder →Leihguts beim Tod des Beliehenen an den Lehns-, →Grund- oder →Leibherrn. Mit dem Erblichwerden v. a. der bäuerlichen Güter wird das M. allmählich als Abgabe auf das beste Stück Vieh (Besthaupt) und das beste Gewand beschränkt. In den 12 Artikeln der aufständischen Bauern von 1525 wird die Abschaffung des M. gefordert.

Motion (lat.), im frühkonstitutionellen Staatsrecht die Bitte einer Volksvertretung an den Monarchen, in einem bestimmten Fall die ihm allein zustehende Gesetzesinitiative zu ergreifen.

Motte (frz.), Turmburg auf natürlichem oder aufgeschüttetem Hügel.

motu proprio (lat.), in der NZ. Kennzeichnung eines päpstl. Erlasses als ‚aus eigener Initiative', daher mit allgemeiner Gültigkeit gegeben.

Mudir (arab.), seit der Mitte des 19. Jh. niederer tü. Verwaltungsbeamter (= Bürgermeister); seit 1813 äg. Provinzgouverneur.

Mufti (arab.), islamischer Rechtsgelehrter, der Gutachten (Fetwa) abgibt; Angehöriger der →Ulema, Berater des →Kadi (bis 1922 oberster M. der →Scheich-ül-Islam); Groß-m., seit 1926 Titel des Huseini von Jerusalem, des Führers der Araber in Palästina.

Mulatten (span. zu lat. *mulus* ‚Maultier'), in latein-am. Ländern Mischlinge zwischen Weißen und Negern, in der Regel Kinder eines Weißen und einer Negermutter, bei fortgesetzter Rassenmischung (ebenso wie bei den →Mestizen) als →Terceronen, →Quarteronen, →Quinteronen (letztere kaum mehr von Weißen zu unterscheiden, doch den →Farbigen zugerechnet) unterschieden.

Mullah (arab. *Maula* ‚Herr'), Titel islamischer Richter und Gelehrter; im tü. Reich oberer Richter (→Kadi); oberster Rang der →Ulema.

Multiplum (lat.), in der Numismatik Münze mit einem ‚vielfachen' Wert der Währungseinheit.

Mundbrief (→Munt), Privileg für Einzelne (z. B. Juden) und Korporationen, das gegen besondere Abgaben Königsschutz zusicherte; Mundschaft = →Munt.

Mundschenk (mlat. *pincerna*, seit den Karolingern auch *buticularius*), Inhaber eines der 4 germ. →Haus-, bzw. →Hofämter; am fränk. →Königshof mit der Aufsicht über Keller und Weinberge betraut. Im ma. Dt. Reich wird das Hofamt des M.en zum erblichen →Erzamt, das dem Kg. von Böhmen zusteht; die Funktion des M.en als Reichserbamt üben die Schenken von Limpurg aus. Auch an anderen Fürstenhöfen ist das Amt eingebürgert, doch verliert es in der frühen NZ. an Bedeutung und wird zusätzlich vom Hofmarschall wahrgenommen (auch Reichs→butigler). – In Frankreich (frz. *bouteiller*) und England zeitweise in der Verwaltung und als Richter tätig (z. B. über die Wirte, Ende des MA. bloßer Titel *(grand bouteiller)*.

Munizipium (von lat. *munera capere*, wohl ‚Pflichten übernehmen'), die röm. Stadtgemeinde röm. oder latinischen Rechts in Italien und im lateinischen Westen, mit lokaler Selbstverwaltung, in der Kaiserzeit von der →Kolonie nur durch den Ehrenvorrang der letzteren geschieden; das Munizipalrecht wurde seit dem 4. Jhv. bei Verdiensten um die röm. Stadt und auf Antrag verliehen (Ordnung der inneren Verwaltung durch die *lex Iulia municipalis* 45v.); danach in romanischen Ländern *municipio* (engl. *municipal borough*, frz. seit 1795 *municipalité*), Gemeinde als Selbstverwaltungskörperschaft.

Ernst Meyer, Röm. Staat, [4]1975; F. Vittinghoff, Röm. Kolonisation u. Bürgerrechtspol., (Abh. Mainz) 1951.

Münster (lat. *monasterium* ‚Kloster'), größere Kirche, bes. Klosterkirche oder größere Pfarrkirche, in Sdtld. auch Bischofskirche, →Dom, abgeleitet vom gemeinsamen Wohnhaus der →Kanoniker, das im 8./9. Jh. *claustrum* oder *monasterium* hieß.

Munt (mhd. *munt*, latinisiert *mundium* ‚Schutz', ‚Hand'), im germ.-dt. Recht die umfassende Gewalt des Hausherrn über die Hausgenossen, d. h. Frau, Kinder und →Gesinde und, falls er das Haupt einer Sippe ist, auch über deren Witwen und Waisen; die wichtigste Aufgabe des M.-herrn besteht im Schutz der seiner M. unterworfenen Leute und deren Vertretung vor Gericht; die M.gewalt gibt dem M.herrn in bestimmten Fällen das Recht, Frau und Kind zu töten, bei echter Not, die Kinder zu verkaufen; aus der M. als Wurzel entwickeln sich im MA. verschiedene Herrenrechte an Personen mit gleichzeitigem Schutz, so die Königs-m. über das kg. Gefolge seit der Merovingerzeit, seit den Karolingern der Königsschutz für Kirche und →Kloster, die Schutzvogtei und die personalen Herrschaftsrechte des →Grundherrn an seinen →Grundholden.

G. Waitz, Ü. d. Bed. d. Mundium im dt. Recht, (Ges. Abh. 1) 1896; E. Molitor, Zur Entwicklg. d. M., ZRG. GA 1944; K. Kroeschell, Haus u. Herrsch. im frühen dt. Recht, 1968.

Münze (von lat. *Moneta* ‚die Mahnerin', Beiname der Juno vom Kapitol, in deren Tempel sich die röm. Münzstätte befand), ‚handliches Stück Metall, das vom Staate mit einem durch Gießen oder Prägen hergestellten, seinen Wert erkennbar machenden Zeichen versehen ist' (H. Dannenberg); die Form ist in der Regel die Scheibe (vier- oder mehreckige M. = Klippe), das Metall Gold, Silber, Kupfer oder deren Legierungen (→Elektron, Billon), die Prägung (mit geschnittenem Stempel und Hammerschlag) häufiger als der Guß, der (Nenn-)wert nicht immer – in der NZ. zunehmend seltener – gleich dem Metallwert (→Kurant, Scheidemünze), das Zeichen nicht immer (z. B. nicht bei den gr. M.n) eine Wertangabe; – als M. bezeichnet man ferner nicht wirklich ausgeprägte Recheneinheiten des Münzgeldes (Rechnungs-m., Währungs-m., Ideal-m.), wie z. B. die ma. dt. →Mark. – Seit ihrer Erfindung (um 700v., Lydien) ist die M. ihrem eigentlichen Zweck nach Zahlungsmittel, doch wird sie daneben einerseits, v. a. in der röm. Kaiserzeit, zu einfachen Mitteilungen an breiteste Kreise (Propaganda), andererseits zu allen Zeiten zur Vermögensbildung durch Hortung (Schatzfunde) verwendet; – Münz-bann, das sich aus der Münzhoheit ergebende Verordnungsrecht des Münzherrn; -fälschung, in älteren Zeiten häufig durch Verwenden eines minderen (Blei-)Kerns (gefütterte M.n), sowie durch →Kippen und Wippen; -fuß, die Zahl der M.-einheiten, die aus der Gewichtseinheit Feinmetall ausgeprägt wird; – gewicht, das Bruttogewicht (Rauhgewicht, der Schrot) einer M., im Unterschied zum Feingehalt (Korn); -herr, der Inhaber der M.-→hoheit, bzw. der von ihm mit der Herstellung der M.n Beauftragte; -hoheit, das ausschließliche Recht der staatlichen Gewalt, den M.-fuß zu bestimmen und M.n zu prägen; -meister (Münzer), Leiter der M.-stätte (Münze), oft auch mit der Beschaffung der Edelmetalle und der Ausgabe der Münzen befaßt, in Rom ein Kollegium *(tresviri monetales)*, seit Augustus im →Vigintivirat, im MA. z. T. Pächter, Leiter einer →Genossenschaft (Münzerhausgenossenschaft), bis ins 14. Jh. eine der mächtigsten →Zünfte; in der NZ. mehrfach auch →Hofamt (M.-ohm, M.-wardein, Unterbeamte der M.); -nutzen, der bei der M.-prägung erzielte Gewinn, v. a. der Schlagschatz (im MA. die Differenz zwischen Metallwert und Nennwert der M.); -regal, das M.-recht des Kg. (im dt. MA. allmählich geschmälert und durch eine Vielzahl autonomer und halbautonomer Prägungen u. Prägestätten ersetzt); -verrufung, die im MA. – widerrechtlich bis viermal jährlich – übliche Außerkurssetzung der umlaufenden M., wobei der M.-herr beim Zwangsumtausch (gewöhnlich 16 : 12) seinen M.-nutzen beträchtlich erhöhte; -verschlechterung, Veränderung des M.-werts in Legierung oder Gewicht, soweit nicht private Fälschung, beliebtes Mittel fiskalischer Politik, erleichtert durch die geringe Genauigkeit der M.-technik, v. a. in der röm. Kaiserzeit und in der M.-anarchie des MA., zufolge des Greshamschen Gesetzes (‚schlechtes Geld verdrängt das gute‘, T. Gresham, Begründer der Londoner Börse, 1519–79) Ursache des unaufhaltsamen Niedergangs der Währungen; -vertrag (-konvention, -union), zwischenstaatliche Vereinbarung über die Einführung eines gemeinsamen M.-fußes, zur Erleichterung des Geldverkehrs vom At. (gr. Bundesmünzen) bis in die NZ. *(bayr.-österr. M.-konvention*, 20. 9. 1753, *Lat. M.-union*, 22. 12. 1865 u. ö.) üblich; -zeichen, Kennzeichnung der M.-stätte oder des M.-meisters auf der M. (in der NZ. vornehmlich durch Buchstaben).

→Numismatik, Wirtschaftsgeschichte; – Die reichhaltigsten M.-publikationen sind die Kataloge der großen Sammlungen, v. a. des Britischen Museums und der Nationalbibliothek in Paris, ferner für das gesamte At. B. V. Head, Hist. nummorum, [2]1911; ders., A Guide to the Principal Coins of the Greeks, 1932; Ch. Seltman, Greek Coins, 1933; zu der vornehmlich aus M.n erarbeiteten Geschichte Baktriens in hellenistischer Zeit W. W. Tarn, The Greeks in Bactria and India, [2]1954; H. Mattingly, E. A.

Sydenham, The Rom. Imp. Coinage, 1923–33; H. Mattingly, Rom. Coins, 1928; – H. Dannenberg, Die dt. M.n d. sächs. u. fränk. Kszt., 1870–1905; Corpus numm. Ital., 1910ff.; F. v. Schrötter, D. preuß. M.-wesen im 18. Jh., 1902ff.

Musketier, in der NZ. Fußsoldat, mit der Muskete (it. von spätlat. *muscetus* ‚Sperber'), einem urspr. großkalibrigen (→Arkebuse) Luntengewehr, bewaffnet; bis ins 20. Jh. vereinzelt der unterste Mannschaftsdienstgrad in Infanterieeinheiten.

Musterung (von lat. *monstrare* ‚zeigen'), seit dem späten MA. die Überprüfung angeworbener Soldaten durch ihren Befehlshaber (Musterherr) aufgrund der durch den Musterschreiber gefertigten Liste; im Ersatzwesen seit dem 19. Jh. die der Einberufung vorhergehende Untersuchung der Wehrpflichtigen; Musterstaat, im 19. Jh. halb scherzhafte Bezeichnung für einen kleinen Staat mit ausgezeichnet durchorganisierter Verwaltung (Grhztum Toskana, v. a. aufgrund der Regierung des späteren Ks. Leopold II., 1765–90) oder vorbildlich liberaler Verfassung (Grhztum Baden seit 1818, Hztum Nassau seit 1814).

Musteschar (arab. ‚Ratgeber'), seit Sultan Mahmud II. (1808-39) Titel hoher tü. Beamter (= Unterstaatssekretäre, anfangs 2, heute in jedem Ministerium einer), sowie tü. und fremder Gesandtschaftsräte.

Mutterrecht, bei J. J. Bachofen (1815–87) matriarchalische Gesellschaftsform einer primitiven, tellurischer Urreligion verhafteten Frühzeit, die durch das Vaterrecht überwunden wird; in neuerer Zeit nur zögernd für die im vor-idg.-europäischen, v. a. alt-mediterranen Bereich und bei Naturvölkern nachgewiesenen Tatbestände verwendet: Eintreten des Mannes in die Familie der Frau (mit entsprechendem Erbrecht, z. T. auch mit entsprechender Namengebung), Vortreten weiblicher Gottheiten, ohne daß damit ein Matriarchat verbunden wäre.

J. J. Bachofen, Das M., 1861 u. ö.

Mutung →Lehenswesen.

Mysterien (gr.), Kulte mit geheimer Kulthandlung, die den Eingeweihten (Mysten) Reinigung von Sünden und ein Leben im Jenseits zusicherten. Zu den gr. M. von Eleusis (Demeter) und Samothrake (Kabeiren) und denen der Orphiker kamen im → Hellenismus zahlreiche andere aus dem Vorderen Orient (Isis, Mithras), die bis in die Spätantike fortlebten.

R. Reitzenstein, Die hellenist. M.religionen 1927, M. P. Nilsson, Gesch. d. Gr. Rel. ³1968; K. Kerenyi, D. M. von Eleusis, 1962.

Mythos (gr.), ‚Erzählung' der Vorzeit, bes. von Göttern und Heroen, in der gr. Geschichtsschreibung und politischen Argumentation als Teil der Geschichte verstanden; seit der Romantik (G. F. Creuzer, 1771 bis 1858, F. W. J. Schelling, 1775 bis 1854) durch die poetische Verdichtung zum Symbol als reinstem Ausdruck des Volksgeistes charakterisiert, ist die Mythologie (die Summe der Mythen eines Volkes und ihre wissenschaftliche Behandlung) als ‚eine durch Überindividuelles angeregte, in Bildern objektivierte Betätigung der Psyche' (K. Kerényi) Gegenstand der Religionswissenschaft; – Das Verhältnis von M. und Geschichte bestimmt auf der einen Seite J. J. Bachofen (1815–87), der die Geschichte eines Volkes bereits im M. symbolisch angedeutet sieht, auf der anderen (zum At. →Euhemerismus) der Versuch der Geschichtswissenschaft, wie bei der →Sage mit den Methoden der Quellenkritik im M. enthaltene historische Realitäten zu fassen (vgl. z. B. die Gestalt des kretischen Kg. Minos), bzw. das Mythische vom Historischen zu scheiden (z. B. in den Homerischen Epen); – Mythenvergleichung öffnet Einblicke in frühe geschichtliche Zusammenhänge (vgl. die Sintflut), die Mythologie selbst ist mit anderen Ergebn. d. Religionsgesch. Teil der Geistesgeschichte.

G. Schmidt, Bachofens Gesch.philosophie, 1929; M. P. Nilsson, The Mycenaean Origin of Greek M.gy, 1932; K. Kerényi, C. G. Jung, Einführg. in d. Wesen d. M.gie, 1941; K. Kerényi, Die M.gie d. Griechen, [3]1968; H. W. Haussig, (Hrsg.), Wörterb. d. M.gie, 1961ff.; L. Kolakowski, Die Gegenwärtigk. d. M., 1972; H. Gottschalk, Lex. d. M.gie d. europ. Völker, 1973; M. Grant, J. Hazel, Lex. d. antiken M. u. Gestalten, 1976.

Nabob →Naib.

Nachbarrecht, allgem. Beschränkung der Verfügung über das eigene Grundstück zugunsten des Nachbarn (vgl. §§906ff. BGB); (1) aus der genossenschaftlichen Bewirtschaftung in der Drei→felderwirtschaft (→auch Markgenossenschaft) ergeben sich Pflugwende (Kehrrecht) und Wegerechte; (2) zum Schutz des eigenen Grundstücks z. B. das Überhangrecht (Abschneiden von überhängenden Zweigen und hereinragenden Wurzeln), das Fenster- und Lichtrecht (Beschränkung der nachbarlichen Baubefugnis), das Traufrecht (Verbot der Ableitung von Dachtraufen auf das Nebengrundstück); (3) zur Nutzung das Überfallrecht (abfallendes Obst usw.).

Nachding, -gericht →Ding.

Nachfolgestaaten, nach dem 1. Weltkrieg publizistische Bezeichnung der Staaten, die aus der Aufteilung der österr.-ung. Monarchie neu entstanden (Österreich, Ungarn, Tschechoslowakei) oder vergrößert wurden (Jugoslawien, Polen, Rumänien).

H. Batonski in: R. G. Plaschke, K. Madl, Die Auflösg. d. Habsburgerreiches, 1970; E. Zöllner, Gesch. Österreichs, [4]1970.

Nachtwächterstaat, von F. v. Lassalle (1825–64) geprägtes Spottwort, das das Bestreben des →Liberalismus kennzeichnet, die Funktion des Staates auf den Schutz des Individuums und seines Eigentums zu reduzieren.

Nahost (engl. *Middle-East*, am. *Near East*), die afro-asiatischen Gebiete des ehemaligen osmanischen Reiches und der Iran. Als Nahtstelle dreier Kontinente seit jeher ein Wettergebiet der Politik, hat der Nahe Osten im 20. Jh. durch die größten Erdölvorkommen der Welt noch an Bedeutung gewonnen.

Naib (ar. ‚Stellvertreter'), 12.–16. Jh. Statthalter der →Mamluken in Syrien, seit Ende des 14. Jh. auch äg. Provinzgouverneur, hoher Offizier; im tü. Reich niederer Verwaltungsbeamter und Richter, Stellvertreter des →Kadi; in Persien niederer Offizier, in Indien bis zum 16. Jh. Stellvertreter islamischer Fürsten; im heutigen Arabisch = →Abgeordneter; Nawab (eigentlich Plur. von N.), islamischer Provinzstatthalter der Groß→mogule, dem nichtislamischen →Radscha entsprechend, später bloßer Ehrentitel hochgesteller Personen; aus Nawab verderbt: Nabob, seit dem 18. Jh. in England Bezeichnung für in Indien schnell reich gewordene Leute, später allgem. in Europa vermögende Person, Neureicher.

Narodniki (ru. ‚Volkstümler'), ru. vormarxistische sozialistische Bewegung, die eine Agrarrevolution auf der Grundlage des →Mir erstrebte; nach der Gründung der Partei Narodnaja Wolja (‚Volkswille') 1879 gelang den Narodowolzen am 13. 3. 1881 das Attentat auf Zar Alexander II; die N. wurden von den Marxisten (G. Plechanow, 1857–1918, W. I. Lenin, 1870–1924) bekämpft.

Nation (seit dem 14. Jh. aus lat. *natio* ‚Volk', ‚Volksstamm', von *nasci* ‚geboren werden'), im At. und in der Vulgata ohne eindeutigen Unterschied neben *gens* und *populus* (die eigentlich politische Bezeichnung) benutzt. Bis heute hat sich keine für alle Teile der Welt gemeinsame Begriffsbestimmung erzielen lassen. Im MA. v. a. Zusammenschluß der Studenten einer Fakultät zu wirtschaftlicher und rechtlicher Sicherung (auch hier ist der Begriff verschwommen, da z. B. in Paris 4 N.en mit Angehörigen verschiedenster Herkunft vertreten sind). – Auch in der Kirche setzen sich n.ale Ansprüche durch: in England schon im 13. Jh. erhebliche Selbständigkeit; auf dem Konzil zu Vienne (1311–12) Abstimmung nach N.en; die Entwicklung, durch das →Schisma gefördert, wird 1409/14/18 in Pisa/Konstanz endgültig (als Folge erbitterter Streit um die N.szugehörigkeit); die N.alisierung der Kirche beginnt im →Gallikanismus, Anglikanismus, auch die Reformation verschärft die Tendenz. – Im 15. Jh. tritt zum Reichstitel der Zusatz ‚Dt.erN.', der die dt. Reichsgebiete meint und später den Anspruch der Dt.en auf das Imperium andeutet. In der Renaissance führen die Studien der Humanisten zur Neubewertung der n.alen Geschichte in der Absicht, den Ruhm des eigenen Landes zu erhöhen (N. Machiavellis Streben nach der Einheit Italiens). Hier bahnt sich die Verbindung von n.alem Interesse und starkem Einheitsstaat an, wie er sich dann in Spanien, England, Frankreich ausbildet. – Der moderne N.sbegriff leitet sich jedoch von der frz. Revolution her. Bereits J. J. Rousseau (1712–78) hatte N. mit →Volk (Nicht-Souverän und Nicht-Adel) gleichgesetzt und damit der engen Verknüpfung von N. und →Demokratie Ausdruck gegeben (Wahlrecht, N. in Waffen). Damit bahnt sich im westlichen Denken die weitgehende Übereinstimmung von Staat und N. an (Staats-n. im Gegensatz zur Kultur-n., die durch gemeinsame Abstammung, Sprache, Tradition, Heimat- und Wertgefühle bestimmt ist); seit dem Ende des 18. Jh. schwindet die Gemeinsprache der Gebildeten, Dichter und Wissenschaftler sind nun oft Schrittmacher ausgeprägten N.algefühls, J. G. Herder, 1744–1803, und die dt. Romantik vermitteln stärkste Impulse, obwohl selbst noch in menschheitlichen Idealen verhaftet. G. Mazzini (1805–72) erfüllt den N.sbegriff in Zusammenhang mit der republikanischen Staatsreform mit einer Missionsaufgabe für Freiheit, Gleichheit und Menschlichkeit (Prinzip n.aler Gleichberechtigung). – Der heutigen Auffassung am nächsten kommt N. als ‚der Ausdruck für ein politisch geeintes Volk als Machtgebilde, mit dem bestimmte Ansprüche der Macht, des Prestiges und der Kulturmission in Verbindung gebracht werden' (Th. Eschenburg). Wir unterscheiden dabei den in Frankreich vorherrschenden subjektiven Begriff der N., in dem persönliches Empfinden und Entscheidung des Einzelnen den Ausschlag geben (E. Renan, 1823–92: *N. un plébiscite de tous les jours*) von der dt. Betonung der objektiven Merkmale der Abstammung und Sprache (wichtigste Auseinandersetzungen in der Paulskirche 1848–49 und nach dem 1. Weltkrieg), wobei sich die Erfahrungen der dt. →Minderheiten immer mehr dem subjektiven Begriff näherten; daneben wird N. vom →Austromarixsmus als historische Schicksalsgemeinschaft verstanden. – Die Identität von Staat und N. ist heute so weit fortgeschritten, daß auch im Dt. von *Vereinten N.en* (UN) gesprochen wird als dem 1945 (→Charta) gegründeten Zusammenschluß aller souveränen Staaten und zweier russischer Teilrepubliken mit der selbstgewählten Ausnahme der Schweiz.

F. Meinecke, Weltbürgert. u. N.alstaat, [8]1962; K. Stavenhagen, Das Wesen der N., 1934; J. Huizinga, Im Bann d. Gesch., o. J.; K. G. Hugelmann, Stämme, N. u. N.alstaat im dt. MA., 1956; G. Leibholz, Volk, N. u. Staat im 20. Jh., 1961; H. Rothfels, Zeitgesch. Betr., [2]1963; W. Conze, Die dt. N., [2]1965; H. Christ, Die Rolle der N. in Europa, 1968; H. Zillesen, Volk – N. – Vaterland, 1976; →Volk.

National-garde, aus der frz. Volksbewaffnung von 1789 hervorgegangene Bürgerwehr zur inneren Sicherheit, bis 1872 (seit 1862 Reserveformation der Armee, Mobilgarde); in den USA jener Teil der Armee, der für den örtlichen Einsatz den →Gouverneuren der Einzelstaaten, für den Einsatz gegen einen äußeren Feind dem →Präsidenten unterstellt ist; -gefühl, Empfinden für die Zusammengehörigkeit der Glieder einer →Nation, zumeist aus dem Bewußtsein gleicher Abstammung Sprache, Kulturüberlieferung oder geschichtlicher Vergangenheit erwachsen. In Dtld., wo sich das N.-gefühl nach 1648 zunächst mit dem kleinstaatlichen N.-gedanken verband, wurde es v. a. durch J. G. Herder (1744 bis 1803) befreit und weckte von hier aus durch die Romantik in Italien und den slawischen Randstaaten das kulturelle und politische Eigenbewußtsein. Unter den Erschütterungen der europäischen Revolutionen 1789–1848 trieb es, zumeist in Verbindung mit dem →Liberalismus und unter dem Eindruck der wirtschaftlichen Entfaltung, dem N.-staat zu, führte aber gegen Ende des 19. Jh. zu einem überspitzten n.en Sendungsbewußtsein (→N.-ismus). Seit den Weltkriegen hat diese Entwicklung bes. die ehemaligen Kolonialvölker ergriffen; -hymne, offizielle Volkshymne als Symbol der n.en Zusammengehörigkeit, später als Ausdruck des Staatsbewußtseins und Mittel n.er Repräsentation im inter-n.en Verkehr, setzt sich in Europa seit dem 19. Jh. allmählich durch (Frankreich: Marseillaise 1793; England: *God save the King;* USA: *The star-spangled banner;* in Dtld. vor 1866 *Was ist des Deutschen Vaterland?*, E. M. Arndt, 1813, seit 1870 *Die Wacht am Rhein*, M. Schneckenburger, 1840, offiziell erst durch Verordnung F. Eberts 1922 das Dtld.-lied H. v. Fallerslebens, 1841, seit 1949 die dritte Strophe); -kirche, rechtlich selbständige Kirche, die ihre Tätigkeit auf das Staatsgebiet beschränkt, z. B. die seit dem 16. Jh. vom →Papst unabhängige engl. Staatskirche. In der kath. Welt konnte nur die frz. Kirche ihre →gallikanischen Freiheiten lange Zeit wahren (vgl. die Pragmatische Sanktion von Bourges 1483, die 4 Artikel der gallikanischen Kirche Ludwigs XIV. und ihre Erneuerung durch Napoleon 1810). Das Vatikanische Konzil 1870 brachte mit der → Infallibilität das Ende der n.-kirchlichen Bestrebungen. In Dtld. ging die n.-kirchliche Strömung (seit dem Konstanzer Konzil 1414–18) vornehmlich in den →Landeskirchen auf (doch vgl. Emser →Punktation, →Deutschkatholizismus); von lutherischer N.-kirche kann man nur in den skandinavischen Ländern sprechen; -komitee, von dt. Emigranten u. Kriegsgefangenen unter der Bezeichnung *Freies Dtld.* 1943 in Moskau begründete Propagandaorganisation, die zur Beendigung des Krieges aufrief, 1945 aufgelöst; -→konvent; -→konzil; -liberal, Bezeichnung für jene Gruppe die sich anläßlich der von O. v. Bismarck eingebrachten →Indemnitätsvorlage von der → Fortschrittspartei abspaltete und am 28. 2. 1867 die *N.-liberale Partei* gründete (R. v. Bennigsen, 1824–1902). Ihre Fraktion, v. a. Neu- und Nichtpreußen, unterstützte bedingungslos Bismarcks Außenpolitik, bestand dagegen nicht weiter auf der Verwirklichung des parlamentarischen Systems. Nach der Reichsgründung stärkste Partei, war sie Bismarcks Hauptstütze im →Kulturkampf, wurde 1879 in der Schutzzollfrage von ihm zur Spaltung gedrängt. Bei Ausbruch des Weltkriegs erheblich geschwächt, trat sie 1917 für den Siegfrieden ein und zerfiel 1918; -rat, in Österreich und der Schweiz die Volkskammer des Parlaments, die, jeweils auf 4 Jahre gewählt, mit dem Bundesrat, bzw. Ständerat zusammen die gesetzgebende Bundesversammlung bildet; -sozial, Parteiname für den 1896 von F. Naumann (1860-1919) begründeten *N.-sozialen Verein* (Zs. *Hilfe*), der die fortschrittlichen christl.-sozialen Kräfte sammeln sollte, um Arbeiterschaft und Bürgertum, Demokratie, soziales Ks.-tum und n.e Machtpolitik zu vereinigen; -sozialismus, die in Dtld. 1933–45 herrschende →totalitäre Bewegung mit überwiegend n.istisch-völkischer Ideologie, einer Mischung aus →Antisemitismus (G. Schönerer, 1842 bis 1921), Antiklerikalismus (K. Lueger, 1844–1910), Antimarxismus, →Rassenlehre, →geopolitischem Großraumdenken, dt. Sozialismus (O. Spengler, 1880 bis 1936), Darwinismus, Antiparlamentarismus, Individualismus (→ Führergedanke aus dem Fronterleben) und Volkstumsgedanken (Jugendbewegung), die dem totalen Führungsanspruch der →Partei und ihrer Gliederungen auf allen Gebieten als Grundlage diente. Kennzeichnend für den NS-Staat sind: die Befehlshierarchie der dem →Führer bedingungslos unterworfenen Amtsträger, Einheit von Staat und Partei, zentralistischer Einheitsstaat (→ Reichsstatthalter), Vernichtung der →demokratischen →Freiheiten, der parlamentarischen Einrichtungen (freie Wahlen, →Gewaltenteilung, →Grundrechte) und der unabhängigen Rechtsprechung, in der Außenpolitik schrankenlose →imperialistische Expansion (→Lebensraum). Die *NS Dt. Arbeiterpartei* (Name der *Dt. NS-Arbeiterpartei* Österreichs nachgebildet), aus Harrers *Dt. Arbeiterpartei*, einer antisemitischen dt.-völkischen Splittergruppe, hervorgewachsen (24. 2. 1920), kam durch A. Hitlers (1889 bis 1945) geschickte Propaganda rasch zur Geltung. G. Feders Programm der NSDAP (25 Punkte), A. Hitlers *Mein Kampf*, nach dem mißglückten Münchner Putsch 9. 11. 1923 während der Festungshaft geschrieben, bildeten das Grundgerüst der Ideologie. 1930, 5 Jahre nach der Neugründung 27. 2. 1925, war die NSDAP zur stärksten Partei herangewachsen, deren militante Organisationen (SA, SS) A. Hitler unter dem Druck der Weltwirtschaftskrise den Weg zur Macht (30. 1. 1933) freikämpften. Rücksichtslos angewandte Ausnahmegesetze sicherten der Partei die Alleinherrschaft (Gleichschaltung). Der Austritt aus dem →Völkerbund (19. 10. 1933) und die Remilitarisierung befreite Dtld. von den Fesseln des Versailler Vertrags. Nach der Verwirklichung des völkischen Staates (Anschluß Österreichs 13.3., Angliederung d. Sudetenlandes 1.10.1938) u. seiner strategischen Sicherung (Besetzung die Resttschechei 15. 3. 1939) wurde mit dem Angriff auf Polen (1. 9. 1939) der 2. Weltkrieg entfesselt, in dessen Verlauf die maßlose Politik des →Lebensraums zum Zusammenbruch des N.-sozialismus (8. 5. 1945) führte; **-staat** →Nation; **-versammlung**, verfassungsgebende Versammlung gewählter Vertreter, zumeist in revolutionärer Situation zur Ausarbeitung einer Verfassung berufen: Frankreich: (1) *Assemblée Nationale* 17. 6. 1789–30. 9. 1791 (durch die *Assemblée législative* abgelöst); (2) der 2. Republik, 4. 5. 1848 - 2. 12. 1851; (3) 12. 2. 1871 in Bordeaux zusammengetreten, verkündet 25. 2. 1875 die 3. Republik; (4) 1945/46, gibt dem befreiten Frankreich die Verfassung der 4. Republik; In Dtld. (1) Im Anschluß an die frz. Februarrevolution am 18. 5. 1848 in Frankfurt zusammengetreten (Verfassung vom 28. 3. 1849), in Stuttgart 18. 6. 1849 aufgelöst; (2) in Preußen 22. 5.–5. 12. 1848 (vom König aufgelöst; (3) In Weimar 6. 2. 1919 (F. Ebert 11. 2. Reichspräsident), beschließt 11. 8. 1919 die Weimarer Verfassung; **-werkstätten**, durch Dekret der frz. Regierung 27. 2. 1848 eingerichtet, gescheiterter Versuch, die Arbeitslosen durch Notstandsarbeiten (Straßenbau u. a.) zu beschäftigen, 28. 6. nach dem Sieg des Generals L. E. Cavaignac (1802–57) aufgehoben.

F. G. Schultheiß, Gesch. d. dt. N.-gefühls, 1893; H. Finke, Weltimperialismus u. n.e Regungen im späten MA., 1916; H. Gerstenberg, Dtld. über alles, 1933; M. Hättich, N.bewußtsein u. Staatsbew. in d. pluralist. Gesellsch., [2]1966; – A. Werminghoff, N.alkirchl. Bestrebungen im dt. MA., 1910; – M. Wenck, Gesch. d. N.-sozialen, 1905; H. Oncken, R. v. Benningsen, 1910; Th. Heuß, F. Naumann, [3]1950; L. Bergsträsser, Gesch. d. pol. Parteien in Dtld., [11]1965; – A. Hitler, Mein Kampf, 1925 u. ö.; A. Rosenberg, D. Mythos des 20. Jh., 1930 u. ö.; F. Salomon, Die dt. Parteiprogramme, [6]1931; G. Feder, Der dt. Staat auf NS-Grundlage, [5]1932; A. Bullock, Hitler, 1953; dt. [2]1959; W. Schäfer, Die NSDAP, 1956; M. Broszat, Der Staat Hitlers, 1969; K. D. Bracher, Die Auflösg. d. Weimarer

Rep., [5]1971; W. Hofer, Der N.sozialismus. Dokumente, 1957 u.ö.; G. Schulz, Faschismus, N.sozialismus, 1974; H. Grebing, Der N.sozialismus, [18]1974; Bibliographie in VJZG.

Nationalismus bezeichnet einen der großen, bestimmenden Geschichtsfaktoren der NZ. Hatten einst die →*pax Romana* und die *res publica Christiana* mit ihrer abendländischen Einheit die Welt bestimmt, so wird nun, v. a. seit Ausgang des 18. Jh., anstelle der vom röm. Imperium oder vom Religiösen her entworfenen universalen Ordnung die →Nation zur letzten Instanz geschichtlichen Handelns (Säkularisierung). Das erste Auftreten des N. kann man (abgesehen vom →Hussitismus) in der engl. Revolution 1640 bis 60 feststellen, schon hier verbunden mit einem Erwähltheitsglauben (England wird mit dem alten Israel gleichgesetzt). Als Folge der Revolution kommt es zum Ausgleich zwischen Adel und aufsteigendem Bürgertum, einer typischen Erscheinung des N. Fortan eng verknüpft mit liberalem und demokratischem Gedankengut, erstrebt der N. die Identität von Staat und Volk nach ethnographischen Prinzipien. Diese Entwicklung erreicht im Verlangen nach nationaler →Selbstbestimmung ihren Höhepunkt. Nach dem 1. Weltkrieg führt dies im ostmitteleuropäischen Raum zur Auflösung der Donaumonarchie und zu staatlichen Neugründungen in der Randzone zwischen Dtld. und Rußland. Die historische Gemengelage verschiedener →Nationalitäten ließ jedoch eindeutige nationale Grenzen nicht zu; Lösungsversuche innerhalb des →Völkerbunds scheiterten v. a. seit der Machtergreifung des Nationalsozialismus, dessen vom →Rasse und Volkstumsgedanken ausgehende Ideologie im N. das geeignete Mittel zur Durchsetzung eines dt. Herrschaftsanspruchs erblickte. Diese Mißachtung des Lebensrechts anderer Völker (Juden, Polen, Russen) führte zu furchtbaren Massenvernichtungen, deren Gegenschlag die Vertreibung von 10 Mill. Deutschen war. Im dt. und östlichen Sprachgebrauch ist N. heute eine auf Erwählung- und Sendungsbewußtsein beruhende, streitbare, zur Selbstüberhebung gesteigerte politische Haltung, während er im westlichen Denken als Nationalgefühl oder -bewußtsein verstanden wird. Auch die jungen Staatsgebilde Asiens und Afrikas verwenden den Gedanken des N. – teilweise überspitzt – zur Erlangung ihrer Unabhängigkeit, er ist noch immer eine der stärksten Mächte im politischen Leben, wenn auch in den übernationalen Zusammenschlüssen gegenläufige Kräfte erkennbar sind.

J. E. Lord Acton, N., 1862 (dt. in: Rev. u. Freiheit, 1952); H. Kohn, D. Idee des N., 1950, ND 1962; E. Lemberg, N., 1964; H. Kohn, N., 1955 (dt. V. Machiavelli zu Nehru, 1964); K. W. Deutsch, Der N. u. seine Alternativen, dt. 1972; →Nation, Nationalität.

Nationalität, Zugehörigkeit zu einem →Volk, im westlichen Verständnis = Staatsangehörigkeit, im dt. und östlichen Sinne jedoch nicht mit dem Staat zusammenfallend. Entscheidend ist das Gefühl innerer Verbundenheit und das subjektive Bekenntnis der volklichen Zusammengehörigkeit. Die N.en sind Ausdruck der europäischen kulturellen Mannigfaltigkeit, bis sie im späten 19. Jh. eine Art ‚Nationsanwärter' (H. Rothfels) werden. Für alle N.enstaaten (Staaten mit mehreren starken nationalen →Minderheiten) wurde seit 1925 im N.enkongreß, einem Zusammenschluß der europäischen Minderheiten (etwa 40 aus 12 Staaten) der Versuch einer völkerrechtlichen Anerkennung von Grundrechten der nationalen Minderheiten als überstaatliche Volks- und unpolitische Kulturgemeinschaften unternommen (angestrebt wurde die Sicherung von Gruppen – anstelle von individuellen Personalrechten), scheiterte jedoch an →Nationalismus und diskreditierender NS-Politik; N.enrat, die 2. Kammer der UdSSR, seit 1923 des Rätekongresses, nach der Verfassung vom 5. 12. 1936 des Obersten Sowjets (25 Mitglieder je Bundesrepublik, 11 je autonome Republik, 5 je autonomes Gebiet, 1 je Nationalgebiet).

R. Wittram, D. N.enkämpfe in Europa, [2]1954; →Minderheiten, Nation, Nationalismus, Volk.

Natschalnik (ru.), ‚Vorsteher' eines (niederen) militärischen oder zivilen Amts.

Natural- (d. h. auf der Grundlage von Naturprodukten, dann allgem., aus dem Gegensatz zu →Geld, von Produktion und Leistungen *in natura*) -wirtschaft, Wirtschaft ohne Verwendung von Geld; die N.-wirtschaft, die nicht nur in frühen oder primitiven Kulturen verwirklicht oder als vorherrschende Tendenz festzustellen ist (vgl. ihr Vordringen in der Spätantike), fußt in starkem Maße auf der Eigenproduktion, die indes durch die Institutionen der →Sklaverei, Hörigkeit, Genossenschaft u. ä. großen Umfang annehmen kann; sie wickelt den Verkehr durch Güter→tausch ab und befriedigt die Herrschaftsinstitutionen durch N.-leistungen, (→Fron), -abgaben, -steuern, aus denen wieder, abgesehen von Berechtigungen zur Eigenproduktion (→Pacht, Hintersassen u. ä.), N.-lohn, bzw. -verpflegung (auch Sold) fließen können.

Naturalisation (frz.), seit dem 19. Jh. Erteilung der Staatsbürgerschaft an einen Ausländer, im 2. Dt. Reich rechtlich geschieden von der ‚Aufnahme' des Angehörigen eines anderen dt. Einzelstaates, der bereits das ‚gemeinsame →Indigenat' nach Art. 3 der Reichsverf. besitzt.

Natürliche Grenzen (frz. *limites naturelles*), Gebirge und Wüsten, Meere und Flüsse, zur Erleichterung der Grenzsicherung des röm. Reiches erstrebt und gewonnen durch Augustus (31v.–14n.); lebhaft umstrittenes Schlagwort in der dt.-frz. Polemik des 19. Jh., verwendet zum Versuch einer Legitimierung der von Caesar 58 bis 51v. erreichten Grenzen Frankreichs, Rhein, Alpen, Pyrenäen.

Naturrecht (lat. *ius naturale*), das der Natur (gr. *physei*) des Menschen entsprechende, dem positiven oder ‚gesatzten' Recht gegenüberstehende (übergeordnete) Recht; die Frage nach dem Wesen des N.s, seit den gr. Sophisten des 5. Jhv. eines der wichtigsten Probleme der abendländischen Geistesgeschichte, hat zahlreiche, jeweils durch die religiöse oder philosophische Überzeugung vom Wesen des Menschen bestimmte Antworten erfahren; sie im Zusammenhang darzustellen ist Aufgabe der Philosophiegeschichte und der Rechtsphilosophie. – Bis zum 19. Jh., in dem die Diskussion um das N. den Wirkungen der Kantschen Erkenntniskritik, der Fragestellung der →Historischen Schule und dem Rechtspositivismus erlag, diente das N. zur Legitimation verschiedener, z. T. entgegengesetzter Positionen: die gr. Sophistik des 5. Jhv. leitete aus ihm den von Platon (427–347v.) bekämpften Satz vom Recht des Stärkeren ab, Aristoteles (und auch noch Thomas v. Aquino 1225–74) erwies mit ihm die Berechtigung der →Sklaverei, die NZ. verwendete es zur Begründung des →Gleichheitsbegriffes; es steht ebenso hinter dem modernen →Souveränitätsbegriff (J. Bodin, 1530–96) und hinter der Rechtfertigung des absoluten Fürstenstaates (S. v. Pufendorf, 1632–94), wie hinter dem Widerstandsrecht der →Monarchomachen; bei Aristoteles (384 bis 22v.) u. auch in der ma. Scholastik erfüllt es sich im vernunftgemäßen Handeln des durch seinen Charakter als Gemeinwesen bestimmten Menschen, und seit der gr. Stoa erscheint es immer wieder in der Gleichsetzung mit dem Sittengesetz.

H. Meyer, Gesch. d. abdld. Weltanschauung, [3]1966; F. W. Hinrichs, Gesch. d. Staats- u. Rechtsprinzipien seit d. Ref., 1948; E. Wolf, Gr. Rechtsdenker, 1950ff.; J. Messner, Das N., [5]1966; F. Flückinger, Gesch. d. N.s, 1954ff.; L. Strauß, N. u. Gesch., 1956; H. D. Schelauske, N.sdiskussion in Dtld., 1968.

Nauarch (gr. ‚Schiffsführer'), Flottenbefehlshaber in gr. Stadtstaaten und Reichen; die Nauarchie war bes. in Sparta 5. Jhv. und Syrakus 4. Jhv. eines der wichtigsten Ämter.

Nawab →Naib.

Negerfrage spielte in den USA zunächst als Sklavenfrage eine große Rolle. Seit 1807 war zwar der Import von Sklaven verboten, doch schien, v. a. durch die wachsende Bedeutung der Baumwolle, die billige Sklavenarbeit für die Südstaaten unerläßlich. Als die Anhänger der Sklaverei durch den →Abolitionismus immer mehr in die Defensive gedrängt waren, wurde die N. im wesentlichen Anlaß des Bürgerkrieges. Obwohl die Sklaverei 1865 verfassungsmäßig abgeschafft wurde, blieb die Negerbevölkerung (etwa 10%) bes. im Süden, zahlreichen Beschränkungen unterworfen. Die →Amendments 14/15 von 1868/70 gaben den Negern volles Wahlrecht, aber praktisch hatten sie nicht die gleiche bürgerliche Stellung; in den Südstaaten griff man zu unerlaubten Wahlhindernissen und zur Segregation (Rassentrennung), ja zu Mitteln des Terrors (vgl. den 1864 gegr., bis etwa 1930 bedeutsamen Geheimbund des Ku Klux Klan) als rassischem Selbstschutz. Im Kultur-, Wohn- und Verkehrswesen kam es zu völliger Trennung von Weiß und Schwarz, doch waren im Norden, wo ein starkes Anwachsen der schwarzen Arbeiterschaft in den Großstädten festzustellen ist, die Verhältnisse gemäßigter. Eine neue, noch nicht abgeschlossene Entwicklung setzte damit ein, daß der Oberste Bundesgerichtshof die Rassentrennung aufhob, und auch die durch den 2. Weltkrieg geförderte militärische Gleichberechtigung, die kulturellen Einflüsse des Negertums in Musik (Jazz) und Literatur weisen in dieselbe Richtung (Integration).

R. Rie, Das pol. Schicksal des am. Negers, 1956; B. Rüster, Rassenbez. in den USA, 1973; →Abolitionismus.

Negotiatores (lat.), röm.-italische Geschäftsleute, die in der späteren röm. Republik sich in den Provinzen des Reiches, v. a. in Griechenland und Kleinasien, als Kaufleute, Bankiers und Gutsbesitzer betätigten, z. T. für dauernd ansässig und weitgehend hellenisiert wurden.

J. Hatzfeld, Les trafiquants italiens dans l'Orient hellénique, 1921; M. Rostovtzeff, Ges.- u. Wirtsch.gesch. d. hell. Welt, dt. 1955f.

Negus (aethiop. ‚König', ‚Herrscher'), hohe, abessinische, vom Herrscher Provinzialstatthaltern verliehene Adelsbezeichnung (= Unterkönig); N. Nagast (‚König der Könige'), seit dem 13. Jh. Titel des Kaisers von Abessinien (→Ras).

Nekro-logium (gr., lat. *Obituarium* ‚Totenbuch'), Verzeichnis von Todestagen, in ma. Pfarreien, Kapiteln und Klöstern angelegt, um nahestehende geistliche und weltliche Personen durch Seelenmessen u. a. Feiern zu ehren; die dt. N.-logien sind, als genealogische und allgem. Geschichtsquellen von Bedeutung, in den *Monumenta Germaniae* ediert; -pole, ‚Totenstadt', alte (frühgeschichtliche, antike, frühchristliche) geschlossene Begräbnisstätte mit größeren Grabbauten als Grabungsstätte der →Archäologie.

Neo-→faschismus; -→guelfen; →liberalismus; -slawismus →Panslawismus.

Nepot (lat. *nepos*, it. *nepote* ‚Neffe'), Anverwandter des →Papstes, im MA und in der Renaissance von diesem bisweilen mit weltlicher Herrschaft ausgestattet, mit Titeln oder Einkünften versehen; N.-ismus, die – unverdiente – Bevorzugung von Verwandten bei der Besetzung von Staats- oder Kirchenämtern (durch das geltende Kirchenrecht bei der Ernennung von →Kardinälen verhindert); allgem. in der modernen Herrschaftssoziologie als Sonderform der Ämter→patronage die Auslesebevorzugungen von Kreisen, in denen ausgeprägte Solidaritätsvorstellungen gepflegt werden. ‚N.enreservoire können Familien, Schulen, Mönchsorden, sonstige, auch militärische Ausbildungseinrichtungen oder ständische Korporationen sein.'

Th. Eschenburg, Die Ämterpatronage, 1961.

Neutralität (von lat. *neuter* ‚keiner von beiden'), als in der NZ. allmählich völkerrechtlich entwickelter Begriff die Stellung eines Staates, der sich an einem Kriege nicht beteiligt. Das Recht eines Staates zur Teilnahme am Krieg oder zur N. ergibt sich aus seiner →Souveränität, eine Pflicht zur förmlichen Erklärung der N. besteht nicht. Modifizierte N., etwa vollkommene oder unvollkommene (z. B. die *nonbelligerenza* Italiens 1939), wohlwollende (→Allianz) oder bewaffnete (z. B. der europäischen Seemächte gegen England 1780) ist juristisch nicht haltbar, in der politischen Wirklichkeit jedoch nicht selten. Das N.srecht hat sich zunächst gewohnheitsrechtlich und v. a. für die Seekriegführung herausgebildet; die moderne Praxis beginnt mit der N.serklärung und dem N.sgesetz der USA von 1794, die völkerrechtliche Kodifizierung mit der Pariser Seerechtsdeklaration von 1856 über →Blockade, →Kaperei und →Konterbande, mit den Bestimmungen der 2. Haager Friedenskonferenz 1907 für den Landkrieg. Rechte und Pflichten der

N. sind notwendig ein Kompromiß zwischen dem Wunsch der Neutralen, ihren Verkehr und Handel auch in Kriegszeiten zu erhalten, und dem Bestreben der Kriegführenden, dem Gegner keinen Vorteil von seiten der Neutralen (z. B. Investitionen, Lieferungen, Meldung von ‚Freiwilligen', die praktisch nur einer Seite zugute kommen) zu gestatten. – Am Beispiel der Schweiz seit 1648 entwickelt sich die permanente oder ewige N. als politisch-moralischer Grundsatz, v. a. kleiner Staaten; Neutralisation, Neutralisierung, Neutralitätsvereinbarung oder -erklärung unter Mitwirkung der Großmächte, z. B. der Schweiz auf dem Wiener Kongreß 1815, Belgiens 1839, Luxemburgs 1867, Österreichs 1955, auch einzelner, in der internationalen Politik wichtiger Teilgebiete, für die militärische Anlagen und Einrichtungen jeder Art untersagt werden, z. B. Suezkanal 1888, die Meerengen 1920 bis 36, Tanger 1923, Triest 1947 bis 54.

E. v. Waldkirch, E. Vanselow, N.srecht, 1936; U. Scheuner, Die N. im heut. Völkerrecht, 1969; J. Köpfer, Die N. im Wandel milit. Auseinandersetzungen, 1975.

Neuzeit (Bildung des 19. Jh., zunächst als einfacher Gegensatz zu Vorzeit), in der konventionellen →Epochengliederung der dritte und letzte Abschnitt der Weltgeschichte, gleich den Begriffen At. und MA. viel kritisiert und diskutiert, doch in den Abgrenzungen (zur oberen →MA., zur unteren →Zeitgeschichte) weniger umstritten; in der Regel bietet das Jahr 1789 Ansatz zu weiterer Unterteilung (von hier ab Neuere Zeit, auch Neueste Zeit), doch sind solche Hilfsmittel unverbindlich und werden willkürlich gehandhabt (z. B. läßt J. R. v. Salis die Neueste Zeit 1871 beginnen).

J. R. v. Salis, Weltgesch. d. Neuesten Zt., [3]1955; W. Baumgart, Bibliogr. z. Studium d. neueren Gesch., 1969; H. Holborn, Dt. Gesch. in der NZ., dt. 1970; - Lit. und Problematik →At., MA., Epoche.

New Deal, ‚Neuverteilung' (der Spielkarten), das – mit einzelnen sozialistischen Zügen ausgestattete – Programm des Präsidenten F. D. Roosevelt (1882–1945) zur Überwindung der Wirtschaftskrise der 30er Jahre. Völlig neu für die USA waren die staatlichen Regulierungen des Wirtschaftslebens; der →Kapitalismus wurde zum ‚kontrollierten Kapitalismus' (staatliche Versicherung für Arbeiter, Gewerkschaften als Tarifpartner anerkannt, Subventionen an die Landwirtschaft). Wenn die Massenarbeitslosigkeit auch erst durch die Kriegswirtschaft behoben wurde, so leitet doch das (der) N. D. mit der Ausweitung der Staatstätigkeit eine neue Epoche der am. Geschichte ein. Bleibende Wirkung haben die umfassenden Maßnahmen zur Bodenpflege, der Bau riesiger Staudämme, die Elektrifizierung des flachen Landes und das neue Bewußtsein, für die Wohlfahrt der Allgemeinheit verantwortlich zu sein.

B. Rauch, Hist. of the N. D., 1944; D. W. Brogan, Roosevelt and the N. D., 1952; D. R. Fusfeld, The Economic Thought of F. D. Roosevelt, 1956; E. W. Hawley, The N.D. and the Problem of Monopoly, 1969.

Nibelungentreue, die unbedingte, eigene Interessen nicht achtende Bündnistreue Dtlds. zur Österreich-Ungarn, als politisches Schlagwort erstmals in der Bosnien-Krise 1908/09.

Nicht-angriffspakt, z. Zt. des Völkerbunds aufgekommene Form von Verträgen zwischen zwei oder mehreren Staaten (z. B. der UdSSR 1932 mit Frankreich, Finnland, den baltischen Staaten, Deutschlands und Polens 1934) zur Milderung oder Beseitigung politischer Spannungen, des Inhalts, daß sich die Vertragspartner verpflichten, sich nicht anzugreifen (→Aggression) und, falls einer in einen Krieg mit einem dritten verwickelt werde, ihm beizustehen oder neutral zu bleiben (die Institution der N.e wurde von den totalitären Staaten mißbraucht und so bald diskreditiert); -einmischung (in innere Angelegenheiten), Grundsatz der internationalen Politik, der sich aus dem Begriff der → Souveränität herleitet, bes. seit dem Span. Bürgerkrieg 1936–39 stark – oft nur formal – betont, 1945 in die Satzungen der UN aufgenommen.

Niedergericht →Gerichtsbarkeit.

Nihilismus (von lat. *nihil* ‚nichts'), radikale sozialistische Strömung in Rußland, die nichts mehr als Autorität gelten ließ, dargestellt von I. Turgenjev (1818–83) an der Gestalt Basarovs in dem Roman ‚Väter und Söhne' (1862), oft verallgemeinert, schon von F. v. Baader (1826) als letzte Konsequenz des Abfalls vom christlichen Glauben, oder bei H. Rauschning, ‚Die Revolution des N.' (1938), mit Beziehung auf den Nationalsozialismus.

E. Benz, Westl. u. östl. N., 1948; H. Rauschning, Masken u. Metamorphos. d. N., ²1955; D. Arendt (Hrsg.), Der N. als Phän. d. Geistesgesch., 1974.

Nizam (arab. ‚Ordnung'), Bezeichnung für die Reformen Sultan Selims III. nach 1792 und das dabei neu errichtete Heer (1807 aufgehoben); N. ul-Mulk, Titel des Statthalters der Groß→mogulen im Dekkhan, 1724–1948 des Fürsten von Haidarabad.

Nobel (engl. *noble*), die beliebteste, auch über England hinausverbreitete engl. Goldmünze des späten MA., zunächst – wegen der Prägung auf dem Avers – Schiffs-n., dann wegen der beidseitigen Rose Rose-n. (engl. *roseryal*, vgl. →Real).

Nobilis (lat. zu *notus* ‚bekannt'), der Vornehme, Adlige; spätröm.-byz. *nobilissimus*, Prädikat der →Caesares, dann der anderen Mitglieder der ks. Familie und höchster Würdenträger; mlat. *n.* = →Frei, dann Adliger (it. *nobile*, v. a. in Venedig); dav. Nobelgarde, Leibwache zu rein repräsentativen Zwecken, bes. seit 1801 die *Guardie Nobili Pontificie* des Papstes, aus it. Adligen gebildet; Nobilität (lat. *nobilitas*), in der röm. Republik die führende Schicht des nach Abschluß des sog. Ständekampfes im 4. Jhv. neu entstehenden Amtsadels, ‚der engste Kreis von →patrizischen und →plebejischen Geschlechtern, die die höchsten Ämter, → Konsulat und →Zensur, besetzten' (J. Vogt), dann allgem. die Spitzen eines (Adels)standes; mlat. allgem. →Adel, bes. engl. *nobility*, in Gegensatz zur →Gentry die fünf Stufen des engl. Hochadels (Duke, Marquess, Earl, Viscount, Baron); frz. *noblesse*, der Adelsstand, sowohl der Geburtsadel (n. *de race*) und Briefadel *(n. par lettres)*, als auch der – dem Dritten Stand zugerechnete – Amts- und Dienstadel (n. *de robe* seit dem 16. Jh. v. a. für die Mitglieder der →Parlamente, *n. de magistrature*, *n. militaire* u. a. mit der Tendenz zur Erblichkeit).

M. Gelzer, D. N.ität d. röm. Rep., 1912; A. Afzelius, Classica et Mediaevalia 1945; Chr. Meier, Res publica amissa, 1966; K. Christ, Krise u. Untergang d. röm. Rep., 1979.

Nomaden (gr. ‚Hirtenvölker'), Völker ohne festen Wohnsitz, primitive Wildbeuter, vereinzelt auch Ackerbauer, in der Regel jedoch und bes. lang auf dieser Stufe verharrend, Viehzüchter, in patriarchalischem Stammesverband in Steppengebieten lebend, v. a. in Arabien und Nordafrika (dav. lat. Numidien), im innerasiatischen Tarim-Becken und in der Mongolei.

B. Spuler in: E. Waldschmidt u. a., Gesch. Asiens, 1950; S. Moscati, Gesch. u. Kultur d. sem. Völker, dt. ²1961; R. Grousset, Die Steppenvölker, 1970.

Nomarch (von gr. *nomós* ‚Weide', gr. Bezeichnung für den Gau als altägyptische Verwaltungseinheit), im hellenistischen Ägypten Gaubeamter zur Beaufsichtigung des Ackerlandes.

Nomenklator, bei den Römern Sklave, der seinem Herrn auf der Straße die Namen der Entgegenkommenden zu nennen hat.

Nomo-kratie (von gr. *nómos* ‚Gesetz'), Herrschaft der Gesetze, im Gegensatz zu →Tyrannis, →Autokratie; -phylax, ‚Gesetzeswächter' vereinzelt (nach Platon, Gesetze) Vollzugs- und Überwachungsbeamter in gr. Stadtstaaten; -thesie, Gesetzgebung; -thet, Gesetzgeber.

Nonkonformismus →Konformismus.

Nonproliferation (frz.-engl. Kunstwort, urspr. der Botanik, aus lat. *prolem ferre* ‚Nachkommen hervorbringen'), Nichtweitergabe von Atomwaffen, →Abrüstung.

Normaljahr (nlat. *annus decretorius*), der in den Friedensverhandlungen des 30jährigen Krieges heftig umstrittene Termin, der für den Stand des geistlichen Besitzes maßgebend sein sollte; zunächst (Prager Frieden 1635) 1627, dann 1648 (als Kompromiß zwischen 1618 und 1630) 1624.

Not, echte (mlat. *impedimentum legitimum*), im älteren dt. Recht zusammenfassender Begriff für berechtigte Gründe (Krankheit, Brand des eigenen Hauses, Gefangenschaft), keine →Gerichts-, →Heer- und Lehensfolge zu leisten; N.-ding (-gericht), im alten dt. Prozeßrecht bei N.-fällen (→handhafte Tat, am Kranken- und Sterbebett, bei Streit um verderbliche Dinge) angewandtes abgekürztes Gerichtsverfahren, mitunter mit bes. N.-richter; -frei, in Westfalen bis ins 19. Jh. →Freier, der genötigt ist, einer bestimmten Gemeinschaft anzugehören, z. B. als Handwerker einer →Zunft oder als Pächter einer →Grundherrschaft; er zahlte einen Freienschilling; -verordnungsrecht, Recht des →Reichspräsidenten nach Art. 48 der Weimarer Verfassung, in Krisenzeiten mit Hilfe von N.-verordnungen anstelle ordentlicher, vom →Reichstag verabschiedeter Gesetze zu regieren; 1919–24 zeitweilig auch schon von F. Ebert (1871–1925) angewandt, wird es seit 1930 Grundlage der Politik der letzten Regierungen (bes. der Regierung Brüning, 1930–32) der Weimarer Republik (→auch Ausnahmezustand).

C. Schmitt, Die Diktatur d. Reichspräs. nach Art. 48 (Die Diktatur), [2]1928; H. W. Natzke, The Constitutional Dictatorship of Dr. H. Brüning, Diss. Wisconsin 1951; H. Boldt, Rechtsstaat u. Ausnahmezustand, 1967.

Notabeln (frz.), Männer von Vermögen, Rang oder Bildung, in Frankreich seit dem 15. Jh. vom König zu Provinzial- oder Reichsversammlungen *(assemblées des notables)* in Konkurrenz zu den →Etats berufen (mit denselben Rechten, doch ohne Steuerbewilligung); die N.-versammlung, seit 1626 nicht einberufen, wurde vom Minister Calonne der Vergessenheit entrissen, doch erwiesen sich ihre beiden Sitzungen (Febr.–Mai 1787; Nov.-Dez. 1788) nicht geeignet, der finanziellen Not durch Reformen zu steuern und die schwelenden Gegensätze auszugleichen.

Notar (lat. *notarius*), Stenograph und Sekretär, seit dem 4. Jhn. als Vertrauensmann des Ks. (in militärischer Organisationsform) von zunehmend politischer Bedeutung; im MA. Beamter der Kanzlei zur Ausstellung von Urkunden (so auch die Proto-n.e der röm. Kurie in 4 Klassen – Klasse 2–4 lediglich als Ehrentitel, Titularproto-n.), auch der →Kanzler selbst, auch am Hofgericht, zunächst in Italien, dann auch im Reich, vom Kaiser, später von den Pfalzgrafen ernannt *(n. ius publicus)*.

L. Koechling, Unters. üb. d. Anf. d. öffentl. N.iats, 1925; F. Luschek, N.iatsurkunde u. N.iat in Schlesien, 1940.

Note (frz.), in bes. Formen (Angabe des diplomatischen Rangs, Rede in der 3. Person) gehaltene diplomatische Mitteilung; Signierte N. (mit Unterschrift). bes. beim Eingehen von Verpflichtungen; Verbal-n., zur Ergänzung einer mündlichen Mitteilung; Vertrauliche N., deren Inhalt nicht zur Weitergabe bestimmt ist; Zirkular-n., an mehrere Adressaten zugleich bestimmt; Notifikation, Mitteilung wichtiger Änderung (Wechsel des Staatsoberhaupts, der Regierungsform, Erklärung eines Kriegszustands usw.) an einen anderen Staat in Form einer N.

Notitia (spätlat., mlat.), kurzer Bericht, Bekanntmachung; bes. *N. dignitatum* (Ende des 4. Jhn.), illustriertes Verzeichnis der röm. Reichsämter nach der Neuordnung durch Diokletian (ed. O. Seeck, 1876).

Nullifikation (lat. Neubildung), verbindliche Erklärung eines Staats, daß er einen von ihm geschlossenen Vertrag als erloschen betrachtet.

Numismatik (von gr. *nomisma* ‚Münze'), Münzkunde, die Lehre von den →Münzen, ihren Prägestätten, Prägungen, Werten und Gewichten, seit der Renaissance (F. Petrarca, 1304–74, Cosimo de' Medici, 1398–1464) Gegenstand gelehrter Liebhaberei und Sammlertätigkeit (Münzkabinette), von J. H. v. Eckhel SJ (1737–98) zum Range einer Wissenschaft erhoben; als →Hilfswissenschaft leistet die N. der Geschichte wertvolle Beiträge, sowohl im allgem. politischen Bereich (Propaganda), als auch bes. zur Wirtschafts- (Geld-)geschichte, Religionsgeschichte, Archäologie (Ikonographie), Metrologie und Chronologie. – Methodisch autonom, mit zahlreichen Publikationen und Zss. in fast allen Kulturstaaten, überwindet die N. allmählich die Spezialisierung nach At., MA. und NZ.

J. Eckhel, Doctrina nummorum veterum, [8]1792–1839; – F. v. Schrötter, Wörterb. d. Münzkunde, 1930; H. Gebhart, N. u. Geldgesch., 1949; A. v. Brandt, Werkzeug d. Historikers, [6]1971; – B. V. Head, Hist. nummorum, [2]1911; J. Babelon, La numismatique ant., 1944; K. Christ. Antike N., 1967; – A. Engel, R. Serrure, Traité de n. du Moyen-âge, 1891 ff.; dies., Traité de n. mod. et contemp., 1897 ff.; W. Jesse, Quellenbuch z. Münz- u. Geldgesch. d. MA., 1924; F. Friedensburg, Münzkunde u. Geldgesch. d. Einzelstaaten d. MA. u. d. NZ., 1926; A. Suhle, Dt. Münz- u. Geldgesch., [2]1964; E.-E. Klein-Stefanelli, Select Num. Bibliography, 1965; F. Verdenhalven, Alte Maße, Mü. u. Gewichte aus dem dt. Sprachgebiet, 1968; T. Kroha, Lex. d. N., 1977.

Nuntius (lat. ‚Bote'), urspr. allgem. diplomatischer Vertreter, seit dem 16. Jh. nur noch der apostolische oder päpstliche (1. Nuntiatur 1500 Venedig), der als Vertreter des Oberhaupts der kath. Kirche (bis 1870 des Souveräns des →Kirchenstaats) bei Staatsregierungen neben seinen diplomatischen Aufgaben (Doyen →Dekan) v. a. als Mittler zwischen dem Papst und der Kirche des Gastlandes fungiert; während der N. früher eine gewisse jurisdiktionelle Oberaufsicht über die Kirche des Landes führte, nimmt er jetzt nur die Beobachtung der kirchlichen Zustände wahr; Inter-n., diplomatisch den →Gesandten gleichgestellter Vertreter des Papstes, bes. an kleineren Höfen; Pro-n., ein N., der zugleich Kardinal ist.

A. Pieper, Zur Entstehg.sgesch. d. ständ. Nuntiaturen, 1894; A. Wymen, D. päpstl. Diplomatie, 1922; H. Lutz, Nuntiaturber. aus Dtld., 1965.

Nuraghe, megalithischer Wohn- und Wehrturm der jungsteinzeitlichen altmittelländischen Bevölkerung Sardiniens (8.–5. Jhv.).

C. Zervos, La civilisation de la Sardaigne, 1954; F. Altheim, Röm. Gesch. I, [2]1956; M. Guido, Sardinia, 1963.

Oben (gr. *obai*), die in den Einzelheiten umstrittenen 5 Einheiten der lokalen Gliederung des alten Sparta, einer ‚verwaltungsmäßigen Organisation der Wohnsiedlung' (V. Ehrenberg, RE, s. v.).

Ober-→acht; -amt, in der Ämterverfassung des spätma. und frühnz. →Territorialstaates bes. bedeutendes →Amt, im allgem. ohne Überordnnug über das gewöhnliche Amt (in Württemberg jedoch bis 1810, bzw. 1816 in Unterämter eingeteilt, bis 1937 schließlich der unterste Verwaltungsbezirk); das O.-amt hatte als Behörde den O.-amtmann und Bezirksrat, als Selbstverwaltungskörperschaft eine Amtsversammlung aus gewählten Vertretern der Gemeinden zum Zwecke der Steuerrepartition; – in Schlesien unter den Habsburgern kollegiale, einem O.-hauptmann unterstehende Behörde zur O.-aufsicht über Verwaltung, Gericht und Militär; -amtmann, leitender Beamter eines O.-amts; in Württemberg löste er 1759 endgültig den →Kellerer, bzw. den →Vogt ab; bis 1818 war er oberster Richter und Verwaltungsbeamter, dann nur noch letzteres, das O.-amt erhielt ein bes. O.-amtsgericht unter einem O.-amtsrichter;

-hauptmann, in Schlesien (→ O.-amt) der Landeshauptmann, sonst mehrfach Amtshauptmann; vereinzelt auch militärischer Dienstgrad, = Major; -haus, dt. Bezeichnung für engl. *House of Lords*, die 1. Kammer des engl. Parlaments; im 14. Jh. als → Peerskammer der *barones majores* mit z. T. erblichen Sitzen abgesondert, Versammlung der geistlichen und weltlichen →Lords unter Vorsitz des Lordkanzlers, und oberstes Gericht, in seiner politischen Bedeutung bes. durch die Parlamentsakte von 1911 wesentlich eingeschränkt, seit 1948 mit nur einjährigem aufschiebendem →Veto; danach allgem. offizielle oder inoffizielle Bezeichnung der 1. Kammer eines Parlaments; -hof, (1) im MA. Mutterstadt (bzw. deren Gericht) einer Stadtrechtsfamilie, an die sich die Tochterstädte mit der Bitte um Rechtsbelehrung oder sogar um Urteil oder Berufung wandten (bedeutende O.-höfe waren Freiburg i. B., Frankfurt a. M., Dortmund, Cleve, Aachen, für die → Hanse und →Ostkolonisation Lübeck und Magdeburg); (2) vereinzelt Berufungsinstanz des grundherrlichen →Hofgerichts; (3) führender Hof einer bäuerlichen Nachbarschaft in Westfalen; der Besitzer war gleichzeitig Vorsitzer des Bauerngerichts; -kirchenrat, die oberste Verwaltungsbehörde der prot. Kirche eines Landes, zuerst in Preußen 1850, →Konsistorium; -präsident, nach den Steinschen Reformen 1808 (1815) oberster Beamter einer preuß. →Provinz, ‚keine Mittelinstanz', als ‚ständiger Kommissar des Ministeriums' von hoher politischer Bedeutung; -→tribunal; -wappen →Heraldik.

Oberst, Obrist, allein und in Zusammensetzungen ‚der oberste', bes. im militärischen Bereich zunächst der Oberkommandierende (Feld-, Kriegs-o., O.-feldhauptmann), seit dem 16. Jh. (frz. engl. *colonel*, span. *coronel*) der Regimentsunternehmer und -inhaber (O.-leutnant, sein Stellvertreter und dort, wo der O. nicht kommandiert, der eigentliche Regimentskommandeur), seit dem 17. Jh. (in Dtld. und Spanien, in England erst im 19. Jh.) allmählich aus der Regimentswirtschaft herausgelöst und zum Dienstgrad (oberster der Stabsoffiziere) geworden.

Obituarium →Nekrologium.

Objektivität (von lat. *obicere* – ‚entgegenstellen'), die Fähigkeit und das Bestreben, frei von subjektiven Einflüssen auszusagen (Unparteilichkeit, Voraussetzungslosigkeit), sowie die Sachlichkeit und Allgemeingültigkeit der Aussage selbst; als Streben nach Wahrheit und Unparteilichkeit ist O. so alt wie die Geschichtsschreibung (Thukydides, Polybios, Tacitus, Ann. 1,1: *sine ira et studio*). Im 19. Jh. unter dem Einfluß I. Kants als geschichtstheoretischer Begriff viel diskutiert, wird die O. teils leidenschaftlich erstrebt (L. v. Ranke: ‚Ich wünschte mein Selbst gleichsam auszulöschen und nur die Dinge reden, die mächtigen Kräfte erscheinen zu lassen'), teils als Standpunktlosigkeit kritisiert (J. G. Droysen, der die O. auf die Gewinnung ‚objektiver Maße und Kontrollen' beschränkt). Wenn auch der Gehalt an objektiven, d. h. kritisch gesicherten Tatsachen und Zusammenhängen in der Geschichtswissenschaft zunehmend wächst, so ist doch für den Historiker O. in jedem Fall höchstens nur annähernd erreichbar, da das subjektive Moment bereits bei Auswahl und Gliederung des Geschehens unvermeidbar ist.

J. Vogt, Tacitus u. d. Unparteilichk. d. Historikers, 1936; R. Aron, D. Grenzen d. hist. O., 1943; G. Hennemann, D. Problem d. Voraussetzungslosigk. u. O. in d. Wissenschaft, 1947.

Oblaten (lat. ‚Dargebrachte'), im MA. bis zum →Tridentinum Kinder *(pueri oblati)*, die von ihren Eltern für das Kloster bestimmt worden sind (auch: Donaten); auch Bezeichnung für Laienbrüder und in der NZ. für ordensähnliche Gesellschaften.

Obolos (gr. ‚Spieß'), urspr. Eisen- oder Kupferstabgeld, dann allgem. als Münz- und Gewichtseinheit $^1/_6$ der →Drachme, unterteilt in 8 Chalkoi.

Obrigkeit (frühnhd. Oberkeit), Begriff v. a. der frühen NZ. zur Kennzeichnung der in einer festen ständischen Ordnung stehenden staatlichen Gewalt, bes. der des landesherrlichen →Absolutismus; infolge der Autorität M. Luthers verwendet der Protestantismus den Begriff O. bis in die Gegenwart für →Staatsgewalt, obwohl die historischen Gegebenheiten des O.s-staates für die Gegenwart nicht mehr zutreffen.

Observant, lat. ‚der (die Regeln) Beachtende', Mönch der strengeren Richtung, v. a. bei Franziskanern und Augustinern.

Obstruktion (lat. ‚Verschließung'), die planmäßige Opposition irischer Abgeordneter (O.-isten) im engl. Parlament, bes. 1879–82 (Biggar und Parnell, → auch Boykott), danach allgem. Versuch einer Minderheit, im Rahmen der Geschäftsordnung durch Lärmszenen, Dauerreden, Verfahrensanträge u. a. Mittel einen Beschluß eines Parlaments (oder einer anderen Körperschaft, z. B. M. Cato im röm. Senat 59v.) um jeden Preis zu verhindern; →Flibustier.

Ochlokratie (gr.), Pöbelherrschaft, in der nacharistotelischen gr. Staatsphilosophie die Entartungsform der →Demokratie.

Ochrana (ru. ‚Schutz'), 1881, nach der Ermordung Alexanders II., geschaffene ru. Geheimpolizei.

Odal, Odel, in nord. Ländern das freie Erbgut des Bauern, Adelsgut.

Odelsting →Storting.

Ödgartenwirtschaft →Felderwirtschaft.

Offener Brief = →Patent im Gegensatz zur *littera clausa*, → *lettre de cachet;* im 19. Jh. (zuerst 1846 Kg. Christian VIII. von Dänemark in der schleswig-holsteinischen Frage) in der Presse veröffentlichte kritische Stellungnahme in Briefform; O.e Tür, im Zeitalter des →Imperialismus (zuerst 1885 auf der Marokkokonferenz in Madrid) der völkerrechtliche Grundsatz der vertraglich gesicherten Offenhaltung eines gemeinsamen Marktes in einem überseeischen Staat oder Kolonialgebiet.

öffentlich, im älteren Dt. ‚offenbar', in der NZ. als Übersetzung des lat. *publicus*, →Republik, daher ö.e Hand der Staat, bes. als Unternehmer; ö.es Recht, im (aus dem röm. Recht rezipierten) Gegensatz zum Privatrecht alles Recht, das die hoheitlichen Funktionen des Staates betrifft; ö.e Meinung *(opinion publique)*, seit dem 18. Jh. (J. J. Rousseau) bekannter, wegen seiner Unsicherheit viel kritisierter Begriff, als Form der Willensbildung in Demokratien, bes. durch die Vervollkommnung der Informationsmittel, politischer Faktor von zunehmender Bedeutung (Versuche zur Beeinflussung durch → Propaganda, zur Erforschung und Begriffsbestimmung durch die → Soziologie); Ö.keit (seit dem 18. Jh. für Publizität), verfassungsmäßiger Grundsatz für Gerichts- und Parlamentsverhandlungen in demokratischen Staaten, →Kabinett.

Offizial *(officialis* von lat. *officium*, ‚Dienstleistung', Amt, Pflicht, in der röm. Kaiserzeit Schreibstube eines Beamten, urspr. mit Personal aus abkommandierten Soldaten oder aus dem Sklaven- und Freigelassenenstand, mlat. Amt, Hofdienst, auch Genossenschaft, Zunft), Angehöriger eines *officium*, va. in der Spätantike der Stand der Subalternbeamten, im MA. zur Dienstleistung Verpflichteter, z. B. Ministeriale, Inhaber eines Amtes, Meier, Amtmann; auch Mitglied eines Rats, eines Gerichts, bes. seit dem 13. Jh. in Frankreich und England, später auch in Deutschland bischöflicher Berufsrichter mit ordentlicher stellvertretender Gewalt, der bald überall die Macht der →Archidiakone zurückdrängt; heute in der bischöflichen Verwaltung der Vorsteher der Abteilung für Rechtssachen; O.at, geistliche Gerichtsstelle.

J. Hashagen, Z. Charakteristik d. geistl. Gerichtsbark., (ZRG. KA 6) 1916; U. Eisenhardt, Die weltl. Gerichtsbark. der O.ate in Köln, Bonn u. Werl im 18. Jh., 1966.

Offizier (frz. von mlat. *officiarius* ‚Beamter', ‚Bediensteter'), seit dem 16. Jh. Sammelbezeichnung für Inhaber von →Hofämtern, dann für militärische Führer, seit dem 17. Jh. in Unter-o.e und (Ober-)o.e – letztere bald auch in 4 Rangklassen (→Generale, Stabs-o.e, Hauptleute, Subaltern-o.e) – geschieden.

H. Meier-Welcker, O.e. im Bild von Dokumenten aus 3 Jh., 1964.

Oireachtas, seit der Verfassung vom 25. 10. 1922 das aus 2 Kammern bestehende Parlament des Freistaats Irland (Dail Eireann = Abgeordnetenhaus, und Senat).

Okkupation (lat.), ‚Besetzung' fremden Gebiets, u. zw. (1) die Besitzergreifung außerhalb Europas liegender, als staatenlos geltender Gebiete, um sie als →Kolonien zu erwerben; (2) kriegerische O. als zulässige Kriegshandlung, wodurch der besetzenden Macht, dem Okkupanten, alle Befugnisse zufallen, soweit sie nicht ausdrücklich, wie z. B. Plünderung, durch Völkerrecht verboten sind; die →Souveränität des besetzten Staates gilt als zeitweilig suspendiert; (3) die friedliche O. erfolgt zur Sicherung der Durchführung eines Vertrags (Teile Frankreichs 1871–73, Rheinland 1919–30) oder in der Erwartung einer Abmachung, die über das besetzte Gebiet erst befinden soll; die rechtliche Stellung der Besatzungsmacht im besetzten Gebiet regelt das Besatzungsrecht (Besatzungsstatut für die Bundesrepublik, gültig von Sept. 1949–Mai 1955).

W. Grewe, Ein Bes.statut f. Dtld., 1948; M. Uhler, D. völkerrechtl. Schutz d. Bev. eines besetzten Gebiets, 1950; G. v. Schmoller u. a., Hb. d. Bes.rechts., 1951; →Völkerrecht.

Ökonom (gr. *oikonomos*, lat. *oeconomus* ,Verwalter'; mlat. Vermögensverwalter eines Bistums, Ordens, Klosters usw.; →Meier), im 18./19. Jh. (frz. *économiste*, dav. Ö.ist = →Physiokrat) Wirtschaftstheoretiker, National-ö., bei K. Marx (1818–83) bes. der →Bourgeoisie; dav. Ö.ie, gr. Hauswirtschaft, dann allgem. Wirtschaft, Wirtschaftlichkeit, Wirtschaftstheorie, nach frz. *économie nationale*, *politique*, *sociale* auch National-ö. (bes. die von A. Smith, 1723–90, begründete klassische Schule), Sozial-ö., oder, bes. bei K. Marx, politische Ö., die Volkswirtschaftslehre; Ö.ismus, die v. a. im → Historischen Materialismus vertretene Auffassung von der wirtschaftlichen Bedingtheit der Geschichte und Gesellschaft.

O. Brunner, D. ,ganze Haus' u. d. alteurop. ,Ökonomik', (Neue Wege z. Sozialgesch.) [2]1968.

Oktaëteris (gr.), der 8-jährige Schaltzyklus des alten gr., bes. attischen Kalenders, mit 3 Schaltmonaten zu je 30 Tagen, 432v. durch die →Enneakaidekateris ersetzt.

oktroyiert (frz. ,verliehen'), von der demokratischen Opposition gebrauchte Kennzeichnung der preuß. Verfassung, vom 5. 12. 1848, der österr. vom 4. 3. 1849, um sie als von der Krone aufgenötigt, nicht von den gewählten Vertretern des Volkes gegeben zu brandmarken.

ökumenisch (zu gr. *oikumene* ,die bewohnte' Erde), weltumspannend, bes. gesamtkirchlich, →Konzil, Patriarch.

Okzident →Abendland.

Oligarchie (gr.), nach der gr. Staatslehre (Platon, Aristoteles) die ,Herrschaft Weniger' als Entartungsform der →Aristokratie; allgem. Herrschaft einer Gruppe im Staat (v. a. nach Eroberung oder durch Konzentrierung des Reichtums in den Händen einiger weniger), im 20. Jh. auch als zwangsläufige Endstufe der Entwicklung der Demokratie und ihrer Parteien angesprochen (R. Michels, 1876–1936).

V. Ehrenberg, Der Staat d. Griechen, [2]1965; – R. Michels, Z. Soziologie d. Parteiwesens, [2]1925, Neudr. 1957; R. Zippelius, Allgem. Staatslehre, 1969.

Olympiade (gr.), Zeitraum von 4 Jahren zwischen zwei Olympischen Spielen, seit dem 3. Jhv. bei Historikern zur Zeitrechnung verwendet (Beginn der →Ära 1. 7. 776v.), vereinzelt bis ins MA. gebräuchlich.

Ombudsman (schwed. ,Anwalt'), in Schweden seit 1809 Parlamentsbeauftragter, der die Bürger vor Übergriffen der Verwaltung schützt, seit 1915 auch Wehrbeauftragter.

Oppidum (lat. ,über der Ebene' liegend), altitalische und -kelt. (vgl. kelt. *-dunum*, engl. *town*) Feste, umwallte Flieh- oder Gauburg, ohne Territorium, Vorform der ma. →Burg; seit der röm. Republik allmählich (kleinere) Stadt mit Territorium als übergeordneter Begriff (→Kolonie, Munizipium).

Opportunist (von lat. *opportunus* ,geschickt', ,nützlich'), als Gegensatz zu →Doktrinär Vertreter einer den Umständen angepaßten Politik, v. a. in der 3. Republik d. Republikaner L. Gambettas (1838–82), erst später (v.a. in der Auseinandersetzung um den →Revisionismus) z. Kennzeichng. d. Gesinnungslosigk. verwendet.

Optimaten (lat. *optimi* ‚Die Besten'), in den Quellen zur späten röm. Republik auftretende Bezeichnung für eine Gruppe von Männern, die im Gegensatz zu den →Popularen starr an der Vorherrschaft des Adels (→Nobilität) festhielten; *optimates* = ma. →Hochfreie.

Chr. Meier, Res publica amissa, 1966; K. Christ, Krise u. Untergang der röm. Rep., 1979.

Option (lat. ‚freie Wahl', auch Gegenstand der Wahl, daher Optio, Gehilfe des röm. →Zenturio als milit. Dienstgrad), das Recht der Bevölkerung, bei Gebietsveränderungen über die Staatsangehörigkeit einzeln und frei zu entscheiden, nach völkerrechtlichem Brauch v. a. seit dem 19. Jh. gewährt; die O., häufig im Gefolge der nationalen →Selbstbestimmung, läuft in der Praxis freilich in der Regel auf die Wahl zwischen Anerkennung des neugeschaffenen Zustands und Auswanderung hinaus.

Ordal (ags; mlat. *ordalium*, engl. *ordeal* zu dt. ‚Urteil'), auch in Zusammensetzungen (Element-o., Gift-o., Los-o. u. a.), = →Gottesurteil.

Orden, geistlicher, (→Ordo), ein besonderer, von der Kirche gebilligter und nach einer bestimmten Ordnung (→Regel) lebender Stand innerhalb der kirchlichen Gemeinschaft, dessen Angehörige sich durch feierliche Gelübde zum beständigen Leben innerhalb des O.s und nach seiner Regel verpflichten. Durch das Leben in einem →Kloster soll dem O.sangehörigen die Befolgung der sog. ‚Evangelischen Räte' (Armut, Keuschheit, Gehorsam) und damit die Erfüllung des Gebotes christlicher Vollkommenheit ermöglicht werden; der O.sstand repräsentiert dadurch zugleich die subjektive Heiligkeit der Kirche. Die Anfänge des O.sgedankens sind bei den frühchristlichen Asketen zu erkennen, die sich bald zu losen Gemeinschaften zusammenfanden (→Anachoreten, Zönobiten). Verbindliche Formen des Zusammenlebens schrieb v. a. Benedikt v. Nursia (480–543), daneben auch Columban (gest. 613) vor. Die Form des für sich selbständigen, nach einer familiär-patriarchalischen Verfassung lebenden Einzelklosters blieb trotz verschiedener Reformen und Zentralisierungsversuche (Cluny) für das abendländische Mönchtum des FrühMA., v. a. aber für den *Benediktiner-o.*, bestimmend. Standen bei diesem O. v. a. Missionierung, Pflege der kulturellen Überlieferung und der Liturgie im Vordergrund, so zeichnete sich der im 12. Jh. gegründete *Zisterzienser-o.* bes. durch seine →Kolonisationsarbeit aus, während sich die im 13. Jh. entstandenen, zentral geleiteten O. der *Franziskaner* und *Dominikaner* v. a. der Seelsorge und Ketzerbekämpfung annahmen. Die Idee des ma. →Rittertums förderte die Entstehung der geistlichen Ritter→orden; unter den zahlreichen O.sgründungen seit dem 12. Jh. treten ferner die O. bes. hervor, die sich der Gefangenenbefreiung und der Krankenpflege widmeten. Während in der Frühzeit die O. sich eine gewisse Unabhängigkeit vom Papsttum sichern konnten, erforderten die vielen Neugründungen des Hoch- und SpätMA., bes. auch die den bereits bestehenden O. angeschlossenen weiblichen Zweige, aber auch die selbständigen weiblichen O. sowie die unter der Bezeichnung ‚Dritter O.' (Tertiarier) gegründeten Laiengemeinschaften die Kontrolle der Kirche. Der bereits im 12. Jh. anklingende Gedanke der päpstlichen O.shoheit wird seit dem 13. Jh. praktiziert: alle O.sgründungen und O.sregeln bedürfen der päpstlichen Bestätigung. Im SpätMA. geriet ein Teil der älteren O. trotz verschiedener Reformen in Verfall, während die teilweise auch bes. begünstigten Bettelorden (→Mendikanten) in ihren verschiedenen Formen eine günstige Entwicklung nahmen, die freilich von dem glänzenden Aufschwung der 1549 bestätigten *Gesellschaft Jesu* weit übertroffen wurde. Eine Reihe von Reformen verlieh den bestehenden O. nach dem →Tridentinum neues Leben; die Neugründung religiöser Gemeinschaften erfolgte aber seitdem zunehmend in der Form der →Kongregationen; – O.s-general, ein vom Generalkapitel eines O.s auf bestimmte Zeit oder auf Lebenszeit gewählter O.sangehöriger, der – meist in Rom wohnend – in der Leitung des O.s unmittelbar unter dem Papst steht; -kapitel, meist auch Generalkapitel, die alle drei Jahre stattfindende Versammlung der Vorsteher der einzelnen O.sprovinzen, bzw. der einzelnen Klöster; -oberer, der Vorsteher eines geistlichen O.s; während im MA. meist der →Abt des Mutterklosters den O. leitete, werden seit der Gründung des Franziskaner- und Dominikanero.s die O.sgeneräle gewählt; -provinz, bei den Bettelo. u. versch.n Kongregationen e. bestimmter geographischer Bezirk, d. mehrere Klöster umfaßt, unter d. Leitung eines O.s-provinzials.

M. Heimbucher, Die O. u. Kongreg. d. kath. Kirche, [3]1932ff.; H. Urs v. Balthasar, Die gr. O.sregeln, 1948; G. Schreiber, Gemeinsch.en d. MA., (Ges. Abh. I) 1948; K. S. Frank, Grundz. d. Gesch. des christl. Mönchtums, 1975.

Orden, geistliche Ritter-, in den →Kreuzzügen entstandene O.sform, deren Mitglieder neben den drei Mönchsgelübden noch den Kampf gegen die Ungläubigen gelobten, anfänglich auch als Krankenpfleger Dienst taten. Sie verwirklichten das Ideal des *miles christianus*, waren daher auch ständisch streng begrenzt. Am bekanntesten sind die Johanniter (angeblich 1050 gegr., Regel zwischen 1154 und 1160; Tracht: schwarzer Mantel, 8spitziges weißes Kreuz), Templer *(fratres militiae templi* sc. *Salomonis*, 1118? gegr., Regel 1128; weißer Mantel, rotes 8spitziges Kreuz) und der Dt. Ritter-O. (1190/91 vor Akkon gegr., Regel 1198/99; weißer Mantel, schwarzes Balkenkreuz); dazu kommen noch die Ritter-o. der span. →Reconquista, z. B. die von Calatrava (1158) und Alcantara (1156). – An der Spitze der streng zentralistischen O. steht ein Großmeister (beim Dt. O. → Hochmeister), ihm zur Seite eine Art Minister, die Großkommandeure, bzw. -prioren der Johanniter (zugleich Leiter der →Zungen), die →Gebietiger des Dt. O.s; sie bilden, beim Dt. O. zusammen mit den →Landmeistern, das Generalkapitel. Diesem steht die Wahl des Großmeisters zu; es kann dessen sonst absolute Macht zu einem gewissen Grad einschränken. Zelle des Verwaltungsapparats ist die →Kommende (→Komturei, beim Dt. O. das Haus) mit einer →Burg als sichtbarem Herrschaftsmittelpunkt. Mehrere Kommenden werden zu →Balleien zusammengefaßt (beim Dt. O. auch Landkomtureien), diese wieder in O.sprovinzen (bei den Johannitern → Zunge, mit zusätzlichem Zwischenglied, dem Priorat). – In den O. dienen neben den Ritterbrüdern auch Priesterbrüder, die Gottesdienst und kirchliche Verwaltung der →exemten Ritter-o. versehen, und die dienenden Brüder (Graumäntler), die neben anderen niederen Diensten auch den Spitaldienst verrichten. – Zum Kampf gegen den Islam im Hl. Land kam bei allen O. seit dem 12./13. Jh. der Einsatz bei der → Ostkolonisation, wobei der Dt. O. den 1202 in Livland begründeten Schwertbrüder-o. 1237 an sich zog und durch den Aufbau des Staates Preußen gegenüber Johannitern (v. a. Brandenburg mit dem sog. Herrenmeister) und Templern (Brandenburg, Pommern, Schlesien) eine beherrschende Stellung einnahm. Letzterer verteidigte nach dem Fall von Akkon 1291 Zypern, wurde aber nach dem berüchtigten Prozeß (1307–11)1312 aufgelöst. Die Johanniter verteidigten Rhodos 1310–1522 (daher Rhodesier), dann Malta 1530–1798 (daher Malteser). Durch Napoleon, dann 1800 durch England Maltas, 1805/06 ihrer dt. Besitzungen beraubt, wurden sie 1879 mit voller Souveränität wiederhergestellt (Großmeister mit Kardinalswürde und Gesandtschaftsrecht); ein evang. Zweig wurde als Ballei Brandenburg 1832 neu begründet. Der Dt. O., der 1525 durch die→ Säkularisation Preußens seine Stellung im Osten, 1809 seinen Restbesitz (außer den österr. Balleien) an Württemberg verloren hatte, wurde in Österreich 1834/40 als Krankenpflege-o. (seit 1925 ohne ständische Begrenzung) wiederhergestellt.

R. v. Fink, Übersicht d. Gesch. d. souveränen ritterl. O., 1890; H. Finke, Papstt. u. Untergang d. Templero.s, 1907; M. Oehler, Gesch. d. dt. Rittero.s, 1908ff.; Chr. Krollmann, Pol. Gesch. d. Dt. O.s in Preußen, 1932; G. A. Campbell, D. Tempelritter, dt. 1938; R. ten Haaf, Kurze Bibliographie z. Gesch. d. Dt. O.s, 1949; M. Tumler, Der dt. O., ²1956; K. Forst-Reuter, D. Berichte d. Generalprokuratoren an die Kurie, 1960ff.; H. Neu, Bibliogr. d. Templero., 1965.

Orden, in seiner weltlichen Form zunächst Abbild der geistlichen Ritter-o., im SpätMA. zunächst von Fürsten gestiftet, die eine exklusive Gruppe durch Verdienst, Treue und Adel ausgezeichneter Männer um sich scharen (so der engl. *Hosenband-O.* seit 1350, der burgundische, seit 1700 span.-österr. *O. vom Goldenen Vließ* von 1429); in der NZ. werden Begriff und Sache zweifach entwertet: (1) O. nennen sich Gesellschaften (z. B. die dt. Sprachgesellschaften des 17. Jh.) und Vereine verschiedenster Art, auch Geheimbünde (z. B. die → Illuminaten); (2) in der Hand der Fürsten werden die O. ohne inneren Zusammenhang zu einer Gruppe von Männern, die sich durch Geburt (so urspr. die Haus-o.) oder Verdienst auszeichnen, seit Ende des 17. Jh. in Klassen (3–5, vgl. die →Ehren-Legion) gestuft, wobei die Bezeichnung (im Dt.) allmählich von der Gemeinschaft auf das äußere Abzeichen übergeht, das in einer Vielzahl von Formen und Stufen, z. T. für bes. spezifizierte

Verdienste (Militär-, Verdienst-O.) verliehen wird, auch in republikanischen Staaten, v. a. aus Gründen der Repräsentation im diplomatischen Verkehr, beibehalten, nachdem im 19. Jh. Rang- und Standesschranken (vgl. die Stiftung des Eisernen Kreuzes 1813, die mit der Verleihung verbundene Zuerkennung des persönlichen Adels, z. B. beim österr. *Maria-Theresien-O.* von 1757, beim Bayr. *Militär-Max-Joseph-Orden* von 1806) gefallen sind; damit sind sie im 20. Jh., soweit nicht wenige Reste älterer Traditionen fortbestehen, zu reinen Auszeichnungen (O. und Ehrenzeichen) geworden.

K. G. Klietmann, O. Neubecker, O.slexikon, 1951/64; W. O. Hütter, Die Gesch. d. Eisernen Kreuzes, 1968; A. Graf Klenau, Großer dt. O.skatalog, 1974; ders., Europ. O.skatalog, 1975.

Ordinarius (v. lat. *ordo*), in der kath. Kirche der Inhaber der unmittelbar mit einem Amt verbundenen ordentlichen Jurisdiktionsgewalt, →Hierarchie; O. loci, der Träger der obersten kirchlichen Jurisdiktion eines bestimmten Gebiets, z. B. einer →Diözese.

Ordo, lat. ‚Reihe', militärisches Glied, →Zenturie, Stand (z. B. *o.equestris* ‚Ritterstand'), Körperschaft (z. B. *o.decurionum* ‚Gemeinderat'); mlat. Behörde, Stand; die gottgewollte Wert- und Gesellschaftsordnung des MA.; im MA. auch: Ordnung, (Krönungs-)zeremoniell; →Orden; im kath. Kirchenrecht Weihegrad: *ordines minores* = niedere Weihen (Ostiariat, Lektorat, Exorzistat, Akoluthat); *o.ines maiores* = höhere Weihen (Subdiakonat, Diakonat, Presbyterat, letzteres im *sacerdotium maius* des →Episkopats sich vollendend); Ordinariat →Kurie, Ordination, Einweisung in ein Amt (z. B. *ordinatio imperii*, die Thronfolgeordnung Ludwigs d. Frommen 817), bes. in ein evang. Predigtamt; in der kath. Kirche die Priesterweihe.

Ordonnanz (frz.), Verfügung, Anordnung (auch gerichtliche zu einem Prozeßverfahren), sowie der einem Truppenführer zu ihrer Übermittlung zugeteilte Soldat oder Offizier (O.-offizier); bes. des frz. Kg. (auch als spezielles →Edikt oder →Deklaration), seit dem 13. Jh. gegen den Widerstand der Lehensfürsten und →Parlamente allmählich mit allgem. verbindlicher Gesetzeskraft, seit der Charte von 1814, Art. 14, nur als Ausführungsbestimmungen zu Gesetzen (*Juli-O.en* vom 25. 7. 1830 zur Unterdrückung der parlamentarischen Opposition als Anlaß zur Revolution); O.-kompagnien, das durch eine O. Kg. Karls VII. (2. 1. 1439) geschaffene, von der →Taille unterhaltene, gegen die Macht des Feudaladels gerichtete stehende Heer (rund 9000 Mann) des frz. Kg.

Orgelgeschütz →Espingole, →Geschreigeschütz.

Orient (lat. *oriente sole* ‚im Sonnenaufgang'), sprachlich gr. →Anatolien, dt. →Morgenland, it. →Levante entsprechend; sachlich = der Osten, geographisch nur im Gegensatz zu Okzident, Westen abgrenzbar: für das At. bedeutet *Alter O.* das Gebiet des Fruchtbaren →Halbmonds einschließlich Ägyptens, in der Spätantike (→Diözese Oriens, →Comes) Kleinasien und Syrien, Ägypten, in der NZ. in der Regel = Vorderer O., das Gebiet des tü. Reiches (O.alische Frage = das Verhältnis der europäischen

Mächte zur Türkei, bes. im 18./19. Jh.; O.-krieg, veraltet = Krimkrieg), doch wird der Begriff bisweilen auf Gesamtasien ausgeweitet; entsprechend O.istik, die Wissenschaft von den semitisch-türkisch-persischen Sprachen, im weiteren Sinne werden jedoch auch die inner- und ostasiatischen Sprachen einbezogen.

B. Spuler, Hb. d. O.alistik, 1968ff.; F. Altheim, R. Stiel, Gesch. Mittelasiens im At., 1970.

Oriflamme (frz. aus lat. *aurea flamma* ‚goldene Flamme'), altes zweizackiges Kriegsbanner der Könige von Frankreich, benannt nach den goldenen Sternen auf rotem Grund; urspr. nur Banner der Abtei von St. Denis, war die O. vom Anfang des 11. Jh. bis zur Schlacht von Azincourt (1415) Königsbanner.

Orlog (germ.-kelt.), bis ins 16. Jh. = Krieg; O.-schiff (ndl. 17.–19. Jh.), Kriegsschiff.

Ort (germ. ‚Spitze', vgl. O.-band, Beschlag an der Spitze der Schwertscheide), Winkel, Ecke, Teilstück, ein Viertel bei Münzen, Maßen und Gewichten, in der Heraldik freies Quadrat in der Mitte des oberen Schildrands; Punkt, begrenzter Raum, Bezirk, bes. alte Bezeichnung der Schweizer →Kantone und ihrer Bewohner.

Orthodoxie (gr. ‚rechte Lehre'), das Festhalten an einer in einer bestimmten Form niedergelegten Meinung oder Lehre, bes. in den christlichen Kirchen Bezeichnung für Bewegungen oder Perioden der Kirchengeschichte, in denen Besitz und Verkündung der rechten Lehre bes. hervorgehoben werden oder eine bestimmte Form der kirchlichen Lehre für allein- und immergültig festgelegt wird; z. B. *altkirchliche O.*, die durch die Erhebung des Christentums zur Staatsreligion eingeleiteten Jahrhunderte (nach 391/2n.), in denen die hauptsächlichsten christlichen →Dogmen fixiert wurden und von denen die griechische Kirche ihre O. herleitet; *altprotestantische O.*, die auf die Reformation folgende Epoche der bes. Betonung der reinen Lehre innerhalb der lutherischen Theologie im 16./17. Jh.

R. Benz, Geist u. Leben der Ostkirche, [2]1971; E. v. Ivanka u. a., Hb. d. Ostkirchenkunde, 1971; – W. Elert, Morphologie d. Luthertums, [3]1965.

Ost-block, verbreitete Sammelbezeichnung für die UdSSR und die seit 1945 unter ihren Einfluß gelangten Staaten im Osten Europas, Albanien, Bulgarien, Polen, Rumänien, Ungarn, Tschechoslowakei und die sogen. DDR, zunächst in zahlreichen zweiseitigen Verträgen zusammengeschlossen, seit dem multilateralen Warschauer Pakt (14. 5. 1955) mit zunehmender wirtschaftlicher und stärkster militärischer Koordinierung; -deutschland, ebenso wie Mitteldtl. nach 1945 zum politischen Begriff geworden, wobei Mitteldtld. das Gebiet der SBZ, O.-dtld. die durch die Oder-Neiße-Linie und durch die dt. Grenzen von 1937 umschlossenen Gebiete bezeichnet; -elbier, Ende des 19. Jh. Schlagwort zur Diffamierung der preuß. →Agrarier, →Junker; -→europa; -gebiete, dt. = →O.-dtld.; -kirche, in neuerer Zeit nach engl. Vorbild auch in die Wissenschaft eingedrungene Bezeichnung für die orthodoxen Kirchen, die aus der gr. Kirche des O.-römischen Reichs erwachsen sind; -kolonisation, und auch ostdt. Kolonisation, die Ausbreitung, Siedlung der Dt. im Osten der Grenzen des ma. Reiches, sowie die damit verbundenen religiösen, kulturellen und politischen Ausstrahlungen und Gestaltungen, als Begriff und als zusammenhängende wissenschaftliche Fragestellung erst im 20. Jh. lebhaft erörtert; der Begriff scheint sich – trotz zahlreicher Versuche, die nz. O.-bewegung dt. Siedler, v. a. durch Habsburger, Hohenzollern und Katharina d. Gr. gefördert, einzubeziehen – auf die ma. Landnahmen zu beschränken; andererseits begegnet er, um jeder mißverständlichen Verwechslung mit →Kolonialismus vorzubeugen, zunehmender Zurückhaltung und wird vielfach durch den MA. undNZ. umfassenden Begriff O.-siedlung ersetzt; -politik, in der Geschichtswissenschaft als Alternative zu Italienpolitik in dem Streit um die dt. →Kaiserpolitik des MA. verwendet; -rom, in Anlehnung an die bereits im 4. Jhn. allgem. verbreitete Bezeichnung *Neues Rom* für Konstantinopel, Byzanz, das Byz. Reich, →Romidee.

R. Benz, Geist u. Leben d. O.kirche, ²1971; E. v. Ivanka u. a., Hb. d. Ostkirchenkunde, 1971. – R. Kötzschke, Quellen z. Gesch. d. ostdt. Kolon. im 12.–14. Jh., ²1931; W. Kuhn, Gesch. d. dt. Ostsiedlung in der NZ., 1955/57; K. H. Quirin, Die dt. Ostsiedlung im MA., 1954; W. Schlesinger, D. gesch. Stellung d. ma. dt. Ostbewegg., HZ 1957; W. Kuhn in: Das östl. Dtld., 1959; Zs. f. Ostforschg., 1952ff.; Osteuropa, 1957; – H. Schaeder, Moskau, das 3. Rom, ²1957.

Ostern, das christliche Fest der Auferstehung des Herrn, gefeiert am ersten Sonntag nach dem ersten Vollmond nach dem 20. 3. (zwischen 22. 3. und 25. 4.); Oster-buchstabe, (mlat. *littera paschalis*), der →Lunarbuchstabe des Ostertags; -grenze (mlat. *terminus paschalis*), der Frühlings- oder Ostervollmond (zwischen 21. 3. und 18. 4.); -tafel (mlat. *tabula paschalis*), Hilfsmittel zur Jahrzählung, zur Bestimmung der Mondzyklen und der beweglichen Kirchenfeste, in der heutigen Form erstmals von Dionysius Exiguus im 6. Jhn. (beginnend mit dem Jahre 532n.) aufgestellt; -zyklus (mlat. auch *annus magnus*), der Zeitraum von 532 Jahren, nachdem nach dem julianischen Kalender Sonnen- und Mondzyklus, d. h. Monatstage, Wochentage und bewegliche Kirchenfeste wieder gleichgestellt sind.

→Ära, Chronologie.

Oste(a)rstufe (ahd. *stuofa*, ndt. *stope* ‚Steuer', vielleicht im Sinne von Unterstützung), im ostfränk. Siedlungsgebiet der Merovinger- und Karolingerzeit (z. B. Bistum Würzburg) übliche Bezeichnung für die jährliche, vielleicht an Ostern fällige Abgabe der fränk. Militärkolonisten (→Königszinser), = Königszins.

Ostrakismos (gr. *ostrakon* ‚Scherbe'), das Scherbengericht. Aufgrund der Verfassung des Kleisthenes (508/7v.) in der athenischen Demokratie des 5. Jh. mehrfach angewandt: einmal im Jahre konnte das Volk – zur Sicherung der Demokratie – einen mißliebigen (allzu mächtigen) Bürger durch einfachen Mehrheitsbeschluß in geheimer Abstimmung von mindestens 6000 Stimmen für 10 Jahre (ohne Einbuße an Ehre oder Vermögen) aus dem Staat entfernen.

T. Tarkiainen, Die athen. Demokratie, 1966.

Ostrakon (gr.), ‚Scherbe‘ von einem Tongefäß, einfacher Beschreibstoff seit frühgr. Zeit, für Notizen, kürzere Mitteilungen, Quittungen usw.; bes. bekannt sind die Ostraka von den Abstimmungen zum Ostrakismos mit den Namen des Themistokles, Perikles u. a., sowie die zahlreichen gr. und demotischen Urkunden aus Ägypten, deren Bearbeitung in den Bereich der →Papyrologie fällt.

U. Wilcken, Gr. Ostraka aus Ägypten u. Nubien, 1899; F. Preisigke, F. Bilabel. Sammelb. gr. Urk. aus Ägypten, 1915ff.; – L. Carcopino, L'ostracisme Athénien, 1935; H. Bengtson, Gr. Gesch. [4]1969.

Ovation →Triumph.

Pacht (ahd. *pahta* aus lat. *pactum* ‚Vertrag‘), ein in der Rechts- und Wirtschaftsgeschichte, aber auch im heutigen Staats-, Völker- und Privatrecht weitverbreiteter Nutzungsvertrag, wobei der Pächter i. a. an den Verpächter einen →Zins (Naturalien, Geld) entrichtet. Der Gegenstand der Verpachtung kann sehr verschieden sein. Z. B. wurden in der hellenistisch-röm. Welt (v. a. in Ägypten) weite Teile des Territoriums als Königsland, ebenso die Eintreibung der staatlichen Gefälle (Steuern, Zölle, Tribute der Provinzen) an private Pächter (→Telones, Publikanen) verpachtet (lat. *conductio*). Im MA und der frühen NZ. wurde die röm. Praxis häufig weitergeführt, da sie für Staaten mit unvollkommen ausgebauter Verwaltung bes. geeignet war (z. B. im alten Dt. Reich die Verp.-ung der Münzstätten). Im Zeitalter des Hoch→imperialismus ist die Einrichtung von P.-gebieten üblich, die bei P.-zeiten von 99 Jahren einem tatsächlichen Besitz gleichkamen (z. B. in China das dt. P.-gebiet Kiautschou 1898). P. ist jedoch v. a. in der Landwirtschaft gebräuchlich; seit dem späteren MA. löste sie allmählich die grundherrlichen → Leiheformen ab; der →hörige Bauer wurde zum freien Pächter. Diese Entwicklung begann zuerst in den westeuropäischen Staaten und in Italien; in England ist der Prozeß schon im 16. Jh. abgeschlossen. – Als weit verbreitete P.-formen sind festzustellen: (1) General-p., Verpachtung eines geschlossenen Grund- oder Domänenbesitzes, eines Steuerkomplexes für ein Land oder einen Landesteil (z. B. in Frankreich seit 1680); (2) Teil-p., →Teilbau; (3) Erb-p., der P.-ver.-trag wird auf die Erben des Pächters ausgedehnt; (4) Zeit-p.; -genossenschaft, Zusammenschluß von kleinen Pächtern: (a) zur gemeinsamen P. und Bewirtschaftung eines Grundbesitzes, (b) zu gemeinsamer P., aber selbständiger Bewirtschaftung.

→Wirtschaftsgeschichte.

Padischah (pers. ‚mächtiger König‘), Ehrentitel der pers. Herrscher, dann der Groß→mogule, Ende des 15. Jh. – 1922 der tü. →Sultane; im diplomatischen Verkehr der →Pforte seit dem 17. Jh. auf Kaiser und Könige in Europa angewandt; noch heute Herrschertitel in Persien und Afghanistan.

Paganismus (von lat. *pagus*, abgeschlossener Flurbezirk, Stadtflur im Gegensatz zu Stadt, Stammesteil, mlat. →Gau; lat. *pagani* ‚Gaugemeinde‘, auch als Kultverband; (ungebildete) Bauern; spätlat. ‚Heiden‘), Heidentum (frz. *paganisme*), das Bewahren heidnischer Relikte in Religion und Brauchtum.

Page (frz.-it. aus gr. *paidion* ,Knäblein'), junger Adliger, der am →Hofe eines →Fürsten oder anderen hohen Adligen dient, um höfische Sitte und das Waffenhandwerk zu erlernen; er wird von den europäischen Höfen aus dem Zeremoniell des byz. Hofes übernommen.

Pagode →Stupa.

Pairs (frz. von lat. *pares* ,Standesgleiche', Beisitzer im frz. Lehensgericht nach dem – nie konsequent durchgeführten – Grundsatz, daß man nur von Seinesgleichen gerichtet werden könne), seit dem 13. Jh. Ehrentitel im frz. hohen Adel, 6 geistliche, 6 – bis 1789 38 – weltliche; 1814–48 die vom Kg. ernannten (200–300) Mitglieder der 1. Kammer (P.-kammer); allgem. die Angehörigen des hohen Adels, des Herrenhauses; P-schub die Ernennung mehrerer P.; Peers (engl.), Lehensträger des engl. Kg., seit dem 14. Jh. die – meist durch →Patent berufenen – Mitglieder des Oberhauses *(House of →Lords)*, der hohe Adel der →Nobility mit den Klassen des *duke*, *marquess*, *earl*, *viscount*, *baron*.

Pakt (lat. – zu *pacisci* ,vereinbaren' – *pactum*, mlat. auch *pactus*, privatrechtliche Vereinbarung, Gesetz als Vertrag mit dem Kg., →Kapitulation, bes. mlat. Bezeichnung der germ. →Volksrechte), im →Völkerrecht der NZ. der zwischenstaatliche (bilaterale) Vertrag, bes. im 20. Jh. als Instrument der Friedenssicherung angesprochen und zu multilateralen P.-systemen ausgeweitet; die urspr. ethische Forderung *pacta servanda sunt* (nach Cicero, De off. III 93), ,Verträge müssen gehalten werden', wird in der NZ. zum obersten Rechtssatz des Völkerrechts.

H. v. Siegler, H. Vornefeld, Die Zusammenschlüsse u. P.e der Welt, [5]1960; F. Ruge, Bündnisse in Verg. u. Gegenw., 1971.

Paläographie (von gr. *palaios* ,alt'), die Wissenschaft von den alten Schriften (Schriftwesen, Schriftformen und Schreibwesen) und von deren Entzifferung; als ihre Begründer können gelten J. Mabillon (1632–1707: *De re diplomatica*) und Bernard de Montfaucon (1655–1741), bei dem 1708 zum ersten Mal der Name P. auftaucht, obgleich die Disziplin noch längere Zeit mit der →Diplomatik verbunden blieb; der steigenden Bedeutung dieser wichtigsten historischen und philologischen →Hilfswissenschaft wurde auch durch die Gründung der ,Gesellschaft für ältere dt. Geschichtskunde' 1819, der *Ecole des Chartes*, Paris 1821, und des ,Instituts für österr. Geschichtskunde' 1854 Rechnung getragen, während als der ,eigentliche Schöpfer der P. als Geisteswissenschaft' L. Traube (1861–1907) gelten muß, dessen Schule dann die Methoden der P. wesentlich verfeinerte.

W. Wattenbach, D. Schriftwesen im MA., [3]1896, ND 1958; P. Sattler, G. v. Selle, Bibliogr. z. Gesch. d. Schrift, 1935; H. Fichtenau, Mensch u. Schrift im MA., 1946 (vgl. MIÖG 57, 1949); H. Foerster, Abriß d. lat. P., [2]1963; B. Bischoff, P., (Dt. Philologie im Aufriß) [3]1970.

Palatium, Name der wohl frühesten Ansiedlung in Rom, zurückzuführen auf Pales, Feldgöttin und urspr. Hauptgottheit Roms, an deren Fest (Parilien, 21. 4.)

die Gründung der Stadt gefeiert wurde; da seit Augustus die röm. Ks. auf dem Palatin *(collis Palatinus)* ihren Wohnsitz hatten, wurde P. = ks. Wohnung; dav. Palast (seit dem 13. Jh. neben dem vor 1200 über altfrz. *palais* aus lat. P übernommenen Palas), zunächst nur das Wohngebäude einer →Pfalz, seit dem späteren MA., v. a. in der NZ. jeder bes. reich ausgestattete Wohnsitz (im Barock des 17./18. Jh. dafür wieder frz. Palais); Paladin (frz. aus lat. *palatinus*, ‚zum Palast gehörig'), allgem. treuer Gefolgsmann, bes. aus dem Gefolge Karls d. Gr. (768–814); Palatinus, mlat. allgem. →Pfalzgraf, in Ungarn einer der 4 obersten Richter des Reiches, seit Ende 15. Jh. oberster Vertreter der Stände beim Kg., gleichzeitig dessen Stellvertreter, unter den Habsburgern seiner Bedeutung beraubt und nur noch →Hofcharge, die meist einem →Erzherzog verliehen wurde; auch = →Woiwode; – dav. Palatinat, die (große oder kleine) Pfalzgrafenwürde, v.a. im 17./18. Jh. als Mittel ks. Politik verwendet.

K. S. Bader, A. v. Platen, Das gr. Palatinat d. Hauses Fürstenberg, 1954.

Palaver (seit dem 18. Jh. Eingeborenenwort von port. *palavra* aus spätgr. *parabole* ‚Unterredung'), in Westafrika übliche Bezeichnung für Verhandlung mit Weißen, Eingeborenenversammlung (sonst kisuaheli *shauri*).

Palimpsest (gr. ‚wiedergeglättet') →Urkunde.

Palisade →Pfahl.

Pallasch (tü.-ung.), langer Degen mit Korb, Waffe der →Kürassiere.

Pallium (lat. ‚Mantel'), urspr. Kaiser-, im Osten auch Bischofsmantel, im Westen als weiße, um die Schultern getragene Wollbinde, vom →Papst dem →Erzbischof persönlich (im MA. gegen Palliengeld) verliehen, seit 1215 Zeichen der erzbischöflichen Jurisdiktionsgewalt.

Pamphlet (engl. nach der mlat. Dichtung *Pamphilus*, 12. Jh.), seit dem 18. Jh. aus dem frz. → Flug-, Schmähschrift.

Panafrikanismus, politische Bewegung in den afrikanischen Staaten mit dem Fernziel der ‚Vereinigten Staaten von Afrika'. Sie besitzt trotz politisch und wirtschaftlich uneinheitlichem Programm und den Rivalitäten der Führer und Staaten große Anziehungskraft. Der P. entstand um 1900 als Solidaritätsbewegung der Neger in den USA und Westindien (W. E. Dubois, M. Garvey). Seit 1919 panafrikanische Kongresse, auf denen zunehmend afrikanische Neger vertreten waren, die seit 1945 die Führung des P. übernahmen (Akzikiwe, Nkrumah).

Ph. Decreane, Le P^{me}., ^{3}1964; I. Geiss, P., 1968.

Panamerikanismus, Bewegung zur Förderung der politischen und wirtschaftlichen Zusammenarbeit der Staaten des am. Kontinents, v.a. von den USA getragen (→auch Isolationismus); der P., seit dem 2. Viertel des 19. Jh. lebendig, findet seit 1890 in zahlreichen pan-am. Konferenzen (erste 1826 von S. Bolivar, 1783–1830, einberufen), sowie in der Koordinierungsstelle der Pan-am. Union (seit 1948 erweitert zur Organisation der am. Staaten, OSA) Ausdruck, ohne daß es gelungen wäre, inter-am. Gegensätze (Dollar→imperialismus) völlig zu beseitigen; dem P. wirkt der Paniberismus der span.-port. sprechenden Länder (bzw. der Hispanidad der span. sprechenden) entgegen, ohne daß es jedoch den Mutterländern gelang, über den kulturellen Bereich hinaus in den politischen vorzustoßen.

G. Krutzner, Die Organisation der am. Staaten, 1970.

Panarabismus →Panislamismus.

Pandekten (gr. ‚alles enthaltend') = →Digesten.

Panduren (ung.), im 17. und 18. Jh. in Südungarn und Kroatien aufgestellte, bes. 1740/41 bekannt gewordene österr. Fußtruppe.

Paneuropa →Europa.

Pangermanismus →Alldeutsch.

Paniberismus →Panamerikanismus.

Panier, Panner →Banner.

Panisbrief, auch Brotbrief (mlat. *litterae panis*), seit der Mitte des 14. Jh. bezeugte urkundliche Anweisung des dt. Kg. an eine geistliche Anstalt (→Kloster, →Stift), einer bestimmten bedürftigen Laiensperson Unterhalt zu gewähren (Laien→pfründe). Der P. wird auf das Gewohnheitsrecht des Kg. zurückgeführt, auf Reisen für sich und sein Gefolge in geistlichen Institutionen Unterhalt zu beanspruchen. (Zu unterscheiden von dem ‚Recht der →Ersten Bitte', das geistliche →Pfründen betrifft).

H. Bauer, D. Recht d. 1. Bitte bei den dt. Kg.en bis Karl IV., 1919.

Panislamismus, moderne, den europäischen nationalen Einigungsbestrebungen nachgebildete Bezeichnung für den Zusammenschluß aller mohammedanischen Staaten, der letztlich zu einer Wiedererrichtung des →Kalifats führen würde; der P., der bereits gegen Ende des 19. Jh. (Sultan Abdul Hamid II., 1876–1909) im Dienste der Politik des tü. Reiches propagiert wurde, reicht seit 1918 über rein gefühlsmäßige Bindungen nicht hinaus; – Dem P. entgegen wirken die nationalen Einigungsbestrebungen des Panturanismus der Jungtürken (westlich-demokratische Reformpartei unter der Führung von Enver Pascha, 1881–1922; Revolution und Verfassung 1908, Sturz des Sultans 1909), der die Einigung der Turkvölker (Ungarn, in der UdSSR), z. T. unter Einschluß der Tataren, erträumt, sowie seit 1918 des Panarabismus, der trotz der 1945 geschaffenen Arabischen →Liga von der Einheitlichkeit eines geschlossenen Mächteblocks noch weit entfernt ist.

Panslawismus (gr.-lat. Neubildung, ‚Allslawentum', erstmals 1826 belegt), zunächst literarisch-kulturelle Bewegung zur Wekkung des Gemeinschaftsbewußtseins der Völker slawischer Zunge. Im Gegensatz zur geistig-religiösen Bewegung der →Slawophilen nahm der P., ausgehend von den slaw. Völkern Österreich-Ungarns (→Austroslawismus) vom *1. p.tischen Kongreß* Prag 1848 ab politische Farbe an, seit dem Krimkrieg unter Führung Moskauer Kreise, wenn auch nicht der ru. Regierung: *2. p.tischer Kongreß* Moskau 1867 zur Gewinnung der slaw. ‚Brüder' auf dem Balkan. Als Haupthindernis der Einigung aller Slawen erwiesen sich die unüberwindliche poln.-ru. Spannung und der Argwohn gegen den P. als Panrussismus, d. h. als verhüllten ru. Imperialismus. Der demokratische Neoslawismus, mit Kongressen in Prag 1908 und Sofia 1910, unter dem Tschechen K. Kramář (1860–1937) scharf gegen Österreich-Ungarn und Deutschland gerichtet, überwindet das Mißtrauen der Polen, Ukrainer und Kroaten nicht. Als Regierungsprogramm wird der P. auf dem Belgrader Kongreß Dez. 1945 im Zeichen Stalins und des Kominform von Tito und Djilas proklamiert, kurz bevor das Widerstreben gegen die Sowjetmacht wieder zum Bruch führt.

H. Kohn, Pan-Slavism, ²1960; ders., Die Slawen u. d. Westen, 1956.

Pantokrator (gr.), ‚Allherrscher', in spätröm.-byz. Zeit Christus als Weltenkönig, dargestellt als der Lehrende mit dem Buch.

Pantschen Lama →Dalai Lama.

Panturanismus →Panislamismus.

Panzer (mhd. das *panzier* – seit dem 17. Jh. mask. – von lat. *pantex* ‚Wanst'). allgem. Körperschutz (aus Metall, Leder, Leinen, Watte u. a.), seit dem 19. Jh. Metallschutz für Kriegsbauten und -fahrzeuge, dann diese selbst.

Papalsystem, Papismus →Papst.

Papier →Charta.

Papst (lat. *papa*, gr. *pappas* ‚Vater'), im Orient urspr. Ehrentitel für →Äbte, →Bischöfe und →Patriarchen, seit dem 3. Jh. auch im Abendland verwendet, seit dem 5./6. Jh aber nur noch als Amtsbezeichnung für den röm. Bischof als Oberhirten der Kirche üblich. Nach der kath. Lehre ist der Bischof von Rom als Nachfolger Petri Inhaber des →Primats, das sichtbare Oberhaupt der →Kirche und der Stellvertreter (→*Vicarius*) Christi auf Erden. Die Ausprägung der bes. Stellung des Bischofs von Rom vollzieht sich in den ersten 6 Jhh. nach Christus, im gleichen Zeitraum erfolgt – nicht ohne Widerstand und Widerspruch – die Anerkennung des Primats durch die einzelnen Kirchen des Abendlandes, zu einem geringen Teil auch des Morgenlandes. Die Wahl des P.es geschieht bis zum 11. Jh. durch →Klerus und Volk von Rom unter Assistenz der Nachbarbischöfe. Zwar gelingt es den Päpsten, sich der Oberherrschaft der oström. Kaiser allmählich zu entziehen, doch nur durch Unterstellung des P.-tums unter den Schutz der fränk. Könige, bzw. der dt. →Kaiser (→Patricius).Den Höhepunkt päpstlicher Machtentfaltung und zugleich die Befreiung von weltlicher Macht leitet der Investiturstreit ein (1075 *Dictatus Papae* Gregors VII., 1073–85); diese endet nach der Übersteigerung der Ansprüche (1302 Bulle *Unam sanctam* Bonifaz' VIII, 1294–1303) mit der ‚Babylonischen Gefangenschaft der Kirche' in Avignon (1309–77) und mit dem ‚Großen Abendländischen →Schisma' 1378–1417. Die seit dem 11. Jh. als alleinige Wähler des P.es (1059 P.-wahldekret Nikolaus' II., 1058–61) fungierenden →Kardinäle beschränken in den folgenden Jhh. die Macht der Päpste, während die rechtliche Stellung des P.-tums in der Zeit der Reform→konzilien sowie in der Reformation angegriffen und das Ansehen des P.-tums durch die Praxis eines schrankenlosen →Kurialismus im Spät-

MA., sowie durch die Herrschaft der Renaissancepäpste geschmälert wird. Das durch das →Tridentinum in seiner Stellung gefestigte P.-tum kann sich in der Folgezeit behaupten, bis es im 19./20. Jh. einen neuen Höhepunkt erreicht, nicht zuletzt durch den Wegfall des →Kirchenstaates 1870, durch den die rein geistige Seite der päpstlichen Herrschaft in den Vordergrund gerückt wird, sowie durch die dem P. auf dem 1. Vatikanischen Konzil 1870 zugesprochene →Infallibilität. – Papalsystem, eine bes. Ende des 12. Jh. verwirklichte, im Gegensatz zum →Episkopalsystem stehende Anschauung, die die Legitimation der bischöflichen Jurisdiktion von der päpstlichen Gewalt ableitet und so dem P. eine grundsätzliche Superiorität über die Bischöfe zuschreibt. Während die politische Suprematie des P.es v.a. durch die seit dem 14. Jh. einsetzenden Gegenbewegungen (→Episkopalismus, Konziliarismus, Gallikanismus) eingeschränkt wurde, ist die Anerkennung der eigenberechtigten jurisdiktionellen Gewalt der Bischöfe durch das Vatikanische Konzil 1870 von der Definition des Universalepiskopats des P.es (ebenfalls 1870) in Frage gestellt. – Papismus, bes. seit der Reformation gebräuchliche Bezeichnung für die schrankenlose Verherrlichung des P.-tums.

L. v. Pastor, Geschichte der Päpste seit dem Ausgang des MA., 1886–1913 u.ö.; J. Haller, D. P.tum, Idee und Wirklichk., ND 1965; C. Mirbt, K. Hand, Quellen zur Geschichte des P.tums, [6]1967ff.; F. X. Seppelt, G. Schwaiger, Gesch. der Päpste, 1968; C. Andresen, Die Kirchen der alten Christenheit, 1971; H. J. Mund (Hrsg.), Das Petrusamt in d. gegenw. Diskussion, 1976.

Papyrologie, Papyruskunde, die Wissenschaft von der Konservierung und Lesung der Papyri (Texte auf dem im At. und frühen MA. verbreiteten, vorwiegend in Ägypten aus dem Mark der Papyrusstaude gewonnenen Beschreibstoff) und ihrer Interpretation. Da sich Papyri praktisch nur im Wüstenboden Ägyptens erhalten haben (vgl. die 1752 ff. gefundenen verkohlten und nur zum geringen Teil gelesenen Herculanensischen Rollen, dazu einige Funde aus Asien, v.a. Dura-Europos), ist die Hauptmasse der Texte gr., sowie ägyptisch, koptisch, arabisch, wozu noch Reste geringeren Umfangs in lat. Sprache und einiges in semitischen u.a. Sprachen kommen. Die P. beschränkt sich in der Regel auf die Zeit der gr. Verwaltungssprache (332v.–640n.), überläßt die älteren Funde der → Ägyptologie, bezieht nur am Rande die arab. Papyri ein. Sie nimmt sich auch der Beschriftungen auf anderen Stoffen, z.B. der →Ostraka, an, überläßt jedoch die Interpretation der literarischen Papyri weitgehend der klassischen Philologie. – Die P. hat sich im 19. Jh. als gesonderte →Hilfswissenschaft etabliert und im 20. Jh. raschen Aufschwung und internationale Organisation erfahren. Ihre Arbeit an der Hauptmasse der erhaltenen Texte, den gr. Urkunden, hat wertvolle Bereicherung v.a. auf den Gebieten der Kultur-, Verwaltungs-, Wirtschafts-, und Rechtgeschichte gebracht, wobei die Ergebnisse allerdings in erster Linie auf die speziellen ägyptischen Verhältnisse (und hier ohne die Hauptstadt Alexandria) beschränkt sind. Eine zusammenfassende Publikation aller gefundenen Urkunden gibt es nicht, doch sind die meisten Texte in den Reihenpublikationen der europäischen und am. Sammlungen, sowie in den papyrologischen Fachzeitschriften veröffentlicht.

L. Mitteis, U. Wilcken, Grundzüge u. Chrestomathie d. P.-kunde, 1912; W. Schubart, Einführung. i. d. P.-kunde, 1918; K. Preisendanz, P.-funde u. P.-forschung, 1933; E.G. Turner, Greek Papyrology, 1968; - F. Preisigke, F. Bilabel, Sammelb. gr. Urkunden aus Ägypten, 1915ff.; - Zs. Aegyptus, 1920ff.; Chronique d'Egypte, 1925ff.; Zs. f. P. u. Epigraphik, 1962ff.

Paradies (gr.-pers. *paradeisos*), im alten Persien Großpark des Kg. oder der →Satrapen auf Domanialland, mit reichem Wildbestand zur Hofjagd.

Paränese (gr. *parainesis*; lat. *adhortatio*), ‚Ermunterung', Rede des Feldherrn vor der Schlacht, Topos der antiken Geschichtsschreibung.

Paragium (fzr. *parage*), im westeurop. Lehensrecht die Überlassung eines Teils des →Lehens an jüngere Linien; in der NZ. (zur Wahrung des Besitzstandes in der →Primogenitur) die Abfindung jüngerer Linien durch anteilige Nutznießungen, Sonderform der →Apanage; Paragialamt, die damit befaßte Behörde.

Paragraph (gr. *paragraphos* ‚die beigeschriebene' Linie, in der gr. →Paläographie waagrechter Randstrich als Absatz- oder Hinweiszeichen), Absatzzeichen, Absatz; davon. gek. Paraphe (frz. *parafe*, das Abzeichnen von Marginalien), Paraphierung, das Abzeichnen von Akten, vorläufige Unterzeichnung von Vertragsentwürfen.

Paralipomena (gr. ‚Übergangenes'), Nachträge, Ergänzungen, v. a. im AT. seit Hieronymus (ca. 330–420) die Bücher der Chronik.

Parament (mlat.), Kirchenschmuck, Altargerät.

Paraphe (von gr. *paragraphein*, ‚danebenschreiben'), Handzeichen, verschlungener Namenszug zur Sicherung gegen Fälschung; Paraphierung, Anzeichnung von erledigten Abschnitten bei Vertragsverhandlungen, Durchformulierung eines →Vertragstextes.

Paraveredi (spätlat. ‚Beipferde' – zu dt. *Pferd* –), Spannpferde im spätantiken und fränk. Postdienst, im MA. Fronpferde.

Parentel (lat. von *parentes* ‚Eltern'), die Angehörigen eines →Agnatenverbandes (Geschlecht, →gens), Personen, die sich auf einen gemeinsamen Stammvater zurückführen.

Pariage (frz., auch *paréage*, zu lat. *par* ‚gleich'), Besitz- oder Rechtsgemeinschaft, bes. zwischen König und Lehensträger, v.a als Mittel zur Vermehrung des frz. Königsguts.

Parlament (mlat. *parliamentum* ‚Gespräch', daher P.är, Unterhändler einer kriegführenden Macht), die frz. →Pairsversammlung, Pairsgericht, in dem allmählich die Juristen des Kg. die Oberhand gewinnen, seit dem 13. Jh. zugleich oberste richterliche Instanz (seit dem 14. Jh. 78 Mitglieder in mehreren Kammern); während bis zum 18. Jh. in der Provinz 13 weitere P.e als Obergerichte geschaffen werden, wahrt das *Parlement de Paris* seinen Vorrang durch seine Eigenschaft als Pairsgericht, sowie durch das Registrierungsrecht (*droit de en-*

registrement, Recht, die kg. →Ordonnanzen zu protokollieren und ihnen damit Gesetzeskraft zu verleihen); durch das Einsprache-recht (*droit de remontrance*, das der Kg. in der sog. Kissensitzung, *lit de justice*, unter seinem Vorsitz, oder auch mit Gewalt überwinden konnte) wahrt das P. seit dem 14. Jh. ein bedeutendes Maß an Unabhängigkeit und Oppositionsfreiheit (unter Richelieu und Ludwig XIV., seit 1673, vorübergehend aberkannt), so daß es, urspr. Instrument kg. Politik gegen den Adel, die einzige einigermaßen wirksame Kontrollinstanz des frz. →Absolutismus ist; die P.e werden 1790 von der Nationalversammlung aufgelöst. – Die moderne Bedeutung des Wortes P. entwickelte sich aus der engl. Tradition (engl. *parliament*): im 13. Jh. (Oster-p. von 1258) nach frz. Vorbild →Pairsversammlung, Beirat der Barone als Gerichtshof und Kontrollorgan des Kg., im 14. Jh. zur Vertretung der Stände erweitert und in einen Rat der vom Kg. berufenen großen Kronvasallen (*maiores barones: House of Lords*, →Oberhaus) und eine aus Vasallen und Bürgern gebildete Vertretung der Grafschaften (*House of Commons*, →Unterhaus) geschieden (entsprechend werden im späten MA. mehrfach, meist inoffiziell, ständische Vertretungen, →Staaten, die →Cortes u.a., als P. bezeichnet). – Seitdem das engl. Unterhaus, das im 15. Jh. das Recht der Ministeranklage und die Priorität im Budgetrecht gewonnen hatte, in den Auseinandersetzungen des 17. Jh. den Sieg über das Königtum errungen und damit an Bedeutung gewonnen hatte (*Langes P.* 1640–seit 1648 →*Rumpf-p.* als Spottname – bis 1653; *Kavaliers-p.* 1660–88), haftet die Bezeichnung vorwiegend am Unterhaus allein und wird vollends seit der frz. Revolution allgem. für die von →Abgeordneten beschickte zweite Kammer verwendet, u.zw. unbeschadet des offiziellen Namens (Bundestag, Nationalrat, Reichstag u.a.; doch *Dt. P.*, *Unionsp.*, zu Erfurt 1850; *Zollp.* zu Berlin 1867–70). – Im modernen Staatsrecht gilt P. seither in der Regel als gleichbedeutend mit Volksvertretung, Versammlung frei gewählter, unabhängiger →Repräsentanten des Volkes, denen in demokratischen Staaten die Gesetzgebung, v.a. die Wahrung des →Budgetrechts, und die Kontrolle der →Exekutive obliegt; P.arischer Rat, die aufgrund der Beschlüsse auf der Londoner Konferenz der drei westlichen Besatzungsmächte vom 7. 6. 1948 einberufene verfassunggebende Versammlung (65 von den Landtagen gewählte Abgeordnete, dazu 5 beratende Mitglieder aus Berlin), die vom 1.9.1948 bis 8.5. 1949 die vorläufige Verfassung der Bundesrepublik Deutschland (Grundgesetz) ausarbeitete; P.-arismus, in England seit dem 18. Jh. entwickeltes Regierungssystem, bei dem die Regierung der Mehrheit des P.s entnommen und diesem verantwortlich ist, ‚entweder ein Verhältnis eines kunstvollen Ausgewogenseins der beiderseitigen Kräfte (*echter P.*, R. Redslob) und Tätigkeiten oder ein System der Abhängigkeit der Regierung von der Volksvertretung' (Th. Maunz); das P.arische System, das den Gedanken der →Repräsentation des Volkes durch das P. am stärksten vertritt, ist – in Konkurrenz zum →Konstitutionalismus und zur Präsidialdemokratie, v.a. der USA –

von den meisten bürgerlichen Demokratien Europas im 19./20. Jh. (in den frz. Republiken seit 1830, den dt. seit 1918) übernommen worden, da es die wirksamste Kontrolle der Regierung durch das Volk. bzw. seine Vertreter sichert.

R. Holtzmann, Frz. Verf.gesch., 1910; F. Olivier-Martin, Hist. du droit français, 1951; – C. Ilbert, Parliament, 1950; J.W. Jennings, Parliament, 1957; – R. Redslob, D. p.arische Regierung in ihrer wahren und unechten Form, 1918; M. Weber, P. u. Regierung im neugeordneten Dtld., 1918; C. Schmitt, Die geistesgesch. Lage d. heutigen P.arismus, ^{2}1926; H. Röhring, K. Sontheimer (Hrsg.), Hb. d. dt. P.arismus, 1970; G. Schmid, Das Verhältnis v. P. u. Regierung, 1972; – F. K. Fromme, Von d. Weimarer Rep. z. Bonner GG, verf. pol. Folgerungen d. p.arischen Rates. 1960; – W. Tormin, Gesch. des dt.n P.arismus, 1966; H. Mitteis, Der Staat des hohen MA., ^{8}1968; C. Schmitt, Die geistesgesch. Lage des heutigen P.arismus, ^{4}1969; K. v. Beyme, Die p.arischen Regierungssysteme in Dtld., 1970; Th. Maunz, Dt. Staatsrecht, ^{18}1971; V. Thaysen, P.arisches Reg.-system in d. Bundesrep. Dtld., 1976.

Parochie (von gr. *paroikos* ‚Beisasse', Fremdling), in der alten Kirche die Gemeinschaft der Fremdlinge auf Erden, daraus dann Bezeichnung der Ortsgemeinde, (im Gegensatz zur Gesamtkirche = →Ekklesia), meist auf das Gebiet einer Stadt und ihr Umland beschränkt, später gleichbedeutend mit →Diözese; seit dem 4. Jh. ist P. nur noch die Ortspfarrei und damit die letzte Teileinheit einer →Diözese; Parochus (it. *parrocco*), der mit der dauernden selbständigen Leitung einer Gemeinde betraute Geistliche; Parish, in England zunächst die Kirchengemeinde, seit Beginn der NZ. bes. auch der lokale Verwaltungsbezirk als unterste Einheit eines →County, bei dem sich die Grenzen bis zum 19. Jh. oft mit denen der Kirchengemeinde deckten; Pfarre, der Bezirk der kirchlichen Gemeinde, oft mehrere Orte oder Siedlungsgebiete umfassend; mit dem Ausbau der Diözesanverfassung (→ Metropole, Kirchenprovinz) setzte sich auch die Aufteilung der Diözesen in Pfarreien durch, die Gliederung in Pfarreien beginnt im germ. Siedlungsgebiet im wesentlichen in der Karolingerzeit und ist auf dem Lande etwa im 15. Jh. in der heutigen Form abgeschlossen; dabei kam es häufig zur Ausbildung größere Gebiete umfassender Urpfarreien, die später in mehrere Pfarreien unterteilt wurden; eine gewisse rechtliche Abhängigkeit der neugebildeten Pfarreien von der Mutterkirche blieb oft erhalten, v.a. wenn die *ecclesia matrix* das Taufrecht innehatte (→ auch Sendgericht); die Gemeinde war durch Pfarrzwang an ihre Pfarrei gebunden, ausgenommen waren nur die Angehörigen der von einem Kloster versorgten Klosterpfarreien.

F. X. Künstle, Die dt. Pfarrei u. ihr Recht am Ausgang d. MA., 1905.

Partei (zu lat. *pars* ‚Teil'), Zusammenschluß von Menschen gleicher politischer Auffassungen und Interessen zur Verwirklichung politischer Ziele. Derartige Gruppierungen hat es zu allen Zeiten und in allen Staatsformen gegeben, doch sind P.en erst im Verfassungsstaat der NZ. an der politischen Willensbildung beteiligt, wozu die Teilnahme an Wahlen, das Streben nach einer Vertretung im Parlament und ein Minimum an ausgebauter Organisation gehören. Die engl. P.en (→Tory, Whig) gehen in ihren Anfängen auf das Ende des 17. Jh. zurück, die frz. P.en haben ihren Ursprung in der frz. Revolution. In Dtld. ist dagegen das Jahr 1848 Auftakt zu einer P.enbildung größeren Stils geworden, wobei die P.en hier stark weltanschaulich bestimmt sind (vgl. die P.-programme; erste Ansätze zu einer P-theorie bei A. Ruge – 1802–80, liberale Linke – und F. J. Stahl – 1802–61, konservativ –). Während in den westlichen Demokratien die P.en allmählich staatstragende Funktionen übernehmen, stehen sie in Dtld. noch außerhalb der Verfassung und im Gegensatz zum Herrschaftssystem (Bismarck: ‚Reichstreue und Reichsfeinde'). Diese Frontstellung begünstigte wohl das Anwachsen von →Zentrum und → Sozialdemokratie, brachte aber andererseits bei der Beschränkung auf gesetzgeberische Aufgaben und Kritik leicht dogmatische Verhärtung und z.T. politische Handlungsunfähigkeit. Nach dem 1. Weltkrieg gaben dann die P.en bei der Regierungsbildung den Ausschlag. – Man unterscheidet vier P.-typen: (1) Honoratioren-p., lose Komitees angesehener Männer (z.B. Liberale vor 1914); (2) Massen-p. mit einer großen Anzahl eingeschriebener Mitglieder (Zentrum, SPD); (3) Apparat-p., feste P.-organisation bei geringer Mitgliederzahl (am. P.en, Konservative in England, CDU); (4) Kader-p. straffe Lenkung durch P.-zentrale mit Aktivistengruppen (NSDAP, KPD). – Schon der Wortsinn des Begriffs (von lat. *pars* ‚Teil') ergibt, daß sich eine P. nie absolut setzen kann. Ein Einp.ensystem ist daher nur in einer Diktatur möglich, in der →Demokratie herrscht der Pluralismus, der auch den Teil auf das Ganze verpflichtet. Die historische Entwicklung führt von den Weltanschauungsp.en auf Honoratiorenbasis zu P.en mit Interesseneinfluß oder bestimmtem Aktionsprogramm. Diesem Strukturwandel entspricht auch die zunehmende Bedeutung von Verbandsvertretern in den P.en. Ebenso zeigt sich eine Verlagerung des politischen Schwergewichts vom Parlament zu den P.organisationen und ihren Wählern (plebiszitärer Charakter der Wahl, P.-führer entscheidender als P.-programm). Zur Kanalisierung der politischen Willensströmungen sind P.en unentbehrlich, ‚die auf diesem Wege einerseits den Wählerwillen gestalten, andererseits den Staatswillen bilden' (Th. Eschenburg). In den letzten Jahren ruht das Augenmerk bes. auf der Demokratisierung im Inneren der P.en (vermehrter Mitgliederstand, Willensbildung von unten nach oben, Kandidatenaufstellung, P.-finanzierung). Als Voraussetzung gilt, daß eine P.-bildung nicht gehindert und die freie Anhängerwerbung gewährleistet wird. P.-tage dienen im allgemeinen der Programmgestaltung und dem Appell an die Öffentlichkeit.

R. Michels, Z. Soziol. d. P.wesens, [2]1925, Neudr. 1970; W. Treue, Dt. P.programme, [4]1968; L. Bergsträsser, Gesch. d. pol. P.en in Dtld., [11]1965; Th. Eschenburg, Staat u. Ges. in Dtld., [6]1963/65; Th. Schieder, Staat u. Ges. im Wandel unserer Zeit, 1958; W. Tormin, Gesch. d. pol. P.en seit 1848, 1966; H. Fenske, Wahlrecht u. P.ensystem, 1972; D. Staritz (Hrsg.), Das P.ensystem in der Bundesrep., 1976.

Partikularismus (zu lat. *pars* ‚Teil'), moderne, abwertende Bezeichnung für Sonderbestrebungen der Glieder eines →Bundes, eine Haltung, die dem →Separatismus näher liegt als dem →Föderalismus, v.a. in der dt. Geschichte von den Sonderinteressen der früh-ma. Stammesherzogtümer über →Hausmacht und →Territorialstaatbildung bis hin zu den →Reservatrechten 1871 von retardierender Wirkung im Sinne einer →Reichsbildung, Reichsidee und →nationalen Einheit.

F. Rörig, Ursachen u. Auswirkg. d. dt. P., 1937.

Partisan (it. *partigiano* zu lat. *partes*), seit dem 17. Jh. ‚Parteigänger', der im Kriege, nicht als Soldat gekennzeichnet, hinter den Linien kämpft. P.en gewannen besondere Bedeutung nach der Oktoberrevolution im ru. Bürgerkrieg 1917–19, im span. Bürgerkrieg 1936–39 und im 2. Weltkrieg als Widerstand gegen die dt. Besatzung, v.a. in Frankreich (Maquis), auf dem Balkan (in Jugoslawien unter Führung von J. Broz gen. Tito, geb. 1892). Ihr Status ist völkerrechtlich nicht anerkannt.

Partisane (frz. *pertuisane* – von *pertuis* ‚Öffnung'? –, vgl. dt. Parte ‚(Zier)streitaxt'), bes. im 15. bis 17. Jh. schwerer Spieß mit breitem, schwertartigem Eisen und Flügelspitzen; in leichterer Form (mit längeren Flügelspitzen) auch Korseke, die (‚korsische'), Sturmsense; →auch Hellebarde.

Pascha (tü.), seit dem 15. Jh. höchste Adelsstufe der tü. Beamten und Offiziere (anfangs nur wenige, später alle →Wesire und →Beglerbege; Rangabzeichen: 1, 2 oder 3 Roßschweife), in der Türkeit 1934, in Ägypten 1953 abgeschaft; Paschalik = →Ejalet.

Pasquill (mlat. *P.us exul*, Titel einer Flugschrift 1518, von it. *pasquillo*, Spottverse an der volkstüml. Pasquino genannten antiken Statue in Rom), →Flugschrift, Schmähschrift ehrverletzenden Inhalts; P.ant, Verfasser einer solchen.

Passevolant (frz. ‚blinder Passagier'), in (Söldner-)heeren der NZ. zur Vortäuschung erhöhter Präsenzstärke eingekleideter Zivilist oder Veteran; Geschützattrappe; auch (dt. Paß-Volante) schwere, 16pfündige Kanone.

Pataria, die oberital. Bewegung der Patarener (zu it. *pattari*, ‚Trödler') zur Reform und Demokratisierung der Kirche des 11./12. Jh., im Investiturstreit Stütze des Papsttums.

C. Violante, La P. milanese, 1955ff.

Patene (lat. von gr. *patne* ‚Krippe'), der Hostienteller.

Patent (mlat. *litera patens* ‚offener Brief', auch →Bulle, →auch Lettre), offen versandte, gesiegelte →Urkunde allgemeinen Interesses, Verleihung von Rechten an Private, u. zw. sowohl an Einzelne, z.B. Erhebung in den Adelsstand (seit dem 14. Jh. in England durch *p. letters*, →Peer), Bestallung als Beamter oder Offizier (Offiziers-p.), Recht der Ausübung eines Gewerbes (frz. *patente*, P.-steuer, seit 1791 = Gewerbesteuer), der befristeten alleinigen Nutzung eigener technischer Erfindungen (P.-gesetz, im Dt. Reich seit 25.5.1877), als auch an Gruppen, z. B. Privilegien für ausländische Handwerker, Aufhebung der Leibeigenschaft (durch P. Josefs II. von 1781), freie Religionsausübung (*Toleranz-p.* Josefs II. von 1781, *Protestanten-p.* von 1861), Liberalisierung durch stärkeren Einfluß des Parlaments auf die Gesetzgebung (*Februar-p.* Franz Josefs I. von 1861).

Pater (lat. ‚Vater') und entspr. in anderen idg. Sprachen als ehrende Anrede für Respektspersonen weltlichen und geistlichen Standes gebraucht, z. B. *patres*, die röm. →patrizischen →Senatoren, die →Konventualen eines →Klosters; *p. familias* →Familia; *p. patriae*, ‚Vater des Vaterlandes', gelegentlicher Ehrentitel der röm. Republik (Marius, Cicero), seit Augustus 2v. in der Kaisertitulatur allmählich stehend geworden.

Patesi, in der älteren Literatur aufgrund einer falschen Lesung (richtig *ensi* oder *issukkum*) als Bezeichnung für den sumerischen Unterkönig verwendet, →Lugal.

Patriarch (gr. ‚Erzvater'), Ehrenbezeichnung der biblischen Erzväter Abraham, Isaak und Jakob; bis 1038 Titel des Vorstehers des →Sanhedrin; schon früh auf christliche Bischöfe übergegangener Ehrentitel, seit dem 5. Jh. auf die →Metropoliten, dann auf die Bischöfe von Rom (*Abendländischer P.*), Konstantinopel (*Ökumenischer P.*), Alexandria, Antiochia, Jerusalem beschränkt als höchste kirchliche Instanzen bis zur Ausprägung des →Papsttums; später Titel anderer Bischöfe, bes. in den mit Rom unierten Ostkirchen, heute auch noch Ehrentitel der Erzbischöfe von Venedig, Bukarest und Lissabon; – P.at →auch Vaterrecht.

C. Andresen, D. Kirchen d. alten Christenheit, 1971.

Patrimonium (lat.), nach röm. Recht das vom Vater ererbte Gut, dann das Vermögen schlechthin, auch ks. →Domäne; im Kirchenrecht das dem →Patron gewidmete Vermögen einer →Kirche; so das *P. Petri* = Besitztum des röm. →Bischofs, →Kirchenstaat; Patrimonial-gerichtsbarkeit, die dem →Grund-, bzw. →Gutsherrn zustehende →Gerichtsbarkeit über sämtliche →Hintersassen seiner Herrschaft. Der Herr unterhält meist einen besonderen P.-richter (→Meier, →Vogt, →Schultheiß). Auf den Gütern Ostelbiens verdichtet sich meist die P.-gerichtsbarkeit zu einer geschlossenen Gerichtsherrschaft mit staatlichen Hoheitsrechten, die den Hintersassen zu einem mittelbaren Untertanen herabdrücken.

Patrioten (gr. ‚Landsleute'), ‚Vaterlandsfreunde', seit der 2. Hälfte des 18. Jh. (Niederlande) vielfach verwendete Bezeichnung politischer Parteien mit betont nationalem Programm, um 1800 auch: Anhänger der frz. Revolution; – dav. Patriotismus, vaterländische Gesinnung, idealistisch gefärbter Ausdruck des Nationalbewußtseins, vom →Nationalismus durch die (z.T. nur programmatische) Betonung des defensiven Charakters geschieden.

H. Hubrig, Die p.ischen Gesellschaften d. 18. Jh., 1957.

Patrizier (lat. *patricii*), die Nachkommen der röm. Sippenhäupter (*patres*), die den Adelsrat (→Senat) der Königszeit gebildet hatten, exklusiver Geburtsadel (nur 495v. Aufnahme der →*gens Claudia*), der anfangs die gesamte

Macht in Händen hat, doch im Verlauf des sog. →Ständekampfes alle wesentlichen politischen Vorrechte verliert (bis auf →Interrex, →*princeps senatus* und einige Priestertümer); nach Entstehen des neuen Amtsadels der →Nobilität nimmt der Patriziat innerhalb der Senatsaristokratie laufend ab, da neue Familien nicht aufgenommen werden, und stirbt im 1. Jhn. aus, auch die aufgrund des Ernennungsrechts der Kaiser seit Augustus geschaffenen neupatrizischen Familien verschwinden in der starken Umschichtung der röm. Gesellschaft v.a. im 2. Jhn. fast völlig; – Ks. Konstantin (306–37) schafft ein persönliches Patriziat neu: im 4. Jhn. ist *patricius* eine nur selten verliehene Ehrenstellung für väterliche Ratgeber des Ks., später wird sie zu einem byz. Hofrang entwertet, gleichzeitig auch fremden Herrschern, Heerführern (Odoakar, Theoderich) und regelmäßig dem →Exarchen von Ravenna verliehen; im fränk. Reich vereinzelt: Statthalter; von Papst Stephan II. 754 Pippin und seinem Hause verliehen, ist *patricius (Romanorum)* bis ins 11. Jh. Schirm- und Schutzamt über Stadt und Kirche, teils von dt. Kg. und Ks. (nach Pippin und Karl d. Gr. – bis 800 – v.a. von Otto III., Heinrich III., Heinrich IV., teils von stadtröm. Adeligen (den Crescentiern des 10. Jh.) geführt, ‚ein wichtiges Objekt in dem Streit zwischen Ks., Papst und Rom, das jede Partei für sich zu nützen versuchte‘ (P. E. Schramm); – In den autonomen Städten des 13. Jh. bilden die P. die ratsfähigen Geschlechter des Stadtadels, eingesessene, begüterte Familien, nach Herkunft und Zusammensetzung unterschiedlich, doch mit ausgeprägtem Standesbewußtsein und Solidaritätsgefühl, gegen deren politische Vorherrschaft im 14. Jh. die Handwerker→zünfte vielerorts, v.a. in Italien, erfolgreich ankämpfen; nachdem der Städtische Patriziat in den politischen und wirtschaftlichen Umwälzungen des 14.–16. Jh. seine Geschlossenheit und seine Privilegien verloren hatte, haftet die Bezeichnung P. in der NZ. weiter an alten, einflußreichen bürgerlichen Familien.

Ernst Meyer, Röm. Staat u- Staatsged., [4]1975; – P. E. Schramm, Ks., Rom u. Renovatio, [2]1957; – H. Planitz, Stud. z. Rechtsgesch. d. städt. P.iats, (MIÖG 58) 1950; ders., D. dt. Stadt im MA., [3]1973.

Patron (lat. ‚Schutzherr‘ eines → Klienten), Schutz- und Lehensherr, kirchlich bes. der Schutzheilige einer Kirche, einer Person, eines Standes oder Gebietes; Patronat, das Recht der Besetzung einer kirchlichen Stelle durch den Stifter oder Eigentümer der Kirche; urspr. dem →Bischof als dem Herrn der Kirche zustehend, ging das P.at im Gefolge des → Eigenkirchenwesens fast ausschließlich auf Laien, bes. hohe und niedrige Adlige, später auch auf Städte, Klöster oder Geschlechter über, die als Stifter, Erben, Käufer oder(durch Tausch, Pfand, Lehen) als Besitzer einer Kirche neben den Pflichten der Baulast und der Besoldung des Pfarrers auch das Recht der Stellenbesetzung wahrnahmen; im Kampf gegen die laikalen Rechte im Gefolge des Investiturstreits gelang es, die Herrschaft des Eigenkirchenherrn zu beschränken; sein Eigentum an der Kirche wurde zum *jus Patronatus*, er erhielt unter dem Titel P. das kirchliche Privileg eines Vorschlagsrechts (Präsentationsrecht) bei der Stellenbesetzung, während die Verleihung des Amtes durch den Bischof erfolgte; trotz des auf den Lateransynoden 1123 und 1139 ausgesprochenen Verbots des Laieneigentums an der Kirche konnten sich die eigenkirchlich geprägten Vorstellungen gegen die kirchlichen Gebote weithin durchsetzen, der P. erhielt sich auch in der evang. Kirche und wurde seit Beginn der NZ. v.a. auch von den einzelnen Landesfürsten als ‚allgem. landesherrlicher P.at' in starkem Maße ausgeübt; Patronage, das Ausleseverfahren von Personen, die über Ämter verfügen und zugleich Kreisen angehören, ‚in denen durch die Intimität oder Dichtigkeit mehr oder minder institutionalisierter Beziehungen ausgeprägte Solidaritätsvorstellungen entstehen und gepflegt werden'; Patrozinium, der – in der Spätantike freigewählte – Schutz eines P.s für seinen →Klienten; die himmlische Schutzherrschaft eines P.s, bes. eines Heiligen, über eine Kirche oder einen Altar, v.a. auch das Fest dieses P.s; Patrozinienforschung, wissenschaftliche Erforschung der Patrozinien, wesentlich für Kultgeographie, Frömmigkeits-, aber auch Siedlungs- und Verfassungsgeschichte.

Th. Eschenburg, Ämter-p.age, 1961; – G. Zimmermann, Patrozinienwahl u. Frömmigkeitswandel im MA., (Würzburg. Diözesangesch.bll.) 1958 ff.

Patronymikon (gr.), Vatersnamen, in idg. und sem. Sprachen durch Beifügung von ‚Sohn des', durch bloßen Genitiv oder eigenes Suffix (z.B. in germ. Sprachen *-ing*, *-sen*, *-son;* ru. *-witsch*, *-owna*) angegeben; das P. ist u.a. Bestandteil der offiziellen Namengebung in Attika (bloßer Genitiv), Rom (z.B .*Gai filius*), Rußland.

Paulskirche, evang. Kirche in Frankfurt/Main (heute Gedenkstätte), übertragen gebraucht für die dt. Nationalversammlung 1848/49, die dort tagte.

Pauperismus (frz. von lat. *pauper* ‚arm'), im 19. Jh. übliche Bezeichnung für Massenverarmung, Elend der arbeitenden Klassen.

Pax Romana, auch *Pax Augusta* (lat.), als Reichsidee von Augustus (31v.–14n.) konzipiert, findet ihren sinnfälligen Ausdruck in der Weihe des Friedensaltars *(Ara Pacis)* 9v.; ‚der röm. oder augusteische →Friedensgedanke ist alles andere als →pazifistisch und ruht in der militärischen Überlegenheit der Herrin Rom, deren Beruf es ist, die Welt zu ordnen, niederzuwerfen, was sich ihr in den Weg stellt und zu schonen, wer ihre Gnade anruft' (F. Taeger, vgl. Vergil, Aen. VI, 851).

Pazifikation (lat. ‚Befriedung'), Vereinbarung zur Befriedung, Kompromiß, v.a. im 16. Jh. mündliche Zusicherung der Glaubensfreiheit durch den Landesherrn.

Pazifismus (Kunstwort – E. Arnaud, 1901 – zu frz. *pacifier* ‚→Frieden bringen'), absolute Kriegsgegnerschaft aus ethischen und praktischen Erwägungen (‚kein Sieg ersetzt die Opfer des Krieges'), auch allgem. Friedensbewegung, die den Krieg als *ultima ratio* der Politik ausschalten will. Vorläufer des modernen P. sind die Mennoniten und Quäker als radikale Kriegsdienstverweigerer aus religiösen Gründen. Von den Quäkern werden auch die ersten pazifistischen Gesellschaften (England 1816) organisiert und internationale Friedenskongresse veranstaltet. Neue Impulse bringt der →Sozialismus. Im 19. Jh. verbreitet sich der P. immer weiter, seit 1891 gibt es in Bern (1919 Genf) eine Zentrale aller gleichgerichteten Bestrebungen. Bedeutende Befürworter sind L. Tolstoi (1828–1910), A. Schweitzer (geb. 1875) und M. Gandhi (1869–1948, Prinzip der Gewaltlosigkeit, passiver Widerstand). Hatte der P. schon auf das Zustandekommen der Haager Friedenskonferenzen hingewirkt, so nahm er bes. nach dem 1. Weltkrieg einem erneuten Aufschwung, v.a. in den ags. Ländern; er lähmte z.T. die Politik gegen Hitler. Das 3. Reich lehnte den P. ab (mehrere tausend ‚Ernste Bibelforscher' ermordet). Die Schrecken des 2. Weltkriegs und die Gefahren eines Atomkriegs brachten ein Wiederaufleben des P. und seines Drängens auf→Abrüstung. Hauptargument seiner Gegner ist: Solange es an verbindlicher Anerkennung fehlt, ist man leicht den Mächten ausgeliefert, bei denen sich der P. nicht durchgesetzt hat.

M. Scheler, Die Idee des Friedens u. des P., 1931; D. A. Martin, Pacifism, 1966; →Frieden.

Paziszent, Mitpaziszent (von lat. *pacisci* ‚übereinkommen'), (Mit-) Unterzeichner eines Vertrags.

Peculium (lat.), im röm. Recht das Sondervermögen eines an sich nicht Eigentumsberechtigten, z.B. des Haussohns oder des Sklaven.

Peer →Pair.

Peltasten (gr., von Pelta, kleiner Rundschild), im 5./4. Jhv. leichtbewaffnete gr. (urspr. thrakische) Fußtruppen.

Penaten, altröm. Hausgötter, die vom Hausvater als Beschützer des Vorratskastens (lat. *penus*), erwählten Gottheiten, später auch Schutzgötter des Staates (= Dioskuren).

pensatorisch (von lat. *pendere, pensare* ‚wägen'), im At. und MA. verbreitete Form der Zahlung, bei der die (im Gewicht stark abweichenden) Münzen auch gewogen wurden.

Pentagon (gr.), ‚Fünfeck', das als fünfeckiger Bau aufgeführte Verteidigungsministerium der USA in Washington.

Pension (lat. *pensio* ‚Zahlung', ‚Abgabe'), Gehalt; P.-är (mlat. *pensionarius* ‚Zinspflichtiger'), allgem. Festbesoldeter, bes. →Syndikus in Städten; Rats- oder Groß-p.är, →Syndikus der Provinzialstaaten von Holland 1584 bis 1795 und ihr Vertreter bei den →General→staaten, deren Politik er zeitweilig (z.B. 1589–1618 J. v. Oldenbarneveldt, 1653–72 J. de Witt) leitete.

Pentapolis (gr.), ‚Fünfstädteland', im At. z.B. im Ostjordangebiet, bei den Philistern und in Kyrene, im MA. das Gebiet zwischen Rimini und Ancona, seit dem 12. Jh. Romandiola, Romagna genannt.

Pentarchie (gr.), ‚Fünfherrschaft' der europäischen Mächte England, Frankreich, Österreich, Preußen, Rußland in der klassischen Zeit des Europäischen → Gleichgewichts 1763–89, 1815–53.

Pentere (gr.), Fünfruderer, →Triere.

Perduellion (lat. ,arger Krieg'), im altröm. Recht das gegen den Bestand des Staates gerichtete Verbrechen, in der Republik durch ein jeweils bestelltes Zweimännerkollegium untersucht und gerichtet *(duoviri p.is)*.

Perfektionismus →Fortschritt.

Pergament, dünngeschlagene oder -geschabte und geglättete ungegerbte Tierhaut als Beschreibstoff, vervollkommnet in Pergamon 2. Jhv., löste mehr und mehr den →Papyrus ab und wurde zum Schreibstoff des MA. bis zum Aufkommen des Papiers (→Charta). Als Einbandstoff noch länger verwendet.

Periegese (gr. ,Umherführen'), seit dem 5. Jhv. geographische oder antiquarische Reisebeschreibung, bzw. als Periplus (gr. ,Umfahrt') geographisch-nautische Küstenbeschreibung, die von den Griechen entwickelte erste Form geographischen Schrifttums (→Itinerar).

H. Berger, Gesch. d. wiss. Erdkunde d. Gr., [2]1903.

Periode, Periodisierung →Epoche; Periodizität, regelmäßige Wiederkehr, z.B. der Konzile (Beschluß Konstanz 1417).

Periöken (gr. *perioikoi* ,Umwohner'), im alten Sparta die v.a. in Handel und Gewerbe tätigen, in eigenen Siedlungen (P.-städten) ansässigen, vom Vollbürgerrecht der Spartiaten ausgeschlossenen Teile der dorischen Bevölkerung, die zur Hälfte oder mehr das spartanische Hoplitenheer stellten.

A.H.M. Jones, Sparta, [2]1968.

Persevant (frz. *poursuivant*, nlat. *prosecutor armorum*), Wappenkundiger, ,Nachfolger', Gehilfe des →Herolds.

Personal- (*personalis*, lat. ,der Person gehörig', ,persönlich'; mlat. Kg.- und Appellationsrichter in Ungarn), im Gegensatz zu →Real- an der Person haftend (daher P.ist, wem persönlich Rechte oder Titel verliehen sind, die ihm der Sache oder Stellung nach nicht zustehen, z.B. bis 1653 die →Reichsstandschaft ohne Besitz eines →Territoriums), z.B. P.-steuern, Steuern, die nach persönlichen Verhältnissen bemessen werden (z.B. →Kopf-, Einkommensteuer); -union, die Vereinigung mehrerer voneinander unabhängiger Herrschaftsrechte in einer Person, bes. die Verbindung selbständiger Staaten durch die Person des Monarchen, z.B. Polens mit Sachsen 1697 bis 1733, mit Rußland 1815–1831); P.itätsprinzip, der im fränk. Reich geltende Grundsatz, daß jede Person nach ihrem Stammesrecht *(lex originis)* gerichtet werde; Personenverbandsstaat, in der modernen Forschung an der Geschichte des frühen MA. erarbeitetes ,typisches Gestaltungsprinzip' (H. Mitteis) des Staates: ,er beruhte primär nicht auf der Herrschaft über ein Gebiet, sondern auf einem Verband von Personen, die ausgestattet mit ursprünglichen, eigenen Rechten' (z.T. solchen, ,die heute als staatlich bezeichnet werden' →Grundherrschaft) ,in den Staat eingegliedert wurden' (Th. Mayer); der Gegentypus ist der Flächen- oder Territorialstaat des SpätMA. und der NZ.

H. Mitteis, Dt. Rechtsgesch., [12]1971; Th. Mayer, D. Ausbildg. d. Grundlagen d. mod. dt. Staates im hohen MA., HZ 1939 (Herrschaft u. Staat im MA., hrsg. v. H. Kämpf, 1956).

Persönlichkeit, die Person des Menschen in ihrer Einmaligkeit, in der →Geschichtsphilosophie, bes. des 19. Jh., im Hinblick auf Wirkungsmöglichkeit und Handlungsfreiheit in der Geschichte betrachtet. Die Vielfalt der Antworten auf die Frage nach der Rolle der P. in der Geschichte hängt weitgehend von der jeweiligen Einstellung zur geschichtlichen →Kausalität ab; wird diese völlig geleugnet, so kann der P. ein entscheidender Spielraum zugebilligt werden (Th. Carlyle, 1795–1881; H. v. Treitschke, 1834–96: ‚Männer machen die Geschichte'), während positivistische und marxistische Geschichtsbetrachtung diesen entsprechend einengt (‚Kein noch so großer Mann kann der Gesellschaft Beziehungen aufzwingen, die dem Zustand dieser nicht *mehr* entsprechen oder *noch* nicht entsprechen', G. W. Plechanow, 1856–1918). Die spezifisch historische Methodenlehre bestreitet die Möglichkeit einer generalisierenden Beantwortung: ‚Es muß für jeden bes. *Teil* des historischen Geschehens untersucht werden, welche Massenbewegungen und welche rein persönlichen Taten für die leitenden Kulturwerte von ausschlaggebender Bedeutung waren', H. Rickert (1863–1936).

Th. Carlyle, Ü. Helden u. Heldenverehrung, 1841, dt. 1853 u. ö.; J. Burckhardt, Weltgesch. Betr., 1905 u. ö.; H. v. Treitschke, Politik, [4]1918; G. W. Plechanow, Ü. die Rolle d. P. in d. Gesch., dt. [2]1946; H. Rickert, D. Probleme d. Gesch.philosophie, [3]1924; F. Wagner, Gesch.wiss., 1951.

Peso (span. zu lat. *pensum* ‚gewogen'), span. →Talerprägung seit dem 16. Jh. (zu 8 →Real), in Lateinamerika zur Währungseinheit geworden, in Europa auch Piaster (it. *piastra* ‚Platte') genannt, eine Bezeichnung, die auf die tü. Währungseinheit überging.

Petarde (frz.), Sprengmörser, 16.–19. Jh. Metallgefäß mit Sprengladung, das, auf einem Brett verschraubt, horizontal an Toren, Gattern, Palisaden angebracht werden kann.

Peterspfennig, urspr. freie, in England seit dem 9. Jh. durch die Petrusverehrung geförderte Abgabe, später auch anderwärts nach Haushaltungen für den Papst erhobene Steuer; seit Ende des →Kirchenstaates wieder freiwillige Abgabe der kath. Christen zur Unterstützung des Papstes und der päpstlichen Verwaltung.

O. Jensen, Der engl. P., 1903; E. Maschke, Der P. in Polen u. im dt. Osten, 1933.

Petition (lat. ‚Bitte', Bewerbung um ein Amt, mlat. →Bede), Bittschrift, Beschwerde an Organe des Staates, z. B. *P. of Rights* die am 7.6.1628 erledigte Beschwerde des engl. Unterhauses an Kg. Karl I. (1625–49), die in der Magna Charta von 1215 zugesicherten Rechte der Barone, u.a. das Steuerbewilligungsrecht des Parlaments und den Schutz gegen Willkürakte, zu achten; P.s-recht, das Recht, sich durch Bittschriften an den (absoluten) Herrscher zu wenden, auch als ständisches Privileg; in konstitutionellen Staaten des 19. Jh. als Recht der Volksvertretung gegenüber dem Herrscher und seiner Regierung; in den Grundrechten der modernen Demokratien das Recht des Staatsbürgers, sich einzeln oder in Gemeinschaft mit anderen mit Bitten und Beschwerden an die Volksvertretung (bzw. ihren P.s-ausschuß) oder an die zuständigen Behörden zu wenden.

Pezhetairen (gr. ‚Gefährten zu Fuß'), die makedonischen →Hopliten der makedonischen → Phalanx.

Pfahl (von lat. *palus*, vgl. frz. Palisade, ‚Einzäunung', ‚P.-werk', ‚P.-zaun'), Gerät zur Übung im Fechten und zum Anlegen von Verschanzungen; kollektiv der obergerm.-rätische → Limes; -bauten, aus der Frühkultur zahlreicher Naturvölker bekannte, für das Alpengebiet in der Jungsteinzeit jedoch lebhaft umstrittene Siedlungsform, bei der die Häuser zum Schutz gegen Tiere, böse Geister u.a. auf einen P.-rost ins Wasser gesetzt werden; die vielen re chen Funde in den Voralpenseen (seit 1854, Zürcher See) haben zeitweise zur Annahme einer eigenen Kulturgruppe von P.-bauern geführt, doch wurde in neuerer Zeit die Existenz von P.-bauten überhaupt geleugnet, sie wurden, v.a. aus technischen Gründen, als Trocken- oder Moorbauten auf P.-fundamenten erklärt. ‚Die Wahrheit scheint in der Mitte zu liegen' (K. Tackenberg); -bürger (‚die hinter dem P. – d.h. nicht hinter Stadtmauern – wohnen'), auch Ausbürger im hohen und späten MA. v.a. Adeliger, der im Besitz des → Bürgerrechts einer Stadt ist, aber nicht in ihr wohnt (wohl seit Ende des 12. Jh., erstmals 1231 erwähnt). Der P.-bürger, v.a. im SW und W des Reiches verbreitet, wird in der *Constitutio in favorem principum* 1231 und im Mainzer Landfrieden 1235 auf landesherrliche Forderung hin verboten, da er als Außenposten einer Stadt militärisch und steuerlich dem Ausbau eines geschlossenen →Territoriums im Wege steht und so Anlaß endloser Streitigkeiten zwischen Stadt und Landesherr ist. Das Verbot muß in der Goldenen Bulle 1356 erneuert werden, da sich der P.-bürger hartnäckig hält.

W. Schleiermacher, D. röm. Limes in Dtld., ³1970; D. Baatz, Der röm. Limes, 1974; – F. Keller, Kelt. P.-bauten, 1856; H. Reinerth, P.-bauten am Bodensee, 1940; O. Paret, D. neue Bild d. Vorgesch., 1946; W. U. Guyan (Hrsg.), Das P.bauproblem, 1955; – K. Zeumer, ZRG. GA 1902; E. Schröder, FS. E. Heymann 1940; E. Schrader, ZRG. GA 1951; H. Planitz, Die dt. Stadt im MA., ³1973.

Pfalz (ahd. *pfalanza* aus lat. → *palatium* ‚Palast'), im MA. seit den Karolingern Wohnsitz der Könige. Meist als Mittelpunkt einer großen →Grundherrschaft auf Königsgut errichtet, umfaßt die P., im Gegensatz zum einfacheren →Königshof, bes. prachtvolle Wohngebäude (Palas) für Kg. und Gefolge, Verwaltungs- und Wirtschaftsbauten (darunter auch die königliche → Münze) und die P.-kapelle. Baugeschichtlich unterliegt die P. von den Karolingern bis zu den Staufern einem großen Wandel, ebenso verschiebt sich der geographische Schwerpunkt der Anlage von P.en von Herrschergeschlecht zu Herrschergeschlecht; -graf, (für Böhmen, Ungarn, Polen →Palatinus) urspr. an den Höfen der Merovinger Gehilfe im →Hofgericht, v.a. oberster Urkundsbeamter. Er erstattet dem Kg. bzw. der →Kanzlei Bericht *(testimonatio)* über den Verlauf einer Verhandlung und das Urteil; nach diesem Bericht wird die Urkunde ausgefertigt. Unter den

Karolingern leitet der P.-graf eine Art Gerichtsschreiberei mit geistlichen Notaren, vertritt den Kg. bei weniger wichtigen Fällen im Hofgericht, woraus sich ein eigenes P.-grafengericht entwickelt. Unter den späteren Karolingern erscheinen P.-grafen auch an den Höfen der Teilreiche, so in Italien (fortgeführt bis zu Heinrich II., 1002–24). In Dtld. gibt Otto I. (936–73) den einzelnen →Stammesherzogtümern P.-grafen bei, die als Gegengewicht der Krone gegen die→Herzöge für die Verwaltung des →Reichsguts und die Rechtspflege verantwortlich sind. Aus den P.-grafen des Herzogtums Lothringen wird der *P.-graf bei Rhein*, der im Reich neben seiner Erztruchseßwürde(→Erzämter)Richter in fiskalischen Prozessen und Reichsvikariatsrichter bei Thronvakanz ist. Der fränk. P.-graf bei Hof taucht unter Karl IV. (1346 bis 77) nach it. Vorbild erneut auf. Er befaßt sich nun mit Erteilung von Adelsbriefen, Adoptionen, der Ernennung von Notaren und Dichterkrönungen.

K. Weitzel, Die dt. Ks.p.en, 1905; G. Schlag, Die dt. Ks.p.en, 1940; – H. E. Meyer, D. P.-grafen d. Merovinger u. Karol., ZRG. GA 1921; M. Lintzel, D. Urspr. der dt. P.grafschaften. ZRG. GA 1929 R. Gerstner, D. Gesch. d. lothr. u. rhein. P. grafschaft bis zur Ausbildg. d. Kurterritoriums P., 1941; Dt. Kg.s-p.en, 1963ff.; R. Haas, Die P. am Rhein, 1967.

Pfand (wohl aus altfrz. *pand*, ‚Tuch', ‚Fetzen', auch ‚Weggenommenes'), im germ.-dt. Recht urspr. nur das dem Schuldner abgenommene Besitzstück (vgl. dagegen →Wette); P.-lehen, als P. zu →Lehen gegebenes Gut (der Gläubiger ist Lehensmann des Schuldners); P.-recht, vertraglich vereinbartes oder gesetzliches Recht des Gläubigers, das ihm anvertraute P. zur Befriedigung seiner Forderungen zu verwerten.

Pfänner, die Angehörigen der →Gewerke der Salinen, in Halle/S.: Halloren.

Pfarre →Parochie.

Pfennig (ahd.; mlat. *denarius*), die Münze des Früh- und HochMA., in der Regel 240 auf das Pfund Silber, doch unterschiedlich in Wert und Gewicht, mit zunehmender Verschlechterung (→Brakteaten); nach Einführung der →Turnosen- und →Talerprägungen des SpätMA. in der NZ. Kupferscheidemünze; Gemeiner P. s.d.

Pflege (auch Pflegschaft), allgem. Vermögensverwaltung, z.B. Kirchen-, Stiftungs-, Armen-p.; bes. seit dem 14. Jh. Gerichtsbezirk eines bayrischen →Landgerichts mit zusätzlichen Verwaltungsaufgaben, in Württemberg seit dem 14. Jh. = →Amt; Pfleg-hafte →Bargilden; -hof, ein zum Verwalten und Aufbewahren der Einkünfte einer P. bestimmter Hof; Pfleger, urspr. Vormund, heute nur mit speziellen Aufgaben betraut, z.B. Vermögensp. von unmündigen Waisen; in Bayern Richter in der P.; auch = →Amtmann, →Meier.

Pforte (tü. *kapu*), Tor, dann Palast; Hohe P., nach 1654 Bezeichnung für den Palast des Groß→wesirs, dann für die tü. Regierung.

Pfründe →Präbende.

Pfund (aus lat. *pondo* ‚an Gewicht'), röm. Gewichtseinheit, 273, dann 327 g. (auch lat. *libra*, dav. frz. *livre*, it. *lira* u.a.), seit dem 9. Jh. 409 g., dann als Gewichts- und Währungseinheit (im Verhältnis 2:3 oder 1:1 zur →Mark) zwischen 400 und 600 g., in zahlreichen Staaten bis in die Gegenwart verwendet.

Pfund- und Tonnengeld (engl. *tunnage and poundage*), in England seit dem späteren MA. (1346 erstmals nachweisbar) ein für jede Tonne Wein und jedes Pfund anderer Ware erhobener Ausfuhrzoll, der seit Eduard IV. (1461–83) jedem Kg. vom Parlament für die ganze Regierungszeit zugestanden wurde. 1625 bewilligt das →Parlament zum erstenmal das P.u.T. im Kampf gegen Karl I. (1625–49) nur auf ein Jahr und leitet damit die engl. Revolution ein.

Phalanx (gr. ‚Rund*balken*', ‚Walze'), seit dem 7. Jhv. die geschlossene Formation der gr. → Hopliten, etwa 8 Glieder tief, der rechte (Angriffs-)flügel von den Thebanern im 4. Jhv. bis auf 50 verstärkt (schiefe Schlachtordnung); bei den Makedonen (Philipp II.) 16 Glieder mit überschweren Lanzen (Sarissen, etwa 5,5 m lang); dav. frz. Phalanstère, in der Theorie des Sozialphilosophen Ch. Fourier (1772–1835) Genossenschaftsgebiet, Produktions-, Konsum- und Lebensgemeinschaft (vergeblicher Versuch einer Verwirklichung durch V. Considérant, 1808–93, in Texas); span. Falangue, von J. A. Primo de Rivera 1933 gegründete nationale und soziale Bewegung Spaniens, während des Bürgerkriegs 1936–39 durch General Franco zur Einheitspartei geworden.

Pharao (ägypt. *per-o* ‚großes Haus'), nach dem AT. der König von Ägypten, sein Hof, seine Regierung; die (nicht offizielle) Bezeichn. – nicht Eigenname, sondern anstelle des Namens gebraucht – drückt ehrfurchtsvolle Scheu vor dem absoluten, im Alten Reich göttlichen Herrscher aus, den man nicht zu benennen wagt.

Philhellene (gr. *philhellen*), ‚Griechenfreund', Beiname Kg. Alexanders I. von Makedonien (5. Jhv.), der Partherkönige des 2. Jhv.; Philhellenismus, Begeisterung für die Griechen und ihre Kultur, z.B. der Römer 2. Jhv.–2. Jhn. (Ks. Hadrian); Bewegung zur Unterstützung des gr. Freiheitskampfes 1821–27, Ludwig I. von Bayern, F. Müller, J. Ph. Fallmerayer, Lord Byron u.a.

W. Barth, M. Kehring-Korn, Die Ph.nzeit, 1960; Ch. M. Woodhouse, The P.s, 1969.

Philippika (gr.), Geschichte der Zeit Philipps II. von Makedonien (359–36v.), Titel der (verlorenen) Werke des Anaximenes von Lampsakos und Theopomp von Chios; die 4 Reden des Demosthenes (384–22v.), in denen er (etwa 349–42v.) zum Kampf gegen Philipp II. aufruft; danach die 14 Reden Ciceros (106–43v.) gegen Antonius 44/3v.; danach allgem. Kampf-, Strafrede.

Phratrie (gr. ‚Bruderschaft'), seit der gr. Frühzeit Sippenverband als Unterteilung der → Phyle, in geschichtlicher Zeit mit schwindenden sakralen und standesamtlichen Funktionen.

Phyle (gr. ‚Stamm'), Stammesverband der gr. Frühzeit (im dorischen Bereich 3, im jonischen 4), dann Siedlungsgemeinschaft zur Gliederung der Heeresordnung und der Polisbürgerschaft,

Bezirkseinheit des gr. Stadtstaates mit Selbstverwaltung, Kultgemeinschaft und eigenem Grundbesitz (in Athen seit der Reform des Kleisthenes 508/7v. 10, seit 307v. 12, aus 3 räumlich nicht verbundenen Teilen, Trittyen, bestehend).

Physiokratie (gr.), ‚Herrschaft der Natur', Prägung des frz. Arztes F. Quesnay (1694–1774), mit A. J. R. Turgot (1727–81) des Hauptvertreters der Physiokraten. Die Lehre von der Ph., im Naturrecht verwurzelt (nur der Ackerbau produktiv), gegen den →Merkantilismus gewandt (völlige Freiheit in Handel und Industrie: *laissez faire*, *laissez passer*), ist bald durch A. Smith überholt, doch wirkt sie auf J. Condorcet (Fortschritt) und den →Liberalismus ein.

F. Quesnay, Tableau économique, 1758, dt. 1921; ders., Ph., 1767; A. Turgot, Oeuvres, 1913ff.; W. Petzet, D. Physiokratismus u. d. Entdeckg. d. wirtsch. Kreislaufs, 1929; H. Woog, The t. é. of F. Quesnay, 1950; A. Sauvy (Hrsg.), F. Quesnay et la P., 1958.

Piaster →Peso.

Pikett (frz. *piquet* ‚Pfahl'), militärische Abteilung auf Vorposten.

Pioniere (von frz. *pion* von spätlat. *pedo* ‚Fußsoldat'), seit dem 17. Jh. vordringende Bezeichnung für technische Truppen.

Pirat (gr. *peirates* ‚Abenteurer'), Seeräuber (→auch Bukkanier, Flibustier, Korsar); Piraterie, Seeraub, in den Anfängen der Schiffahrt von Seehandel, Seekrieg nicht eindeutig geschieden, im At. wegen der Beschränkung der Seefahrt auf Küstennähe vornehmlich in Form von Überfällen auf das Festland, in der NZ. zufolge der Entwicklung der Navigation zunehmend Angriff auf ein Schiff, der – im Gegensatz zur → Kaperei – ohne staatliche Ermächtigung erfolgt; zu allen Zeiten eng mit dem →Sklavenhandel verbunden; wo eine starke staatliche Ordnungsgewalt fehlt, führt die P. oft zur Bildung souveräner oder halbsouveräner staatlicher Gebilde (im At. in der Ägäis und in Kilikien, Nordafrika, in der NZ. Nordafrika und Westindien), die vielfach von großen Mächten unterstützt (so die →Barbareskenstaaten Nordafrikas durch den Sultan) oder in Kriegen verwendet (so schon die Erzpiraten lat. *archipiratae* im Dienst hellenistischer Könige), nur selten durch umfassende Aktionen (Seeräuberkrieg des Cn. Pompeius 67v., Zug Ks. Karls V. gegen Tunis 1535) bekämpft werden; seit der Proklamation der →Freiheit der Meere (H. Grotius, 1609) wird die P. eindeutig verurteilt (auf den Angriff unter der sog. schwarzen Flagge stand zunächst die summarische Strafe des Aufknüpfens an den Rahen), doch hielt sich die P. außerhalb der Grenzen (*‚beyond the line'*) des Geltungsbereichs des europäischen internationalen Rechts bei den Flibustiern im Karibischen Meer bis ins 18. Jh., bei den Barbaresken (als Staaten völkerrechtlich ein Grenzfall) bis zum Anfang des 19.

F. Stier-Somlo, D. Freiheit d. Meere u. d. Völkerr., 1917; H. A. Ormerod, Piracy in Ancient World, 1924; E. Ziebarth, Beitr. z. Gesch. d. Seeraubs u. Seehandels im alten Griechenland, 1929; A. Sternbeck, Flibustier u. Bukaniere, 1928; P. Hubac, Les barbaresques, 1949; – E. Zechlin, Maritime Weltgesch., 1947; A. Rein Ü. d. Bed. d. überseeischen Ausdehnung d. europ. Staatensystems, ²1953.

Pistole, (1) Faustrohr, Faustpuffer, seit dem 14. Jh. kurze

Handfeuerwaffe, bes. der Reiterei (Pistoliers des 16./17. Jh.); (2) span. Goldmünze, →Dublone, in europ. Staaten mit unterschiedlichem Wert geprägt, in Dtld. bis ins 18. Jh. das goldene 5-→Talerstück (beide Worterklärungen umstritten).

Placet, Plazet (lat. ‚es gefällt'; dav. mlat. *placitum* Gerichtsentscheid, z. B. *p. spadae* Rechtsentscheidung durch Zweikampf, Gericht, →Ding), seit dem At. (röm. →Senat) Zustimmungsformel, seit dem MA. die – von der kath. Kirche bekämpfte, doch bis ins 20. Jh. geübte – staatliche Genehmigung kirchlicher Erlasse.

Plappert = →Blaffert.

Pleban (mlat.), seit dem 12. Jh. Leutpriester, Seelsorger des Volkes, bes. der ‚Leute' eines Kollegiatstifts oder einer Episkopalkirche; Pfarrer (mlat. *plebes* = Pfarrkirche).

Plebs (lat.), ‚die Menge', das röm Volk, soweit es nicht den →Patriziern zugehört, im 5. Jhv. vorwiegend Bauern, allmählich durch Neubürger wirtschaftlich differenziert, durch den Übergang zum Volksheer an Bedeutung wachsend. Im sog. Ständekampf (P. als ‚Staat im Staat' mit eigenen Beamten →Ädil, Tribun; 445v. →Konubium mit den Patriziern; 494v.?, 449v.? und um 286v. Auswanderungen, *secessio plebis;* 366v. erster Plebejer Konsul) gelangen die führenden Familien in den Senat. Durch die Herausbildung der → Nobilität 4. Jhv. und des Ritterstandes 3. Jhv. wird die Gesamtbezeichnung P. auf den besitzlosen Teil des Volkes beschränkt; seit den Gracchen: das stadtröm. Proletariat, die Spendenempfänger; Plebiszit, Beschluß der Versammlung der P., seit 286v. *(lex Hortensia)* für das Gesamtvolk bindendes Gesetz. In der NZ gleich →Volksabstimmung, -begehren, -entscheid.

H. Siber, W. Hoffmann, RE XXI; Ernst Meyer, Röm. Staat u. Staatsgesch., [4]1975; L.R. Taylor, The Roman Voting Assemblies, 1966; Z. Yaretz, P. and Princeps, 1969; K. Christ, Krise u. Untergang der röm. Rep., 1979.

Pluralismus (von lat. *plures* ‚mehrere'), als politische Theorie des 20. Jh. die Auffassung, ‚daß es eine Mehrzahl und Vielfalt gesellschaftlicher Lebensbereiche und Gestaltungskräfte gibt, die sich nicht auf die gleiche Wurzel zurückführen und darum auch nicht allseitig und erschöpfend unter der gleichen Spitze zusammenfassen lassen' (O. v. Nell-Bräuning); der P., der sich gegen obrigkeitliche Tendenzen und Staatszwang wendet, beschwört andererseits die Gefahr der Zersplitterung und der Entmachtung des Staates herauf; Pluralstimmrecht, vereinzelt (z.B. in Belgien durch Ges. vom 18.4.1893 bis 1919) angewandte Form des Wahlrechts, bei der nach Einkommen, Bildung, Familienstand u.a. gestufte Mehrfachstimmen zuerkannt werden können.

R. Breitling, D. Verbände in d. Bundesrep., 1955; K. Sontheimer, B. Crick, Beitr. z. Theorie u. Kritik d. pluralist. Demokratie [3]1970; W. Steffani (Hrsg.), P., 1972.

Plutokratie (gr. ‚Herrschaft des Reichtums'), in der gr. Staatslehre Entartungsform der →Aristokratie, Gegensatz zur Herrschaft des Kriegerstandes, des Erbadels, auch zur Erbmonarchie; in der NZ. zur Kennzeich.

nung der Störung des Gleichgewichts zwischen den Gruppen der industrialisierten Gesellschaft verwendet.

Podestà (it. zu lat. *potestas* ‚Amtsgewalt'), seit Anfang des 12. Jh. in den oberit. Städten gewählter oberster Beamter und Richter, oft auswärtiger Herkunft; nach 1158 auch vom Kaiser zur Ausübung der →Regalien ernannter Statthalter, auch gemeinsames Oberhaupt der →Zünfte. Urspr. befristete Amtszeit, später auch Wahl auf Lebenszeit und Erblichkeit. Seit dem 13. Jh. Oberhaupt der Kolonien it. Städte in der Levante (→Konsul), 1815–1918 Bürgermeister der Gemeinden it. Gepräges in Österreich, 1926–45 ernannter Bürgermeister it. Städte.

D. Waley, Die it. Stadtstaaten, dt. 1969.

Pogrom (ru. ‚Verwüstung'), planmäßige Verfolgung der jüdischen Bevölkerung Rußlands seit 1881 (Einfluß des →Antisemitismus, reaktionärer Kurs nach der Ermordung Alexanders II.: Blutbad von Elisawetgrad 27.4.) bis in die Zeit des sowjetischen Bürgerkriegs, bes. in der Ukraine und Bessarabien, z.B. in Kischinew Ostern 1903; danach allgem. Judenverfolgung.

Polemarch (gr. ‚Kriegsgebietiger'), Oberfeldherr, Amt in gr. Stadtstaaten, in frühgr. Zeit von der Aristokratie geschaffen, um die Macht des Königtums zu beschränken; in Sparta Unterfeldherr der Könige; in Athen einer der 9 →Archonten, seit etwa 487v. ohne militärisches Kommando.

H. Schaefer, RE S VIII.

Poliorketiker (gr.), ‚in der Geschichte des antiken Schrifttums jene taktischen Schriftsteller, die über Befestigung, Belagerung und Verteidigung der Städte und über die dabei angewandten Vorrichtungen und Maschinen handeln', z.B. Aineias Tacticus 4. Jhv., Biton 3. Jhv., Athenaios 1. Jhv.

L. Lammert, RE XXI.

Polis (gr. ‚Burg', ‚Stadt'), im Gegensatz zum Stammes- oder Flächenstaat der gr. Stadtstaat, Gemeindestaat des At., u. zw. ohne Rücksicht auf seine Staatsform, seit dem 8. Jhv. mit dem Höhepunkt im 5./4. Jhv.; kennzeichnend sind die – durch das Verlangen der Politen nach direkter Teilnahme an den Staatsgeschäften (‚Die Männer machen die P., nicht die Häuser') bedingte – Engräumigkeit, das Streben nach →Autonomie und einer ausgearbeiteten, meist schriftlich fixierten Verfassung, der Kult einer beherrschenden Stadtgottheit und die Exklusivität der Bürger (→Metöken), sowie das Streben nach wirtschaftlicher und monetärer →Autarkie; mit dem Aufkommen der hellenistischen Großmächte im 4. Jhv. gilt die Zeit der gr. P. (und vielfach auch der gr. Geschichte) häufig als beendet, doch lebte der Gemeindestaat auch ohne unumschränkte Autonomie im hellenistisch-römischen Bereich als Träger der Reichskultur bis ins 3. Jhn. ungebrochen fort.

Lit. bei H. Bengtson, Gr. Gesch., [4]1969; – E. Kirsten, Die gr. P. als hist.-geogr. Problem, 1955; V. Ehrenberg, Der Staat d. Griechen, [2]1965; F. Tomberg, P. u. Nationalstaat, 1973; E. Ch. Welskopf (Hrsg.), Hellen. Poleis, 1974.

Politbüro, abgek. für ‚Politisches Büro der Kommunistischen

Partei' der UdSSR (und anderer kommunistischer Länder), erstmals Mai 1917 gebildet, in der Folge jeweils vom Plenum des →Zentralkomitees gewählt, seit dem XIX. Kongreß der kommunistischen Partei der UdSSR 1952 umbenannt in: Präsidium des Zentralkomitees, das Führungsorgan der Partei, das zugleich für die gesamte Politik der UdSSR bestimmend ist.

Politik (gr. *politika* ,Staatsführung', ,Staatsgeschäfte'; Titel des Werkes des Aristoteles, 384–22, über den Staat), die Kunst der Staatsführung nach innen und außen (Innen-, Außen-p.) oder einer ihrer Teilbereiche (Lokal-, Gemeinde-p.; →Bevölkerungs-, Sozial-, Steuer-, Wirtschafts-p. u.a.), auch näher bezeichnet durch den Raum der Betätigung (→Kolonial-, Kontinental-, See-, →Welt-p. u.a.) oder nach wertenden Unterscheidungen (→Interessen-, →Macht-, →Real-p.); die nz. Versuche, den Begriff P. zu definieren (,Streben nach Machtanteil oder nach Beeinflussung der Machtverteilung, sei es zwischen den Staaten, sei es innerhalb eines Staates zwischen den Menschengruppen, die er umschließt', M. Weber), sind zahlreich, zumal die P. – Gegenstand wissenschaftlicher Untersuchungen seit dem At., vgl. Politeia (gr. ,Bürgerrecht, -schaft, Staatsverfassung', Titel zahlreicher Werke, des Protagoras (480–10), Platon (427–347) u.a.), sowie die nz. →Staatslehre – im 20. Jh. neu konstituiert worden ist als Wissenschaft ,von der Gesamtgestalt des sozialen Körpers, seiner Strukturen und Wirkungsgesetze, (A. Rüstow); P.er, (gr. *politikos*), seit Platon der ideale Staatsmann; (frz. *Les Politiques*) die Verfechter der Interessen des Staats und des Königtums in den frz. Religionskriegen des 16. Jh.; – politische Geschichte, seit dem 19. Jh., v.a. seit dem Streit um die → Kulturgeschichte, die Geschichte, die – bes. in Dtld. unter dem Einfluß der Hegelschen Philosophie – ihre Hauptaufgabe darin sieht, ,den Staat zum Verständnis zu bringen, seinen Ursprung, sein Werden, die Bedingungen seines Seins, seine Aufgaben' (D. Schäfer) und demgemäß die inner- und zwischenstaatlichen Vorgänge in Frieden und Krieg in den Mittelpunkt rückt; – wissenschaften, auch politische Wissenschaften, Politologie, nach 1945 unter dem Einfluß von am. *political sciences* verbreitete Bezeichnung für die Wissenschaft von der P.

O. Gigon, Aristoteles, P. u. Staat d. Athener, 1955; – A. Grabowsky, P. im Grundriß, 1952; E. Fischer-Bahnig, Theorie d. ausw. P., 1961; C. Schmitt, Der Begr. des Politischen, [2]1963; M. Weber, P. als Beruf, [5]1969; H. Gollwitzer, Gesch. d. weltpol. Denkens, 1972ff.; – D. Schäfer, Das eigentl. Arbeitsgeb. d. Gesch., 1888; – C.J. Friedrich, D. p.e Wiss., 1961; H. Oberndörfer (Hrsg.), Wissenschaftl. P., 1962; R.H. Schmitt (Hrsg.), Methoden d. Politologie, 1966; Heinr. Schneider (Hrsg.), Aufg. u. Selbstverständnis d. pol. Wiss., 1966; G. Lehmbruch, Einf. in d. P.wiss., 1967; H. Maier, P.wiss. in Dtld., 1969; W.D. Narr, W. Naschold, Einf. in die mod. pol. Theorie, 1971.

Polizei (mlat. *politia* von gr. *politeia*), entspr. frz. *pollicie*, *police*, urspr. mit Beginn der NZ. die gesamten Belange der öffentlichen Sicherheit und inneren Verwaltung (Reichs-p.-ordnungen von 1530, 1548, 1577), ja allgem. die Staatsverwaltung (daher seit dem

19. Jh. P.-staat, Scheltwort zur Kennzeichnung der Vielregiererei des unter Einschränkung der persönlichen Freiheiten auf Wohlfahrt und Sicherheit bedachten absolutistischen Staates); seit dem 18. Jh. eingeengt auf die mit Zwangsgewalt ausgestatteten Organe des Staates.

K. Wolzendorf, Der P. ged. des mod. Staates, 1918, ND 1964; B. Chapman, Der P.staat, 1972.

Pomerium (lat.), die nach etrusk. Ritus mit dem Pflug gezogene heilige Grenze Roms, mit dem Mauerring nicht zusammenfallend, Scheide zwischen städtischem und nichtstädtischem Rechtsbereich *(domi-militiae)*; im MA. vereinzelt: unbebauter Streifen längs der Stadtmauer.

Ernst Meyer, Röm. Staat, [4]1975; A. v. Blumenthal, RE XXI.

Poenitentiaria →Kurie.

Pontifex (lat. ‚Brückenbauer'?), im republikanischen Rom Mitglied des Priester→kollegiums von urspr. 3, dann 6, seit 300v. 9, seit 81v. 15 *pontifices*, das, durch →Kooptation, seit 104v. durch Volkswahl ergänzt, das *consilium* des *p. maximus* bildete; mlat. = →Bischof; *p. maximus*, der durch das Volk auf Lebenszeit gewählte oberste Priester Roms (Laienfunktion als Erbe eines Teils der Königsgewalt, doch nicht →Beamter), mit der Aufsicht über den gesamten Kult und die sakrale Jurisdiktion betraut, seit 12v. mit dem Kaisertum verschmolzen, bis 375n. in der Kaisertitulatur; seit Leo d. Gr., (440–61) Titel des →Papstes *(summus p.)*; Pontifikalien, die dem →Bischof zustehenden liturgischen Gewänder, →Insignien und Funktionen; Pontifikat, Priestertum, bes. Amtszeit eines Papstes.

Popularen (v. lat. *populus* ‚Volk'), in den Quellen zur späten röm. Republik Bezeichnung für eine Reihe von Männern der herrschenden Schicht, die gegen die unbedingte Herrschaft ihrer Standesgenossen (→Nobilität, Optimaten) die Interessen des Volkes vertraten (z.B. die Gracchen, Marius, Caesar), ohne indes eine wirkliche Volksherrschaft anzustreben; Popularklage, im röm. Recht die mit öffentlichem Interesse begründete Klage eines Bürgers im Privatprozeß.

Ernst Meyer, Röm. Staat, [4]1975; R. Syme, D. röm. Revolution, dt. 1957; Chr. Meier, Res publica amissa, 1966; K. Christ, Krise u. Untergang d. röm. Rep., 1979.

Population, Populationistik → Bevölkerung.

Pornokratie (gr. ‚Herrschaft der Dirne'), die ‚dunkle Zeit' des → Papsttums 904–35 unter der Herrschaft der Marozia.

Portefeuille →Ressort.

Portorium (lat.), ‚Hafengebühr', Hafen- und Binnenzoll des röm. Reiches, in der Regel der Vierzigste oder Fünfzigste, in der späten Republik von den →Publikanen erhoben.

Potentat (von lat. *potens* ‚mächtig', mlat. *potentes* die röm. Großgrundbesitzer fränk. Zeit), Machthaber unbestimmten Charakters, (fremdländischer) Herrscher.

Präbende (lat. *praebenda* ‚das Darzureichende'), urspr. Mahlzeit für Mönche und Kleriker, dann bes. die Einnahmen eines →Kanonikers, bzw. die Vermögenswerte, aus denen diese fließen, sowie das Kanonikat selbst; dt. Pfründe allgem. die aus einem

Kirchenamt fließenden Einkünfte (,Landnutzung, Sporteln, Deputate, Gehalt'), auch das Kirchenamt *(beneficium ecclesiasticum)* selbst; Pfründner, Inhaber der P., im weltlichen Bereich das Hausgesinde des →Fronhofs.

Präfekt (lat. ,Vorgesetzter'), Amtsträger als Mandatar eines Höheren, bes. in Rom *praefectus urbi* (Stadtp.) vor der Einrichtung der →Prätur vom König bzw. Konsul oder Diktator für die Zeit ihrer Abwesenheit eingesetzt, in der Kaiserzeit ständiges Amt zur Wahrung von Ruhe und Ordnung in der Stadt, aus den → Konsularen vom Kaiser nach freiem Ermessen ernannt, seit 359n. auch in Konstantinopel; in ähnlicher Form erscheint der P. auch in anderen Städten sowie als Vertreter des →Prätors zur Rechtsprechung in Bürgergemeinden *(p.iure dicundo)*; in der Kaiserzeit häufig verwendeter Titel für kaiserliche Beamte aus dem Ritterstand, v.a. der *p.praetorio* (Gardep., Prätorianerp.) als Kommandeur der →Prätorianer, im 3. Jhn. zunehmend mit richterlichen Befugnissen, 4.–6. Jhn. oberster Verwaltungsbeamter eines Reichsteils (4,3 oder 2), ohne militärisches Kommando; der *p. Aegypti*, seit 30v. Vizekönig des kaiserlichen Hausbesitzes Ägypten; neben diesen ranghöchsten Beamten begegnen P.en in den verschiedensten Funktionen, z.B. im zivilen Bereich zur Kassenverwaltung *(p.→aerarii)*, für die Getreideversorgung Roms und anderer Städte *(p.→annonae)*, für die Postverwaltung *(p. vehiculorum)*, im militärischen als Befehlshaber von Hilfstruppen, Reitern *(p.alae)*, Pionieren *(p.fabrum)* und Sonderkommandos, als Lagerkommandanten *(p. castrorum*, Lagerp.), in den Flottenstationen Misenum und Ravenna *(p.classis)*, bei der städtischen Polizei und Feuerwehr *(p. collegii*, in Rom 7 *p.vigilum)*, seit Gallienus kommandiert ein ritterlicher *p.legionis* anstelle des senatorischen →Legaten die Legion; im MA. lat. Bezeichnung für →Graf, Burggraf, →Hausmeier *(p.domus regiae*, *palatii)*, → Reichsvogt *(p.imperialis)*; in der NZ. der röm. Bedeutung entsprechend Verwaltungsinstanz des österreichischen Italiens (18. Jh. je 10 P.en in Toskana und Lombardei), seit 1799 in Frankreich von der Regierung eingesetzter und abhängiger Leiter eines → Département, auch für andere Länder (Italien) vorbildlich; im Kirchenrecht Leiter einer Kardinal→kongregation (Kardinalp.), im Missionsbereich Vertreter der unmittelbaren bischöflichen Gewalt des Papstes (Apostolischer P.); P.ur, Amt, Amtssitz und Amtsbereich eines P.en; P.urrat, seit 1799 Kollegium von 3 oder 4 Beratern des frz. P.en; Unter-p. *(souspréfet)* Leiter eines →Arrondissement *(souspréfecture)*.

W. Enßlin, O. W. Reinmuth, E. Sachers, RE XXII.

pragmatisch (gr. *pragmata* ,Tatsachen' ,Geschäfte'), die Tatsachen oder die Geschäfte betreffend, daher Pragmatik, Geschäftsordnung der Staatsverwaltung (→auch Sanktion); p.e Geschichtsschreibung, nach J. D. Köler 1741 im Anschluß an Polybios (201–120v.) die auf die Tatsachen konzentrierte, für die politisch Handelnden lehrreiche Darstellung (Kant: ,P. ist die

Geschichte, wenn sie klug macht, d. i. die Welt belehrt, wie sie ihren Vorteil besser oder wenigstens ebenso gut als die Vorwelt besorgen könne'), vorwiegend auf das Politische orientiert und auf eine Verknüpfung der Vorgänge ,zu einer Ursache und Wirkung darlegenden Erzählung' (Th. Mommsen) bedacht; die p.e G., deren Hauptvertreter Thukydides, Polybios, Macchiavelli, Montesquieu sind, hatte in der Aufklärung ihre letzte große Blüte; *historischer* Pragmatismus (zur Unterscheidung vom *philosophischen* P. eines C.S.Peirce, W. James), Streben nach Erkenntnis der Tatsachen und ihrer Ursachen zur Nutzanwendung für die Gegenwart.

J. D. Köler, De hist. pragmatica, 1741; Montesquieu, Betrachtungen ü. d. Ursachen von Größe u. Niedergang d. Römer, dt. 1958; W. Bauer, Einf. in d. Stud. d. Gesch., ²1928.

Praguerie (frz.), Sturm von Anhängern des J. Hus auf das Prager Rathaus 30.7.1419; übertr. Aufstand frz. Großer gegen die Errichtung eines stehenden Heeres (→Ordonnanzkompagnie) durch Karl VII. (1422–61) 1440.

Prähistorie →Vorgeschichte.

Prälat (von lat. *praeferre* ,bevorzugen'), in der kath. Kirche der Inhaber eines höheren geistlichen Amtes; P.en im eigentlichen Sinn sind nur jene Geistlichen, die eine ordentliche Jurisdiktionsgewalt besitzen; zu den Hohen P.en *(praelati majores)* zählen →Patriarchen, →Primaten, →Erzbischöfe und →Bischöfe, zu den niederen P.en *(p. inferiores)* gehören die P.en *nullius* und die →Äbte *nullius*, die Amtsträger mit quasibischöflicher Jurisdiktion sind und deren verselbständigtes Gebiet *(nullius dioecesis)* die volle →Exemtion von der Diözesangewalt genießt (daher auch gefreite Äbte und P.en), außerdem alle Ehren-p.en (päpstliche Haus-p.en), die nur Titel und Würde, aber keine Jurisdiktion besitzen; sie finden meist als kuriale P.en in den →Kardinalskongregationen, z. T. in leitender Stellung Verwendung und können als Nachfolger des im frühen MA. zum päpstlichen Palast gehörenden Klerus (Palatinalklerus) angesehen werden; – in der evang. Kirche ist der P. Leiter eines →Kirchenkreises in Württemberg, ferner Titel des Beauftragten der Evangelischen Kirche in Deutschland (EKiD) bei der Bundesregierung in Bonn; P.en-bank, auf den Reichs- und Landtagen des späten MA. die korporative Einheit des geistlichen Standes (→Kurie), oft nach geographischen Gesichtspunkten in mehrere Bänke aufgeteilt (z.B. *Rheinische P.enbank*).

Präliminarien (neulat.), vorläufige Vereinbarungen bei Einstellung der Kampfhandlungen, die die Grundzüge des späteren Friedensschlusses festlegen; Präliminarfrieden = Vorfrieden, z.B. von Villafranca 11.7.1859, Nikolsburg 26.7.1866.

Praepositus (lat. ,Vorgesetzter'), spätröm. Beamten- und Offizierstitel, v. a. *p. sacri cubiculi*, Oberkämmerer des Ks., eines der einflußreichsten Hofämter; davon mlat. →Kämmerer u.a. Hofämter, verbreiteter Beamtentitel (auch = →Bischof); frz. Prévôt, kg. oder lehensfürstlicher Beamter, etwa dem →Bailli entsprechend; Gildenvorsteher, danach bis 1789 der Bürgermeister von Paris und Lyon; seit dem 15. Jh. Hofrichter *(p. de l'hôtel)*; Chef der Militärpolizei, Leiter des Militärgerichts (*p. du maréchal*, und ebenso dt. Profoß), darüber hinaus bis ins 19. Jh. Vorsitzender von Sondergerichten zur Wahrung des Landfriedens (P.-algerichte); dt. Propst, Verwalter als Zwischeninstanz größerer →Grundherrschaften; in manchen Domkapiteln und Stiften einer der ersten Würdenträger, meist mit der Vermögensverwaltung betraut; Leiter eines Filialklosters, auch Stellvertreter des → Abtes; in evang. Kirchen Titel von unterschiedlichem Rang, zwischen dem eines →Superintendenten und dem Pfarrer an einer Hauptkirche schwankend; Propstei, Amt und Amtsbezirk eines Propstes.

Prärogative (lat.), in konstitutionellen Verfassungen die dem Monarchen vorbehaltenen Rechte (z.B. Auflösung des Parlaments, Gesetzesinitiative, Entlassung des Ministeriums).

Präsentationsrecht →Patron.

Präsentismus, v.a. in der am. Geschichtstheorie der Gegenwart die Auffassung, daß sich der Wert alles Geschichtlichen durch seine Gegenwartsbezogenheit bestimmt, Konsequenz jedes zielgerichteten (→teleologischen) Geschichtsbildes (→Eschatologie, → Evolutionismus, Hist. Materialismus; Epoche).

Praeses (lat.), ‚Schützer‘, ‚Vorsitzender‘, seit dem 2. Jhn. im allgem. Sprachgebrauch Provinzialstatthalter, im 4. Jhn. der niedrigste Rang des Statthalters (nur mit Zivilbefugnis, →Dux, *vir perfectissimus*, dem früheren →Prokurator entsprechend); mlat. →Graf; in der NZ. Vorsitzender einer Synode der evang. Kirche; Präsident (lat; engl., frz. *president*), Vorsitzender jeglicher Art, eines Gerichts (z.B. einer Kammer des frz. →Parlaments), einer Versammlung, Leiter einer mittleren oder oberen Behörde, Regierungschef, republikanisches Staatsoberhaupt, in der Regel durch nähere Bestimmung, s.d., gekennzeichnet; bes. seit 1789 das alle 4 Jahre indirekt vom Volk gewählte Staatsoberhaupt der USA, zugleich Regierungschef mit dem Recht, die ihm verantwortliche Regierung zu ernennen, und aufschiebendem → Veto bei der Gesetzgebung (bei Verträgen mit anderen Staaten an die Zustimmung des →Senats, bei Kriegserklärung an die des → Kongresses gebunden); Präsidentschaft, 16./17. Jh. in England, später auch in Indien Mittelinstanz der Verwaltung und Verwaltungsbezirk; Präsidialgesandter, der Gesandte der P.-macht Österreich, der 1815–66 nach Art 5 der Bundesakte den Vorsitz in der Bundesversammlung führte; -system, im Gegensatz zum →Kollegialsystem die Einrichtung staatlicher und kirchlicher Behörden, in denen ein Beamter unter mehreren die Leitung und Verantwortung hat; im Gegensatz zum →Parlamentarismus jene demokratische Staatsform (P.-demokratie, Präsidentialismus), in dem das Staatsoberhaupt (der Präsident), meist plebiszitär bestellt, mit Hilfe der von ihm berufenen Regierung die Exekutivgewalt unabhängig von der Mehrheits- und Parteibildung, dem Vertrauen des Parlaments ausübt (in der reinsten Form in den USA, vgl. die Tendenzen der Weimarer Republik, v.a. seit 1930, →Notverordnung); Präsidium, den Vorsitz führendes Kollegium (→Politbüro), sowie der Vorsitz selbst (‚Das P. des Bundes steht der Krone Preußen zu' Verf. des Norddt. Bundes, 16.4.1867, Art. 11, ähnlich Reichsverf. 16.4.1871, Art. 11).

Prätendent (v. lat. *praetendere*, ‚eine Schuld einfordern'), jemand, der einen Anspruch erhebt, v.a. den Anspruch auf einen Thron.

Prätor (lat. v. *praeire* ‚vorangehen', ‚Herzog'), röm. Feldherrntitel, als Amt der Frühzeit umstritten; seit 367v. zweithöchster ordentlicher →Magistrat, zunächst auf die Stadt beschränkt (daher *praetor urbanus*, Stadt-p., 241v. durch den *p.peregrinus*, →Fremden-p. ergänzt), um die →Konsuln als Gerichtsherren zu entlasten (Einleitung der Zivilprozesse, Fixierung der Rechtsnormen durch das p.ische →Edikt, Leitung von Spielen); für die Verwaltung der ersten Provinzen wird bis 197v. die Zahl auf 6 erhöht (volles, doch begrenztes →Imperium, 6 →Liktoren), vom 1. Jhv. bis 1. Jhn. auf 18, während gleichzeitig die Prätur durch den Übergang der Rechtsprechung auf die Kaiser an Bedeutung verliert, nur gelegentlich beschränkte Aufgaben zu erfüllen hat (z.B. 2 *p.es →aerarii* seit 28v.); byz. = →Strategos, mlat. = Stadt→schultheiß; Prätorium Platz in der Mitte des röm. Lagers und Quartier des Feldherrn daselbst; Prätorianer, seit Augustus aus der Wache des Feldherrn *(cohors praetoria)* entwickelte Leibgarde der röm. Kaiser, 5000, seit 193n. 10000 Mann, in Rom kaserniert, in Sold und Dienstzeit bevorzugt, von 2 →Präfekten befehligt. Die Truppe, vielfach bei Thronwirren von entscheidendem Einfluß, wird 312n. durch Konstantin d. Gr. aufgelöst.

G. Wesenberg, F. Lammert, M. Durry, RE XXII.

Prävention (lat.), Zuvorkommen, Vorrang des zuerst befaßten von mehreren zuständigen Gerichten, bes. in Frankreich seit dem 13. Jh. das Eingreifen eines kg. Beamten vor dem Lehensherrn, das die Zuständigkeit des Königsgerichts zur Folge hatte; Präventivkrieg →Krieg.

Precarium, Prekarie (von lat. *precari* ‚bitten'), röm.-rechtliche Leiheform von Grund und Boden, die bes. bei der Landleihe an Freie aus grundherrlichem Besitz seit den Karolingern angewandt wurde; urspr. Bitte um Überlassung von Land, bedeutet P. bald die Überlassung selbst; man unterscheidet zwischen *precaria data* – der →Grundherr leiht Land aus Eigenbesitz – und *p. oblata* – der Bauer trägt sein →Eigengut dem Grundherrn auf und erhält es als Leiheland zurück; preces precariae →Erste Bitten.

Premier (frz.; engl. *prime minister*), →Ministerpräsident, bes. in England: der Sache nach seit H. Walpole (2. Kabinett 1720–42; frz. Vorbild, Richelieu), endgültig seit 1835 nach starken, durch die Tradition bestimmten Widerständen, der erste der Minister (urspr. der →Staatssekretär, erste →Schatzlord oder →Lordsiegelbewahrer), vom Kg. berufener Leiter der Politik, Vertrauensmann des Kg. bei der Bildung des Kabinetts, im 20. Jh. regelmäßig der Führer der →Unterhausmehrheit.

Presbyter (gr. ,die Älteren'), in den judenchristlichen Gemeinden die ,Ältesten' und ,Väter' der Gemeinde, die die Lehre Christi und die Überlieferung von ihm weitergaben; ihre Aufgaben übernehmen bald fest mit diesem Amt betreute P., die auch theologisch ausgebildet sind und später nur noch aus dem →Klerus stammen können; der P. wird durch die Priesterweihe aus der Reihe der anderen Gläubigen herausgehoben und ist im Besitz aller göttlichen Vollmachten und Rechte, soweit diese nicht dem →Bischof vorbehalten sind; in den reformatorischen Kirchen die weltlichen, die Gemeinde vertretenden Mitglieder des Kirchenrats; P.ium, das Kollegium der P., unter Einschluß der →Diakone, an einer Kirche, bes. einer →Kathedrale (→Domkapitel); P.ianer, im Zuge der Reformation zunächst in Schottland, später auch anderwärts (USA) Anhänger einer Kirchenform, die sich auf die aus calvinistischem Gedankengut stammende P.ialverfassung gründet: die Ältesten, P., einer Gemeinde bilden unter dem Vorsitz des Pfarrers ein P.ium, das die Gemeinde leitet und die Kirchenzucht überwacht.

J. Maffat, The P.ian Churches, 1928; C.G. Bolanx u.a., The English P.ians, 1968.

Prévôt →Praepositus.

Primärquellen, im Gegensatz zu Sekundär→quellen die Zeugnisse aus erster Hand, alle unmittelbar von den Begebenheiten übriggebliebenen Überreste (→Denkmäler), sowie die von Augenzeugen geschaffene Tradition.

J. G. Droysen, Historik, [6]1971; A. v. Brandt, Werkzeug d. Historikers, [8]1976.

Primus (lat.), ,der erste', *p. inter pares* Vormann, der erste unter Männern gleichen Ranges, z.B. der röm. →*princeps senatus (p. pilus* →Primipilus); dav.: →Premier; Primas, dem gr. →Exarch entsprechender Titel für den ersten Erzbf. eines Landes; während in Deutschland die Stellung geringe Bedeutung hatte (Erzbf. von Salzburg, nur im Rheinbund 1803–13 K. Th. v. Dalberg, Erzbf. von Mainz, Fürst-p. als Kanzler und Präsident der Bundesversammlung), hatte der P. z.B. in Ungarn (Erzbf. von Gran) die Königskrönung, in Polen 15.–18. Jh. (Erzbf. von Gnesen) als →Interrex Wahl und Krönung des Kg. durchzuführen; heute nur der →Papst als *P. von Italien,* der Erzbf. von Canterbury *P. des Reiches,* Erzbf. von York *P. von England;* Primat, Vorrang, bes. des →Papstes vor den übrigen →Bischöfen der kath. →Kirche; Primator, in Ostmitteleuropa = →Bürgermeister; Primicerius *(primus in tabula cerata* ,der im Verzeichnis oben steht'), spätröm.-byz. Vorgesetzter, Leiter in zivilen und militärischen Ämtern, mlat. = →Archidiakon; Primipilus (von *pilus* ,Abteilung der Triarier'), der ranghöchste →Zenturio der röm. →Legion, Teilnehmer am Kriegsrat, dav. Primipilar, in Ehren entlassener P., spät-röm. auch diesem Rang entsprechendes Amt in der Zivilverwaltung; Primogenitur, das Erstgeburtsrecht, →Majorat, verbunden mit der Unteilbarkeit eines Gutes oder Landes, durch die Goldene Bulle 1356 den dt. →Kurfürsten zugestanden, dann auch in anderen Ländern, z.B. Brandenburg-Preußen 1473 durch die →*dispositio Achillea.*

Prinzeps (lat. *princeps*), bei den Römern allgem. führender Mann im Staat, auch in der Mehrzahl *(principes)* und für den außerröm. Bereich gebraucht (bis zum 1. Jhv. bes.: *p. senatus*, gewählter Ehrenvorsitzender des →Senats, der als erster um die Meinung gefragt wird), von Augustus zur Kennzeichnung der eigenen Stellung aufgenommen, danach → Kaiser, ohne staatsrechtliche Bedeutung (zu den Rechtsgrundlagen →Imperium, *tribunicia potestas*), häufig verwendet, um die Fiktion der republikanischen Freiheit und des Leistungsprinzips aufrecht zu erhalten. Das Ideal des durch allgem. Zustimmung zur Leitung des Staates Berufenen, der sich durch Ansehen *(auctoritas)*, Milde, Gerechtigkeit, Friedensliebe auszeichnet, wird in den nächsten Jhh. allmählich in Formen und Gehalt mit den Zügen einer dynastisch-absolutistischen Monarchie erfüllt *(p. legibus solutus*, Dig. I, 3, 31); in der Kaiserzeit auch: Angehöriger des Herrscherhauses, bes.: *p. iuventutis* (‚Vormann der Jugend'), urspr. Angehöriger der Adelsreiterei, durch Augustus zu einer Ehrenstellung für den Nachfolger des Kaisers ausgestaltet; im MA. weiterhin: Vornehmer, Gaufürst (daher Prinzipatsverfassung, Stammesverfassung ohne dauernde Königs- oder Herzogsgewalt z.B. der Sachsen bis Karl d. Gr.), Lehensfürst *(p. imperii* → Reichsfürst, daher: Prinzipalkommissar, Reichsfürst als Vertreter des Kaisers auf dem Reichstag von Regensburg 1663–1806); Landesherr *(p. terrae)*; engl., frz. *prince*, span., ital. *principe*, Fürst, bes. ‚Prinz von Geblüt' *(prince du sang)*, Angehöriger des frz. Königshauses, P. von Asturien, der span., *prince of Wales*. seit 1301 der engl. Thronfolger; Prinz, nicht regierender Angehöriger eines souveränen (seit 1806 auch mediatisierten) fürstlichen Hauses, als Thronfolger (Sohn oder Enkel) eines Ks. oder Kg. Kronprinz, eines Herzogs oder Fürsten Erbprinz; P.-gemahl (engl. *prince consort*), Gemahl einer regierenden Königin (z.B. Albert von Sachsen 1857–61 als Gemahl Viktorias von England); P.-regent, P. als Stellvertreter eines nicht geschäftsfähigen Königs (z.B. Wilhelm von Preußen 1858–61, Luitpold von Bayern 1886–1912).

W. Weber, P. I, 1936; L. Wickert, RE XXII; R. Syme, Die röm. Revolution, dt. 1957; R. Klein (Hrsg.), P.ipat u. Freiheit, 1969.

Prinzipat (lat.), Stellung des führenden Mannes →Prinzeps, Stellung und Regierungszeit des römischen Kaisers, als (umstrittene) Epochenbezeichnung die Zeit von Augustus bis Diokletian 31v. (27v.)–284n. im Gegensatz zum →Dominat (frz. *Haut-Empire – Bas-Empire*); in MA. und NZ. *principatus* = →Landesherrlichkeit: P.sverfassung →Prinzeps.

Prior (lat.), urspr. älterer Bruder, bes. Stellvertreter des →Abtes oder Vorsteher eines Filialklosters, bei einigen →Orden Titel des Mönchsoberen; Groß-p., Vorsteher einer Ordensprovinz (→Zunge) der Johanniter; P.at = Filialkloster.

Prisenrecht (frz. *prise* ‚Wegnahme'), die Vorschriften über Ausübung und Zulässigkeit der Beschlagnahme von Schiffen und Waren im Seekrieg (Gute Prise, die zu recht beschlagnahmten Sachwerte); das internationale P.

ist in der Pariser Seerechtsdeklaration 1856 und in der Haager Konvention 1907 über Ansätze zu einer Kodifizierung nicht hinausgekommen (jedenfalls ist die Ausübung des P.s auf die zum Kriegsschauplatz erklärten Gewässer beschränkt und darf Neutralen gegenüber nur bei →Blokkadebruch, Mitführung von → Konterbande und →neutralitätswidrigem Verhalten vorgenommen werden).

J.C. Bluntschli, Das Seebeuterecht, 1970.

Privat (lat. *privatus* ‚beraubt', ‚befreit', der ‚Nichtinhaber eines Amtes', z.B. in der Theorie der röm. →Prinzeps), alles, was der außerstaatlichen Sphäre angehört, z.B.: P.-altertümer, im Gegensatz zu Staatsaltertümer die Materialien der →Kulturgeschichte; -fürstenrecht, das Erbrecht eines Fürstenhauses nach →Hausgesetz; -recht, das bürgerliche Recht im Gegensatz zum öffentlichen; -→urkunde.

Privileg(ium) (lat. ‚Sonderrecht'), im röm. Recht seit dem Zwölftafelgesetz(451/0v.) Rechtsbegünstigung, im engeren Sinn für eine bestimmte Person oder Sache, im weiteren für einen Stand oder eine Klasse. Im MA. ist das P. zunächst bis in die Mitte des 9. Jh. →Urkunde jeder kirchlichen Autorität, bes. des →Papstes, dann auch kg. Urkunde, kirchliche Angelegenheiten betreffend. Erst im Lauf des MA. setzt sich die Bedeutung ‚Sonderrecht mit dauernder Geltung' (L. Santifaller) allgem. durch. Im Ständestaat des SpätMA. und der frühen NZ. besitzen P.ien im weiteren Sinne (z.B. Steuer-, Gerichts-p.ien) Adel und Geistlichkeit sowie Städte, während P.ien im engeren Sinn von den weltlichen und geistlichen Gewalten schon das ganze MA. hindurch verteilt werden, ohne freilich immer mit dem technischen Begriff P. verbunden zu sein.

→Urkundenlehre.

Prodatar, der mit der Leitung der →Datarie betraute Kardinal.

Prodigien (lat.), Schreckenszeichen (Himmelszeichen, Erdbeben, Mißgeburten, Seuchen u.a.), die, v.a. während der röm. Republik, durch bes. Sühnopfer erledigt wurden (Prokuration).

Luterbacher, P.glaube u. P.stil d. Römer, 1904; P. Händel, RE XXIII, Nachtr.

Produktiv -genossenschaft, Ausdruck für die Wiederbelebung des alten →Genossenschaftsgedankens in der industriellen Arbeitswelt, bes. im Früh→sozialismus (Ch. Fourier, 1772–1837, L. Blanc, 1813–82); nach dem Scheitern vereinzelter Versuche ging die Bezeichnung auf →Kollektive der →kommunistischen Gesellschaftsordnung über, während gleichzeitig in der freiheitlichen Welt des 20. Jh. sich der Gedanke der P. dem Namen oder auch nur der Sache nach stärker im landwirtschaftlichen als im industriellen Bereich durchsetzte; -kräfte →historischer Materialismus.

O. Glass, Genossenschaftskunde, 1949; Th. Ramm, D. großen Sozialisten, 1955; →Genossenschaft.

Profoß →Praepositus.

Progreß (lat. *progressus* ‚Voranschreiten', mlat. auch →Herbergsrecht), der →Fortschritt; Progressisten, v.a. im 19. Jh. Bezeichnung verschiedener →Fortschrittsparteien, doch auch radikaler, ‚fortschrittlicher' Flügel anderer, nichtliberaler Parteien.

Prohibition (von lat. *prohibere* ‚verhindern'), staatliche Maßnahme, die etwas verhindern will, z. B. im Interesse der heimischen Wirtschaft die Einfuhr bestimmter Waren (Prohibitivzölle als extremere Form der Schutzzölle), oder im Interesse der Volksgesundheit die Herstellung und den Vertrieb alkoholischer Getränke durch – völliges oder teilweises – Verbot (z.B. in den USA 1919–33 aufgrund einer Volksbewegung seit dem Anfang des 19. Jh.; P.s-partei seit den Wahlen 1872) oder durch Besteuerung (Prohibitivsteuern).

A. Sinclair, P., 1962; J.A. Krout, The Origins of P., 1967.

Proklamation (lat.), an eine breite Öffentlichkeit gerichtete verbindliche Erklärung feierlicher Art, die zugleich die Stimmung der Angesprochenen für sich zu gewinnen sucht. Ausrufung (z.B. die dt. Kaiser-p. von Versailles 18.1.1871), Aufruf, Grundsatzerklärung, vereinzelt auch grundsätzliche gesetzliche Regelung (z.B. die P.en des Alliierten Kontrollrats für Deutschland 30.8.–20.10.1945).

Prokonsul →Konsul.

Prokurator (lat. ‚Verwalter'), in der röm. Republik Beauftragter mit Prozeßvollmacht in der Privatwirtschaft, seit Augustus als Beauftragter des Kaisers Statthalter in einer kleineren Randprovinz (z.B. Pontius Pilatus in Judaea), vom Statthalter unabhängiger Finanzbeamter in den anderen Provinzen, seit Hadrian Leiter kaiserlicher Hausämter, Verwalter des Hausbesitzes, auch Inhaber eines kleineren Verwaltungs- oder Finanzamtes. Die P.en bilden ähnlich den höher gestellten →Präfekten als qualifizierte Fachleute und Angehörige des Ritterstandes ein Gegengewicht gegen die senatorischen Beamten; auch in MA. und NZ. Vertreter der Interessen der Krone (daher mlat. = →Meier, →Reichsvogt, →auch Fiskus), eines Fürsten, einer Stadt, bes. (als Sachwalter) vor Gericht (z.B. seit dem 14. Jh. bei den frz. →Parlamenten, daraus im 19. Jh. in romanischen Ländern General-p. = Generalstaatsanwalt), allgem. Beamter, auch im diplomatischen Verkehr, bes. Vertreter eines → Bischofs; die 9 *P.en von San Marco*, Nachlaß- und Vormundschaftsgericht in Venedig mit starkem politischem Einfluß.

H. G. Pflaum, RE XXIII.

Proletarier (von lat. *proles* ‚Nachkommenschaft'), in der röm. Volksgliederung die unterste, in eine →Zenturie zusammengefaßte Klasse der Nicht-Steuerfähigen, die dem Staat nicht mit Vermögen, sondern allenfalls mit ihrem Kindersegen dienen kann; im → Marxismus die Klasse der Lohnarbeiter, die nur ihre Arbeitskraft auf den Markt werfen kann (erstmals bei den St.-Simonisten 1835 verzeichnet), v.a. im Kommunistischen Manifest 1847/48 (hier auch Lumpen-p., ‚diese passive Verfaulung der untersten Schichten der alten Gesellschaft'), von hier aus in der sozialistischen Agitation zusammen mit →Bourgeois zum Schlagwort des Klassenkampfes geworden, v.a. in der Forderung und Verheißung der Diktatur des P.s, →Marxismus.

G. Lukács, Gesch. u. Klassenbewußtsein, [2]1971; G. Briefs, Das gewerbl. P., (Grundriß d. Soz.ök. 9) 1926; E. Michel, Sozialgesch. d. industr. Arbeitswelt, [4]1960; S. Mallet, D. neue Arbeiterklasse, dt. 1972.

Promagistratur, in der röm. Republik Aushilfsamt zur Weiterführung der Geschäfte des ordentlichen →Magistrats; Verlängerung der Amtsgewalt über die Amtszeit hinaus; die P. ist nur außerhalb Roms möglich (daher nur Pro→quästor, Pro→prätor, Pro→konsul), gewährt für Rom keinerlei Rechte; seit der Diktatur Sullas (82–79v.) bleiben die →Magistrate während des Amtsjahrs in Rom, so daß Kriegführung und Verwaltung der Provinzen der P. überlassen bleibt; in der Zeit des →Prinzipats gewinnt die Statthalterschaft (Prokonsuln und Proprätoren in den Senatsprovinzen; *legati Augusti pro praetore* in den ks., in denen der Kaiser selbst ein prokonsularisches →*imperium maius* hat) erhöhte Bedeutung, während die ordentlichen Ämter praktisch v.a. wegen der Qualifikation geschätzt werden, die man durch sie für eine P. erwirbt.

Ernst Meyer, Röm. Staat, [4]1975; H. Siber, Röm. Verf.recht, 1952.

Pronunciamento (span.) = → Putsch.

Propaganda, abgekürzte Bezeichnung der 1622 gegr. Kardinals→kongregation *de propaganda fide* (für die ‚Ausbreitung des Glaubens‘), die für das gesamte Missionsgebiet und Missionswesen zuständig ist; seit der Mitte des 19. Jh. zunächst für die Verbreitung linksextremistischer Ideen (→Anarchismus) verwendet (wobei die ältere Bezeichnung →Agitation allmählich zurückgedrängt wird), ist P. im Zeitalter der Massengesellschaft allgem. als Versuch der Massenbeeinflussung ein Mittel der Außen- und Innenpolitik des 20. Jh. (vgl. das P.-ministerium des NS-Staates), der Auseinandersetzung der politischen →Parteien (Wahl-p.), sowie im Konkurrenzkampf der Wirtschaft (= Werbung).

A. Sturminger, 3000 Jahre pol. P., 1960; M. Schütte, Pol. Werbung u. totalitäre P., 1968.

Prophet (gr., hebr. *nabi*), ‚Sprecher‘ als Offenbarungsorgan eines Gottes, mündlicher Übermittler göttlichen Willens (vgl. die 16 P.en im Kanon des AT., 8.–3. Jhv.); der P. = Mohammed (569–632).

Proporz →Wahlrecht.

Propst →Praepositus.

Prorogation (lat.), seit 326v. Verlängerung der Amtszeit röm. Beamten (→Annuität), nur im nichtstädtischen Bereich, z. B. Scipios Kommando gegen Hannibal 211–201v., urspr. durch die Volksversammlung, später durch den →Senat. →Promagistratur.

Proselyten (gr. ‚Hinzugekommene‘), seit der hellenistisch-röm. Welt die Anhänger des Judentums, u.zw. durch Beschneidung, Taufe und Opfer aufgenommene (P. der Gerechtigkeit), Gebote und Bräuche achtende (Gottesfürchtige), in einer jüdischen Stadt (oder im →Ghetto) wohnende Nichtjuden (P. des Tores).

Proskription (lat. ‚Bekanntmachung‘), die im Jh. der röm. Revolution geübte Form der Ächtung, wonach ein →Magistrat, gegen den es keine →Provokation gibt, (82/1v. der →Diktator Sulla, 43v. die →Triumvirn) ohne öffentliches Verfahren Vermögensentzug und Tötung durch jedermann mittels öffentlichen Anschlags verfügt.

Proskynese (gr.), die gr. Begrüßung der Götter durch Kuß oder Kußhand; die fußfällige Begrüßung des (orientalischen) Herrschers, von den Griechen als Verletzung ihrer Würde, von den Juden als Gotteslästerung abgelehnt, von Alexander d. Gr. aus dem persischen Zeremoniell übernommen.

F. Taeger, Charisma, 1957/60.

Prosopographie (gr.), Personengeschichte, Personenlexikon, in der Altertumswissenschaft ein aus den Quellen (v.a. Inschriften) erarbeitetes Verzeichnis aller bekannten Personen einer begrenzten Epoche mit sämtlichen Belegstellen, z.B. PA *(Prosopographia Attica)*, PIR *(P. Imperii Romani)*.

J. Kircher, PA, 1901–03 (von den Anfängen bis Augustus), ND 1966; P. Poralla, P. der Lakedämonier bis auf Alex. d. Gr., 1913; E. Groag, A. Stein, PIR, ²1933ff. (31v.–284n.); weitere P.n s. H. Bengtson, Einf. in d. Alte Gesch., ⁶1969; A. H. M. Jones (Hrsg.), P.y of the Later Empire, 1971ff.

Prostasie (gr.), Führung, →Hegemonie. Stellung und Amt eines Prostates ‚Vorstand', etwa dem lat. →Protektor entsprechend, z.B. *P. des Königtums*, der Reichsfeldherr Krateros nach dem Tode Alexanders d. Gr., 323–21v.; der führende Mann einer Gemeinschaft, einer Partei; der Patron eines gr. →Metöken, den dieser aus den Bürgern der Gaststadt zu wählen hat.

Protektionismus (von lat. *protegere* ‚beschützen'), der Schutz der heimischen Wirtschaft gegen die Konkurrenz des Auslands durch Schutzzölle, Kontingentierung usw.; Protektor, seit dem 3. Jhn. Angehöriger einer – in Anlehnung an die germ. →Gefolgschaft – dem röm. Kaiser bes. ergebenen Gruppe von Offizieren, auch Leibwächter *(protector lateris Divini)*; Beschützer, Schirmherr (so der vom →Papst ernannte Kardinal-p. eines →Ordens; Lord-p., als Regent in England O. Cromwell 1651-58. R. Cromwell 1658–59; Napoleon I. als P. des Rheinbunds); Protektorat, Schutzgewalt, sowie das Gebiet, über das sie ausgeübt wird, v. a. im Kolonialraum (Tunis 1880–1956 als frz., Marokko 1912–56 als span.-frz. P., Zypern 1878–1914, Ägypten 1914–26 als brit. P.), ohne eindeutige staats- und völkerrechtliche Fixierung; der Begriff wurde erstmals durch das NS-Regime nach Europa übertragen: das *P. Böhmen und Mähren* – 1939–45 nach Aufteilung der Tschechoslowakei –, durch Vertrag vom 15. 3. 1939 ein autonomes Schutzgebiet des Dt. Reiches, wurde durch einen Reichsprotektor in Abhängigkeit gehalten; – nationales Protektorat, die Vertretung der Interessen eines Staates an der →Kurie und im →Konklave durch einen seiner →Kardinäle, →Exlusive.

Protest (frz. zu lat. *testis* ‚Zeuge'), in der Diplomatie die formelle Nichtanerkennung eines von einem anderen Staat geschaffenen Sachverhalts, bes. bei Gebiets- und Neutralitätsverletzungen; P.anten, die nach der als Appellation gegen den Mehrheitsbeschluß des 2. Reichstages zu Speyer 1529 von den evang. Ständen vorgelegten P.ation genannten Anhänger der lutherischen, dann allgem. der reformatorischen Lehre.

Proto- (gr. *protos* ‚der erste'), in spätröm.-byz. Titeln steigerndes Präfix, dem lat. →Primizerius, dt. Ober- entsprechend, z.B. P.-→notar, -→sebastos, -→spathar; P.-vestiar, der byz. Geheim→kämmerer.

Protokoll (gr. ‚das erste' an der Buchrolle ‚angeleimte' Blatt), Teil der →Urkunde; beweiskräftige Niederschrift von Verhandlungen, z.B. *Londoner P.* vom 8.5.1852, von den 5 Großmächten, Schweden, Dänemark unterzeichnet (P.-prinz, Christian v. Sonderburg-Glücksburg in Dänemark erbberechtigt = Christian IX. 1863–1906); Formen und Regeln des diplomatischen Verkehrs, Chef des P.s, seit dem 16. Jh. unter verschiedenen Bezeichnungen *(introducteur des ambassadeurs)* Zeremonienmeister beim diplomatischen Korps, in Republiken Beamter des Auswärtigen Dienstes für Fragen des Zeremoniells und persönliche Angelegenheiten der diplomatischen Vertreter; -→Urkunde.

Provinz (lat. *provincia*), der – in Anbetracht der →Kollegialität näher zu bestimmende – Aufgabenbereich eines röm. Oberbeamten (→Konsuls, →Prätors), bes. sein Kommando, sein Kriegsschauplatz; seit 241v. (Sizilien) außeritalisches Gebiet unter der Regierung eines →Prätors, seit dem 2. Jhv. auch (seit Sulla in der Regel) eines →Promagistrats; von Augustus werden die P.en des röm. Reiches (117n.: 45) nach den militärischen Anforderungen in kaiserliche P.en unter →Legaten und →Prokuratoren (v. a. in Gallien, Spanien, Syrien) und Senatsp.en unter Pro→konsuln, Pro→prätoren geschieden, von Diokletian zur Sicherung gegen Usurpation aufgeteilt (297n.: 98) und unter der Mittelinstanz der →Diözesen zusammengefaßt (Zivilverwaltung unter *correctores, praesides*); nach dem Zerfall des röm. Reiches behauptet sich die Bezeichnung P. in Frankreich bis zur Revolution (seit dem 14. Jh. P.ialstände, *États provinciaux*), in der kath. Kirche (Kirchen-p. = mehrere Bistümer neben dem Erzbistum unter dem Erzbf.; Ordens-p. mehrere →Klöster desselben →Ordens unter einem vom P.ialkapitel der Äbte gewählten Provinzial); in den Niederlanden seit 1543 17 P.en, von denen 1579 bis 1795 7 die souveränen →Generalstaaten bilden; als technische Bezeichnung für einen (durch Tradition und landschaftliche Eigenart verbundenen) Gebietsteil gewinnt P. erst im 19. Jh. weitere Verbreitung, v.a. in Preußen seit 1815, wo die im Geist der Steinschen Selbstverwaltung geschaffenen 10 P.en unter einem Oberpräsidenten (nach der preuß. P.ialordnung vom 29.6.1875 mit einem 7-köpfigen Beirat, P.ialrat) 1823 ihre P.ial-stände (-landtage seit 1875), seit 1842 mit einem ständigen geschäfteführenden P.ialausschuß, seit 1875 unter dem Vorsitz des gewählten Landesdirektors, erhielten.

Provision (von lat. *providere* ‚vorausschauen'), Vorkehrung, vorsorgliche Maßnahme: im Kirchenrecht die Verleihung eines Kirchenamtes *(provisio canonica,* wenn sie durch die zuständige kirchliche Behörde erfolgt); im (engl.) Staatsrecht des MA. Statut, Beschluß (z.B. die *P.en von Oxford* und *Westminster* 1258/9, zur Reform des engl. Staates); Provisor, Stellvertreter, →Vikar, mlat. auch →Meier, Hausmeier; Provveditore, häufiger Titel höherer Beamter in Venedig, v.a. zur Verwaltung der Festlandsgebiete.

Provokation (lat.), Berufung an das Gericht der Volksversammlung, Vorrecht des röm. Bürgers gegen die magistratische →Koerzition (bei hohen Geldstrafen, Peitschung, Todesstrafe) im städtischen Bereich, seit dem 2. Jhv. auch in den Provinzen.

Proxenie (gr. *proxenos* ‚Gastfreund'), in der gr. Poliswelt Ehrenbürgerschaft, die den Geehrten zur Interessenvertretung bei den Behörden und Gerichten seiner Stadt verpflichtete.

Prytanen (gr.), Vorsteher, Herrscher, Obrigkeit, bes. in Athen Mitglieder des 50köpfigen Ausschusses des →Rats der 500, der, permanent den 10. Teil des Jahres im Amtshaus (Prytaneion) tagend, die laufenden Geschäfte erledigt und die Volksversammlung einberuft; Prytanie, Amt und Amtszeit der P.

Psephisma (gr.), Mehrheitsbeschluß, Volksbeschluß in gr. Stadtstaaten, nach dem Antragsteller (auch nach dem Inhalt) benannt, in Archiven verwahrt, bei wichtigeren Fällen in Stein gehauen, →Epigraphik.

Publikanen (lat. *publicani*, *societates vectigalium publicorum)*, die Steuerpächter der röm. Republik, die, bes. im 2./1. Jhv., die Einkünfte des röm. Reiches aus den Provinzen (v.a. die *decima*, Zehnt; *scriptura*, Weidegebühren; *portoria*, Hafengelder) – meist zu Gesellschaften zusammengeschlossen – in Rom pachteten und in den Provinzen erhoben, bei den Provinzialen zunehmend verhaßt, in Rom von starkem finanziellem und politischem Einfluß (vorwiegend aus dem →Ritterstand).

M. Rostovtzeff, Ges. u. Wirtsch.-gesch. d. hell. Welt, dt. 1955f.

Publikation (lat.), Veröffentlichung; im röm. Recht = Konfiskation, Einziehung des Vermögens Verurteilter durch den Staat.

Pufferstaat (seit etwa 1860 nach frz. *état tampon*), kleinerer Staat zwischen großen, der aus direkter Berührung entstehende Konflikte verhindern soll.

Punktation (neulat.), in Punkte gefaßte Abrede, vorläufiger Vertrag, z.B. *Olmützer P.* vom 29.11. 1850 zwischen Preußen und Österreich (Ende der preuß. Unionspolitik); *Emser P.* August 1786 (Versuch der dt. Erzbischöfe, eine dt. Nationalkirche zu errichten).

Puritanismus (von lat. *purus* ‚rein'), Sammelbezeichnung für jene engl. reformatorischen Bewegungen (→Presbyterianer, Quäker u.a.), die eine rigorose Reinigung des Gottesdienstes vom kath. Kultus erstrebten und dadurch in Gegensatz zur anglikanischen Kirche gerieten (→Dissenters). Die von E. Troeltsch (1865–1923) und M. Weber (1864 bis 1920) als ‚innerweltliche Askese' bezeichnete Abwendung des P. von den Dingen der Welt und die dadurch geförderten Tendenzen zur Sparsamkeit und Philanthropie wurden von M. Weber in Zusammenhang mit der Entwicklung des →Kapitalismus gebracht.

E. Troeltsch, D. Soziallehren d. christl. Kirchen u. Gruppen, [3]1923; M. Weber, D. prot. Ethik u. d. Geist

d. Kapitalismus, (Ges. Aufs. z. Rel.-soz. I) [5]1963; P. Toon, Der engl. P., in: HZ I, 1972; W. Haller, The rise of Puritanism, 1972.

Putsch (‚Stoß', schweizer Dialektwort), seit etwa 1840, von Zürich ausgehend, Bezeichnung für einen plötzlichen, kurzen Aufstand, →Staatsstreich von unten durch eine kleinere Gruppe, z.B. *Kapp-P.* Berlin 13.3.1920, *Hitler-P.* München 9.11.1923.

Quadriga (lat.), das Viergespann, im At. als Streit- und Rennwagen verwendet; Attribut des Sonnengottes und des Juppiter, daher Fahrzeug des →Triumphators, als Symbol des Sieges seither in der Bildenden Kunst häufig; Q.-ten, röm. Münzen mit dem Viergespann auf dem Revers.

Quadrille (frz.), Form des →Turniers, urspr. 4 Kämpfer in Kreuzaufstellung, dann Massenkampf, Buhurt, bis ins 17. Jh. üblich.

Quadrivium →Freie Künste.

Quadrupelallianz, Bezeichnung mehrerer Vierer→bündnisse des 18. Jh., so der →Allianz zwischen Großbritannien, Österreich, Frankreich und den Generalstaaten vom 2.8.1718 gegen Spanien, das v.a. von Frankreich durchkreuzte Bündnis Englands, Österreichs, Sachsens und der Generalstaaten gegen Friedrich II. von Preußen vom 8.1.1745.

Quai d'Orsay am Seineufer in Paris VIIe, an dem das frz. Außenministerium liegt, daher in neuerer Zeit oft für frz. Außenpolitik und ihre offiziellen Organe gebraucht.

Quäker (engl. ‚Zitterer'), von George Fox (1624–91) gegr. engl. Sekte (Gesellschaft der Freunde). Die nach Nordamerika ausgewanderten Q. spielen seit W. Penn (1644–1718) eine wichtige Rolle in der Weltfriedensbewegung.

H. Loukes, Die Q., dt. 1965.

Quarantäne (frz.), ‚Frist von 40 Tagen' (einer biblischen Zahl); in Frankreich der Zeitraum der jährlichen Heerfolgepflicht der Vasallen; seit dem 13. Jh. (Kg. Ludwig IX. der Heilige, 1226–70) vom Kg. gesetzte Frist, innerhalb derer entferntere Anverwandte nicht an einer →Fehde beteiligt werden durften *(quarantaine-le-roi)*; seit dem 14. Jh. (Reggio Calabria, 1374) Zeit (40 oder weniger Tage) und Ort, wo seuchenverdächtige Schiffe zur Beobachtung festgehalten werden, bisweilen auch (v.a. in der 1. Hälfte des 19. Jh.) zerniertes Gebiet als Land-q.

Quarta, Quartula →Charta.

Quarteronen (span.), in lateinam. Staaten die Kinder von Weißen und →Terceronen (→auch Mulatten).

Quartier, →‚Viertel' in wörtlicher und übertragener Bedeutung: vereinzelt Landteil ohne eigene Verwaltungsspitze; Wohngebiet, daher auch →Zunft; Truppenunterkunft, v.a. bei der Zivilbevölkerung; Q.-meister, über die eigentliche Aufgabe hinaus mit Verwaltungsaufgaben betrauter Offizier oder Unteroffizier, v.a. der Kavallerie; General-q.-meister, im 17./18. Jh. mit Lager- und Marschsicherung, sowie mit der technischen Kriegsführung betrauter Offizier, dessen Stab im 18./19. Jh. die Bezeichnung →Generalstab erhält; im 19./20. Jh., gewöhnlich nur in Kriegszeiten, Gehilfe des dt. Generalstabschefs.

Quästor (lat.), niedrigster →Magistrat der römischen Republik, vom Volk gewählter Hilfsbeamter des →Konsuls, v.a. Kassenbeamter, urspr. 2, bis 81v. (Sulla) auf 20 ansteigend, davon 2 städtische, bis 28v. Verwalter des → Aerariums, 4 für Italien, die anderen in den Provinzen, seit dem 2. Jhv. als Adjutanten und Stellvertreter des Statthalters vom → Legaten verdrängt. Seit Sulla gibt die Quästur (Mindestalter 30 Jahre) die Berechtigung zum Eintritt in den →Senat.

Quatember (mlat. = *quattuor tempora*), die jahreszeitlichen mehr-(meist vier-)tägigen Fastenzeiten der kath. Kirche, seit dem 11. Jh. in vier Q.-zeiten (jeweils Mittwoch nach Invocavit; Pfingsten; Kreuzerhöhung 14. 9.; Lucia 13. 12.), die Mittwoch, Freitag und Samstag einer Woche umfassen.

Quattrocento, it. 400 (in der Jahreszahl), das 15. Jh., in der Kunstgeschichte die Stilepoche der it. Frührenaissance.

Quellen, ‚alle Texte, Gegenstände oder Tatsachen, aus denen Kenntnis der Vergangenheit gewonnen werden kann' (P. Kirn), geteilt nach dem Aussagewert in: (1) Unabsichtliche (unwillkürliche) Überlieferung von historischen Gegebenheiten: *Überreste;* (2) durch menschliche Auffassung geformte absichtliche (willkürliche) Überlieferung zum Zweck historischer Unterrichtung der Mit- oder Nachwelt: *Tradition* (auch als Q. im engeren Sinne bezeichnet). J. G. Droysen unterscheidet noch eine weitere Gruppe, bei der ‚die Absicht der Erinnerung mitwirkte': →*Denkmäler;* sie kann jedoch auf die ersten beiden Gruppen aufgeteilt werden. Zu (1) zählen: (a) *konkrete Überreste* (Sachüberreste): Bauwerke, Kunstwerke, von Menschen geschaffene Gegenstände aller Art, menschliche Skelette u.a.; (b) *abstrakte Überreste:* Institutionen des menschlichen Zusammenlebens rechtlicher, religiöser und wirtschaftlicher Natur, Sprache, Namen, Braucht. u.a.; (c) *schriftliche*, aus dem Bedürfnis der jeweiligen Zeit und nicht zur Belehrung der Nachwelt entstandene *Überreste:* Urkunden, Akten u. a. Archivalien (kanzleimäßige Überlieferung), Werke der Dichtkunst u.a.; der Zweck der Archivalien ist in der Regel nicht auf historische Unterrichtung, sondern auf die Festlegung von Rechts- und Verwaltungsvorgängen gerichtet. Die *Überreste* können zwar ein objektives Bild von Einzelheiten, selten aber ein Bild von historischen Zusammenhängen geben; sie werden erst durch methodische Bearbeitung zu verwertbaren Q. – Zu (2) rechnen: Sagen, Lieder, Annalen, Chroniken, Briefe, Biographien, Memoiren, Depeschen, Relationen, historische Darstellungen jeder Art (erzählende Q.), politische Traktate und Zeitschriften. Die Gruppe kann auch in *bildliche*, *mündliche* und *schriftliche Tradition* eingeteilt werden. Die *Tradition* gibt meist ein zusammenhängendes, aber ein durch die Subjektivität des Erzählers (Berichterstatters) bedingtes einseitiges Bild. – Die Zuordnung der Q. zu einer dieser Gruppen ist nicht allgemeingültig, sondern kann sich je nach Fragestellung ändern (z. B. bei Briefen). – Aus der Art der historischen Frage ergibt sich, welche Q. zu ihrer Beantwortung herangezogen werden. Das durch Suchen und Sammeln (→Heuristik) gefundene schriftliche Material muß unter Hinzuziehung der→Hilfswissenschaften in exakter Methode auf seinen Aussagewert geprüft werden (Q.-kritik). Dazu ist zunächst durch Bearbeitung der Q.-überlieferung der Versuch zu machen, den urpsr. Text (Archtypus) wiederherzustellen und die Verfasserfrage und die Entstehungszeit zu klären (Textkritik). Durch Q.-analyse ist dann der Wahrheitsgehalt festzustellen, wobei zu klären ist, woher der Autor seine Kenntnisse hat (selbst erlebt, mündlich, erfahren, abgeschrieben?), ob er also objektiv berichten konnte oder was er berichten wollte (Tendenz). Je nach der ‚Nähe' des Autors zum historischen Geschehen ist seine Quelle →primär oder →sekundär (doch kann mitunter auch eine sekundäre Quelle mehr Aussagewert haben als eine primäre). Aufgrund des Ergebnisses der Q.-kritik ist der Q.-wert zu beurteilen, die Voraussetzung für die wissenschaftliche Verwertung der Quelle. – Bei der Angabe der benutzten Hilfsmittel in wissenschaftlichen Arbeiten werden Q. und →Darstellungen unterschieden, doch kann eine Darstellung auch zur Quelle werden (z.B. ein altes historisches Werk). – Die Lehre von den Q., ihrer Erfassung, Überlieferung und Bewertung ist die Q.-kunde, eine historische →Hilfswissenschaft. Sie beschäftigt sich v.a. mit den schriftlichen Q. Die meist auf die Tradition beschränkten *Q.-kunden* zählen die gedruckten Q. auf und werten sie (z.B. Wattenbach-Holtzmann, *Dtlds. Geschichtsq. im MA.*; dagegen ist die *Q.-kunde zur dt. Geschichte* von Dahlmann-Waitz keine eigentliche Q.-kunde, sondern eine Spezialbibliographie über gedruckte historische Q. und Abhandlungen). – Q.-sammlungen sind größere Veröffentlichungen von historischen Q. (z.B. Jacoby, *Die Fragmente der gr. Historiker; Monumenta Germaniae historica;* Böhmer, *Regesta Imperii;* Jaffé und Potthast, *Regesta pontificum Romanorum;* Kehr, *Italia pontificia* und *Germania pontificia* und zahlreiche andere).

E. Bernheim, Lehrb. d. hist. Meth. u. d. Gesch.philosophie, 1903; P. Kirn, Einf. in d. Gesch.wiss., [6]1972; K. Jacob, Q.-kunde d. dt. Gesch. im MA., 1949; H. Quirin, Einf. in d. Studium d. ma. Gesch., [3]1964; H. Bengtson, Einf. in die Alte Gesch., [6]1969; A. v. Brandt, Werkzeug d. Historikers, [6]1971; J. G. Droysen, Historik, [6]1971.

Quinteronen (span.), in lateinam. Staaten die Kinder von Weißen und →Quarteronen (→ auch Mulatten).

Quirinal, einer der sieben Hügel Roms (dort seit 1870 Residenz des it. Königs und Außenministerium, seit 1946 Sitz der Regierung), übertr. die offizielle it. Außenpolitik.

Quiriten, altes Appellativ der röm. Bürgergemeinde *(populus Romanus quirites* oder *quiritium)*, unsicherer Herkunft.

Quisling (Vidkun A. L. Q., 1887 bis 1945), norw. Ministerpräsident während der Zeit der Besetzung durch dt. Truppen (1940 bis 45), 1945 hingerichtet, dessen Name als Schlagwort zur Kennzeichnung eines Hochverräters und →Kollaborateurs dient.

Quorum (lat. ‚deren ...'), Mindestzahl der Stimmen für die Beschlußfähigkeit oder für die Entscheidung eines Gremiums.

Rabbi (hebr. ‚Mein Lehrer'), bei den Juden ein Mann von biblischer Weisheit, Schriftgelehrter, Kenner und Erklärer der Torah, die seit der Rückkehr aus der Gefangenschaft im ganzen Volk verbreitet war.

Rabenstein, Richtplatz.

Radikal (von lat. *radicitus* ‚mit Stumpf und Stiel'), grundsätzlich, mit letzter Konsequenz; R.-ismus, v.a. im politisch-weltanschaulichen Bereich seit dem 19. Jh. – ohne Unterschied im Inhaltlichen (Rechts-r. zuerst liberaler, dann nationaler, Links-r. sozialistischer Prägung) – zur Kennzeichnung einer kompromißlosen Haltung verwendet, häufig für Strömungen innerhalb einer Partei, vereinzelt (Argentinien 1860) auch im Namen, z. B. die frz. *r.e Partei* seit 1880 (G. Clémenceau, 1841–1929), die *r.-sozialistische Partei* (E. Herriot, 1872–1957) seit 1901.

Radscha (altind.; vgl. lat. *rex*), seit dem 3. Jtv. einheimischer indischer Fürst; von den Groß→mogulen und der engl. Regierung nichtislamischen Beamten und Herrschern verliehener Titel, der oft Teil des Namens wurde und den z.Zt. neben Adeligen auch Personen höherer Stellung tragen; Maharadscha, Gebieter über mehrere R.s.

Raitung (dt. *reiten* ‚rechnen'), Rechnung; Raitkammer, in Vorderösterreich, Ungarn, Böhmen, ausgehend von Innsbruck, seit dem 16. Jh. Finanzkontrollbehörde, gleichzeitig Finanzgericht und →Domänenverwaltung.

Ranzion (frz. *rançon* von lat. *redemptio*), im späten MA. →Loskauf, Lösegeld.

Ras (ar. ‚Haupt'), hoher abessinischer Adelstitel, bes. an Statthalter großer Provinzen mit zivilen und militärischen Befugnissen verliehen (→auch Negus).

Raskol (ru. ‚Spaltung'), 1667 wegen Reformen der Liturgie und der kirchlichen Bücher entstandene Spaltung der ru.-orthodoxen Kirche. Ihre Anhänger, die R.niki, waren schweren Verfolgungen durch Staat und Kirche ausgesetzt und wurden erst 1905 den übrigen Gläubigen gleichgestellt.

Rasse, nach frz. *race* (Herkunft umstritten: it. *razza* ‚Geschlecht', ‚Linie', vgl. dt. *Riß* ‚Zeichnung'?), seit dem 18. Jh. (zunächst meist in frz. Schreibung und abwertend) Geschlecht, Gruppe mit gemeinsamen Merkmalen; als Begriff der →Anthropologie Gruppe von Menschen mit gemeinsamen erblichen Merkmalen, deren augenfälligstes, die Hautfarbe (Einteilung der Menschheit in weiße oder europäische, negride, mongolide R.), die R.n-frage in der außereuropäischen Geschichte bestimmt (vgl. die →Negerfrage in den USA; die von der nationalburischen Politik, v.a. seit der Regierung D. Malan 1948, geforderte R.n-trennung, afr. *apartheid*, in der Südafrikanischen Union). – Die politische Auswertung weiter gehender anthropologischer Differenzierung der Menschen einer Hautfarbe, v.a. der weißen R., nach konstitutionellen Merkmalen (die in ihrem Verhältnis zum psychischen Bereich sowie neuerdings in ihrer Abhängigkeit von sozialen Lebensbedingungen umstritten sind) führte nach Vorarbeiten von J. A. Graf Gobineau (1816–82) und H. St. Chamberlain (1855–1927) zur R.n-theorie des →Nationalsozialismus; diese wurde, ausgehend von der wissenschaftlich nicht erwiesenen Überlegenheit der R.nreinheit, sowie der arischen, bzw. nordischen R., in erster Linie zur theoretischen Fundierung des →Antisemitismus verwandt und führte in den gegen das →Judentum gerichteten R.n-gesetzen 1933–35 (bes. Nürnberger Gesetze vom 15.9.1935) zur Ausschaltung der Juden aus dem öffentlichen Leben und aus der Nation und schließlich zu ihrer planmäßigen Vernichtung im 2. Weltkrieg (kritisch auch als R.nwahn, Rassismus bezeichnet).

E. v. Eickstedt, R.n-kunde u. R.ngesch., [3]1937/63; K. Saller, Die R.ngesch. d. Menschen, 1969; R. Breitling, Die ns. R.nlehre, 1971; P. Böhmer, Der R.nkonflikt in den USA, 1972; – J. A. Gobineau, Essai sur l'inégalité des races humaines, [5]1940; H. St. Chamberlain, Die Grundlagen d. 19. Jh., [26]1940; A. Rosenberg, D. Mythos d. 20. Jh., 1930 u. ö.; H. Koch, Der Sozialdarwinismus, 1973; – →Anthropologie, Judenfrage, Nationalsozialismus.

Rat, materielle Fürsorge (vgl. Vorrat, Hausrat); allgem. Beistand, Schutz, Förderung; dazu berufenes Gremium, kollegiale Behörde (→Consilium, Konsistorium, Senat u.a.), bes. der Stadtrat als gewählte Selbstverwaltungskörperschaft in dt. Städten seit dem 13. Jh. (dessen Mitglieder u.a. R.s-genossen, -herren, -personen, -verwandte genannt werden), zunächst von den r.s-fähigen Geschlechtern, →Patriziern, gestellt, bis die →Zünfte im 14./15. Jh. vielerorts politischen Einfluß gewinnen; dadurch oder auch unabhängig davon kommt es vielfach zu einer Scheidung zwischen dem *Großen*, *Äußeren*, *Neuen*, *Jungen R.* o.ä. und dem die eigentlichen laufenden Geschäfte führenden *Kleinen*, *Engeren*, *Alten R.*, wobei die Bezeichnungen und Kompetenzen (oft treten auch noch Ausschüsse, bisweilen *Geheimer R.* genannt, hinzu), v.a. in der Zeit des Aufblühens der →Städte und ihrer Freiheiten im SpätMA. örtlich durchaus verschieden sind; in den großen Reichsstädten bleibt es den engeren Gremien des R.es vorbehalten, neben den Städtischen Angelegenheiten auch die Außenpolitik zu leiten (vgl. den 1310 geschaffenen *R. der Zehn*, *Consiglio dei Dieci*, in Venedig); in der NZ. erfahren die →Reichsstädte vielfach ein Erstarken des →Patriziats und, im Verein mit Miß- und Notständen, ein Absinken der politischen Aktivität im R., zugleich gelingt es den →Landesherren, in ihren →Territorien den R. zu einer beratenden Funktion herabzudrücken und den Städten →Magistratsverfassungen aufzuzwingen. – Im HochMA. entwickelt sich aus den beratenden Versammlungen der Großen (zunächst lat. *curia regis* genannt, →Hofrat) in zahlreichen Ländern der →Staatsrat (lat. *consilium status*, frz. *conseil d'état*, span. *consejo de estado*) zu einer ständigen Regierungsbehörde (→auch Hofrat, Geheimr.), bis er, nach Einrichtung der →Ministerien, zu einer beratenden oder auch nur formalen Institution verblaßte. – Im Verlauf der nz. Entwicklung ist R. in vielfältigen Zusammensetzungen zu einem Hof- oder Beamten-Titel geworden, R.s-→pensionär; -schreiber, Vorsteher der städtischen Kanzlei, meist juristisch vorgebildet, daher oft mit der Konzipierung von Urkunden, diplomatischer Unterhandlung, Aufzeichnung des Stadtrechts betreut, →Syndikus; Räte- →Sowjets.

→Stadt, Staat.

Ratifikation, Ratifizierung (von lat. *ratum facere* ‚rechtskräftig machen'), die Bestätigung (staatsrechtlich) eines Beschlusses der Legislative durch das Staatsoberhaupt, (völkerrechtlich) eines internationalen Vertrags durch jenes oder das sonst nach der Verfassung dafür zuständige Organ (z.B. in der Schweiz den Bundesrat).

Rauchhuhn, die nach dem „Rauch", dem Herd (der Familie) bemessene Abgabe eines Huhnes, → Hausrauch.

Ravelin (frz., it.), halbmond- oder lunettenförmiges Außenwerk vor der → Kurtine einer Festung.

Rayon → Region.

Razzia (arab.), die v.a. für die Beduinen typische Form des Nomadenkrieges, Beutezug gegen Städte oder Handelswege.

Reaktion (engl., frz.), ‚Entgegenwirken', seit Beginn des 19. Jh. politisches Schlagwort zur Kennzeichnung fortschrittsfeindlicher Bestrebungen (ungenau auch: Zurückversetzen in den alten Zustand, → Restauration), bes. Epochenbezeichnung für die Jahre 1850–58; R.sausschuß, volkstümlich für die am 23.8. 1851 vom dt. Bundestag eingesetzte Bundeszentralkommission, die nach Aufhebung der Grundrechte die Verfassungen der dt. Länder überprüfte.

Real (span. von lat. *regalis* ‚Königsgeld'), seit dem 14. Jh. span. Silbermünze, $^1/_8$, dann $^1/_{10}$ des → Piasters (auch Kupfer zu $^1/_{20}$ Piaster), v.a. im 16. Jh. durch den span. Handel in ganz Europa bekannt; im 15.–17. Jh. auch Münzen unterschiedlichen Werts in Portugal und den Niederlanden.

Real (von lat. *res* ‚Sache'), gegenständlich, wirklich; Realien, die Tatsachen, Fakten (Daten, Institutionen, kulturgeschichtliche Sachverhalte u.a.), gesammelt in R.-enzyklopädien, R.-lexika u.ä.; – im älteren Recht zur Kennzeichnung der am Grund und Boden haftenden Rechte verwendet, z.B. R.-frei; R.-gemeinde, seit dem 16. Jh. der engere Kreis der Bürger einer → Gemeinde, die an der Nutzung der → Allmende Anteil haben; -lasten, zusammenfassend für → Fron, → Zehnt, → Hand- und Spanndienste usw. bei → Grund- und → Gutsherrschaft (1848–51 allgem. abgelöst); -politik, von G. Diezel (A. L. v. Rochau) 1853 geprägt, Interessenpolitik im Gegensatz zu Gefühlspolitik, v.a. zur Kennzeichnung der Politik Bismarcks verwendet; -servitut, Rechte eines Grundeigentümers am Grundeigentum eines anderen; -teilung, im Gegensatz zur Verwaltungsteilung (Mutscharung) die vollkommene oder Totalteilung eines Gebietes oder Reiches unter den Erbberechtigten; -union, im Gegensatz zur → Personalunion die vollständige verfassungsrechtliche Vereinigung mehrerer Länder.

G. Diezel, Grundsätze d. R.-politik, angewandt auf d. staatl. Zustände Dtlds., 1853; S. A. Kähler, HZ 1952; K. G. Faber, HZ 1966; – H. Mitteis, D. Staat d. hohen MA., [8]1968.

Rebellion (frz.-lat.), urspr. die Wiederaufnahme eines Krieges, in der NZ. allgem. Empörung, Aufruhr gegen die bestehende Ordnung.

Rechen-kammer, in der Verwaltung des spätma. und frühnz.

→Territoriums Behörde, die der Verwaltung, bes. der Kontrolle der Finanzen diente (mitunter nur für die Finanzen der →Landstände zuständig); in Preußen gab es auch für die einzelnen Provinzen R.n; – meister, Stadtkämmerer.

Rechnungshof, in einigen Staaten, z.B. Bundesrepublik Dtld. und ihren Ländern, Behörde, die das Finanzgebaren der öffentlichen Hand kontrolliert, unter unabhängigen Beamten mit richterlicher Befähigung, mit Fachleuten als Gehilfen.

Recht (germ.), die Befugnisse und Pflichten des Einzelnen, seine Stellung, sein Stand (daher R.-losigkeit im MA. der Verlust der Standes-r.e), sowie die sich daraus ergebenden Einkünfte oder Abgaben (z.B. = →Bede), Anspruch (vgl. das *R. auf Arbeit*, 1808 von Ch. Fourier, 1772–1837, proklamiert; *R. auf Heimat*, → Charta der Heimatvertriebenen, August 1950), Verfügungsgewalt; allgem. sittliche oder in Gesetzen niedergelegte Norm, sowie die Gesetze selbst, oft geschieden nach Ländern (z.B. *Röm. R.*, → Corpus, Lex, Rezeption u.a., *Germ. R.*, →Stammes-, Volks-r.e, Spiegel u.a.; →Gemeines R.), nach Stoffkreisen (z.B. Kanonisches R., →Staats-, Völker-r.), nach politischen Formen (→Landes-, Stadt-r.) oder Ständen (Fürsten-, Lehens-r. u.a.); in seiner religiös-philosophischen Begründung umstritten (→Natur-r.), ist das R. als Regulativ der inneren Ordnung der Gemeinschaften so alt wie diese selbst und drängt mit dem Werden der Kultur von der Selbsthilfe (→Blutrache) zur Gemeinverbindlichkeit und Schriftlichkeit (→Codex, Gesetz, Lex u.a.).

Rechts-bücher →Richtsteig, Spiegel; -geschichte, die mit dem Aufblühen der →Historischen Schule am Beginn des 19. Jh. einsetzende Wissenschaft vom Wesen und Werden der Rechtsordnungen in der Geschichte, bis auf den Bereich des →Staatsrechts mit Schwerpunkt Arbeitsgebiet der Rechtswissenschaftler, nicht der Historiker; -staat, allgem. ein Staat, der die Sonderrechte seiner Glieder achtet, bes. in der nz., v.a. durch I. Kant (1724–1804) beeinflußten Staatsrechtslehre ein Staat, in dem →Grundrechte, formelle Gesetzgebung, Trennung der →Gewalten und ihre Kontrolle, Rechtsschutz durch unabhängige Richter sowie echte freie → Wahlen gesichert sind; an sich als Gegensatz zum absolutistischen →Polizeistaat und zur modernen →Diktatur gefaßt, ist der R.-staat nur so lange mit der modernen →Demokratie identisch, als deren Mehrheitsentscheidungen seine Grundsätze nicht verletzen.

K. v. Amira, Über Zweck u. Mittel d. germ. R.-gesch., 1876; H. Mitteis, Vom Lebenswert d. R.-gesch., 1947; K. S. Bader, Aufgaben u. Meth. d. R.-historikers, 1951; H. Conrad, Dt. R.-gesch. I, ^{2}1962 (dort S. XXV–XXVII die wichtigsten Darstellungen); W. Kunkel, Röm. R.gesch., ^{3}1960; H. Planitz, Dt. R.gesch., ^{3}1971; – R. v. Mohl, D. Polizeiwiss. nach den Grundsätzen d. R.-staats, 1832ff.; R. Gneist, Der R.-staat, 1872; C. Menger, D. Begriff d. soz. R.-staats, 1953; Th. Stammen, Der R.-staat – Idee u. Wirklichkeit in Dtld., ^{5}1976.

Rechts und Links, politische Richtungsbezeichnungen nach der

Sitzordnung (vom Präsidenten her gesehen) in der frz. Nationalversammlung von 1789, von dort bald nach Dtld. übertragen (in England erst seit etwa 1930). Die einzelnen Gruppen oder Parteien (Rechts: konservative; Links: progressive) hat man sich auf einer linearen Skala vorzustellen, in die sich alle politischen Standpunkte einordnen lassen. Die Begriffe R. u. L. ‚sind an Inhaltslosigkeit nicht zu überbieten und haben dennoch eine erstaunliche Prägnanz' (W. Dirks). Als Beispiele können gelten: ‚Der Feind steht rechts' (Ausruf des Reichskanzlers J. Wirth nach der Ermordung des Außenministers W. Rathenau 24.6.1922), oder das Schlagwort ‚Der Geist steht links', wobei Links oft mit →Sozialismus gleichgesetzt wird. In der westlichen Welt ist seit 1945 ein Abklingen der Antithese Rechts-Links zu beobachten.

Reconquista (span. ‚Rückeroberung'), Bezeichnung für die vom 8. Jh. bis 1492 dauernden Kämpfe der christlichen Staaten der Pyrenäenhalbinsel um die Rückgewinnung des Landes von der islamischen Herrschaft.

Redoute (frz. zu lat. *reductus*), geschlossene, 4–6eckige Schanze innerhalb einer Befestigung.

Réduit (frz.), ‚Rückzugswerk', bes. befestigter Kern einer Festung, →Zitadelle.

Reduktion (span. *reducción* von lat. *reducere* ‚zurückführen'), Indianern vorbehaltenes Landgebiet (→Reservation), Missionssiedlung unter Leitung von Ordensgeistlichen in Lateinamerika, bes. im Jesuitenstaat von Paraguay 1608–1768; in der →Chronologie die Umrechnung eines Datums einer fremden →Ära in unsere Zeitrechnung.

Referendar (von lat. *referre* ‚berichten', →Relation), byz. und im frühen MA. urspr. Beamter mit dem Recht des Vortrags beim Herrscher (mlat. *referendarius*, frz. *référendaire*), nach frz. Vorbild weiterhin Beamte, die für Beurkundungen zuständig sind; Referendum, der Volksentscheid, v.a. nach dem Vorbild der Schweiz, die es in den →Kantonen ohne →Landsgemeinde 1863, im Bund 1874, teils (für gewisse Gegenstände) obligatorisch, teils für die Volksvertretung fakultativ einführte.

Reform (von lat. *reformatio* ‚Neugestaltung', ‚Erneuerung', daher sinnverwandt mit →*renovatio*), im 15./16. Jh. Reformation, unter dem Einfluß der kirchlichen R.-bestrebungen des 15. Jh., doch in kirchlichem und säkularem Sinne gebraucht (= Gerichts-, Stadtrechts-r. u.ä.; vgl. *R.ation Ks. Sigismunds*, *R.ation Ks. Friedrichs III.*, Titel anonymer Flugschriften zur Reichs-r. 1439, bzw. 1523). Im 16. Jh. ist R. die Ordnung der kirchlichen Verhältnisse ohne Rücksicht auf die Konfession (*ius reformandi*, R.ationsrecht der →Landesherren, Augsburger Religionsfrieden 1555), doch bedeutet R.ation in der Sicht der Protestanten die Rückkehr zum Evangelium, R.iert evangelisch, bis der Westfälische Frieden 1648 diesen Begriff offiziell auf die Protestanten in der Nachfolge U. Zwinglis (1484–1531) und J. Calvins (1509 bis 64) beschränkt. Seit dem 18. Jh. wird R.ation für das Wirken M. Luthers (1483–1546) auf die gesamte Bewegung, die zur Trennung von der röm. Kirche führte, gebraucht und v.a. durch die Autorität L. v. Rankes (1795 bis 1886) zu einem Epochenbegriff der dt. Geschichte (1517–55, bzw. 1648, →Gegenr.ation), der in der Gegenwart zunehmend umstritten ist. – Angesichts dieser Begriffsentwicklung werden im wissenschaftlichen Sprachgebrauch andere Erneuerungsbewegungen als R.en bezeichnet, die innerhalb der kath. Kirche – bes. die *Cluniaziensische R.* des 10./11. Jh., die im SpätMA. versuchte R. ‚an Haupt und Gliedern', die in den R.-→konzilien gipfelte, und endlich die durch das →Tridentinum geschaffenen Neuerungen – wie auch die Reichs-r. von 1495, die nach langen Verhandlungen zustande kam (→Gemeiner Pfennig, Landfrieden, Reichskammergericht); R.-bill, jedes engl. R.-gesetz, bes. die zu den Wahlrechtsr.en des 19. Jh., 1832, 1867, 1884/5; R.ierte, Anhänger der R.ation, im engeren Sinn = Calvinisten; -partei, Dt. (seit 1894 Dt.-Soziale), →antisemitische Splitterpartei im Dt. Reichstag seit 1887; -verein, Dt., →großdt., antipreußischer Nationalverein 1862–66.

Gf. z. Dohna, R.atio Sigismundi, 1960; – L. v. Ranke, Dt. Gesch. im ZA. d. R.ation, 1839ff. u. ö.; K.Brandi, Dt. Gesch. im ZA. d. R.ation u. Gegenref., [4]1969; W. Andreas, Dtld. vor d. R.ation, [6]1959; J. Lortz, D. R.-ation in Dtld., [5]1965; E. W. Zeeden, Z. Periodisierung und Terminierung d. ZA. d. Ref. u. Gegenref., GWU 1956; F. Hartung, Dt. Gesch. im ZA. d. R.ation, der Gegenr.ation u. des 30jähr. Krieges, [3]1971.

Refugium (lat.), ‚Zuflucht', Flieh-→burg; Réfugiés (frz.), ‚Flüchtlinge', bes. die im 16./17. Jh., v.a. nach Aufhebung des Edikts von Nantes 1685, nach protestantischen Ländern ausgewanderten →Hugenotten.

Regalien (lat. *iura regalia* ‚kg. Rechte'), kg. Hoheitsrechte, die schon im fränk. Reich und seinen Nachfolgestaaten ausgeübt und verliehen, doch erst in der Publizistik des Investiturstreits begrifflich gefaßt werden; der Begriff wird dabei im ma. Dt. Reich zunächst am →Reichskirchengut entwickelt. Die R. umfassen nach dem Vertrag von Sutri 1111 zwischen Heinrich V. und Papst Paschalis II. die Verfügung über →Herzogtümer, →Markgrafschaften, →Grafschaften, →Münzen, →Zoll, →Markt, →Gerichtsbarkeit, →Königshöfe, →Ministerialen und →Reichsburgen, d. h. die vom Kg. d. →Kirche bisher überlassenen hohen Ämter, die Gerichts- und Militärhoheit, alle wichtigen finanziell nutzbaren Rechte und Grundbesitz; eine Erweiterung der R. auf alle nutzbaren Hoheitsrechte schlechthin erfolgt im →Weistum des Reichstags auf den Ronkalischen Feldern 1158; infolge der bes. wirtschaftlichen Verhältnisse der oberit. Städte und des Einflusses des röm. Rechts, das auf das nutzbare Einzelrecht abzielt, kommt nun zu den R. die Hoheit über alle Verkehrswege (Straßen, Flüsse), alle Arten von Gerichtsgeldern, Zölle, konfiszierte Güter, Steuern, Forste, Fischereirechte, Schätze hinzu; man unterscheidet zwischen höheren R. *(i. r. maiora)*, z.B. Gerichtsbarkeit und →Heerbann, und niederen R. *(i. r. minora)*, z.B. das →Jagd-, →Berg-, Mühlen-regal, zwischen älteren R. (z.B. Markt-, Münz- und Zoll-r.) und jüngeren R. (z. B. Jagd- und Fischerei-r.); als eigentlich finanziell nutzbare R. (R. im engeren Sinne) werden dabei herausgehoben: Münz-, Zoll-, Markt-, →Geleits-, Strom- und Straßenregal, →Wildbann und Fischerei-r., Berg- und Salz-r., Schatz-, →Judenschutz-, Boden-, Strand-r.; im Zuge der territorial-staatlichen Entwicklung werden die R. durch eine Reihe von →Privilegien (*Confoederatio* 1220, *Statutum in favorem principum* 1231, v.a. Goldene Bulle 1356) zum großen Teil im Besitz der →Landesherren bestätigt, im ausgehenden MA. nehmen diese sie auch ohne ausdrückliches Privileg in Anspruch; als nutzbare R. bleiben dem Reich nur Strom- und Straßenregal, mancherorts auch →Münze und →Zoll; im 19. Jh. werden die R. abgeschafft, in anderer Form leben sie in den Staats→monopolen fort; R.-recht, Befugnis des dt. Königs, bei Erledigung eines →Bistums oder einer →Abtei die Einkünfte aus Gütern und Rechten während der Sedisvakanz für sich zu verwenden; das R.-recht, das sich gegen Ende der Salierzeit herausbildet und wohl aus dem →Eigenkirchenrecht abzuleiten ist, wird bald auf 1 Jahr begrenzt, um einer willkürlichen Verlängerung der Sedisvakanz durch den Kg. vorzubeugen; trotz Verzichterklärungen von Philipp, Otto IV., Friedrich II. wird das R.-recht, wenn auch mit Einschränkungen, weiter ausgeübt (Reichsspruch von 1238); – Unter das R.-recht fällt auch das Ledigwerden der R. an den Kg. während dessen Anwesenheit in einer Bischofsstadt oder einer Abtei, das Friedrich II. (*Confoed.* 1220) auf 8 Tage vor Beginn und nach Ende des Aufenthalts begrenzen muß.

A. Pöschl, Die R. d. ma. Kirchen, 1928 (dazu A. Degener, ZRG. KA 1935); P. W. Finsterwalder, D. Gesetze d. Reichstags v. Roncaglia, ZRG. GA 1931; H. Thieme, D. Funktion der R., ZRG. GA 1942; I. Ott, Der R.begriff im 12. Jh., ZRG. KA 1948; H. Mitteis, Lehnrecht u. Staatsgew., Neudr. 1958; E. Schrader, ZRG. GA 84, 1967.

Regel (lat. *regula*) ‚Richtschnur', seit Benedikt v. Nursia (529n. ?) die formulierten, freiwillig anerkannten Vorschriften eines →Klosters, eines →Ordens (Ordens-r.) daher: Regulierter (lat. *regularis*), Mitglied einer von der Kirche anerkannten Gemeinschaft, die nach eigener R. lebt; regulierte Kompagnie →Kompagnie; Regulative, 1854–72 Ordnung des niederen preußischen Schulwesens unter kirchlicher Aufsicht (Stiehl), wurden im →Kulturkampf abgeschafft; Regulatoren, im 18./19. Jh. Angehörige einer Selbsthilfeorganisation der Farmer in den Südstaaten der USA, anfangs revolutionär (Aufstand in Nord-Karolina 1768–71).

Regent (lat. *regens*), jeder, der ein →Regiment ausübt, bes. der Monarch; der Stellvertreter eines Monarchen, bei Minderjährigkeit, Geschäftsunfähigkeit, Gefangenschaft usw., Reichsverweser, Prinzr.; sofern die R.schaft kollegial ausgeübt wird, geschieht es durch einen R.schaftsrat; Régence (frz.) vorwiegend in der Kunst- und Stilgeschichte verwendete Epochenbezeichnung für die Zeit der R.schaft Philipps v. Orléans (1715–23) für den minderjährigen Ludwig XV., Übergang vom Barock zum Rokoko.

Regest (mlat. ‚Verzeichnis'), seit dem 18. Jh. übliche, unter Verzicht auf die Formeln alles Wesentliche enthaltende Zusammenfassung einer →Urkunde mit genauer Inhaltsangabe, Datum, Ausstellungsort, Unterfertigern, Zeugenreihen und zusätzlichen Bemerkungen zur Überlieferung, zum Druck und Hinweisen auf etwaige Literatur. Bekanntes Beispiel einer R.ensammlung: J. F. Böhmer, *R.a Imperii* (Karolinger-Luxemburger).

→Urkundenlehre.

Regie (frz., seit dem 18. Jh. auch dt.), die Eigenbewirtschaftung des Staates, u. zw. die Administration der →Domänen, die staatseigene Verwaltung und Einziehung der Steuern im Gegensatz zur Steuerpacht; die Staatsbetriebe, v.a. für →Monopolwaren.

Regierung (von lat. *regere*), allgem. die Tätigkeit des Herrschens, Ausübung der Staatsgewalt; die Zeit eines Herrschers; der mit der Tätigkeit befaßte Personenkreis, u. zw. zunächst der Herrscher (vgl. lat. *rex*) und seine Ratgeber (→Hofrat), seit dem 16. Jh. auch Mittelinstanz, zunächst stark mit Gerichtsaufgaben befaßt (1808 neue Bezeichnung der preuß. →Kriegs- und Domänenkammer; R.s-bezirk, in Preußen 23 (25), in 10 →Provinzen zusammengefaßt, unter einem R.s-präsidium als kollegiale Behörde, seit 1825 einem R.s-präsidenten; ähnlich in anderen dt. Ländern mit ausgeprägten Mittelinstanzen bis zur Gegenwart); in →konstitutionellen Monarchien scheidet der Herrscher aus der eigentlichen R. aus (A. Thiers, 1797–1877: *,Le roi règne, mais il ne gouverne pas*, 1830), so daß im 19. Jh. R. gleichbedeutend mit →Ministerium, →Exekutive wird (R.s-chef – in Liechtenstein seit 1921 offizieller Titel – →Ministerpräsident, →Premier, →Kanzler; R.s-partei, im Gegensatz zu →Opposition jene Partei, auf die sich die R. im Parlament stützt); →Gewaltenteilung, Kabinett, Regiment.

Regiment (lat.), Regierungs- oder Befehlsgewalt, ihr Inhaber, vereinzelt auch ihre schriftlichen Anweisungen; in der luth. Theologie die →Obrigkeit; Hof-, Reichs-, Stadtrat; seit etwa 1600 zuerst in dt., dann in anderen Heeren der Befehlsbereich des →Obersten, Bezeichnung seiner – erst im 18. Jh. zahlenmäßig normierten – Truppeneinheit; bes. Reichs-r. 1500–02 und 1521–30 ständisches Regierungsorgan des Reiches von 21 (23) Mitgliedern in Nürnberg (zuletzt Eßlingen, Speyer), → Reichsreform; Régime (frz.) die jeweils herrschende Regierungsgewalt, meist abwertend mit dem Nebensinn des Illegalen, Gewaltsamen; *Ancien Régime*, die frz. Bourbonenherrschaft der Zeit vor der frz. Revolution.

Region (lat.), ,Gegend', Bezirk, v.a. Stadtbezirk von Rom nach der durch Augustus 7v. geschaffenen Einteilung in 14 *r.es urbis;* dav. frz. Rayon, Bezirk, v.a. Festungsbereich, in der UdSSR seit 1923 unterste Verwaltungseinheit.

Regionalismus (zu lat. *regio*, ,Gebiet', ,Bezirk'), engeres Heimatgefühl, v.a. als Gegentendenz gegen den Zentralismus und Expansionsdrang des →Absolutismus, ,mächtiges, allgem. retardierendes Moment' in den Monarchien des 17./18. Jh.

W. Kaegi, Hist. Meditationen II, 1946.

Register (mlat. *registrum* ,Verzeichnis'), in der päpstlichen Kanzlei seit dem 4. Jh. angelegtes Verzeichnis von Abschriften v.a. ausgehender (→Bulle, →Breve), z.T. auch eingehender Urkunden und Schreiben (z.B. Suppliken); seit Innozenz III. (1198–1216) ziemlich vollständig erhalten, bilden sie z. B. für die Stellung Innozenz III. im staufisch-welfischen Thronstreit eine wichtige Quelle. In der Reichskanzlei und den fürstlichen Kanzleien sind R. erst seit Beginn des 14. Jh. üblich (bes. gut erhalten die R. Karls V., 1519–56).

G. Seeliger, Die R.führung am dt. Kg.shof bis 1493, 1892; H. Steinacker, Das ält. päpstl. R.wesen, MIÖG 1902; L. Gross, Die Reichsr.-bücher Ks. Karls V., 1930; K. A. Fink, D. Vatikan. Archiv, ²1951; – →Urkundenlehre.

Reich (kelt.-germ.; vgl. lat. *rex*), Herrschaft, Herrschaftsgebiet, v. a. eines Kaisers oder Königs (mhd. auch dieser selbst), bes. das →Heilige röm. R. dt. Nation des MA (vgl. *Ks. und R.*, d. h. die das R. repräsentierenden →R.s-stände), danach die offizielle Bezeichnung Dt. R. 1871–1945 (seit 1938 auch: Groß-dt. R.); vereinzelt auch →r.s-unmittelbares Gebiet, bes. im SW, daher auch = Franken, Schwaben; kleiner R.sgutsbezirk (z.B. *Cröwer R.*) auch = R.s→insignien. – Häufig verbindet sich der Begriff mit der Vorstellung des Übernationalen, →Universalen (→auch Imperium, Welt-r.), seit dem Frühchristentum, v.a. bei Joachim v. Fiore (→Chiliasmus) im Verein mit der Trinität (*R. des Vaters, des Sohnes, des Geistes* als *Erstes, Zweites, Drittes R.*) in der Stufenfolge christlicher Geschichtsdeutung, eine Vorstellung, die in verschiedenen Brechungen (mystisch; idealistisch; romantisch-national) immer wieder auftaucht, bis sie nach 1918 vom dt. →Nationalismus (A. Moeller van den Bruck, 1876–1925) mit dem Ablauf der Dt. Geschichte in Deckung gebracht und alsbald vom Nationalsozialismus für seine Zwecke übernommen wird. – Die verschiedenen großstaatlichen R.s-bildungen entwickeln ihre R.s-idee in den verschiedenen Ausprägungen; vom dynamischen, oft mit dem →Gottherrschertum verbundenen →Weltherrschaftsgedanken des Vorderen Orients führt der Weg zur →Pax Augusta des röm. Imperiums. Während der →Kalifat unter der Fahne des Islam erneut zur Expansion schreitet, gewinnt die westliche Idee des Imperiums als gemeinsamer Friedenswelt der Christenheit durch die fränkische Vorherrschaft an Realität, bis sie sich nach der *translatio imperii* Karls d. Gr. 800 als Vormacht der westlichen Christenheit im Kampf gegen Nichtchristen und in der Auseinandersetzung mit Byzanz behauptet. Nach der Erneuerung von 962 vermögen die Ks. die dt. Suprematie über die Christen Europas (mit Ausnahme Nordeuropas) ein Jahrhundert lang zu wahren, bis durch die verzehrenden Auseinandersetzungen zwischen Ks. und →Papst, der Aufstieg der europäischen Nationalstaaten und der dt. territorialen Gewalten die →*auctoritas* der Ks. zum Erliegen kommt und damit die imperiale R.s-idee teils in die politische Utopie verflüchtigt, teils auf die Ebene des nationalen Kg.-tums herabgedrückt wird. Bes. haftet der Begriff R. an der realen Grundlage der ma. Kaisermacht, an den *Drei R.en (tria regna:* Dtld., Burgund,

Oberitalien), soweit und solange sie unter dem dt. Kg. und Ks. verblieben.

F. Heer, Die Tragödie d. Hl. R.es, 1952f.; W. Holtzmann, D. ma. Imperium, 1953; H. Kämpf (hrsg.), D. Entstehg. d. Dt. R.es, 1956; A. Dempf, Sacrum Imperium, [4]1973; O. Halecki, Europa, dt. 1957, ND 1964; K. Fürst Schwarzenberg, Adler u. Drache, 1958; W. Mueller (hrsg.), Aufstieg u. Untergang d. Großr.e d. At., 1958; K. Buchheim, Das dt. Kaiserr. 1871–1918, 1969.

Reichs-→abschied; -→abtei; -→acht; -→adel = →R.-ritterschaft; -afterlehen, von einem R.sunmittelbaren einem anderen R.sstand aufgetragenes Lehen; -albus, ‚Weiß→pfennig', Silberprägung des 15./16. Jh.; -amt →Erzamt; im Dt. Reich 1871–1918 die einem →Ministerium entsprechende oberste R.-behörde unter einem →Staatssekretär; -amtmann, Verwalter auf →R.-gut, auch Richter in R.-städten; -anlage (auch: -anschlag), R.-steuer aufgrund der R.-matrikel; -annalen, bis ins 6. Jhn. offizielle Chronik des röm. R., bzw. seiner beiden Hälften, danach die *Annales Laurissenses*, seit L. v. Ranke als *fränk. R.-→annalen (annales regni Francorum)* bezeichnet; -apfel →Insignien; -armee →R.-heer; -bank, das durch Gesetz vom 14.3.1875 geschaffene zentrale Noteninstitut des Dt. R.; -banner Schwarz-Rot-Gold, 1924–33 sozialdemokratisch geführte Kriegsteilnehmerorganisation zum Schutz der Weimarer Republik; -bote, von der R.-gewalt entsandter Beamter *(missus);* auch Abgeordneter eines R.-tags, bes. des poln. → Sejm; -burg, →Burg zur Sicherung des →R.-guts, meist unter einem Burggrafen (Nürnberg, Trifels u.a.); -bürgerrecht → Civis; -→deputation; -→direktorium; -dorf, vereinzelt, v.a. im Süden und Westen des R., aus dem →R.-gut des MA. bis 1803 →r.-unmittelbar gebliebenes Dorf; -erbamt →Hofamt; -→erzamt; -exekution, Sicherung des inneren Friedens und Vollstrekkung der R.-acht durch Truppen der R.-→kreise, geregelt durch die R.-exekutionsordnung 1555; -festungen, nach 1871 die Festungen des Dt. R. in Elsaß-Lothringen (Metz, Straßburg u.a.); -forst →R.-gut; -frei = →r.-unmittelbar; -freiherr, Titel der Angehörigen der →R.-ritterschaft im 18. Jh. (bis 1806); -→fürst; -gau, 1939–45 den Ländern entsprechende Verwaltungseinheit der dem Dt. Reich neu einverleibten Gebiete; -gericht, das kg. →Hofgericht des MA; in der NZ. →R.-kammergericht und R.-→hofrat, auch einzelne Stadt- Hof- oder Landgerichte (v.a. in Nürnberg und in Schwaben), allgem. vom Kg. (auch mittelbar) geleitetes Gericht; 1879–1945 das oberste dt. Gericht in Leipzig (nur das österr. R.-gericht 1867–1918 hatte eine der Verfassungsgerichtsbarkeit vergleichbare Befugnis in Kompetenzsachen); -geschichte, bes. in der Geschichte des röm. →Prinzipats eine im Gegensatz zur (vorwiegend überlieferten) Kaisergeschichte alle Teile des R. berücksichtigende Darstellung; -→graf; -gründung, allgem. die Gründung eines R. (v.a. durch die Germanen der Völkerwanderungszeit), bes. die nach längeren Verhandlungen der Regierungen durch die Ks.-proklamation von Versailles 18.1.1871 (Verfassung vom 16.4.1871) erfolgte Gründung des preuß.-klein-dt. R.;

-gut, das aus dem →Hausgut erloschener Dynastien, Heimfall von →Lehen, Kauf usw. erwachsene Krongut der Dt. Könige, das, im Reich weit verstreut, v.a. im Westen und Südwesten, bis zum Zerfall am Ende der Stauferzeit vom Hausgut der regierenden Herrscher nicht scharf geschieden ist; im SpätMA. gehen →Pfalzen und R.-burgen zum größten Teil an die R.-städte über, die R.-landvogteien werden durch Belehnung der →Ministerialen mit der R.-vogtei allmählich zu →Territorien; -heer, das Lehensaufgebot des ma. Dt. R.; die erstmals 1681 aufgestellten Kontingente der R.-→kreise, die (unter einem R.-generalfeldmarschall und in der Stärke von 40000–80000 Mann) in den Kriegen des 17./18. Jh. neben dem ks. Heer und den Heeren der größeren dt. Länder kämpften; der militärische Wert des R.-heers blieb, mit Ausnahme der Türkenkriege, v.a. infolge des Mißtrauens der R.-stände gegenüber dem Kaisertum gering; -→hofgericht (-kanzlei, -rat); -→insignien; -kammergericht, das erstmals 1495, endgültig 1521 in der Nachfolge des ks. Kammergerichts eingesetzte ständige oberste dt. Gericht, seit 1527 in Speyer, seit 1693 in Wetzlar; als erste Instanz bei Landfriedensbruch und für R.unmittelbare, sowie als →Appellationsgericht (→ auch Austrag) hat das finanziell nur schlecht gesicherte (→Kammerzieler), durch Ks. und R.-stände mit Adeligen und Juristen (seit 1648 auch konfessionell) paritätisch besetzte Gericht die Rechtsvereinheitlichung gefördert, doch durch die schwerfällige Art seines schriftlichen, veralteten Prozeßverfahrens (Kammergerichtsordnungen von 1495, 1521, 1548/55, 1613, 1654) Kritik erregt; -→kanzlei (-kanzler); -kirche, die → Staatskirche eines R., bes. des (ost-) röm. R. seit Theodosius d. Gr. (379–95), des Dt. R. seit Karl d. Gr. (768–814); -→kommissar; -→kreis; -krieg, im Inneren als R.-exekution durch R.-kammergericht oder R.-→hofrat, nach außen durch den Ks. oder, seit 1648, den R.-tag beschlossen (v.a. gegen Türken und Frankreich), ist in den Kriegen der NZ. bis 1801 zufolge der Schwäche des R.-heeres kaum je von entscheidender Bedeutung; -land, bis 1806 jedes zum Reich gehörige Gebiet, 1871–1918 das dem Reich unmittelbar unterstehende Elsaß-Lothringen; -→matrikel; -→ ministerialen; -partei, Dt., die preuß. Freikonservativen im Dt. R.-tag, v.a. durch ihre Unterstützung der Bismarckschen Politik von starkem Einfluß; -→polizeiordnung; -präsident, das vom Volk (F. Ebert, 1871–1925, jedoch 1919 von der Nationalversammlung, 1922 vom R.-tag) auf 7 Jahre gewählte Oberhaupt der Weimarer Republik, dessen repräsentative Funktionen durch Art. 48 (→Notverordnung) mit diktatorischen Vollmachten für Notzeiten ausgestattet waren (→ Führer); -rat, in mehreren europäischen Staaten der NZ. (Schweden, Dänemark, Rußland u.a.) aus dem →Staatsrat hervorgegangene zentrale beratende Körperschaft; in Österreich-Ungarn 1867–1918 das aus 2 Kammern (Herren- und Abgeordnetenhaus) bestehende Parlament der österreichischen Reichshälfte (Zisleithanien); in Bayern Titel der vom Kg. ernannten Mitglieder der 1. Kammer (Kammer der R.-räte)

1818–1918; im Dt. Reich 1919–34 die mit aufschiebendem Veto ausgestattete Ländervertretung; -→regiment; -rezeß →Abschied; -ritterschaft, der →r.-unmittelbare niedere Adel im Süden und Westen des R. (meist ehemalige →Ministerialen auf staufischem R.-gut), der sich im 15. Jh. in Ritter→bünden, 1577 in 3 Ritterkreisen (Schwaben, Franken, Rhein) mit zus. 14 →Kantonen zusammenschloß und der →Mediatisierung bis 1806 entgehen konnte; sie besaß beschränkte →Landeshoheit, z.T. die hohe →Gerichtsbarkeit, konnte jedoch die →R.-standschaft nicht erringen; außerhalb der R.-→kreise stehend, löste sie ihre Heerfolge durch von ihr verwilligte Zahlungen (Caritativsubsidien) ab; -sassen, die Bauern der →R.-dörfer; -schluß →Abschied; -städte, →r.-unmittelbare →Städte auf R.-gut (Pfalz-, Burgenstädte), auch ehemalige Bischofsstädte (zunächst als Freie Städte unterschieden), seit dem →Interregnum fallweise, seit 1489 regelmäßig als drittes Kollegium bei R.-tagen zugezogen (schwäbische und Rheinische Bank); die Zahl der R.-städte, die im SpätMA. die Vogtei- und Herrenrechte an sich zogen und z.T. auch ein Territorium gewannen, schwankt, seit dem 17. Jh. bis 1806 (in der Mehrzahl evang.) 51, davon mehr als die Hälfte in Schwaben; -stände (→auch État, Stand), die persönlichen oder korporativen (→Virilstimme, Kurie) vom Ks. erhobenen (seit 1653 mit Zustimmung des betreffenden Kollegiums des →R.-tags und nur bei Besitz→r.-unmittelbaren →Territoriums; →auch Personalist, Titularr.-fürst) Glieder des →R.tags, geistliche und weltliche →Kurfürsten, →Fürsten und Herren, sowie →R.-städte; -statthalter, 1933–45 Vertreter der R.-regierung in den dt. Ländern und →R.-gauen mit Weisungsbefugnis an die Länderregierungen, bzw. an ihrer Stelle, das wichtigste Instrument zur Gleichschaltung der Länder; -sturmfahne, das (neben der R.-rennfahne der Vorhut) vom Gros des R.-heeres geführte Symbol (gelbe Fahne, schwarzer Adler, rote Stange), seit 1336 mit der Herrschaft Markgröningen ständig den Grafen von Württemberg verliehen (vgl. das Vorstreitrecht der Schwaben); -tag, allgem. die Stände- oder Volksvertretung eines R. (→Duma, Eduskunta, Folkething, Sejm u.a.), z.B. (mit Unterbrechungen) seit dem 15. Jh. in Schweden, ebenso in Ungarn, seit dem 16. Jh. in →Magnatenhaus und Stände- (Repräsentanten-)tafel geteilt; bes. im Dt. Reich (als Begriff seit Worms 1495) nach dem →März- und →Maifeld fränk. Zeit und den ma. Hoftagen die im Lauf des SpätMA. allmählich institutionalisierte Versammlung der dt.→R.-stände, die in →Kurfürstenkollegium, Reichs→fürstenrat, Städtekollegium getrennt verhandeln und ihre Mehrheitsbeschlüsse (→Itio in partes), sofern sie übereinstimmen, nach Ratifikation durch den Ks. zum R.-schluß (-konklusum, nlat. *conclusum imperii*) erheben; der R.-tag, i.a. mit Heerfahrt und R.-krieg, R.-steuern und -gesetzen, sowie Erhebung in den R.-fürstenstand befaßt, tagt 1663–1806 als Gesandtenkongreß in Regensburg (→auch Deputation, Corpus, Abschied u.a.); die im Norddt. Bund und im Dt. Reich 1867–1918 und 1919–45 (24.3.1933, →Ermächtigungsgesetz) durch allgem., gleiche und geheime Wahl beschickte Abgeordnetenkammer (297–647 Abgeordnete; Mehrheits-, seit 1918/19 Verhältniswahl; seit 28.10.1918 parlamentarische R.-regierung); -teilung, in der Regel nach dynastischem Erbrecht (z.B. die röm. 395n., die fränkischen bis 880), vereinzelt auch aufgrund machtpolitischer Ansprüche (in der Zeit der →Diadochen, 321, 311, 301v.); -unmittelbar, nicht einem → Landesherrn, sondern allein Ks. und Reich unterstehend (→R.-stände, -ritterschaft, -dörfer); -verwandter = R.-angehöriger; -verweser, Regent anstelle des verhinderten Monarchen, z.B. gr. *epimeletes*, seit 321v. im Alexanderreich; = R.-vikar, seit der Goldenen Bulle 1356 Vertreter des dt. Königs im Interregnum, der Pfalzgraf bei Rhein (Bereich des fränk. Rechts) und Kurfürst von Sachsen (sächs. Recht); Leiter der provisorischen Zentralgewalt 1848/49 (Erzhzg. Johann v. Österreich); N. v. Horthy als Staatsoberhaupt Ungarns 1920–44; -visitation, die Überprüfung des →R.-kammergerichts durch eine →Deputation des →R.-tags; -vizekanzler, in der NZ., v.a, im 16./17. Jh., der tatsächliche Leiter der R.-→kanzlei; -→vogt, → R.-gut; -wehr, die Wehrmacht des Dt. Reiches 1919–35, im Laufe des Jahres 1920 aufgrund des Versailler Vertrages als Vorleistung auf die allgem. Abrüstung auf 100000 Mann (4000 Offiziere) Berufssoldaten (zur Aufrechterhaltung der inneren Ordnung; ohne Panzer, Flugzeuge, Generalstab usw.) beschränkt.

E. Rödder, D. SWdt. R.dorf, 1928; – E. Brandenburg, Briefe u. Akten z. Gründung d. Dt. R.s, 1911; A. Ritthaler, HJB 1936; V. Valentin, Bismarcks R.gründg. im Urteil engl. Dipl., 1937; – W. Kienast, Frz. Krondomäne u. dt. R.gut, (HZ 165) 1942; K. Bosl, D. R.ministerialität, 1950f.; H. Dannenbauer, Grundl. d. ma. Welt, 1959/62; – R. Smend, D. R.kammerger. I, 1911; O. Koser, Repertorium d. Akten d. R.kammerger., 1933ff.; – O. Eberbach, Die dt. R.rittersch., 1913; V. Press, Ks. Karl V., Kg. Ferdinand u. d. Entstehg. d. R.-rittersch., 1976; – Dt. R.tagsakten (1376–1485), hrsg. v. d. Hist. Komm. Akad. München (dazu: D. Hist. Komm. d. bayer. Akad. d. Wiss. 1858–1958, 1958); L. Bergsträsser, Gesch. d. pol. Parteien in Dtld., [11]1965; F. H. Schubert, Die dt. R.stage i. d. Staatslehre d. frühen NZ., 1966; – P. E. Schramm, Herrschaftsz. u. Staatssymbolik, 1954/6; P. Wentzcke, Hoheitszeichen u. Farben d. R., [2]1954; H. Fillitz, D. Insignien u. Kleinodien d. Hl. Röm. R.es, 1945. – H. Kretschmayr, D. deutsche R.vizekanzleramt, 1898; – F. L. Carsten, R.-wehr u. Politik 1918–33, dt. [3]1966; R. Wohlfeil, H. Dollinger, Die dt. R.-wehr, 1973.

Reidemeister, Verleger, →Verlag.

Reihenfahrt, seit dem SpätMA. bis ins 19. Jh. Wettbewerbsregelung der Binnenschiffahrt in West- und Mitteleuropa, zusätzlich der Fahrt auf Nord- und Ostsee: ein Schiff durfte nur Fracht übernehmen, wenn es an der Reihe war, u. d. Fahrt nur antreten, wenn es vollbeladen war; daraus entwickelte s. i. Holland z.T. ein regelrechter Linienverkehr.

Reis-Efendi (ar. *ra'is* von lat. *regulus*, erbliches Amt eines regionalen Polizeichefs), 15. Jh.–1837 der tü. Außenminister, anfangs ohne Bedeutung, später wichtigstes Amt nach dem Groß→wesir.

Reislaufen (mhd. *reise* ‚Feldzug'), Solddienst im Heer auswärtiger Mächte, bes. der Schweizer in den Armeen der europäischen Mächte des 15./16. Jh., v.a. Frankreichs und des →Papstes.

Reitkammer →Raitung.

Reklamation (lat. ‚Mißfallenskundgebung'), in fränk. Zeit die Inanspruchnahme des →Königsgerichts durch hiezu Privilegierte.

Rekognition, Prüfung einer → Urkunde auf Echtheit und Inhalt, in den ma. Kg.-(Ks.-)urkunden durch das R.s-zeichen des → Kanzlers oder seines Vertreters bestätigt; R.s-zins, Bagatellzahlung, die lediglich die ‚Anerkennung' eines bestehenden Rechtsverhältnisses demonstriert.

Rekonziliation (lat. ‚Wiederherstellung'), Wiederzulassung zur Kommunion, Wiederaufnahme eines Büßers in die Kirche, bzw. Lossprechung eines mit einer geistlichen Strafe Belegten, auch Wiederherstellung des Weihecharakters eines durch Untat geschändeten Ortes (Kirche, Friedhof u.a.).

Relation (von lat. *referre* ‚berichten'), Vortrag vor dem röm. →Senat, Recht der →Magistrate und →Volkstribunen *(ius referendi)*; seit dem 15. Jh. Gesandtenbericht der it. Diplomatie (am bekanntesten sind die R.en Venedigs, die eine der wichtigsten, Quellen der frühnz. Geschichte bilden); in der NZ. allgem. Nachricht, (handschriftlich verbreitete) Zeitung, erstmals 1583 (zweimal jährlich) zu den Frankfurter Messen gedruckt (Meß-r.en).

Th. Mommsen, Röm. Staatsrecht, ⁴1952; – W. Andreas, Staatskunst u. Dipl. d. Venezianer im Spiegel ihrer Ges.ber., 1943; – H. Münster, Gesch. d. dt. Presse, 1941.

Relegation (lat.), Ausweisung, v.a. von Nichtbürgern aus Rom; in der röm. Kaiserzeit auch gemilderte Form der Verbannung ohne Vermögens- und Ehrverlust (→Exilium, Deportation).

Religion (lat. *religio* von *relegere*, ‚(furchtsam) zurückweichen', ‚sorgsam beachten'; christliche Ableitung seit dem 3. Jhn. von *religare* ‚binden', daher mlat. *religiosi*, Religiosen, die durch ein Gelübde Gebundenen, →Regulierte; danach *religio* →Orden, Kongregation), seit dem 17. Jh.: Hingabe des Einzelnen an das Göttliche und ihre Formen, Lehren und Satzungen einer Glaubensgemeinschaft; die Erforschung der R. außerhalb jeder dogmatischen Bindung ist Aufgabe der R.s-wissenschaft mit ihren Zweigen der R.-philosophie (seit I. Kant, 1724–1804), -geschichte (seit J. G. Herder, 1744–1803), -psychologie (seit F. Schleiermacher, 1768–1834) und -soziologie (M. Weber, 1864–1920) und der →Ethnologie; R.s-edikt, staatliche Regelung in Sachen einer R., z.B. das *Wöllnersche R.-edikt* zur Durchsetzung der Orthodoxie in Preußen 1788–97; -frieden, bes. die Reichstagsabschiede von Nürnberg 1532 und Augsburg 1555; -kriege, häufiger Glaubenskriege, die Auseinandersetzung zwischen Katholiken und Protestanten (Hugenotten) 1546–1648, in neuerer Zeit zur Kennzeichnung des Zeitalters der →Gegen→reformation verwandt; -vergleichung (nlat. *compositio*, →auch Komposition), im 16./17. Jh. das Ziel der Bestrebungen zur Wiedervereinigung der christlichen Kirchen; -verwandte, in der Reformationszeit Angehörige eines anderen reformierten Bekenntnisses.

G. Mensching, Die R., 1959 u. ö; H.-J. Schoeps, R.en, 1970; J. P. Asmussen,

J. Lanse, Hb. d. R.sgesch., 1971ff; E. Daumann, Grundr. d. R.sgesch., 1972; G. Lanczkowski, Gesch. d. R.en, ²1975.

Reliquien (lat. *reliquiae*), ‚Überreste' von den Leibern der Religionsstifter, Heiligen oder Heroen (oder von Gegenständen, die mit ihnen in Berührung gekommen sind), seit dem frühen At. in vielen Religionen, v.a. im Buddhismus (→Stupa) und in der christlichen des MA., kultisch verehrt; Reliquiar, R.-behälter.

St. Beissel, Verehrung d. Hl. u. ihrer R. in Dtld., 1890ff.; F. Pfister, Der R.kult im At., 1909/12; A. Grabar, Martyrium, frz., 1946.

Remonstration (lat.), ‚Zurückweisung', Ablehnung; Protest, Protestschreiben.

Renaissance (frz. nach lat. *ordo renascendi* bei Rutilius Claudius Namatianus, 5. Jhn.; it. *rinascita, rinascimento*), ‚Wiedergeburt', die zur ‚Entdeckung der Welt und des Menschen' (J. Burckhardt, 1860) führende ‚Wiederbelebung des klassischen At.' (G. Voigt, 1859) an der Wende zwischen MA. und NZ. (etwa 1350–1600), als Epochenbegriff der Kultur- und Kunstgeschichte erstmals ausgesprochen von G. Vasari (1511–74), seit 1833 (J. Michelet, 1798–1874) allgem. verbreitet; während sich der Begriff in der Stil-, Kultur- und Geistesgeschichte mit festumrissenen Inhalten füllte, ist er der historischen Forschung in mehrfacher Hinsicht problematisch geblieben: (1) eingehende Einzelanalysen (J. Huizinga, 1872–1945, u.a.) haben die Wurzeln der R. bis weit in das MA. hinein verfolgt und die →Kontinuität der Epochen unterstrichen, so daß die zeitliche Abgrenzung der R. zunehmend schwieriger wurde; erst O. Halecki (geb. 1896) begründet ausführlich den Vorschlag, eine R.-Epoche – Ende 14. Jh. (1378) bis Ende 16. Jh. – zwischen MA. und NZ. einzuschieben; (2) R. als Wiederbelebung antiker Tradition wird auf vergleichbare Erscheinungen der ma. Geschichte übertragen, man spricht von *karolingischer R.*, v.a. unter Karl d. Gr. (J. J. Ampère, 1839), von der *ottonischen R.* des späten 10. Jh. (H. Naumann u.a., 1927), von der *R. des 12. Jh.* (Ch. Haskins u.a., 1927), doch ist die Kritik an diesen Neufassungen, v.a. wegen des völlig andersartigen Charakters der Rezeptionen, nicht verstummt; (3) seit J. Burckhardt (1818–97) erscheint der Begriff R. morphologisch verallgemeinert (‚Eine Eigentümlichkeit höherer Kulturen ist ihre Fähigkeit zu R.en. Entweder ein und dasselbe Volk oder ein später gekommenes Volk nimmt mit einer Art von Erbrecht oder mit dem Recht der Bewunderung eine vergangene Kultur teilweise zu der seinigen an') und in *endogene* und *exogene R.* (K. Lamprecht, 1856–1915) geschieden; in morphologischer Sicht spricht J. Ortega y Gasset (1883–1955) die R. als geschichtliche Krise an und die ‚Entdekkung des Menschen' in der it. R. als ‚Rebarbarisierung'.

Zum Begriff: H. Hefele, HJB 1929; J. Trier, Arch. f. Kulturgesch. 1951; – J. Burckhardt, D. Kultur d. R. in It., 1860 u. ö.; ders., Weltgesch. Betr., 1905 u. ö.; K. Lamprecht, Einf. in d. hist. Denken, 1912 u. ö.; J. Huizinga, Herbst d. MA., 1919, dt. ¹⁰1969; ders., D. Probl. d. R., 1920; dt. Neudr. 1953; K. Burdach, Reformation, R. u. Humanismus, ²1926; W. Rüdiger, Die Welt der R., 1970; – H. Naumann, Karol. u. Otton. R., 1927; Ch. H. Haskins, The R. of the XII Cent., 1927; J. Ortega y Gasset, D. Wesen gesch. Krisen, 1943, dt.

²1951; O. Halecki, Europa, 1950, dt. 1957, ND 1964; S. Harrison Thomson, Das ZA. d. R., 1963/69; A. Buck (Hrsg.), Zu Begriff u. Problem der R., 1969.

Renegat (nlat.), Verleugner, bes. in der Zeit der Türkenkriege der zum Islam und in tü. Dienste Übergetretene.

Renovatio *(imperii Romani)*, durch P. E. Schramm 1929 in der Forschung wiederbelebter ma. Begriff, der die ‚Erneuerung des röm. Reiches' mit der Vorstellung der Wiederkehr eines idealen (doch jeweils verschieden gefaßten) Zustandes verbindet, Ziel der Westkriege Justinians I. (527–65), programmatisch ausgesprochen von Karl d. Gr. (768–814), bes. ausgeprägt bei Otto III. (973–1002), in der Folge in der Kaiserpolitik nur v. untergeordneter Bedeutg., doch in Rom u. Italien i. national. Programmen v. Arnold v. Brescia (gest. 1155) bis Cola di Rienzo (1313–47) lebendig.

P. E. Schramm, Ks., Rom u. R., ²1957; W. Goez, Translatio imperii, 1958.

Rente (frz. zu lat. *reddere* ‚zurückgeben'), außerhalb der Wirtschaftswissenschaft im allgem. nur: regelmäßiger Ertrag, u.zw. (a) in Geld: R.nlehen = →Kammer-→lehen, seit dem 13. Jh. v.a. von den frz. Königen an dt. Fürsten gezahlt, um ihre Neutralität zu erkaufen; (b) von Grund und Boden, daher R.n-kauf, Darlehensform in den Städten des MA., bei der der Gläubiger bis zur Rückzahlung (oder auch bei Versäumnis des Zahlungstermins) Grund- oder Hauserträge erhielt, die sich vielfach in *ewige R.n* (Reallasten) verwandelten; Rentamt (auch R.ei, R.-kammer u. ä.), landes- oder standesherrliche Rechnungsbehörde zur Einziehung der Einkünfte, meist unter einem R.-meister, der z.B. in Bayern der erste Gehilfe des → Viztums und damit der wichtigste Beamte des Landes wurde.

W. Kienast, Die dt. Fürsten im Dienste d. Westmächte, 1924/31; – →Wirtschaftsgesch.

Reparationen (lat. *reparare* ‚wiederherstellen'), Wiedergutmachung von Kriegsschäden, → Kriegsentschädigung (durch Geldzahlungen, Sachleistungen, Konfiszierung von Auslandsvermögen) eines mit der →Kriegsschuld belasteten besiegten Gegners, erstmals in den Pariser →Vorortverträgen 1919 (dt. Zahlungen, die v.a. auf dem Wege des engl. und frz. Schuldendienstes nach den USA strömen, bis 1931, → Moratorium); nach dem 2. Weltkrieg v.a. Sachleistungen im Vorgriff auf den Friedensvertrag, → Demontage); Reparations-anleihe, Auslandsa., die ganz oder vornehmlich zur Zahlung von R.en verwandt wird (Deutschland 1924–31 gewährt); -kommission in Paris, aufgrund des Versailler Vertrags ständiger Ausschuß der Siegermächte (starker frz. Einfluß), der die Höhe der dt. Reparationsleistungen festzusetzen hatte; -konferenzen 1920 (San Remo) –1932 (Lausanne) zur Modifizierung u. Erledigung d. dt. R.en, d. sich auch auf d. Wirtschaft d. Siegermächte schädlich auswirkten (Zusammenbr. d. dt. Währung, Drosselung d. dt. Einfuhren, →Weltwirtschaftskrise).

E. Meier, Zeittafel d. dt. R., ²1932; H. Schacht, D. Ende d. R., 1931; A. Metzner, Gutachten z. R.sfrage, 1970; W. Link, Die am. Stabilisierungspol. in Dtld. 1921–32, 1970; P. Krüger, Dtld. u. die R. 1921–32, 1973.

Repertorium (von lat. *reperire* ‚finden'), Nachschlagewerk, Namens- oder Sachverzeichnis, auch systematische Materialsammlung als wissenschaftliches oder pädagog. Hilfsm.; →Archivkunde.

Repetitorium (neulat.), zusammenfassende ,Wiederholung' eines Lern- (Examens)stoffes, in Gestalt eines Lehrbuchs oder als Unterrichtsform.

Repetundenprozeß (lat.), Verfahren aufgrund einer vom Provinzialen gegen röm. →Magistrate angestrengten Klage auf Erstattung zu Unrecht erpreßter Gelder, seit 149v. vor einem besonderen Geschworenengericht.

Repräsentant (lat.; engl. *representative*). Abgesandter, z.B. Sonderkommissar des →Wohlfahrtsausschusses 1792–94; →Abgeordneter, daher: R.en-haus die zweite →Kammer des →Kongresses in den USA (435 auf 2 Jahre gewählte Abgeordnete) und in anderen Staaten (Australien, Neuseeland); -tafel, die zweite Kammer des ungarischen →Reichstags 1848–1920; Repräsentation, (würdige) Vertretung, bes. des Volkes durch das Parlament; Repräsentativsystem, Ausübung der Staatsgewalt durch auf bestimmte Zeit (→Legislaturperiode) gewählte (→Mandat) →Abgeordnete, weil der Wille der Gesamth. zufolge d. Bevölkerungszahl nicht direkt wirksam werden kann, d. At. unbekannt, aus d. engl. Parlamentarismus entwikkelt (repräsentative Demokratie i. Gegensatz z. unmittelbaren).

S. Landshut, Der pol. Begriff der Repräsentation, 1964; H. Rausch (Hrsg.), Gesch. d. Repräsentation, 1968; H. Hofmann, Repräsentation, 1974.

Repressalie (neulat.), angemessene, die Grenzen der Humanität nicht überschreitende Vergeltungsmaßnahme eines Staates gegen einen anderen oder dessen Untertanen bei einem unter Bruch des Völkerrechts erlittenen Unrecht, →auch Sanktion; R.nbrief, bis ins 18. Jh. an geschädigte Einzelpersonen erteilte staatliche Genehmigung zur Vornahme von R.n.

Reptilienfonds, unkontrollierte Mittel der Regierung zur Beeinflussung der öffentlichen Meinung, da in Preußen dem eingezogenen Vermögen des abgesetzten Kg. v. Hannover und Kf. v. Hessen entnommen, deren Agenten Bismarck am 30.1.1869 als ,bösartige Reptilien' bezeichnet hatte.

R. Ph. N. v. d. Nahmer, Bismarcks R., 1968.

Republik (lat. *res publica;* Cicero: *r.p. res populi*), ,Sache des Volkes' im Gegensatz zur *res privata* ,Sache des Einzelnen', ,Gesamtheit der Angelegenheiten und Interessen des gesamten Volkes' (E. Meyer), der Staat, ohne Rücksicht auf Größe und Staatsform (mit Ausnahme der Monarchie); seit Cicero der Freistaat im Gegensatz zur →Monarchie; als Epochenbezeichnung der röm. Geschichte die Jhh. zwischen der Königs- und der Kaiserzeit, nach 510v. bis 60v., 31v. oder 27v.; der ma. Stadtstaat (Genua, Venedig, Rom, Florenz u.a.), der Zustand des Gemeinwesens, seine verfassungsmäßige Ordnung mit Einrichtungen und Hoheitsrechten; in der NZ. im Gegensatz zur →Despotie jedes auf Vertrag und Verfassung aufgebaute freie bürgerliche Gemeinwesen (also auch Monarchie, z.B. bei J. Bodin, I. Kant); seit der frz. Revolution im Gegensatz zur →Monarchie jeder auf Volkssouveränität aufgebaute Staat; als Epochenbezeichnung der frz. Geschchtei 1.–5. R. 1792–1804, 1848–52, 1870–1942, 1944(46)–58, 1958–; Parlaments-r., wenn die Regierung dem Parlament verantwortlich, Präsidentschafts-r., wenn sie vom Präsidenten abhängig ist (z.B. USA); -schutzgesetz der Weimarer R. (1.: 27.7.1922, nach der Ermordung W. Rathenaus, – 22.7.29; 2.: 25.3.30 – 19.12.32 in Kraft) gegen politischen Mord und Bedrohung und Verunglimpfung des r.anischen Staates; R.-aner, r.-anische Parteien, in verschiedenen Staaten aus dem Kampf gegen die Monarchie (Italien, Frankreich) oder für freiheitliche Grundsätze (USA 1854, gegen die Ausdehnung der →Sklaverei, 1. Präsident A. Lincoln 1860) hervorgegangen.

Cicero, De re p. (dt. v. K. Büchner, 1955); J. Bodin, Six livres de la rép., 1576, De re p., 1586; I. Kant, Z. ewigen Frieden, 1795; – H. A. L. Fisher, The R.an Tradition in Europe, 1911; E. Bernatzik, R. u. Monarchie, ²1919; R. Hübner, D. Staatsform d. R., 1919; H. Renk, D. r.anische Ged. in d. dt. Gesch., 1930; E. Meyer, Röm. Staat, ⁴1975; E. Küchenhoff, Möglichk. u. Grenzen begr. Klarheit in d. Staatsformenlehre, 1967.

Requisition (lat. ‚Nachfrage'), schriftliche Bitte einer Behörde an eine andere um Rechtshilfe; die Forderung eines Besatzungsheeres, →Okkupation, nach Ablieferungen oder Leistungen durch die Zivilbevölkerung, in gewissem Rahmen nach →Kriegsrecht zulässig.

Reservat, Reservation (von lat. *reservare*), ‚Vorbehalt', vorbehaltene Rechte; (1) seit dem Hoch-MA. die Verleihung bestimmter →Pfründen (an der röm. Kurie u.a., zeitweilig auch die in den sogen. Papstmonaten erledigten); (2) seit dem 16. Jh. die dem Ks. ohne Mitwirkung des Reichstags zustehenden Hoheitsrechte *(iura Caesarea reservata);* (3) *R. um ecclesiasticum*, ‚geistlicher Vorbehalt', Bestimmung des Augsburger Religionsfriedens 1555, nach der geistliche →Reichsstände durch Übertritt zum Protestantismus ihre Würden und damit verbundenen Einkünfte verwirken (von den Evangelischen nicht anerkannt); (4) seit dem 19. Jh. in den USA und Kanada den Indianern vorbehaltenes (in den USA seit 1934 autonomes) Schutzgebiet; (5) R.-rechte, Sonderrechte dt.er Bundesstaaten (Hansestädte, Baden, Württemberg, Bayern) seit 1871 (in der Verfassung, Art. 78, ist der Begriff nicht enthalten, daher sein Umfang umstritten); – (frz.) Reserve, (a) Truppe zur taktischen Unterstützung; (b) in der Wehrverfassung die Wehrpflichtigen des Beurlaubtenstandes.

Resident (frz.-lat.), in höheren Stufen auch General-, Minister-r., diplomatischer Vertreter geringeren Ranges, bes. Vertreter einer Kolonialmacht bei einheimischen Herrschern und damit tatsächlicher Beherrscher eines kolonialen Schutzgebietes; Residenz, Sitz eines geistlichen oder weltlichen Fürsten; – R.-pflicht, die Pflicht eines Lehensträgers (z.B. des →Daimyō), des Inhabers eines Kirchenamtes (bes. seit dem →Tridentinum), allgem. eines Beamten, sich stets oder zu bestimmten Zeiten an seinem Dienstort aufzuhalten und seine Obliegenheiten persönlich wahrzunehmen.

Resignation (mlat.), das Ungültigmachen eines Rechtsaktes, Verzicht auf ein Amt.

Résistance (frz.), Widerstand, v. a. der Franzosen gegen die dt. Besatzungsmacht 1940–44.

H. Michel, Hist. de la R. 1940–44, 1950.

Reskript (lat. ‚Antwort'), seit dem 2. Jhn. schriftlicher Bescheid und Verfügung des röm. Kaisers, dann des Heiligen Stuhls oder eines Bischofs in einem Einzelfall.

P. Classen, Ks.-r. u. Kg.surkunde, Arch. f. Diplomatik 1955f.

Ressort (frz.), ‚Gerichtsbann', Fach, Aufgabenbereich eines Ministers, = Portefeuille (frz. ‚Aktentasche'); R.-minister, im Gegensatz zum Minister ohne P. Minister, dem ein bestimmter Verwaltungsbereich untersteht (z.B. eines der 5 großen oder klassischen R.s, Äußeres, Inneres, Finanzen, Krieg, Justiz).

Restauration (von lat. *restaurare* ‚wiederaufrichten'), Wiederherstellung eines früheren, als → legitim empfundenen Zustandes in Kirche, Staat, Gesellschaft, die Bewegung, die diese erstrebt oder rechtfertigt und ihre Zeit; bes. als Epochenbezeichnung in der engl. Geschichte die zweite Herrschaft der Stuarts, 1660–88, in der dt. und frz. (nach einem Werk von K. L. v. Haller, 1768–1854) die Zeit nach der frz. Revolution 1815–48.

G. M. Trevelyan, Kultur- u. Soz.-gesch. Englands, dt. 1948; – K. L. v. Haller, Die R. d. Staatswissenschaften, 1816ff.; F. Schnabel, Dt. Gesch. im 19. Jh., 1929ff. u.ö.; E. R. Huber, Dt. Verf.gesch. seit 1789, ²1967ff.; R. A. Kann, Die R. als Phänomen der Gesch., dt. 1974.

Restitution (lat.), als röm.-rechtlicher Begriff *(restitutio in integrum)* die gerichtlich verfügte Wiederherstellung eines früheren Rechtszustands; allgem. Rückerstattung, Wiedergutmachung, bes. die im R.s-edikt Ks. Ferdinands II. (1619–37) v. 6.3.1629 neben anderem verfügte Rückerstattung des seit 1552 →säkularisierten Kirchenguts.

Rétablissement (frz. von lat. *stabilire* ‚festigen'), Wiederaufbau, v.a. des durch den Nordischen Krieg, Pest und Hunger heimgesuchten Ostpreußens durch Kg. Friedrich Wilhelm I. 1722–36 (Zurückdrängung des ständischen Einflusses, →merkantilistische Tendenzen; Ansiedlung der Salzburger 1732).

O. Hintze, D. Hohenzollern u. ihr Werk, 1915; M. Braubach, D. Aufstieg. Brand.-Preuß., 1933; F. Terveen, Gesamtstaat u. R., 1954.

Retorsion (lat. ‚Rückwendung'), im Völkerrecht Wiedervergeltung erlittenen Unrechts mit Hilfe völkerrechtlich zugelassener Maßnahmen (z. B. Abbruch diplomatischer Beziehungen); R.s- oder Kampfzölle, besondere Zollsätze auf Waren eines bestimmten Landes zur Abwendung handelspolitischer Diskriminierung der eigenen Waren.

Réunion (frz.), Wiedervereinigung. Aufgrund der unklaren Bestimmungen des Westfälischen Friedens 1648 über die frz. Ostgrenze (Elsaß) beauftragte Ludwig XIV. (1638–1715) Ende 1679 frz. Sondergerichte (R.s-kammern) mit der Klärung bzw. Rechtfertigung des frz. Standpunktes, die 1679–81 zur einseitigen Annexion von über 600 Herrschaften, Städten und Flekken führte (30.9.1681 Unterwerfung der freien →Reichsstadt Straßburg ohne jeden Rechtsvorwand). Der Ks., durch die Türkenabwehr behindert, muß die R.en im Regensburger Stillstand 1684 provisorisch anerkennen, zumal die frz. Partei im Reich 1679–86 unter Führung Brandenburgs steht. Im Frieden von Ryswyk muß Ludwig XIV. 1697 Lothringen, die Saarprovinz und die rechtsrheinischen Brükkenköpfe aufgeben, während er sich das Elsaß, Straßburg und Landau zu sichern weiß, deren Besitz ihm auch 1714 (Rastatt) bestätigt wird.

K. G. Schneider, Überblick ü. d. Herrsch.- u. Rechtsformen d. frz. Vordringens nach Osten 1550–1812, 1938; H. v. Srbik, Wien u. Versailles 1692–97, 1944; J. Wysocki, Kurmainz u. die R.en, 1961; M.-O. Piquet-Marchal, La chambre de R. de Metz, 1969.

Revanche (frz. ‚Vergeltung‘, ‚Rache‘), bes. bekannt im Schlagwort *R. pour Sadova* (frz., engl. = Königgrätz), das sich auf die diplomatische Niederlage Frankreichs 1866 bezieht. Darin kam auch der historische frz.-dt. Gegensatz zum Ausdruck, wie er später, v.a. nach dem Verlust Elsaß-Lothringens, vorübergehend in der R.-stimmung eines G. E. Boulanger (1837–91, frz. Kriegsminister 1886–88) aufflammte und v.a. seit 1898 von der nationalistischen *Action française* (Th. Delcassé, 1852–1923, M. Barrès, 1862–1923, R. Poincaré, 1860–1934) vertreten wurde; Revanchisten, in der kommunistischen Terminologie Bezeichnung für die Gegner der Sowjetisierung Osteuropas.

W. Gurian, D. integrale Nationalismus in Frankr., 1931; D. Thomson (Hrsg.), France, Empire and Republic 1850–1940, 1968.

Reverendissimus (von lat. *reverentia* ‚Ehrfurcht‘), im MA. neben anderen Ehrennamen Anrede der →Kardinäle und →Bischöfe; Reverend, seit dem 15. Jh. in der Kirche von England, aber auch in anderen Kirchen respektvolle Anrede und Titel eines Geistlichen.

Revers, Reversalien (frz. *revers* ‚Kehrseite‘ – bes. von Münzen, → Avers – von lat. *reversio* ‚Umkehrung‘), urkundliche Gegenbewilligung (Gegenbrief, Rückverpflichtung) im Anschluß an eine Bewilligung des R.-empfängers: (1) im →Lehnsrecht eine vom Beliehenen ausgestellte Bestätigung der Beleihung und der übernommenen Pflichten; (2) urkundliche Versicherung, daß die dem Aussteller zuteil gewordene Bewilligung nicht als Präjudiz angesehen werde, bes. die Bestätigung des →Landesherrn für die Landstände (im Landtags→abschied), daß die bewilligten außerordentlichen Abgaben nicht auf einem von ihm zu fordernden Recht beruhen; ferner seine Versicherung bei Antritt der Regierung bzw. bei der Huldigung der Stände, die Rechte und Privilegien der Untertanen zu achten.

→Urkundenwesen.

Revindikation (mlat.), ‚Rückforderung‘ einer rechtmäßig besessenen Sache (z.B. des im → Interregnum verloren gegangenen →Reichsguts durch Rudolf I., 1273–91) oder eines Rechts, z. B. landfürstlicher Einkünfte.

Revision (von lat. *revisere* ‚wieder besehen‘), Überprüfung (vereinzelt auch Volkszählung, Ergänzung des Steuerkatasters), im Verwaltungs- und Rechnungswesen; bes. eines gerichtlichen Urteils, wenn seine Findung von Formfehlern oder Rechtsverletzungen begleitet war (durch eine R.s-instanz); Verfassungsänderung; R.ismus das Bestreben, durch Verhandlungen die Abänderung eines politischen Vertrages (z.B. der Pariser Vorortsverträge 1919/20) zu erreichen; gemäßigte Strömung innerhalb der dt. Sozialdemokratie, die seit 1891 die aktive Mitarbeit in den Volksvertretungen befürwortete und die marxistische Theorie vom bevorstehenden Zusammenbruch der kapitalistischen Gesellschaft verwarf (E. Bernstein).

E. Bernstein, D. Voraussetzg. d. Sozialismus u. d. Aufg. d. Soz.demokratie, ²1920; S. Marck, Philos. d. R., 1925; L. Labedz (Hrsg.), Der R.ismus, 1965; P. Glotz, Der Weg d. Soz.demokratie, 1975.

Revolution (spätlat. *revolutio* ‚(periodische) Wiederkehr' – z.B. bei Augustinus: der Seelen, bei Kopernikus: der Gestirne), politisch zunächst als Erneuerung des alten geordneten Zustands verstanden, erst durch die frz. R. im modernen Sinne interpretiert als ‚gewaltsame Erlangung der staatlichen Entscheidungsgewalt unter Einbeziehung einer Strukturveränderung der gegebenen Gesellschaftspyramide' (G. Eisermann). Der Begriff diente alsbald zur Kennzeichnung konkreter historischer Ereignisse, u. zw. näher bestimmt durch die Nation: *Engl. R. (Puritanische R.* 1642–49, *Glorious R.* 1688/9), *Am. R.* 1775–82; *Frz. R.* 1789–95 u.a. – oder durch den Monat des Ausbruchs: die frz. *Juli-R.* 1830, *Februar-R.* 1848, die dt. *März-R.* 1848, *November-R.* 1918, die ru. *Oktober-R.* 1917; er wird ohne weiteres auf vergleichbare Geschehnisse in anderen Epochen oder Staaten übertragen (z.B. *Röm. R.* 133–31v.). Der R.s-begriff wurde v.a. von der modernen →Soziologie eingehend untersucht; er ist abzugrenzen gegen die Evolution als organische Entwicklung, gegen die Revolte als mißlungene R. und gegen die von vor-r.ären Kräften getragene Gegen-r. sowie gegen den Staatsstreich oder →Putsch, der von einer kleinen Minderheit (oft Offiziere) getragen wird; R. ist nicht nur die soziale oder Klassen-r. (z. B. die bürgerlichen R.en des 18./19. Jh., die marxistisch-proletarischen des 20. Jh.), sondern auch die nationale R., die mit der Abschüttelung einer Fremdherrschaft zur Konstituierung einer →Nation führt (z.B. die Beseitigung des röm. Königtums Ende 6. Jhv., die am. R.). Der moderne →Totalitarismus hat den R.s-begriff und das ihm innewohnende Pathos für die Zwecke seines Machtstrebens okkupiert und verunklärt (vgl. die legale R. des Nationalsozialismus, den kommunistischen Staatsstreich in der Tschechoslowakei 1948 u.a.); R.s-tribunal, 1793–95 in der frz. R., danach allgem. Schnell- oder Standgericht als Instrument r.ären Terrors.

C. Brinkmann, Soziol. Theorie d. R., 1948; G. Mosca, D. herrschende Klasse, 1950; Th. Schieder, D. Problem d. R. im 19. Jh., (HZ 170) 1950; K. Griewank, D. nz. R.sbegriff, ²1969; A. Heuß, D. Untergg. d. Röm. Rep. u. d. Problem d. R., (HZ 182) 1956; H. Arendt, Über die R., 1963; A. Barnave, Theorie d. R., 1971; K. Lenk, Theorien d. R., 1973; J. Dunn, Moderne R.en, 1974. – H. Wallon, Hist. du trib. r.aire de Paris, 6 Bde. 1880ff.

Revue (frz.), v.a. im 17./18. Jh. Truppenschau, Überprüfung der Stärke und Ausrüstung, z.T. auch des Ausbildungsstands.

Rex (lat.), →König, den Römern seit der Vertreibung, angeblich 510v. (Jahr der Tyrannenvertreibung in Athen, tatsächlich einige Jahre später, als Ausdruck der Fremdherrschaft verhaßt und verpönt, doch lebte der Titel fort in: Interrex →Interregnum, und *r. sacrorum*, ‚Opferkönig', der die Priesterfunktion des Königs bei Opfern und Festen ausübte; mlat. allgem. König (auch bei →Herolden und Spielleuten: Wappen-, Pfeifer-k.); *R. apostolicus* (apostolische Majestät), Titel des Kg. von Ungarn seit 1000, *R. catholicus* (katholische, allerkatholischste M.) des Kg. von Spanien seit 1496; *R. christianissimus* (allerchristlichste M.) des Kg. von Frankreich seit 1469, *R. fidelissimus* (allergläubigste, -treueste M.) des Kg. von Portugal seit 1749, jeweils vom Papst verliehen.

Rezeption (von lat. *recipere*), ‚Aufnahme' fremden Kulturguts, bes. des röm. Rechts in das Recht der kontinentaleuropäischen Staaten des MA., v.a. in das Rechts- und Landesrecht. Nach einer sog. Früh-r. z.T. noch vor Justinian (534n.) in den →Volksrechten germ. Völkerwanderungsstaaten im Mittelmeerraum bringen die auf scholastischer Methode fußenden Schulen der →Glossatoren und Postglossatoren in der Lombardei des 10.–14. Jh. eine intensive Beschäftigung mit dem inzwischen wiederentdeckten →*Corpus iuris* mit sich, das kommentiert und den praktischen Bedürfnissen der Zeit angepaßt wird. Seit Barbarossa (bes. Reichstag von Roncaglia 1158) wird das röm. Kaiserrecht als immer noch gültiges →Reichsrecht angesehen, doch bleibt es bei einer sog. theoretischen R. Erst mit der Begründung von jur. Fakultäten und dem Aufblühen des →Humanismus, der Ausbildung eines gelehrten Juristenstandes im Dienst der westeur. Nationalstaaten und der dt. →Territorien setzt die praktische R. ein, in Dtld. in voller Stärke im 15. Jh., wobei es zu einer Umformung des einheimischen Gewohnheitsrechts durch neugeschriebene →Land- und →Stadtrechte im röm.-rechtlichen Sinne kommt. Mit der Unterstützung der Souveränitätsansprüche der Fürsten hilft die R. bei der Umformung des →Territoriums in den nz. Staat.

F. C. v. Savigny, Gesch. d. röm. Rechts im MA., [2]1834/51; O. Stobbe, Gesch. d. dt. Rechtsquellen, 1860/64; G. v. Below, Die Ursachen d. R. d. röm. Rechts in Dtld., 1905; W. Engelmann, D. Wiedergeb. d. Rechtskultur in It., 1938; H. Coing, Die R. d. röm. Rechts in Frankfurt a. M., [2]1962; G. Dahm, Zur R. d. röm.-ital. Rechts, (HZ 167) 1943; P. Koschaker, Europa u. d. röm. Recht, [4]1966; Hermann Krause, Kaiserrecht u. R., 1952; G. Wesenberg, Neuere dt. Privatrechtsgesch., [2]1969.

Rezeß (lat. ‚Zurücktreten'), →Abschied, v.a. allgemeinverbindlicher Beschluß der →Hansetage; vertragliche Abmachung nach Verhandlungen, bes. familienrechtlicher Art; R.-herrschaft, aufgrund eines R.es → mediatisierte Herrschaft.

Reziprozitätsklausel (frz.), Gleichartigkeitsbestimmung, die wechselseitige Zusicherung in Verträgen, sich gegenseitig die gleichen Rechte zu gewähren, bzw. sich gleich zu verhalten; →auch Meistbegünstigungsklausel.

Rhein-bundidee, Zusammenschluß kleinerer dt. Staaten unter frz. →Hegemonie gegen eine allzu starke dt. Vormacht, vorübergehend verwirklicht in der *Alliance du Rhin* 1658–68, *Confédération du Rhin* 1806–13 auf Betreiben der Erzbischöfe von Mainz; -graf, Titel eines niederen fränkischen Adelsgeschlechts im Rheingau, ebenso wie der der verwandten und benachbarten Wild- und Rau-grafen ohne staatsrechtliche Bedeutung; in der frühen NZ. landesherrlicher Beamter zur Aufsicht über Rheinfischerei und -schiffahrt.

Fritz Wagner, Frkr.s klass. R.politik, 1941; R. Schnur, Der R.bund von 1658, 1955; E. R. Huber, Dt. Verf.-gesch. I, ²1967.

Richt-münze, -pfennig (auch Stahl, Stal, vgl. frz. *étalon*), im MA. normiertes, gestempeltes Probestück als Prägemuster; -schwert, Symbol der →Gerichtsbarkeit, →Roland; -steig, ‚Prozeßordnung', Name mehrerer spätma. Rechtsbücher (*R.-steig Landrechts* und *R.-steig Lehnrechts* des 14. Jh.).

Richter (hebr. *schofet* – vgl. die beiden Sufeten, gewähltes jähriges Oberamt in Karthago und karthagischen Gemeinden –; lat. *iudex*), neben der eigentlichen Funktion (als Teil der stammeskg. Gewalt) vereinzelt (z.B. in der vor-kg. Zeit Israels, bei den Westgoten 4. Jhn.) Stammesführer, Häuptling.

Richtung, außergerichtlicher Vergleich; Abmachung, Vertrag, z. B. *Ewige R.* 1474, der endgültige Verzicht Habsburgs auf alle Ansprüche gegen die Schweizer.

Risiko (it. von gr. *rhiza*, ‚Wurzel', ‚Klippe'), die Gefahr eines Mißerfolgs bei wirtschaftlichen, auch bei politischen Unternehmen, bes. der R.-gedanke des Admirals A. v. Tirpitz (1849 bis 1930, 1897–1916 Staatssekretär des dt. Reichsmarineamts), der die dt. Flotte so stark machen wollte, daß im Konfliktsfall die engl. durch einen Sieg so ‚geschwächt würde, daß England später anderen Nationen gegenüber seine jetzige Suprematie verlieren würde' (2. Dt. Flottengesetz, 1900).

R. Goldberg, Flottenfrage u. R.-gedanke, 1941.

Risorgimento (it. ‚Wiederaufstieg'), Titel einer von C. Gf. Cavour (1810–61) seit 1847 herausgegebenen Zeitschrift, danach die it. Einigungsbewegung des 19. Jh., bes. die vom europäischen →Liberalismus bestimmte des Vormärz.

W. Goetz, V. Werden d. it. Nationalgefühls, (SB München) 1939; M. Seidlmayer, Gesch. d. it. Volkes u. Staates, 1940; A. Omodeo, D. Erneuerg. Italiens u. d. Gesch. Europas, dt. 1951; H. Michaelis, D. Einigg. Italiens, 1960; E. Holt, R., 1970.

Ritter (aus flandr. *riddere* ‚Reiter', mhd. *ritter*, lat. *eques*, mlat. *miles*), in der röm. Republik urspr. Reiter, der vom Staat das Geld zum Ankauf zweier Pferde und fürs Futter bekommt, später auch besoldet wird. Da die vom Staat unterhaltene Reiterei v.a. seit den Samnitenkriegen des 4. Jhv. nicht mehr ausreicht, werden auch wohlhabende Bürger eingestellt, die aus eigenen Mitteln Pferd und Ausrüstung stellen können. Aus ihnen bildet sich allmählich bis zur späteren Republik ein *ordo equester* heraus, mit bestimmten Aufnahmebedingungen (17 Jahre, freie Geburt, →Zensus von 400000 Sesterzen) und bes. Ehrenrechten (schmaler Purpurstreifen an Tunika und Reitermantel, goldener Fingerring, Sitzplatz in den ersten 14 Reihen des Theaters); aus ihm rekrutiert sich der röm. Geldadel, dessen Wohlstand in Großhandel, Geldgeschäften und der Pachtung der Staatsgefälle begründet ist. In der Kaiserzeit werden R. als ks. Beamte verwandt (→Präfekt, Prokurator); schon unter den Adoptivkaisern werden sie in Rangklassen eingeteilt. – In West- und Mitteleuropa seit dem Frühen MA. bis ins 11. Jh. nur der zu Pferd in voller Rüstung ausziehende Adelskrieger, dann die in seiner →Gefolgschaft dienenden Leute mit ähnlicher militärischer Funktion und Ausrüstung, v.a. die →Ministerialen, von denen sich der R. zunächst streng unterscheidet. Letztere steigen jedoch infolge ihrer wachsenden Aufgaben, v.a. im Dt. Reich unter den Saliern und Staufern, sozial auf und finden sich in der 2. Hälfte des 12. Jh. endgültig mit dem alten Geburtsadel in der Pflege der von Frankreich ausgehenden, gemeineuropäisch bes. durch die →Kreuzzüge verbreiteten Laienkultur des R.-tums. Dieses entwickelt eine eigene Ethik, ein im Minnesang und höfischen Epos ausgeformtes und zur Norm erhobenes Leitbild des weltgewandten, harmonisch gebildeten Menschen, dessen Ehre auf den Kardinaltugenden der Tapferkeit, Gerechtigkeit, Treue und des Maßhaltens ruht, wozu noch die christlichen Tugenden der Demut, des Schutzes und der Fürsorge für die Armen und Schwachen hinzutreten *(miles christianus)*, – R. wird man nach einer Knappenzeit durch die Schwertleite, später (Ende 12. Jh.) durch den R.-schlag, und erhält dadurch →Lehensfähigkeit, Turnier- und Stiftsfähigkeit und Ebenbürtigkeit im gerichtlichen Zweikampf. Die R.-würde ist zunächst nicht vererbbar, sondern muß immer neu erworben werden .– Seit dem 13. Jh. wird R. in zunehmendem Maße Bezeichnung für den niederen Adel im Gegensatz zu den →Herren (vgl. frz. →*Chevalier* zu →*baron*, engl. Knight zu →Lord), die R. schließen sich nun als bes. → Stand in der →Reichsritterschaft und der Ritterschaft der Territorien nach oben und unten ab. Das Fehlen großer politischer Aufgaben, die Umstellung des Kriegswesens auf die Feuerwaffen, die wachsende wirtschaftliche Bedrängnis führen zu einem nachhaltigen Zerfall im SpätMA. mit den Auswüchsen des Raub-r.-tums, doch ist r.liche Kultur bis in die NZ. hinein vorbildlich, vielfach auch für den Bürger (→ Gentleman), und erlebt an europäischen Höfen (v.a. Burgund) noch eine Spätblüte. – In Bayern der unterste, in Österreich (vor Edler) der zweitunterste Adelstitel bis 1918.

C. Nicolet, Le métier de citoyen dans la Rome républicaine, 1976; – O. Zallinger, Ministeriales u. Milites, 1878; K.H. Roth v. Schreckenstein, Gesch. d. ehemal. freien Reichsr.schaft, ²1886; ders., Die R.würde u. d. R.stand, 1886; O. Eberbach, Die dt. Reichsr.schaft in ihrer staatsrechtl.-pol. Entwicklg. bis 1495, 1913; H. Müller, H. Naumann, Höf. Kultur, 1929; H. Naumann, D. staufische R., 1936; H. Mau, D. R.-gesellschaften mit St. Jörgenschild in Schwaben, 1941; M. Sedlmayr, Weltbild u. Kultur d. MA., (Hb. d. Dt. Gesch.) ⁹1970; J. Huizinga, Herbst d. MA., dt. ¹⁰1969; G. Eiffer, R.liches Tugendsystem, 1970; H. G. Reuter, Die Lehre vom R.stand, 1971; A. Borst (Hrsg.), Das R.-tum im MA, 1976.

Ritter-akademie, seit Ende des 16. Jh., bes. nach dem 30jährigen Krieg in dt. Territorien Ausbildungsstätte für die adelige Jugend einschl. der Prinzen der regierenden Häuser mit dem Ziel einer standesgemäßen Ausbildung unter bes. Berücksichtigung des Militär- und Verwaltungsdienstes; -bank, Standesvertretung der R. auf →Landtagen; -bruder, der in geistlichen R.→orden den Kriegsdienst versehende Bruder, der deshalb im Gegensatz zum dienenden Bruder voll berechtigt ist; -bürtig, jeder, der mindestens Eltern und Großeltern aus dem R.-stand hat; -bund (auch -gesellschaft), im späteren MA., v.a. in Südwest- und Westdtld., Zusammenschluß der R. zur Sicherung ihrer wirtschaftlichen und sozialen Interessen gegen Fürsten und Städte (z. B. der Löwen→bund in der Wetterau und im Rheinland, St. Jörgenschild in Schwaben); -gut, eigentlich das einem R. gehörige Gut, später v.a. in Ostelbien jedes große Gut unabhängig vom Stand des Besitzers; -kanton (auch →Viertel), Teilbezirk eines R.-kreises, von einem Kantonsdirektorium, bestehend aus R.-hauptmann, R.-räten und Ausschuß geleitet; die R.-kantone vertraten die in ihrer →Matrikel geführten R. vor dem →Reichshofrat und →Reichskammergericht; sie hatten das Recht, Steuern zu erheben; -kreis, der mehrere R.-kantone umfassende Bezirk; die →Reichs-r.schaft war seit 1577 in 3 Kreise eingeteilt →Schwäbischer, Fränkischer, Rheinischer Kreis); -→orden; -schaft, allgem. Bezeichnung für die R. als →Stand, z.B. →Reichsr.schaft, dann für die Vertretung des landsässigen Adels in den →Landtagen der →Territorien; -sitz, seit dem Ende des MA. v.a. im NWdtld. →Burg, befestigtes Haus oder auch nur →Burgstall, der Voraussetzung für die Landstandschaft des Besitzers und dessen Steuerfreiheit ist; er ist in einer →Matrikel, dem R.-zettel, verzeichnet; -spiegel, Lehrschrift über Pflichten und Tugenden des R.s, im SpätMA.; bes. bekannt ist der R.spiegel des J. Rothe aus dem 14. Jh. (vgl. auch →Fürsten -spiegel).

H. Obenaus, Recht u. Verf. d. Ges. mit St. Jörgenschild, 1961.

Robot (tschech. ‚Arbeit‘), in den österr. Ländern Hand- u. Spanndienste, →Fron.

Rodel, Rotel, später Rolle (frz. *rôle*, engl. *roll* von mlat. *rotulus*, lat. *rotula* ‚Rädchen‘), Schriftrolle, allgem. →Urkunde, bes. Verzeichnis, Liste, →Weistum, →Urbar.

Rodung, bes. während des MA. Gewinnung von Neusiedelland, im Wald (auch Landesausbau), anfänglich im Siedlungsraum westl. der Elbe-Saalelinie, dann auch in den neugewonnenen Ostgebieten. Die R. hatte wichtige verfassungsrechtliche Folgen für →Adel und Bauern. Sie erlaubte dem Adel im herrenlosen Wald die Anlage von geschlossenen Herrschaftsgebieten (→Immunität), die oft die Entwicklung zum Territorialstaat einleiteten. Die Bauern siedelten auf größeren Gütern (Normalmaß ½ →Hufe) mit besserem →Leiherecht und waren von bestimmten Abgaben befreit (so R.s-bauer = Freibauer); sie zahlten meist nur den Neubruch-(Noval-)→zehnten, der zu ²/₃ an den R.s-herrn fiel. Erste R.en setzten in der Karolingerzeit ein (*-dorf*, *-hausen*-Orte); weit intensiver wurde infolge gestiegener Bevölkerung vom 11. Jh. bis zum Anfang des 13. Jh. gerodet, wobei auch schlechte Böden kultiviert wurden. R.sgebiete dieser Zeit lassen sich an den Ortsnamenendungen *-rot*, *-rode*, *-reut*, *-brand*, *-schwand* usw. erkennen. Landesherrliche R.sverbote und starker Bevölkerungsrückgang (Seuchen des 14. Jh.) führten zur Einstellung der R. im späteren MA., ja zur Aufgabe von wirtschaftlich unrentablen Siedlungen, →Wüstung.

Th. Mayer, Gesch. Grundlagen der dt. Verf., 1933; ders., D. Ausbildg. d. Grundlagen des mod. dt. Staates im Hohen MA., HZ 1939 (Herrsch. u. Staat im MA., hrsg. H. Kämpf, 1956); K. S. Bader, D. Freiamt u. d. freien Bauern am Oberrhein, 1936; K. Bosl, Forsthoheit als Grundlage d. Landeshoheit in Baiern, (FS. Max.-Gymn.) 1956.

Roland, überlebensgroßes Standbild eines meist barhäuptigen Mannes mit gezogenem, nach oben gerichtetem Schwert, mitunter mit Schild, auf dem Markt nw.-dt. Städte; Herkunft und Bedeutung des R. sind umstritten; er wird überwiegend als Symbol städtischer →Freiheiten (z.B. in Bremen) oder →Gerichtsbarkeit (z.B. in Halle) verstanden; die Übernahme des Begriffs R. erfolgt wahrscheinlich mit der Verbreitung des *R.slieds* in Dtld, (seit etwa 1170).

H. Meyer, Heerfahne u. R.sbild, (Nachr. Gött. Akad.) 1930; Th. Goerlitz, D. Urspr. u. d. Bed. d. R.sbilder, 1934; E. Waldstein, R. als Name von Rechtssinnbildern, (Hans. Gesch.bll. 61) 1937; A. D. Gathen, R.e als Rechtssymbol, 1960.

Rolle → Rodel.

Rom (lat. *Roma*), seit Augustus 31v.–14n.) in Verbindung mit dem →Herrscherkult kultisch verehrt, dem Christentum zunächst als letztes der vier danielischen →Weltreiche Symbol der Herrschaft der Gottlosen, in der Spätantike mit der Verbindung der röm. und christlichen Traditionen und der Herausbildung des →Primats des röm. →Bischofs zur Ewigen Stadt erhoben, erscheint bald nach der Neugründung im 4. Jhn. als Bezeichnung Konstantinopels (gr. *Nea Rhome*, *Das Neue R.*; Rhomäer = Byzantiner), seit Beginn des 16. Jh. (Philotheos v. Peskau) in der Beziehung auf Moskau *(Das Dritte R.)* und wirkt in der ru. Orthodoxie und im ru. →Zarentum bis in die Zeit Peters I. (1689–1725) fort; R.-geld = →Peterspfennig; -idee, in der Wissenschaft die in der Karolingerzeit herausgebildete Auffassung, daß die ma. →Kaiser Nachfolger der röm. seien, äußerlich manifestiert in der Aufnahme der Bezeichnung *Imperium Romanum* = →Reich im 11. Jh., *rex Romanorum*, Römischer Kg. für den dt. Kg.; Römer-monat, aufgrund der Reichs→matrikel bemessene außerordentliche Reichssteuer in Höhe des Monatssolds des Kontingents zum Reichsheer, erstmals 1521 für einen R.-zug Karls V. (1519–56) verwilligt, allgem. Bemessungsgrundlage außerordentlicher Reichssteuern, z.B. der Türkenhilfen; -zinszahl = →Indiktion; -zug (R.-zug), Zug eines dt. Kg. zur Kaiserkrönung nach Italien (bis Friedrich III. 1452 in Rom, Karl V. 1530 in Bologna); Romanisierung (zu lat. *Romanus*, Römer, Bewohner der Stadt, Untertan des Reichs, in fränk. Zeit der Nichtgermane minderen

Rechts), die Durchsetzung eines Volkstums mit der röm. Einheitskultur und mit lateinischer Sprache; Romanisten, (1) bei M. Luther und in seiner Zeit Anhänger des →Papsttums, dav. Romanismus = Papismus, (2) seit dem 19. Jh. Rechtshistoriker, Spezialist auf dem Gebiet des röm. Rechts, (3) Philologe, Kenner der romanischen Sprachen, der Tochtersprachen des Lateinischen.

F. Schneider, R. u. R.ged. im MA., 1926; W. Ohnsorge, D. Zweikaiserproblem im frühen MA., 1947; P. E. Schramm, Ks., R. u. Renovatio, [2]1957; H. Schaeder, Moskau, D. dritte R., [2]1957; W. Müller, Die Hl. Stadt, 1961; U. Knoche, Vom Selbstverst. d. Römer, 1962.

Rosenobel →Nobel.

Rota (lat. ,Rad', →auch Rodel), die kreisförmige Umrahmung des Monogramms auf ma. Papst→urkunden; *Sacra R. Romana*, seit dem 15. Jh. Bezeichnung des aus 12–16 Auditoren bestehenden päpstlichen Ober-, dann Berufungsgerichts (1870–1908 nicht bestehend); seit 17. Jh. auch bes. päpstliches Appellationsgericht in Spanien.

F. E. Schneider, Die röm. R., 1914.

Rotel → Rodel.

Rotten boroughs (engl.), ,verfallene privilegierte Orte', oft nur mit einigen wenigen Wählern, deren Parlamentsmandate durch die engl. Wahlrechtsreform v. 7. 6.1832 beseitigt wurden.

Rottmeister, Führer einer Rotte (10 Mann) Landsknechte.

Roture (frz. zu lat. *ruptura* ,Bruch'), in der NZ. verächtliche Bezeichnung der frz. Aristokratie für die Gesamtheit der Nichtadeligen (Roturier = Prolet, Bauer, v.a. Kleinbürger).

Royalisten (zu frz. *roi*), die ,königlich Gesinnten', Partei oder Gruppe, die die Wiederherstellung der Monarchie erstrebt; bes. in Frankreich seit 1789 im Gegensatz zu Bonapartisten und Republikanern die Anhänger des Hauses Bourbon, 1830–73 in →Legitimisten und Orléanisten gespalten.

Rubel (ru.), ,Stück' (eines Silberbarrens), seit 1704 die ru. Silberprägung.

Rückversicherungsvertrag, im 20. Jh. übliche Bezeichnung für den 3 Jahre gültigen geheimen (erst 1919 veröffentlichten) Neutralitätsvertrag zwischen dem Dt. Reich und Rußland, nach dem im Fall eines frz. Angriffs auf Dtld., eines österr. auf Rußland der Vertragspartner neutral bleiben sollte; der Vertrag vom 18.6.1887 wurde bei Bismarcks Entlassung nicht mehr erneuert.

R. Wittram, Bismarcks Rußlandpol. nach d. Reichsgründg., (HZ 186) 1958; H. Hallmann (Hrsg.), Zur Gesch. u. Problematik d. dt.-ru. R.s, 1968.

Rügegericht (in Bayern und Österreich: Landfrage), seit den Karolingern übliches Inquisitionsverfahren zur Klärung schwerer Verbrechen, die von keinem Kläger eingeklagt wurden, an deren Sühne die Öffentlichkeit jedoch interessiert war. Vom öffentlichen Richter unter Eid über ihre Kenntnis des Verbrechens befragt, erstatteten glaubwürdige→Dinggenossen Anzeige (Rüge). Der Beschuldigte konnte sich durch →Eid reinigen, gelang es ihm nicht, wurde er auf die Rüge hin verurteilt. Nach diesem Verfahren arbeiteten auch die →Feme und die →Sendgerichte.

Rumormeister (zu lat. *rumor*, ‚Aufruhr'), Gehilfe des Profoß, →Praepositus.

Rumpfparlament (engl. *the Rump*), abwertende, mit Zweifel an der Legalität der Beschlüsse verbundene Bezeichnung für den Rest des engl. Langen Parlaments nach der Säuberung vom 7.12. 1648 (Hinrichtung Kg. Karls I. 30.1.1649), dann allgem. jedes in seinem Bestand stark reduzierten beschließenden Gremiums (z.B. der Frankfurter Nationalversammlung in Stuttgart 6.–18.6. 1849).

Rumormeister, Leiter der städtischen oder Militärpolizei.

Rundköpfe (engl. *roundheads*, nach dem kurzen Haarschnitt), Spottname für die radikalen Puritaner der Parlamentspartei in der engl. Revolution 1642–1660.

Rus (ru.?), seit dem 9. Jh. Bezeichnung für die Schweden, die in den Ebenen Osteuropas lebten; ihr Anteil an der politischen Gestaltung Rußlands im 9./10. Jh. ist in der modernen Geschichtsforschung sehr umstritten.

H. Paskiewicz, The making of the Russ. nation, 1963.

Rustikal-land (auch R.-gründe, von lat. *rusticus*, ‚ländlich'), im Rahmen der →Grundherrschaft das an die abhängigen Bauern ausgegebene Land, mit der Verpflichtung zu →Zins- und Dienstleistung. Die österr. →Grund- (und →Guts)herrschaft trennt noch zwischen uneingekauftem (in der Rechtsstellung dem →Laßgut vergleichbar) und eingekauftem R.-land mit fast uneingeschränkter Verfügungsgewalt des Besitzers.

Sabbath (hebr.), der durch das Gebot völliger Arbeitsenthaltung gekennzeichnete 7. Wochentag der Israeliten; S.-jahr, ein jeweils nach 7 Jahren gefeiertes Erlaßjahr, in dem Felder und Weinberge nicht bestellt werden durften, Gläubiger Darlehen erlassen und Herren Sklaven die Freiheit geben mußten, soweit es sich um Volksgenossen handelte, in dem bes. das Gesetz öffentlich beim Laubhüttenfest vorgelesen werden sollte (jedes siebente S.-jahr sollte als →Jobeljahr, Halljahr begangen werden); S-weg, die Strecke, über die ein gläubiger Israelit am S. nicht hinausgehen durfte.

Sacco di Roma (it.), die ‚Plünderung Roms' im Verlauf des 2. Krieges zwischen Ks. Karl V. und Franz I. von Frankreich (1526–29) durch die nach dem Tod des Connétable v. Bourbon führerlosen Kaiserlichen, v.a. dt. Landsknechte, 6.5.1527 bis Juli (Besetzung bis Febr. 1528).

Sacellum →Sakkellarios.

Sacerdotium (lat.), das (oberste) Priestertum, v. a. in der Wendung →Imperium u. S., gebraucht zur Kennzeichnung des Gegensatzes zwischen →Kaiser und →Papst im MA., →Zweischwerterlehre.

Sachsen-buße, in den Ländern sächsischen Rechts Entgelt für eine zu Unrecht verbrachte Haftzeit; -frist, -jahr →Jahr und Tag, →spiegel.

Sage, Aussage, mündlicher Bericht, in der NZ. mit dem Beiklang des Unzuverlässigen; seit dem 18. Jh. (entspr. der altnord. Saga) bes. Form mündlicher (Familien-, Lokal- Stammes-)tradition, die von historischen Gegebenheiten ihren Ausgang nimmt und (anders als das Märchen) Wahrheitsanspruch erhebt; die Scheidung zwischen →Mythos (Götter-) und S. (Heldengeschichte) ist sachlich und begrifflich nicht eindeutig gezogen; der von der historischen Kritik des 19. Jh. scharf herausgearbeitete Gegensatz zwischen S. und Geschichte wurde im 20. Jh. durch eine stärkere Berücksichtigung der faktischen und kulturhistorischen S.ninhalte abgeschwächt; die S.nforschung ist Aufgabe der Literaturwissenschaften und der Volkskunde.

A. Jolles, Einfache Formen, ²1958; E. Dacqué, D. verlorene Paradies, ³1952; L. Radermacher, Mythos u. S. b. d. Griechen, ³1968; C.-H. Tillhagen, Was ist eine S?, in: Vergl. S.nforschung, 1969. – →Mythos.

Sakkellarios (gr.), im byz. Reich seit dem 7. Jh. der Leiter des ks. Schatzamts *(sacellum).*

Sakoku (jap. ‚Absperrung'), bes.: Ausschluß aller Europäer (mit Ausnahme der Holländer) aus Japan 1683–7.7.1853 (Landung des Commod. M. Perry in der Bucht von Tōkyō).

Sakral (von lat. *sacer* ‚der Gottheit eigen', ‚einer Gottheit verfallen', in der Spätantike = →kaiserlich), den Kult (die *sacra*) betreffend; S.-recht, v.a. das röm., die Gesamtheit der Rechtsgrundsätze und Verfahrensregeln, die im Verkehr mit den Göttern zu beobachten sind *(ius sacrum, divinum);* sakrosankt (lat. *sacro sanctus* ‚durch einen religiösen Akt verbürgt'), nach der den röm. Volks→tribunen zugebilligten *sacrosanctitas* unverletzlich, persönlich unantastbar.

Säkular (von lat. *saeculum* ‚Generation', ‚Zeit', ‚Zeitgeist', ‚Jahrhundert'), ‚hundertjährig'; S.-feier, -spiele, der altröm., von Augustus 17v. erneuerte Brauch einer Jahrhundertfeier im Abstand von 100 oder 110 Jahren (bis 204n.), in der Kaiserzeit durch die Feier der Stadtgründung (v.a. 248n.) verdrängt; – weltlich, Welt-; S.-isation (S.-isierung), Verweltlichung, allgem. als geistesgeschichtlicher Vorgang, bes. der Übergang von Kirchengut in die weltliche Hand, als Begriff seit 1648, der Sache nach seit der fränk. bes. karolingischen Zeit, v.a. im Zeitalter der Reformation (in Dtld. durch den Westfälischen Frieden bestätigt, in England unter Heinrich VIII. nach 1534) und der frz. Revolution (Frankreich 1789–92, Dtld. 1803).

K. Kastner, D. große S.isation i. Dtld., 1925; K. D. Hömig, Der Reichsdeputationshauptschluß v. 25. 2. 1803, 1969.

Sal, Sale, Salung (mhd., – vgl. engl. *sale* ‚Verkauf'), Besitzübertragung eines Gutes, bes. der formelle Rechtsakt (→Gewere, Investur), durch Übergabe eines S.-briefs (dav. S.-buch = →Urbar), im Beisein von S.-leuten, -männern als Zeugen, bzw. Testamentsvollstrecker; S.-gut, -hof, -land, freier Herrensitz, →Fronhof.

Salarium (lat. ‚Salzgeld'), seit der späten röm. Republik freiwillig ausgesetzter Unterhaltsbeitrag, Spende; in der NZ. nach frz. *salaire* Offiziers-, Beamtengehalt.

Salbung, symbolische, mit der → Krönung verbundene Handlung zur Übertragung der Gnadengaben durch den Priester (‚Da nahm Samuel ein Ölglas und goß auf sein Haupt ...‘ 1.Sam.10) in Monarchien des Alten Orients, dem Abendland durch das AT. bekannt, durch den Legaten Bonifatius bei der Krönung Pippins 751 erneuert, seither (von Heinrich I. verweigert) als Teil des Krönungszeremoniells bis in die NZ. verbreitet; →Königsweihe.

E. Müller, Die Anfänge d. Königss. im MA., HJB 1938; E. Kutsch, S. als Rechtsakt i. AT u. i. Vorderen Orient, 1963. →Krönung, Kaiser, König.

Salisches Gesetz →Thronfolge.

Salvator (lat. nach gr. →Soter), ‚Heiland‘, ‚Schützer‘; →Orden der span. →Reconquista, gegr. 1118; (nach der Umschrift) zur Kennzeichnung des schwed. Reichstalers im 16./17. Jh. verwandt; Beiname einer Seitenlinie des Erzhauses Österreich im 19./20. Jh.

Salz-amt, in Staaten mit S.-→ monopol staatliches S.-magazin unter einem S.-faktor, das als Verteilerstelle für die Händler eines Bezirkes dient; -graf, der Leiter einer Saline; -herr, der in Städten mit S.-monopol mit der Überwachung der S.-verteilung beauftragte Ratsherr; -konskription, in Preußen und Sachsen bis ins 19. Jh. Abnahmeverpflichtung eines Haushalts für eine nach der Kopfzahl bemessene Menge staatlichen S.es; -regal, Teil des Berg→regals; der →König, in den dt. Territorien seit dem späteren MA. auch der →Landesherr, bezieht vom privaten Unternehmer (meist Sudgenossenschaften) einen S.-zehnten (das S.-regal ist auch Ausgangspunkt für das nz. S.-monopol); -steuer (→auch Gabelle), schon im At. weit verbreitete Verbrauchssteuer (vgl. das S.-monopol hellenistischer Staaten); im nz. Staat wird sie als S.-zoll oder als Produktionssteuer erhoben, oder sie ist in den von den staatlichen Salinen geforderten Preis schon einbezogen; in manchen europäischen Staaten ist sie als unpopulär (→Kopfsteuer) abgeschafft.

Samt-gemeinde, Kommunalverband als Vereinigung selbständiger Gemeinden; -herrschaft, → Kondominium, im Gegensatz zur →Erbteilung die gemeinsame Regierung mehrerer Herrscher.

Samurai (jap. ‚Gefolgsmann‘), Soldaten der Palastwache, seit dem 12. Jh. Angehörige des Kriegerstandes (Buke), Vasallen, z. T. auch als Beamte, Gelehrte, Künstler im Dienst des →Shōgun (Bakushin; Hatamoto, Gokenin) oder des →Daimyō (Baishin oder Korai), mit ritterlichen Idealen (Bushidō), z.T. aus dem niederen Volk hervorgegangen. In der Reformzeit 1869–89 erhalten die 400000 S. die Möglichkeit, einen Beruf zu ergreifen, ihre Reisrente wird 1875 durch eine Geldrente abgelöst. Der Aufstand der S. gegen die Europäisierung wird 1877 von den Truppen des Tennō niedergeworfen.

K. Shimmi, Gesch. d. Bukeherrschaft, 1939.

Sandschak (tü. ‚Fahne‘), im tü. Reich = Lehen, später Heeresabteilung und Verwaltungsbezirk bis 1921 (Teil eines →Ejalet).

Sanhedrin →Synhedrion.

Sanktion (lat.), im röm. Staatsrecht die feierliche Bekräftigung eines Gesetzes unter gleichzeitiger Außerkraftsetzung älterer, widerstreitender Bestimmungen; allgem. feierlicher Erlaß (oder Bestätigung durch den Träger der Staatsgewalt) eines bes. wichtigen Gesetzes und dieses selbst, (z. B. *Pragmatische S.* von 1713 zur Regelung der Erbfolge nach Ks. Karl VI.); die in einem Gesetz vorgesehene Strafbestimmung; im 20. Jh. völkerrechtliche Strafmaßnahme eines Staates oder Staatenverbandes bei Bruch des Völkerrechts (Gegenkrieg oder → Repressalie), z. B. der Völkerbundstaaten gegen Italien 1935 bis 36, vom Sicherheitsrat der UN bei Friedensbedrohung oder Angriff anzuordnen.

W. Mallmann, Die S. im Ges.gebgs.-verf., 1938; H. Kraus in: Universitas 1958.

Sansculotten (frz. ‚nicht in Kniehosen'), am Beginn der frz. Revolution aufgekommenes Schlagwort für radikale Patrioten, bald allgem. verbreitet für Radikalisten jeglicher Prägung, in der Regel abwertend; Sansculottiden, die 5 bzw. 6 Schalttage des frz. Revolutionskalenders.

W. Markow, A. Soboul, Die S. von Paris, 1957; G. Rudé, Die Massen in d. Frz. Rev., dt. 1961.

Sargento mayor (span. von lat. *serviens* ‚dienend'), seit Anfang des 16. Jh. hoher span. Offizier, auch Titel der Stellvertreter span. Provinzgouverneure in Amerika; seit Ende des 16. Jh. nur noch dem dt. Oberwachtmeister entsprechend, auf den auch die Bezeichnung S. m. (Major) überging; in der engl., frz. und dt. Armee (bis 1919) wird S. m. zu Sergeant (=Feldwebel).

Sarissen → Phalanx.

Sarraß, Sarras (poln. *za raz* ‚zum Hieb'), seit dem 18. Jh. schwerer Säbel.

Sate (ndt.), Satzung; im 15. Jh. ein Städtebund unter Führung Lüneburgs.

Satelliten (lat. *satellites* ‚Leibwächter', ‚Diener'; mlat. →Gefolgsleute, →Knappen), in der Astronomie Planetenmonde, danach in neuerer Zeit selbständige Staaten in der Abhängigkeit von einer Großmacht, bes. der UdSSR, →auch Hegemonie.

Satrap (pers. khshatra-pâvan, ‚Schirmer des Reichs'), seit dem 6. Jhv. weitgehend selbständiger Statthalter, Kronvasall des Perserkönigs.

Sattelhof, Hof, der einen Berittenen zum Aufgebot zu stellen hatte.

Satz- buch, Verzeichnis einer → Grundherrschaft für dingliche Belastungen, einer →Stadt hauptsächlich für Verpfändungen; -recht, Recht des →Leibherrn, einen →Leibeigenen zurückzufordern, der sich auf fremdes Gebiet geflüchtet hat; Satzung, neuere (jüngere), seit dem späteren MA. bes. im Stadtrecht gebräuchliche Form der Verpfändung; der Gläubiger konnte weder das Pfand nutzen noch sich gar in den Besitz desselben setzen.

Savi (it. von lat. *sapientes* ‚die Weisen'), seit dem 14. Jh. (zuletzt 16-köpfiger) Senatsausschuß, auf jeweils 6 Monate bestellt, die eigentliche Regierungsbehörde Venedigs.

Sbirren (it. ‚Häscher'), in Italien, bes. im Kirchenstaat die Beamten der Gerichts- und Polizeibehörden; im 19. Jh. bes. verächtliche Bezeichnung der Agenten der politischen Polizei zur Verfolgung und Beschattung der ital. Patrioten.

Schaden, im Hzt. Württemberg übliche Bezeichnung für eine →Steuer, die zur Schließung einer Haushaltslücke erhoben wurde, sei es im ganzen Land (Land-s.), einem →Amt (Amts-s.) oder einer →Gemeinde (Gemeinde-s.).

Schah (pers. ‚König'), seit dem 3. Jhn. Teil des Titels oder Namens pers. Könige und Adeliger, später der Regenten von Armenien (11.–13. Jh.), vorderind. Fürsten, der Groß→mogule und anderer, bes. schiitischer Herrscher (→Sultan); Schahinschah ‚König der Könige', in Anlehnung an die Tradition der Achämeniden Titel des S. von Persien.

Schalt-monat, -tag, →Kalender, Oktaeteris, Enneakaideketeris.

Schar- (ahd. *skara* ‚Abteilung', Abschnitt, bes. die reihumgehende →Fron) mannen, (mlat. *scaramanni, scararii*), im fränk. Reich Klasse von kleinen Dienstleuten für Botendienste u.a. untergeordnete Aufgaben, wahrscheinlich →Königszinser (-freie), die im frühen und hohen MA. als →Ministerialen erscheinen; -wache, in den ma. Städten eine zum reihumgehenden Wachdienst aufgebotene Bereitschaft; -werk, →Frondienst mit öffentlich-rechtlichem Charakter, der bes. innerhalb eines Dorfes reihum wechselt; -werker, unzünftiger Handwerker, im Gebiet der →Gutsherrschaft Landarbeiter, der zusätzlich zum →erbuntertänigen Bauern und zum Taglöhner →Frondienste leistet, oft die Kinder derselben.

Schatulle (mlat. *scatula* ‚Schachtel'), in der NZ. Privatkasse eines Fürsten im Gegensatz zum Haus- und zum Staatsgut, meist mit bes. Einnahmen (Schatull-geldern, z.B. den →Chargengebühren oder, wie in Preußen bis 1713, bestimmten Domänen, S.-gütern) dotiert.

Schatz (allgem. = gr.-lat. *thesaurus;* bes. ‚Steuer', lat. *census*) -amt (engl. *treasury*), im MA. schon bestehend, seit 1667 endgültig oberste engl. Finanzbehörde, die von einem →Kollegium von →*Lords of the Treasury* geleitet wird. Der *First Lord of the Treasury* ist seit dem 18. Jh. gleichzeitig Führer der Unterhausmehrheit und bekleidet damit auch das Amt des →Premiers. So ist faktisch der *Chancellor of the →Exchequer* als *Second Lord of the Treasury* Leiter des S.-amts; -kammer, allgem. →Kammer, seit 1496 oberste Finanzbehörde der habsburgischen →Erblande mit zusätzlichen Befugnissen im →Reich und den Niederlanden. Nach Errichtung der →Hofkammer wird sie dieser als Rechenkammer (→Raitkammer) unterstellt; -meister (mlat. *thesaurarius*, →auch Treßler), urspr. Gehilfe des →Kämmerers, wird er im Laufe des MA. in mehreren europ. Staaten leitender Finanzbeamter (→Kammermeister für die dt. →Territorien); seit der frühen NZ. allmählich durch ein →Kollegium abgelöst; S.ung, im MA. und der frühen NZ. zusammenfassende Bezeichnung für den Einzug direkter Steuern, auch →Zensur; S.-wurf →Freilassung.

Scheich (ar. ‚Greis'), in vorislamischer Zeit ar. Stammesführer; seit dem 9. Jh. im ganzen Orient

Ehrentitel, bes. von Gelehrten und Richtern; bei den Beduinen Sippenältester oder Stammesführer; Titel der Herrscher von Kuweit und Maskat; im tü. Reich Prediger und Führer der Derwischorden; *S.-ül-Islam*, seit dem 10. Jh. Ehrentitel berühmter Rechtslehrer, 15. Jh.–1922 Titel des →Mufti von Istanbul, des obersten der →Ulema, dessen Rechtsgutachten (Fetwa) große politische Bedeutung haben.

Scheidemünze (frz. *monnaie divisionnaire*), seit dem 18. Jh. (in der Praxis seit dem späten MA.) unterwertig (zum Schutz gegen Ausfuhr und Einschmelzen) geprägte Teilwerte des Währungsgeldes (→Kurant), teilweise oder ganz aus unedlem Metall, mit beschränkter Annahmepflicht im Privatverkehr.

→Numismatik.

Schekel →Stater.

Schelte, im germ. und ma. Recht die Anfechtung eines Zeugen, eines Eides, eines Urteils, später auch einer Privat→urkunde, die urspr. als Vorwurf der Unehrenhaftigkeit und bewußten Rechtsbeugung Zweikampf zur Folge hatte. Aus der Urteils-s. entwikkelte sich im Lauf des MA. die Berufung.

Schema (gr.), urspr. ‚Haltung'; äußere Erscheinung, Figur; (wohldurchdachter) Entwurf, Plan, System; S.-tismus, Plan, bes. Stellenplan kirchlicher und weltlicher Behörden.

Schenk →Mundschenk.

Schenkung (lat. donatio), unentgeltliche, vertraglich garantierte Zuwendung; bes. *Pippinische S.*, die (im 19. Jh. stark angezweifelte, heute nach wie vor in Einzelheiten und Umfang umstrittene) mündliche Zusicherung Pippins an Papst Stephan II. 754, ihm die von den Langobarden besetzten röm.-byz. Gebiete in Italien zurückzuerstatten, Beginn und Grundlage des →Kirchenstaates; sowie die etwa gleichzeitige Fälschung (seit dem 11. Jh. erkannt, von Lorenzo Valla, 1405–57, 1440 nachgewiesen) der *Konstantinischen S.* (Abtretung des weström. Reiches an Papst Sylvester I), von den Päpsten im Kampf gegen die Kaiser verwendet.

J. Haller, D. Papstt., [2]1950/53, ND 1965; W. Ohnsorge, ZRG. GA 1951.

Scherbengericht →Ostrakismos.

Schergant, Scherge (von lat. *servire* ‚dienen', vgl. →Sargento), Stadtwächter, Büttel.

Scherîf (arab.), Titel der Nachkommen Mohammeds; vom 10. Jh.–1916 herrschen Sch.en in Mekka, seit 1550 in Marokko (Scherifenreich).

Schiedsgericht →Austrag.

Schild, →Ecu, →Heraldik; S.-geld (mlat. *scutagium*), Abgabe des →Lehensmannes, bes. als Ablösung für die Heerfolge; -halter, in der →Heraldik die dem Wappen-s. beigesetzten, ihn tragenden, stützenden oder bewachenden Figuren.

Schilling (ahd. zu dt. *schallen*; mlat. *solidus*), Rechnungsmünze in der Münzordnung Karls d. Gr. ($^1/_{20}$ Silberpfund), seit dem 13. Jh. als →Groschen ausgeprägt, im 14. Jh. von England übernommen, im übrigen Europa allmählich zur Scheidemünze entwertet; seit 1924 österr. Währungseinheit.

Schirmherr →Vogt.

Schisma (gr.), ‚Spaltung' der kirchlichen Einheit, die nicht unbedingt auch eine Spaltung der Lehre bedeutet (→Häresie), aufgetreten im MA. z.B. bei der Trennung der Ostkirche von der kath. Kirche (1054) oder während der gleichzeitigen Regierung mehrerer Päpste (→Gegenpapst), v.a. im *Großen abendländischen S.* 1378–1417.

M. Seidlmayer, Die Anf. d. großen abendländ. S.s, 1940; S. Runciman, The Eastern S., 1955.

Schlachta (poln. *Szlachta* aus ahd. *slaht* ‚Geschlecht'), der poln. niedere Adel, aus dem Ritterstand hervorgegangen, mit kleinerem Grundbesitz, etwa der engl. →Gentry entsprechend, aber angesichts der Schwäche der Krongewalt dank seiner Privilegien der Steuerfreiheit, des Anrechts auf Rittergüter und die hohen Kronämter, der Mitwirkung bei der Königswahl, auf Sitz und Stimme im →Sejm, des →Vetos bei der Gesetzgebung seit dem 16. Jh. zusammen mit den →Magnaten des Hochadels der eigentliche Beherrscher des zerfallenden Reiches.

Schlag, (a) einer der drei Teile, in die die Flur einer Siedlungsgemeinschaft bei der Drei→felderwirtschaft eingeteilt wurde; (b) Unterabteilung eines →Forstes.

Schlagschatz →Münznutzen.

Schlange, Feld-s., Geschütz.

Schloß-freiheit, eng begrenzter Bezirk um ein S., der in rechtlichem Sinne als →Immunität im engeren Sinn (Freiung) galt; -hauptmann, urspr. wie der ihm vorausgehende →Burgvogt militärischer Kommandant eines Lands.es, dann auch städtischer Residenzschlösser; der S.-hauptmann verlor im →Absolutismus seine militärische Funktion, sein Amt wurde zum Hoftitel und an verdiente Höflinge verliehen.

Schlüssel-gewalt, symbolische Bezeichnung der dem Petrus und den Aposteln übertragenen Macht, die Heilsschätze zu verwalten und die Lehre autoritativ vorzulegen, bes. auch die Gewalt, Sünden zu binden und zu lösen; -gewalt, -recht, Geschäftsfähigkeit der Ehefrau im inneren Bereich des Hauses.

Schöffe (ndt. Schöppe, mlat. *scabina* aus ahd. *skephen* ‚schaffen', ‚schöpfen'), seit der Reform des Gerichtswesens durch Karl d. Gr. (768–814) Mitglied eines ständigen Kollegiums von meist 7 Urteilsfindern (später auch 12–14), das, abgesehen von den echten →Dingen, den Umstand aller Dingpflichtigen vertrat; der S. wurde vom →Grafen oder den →Missi aus dem Kreis einflußreicher Dingpflichtiger ausgewählt und in sein Amt unter feierlicher Eidesleistung eingesetzt; das Amt wurde allmählich in bestimmten →Ständen erblich (→S.nbarfreie); im Laufe des MA. in die Niedergerichtsbarkeit verdrängt (Ausnahme: →Feme), verschwindet der S. als Laienrichter i.a. mit der →Rezeption; nur noch in einigen Städten und auf dem →Dorf richtet er als Gehilfe des →Schultheiß. In den ma. Städten bes. Niederdtlds. ist der S. Mitglied des →Stadtrats, bes. in →Oberhöfen rechtskundiges Mitglied eines S.nkollegiums (auch S.n-stuhl), in den Ostprovinzen Preußens amtiert er als halb ehrenamtlicher, halb besoldeter Gehilfe des →Bürgermeisters. Im

19. Jh. wird der S. wieder als Laienrichter in das Gerichtswesen eingeführt (→S.n-gericht); -barfrei, nach dem Sachsenspiegel der dem 5. →Heerschild zugeordnete Stand freier Grundeigentümer mit mindestens drei → Hufen Besitz, der das Amt eines S.n bekleiden darf; -brief, von den S.n einer Stadt ausgestellte beweiskräftige Gerichtsurkunde; -gericht, in der Karolingerzeit das mit einem S.nkollegium besetzte Gericht, meist eines →Teilbezirks einer →Grafschaft, seit dem HochMA. jedes mit S.n versehene Gericht, bes. das →Stadtgericht; seit 1879 im gesamten Reich Strafgericht erster Instanz; -meister, in manchen Städten Leiter des S.-kollegiums; -recht, Bezeichnung für private Stadtrechtssammlungen, so z.B. das *Magdeburger S.n-recht* (um 1300) und das *Breslauer systematische S.n-recht* (Mitte 14. Jh.).

W. Sickel, Die Entst. d. S.ngerichts, (ZRG. GA 6) 1885; H. Brunner, D. Herkunft d. S.n, (MIÖG 8) 1887.

Schola (lat. von gr. *schole* ‚Muße', Studium, Vorlesung und ihr Ort – dav. gr. Scholion ‚kleine Erläuterung', kommentierende Randbemerkungen antiker Erklärer, Scholiasten, in den aus dem At. überlieferten Handschriften; gr. Scholarch ‚Schulhaupt', bes. der gr. Philosophieschulen), Vortrag, Schule, Korporation, geschlossene Abteilung, →Zunft, bes. *Scholae Palatinae*, berittene germ. Leibgarde seit Konstantin d. Gr. (306–37); Scholaren (lat. *scholares*, spätlat. Gardesoldaten, mlat. →Gefolgschaft), Schüler; Scholastik (von lat. *scholasticus*, ‚Lehrer', zunächst bes. der Rhetorik, dann allgem. der →Freien Künste), die in Kloster- und Domschulen, dann auf Universitäten entwickelte Philosophie und Theologie des MA. (Früh-S. 9.–12. Jh.; Hoch-S. 13. Jh., Spät-S. 14.–15. Jh.), die, gestützt auf die christliche und antike (Aristoteles) Überlieferung ‚durch Anwendung der Vernunft auf die Offenbarungswahrheiten möglichste Einsicht in den Glaubensinhalt gewinnen' will (M. Grabmann).

M. Grabmann, Gesch. d. s.stischen Meth., 1909/11; F. v. Steenberghen, Philosophie d. MA., dt. 1950; E. Gilson, D. Geist d. ma. Philosophie, dt. 1950; H. Meyer, Gesch. d. abdld. Weltanschauung 3, ³1967ff.; M. Schmidt, S.stik, 1969.

Schollenpflichtigkeit, → Erbuntertänigkeit.

Schoß, Geschoß (von ‚schießen', ‚zuschießen'), seit dem späten MA. allgem. Bezeichnung für Steuer, →Bede, v.a. Vermögens- oder Gewerbesteuer in Städten, z.T. nach Selbstveranlagung unter Eid.

Schout (ndl. ‚Schulze'), Leiter eines Heueramtes in Hansestädten, bes. S. by Nacht, ndl. Konteradmiral.

Schranne (mhd. ‚Bank', ‚Tisch'), (1) in Süddtld., v.a. südlich der Donau, Marktbank, der Markt selbst und Markthaus; (2) Bank vor dem Gericht, dav. S.engericht, urspr. →Ding, im SpätMA. bes. das peinliche (Blut-) Gericht, das auf S.n auf ‚offner Straß' stattfindet.

Schrift-gelehrte (hebr. *soferin*, gr. *grammateis*), bei den Juden seit Esra die Kenner des Gesetzes und der Überlieferung, außerhalb des eigentlichen Priesterstandes, →Rabbi; -sassen, v.a. in Norddt.-

ld. Standespersonen (Ritter, Prälaten), auch Städte, die bei der Einberufung zu Land- und Hoftagen das Vorrecht der persönlichen Ladung besaßen, auch das oberste Gericht des Landes in 1. Instanz in Anspruch nehmen durften.

Schrot →Münzgewicht.

Schuld-knechtschaft, subsidiäre Personalhaftung des S.ners, in der Frühzeit der Kulturen von der Tötung zur →Sklaverei (z.B. in Athen bis Solon, 594v.), dann zur →Leibeigenschaft gemildert, im MA., v.a. unter dem Einfluß des röm. Rechts, teils in Ausweisung (S.-bann), teils in die (in England u.a. Ländern um 1868 abgeschaffte) S.-haft im S.-gefängnis, -turm abgeschwächt.

Schultheiß, Schulze (ahd. *scultheizzo*, mlat. *scultetus* ,der die Schulden einfordert'), urspr. Gehilfe des ordentlichen Richters, bes. Vollstreckungsbeamter, zuerst bei den Langobarden, dann beim fränk. →Grafen; der S. wird dabei oft mit dem →Centenar oder dem →Meier gleichgesetzt. Mit dem Verfall der Grafschaftsverfassung wird die Bezeichnung S. recht vielseitig verwendet. So heißt auf dem Lande der Dorfvorsteher und Richter im →Dorfgericht S.; im späteren MA. werden die →Ämter in manchen Territorien in kleinere Gerichtsbezirke unter S.en aufgeteilt. In den Städten ist der S. meist mit der niederen Gerichtsbarkeit betraut, in →Reichsstädten hat er als Reichs-s. auch die hohe →Gerichtsbarkeit. Im späteren MA. fällt oft das Amt des →Vogts, des →Burggrafen mit dem des S.en zusammen, so daß dieser Stadtrichter schlechthin wird. In manchen Städten, bes. in Reichsstädten, wird das S.enamt erblich. In den Siedlungen der →Ostkolonisation begegnet der Erbschulze, bzw. der Setzschulze (vom Stadt- oder Dorfherrn jeweils neu eingesetzt), meist mit Verwaltung und Gericht betraut.

Schupflehen (von mhd. *schupfen* ,wegstoßen'), auch Gnadenlehen, ein nur auf unbestimmte Zeit ausgegebenes, von der Gnade des →Herrn abhängiges →Bauernlehen, im Gegensatz zum Falllehen, das auf Lebenszeit ausgeliehen wird; die Unterschiede zwischen beiden →Leiheformen werden seit dem 14. Jh. verwischt, da auch das S. allmählich auf Lebenszeit verliehen wird.

Schutz-brief, die schriftliche Zusicherung freien →Geleites, z.T. in Form einer Quittung für die aufgrund des Geleitregals entrichtete Abgabe; Zusicherung staatlichen Schutzes für bestimmte Gruppen, v.a. im Dt. Reich bis 1888 für eine Kolonialgesellschaft und ihr Sch.-gebiet; -bund, sozialistischer Wehrverband in Österreich 1919–38; gebiet → Protektorat, offizielle Bezeichnung der dt. Besitzungen (→Kolonien) in Übersee (Dt.-Südwestafrika, Togo, Kamerun, Marshallinseln 1884, Dt.-Ostafrika 1885, Kiautschou 1897/98; Marianen, Karolinen, Samoa 1899); -genossen →-verwandte; -höriger, → Freier, der sich freiwillig in die → Munt eines Mächtigeren begeben hat; -juden, in MA. und NZ. Juden in dt. Städten, die, als Handwerker, Juweliere usw. privilegiert, (auf Zeit) das mindere Bürgerrecht der Sch.-verwandten erhielten; -verwandte (-genossen, auch -bürger), allgem. Personen, die sich in anderen staats- oder völkerrechtlichen Schutz begeben haben, so Sch.-freie, -juden (→auch Vogtei), bis ins 19. Jh. die (in die Stadtfreiheit geflüchteten) Bürger minderen Rechts in dt. Städten, die als Beisassen, Hintersassen ohne Anteil an → genossenschaftlichen Rechten blieben; die – als →de-facto-Untertanen oder weil das eigene Land keine diplomatische Vertretung unterhält – im Ausland von einem fremden Konsulat Betreuten; -zoll (→Protektionismus), als wirtschaftspolitische Maßnahme ein →Zoll, der den Schutz der heimischen Wirtschaft und ihres Absatzes gewährleisten soll; der Sache nach in Ansätzen aus dem At., z.B. im hellenistischen Ägypten, bekannt, und im frz. →Merkantilismus geübt, ist die Frage der S.-zölle mit der → Freihandelslehre (auch A. Smith, 1723–90 läßt sie für Ausnahmefälle zu) und dem wirtschaftlichen →Liberalismus im 19. Jh. lebhaft diskutiert worden, mit dem Ergebnis, daß die Erfolge der von England geförderten Freihandelslehre v.a. nach der Wirtschaftskrise von 1873 durch eine erneute Hinwendung der europ. Staaten (Dt. Reich Mai 1879) zur S.-zollpolitik im Interesse der heimischen Wirtschaft und einer gleichmäßigeren Verteilung ihrer Erträgnisse wieder wettgemacht werden.

C. Gide, C. Rist, Gesch. d. volkswirtsch. Lehrmeinungen, dt. [3]1923; G. Stolper u.a.: Die Wirtschaft seit 1870, 1964; K. W. Hardach, Die Bed. wirtsch. Faktoren b. d. Wiedereinführung d. Eisen- u. Getreidezölle in Dtld. 1879, 1967; A. Predöhl, Außenwirtsch., Weltwirtsch. usw., [2]1971.

Schützen-gilde (auch -gesellschaft), in den ma. und frühnz. Städten Westeuropas und in den Gebirgsgegenden der Schweiz und Tirols zunftartig aufgebaute → Genossenschaften guter Schützen. v.a. aus Handwerkern, bzw. Bauern; vom →Rat wegen der militärischen Leistungskraft der Stadt mit Preisschießen um das ‚Beste' und mit gesellschaftlichen Vorrechten gefördert. Von den flandrischen Städten ausgehend (13. Jh.). breiten sie sich im SpätMA. auch in Dtld. aus, erlangen im sächs.-thüringischen Raum im Abwehrkampf gegen die Hussiten Bedeutung. Berühmt werden die Sch.-gilden der ndl. Städte im Freiheitskampf gegen die Spanier; -lehen, in der Verfallszeit des →Lehenswesens nicht erbliches Lehen, das nur den Dienst zu Fuß verlangt.

Schwadron, Squadron →Eskadron.

Schwaige →Vorwerk.

Schwegler, (Quer-)Pfeifer.

Schwertleite →Ritter.

Scopette, Scopetins →Escopette.

Scudo →Escudo.

Scutagium →Schildgeld.

Sebastianismus, im 16. Jh. in Portugal verbreiteter Glaube an die Rückkehr des 1578 gegen die Mauren gefallenen Königs Sebastian (1557–78).

Sebastos (gr. ‚der Verehrungswürdige'), gr. Übertragung des Wortes →Augustus als Eigennamen und Titel röm. Kaiser, in spätbyz. Zeit in verschiedenen Zusammensetzungen (Proto-s., Pan-s. u.a.) zum Titel hoher Würdenträger entwertet.

Sedes (lat.) →Stuhl, bes. Apostolischer (= Päpstlicher) Stuhl; S.-kirche, Bischofskirche.

Sedisvakanz (lat. *sedes vacans* ‚freier Stuhl'), Zeit der Erledigung eines Bistums, bes. des Päpstlichen Stuhls.

See-bund, in der dt. Forschung des 19. Jh. üblich gewordene Bezeichnung für die beiden →Symmachien Athens, den *1. Attischen See-b.* 477-04v. (wobei der Zeitpunkt der Umwandlung in ein Reich umstritten ist), mit der Durchsetzung der athenischen Hegemonie zur See in den Perserkriegen entstanden, und den 2. *Attischen S.-bund*, 377-57v. auf bundesstaatlicher Grundlage, → Synhedrion; -darlehen (mlat. *foedus nauticum*), in At. und MA. bekanntes versicherungsähnliches Darlehensgeschäft, das dem Geldgeber hohes Risiko, doch auch bei glücklichem Abschluß der Kauffahrt hohen Zinsenertrag brachte, aus dem sich seit Beginn des 18. Jh. (Lloyd's Kaffeehaus in der Lombard Street) das moderne Versicherungswesen entwickelte; -lord (engl. *Naval Lord*, *Sea Lord*), seit 1690 seemännisch vorgebildetes Mitglied der kollegialen leitenden Behörde der engl. →Admiralität (→Zivillord); -macht, (1) die Kriegsflotte eines Landes, (2) Staat, der seine Bedeutung vorwiegend seiner Handels- und Kriegsflotte verdankt; der Einfluß der S.-geltung auf Charakter, Lebensweise, Rechtsvorstellungen eines Volkes ist seit dem At. (Cicero, 106–43v.) immer wieder untersucht worden; -räuberei →Piraten; -recht, die Summe der privat-, öffentlich- und völkerrechtlichen Normen für Schiffahrt und S.-krieg, in At. (Rhodos) und MA. (Amalfi, Barcelona, Wisby u.a.) von privater Seite oder durch Städte gesammelt, noch in der NZ. (vgl. die frz. *Ordonnance de la marine* 1681) zusammenfassend behandelt, scheidet sich erst spät in die einzelnen Rechtszweige und erfährt für den S.-krieg v.a. in der *Pariser S.-rechtsdeklaration* eine grundlegende völkerrechtliche Fixierung, die später im Rahmen anderer internationaler Abmachungen (Haag 1907, Genf 1949 u.a.) ergänzt wird (im einzelnen →Blockade, Dreimeilenzone, Prise u.ä.); -soldaten, im At. (gr. Epibaten) und im 17./18. Jh. (v.a. in England) bes. Kampfeinheiten auf Kriegsschiffen; -völker, die in äg. Quellen genannten Ausläufer der großen idg. Wanderbewegung, die Ramses III. (12. Jhv.) an den Toren Ägyptens zum Stehen brachte; -wehr, im Dt. Reich (seit 1867) die der → Landwehr entsprechenden Marineeinheiten.

A. T. Mahan, D. Einfluß d. S.macht a. d. Weltgesch., dt. 1896ff.; E. Zechlin, Maritime Weltgesch., 1947; E. B. Potter, Ch. W. Nimitz, S.macht, dt. 1974; – J. M. Pardessus, Collect. des lois marit. ant. au 18e siècle, 1828–45; Th. Niemeyer, Internat. S.recht, 1913; A. L. Kolodkin, St. V. Molodschow, Seefriedensrecht, 1973.

Seelgerät (lat. *remedium animae*), meist testamentarisch verfügte Stiftung an eine Kirche oder die Armen zum Heile einer Seele, im frühen oder hohen MA. oft großer Grundbesitz, seit dem späteren MA. oft nur noch eine Messe. Der im MA. christlich begründete Brauch hat seine Wurzel in der germ. Totengabe.

A. Schultze, Augustin u. d. Seelgerät d. germ. Rechts, 1928.

Segregation (engl.-lat.), ‚Absonderung', Rassentrennung →Negerfrage.

Seigneur →Senior.

Sejm (poln. ‚Versammlung'). im poln. Kg.-reich seit dem 15. Jh. der Reichstag (seit 1468 2 Kammern: →Senat und Landboten), seit der Verfassung von 1921 die 2. Kammer.

Sekretär (mlat. *secretarius*, *a secretis*), ‚Geheim'schreiber, →Notar, seit dem MA. im persönlichen Dienst des frz. Königs *(sécrétaire du roi)*, über die Finanzverwaltung bis zum 16. Jh. zum Rang des →Ministers aufgestiegen *(sécrétaire d'état);* nach frz. Vorbild ähnlich in England. wo der 1. Minister seit 1601 *Secretary of State* heißt (→Premier), an der →Kurie (Kardinalstaatss. seit 1644 als Leiter des →Officiums der *secretaria Apostolica*, des päpstlichen Außenamts); in den meisten Ländern wird der Titel S., Staatss. im 18. Jh. durch →Minister verdrängt, bleibt jedoch in England für einige Minister, soweit sie Funktionen des alten Staatss.s ausüben, in den USA (Kabinettss.; Staats-s. = Minister des Äußeren), im Dt. Reich 1871–1919 (da ohne Ministerverantwortlichkeit), u.a.,; Unterstaatss-s. (i. Deutschland seit 1919 Staatss.), Fachbeamter als Gehilfe des Ministers.

Sekte (lat. *secta* ‚Philosophenschule', ‚Partei' von *sequi* ‚folgen'), entspr. gr. →Häresie, religiöse Gruppe, nach M. Weber (1864–1920) – gegenüber dem Anstaltscharakter der →Kirche – mit Vereinscharakter, freiwilliger Zusammenschluß religiös spezifisch Qualifizierter.

M. Weber, Ges. Aufs. z. Religionssoz., [5]1963 ff.

Sektionschef, in mehreren Staaten, v.a. in Österreich Abteilungsleiter in einem Ministerium, dem Ministerialdirektor entsprechend.

Sekundogenitur, im Familienrecht fürstlicher Häuser und des Hochadels das Recht des Zweitgeborenen auf gewisse Vermögens- oder Herrschaftstitel, z.B. der Habsburger (1765–1859 Toscana) und der span. Bourbonen (1734–1859 Neapel) in Italien.

Selbstbestimmungsrecht (Prägung von E. Zeller, 1870), das aus dem Denken der →Aufklärung und aus dem westeuropäischen Begriff der →Nation entwickelte Prinzip. daß der Bevölkerung die freie Entscheidung über ihre staatliche Zugehörigkeit zusteht, zunächst als Grundsatz der nationalen →Einigungsbewegungen, dann, v.a. seit Napoleon III. (Legitimierung der →Annexion von Savoyen und Nizza durch Plebiszite 1860) für die von Gebietsveränderungen betroffenen Bevölkerungsgruppen und Minderheiten; trotz der Proklamierungen W. Wilsons und W. Lenins am Ende des 1. Weltkriegs ist das S. als völkerrechtliches Prinzip nicht anerkannt. wird aber in der Praxis aufgrund der Pariser Verträge 1919/20 z.T. verwirklicht, und bleibt im politischen Denken des 20. Jh. (z.T. auch von machtpolitischen Bestrebungen mißbraucht) weiterhin lebendig (→auch Option, Separation).

W. Burckhardt, Ü. d. S. d. Völker, 1919; G. Decker, D. S. d. Nationen, 1955; P. Kluke, Selbstbestimmung, 1963; K. Rabe, Das S. der Völker, [2]1973.

Selbstherrscher, nach gr. →Autokrator in der Titulatur des ru. →Zaren *(S. aller Reußen)*.

Selbstverwaltung (engl. *self-government*), im politischen Bereich die ‚unmittelbare, unbesoldete, ehrenamtlich tätige Anteilnahme der Bürger an der Gestaltung und an den Beschlüssen der öffentlichen Gemeinwesen' (Th. Maunz), der Sache nach v.a. durch das von K. vom Stein (1757–1831) nach engl. Vorbildern inaugurierte preuß. Reformwerk (Nassauische Denkschrift 1807 – Preuß. Provinzialordnung vom 29.6.1875) wiederbelebt als Verwaltung durch frei gewählte Organe des Volkes im Gegensatz zu der aus der fürstlichen →Souveränität sich ergebenden durch staatliche Organe (Berufsbeamten) in Gemeinde Kreis, Provinz. – Schien der Gedanke der S. im 20. Jh. durch das Vordringen d. parlamentarischen Demokratie überholt, so gewann er doch als ein – schon von A.de Tocqueville (1805–59) empfohlenes – Mittel gegen die Gefahr einer Omnipotenz der egalitären Demokratie an Boden (im Bonner GG, Art 28 für den kommunalen Bereich sichergestellt; Katalog ihrer Aufgaben Art. 83,1 der Bayr. Verf. v. 2.12.1946). – Neben der politischen S. steht heute, abgesehen von der alten korporativen Institution der Universität, die S. der ‚öffentlich-rechtlichen Körperschaft mit eigenen, der Einwirkung des Staates weitgehend entzogenen Aufgaben' in den Bereichen des →Sozialen und des Berufsständischen (Ärzte-, Handelskammern u.a.). – Der Begriff S. wird für entsprechende Erscheinungen früherer Zeit, v.a. bei den Städten des At. und MA., unbedenklich verwendet (→auch Autonomie, Genossenschaft, Korporation).

A. de Tocqueville, La démocratie en Am., 1835ff.; Th. Maunz, Dt. Staatsrecht, [18]1971; – R. v. Gneist, Verw., Justiz ... u. S., 1869 u. ö.; A. Schüle, Staat u. S. in England, 1933; H. Heffter, Die dt. S. im 19. Jh., [2]1969; D. Schwab, Die S.sidee des Frh. v. Stein, 1971.

Selde (frühnhd.), Hütte, Kate.

Semperfrei (‚sendbar frei', mlat. *homo synodalis*), im MA. Person ritterlichen Standes, für die die →Sendgerichtsbarkeit vom Bischof persönlich ausgeübt wurde, urspr. der gesamte Adel (die eigentlichen S.en stehen nach dem Sachsenspiegel im 5. Heerschild), dann die (reichsunmittelbaren) Fürsten und Freiherren.

F. Gescher, Synodales, ZRG. KA 60, 1940.

Semstwo (ru.), ‚Landschaft' und ihre Bewohner als →Selbstverwaltungseinheit, bes. die seit 1864 in den großru. Gouvernements eingeführten Kreis- (→Ujezd) und →Gouvernementsvertretungen, die, mit finanziellen und sozialen Aufgaben befaßt, seit 1900 zunehmend unter den Einfluß d. Bürokratie gerieten.

Senat (lat.), ‚Rat der Alten' in Rom, 300, seit Sulla 600 Senatoren, vom Oberbeamten (König, →Konsul, seit 312v. →Zensoren) nach Würdigkeit ernannt, allmählich durch die gewesenen Beamten (seit Sulla: →Quästoren), später auch vom Kaiser *(adlectio)* ergänzt. Die S.sfamilien der Königszeit = →Patrizier, und die in der Republik hinzutretenden →Plebejer *(patres (et) conscripti)* bilden den ersten

Stand *(ordo senatorius*, →Nobilität), urspr. Teil der Ritterschaft, seit 218v. von Handel und Geldgeschäft ausgeschlossen, auf Grundbesitz beschränkt (Abzeichen: Purpurstreifen am Untergewand, rote Schuhe), seit Augustus erblich, mit einem →Zensus von 1 Million Sesterzen, seit Trajan allgem. mit dem Titel *vir clarissimus (v.c.)*. Der S. tagt, von einem →Magistrat einberufen, im Sitzungssaal, →Kurie, oder einem Tempel. Dem Vortrag des Beamten folgt Debatte nach Rangordnung mit Antragstellung *(sententia)* der Senatoren, Abstimmung durch Auseinandertreten, Aufzeichnung des Beschlusses (seit Caesar Protokolle: *acta diurna*). Die Funktion des S. ist neben der seltenen Leitung des Staates im →Interregnum und der bald nur formellen, den Patriziern vorbehaltenen Bestätigung der Volksbeschlüsse *(patrum auctoritas)* staatsrechtlich beratender Natur *(senatus consultum)* (‚Ratschlag des S.‘ = S.sbeschluß), er gewinnt jedoch kraft der Tradition allmählich die Leitung des Staates, bes. der Außenpolitik, Reichsverwaltung →Legat, Finanzaufsicht *(senatus populusque Romanus*, SPQR, ‚S. und Volk von Rom‘ seit dem 1. Jhv. offizielle Bezeichnung des röm. Staates). Unter dem →Prinzipat erhält der S. zunächst Befugnisse der Volksversammlung (Beamtenwahl, Kriminalgerichtsbarkeit), das Recht, Kaiser zu ernennen und nach dem Tode zu richten (Vergöttlichung oder Tilgung des Andenkens), behält auch einen Teil der Provinzen, doch sinkt seine Bedeutung allmählich durch Konkurrenz der kaiserlichen Verwaltung und Aushöhlung der Ämter. In der Spätantike wenig mehr als ein dem Stadt→präfekten beigegebener Stadtrat, wird der S. bis ins 6. Jhn. als weltliche Autorität in Italien erwähnt, der S.orenstand, dank weitgehender →Immunität ein reicher und mächtiger Grundadel der Spätzeit, schafft allenthalben lokale Zentren der Machtbildung und geht im →Lehensadel des MA. auf. – Entsprechend dem röm. Vorbild seit 359n. gleichrangig der S. von Konstantinopel, bis 1453 zugleich Kronrat; seit 1143 wieder oberste gewählte Behörde Roms, zeitweilig 2, auch 1 S.or (13./14. Jh. der Papst); seit dem 13. Jh. allgem. →Stadtrat, kleiner →Rat, bes. seit dem 18. Jh. oberste Regierungsbehörde in freien Städten, Hamburg, Bremen, Lübeck, Frankfurt 1816–66, Danzig 1920–39, Berlin seit 1946; in Venedig seit dem 13. Jh. Ausschuß des Großen Rates (60, dann 120 Mitglieder) bes für Außenpolitik, Finanzen, Wirtschaft. – Nach röm. Vorbild in der Stauferzeit = die dt. Fürsten; in Polen seit dem 15. Jh. der →Sejm, bzw. seine 1. Kammer; die 1. →Kammer in den USA (je Staat 2 auf 6 Jahre, alle 2 Jahre zu einem Drittel erneuerte S.oren unter Vorsitz des Vizepräsidenten) und ihren Einzelstaaten, in Frankreich 1799–1814 (80 vom Konsul. bzw. Kaiser ernannt), 1852–70 (150 vom Kaiser ernannte Würdenträger), 1875–1946 (auf 9 Jahre gewählte Vertreter der →Departements und Kolonien), in Italien, Belgien und anderen Staaten. – In Dtld. und Österreich Richterkollegium an höheren Gerichten; hier und in der Schweiz Beirat des Rektors einer Hochschule, oberstes Organ der akademischen Selbstverwaltung.

Send- (aus gr. *synodos* ‚Zusammenkunft‘)-gericht, im ma. und frühnz. kath. Kirchenrecht das alljährlich bis zu dreimal in einem Urpfarreibezirk meist am Altar der Pfarrkirche (S.ort) abgehaltene bischöfliche Gericht, das nach dem Vorbild des fränk. →Rügegerichts unter Hinzuziehung von 7 S.-geschworenen die kirchlichen Vergehen von Geistlichkeit (nur bis Ende 9. Jh.) und Laien mit Kirchenstrafen (→Exkommunikation, Interdikt), bzw. Geldbußen richtet. An den Bischof sind dabei Natural- bzw. Geldabgaben zu leisten, von der Geistlichkeit z.B. das *cathedraticum* oder *synodaticum* und die *procuratio canonica* (S.-hafer, -schilling); S.-herr ist bis zum 11. Jh. der Bf. über alle Laien, dann geht der S.-bann über die nicht →ritterbürtige Bevölkerung an den →Archidiakon über, seit dem 12. Jh. mitunter sogar an Pfarrherrn; der direkten bischöflichen S.-gewalt unterstehen nur noch der hohe und niedere Adel (*homines synodales*, s.-bare Leute, →Semperfreie).

A. M. Koeniger, Die S.gerichte in Dtld. I, 1907; F. Gescher, Synodales, ZRG. KA 60, 1940.

Seneschall (ahd. *senescalh*, mlat. *senescalcus*, frz. *senechal*, aus afrk. *siniskalk* ‚Altknecht‘), im Merovingerreich urspr. gleiche Funktionen wie →Hausmeier und → Truchseß, seit dem Ende des 7. Jh. unter dem →Hausmeier für die Verpflegung des →Hofes verantwortlich. Während im Ostfrankenreich der Begriff S. dem →Truchseß weicht, gelangt der S. in Frankreich zu einer hausmeierähnlichen Stellung; in den Lehensfürstentümern des westl. und südl. Frankreich ist er ein dem kg. →Bailli entsprechender Beamter, in anderen romanischen Staaten (Katalonien, Sizilien) nimmt er eine ähnliche Stellung ein. Bei Templern und Johannitern steht der S. ebenfalls dem Versorgungswesen vor.

Senior (lat. ‚der Ältere‘; *seniores* die Angehörigen der zweiten Altersstufe – über 46 Jahre – im altröm. Heer und in der →Zenturienordnung), in fränk. Zeit der Herr eines →Vasallen, Führer seines Aufgebots zum Reichsheer; mlat. auch →Grundherr, →Lehensherr, Kirchen→patron, dann →Bürgermeister, vereinzelt →Stadtrat; in der evang. Kirche vereinzelt (z.B. in Österreich) Leiter eines Kirchenbezirkes (S.at = →Dekanat); S.at Stellung und Amt eines S.s; Erbfolgeordnung, bei der jeweils das älteste sämtlicher erbberechtigten Familienmitglieder (ohne Rücksicht auf den Verwandtschaftsgrad) die Nachfolge antritt, z.B. im S.atsgesetz des Vandalenkönigs Geiserich (428–77); – davon abgeleitet frz. Seigneur, Sieur, der →Lehensherr, →Grundherr, v.a. mit staatlicher Gerichtsbarkeit (*s. justicier)*; dann frz. Anrede souveräner Fürsten; Monseigneur, Anrede hoher fürstlicher Persönlichkeiten, der Erzbischöfe, vereinzelt auch des →Dauphin; Monsieur, seit dem 17. Jh. der älteste Bruder des frz. Königs; frz. Sire als Abk. Anrede hoher frz. Lehensträger, seit dem 16. Jh. dem frz. König vorbehalten; – ital. Signore, in der Frührenaissance die lokalen Machthaber in ital. Städten, Adelige oder Fürsten, denen vom Volk die Herrschaft übertragen wurde; Monsignore, Titel der päpstlichen Haus→prälaten; Signoria, Herrschaft, bes. in den spätma. Städten Italiens die des obersten, lebenslänglichen Beamten, Stadtherrn; seit dem 12. Jh. der Kleine Rat von Venedig, v.a. im 14. Jh. die mächtigste Instanz der Republik; seit 1293 der Rat der Republik Florenz (→Gonfaloniere); – engl. Sir, in Verbindung mit dem Vornamen Anrede des niederen engl. Adels, der →Knights und →Baronets; allgem. Anrede höher gestellter Persönlichkeiten, der Offiziere, auch der Mitglieder des kgl. Hauses.

Separation (lat.), ‚Lostrennung', v.a. von Eigenbesitz aus der →Allmende; eines Gebietsteils, (z.B. eines Reichsstands von einem Lande); Separatismus, das zum Zweck der →Autonomie oder des Anschlusses an einen anderen Staat beförderte Bestreben nach Lostrennung, bes. nach dem 1. Weltkrieg die Bewegungen und Tendenzen in mehreren dt. Ländern (Rheinlande, Pfalz, Bayern); die Separatisten scheiterten am Widerstand der Bevölkerung (Rheinische Republik – Schlacht im Siebengebirge 15.11.1923; Pfälzische Republik – Erschießung von J. Heinz aus Orbis 9.1.1924).

F. Grimm, Um Rhein, Ruhr u. Saar, 1935; J. Feil, Bayr. S.mus d. Eisner-Zt., 1939; A. H. Jacob, D. Ende d. S.mus in Dtld., 1940; E. Bischof, Rhein. S. 1918–24, 1969.

Sepoy →Sipahi.

Septemvir (lat. ‚einer von sieben'), Angehöriger der – zeitweilig aus 7 Mitgliedern bestehenden – großen röm. Priesterschaft zur Bewirtung der Götter (*s.i epulones*, seit 196v.); S.altafel, bis 1848, bzw. 1918 das oberste Appellationsgericht in Ungarn und Kroatien.

Septennat (von lat. *septennium* ‚sieben Jahre'), Zeitraum von 7 Jahren, bes. das dt. Reichsmilitärgesetz vom 20.4.1874 (1880, 1886 erneuert, 1890 durchbrochen, 1893 durch das Quinquennat – 5 Jahre – abgelöst), das durch Festlegung der Heerespräsenzstärke das Budgetrecht der Volksvertretung beschnitt und daher im Reichstag, v.a. von liberaler Seite, zuweilen lebhaft bekämpft wurde.

Serasker (pers.), hoher tü. Offizier in Heer und Flotte; bis 1908 Titel des tü. Kriegsministers; Seraskerat, tü. Kriegsministerium.

Serdar (pers.), hoher tü. und ind. Offizier; bis 1922 Titel des engl. Oberbefehlshabers über das Heer Ägyptens und des Sudan.

Serenissimus, Serenitas (von lat. *serenus* ‚heiter', Beiname des röm. Juppiter als Himmels- und Wettergott, seit dem 1. Jhn., Ks. Domitian, 81–96, auf den Herrscher bezogen), seit dem spätröm. Reich Prädikat von Kaiser und Königen, seit dem 14. Jh. der →Kurfürsten, seit dem 18. Jh. aller fürstlichen Häuser, dt. →Durchlaucht; Serenissima = die Republik Venedig.

Sergeant →Sargento Mayor.

Servus, lat. →‚Sklave', mlat. Unfreier, Knecht, auch →Ministeriale; ma. Demutstitel (*s. Dei*, *Jesu Christi*, ‚Knecht Gottes', ‚Diener des Herrn') von Mönchen, Gläubigen, auch Herrschern (z.B. Konstantin d. Gr., Otto III.), bes. seit Gregor d. Gr. (590–604) *s. servorum Dei* ‚Knecht der Knechte Gottes' als Titel allmählich zum Vorrecht des →Papstes geworden; *servitium*, lat. Sklavendienst, Sklavenschaft, mlat. Dienstleistung eines Unfreien (*s. regis* seit fränk. Zeit Naturalleistungen für den König, bes. seine Beherbergung), Abgabe, → Annaten; Servis (frz.), in der NZ. Abgabe oder Entschädigung zur Verpflegung und Unterbringung von Truppen; Servitut, Dienstbarkeit, Knechtschaft.

P. E. Schramm, Ks., Rom u. Renovatio, ²1957.

Sesterz (v. lat. *semis tertius* ,dritthalb, As), röm. Silbermünze (1,13 g), ¼ des →Denar, 2½, seit 130 v. Chr. 4 →As.

Setzschulze →Schultheiß.

Sezession (lat. *secessio* ,Auszug', ,Abwanderung'), freiwilliges Ausscheiden aus einer politischen Gemeinschaft, u.zw. die Abwanderungen der röm. →Plebs auf den Heiligen Berg 494v. (Menenius Agrippa, Errichtung des Volks→tribunats), 449v., 296v. u.ö. während des sog. Ständekampfes, ausgestaltet in den Berichten der röm. Annalistik; der Austritt der 11 Südstaaten der USA. aus der Union 1861 wegen der Sklavenfrage (S.skrieg 1861–65); das Ausscheiden von 28 Abgeordneten aus der dt. Nationalliberalen Partei (anläßl. d. 2. →Septennats) unter E. Lasker (1829–84), deren Gruppe 1884 i. →Freisinn aufging.

Sheriff (ags. *scir-gerêfa* ,Bezirksgraf'; mlat. *vicecomes*), Gerichts- und Domänenbeamter des engl. Königs, der noch in ags. Zeit zum wichtigsten Beamten der Grafschaft wird; im Verlauf des MA. durch den Widerstand der Stände seiner richterlichen und polizeilichen Funktionen entkleidet, bleibt das Amt des S. als von der Krone ernanntes Exekutivorgan weiter bestehen; in den USA. gewählter Verwaltungsbeamter der Grafschaft m. Polizeifunktionen.

Shikken (jap. ,Regent'), eigentlicher Machthaber Japans im Anfang der →Shogun-Zeit 1219–1333, aus der Familie der Hōjō.

Shire (ags.), im ags. England, von Wessex ausgehend, die Grafschaft, nach der normannischen Eroberung →County genannt, → Sheriff.

Shōgun (jap. ,Heerführer'), anfangs Ehrentitel, in der Feudalzeit seit 1192 (Yorimoto) bis 14. 10.1867 militärischer Machthaber, erblicher Hausmeier in Japan, neben dem der →Tennō nur nominell die Regierung führt, zeitweilig vom →Shikken entmachtet. Wiederherstellung des Amtes 1603 (Ieyasu), fortgesetzter Niedergang in der →Sakoku-Zeit. Im Verkehr mit dem Westen (seit der Landung des Commod. M. Perry 7.7.1853) Taikun, engl. Tycoon.

Sicherheit, im politischen Bereich die Unabhängigkeit und Unverletzlichkeit des Staatsgebiets, umfassend, doch nicht wirksam (vgl. den chin.-jap. Krieg 1931, den it.-abessinischen Krieg 1936) garantiert durch die kollektive S. in der Zeit des →Völkerbunds, dessen Satzung für Friedensstörer →Sanktionen vorsah; S.splätze (frz. *places de sûreté*), in den frz. Religionskriegen die den →Hugenotten vorbehaltenen Städte (1570 zunächst La Rochelle, Montauban, Cognac, La Charité); -rat (engl. *Security Council*), die wichtigste ständige Institution der UN (11 Mitglieder, deren 5 ständige das sogen. →Vetorecht besitzen), für die Erhaltung von Frieden und S. in der Welt verantwortlich.

Siegel (von lat. *sigillum* zu *signum* ‚Zeichen'; gr. *sphragis*), der Abdruck eines Typars (Petschaft, Stempel) in einen zunächst weichen, dann erhärtenden Stoff (in neuerer Zeit auch eines Stempels mittels Druckfarbe), oder (seltener) das Typar selbst; es dient (a) als loses Erkennungszeichen, das einer Person als ‚Ausweis' mitgegeben wird; (b) Verschlußmittel zum Schutz gegen unbefugte Einsichtnahme oder Verfälschung (Vers.ung); (c) Beglaubigungsmittel einer →Urkunde (Unter-s.ung). – S. werden schon im At. verwendet, v.a. seit frühgeschichtlicher Zeit in den keilschriftlichen Kulturen des Zweistromlandes (vgl. die für die Kultur- und Kunstgeschichte bedeutsamen Roll-s.), und sind wieder im MA., als die Unterschrift als Beweismittel ausschied, wichtigstes Beglaubigungsmittel, zunächst auf Kg.- und Papst→urkunden (ab 10. Jh. bei Bischöfen und hohem Adel, 11. Jh. bei Klöstern, 12. Jh. Städten, 13. Jh. allgem. bei Adel, →Ministerialen und Bürgern, 14. Jh. bei Bauern). S.-fähig war jeder, doch hing die Beweisqualität von der Stellung des S.-inhabers ab (Häufung von S.n galt als qualitätssteigernd). – S.-stoffe: Ton, gefärbtes Wachs (v.a. im MA.), Blei (bes. in der päpstlichen Kanzlei), Gold und Silber (→Bullen), mit Wachs unterlegtes Papier (seit 14. Jh.), Oblaten (seit 16. Jh.), Lack (seit 16. Jh.); – Gebräuchlichste S.-formen: Rechteck (als Abdruck des Rollzylinders), rund, spitzoval (kirchliche und Damen-s.), schildförmig (zum Schutz dienen Wachsschüsseln oder Kapseln aus Holz, Blech oder Messing. Die Typare sind aus Stein, Kristall, Elfenbein, Eisen, Stahl, Messing. – Befestigungsweise (sofern nicht der Urkunde aufgedrückt): seit dem 12. Jh. an Schnüren oder Pergamentstreifen (Pressel, Striffel) angehängt (Hänge-s.: *anhangend:* Streifen oder Schnur durch Einschnitte des Pergaments gezogen; *abhangend:* Pergamentstreifen bis auf einen Rest von der Urkunde abgeschnitten, also noch Teil der Urkunde). – S.-inhalt: S.-bild (oder in das S.-feld gesetzte Aufschrift) und Umschrift (Legende). – S.-arten: Große S. für wichtige Angelegenheiten (z.B. Majestäts-s.), kleine und Sekret-s. (urspr. für Geheimsachen) für weniger wichtige, Rück-s. (Kontra-s.) auf der Gegenseite des Haupt-s.s als Vorbeugung gegen Mißbrauch und Fälschung. – S.-typen: Schrift-, Porträt-s. (Kopf-, Brust-, Standbild-, Reiter-, Thron-, Majestätstyp), Architektur-s. Wappen-s. (seit Ende des MA. in zunehmendem Maße). – S.-fälschung: unberechtigte Anfertigung eines Typars (nach Entdeckung *verrufen*), -mißbrauch: unberechtigte Verwendung eines echten S.s.

→Sphragistik.

Siglen (lat. *singulae litterae*), → Abbreviatur.

Signatär (frz. von lat. *signum* ‚Zeichen', ‚Unterschrift'), der Unterzeichner eines Vertrags; Signatarmächte, die Staaten, die einer völkerrechtlichen Vereinbarung unterschriftlich beigetreten sind; Signatur *(s.a. apostolica)*, päpstliches Gericht, im 20. Jh. Kassationsgerichtshof aus 6 Kardinälen.

Signet →Urkunde.

Signore, Signoria →Senior.

Silber, häufigstes Münzmetall, daher vereinzelt (vgl. gr., frz.) = Geld; S.-flotte (span. *flotas y galeones*), 16.–18. Jh. die span. Handelsflotte, die jährlich einmal unter Geleitschutz den Güteraustausch mit Amerika besorgte; -währung, seit dem At. einfache →Währung, die auf einer vollwertig geprägten Silbermünze fußt; die S. ist im Lauf des 19. Jh. (wegen der Unsicherheit des sinkenden Silberpreises) von den größeren Staaten aufgegeben worden (Dt. Reich 9.7.1873); -zins, vereinzelt (in Geld entrichteter) →Erbzins.

Simonie, der nach Simon Magus (Apostelgesch. 8,18f.) benannte Handel mit geistlichen Gaben; das urspr. Verbot, gegen Geld Sakramente oder Sakramentalien abzugeben, erweiterte sich bald auch auf geistliche Ämter und bes. deren Verleihung durch weltliche Macht; die Frage der S. spielte eine bes. Rolle im →Investiturstreit, in dem die kirchlichen Reformkreise auch die Einsetzung in ein geistliches Amt durch einen Laien als S. bezeichneten.

A. Leinz, Die S., 1902; H. Meier-Welcker, Die S. im frühen MA., (ZKiG 64) 1953.

Simplum (lat.), der einfache Satz eines Preises, einer Abgabe oder Gebühr, eines zu stellenden Kontingents; entspr. Duplum, Triplum usw., das Doppelte, Dreifache.

Sinn der Geschichte, die entscheidende Fragestellung der →Geschichtsphilosophie (‚Indem wir die Geschichte als diese Schlachtbank betrachten, auf welcher das Glück der Völker, die Weisheit der Staaten und die Tugend der Individuen zum Opfer gebracht werden, so entsteht dem Gedanken notwendig die Frage, wem, welchem Endzweck diese ungeheuersten Opfer gebracht werden'; G. W. F. Hegel), die sich oft mit dem Versuch einer Wesensbestimmung verbindet; im Gegensatz zum zyklischen Geschichtsbild der gr. Stoa (Weltbrand und Wiederkehr) erhebt sich die S.-frage mit der christlichen Geschichtsphilosophie seit Augustinus und erfährt in der NZ. zahllose Antworten; Th. Litt scheidet die S.-deutungen in absolute (mit dem Anspruch auf Wissen um die Zukunft) und relative (durch den jeweiligen Standort bestimmte); A. Wenzl sieht – ohne Zwischenformen auszuschließen – acht mögliche Grundhaltungen: (1) Leugnung jeden S.es (Th. Lessing, 1872–1933, ‚Geschichte als S.-gebung des S.-losen'); (2) die skeptische Haltung, daß der S. nicht erkennbar sei, die u.a. im →Historismus, doch z.B. auch bei J. Burckhardt (1818–97), H. Driesch (1867–1941) zu spüren oder ausgesprochen ist; die Beantwortungen, jeweils nach (a) optimistischem und (b) pessimistischem Gehalt zu scheiden, werden entweder (3) von der Religion her bestimmt (a: von Augustinus, 354–430, in weitem Bogen bis in die NZ. zu F. v. Baader, 1765–1841, J. Maritain, geb. 1882, Chr. Dawson, geb. 1889 – b: einzelne Züge bei N. Berdjaev, 1874–1948, W. Solowjow, 1853–1900). oder (4) als Ergebnis philosophischer Spekulation metaphysisch orientiert (a: in der Philosophie des dt. →Idealismus – b: vgl. E. v. Hartmann, 1842–1906) oder aus dem Lauf der →Geschichte als Gesamtobjekt des →Verstehens abgelesen (a: →historischer Materialismus, →Evolutionismus, Fortschritt – b: O. Spengler, 1880–1936).

A. Wenzl, Die 6 Typen von S.deutungen d. Gesch., Geistige Welt 1946; Th. Litt, D. Wiedererweckg. d. hist. Bewußts., 1956; – N. Berdjaev, D. S. d. Gesch., dt. 1925; F. Meinecke, Vom gesch. S. u. v. S. d. Gesch., [5]1951; H. Heimpel, D. Mensch in s. Gegenwart, [2]1957; R. Wittram, D. Interesse a. d. Gesch., [3]1969; ders., Anspruch u. Fragwürdigk. d. Gesch., 1969; G. Mann u. a., Der S. d. Gesch., 1970; L. Reinisch, Vom S. d. Tradition. 1970; →Geschichtsphilosophie.

Sipahi (pers.), Angehöriger der im 14. Jh. im tü. Reich aus Türken und →Renegaten errichteten Reitertruppe, sowie Bezeichnung des tü. Lehensmanns; berittener Eingeborenensoldat der europäischen Kolonialmächte, in Indien auch Fußsoldat, engl. Sepoy (Aufstand 1857).

Sippe (germ. *sibja* zu lat. *suus*), die germ. Form der Großfamilie (im wissenschaftlichen Sprachgebrauch auch auf andere Völker übertragen), zunächst als Agnatenverband die von einem Stammvater abstammenden Männer *(feste S.)*, dann auch die durch Eheschließung verbundenen Familien *(wechselnde S.)*, als Friedens- und Schutzgemeinschaft (→Blutrache, frei, Fehde, Wergeld) Rechtsverband (→Munt), Einheit der Wehrgliederung und Siedlungsgemeinschaft (als politische Einheit →Klan); ihrem Charakter nach →genossenschaftlich, wurde die S. im Lauf des MA. durch andere, staatliche und kirchliche Bindungen verdrängt, lebt nur in der Tradition der Adelsgeschlechter fort; S.nforschung →Genealogie.

F. Genzmer, ZRG. GA 1950; →Rechtsgeschichte.

Sir, Sire →Senior.

Sitonie (gr. von *sitos* ‚Getreide'), in gr. Städten, v.a. späthellenistischer Zeit das →leiturgische Amt des Einkäufers von Nahrungsmitteln, v.a. Getreide für die Bürgerschaft.

Sittengeschichte als Darstellung der Sitten (lat. *mores maiorum*, frz. *moeurs*), d. h. der durch Herkommen geformten zwischenmenschlichen Verhaltensweisen (bewußt tradiertes Brauchtum im staatlichen und privaten Bereich), der Sache nach so alt wie die Geschichtsschreibung selbst (→auch Ethnographie), als notwendiges Thema der Geschichtsschreibung erneut betont von Voltaire (1694–1778); im 19. Jh. mit der Diskussion des →Kulturbegriffs (F. Guizot, 1787–1874: *histoire de la civilisation*) in dem umfassenderen Begriff der →Kulturgeschichte aufgegangen.

→Darstellung, Kulturgeschichte.

Skalde (altnord. ‚Sprecher'), Dichter und Sänger des nordischen Raums (v.a. Norwegens und Islands) seit dem 9. Jh., seit dem 10. Jh. auch als Beruf.

Sklave (mlat. *sclavus*) = Slawe, seit dem 9. Jh. →Unfreier, →Leibeigener, i. nz. Sprachgebrauch auf die unterste Stufe personeller Abhängigkeit entspr. lat. *servus* (gr. *dulos*) beschränkt; danach ist der S. im Unterschied zu dem nur zu Leistungen unterschiedlichen Ausmaßes verpflichteten →Leibeigenen frei verfügbares Eigentum seines Herrn; das Institut der S.rei, in zahlreichen Frühkulturen unter jeweils verschiedenen Bedingungen und Rechtsformen unabhängig ausgebildet, erscheint der gr.-röm. Kultur naturgegeben, erst das →naturrechtliche und →freiheitliche Denken der →Aufklärung (→Abolitionismus, Emanzipation) beseitigt es grundsätzlich; entstanden und weiter aufrechterhalten durch Kriegsgefangenschaft, auch durch Erblichkeit (verschiedener Formen), Raub, Selbst- und Schuldverkauf, ist die S.rei zu allen Zeiten eng mit der wirtschaftlichen Entwicklung verflochten (Förderung der Latifundien, bzw. Plantagenwirtschaft; Hemmung der Technisierung und Industrialisierung zufolge des Angebots an billiger Arbeitskraft); die Stellung und Behandlung der S.n, deren Zahl v.a. für das At. häufig überschätzt wird, weist große Unterschiede auf, schon im At. stehen neben den Bergwerks- und Landarbeitern Stadt- und Staatss.en als Beamte, S.n als selbständige Geschäftsleute mit der Möglichkeit zur Vermögensbildung und S.nbesitz (→auch Freigelassene); der Austritt aus der S.erei erfolgt durch Loskauf oder → Freilassung (mit bes. großzügiger Gewährung politischer Rechte bei den Römern), das Los der S.n mildert sich unter dem humanitären Einfluß des Christentums und des Islam, bis der S.n-handel des 16.–19. Jh. eine erneute Verschärfung bringt (→auch Negerfrage); die endgültige Abschaffung der S.erei erfolgt im 19. Jh. (zuletzt USA 1865, Brasilien 1888); S.n-halter, im historischen Materialismus die herrschende Klasse des At. (die These von einer Revolutionierung der antiken Gesellschaft durch den Aufstand der S.n ist heute praktisch auch von der kommunistischen Wissenschaft aufgegeben); -kriege, zusammenfassende Bezeichnung der großen S.naufstände 140–70v. in Kleinasien, Sizilien, Italien, die nicht mehr als zusammenhängende organisierte proletarische Bewegung angesprochen werden.

R. Pfaff-Giersberg, D. S.rei, 1932; W. L. Westermann, RE S VII, 1935; S. Lauffer, Abh. Mainz 1955f.; J. Vogt, Abh. Mainz, 1953, 1957; ders., Wege z. Menschlichk. in d. ant. S.rei, 1958; E. M. Staermann, Die Blütezeit d. S.wirtschaft i. d. Röm. Rep., 1969; J. Vogt, Sklaverei und Humanität, [2]1972; N. Brockmeyer, Bibl. zur ant. S.rei, 1971.

Skrutinium (von lat. *scrutari* ‚erforschen'), Feststellung eines Tatbestandes (im Inquisitionsverfahren); Wahl (geheime Abstimmung des Domkapitels bei der Bischofswahl), bes. Listen-s. (frz. *scrutin de liste*, Gegensatz *scrutin d'arrondissement*) Listen→wahl, in Frankreich (v.a. 1881) nach Départements.

Skuptschina (serb. ‚Volksversammlung'), seit 1807 die serb., seit 1918 die jugoslawische Volksvertretung.

Skythen, über den Namen des eigentlichen Volkes hinaus in den Quellen des At. die Völker im ukrainisch-russisch-sibirischen Raum (in der Spätantike die Goten, Hunnen usw.), allgem. Barbaren aus dem Norden; bes. im klassischen Athen die Polizeitruppe von 1000 Staatssklaven.

Slawophile (gr. ‚Slawenfreunde'), Gruppe der ru. Intelligenz etwa 1840–60, die im Gegensatz zu den liberalen und z.T. sozialistischen Westlern (ru. *sapadniki;* W. G. Belinskij, 1811–48, A. Herzen, 1822–70, u.a.) die Ansicht vertraten, daß in den kulturellen, wirtschaftlichen, politischen Entscheidungen der Zeit die Slawen ihren eigenen Weg, nicht den des Westens zu gehen hätten.

N. V. Riasanovsky, Russia and the West in the Teaching of S.s, 1952.

Sobor (ru.), allgem. slaw. Versammlung, bes. die ru. Ständeversammlung des 16./17. Jh., → Semstwo; Sobranje, die bulgarische Volksvertretung.

Socii (lat. zu *sequi* ‚folgen'), Genossen, →Bundesgenossen, bes. in der röm. Republik die Angehörigen der Wehrgemeinschaft der autonomen italischen Gemeinden; Angehörige einer *societas* (frz. *société*, engl. *society*, dt. auch *Sozietät*), →Gesellschaft, →Genossenschaft, →Gewerkschaft; → Sozial-.

Sold (zu lat. *solidus*, ‚fest', die durch Konstantin d. Gr., 306–37n., für Jahrhunderte stabilisierte Goldmünze, 1/72 des röm. Pfundes, gr. Nomisma; mlat. → Schilling, vgl. frz. Sou, 1/20 des frz. Livre, dann des Franc, im 19. Jh. ebenso wie it. Soldo 5 Cent.), Entgelt für geleistete (Kriegs-) dienste; dav. S.at (it. *soldato*), urspr. der S., dann seit dem 17. Jh. der (geworbene) Krieger, der gemeine Mann (im Gegensatz zum Offizier), in neuerer Zeit ohne Abwertung (vgl. it. S.ateska) nur als Berufs- und Standesbezeichnung (im Gegensatz zum Zivilisten) auch mit Betonung der Standesehre (vgl. s.atisch), doch kaum im militärisch-technischen Bereich verwendet; S.aten-handel, die im 17./18. Jh. geübte Vermietung von Truppen durch den Landesherrn v.a. für frz. und engl. Kriegsdienste; -kaiser, die röm. Ks. (193)235–284n., deren Epoche durch raschen Thronwechsel aufgrund der →imperatorischen →Akklamation, innere Wirren, verstärkten Druck von außen und allgem. Niedergang des Reiches gekennzeichnet ist; -rat →Sowjet; Söldner, der geworbene, um S. dienende Krieger im Gegensatz zu dem aufgrund einer Lehns- oder Wehrpflicht dienenden, auch in älteren Zeiten (gr. *xenos*, lat. *mercennarius*).

Ph. Losch, D. S.atenhandel, 1933; - H. W. Parke, Greek Mercenary Soldiers, 1933; G. T. Griffith, The Mercenaries of the Hell. World, 1935; - F. Altheim, Die S.atenkaiser, 1939; ders., D. Niedergang d. Alten Welt, 1952.

Sölde →Selde.

Solidarität (frz.), allgem., v.a. im marxistischen Sprachgebrauch, die durch Gemeinsamkeit der Interessen bedingte innere Geschlossenheit einer Gruppe oder →Klasse; in der kath. Soziallehre das von H. Pesch (1852–1926) formulierte Prinzip einer von Natur (nicht durch Vertrag) gegebenen wechselseitigen verantwortlichen Bindung von Mensch und Gemeinschaft: *Einer für alle und alle für einen* (Solidarismus); – S. der Arbeiterklasse →Klassenbewußtsein.

→Subsidiarität.

Sonder-bund, Bündnis der kath. Schweizer →Kantone (Urkantone, Luzern, Freiburg, Zug) im August 1843 nach Aufhebung der Klöster durch die →Tagsatzung; diese beschloß am 20.7.1847 Aufhebung des S.-bunds, was zum S.-bundskrieg 1847/48 und zu einer bundesstaatlichen liberalen Verfassung für die Schweiz führte; -gemeinde, Teilgemeinde mit eigener Verfassung und Verwaltung innerhalb eines größeren Gemeinwesens, z.B. ehemalige Dörfer im →Weichbild einer →Stadt, nun Vorstädte, auch →Gilden und →Zünfte; -gut, Gut, das nicht einem →Fronhofs- oder

Dorfverband angehörte, oft im Besitz eines freien Bauern; -mann, ein seinem Herrn unmittelbar unterstehender →Grundholde oder →Leibeigener, der nicht einer →Genossame angehörte, oder →Freier, meist → Meier oder →Erbpächter.

Sonntagsbuchstabe (mlat. *littera dominicalis*), gem. der ma. Übung, die Tage des Jahres fortlaufend mit den Buchstaben A-G zu kennzeichnen, der Tagesbuchstabe des ersten Sonntags im Jahr.

Sophisten (gr. ‚Weisheitslehrer'), bes. die Träger einer im Athen des 5. Jhv. zentrierten, v.a. aus der Polemik Platons (427–347v.) bekannten philosophisch-pädagogischen Bewegung (Protagoras v. Abdera, 480–410, Gorgias v. Leontinoi, 483–375, Thrasymachos v. Chalkedon u.a.), die u.a. durch die Begründung der Lehren vom →Naturrecht, dem →Gesellschaftsvertrag und allgem. der gr. Staatslehre geschichtlich bedeutsam wurde; die sogen. Zweite Sophistik der röm. Kaiserzeit beschränkt sich auf den Bereich rhetorisch-philologischer Bildung.

W. Nestle, Gr. Geistesgesch., 1944; M. Untersteiner, I sofisti, 1949; K. F. Stroheker, D. Anfänge d. monarchischen Theorie in d. S.ik, Historia 1954.

Soter (gr. ‚Erretter', im NT. ‚Heiland'), kultischer Beiname heroisierter Griechen und hellenistischer Herrscher; S.ien, gr. Dankfest.

A. Deißmann, Licht v. Osten, 1908 u. ö.; F. Taeger, Charisma, 1957/60.

Sotnje (ru. ‚Hundertschaft'), militärische Einheit im alten Rußland und bei den Kosaken, etwa Schwadron.

Souveränität (frz. *souverain* ‚der oberste', daher Souverän, der Monarch; Souverain, Sovereign, Goldmünze mit dem Bild des Königs, v.a. in England seit Heinrich VII. im 16., 19., 20. Jh. = 1 Pfund Sterling), die Staatsgewalt, sofern sie nach innen und außen – daher ist staatsrechtliche und völkerrechtliche S. zu scheiden – die oberste und schlechthin unabhängige Gewalt ist. Der Begriff wurde während der frz. Bürgerkriege des 16. Jh. entwickelt von J. Bodin (1530–96) in Abwehr des Königtums gegen die Macht der Stände, nach außen gegen etwaige Ansprüche von → Kaiser und →Papst, wobei nur die Bindung an das göttliche und an das Naturrecht zunächst noch anerkannt bleibt. Gegenüber der Lehre von der göttlichen Einsetzung des Souveräns formuliert dann J. J. Rousseau (1712–78) die Lehre von der Volks-s., die als solche oder als S. der Nation den meisten modernen Staatsverfassungen zugrunde liegt. – Von der höchsten Gewalt des Staates ist nach G. Jellinek die Frage nach der höchsten Gewalt im Staate zu scheiden; nach E. R. Huber kommt sie dem zu, der über die Streitmacht gebietet, nach C. Schmitt dem, der über den Ausnahmezustand befindet. (Vom juristischen Befund ist soziologisch die tatsächliche Entwicklung zu trennen, so konnte z.B. H. J. Laski die Parteibürokratie als wirklichen Inhaber der S. bezeichnen). Zur Einschränkung der allgewaltigen S. dienen das Mehrparteiensystem, die Scheidung in Regierung und Opposition, Grundrecht, Gewaltenteilung usw. – Auch der internationale Begriff der S. liegt im Grenzbereich des Juristischen und des Tatsächlichen: die juristisch anerkannte S. der Staaten, d.h. ihr Recht, über sich frei von äußeren Einmischungen zu erkennen, ist etwas anderes als ihre faktische Unabhängigkeit, die heute nur noch wenigen in vollem Maße gegeben ist, die wirtschaftlich völlig autark sind und über das Monopol der Produktion der entscheidenden Waffen verfügen.

J. Bodin, Six livres de la république, 1576; J. J. Rousseau, Le contrat social, 1762; A. Dock, Der S.sbegriff bis Friedr. d. Gr., 1897; G. Jellinek, Allgem. Staatsl., [3]1914, ND 1966; E. v. Hippel, Gesch. d. Staatsphil., [2]1969; H. Quaritsch, Staat u. S., 1970; H. Kurts (Hrsg.), Volkss. u. Staatss., 1971.

Sowjet (ru. ‚Rat'), die ru. Form des im →Sozialismus und →Marxismus des 19. Jh. geforderten (in der Pariser Kommune 1871 und der dt. Revolution 1918 in Ansätzen verwirklichten) Rätesystems, nach dem gewählte Vertreter der Betriebe usw. die gesamte revolutionäre Macht ausüben; in den ru. Revolutionen von 1905 und 1917 (mit der Parole: ‚Alle Macht den S.s!') sind die Arbeiter-, Soldaten- und Bauernräte (-s.s) von so entscheidender Bedeutung (‚Lenin analysierte die Erfahrungen der ru. Revolutionen von 1905 und 1917 und zeigte, daß die vom revolutionären Schöpfergeist der Massen geschaffenen S.s die politische Form der →Diktatur des →Proletariats darstellen', S.-enzyklopädie 1959), daß der Begriff, obwohl die Organisationsform in der Folge an Bedeutung verliert, seit 1936 auch in der offiziellen Bezeichnung der parlamentarischen Körperschaften der UdSSR erscheint, v.a. Oberster S., Parlament der UdSSR, dessen Vorsitzender des Präsidiums zugleich die Funktionen des Staatsoberhauptes wahrnimmt; S.isierung, wie Bolschewisierung die Übertragung des politischen und wirtschaftlichen Systems der UdSSR auf ein anderes Land; Sowchos (ru. ‚s.-ische Wirtschaft'), staatlicher landwirtschaftlicher Großbetrieb, mit Landarbeitern umgetrieben, die wie Industriearbeiter entlohnt werden, während die kleineren →Kolchosen genossenschaftlich organisiert sind.

G. v. Rauch, Gesch. d. bolsch. Rußld., 1956; O. Anweiler, D. Rätebewegg. in Rußland 1905–21, 1958; D. Geyer (Hrsg.), Osteuropa-Hdb., 1972ff.

Sozial-demokratie, nach einer frz. Prägung (1843) von A. Ruge (1803–80) 1849 übernommen, von A. Bebel und K. Liebknecht 1869 für ihre *S.demokratische Arbeiterpartei* aufgegriffen, ist der Begriff zu einer Sammelbezeichnung für die Arbeiterparteien (→Arbeiterbewegung) in den meisten europäischen Ländern geworden, die im Gegensatz zum →Kommunismus ihre s.istischen Ziele durch parlamentarisch-demokratische Betätigung zu erreichen suchen. Die dt. S.demokratie geht aus F. v. Lassalles national orientiertem *Allgem. Dt. Arbeiterverein* von 1863 mit seiner s.istischen Zielsetzung im Rahmen des bestehenden Staates und aus der international gerichteten marxistischen Partei Bebels und Liebknechts hervor. Nach der Fusion in Gotha, Mai 1875, siegte nicht zuletzt unter dem Druck von Bismarcks S.istengesetz, Okt. 1878, die internationale marxistische Richtung (Erfurter Programm der ‚SPD' 1891). Im 1. Weltkrieg arbeitete, seit den letzten Jahren des 19. Jh. unter dem Einfluß des →Revisionismus, die SPD wie alle nationalen Gruppen der S.-demokratie mit der bestehenden Regierung und – nach Abspaltung des linken Flügels (USPD 1917, KPD 1919) – als Regierungspartei in der Weimarer Republik auch mit den bürgerlichen Mittelparteien zusammen (Weimarer Koalition). Nach Ablehnung des Ermächtigungsgesetzes 1933 verboten, wurde sie 1945 unter K. Schumacher neu gegründet. Die dt. SPD ist heute nur noch in der Bundesrepublik (nicht in der sog. DDR) selbständig und bekennt sich mit einem gemäßigten S.programm im Sinne des →Revisionismus zur parlamentarischen Demokratie; -gesetzgebung →Arbeiterschutz, Sozial-politik, -staat; -partner (von engl. ‚Teilnehmer', ‚Genosse'), Sammelbezeichnung für Arbeitgeber und -nehmer und deren Verbände; der Begriff will im Gegensatz zum Klassenkampfgedanken das Zusammenwirken bei einer gemeinsamen Aufgabe, Mitverantwortung, gegenseitiges Vertrauen und menschliche Achtung betonen; -politik, um 1840 von W. H. Riehl (1823–97) eingeführt, begreift die Gesamtheit aller Maßnahmen des Staates oder anderer Gemeinschaften (→Genossenschaften, →Gewerkschaften) mit dem Ziel, die s. schwachen Volksschichten vor Not zu bewahren und ihre allgem. Lage v.a. durch →Arbeiterschutz, Versicherungswesen und Umverteilung der Besitz- und Einkommensschichtung zu bessern. In der Theorie (→Sozialismus) wetteiferten die s.istischen, die christlich-konservativen Lehren und der →Katheders.ismus. In der Praxis bildete bes. England seit 1802 den Arbeiterschutz aus, Deutschland wurde durch Bismarcks S.versicherung vorbildlich. Im 20. Jh. sind v.a. das Arbeitsrecht (Tarifvertragswesen und Mitbestimmungsrecht → auch Gewerkschaften) Gegenstand der S.-politik. Die beiden Weltkriege stellten mit der Frage der Kriegsschäden, Kriegsopfer-, Heimkehrer- und Vertriebenenversorgung neue Aufgaben; -revolutionäre, ru. Partei (als Begriff seit 1878) mit agrarkommunistischen Zielen, 1901 konstituiert, Juli 1918 von Lenin liquidiert; -staat, sucht im Unterschied zum s.istischen (→S.ismus) oder Wohlfahrtsstaat die s.en Spannungen unter Wahrung der persönlichen Initiative und Verantwortung und unter Erhaltung des Privateigentums zu beseitigen (das GG Art. 20, 28 spricht vom ‚s.en Rechtsstaat').

F. Mehring, Gesch. d. dt. Soz.dem., [5]1960; R. Lipinski, Die dt. Soz.dem. von ihren Anfängen bis z. Gegenwart, 1937f.; W. Mommsen, Dt. Parteiprogr. vom Vormärz bis z. Gegenwart, [2]1964; H. Heidegger, Die dt. Soz.dem. u. d. dt. Staat, 1956; G. Nenning, Realisten oder Verräter?, 1976; – G. Albrecht, Vom Klassenkampf z. s.en Frieden, 1932; L. Heyde, Abriß d. S.politik, [12]1966; E. Michel, S.gesch. d. industriellen Arbeitswelt, [4]1960; Adolf Weber, D. Kampf zw. Kapital u. Arbeit, [6]1954; F. Balser, S.-Demokratie 1848/49–1863, 1963; G. W. Brück, Allgem. S.-politik, 1976.

Sozialgeschichte, auch Gesellschaftgeschichte, seit dem Ende des 19. Jh. Zweig der Geschichtswissenschaft, der – oft in Verbindung mit →Wirtschaftsgeschichte – die gesellschaftlichen Strukturen und ihre Veränderungen untersucht. Die S. berücksichtigt die Methoden, Sehweisen und Ergebnisse der → Soziologie und bedient sich in neuerer Zeit zunehmend der vergleichenden Geschichtsbetrachtung mehrerer Kulturen.

R. v. Pöhlmann, Gesch. d. sozialen Frage u. d. Sozialismus i. d. antiken Welt [3]1925; O. Brunner, Neue Wege der S., 1956; H. Kellenbenz, Probleme d. dt. S., 1961; K. Schilling, Gesch. d. soz. Ideen, [2]1966; H.-U. Wehler (Hrsg.), S. heute, 1974. →Sozial-.

Sozialisierung, Vergesellschaftung als Forderung des →Sozialismus; die vollständige oder teilweise Überführung ‚derjenigen wirtschaftlichen Güter, die wie Grund und Boden, Bergwerke, Fabriken, Maschinen usw. zu Erzeugung neuer Güter geeignet sind, in den Besitz der Allgemeinheit (Genossenschaften, Körperschaften, Staatsbesitz)' (K. Vorländer); in England und Frankreich = Nationalisierung (als Verstaatlichung).

E. R. Huber, Wirtsch.verwaltungsrecht, [2]1954; N. Konegen, G. Kracht, Sozialismus u. S., 1975. →Sozialismus.

Sozialismus (von lat. *socius* ‚Genosse'), 1803 von Giuliani geprägter Begriff, in Frankreich von Joucières 1832 aufgenommen, in Dtld. seit 1841 durch A. L. v. Rochau verbreitet, bis ins 20. Jh. mit →Kommunismus gleichbedeutend, ist heute in seinen unterschiedlichen Ausprägungen schwer zu definieren. Die umfassende Bewegung des modernen S., Folge des nz. →Industrialismus, erstrebt eine antikapitalistische, institutionell gesicherte Gesellschaftsordnung, die bes. durch gerechte Teilhabe an den materiellen Gütern die Freiheit und das diesseitige Glück aller gewährleisten soll. Durch Gesamtplanung der Wirtschaft und Überführung wichtiger Zweige in Gemeinbesitz (→Sozialisierung) soll das Gemeinschaftsziel der sozialen Gerechtigkeit dem individuellen Macht- und Gewinnstreben übergeordnet werden. Während der kritisch-utopische Früh-S. (vor K. Marx) in England und Frankreich (Ch. Owen; H. de Saint-Simon, R. Fourier u.a.) sich auf die praktische Beseitigung der Mißstände oder auf die gesellschaftliche Anklage und Beschreibung der Mittel zur Heraufführung des Idealzustandes beschränkte, bestimmte K. Marx mit seinem auf dem materialistischen Atheismus beruhenden wissenschaftlichen S. die Bewegung als Teil eines historisch-ökonomischen Prozesses und leitete daraus den zur Weltrevolution und zur ‚Diktatur des Proletariats' führenden internationalen →Klassenkampf ab (→Internationale, Marxismus, Kommunismus). Christlicher und ethischer S. (→Katheder-S.) haben zwar noch im 19. Jh. durch Herbeiführung einer fortschrittlichen Sozialgesetzgebg. segensreich gewirkt, konnten aber die →Arbeiterschaft, die unter den Einfluß des marxistischen S. geriet, nicht gewinnen. Als Folge der nach 1900 einsetzenden, mit der ru. Revolution 1917 unwiderruflichen Spaltung des internationalen S. in den radikalen, revolutionären →Kommunismus und den gemäßigten →Revisionismus (E. Bernstein; *Labour Party*) setzte sich in den nichtkommunistischen Ländern der evolutionäre S. durch, der sich zum freiheitlichen demokratisch- parlamentarischen Staat, zu schrittweisen sozialen Reformen und zur Eingliederung der Arbeiterschaft in die bestehende Gesellschaft bekennt, aber seit 1945 unter dem Eindruck der fortschreitenden sozialen Umschichtung auch gezwungen ist, immer weiter von seinem urspr. marxistischen Wirtschaftsprogramm abzurücken (Teilverstaatlichung, Mitbestimmungsrecht).

W. Sombart, Der prolet. S., 1924; M. Beer, Allgem. Gesch. des S. u. d. soz. Kämpfe, [7]1931; E. Reichel, Der S. d. Fabier, 1947; J. A. Schumpeter, Kapitalismus, S., Demokratie, [2]1950; Th. Ramm, D. großen Sozialisten, 1955ff.; ders., D. Früh-S., [2]1968; H. Flohr u.a. (Hrsg.), Freiheitl. S., 1973; M. Hahn (Hrsg.), Vormarxist. S., 1974.

Soziologie, (lat.-gr.) von A. Comte (1798–1857) geprägte Bezeichnung für die Wissenschaft von der →Gesellschaft in ihrer sozialen Statik (Lehre von den Zuständen) und Dynamik (Entwicklungen). Die Möglichkeit, im Dienst des →Fortschritts mit naturwissenschaftlicher Methode ‚positive' Gesetze in Gesellschaft und Geschichte aufzudecken (H. Taine, →Milieu), wird in der methodischen Diskussion stark eingeschränkt oder bestritten (W. Dilthey, M. Weber, E. Troeltsch, →Verstehen), doch kennzeichnet einen Teil der modernen, v.a. der am. S. weiterhin das empirische Verfahren bei Spezialfragen (Statistik, Fragebogen, Interview, kritisiert von P. Sorokin), die enge Verbindung zu den Naturwissenschaften (Biologie, Anthropologie u.a.) und das Ziel der Zukunftsgestaltung. Die europäische S. des 19. Jh. (H. T. Buckle 1821–61, H. Spencer 1820–1903) zieht zunächst als Synopse der Sozialwissenschaften die Geschichte als Hilfswissenschaft heran, während die Geschichtswissenschaft die seit dem At. gepflegte Behandlung des Gesellschaftlichen (Platon, Ibn Khaldun, Macchiavelli. G. B. Vico u.a.) mit dem Vordringen der sozialen Frage intensiviert (L. v. Stein 1815–90, vgl. die Kritik H. v. Treitschkes, 1834–96), den Einbruch naturwissenschaftlichen Denkens jedoch bekämpft (J. G. Droysen, 1808–84). Gegenseitige Anregung fördert die Betonung der Kulturgeschichte (K. Lamprecht, →Morphologie) und wirkt weiter in der Proklamierung der Kulturwissenschaften (M. Weber, 1864–1920, S. als Typologie der Geschichte), Kultur-s., Geschichts-s. (A. Weber, 1868–1958). Die marxistische Theorie lehnt die S. als ‚Wissenschaft der Verfallszeit' bürgerlicher Ideologien ab (G. v. Lukacz, geb. 1885).

A. Comte, S. I, dt. 1923; H. Spencer, The Study of S., [4]1880; H. v. Treitschke, D. Gesellschaftswiss., [2]1927; J. G. Droysen, Historik, [6]1971; W. Dilthey, Ges. Schr. I, 1935; O. Hintze, S. und Geschichte, [2]1964; – M. Weber, Ges. Aufs. z. S., 1924; ders., Wirtsch. u. Ges., [5]1972; Alfred Weber. Abschied v. d. bisher. Gesch., 1946; ders., Kulturgesch. als Kultur-s., ND 1960; L. v. Wiese, S., [9]1971; R M. McIver, in: Encycl. of Soc. Sc. 14, 1949; P. Sorokin, Kulturkrise u. Gesellschaftsphilos., dt. 1953; ders., Fads and Foibles in mod. S., 1956; J. Rumney, J. Maier, S., dt. [2]1956; G. Eisermann, D. Lehre v. d. Gesellsch., [2]1969; F. Jonas, Gesch. d. S., [2]1970; G. Simmel, Grundfr. d. S., [3]1970; G. Hartfiel, Wörterb. d. S., 1972; R. König (Hrsg.), S., [16]1976.

Spahi = →Sipahi.

Spanndienste →Frondienste.

Spartakisten, nach dem thrakischen Sklaven Spartakus, dem Führer des großen röm. Sklavenaufstands 73–71 v., 1917 benannte radikalsozialistische Bewegung unter R. Luxemburg (1875–1919) und K. Liebknecht (1871–1919; beide in Berlin ermordet); aus den S., die in Dtld. nach sowjetischem Muster eine Räterepublik einführen wollten, entstand Anfang 1919 die Kommunistische Partei Deutschlands.

P. Nettl, Rosa Luxemburg, 1968; Giselher Schmidt, Spartakus, 1971.

Spätantike →Antike.

Spatenrecht →Deichlast.

Spatharius (von gr. *spathe* ‚Spaten', ‚großes, breites Schwert' – dav. ital. *spadone*, frz. *espadon* der →Zweihänder, span. *espadila*, *espadon*, span. Degen, v.a. des 16. Jh.), ‚Schwertträger', Leibwächter des byz. Kaisers; auch byz. Hoftitel, v.a. Proto-s. (vereinzelt auch im Westen, z.B. bei Otto III., Schwertträger des Monarchen).

Speaker (engl. ‚Sprecher'), Vertreter des engl. →Unterhauses vor dem König, Vorsitzender bei den Sitzungen, vom Unterhaus gewählt, seit dem 19. Jh., unparteilich, besoldet; auch Vorsitzender des Repräsentantenhauses der USA, sowie in Parlamenten der Dominions.

Spenditor (lat.), ‚Ausleger', Zahlmeister.

Speziestaler, der →Taler des 16.–19. Jh., sofern er nicht Rechnungsmünze, sondern als ‚hartes' Geld tatsächlich (nlat. *in specie* ‚in Gestalt') ausgeprägt ist.

Sphragistik (zu gr. *sphragis*), → ‚Siegelkunde', als →Hilfswissenschaft der Geschichte Teil der → Urkundenlehre, seit dem 19. Jh. v.a. unter kunstgeschichtlichen Gesichtspunkten auch Gegenstand eigener Studien.

Th. Ilgen, S., (Grundr. d. Gesch.wiss., hrsg. v. A. Meister, I, 4) ²1912; W. Ewald, Siegelkunde, (Hb. d. ma. u. neueren Gesch., hrsg. v. G. v. Below, F. Meinecke, IV) 1914 (bestes Werk); E. Frh. v. Berchem, Siegel, ²1923; K. R. Pawlas, Hb. d. S., 1964. – →Urkundenlehre.

Spiegel (aus lat. *speculum* über mlat. *speglum*), im Sinne von Beispiel, Muster oder Vorbild im MA. und der frühen NZ. Titel von Büchern lehrhaften Inhalts, z.B. →Fürsten-s. Als S. des Rechts werden etwa 1200–1500 Darstellungen geltenden dt. Rechts bezeichnet, bes. die Land- u. Lehnrechtsbücher: (a) *Sachsen-s.*, das bedeutendste dt. Rechtsbuch des MA., verfaßt um 1225 von dem anhaltischen Schöffen Eike von Repchow; er erhielt im 14. Jh. gesetzesgleiche Kraft in Norddtld. und Osteuropa, war durch die nachgenannten, von ihm abhängigen Rechtsbücher auch in Mittel- und Oberdtld. von großem Einfluß; (b) *Deutschen-s.* (‚S. dt. Leute'). eine um 1265/76 vermutlich in Augsburg entstandene Bearbeitung des Sachsen-s.s für süddt. Verhältnisse; das unvollendete Werk wurde 1275/76 im (c) ‚*Schwaben-s.*' von einem Augsburger Minoriten zu Ende geführt; dieser nennt sich selbst *Land- und Lehnrechtsbuch*, heißt später *Kaiserrecht* und will gemeindt. Recht darstellen (als Schwaben-s. erst – zu Unrecht – seit dem 17. Jh. bezeichnet); (d) ‚*Franken-s.*' (erst seit dem 20. Jh.), etwa zwischen 1328 und 1338 unter Benutzung des Schwaben-s.s und örtlicher Quellen in Hessen entstanden, beschäftigt sich bes. mit dem Kaiserrecht, daher *Das kleine Kaiserrecht* genannt.

G. Homeyer, D. dt. Rechtsbücher d. MA., 1856, ³1931/34; – →Rechtsgeschichte.

Spiel-graf (mhd. *spil*, ‚Tanz', Zeitvertreib), Vorsteher (und Gerichtsherr) der Fahrenden und S.-leute, in süddt. Ländern bis in die NZ. auch als Erbamt und

Reichslehen; -leute, die Fahrenden (→ auch Vaganten) des MA und der frühen NZ., (a) die Nachfahren des germ. *skop* (Sänger bei Hof), (b) die Gaukler, Possenreißer usw. *(ioculatores)*. Ihr unehrbares Gewerbe (,sie nemen Gut für Ehre') und unehrenhafter Lebenswandel macht sie in der ständisch religiös bestimmten Gesellschaft nur beschränkt rechtsfähig. Von den →Zünften ausgeschlossen, organisieren sie sich zünftig in sog. ,Königreichen' mit eigenem Recht und eigener Gerichtsbarkeit (z.B. das Pfeiferkönigreich des alem. Elsaß mit Pfeifergericht in Rappoltsweiler). Vom *losen spilmann* abgehoben ist der S.-mann der früh- und hochhöfischen Zeit.

Spill-lehen, -magen →Kunkellehen-, -magen.

Spittler →Gebietiger, vgl. → Hospes.

Spiritualien (lat.), die einem kirchlichen Amt zustehenden geistlichen Befugnisse, im Gegensatz zu den Temporalien, dem Grundbesitz oder der Ausstattung einer Kirche mit Gütern und Rechten (Benefizium → Praebende).

Spoils system (am. ,Beutesystem'), seit Anfang des 19. Jh. in den USA aufgekommener Brauch, öffentliche Ämter Angehörigen der siegreichen Partei zuzuwenden; heute auch allgem. Bezeichnung für entsprechende Mißstände in Politik und Verwaltung.

Spolienrecht *(ius spolii* von mlat. *spolium* ,Hausgerät'), im ma. dt. Reich Verfügungsgewalt des Kg. über den beweglichen Nachlaß eines geistlichen → Reichsfürsten (soweit er mit Rechten und Mitteln des → Reichskirchenguts erworben wurde), auf das →Eigenkirchenrecht zurückzuführen. V.a. in der frühen Stauferzeit angewendet, wurde das S. von Friedrich II. in der *Confoederatio cum principibus ecclesiasticis* 1220 aufgegeben, von der →Kurie im späteren MA., v.a. von Avignon aus, beansprucht.

G. Waitz, Forsch. z. dt. Gesch. 13, 1873; J. Kaps, D. Testamentrecht d. Weltgeistlichen u. Ordenspersonen, 1958; E. Schwader, ZRG. GA. 84, 1967. – →Kirchengeschichte.

Sponton (frz. *esponton*, it. *spontone* zu mlat. *expunctare*), Halbpike, Stich- und Paradewaffe der Offiziere des 17./18. Jh.

Sprachen-streit, der Streit um die Amtssprachen in den Ländern der österr.-ung. Monarchie, der v.a. (nachdem der Versuch Josefs II., 1780–90, gescheitert war, in Ungarn die lat. durch die dt. Amtssprache zu ersetzen) nach 1867 in Böhmen und Mähren entflammte, in den S.-verordnungen des Ministerpräs. Gf. Badeni 1897 (Zweisprachigkeit der Beamten) ihren Höhepunkt erreichte und nur in Mähren durch den →Ausgleich von 1905 beigelegt werden konnte.

B. Sutter, Die Badenischen S.verordnungen von 1897, 1960; R. A. Kann, Werden u. Zerfall d. Habsburgerreiches, dt. 1962.

Squire = →Esquire, allgem. Kavalier, Landedelmann, in den USA vereinzelt auch Friedensrichter.

Staat (von lat. *status*), seit dem 15. Jh. aus dem Ndl. (→auch Generals.en), (rechtlich geordneter) Zustand, →Stand; das Gemeinwesen (gr. *Politeia*, lat. *res publi-*

ca; frz. *état,* it. *stato*), nach der modernen S.-stheorie ein Zweckverband mit der Aufgabe, ‚die friedliche Daseinsgestaltung der →Gesellschaft, das Zusammenleben und Zusammenwirken der Menschen zu sichern und zu schützen' (Th. Eschenburg), wobei er sich von anderen gesellschaftlichen Gebilden durch das ‚Monopol der Gewaltsamkeit' (M. Weber) unterscheidet; nach dem Marxismus-Leninismus ‚eine Maschine zur Aufrechterhaltung der Herrschaft einer →Klasse über die andere'; der S. manifestiert sich in der Gleichzeitigkeit von S.s-gewalt, S.s-volk und (in der NZ.) S.s-gebiet, wobei der moderne Sprachgebrauch den Begriff S. für jedes einzelne dieser Charakteristika synonym verwendet; S.en -bund, →Bund, Konföderation; -haus, die Ländervertretung als 1. Kammer eines Bundesstaates, bes. die in der Frankfurter Reichsverfassung vom 28.3.1849 (§ 86ff.) vorgesehene; -kunde, der vornehmlich geographisch-ethnographisch orientierte deskriptive Teil der S.s-lehre oder -wissenschaft; – S.s-department (engl. *State Department*), das Außenministerium der USA.; -dame, Hofdame; -diener, bes. im Spät→absolutismus der Beamte; -gefangener, v.a. im →Absolutismus jemand, der ohne Mitwirkung der Rechtsprechung gefangen gesetzt wurde; -formen als Organisationsformen der Herrschaftsordnung sind seit der gr. Staatslehre (Aristoteles, 384–22v.) in →monarchische, →aristokratische und →demokratische (nach der Zahl der Herrschenden) gegliedert, doch ist diese Einteilung u.a. wegen der in der modernen →Diktatur und →Demokratie beobachteten →oligarchischen Tendenzen nicht mehr voll befriedigend; der aus der Geschichte des MA. erarbeitete Gegensatz der reinen Typen des →Personenverbands- und Flächen-s.es ist mit der Durchsetzung des Territorialprinzips in der NZ. ohne Belang; der im Spät→absolutismus lebendige Gegensatz zwischen →Republik und →Monarchie ist durch →Konstitutionalismus und →Parlamentarismus gemildert und schließlich auf einen im Grunde unwesentlichen formalen Bereich beschränkt; im 20. Jh. stehen sich, z. T. unter demselben Namen, Systeme gegenüber (→parlamentarisches System, Präsidialdemokratie u.a. – Diktatur, Totalitarismus, Volksdemokratie u.a.), die inhaltlich nach dem Charakter ihrer →Rechtsstaatlichkeit und nach der Gewährung echter →Wahlen zu scheiden und zu gruppieren sind; -gerichtshof, oberstes Gericht zur Wahrung der Verfassung und ihrer Einrichtungen, z.B. das engl. →Oberhaus, z.T. (ohne Ministeranklage) das Bundesverfassungsgericht der Bundesrepublik Dtld.; -gewalt →Souveränität; -kanzler, der leitende Minister (des Äußeren) in Österreich 1742–1848; der preuß. Premierminister 1810–22; -kirche, Kirche, deren oberster weltlicher Herr das S.soberhaupt ist, wodurch ihre Ordnung ein Teil der S.s-ordnung, ihre Organe S.s-organe werden; -konferenz →Kabinett, auch Regentschaft (z. B. in Österreich 1835–48); -lehre, umfassender (unter Einbeziehung von S.enkunde, Politik, Wirtschafts- und Sozialwissenschaft) -wissenschaft, die aus der →Kameralwissenschaft des 18. Jh. hervorgegangene (vorwiegend rechts-, nicht geschichtswissenschaftlich bestimmte) Lehre vom Wesen des S.es und seiner Teile, seinen Grundlagen, Formen und Veränderungen, von deren Zweigen die S.s-rechts- und Verfassungslehre, sowie die S.s-philosophie von bes. Bedeutung für die Geschichtswissenschaft sind; -maschine, nach einem von Th. Hobbes (1588–1679) gebrauchten Bild meist abwertende Bezeichnung für den S. und seine Verwaltung als (seelenlose) komplizierte Einrichtung; -minister, der mit Aufgeben der S.-verwaltung befaßte Minister im Gegensatz zum Hausminister oder zum diplomatischen Vertreter; -präsident, verschiedentlich Titel des S.s-oberhaupts einer Republik, in einigen dt. Ländern nach 1919 (Baden, Hessen, Württemberg) der Ministerpräsident; -philosophie, auch -theorie, die spekulative Betrachtung über Ursprung, Wesen und Sinn des S.es, die mit der gr. S.s-lehre des 5./4. Jhv. einsetzt; unter den zahllosen vertretenen Auffassungen wurden für die Geschichte die bedeutsamsten die aristotelisch-thomistische von der →gesellschaftlichen Wesensnatur des Menschen, die in der →Aufklärung (J. Locke, 1632–1704) vertretene vom S. als Instrument zur Sicherung der Entfaltung der freien Persönlichkeit, sowie die G. W. F. Hegels (1770–1831) vom S. als Offenbarung der Vernunft (‚Es ist der Gang Gottes in der Welt, daß der S. ist; sein Grund ist die Gewalt der sich als Wille verwirklichenden Vernunft‘); -rat, →Consilium, Rat; bes. in Preußen seit 1817 ein aus den höchsten Persönlichkeiten und Amtsträgern berufenes beratendes Gremium, bis 1848 mit starkem Einfluß auf die Gesetzgebung, 1920 zu einer aus den Provinziallandtagen gewählten 1. Kammer umgestaltet; in der NZ. häufiger Ehrentitel verdienter hoher Persönlichkeiten; -räson, das erstmals von N. Macchiavelli (1469–1527; it. *ragione di principe*) formulierte Prinzip, daß die Politik eines S.es primär nach seinem Nutzen zu bestimmen sei; die Idee der S.s-räson hat bis zum 19. Jh. (→Interessen-, Realpolitik) die Diskussion über das Verhältnis zwischen Moral und Politik bestimmt und zahlreiche voneinander abweichende Ausdeutungen erfahren; -recht, die Summe der Rechtsnormen (v.a. die Verfassung), die sich die S.s-gewalt zur Regelung ihrer inners.lichen Beziehungen schafft; -religion, vom S. als alleinige Religion bestätigt (z.B. das Christentum durch das Edikt Ks. Theodosius I. vom 24.2.391); -schatz, die Bargeld- und Edelmetallreserve eines S.es, bes. für den Kriegsfall (z.B. durch Dt. Reichsgesetz vom 11.11.1871) einbehalten; -sekretär, seit dem SpätMA. aus dem →Notariat hervorgegangen, zur weiteren Entwicklung →Sekretär; -streich (frz. *coup d'état*), ein im Gegensatz zur →Revolution von einer Minderheit erzwungener Wechsel in der Führung der Staatsgewalt, als ‚Revolution von oben‘ zwar mit dem Makel der Illegalität behaftet, doch nicht immer mit einer Unterbrechung der Rechtskontinuität verbunden; -vertrag, allgem. Vertrag zwischen souveränen S.en, bes. über Gegenstände, die dem staats- (oder länder-) rechtlichen Bereich unterstehen.

Zs. f. d. ges. S.swiss., 1844ff.; Handwb. d. S.swiss., [4]1923ff.; [5](als Handwb. d. Sozialwiss.) 1952ff.; – G. Jellinek, Allgem. Staatslehre, ND 1966; H. Kelsen, Allgem. Staatslehre, [2]1966; Th. Eschenburg, Staat u. Ges. in Dtld., [4]1963; G. u. E. Küchenhoff, Allgem. S.slehre, [5]1971; H. Krüger, Allgem. S.slehre, [2]1966; H. Kriele, Einführg. i. d. S.slehre, 1975. – K. Schilling, Gesch. d. S.s- u. Rechtsphilos., 1937; E. v. Hippel, Gesch. d. S.sphilos., [3]1969; – G. Ritter, D. Dämonie d. Macht, [6]1948; F. Meinecke, Die Idee d. S.sräson, [3]1963; – Ernst Meyer, Röm. S., [4]1975; H. Helfritz, Allgem. S.srecht, [5]1949; F. Hartung, Dt. Verf.gesch., [9]1969; W. Mager, Z. Entstehg. d. mod. S.sbegriffs, 1968; Th. Schieder, Wandlungen des S. in der NZ., HZ 214, 1973. – E. Luttwak, Coup d'Etat, dt. 1969.

Stab (frz. *état-major* ‚höhere Stellung'), Führungsspitze einer größeren militärischen Einheit, → Generalstab.

Stab, bis in die frühe NZ. allgem. Symbol geistlicher und weltlicher Herrschergewalt, z.B. Bischofs-, Abts-s. (Krumm-s., →auch Auguren), Marschall-s.; bes. Zeichen richterlicher Gewalt, so daß S. = Gericht wird; S.-halter, derjenige, der im Gericht den S. hält, d.h. den Vorsitz führt, bes. im Territorialstaat der frühen NZ. Beamter, der sowohl in der Verwaltung als auch im Gericht tätig ist (so gehört z.B. in Württemberg der Oberamtmann bis 1819 zu den Ober- und S.s-beamten); -schultheiß, im Württemberg des späten MA. und der frühen NZ. →Schultheiß, der neben seiner Verwaltungstätigkeit auch Dorfrichter ist.

Stabelmeister, →Hof- und → Erbamt in Österreich, dem → Hofmeister oder Hof→marschall (mlat. auch: *stabularius*) entsprechend, mit der Aufsicht über die Hoftafel und die aufwartenden →Truchsessen betraut.

Stadt, allgem. der in einer Landschaft, einer Herrschaft, einem Staat verkehrsgünstig, oft zentral gelegene Sammel- und Knotenpunkt von Handel und Gewerbe, Regierung, Verwaltung, Militär und Kult, der häufig zum allgemeinen kulturellen Mittelpunkt eines Volkes wird (‚Alle Hochkultur ist S.-kultur', A. Rüstow). Das Herausarbeiten eines Idealtyps der S. im Sinne M. Webers (1864-1920) ist freilich nicht möglich. Jede S. erhält ihr spezifisches Gepräge durch ihren geographischen und historischen Standort, ihre bes. Funktion. So findet man in den außereuropäischen Kulturen neben den europäischen Typen der Fernhandels-s. (bes. Hafen-, Karawanen-, bzw. Oasen-s.), der mit Handwerkern durchsetzten Ackerbürger-s. und der fürstlichen Residenz-s. die Kult- und Tempel-s. (Vorderer und Mittlerer Orient, Mittel- und Südamerika), die Handwerker-s. (China) oder die Agrar-s. großer Stammesverbände (Afrika). – Die ältesten S.-kulturen finden sich wohl im Mittelmeerraum, den Stromlandschaften des Orients (Mesopotamien, Nil, Indus, Ganges) und wichtiger Durchgangszonen (z.B. Palästina, wo in Jericho 1956 wahrscheinlich die bis jetzt älteste S. der Erde gefunden wurde). Für die S.e des Mittelmeerraums (→ Polis, Kolonie, Munizipium) gilt eine Siedlungskontinuität bis heute, während die west- und nordeuropäische S. nur teilweise auf Siedlungen der Römer- bzw. Keltenzeit (→Oppidum; Lager-s.e, Bischofs-s.e an Rhein und Donau) zurückgeht. Meist entwickelt sie sich als →Markt und Kaufmannssiedlung (→Wik) in der Nähe einer militärischen Anlage (Burg), mit der sie allmählich zusammenwächst (gewachsene S.) oder sie wird, v.a. in der Ostkolonisation, auf Neuland planmäßig angelegt (Gründer-s.). Gemeinsam ist den europäischen S.en das Streben nach →Freiheit und →Selbstverwaltung, nach innerer (Kampf der bürgerlichen Schwurverbände gegen den S.-herr, v.a. im 10.–12. Jh.), dann nach äußerer →Autonomie (bes. in Dtld. und Italien nach Gleichrangigkeit als Freie →Reichs-s., bzw. souveräner S.-staat mit den fürstlichen Territorien), es bildet sich ein eigener Stand von S.-bewohnern, der →Bürgerstand, heraus. Die frühnz. →Residenz-s. sucht Anlehnung am fürstlichen →Hof, bis die moderne Industrie-s. zusammen mit der Haupt-s. der großen →Nationalstaaten den ungeheuren Bevölkerungszuwachs der →industriellen Revolution auffängt und die Groß-s.-kultur des 19./20. Jh. trägt.

M. Weber, Die S., e. soziol. Unters., Arch. f. Soz.wiss. 1921; A. Rüstow, Entstehg. u. Lebensbedingungen v. Hochkulturen, Synopsis 1948; – H. Pirenne, Les villes et les institutions urbaines, [2]1939; E. Ennen, Frühgesch. d. europ. S., 1953; H. Planitz, Die dt. S. im MA., [3]1973 (dort weitere Lit.); W. Schlesinger, Burg u. S., (FS. Th. Mayer) 1954; F. Rörig, Die europ. S. im MA., [4]1964; O. Brunner, Neue Wege d. Sozialgesch., [2]1968; H. Mauersberg, Wirtsch. u. Soz.gesch. zentraleurop. S.e in neuerer Zt., 1960; Die Chroniken der dt. S.e 14.–16. Jh., Neudr. 1961ff.; E. Ennen, Die europ. S. des MA., 1972; C. Haase (Hrsg.), Die S. des MA., [2]1975f.; – S.geschichte der dt. Landschaften: E. Keyser, 1939–64.

Stadt-adel, für Dtld. →Patrizier und Geschlechter, in Italien der gesamte Adel, der in den S.en dauernd ansässig ist und von hier aus seine Güter verwaltet, oft in Adelsparteien aufgespalten, die in erbitterten Fehden um die Herrschaft in der S. ringen; -amann →Schultheiß; -bücher (auch Ratsbücher), bes. in nord- und ostdt. S.en bis ins 12. Jh. zurückzuverfolgende Sammlungen von rechtserheblichen Akten der s.ischen Verwaltung, seit dem 14. Jh. bei zunehmender Differenzierung in öffentlich-rechtliche Statutenbücher (S.-rechte, s.ische Verfassung, wichtige →Privilegien), in Bücher mit Akten der s.ischen Gerichtsbarkeit, die eigentlichen Verwaltungsbücher und endlich bes. die Bücher mit Eintragungen sämtlicher privaten Rechtsgeschäfte (Vorstufe des Grundbuchs) zu scheiden; -frieden, der →Friede innerhalb der S.-mauer, oft verengert auf den →Marktfrieden oder erweitert auf die s.ische Markung oder den Sprengel des S.-gerichts; -gericht, (oft nach dem Tagungsort auch Brücken-, Saalgericht u.ä.), das Gericht der S. als eines →Immunitätsbezirks, von einem →Vogt oder →Schultheißen präsidiert, mit dem S.-herrn, bzw. seit dem 13. Jh. dem →Rat als Gerichtsherrn, meist Niedergericht, während der Rat selbst die hohe Gerichtsbarkeit ausübt und Berufungsinstanz ist; -herr, in der S. des 10./11. Jh. der Hochadlige oder der →Bischof, der meist Grund und Boden besitzt, ferner die Gerichtsbarkeit und das →Markt-, →Münz- und Befestigungsrecht und Zölle. In oft revolutionären Bewegungen der bürgerlichen →Einungen wird seit dem 12. Jh. (vereinzelt seit Mitte 11. Jh.) der S.-herr Stück um Stück seiner Rechte beraubt; -→rat; -recht, das in der S. geltende, den Bedürfnissen von Handel und Gewerbe angepaßte, bis ins 13. Jh. durch den S.-herrn als

→Privileg (→Handfeste) verliehene, dann von der bürgerlichen →Einung selbst gesetzte (Willkür) Recht (auch →Weichbildrecht). Dabei geht S.-recht vor Landrecht, d.h. das Recht der engeren Gemeinschaft vor dem der weiteren. Während der →Rezeption werden die S.-rechte durch S.-rechtsreformen dem →Gemeinen (röm.) Recht angepaßt. S.-rechte werden auch in S.-rechtsfamilien zusammengefaßt (→auch Oberhof) nach dem S.-recht, das sie zum Vorbild haben (z.B. Freiburg i.B., Magdeburg, Lübeck); -richter →Burggraf, Vogt, bes. Schultheiß; -schreiber (Ratsschreiber), seit dem 13. Jh. der schriftkundige (deshalb zunächst oft Kleriker), dann v.a. seit dem 15. Jh. rechtskundige Leiter der s.ischen Verwaltung (→auch Syndikus); in der landesherrlichen S. bisweilen auch Leiter der Verwaltung des zur S. gehörigen →Amtes (so in Württemberg S.- und Amtsschreiber); -→senat; -verordnete, in Preußen seit der *Steinschen S.e-reform* 19.11.1808 der von der Bürgerschaft gewählte Vertreter, der in der S.-verordnetenversammlung die Tätigkeit des →Magistrats überwacht; -staat, S. mit einem von ihr beherrschten →Territorium (→Polis, →Reichss. und die it. S.e des MA. und der frühen NZ.).

Städte-bank, die Vertretung der S. als →Stand im Landtag eines fürstlichen →Territoriums, im →Reichstag = S.-kollegium; -bund, Zusammenschluß (→Einung) der dt. S. bes. im 13.–15.Jh. gegen →Fürsten und Ritter, mitunter auch gegen den Kg. (z.B. Karl IV., 1346–78), an sich reichsrechtlich verboten; am bekanntesten sind der *Rheinische S.-bund* von 1254, bzw. 1381 und der *Schwäbische S.-bund* von 1376; -kollegium, die Vertretung der →Reichs- und Bischofs-s. auf dem →Reichstag, geteilt in eine rheinische (14) und eine schwäbische Bank (37 S.); obwohl die S. schon 1487 die Reichsstandschaft bekommen, erhält das S.-kollegium erst 1648 die volle Gleichberechtigung mit dem →Kurfürstenkollegium und dem Reichs→Fürstenrat.

Stahl, auch Stal (vgl. nhd. *stehen*) →Richtmünze; S.-helm, 1918–33 nationale dt. Frontkämpferorganisation (F. Seldte, Th. Düsterberg), in ihren politischen Zielen (Ablehnung des Versailler Vertrags, des Marxismus) vom Nationalsozialismus überspielt, nach 1933 allmählich in seine Organisationen eingegliedert.

Th. Düsterberg, Hitler u. d. S.helm, [2]1950; V. Berghahn, D. S.helm, 1966.

Stalinismus, (1) die – vergleichsweise unbedeutende – Ausgestaltung des →Marxismus-→Leninismus durch J. W. Dschugaschwili, gen. Stalin, 1879–1953 (Präzisierung der Lehre von Basis und Überbau); (2) das von diesem 1922–53 geübte, durch blutigen Terror und ‚Personenkult' gekennzeichnete Herrschaftssystem in der UdSSR, 1956 auf dem XX. Parteitag der KPdSU verurteilt (Entstalinisierung).

→Marxismus.

Stall-graf, dt. für Connétable, →*Comes;* -meister, der →Marschall oder sein Hilfsbeamter; im vornormannischen England ist der Staller das oberste Hofamt, Hofrichter und Bannerträger, ebenso in den nordeuropäischen Reichen bis ins HochMA.

Stamm (lat. *gens*, *natio*, *civitas*), allgem. bei den von der →Ethnologie beschriebenen Naturvölkern eine durch Sprache und Brauchtum zusammengehaltene Siedlungsgemeinschaft, die auch politische Einheit werden kann; ebenso geschichtliche Frühstufe der Kulturvölker (z.B. 12 S.e Israels; bei Griechen, Römern, Kelten, Germanen, Slawen); bes. die germ. Völker der Wanderungszeit (Groß-s.e), v.a. die Verbände, aus denen sich das ma. Dt. Reich konstituiert (Alemannen, Bayern, Franken, Friesen, Sachsen, Thüringer). Während der Wanderungszeit wächst der S. aus →Sippenverbänden und →Gefolgschaften zu einer größeren Einheit mit genuin staatlichen Aufgaben zusammen, wobei bes. bei den Ostgermanen ein S.eskönigtum (oberster Heerführer und Richter) maßgeblich beteiligt ist. Die S.esbildung bei den Westgermanen verläuft langsamer als bei den Ostgermanen und sehr unterschiedlich: entweder steigt der Führer eines Teil-s.es zum Groß→könig, bzw. →Herzog (Franken, Alemannen, Bayern) auf, oder es schließen sich noch deutlich erkennbare Teil-s.e unter einer führenden Völkerschaft zu einem lockeren Gesamtverband zusammen (Sachsen, Friesen). Teils fördernd, teils hemmend für die S.esbildung ist dann die Einbeziehung eines Teils der Westgermanen in das fränk. Großreich. Unter den ersten Karolingern zeitweilig zurückgedrängt (→Herzogtum), gewinnen die S.e Ende des 9.Jh. neue Bedeutung und bilden die Grundlage des Ostfränk., später Dt. Reiches. Seit Otto I. (936–73) verlieren jedoch die S.e erneut allmählich an Bedeutung, bis sie unter den späteren Staufern endgültig von den →Territorien abgelöst werden, ebenso die S.es-rechte (→Volksrechte) vom Recht der Territorien. Die S.e bleiben als kulturelle Einheit bis zur Gegenwart erhalten; zu den Alt-s.en treten Neus.e (Obersachsen, Schlesier, Mecklenburger, Pommern, Preußen), die sich im Zuge der Ostkolonisation aus Slawen und dt. Siedlern bilden; S.-gut →Handgemal; -rolle, Verzeichnis der Personalien von Angehörigen einer militärischen Einheit, dann sämtlicher Wehrpflichtiger innerhalb eines Wehrbezirks; S.esgeschichte (-kunde), Wissenschaft vom Wesen (Sitte, Brauchtum, Siedlungsformen, sprachliche Eigentümlichkeiten) und der Geschichte der dt. S.e; →herzogtum.

K. S. Bader, Volk, S., Territorium, (Herrsch. u. Staat im MA., hrsg. v. H. Kämpf) 1956; R. Wenshus, S.esbildg. u. Verf., 1969; F. Schlette, Werden und Wesen frühgesch. S.esverbände, in: Zs. f. Archäol., 1971.

Stand (lat. *ordo*, mlat. auch *status*), Teil (‚Teilganzheit', O. Spann) eines Volkes bzw. →Staates, der Menschen gleicher Herkunft (Geburts-s., z.B. →Adel, hoher und niederer, →Freie, →Unfreie), gleicher Bildung und gleichen Berufs (z.B. Geistlichkeit, Beamtentum, Offizierskorps) oder gleichen Erwerbszweigs (Handwerker, Bauern) umfaßt. Der Begriff, im späteren MA. herausgebildet, wird verschieden weit gefaßt, dann auch auf andere Epochen übertragen (z.B. der sogen. Ständekampf zwischen →Patriziern und →Plebejern in der frühen röm. Republik bis 366v., bzw. 287v., →Plebiszit). Nach historisch-soziologischem Gesichtspunkt scheidet man für das frühe und hohe MA. die alten S.e des →Adels, der Geistlichkeit und der nichtprivilegierten Bauern; seit dem späteren MA. zählt das →Bürgertum als der *Dritte S.*, seit dem frühen 19. Jh. die Arbeiterschaft als *Vierter S.*' Jeder S. entwickelt ein besonderes S.es-ideal mit einer spezifischen S.es-ethik, schließt sich durch Eheverbot von anderen S.en ab und versucht durch Teilnahme an der politischen Macht seine S.es-interessen zu sichern. Im alten westeuropäischen S.e-staat des späteren MA. und der frühen NZ. (etwa 13.–17. Jh., →Etat, Land-, Reichsst.) besitzen Adel und Geistlichkeit, mitunter auch Teile des Bürgertums, bes. S.es-privilegien, sie haben als staatstragende Säulen Anteil an der Herrschaft (bes.Steuerbewilligung). Der hierarchische Aufbau der S.e, ihre gottgewollte scharfe Abgrenzung, die Bindung an den Geburts-s. wird vom Staatsdenken der Scholastik und des Altprotestantismus abgesichert. Der S.e-staat der modernen politischen Theorie (→auch Korporation, im faschistischen Italien und in Portugal teilweise verwirklicht)soll,auch im Anschluß an die päpstlichen Enzykliken *Rerum novarum* 1891 und *Quadragesimo anno* 1931, die Erneuerung des Staates auf berufsständischer Grundlage gewährleisten, S.es-herr, seit 1803, bzw. 1805/06 Haupt eines →mediatisierten, zuvor souveränen Geschlechts (z.B. Hohenlohe, Fürstenberg usw.); mit ihm verschmilzt der schon vor 1806 in Österreich, der Lausitz, Sachsen und Schlesien als S.esherr bezeichnete größere →Grundherr (z.B. Fürst Pleß). In der Bundesakte von 1815 (Art.14) werden die s.es-herrlichen Rechte im Rahmen des Dt. Bundes geregelt: der S.es-herr wird dem Hochadel zugerechnet, ist den regierenden Häusern ebenbürtig, besitzt erblichen Sitz und Stimme in der 1. Kammer des betreffenden Bundesstaates, ferner aufgrund seines umfangreichen Besitzes Gerichtsprivilegien, die nach 1871 beseitigt werden; die persönlichen Vorrechte verschwinden nach 1918; S.-recht, im Ausnahme-, bes. Belagerungs- und Kriegszustand gültiges Recht, v.a. vor einem S.-gericht, das der Aburteilung bestimmter Verbrechen und Vergehen in einem abgekürzten, jedoch prozessualrechtlich geordneten Verfahren dient, wobei das Urteil, sofern es auf Todesstrafe lautet, sofort vollstreckt werden darf; Ständerat, in der Schweiz seit 1848 die aus je zwei Vertretern eines → Kantons gebildete 1. →Kammer der Bundesversammlung, dann das Mitglied derselben; -tafel → Reichstag; -versammlung, in Sachsen bis 1918 der →Landtag.

O. Hammann, Die dt. S.esherren u. ihre Sonderrechte, 1888; H. Spangenberg, V. Lehnsstaat z. S.estaat, 1912; O. Hintze, Typologie d. ständ. Verfassungen, (HZ 141) 1930; A. v. Martin, Soziol. d. Renaiss., 1932; H. Heimpel, D. dt. SpätMA., (HZ 158) 1938; H. Gollwitzer, D. S.esherren, ²1964.

Standarte (mhd. *standhart* aus fränk. *standord;* frz. *étendard* mit Anlehnung an lat. *extendere;* engl. *standard*, auch ‚Normalgewicht', ‚Feingehalt'),urspr. Sammelplatz, Aufstellungsort, dann (kleine, viereckige) Fahne, meist an einer Querstange (vgl. nhd. Stander, Dreiecksflagge, bes. in der Marine), v.a. der Kavallerie, auch Kommandoflagge, Zeichen fürstlicher und hoher politischer Persönlichkeiten; vereinzelt Kavallerieabteilung; Regimentsbezeichnung in NS-Formationen.

Standort, (a) im 20. Jh. für Garnison; (b) in der neueren Geschichtstheorie Sammelbezeichnung für die geistig-seelischen Besonderheiten, die Einwirkungen des Unterbewußtseins, v.a. die historischen und Lebenserfahrungen, die den Urteilenden hindern, das angestrebte Ideal der →Objektivität zu erreichen.

→Objektivität, Verstehen.

Stapel-recht, Recht einer ma. Stadt, Kaufleute, die mit ihren Warenzügen auf bestimmten Verkehrswegen (Straßen, Flüssen) innerhalb eines bestimmten Umkreises (Meilenrecht) an dieser Stadt vorbeifuhren oder durch die Stadt zogen, zu einem zeitlich begrenzten Lagern und Verkauf ihrer Waren in der →Stadt zu zwingen (S.-zwang). Den Bürgern der Stadt war ein Vorkaufsrecht eingeräumt; zum S.-recht gehörte oft auch ein Umschlagsrecht, das das Umladen der Waren auf städtische Verkehrsmittel vorsah. Ein dem S.-recht ähnlicher Verkaufszwang konnte auch für die landwirtschaftlichen Produkte der umliegenden Dörfer gelten; S.-stadt, Stadt, die durch ihr S.-recht eine besondere wirtschaftliche Stellung einnahm, z.B. die Hansestädte Hamburg und Lübeck, im Südosten Wien.

F. Lütge, Dt. Soz.- u. Wirtsch.gesch., [3]1966.

Starost (slaw.), Stammesältester, dann gewählter Gemeinde- oder Genossenschaftsvorsteher; in Polen Adeliger auf einem Kronlehen aus dem Tafelgut, das schließlich zum erblichen Besitz mit eigener Gerichtsbarkeit (S.-eigericht) wird.

Stater (gr. Übersetzung des sem. Schekel), als Gewichtseinheit $^1/_{3000}$ des →Talents, gr. Bezeichnung verschiedener hochwertiger →Kurantmünzen, z.B. des pers. →Dareikos.

Statthalter, allgem. Vertreter des Monarchen oder der Regierung, v.a. in einer Provinz; in den Niederlanden (ndl. *stadhouder*) seit burgundischer Zeit: für die ges. Niederlande General-, Ober-s., nach der Unabhängigkeitserklärung 1579 beim Hause Oranien, seit dem Krieg gegen Ludwig XIV. 1672 Erb-s.;- 1879–1918 in Elsaß-Lothringen, vom Dt. Kaiser ernannt; – in Österreich seit dem 15. Jh. Vorsitzender hoher Behörden, auch Leiter der Verwaltung (S.ei) in den größeren →Kronländern bis 1919.

Status (lat. von *sistere* ‚stellen', ‚(be)stehen'), Rechtsstand, Zustand (*S. quo* der gegenwärtige, *S. quo ante* der vorige Zustand), mlat. →Stand (→Staat); dav. Statut(um), Festsetzung, Recht eines personell oder lokal begrenzten Kreises (vgl. in Österreich 19. Jh. Statutargemeinde, landesunmittelbare Gemeinde mit eigener Gemeindeordnung), Gesetz, v.a. im norm.-engl. Bereich (vgl. engl. *Statute Law*, Gesetzesrecht im Gegensatz zum Gewohnheitsrecht, mlat. *consuetudines*, engl.→*Common Law*; Statutenrolle, engl. *Statute Roll*, im ma. England Gesetzessammlung).

Stempel, v.a. seit dem Absolutismus als Mittel zur Erhebung von Steuern (z.B. Verbrauchssteuern) und Gebühren verwendet (S.-steuer, -gebühr, z.T., bes.

bei Rechtsgeschäften, in Verbindung mit S.-marken), vgl. das S.-gesetz (engl. *stamp-act*) von 1765, mit dem die brit. Regierung für die am. Kolonien eine Steuer auf Zeitungen, Rechts- und Handelsurkunden verfügte (die Erträge waren zur Versorgung der brit. Truppen zum Schutz gegen Indianer und Angriffe der Franzosen bestimmt). Die S.-steuer wurde in den Kolonien mit dem (schon früher in Irland vertretenen) Grundsatz *no taxation without representation* abgelehnt und v.a. mit dem Boykott engl. Waren bekämpft, von der brit. Regierung 1766 widerrufen, doch führte deren Unfähigkeit sowie der weiterschwelende Groll gegen den Führungsanspruch des engl. Parlaments zur →Unabhängigkeitserklärung.

Sterb-fall, -haupt →Mortuarium.

Sterling (engl., wohl von gr. → Stater), vollwertiges Geld; verbreitete engl. Kleinsilbermünze (→Pfennig) des 13. Jh.

Steuer (ahd. *stiura*, ‚Stütze', ‚Stab', mhd. *stiure* ‚Beistand', ‚Unterstützung'), rechtlich begründete einmalige oder laufende Abgabe an die Obrigkeit, u. zw. (im Gegensatz zu den Gebühren) ohne bes. Gegenleistung; die Erhebung von S.n legitimiert sich im Laufe der Geschichte je nach dem →Staatsbegriff in verschiedener Weise: aus dem Eigentumsrecht des Herrschers, als ‚Bitte' (→Bede) des Königs (bzw. des →Landesherrn), als Assekuranzgeld für den vom Staat im Sinne der →Vertragstheorie gewährten Schutz oder allgem. als eine aus dem Wesen des →Staates sich ergebende Leistungspflicht; der Zweck der S.n, die in Geld- und Natural-s.n (→Zehnt u.a.) zu scheiden sind, ist zunächst rein → fiskalischer Natur (häufig wird die Höhe der S.n für die S.-einheiten, →Caput, Römermonat, nach dem Bedarf festgelegt), erst seit dem 19. Jh. treten bevölkerungs- oder wirtschaftspolitische Gesichtspunkte stärker hervor; die Einziehung erfolgt entweder durch obrigkeitliche Organe, oder wird delegiert (z.B. in der Spätantike an die →Dekurionen) oder verpachtet (z.B. in der hellenistisch-röm. Welt, →Publikanen, Telones, oder im Frankreich des MA. und des →Absolutismus). wobei die General-, Spezial- oder Lokalpacht bisweilen (z.B. im hellenistischen Ägypten) die Tätigkeit staatlicher Organe lediglich unterstützt, so daß der Pächter praktisch als Versicherer des Staates auftritt; eine verbindliche und umfassende Einteilung der S.n gibt es nicht, zumal das Bes.ungssystem (v.a. in der hellenistischen Welt und in der NZ.) äußerst vielfältig und kompliziert ist (zu den einzelnen Gruppen vgl. →Kopf-, Salz-s., Monopol, Zoll u.ä.) und die Grenzen zu den → lehens- oder →grundherrlichen Leistungen (→Schildgeld, Zins u.a.) fließen (→im übrigen die Einzelartikel); – S.-ausschreibung, obrigkeitliche Verfügung zur Auflage einer S.; -bewilligung, Recht der →Landstände, dem Landesherrn S.n (bes. zeitlich befristete und zweckgebundene Extraordinars.n) zu verwilligen, bzw. zu verweigern (in der NZ. →Budgetrecht); -buch (→ Kataster, Matrikel), Verzeichnis von Personen und ihren Einkünften zum Zweck der S.-veranlagung; -herr, in dt. Städten der mit der Veranlagung und Einziehung der S.n beauftragte Ratsherr; (auch Steurer).

A. Wagner, H. Deite, S.-gesch. v. At. bis z. Gegenw. (Hdb. d. pol. Ökonomie II), [2]1910ff.; Th. Mayer, Gesch. d. Finanzwirtsch., (Gerloff, Neumarck, Hb. d. Finanzwiss. I) [2]1952; H. Haller, Die S., 1971.

Steward (engl., ‚Aufseher des Schweinestalls'), engl. →Haus- und →Hofamt, dem →Truchseß entsprechend, bes. *Lord High S.*, seit dem 13. Jh. engl. Erbamt; in der NZ. zur Peersgerichtsbarkeit und zur Leitung der Krönung ernannt.

Stift, seit dem HochMA. auftretende, mit Grundvermögen ausgestattete und nach weltlichem und kirchlichem Recht unabhängige körperschaftsähnliche Vereinigung der Geistlichen eines →Kapitels an einem →Dom, an einer →Kloster- oder an einer eigenen S.s-(Kollegiat-)kirche; die Bezeichnung ging dann auf die vom S. vermögensrechtlich verwaltete Anstalt über, z.B. Hochs.=→Bistum (→auch Erz-s.); die Mitglieder der reichsunmittelbaren S.e (Hoch- und Erz-s.e) mußten ihre S.s-fähigkeit durch eine Ahnenprobe beweisen (S.s-adel); die S.e wurden mit ausgedehntem Grundbesitz begabt, der sich, bes. wenn das S. Reichsunmittelbarkeit erlangte, in kath. Gegenden bis zur →Säkularisation erhielt; – Die Bezeichnung S. ist heute noch für einige Kollegiat-S.e und Klöster erhalten, sie wird auch für weltliche Damen-s.e gebraucht; S.s-kirche, Kirche in einer Bischofs- oder anderen Stadt, an der sich Geistliche ähnlich wie beim →Domkapitel in einer bestimmten kollegialen Verfassung (Kollegiatkirche) zu einem Kapitel zusammenschlossen, das nach dem auf der Aachener Synode 816 gebilligten →Kanon lebte (→Kanoniker).

H. Schreuer, Arch. f. bürgerl. Recht 1912; O. v. Dungern, Zs. f. d. priv. u. öffentl. Recht 34, 1912; A. Schulte, Der Adel u. d. dt. Kirche im MA., [4]1966; A. Bayer, St. Gumberts Kloster u. S. in Ansbach, 1948.

Stipulation (lat.), Forderung, Vertragsbestimmung, →Klausel; stipulieren, festsetzen, als wesentliche Bestimmung fordern.

Stock, Klotz zum Anschließen von Gefangenen, Gefängnis.

Stolgebühren, die dem Geistlichen, eigentlich nur dem →Parochus, für die Spendung von Sakramenten und Sakramentalien (Handlungen, bei denen der Geistliche die ‚Stola' trägt), aber auch für Beurkundungen zustehende Gebühr. Die S. sind nicht nur als Entgelt für die Amtshandlung, sondern auch als Unterhaltsbeitrag angesehen worden. In der kath. Kirche werden die S. meist von den Provinzial→synoden festgesetzt, in der evang. Kirche sind sie weitgehend abgelöst worden.

Storting, seit der Selbständigkeit Norwegens 1814 das norw. Parlament, in dem die alle 4 Jahre gewählten Abgeordneten aus ihrer Mitte ein Viertel zum Oberhaus (Lagting) wählen, während der Rest im Unterhaus (Odelsting) verbleibt.

Stradioten (zu gr. *stratiotes*, ‚Soldat'?), im 15./16. Jh. Söldnerreiter aus der Peloponnes, zunächst im Dienst Venedigs.

Strand-amt, im 2. Dt. Reich Behörde mit einem S.-hauptmann an der Spitze; sie hatte in einem S.-abschnitt v.a. Strandungsfälle zu regeln und für die allgem.

Sicherheit zu sorgen, heute S.-behörde; -recht, urspr. das Gewohnheitsrecht aller S.-anwohner, den S. in jeglicher Hinsicht zu nützen; bes. der Anspruch auf Leib und Gut (S.-gut) des Schiffbrüchigen, da dieser als Fremder für rechtlos galt. Im MA. und der frühen NZ. war das S.-recht →Regal, das sich schon seit dem 13. Jh. in den Händen der →Landesherren befand. Es wurde allmählich auf herrenloses S.-gut und auf das Recht, die Güter der Schiffbrüchigen zu bergen, eingeengt: ⅓ ging an die Berger, ⅓ an den →Landesherrn, ⅓ verblieb dem Eigentümer.

Stratege (gr. *strategos* ‚Heerführer'), Feldherrenamt in gr. Stadtstaaten, vornehmlich in Demokratien (→Polemarch), z.B. in Athen (urspr. Befehlshaber des →Phylenaufgebots, seit 501/0v. 10 jährlich gewählte Gemeindebeamte, kollegial, erst in hellenistischer Zeit mit Sonderzuständigkeiten, bisweilen auch mit der Gesamtleitung des Staates befaßt: Perikles in Athen; Rhodos, Syrakus, Pergamon u.a.); Bundesfeldherr, z. B. im Korinthischen Bund (337–23v. Philipp und Alexander der Gr. von Makedonien), im Aitolischen, Achaischen →Bund u.a.; in hellenistischer Zeit Reichsfeldherr, Kronfeldherr, Gouverneur oder Sonderbeauftragter eines Königs; im hellenistischen und röm. Ägypten und im Pergamenischen Reich Chef eines Verwaltungsbezirks (Gaus); gr. Bezeichnung eines röm. →Magistrats mit Imperium, bes. des →Prätors, später des →magister militum und des →Dux; im byz. Reich oberster Befehlshaber, Richter und Verwaltungschef eines →Thema; Strategem, Kriegslist, u.a. gesammelt in den Strategemata des Sex. Julius Frontius, 1. Jhn., und des Polyainos, 2. Jhn.; Strategie, Amt, auch Amtsbereich des S., allgem. Lehre und Kunst der Kriegführung.

F. Bilabel, RE IV A; W. Schwahn, RE S VI; H. Bengtson, Die S.ie in der hellenist. Zt., 1937–52.

Stratelates (gr. ‚Heerführer') urspr. = →Strategos, byz. höherer Offizier, Platzkommandant, Kommandeur einer selbständigen Formation.

Streik, im 19. Jh. auch Strike (von engl. *to strike* ‚schlagen', ‚die Segel streichen'), Ausstand, gemeinsame, planmäßige Arbeitseinstellung zu einem Kampfzweck (Verbesserung der Löhne und Arbeitsbedingungen) mit dem Willen, nach Beendigung des Arbeitskampfes die Arbeit fortzusetzen; organisierte (von den →Gewerkschaften nach Urabstimmung ausgerufene) S.s sind ‚rechtmäßig', soweit sie nicht gegen die Strafgesetze verstoßen, dagegen gilt der politische S. als verfassungswidrig; der Arbeitgeber kann mit vorübergehender Entlassung (‚Aussperrung') antworten; -recht, von der Weimarer Verfassung und im Bonner Grundgesetz nicht ausdrücklich garantiert, geht jedoch aus den Grundsätzen des freiheitlichen sozialen Rechtsstaats (GG Art. 2,18,20,21,28) hervor; die Länder Bremen, Hessen, Rheinland-Pfalz, sowie Berlin haben es verfassungsrechtlich besonders garantiert, in der UdSSR besteht kein S.-recht, in der sogen. DDR ist der S. nur in ‚privatkapitalistischen Betrieben' erlaubt.

A. Nikisch, D. privatrechtl. Wirkungen d. sog. S.rechts, 1951; H. Grote,

Der S., Taktik u. Strategie, 1952; F. Siebrecht, D. Recht im Arbeitskampf, [3]1964; D. Schneider (Hrsg.), Z. Theorie u. Praxis des S.s, 1971; W. Zöllner, Arbeitsrecht, 1977.

Streit-axt, seit der Urzeit allgem. verbreitete Waffe in mannigfachen Formen (z.B. die Franziska, die Hauptwaffe der Franken); archäologisches Kennzeichen einer indoeuropäischen Gruppe von Stämmen (S.axtleute), die, wohl aus Südrußland kommend, im 3./2.Jtv. in Mitteleuropa und v.a. bei der ältesten indoeuropäischen Einwanderung in Griechenland nachzuweisen sind; -wagen, um 1800v. von arisch-churritischen Stämmen im Kaukasusgebiet (Mitanni) erfunden, dann als gefürchtete Waffe im Vorderen Orient (Hethiter, Assyrer u.a.) und darüber hinaus (Mykenai) verbreitet, bestimmend für die Entwicklung der →feudalen Gesellschaft.

F. Schachermeyr, Gr. Gesch., [2]1969.

Strelitzen (ru. ‚Schützen'), von Iwan IV. (1533–84) begründetes erstes ständiges ru. Heer, Fußvolk, in eigenen Vorstädten angesiedelt, mit bes. Privilegien (Handel) ausgestattet, von Peter I. nach Unruhen 1698 aufgelöst, bzw. umgewandelt.

Stubenmeister, Vorsteher der Trinkstube der →Patrizier oder einer →Zunft, bisweilen auch deren Sprecher.

Stufenbau der Weltgeschichte, von K. Breysig (1866–1940) geprägter Begriff, um das geschichtliche Gesetz darzutun, nach dem alle Kulturen ihre eigenen Stufen der Urzeit, des At., MA. und der NZ. zu durchlaufen haben.

K. Breysig, D. S. u. die Gesetze d. Weltgesch., 1905; E. Hering, Das Werden als Gesch., 1939; W. Brüning, Geschichtsphilos. d. Gegenwart, 1961.

Stuhl, allgem. erhöhter Sitz zum Zeichen herrscherlicher Gewalt, = →Thron, Hochsitz, z.B. des →Hausherrn bei den Germanen, im MA. des geistlichen Herrschers, bes. des →Papsts, (häufig auch Lehns-s., Richt-s.). In Rumänien und Siebenbürgen seit dem MA. Gerichtssprengel und Verwaltungsbezirk; ebenso im ung. →Komitat; S.-geld, in Westfalen Teil des Altenteils, den der Hoferbe bei seiner Heirat an seine Eltern zahlt, um seiner Frau einen ‚S.' am Herd zu sichern; -herr, in der →Feme Beisitzer, der auf einem Frei-s. sitzt; das Recht hiezu kann bald vererbt und veräußert werden; -richter = S.-herr, Komitatsrichter.

Stupa (ind., in Hinterindien Pagode), urspr. wohl aus der Hausform entwickelter Grabbau, Kultbau des Buddhismus, bes. zur Aufbewahrung der →Reliquien des Buddha.

A. H. Longhurst, The story of the S., 1936; H. v. Glasenapp, Die Rel. Indiens, 1955.

Subaschi (tü.), im tü. Reich seit dem 13. Jh. niederer, in der Hauptstadt hoher Polizeioffizier; in der NZ. auch = Hauptmann.

Subsidien (lat. *subsidium*, ‚Ruhe-, Lauerplatz'), Reserven, bes. in der spätröm. und nz. Geschichte Unterstützung anderer Staaten, Hilfstruppen, -gelder zum Unterhalt stehender Heere (auch euphemistisch für →Tribut); Subsidiarität, in der kath. Soziallehre seit der →Enzyklika *Quadragesimo anno* (15.5.1931) Pius' XI. (1922–39) der – aus dem ‚unterstützenden' Charakter jeder gesellschaftlichen Tätigkeit entwickelte – Grundsatz: ‚Wie dasjenige, was der Einzelmensch aus eigener Initiative und mit seinen eigenen Kräften leisten kann, ihm nicht entzogen und der Gesellschaftstätigkeit zugewiesen werden darf, so verstößt es gegen die Gerechtigkeit, das, was die kleineren und untergeordneten Gemeinwesen leisten und zum guten Ende führen können, für die weitere und übergeordnete Gemeinschaft in Anspruch zu nehmen'. (→Föderalismus, Solidarität).

H. Pesch, Lehrb. d. Nat.ök., [4]1926; A. F. Utz (hrsg.), D. S.aritätsprinzip. 1953; E. Link, D. S.aritätsprinzip, 1955; J. Isensee, S.aritätsprinz. u. Verf.recht, 1968; F. Klüber, Grundl. d. kath. Ges.lehre, [3]1971.

Suburbium (lat. ‚Vorstadt'), im MA. sich an eine Burg (= Burgflecken) anlehnende Siedlung, urspr. eigenen Rechts.

Sufeten →Richter.

Suffragium (lat. zu *suffragari* ‚[durch Beifall] unterstützen'), Abstimmung, Einzelstimme (und auch Stimmkörper) in den röm. →Komitien und Gerichten (vgl. frz. *suffrage*, →Wahl, Wahlrecht; Suffragetten →Frauenwahlrecht); mlat. *suffraganeus*, jeder zur Unterstützung eines Kirchenamts berufene Geistliche, →Weihbischof, →Kaplan; bes. Suffragan, der einem →Metropoliten unterstehende →Bischof.

Sühne (mhd. *suone*, ‚Gericht', ‚Versöhnung'), im germ. und im älteren dt. Recht Versöhnung zweier Parteien zur Beilegung einer →Fehde, meist in Form eines S.-vertrags, der zugleich →Buße und Schadenersatz enthält, eidlich durch die →Urfehde bekräftigt und im MA. förmlich im S.-brief niedergelegt wird; (2) S.-leistung (→Wergeld), die als Erb-s. den erbberechtigten Verwandten, als Mag-s. (Vetternbuße) den übrigen Verwandten eines Erschlagenen zukommt. Mit dem Vordringen der peinlichen Strafe seit dem 12. Jh. (→Landfrieden) und dem Zurückdrängen der Fehde verliert auch die S. an Bedeutung; heimliche S. (S. ohne Mitwirkung der →Obrigkeit) wird verboten.

H. Conrad, Dt. Rechtsgesch. I, [2]1962.

Sukzession →Apostolisch, →Thronfolge; S.sstaaten → Nachfolgestaaten.

Sultan (ar. ‚Gewalt', ‚Regierung'), seit dem 11. Jh. Titel der Seldschukenherrscher, im 15. Jh. allgem. für unabhängige sunnitische Machthaber (→Schah), vom 13. bis 16. Jh. Titel der →Mamlukenführer, vom 14. Jh.–1922 der tü. Herrscher und auch tü. Prinzen. 1914–22 nennen sich Hussein und Fuad von Ägypten S. Auch Titel pers. Offiziere und Statthalter, seit dem 17. Jh. des Herrschers von Marokko sowie kleinerer Machthaber (in Sansibar, Oman); auch Ehrentitel der Führer von Derwischorden, → Scheich.

Summepiskopat →Kirchenregiment.

Suovetaurilien →Lustrum.

Superintendent (‚Aufseher'), urspr. nach der Reformation ein vom →Landesherrn mit der Beratung und Beaufsichtigung der Geistlichen eines bestimmtes Gebietes (Kirchenbezirk) beauftragter Pfarrer; seine Aufgaben waren denen eines →Dekans ähnlich, daher hat sich auch vielfach der Titel Dekan anstelle des Titels S. eingebürgert; General-s., ein mit der Leitung der S.en beauftragter Geistlicher.

Superkargo →Charge.

Supplik (lat. *supplicare*, ‚bitten'), Bittschrift Einzelner oder einer Körperschaft, v.a. – in festen rechtlichen Formen – an den →Papst, seit dem 14. Jh. an der Kurie nach Genehmigung in ein S.enregister eingetragen; dav. S.ant, Bittsteller.

Supremat (lat. *supremus* ‚der Höchste', vgl. *Supreme Court*, das oberste Gericht in ags. Ländern, v.a. das oberste Bundesgericht der USA), der Primat des Bischofs von Rom über die Bischöfe u. die Kirche, →Papst; S.ie, allgem. Oberherrschaft, oberste Gewalt v.a. (nach der Reformation) des →Landesherrn über die Kirche; S.s-akte, das Gesetz Kg. Heinrichs VIII. (1509–47) von 1534, das das Staatsoberhaupt zum Haupt der engl. Kirche erklärte; -eid, die von allen Parlamentsmitgliedern, Geistlichen und Beamten verlangte Anerkennung des S.s des engl. Königs, 1829 in eine für Katholiken annehmbare Formel gefaßt, 1868 durch andere Formeln ersetzt.

Suspension (zu lat. *suspendere* ‚hemmen', ‚unterbrechen'), eine der Zensuren der kath. Kirche gegen Kleriker, die dem Bestraften das Recht entzieht, die ihm zukommende Amts- und Weihegewalt auszuüben und sein Benefizium zu nützen; allgem. die (zeitweilige oder endgültige) Amtsenthebung; – →Abbreviatur.

Süsterhaus, ‚Schwesternhaus', im spät. MA. weltlicher Frauenkonvent, z.B. der →Beginen.

Suzeränität (frz. *suzerain* Oberlehensherr, Nachbildung von → Souverän), Oberherrschaft (bes. der Ottomanischen Pforte) über halb autonome Vasallenstaaten, die über eigene Regierung verfügen.

Sykophant (gr. ‚Feigenanzeiger', Bed. ungeklärt, vermutl. ‚der um einer Bagatelle willen Klagende'), seit dem 5. Jhv., von Athen ausgehend, gewerbsmäßiger Ankläger, der durch Anklageprämie und Erpressung seinen Vorteil sucht, →auch Delator.

Syllabus (spätlat. von gr. *syllabe*), ‚Zusammenfassung', bes. die in der Beilage zur →Enzyklika Papst Pius' IX. vom 8.12.1864, die Irrlehren der Gegenwart betreffend; danach auch; das *Decretum Lamentabili* vom 4.7.1907 Pius' X., das den →Modernismus verurteilt.

Symbol (gr. *symbolon* ‚Vereinbarung'), Gegenstand und Handlung, die in der religiösen, staatlichen oder rechtlichen Sphäre einen ihnen an sich nicht innewohnenden Sinn einer mehr oder weniger begrenzten Gruppe von Menschen vermitteln. Die S.e, die u.a. Riten und Zeremonien und Bräuche erfüllen, Amtszeichen und Insignien umfassen, auch die Sprache durchdringen (Krone, Kreuz, Stab; Gebärden, Kuß u.a.) sind v.a. in schriftarmen Kulturen (z.B. im MA.) von großer Bedeutung; ihrer Erforschung widmet sich die S.ik oder S.-wissenschaft.

F. Herrmann (hrsg.), Hdb. d. S.-forschg. 2, 1941; P. E. Schramm, Herrschaftsz. u. Staatss.ik, 1954/56; K. Fürst Schwarzenberg, Adler u. Drache, 1958; G. Heinz-Mohr, Lex. d. S.e, [4]1976.

Symbolum (spätlat. von gr. *symbolon* ‚Vereinbarung'), formulierter christlicher (bes. kath.)

Glaubenssatz; Glaubensbekenntnis, Bekenntnisschrift *(→Confessio).*

H. Denzinger, Enchiridion s.orum, [34]1967; →Confessio.

Symmachie (gr.), urspr. ,Kampfbund' zweier gr. Poleis, dann auch langfristiger Bundesvertrag, allgem. gr. Bezeichnung für Staaten→bund, z.B. den Peloponnesischen Bund Spartas, den Attischen →Seebund von 478/7v., den Korinthischen Bund von 338/7v.; später Unterwerfungsvertrag mit Rom, aus Rücksicht auf die gr. Traditionen unter scheinbarer Gleichberechtigung.

Symmorie (gr.), in Athen seit 378/7v. Verband von 60 wohlhabenden Bürgern zur Zahlung der Vermögenssteuer, seit 357/6v. auch für die →Trierarchie; später allgem. Korporation, Verein.

Sympolitie (gr.), der gr. Bundesstaat mit eigenem Bundesbürgerrecht, v.a. die gr. Stammesstaaten seit dem 5. Jhv. (Boioter, Akarnanen, Aitoler u.a.).

Synagoge (gr. ,Fest-, Vereinsversammlung'; neuhebr. *keneseth*), seit dem Exil Versammlung, Versammlungs- und Lehrhaus der jüdischen Gemeinde unter Leitung eines Vorstehers, Archisynagogeus, als Ersatz für den Tempel, v.a. nach seiner Zerstörung 70n. Kultraum; seit dem 9. Jh. ma. Allegorie für das AT.

Synchronismus (von gr. *synchronos*), ,Gleichzeitigkeit' voneinander unabhängiger Ereignisse, in der neueren Geschichtsliteratur durch Tabellen veranschaulicht, in volkstümlicher Überlieferung – als Gedächtnisstütze – oft unhistorisch.

R. Hennig, Zs. f. Psychologie 1942.

Syndikus (gr.-spätlat.), ,Rechtsbeistand', städtischer oder fürstlicher Fiskal; seit dem At., – im MA. zunächst in romanischen Ländern, seit der →Rezeption im 15. Jh. auch in dt. Städten – Rechtsberater einer Gemeinde und Vertreter vor Gericht (auch: Konsulent, Ratskonsulent, in den Niederlanden →Pensionär), desgleichen auch bei →Landständen (Land-s., Landschaftskonsulent); Rechtssachverständiger in größeren Wirtschaftsunternehmungen; Syndikat (frz. *syndicat* ,Korporation', ,Gewerkschaft'), allgem. genossenschaftlicher Zusammenschluß oder sein leitendes Gremium, bes. in der modernen Wirtschaft →Kartell mit gemeinsamer Verkaufsorganisation und Preisbindung; Syndikalismus, jedes Streben nach korporativem Zusammenschluß, z.B. im Sinne des →Faschismus der Zusammenschluß von Unternehmern und Arbeitern im Dienst einer kontrollierten berufsständischen Staats- und Gesellschaftsordnung; bes. die vom Frühsozialismus (P. J. Proudhon, 1809–65; G. Sorel, 1847–1922) ausgehende, v.a. in romanischen Ländern wirkende revolutionär-anarchische Bewegung, die nach Beseitigung des den Interessen der ausbeutenden Klasse dienenden Staates aus Produktionsgenossenschaften u. örtlichen oder regionalen (nicht fachverbandlichen) →Gewerkschaften eine neue Gesellschaftsordnung aufbauen will.

G. Sorel, Ü. d. Gewalt, dt. 1928; ders., D. Auflösg. d. Marxismus, dt. 1930; R. Humphrey, G. Sorel, 1951; H. M. Bock, S.ismus u. Linkskommunismus 1918–23, 1969; W. Röhrich, Revolutionärer Syndikalismus, 1977.

Synhedrion (gr.), leitendes Kollegium, Delegiertenversammlung in gr. Bünden, z.B. in der Delphischen →Amphiktyonie, im 2. Attischen Seebund von 378/7v., im Korinthischen Bund von 338/7v.; in hellenistischer Zeit weit verbreitete Bezeichnung, daher das erst seit Herodes d. Gr. genauer bekannte Sanhedrin der Juden (der Hohe Rat), wohl urspr. Notabelnversammlung, das Priester- und Gelehrtenkollegium unter Vorsitz des Hohenpriesters, nach 70n. des Patriarchen als Repräsentanz des jüdischen Volkes vor der röm. Macht; 1806 durch Napoleon I. für die frz. Juden einberufen.

Synode (gr. *synodos* ‚Zusammenkunft'), in der kath. Kirche kirchliche Versammlung unter einem zuständigen geistlichen Leiter, so z. B. im At. die Bischofs-s.n., z. T. die Vorläufer der späteren → Konzilien, weiterhin die im röm. Reich von den röm. Kaisern, in den Germanenreichen von den Königen einberufenen und z.T. geleiteten Reichs-s.n, ferner die im MA. und NZ. von den Päpsten geleiteten Papst-s.n. Heute ist vielfach die vom →Bischof geleitete Diözesan-s. üblich, auf der unter Teilnahme der Geistlichen der →Diözese allgemeine Angelegenheiten des →Bistums beraten werden. In den evang. und reformierten Kirchen entstanden schon bald nach der Reformation S.n als Versammlungen von Geistlichen und Laien. Dabei haben sich verschiedene Synodalformen entwickelt, die z.T. in der NZ. in mehreren evang. →Landeskirchen zur Ausbildung einer Synodalverfassung führten: Bei der unter dem Vorsitz eines Laien stehenden Versammlung von gewählten Mitgliedern (meist mehr Laien als Geistliche) liegt die ‚Legislative', der als ‚Exekutive' der Landesherr als *summepiscopus*, seit 1918 der aus den Vertretern der Kirchenleitung gebildete →Kirchenrat (Landes-, Oberkirchenrat) gegenübersteht. Kreis-s.n umfassen in der Regel Vertreter eines oder mehrerer Dekanate, während Landes-s.n die Vertreter einer ganzen →Landeskirche und General-s.n die Vertreter aller Landeskirchen in Dtld. einschließen; Synod, Heiliger, die kollegiale oberste Kirchenbehörde der ru.-orthodoxen Kirche unter Vorsitz eines Laien (Oberprokurateur), von Peter d. Gr. 1721 als Instrument seiner Staatskirchenpolitik geschaffen; Synode, Heilige, die oberste S. der gr.-orthodoxen Kirche.

synodischer (gr. *synodos*, ‚Zusammenkommen', größte Sonnennähe des Mondes) Monat → Lunation.

Synoikismos (gr.), Zusammenschluß gr. Gemeinden zu einer politischen und z.T. auch städtebaulichen Einheit, z.B. Attikas in mythischer Zeit (Theseus), von Rhodos (5.Jhv.), Smyrna (hellenistische Zeit).

Syssitien (gr.), im alten Sparta (dort auch: Phiditien) – und ähnlich auf Kreta – die durch gemeinsame Beiträge bestrittenen täglichen Mahlzeiten der Vollbürger (Spartiaten).

Swaradsch (sanskr. ‚Selbstregierung'), seit 1906 Bezeichnung für das Streben Indiens nach innerer →Autonomie, dann nach völliger Unabhängigkeit von England.

Szepter (gr. *skeptron*), das aus dem ‚→Stab' entwickelte Symbol (weltlicher) Herrschaft; S.-lehen, das nach dem Wormser Konkordat 1122 durch das Symbol des S.s verliehene Reichskirchengut.

Tabellionat (zu lat. *tabella*, ‚Tafel'), das →Notariat der röm. Kaiserzeit. Die Tabellionen hatten als Privatpersonen durch amtliche Ermächtigung die Befugnis, Urkunden über bestimmte Rechtsgeschäfte gegen Gebühren aufzunehmen.

Tag, →Reichs-, →Landtag; -fahrt (auch T.-satzung), in der älteren Rechtssprache Termin, bes. im Gerichtswesen; in der Schweiz bis 1798 Versammlung der Vertreter der →Orte, von 1803–48 Gesandtenkongreß der →Kantone; anfänglich ohne festen Termin und Tagungsort und von jedem →Ort einberufbar, wird die T.-satzung 1426–1712 nach Baden, 1715–98 nach Frauenfeld jährlich von Zürich als Vorort einberufen und geleitet (während der Reformationszeit unterbrochen); sie berät über Fragen, die die →Eidgenossenschaft insgesamt betreffen, v.a. über die →gemeinen Herrschaften; Beschlüsse können nur mit Zustimmung der souveränen Orte verwirklicht werden; 1803 wird die Zahl der Vororte auf 5 (seit 1815 3) erweitert, die Entscheidungen sind in Fragen der Außenpolitik und des Heerwesens für die →Kantone sofort verbindlich; nach dem Sonderbundskrieg wird die T.-satzung durch die Verfassung vom 12.9.1848 aufgehoben; -wan, -won, Tages(fron)dienst, Tageslohn.

Taiding →Teding.

Taikun →Shōgun.

Taille (frz. von lat. *talea* ‚Holzstück', Kerbholz – engl. *tally*, im engl. Schatzamt bei Quittungen und Anweisungen bis 1812 verwendet –, mlat. *tallagium*, *tallia* ‚Abgabe', →Bede), von frz. Lehensherrn erhobene Einkommensteuer, 1439 vom Kg. an sich gezogen *(t. royale)*, als allgem. Grund- und Erwerbssteuer (unter Befreiung des Adels und der Geistlichkeit) bis ins 18. Jh. öfters gesteigert, während die verbotene *t. seigneurale* z.T. in der Praxis weiterbestand; Taillon, seit dem 16. Jh. Nachsteuer zur T.

Tairō (jap. ‚Großer Alter'), seit etwa 1590 Minister, Vertreter, auch Vormund des →Shōgun.

Tal (frühnhd. auch = ‚Land'), T.-gemeinde, nichtstädtische Siedlung; -schaft = →Hundertschaft.

Talent (gr. *talanton* ‚Waage'), (1) in homerischer Zeit kleines Goldgewicht von etwa 26 g; (2) im At. in Anlehnung an das babylonische Münz- und Gewichtssystem das 6000fache des Gold- oder Silber→kurants, in den verschiedenen Systemen zwischen 20 und 60 kg *(attisch-euböisches T. 26 kg)*.

Taler abgek. für Joachimsthaler Güldengroschen, seit dem 16. Jh. Bezeichnung für größere Münzen der mit der NZ. – v.a. infolge des Silberimports aus Amerika – verstärkt einsetzenden Silberprägung (erstmals Hall in Tirol 1484) unterschiedlichen Gewichts (von 26 bis 16 g), als →Kurantgeld weit verbreitet, so der dt. Reichs-, seit 1753 (→Münz-) Konventions-t. des 16. bis 19. Jh. (im 20. Jh. = Dreimarkstück), der it. Tallero, der dän. Rigsdaler und norw. Riksdaler (bis zum Ende der Silberwährung 1875), der am. Dollar seit 1792, der für den Orienthandel seit 1780 geprägte Maria-Theresien-T., bis ins 20. Jh. (Abessinien 1945) gültig.

Tanaist →Clan.

Tarif (arab.), Preisverzeichnis für Leistungen jeglicher Art (im Gegensatz zu Warenpreisen), z. B. Verkehrs-, Versicherungs-, Lohn-t.; auch Verzeichnis gestufter Steuerleistungen; T.-vertrag, im modernen Arbeitsrecht (im Dt. Reich seit Dez. 1918) befristeter Normvertrag über Löhne und Gehälter zwischen →Gewerkschaft und Arbeitgeber(verband).

M.O. Hinz, T.hoheit u. Verf.recht, 1971.

Tarraß (Taraß u.ä. von ital. *terrazzo*, mlat. *terratia*), Erdwall, Bollwerk, Barrikade; -büchse, auch Tarrisbüchse, Kanone auf dem Wall, allgem. Kanone.

Tartaren →Tataren.

Tartsche (frz. *targe*, von arab. *dardi* oder ags. *targe*), Schild, urspr. eckig, den ganzen Körper deckend, dann allgem. Schild in nicht deutlich geschiedener Bedeutung.

Tataren (nach einem Wortspiel zu gr., lat. *Tartarus* fälschlich auch: Tartaren; nhd. auch: Tatern), seit dem 13. Jh. (nach dem Mongoleneinfall) tü.-mongolische Mischstämme in Osteuropa, dav. allgem. wilde Horden aus dem Osten, Wilde; auch: Zigeuner.

Taxe (von gr. *taxis* ‚Anordnung', mlat. *taxa*, frz. *taxe*, span. *tasca*, it. *tassa*, dt. *Taz* = Bier→ziese), seit dem MA. Bezeichnung für → Steuer verschiedener Art, auch (nach dem kath. Kirchenrecht) →Gebühr.

Taxiarch (gr. ‚Abteilungsführer'), im alten Griechenland Offizier etwa im Range eines Hauptmanns oder Obersten; gr. Bezeichnung für den röm. →Zenturio.

Techno-kratie (von gr. *techne*), die wissenschaftlich-rationale Organisation der Gesellschaft, Wirtschaft und Politik, als sozialistisch-planwirtschaftliche Utopie v.a. nach der Weltwirtschaftskrise 1929 in den USA publizistisch vertreten; -logie, als Zweiggebiet der →Ethnologie und →Soziologie die Kunde von den technischen Fähigkeiten, Werkzeugen und Geräten des Menschen.

N. Berdjajew, D. Mensch u. d. Technik, 1949; M. Bense, Techn. Existenz, 1949; F. Dessauer, Streit um d. Technik, 1956; E. Kramm, Der Mensch i. d. geplanten Welt, 1970; E. Kogon, Die Stunde d. Ingenieure, 1976.

Teding, Taiding, Teiding, →Ding, Verhandlung, Schlichtung; Taidigung, →Richtung.

Teilbau, -pacht, alte, v.a. seit dem 14. Jh. in Italien übliche Form der →Pacht, bei der der Verpächter, z.B. unter Zurverfügungstellung des gesamten Guts samt Zubehör, einen bestimmten Ertragsanteil erhält; am häufigsten ist gleiche Teilung (Halbpacht, Halfenwirtschaft), doch gibt es auch Drittel- und Viertelpacht; der T. bedeutet in erster Linie eine Besserung der rechtlichen Stellung, nicht der wirtschaftlichen Lage.

Dietzel, Zs. f. d. ges. Staatswiss., 1884f.; F. Kobler, Der T.bau im röm. und it. Recht, 1928.

Teleologie (von gr. *telos* ‚Ziel', ‚Zweck'), die (seit Aristoteles,

384–22, bekannte) philosophische Lehre von der Zweckgerichtetheit des gesamten Naturgeschehens schließt auch die →Geschichte mit ein; daher verwendet auch die →Geschichtsphilosophie den Ausdruck zur Kennzeichnung einer der Deutungsmöglichkeiten der Geschichte, doch vorwiegend eingeengt im Sinne der christlichen Transzendenz.

→Geschichtsphilosophie.

Telones (gr. ‚der die Abgaben kauft'), in der gr.-hellenistischen Welt Steuerpächter (im NT. ‚Zöllner'), der einzeln oder in einer Gesellschaft entweder die Steuern, Zölle usw. direkt einzieht oder (z.B. in Ägypten) die Einziehung durch staatliche Organe dem Staat garantiert; dav. mlat. *teloneum*, Zoll, Abgabe.

M. Rostovtzeff, Ges. u. Wirtsch.gesch. d. hell. Welt, dt. 1955f.

Templum (lat., gr. *Temenos*), der abgegrenzte heilige Bezirk, bei den Römern zum Zweck der Auspikation vom →Augur abgegrenztes Viereck; das röm. und allgem. jedes nichtchristliche Gotteshaus (Tempel); Tempel-herren, auch Templer, Ritter→orden, von Kg. Balduin II. um 1120 in den Palast zu Jerusalem angeblich an die Stelle des alten *t. Salomonis* eingewiesen (dav. Temple, Niederlassung des Ordens, z.B. in London 1162, Paris 1212); -pyramide, -turm →Zikkurat; -wirtschaft, im Vorderen Orient seit den Sumerern entwickelte Wirtschaftsform, bei der das Land eines Gottes zur autarken Einheit ausgestaltet wird, Beginn der Schriftlichkeit und Organisation in der Verwaltung.

J. Charpentier, Die Templer, dt. 1965.

Temporalien →Spiritualien.

Tennō (jap.), Ks. von Japan (124 Kaiser von Jimmu-T. 120v. bis Hirohito), nach der Shintō-Religion Gottheit (Widerruf 1.1. 1946) und Staatsoberhaupt zugleich, unfehlbar und über jede Kritik erhaben, im MA. von den Sippen, seit 1192 vom →Shogun in der absoluten Macht beschränkt, die 3.1.1868 von Meiji-T. wiederhergestellt wird. Trotz der konstitutionellen Verfassung vom 11.2.1889 regierte der T. im 20. Jh. zunehmend autoritär; die Verfassung vom 3.5.1947 (Volkssouveränität) läßt ihm hingegen fast nur repräsentative Funktionen.

Terceronen, in latein-am. Staaten die Kinder von Weißen und →Mulattinnen oder →Mestizinnen.

Termenie (lat. *terminus*), Grenze.

Terminanten, auch Terminarier (mlat. *terminus* ‚Bezirk'), die Almosensammler der →Mendikanten.

Territorium (lat.), ‚Gebiet', im At. der Landbesitz (einer Stadt: *universitas agrorum intra fines cuiusque civitatis*, Dig. 16,239), im MA. →Grundherrschaft; Gerichts- und Rechtsgebiet, dann Herrschaftsgebiet; im Dt. Reich Land im Gegensatz zum →Reich (→Landesherrlichkeit); in den USA und anderen außereuropäischen Ländern unterentwickeltes Gebiet, das (noch) nicht zum Bundesstaat aufgestiegen ist; Territorial-armee, im älteren Militärwesen (in England seit 1907) Freiwilligentruppe (Miliz, Landwehr) mit regionaler Rekrutierung und Ersatz, daher mit landsmannschaftlichem Charakter; -gewässer, die als Staatsgebiet beanspruchten Binnenmeere, Buchten, Küstengewässer(→Dreimeilenzone) eines Staates; -prinzip, Territorialität, im Gegensatz zum stammesstaatlichen das gebietsstaatliche Prinzip, wonach sich die Hoheitsrechte nicht durch den Personenverband (Personalität), sondern durch das Gebiet bestimmen (im dt. MA. der Übergang im 12./13. Jh.); im Recht der Grundsatz, daß jeder – sofern er nicht →Exterritorialität genießt – nach den Gesetzen des Landes gerichtet wird, in dem er sich zur Zeit der Tat aufhält; -staat, im At. der hellenistische Staat als ‚speergewonnenes Land', im Gegensatz zur gr. → Polis, in MA. und NZ. der →landesherrliche Staat (auch wenn die Landeshoheit durch ständische Rechte beschränkt ist) im Gegensatz zum →Personenverbandsstaat; -stimme, im → Reichsfürstenrat Stimme, die (ohne Rücksicht auf Erbteilungen oder Vereinigungen) an einem T. haftet; -system, die Übernahme der Verfassung und Leitung einer Kirche durch Verfassung und Regierung des Staates.

H. Mitteis, Lehnrecht u. Staatsgew., 1933, ND 1958; ders., Der Staat des hohen MA., [8]1968; H. Patzer, Der dt. T.ialstaat im 14. Jh., 1970.

Terror, T-ismus (lat.), Schrekkensherrschaft als extremes Mittel revolutionärer und totalitärer Systeme und Bestrebungen: ‚Die Notwendigkeit, den Erfolg um jeden Preis für sich zu haben, führt die völlige Gleichgültigkeit in den Mitteln und ein totales Vergessen der anfänglich aufgerufenen Prinzipien bald mit sich' (J. Burckhardt); bes. *la Terreur* die Zeit der Jakobinerherrschaft im frz. Nationalkonvent, von der Ermordung Marats bis zur Hinrichtung Robespierres, Juli 1793–Juli 94.

J. Burckhardt, Weltgesch. Betr., 1905 u.ö.; W. Laqueur, T.ismus, dt. 1977.

Tertia (lat., mlat. auch *tertiaria*, *tertius denarius*), der dritte Teil von Abgaben oder Einkünften verschiedener Art, seit der ostgerm. Landnahme der Völkerwanderungszeit (*t.tor* = *colonus*) vereinzelt im MA. vorkommend (von der Krone beanspruchter Teil des →Zehnten in Spanien; mehrfach übliche Quote des Pachtzinses usw.); Tertiarier, der dritte →Orden; Tertiogenitur, die (seltene) Form der mit Herrschaftsrechten ausgestatteten zweiten Nebenlinie eines Hauses, →Sekundogenitur; →Terceronen.

Terzerol (it. *terzuolo*, nhd. *Terzel* ‚kleiner Falke', ‚Habicht'), kleine Taschenpistole.

Test (engl. zu lat. *testum* ‚Topf', zur Prüfung eines Metalls verwendet), Prüfung, bes. die durch die T.-Akte 1673–1829 in England vor Übernahme eines Amtes geforderte, wonach durch den T.-eid der Glaube an die Transsubstantiation in katholischem Sinne abgeschworen werden mußte.

Testament (lat. *testamentum* – zu *testari* ‚bekunden' –; mlat. ‚Besitzübertragungs-, Freilassungs→urkunde), letzter Wille, (letztwillige) Verfügung; (1) nach dem biblischen gr. Wort *diatheke* (die Übersetzung ‚Bund' ist umstritten) die beiden Teile der Bibel; (2) Vermächtnis, bes. eines Staatsmanns oder Herrschers (*politisches T.*) an seine Nachfolger, die Leitgedanken seiner Politik enthaltend.

Teston (frz. v. mlat. *testa*, ,Kopf' des Königs), Silbermünze, v. a. Ludwigs XII. von Frankreich (1498–1515), ½ Franken.

Tetramorph (gr. ,Viergestalt'), nach Ez. 1, 5, Apk. 4, 6 die Verbindung der 4 Evangelistensymbole Engel (Matth.), Löwe (Mark.), Stier (Luk.), Adler (Joh.) zu einer Gestalt.

Tetrapolis (gr.), ,Stadt aus vier Orten', z.B. seit frühgr. Zeit in Attika (Marathon u.a.: = Hyttenia); Vierstädtebund, z.B. im hellenistischen Syrien (Antiocheia, Seleukeia, Apameia, Laodikeia); die Reichsstädte Straßburg, Memmingen, Lindau, Konstanz auf dem Reichstag zu Augsburg 1530 (ihr Bekenntnis: →*Confessio Tetrapolitana*).

Tetrarch (gr.), Befehlshaber, Herrscher über ein Viertel, z.B. eines →Clans der Kelten im hellenistischen Kleinasien 3.–1. Jhv.; Kleinkönig, z.B. 41v.–39n. in Palästina, von den Römern eingesetzt; T.ie, Amt und Herrschaftsbereich eines T.en, Regierungssystem mit vier Herrschern, z.B. das Kaisertum Diokletians 293–306n.

Thane (ags. – germ. *thegn*, dt. →*Degen*), der ags. Gefolgsmann, dann Angehöriger des kg. Dienstadels mit mindestens 5 Hufen Land, im 12. Jh. mit dem Vordringen des Feudalsystems im niederen Adel aufgegangen, in Schottland bis ins 15. Jh. Lehensträger der Krone.

Thema (spätgr. ,Aufstellung'), im byz. Reich Heer, seit dem 7. Jhn. nach der Themenverfassung (Reform unter dem Druck der Avaren, Slawen und Perser, Ks. Herakleios I., 610–42) Siedlungs- und Rekrutierungsbezirk unter einem →Strategos, der schließlich auch die Zivilverwaltung übernimmt.

Theo-dizee (frz. *theodicée* von gr. *theos* ,Gott', *dike* ,Recht'), in Theologie und Philosophie (G. W. Leibniz, 1710) Rechtfertigung Gottes angesichts des Übels in der Welt, von christlichen Historikern, v.a. J. G. Droysen (1808–84) zur Aufgabe der Geschichtsschreibung erklärt; -gonie (gr.), bei den Griechen die Mythen von der Entstehung der Götter (Werk des Hesiod, um 700v.); -kratie (gr.), ,Gottesherrschaft', Form eines Staates, in dem Gott der Herrscher, der oberste Leiter (Priester oder Kg.) unmittelbarer Vollstrecker göttlichen Willens ist, z.B. in den sumerischen Stadtstaaten, bei den Juden nach Esra 548v., in Tibet, auch für das Karolingerreich, die Kreuzfahrerstaaten gebraucht; -phanie = →Epiphanie, Erscheinung eines Gottes, Selbstoffenbarung Gottes (J. Duns Scotus, um 1268–1308); -xenie (gr.), bei den Griechen kultische Mahlzeit, Bewirtung einer Gottheit, bes. des Apollon von Delphi.

Theorie (gr.), Festgesandtschaft gr. Stadtstaaten zu panhellenischen Heiligtümern und Festen, auch zu Festen anderer Städte (Gesandte: Theoren).

Theorikon (gr.), in Athen um 450–317v. ,Schaugeld' als Unterstützung für die Armen bei staatlichen Festen (Erstattung des Eintrittsgelds für das Theater). Die zu seiner Verwaltung bestellte Behörde hat im 4. Jhv. zeitweilig (Eubulos 354–338v.) die Oberaufsicht über das gesamte Finanzwesen.

Thesmotheten (gr.), in Athen seit dem 7. Jhv. die letzten sechs der neun →Archonten, erst kollegial, später als Vorsitzende von Geschworenengerichten mit Verwaltungsgerichtsbarkeit betraut.

Theten (gr.), im alten Griechenland die freien Lohnarbeiter, Handwerker und Händler, in Athen seit dem 6. Jhv. (Solon) die unterste Klasse der Bürgerschaft, ohne Grundbesitz, nicht als →Hopliten dienend; sie erhält i. 5. Jhv. zu den Ämtern Zutritt.

Theurgie (spätgr.), Götter- und Dämonenbeschwörung der → Chaldäer und Neuplatoniker, v.a. des 4. Jhn., im spätantiken Hekate- und Mysterienkult.

Thing →Ding.

Thron (gr.), Götter-, Richter-, Lehrstuhl; Sitz des Herrschers und des geistlichen Oberhauptes, als Symbol fürstlicher Würde = Herrschaft; fall, →Heimfall an den Kg.; -folge, die Übernahme der Hoheitsrechte eines Monarchen durch seinen Nachfolger, entweder durch Wahl (auch hier oft, wie z.B. in der dt. Geschichte, unter Berücksichtigung des →Geblütsrechts), oder aufgrund eines Erbrechts (wobei das Hausgesetz die →Kognaten entweder ausschließt – salisches Gesetz seit dem 14. Jh., nach dem Erbrecht der *lex Salica*, des seit dem 6. Jh. aufgezeichneten Volksrechts der salischen Franken – oder nach den →Agnaten einordnet); -folger, Nachfolger eines Ks. oder Kg., der nicht Kron→prinz (Sohn oder Enkel) ist; -lehen, seit dem 16. Jh. die (fürstlichen) Lehen, bei denen der Ks. die Verleihung persönlich vornahm; -rede, die bei Eröffnung des Parlaments vom Monarchen gehaltene (verlesene) Rede, die die Grundsätze des Regierungsprogramms enthält; ‚Bündnis von T. und Altar', aus dem frz. Klerus des 18. Jh., in Dtld. seit 1785 konservatives Schlagwort gegen Aufklärertum, dann gegen die Sozialdemokratie.

H. Mitteis, D. dt. Königswahl, [2]1969; ders., SB München 1951; P. E. Schramm, Herrschaftszeichen u. Staatssymbolik, 1954/56; ders., Ks., Rom u. Ren., [2]1957; – H. Rehm, Mod. Fürstenrecht, 1904; E. Hlawitschka (Hrsg.), Kg.swahl u. T.-folge im otton.-frühdt. Zt., 1971.

Tiara, gr.-lat. Bezeichnung auffälliger orientalischer Kopfbedekkungen, sowohl der phrygischen Mütze (mlat. *Phrigium*), als auch v.a. der zylinderförmigen der pers. Könige (gr. →Kamelaukion); die kegelförmige Kopfbedeckung des →Papstes, durch Bonifaz VIII. (1294–1303) mit zwei Kronreifen, im 14. Jh. mit dem dritten (daher mlat. *triregnum*) ausgestattet.

P. E. Schramm, Herrschaftsz. u. Staatssymbolik, 1954/56.

Timokratie (gr. von *timé* ‚Ehre', ‚Steuerschätzung'), in der gr. Staatslehre (Aristoteles) Sonderform der →Aristokratie, bei der die Bürger die politischen Rechte nach Maßgabe ihres Vermögens erhalten, erstmals verwirklicht in der Verfassung des Solon 594v.

Titel (lat. *titulus*, ‚In-, Aufschrift', ‚Benennung'), Rechtsanspruch; in der kath. Kirche die durch Nachweis eines dem Ordinierten gesicherten Lebensunterhalts gegebene Berechtigung, höhere Weihen zu erteilen (Ordinations-t.); allgem. das mit der Anrede verbundene, den Stand oder gesellschaftlichen Rang kennzeichnende Prädikat; Titular- (zur Kennzeichnung eines verliehenen

T.s ohne Möglichkeit einer Ausübung des damit verbundenen Amtes; im militärischen Bereich dafür: Charakter-) →bischof; -reichsfürst, seit 1653 Reichs→fürst ohne reichsunmittelbares Territorium, nicht dem Reichsfürstenrat angehörend.

Todesweihe →Devotion.

Tohopesate (ndt. ‚Zusammensetzung'), Bündnisvertrag von Hansestädten zur Abwehr der Landesherren.

Toleranz (von lat. *tolerare*, ‚ertragen'), die Duldung abweichender Anschauung, bes. auf religiösem Gebiet; die T. setzt im politischen Bereich eine Staatskirche voraus, wie sie in der europäischen Geschichte erstmals von Theodosius d. Gr. 391n. geschaffen wurde; der von den christlichen Staaten und Denkern verfochtene Grundsatz der Glaubenseinheit wird im Denken der →Aufklärung, v.a. (nach Vorgängen im ndl. Humanismus und bei J. Milton, 1608–74) durch J. Locke (1632–1704) bekämpft; die religiöse T. dringt vom 17.–19. Jh., v.a. gegen den Widerstand des Katholizismus und Puritanismus, (im 18. Jh. zeitweilig unter dem Vorantritt Preußens) allmählich durch und wird in den → Grund- und Menschenrechten seit ihrem Entstehen verankert; -akte, Beschluß zur religiösen Duldung der →Dissenters in England 1689; -edikt von Mailand 313, ungenaue Bezeichnung für die nach der Konferenz von Mailand von den Ks. Konstantin d. Gr. und Licinius erlassene Konstitution über freie Religionsausübung und Restitution des Kirchenvermögens der Christen; das Edikt von Nantes zugunsten der Hugenotten 1598, 1685 von Ludwig XIV. aufgehoben; = -patent Josefs II. von 1781; -geld, Sondersteuer für Juden, anstelle des alten Judenschutzgelds (→Regal als Entgelt für den vom Herrscher gewährten Schutz) entrichtet; -patent, die beiden Patente Josefs II. von 1781 zugunsten der Protestanten, 1782 zugunsten der Juden.

J. Locke, Vier Briefe über T., 1689–92; K. Völker, T. u. Int. im ZA. d. Reformation, 1912; G. Mensching, T. u. Wahrheit, 1955.

Tory, urspr. irischer ‚Rebell', ‚Bandit', seit 1679 für die Anhänger des engl. Kg. Jakob II. (1633–1701) verwandt, die den Non→konformismus auszurotten versuchten. Seit 1688 für 70 Jahre fast völlig von der Regierung ausgeschlossen, fanden sie den stärksten Rückhalt beim niederen Klerus und im Landadel. Erst unter der Regierung Kg. Georgs III. (1760–1820) erhielten die Tories als reine Hofpartei größere Bedeutung. Die Ablehnung der frz. Revolution brachte ihnen Zustrom aus allen Adelskreisen, so daß sie 1812–30 die Mehrheit bildeten. Unter R. Peel (1788–1850) wurde der Name T. in *Conservative* geändert, um nach der Parlamentsreform von 1832 auch im Mittelstand Fuß zu fassen. Fortan zeichneten sich die Tories (im Volksmund beibehalten) durch sozialreformerische Züge aus. Führer war dabei B. Disraeli (1804–81), der in späteren Jahren auch den Glanz des engl. Weltreichs und der Krone für die Interessen seiner Partei auszubeuten verstand. R. Churchill (1849–95, Vater von W. Churchill) prägte den Begriff T.-Demokratie, wie er auch heute noch für die eine der beiden großen Parteien Englands verbindlich ist.

H. Dietz, Gesch. d. konserv. Partei Englands, 1955; W. A. Speck, T. and Whig, 1970.

Totalitarismus (zu lat. *totus* ‚ganz'), für das technisierte Massenzeitalter des 20. Jh. kennzeichnendes Herrschaftssystem, höchste Form moderner →Diktatur. Bezeichnend ist die ‚Totale Mobilmachung' (F. Jünger), die die in der modernen Kriegsordnung praktizierte planmäßige Erfassung der militärischen, wirtschaftlichen und geistigen Kräfte auch zum Vorbild für den Frieden erhebt. Der T. unterwirft alle Bereiche des Staates, der Wirtschaft und Kultur dem Geltungsanspruch einer als Ersatzreligion dienenden politischen →Ideologie, nach der der Einzelne dem in der →Partei sich verkörpernden Gesamtwillen unterworfen ist. Folgen des T. sind Beseitigung der Parteien (Gleichschaltung) oder ihre Herabdrückung zur Scheinexistenz (Volksdemokratie), Aufhebung der Gewaltentrennung, des →Parlamentarismus, der persönlichen Freiheit auf allen Gebieten, die zentralistische Leitung (Planung) aller staatlichen, wirtschaftlichen und kulturellen Bereiche durch die Partei, Lenkung der öffentlichen Meinung durch Einsatz der modernen Massenbeeinflussungsmittel und lückenlose Überwachung aller Feinde des Systems (Geheimpolizei, →Konzentrationslager).

E. Jünger, D. totale Mobilmachg., (Krieg u. Krieger) [2]1934; H. Arendt, Elemente u. Urspr. totaler Herrsch., 1955; C. J. Friedrich, Tot. Diktatur, 1957; R. Aron, Demokr. u. T., dt. 1970; M. Greiffenhagen u.a., T., 1972; W. Schlangen, Die T.-theorie, 1976.

Tote Hand →Amortisation.

Totenorgel →Geschreigeschütz.

Trabanten (tschech.), seit den Hussitenkriegen Fußsoldaten, urspr. Söldner, seit der NZ. Haustruppen, Leibwache in span. Tracht.

Trade Unions →Gewerkschaft.

Tradition (lat. *traditio* ‚Übergabe', ‚Besitzübertragung', dav. *codices t.num*, ‚T.s-bücher', Schenkungsverzeichnisse von Kirchen und Klöstern, →auch Urkunde), Überlieferung, (1) die mündliche oder schriftliche Weitergabe von Berichten; die durch die Kritik in ihrer zeitlichen Abfolge und inneren Abhängigkeit geordneten →Quellen; (2) die Summe der schriftlich oder mündlich überlieferten Glaubenswahrheiten einer Religion; (3) die Summe der geschichtlichen Erinnerungen (‚Jede Erinnerung, solange sie nicht äußerlich fixiert ist, lebt mit und wandelt sich um mit dem Vorstellungskreise derer, die sie pflegen', J. G. Droysen), die Denken und Handeln des Menschen unbewußt oder bewußt mitbestimmen; T.alismus, nach K. Mannheim (1893–1947) unbewußte Hinneigung zum normativen Charakter der T., zur geschichtlichen Gebundenheit des Menschen.

→ Geschichte, Geschichtsphilosophie.

Traditor (vgl. Tradition), der Übereigner.

Traktat (lat. *tractatus* ‚Behandlung', ‚Abhandlung),' Vorverhandlung, Verhandlungsniederschrift, völkerrechtlicher Vertrag; -häfen, Vertragshäfen, die (nach dem Opiumkrieg mit Großbritannien im Frieden von Nanking 11.8.1842) dem europäischen Handel geöffneten fünf Häfen Chinas (Kanton, Amoy, Futschou, Ningpo, Schanghai); Traktament, v.a. zu Beginn der NZ. Verpflegung, Quartierleistung, Soldatenlöhnung.

Transche (frz. *tranchée*), Laufgraben.

Trans -fix, -sumt →Urkunde; -humanz (Kunstw. zu lat. *humus* ‚Boden'), der jahreszeitlich bedingte Weidewechsel der Wüstennomaden; -latio imperii (lat.), ‚Übertragung der →Weltherrschaft' (Assyrer, Perser, Makedonen, Römer), bes. im MA. der Übergang des röm. Kaisertums auf die dt. Könige durch die Kaiserkrönungen 800, 962).

W. Goez, Translatio imperii, 1958.

Trap(p)ier (zu frz. *drap* ‚Tuch'), Gewandmeister, hoher Würdenträger (→Gebietiger) in den Ritterorden.

Trecento (it. ‚dreihundert'), als kunstgeschichtliche Epochenbezeichnung das 14. Jh., bes. in Italien.

W. Rüegg, Das T., Italien im 14. Jh., in: G. Finsterer-Stuber, Geist. Väter d. Abendlandes, 1960.

Treßler (gr. *thesauros* ‚Schatz', bes. eines Herrschers, mlat. *thesaurarius* ‚Schatzmeister', vgl. frz. *trésorier*, seit dem 14. Jh. hoher Finanzbeamter der frz. Krone, engl. *treasury* →Schatzamt), der Schatzmeister im Dt. Orden.

Treuga Dei (vulgärlat. aus kelt. *treve*, altsächs. *trewa*, ‚Treue', ‚Frieden'), innerhalb des →Gottesfriedens das Fehdeverbot für bestimmte Zeitabschnitte, z.B. in jeder Woche für die Leidenszeit und Auferstehung des Herrn (Donnerstagabend bis Montagfrüh), dann für die Advents- und Fastenzeit und die Karwoche. Fälschlicherweise wird der Begriff auch auf den gesamten → Gottesfrieden ausgedehnt.

→ Gottesfrieden.

Triarier →Legion.

Trias (gr.), ‚Dreizahl', Dreiheit, von Göttern, z.B. *kapitolinische T.* in Rom (Juppiter-Juno-Minerva); von Mächten, bes. Idee des Zusammenschlusses der kleineren dt. Staaten zu einer dritten, Preußen und Österreich gleichwertigen Kraft (→auch Dualismus), seit 1763 (frz. *troisième Allemagne*), v.a. im Dt. Bund 1815–66 (K. A. v. Wangenheim, württ. Gesandter bis 1823).

K. Frh. v. Wangenheim, Österr., Preußen u. d. reine Dtld., 1849; C. Albrecht, D. T.-pol. des Frh. K. A. v. Wangenheim, 1914; H. v. Srbik, Dt. Einheit, 1935–42.

Tribun (lat.), urspr. Beamter oder Offizier der →Tribus, u. zw. Ärar-t.en (zur Soldzahlung), im 2./1. Jhv. nach Senatoren und Rittern der dritte Stand; Kriegs- oder Militär-t.en, Befehlshaber der 3 Tribusaufgebote, später die 6 Stabsoffiziere der →Legion – im 5./4. Jhv. auch: mit konsularischer Gewalt (Konsular-t.), 3,4 oder 6, häufig anstelle der →Konsuln Oberbeamte der Republik – vom Volk gewählt, z.T. vom Konsul ernannt. Im 1. Jhv. werden sie durch den →Legat aus dem Legionskommando verdrängt, doch bleibt T. weiterhin Titel für Stabsoffiziere, Stadtkommandanten und Kommandeure bevorzugter Einheiten, seit dem 6. Jhn. mit zivilen Funktionen als Vertreter des →Dux, später des →Grafen bis ins MA. nachzuweisen; Volks-t.en, die aus dem sog. Ständekampf (494 v.?) erwachsenen, jährlich gewählten 10 Interessenvertreter der →Plebs, zum Schutz des Bürgers und des Gesamtvolks mit bedeutenden Rechten ausgestattet (persönliche Hilfeleistung durch →Interzession, Unverletzlichkeit, Berufung des Volks zu Beschlußfassung, →Plebiszit, und Klage, des Senats zur Antragstellung). Nach dem Ausgleich von 287v. *(lex Hortensia)* wirken die T.en vorwiegend als Hüter der Verfassung im Sinne der Senatspolitik, seit 133v. (Gracchen) als revolutionäre Vorkämpfer der →Popularen, durch Sulla 81–70v. vorübergehend der Rechte beraubt. Durch Augustus wird die T.nengewalt *(tribunicia potestas)* Rechtsgrundlage des →Prinzipats im stadtröm. Bereich, nach ihr zählen die Kaiser die Regierungsjahre, während das Amt selbst, nach wie vor Teil der senatorischen Laufbahn, an Bedeutung verliert. Wegen des revolutionär-republikanischen Charakters wird der Titel T. wiederaufgenommen von Cola di Rienzo, Rom 1347, und im Tribunat der frz. Konsulatsverfassung 1799–1807 (100, seit 1802 50 T.en als 1. gesetzgebende Körperschaft).

J. Lengle, RE VI A; J. Bleicken, Das Volkst.at d. klass. Rep., 1955; K. Christ, Krise u. Untergg. d. röm. Rep., 1979.

Tribunal (lat. *tribūnal* von *tribus*), Amtssitz, etwa 1 m hohes Holzpodest für den römischen Befehlshaber und sein Gefolge im Lager, den →Magistrat bei Wahlleitung und Rechtsprechung, seit dem byz. Reich auch: Gerichtshof, z.B. der römischen →Kurie, in Frankreich seit 1791, bes.: oberstes Gericht, in Polen seit 1548, in Preußen 1748–1879, seit 1774 Obertribunal, in Württemberg 1806–79.

Tribus (lat.), urspr. Einheit der Stammesgliederung des römischen Volkes (3, nach etruskischen Geschlechtern benannt, zu je 10 →Kurien) nach Reform im 5. Jhv. Teil des →*ager Romanus* (20, darunter 4 städtische, bis 241v. auf 35 vermehrt; später werden die Neubürger in die vorhandenen T. eingeschrieben), Einheit der Verwaltungsgliederung nach dem Wohnsitz (als Nachweis des röm. Bürgerrechts imNamen aufgeführt), nach Größe und Ansehen verschieden, zur Aufstellung der Bürgerlisten, Aushebung, Erhebung von Abgaben →Tribut, Richterbestellung, Gliederung der Volksversammlung (Tribut→komitien), Angehörige: Tribulen.

Ernst Meyer, Röm. Staat, [4]1975; J. Bleicken, D. Verfg. d. röm. Rep., 1975.

Tribut (lat. ‚Beitrag‘), in der frühen röm. Republik außerordentliche Vermögensabgabe der Bürger für Kriegszwecke, in den Provinzen Grund- oder Kopfsteuer *(tributum soli, capitis)*, von Diokletian (284–305n.) auch auf Rom und Italien ausgedehnt; *t. publicum*, im MA. = →Königszins; allgem. Zahlungen an Barbarenvölker oder von diesen, im MA. bisweilen mit Lehenshoheit, in der NZ. auch Zahlungen von Kolonialvölkern; allmählich durch Bezeichnungen wie →Kriegsentschädigung, Besatzungskosten u.a. verdrängt.

W. Schwahn, RE VII A.

Tricolore (frz.), ‚dreifarbige‘, senkrecht gestreifte Flagge, bes. die in der frz. Revolution aus der dreifarbigen Kokarde entstandene frz. Nationalflagge Blau-Weiß-Rot.

O. Neubecker, Fahnen u. Flaggen, 1939.

Tridentinum, in der wissenschaftlichen Fachsprache Bezeichnung für das sich mit der Reformation auseinandersetzende →Konzil von Trient 1546–63.

H. Jedin, Gesch. d. Konzils v. Trient, 1949/57; ders., D. Abschluß d. Tr. Konzils, 1963.

Trieb und Tratt →Weidegerechtigkeit.

Triëre (gr.), ‚Dreiruderer‘, der häufigste Typus des antiken Kriegsschiffs, angeblich seit dem 8. Jhv. (etwa 50 m lang, 170 Ruderer in 3 gegeneinander versetzten Reihen), öfters durch Fünfruderer (Penteren), v.a. in hellenistischer Zeit durch noch größere, aber allzu schwerfällige Schiffe ergänzt; Triërarch, Befehlshaber einer T., dann allgem. gr., lat. Schiffskapitän; Triërarchie, der Befehl über eine T., in Athen, v.a. im 5./4. Jhv., und sonst (z.B. bei der Indusflotte Alexanders d. Gr., im hellenistischen Ägypten) als →Leiturgie.

A. Köster, Stud. z. Gesch. d. antiken Seewesens, 1934; E. Zechlin, Maritime Weltgesch., 1947.

Trilingue (lat.), dreisprachiger Text, bes. für die Entzifferung einer unbekannten Schrift wertvoll, z.B. der am 2.8.1799 gefundene *Stein von Rosette* (Ehrenurkunde für Kg. Ptolemaios V. Epiphanes, 196v.), an dem J. F. Champollion (1791–1823) die Hieroglyphen entzifferte (alt-äg.-neu-äg.-gr.).

Trinkstube = →Gesellenbruderschaft.

Triple- (Tripel-) →allianz, Dreierbündnis zwischen Großbritannien, den Generalstaaten und Schweden vom 23.1.1668, das Kg. Ludwig XIV. zur Beendigung des sog. 1. Raubkrieges zwang; -entente, der Dreiverband, die durch die engl.-ru. Verständigung über Persien (1907) erweiterte →Entente cordiale; Triplum →Simplum.

Trireme (lat. *triremis*), ‚Dreiruderer‘, das schwere röm. Kriegsschiff, = →Triëre.

Triumph (gr.-etr.-lat.), der vom Senat zuerkannte Siegeszug des röm. →Imperators (etrusk. Königstracht: Quadriga, Lorbeer, Goldpurpurgewand, das Gesicht mit Mennig bemalt) vom Marsfeld auf das Kapitol mit Beute, Gefangenen, Schaubildern und dem siegreichen Heer; kleiner T. (ohne Genehmigung des Senats), feierlicher Einzug zu Fuß (Ovation) oder T. auf dem Albanerberg; Triumphal-fasten, Verzeichnis der 320 T. bis 19v.; -insignien *(ornamenta triumphalia)* werden in der Kaiserzeit dem siegreichen Feldherrn verliehen, da der T. von 17n. (Germanicus) bis 403n. (Stilicho) dem Kaiser vorbehalten bleibt (→Auspizien).

W. Ehlers, RE VI A; E. Wallisch, Philologus 99, 1955.

Triumvirn (lat.), in der röm. Republik aus drei Männern bestehendes Beamten→kollegium, z. B. zur Landanweisung, zur Münzprägung, zu Sicherheitsdienst und Strafvollzug, und v.a.: die zur Wiederherstellung des Staates *(rei publicae constituendae)* 43v. und 38v. durch Gesetz auf 5 Jahre mit diktatorischen Vollmachten ausgestatteten Octavianus, Antonius, Lepidus; Triumvirat, das Amt der T., bes. der letzteren, unkorrekt auch für die private Abrede des Caesar, Pompeius, Crassus 60v. verwendet. Bei den Johannitern Versammlung der 3 Klassen zur Wahl des Ordensmeisters.

H. Strasburger, RE VII A; K. Christ, Krise u. Niedergg. d. röm. Rep., 1979.

Trivium →Freie Künste.

Tropaion (gr.), bei den Griechen unverletzliches Siegesmal, mit Beutewaffen behängtes Holzgerüst, an der Stelle errichtet, wo sich der Feind zur Flucht wandte. Seit dem 4. Jhv. (Leuktra 371) aus Erz oder Stein, künstlerisch gestaltet, allgem. Siegesmal, auch ohne Bindung an den Schlachtort (z.B. *Tropaeum Traiani* in Adamklissi); Trophäe, Waffenbeute und ihre künstlerische Darstellung.

F. Lammert, RE VII A.

Truchseß (ahd. *truhtsazzo* ‚der einer Schar vorsitzt‘), der an der Spitze der 4 germ. →Hausämter stehende Beamte; ihm oblag seit der Merovingerzeit die Fürsorge für die kg. Tafel, er war deshalb v.a. Küchenmeister; im ma. Dt. Reich wurde sein Amt den 4 →Erzämtern zugerechnet; es war zunächst im Besitz der Kurpfalz, seit 1623 mit einer kurzen Unterbrechung (1707–14) bis 1806 in der Hand Bayerns; Erbtruchseß des →Reichs war der Graf von Waldburg; – die Bezeichnung verbleibt jedoch auch bei den an der Tafel Beschäftigten, den Aufwärtern, die dem →Hof – oder →Stabelmeister unterstehen.

Trucksystem (engl. *truck* ‚Tausch‘), seit Beginn des →Verlagwesens Hausindustrie und Kleinmeister schwer belastende, im 19. Jh. (in England *T.-Acts* 1831) gesetzlich verbotene Form der Lohnzahlung, bei der ein Teil des Lohnbetrages in (minderwertiger oder überteuerter) Ware angenommen werden mußte.

Trust (engl. ‚Treuhandgesellschaft‘), die straffste Form des Zusammenschlusses wirtschaftlicher Unternehmen, mit monopolistischer Tendenz; gegen die Gefahren der Marktbeherrschung und des Preisdiktats (1870 *Standard Oil Company* J. D. Rockefellers) richten sich die Anti-t.-gesetze der USA. seit 1890, ähnlich die dt. Kartellverordnungen von 1923 und 1930, sowie die durch die US-Militärregierung (Ges. Nr. 56 v. 12.2.1947) eingeleitete Entflechtung oder Dekartellierung der dt. Industrie.

J. Kaskell, R. Schlesinger, Monopole, Trusts, Kartelle in den USA u. Dtld., 1951; G. Koberstein, Unternehmungszusammenschlüsse; – →Monopol.

Trustis →Antrustionen.

Tscheka (Abk. für ru. außerordentliche Kommission), 1917 geschaffene bolschewistische Geheimpolizei, 1921 in GPU umbenannt.

Turnier (frz. *tournoi*), das ritterliche Kampfspiel des MA.; die Teilnahme an den T.en, die wegen ihrer Gefährlichkeit oft verboten, doch bis ins 16. Jh. abgehalten wurden, war den →Rittern vorbehalten, deren T.-fähigkeit (zum T.-adel zählten die alten ritterbürtigen Geschlechter mit mindestens 3 ebenbürtigen Ahnen, in Dtld. auch die höheren →Ministerialen) der →Herold prüfte; T.-kragen, in der Heraldik Schmalbalken mit nach unten gekehrten Zinnen.

H. Naumann, Dt. Kultur im ZA. des Rittertums, (Hdb. d. Kulturgesch.) 1938; A. v. Reitzenstein, Rittertum u. Ritterschaft, 1972.

Turnose (frz. *gros Tournois*), der älteste, im 13. Jh. zuerst in Tours geprägte Silber→groschen.

Tycoon →Shōgun.

Typar →Siegel.

Tyrann (vorgr., gr.), Herr, König, im MA. vereinzelt: Lehensherr; seit dem 5. Jhv. (Vertreibung der T.en aus Athen 510v.) Gewaltherrscher, nach der von den →Sophisten ausgehenden Staatstheorie ohne echtes politisches Wissen (Platon), ohne Rechenschaft und nur auf eigenen Vorteil bedacht (Aristoteles), Gegenbild des →Königs, literarisch mit Zügen der Grausamkeit, Verworfenheit, Unrast ausgestattet; T.enmord, in der späteren antiken Geschichtsschreibung, in den Rhetorenschulen bis zum Ausgang des At. und in der ma. Theologie und Philosophie (z.B. Johann von Salisbury, Policraticus) als sittliche Notwendigkeit, Konflikt sittlicher Pflichten diskutiertes Problem →Widerstandsrecht; *Dreißig T.* in Athen, Kommission zur Herstellung der Verfassung, die 404v. ein Schreckensregiment errichtete, von Thrasybul vertrieben, übertragen: die Gegenkaiser des Ks. Gallienus 260–68v.; Tyrannis, epochale Erscheinung der gr. Geschichte, u.zw. die ältere T. 7.–5. Jhv. (Phalaris von Akragas, Polykrates von Samos, Peisistratos von Athen u.a.) nach dem Niedergang der Adelsherrschaft in der gesamten griechischen Welt verbreitete Regierungsform, vom ionischen Bereich ausgehend, in Ursache und Erscheinung verschieden (in Kleinasien im Dienst der Perser, auf Sizilien zur Führung des Existenzkampfs der Griechen, in Griechenland von der Masse der Bauern und Handwerker getragen), gegen den Adel gerichtet, mit starken wirtschaftlichen, kulturellen (Bautätigkeit) und religiösen (Dionysoskult) Impulsen; bald von der Demokratie, in der Regel nicht gewaltsam, abgelöst; die jüngere T. 4.–3. Jhv. (Dionysios von Syrakus, Iason von Pherai u.a.), auf Söldner gestütztes Stadtkönigtum nach dem Bankrott der Demokratie, oft gewaltsam gestürzt, z. T. von hellenistischen Königen und den Römern beseitigt; – in der gr. Staatsphilosophie die Entartungsform der Monarchie, die schlechteste aller Staatsformen.

Hans G. Schmidt, D. Lehre vom T.enmord, 1901; G. Strohm, Demos u. Monarch, 1922; Th. Lenschau, RE VII A; A Andrewes, The Greek Tyrants, 1956; H. Berve, Die Tyrannis bei den Griechen, 1967.

Überbau →historischer Materialismus.

Übergenosse, der ständisch höher Stehende.

Überland, Ü.-grund, (1) zusätzliches freies Eigentum (→ auch Sondergut) eines mit einem →Hofgut ausgestatteten Bauern im →Fronhofverband; (2) an der österr. →Militärgrenze der frei veräußerliche Teil der militärischen →Zadruga (→Grenzhaus).

Überreste →Denkmäler.

Übervölkerung, Mißverhältnis zwischen Ernährungsbasis und Bevölkerungszahl, teils durch Zunahme der Bevölkerung, teils auch durch Fehlernten, Klimasturz u.a. hervorgerufen. ‚Der unklare Begriff Ü. muß vom Geschichtsforscher vermieden werden. Der Forscher muß entweder von Ernährungsschwierigkeiten infolge Bevölkerungszunahme oder von solchen infolge Mißernten sprechen, d.h. er hat die Aufgabe, in jedem einzelnen Falle erst einmal festzustellen, welche Art von Ü. vorliegt' (O. Paret).

O. Paret, D. neue Bild d. Vorgesch., 1946.

Ujesd (ru.), 1775 bis 1929 in Rußland administrative Unterabteilung des →Gouvernements, mit dem →Isprawnik an der Spitze.

Ukas (ru. ‚Anweisung'), im Namen des →Zaren, bzw. des Präsidiums des Obersten →Sowjets der UdSSR oder ihrer verbündeten und autonomen Republiken ergehender Erlaß.

Ulema (ar., Sing. *Alîm*), in islamischen Ländern der Gelehrtenstand, der →Mufti, →Kadi und →Imam umfaßt; im tü. Reich der oberste der U.: der →Scheich-ül-Islam.

Ultimatum (lat. *ultima interrogatio* ‚letzte Anfrage'), im völkerrechtlichen Verkehr Anfrage, welche unzweideutige Antwort in bestimmter Frist verlangt, meist unter Androhung des Abbruchs der Beziehungen oder des Kriegs.

W. Braun, Demarche, U., Aufforderung, 1930; H. Johann, Begr. u. Bed. des U.s im Völkerrecht, 1967.

Ultra (lat. ‚jenseits'), Extremist, Verfechter extremer Tendenzen, bes. Anhänger der Royalisten in Frankreich nach der Restauration 1814/15.

Ultramontanismus (von lat. *ultra montes* ‚jenseits der Berge'), aus der seit dem MA. in Deutschland und Italien gebräuchlichen rein geographischen Kennzeichnung im →Kulturkampf entstandene Benennung für die Idee eines Katholizismus, der die staatlichen Belange grundsätzlich den kirchlichen unterordnet, oft zur Infragestellung der nationalen Zuverlässigkeit von Katholiken verwandt.

G. Anrich, Der mod. U., 1909; K. Buchheim, U. u. Demokratie, 1963.

Umfahrt, bei den Germanen und im Merovingerreich ein im Sakralen wurzelnder Brauch: der neue →König fährt durch sein Land, um von ihm förmlich Besitz zu ergreifen und ihm dabei sein v.a. Fruchtbarkeit spendendes →Heil zukommen zu lassen. Im Umritt des neugewählten dt. Königs durch das Reich des HochMA. ist die sakrale Seite verblaßt.

Umschlagsrecht →Stapelrecht.

Umstand, bei den Germanen und den von ihnen rechtlich beeinflußten Staaten des MA. und der frühen NZ. die Masse der Teilnehmer an Versammlungen öffentlichen Charakters, v.a. dem →Ding; er stimmte bei politischen Entscheidungen und Urteilen als Ganzes.

W. Grönbech, Kult. u. Rel. d. Germ., dt. [6]1954.

Umsturz, →Revolution (vgl. die gegen die Sozialdemokratie gerichtete U.-vorlage im Dt. Reichstag, Dez. 1894, die zum Sturz des Kanzlers L. v. Caprivi, 1831–99, führte), später im allgem. Sprachgebrauch häufig prägnant für die Revolution 1918 gebraucht.

Unabhängigkeitserklärung, revolutionärer Akt, in dem die Bevölkerung eines Gebiets von der →Selbstbestimmung Gebrauch macht, indem sie durch repräsentative Vertreter einen Zustand staatlicher Abhängigkeit als beendet erklärt, bes. das Dokument, mit dem die 13 nord-am. Kolonien ihre koloniale Verbindung mit Großbritannien aufgaben. Am 2.7.1776 ausgesprochen und am 4.7. in Philadelphia in dem von Th. Jefferson (1743–1826) redigierten Text angenommen, rechtfertigte die U. die Revolution in Anlehnung an J. Locke (1632–1704) und führte eine Liste von Beschwerden gegen die Krone an. Die urspr. geforderte Abschaffung der Sklaverei wurde fallengelassen.

C. L. Becker, La déclaration d'Indépendance, 1967; W. P. Adams u.a., Die Ver. Staaten v. Amerika, dt. 1977.

Unfehlbarkeit →Infallibilität.

Unfreie (mlat. *servus*, *mancipium*), bei den Germanen der niedrigste Stand, meist aus Hausgesinde oder Leuten bestehend, die auf Herrenland siedelten. Der U. galt rechtlich als Sache, die mit einem Menschenkopf (deshalb auch *mannahoubit* genannt) ausgestattet ist, war ohne →Wergeld, hatte kein Recht, auf dem →Ding zu erscheinen, und konnte von seinem Herrn verkauft, ja sogar getötet werden. Der Stand der U.n setzte sich wahrscheinlich aus Angehörigen unterworfener Stämme, aus verknechteten Fremden und Selbstverknechteten zusammen; die Nachkommen verharrten in der Unfreiheit. Ob der U. bei den Germanen urspr. eine rechtlich bessere Stellung besessen hat, die fast völlige Gleichstellung mit dem antiken →Sklaven aber auf röm. Einfluß zurückzuführen ist, ist in der Forschung umstritten. Durch →Freilassung und v.a. Dienst bei hohen Herren war sozialer Aufstieg möglich. Im Merovingerreich wurde das Recht des Herrn, den U.n zu töten, 614 ausdrücklich abgeschafft, Verkauf außer Landes verboten, Ehen der U.n anerkannt. Allmählich wurden innerhalb der Unfreiheit verschiedene Stufen deutlicher unterschieden, das niedere Gesinde *(servi non casati)*, die *servi casati* oder *mansuarii* mit Haus und kleinem Gut, schließlich die U.n in gehobenem Dienst (→Ministerialen). Im HochMA. war der *servus casatus* vom grundherrschaftlichen →Hörigen und dem →Leibeigenen in seiner tatsächlichen Stellung nicht mehr zu unterscheiden. Die Unfreiheit wurde jedoch immer noch ausdrücklich vererbt, auch durch nur einen u.n Elternteil; selbst bei den zum niederen Adel aufgestiegenen Ministerialen wurde sie bis ins 14. Jh. ausdrücklich vermerkt.

A. Ehrhardt, ZRG. GA 1951.

Ungeld (Umgeld), Verbrauchssteuer im MA., bes. in den Städten, aber auch außerordentliche Steuer des Landesherrn; urspr. Getränkesteuer, wird das U. auch auf andere Waren ausgedehnt, →Akzise. Einzugsbeamte heißen Ungelder, Ungelter.

Union (lat. *unio*, frz., engl. *union*), ‚Vereinigung' als Vorgang oder als Zustand, u.zw. (1) enge →Allianz gleichgesinnter Mächte (vgl. die prot. U. 1608–21 von 9 Fürsten und 17 Reichsstädten), auch mit begrenzter Zielsetzung (z.B. →*Lat. Münz-U.; Montan-U.* 18.4.1951); (2) Zusammenschluß mehrerer Staaten, unter einem Oberhaupt (→Personal-U. vgl. *Kalmarische U.* der drei nordischen Reiche 20.4.1397), in gemeinsamer Verfassung (z.B. England mit Schottland 1707 und Irland 1801; daher U.isten, engl. Liberale als Gegner der irischen →Home Rule, 1886–1912), und v.a. auf bundesstaatlicher Grundlage (z.B. *Utrechter U.* der 7 Provinzen 1579 (1581); USA 1787; die von Preußen geförderte kleindt. Einigung mit dem U.s-parlament 1850 zu Erfurt und der U.s-verfassung vom 20.3.1850; die *U. der soz. Sowjetrepubliken* vom 30.12.1922); (3) Zusammenschluß getrennter christlicher Kirchen: der röm. und der gr. Kirche (*U. von Florenz* 1439, *U. von Brest* 1593); der evang. Kirchen (*Altpreuß. U.* 1817), der in der *Una-Sancta-Bewegung* erstrebte der kath. und evang. Kirchen; (4) (mlat. *unio* ‚→Zunft'; engl. *unions* →‚Gewerkschaften'), allgem. Vereinigung mit gemeinsamen (sozialen, parteipolitischen, wirtschaftlichen u.a.) Zielen; (5) Partei, die über konfessionelle Schranken, Klassen- oder Gruppeninteressen hinausgreift und die breite Basis einer Volks-→Partei erstrebt (vgl. *Christlich-Demokratische U.* seit 1945).

Universal (lat. *universum* ‚allgemein', ‚das All'), allseitig, allgemein (z.B. it. *uomo universale* der allseitige Mensch der →Renaissance), dav. U.ismus, in der modernen Geschichtswissenschaft, ausgehend von der theologisch-philosophischen Bedeutung, zur Kennzeichnung einer Welt gebraucht, die sich als Ganzheit, als Universum versteht, bes. im MA. Europa als Welt des röm. Christentums mit seiner Bildung und seiner Gesellschaft, seiner weltlichen (*imperium sine fine; dominus mundi*) und seiner geistlichen Obergewalt (u.es Papsttum Innozenz III., 1198–1216; Bonifaz VIII., 1294–1303); U.-geschichte nach (gr.) *katholikè historíe* (Polybios, etwa 200–120v.), sich auf das Wesentliche beschränkende Darstellung größerer Zusammenhänge, die sich den tieferen Blick nicht durch Einzelheiten trüben läßt; im 19. und 20. Jh. vielfach synonym mit → Weltgeschichte (doch nicht auf Teilbereiche, z.B. Literatur, Gegenwart, Europa beschränkt); im 20. Jh. näher als ‚Schicksalsgang des Individuums Menschheit' dadurch bestimmt, daß wir ‚jedes besondere Geschehen auch der entferntesten Zeit in das geschichtliche Ganze eingebettet sehen' (J. Vogt), bes. für die europäische Geschichtsschreibung – entsprechend der veränderten Stellung Europas zur Welt – mit der Forderung nach einem übernationalen Standpunkt und nach Einbeziehung der außereuropäischen Welt verbunden. Die U., die ihrem Wesen nach die gesamte Menschheitsgeschichte, zumindest die →Vorgeschichte mit umfaßt, wurde, sofern sie auf dem ‚Vertrauen auf einen inmitten aller individuellen Verschiedenheiten dennoch einheitlichen Vernunftgehalt der in der Weltgeschichte errungenen Kulturen' (F. Meinecke, 1942) fußt, als Möglichkeit der Geschichtswissenschaft bestritten von B. Croce (1915), K. Heussi (1921) u.a., doch gewinnt sie durch die Hinwendung zur Kultur→anthropologie, Kultur→morphologie neuen Auftrieb; -monarchie, Welt→kaisertum, v.a. die Konzeption Karls V. (1519–56) unter dem Einfluß von J. Cuspinianus (1473–1529, *De Caesaribus atque Imperatoribus Romanis*, 1540) u.a.

Zs. Saeculum, Jb. f. U.-gesch.; – B. Croce, Gesch. d. Historiographie, 1915; F. Meinecke, Aphorismen u. Skizzen z. Gesch., [2]1953; J. Vogt Gesch. d. At. u. U.-gesch., 1957; ders., Literaturberichte in GWU

1958ff.; E. Schulin (Hrsg.), U.-gesch., 1974.

Universität (lat.), seit dem 12. Jh. (Paris, Bologna) universale Lehr- und Forschungsstätte, urspr. als Korporation der Lehrer, dann als ‚Gemeinsamkeit' der Lehrenden und Lernenden, bald auch als Gemeinsamkeit aller (von der Kirche anerkannten) Wissenschaften, Theologie, Jurisprudenz, Medizin, →Artistenfakultät, verstanden. Die Idee der U., die seit dem MA. rasche Verbreitung fand (60 Städte waren oder sind Sitz dt. U.en), erhielt seit der →Aufklärung neue Impulse (‚Befreiung des Menschen durch die Wissenschaft'; Göttingen 1737, Berlin 1810), scheint jedoch in der Gegenwart infolge der Fächerspezialisierung, des Anstiegs der Hörerzahlen und der Kostspieligkeit v.a. der naturwissenschaftlichen Forschungsstätten ihren Charakter als *universitas litterarum* nur mit Mühe aufrecht erhalten zu können.

W.Ermann-E.Horn, Bibliogr. d. dt. U., 1904/5; A. Felxner, Die U. in Amerika, Engl., Dtld., dt. 1934; H. Randall, The U. of Europe in the MA., [2]1936; J. Barion, Universitas u. U., 1954; H. Grundmann, V. Ursprung d. U. im MA., [3]1964; E. Anrich, Die Idee d. dt. U. usw., 1960; HZ 189, 1959; Intern. U.shb., 1971ff.; A. Flitner, U. Herrmann (Hrsg.), U. heute, 1977.

Unter-amt, Teil eines (Ober-)→amts, in der NZ. kleinste Verwaltungseinheit im Herzogtum Württemberg; -entwickelt (engl. *underdeveloped*), häufig auch: entwicklungsfähig, seit 1945, v.a. seit der Neujahrsbotschaft des Präsidenten H. Truman 20.1. 1949 (Punkt-4-Programm) zur Kennzeichnung der bei starker Bevölkerungszunahme und unzureichender Ernährungsgrundlage kapital- und industriearmen Gebiete und (jungen) Länder des ehemaligen Kolonialraums, bes. in Afrika und Asien, verwendet; durch technische und Kredithilfe, Instrumente moderner Weltpolitik, suchen Großmächte und wirtschaftlich expansive Staaten, den Lebensstandard dieser Länder zu sichern und zu heben; -genosse, in der ständischen Gesellschaft der niedriger Stehende; -haus (engl. *House of Commons*), dt. Bezeichnung für die zweite Kammer des seit dem 14. Jh. geteilten engl. →Parlaments; seit dem 15. Jh. durch einfache Mehrheitswahl bestellt (nach einem →Zensuswahlrecht, das sich durch die Reformen des 19./20. Jh., 1832, 1867, 1887 u.ö., nur allmählich dem allgem. und gleichen Wahlrecht annähert), gewinnt das U.-haus Schritt für Schritt die entscheidenden Parlamentsrechte für sich und beschränkt schließlich das →Oberhaus auf ein aufschiebendes Veto (1911, 1948); -herrschaft, Herrschaft eines Nicht-→Reichsunmittelbaren mit relativer Selbständigkeit, bes. mit Eigen→gerichtsbarkeit; -könig, im fränk. Reich u.ö. mit dem →Königstitel ausgestattetes Mitglied des Herrscherhauses, das ein Teilgebiet verwaltet; -leihe→After→lehen;→-offizier; -staatssekretär (engl. *Under-Secretary of State*), der dem →Staatssekretär unterstehende erste fachliche (in England auch politische) Beamte; wo letzterer Ministerrang ohne parlamentarische Verantwortlichkeit hat (z.B. Außenministerium der USA; im Dt. Reich 1871–1918; in engl. Ministerien seit dem 18. Jh.), entspricht der U.-staatssekretär dem Rang eines Staatssekretärs; -tan (lat. *subditus*), der der →Erbuntertänigkeit unterworfene Hintersasse, dann der einer ‚traditionellen →Herrschaft' (M. Weber) patriarchalischen Charakters Unterworfene, bes. im Sinne einer Mahnung an die Gehorsamspflicht gegenüber dem →Landesherrn (→auch Absolutismus, Gottesgnadentum, Souverän).

Unternehmer, (1) (lat. →*publicanus*, frz. *entrepreneur*, engl. *contractor*) Generalpächter, bes. in der selbständigen kommerziellen und organisatorischen Leitung großer staatlicher Bauaufträge; (2) verantwortlicher Leiter eines oder mehrerer Wirtschaftsbetriebe, der über das die Einheit des Unternehmens repräsentierende Kapital verfügt, im Sinne des → Liberalismus als Träger des Risikos und der Initiative der eigentliche Garant wirtschaftlichen und technischen Fortschritts, im Sinne des →Marxismus der →Kapitalist, in der Gegenwart, da Leitung und Risiko vielfach wieder auseinanderfallen (→Manager), allgem. der Arbeitgeber.

Tradition, Zs. f. Firmengesch. u. U.-biographie, 1956ff.; – G. Turin, D. Begriff d. U.s, 1947; J. Schumpeter, Theorie d. wirtsch. Entw., [5]1952; A. Weber, D. Kampf zw. Kapital u. Arbeit, [6]1954; W. Simon, Macht u. Herrsch. d. U.verbände, 1976.

Unziale →Majuskel.

Ur-fehde (mhd. ‚Ende der Fehde'), durch Eid bekräftigte Versicherung, künftig Frieden zu halten, die bei Abschluß eines Sühnevertrags zur Beilegung einer → Fehde gegeben wird (U. wird dabei von beiden Parteien geleistet); im späten MA. und der frühen NZ. schwört der freigesprochene Angeklagte oder haftentlassene Verbrecher U., d.h. er verzichtet auf jede Rache am Ankläger oder Richter, bei Verbannung hält er sich von den ihm untersagten Plätzen fern; die U. wird in U.-briefen und U.büchern urkundlich festgehalten, der Bruch der U. wird aufs schwerste bestraft; -geschichte, →Vorgeschichte; -gesellschaft, im →historischen Materialismus die erste, primitive Form der Gesellschaft, ohne Privateigentum, ohne Ausbeutung, ohne Spezialisierung; -kommunismus, in der frühen, vom Geist des Evolutionismus bestimmten →Ethnologie (v.a. L. H. Morgan, 1818–81) der wirtschaftliche Urzustand der Gesellschaft, aus dem erst durch Mißbrauch das persönliche Eigentum hervorgegangen ist (die inzwischen widerlegte Theorie ist bes. durch ihre Einwirkung auf F. Engels bedeutsam); -kultur, von dem Ethnologen P. W. Schmidt geprägte Bezeichnung für die Lebensform der ältesten Menschheitsstufe (Wildbeutertum); -monotheismus, Inhalt der durch die Forschungen P. W. Schmidts bei den Primitiven erhärteten (von F. W. Schelling vorgeahnten) Erkenntnis, daß die ursprünglichen religiösen Vorstellungen der Menschheit nur einen einzigen Gott, Urgott, kennen, der Glaube an viele Götter (Polytheismus) sich erst später entfaltet; -sache →Kausalität; -wechselwirtschaft →Felderwirtschaft.

R. His, Gelobter u. gebotener Friede, (ZRG. GA 33) 1921; W. Ebel, D. Rostocker U.fehden, 1938; O. Brunner, Land u. Herrsch., [4]1959; – L. H. Morgan, Ancient Society, 1871, dt. D. Urgesellsch., 1891; W. Schmidt, D. Ursprung d. Gottesidee I–VI, 1912–35; ders., Historia Mundi I, 1952.

Urbar, auch Urbarien, latinisiert Urbarium (von mhd. *erbern* ‚hervorbringen'), Einkünfte bringendes Grundstück, Zinsgut, ferner Verzeichnis des Güterbestands und der Einkünfte, das v.a. von größeren →Grundherrschaften angelegt wird. Seit dem 9./10. Jh. bei Klöstern und → Bistümern nachweisbar, werden U.e seit dem 12./13. Jh. auch von weltlichen Grundherren angefertigt, so z.B. von den Habsburgern, die sie in Österreich bis in die theresianische Zeit hinein benutzten. Sie ermöglichten dem Grundherrn eine planmäßige Verwaltung seines Besitzes und dienten ihm zur Sicherung seiner Rechte.

R. Kötzschke, Das U. d. Klosters Werden, 1902; O. Herding, Das U. als orts- u. zeitgesch. Quelle, bes. in Württ., (Zs. f. Württ. Landesgesch.) 1951.

Urfahr, Überfuhr, mlat. *passagium*, urspr. den →Regalien zugerechnetes, später landesfürstl. Hoheitsrecht des Fährdienstes über Flüsse.

Urkunde (ahd. *urchundi* ‚Zeugnis', seit dem 15./16. Jh. Bezeichnung für das im MA. Brief genannte Schriftstück), allgem. historisches Dokument, in der →Assyriologie, →Papyrologie u.a. der geschriebene, nichtliterarische Text; im engeren Sinn rechtskräftige Niederschrift, schriftliche, in bestimmter, wenn auch wechselnder Form abgefaßte Erklärung über Vorgänge rechtlicher Natur. – Das abendländische U.n-wesen entwickelte sich in der röm. Antike von der schlichten Zeugen-u. *(notitia, breve)* über die eine vollzogene Rechtshandlung beglaubigende Beweis-u. (röm. → Chirographum) zur rechtschaffenden, den Rechtsakt verkörpernden dispositiven U. *(epistula, carta*, Geschäfts-, Verfügungs-, konstitutive U.). Mit dem Verfall der Schriftlichkeit im frühen MA. sank auch das U.n-wesen ab (Tiefstand 9.–11. Jh), bildete sich aber mit der neu sich entwickelnden Schriftlichkeit wieder stufenweise bis zur dispositiven U. (13./14. Jh. erreicht) heraus. – Nach den wichtigsten u.n-erzeugenden Institutionen des MA. werden die U.n in Königs- (Kaiser-) u.n und Papst-u.n zusammengefaßt. Für die sehr ungleichartigen restlichen U.n hat sich die unsachliche, aber praktische Bezeichnung Privat.-u.n eingebürgert, die nicht als Gegensatz zu öffentlichen U.n aufgefaßt werden darf, denn auch U.n von Landesherren, Städten und Notaren sind ‚öffentlich'. – Nach Rechtsinhalt und Form werden im ma. U.n-wesen der Ks. (Kg.e) und Päpste unterschieden das → Diplom (gr., lat. *diploma*, auch Präzept oder →Privileg) als bes. feierliche Verfügung von dauernder Bedeutung und das Mandat zur Regelung vorübergehender Rechtsgeschäfte, für jurisdiktionelle und administrative Zwecke. Aufbau des Diploms: (1) *(Eingangs-) Protokoll* mit *Invocatio* (Anrufung Gottes, verbal und symbolisch durch Zeichen, Chrismon), *Intitulatio* (Name und Titel des Ausstellers) und *Devotionsformel*, *Inscriptio* (Nennung des Empfängers), *Salutatio* (Grußformel); (2) *Text (Kontext)* mit → *Arenga* (allgem. Begründung), *Promulgatio* oder *Publicatio* (Verkündigungsformel), *Narratio* (Erzählung der Umstände), *Dispositio* (Willenserklärung des Ausstellers, Kern der U.), *Sanctio* (Poenformel, Androhung der Strafe bei Zuwiderhandlung), *Corroboratio* (Angabe der Beglaubigungsmittel); (3) *Schlußprotokoll (Eschatokoll)* mit *Subscriptiones* (Unterschrift des Ausstellers, der Zeugen und des Kanzleipersonals in Form eigenhändiger Unterschrift, eines Handmals, Monogramms, Rekognitionszeichens), *Datierung*, *Apprecatio* (Segenswunsch um Verwirklichung der Willenserklärung). – In der staufischen und nachstaufischen Zeit werden Ks.- (Kg.s-)diplome nach feierlichen und einfachen unterschieden. In der Form einfacher sind die Mandate (Reskripte), meist in Briefform, daher auch *litterae* (→*lettre*) genannt. Bei den päpstlichen U.n findet sich seit Ende 8. Jh. die Unterscheidung zwischen Privilegien und Briefen *(epistolae, litterae)*. Kennzeichen der päpstlichen Privilegien sind ab Leo IX. (1049–54) →Rota Monogramm, BENE VALETE und große Datierung. Seit dem 12. Jh. übernehmen die den ks. Mandaten vergleichbaren Briefe auch Aufgaben der (feierlichen und einfachen) Privilegien und werden dementsprechend unterschieden in solche für die Verleihung von Gnaden und Rechten (Siegel mit Seidenschnur, *cum filo serico*) und für Verwaltungs- und Justizbescheide (mit Hanfschnur, *cum filo canapis*). Im 13. Jh. kommen als neue U.n-art die →Bullen, im 15. Jh. die →Breven und die *Motus proprii* (unbesiegelt, eigenhändige Unterschrift des Papstes, für innere Verwaltungsangelegenheiten) auf. – Die Privat-U. des MA. (Vertrag, Schiedsvergleich u.ä.) ist aus der röm. Privat-u. hervorgegangen. Dem Verfall von der *carta* zur *notitia* und zur einfachen ‚Notiz‘ (Aktaufzeichnung) im 9. Jh. folgt im 10. Jh. der Wiederanstieg unter gewisser Nachahmung der Kg.- und Papst-u. – Die Beurkundung der Rechtsgeschäfte durch Städte, bischöfliche Gerichte (Offizialate) oder öffentliche → Notare *(datum)* wird durch eine Handlung *(actum)* veranlaßt, die Herstellung erfolgt durch den Aussteller, den Empfänger oder einen beauftragten Schreiber, wobei sich an Höfen, in Klöstern und Städten Schreibstuben, Kanzleien mit festem Brauch in Schrift und Textgestaltung (Diktat) bilden. – Rechtskraft erhält die U. durch die Beglaubigung (bis zur Merovingerzeit durch Unterschrift, dann durch Besieglung und seit dem SpätMA. durch Besieglung und Unterschrift), andere Formen sind das →Chirograph, sowie das durch einen öffentlichen Notar ausgestellte siegellose, mit dem sog. Notariatszeichen, Signet, versehene Notariatsinstrument. – Bei der Überlieferung der U. unterscheidet man Konzept, Urschrift (Original) und Abschrift (Kopia); beglaubigte Abschriften: im Transsumt wird eine ältere, im Wortlaut wiedergegebene (inserierte) U. bestätigt und damit neues Recht gesetzt, im Vidimus wird die inserierte U. (Insert) lediglich beglaubigt (beide Begriffe seit dem 15. Jh.synonym); nichtbeglaubigte Abschriften: Traditionsbücher (bes. 9.–11. Jh.) mit ‚Notizen‘ (Akte) über den Inhalt abgeschlossener Rechtsgeschäfte, Kopialbücher (Kopiare) mit Abschriften von U.n des Empfängers, Registerbücher (Missiven) mit (gekürzten) Abschriften der Konzepte der Kanzlei des Ausstellers. – U.n-fälschungen kamen bes. im HochMA. sehr häufig vor, Total- und Teilfälschungen

(Verunechtungen) durch Rasur und Überschreibung, Auslassung und Zusätze bei Kopien u.a. – Die verbreitetsten Beschreibstoffe waren →Papyrus (im At. und bis zu den Merovingern, in der päpstlichen Kanzlei bis ins 11. Jh.), →Pergament (im MA.; wenn Schrift abgeschabt und Pergament neu beschrieben: Palimpsest), Papier (→Charta). Das U.n-blatt wurde in der Regel gefaltet, seit dem SpätMA. auch in Libellform (durch Siegelschnur zusammengefügte Blätter); bisweilen wurde der Haupt- u. durch Siegelstreifen ein Transfix oder Annex (Vorurkunde, Beitritt zum Rechtsgeschäft oder Genehmigung) als Ergänzung angefügt; um das Einreißen durch das angehängte →Siegel zu verhindern ist der untere Rand gewöhnlich umgebogen (Bug, Umbug, *plica*). – Die U.n-sprache ist im Abendland hauptsächlich →Latein, bis seit dem 12. Jh. sich außerhalb der Kirche die Nationalsprachen immer mehr durchsetzen (dt. erstmals 1240). – Die Schrift entspricht zwar weitgehend dem Schriftcharakter der Zeit, doch bilden sich in der ks. und päpstlichen Kanzlei Besonderheiten heraus (z.B. päpstliche Kuriale und Bullenschrift).

→ Urkundenlehre.

Urkunden-lehre oder →Diplomatik, eine historische →Hilfswissenschaft, beschäftigt sich mit der methodischen Untersuchung der U. Entstanden aus der systematischen U.-kritik der frz. Benediktiner (Mauriner), bes. des J. Mabillon (1632–1707, *De re diplomatica libri VI*, 1681) und im 19. Jh. durch Verfeinerung der kritischen Methode (J. Ficker, Th. Sickel) weiter ausgebaut, veröffentlicht sie die U. in vollem Wortlaut (U.-buch) oder in der gekürzten, nur das Wesentliche erfassenden Form der Regesten (lat. *regesta* ‚Verzeichnis', →auch Gesta) (regestieren).

Archiv f. U.-forschg., 1908–44; Archiv f. Dipl., Schriftgesch., Siegel- u. Wappenkunde, 1955 ff.; – W. Wattenbach, D. Schriftwesen im MA., ^{3}1896; E. Bernheim, Lehrb. d. hist. Meth., ^{6}1908; G. v. Below, Fr. Meinecke (hrsg.), Hdb. d. ma. u. neueren Gesch., IV, 1, 1907; H. Bresslau, Hdb. d. U.-lehre f. Dtld. u. Italien, ^{3}1958; A. Meister (hrsg.), Grundriß d. Gesch.wiss. I, 2a, 1921; A. de Boüard, Manuel du Diplomatique franç. et pontificale, 1929, 1948; H. O. Meisner, U.– u. Aktenlehre d. NZ., ^{2}1952; A. v. Brandt, Werkzeug d. Historikers, ^{8}1976.

Usurpation (lat. ‚Gebrauch', ‚Ausübung von Besitzrechten'), die widerrechtliche Aneignung von Rechten, bes. von monarchischen Herrschaftsrechten; die Stellung des Usurpators entbehrt der →Legitimität.

Utopie (gr. ‚Nirgend-ort', nach dem Untertitel des Romans *De optimo rei publicae statu*, 1516, des Th. Morus, 1478–1535), die ideale Gestaltung einer Gesellschaft jenseits von Raum oder Zeit, Ergebnis einer spekulativen, in der NZ. zunehmend kritischen →Geschichtsphilosophie; die U.n, deren Charakter vorwiegend literarisch ist, haben nur selten Ansätze zur Realisierung erfahren: im Anbeginn bei Platon (427–347v.) durch seine Versuche in Sizilien, der ‚Sonnenstaat' des Iambulos, 3. Jhv., durch Aristonikos in Kleinasien 133v. (umstritten), der ‚Sonnenstaat' des Th. Campanella, 1568–1639, im Jesuitenstaat Paraguay 1588–1768, ferner im utopischen Sozialismus durch einzelne Experimente, v.a.

von E. Cabet (1788–1856; *Le Voyage en Icarie*, 1839 u.ö.).

H. Freyer, D. pol. Insel. Gesch. der U.n, 1936; E. Bloch, Geist d. Utopie, [3]1964; P. Tillich, Die pol. Bedeutung der U. im Leben d. Völker, 1951; A. Neussüs, U., 1968; L. Gustafsson, U.n, dt. 1970; M. Winter, Compendium utopiarum, 1978ff.

Vaganten (lat. *vagari* ‚umherschweifen'; in Frankreich auch Goliarden), →fahrende Kleriker, die seit dem Aufkommen der Universitäten nach Abschluß ihrer Studien in großer Anzahl ohne →Pfründe geblieben waren. Sie verdienten ihren Lebensunterhalt durch Vortrag ihrer meist lat. Bettel-, Trink- und Liebeslieder (berühmte Sammlung: *Carmina Burana*) v.a. vor den Klerikern im Amte. Die Blütezeit ihrer formal gewandten, inhaltlich oft sehr kühnen Dichtung, der sog. V.-poesie, ist das 12. Jh.; Einflüsse der V.-poesie auf den Minnesang sind unverkennbar.

H. Süssmilch, Die lat. V.poesie d. 12. u. 13. Jh. als Kulturersch., 1917; M. Bechtheim, Beweggründe u. Bed. d. V.tums in d. lat. Kirche d. MA, 1941.

Valvassoren, Vavassoren (mlat. vielleicht aus *vasallus vasallorum*), im MA., v.a. 11.–14. Jh. bes. in romanischen Ländern →Vasallen des Hochadels und der hohen Geistlichkeit, *(valvassores maiores*, auch *capitanei)* und deren (→After-)vasallen verschiedenen Grades *(v. minores)*; in der Lombardei speziell Aftervasallen 3. Grades, bekannt durch den Aufstand im 11. Jh.; in der Normandie bis ins 18. Jh. Besitzer eines kleinen Lehens, auch nichtadelige Grundbesitzer.

Valvation (frz.), Wertbestimmung von Münzen; V.sedikt, in der frühen NZ. landesherrliche Bekanntmachung über die Relationen in- und ausländischen Geldes, Münztarif.

Vandalismus, 1794 im National→konvent (mit Bezug auf die Jakobiner) von Bf. H. Grégoire (1750–1831) geprägtes Scheltwort für sinnlose und mutwillige Zerstörung, die man seit der Renaissance den Vandalen bei ihrer Einnahme Roms 455n. in die Schuhe schob.

Vansittartismus, nach R. G. (Lord) Vansittart (1881–1927), 1929–41 im Foreign Office, nationaler Haß Englands gegen Deutschland im 2. Weltkrieg.

Vasall (aus lat. *vassus* von kelt. *gwas* ‚Knecht'), im ausgebildeten →Lehenswesen der Lehensmann schlechthin; er stuft sich in verschiedene Grade (→Kron-v., →Valvassor) ab, da er selbst wieder eigene Männer haben kann (→After-v.). Ursprung und Entwicklung →Lehenswesen.

Vater →Pater; V.-land (vgl. lat. *patria*, frz. *patrie*), Herkunftsbezeichnung mit Betonung des Bekenntnisses zur eigenen →Nation und ihren kulturellen Leistungen, oft (erstmals bei M. Cicero 63v.) allegorisch personifiziert; v.-ländische Front, Zusammenschluß der christlich-konservativen, regierungstreuen Kräfte in Österreich 21. 5. 1933; -recht, die durch V.-schaft begründete Summe der Rechte innerhalb einer Familie oder eines Sippenverbandes (→Familia, Mutterrecht); während der Begriff V.-recht ein Rechtsverhältnis bezeichnet, meint das Wort Patriarchat eine Machtstruktur.

Vatikan, röm. Name einer Flur im NW Roms, auf der seit dem

4. Jh. die Grabeskirche des Petrus, seit dem 6. Jh. auch ein päpstlicher Palast steht; seit 1378 Residenz des →Papstes, seit dem Lateranvertrag 11. 2. 1929 souveränes Territorium, daher auch: die päpstliche Politik und ihre offiziellen Organe.

Venner (ahd. *faneri*, mhd. *venre*, *vener* ‚Fähnrich'), in der Schweiz urspr. Fahnenträger im Felde, dann der Führer einer städtischen Streitmacht (oberster V. = oberster Hauptmann). Zu den militärischen kamen im MA. auch noch Verwaltungsaufgaben, wodurch die V. zu städtischen Beamten wurden. In Bern hatten sie eine beherrschende Stellung, wählten den Ausschuß der Sechzehner und mit diesen den Großen →Rat und hatten auch Einfluß auf die Besetzung des Kleinen Rats und auf die Finanzverwaltung.

Verbannung →Exil.

Verfassung, allgem. die Herbeiführung eines geordneten Zustands, sowie der Zustand selbst; bes. die ‚gesamtpolitische Gestalt' eines Staates (Th. Maunz) oder eines seiner Teilbereiche (z. B. Agrar-, Gerichts-, Lehens-, Heeres-, Militär-v.), der ‚Zustand der Herrschaftsordnung' der sich aus Einzelverträgen und -gesetzen, aus gesellschaftlichen Überordnungs- und Unterordnungsverhältnissen ergab' (Th. Eschenburg). Das Streben, diesen Zustand durch einen möglichst umfassenden konstituierenden Akt zu regeln (gr. →*politeia*, dt. auch Staats-v.), begegnet zuerst bei den Griechen in Praxis (vgl. die sogen. *V. des Lykurg* in Sparta, *des Solon* 594v., des *Kleisthenes* 508/7v. in Athen u.a.) und Theorie (Platon, 427–347v. u.a., →auch Utopie), erscheint Staaten mit starken V.-straditionen (lat. *mos maiorum*, engl. *conventions*) oder starker monarchischer Spitze (vgl. den →*princeps legibus solutus* des →Absolutismus) nicht erforderlich oder unzweckmäßig. Erst durch den Begriff der →Volks→souveränität (J. J. Rousseau, *Contrat social* 1762), durch den sich die V. aus der Abstimmung des Volkes legitimiert, wird V. (→Konstitution) – erstmals in der V. der USA 1787 – zum Staats→grundgesetz, das, durch eine gewählte v.-gebende Versammlung (mit und ohne nachträgliche Abstimmung des Volkes) geschaffen, nur durch qualifizierte Mehrheit geändert, nur durch in ihm enthaltene Sonderbestimmung (→Notstandsgesetz, -verordnung, →Ermächtigung usw.) außer Kraft gesetzt werden kann. Der Gedanke des modernen V.s-staates mit der Bindung der →Gewalten an Rechtsnormen und der Sicherung des Staatsbürgers gegen Übergriffe (Grundrechte) ist seitdem so vorherrschend und stark, daß sich auch →totalitäre Systeme um scheinbare formale V.s-legalität bemühen. – Darstellung und Erforschung der V.en ist Gegenstand der V.s-geschichte, die als historischer Teil der Staatslehre den Begriff V. von den Erscheinungen des frühen MA. an, die Sache auch im Bereich des At. behandelt.

E. Meyer, Röm. Staat u. Staatsged., [4]1975; – P.C. Mayer-Tasch, Die V.en Europas, 1966 (KTA 312); E. Forsthoff, Dt. V.sgesch. der NZ., [3]1967; E.R. Huber, Dt. V.sgesch. seit 1789, [2]1967–70; O.Kimminich, Dt.V.sgesch., 1970; Th. Maunz, Dt. Staatsrecht, [18]1971; H. Mitteis, Dt. Rechtsgesch., [12]1971; K. Hesse, Grundz. des V.srechts der BRD, [5]1972; W. Kaegi, Die V. als rechtl. Grundl. d. Staates, 1971.

Verfestung →Acht.

Vergabung, im älteren dt. Recht (→Volksrechte) die dem Erblasser durch christlichen Einfluß zugestandene Verfügungsgewalt, einen Teil seines Vermögens (Freiteil, urspr. in Höhe eines Sohneskopfteils) der Kirche (oder dem →Kg.) zum Heile seiner Seele *(donatio pro anima)* zuzuwenden (→Seelgerät) = V. von Todes wegen; im Lauf des MA. wird aus der in Form einer direkten Übergabe erfolgenden V. durch röm.-rechtlichen Einfluß die Verfügung in Form eines Testaments oder vor Gericht.

Verlag (‚Vorschuß', ‚Geldzahlung'), seit dem 15. Jh. Betrieb gewerblicher Erzeugung (v.a. von Textil- und Metallwaren), bei dem die Produktion durch Hausindustrie oder Kleinhandwerker vom Vertrieb durch einen Unternehmer (Verleger), der z.T. auch Materialien und Arbeitsgerät stellt, getrennt ist.

→ Wirtschaftsgeschichte.

Verlaß, Verlassung, formelle Aufgabe von Besitzrechten, →Sal.

Verordnung (→auch Edikt, Ordonnanz), allgem. Rechtvorschrift, die die Regierungsgewalt ohne die im Gesetz ausgedrückte förmliche Zustimmung der Stände- oder Volksvertretung (-versammlung) erläßt, sei es usurpierend oder durch die Verfassung (bes. in Notzeiten) ermächtigt (→Not-v.), sei es zur Durchführung und im Rahmen eines Gesetzes oder als Anordnung im internen Verwaltungsbereich.

Ver sacrum (lat. ‚heiliger Frühling'), altitalischer Brauch, in Notzeiten die Ernte eines Frühlings den Göttern zu opfern und die Jungmannschaft, die in diesem Frühling geboren ist, wenn sie herangewachsen ist, aus der Gemeinde auszustoßen.

Verschleppte, Menschen, die unter Zwang der eigenen oder einer fremden Regierung ihren Wohnsitz verändern müssen. Verschleppungen wurden schon im At. angewandt, z.B. in großem Stil von den Assyrern und ihren Nachfolgern (vgl. die Babylonische Gefangenschaft der Juden). In der NZ. zählen zu den V.n v.a. Volksteile der nach 1939 von der UdSSR besetzten Gebiete, sowie Angehörige der dt. →Minderheit in Rußland (bes. Wolgadeutsche und später Ostpreußen) und →Kosaken. Vom Dt. Reich wurden während des 2. Weltkriegs etwa 6 Mill. Ausländer, meist Osteuropäer, zu Zwangsarbeit verschleppt (nach 1945 als *displaced persons* bezeichnet); $^4/_5$ kehrten in die Heimat zurück, $^1/_5$ wanderte weiter nach Amerika und Australien.

Verstehen, seit J. G. Droysen (1808–84) und seinem Grundriß der →Historik (erstmals 1858) im Gegensatz zur naturwissenschaftlichen →Erkenntnis das spezifische Postulat der historischen Methode: ‚Jede geschichtliche Vergangenheit muß als eine politische Gegenwart empfunden und mitempfunden werden'. Da es der Historiker nur mit Vergangenem zu tun hat, ist ihm direktes Erkennen nicht möglich, ‚nur ein V., das darin besteht, daß er die einzelnen Äußerungen und Wirkungen des entschwundenen Daseins nacherlebt, daß er selbsterlebte Innenereignisse in die Seele der anderen oder in die ihm schon fremd gewordene eigene hineinverlegt' (W. Bauer).

J. G. Droysen, Historik, [6]1971; G. Simmel, D. Probl. d. Gesch.philos., [8]1964; W. Dilthey, Ges. Schr. 5, 1924; J. Wach, Das V., 1926/33; Wilhelm Bauer, Einf. in d. Stud. d. Gesch., [2]1928; O. F. Bollnow, Das V., 1949; R. Wittram, D. Interesse an d. Gesch., [3]1968; G. H. Wright, Erklären u. V., dt. 1974.

Vertrag, Vereinbarung zweier oder mehrerer Staaten oder Korporationen in traditionellen, meist schriftlich niedergelegten Rechtsformen. V.s-abschluß setzt ein gewisses Maß von →Souveränität bzw. Entscheidungsfreiheit der Partner voraus. In voll ausgebildeter völkerrechtlicher Form besteht er aus V.s-verhandlungen Bevollmächtigter, →Paraphierung, Unterzeichnung durch Bevollmächtigte, →Ratifizierung und Hinterlegung der Ratifikationsurkunden. – →Abkommen, Agreement, Allianz, Bündnis, Deklaration, Kapitulation, Kompaktaten, Konkordat, Konvention, Pakt, Protokoll, Traktat u.a.

Vertrauensfrage →Kabinettsfrage.

Vertriebene müssen, im Gegensatz zu Flüchtlingen (doch engl. für beide Gruppen: *refugees*), die die Heimat kraft eigenen Willens verlassen, diese als Kriegsfolge gezwungenermaßen aufgeben. Vertreibungen hat es seit alters gegeben, doch werden sie erst in der NZ. zu Bevölkerungsbewegungen von Millionen (Türken-Griechen 1922, Karelier 1944/45, Moslem-Hindus 1947, Juden-Araber 1948 u.v.a.). Wie schon der →Völkerbund hat auch die UN einen eigenen Flüchtlingskommissar (engl. *High Commissioner for Refugees*, UNHCR). – In Dtld. werden alle →Volks- und Reichsdeutschen aus den Gebieten östlich der Oder-Neiße-Linie (10–12 Mill.) als Heimat-v. bezeichnet, womit das Recht auf H., ebenso wie die Gewaltsamkeit des Exodus betont wird (in der DDR: Neubürger, – Siedler); sie bekannten sich in der Charta der Heimat-v.n (Stuttgart 1950) zum Verzicht auf Rache und Vergeltung.

J. Vernant, The Refugees in the Post War World, 1953; Th. Schieder (hrsg.), Dokumentation d. Vertreibg. d. Dt., 1953ff.; M. J. Proudfoot, European Refugees 1939–52, 1957; E. Lemberg, F. Edding, Die V.n in Westdtld., 1959.

Verwaltung, weisungsgebundene Tätigkeit zur Wahrung der inneren Ordnung eines Gemeinwesens oder eines seiner Teilbereiche (Staats-, Provinzial-, Stadt-, Gemeinde-v. u.ä.), in der Fachsprache auch für ältere Epochen verwendet, sofern der Auftragscharakter, ein rudimentärer Ansatz zum Instanzenzug und die Beschränkung auf den nichtmilitärischen Bereich (in Zivil- und Militär-v.) gegeben sind; in der NZ. beschränkt sich der Begriff nach Durchsetzung des Grundsatzes der →Gewaltenteilung auf den inneren staatlichen Bereich mit Ausnahme der Gesetzgebung und Rechtsprechung, wobei, v.a. nach der Entfaltung der nz. →Bürokratie, die Bezeichnung von der Tätigkeit auf ihre Organe übergeht. Die Tätigkeit der V.-sbehörden, deren Vorschriften das V.s-recht zusammenfaßt, kontrolliert im Interesse und zum Schutz des Einzelnen seit dem 19. Jh. die V.s-gerichtsbarkeit.

H. Peters, Die V. als eigenständige Staatsgew., 1965; E. Forsthoff, Lehrb. d. V.s-rechts, [9]1967; J. Rauban, Grundr. d. V.slehre, 1970; H. R. Schwarzenbach, Grundr. d. allgem. V.srechts, [4]1970; H. F. Lorenz, V. in d. Demokratie 1972.

Verwandter, Mitglied eines Rats, eines Gerichts u.ä. (Rats-, Gerichts-v.), als Beisitzer ‚verwendet'.

Vest, (befestigter) Bezirk eines →Gogerichts.

Vesper (lat. ‚Abend'), das ‚Abendlob' als Stundengebet; dav. *Sizilianische V.*, die am 29. 3. 1282 mit dem V.-läuten in Palermo einsetzende blutige Erhebung, die mit der Vertreibung der Franzosen aus Sizilien endete.

S. Runciman, Die siz. V., dt. 1960.

Veteranen (lat. ‚Altgediente'), im röm. Heer und allgem. die älteren, bes. erfahrenen Jahrgänge; seit dem röm. Berufsheer auch die über die reguläre Dienstzeit hinaus Zurückbehaltenen; die als invalid oder ausgedient Entlassenen.

Veto (lat. ‚Ich verbiete'), das →Interzessionsrecht der römischen →Magistrate, bes. der Volks→tribunen, die es gegen alle Magistrate (seit dem 3. Jhv. auch gegen den →Diktator), Kollegen, Senatsbeschlüsse, Gerichte, Wahlen und Gesetzesanträge besitzen, zunächst zum Schutz der →Plebs, dann als Hüter der Verfassung. Im poln. Reichstag (→Sejm) 16. bis 17. Jh. Recht jedes Mitglieds (*Liberum V.* als Folge der Forderung nach Einstimmigkeit der Beschlüsse). Von Montesquieu für die Exekutive gegen die Legislative gefordert, danach in modernen Verfassungen (z. B. für den Präsidenten der USA) Verweigerungsrecht eines bei Gesetzgebung oder Beschlußfassung beteiligten Organs, unbedingt (absolutes V. z.B. der 5 Großmächte im Sicherheitsrat der UN) oder aufschiebend (suspensives V. z.B. des engl. →Oberhauses).

Vexillation (lat. zu *vexillum* ‚Zeugfahne des röm. Heeres', →Labarum, →Banner; dav. *vexillarius* ‚Fahnenträger'), Detachement, aus Angehörigen regulärer Truppen zu bes. Verwendung zusammengestellte Einheit des röm. Heeres.

M. Mayer, Vexillum u. Vexillarius, 1910; A. Neumann, RE VIII A, 1958.

Vicomte →Vize-.

Vidimus →Urkunde.

Vier Freiheiten (der Rede, der Religion, von Not, von Furcht), als Ziel der USA-Politik von F. D. Roosevelt am 6.1.1941 proklamiert; -fürst →Tetrarch; -kaiserjahr, das Jahr 69n. (Galba, Otho, Vitellius, Vespasian);-zehn Punkte der Kongreßbotschaft W. Wilsons vom 8.1.1918 als Grundlage eines Weltfriedens nach dem 1. Weltkrieg, →Völkerbund; Punkt- V.-Programm →unterentwickelt.

Viertel (auch Quartier), in MA. und NZ. verschiedentlich Bezeichnung für eine territoriale Einheit, Unterteilung eines Verwaltungsbezirks, v.a. in Städten, urspr. zur Wehrgliederung, dann Verwaltungseinheit, Polizeirevier.

Vigil (lat. *vigilia* ‚Nachtwache', vgl. *vigiles*, die 7000 Mann Feuerwehr im kaiserzeitlichen Rom), Vorabend eines Kirchenfestes.

Vigintivirat (lat.), ‚Zwanzigmänner', nach der Neuregelung durch Augustus 4 →Kollegien als Hilfsbeamte der röm. →Magistrate, Vorstufe der ordentlichen Laufbahn, u. zw.: III*viri capitales*, Vollstreckungsbeamte in der Straf- und Ziviljustiz, III*viri monetales (aere argento auro flando feriundo)* →Münzmeister, IV*viri viis in urbe purgandis* zur Aufsicht über die städtische Straßenreinigg., *Xviri stlitibus iudicandis*, Richter, v.a. in Erbschaftsprozessen.

E. Meyer, Röm. Staat u. Staatsged., [4]1975.

Vikar (lat. *vicarius* ‚Stellvertreter'), allgem. Titel oder Amtstitel eines Stellvertreters, der zeitweilig oder ständig alle oder einen Teil der Vollmachten seines Auftraggebers ausführt, so z.B. im At. auch der Untersklave eines Sklaven; der Stellvertreter des →*praefectus praetorio*, in der Verwaltungsneuordnung des Ks. Diokletian (284–305) als Mittelinstanz Leiter einer →Diözese; im MA. v.a. *v.ius imperatoris* der ks. Statthalter in einer it. Stadt, *v.ii imperii*, die 2 Reichsverweser während der Abwesenheit oder nach dem Tod eines Ks.; im kirchlichen Sprachgebrauch *v. Christi* der →Papst; Apostolischer V., im FrühMA. Inhaber eines hervorragenden Bischofssitzes, dem der Papst dauernd oder auf Zeit gewisse Jurisdiktions- oder Ehrenrechte übertrug (V.iat von Arles, Thessalonich); in der NZ. Titularbf., der in Missionsgebieten einer Zahl von Pfarreien als Leiter vorsteht, bis diese zu einem Missionsbistum zusammengefaßt werden; Pfarr-V., Gehilfe eines Geistlichen, v.a. des →Parochus, in Seelsorge und Chordienst; im MA. bes. wenn der Parochus Inhaber mehrerer Pfründen war; General-V., dauernder, beamteter Stellvertreter des Bf. für Verwaltungsaufgaben; Stifts-V., Dom-V. →Chor-V.

Villa (lat., dav. frz. *ville*, span. *villa*, →‚Stadt', vgl. dt. *Weiler*, ‚→Vorwerk', ‚Kleinsiedlung'), der röm. Gutshof, auch herrschaftlicher Wohnsitz auf dem Lande, bes. in den westlichen Provinzen des röm. Reiches Zentrum der Provinzialkultur; in fränk. Zeit der Königshof einer →Domäne und die durch ihn zu einer Wirtschaftseinheit zusammengefaßten Ländereien; allgem. Gehöft, Dorf; Villikation (mlat. *villicatio*), allgem. kg. oder kirchliche Großgrundherrschaft.

Virilisten, im →Konstitutionalismus des 19. Jh. Männer, die Kraft ihres Amtes (als Bischof, Universitätsrektor usw.) einen Sitz in der gesetzgebenden Körperschaft haben.

Virilstimme (lat. *votum virile*), im Dt. Reichstag (bis 1806) und Bundestag (1815–66) die fürstliche Einzelstimme im Gegensatz zur Kuriatsstimme, →Kurie.

Visitation, der zu den Rechten und Pflichten eines höheren Geistlichen gehörende regelmäßig vorzunehmende Besuch seines Gebietes. Die V., schon in der alten Kirche bekannt, hat sich sowohl in der kath. Kirche (V. durch den →Bischof) wie in den evang. Kirchen erhalten. Ein Sonderfall der kath. Kirche ist die *visitatio ad limina SS. Apostolorum*, der regelmäßig (z. Zt. alle 5 Jahre) vorgeschriebene Besuch eines →Bischofs an der röm. →Kurie.

Vita (lat. ‚Leben'), Lebensbeschreibung, →Biographie; *V. communis*, lat. Übersetzung des gr. →Zönobium.

Vitalien (lat. *vitalia*; mlat. auch *victualia*, *vitalitium*, ‚Diäten', ‚Leibgedinge'), Lebensmittel; V.-brüder, auch Vitalianer, Likendeeler (mit gleichen Beuteanteilen), Seeräuber der Ost- und Nordsee Ende 14. Jh., nach dem Tode des Kl. Störtebecker 1401 von der Hanse allmählich (bis 1450) beseitigt.

Vize- (mlat. *vice-* ‚stellvertretend', vgl. →Vikar), häufig als Vorsilbe zur Kennzeichnung stellvertretender Amtsgewalt verwandt, bes. des Kg., →Landes- oder →Grundherrn (vgl. mlat. *vicedominus*, *visdominus*, in der Leitung it. Städte, auf weltlichen und v.a. geistlichen Herrschaften; frz. *vidame*, bischöflicher Vogt oder Administrator; dt. Vitztum, Viztum, im ma. Süddtld., bes. in Bayern oberster Beamter des Landes oder eines Landesteils, bes. z.B. in Österreich, oberster Finanzbeamter; span., port. *virrey*, V.-könig, Titel eines Statthalters oder Generalgouverneurs in Provinzen und Kolonien als Stellvertreter des Herrschers); auch Stellvertreter eines Beamten, v.a. des →Grafen (mlat. *vicecomes*, in nachfränk. Zeit z. T. selbständig geworden; nach Einführung des →Bailly, →Sheriff usw. in westeuropäischen Ländern Adelstitel, im Rang zwischen Graf und Baron, frz. Vicomte, engl. Viscount, it. *visconte*, span. *vizconde*).

Vogelfrei →Acht.

Vogt (aus lat. →*advocatus*), entwickelt sich im MA. aus dem röm.-rechtlichen Institut in der Verbindung mit der germ. →Munt, vielleicht auch der keltischen Klientel und der →Haus-, →Sippen- und Gefolgsherrschaft allgem. zum Inhaber einer Schutzherrschaft (V.ei), die sich in Kirchenv.ei und weltliche V.ei scheidet. (1) Nach ks. Erlaß von 401 waren die Kirche, die sich nach Tim. II 2,4 aller weltlichen Geschäfte enthalten soll, *advocati* vorgeschrieben. Im fränk. Reich (zunächst Westfranken) vertritt in den geistlichen →Immunitäten ein V. (zunächst *rector*, *praepositus*, *vicedominus*) die Immunitätsleute vor dem →Grafengericht, schützt sie mit eigener Macht und führt ihr Aufgebot (später Schirmv.ei); er ist Richter im Immunitätsgericht (Gerichtsv.ei). Karl d. Gr. bestellt 802 grafschaftsweise für →Bistümer und →Abteien V.e, die vom →Grafen im echten →Ding eingesetzt und von den →Missi kontrolliert werden; das zunächst privatrechtliche Institut wird für das ganze Reich verbindlich. Im Lauf des 10. Jh. werden Gerichts- und Schirm-v.ei als →Lehen im Hochadel erblich, in Eigenklöstern übernahmen die Gründer selbst die V.ei; sie wird vom Adel zur persönlichen Machtausweitung benutzt, so daß die kirchliche Reformbewegung des 11. Jh. diesen Mißbrauch beseitigen will, was ihr in der Einrichtung der *abbatiae liberae* gelingt. (2) Das ganze MA. hindurch empfindet sich der Kg. als oberster Schirm-v. über das →Reich, bes. über die Reichskirche, seit der Salier- und Stauferzeit über →Reichsstädte und -bauern. Im SpätMA. ist der →Landesherr in seinem →Territorium, das sich oft aus V.eien entwickelt hat, oberster V., v.a. über die landsässigen geistlichen und weltlichen Grundherrschaften und freien Bauern, die als Abgabe das V.-recht (Fastnachtshuhn, V.-haber u.a.) zahlen. (3) bes. Leiter von Verwaltung und Gericht eines größeren →Reichsgutbezirkes, Reichs-v.(4) In der Ämterverfassung der →Territorien Richter und Verwaltungsbeamter eines Sprengels (V.ei), meist Teil eines →Amtes, mitunter auch (so in

Württemberg seit Ende des 15. Jh.) eines Bezirks aus mehreren Ämtern mit dem Titel Ober-v.; im ganzen ist die Stellung des V.s je nach Territorium verschieden, immer aber ist er herrschaftlicher Beamter. In den Städten übt der V. die hohe →Gerichtsbarkeit aus; im Laufe des MA. wird er oft vom →Schultheiß ersetzt; V.eigericht, Gericht eines V.s, in den spätma. →Territorien meist Niedergerichte, die oft zu →Patrimonialgerichten absinken, in den Städten meist Hochgericht; V.eigut, ein nur einem Schirm-v. unterstehendes bäuerliches Gut, (im SpätMA. oft dem →Landesherrn), das keiner →Grundherrschaft angehört; der Besitzer zahlt deshalb nur →Bede oder das V.-recht; V.-frei kennzeichnet die Freiheit vom Gericht eines V.s, bes. bei Klöstern (z.B. der Zisterzienser); V.-leute, allgem. alle einem V. unterworfenen Leute, die ein V.-recht entrichten, bes. Angehörige einer →Immunität.

H. Hirsch, D. Klosterimmunität seit d. Investiturstreit, 1913; A. Waas, V.ei u. Bede in d. dt. Ks.zt., 1919/23; E. F. Otto, Die Entw. d. dt. Kirchenv.ei im 10. Jh., 1933; E. Klebel, Eigenklosterrechte u. V.ei in Bayern u. Dt.Österr., 1939; W. Schlesinger, Die Entst. d. Landesherrsch., [3]1969; Th. Mayer, Fürsten u. Staat, 1950, ND 1969.

Volk und →Nation sind nicht dasselbe, auch wenn der moderne Sprachgebrauch diese Begriffe nicht selten in einem synonymen Sinne verwendet. V. ist im Gegensatz zur Nation etwas von Natur Gegebenes. Völker hat es im Gegensatz zu Nationen ebenso in der Antike wie im MA. und der sog. NZ. gegeben. U. zw. setzt V. im urspr. Sinne, so wie dieser Begriff noch heute in den romanischen Sprachen verwendet wird, wenn diese von *populo* oder *peuple* sprechen, oder so wie dieser Begriff urspr. den ags. Staaten geläufig gewesen ist, wenn diese den Ausdruck *people* verwenden, immer die reale Anwesenheit einer Anzahl von Menschen voraus, die irgendwie sinnlich faßbar sein müssen. V. in diesem Sinne ist das V. der plebiszitären oder unmittelbaren →Demokratie, das als Aktivbürgerschaft mit Hilfe des Wahl- und Stimmrechts sich willensmäßig äußert. V. ist darüber hinaus auch – u. zw. nicht zuletzt aufgrund des nachhaltigen Einflusses, den Romantik und Idealismus in Dtld. auf die Prägung des V.sbegriffes gehabt haben – jenes V., das durch einen festen Bestand von ideellen Werten (Sprache, Religion, Kultur, geschichtliche Erfahrungen) zu einem konkret individuellen Ganzen zusammengeschlossen ist‘ (vgl. die von J. G. Herder, 1744–1803, konzipierte Idee des V.sgeistes) ‚und sich in der politischen Wirklichkeit als ideelle Einheit handelnd manifestiert‘ (G. Leibholz). Unhaltbar ist eine biologisch-materialistische Auffassung des V.es als Rasseneinheit, wie sie vom Nationalsozialismus verkündet wurde. Es gibt kein V., das nicht aus verschiedenen rassischen Elementen zusammengesetzt ist. Kasten- und Rasseschranken verhinderten gerade in Indien bis in die NZ. eine v.liche Gemeinschaftsbildung.

M. H. Boehm, D. eigenständige V., 1932, ND 1971; K. Stavenhagen, Krit. Gänge in d. V.stheorie, 1936; G. Leibholz, V., Nation u. Staat im 20. Jh., 1958; E. K. Francis, Ethnos u. Demos, 1965; →Minderheiten, Nation.

Völker-bund, nach Kant die ‚Vernunftidee einer friedlichen durchgängigen Gemeinschaft der Völker auf Erden', in der europäischen Geschichte wiederholt gefordert und in Ansätzen versucht (→auch Allianz, Bund, Europa), bes. die als ‚integrierender Bestandteil' des Versailler Vertrags v.a. durch W. Wilson (1856–1924) und J. Smuts (1870–1950) begründete internationale Organisation zur Zusammenarbeit der Völker und zur Sicherung des Weltfriedens (engl. *League of Nations*, frz. *société des nations*), 1920–46 mit wechselnder Beteiligung der Staaten, (ohne USA, Japan 1920–33, Deutschland 1925 bis 33, UdSSR 1934 bis zum Ausschluß 1939) und wechselndem, v.a. auf politischem Gebiet geringem Erfolg (→Abrüstung, Freiheit der Meere, Mandat, Sanktion) tätig, in Generalversammlung, V.srat und ständiges Sekretariat in Genf gegliedert, mit mehreren Sonderorganisationen (→Arbeitsorganisation, Gerichtshof); -frühling, im 19. Jh. seit L. Börne 1818 beliebtes liberales Schlagwort im Kampf um Freiheit und nationale Einheit; -kunde →Ethnologie; -mord →Genocidium; -psychologie, der v.a. durch W. Wundt (1832–1920) vertretene Versuch einer geistesgeschichtlichen Synthese, die, von der Psychologie ausgehend, den Einzelmenschen und die Völker im Gesamtbereich der Geschichte erfaßt, heute weitgehend in →Anthropologie, →Ethnologie und →Soziologie aufgegangen; -recht (lat. *ius gentium*), das allen Völkern gemeinsame Recht (→auch Naturrecht), aus dem die rechtliche Regelung der Beziehungen zwischen den Staaten hergeleitet wurde, als nach dem Auseinanderfallen der ma. Ordnungsgewalten von Kirche und Reich im 16. Jh. die →Souveränität proklamiert wird, erstmals umrissen von dem span. Theologen Victoria, als schon bestehendes Recht aufgewiesen von H. Grotius (1580 bis 1642), des ‚Vater des V.-rechts'. Er erkennt, heute noch gültig, in dem sich übersteigernden Souveränitätsbegriff das wesentliche Hindernis für den Ausbau des V.-rechts u. sucht die bloße Staatenpraxis, die auf Verträgen der Staaten untereinander oder auf internationalem Brauch fußt, mit dem Ideal einer auf Naturrecht und Vernunft gegründeten internationalen Ordnung zu verbinden (zum materiellen V.-recht →Allianz, Diplomatie, Krieg, Neutralität usw.): -scheide = natürliche Grenze; -schlacht, die bereits im Generalstabsbericht vom 19.10. 1813 (K. v. Müffling) erscheinende, bald allgem. übliche Benennung der Leipziger Schlacht, 16.–19.10. 1813; -staat (auch Vielv.) →Nationalitätenstaat, bes. die Habsburgermonarchie; -wanderung, durch äußeren Anstoß oder innere Ursachen (Übervölkerung, Naturkatastrophen usw.) ausgelöste Bewegung mehrerer Völker in Großräumen mit dem Ziel einer neuen Landnahme, →Wanderung; von der dt. Forschung seit M. J. Schmidt (Geschichte der Dt.en, 1778) als Epochenbezeichnung für die Zeit der ost- und westgerm. Wanderung, 375 (Hunneneinfall) bis 526 (Tod Theoderichs d. Gr.) oder 568 (Langobardenzug) verwendet. Die von der außerdt. Forschung nicht übernommene Benennung (→auch Barbaren, Invasion) verliert angesichts der zunehmenden Einsicht in größere Zusammenhänge (vgl. die Wanderung der

Slawen) und Parallelerscheinungen (v.a. im innerasiatischen Raum und im frühen At.) allmählich an verbindlicher Eindeutigkeit.

I. Kant, Z. Ewigen Frieden, 1795; J. Ter Meulen, Der Ged. d. internat. Organis., 3 Bde., 1917–40; O. Halecki, Europa, dt. 1957, ND 1964; A. Pfeil, D. V.bund, 1976; – W. Wundt, V.-psychologie, 10 Bde., [3]1911–19; W. Hirschberg, Wb. d. V.kunde, 1965; C.A. Schmitz, Hist. V.kunde, 1967; – H. Grotius, De jure belli et pacis, 1626; G. Dahm, V.-recht, 1958/61; F. Berber, Lehrb. d. V.rechts, [2]1969; R. Maurach, B. Meissner, V.-recht in Ost u. West, 1967; A. Verdross, B. Simma, Univ. V.recht, 1976.

völkisch, seit etwa 1875 zunehmend verbreitete Übersetzung von →national, daher zur Kennzeichnung der Pflege des (dt.) →Volkes, seiner sittlichen und kulturellen Kräfte verwendet; als v.e Bewegung bezeichnet man (1) neuerdings oft die geistigen Entwicklungen des 18./19. Jh. bei J. G. Herder (1744–1803), und im Deutschen →Idealismus, die in den Befreiungskriegen, in Romantik, Burschenschaften und Frühliberalismus wirkten (von W. Dilthey, 1833–1911, besser als Deutsche Bewegung bezeichnet); (2) den bald durch → antisemitische und →alldeutsche Mißtöne durchsetzten nationalen Aufschwung nach Errichtung des Bismarckreiches 1871; (3) nach 1918 eine Reihe von kleineren, rechtsradikalen Parteien und Organisationen (z. B. Deutsch-v.er Schutz- und Trutzbund, der die Ermordung des Außenministers W. Rathenau 1922 veranlaßte), sowie Teile der Jugendbewegung, die vom Kriegserlebnis der jungen Generation getragen waren und früh schon im Nationalsozialismus aufgingen.

Lit. bei H. Hohlwein, RGG VI [3]1962.

Volks-abstimmung, im weiteren Sinne die Beschlußfassung über letzte politische Entscheidungen (V.-beschlüsse über Krieg und Frieden, Gesetze, Todesstrafe u.a.), praktiziert als Kundgebung des Gemeinwillens in den →V.-versammlungen des At., deren Zuständigkeit jedoch außerhalb des Bereichs der antiken →Demokratie durch die Entwicklung der Herrschaftsorgane (→König, Prinzeps u.ä.) zunehmend eingeschränkt wird. Während das westgerm. →Ding nach der Völkerwanderung bald auf die Gerichtsfunktion zurückgedrängt ist, erhält sich die gesetzgebende Versammlung in den nord. Ländern bis ins HochMA. (vgl. die altnorw. Gula- und Frostuthinggesetze des 11. Jh.), ebenso in Schweizer Kantonen die →Landsgemeinde, die allmählich die oberste Exekutivgewalt verliert, aber Wahl- und Gesetzgebungskörper bleibt. Ähnlich bildet sich auch in Einzelstaaten der USA und in Australien die Teilhabe der Wähler an der Gesetzgebung aus. V.-abstimmungen (Plebiszite) sind als Ausdruck der →V.-souveränität Kennzeichen der modernen →Demokratie; →Wahlen sind praktisch V.-abstimmungen über den Regierungschef und die Gesetzgebungspolitik. Da jedoch Massenabstimmungen über politische Einzelentscheidungen mit der Wahl zwischen zwei, höchstens drei Alternativen dem, der die Frage formuliert, eine ungeheure Machtposition und auch die Möglichkeit eines Mißbrauchseinräumen, wird die V.-abstimmung einerseits gern in totalitären Systemen verwendet, in denen nur eine Partei oder Person die Fragestellung bestimmt (Napoleon I. und III., Hitler, UdSSR), andererseits in die Verfassungen demokratischer Staaten nur mit Vorsicht und Zurückhaltungen eingebaut: vgl. den V.-**entscheid** (→auch Referendum) nach Art. 73 der Weimarer Verfassung (aufgrund eines →V.-begehrens oder auf Anordnung des Reichspräsidenten, bes. im Konfliktsfall zwischen Reichstag und Reichsrat; die beiden von der Opposition erzwungenen V.-entscheide vom 20.6.1926, Fürstenenteignung, und 22. 12. 1929, Young-Plan, hatten indes keinen Erfolg), der im Bonner GG nicht vorgesehen ist. – Im engeren Sinne ist V.-abstimmung die Befragung der Bevölkerung über Grenzziehung und Staatszugehörigkeit zur Verwirklichung des → Selbstbestimmungsrechtes (vgl. auch Art. 29 des Bonner GG. zur Neugliederung der Länder); -**beauftragte**, der – durch Staatssekretäre unterstützte – sechsköpfige Rat (F. Ebert, Ph. Scheidemann u.a.), der vom 10.11. 1918–16.2.1919 die Regierung des Dt. Reiches bildete; -**begehren**, Initiative, Sonderform des V.-entscheides: das einer Mindestzahl von Stimmberechtigten gewährte Recht, einen Gesetzentwurf direkt oder nach Beratung im Parlament zur →V.-abstimmung zu bringen (vgl. Art. 73 der Weimarer Verfassung, nach dem insgesamt 7 V.-begehren, alle erfolglos, eingeleitet wurden); -**beschluß**, →V.-abstimmung, -versammlung; -**demokratie**, im Unterschied zur freiheitlichen Demokratie nach kommunistischer Lehre Übergangsform zur sozialistischen Demokratie, wie sie allein in der UdSSR besteht. Äußerlich an parlamentarischen Formen festhaltend, ist die V.-demokratie eine Staats- und Regierungsform, bei der die Macht allein in den Händen der kommunistischen Partei liegt. In den osteuropäischen Satellitenstaaten sind allenfalls bestehende sozialistische u.a. Parteien durch eine Nationale Front, →Volksfront, gleichgeschaltet, wirklich freie und geheime Wahlen sind, da nach Einheitslisten und teilweise öffentlich gewählt wird, nicht garantiert (Zu den V.-demokratien zählen außer den Satellitenstaaten auch die kommunistischen Staaten Ostasiens und Jugoslawien, das sich unter J. Tito 1948 dem sowjetischen Machtsystem zu entziehen vermochte und eine eigene Art kommunistischer Ordnung, Titoismus entwickelte); -**deutsche**, die in den Ländern außerhalb der Grenzen des Dt. Reiches von 1937 und Österreichs lebenden Menschen dt. →Nationalität, bes. die dt. → Minderheiten in Ostmitteleuropa. Nach 1938 wurden unter dem Nationalsozialismus die V.-deutschen des Sudetengebietes und der westlichen Teile Polens dem dt. Reichsverband angegliedert, weitere Hunderttausende wurden aus dem sowjetischen Machtbereich aus- und v.a. im ehemals polnischen Gebiet angesiedelt. Seit 1945 sind V.-deutsche im Restdtld. als Flüchtlinge und → Vertriebene den dt. Staatsangehörigen gleichgestellt, in der Bundesrepublik vielfach landsmannschaftlich zusammengeschlossen; -**front**, kommunistischer Versuch, durch Wahl- und Regierungskoalitionen mit Sozialisten und bürgerlichen Linksparteien

Einfluß zu gewinnen, 1935 als taktische Maßnahme von G. Dimitroff (1882–1949), 1936/37 in Frankreich und Spanien praktiziert; in osteuropäischen Staaten nach 1945 Vorstufe der kommunistischen Machtergreifung; -geist →Volk; -gerichtshof, Berliner nationalsozialistisches Sondergericht in erster und letzter Instanz für politische Vergehen (u.a. Hoch- und Landesverrat) im Sinne des NS-Staates. Im April 1934 errichtet, trat es erstmals nach dem ‚Röhmputsch' in Aktion und verurteilte später die Männer und Frauen des dt. Widerstandes, bes. nach dem 20. Juli 1944; -kommissar, in der UdSSR und ihren Gliedstaaten 1917–46 Ministerbezeichnung (Rat der V.-kommissare = Regierung); -könig (norweg. *fylkiskonungr*), Kleinkönig, →Jarl, Gaufürst, in den nord. Reichen (zuerst Norwegen 10. Jh.) in langen Kämpfen vom Königtum unter die Macht der Krone gezwungen; -kunde →Folklore; -rechte, Rechte, die durch die unmittelbare Beteiligung des Volkes an der Gesetzgebung und Rechtsprechung entstanden sind, bes. die germ. Stammesrechte *(leges Germanorum* und *Romanorum)*, die 5.–9. Jhn. aufgezeichnet wurden, →Lex; -souveränität, dem →Gottesgnadentum entgegengesetzte politische Theorie mit dem – später entstandenen – demokratischen Grundsatz ‚Alle Staatsgewalt geht vom Volke aus'. Im MA. wandten sich führende Geister (Wilhelm v. Ockham, etwa 1300–1350, Nikolaus v. Kues, 1401–64) mit Berufung auf das →Naturrecht gegen den absoluten weltlichen Herrschaftsanspruch des Papstes oder der Krone. In der NZ. wird der Calvinismus zu einem der bedeutendsten Antriebskräfte, das schon in der thomistischen Lehre vertretene →Widerstandrecht wird weiterentwickelt. Bes. J. Althusius (1557–1638) tritt gegen J. Bodin (1530–96), den Begründer einer nationalstaatlich-monarchischen →Souveränitätslehre, für die V.-souveränität nach der Sozialvertragstheorie ein. Herangezogen bereits zur Rechtfertigung der engl. puritanischen Revolution (J. Milton, 1608–74, J. Locke, 1632–1704), wird sie dann konsequent verwirklicht in den USA, wo sich zuerst das allgem. →Wahlrecht (der Männer) durchsetzt. Zum großen Theoretiker der V.-souveränität wurde J. J. Rousseau (1712–78) mit seiner Lehre vom *contrat social* (Gesellschaftsvertrag im Gegensatz zu Th. Hobbes', 1588–1679, Unterwerfungsvertrag). Von Schweizer Verhältnissen ausgehend, nahm er dabei auf die Probleme des großen Staates keine Rücksicht. Trotzdem haben die Vertragstheorien die Entwicklung des modernen Verfassungsstaates maßgeblich beeinflußt, um die Herrschaft des Rechts und die Freiheit des Individuums zu sichern (Montesquien, I. Kant, W. v. Humboldt). Da das Volk seine Gewalt praktisch nur bei Bestehen des Konkurrenzprinzips im parlamentarischen System auszuüben vermag, ist der Begriff der V.-souveränität eng mit der liberalen und demokratischen Idee des 19. Jh. verknüpft; -→tribun; -versammlung, Versammlung der freien und waffenfähigen Männer eines Dorfes, Gaus, Stammes u.ä., einfachste und unmittelbarste Form der Gemeindebildung. ‚In diesem Zusammentritt wahrt der Einzelne seine Persönlichkeit, indem er selbst sich in die Versammlung begibt und darin selbständig handelnd auftritt. Indem die einzelnen Freien beraten, Beschlüsse fassen und zur Ausführung schreiten, entsteht das Gemeinsame, das das Dorf und den Gau vereint. Es bildet sich eine Gesamtheit, die ihre Herkunft aus dem Willen des Einzelnen nie verleugnet' (B.Knauß); zu den bes. Formen →die Einzelart. Apella, Ekklesie, Komitien, Ding u.ä.; -zählung →Bevölkerung.

S. Wambough, Plebiscites since the World War, 1933; G. Leibholz, Strukturprobl. d. mod. Demokratie, 1958; - G. Dimitroff, Rolle u. Bed. d. V.-demokr., 1950; Mao-Tse-Tung, Ü. d. Diktatur in d. V.-demokr., dt. 1950; F. Fetjö, Die Gesch. d. V.demokratien, dt. 1972; - O. v. Gierke, Joh. Althusius u. d. Entw. d. naturrechtl. Staatstheorien, [4]1929; H. Kurz (Hrsg.), V.souveränität u. Staatssouveränität, 1971; P. Graf Kielmannsegg, V.souveränität, 1977; - B. Knauss, Staat u. Mensch in Hellas, Neudr. 1964.

Vollbort →Auctoritas.

Vorfrieden →Präliminarien.

Vorgeschichte, die einem bedeutsamen Ereignis, z.B. einem Kriege, vorhergehenden, dieses vorbereitenden und einleitenden Ereigniszusammenhänge; im frühen 19. Jh. bisweilen auch = Geschichte; bes. (seit C. Ritter, 1822) als Epochenbezeichnung und Forschungsgebiet der vor der →Geschichte liegende Zeitraum, = Prähistorie, v.a. in der nichtdt. Literatur: *Begriff:* Das Verhältnis von V. zu Urgeschichte und Frühgeschichte ist weder eindeutig noch endgültig festgelegt. Während der allgem. Sprachgebrauch die Disziplin V. institutionalisiert hat und mit U. und F. eine ungefähre zeitliche Scheidung versucht (in der Geschichtswissenschaft U. = meist die Anfänge, F. die Übergangsepoche zwischen V. und Geschichte, bes. auch die v.liche Zeit eines begrenzten Raumes, eines Volkes), distanziert sich die zuständige Fachwissenschaft in zunehmendem Maße von dem Wort V. und gebraucht dafür U. oder neuerdings F. synonym. Der von der Geschichte her konzipierte Begriff V. erscheint ihr suspekt; er durfte als ausreichend gelten, solange die in der 2. Hälfte des 19. Jh. entwickelte Disziplin unter dem Eindruck des Evolutionsprinzips (Ch. Darwin, 1859) im naturwissenschaftlichen Bereich (Biologie, →Anthropologie, →Ethnologie) verblieb. Im 20. Jh., bes. nach 1945, vollzieht die V., ohne allerdings die alten Bindungen preiszugeben, ihre Hinwendung zur Kulturwissenschaft und begreift sich folgerichtig im historischen Bereich nicht als Vor-Geschichte, sondern als den ,ersten zeitlichen Abschnitt der Universalgeschichte' (O.Menghin). – *Abgrenzung:* Während die obere Grenze theoretisch eindeutig durch das erste Auftreten des Menschen gegeben ist (etwa 1 Million Jahre), ist die untere umstritten, fließend und je nach Kulturräumen verschieden. ,Technisch' wird sie dadurch bestimmt, daß die V. den Bereich der schriftlosen Kulturen umfaßt. Die dadurch bedingte Verschiedenheit der wissenschaftlichen Methoden ergibt eine scharfe Zäsur, die die neuere Forschung (G. Childe, H. Kühn) erfolgreich einzuebnen sich bemüht. Weiter geht der neuere Versuch, die V. mit der ,Gestaltung eines Weltbildes', dem Innewerden der ,Mitverantwortung für die irdische Weltordnung' zu begrenzen (6. Jhv., →auch Achsenzeit): ‚Urgeschichte der Menschheit ist, von einem wertenden Standpunkte aus gesehen, eigentlich alles das, was geistig vor diesem Entwicklungsstadium liegt, möge es auch zeitlich nachhinken, wie die Welt der Primitiven, oder möge es im technischen Sinne geschichtlich sein, wie die Hochkulturen des Alten Orients' (O. Menghin). Entscheidend dürfte bleiben, daß es die Geschichte mit dem Individuum, mit dem Namen zu tun hat, die V. lediglich mit der Gruppe, allenfalls mit individuellen Leistungen, mögen sich auch im einzelnen (z.B. im Alten Orient) Überschneidungen ergeben. – *Gliederung:* Die prähistorische Archäologie, V. im eigentlichen Sinne, wahrt durch den unmittelbaren Kontakt mit der klassischen →Archäologie die v.a. im europäischen Kulturraum schwierige Verbindung zur Geschichte. Sie gibt die älteste Einteilung der V. nach dem erstmaligen Vorkommen des Stoffes, der die höhere Perfektion der Werkzeuge bestimmt, in: Stein- *(Paläo-, Meso-, Neolithikum)*, Kupfer-, Bronze-, Eisenzeit, mit späteren Verfeinerungen (z.B. im Alten Orient Steinkupferzeit, *Chalkolithikum*). Diese Einteilung wurde, erstmals für das westeuropäisch-nordafrikanische Paläolithikum, durch eine Untergliederung nach Fundstätten ausgebaut (G. de Mortillet, 1869: Chelléen, Acheuléen usw.), ein Verfahren, das weithin üblich geworden ist (z. B. in Mesopotamien: Djemdet-Nasr-Kultur u.a.). Erst für das Neolithikum sind zusammenfassende Bezeichnungen durch Hauptmerkmale möglich (z.B. Bandkeramiker, Megalithkultur). Die Einteilung – die für Europa ein starkes Kulturgefälle von etwa 3000 Jahren aufweist – wird i.a. auf die Zeit vor dem Einsetzen der Hoch→kulturen der →Geschichte beschränkt, u. zw. ohne Rücksicht auf die erreichte Stufe (z.B. Eisenzeit nur in Mitteleuropa). Hilfe zur absoluten Zeitbestimmung leistet eine Reihe von Naturwissenschaften: die Großgliederung geben die Paläontologie (Wissenschaft von den urgeschichtlichen Lebewesen): *Paläozoikum* (1 Milliarde Jahre), *Mesozoikum* (500 Millionen J.), *Känozoikum* (60 Millionen J.), sowie die Geologie, die das Känozoikum (=Erdneuzeit) in die Formationen *Tertiär* und *Quartär*, letztere in *Diluvium* (W. Buckland, 1823, = Pleistozän, Eiszeitalter der nördl. Halbkugel, 600000–10000) und *Alluvium* (= Holozän, geologische Gegenwart) gliedert, die Veränderungen der Erdoberfläche untersucht und weitere Zeitbestimmungen aus den Ablagerungen der Flüsse (Bestimmung der Eiszeiten durch A. Penck/E. Brückner, 1902) und der Gletschermoränen (Warvenmethode, G. de Geer, 1912) erarbeitet; ungefähre Angaben steuern die Chemie durch Analyse älterer organischer Funde (Fluortest) und die Botanik durch Untersuchung des Blütenstaubes in Fundschichten (Pollenanalyse) bei; die Astronomie, die auch die geschichtliche Chronologie durch Berechnung von Sonnen- und Mondfinsternissen, Kometen usw. unterstützt, hat die klimatischen Schwankungen auf Verschiebung der Erdachse zurückgeführt und damit eine Bestimmung der Eiszeiten versucht (M. Milankowitsch, 1920); für V. und

Geschichte gleich bedeutsam ist die – noch angefochtene – physikalische Radio-Karbon-Methode (J. R. Arnold/W. F. Libby, 1949), die mit Hilfe des Geigerzählers bei organischen Substanzen im Bereich von 20000 Jahren sehr präzise Angaben liefert. Im Rahmen der V. unentbehrlich sind ferner die Wissenschaften der → Anthropologie (Frage des Tertiärmenschen!) und der →Ethnologie, die eine Einteilung nach Wirtschaftsformen gibt: Stufe der Aneignung: Sammler und Jäger (ältere = Wildbeutertum, O. Menghin, 1931); Stufe der Produktion: Hirten, Pflanzer, Bauern. Weitere Impulse vermitteln der V. eine Reihe von Wissenschaften, die im geschichtlichen Bereich verankert sind: → Archäologie, Religionsgeschichte; →Sprachwissenschaft, Volkskunde u.a.

M. Ebert, Reallex. d. V., 1924–32; Neuere Lit. bei: Hist. Mundi I, II, 1952f.; G. Childe, Stufen d. Kultur, dt. 1952; K. J. Narr, Urgesch. d. Kultur, 1961; Hb. d. Urgeschichte, 1965ff.; H. Müller-Karpe, Einf. in die V., 1975; – Zs. f. Archäol. u. Urgesch., 1970ff.

Vormärz →März.

Vorort, leitender Ort in einem Bund, z.B. in der Hanse Lübeck, Köln, Wisby; in der Schweiz bis 1848 der geschäfteführende Kanton (= Ort), der auch die → Tagsatzung beruft (Zürich, im 19. Jh. im Wechsel mit Bern und Luzern); V.-verträge, Sammelbezeichnung für die in den V.en um Paris abgeschlossenen Friedensverträge nach dem ersten Weltkrieg, Versailles (Dtld., 28. 6. 1919) St. Germain (Österreich, 10. 9.), Neuilly (Bulgarien 27. 11.), Trianon (Ungarn, 4. 6. 1920), Sèvres (Türkei, 1088).

Vorwerk, (1) Vorbau einer Burg; (2) allgem. ein vom Hauptgut wirtschaftlich, jedoch nicht besitzrechtlich unabhängiger → Hof; im MA. und der frühen NZ. der zu einem größeren →Fronhofsverband mit zentralem Fronhof gehörige kleinere Fronhof; der Verwalter des V.s unterstand dem →Meier des Haupthofs. Im Alpengebiet heißt das der Viehzucht dienende V. Schwaige (→ auch Grangie).

Votum (lat. ‚das Gelobte'), Gelübde des röm. Feldherrn für die Gemeinde (z.B. eines Tempels im Falle des Sieges), eines Einzelnen für das Wohlergehen des Staates, dann des röm. Kaisers, Loyalitätserklärung in Eidesform; in der NZ. allgem. Meinungsäußerung, Stimme bei Wahl oder Abstimmung, Beschluß des Parlaments über die Regierung (Mißtrauens-v., das den Rücktritt der Regierung zum Ziele hat), auch Gutachten; dav. Votivgabe, Weihgeschenk aufgrund eines Gelübdes.

Vulgata (lat. ‚die verbreitete' Überlieferung), allgem. der Hauptstamm einer Überlieferung; bes. der um 400 von Hieronymus (etwa 345–420) geschaffene lat. Bibeltext, seit etwa 600 (Gregor d. Gr.) gültig, seit 1546 (→Tridentinum) verbindlich.

Wachszinser (mlat. *cerocensuales*), im MA. gehobene Schicht von →Hörigen; sie sind entweder als →Unfreie von ihrem →Herrn dem →Patron einer Kirche geschenkt worden oder haben sich als →Freie in dessen Schutz ergeben; dafür zahlen sie dem Altar des Heiligen, dem sie rechtlich unterstellt sind, eine →Kopfsteuer, die häufig aus Wachs besteht. Als privilegierte Schicht (Befreiung von körperlichen Diensten, →Immunität gegenüber dem →Vogt) nehmen sie im HochMA. in den kirchlichen →Grundherrschaften v.a. die kleinen Verwalterposten ein. Seit dem 12. Jh. verschmelzen sie allmählich mit den übrigen Hörigen, ihre rechtliche Stellung verschlechtert sich.

E. Wohlhaupter, Die Kerze im Recht, 1940.

Waffen-recht, das dem →Freien zustehende Recht, W. zu tragen, im Verlauf des MA. im vollen Umfang nur mehr dem →Ritter zustehend; = →Fehderecht, in der NZ. (nlat. *ius armorum*) das Recht der Entscheidung über Krieg und Frieden; -stillstand (lokal und zeitlich begrenzt auch W.-ruhe), völkerrechtlicher Vertrag zwischen Kriegsherren oder durch sie bevollmächtigten Oberkommandierenden oder Vertretern mit dem Ziel, die Kampfhandlungen befristet oder bis zum Abschluß eines Friedensvertrags und der damit verbundenen Beendigung des Kriegszustands einzustellen; der W.-stillstand wurde, bes. im 19. Jh., vielfach eng mit vorläufigen Friedensregelungen (→Präliminarien) verbunden, im 2. Weltkrieg faktisch oder ausgesprochen durch die →Kapitulation verdrängt.

Wahl, Form der Herrschaftsbestellung, bei der der Beherrschte (immer mehr als zwei) an der Bestimmung der Herrschaft mitwirkt; jede W. ist eine Auslese unter mindestens zwei Bewerbern. – Seit frühesten Zeiten ist die W. als Königs- oder Beamtenw. Obliegenheit der Samtgemeinde, dargestellt durch die →Heeres- oder →Volksversammlung, wobei bereits das At. das Verfahren von der primitiven W. durch Zuruf (→Akklamation) bis zu so differenzierten Formen wie die Abstimmung nach der röm. →Zenturienordnung entwickelt. – Auch das germ. →Königtum ist ein W.-königtum (W.-monarchie), wobei die W., in ihrer Freiheit vielfach durch →Designation und →Geblütsrecht beschränkt, urspr. als Volks-w. gedacht, bald auf die Großen der Stämme übergeht. Im Gegensatz zu Frankreich und England, wo es schon im 10. / 11. Jh. zur Anerkennung der Erbfolge kommt, wird der dt. König weiterhin durch W. bestimmt, wobei im Lauf der Zeit die W.-berechtigung auf einzelne Fürsten beschränkt wird (1077 erste W. eines →Gegenkönigs, wodurch das freie W.-recht der Fürsten betont wird); seit 1257 treten die →Kurfürsten als alleinige Wähler auf. Die verfassungsgeschichtliche Entwicklung vom Lehensstaat zum Landesfürstentum hängt dabei aufs engste mit dem Wesen der W.-monarchie zusammen. – Oft wurden von Wählergruppen im Zeitpunkt ihrer höchsten Macht an eine Wahl Bedingungen geknüpft (Stärkung der eigenen Stellung, Sicherung finanzieller Vorteile, Förderung bestimmter Gebiete oder Anhänger). Dieser Art sind die W.-kapitulationen (nach der Aufzählung der Zusagen in Kapiteln benannt) von →Bischöfen an ihre →Domkapitel (vom Papst 1695 verboten), und der Habsburger Kaiser an die →Kurfürsten. In Form einer Urkunde sichert der zu Wählende im Falle seiner W. den Kurfürsten die Beachtung der darin festgelegten Grundsätze zu (1519 unterzeichnet Karl V., 1500–58, 1792 Franz II.,

1768–1835, eine solche Kapitulation). Die W.-kapitulationen stellen neben der Goldenen →Bulle von 1356 eine Art Verfassungs-Urkunde des Reiches dar, begünstigen aber zugleich das Erstarken der territorialstaatlichen Gewalt. – Das W.-recht der → Demokratie ist ein Teil der Herrschaftsordnung, da die Staatsgewalt durch die W. ihre Legitimation erhält. Das allgemeine, gleiche und geheime W.-recht der Männer setzt sich voll erst im 20. Jh. durch (1. Drittel des 19. Jh. in den USA, 1848 Schweiz, Frankreich, 1867/71 Dt. Reich, 1907 Österreich, 1912 Italien, 1918 England; →Frauenwahlrecht). Das W.-recht allein sagt jedoch nicht viel über die sonstigen politischen Rechte der Bürger aus, die z.B. in England größer waren als etwa in Dtld., Österreich oder dem Frankreich Napoleons III. (1851–71). Sinn demokratischer W.en ist, daß sie Herrschaft auf Frist setzen und damit für den Herrschenden das Risiko der Ablösung besteht, was Rechts- und Freiheitsschutz für den Wähler bedeutet. In der Demokratie bedingt das W.-recht moralische W.-pflicht; wer ihr nicht nachkommt, verschenkt seinen Stimmanteil leicht dem Gegner. Das allgemeine W.-recht brachte eine Steigerung des politischen Interesses, dem aber auch ein Minimum an politischer Bildung entsprechen muß. Weil das 19. Jh. diese weitgehend bezweifelte, kannte es die Einrichtung der W.-männer, die, vom Urwähler gewählt, zur Wahl von →Abgeordneten zusammentraten. In Preußen verband man sie 1850–1918 mit dem Dreiklassenw.-recht, in dem die gleiche Zahl von Abgeordneten auf drei Steuerklassen entfiel, wobei der 1. und 2. Klasse nur 15% der Bevölkerung angehörten. Auch der Präsident der USA wird seit 1832 von W.-männern aus den Einzelstaaten (in der Zahl von Vertretern in beiden Häusern des →Kongresses) gewählt. Alle Stimmen fallen auf die Wahlmänner der jeweils siegreichen Parteien, die damit nur ‚Berechnungshilfsmittel' werden. Da aber die Verteilung nicht völlig proportional der Gesamtbevölkerung ist, kann auch – z.B. 1876 und 1888 – ein von einer Minderheit Gewählter Präsident werden. – Von großer Bedeutung für die W. und auch für die Entwicklung der →Parteien ist das W.-system. Man unterscheidet die Mehrheits- (Plural-) oder Persönlichkeits-w. von der Verhältnis- oder Proportional-w. (Proporz), auch Listen-w. genannt. Beim ersten System gilt in einem W.-kreis als gewählt, wer die relative Mehrheit erhält, d.h. die meisten Stimmen auf sich vereinigt (so England, USA); ist absolute Mehrheit gefordert, dann entscheidet Stich-w., wenn niemand die Hälfte plus einer Stimme erreicht (Dtld. bis 1918, verschiedentlich Frankreich). Beim zweiten System ergibt sich eine Art ‚politischer Volkszählung'. Die auf die einzelnen Parteien entfallenden Stimmenzahlen werden überwiegend nach dem Berechnungsverfahren des Belgiers V. d'Hondt von 1882 aufgeteilt, indem sie durch 1, 2, 3 usw. dividiert werden. Auf die jeweils höchsten Ergebnisse fallen der Reihe nach die Mandate. Neben diesen beiden Hauptsystemen gibt es eine Vielzahl von Mischformen (in der Bundesrepublik gilt die sogen. ‚personalisierte Verhältnis-w.': in den einzelnen

W.-kreisen wird nach relativer Mehrheit gewählt, während die nicht zum Tragen gekommenen Stimmen auf Landesebene nach der Verhältnis-w. berechnet werden). Die Mehrheits-w. zwingt den Wähler, sich zu orientieren und zu konzentrieren und begünstigt wenige große Parteien, die Verhältnis-w. viele Parteien und erleichtert das Aufkommen kleiner radikaler Gruppen. Auf die Gefahr hin, kein völlig getreues Spiegelbild zu sein, gibt die Mehrheits-w. dem Volk die Entscheidung üb. d. künftige Regierung, während d. Verhältnis-w. d. Kontrolle d. Wählers beschränkt, da e. Regierungsbildung gewöhnlich nur durch →Koalition möglich ist.

F. Hartung, Volk u. Staat, 1940; H. Mitteis, D. dt. Kg.sw., [2]1944; H. Unkelbach, Grundl. d. W.-systematik, 1956; D. Sternberger, B. Vogel (Hrsg.), Die W.en der Parlamente u.a. Staatsorgane, 1969ff.; D. Nohlen, Die Wahlsysteme der Welt, 1978.

Währung, (1) die Garantie (‚Gewährleistung') des Gewichts und Feingehalts der →Münzen durch die Staatsgewalt; (2) das gesetzlich anerkannte Zahlungsmittel, = →Kurantgeld; (3) die durch Gesetz geregelte Geldverfassung eines Staates (z.T. auch im Einvernehmen mit anderen Staaten, W.s-block, →Münzvertrag); seit dem At. kennt man die Metall-w. (Gold oder Silber, Monometallismus; Gold und Silber, →Bimetallismus, Doppel-w.), bis im Lauf des 19. Jh. die durch Produktionssteigerung hervorgerufene Silberentwertung den Rückzug auf die reine Gold-w. erzwang (Dtld. 1873, USA 1900), die schließlich im 20. Jh. angesichts des rasch wachsenden Wirtschaftsvolumens und Geldbedarfs durch Papiergeldumlauf mit Golddekkung (Goldkern-w.), Devisendekkung (Devisen-w.) und im 20. Jh. endlich durch freie, durch den Staat und seine Bankinstitute kontrollierte und regulierte W.en abgelöst wurde.

→Geld, Numismatik, Wirtschaftsgeschichte.

Wald-genossenschaft, in Preußen 1875–1945 Zweckverband von kleineren W.-besitzern zur besseren Bewirtschaftung des zerstückelten Besitzes; -gut, Teil eines zerstückelten Großguts, meist eines Familien→fideikommisses; es bestand zum größten Teil aus W., unterlag dem →Anerbenrecht und konnte nur mit staatlicher Genehmigung belastet werden; -hufendorf, eine seit den →Rodungen des 12. Jh. übliche, das Straßendorf abwandelnde Siedlungsform; hinter den in lockerer Folge an der Straße liegenden Gehöften erstreckt sich die geschlossene →Hufe durch das gerodete Ackerland in den Wald hinein, oft bis zum Gebirgskamm. Das W.-hufendorf ist bes. im Erzgebirge verbreitet, auch im NOSchwarzwald; -lehen, verbbares →Leihgut, das einer ganzen Bauernfamilie verliehen wurde; beim Tod des ältesten Glieds mußte ein →Mortuarium gezahlt werden, Zinsrückstände hatten öfters →Heimfall z. Folge; -leihe, freie →Erbleihe unter Bedinggn., d. dem freien Eigentum fast gleichkamen, um d. Bauern e. Anreiz zur →Rodung zu geben.

Wali (arab.), im tü. Reich neuerer Zeit Titel des Verwalters eines → Ejalet (statt →Beglerbeg), seit der Mitte des 19. Jh. eines → Wilajet; auch pers. Provinzstatthalter (statt →Hakim).

Wanderungen, allgem. →Bevölkerungsbewegungen, bes. die

der frühgeschichtlichen (Bronze-)zeit des 2. Jtv., deren letzter, gewaltiger Stoß, mit dem Fortschreiten der Erkenntnis der Zusammenhänge zunächst als *Dorische W.*, dann als *Illyrische W.*, heute allgem. als *Große W.* angesprochen (mit dem Höhepunkt um 1200v.) und mit einem Klimasturz in Europa erklärt, wesentlich zur Herausbildung der späteren Hochkulturen beigetragen hat.

J. Wiesner, Vor- u. Frühzt. d. Mittelmeerländer, 1943; O. Paret, D. neue Bild d. Vorgesch., 1946; F. Taeger, Das At., [7]1966; – →Vorgeschichte.

Wappen (= ,Waffen', frz. *armes*, engl. *arms*), das auf einem Schild oder ähnlicher Fläche dargestellte, mit anerkannter Berechtigung geführte, bleibende und vererbliche Kennzeichen einer Person, Körperschaft, Stadt, eines Landes usw. Die Erforschung des im ma. →Rittertum, bes. seit den Kreuzzügen nach festen Regeln sich entfaltenden W.-wesens ist Gegenstand der W.-kunde →Heraldik; W.-brief, Urkunde, durch die das Staatsoberhaupt (auch Nichtadeligen, W.-bürgern) die Führung eines bestimmten W.s gestattet, seit dem 14. Jh. von dt. Kaisern, Landesfürsten und Hofpfalzgrafen ausgestellt; -könig (frz. *roi d'armes*, mlat. *rex armorum*), der oberste der →Herolde, der anhand der W. die Turnierfähigkeit prüft; -rollen dienen zur Registrierung von W., die damit verbindlich festgelegt sind (z.B. die nichtamtliche *Dt. Wappenrolle* des Vereins ,Herold' in Berlin).

Wardein (zu it. *guardian*, zu dt. *warten*), Aufseher, bes. Aufsichtsbeamter im Münz- und Hüttenwesen.

Wartgeld, Steuer zum Unterhalt der Grenzwarten.

Wehr-pflicht, die gesetzlich geregelte, grundsätzliche Verpflichtung jedes Staatsbürgers zu Militärdienst und Verteidigung des Vaterlandes (,Alle Bewohner des Staates sind geborene Verteidiger desselben', G. v. Scharnhorst, 1755–1813), in der NZ. durch die frz. *levée en masse* L. Carnots (1753–1823) 1793 und durch das preuß. Dienstpflichtgesetz H. v. Boyens (1771–1848) 3.9.1814 aufgenommen; die allgem. W.-pflicht, teils durch ungebrochene Tradition (→Waffenrecht, Landfolge, Miliz, Kantonreglement Kg. Friedrich Wilhelms I. v. 15.5.1733), teils aus der Kenntnis des At. (bes. seit N. Machiavelli (1469–1527) lebendig, wird von Preußen u.a. Staaten (z. B. Rußland 1871), im Dt. Reich seit 1871, während des 19. Jh. nicht überall und immer vollständig durchgeführt, erreicht erst mit dem 1. Weltkrieg ihre volle Entfaltung, wobei einige Staaten (z.B. Großbritannien) starke Zurückhaltung üben (in der BRD Wiedereinführung 21.7.1956, in der DDR offiziell 24.1.1962); -verfassung, die Summe der gesetzgeberischen Maßnahmen, mit denen ein Staat seine Streitkräfte aufbaut und ergänzt, bes. in der Frühzeit der europäischen Polis, v.a. beim Niedergang des Adelsstaates von starker Auswirkung auf die politischen Gestaltungen; -versammlung, die urspr. Form der →Volksversammlung als Zusammentritt der waffenfähigen und damit vollberechtigten Bürger.

H. Delbrück, Gesch. d. Kriegskunst, [3]1920f.; O. Hintze, Ges. Abh. I,

[3]1970; F. W. Seidler, Die W.-pflicht, 1971.

Weiberlehen →Kunkellehen.

Weichbild (wohl von mhd. *wich, wic* ‚Siedlung'; *bild* urgerm. ‚Recht', vgl. dt. *Unbill*; ndt. auch: Wigbold), seit der 2. Hälfte des 12. Jh. v.a. im niederdt. Raum bekannte Bezeichnung für das Recht der →Stadt im Gegensatz zum Recht des sie umgebenden Landes; der Begriff wird dann auch auf den Bezirk übertragen, in dem das Stadtrecht gilt, für das Recht allein kommt der Pleonasmus W.recht auf; im Zusammenhang der →Ostkolonisation wird v.a. in Schlesien ein in sich abgeschlossener Wirtschaftsraum mit städtischem Mittelpunkt als W. bezeichnet (→auch Bannmeile).

Weide, im hellenistisch-röm. Asien Eigentum des Königs, der sowohl die grundsätzliche Berechtigung zur Benützung mit einer Viehsteuer (gr. *ennomion*, lat. *scriptura*, eine der wichtigsten Einnahmen der röm. Provinzen) als auch die Nutzung selbst mit W.-gebühren belegte; W.-gerechtigkeit (-servitut – lat. ‚Dienstbarkeit', Grundlast), v.a. in der Drei→felderwirtschaft wichtiges Recht des Bauern oder Ackerbürgers, sein Vieh auf fremdem Besitz, der nach dem →Flurzwang brach lag, oder abgeerntet war, weiden zu lassen; es galt auch für die →Allmende. Gemeinsame W.-gerechtigkeiten konnten auch zwischen zwei Dörfern bestehen. Bes. in Mittel- und Ostdtld. hatte die →Gutsherrschaft W.-gerechtigkeit auf dem Besitz der Gemeinde und des einzelnen Bauern. Im weiteren Sinne gehörte zur W.-gerechtigkeit auch das Recht, das Vieh über fremde Grundstücke zu treiben (in Süddtld. zusammen mit der Weide als Trieb und Tratt bekannt). Mit der Umstellung auf Stallfütterung und Fruchtwechselwirtschaft Ende 18./ Anfang 19. Jh. kam die W.-gerechtigkeit größtenteils in Fortfall, nur in den Viehzuchtgebieten der Alpen besteht sie bis heute fort; -trift, in Westfalen Recht eines nicht zur →Markgenossenschaft gehörenden Kleinbauern, sein Vieh auf der gemeinsamen →Mark weiden zu lassen; -wechselwirtschaft →Feldgraswirtschaft.

Weihbischof, seit dem 11. Jh. vom Papst auf Ansuchen zur Unterstützung oder Stellvertretung des →Bischofs bei kirchlichen Amtshandlungen, bes. bei allen Weihen, ernannt ohne Recht der Nachfolge (→Koadjutor), stets →Bischof *in partibus infidelium.*

Weihe (ahd. *wīhen* ‚heiligen'), Heiligung, kultische Handlung, die eine Person (→Devotion) oder Sache (→Konsekration) der Gottheit anheimgibt (zur Priester-w. →Ordo).

Weiler (ahd. *wîlâri* aus vulgärlat. *villare*, ‚Gehöft'), im spätröm. Reich v.a. Militärsiedlung, so auch in Dtld. westlich des →Limes; nach der germ. Landnahme häufig mit →Dorf gleichgesetzt, weshalb W. oft als zweiter Teil in Ortsnamen erscheint; seit dem HochMA. (Landesausbau) ist der W. Siedlungsform v.a. in Rodungsgebieten, meist eine lockere Gruppe von Einzelhöfen, vom Dorf v.a. durch unregelmäßige Blockflur unterschieden, während er im Altsiedelland oft auch eine alte Sippensiedlung ist.

Weinkauf, im germ.-dt. Recht Abgabe, die beim Kauf eines Grundstücks an die zur rechtsförmigen Übereignung anwesenden Zeugen zu leisten war. Sie bestand in deren Bewirtung mit Wein und Zukost. Aus dem W. entwickelt sich die Gebühr, die an die beim Übereignungsakt anwesenden Amtspersonen zu entrichten war.

Weisat (mhd. *weisode*), allgem. Abgabe, Zins.

Weißbuch →Farbbücher.

Weistum (mhd. *wîsen* ‚weisen', ‚kundtun'), Aufzeichnung mündlich überlieferter Gewohnheitsrechte in Form von Rechts- und Urteilssprüchen, die von ‚Wissenden', die ihrerseits das Recht ‚weisen', erfragt werden. Schon die →Volksrechte der fränk. Zeit beruhen z.T. auf W.ern, ebenso die Rechts→spiegel des 13. Jh.; auch Rechte des →Reiches werden teilweise in einem W. festgehalten, z.B. das *Rhenser W.* 1338 über die →Königswahl. W.er im engeren Sinne sind die im Rahmen einer →Grundherrschaft (→Hofrechte), einer →Markgenossenschaft, seltener einer freien bäuerlichen Gemeinde aufgezeichneten Bauernw.er Meist erst im späteren MA. fixiert, bilden sie die wichtigste Quelle für das bäuerliche Leben des MA.

Sammlung von W.ern: J. Grimm, W.er, 7 Bde., 1840–78, Neudr. 1957; – D. Werkmüller, Über Aufkommen u. Verbreitung d. Weistümer, 1972.

Welt, das All (gr. *kosmos*, lat. *mundus*), die irdischen Dinge (lat. *saeculum, res humanae*), der Erdkreis (lat. *orbis terrae*); im geschichtlichen Bereich seit dem 18./19. Jh. große Epoche, z.B. *Alte, Antike W.* = Altertum (doch geogr. *Alte W.* = Europa, Asien, Afrika im Gegensatz zu: *Neue W.* = Amerika), im engeren Sinn in sich geschlossener Kulturkreis, z.B. *Hellenistische W.;* die im 19. Jh. mit der Entwicklung des Verkehrs und des Nachrichtenwesens intensivierten ökumenischen Verbindungen und Verflechtungen lassen eine Reihe neuer Begriffe entstehen – z.B. W.-macht (→Großmacht mit Weltgeltung, in der Gegenwart nur von USA und UdSSR gebraucht), -politik, -verkehr, -wirtschaft (mit weltweitem Austausch der Massengüter; W.-wirtschaftskonferenzen 1927 Genf, 1932 London; W.-wirtschaftskrise nach dem Schwarzen Freitag, 24. 10.1929, der New Yorker Börse, Zusammenbruch der Nachkriegskonjunktur zufolge der durch den Ausgang des 1. Weltkriegs bedingten Störungen, →Reparationen), -handel, -markt, -organisation (z.B. W.-postverein 1875 – H. v. Stephan –, →Völkerbund, UN, Weltbank 1945) –, die in der Geschichtsschreibung bald, doch nicht immer mit Glück auch auf weiter zurückliegende Epochen angewandt wurden; – W.-alter →Epoche, Zeitalter, v.a. nach der gr. Sage (Hesiod, um 750v.) die mythischen des Goldenen, Silbernen, Ehernen, Eisernen; -anschauung, seit Kant, ebenso z.T. auch das ältere W.-bild (sofern es nicht auf den gegenständlichen Inhalt, auf die räumlich-geographische Vorstellung von der Gestalt der Erde und der Lokalisierung der über- und unterirdischen Mächte beschränkt wird, z.B. das W.-bild der Primitiven), das Ergebnis metaphysischer Spekulation, Inhalt der subjektiven oder für eine

Gemeinschaft gültigen religiösen, philosophischen oder pseudoreligiösen (ideologisch gebundenen) Vorstellungen von der W., von denen →Geschichtsphilosophie, →Geschichtsbild ein Teil ist; -bürgertum →Kosmopolitismus; -chronik (lat. *cronica mundi*), an der Bibel orientierte Aufzählung der wichtigsten Daten der Geschichte von der Erschaffung der Welt bis zur Gegenwart, bes. im MA., auch als Einleitungsteil von →Annalen und →Chroniken, beliebt (z.B. gr. Eusebios von Kaisareia, 263–339, bis 325n., lat. übersetzt und bis 378n. erweitert von Hieronymus, um 345–420; gr. Johannes Antiochenos, bis 610; gr. *Chronicon paschale*, bis 628; arab. al Tabari, bis 913; lat. Herimannus Augiensis (Contractus) vom Kloster Reichenau, bis 1054; lat. Otto von Freising, bis 1146; niederdt. Eike von Repkow, *Sächsische W.* bis 1235); -eroberer, Begründer eines Weltreichs, Ausdruck höchster Machtstellung, gewöhnlich nur von Alexander d.Gr., den Römern, Dschingiskhan, Napoleon I. gebraucht; -frieden, der ideale Rechtszustand unter den Völkern der Erde, als mythische Vorstellung (Goldenes Zeitalter), politisches Programm eines Weltreichs *(pax Augusti)*, christliches (Gottesstaat) oder allgem. sittliches (Ewiger Friede) Gebot (für die Ansätze zur Verwirklichung →Frieden, pax), im 19. Jh. vereinzelt prägnant der Frieden nach dem Weltkrieg 1813–15 (Wiener Kongreß); -geschichte, -historie, seit dem 17. Jh. konkurrierend mit →Universalgeschichte, -historie, vielfach, z.B. bei Schiller, Ranke u.a., synonym verwendet (erst in neuerer Zeit scheint sich angesichts der veränderten Stellung Europas zur Welt – eine Unterscheidung in dem Sinne anzubahnen, daß W. eher die zeitliche, U. die räumliche Umfassung meint, doch anders z.B. E. Fueter, W. der letzten 100 Jahre, 1920; O. Menghin, W. der Steinzeit, 1931), zunächst Geschichte der Menschheit, insofern im Grunde = →Geschichte (umgangssprachlich eingeengt zu: die Summe der geschichtlichen Ereignisse von überragender Bedeutung; w.lich = weltbedeutend) und ihre Darstellung (vereinzelt auch für Teilbereiche, z.B. W. Seagle, W. des Rechts, 1951; H. J. Störig, Kleine W. der Wissenschaft, 1954; H. Freyer, W. Europas, 1938); an sich das primäre Anliegen der Geschichtsschreibung und -unterweisung seit dem At. und Herodot (→Weltchronik), findet die W. seit dem 18. Jh. mit dem Aufschwung der Geschichtswissenschaft zahlreiche große Darsteller (J. C. Gatterer, 1727–99, A. L. Schlözer, 1735–1809, F. Chr. Schlosser, 1776–1861, L. v. Ranke, 1795–1886, G. Weber 1808–88, bis zu H. Delbrück, 1848–1929, und J. Pirenne, 1944), doch bald erkennt man angesichts der Fülle des Stoffes die Notwendigkeit von Gemeinschaftsarbeiten: nach A. H. L. Heeren, 1760–1842, dessen allgem. Staatengeschichte seit 1829 erscheint, haben u.a. W. Oncken 1879ff., J. v. Pflugk-Hartung 1907ff., H. F. Helmolt 1913ff. (wegen des ethnographischen Ansatzes viel kritisiert), E. Cavaignac *(Histoire du monde)* 1924ff., G. Glotz *(Histoire générale)* 1925ff., W. Goetz *(Propyläen-W.)* 1929ff., F. Kern *(Historia mundi)* 1952ff., G. Mann *(Propyläen-W.)* 1960ff. (vgl. dazu das gewaltige Unternehmen der dreiteiligen *Cambridge History* 1902–39) als Herausgeber von Sammelwerken mit mehr oder minder starker Integration fungiert; seit Beginn der →Geschichtsphilosophie, v.a. seit Hegel (‚Die W. ist die Darstellung des göttlichen Prozesses, des Stufenganges, in dem der Geist sich selbst, seine Wahrheit weiß und verwirklicht', Philosophie der W., [4]1944) und der →Historischen Schule hat die W. ‚eine Stelle in der enzyklopädischen Philosophie' (J. G. Droysen) als Gegenstand der Strukturanalyse und Sinndeutung der Geschichte, → Kultur, →Morphologie, doch wird sie als Möglichkeit der Geschichts*wissenschaft* bestritten von E. Keyser, B. Croce u.a.; -herrschaft, seit dem akkadischen Großreich (2350–2200v.) Anspruch des Herrschers, dem der Götterkönig die Macht verliehen, auf die gesamte Welt (‚die vier Weltgegenden'); die W.-herrschafts-, W.-reichsidee wirkt im Vorderen Orient weiter (Babylonier, Assyrer, Neubabylonisches Reich, Perser), geht auf Alexander d. Gr. und den Hellenismus über (vgl. den Traum des Nebukadnezar, Dan. 2, und des Daniel, Dan. 7), wird im röm. →Kaisertum trotz zunehmender Spannung zur politischen Realität aufrechterhalten, im ma. Kaisertum als höhere →*auctoritas* gegenüber den souveränen Herrschern der Nachbarländer gefaßt, doch erscheint sie in der Symbolik (Weltenmantel, Reichsapfel) und in der Theorie (Benzo von Alba, 11. Jh., Dante, *De monarchia*, u.a.) als unbedingter Anspruch; -krieg, Krieg zwischen den Großmächten der Erde, bes. im 19. Jh. der Krieg gegen Napoleon I. 1813–15, seit 1915 nur mehr der Krieg 1914–18, dann erweitert auf den Krieg 1939–45 (*Erster* und *Zweiter W.*); -revolution →Historischer Materialismus, Revolution; -wunder, sieben Werke des At. von künstlerischer oder technischer Vollendung, beschrieben von Philon von Byzanz (um 250v.): Mauern von Babylon, Hängende Gärten der Semiramis, Pyramiden von Gizeh, Zeus von Olympia, Artemistempel von Ephesos, Grabmal des Maussollos von Halikarnassos, Koloß von Rhodos (auch Leuchtturm von Pharos u.a.); -zeit = W.-alter.

O. Köhler, Saeculum 1955; – H. Meyer, Gesch. d. abdld. W.-anschauung, 5 Bde., [3]1967; – Ad. Bauer, Urspr. u. Fortwirken d. christl. W.-chroniken, 1910; – K. v. Raumer, Ewiger Friede, 1953; – P. E. Geiger, D. Wort Gesch. u. s. Zusammensetzungen, 1908; B. Croce, Z. Theorie u. Gesch. d. Historiographie, 1915; H. Rickert, D. Probl. d. Gesch.wissenschaft, 1931; G. Masur, Rankes Begr. d. W.-gesch., 1926; E. Keyser, D. Gesch.wiss., 1931; Fr. Wagner, Gesch.wiss., 1951; A. Heuß, Zur Theorie der W.gesch., 1968; – R. Holtzmann, D. W.-herrsch.ged. d. ma. Kaisertums, [2]1953; P.E.Schramm, Ks., Rom. u. Renovatio, [2]1957; K. Fürst Schwarzenberg, Adler u. Drache 1958.

Wergeld (mhd. *wer* = Mann), im germ.-dt. Recht die Buße für den erschlagenen Mann, die vom Totschläger bzw. dessen Sippe an die Sippe des Erschlagenen zu leisten war. Die Höhe des W.s richtete sich nach dem Stand des Erschlagenen, Norm ist das W. für den →Freien, das je nachdem vervielfacht oder unterteilt wird. Die in den →Volksrechten überlieferten Sätze sind bis ins hohe MA. maßgebend für die rechtliche und soziale Einstufung einer

Person, nivellieren jedoch die in Wirklichkeit stärker gegliederte Gesellschaft.

R. His, Gesch. d. dt. Strafrechts, 1928; M. Lintzel, D. Stände d. dt. Volksrechte, 1933.

Wesir (Awesta: ‚Richter'), seit etwa 750 nach sassanidischem Vorbild Titel der obersten Würdenträger islamischer Staaten; seit dem 14. Jh. Titel der höchsten tü. Staatsbeamten (Zahl: 4, später 6); seit Anfang des 18. Jh. Titel aller höheren Paschas; Großw., Stellvertreter und Siegelbewahrer des →Sultans, im 19. Jh. = Ministerpräsident, 1922 abgeschafft; Palast des G.: die Hohe →Pforte.

Westler →Slawophile.

Wette (ahd.), (1) ‚Pfand', das bei Vertragsabschluß symbolhaft gereicht und zurückgereicht wurde, dann auch der also feierlich geschlossene (Schuld-)vertrag selbst; (2) (auch Gewette, Brüche, Brüchte), Geldstrafe, →Buße, verzeichnet im W.-buch.

Whigs (wohl Abk. für *whiggamors*, Spottname für schottische Bauern des 17. Jh.), seit 1679 Parteiname in England und den USA, in England als Gegner der kath. Stuarts im 18. Jh. die hauptsächliche Regierungspartei (→Tory), unter der Führung von C. J. Fox (1749–1806) allmählich dem →Liberalismus zugewandt, bis sich nach der von ihr erreichten Wahlrechtsreform 1832 die Bezeichnung →Liberale Partei durchsetzt und die traditionelle fast völlig verdrängt; in den USA 1832–55 föderalistische Partei, Gegner der Demokraten und Förderer der Industrialisierung (Präsidenten Z. Taylor, M. Fillmore, 1839–43), im Norden (A. Lincoln) in der neuen Republikanischen Partei aufgegangen.

J.R. Jones, The first W., 1961; W.A. Speck, Tory and W., 1970.

Widerstandsrecht, die sich auf ein höheres (religiös, humanitär begründetes) Recht berufende Auflehnung gegen die herrschende Staatsgewalt als ein letztes Mittel, das gegen äußerstes, sonst nicht zu bekämpfendes staatliches Unrecht eingesetzt wird. Erst die gr. Stoa und das Aufkommen des Christentums entwickelten das →Naturrecht, nach dem es möglich ist, einem gegen dieses Recht oder das Gottesgebot Wirkenden Widerstand zu leisten. Die Ablösung des →Lehenswesens mit seinen starken persönlichen Bindungen durch den Ständestaat im 13. Jh. brachte dann eine Ausprägung des W.srechts (§ 61 der *Magna Charta* 1215, bayrische Landstände 1311, *Joyeuse Entrée* von Brabant 1354). Th. v. Aquino (1225–74) u.a. verwiesen auf eine elementare Ordnung des Rechts, die auch den Herrscher binde, das W. sei erlaubt, wenn er dem entgegen handle. In der NZ. wurde der Calvinismus zum Hauptträger des W.s. Ein weiterer Schritt war die *Bill of Rights* von 1688, die für immer ein W. festlegte, dann die am. →Unabhängigkeitserklärung von 1776. Auf dem Kontinent wurde das →Naturrecht, mit H. Grotius (1583–1645) beginnend, rein rational begründet und von der →Aufklärung fortentwickelt, bis dann der Rechtspositivismus des 19. Jh. dem W. keinen Raum ließ. ‚Im terroristischen Einparteienstaat des 20. Jh., der in sich selbst keinerlei Rechtsschutz gegen das Übermaß des staatlich gesetzten

Unrechts gewährleistet, tritt das W. in seiner ursprünglichen Schwere und Bedeutung hervor' (Weinkauff). Gerade die dt. Opposition gegen Hitler (im allgem. Sprachgebrauch oft einfach als Widerstand bezeichnet, vgl. frz. *résistance*) hat mit ihrem verantwortlichen, sittlich bestimmten Menschenbild die Pflicht zum Widerstand wieder zum Leben erweckt. – →Monarchomachen, Tyrannenmord.

Cl. v. Schwerin, Freih. u. Gebundenh. im germ. Staat, 1933; F. Kern, Gottesgnadentum u. W. im frühen MA., [2]1954; H. v. Borch, Obrigkeit u. Widerstand, 1954; P. Kluke, D. Recht d. Widerstandes gegen d. Staatsgew. in d. Sicht d. Historikers, 1957; H. Rothfels, Die dt. Opposition gegen Hitler, [2]1958; A. Kaufmann (Hrsg.), W., 1970; U. Hochmuth, Faschismus u. Widerstand 1933–45, 1973.

Wiedertäufer, seit der Reformation Bezeichnung für alle der kirchlichen Lehre entgegentretenden Gruppen, die die Kindertaufe ablehnen und eine Erwachsenen(wieder)taufe fordern. Nach anfänglichem umstürzlerischem Auftreten (Reich Gottes zu Münster 1535) fanden die meisten Gruppen (z.B. Mennoniten, Baptisten) zu einer eigenen kirchlichen Gemeinschaft.

Wik (zu lat. *vicus* oder dt. *weichen*, →Weichbild), befestigter Fernhandels- und Umschlagplatz fränk. Zeit.

Wilajet →Ejalet.

Wildbann →Jagdhoheit.

Wildbeuter →Vorgeschichte, *Gliederung*.

Wildfangrecht, im MA. Recht des →Landesherrn, ins Land kommende Fremde, die nicht binnen →Jahr und Tag einen Herrn hatten, als →Leibeigene zu beanspruchen; der Kurfürst von der Pfalz forderte bis ins 18. Jh. das W. für Länder fränk. Rechts (Wildfangregal).

Wilhelmstraße in Berlin, in der bis 1945 die Reichskanzlei und die Dienststelle des Außenministers lagen, daher allgem. 1871–1933 für dt. Außenpolitik gebraucht.

Willebriefe, Zustimmungserklärungen der →Reichsfürsten, seit dem 13. Jh. bes. der →Kurfürsten zu Entscheidungen des Königs über →Reichsrechte, bes. →Reichsgut und -lehen; im späten MA. machen die Kurfürsten mit den W.n allgem. ihren Einfluß auf die Regierung des →Reiches geltend.

J. Ficker, MIÖG 3, 1882.

Willkür →Stadtrecht.

Wipper →Kipper.

Wirtschaftsgeschichte, die Lehre von der Wirtschaft vergangener Zeiten, ihren Formen und Entwicklungen, die mit der von W. Roscher (1817–94) begründeten, von G. v. Schmoller (1838–1917) u.a. weitergeführten →Historischen Schule der Nationalökonomie einsetzt, erreicht in K. Büchers (1847–1930) stark nachwirkender Theorie von den Wirtschaftsstufen (Geschlossene Hauswirtschaft; Stadtwirtschaft; Volkswirtschaft) einen ersten Höhepunkt. In der Folgezeit bemühen sich ‚verstehende Nationalökonomie' (W. Sombart, 1863–1941) und ‚→verstehende →Soziologie' (M. Weber, 1864–1920) in der Auseinandersetzung mit dem →Marxismus v.a. um die W. der NZ., während die älteren Epochen vorwiegend Spezialgebiet der Geschichtsforschung bleiben.

F. Bücher, Die Entstehg. d. Volkswi(rtschaft), I [11]1919, II [8]1925; L. Franz, Wi.sformen d. Vorzeit, [2]1943; – F. M. Heichelheim, W. d. At., 1938ff.; M. Rostovtzeff, Ges.- u. Wi.gesch. d. hellenistischen Welt, dt. 1955f.; ders., Ges. u. Wi. im röm. Kaiserreich, dt. 1931; – H. Bechtel, Wi.- u. Sozialgesch. Dtlds., 1967; F. Lütge, Dt. Soz.- u. Wi.gesch., [3]1966; W. Kulischer, Allgemeine W. d MA. u. d. NZ., [4]1971; F. Rörig, W.skräfte im MA, [2]1971; – M. Weber, D. prot. Ethik u. d. Geist d. Kapitalismus, (Arch. f. Sozialwiss. u. -pol.) 1905; ders., W., [3]1958; ders., Wi. u. Ges., [5]1972; W. Sombart, D. dt. Volkswi. im 19. Jh., [8]1954; ders., D. prolet. Sozialismus, [10]1924; ders., D. mod. Kapitalismus, [7]1928; W. Gerloff, D. Entstehg. d. Geldes, [3]1947; J. Schumpeter, Kapitalismus, Sozialismus, Demokratie, [2]1950; R. Aron, Dt. Soziologie d. Gegenw., dt. 1953; H. Hausherr, W. d. NZ, [4]1970; W. Treue, W. d. NZ., [2]1966; A. Brusatti, Wi. u. Sozialgesch. d. industriellen ZA., 1967; W. Zorn, Einf. in die Wi.- u. Soz.-gesch., [2]1974.

Witan, die ‚Weisen' (mlat. *sapientes*, *heroides*, *heroici*), die Berater der ags. Könige; -agemôt, der kg. Rat aus geistlichen und weltlichen Großen, Vertreter des Volkes, die – ohne Korporations- und Beschlußrecht – die Krone bei Entscheidungen berieten.

Withasen, im MA. (vgl. Thietmar v. Merseburg, 976–1019) im Raum östlich der Elbe Halbfreie, als Reiter dienend.

Witten, 4-Pfennig-Stücke aus ‚Weiß'metall, Handelsmünze der Hansestädte seit dem 14. Jh.

Wittum (mhd. *widem*), im germ.-dt. Recht die Gabe des Bräutigams an die Braut beim Eingehen der Ehe; das W. kann aus Fahrhabe oder aus Rechten an Grundbesitz bestehen; in der kirchlichen Rechtsgeschichte die Ausstattung einer Kirche, bes. mit Grundstücken und dazugehörigen Gebäuden, daher Widemhof = Pfarrhof.

Wjetsche (ru), im ma. Rußland bis zur Tatarenzeit Stammes-, Volksversammlung, faktisch die oberste Herrschaft ausübend, in einigen ru. Städten wie Nowgorod, Pskow, Wladimir, im 15. Jh. von den Großfürsten von Moskau beseitigt.

Wladike (sl. *wladyka* ‚Herr'), nach gr. →*despotes* südsl. →Bischofstitel, bes. in Montenegro, wo der Metropolit von Cetinje 1516–1852 auch Regent des Landes ist.

Wohlfahrt (lat. *salus publica;* frz. *bien public*, vgl. die →Liga der öffentl. W.; *salut public*, vgl. den W.s-ausschuß, seit 25.3.1793 9–12köpfiger, monatlich neu gewählter Ausschuß des frz. National→konvents, das eigentliche Regierungsorgan in der Zeit des *Terreur*), der durch Für- und Vorsorgemaßnahmen des Staates für die gegenwärtige und künftige Bevölkerung angestrebte Staatszweck; wo der W.s-gedanke im Vordergrund obrigkeitlichen Wirkens steht (z.B. im Mittleren Reich Ägyptens, im Aufgeklärten →Absolutismus), spricht man (seit etwa 1930) vom W.s-staat, ein Begriff, der für die moderne Demokratie insofern problematisch geworden ist, als man in dem Streben nach sozialer Sicherheit und Staatsrentnertum eine Gefährdung der politischen Entscheidungsfreiheit zu erkennen glaubt.

H. Achinger, Soz. Sicherheit, 1953; H. P. Widmaier (Hrsg.), Pol. Ökonomie des W.sstaates, 1974.

Woiwode, Wojewode (sl.), ‚Heerführer', Stammesführer, i.a. dem dt. →Herzog entsprechend (später auch als Titel); im Kg.-reich Polen (auch in Rußland bis 1775) Leiter, oberster Beamter einer Provinz (W.-schaft).

Wurtsitzer, -sasse, ‚auf einer Wurte (Warft), einem künstlichen Hügel, wohnend', im norddt. Küstengebiet Teilhufner, Häusler.

Wüstung, allgem. aufgegebene Siedlung und die dazugehörige, vordem landwirtschaftlich genutzte Flur. W.s-prozesse von geschichtlicher Bedeutung treten in Dtld. als Folge der Agrarkrise der 2. Hälfte des 14./15. Jh. v.a. in Gegenden mit schlechten Böden auf.

H. Pohlendt, D. Verbreitung d. ma. W.en in Dtld., 1950; W. Abel, Die W.en d. ausgehenden MA., [2]1955.

Xenelasie (gr.), ‚Fremdenaustreibung', bes. die Ausweisung aller Landfremden aus Sparta.

Xeno-dochium →Hospes; -phobie (gr.), Fremdenfurcht, -haß.

Yankee (wohl indianische Verballhornung von frz. *Anglais*), an sich Bezeichnung für die Bewohner Neu-Englands, im Unabhängigkeitskrieg von engl. Soldaten, dann allgem. von Europäern als Spitzname für Amerikaner gebraucht; im Bürgerkrieg 1861–65 vom Süden gegen den Norden in abfälliger Weise verwendet.

Yasak, die von Dschingis-Khan (1206–27) veranstaltete Sammlung der mongol. Rechtsüberlieferung.

Yatagan, ind. Dolchschwert mit leicht s-förmig gekrümmter Klinge, dem größeren →Handschar ähnlich, von Ostasien bis zum Balkan verbreitet.

Yeoman (engl.), der engl. Freibauer, Freisasse, in der NZ. nach Schwinden des Freibauerntums der Pächter; Angehöriger der kg. Leibgarde im Tower (*Y. of the Guard*); aus den Yeomen rekrutierten sich die 1802 angesichts der drohenden Invasion Napoleons I. geschaffenen berittenen Freiwilligenmilizen zur Verteidigung des Landes (Yeomanry).

Zadruga (slaw. ‚Freundschaft'), südslaw., früher wohl gemeinslaw. Großfamilienverband mit gemeinschaftlichem Eigentum und Bewirtschaftung des Grundbesitzes.

Z. Vinski, D. südslaw. Großfamilie, 1938.

Zählkandidat, Wahlbewerber ohne echte Chance, der nur aufgestellt wird, um die Anhängerschaft seiner Partei festzustellen, z. B. E. Thälmann (KPD) bei den Reichspräsidentenwahlen 1925, 1932.

Zapfen-maß, Getränkesteuer; -schlag, Ende des Getränkeausschanks; -streich, milit. Trompetensignal für die Rückkehr der Soldaten in die Quartiere.

Zar (slaw. von →Caesar), im Kirchenslaw.: Herrschertitel (Judäa, Ägypten u.a.), dann der Ks. von Rom und Byzanz. Durch Verleihung des byz. Ks. trugen die Fürsten von Bulgarien seit dem 7. Jh. (und wieder 1908–46) den Z.entitel, ebenso einige serbische Herrscher (Stephan Duschan, 1346). Der Großfürst von Moskau Iwan IV. nahm den Titel 1547 kraft seiner Verwandtschaft mit den letzten byz. Herrschern an, um politisch und kirchlich an Konstantinopel und Rom anzuknüpfen (Doppeladler, Moskau das Dritte Rom). Peter d. Gr. (1689–1725) bezeichnete sich statt dessen amtlich als →Imperator, was aber nie volkstümlich wurde. Ab 1815 nannten sich die Ks. von Rußland offiziell auch Z.en von Polen; Z.ewitsch, (ru.), der Thronfolger des Z.en.

Zaudengericht (zu slaw. *czuda* ‚Kreis'), böhm. Kreisgericht im SpätMA., bes. in Schlesien 14.–18. Jh. Erbschaftsgericht des Adels nach poln. Recht.

Zechine (it. *zecchino*), nach der Münzstätte (*zecca*) Bezeichnung für den (venezianischen) →Dukaten.

Zehnt, Dezem (gr. *dekate*, lat. *decuma*, mlat. *decima*, frz. *décime*, *dîme*, engl. *tithe*, span. *diezmo*), eine der ältesten und verbreitetsten Formen der Abgabe, als Zoll (Babylonien), Beuteanteil für einen Tempel (gr. Frühzeit), Sundzoll (z.B. Athens im Bosporus), Bodenertragssteuer (hellenistisch-röm. Zeit, bes. in Kleinasien); zufolge ihrer Verbreitung und Vielfalt werden die Bezeichnungen allgem. für anteilige Steuer oder Abgabe verwandt, ohne daß die Zahlung in jedem Fall genau 1/10 des Ertrags, bzw. Vermögens beträgt. – Von Hieronymus (um 345–420) aufgrund des AT. (bes. 3. Mos. 27, 30ff.) gefordert, wird der Z. in der fränk. Kirche (Synode von Macon 585) zur Pflicht gemacht. Er besteht aus einer regelmäßigen Abgabe eines bestimmten Anteils, zumeist 1/10 der landwirtschaftlichen Erzeugnisse als (a) großer Z. von Getreide, Wein, Obst (Feld-, Frucht-, Wein-z.), (b) von Groß- und Kleinvieh (Vieh-, Blut-z.), bzw. ihrer Produkte (kleiner Z. Eier, Milch, Butter) an den Bischof und die Einzelkirche (Taufkirche, seit 818/9 auch →Eigenkirche) und wird nach röm. Vorschrift geviertelt (Bischof, Klerus, Arme, Kirchen→fabrik, bei weltlichen →Eigenkirchen auch gedrittelt: 2/3 dem Herrn, 1/3 dem Pfarrer). Die kirchlichen Z.forderungen werden im 8. Jh. staatlicherseits anerkannt als Entschädigung für die starke →Säkularisation von Kirchengut im frühen 8. Jh. – Karl d. Gr. (768–814) erläßt ein staatliches Z.-gebot, das er freilich nur für die kg. →Eigenkirchen voll durchsetzen kann (Kapitular von Heristal 779). 818/19 erhalten auch die weltlichen →Grundherren für ihre →Eigenkirchen den Z. zugesprochen. Seit dem 10. Jh. hat sich der Z. allgem. durchgesetzt, wird aber oft an Laien verliehen und geht so der Kirche wieder verloren. Seit der Kirchenreform verlangt die Kirche den Z. für sich, was langwierige Z.-streitigkeiten zur Folge hat, da es sich um die ertragreichste Abgabe des Mittelalters handelt. Im 13. Jh. kommt zudem ein Papst-z. auf, den der Klerus an den Heiligen Stuhl zu entrichten hat. – Ein weltlicher Z. erscheint in den fränk. und ottonischen →Burgwardbezirken, den die als Grenzschutz eingesetzten Königsfreien leisten, ferner in den Kolonisationsgebieten der sog. Slawen-z. der unterworfenen Bevölkerung (in den östlichen Bistümern fehlt der volle Kirchen-z.), während in den Binnenkolonisationsgebieten von den →Grundherrn ein Rott- oder Neubruch-z. *(decima novalis)* erhoben wird; in Frankreich entwickelt sich aus den Sondersteuern für die Kreuzzüge (vgl. den allgem. Saladins-z. 1188) ein Kirchen-z. *(décime ecclésiastique)* als (freiwillige) Abgabe, die der Klerus von Z.en und Pfründen an den Kg. leistet. Vereinzelt erscheint Z. (frz. *décime*) auch als 10%iger Kriegs- und Notsteuerzuschlag; -land →Dekumaten.

M. Rostovtzeff, Ges. u. Wirtsch.-gesch. d. hell. Welt, dt. 1955f.; – E. Widera, Der Kirchenz. in Dtld. z. Zt. d. sächs. Ks., (AKKR 110) 1930; E. Klebel, Z.en u. Z.probleme im bayr.-österr. Rechtsgebiet (ZRG. KA 58) 1938; E. O. Kunjo, D. Z.wesen in Hamburg-Bremen, 1949; H. E. Feine, Kirchl. Rechtsgesch., [5]1972.

Zeitgeschichte, z.Zt. der frz. Revolution geprägt, hat sich als wissenschaftlicher Begriff erst nach dem 1. Weltkrieg eingebürgert. Während frz. *histoire contemporaine* bis 1789, engl. *contemporary history* bis 1832 zurückreichen, ist in Dtld. mit Z. erst die neue universalgeschichtliche Epoche seit 1917 (Eintritt der USA in die Weltpolitik, Aufkommen des Kommunismus, gemeinsame Grundtendenzen der industriellen Gesellschaft) gemeint. Neben der Untersuchung und Aufklärung einzelner Fakten bemüht sich die Z. um Reflexion und Deutung allgem. Zusammenhänge und Grundformen der gegenwärtigen Situation, sie setzt sich das ‚Wesentliche und Strukturelle' in ‚der Epoche der Mitlebenden und ihre wissenschaftliche Behandlung' zum Ziel. Die Z. will keine offenen Räume lassen, wo sich Legenden einnisten können, sondern das ‚Betroffensein' deutlich machen und Entscheidungen nicht ausweichen, sie will in der großen ideologischen und gesellschaftlichen Krise der modernen Nationalidee zur Orientierung beitragen. Daher sind die Enthüllung des Unmenschlichen, sowie das Unverlierbare menschlicher Würde, Widerstands- und Integrationsbewegungen Zentralthemen; dt. Forschungsgebiete sind v.a. die Weimarer Republik und der Nationalsozialismus. In vollem Bewußtsein der Gefahren des Bruchstückhaften, der Überfülle des Materials und des mangelnden zeitlichen Abstandes will die Z., weil sich Wichtiges modernen Akten entzieht (Telefon, Blitzkonferenzen u.a.), aus eigenem Miterleben und Kenntnis der Zeitatmosphäre zur wissenschaftlichen Erhellung durchdringen. Die Befragung von Zeugen gehört zu ihren Hilfsmitteln.

Literaturberichte in VJZG, 1952ff.; – H. Rothfels, Zeitgesch. Betrachtungen, [2]1963; R. Beck, Wb. d. Z., 1967; B. Scheurig, Einf. in die Z., [2]1970.

Zeitrechnung →Ära.

Zeitung (oberdt. aus mnd. *tîdinge*), mündlicher Bericht einer Neuigkeit von Sängern, →Spielleuten, →Vaganten; dann v.a. im Fernhandel Nachrichtenbeilage zu Geschäftsbriefen, zuerst 1482 in Augsburg gedruckt, 1502 mit dem Titel *newe zeytung*. Neben den bis ins 18. Jh. v.a. handschriftlich vervielfältigen Beilagen zu Geschäftsbriefen (vgl. die Fugger-z.en 1558–1605, Nachrichten von Vertretern der Firma an wichtigen Handelsplätzen) erscheinen unregelmäßige Einblattdrucke politischen und kuriosen Inhalts, ‚Newe Z.en', für die breite Masse. Periodizität zeigt sich erstmals bei den Meßrelationen 1583ff., endgültig in den

Wochen-z.en (Straßburg und Braunschweig 1609) auf gewerbsmäßiger Basis (Tages-z.en seit 1660, Leipzig). Über die weitere Entwicklung der Z. als ,Intelligenzblatt' (17./18. Jh.), als Sprachrohr der öffentlichen Meinung in Form der Gesinnungspresse seit der frz. Revolution und der Durchsetzung der Pressefreiheit, den Ausbau zur Partei-z. (nach 1850) und Massenz. (um 1900 USA, England) und den Aufbau von Z.s-konzernen s. die Fachliteratur.

O. Groth, Die Z., 1928/30; H. A. Münster, Die mod. Presse, 1955f.; E. Dovifat, Z.slehre, [5]1967; M. Lindemann, Dt. Presse bis 1815, 1969.

Zeitwende, neuere, säkularisierte Bez. für die christliche →Ära.

Zelg(e), das Flurdrittel in der Drei →felderwirtschaft, = → Schlag (a).

Zender, Richter im →Centgericht, = Centenar.

Zensor (lat. *censor* zu *censere* ,schätzen'), seit dem 4. Jhv. röm. →kurulischer →Magistrat ohne → Imperium, Zweier→kollegium, alle 5 Jahre auf 1½ Jahre bestellt. Neben der urspr. Aufgabe der Revision der Bürgerlisten (zur Aushebung, Steuererhebung, Konstituierung der →Komitien) und der damit verbundenen Neusetzung der Bürgerschaft, → Lustrum, wachsen den Z.en allmählich andere, damit verbundene Aufgaben zu: die Musterung der →Ritterschaft *(recognitio equitum)* und des →Senats *(lectio senatus)* und die allgem. Sittenaufsicht *(cura morum)*, sowie die Kontrolle der Staatsfinanzen und – bauten, sowie Verkauf und Verpachtung von Staatseigentum (z.B. der Steuerprovinzen) und die Vergabe öffentlicher Bauaufträge (Straßen, Wasserleitungen usw.). Nach der letzten privaten Zensur 22v. verschmilzt das Amt rasch mit dem →Prinzipat, wobei die Kaiser aufgrund der z.ischen Gewalt die Neuernennungen von →Patriziern vornehmen. – Der starke Eindruck der röm. Zensur (v.a. in den Händen eines App. Claudius 312v., M. Porcius Cato 184v.) ließ die Bezeichnung in verschiedenen Bedeutungen wiederaufleben (vgl mlat. *censura*, Kirchenstrafe; it. *censori*, ven. Behörde zur Sittenaufsicht seit dem 16. Jh.), v.a. seit Beginn der NZ. als staatliche oder kirchliche (Vor- oder Nach-) kontrolle von Büchern und Druckschriften (vgl. das Preßgesetz der Karlsbader Beschlüsse v. 20.9.1819, das die vielfach abgeschafften Zensurbehörden und Zensoren der absolutistischen Staaten wiederaufleben ließ – gültig bis 1848). die in demokratischen Verfassungsstaaten einer Außerkraftsetzung des Grundrechts der Pressefreiheit gleichkommt; Zensus (lat. *census* ,Schätzung', mlat. →Pacht, →Zins, Abgabe), Volkszählung, Steuereinschätzung, -liste; das zur Ausübung eines politischen Rechts vorgeschriebene Mindestvermögen, z.B. in den Solonischen Gesetzen 594v., in der röm. →Zenturienordnung; in der röm. Kaiserzeit 400000 Sest. des → Ritters, 1 Mill. Sest. des →Senators; daher Zensuswahlrecht, ein nach Vermögens- oder Steuersätzen gestaffeltes →Klassen→ wahlrecht, bzw. ein von einem Mindestvermögen abhängiges gleiches Wahlrecht.

E. Schmähling, D. Sittenaufsicht d. Censoren, 1938; Ernst Meyer, Röm. Staat, [4]1975; D. Kienast, Cato d. Z.,

1954; – E. R. Huber, Dt. Verf.gesch. seit 1789, [2]1967/70.

Zent →Cent.

Zentral-gewalt, Regierung eines →Bundesstaates, v.a. in der Diskussion um eine dt. Verfassung 1848/9, bes. die am 24.6.1848 geschaffene *provisorische Z.-gewalt* (Reichsverweser und Reichsministerium), die bis Mai 1849 amtierte; -komitee, (ZK), das Führungsgremium in kommunistischen Parteien, z.B. in der UdSSR seit 1952, auch Z.-exekutivkomitee (ZIK), in der UdSSR 1923–36 der aus 2 Kammern bestehende geschäftsführende Ausschuß des Rätekongresses; -kongregation, seit 1815 ständische Vertretung in der Lombardei und Venetien; -verwaltungsrat, auf Vorschlag des Frh. v. Stein von Ks. Alexander I. ins Leben gerufene Behörde, die 1813/14 unter Steins Leitung wiedereroberte dt. Gebiete verwaltete.

Zentralismus (nlat.), Tendenz, die Regierung eines Staates – im Gegensatz zu →feudalen Sonderrechten oder zu ethnischer oder regionaler →Autonomie (→auch Föderalismus) an einer Stelle zu konzentrieren. Voraussetzung des Z., der sich ein rasches, einfaches Regieren und die Möglichkeit wirksamer Kontrollen verspricht (→Absolutismus, Polizei-, Wohlfahrtsstaat, Totalitarismus), ist ein der Regierung verpflichtetes →Beamtentum, →Bürokratie.

Zentrum, Name der Partei, der im Parlament die Plätze in der Mitte des Sitzungssaals zugeteilt sind, z.B. in der Frankfurter Paulskirche *Rechtes* und *Linkes* Z.; bes. in Preußen die Partei des politischen Katholizismus, die sich, nach verschiedenen Vorläufern, 1859 Z. nannte; 1870/71 neu gebildet (Brüder Reichensperger, L. Windthorst, 1812–91), wird das Z. Oppositionspartei gegen die Bismarcksche Reichsgründung und Bismarcks Hauptgegner im →Kulturkampf; 1878 stärkste Reichstagsfraktion, kann sich das Z., das erst 1911 eine feste Parteiorganisation erhält (Dt. Z.spartei), fast immer eine Schlüsselstellung im Reichstag sichern; 1933 löst sich das Z. als letzte bürgerliche Partei selbst auf; eine nach 1945 gegründete Neue Z.spartei blieb ohne Bedeutung.

K. Bachem, Vorgesch., Gesch. u. Politik d. dt. Z.spartei, 1927/32; E. Matthias, R. Morsey (Hrsg.), D. Ende d. Parteien 1933, 1960; O. Hauser (Hrsg.): Polit. Parteien in Dtld. u. Frankr., 1969; G. A. Ritter (Hrsg.), Die dt. Parteien vor 1918, 1973.

Zentumvirn (lat. ‚Hundertmänner'), die 105 (3 je →Tribus) röm. Geschworenen, die seit dem 2. Jhv. unter magistratischem Vorsitz in kleineren Gerichtshöfen mit familien- und erbrechtlichen Verfahren befaßt sind; vereinzelt auch: Stadtrat in röm. →Munizipien.

Zenturie (lat.), →Hundertschaft, im römischen Heer der 60. Teil der →Legion (Führer: Zenturio im Unteroffiziersrang); Stimmeinheit der römischen Zenturiat→komitien u.zw. nach der sog. servianischen Z.nordnung (5.–4. Jhv.) 18 der Reiter, 170 der Fußsoldaten in 5 Vermögensklassen (80, 20, 20, 20, 30) und 5 der Handwerker, Spielleute und Ordonnanzen. Gaben hier die Vermögenden den Ausschlag (Reiter + 1. Klasse 98 von 193 Z.n), so stärkte die Reform von 220v.? (vermutlich 5 mal 70 Z.n der 5 Klassen in Angleichung an die →

Tribusordnung) das bäuerliche, nichtstädtische Element; – Einheit der z. T. heute noch im Gelände sichtbaren schachbrettartigen röm. Landaufteilung *(centuriatio)*, Quadrat von 710 m Seitenlänge.

Ernst Meyer, Röm. Staat, [4]1975; H. Siber, Röm. Verf.recht, 1952.

Zepter →Szepter.

Zeug (auch Gezeug) ‚Gerät', ‚Geschütz'; Z.-amt, Verwaltungsstelle für das Artillerie- und gesamte Kriegsmaterial, dessen Vorräte im Z.-haus, →Arsenal, gelagert werden; mit der Verwaltung befaßt sind Z.-warte, -offiziere, -meister, letztere urspr. Vorgesetzte der (nichtmilitärischen) Geschützgießer (Konstabler), dann, als Feld-z.-meister Artilleriebefehlshaber, im 17./18. Jh. (in Österreich bis ins 20. Jh.) auch als Offiziersdienstrang (General der Artillerie).

Zeugiten (gr. von *zygon* ‚Glied der Phalanx' – nicht ‚Gespannbauern' –), die attischen Bauern, die die Ausrüstung stellen können, um als →Hopliten der → Phalanx zu dienen; nach der solonischen Ordnung 594v. die 3. Klasse der Bürgerschaft mit mindestens 200 Scheffel Jahresertrag, 458/7v. zum →Archontat zugelassen.

C. Cichorius, Gr. Stud., 1894.

Ziese, v.a. im norddt. Raum (→Ungeld) bis zum 17. Jh. (dann verdrängt von →Akzise) städtische und auch allgem. Verbrauchssteuer, bes. Getränkesteuer (Bierz., Biergeld, seit dem 15. Jh. Abgabe an den Landesherrn – vgl. die Biersteuer im hellenistischen Ägypten); Z.-herr, -meister, in den Städten mit der Erhebung beauftragt.

Zikkurrat, seit etwa 2500v. in Mesopotamien pyramidenartiger Stufentempel aus Lehmziegeln, v.a. die 90 m hohe Z. im Hof Etemenanki des Marduktempels zu Babylon (Nebukadnezar II., 604–562v.), der sog. ‚Turm zu Babel' (ähnliche Bauten in Ägypten, Polynesien, Mexiko).

Zilizium →Cilicium.

Zingel (aus lat. *cingulum*, ‚Gürtel'), Teil der Vorburg, urspr. Palisade mit vorliegendem Wall und Graben, dann äußere Ringmauer.

Zins (aus lat. *census* ‚Schätzung', ‚Steuer'), (1) allgem. Abgabe, bes. in der ma. →Grundherrschaft des auf einer Z.-hufe sitzenden Bauern, zuerst Naturalleistungen, mit dem Aufkommen der Geldwirtschaft Geldzahlungen; Z-genossenschaft, Zusammenschluß von Besitzern wirtschaftlich selbständig gewordener Teile einer →Hufe, um den Z., der noch für die Gesamthufe berechnet wird, gemeinsam zu leisten; -gut, jeder Grundbesitz, für den eine bestimmte Abgabe zu leisten ist, z.B. bei →Erbleihe oder -pacht; -herr, Geldverleiher; -kauf, Wechselgeschäft, Wucher; -mann, Schuldner; -meister, (a) Vertreter einer Z.-genossenschaft, (b) Gehilfe des →Meiers beim Einsammeln und Verrechnen der Abgaben; – (2) Z.(en), allgem. Vergütung für Kapitalnutzung; Z.-verbot, kanonisches, in der frühchristlichen Kirche aufgrund biblischer Stellen (AT: Ps. 14,5; 54,12; Deut. 23,19f.; – NT.: Luc. 6,34; Matth. 5,42; 18,23–35; 6,12) für den Christen aufgestelltes Verbot, Z. aus geliehenem Kapital zu nehmen (Laktanz, Synode von Elvira, 300). Das Z.-verbot wird im frühen und hohen MA. (Synode von Aachen, 789, bis Synode von Arles, 1311, bes. 2. Lateransynode 1139) aufrecht erhalten, von der Scholastik und Kanonistik, auch unter Hinweis auf Aristoteles, naturrechtlich gestützt (Unfruchtbarkeit des Geldes), im späteren MA. jedoch vielfach schon durchlöchert (obwohl im V. Laterankonzil 1515 und noch 1745 durch päpstlichen Kommissionsbeschluß formell erneuert); von Calvin wird das Z.-nehmen ausdrücklich erlaubt, was für das Aufkommen des modernen →Kapitalismus von entscheidender Bedeutung ist, nachdem seit d. Ende des MA. auch d. staatl.n Z.-verbote gefallen sind.

F. X. Funk, Gesch. d. kirchl. Z.verbotes, 1876; E. Ramp, Das Z.problem, 1949.

Zionismus, von Th. Herzl (1860 bis 1904) ins Leben gerufene Bewegung zur Wiedererrichtung eines jüdischen Staates in Palästina (1. zionistischer Weltkongreß Basel 1897). Der Z., der sich gegen den Widerstand orthodoxer (Vorwurf der ‚Nationalisierung' auf Kosten der Religion) und assimilierter Juden, v.a. in Westeuropa, durchzusetzen hat, gewinnt die finanzielle Unterstützung des am. Judentums, die politische Englands (Angebot Ugandas, 1905 abgelehnt; Brief A. Balfours an Lord Rothschild, *Balfour-Deklaration* 2. 11. 1917, brit. Völkerbundsmandat Palästina 1920) und erreicht schließlich 15. 5. 1948 die Errichtung eines souveränen Staates Israel aufgrund der Teilung Palästinas.

Th. Herzl, D. Judenstaat, [2]1896; W. Laqueur, Der Weg z. Staat Israel, 1975.

Zirkumskriptionsbulle (lat. *circumscribere* ‚umschreiben'), an Stelle (oft bei Nichtzustandekommen) eines →Konkordats mit staatlicher Genehmigung vom Papst erlassenes Kirchengesetz, das nur die äußeren Verhältnisse der →Diözesen regelt, bes. bei Neugliederung der durch die Säkularisierung offenen Diözesangrenzen, z.B. *De salute animarum* für Preußen 16.7.1921.

Zirkumvallation (lat.), vollständige Umschließung einer belagerten Stadt durch Wall und Graben; die Befestigungswerke der Belagerer.

Zistophoren →Cistophori.

Zitadelle (von spätlat. *civitadella* ‚Städtchen'), kleinere Festung im Rahmen einer größeren.

Zitaz →Citation.

Zitiergesetz des Ks. Theodosius II. (425–55) von 426, nach dem von der röm. Rechtstradition nur die Meinungen der Juristen Modestinus, Gaius, Papinian, Ulpian und Paulus gelten, bei Stimmengleichheit Papinian entscheiden sollte.

Zivil (lat., ‚bürgerlich' im Gegensatz zu ‚militärisch') -kabinett, beratende Behörde eines konstitutionellen Herrschers, →Kabinett; -liste, in den Monarchien der NZ. die dem Herrscher zustehenden verfassungsmäßigen Einkünfte (in England urspr. auch die Z.-beamtengehälter umfassend); -lord (engl. *Civil Lord*), in England seit 1690 jenes Mitglied der →Admiralität, das im Gegensatz zu den →Seelords nicht Seeoffizier, sondern Parlamentsmitglied ist; -recht (von lat. *ius civile* ‚das unter Bürgern geltende Recht' im Gegensatz zum Peregrinenrecht), das Bürgerliche oder Privatrecht, in dem sich seit dem SpätMA. ein vom Strafrecht unterschiedenes Prozeßverfahren herausbildet.

Zivilisation (frz. zu lat. *civilis*), der Stand und die Ordnung des Gesellschaftslebens und die Fähigkeit gesteigerter Umweltbeherrschung im Gegensatz zu primitiven Völkern; in Dtld. bis zur Mitte des 18. Jh. und heute noch im frz. und ags. Sprachbereich gleichbedeutend mit →Kultur, das sich urspr. auf den landwirtschaftlichen Bereich bezieht (Veredlung der vegetativen und animalischen Natur durch den Menschen). Z. weist dagegen auf die Gesittung, die Verfeinerung der Lebenshaltung in der Stadt als Wirtschafts- und Geisteszentrum hin und umfaßt somit Wirtschaft, Technik und Politik ebenso wie Kunst, Philosophie und Religion. Mit dem Aufkommen der →Kulturkritik seit J. J. Rousseau (1712–78), in Dtld. bes. seit F. Nietzsche (1844–1900) und J. Burckhardt (1818–97) und v.a. O. Spengler (1880–1936), wurde der Begriff Z. als veräußerlichte Teilerscheinung des umfassenderen Begriffs Kultur abgewertet. Z. wird im dt. Sprachraum seitdem gedeutet als Veräußerlichung des Lebens, Betonung der staatlichen Organisation statt der lebendigen Gemeinschaft, Streben nach verfeinerter Lebensgestaltung (Komfort), wirtschaftliche Bedürfnisbefriedigung, Überbewertung technischer Leistungen, Vorherrschen rationalen Denkens und wirtschaftlicher Gesichtspunkte bei Erlahmung der schöpferischen Kräfte; dadurch wird die eigentliche Aufgabe der→Kultur, die Veredlung der menschlichen Persönlichkeit durch Schaffung u. Einhaltung verpflichtender ästhetischer, sittl. u. soz. Verhaltensweisen, vernachlässigt. D. Z. bedroht nach dieser Auffassung den Bestand der echten Kultur.

O. Spengler, D. Untergg. d. Abendlandes, 1918/22. u. ö.; E. Troeltsch, Dt. Geist u. Westeuropa, 1925; A. J. Toynbee, D. Gang d. Weltgesch., [3]1952; ders., Kultur am Scheidewege, dt. 1949; Alfred Weber, Kulturgesch. als Kultursoziol., [3]1960; K. Clark, Z., 1970.

Zölibat (von lat. *caelebs* ‚Junggeselle'), die Ehelosigkeit eines Mönches oder Priesters, in der kath. Kirche die Ehelosigkeit der Kleriker höherer Weihen, die zugleich die Verpflichtung zu dauernder Keuschheit einschließt; die seit dem 5. Jh. erhobene Forderung konnte sich trotz vieler Synodalbeschlüsse und Reformbewegungen nur allmählich gegen starken Widerstand durchsetzen, erst ihre Sanktionierung durch das 2. Laterankonzil 1139 und v.a. die Beschlüsse des →Tridentinums verhalfen dem Z.-gebot in der NZ. zur vollen Geltung.

H. Doms, Vom Sinn d. Z.s, 1954; R. Köttje u. a., Ehelosigk. d. Priesters in Gesch. u. Gegenw., 1970; J. Leist, Zur Frage des Z.s, 1973.

Zoll (ahd, von gr. *telos*; lat. →*portorium*, *vectigal*; mlat. →*teloneum*, *pedaticum*, *pedagium*, frz. *péage*, auch, als außerordentlicher Z., *traite;* dt. *Maut* zu mlat. *muta*, *mutaticum*), allgem. jede Abgabe, die von Personen oder Waren beim Überschreiten einer Grenze oder beim Benutzen eines Verkehrsweges (Grenz-, Hafen-z., – Brücken-, Fluß-, Wege-z.) erhoben wird. Die Erhebung eines Z. steht dem Träger der Gebietshoheit zu, im At. Städten und Königen, bzw. dem souveränen röm. Volk, ist im MA. →Regal, das jedoch bald auf feudale Lokalgewalten, Städte, Grund- und →Landesherrn übergeht, so daß schließlich eine kaum mehr tragbare Anarchie der Binnenzölle besteht (bes. im Dt. Reich, das 1790 noch rund 1800 Binnen-z.grenzen zählt, während z.B. in Frankreich im 17./18. Jh., bes. durch J. B. Colbert (1619–83) mehrere tausend *péages* aufgehoben wurden. In At. und MA sind die – vielfach durch Pächter erhobenen – Zölle in der Regel Finanz-zölle (bis auf ausgeprägte Staatswirtschaften wie z.B. im Hellenistischen Ägypten), wobei v.a. im MA. die Instandhaltung der Brücken, Wege usw. vielfach als (scheinbare) Begründung dient. Seit dem →Merkantilismus, v.a. durch die epochemachende Politik Colberts, wird der →Schutz-z. im Verein mit Ein- und Ausfuhrverboten erneut zu einem zunehmend wichtigen Instrument der Wirtschaftspolitik; -konferenz, aus Bevollmächtigten der beteiligten Regierungen bestehendes Zentralorgan des Dt. Z.-vereins, 1867–71 als Z.-bundesrat; -parlament, 1867–71 die Volksvertretung des Dt. Z.-vereins, der Reichstag des Norddt. Bundes, durch süddt. Abgeordnete erweitert; -union, Zusammenschluß mehrerer Staaten zu einem einheitlichen Z.-gebiet, bes. der 1931 zwischen Dtld. und Österreich geplante, der unter dem die Wirtschaftskrise verschärfenden Druck Frankreichs aufgegeben werden mußte; -verein, Dt., der v.a. auf Betreiben Preußens (Aufhebung des Binnen-z.s durch preuß. Z.-gesetz vom 16.5.1818) und nach Vorausgang kleinerer Z.-vereine (Württemberg-Bayern 1828, Preußen-Hessen 1828, Mitteldt. Handelsverein 1828–31) 22.3.–11.5.1833 beschlossene, ab 1.1.1834 wirksame handelspolitische Zusammenschluß der dt. Bundesstaaten (zunächst rund $^4/_5$ des Bundesgebiets, der Rest bis 1888), von seinem Initiator F. Chr. v. Motz (1775–1830) als Vorstufe der politischen Einigung angesehen.

→ Wirtschaftsgeschichte; – J. Curtius, Bemühungen um Österreich, 1947; J. Krulis-Randa, Das dt.-österr. Z.unionsprojekt von 1931, 1955; – H. Oncken (hrsg.), Vorgesch. u. Begr. d. dt. Z.vereins, 1934; F. Lenz, F. List, 1936; A. H. Price, The Evolution of the Z.verein, 1949; W.O. Henderson, The Z.verein, ²1959.

Zone (gr. ‚Gürtel'), urspr. geographischer Begriff; völkerrechtlich der bei einer Aufteilung nichtsouveränen Gebiets zwischen mehreren Mächten einem Staate zugesprochene Teil (→Einfluß-, Interessensphäre, Okkupation).

Zönobium (gr. *koinobion*, dav. mlat. *coenobium* ‚Kloster'), die Lebensgemeinschaft im Kloster, dav. seit dem 4. Jhn. (Pachomius) Zönobitentum im Gegensatz zur →Anachorese das mönchische Leben in der Gemeinschaft, v.a. in der gr. Kirche.

Zunft (zu mhd. *zemen*, nhd. *ziemen;* urspr. ‚Regel', nach der eine →Genossenschaft lebt, seit dem 13. Jh. ‚Verband von Handwerkern'; auch Amt, Gaffel, →Gilde, →Innung, mlat. *confraternitas*, *coniuratio*, *officium*, *universitas*, frz., engl. *corporation*, engl. *guild*), in den europäischen Städten des MA. und der frühen NZ. Zusammenschluß von Handwerkern eines Gewerbes samt ihren Familien zu genossenschaftlicher Sicherung der wirtschaftlichen Existenz und Pflege eines religiös gefärbten Arbeits-, Verbands- und Feierbrauchtums, das sich in Werkstatt und Z.-stube, um Z.-lade und Z.-fahne, sowie vor dem Altar des Z.-heiligen abspielt. Entweder als freie Einung entstanden oder auf stadtherrlichen Befehl gebildet, um das Einhalten der Marktvorschriften zu überwachen, ist die Z. (urkundlich um 1100 erwähnt, Anfänge jedoch wesentlich früher) zunächst noch für jeden Handwerker ihres Gewerbes ‚offen'. Mit zunehmender Einengung des wirtschaftlichen Spielraums wird sie immer mehr zu einem kartellartigen Gebilde: die Zahl der Mitglieder, bes. der Meisterstellen wird begrenzt, der nicht der Z. angehörige Handwerker (Bönhase, Pfuscher) boykottiert (Z.-zwang) und das Tätigkeitsgebiet der einzelnen Z.e untereinander scharf abgegrenzt. Diese ‚Schließung' der Z.e, bes. seit dem späteren MA., erreicht im 15. Jh. mit dem Aufkommen strenger Aufnahme- (ehrliche Herkunft, eheliche Geburt, guter Leumund, oft auch Freier, kein Fremder, sodann Eintrittsgeld, bes. Vermögensnachweis) und Ausbildungsbestimmungen (Lehr-, Wanderzeit, Meisterstück) ihren Höhepunkt. Nun sorgt die Z. aufgrund ihrer Monopolstellung für gerechten Preis, gemeinsamen Einkauf und Zuteilung der Rohstoffe, regelt die Arbeitszeit und überwacht v.a. die Produktion, um ‚zünftige', d. h. qualitativ hervorragende Ware zu bekommen. So formt sich ein Arbeitsethos des Handwerkers. Die Leitung der Z. liegt bei dem von der allgem. Z.-versammlung, der →Morgensprache, gewählten Z.-meister. Über die Z.-genossen besitzt die Z. ein eigenes Gericht, wobei das Z.-recht in Z.-ordnungen und -briefen niedergelegt ist. Zu einer übergebietlichen Organisation kommt es bei weit verbreiteten Handwerken im System der Haupt-, Unter- oder Nebenladen. Im späteren MA. greift die Z.-verfassung auch auf den Handel (v.a. den Kleinhandel) über (vgl. die verbreitete Kramer-z.), schließlich sind Bedienstete aller Art, auch Fahrende und Bettler z.artig organisiert. – Im SpätMA. nehmen die Z.e, z.T. auf dem Umweg über Revolutionen, am Stadtregiment teil, ihre Meister werden in den →Rat aufgenommen. Zur Verteidigung der Stadt tritt die Z. als militärische Formation an, wobei sie einen Abschnitt der Mauer zu verteidigen hat. – Die Vormachtstellung der Z.e ruft jedoch auch große Mißstände hervor (z.B. Bevorzugung der Meistersöhne bei Neubesetzung von Meisterstellen), so daß es vielerorts zu Gesellenaufständen kommt, v.a. mit dem allgem. wirtschaftlichen Niedergang nach dem 30jährigen Krieg. Der Z.-zwang wird nun vielfach zum Hemmschuh, so daß die Handwerkerordnungen der Territorien und des Reichs (1731) die Mißstände zu beheben suchen. Die Gewerbefreiheit des beginnenden 19. Jh. setzt schließlich der Z. ein Ende. – Der Begriff Z. wird in der Literatur auf vergleichbare Einrichtungen anderer Epochen und Kulturen nur zögernd und selten übertragen.

G. Fischer, Dt. Handwerkerkunde, 1943; F. Lütge, Dt. Soz.- u. Wi.gesch., ^{3}1966; W. Wernet, Kurzgef. Gesch. d. Handwerks in Dtld., 1953; H. Planitz, Die dt. Stadt im MA., ^{3}1973; M. Rumpf, Dt. Handwerksleben, 1955; W. Abel, Handwerksgesch. in neuerer

Sicht, 1970; R. Ennen, Z.e u. Wettbewerb, 1971.

Zunge, eine der 8 in Großpriorate gegliederten Provinzen des Johanniter-→Ordens.

Zwangs- und Bannrechte, in MA. und früher NZ. die →Banngewalt des →Grundherrn, seine Grundholden zu zwingen, in seiner Mühle (Mühlenbann) zu mahlen, in seinem Backofen zu backen, in seiner Kelter zu keltern; im Bereich des städtischen Handwerks das Recht eines oder mehrerer Gewerbetreibenden, innerhalb einer bestimmten Zone (→auch Bannmeile) Fremde von der Ausübung desselben Gewerbes auszuschließen; in weiterem Sinne gehört auch das städtische →Stapelrecht zu den Z. und B.n.

Zwei-bund, →Allianz zweier Staaten, bes. das politische Bündnis zwischen Dtld. und Österreich-Ungarn 17.10.1879, 20.5. 1882 zum Dreibund erweitert; -→felderwirtschaft; -händer, auch Bi(den)händer, mannshohes Schwert des 15. Jh., v.a. zum Kampf von der Mauer; -kammersystem, →Kammer;-kampf, urspr. ‚legalisierte →Fehde', im MA. seit fränk. Zeit als Gottesurteil gerichtliches Beweismittel; -schwerterlehre, auf Luk. 22,38 fußende, erstmals von Papst Gelasius I. (492–96) vertretene, von der →Scholastik entwickelte dualistische Theorie von der kirchlichen und weltlichen Gewalt, bei der die Rangordnung (hat der Ks. das weltliche Schwert vom Papst oder direkt von Gott?) umstritten blieb.

Zwing (auch Twing) und Bann, eine ihrem Ursprung und ihrer Bedeutung nach nicht geklärte Herrschaftsform im Bereich des Dorfes bzw. der →Grundherrschaft, v.a. in SWdtld. und der Schweiz (alemannischer Stammesraum); nach K. S. Bader die Dorfherrschaft schlechthin, nach U. Stutz und K. H. Ganahl Nieder→gerichtsbarkeit.

H. Wießner, Twing u. Bann, 1935; U. Stutz, ZRG. GA 57. 1937; K. H. Ganahl, ZRG. GA 1940; H. Rennefahrt, T. u. B., Schweiz. Beitr. z. allgem. Gesch. 1952; K. S. Bader, Das ma. Dorf als Friedens- u. Rechtsber. I, 1957.

Zwinger (nhd. ‚zwingen', einengen), urspr. scharf begrenztes Sicht- und Schußfeld vor einer →Burg, seit dem 14. Jh. der Raum zwischen der hohen Ringmauer einer Burg oder Stadt und Wall und Graben oder Vormauer: Vorburg. Nach Wegfall des Verteidigungszwecks Burg- bzw. Schloßgarten, Tiergehege oder Gefängnis.